U0648088

国家社科基金
GUOJIA SHEKE JIJIN HOUQI ZIZHU XIANGMU
后期资助项目

中国现代马克思主义研究编年史（上）

Chronicle of Modern Chinese Marxism Research

俞樟华　俞　扬　陈含英 编撰

ZHEJIANG UNIVERSITY PRESS
浙江大学出版社
·杭州·

图书在版编目（CIP）数据

中国现代马克思主义研究编年史 / 俞樟华，俞扬，
陈含英编撰. —杭州：浙江大学出版社，2023.4（2023.9 重印）
ISBN 978-7-308-21263-2

Ⅰ.①中… Ⅱ.①俞…②俞…③陈… Ⅲ.①马克思
主义－研究－编年史－中国－现代 Ⅳ.①D61

中国版本图书馆 CIP 数据核字（2021）第 065781 号

中国现代马克思主义研究编年史

俞樟华 俞扬 陈含英 编撰

责任编辑	胡　畔(llpp_lp@163.com)
责任校对	赵　静
责任印制	范洪法
封面设计	时代艺术
出版发行	浙江大学出版社
	（杭州市天目山路 148 号　邮政编码 310007）
	（网址:http://www.zjupress.com）
排　　版	浙江时代出版服务有限公司
印　　刷	广东虎彩云印刷有限公司绍兴分公司
开　　本	710mm×1000mm　1/16
印　　张	62.5
字　　数	1200 千
版 印 次	2023 年 4 月第 1 版　2023 年 9 月第 2 次印刷
书　　号	ISBN 978-7-308-21263-2
定　　价	188.00 元(上、下册)

版权所有　翻印必究　印装差错　负责调换
浙江大学出版社市场运营中心联系方式　(0571)88925591;http://zjdxcbs.tmall.com

国家社科基金后期资助项目
出版说明

后期资助项目是国家社科基金设立的一类重要项目，旨在鼓励广大社科研究者潜心治学，支持基础研究多出优秀成果。它是经过严格评审，从接近完成的科研成果中遴选立项的。为扩大后期资助项目的影响，更好地推动学术发展，促进成果转化，全国哲学社会科学工作办公室按照"统一设计、统一标识、统一版式、形成系列"的总体要求，组织出版国家社科基金后期资助项目成果。

全国哲学社会科学工作办公室

前　言

　　马克思主义是关于全世界无产阶级和全人类彻底解放的学说,它在19世纪末叶就已经逐渐传入中国,但其真正在中国广泛地传播和研究,则是在俄国十月革命以后。十月革命一声炮响,给我们送来了马克思列宁主义,中国社会许多先进的知识分子在十月革命的影响下,接受了马克思主义的世界观和方法论,成为具有初步共产主义思想的知识分子。他们向往十月革命,热情地学习、研究和宣传马克思列宁主义,在中国大地上掀起了传播和研究马克思主义的热潮。所以本书的编年,从1917年开始,到1949年截止,按照时间先后全面、具体地记述这33年间马克思主义在中国传播、研究的波澜壮阔的辉煌历史。

　　本书所谓的马克思主义,是广义的马克思主义,它既包括由马克思和恩格斯创立的马克思主义的基本理论、基本观点、基本方法,也包括马克思主义的继承者列宁和斯大林的学说,以及马克思主义中国化的成果——毛泽东思想的形成、发展及其研究,同时也包括中外马克思主义者对马克思主义学说进行研究、宣传、阐发、解释所形成的理论成果,同时还涉及以马克思主义为指导而撰写的相关论著。本书以《中国现代马克思主义研究编年史》为题,一是明确时间界限,二是确定著录内容。

　　全书以时间为经,以事件为纬,采用“条目”加“按语”相互交融的著述体例,条目列于相应时间之下,同一时间下,不同条目另起一行。按语则是对相应条目的补充说明。条目分为研究背景、研究论文、研究著作、卒于是年的研究者四大板块,同时在各栏目适当处加编者按语。若遇跨类,则以“互见法”于相应栏目分录之,具体内容如下:

　　研究背景,主要著录中国现代社会的重大变化、中国共产党的成立和发展历史、与马克思主义传播和研究有关的各种重要活动和重要人物的马克思主义宣传活动等;研究论文,主要著录发表于现代报刊上的各种研究马克思主义的专题文章,与马克思主义研究相关的各种文章,以及介绍苏联社会主义革命和建设的有关文章;研究著作,主要著录各种出版机构出版的马克思、恩格斯、列宁、斯大林的翻译著作,马克思主义中国化著作如李大钊、陈独秀、瞿秋白、毛泽东、刘少奇等著作,各种研究马列主义和毛泽东思想的著作,在马克思主义理论指导下出版的哲学、政治学、历史学、社会科学、文化教育、人物传记的各类著作,同时也著录反马克思主义的各种著作;卒于是年的研究者,主要介绍卒于 1917 年至 1949 年的马克思主义者和与马克思主义研究有关的人物,如陈独秀、李大钊、蔡和森、李汉俊以及刘师培、梁启超、廖仲恺、戴季陶等。因为编年体之缺点,不如纪传体能反映现代马克思主义研究的整体成果,也不如纪事本末体能反映现代马克思主义研究发展的整个过程,是以分板块、加按语、"互见法"来补充,本书在以上四大栏目下都加有"按语"。按语主要摘录当时或当代学者有关马克思主义著作或研究论著的价值评判、原委概述、补充说明、史料存真、考辨断论等方面的文献资料,以补充和扩展条目的内涵,加深读者对有关条目的理解,揭示有些条目所隐含的深意,凸显某些条目的重要性,同时也有历史文献存真,便于读者阅读理解的作用。

具体而言,本书要重点展示的内容,主要有以下九个方面。

第一,通过本书展示中国现代马克思主义传播的主要途径。

马克思主义在中国传播的主要途径有三条。第一条途径是日本。日本早在明治维新时期就开始了马克思主义的研究,先后出现了幸德秋水、河上肇、片山潜等一大批马克思主义研究者。中国早期马克思主义传播者陈独秀、李大钊、李达、施存统、陈溥贤、戴季陶、陈光焘、霍侣白、郭沫若等人,都曾经到日本留学,在日本的大学里逐步接触到马克思主义,受到马克思主义的初步教育和影响。如十月革命前,李大钊于 1913 年至 1916 年在日本留学,在那里接触到了日本的马克思主义者介绍研究马克思主义的著作。他是最早接触到马克思主义的中国共产主义者,是中国最早传播马克思主义的马克思主义者。李达是五四运动前在日本学习和研究了马克思主义,并初步树立了对马克思主义的信仰。他们都是中国共产主义者中传播马克思主义的先锋。五四运动前后,中国知识分子主要是通过译介日本期刊上研究马克思主义的文章,从而在中国进行马克思主义的传播的。日本学者对马克思主义的阐释观点,对中国共产党人早期的思想有很深的影响,在中国现代马克思主义传播过程中发挥了极其重要的作用。本书大量著录了这方面的翻译论著。

第二条途径是西欧。德国是马克思主义的故乡,是研读马克思主义创始人的原著的最理想的地方。周恩来、蔡和森、陈延年等许多人,在留学欧洲时,充分利用这一有利条件,认真研读马克思主义经典著作,接受马克思主义的教育,树立了马克思主义信仰。在那里,他们不但自己逐步成为坚定的马克思主义者,而且通过书信往来和撰写论文或翻译经典论著等不同形式,向国内志同道合者介绍马克思主义的基本观点,对很多人最后成长为马克思主义者起到了积极作用。后来,当时旅欧青年中的许多人,成了中国共产党的重要领导人。中共旅欧支部在法国巴黎创办的《少年》月刊,是中国共产党人在海外出版的第一份刊物,它积极介绍马克思主义的部分学说,是早期传播马克思主义的渠道之一。他如罗家伦翻译的《新共产党宣言》,则是从美国的《国家》杂志上翻译过来的,它说明中国知识分子所依据的马克思主义思想资源,还有从欧美国家直接获取的,有的学者把这一渠道作为一个独立的渠道。本书也大量著录了这方面的翻译论著。

　　第三条途径是苏联。虽然十月革命的炮声把马克思列宁主义送到了中国,但是中国新民主主义革命开始前后的一段时间,苏俄处于国内战争和帝国主义武装干涉的危难之中,中国的共产主义者到苏俄去学习和研究马克思主义的条件还不具备。但是危难刚过,瞿秋白作为中国具有初步共产主义思想的知识分子第一个去了苏俄。他在苏俄学习马克思主义,不但能够读到马克思恩格斯的著作,而且直接地接触到了列宁的思想。这些有利条件,再加上他自己的勤奋刻苦,使他的思想迅速成熟起来,成为理论造诣较高的中国共产党早期领导人,也成为早期传播和研究马克思主义的重要学者。诚如杨尚昆所说:"(瞿秋白)1923 年 1 月回国后,担任党中央机关刊物《新青年》《前锋》主编和《向导》编辑,也是这三个刊物的主要撰稿人。他翻译介绍了马克思、恩格斯、列宁、斯大林的一些重要著作,写了大量的政治理论文章,致力于马克思主义的传播和研究工作,为党的思想理论建设作出了开创性的贡献。他注重运用马克思主义的基本原理分析中国的国情,对于中国革命的基本问题进行广泛的研究,提出了精辟的见解。"[①]中国共产党成立后,先后派出了大批干部去苏联学习,他们中虽然出了以王明为代表的一些教条主义者,但后来大多数人成了党的骨干。而且越往后,马克思主义通过这条途径的传播所起的作用越大,对毛泽东思想的系统化和进一步发展,产生了重大的影响。1930 年以后,当苏联取代日本成为马克思主义著作译介的主渠道后,俄文版马克思、恩格斯的著作就被大量地翻译成中文,传播到国内来了。通过本书,可以比较清晰地看到马克思主义在中国的传播渠道逐渐变化的历史进程。而《新青年》则是其中的风向标,从《新青年》先后发表的文章可以看出这三个传播渠道的递进变化,杨荣、程甜说:"在我

---

①　杨尚昆.在瞿秋白同志就义五十周年纪念会上的讲话(1985 年 6 月 18 日)[N].人民日报,1985-06-19.

国马克思主义早期传播之初,日本是传播的主渠道。《新青年》是日本主渠道的标志性刊物,反映在办刊上是从 1918 年 11 月《新青年》第 5 卷第 5 号开始,到 1922 年 7 月 1 日《新青年》第 9 卷第 6 号为止。""马克思主义在中国早期传播有日本、苏俄、欧洲三个渠道,《新青年》作为马克思主义早期传播的领军刊物,客观地呈现了马克思主义传播渠道产生、发展的历史状况,真实地表现了马克思主义早期传播由日本渠道向苏俄渠道过渡的历史进程,是马克思主义在中国早期传播历史的风向标。《新青年》还清晰地展示了不同渠道传播内容的历史脉络。日本渠道传播马克思主义的基本原理:唯物史观、剩余价值理论和阶级斗争理论;苏俄渠道主要是传播辩证法与列宁的民族与殖民地革命理论;欧洲渠道对当时西方共产党组织、宣传有所介绍。传播主渠道的转换与传播内容的递进,是中国革命的客观需要,产生了新民主主义理论的基本思想,成为早期马克思主义中国化的理论标志。《新青年》的办刊历史突出展示了五四时期'精神日出'的辉煌进程。"①总之,传播途径的拓宽,传播阵地的扩大,传播内容的丰富,以及传播的偶然性、随意性和主观性,是马克思主义在中国早期传播过程中的基本特点,对于这些变化,本书都有清晰的记录。

这里要特别指出的是,马克思主义传入中国,不是直接来自马克思的故乡,而是经过日本,尤其是苏俄的马克思主义者阐释过的马克思主义,或者说是日本化或苏俄化的马克思主义,这与实际上的马克思主义还是有一些不同的。这种间接性的马克思主义传播,它的好处是缩短了中国人对马克思主义经典著作的理解消化过程,有利于马克思主义在中国的广泛传播和实际应用,加上马克思主义在苏俄社会主义革命的胜利,更容易使中国共产党人接受马克思主义,用马克思主义作为自己的指导思想,也因为马克思主义在苏俄的胜利,中国共产党人更容易相信和利用苏俄化的马克思主义,即列宁主义的理论、方法和政策来解决中国面临的问题,而且长期以来都把列宁、斯大林根据苏俄国情阐释过的马克思主义作为正宗的、唯一的马克思主义。这种做法,不仅极大地影响了中国共产党人接受马克思主义的准确性和完整性,而且因为将俄国革命的经验和共产国际的指示神圣化和绝对化,所以党内出现了教条主义式的马克思主义,给中国革命事业带来了极大的危害,教训极其深刻。

第二,通过本书展示中国现代马克思主义经典著作的翻译成就。

---

① 杨荣,程甜.精神的"日出"——《新青年》与马克思主义早期传播渠道研究[J].湖北大学学报(哲学社会科学版),2016(6).

　　马克思列宁主义在中国的传播，是从翻译马列经典入手的。翻译的形式，一是段落节译，比如高语罕曾经根据日本马克思主义学者河上肇的《辩证法经典》，节译《A. 一般意识形态，德意志意识形态》部分段落，是国内迄今发现的最早的节译本；二是章节节译，如郭沫若根据梁赞诺夫主持的《马克思恩格斯文库》（第 1 卷）节译《费尔巴哈论》中的一章；三是转译，如章克标对《费尔巴哈论》的"名著精髓"式转译；四是全文翻译，如马克思的《工资价格及利润》《工资劳动与资本》《哲学的贫困》，恩格斯的《宗教·哲学·社会主义》《家族私有制财产及国家之起源》，列宁的《国家与革命》《科学的社会主义之梗概》《革命与考茨基》《两个策略》等。在哲学著作方面，如《费尔巴哈论》《反杜林论》《自然辩证法》《唯物主义与经验批判主义》，以及普列汉诺夫的《论一元论历史观之发展》等都有了译本。像《共产党宣言》就有陈望道译本、华岗译本、成仿吾和徐冰译本、陈瘦石译本和博古译本等 5 种译本，《费尔巴哈和德国古典哲学的终结》也有 5 种译本。瞿秋白、陈望道、郭大力、王亚南、张仲实、钱亦石、平心、侯外庐、沈志远、徐懋庸等都是马列主义原著翻译家，像瞿秋白等人通过翻译简明读本、改编、附加解释、编写通俗读物等多种多样的方式，浅显简明地介绍马克思主义，对马克思主义中国化和大众化作出了贡献。郭大力和王亚南翻译的《资本论》，是当时第一个中文全译本，对马克思主义理论的系统传播发挥了重大作用。艾思奇在日本留学时就阅读了日文版的《反杜林论》，感到日译本不够理想，为了直接阅读马克思主义原著，他开始自学德语，把日译本和德文本对照阅读，比较其中的差异。在延安时，他翻译了马恩关于历史唯物主义的八封信。成仿吾曾先后三次翻译《共产党宣言》，同时还校译了《社会主义从空想到科学》《哥达纲领批判》等马克思主义经典著作。柯柏年靠自学英语、德语和俄语，翻译了马克思的《哥达纲领批判》，恩格斯的《社会主义从空想到科学的发展》《马恩通信选集》，列宁的《帝国主义论》《法国的革命和反革命》《拿破仑第三政变记》《法兰西阶段斗争》《社会革命论》《社会问题大纲》《辩证法的邂辑》等。他的译作成为当时许多老一辈中国共产党人的启蒙教材。因为国内"一般批评家对于马克思的学说，大都是些门外汉"，所以李季翻译了德国博沿德所编著的《通俗资本论》，作为读者阅读《资本论》的入门书。张仲实也是一位重要的马克思主义理论的翻译家，先后翻译了恩格斯的《家族私有财产及国家之起源》《费尔巴哈论》，斯大林的《论民族问题》，以及普列汉诺夫的《社会科学的基本问题》《俄国社会思想史》，西洛可夫的《辩证法唯物论教程》，米丁的《辩证唯物论与历史唯物论》《新哲学大纲》，李昂吉叶夫的《政治经济学讲话》,拉萨诺夫的《共产主义与性爱·结婚·家族问题——马克思、恩格斯见解的发展》,曼努意斯基的《苏联社会主义建设底总结》等介绍马克思主义理论和苏联社会主义情况的著作。大量马克思主义经典原著和研究论著的翻译和出版,极大地扩大了马克思主义在中国的受众对象,很好地宣传了马克思主义哲学、马克思主义社会学、马克思主义文艺理论、马克思主义军事理论、马克思主义伦理理论、马克思主义人道主义观、马克思主义社会主义思想等。可以说,在中国现代,马克思、恩格斯、列宁和斯大林的经典著作,几乎全部被翻译成中文,这对马克思列宁主义在中国的传播和研究,是极为有利的。至于国外学者研究马克思主义的论著,在翻译时,是有所选择的。如社会主义研究社之所以翻译美国学者威廉的《马克斯主义与社会史观》,是因为该书有三个价值,译者序说:

> 威廉此书所以有移译的必要,是为了三点:其一,马克斯所以称为近代社会主义底中心,是由于他底科学方法和由此方法而得的结论,在中国真正了解他底结论的人还不多,了解他底科学方法的人尤其少得可怜,而此书适足以弥补这种缺憾;其二,现在无论学理的讨究或实际的运动,都须根据科学方法,才能适用于社会,才能解决问题,才能发生力量,而著者底目的,就在于用马克斯底科学方法,研究社会进化底事实,所得的结果,不独于社会进化上有重大发明,并且于学理上和实际上立定一个新基础;其三,孙中山先生说他创立民生主义数十年,而著者最近发明,适与他底注意若合符节,但究竟著者底学理和孙先生底主义相同相异之点是什么,凡研究学术主义的人都有彻底了解之必要。在这三点上,我们就可以决定此书底价值。①

美国学者研究马克思主义的著作,尚有翁特曼的《马克斯经济学原理》、李阿萨诺夫的《恩格斯马克思合传》、列德莱的《社会主义之思潮及运动》、意斯门的《史达林与杜洛斯基》等,还有荷兰郭泰的《唯物史观解说》、英国恩麦特的《资本论概要》和爱德华耶费宁的《学生底马克思》(马克思《资本论》研究纲要)、波兰奥森杜斯基的《叛徒的列宁》等,这些都是美国、英国、荷兰、波兰等国研究马克思主义的代表著作,当然翻译最多的则是日本和苏联学者研究马克思主义的著作,把这些著作翻译介绍到国内来,对于中国马克思主义者及时了解世界各国马克思主义研究的观点是很有帮助的。

第三,通过本书展示中国现代马克思主义传播和研究者的变化。

---

① 社会主义研究社.马克斯主义与社会史观[M].上海:民智书局,1927:1.

　　通过本书可以看到,中国现代的马克思主义传播者和研究者,在大浪淘沙、残酷的斗争过程中,发生了很大的变化,比如就出席中国共产党第一次全国代表会议的 13 位代表来说,他们无疑是中国早期的马克思主义者,为中国共产党的成立作出了贡献,但是在以后的斗争中,像陈潭秋、何叔衡和邓恩铭为了革命的事业光荣牺牲了,王尽美则在 27 岁就因病去世,可谓出师未捷身先死;而陈公博、周佛海和张国焘则背叛了革命,走向了反马克思主义的道路,李汉俊、李达和包惠僧也一度脱离了中国共产党,刘仁静因成为托洛茨基在中国的代表而被开除出党,只有毛泽东和董必武一直坚持马克思主义,坚持革命斗争,看到了新民主主义革命的胜利,并成为中国共产党和中华人民共和国的领导人。中国现代的马克思主义传播者和研究者的成分是很复杂的,并非都是清一色的真正的马克思主义者。在传播过程中,也随时有退出者,同时也有不断加入者,进进出出,乃是平常之事。总的说来,中国现代马克思主义研究之所以取得显著成就,一方面是以李大钊、陈独秀、瞿秋白、恽代英、蔡和森、毛泽东、周恩来、李达、李汉俊、陈望道、王尽美、杨匏安、陈溥贤、张如心等一大批共产党人和无产阶级先进分子共同努力的结果,另一方面也是信仰马克思主义的理论工作者不断努力的结果,同时像廖仲恺、胡汉民、宋教仁、戴季陶等国民党人,尽管不是马克思主义者,却自觉或不自觉地成为马克思主义在中国传播、研究的先导,构成了马克思主义中国化的一个特殊而不可忽视的历史环节,对于他们的历史作用,也是不能忘记的。再如刘师培、何震、李石曾、吴稚晖、张静江、张继、江亢虎、黄凌霜、区声白等早期的无政府主义者,他们在利用报刊宣传无政府主义的同时,也介绍了马克思主义,如申叔(刘师培)的《欧洲社会主义与无政府主义异同考》《〈天义报〉关于共产党宣言“论妇女问题”的案语》《共产党宣言一八八八年英文版序言》《共产党宣言序》,江亢虎的《社会主义学说》,刘师复的《无政府共产主义释名》《无政府共产党之目的和手段》等。除此之外,还要注意到非党的机构或者进步人士在马克思主义的传播和研究方面所起到的重要作用,如邹韬奋领导的上海生活书店,曾将马克思主义当做救国真理,出版了不少马克思主义著作,诚如王晓所说:当时“不止是中国共产党在宣传马克思主义,像生活书店这样的民间机构也在斗争中将马克思主义视为救国真理,还团结了一大批地下党员和非党的左派进步人士宣传马克思主义,在工作过程中在逐渐接受了中国共产党的领导。全面认识马克思主义宣传主体可以帮助我们了解党外机构和进步人士在马克思主义宣传上的所起到的作用和所做的贡献"①。甚至那些反对马克思主义者对马克思主义的各种批判,也从反面促进了马克思主义在现代中国的传播。所有这些,本书都通过具体的文献资料得到全面的展现。

第四,通过本书展示中国现代马克思主义传播和研究过程中的斗争历史。

通过本书可以看到,马克思主义在中国的传播并不是一帆风顺的,充满着曲折和斗争,可谓在斗争中传播,在斗争中发展,在斗争中壮大,在斗争中成为中国共产党人的指导思想。比如俄国十月革命胜利后,马克思列宁主义刚在中国传播,1919 年胡适就在《新青年》上发表《多研究些问题,少谈些主义》的文章,以改良主义来反对马克思主义在中国的传播。因此,李大钊一方面在《新青年》上发表《我的马克思主义观》等文章,比较系统地介绍和宣传马克思主义,另一方面在《每周评论》上发表《再论问题与主义》,对胡适的谬论进行强有力的驳斥,捍卫了马克思主义。1920 年,以胡汉民、朱执信为代表的激进派与梁启超为代表的立宪派之间展开了关于社会主义的大辩论,辩论的主题是社会主义能不能在中国实施以及如何实施。梁启超主张社会改良主义,不赞成马克思主义的观点,认为在中国骤然实行马克思主义,其"结果徒招祸乱而已",这是当时反马克思主义行于中国的一种主流思想。但是肯定社会主义的学者也很多,瞿秋白、陈独秀、彭一湖、周佛海、恽代英、林云陔、李汉俊、李达、胡愈之、施存统等都发表了介绍社会主义的文章。在第一次国内革命战争时期,以瞿秋白、恽代英等为代表的马克思主义者,对戴季陶主义和国家主义等反对马克思主义哲学在中国传播的流派进行了深刻、有力的批判,在斗争中捍卫了马克思主义哲学的基本原理。经过对"问题与主义""社会主义""无政府主义"所展开的论争以后,马克思主义逐渐发展成为当时思想界的主流,在逐步与中国工人运动相结合的过程中得到了人们的高度重视。

在第二次国内革命战争时期,又出现了张东荪的新康德主义和叶青的假马克思主义哲学,特别是张东荪之流对马克思主义唯物辩证法的否定,引发了学术界关于唯物辩证法的论战,促进了唯物辩证法在中国的广泛传播,艾思奇的《哲学讲话》,李达的《社会学大纲》,毛泽东的《实践论》和《矛盾论》等论著,从根本上摧毁了张东荪、叶青之流的唯心主义;郭沫若 1930 年率先运用马克思主义唯物史观的基本原理,全面分析和研究了中国古代社会发

---

① 王晓. 抗战时期生活书店马克思主义著作出版研究[D]. 福州:福建师范大学,2017.

展的一些规律,出版了《中国古代社会研究》一书,开创了中国古代史研究的新纪元。该书出版后,立即遭到以严灵峰等为代表的"动力派"和以陶希圣为代表的"新生命派"的一致围攻,学术界因此展开了关于中国社会性质论战;1931年,为了给中国社会史论战提供论辩的阵地,王礼锡主编的《读书杂志》专门设立了"中国社会史论战"栏目,发表了中国共产党人、新生命派的陶希圣、激进知识分子、中间派、无党派人士等的论辩文章,王礼锡也先后发表《中国社会史论战序幕》《〈中国社会史论战〉第二辑序幕》等文章;1935年,学术界又发生了关于中国农村社会性质的论战,孙冶方以《中国农村》杂志为阵地,对托派王宜昌等人的观点进行批驳。这三场大论战,促进了马克思主义在中国的进一步传播,使马克思主义为越来越多的人所了解和接受。解放战争时期,以郭沫若、潘梓年为代表的马克思主义者对那些反对马克思主义关于阶级和阶级斗争理论的言论,也作了有力的批判。此外,在党内还长期存在着将马克思主义教条化的严重问题,以毛泽东为代表的中国共产党人,一方面坚持将马克思主义与中国革命实际相结合,另一方面坚持与党内的教条主义进行了不屈不挠的斗争,取得了一次又一次的胜利,特别是1945年中国共产党第七次代表大会的召开,标志着党内全面清算教条主义错误的胜利,推进了马克思主义中国化的进程。

虽然马克思主义是放之四海而皆准的真理,但是并不是所有各国学者都信仰马克思主义,反对马克思主义、批评马克思学说的人仍在在可见。如1927年,郭任远在《中央半月刊》发表长篇论文《马克思主义是科学的吗》,指责马克思主义是外来的思想,是不适合中国国情的舶来品。随后又出版《反科学的马克斯主义》一书,他认为:"(一)马克思主义者往往自称他们的主义为科学的社会主义,他们说他们的结论是用科学的方法研究得来的,然而我们却有很充足的理由可以说明马克思主义不但是非科学的,而且是很违反科学的;他们说他们的主义和方法是很物观的,然而我们却有充分的证据可以证明他们是极端的主观派。(二)马克思的信徒动辄自号为最革命的革命党,而骂他人为'思想落后',可是我们却有真凭实据可以指出马克思主义是一个'思想落后'的学说。马克思一生一世没有甚么新发明,他的学说里面,新的不是对的,对的不是新的。他对于共产党惟一的新贡献,就是冒充科学的招牌来号召同志。(三)现在研究社会科学的人,都应以生物学及进化论为根据,然而马克思学说处处违反进化论,处处和最近的生物学的学说不符。(四)要解决社会问题,应以心理学原理为前提,然而马克思学说与最近的心理学的学理及事实相冲突的地方很多。以上几点就是我们要推翻马克思学说的大纲。这本小书的目的就在从科学的方法方面,和生物学及心理学的学理及事实来说明我们的主张之不错,并证明我们要推翻马克思主义的理由的充足。"①郭任远的观点,在当时反对马克思主义者中间是很有代表性的,除了国民党人外,还有一些学者也认为西方传来的"马克思主义不适合中国的国情"。吴泽炎翻译美国学者马克斯·勒纳的《马克斯主义的六个谬误》,发表于《东方杂志》1939 年第 36 卷第 1 期,文章指出马克斯主义的六个谬误是:第一,马克斯主义太低估了资本主义的力量;第二,过分高估了无产阶级的力量;第三,低估了中等阶级的力量,同时也错看了它的趋向;第四,低估了民族国家观念的实力;第五,对政治中的人性,抱错误的观念;第六,无产阶级独裁的误估。"要而言之,马克斯主义的最大贡献,是在于它的历史观,它的根据阶级立场的分析方法,它的与社会各方面都有密切的相互关系,它的对于社会趋向的认识,它的坚持理论与实践的贯通;但无论如何,它决不是一种已经尽善尽美不容再事更改的思想系统。"②另如谢英士的《马克思主义之批评》、邵林书的《马克思剩余价值学说之批判的研究》、王季同的《马克思主义批判及附录》、罗敦伟的《马克思主义评论之评论》、毛一波著译的《马克思主义评论》、奥地利庞巴维克的《马克思主义体系之崩溃》等,也都是反对马克思主义的著作,至于当时发表的批评马克思主义的论文,也在在可见,如缪斌的《马克思主义底破片性列宁主义底狠毒性证明中国共产党底反革命》、黄平凡的《读〈评论共产主义并忠告中国共产党员〉后》、森的《中国共产党崩溃之必然性》、刘霆的《列宁主义的弱点之暴露》等。这些情况都充分说明,马克思主义在中国的传播,道路是曲折的,前途是光明的。

第五,通过本书展示现代马克思主义中国化的曲折历程。

马克思主义中国化是一个渐进的、复杂的过程,一方面是理论认识的过程,另一方面又是实践的过程。理论是基础,实践是关键,如果理论上认识不到位,那么实践上必然无法做到将马克思主义与中国革命的实际相结合。只有两者紧密结合,才能真正实现马克思主义中国化。这一点,当马克思主义在中国传播之初,有的学者就已经有了这样的意识。比如李大钊是在中国大力传播马克思主义的第一人,也是最早把马克思主义的基本原理与中国革命实际相结合的开拓者,为马克思主义中国化做出了奠基性的巨大贡献。而"以陈独秀、蔡和森为突出代表的一批早期有坚定信仰的马克思主义

① 郭任远. 反科学的马克斯主义·导言[M]. 上海:民智书局,1927:3-4.
② [美]Max Lerner. 马克斯主义的六个谬误[J]. 吴泽炎,译. 东方杂志,1939(1).

理论者,在中国正处于内忧外患、四分五裂的社会条件下,活跃在全国各地并组建团体,创办刊物,满腔热忱地对马克思主义思想进行传播,同时他们在将理论很好地应用于实践的过程中,做到一切从实际出发,实事求是,并将理论与实际工作更好地结合起来,努力推进理论更好地为实践服务,他们这些活动的开展也揭开了马克思主义中国化的序幕"①。丁耀、项东说:"蔡和森是中国共产党早期马克思主义中国化的杰出代表,对马克思主义中国化作出了重要的历史贡献。建党之前,蔡和森通过勤学勤思,结合中国现实问题分析,确立了马克思主义的信仰,并为马克思主义在中国传播作出了不懈努力。蔡和森和毛泽东一起为中国共产党的创建作出了贡献。建党后,蔡和森高度重视马克思主义与中国革命实践的结合,对中国革命性质、阶段、统一战线、依靠力量、道路等问题进行了系统阐述,推动了新民主主义革命理论的形成。"②再如 1923 年李达在《新时代》第 1 卷第 2 期发表《马克思学说与中国》一文,提出了"中国可以应用马克思学说改造社会"的重要论断。李达这种以朦胧的形式提出的马克思主义哲学中国化的思想,为之后毛泽东明确提出"马克思主义中国化"作了理论准备,也为"马克思主义哲学中国化"的提出作了理论准备。李大钊在 1924 年发文指出:"我们在这一天,应该细细的研考马克斯的唯物史观,怎样应用于中国今日的政治经济情形。详细一点说,就是依马克斯的唯物史观以研究怎样成了中国今日政治经济的情状,我们应该怎样去作民族独立的运动,把中国从列强压迫之下救济出来。"③文章强调要让马克思主义适用于当时的政治经济形势。1928 年10 月 14—16 日,中共湘赣边界第二次代表大会召开,毛泽东为会议起草《政治问题和边界党的任务》的决议,其中有《中国的红色政权为什么能够存在》。石国亮、段元俊说:"《中国的红色政权为什么能够存在?》是毛泽东关于政权问题的辉煌论著之一。在这篇文章中,毛泽东创造性地把马克思列宁主义的普遍原理与中国革命的具体实践相结合,回答了第一次国内革命战争失败后在中国革命问题上具有决定意义的一个理论问题——关于红军和红色政权能否存在和发展的问题,指明了在反动统治薄弱的农村积聚力量,实行工农武装割据,以农村包围城市,最后夺取城市取得全国政权的道

①　谢菲.《向导》在马克思主义传播过程中的贡献研究[D].哈尔滨:哈尔滨工业大学,2016.
②　丁耀,项东.论蔡和森对马克思主义中国化的历史贡献[J].前沿,2012(1).
③　李大钊.这一周[J].北大经济学会半月刊,1924(24).

路。这是毛泽东思想开始形成的一个标志,是马克思主义中国化的里程碑。"①随着理论认识的不断深入,到了1938年,毛泽东代表中共中央政治局在党的六届六中全会作政治报告《抗日民族战争与抗日民族统一战线发展的新阶段》《战争与战略问题》《统一战线中的独立自主问题》,正式提出"马克思主义中国化"的命题。自从毛泽东提出"马克思主义中国化"的命题以后,得到党内外的热烈响应,和培元的《论新哲学的特性与新哲学的中国化》、陈伯达的《关于马克思学说的若干辩证》、杨松的《关于马列主义中国化的问题》、张如心的《论布尔塞维克的教育家》等文章都对马克思主义中国化问题进行详细探讨。艾思奇对此论述最多,也较为系统。他在《怎样研究辩证法唯物论》《社会主义革命与知识分子》《论中国的特殊性》《抗战以来几种重要哲学思想评述》等文章中进行了详细论述。

对于马克思主义中国化的认识,不仅中国共产党人的认识在革命实践中不断加深,即便是资产阶级革命派对马克思主义的中国式解读,也是马克思主义中国化进程中不可忽视的重要一个环节。李雅兴说:"孙中山是中国最早研究马克思主义和西方各派社会主义思想的革命家。他赞成马克思主义,主张在中国实行社会主义,为十月革命后马克思主义在中国的广泛传播准备了充分的思想认识条件,为马克思主义中国化提供了前提条件;他的许多富有远见的思想和主张,成为马克思主义中国化第一个理论成果——毛泽东思想的理论来源之一。"②

对于五四运动以来马克思主义中国化所取得的巨大成就,杨松在《关于马列主义中国化的问题》一文中做了全面概括,认为取得了10个方面的成就,他说:

> 从五四运动以后,马列主义开始传入中国以来,在这二十年中,特别是在最近十余年来,马列主义的中国化确实已收到了很大的成绩,证明中国共产党真正是科学的创造式的马克思列宁主义的政党,决非如共产主义的叛徒叶青之流所说的,中国共产党没有理论。我们现在检查起来,可以简单列举如下:一、在对于中国社会经济性质方面:中国共产党确定了中国社会经济的半殖民地性半封建性占统治地位。同时指出了中国民族资本主义之相当发展,击溃了托洛茨基主义在这方面的

① 石国亮,段元俊,主编.领导干部必读的党史国史经典[M].北京:国家行政学院出版社,2014:14.

② 李雅兴.孙中山思想与马克思主义中国化[J].山西社会主义学院学报,2007(1).

反革命理论。二、关于中国社会各阶级和阶层的相互关系，中国革命的性质、任务、动力和战略与策略等等问题上，充实了和发扬了马克思列宁和斯大林关于殖民地和半殖民地革命的学说（如象共产国际和中共历次关于中国革命的决议）。三、关于国家政权的形式，中国共产党在帝国主义时代资产阶级性民主主义革命中，在十年苏维埃运动中，证明了苏维埃不仅是无产阶级专政的国家政权形式，并且是工农革命民主专政的国家政权形式。并且，在目前提出了为新民主主义共和国而奋斗的口号，它正如毛泽东同志所说的，既非十七、十八世纪西欧资产阶级革命所产生出的旧式资产阶级的民主共和国，如现在法国和美国；亦非如现在苏联无产阶级专政的国家形式。四、关于建立新的人民的革命军队和军事战略战术的学说，中国共产党以毛泽东同志为首，发挥了和具体化了马克思、恩格斯、列宁、斯大林关于战争和军事的学说（如象毛泽东同志在十年内战中战略和战术的发挥。在目前抗战中所著《论持久战》和《论新阶段》）。五、关于中国农民土地问题，中国共产党领导了十年的土地革命，把马克思和列宁关于这方面的理论和策略更加具体化了和充实了其内容。六、关于建立新式的马克思列宁的布尔什维克共产党方面，中国共产党在其反陈独秀机会主义、反盲动主义、反李立三路线和反张国焘路线的斗争中，在殖民地和半殖民地国家内建立新式共产党方面，也更加充实了和具体化了马克思和列宁关于党的学说。七、由于党的和非党的布尔什维克在我国各门学术方面的研究和刻苦的工作，在我国各门学术的马列主义化方面，也有许多成绩。如鲁迅的文学，他的批评和他关于马列主义理论和艺术理论之介绍。八、在翻译和介绍马列主义的经典著作方面，在大革命失败以后的十年中间，特别是在抗战三年以来，作了许多宝贵的工作，如象马克思《资本论》的出版，恩格斯《反杜林》《自然辩证法》之中文翻译，《马恩选集》之出版，列宁《唯物论与经验批判论》、列宁《俄国资本主义之发展》、《列宁选集》和《斯大林选集》之出版，斯大林《民族殖民地问题》之出版，《联共（布）党史》之中文版等等。这是马列主义中国化的初步和必要的工作。九、在马列主义的通俗化和大众化方面，虽然难免某些错误和庸俗化的毛病，但是，由于共产党人及同情者的共同努力，也作了一些工作，获得了一些成绩。十、西欧启蒙运动者的著作和俄国古典文学、苏联和英、法、美等国无产阶级文学的翻译和介绍方面，也做了一些工作，如像黑格尔《逻辑学》和《历史哲学》的中文出版，以及其他启蒙运动者某些著作之翻译。托尔斯泰、杜思妥亦夫斯基、高尔基、夫尔曼洛夫、绥拉菲么维支、法捷耶夫等等作家小说之中文翻译。①

杨松文章所列举的这些重要成绩，在本书中，都有具体的记录。

第六，通过本书展示毛泽东思想形成、发展和研究的历程。

通过本书可以看到，马克思主义在中国之所以能够广泛传播和深入研究，是与中国早期马克思主义者的艰苦努力密不可分的。陈独秀、李大钊、瞿秋白、李达、邓中夏、恽代英、蔡和森、彭湃、赵世炎、张太雷、毛泽东、周恩来、刘少奇等都曾做出了积极贡献。尤其是毛泽东同志，不仅能够娴熟地运用马克思主义的基本原理和方法来指导中国革命实践，为中国革命指明了正确的道路，制定了正确的理论、方针和政策，而且在把马克思主义的基本原理和中国革命的具体实践相结合的过程中，创造性地丰富和发展了马克思主义，从而形成了中国化的马克思主义——毛泽东思想。毛泽东思想的最终形成，是马克思主义在中国传播和发展过程中取得的最伟大的成果，是马克思列宁主义在中国获得胜利的伟大标志。毛泽东思想的形成和发展有一个历史过程，毛泽东是党的一大代表，毛泽东思想自然在建党之初和大革命时期已经逐渐萌芽，其中毛泽东发表的《中国社会各阶级的分析》《国民革命与农民运动》《湖南农民运动考察报告》等著作是其代表；到了30年代开始形成，《星星之火，可以燎原》的著名通信，是毛泽东思想形成的标志；在土地革命战争后期一直到抗日战争时期，是毛泽东思想逐步得到系统总结、全面展开并日趋成熟的时期，其表现是创立了新民主主义革命理论的完整体系，发展了民族统一战线的理论，总结了中国革命战争特别是抗日战争的战略思想和战术原则，阐明了加强中国共产党建设的极端重要性，提出了"没有调查就没有发言权"等一切从实际出发、实事求是的思想路线，丰富和发展了马克思主义的世界观和方法论；在解放战争期间，毛泽东思想得到进一步发展，毛泽东运用马克思主义基本原理和方法，对中国革命斗争实践中的一系列独创性的经验作了科学的总结，从而极大地丰富了马克思主义。1944年《毛泽东选集》的出版，标志着毛泽东思想已经得到全党的拥护和肯定，尤其到了解放战争时期，关于毛泽东思想的研究也非常活跃并取得了很大成绩。

1941年，张如心在《解放》第127期发表《在毛泽东同志的旗帜下前进》的重要文章，在这篇文章中，张如心给毛泽东以极高的评价："毛泽东同志是

---

① 杨松.关于马列主义中国化的问题[J].中国文化，1940(5).

我们党伟大的革命家,天才的理论家、战略家","中国最好的创造性的马克思、列宁主义者,他精通马克思列宁主义的理论,他具有近二十年极丰富的革命斗争经验,善于把渊博的马克思列宁主义的理论和丰富的具体的中国革命实践像土敏土一样结合在他身上,他善于把马列主义的坚定的原则与灵活的策略有机地联系在一起"。文章进而阐明了毛泽东"在中国问题上发展创造性马克思主义的几个显著的例证":第一,关于中国社会性质、阶级关系及中国民族民主革命的特质问题。在这一问题上,毛泽东的发展是,根据中国社会经济结构及"九一八"事变以后新的情况,明确规定中国社会性质是一个"半殖民地半封建社会",具体分析了中国社会各个阶级的特质,指明中国革命是世界新的社会主义革命的一部分,指明了中国民族民主革命的基本问题是无产阶级与资产阶级建立民族统一战线,中国革命的长期性及中国革命斗争形式主要是武装斗争。第二,关于民族统一战线问题。毛泽东的贡献是,规定了抗日民族统一战线的政策,规定了共产主义者对三民主义的正确态度,规定了三民主义是抗日民族统一战线的政治基础,区别了新三民主义与旧三民主义;规定了坚持民族统一战线政策的方针以及统一战线中一定的必要的斗争,纠正了过去一切联合、否认斗争的陈独秀主义错误及一切斗争、否认联合的"左"倾错误,辩证地解决了统一与斗争问题;规定了民族统一战线不同时期的不同内容,及对于参加抗日民族统一战线各个阶级的灵活的政策。第三,关于中国民族民主革命的政权问题。毛泽东的发展是,不仅在过去领导了中国共产党第一次在中国半殖民地半封建社会,在资产阶级民主革命阶段中,建立了工农民主专政的苏维埃政权,创造了许多宝贵的经验,而且根据马、恩、列、斯关于国家的学说,根据他对中国社会性质及特质的认识,在抗日战争的新的历史条件下,提出了建立新民主主义政权的理论和政策,他的《新民主主义论》便是关于这一问题的伟大的名著。毛泽东所提出的新民主主义政权,一方面与资产阶级专政的旧式欧美民主主义政权有区别,另一方面与最新式的苏联式的无产阶级专政的社会主义共和国也不同。第四,关于革命军队的建设、革命根据地的建设及革命战争的战略战术问题。毛泽东根据苏联国内战争及中国过去革命战争的经验,根据他对于中国半殖民地半封建社会的具体环境及中国革命的特点和规律性的透彻了解,提出了在中国建立革命军队及革命根据地的方针,并且亲身参加和领导了过去十年来的国内革命战争,创立了革命的工农红军及苏维埃革命根据地。在抗日民族战争中,对于建设抗日军队、建设抗日革命根据地同样作了许多天才的指示。毛泽东还创造了在半殖民地半封建社会的中国的一套新的革命军事理论,完整的中国革命战争的战略战术。他把马、恩、列、斯的游击战争思想,发展成为有战略意义的完整的游击战争理论和实践。他研究了中国抗日民族革命战争的性质与特点,提出了战胜日本帝国主义的战略战术,《论持久战》《游击战争的战略问题》就是他在这一方面的杰作。毛泽东正确分析了中日各方的条件,估计到中日战争的发展会经历三个阶段,揭露了亡国论者和速胜论者的错误。张如心在作了以上分析后接着指出,毛泽东之所以能够达到这种成功,最重要的是因为他能够真正唯物地具体地理解我国的情形,真正掌握创造性马克思主义的灵魂——唯物辩证法。从毛泽东编写的《辩证法唯物论讲授提纲》中,可以清楚地看到他如何深刻地、透彻地了解唯物辩证法的本质,如何善于把他长期的、丰富的革命斗争经验以辩证的方法科学地综合起来。①

最早提出毛泽东思想概念的是王稼祥,为庆祝共产党成立22周年,他专门撰写了《中国共产党与中国民族解放的道路》一文,发表在1943年7月8日《解放日报》上,第一次明确提出了"毛泽东思想"的概念,他说:"中国民族解放的整个过程中——过去、现在与未来——的正确道路就是毛泽东同志的思想,就是毛泽东在其著作中与实践中所指出的道路。毛泽东思想就是中国的马克思列宁主义,中国的布尔什维主义,中国的共产主义。""毛泽东思想与中国共产党的民族解放的正确道路是在与国外国内敌人的斗争中,同时又与共产党内部错误思想的斗争中生长、发展与成熟起来的。""以毛泽东思想为代表的中国共产主义,是以马克思列宁主义的理论为基础,研究了中国革命的现实,积蓄了中共二十二年的实际经验,经过了党内党外的曲折斗争而形成起来的。"毛泽东思想"是马克思列宁主义与中国革命运动实际经验相结合的结果"②。随后,博古、周恩来、朱德、张闻天、邓小平、刘少奇、罗荣桓、林伯渠等党的领导人和邓拓、张仲实、周扬、萧三、司马圣、张如心、方方、林默涵、萧农、侯外庐等理论研究者都对毛泽东思想作了肯定和阐释,如邓拓为冀察冀新华书店1944年出版的《毛泽东选集》卷首写了《编者的话》,揭示了毛泽东思想产生的历史背景,以及对于中国共产党和中国革命的伟大意义,他指出:

中国共产党与中国工人阶级、中国革命的人民,在长期曲折复杂的斗争中,终于找到了天才的领袖毛泽东同志。毛泽东,是最近三十年在

① 胡为雄.毛泽东思想研究简史[M].北京:中央文献出版社,2014:21-22.
② 王稼祥.中国共产党与中国民族解放的道路[N].解放日报,1943-07-08.

各种艰苦复杂的革命斗争中久经考验的、完全精通马列主义战略战术的、对于中国工人阶级与中国人民解放事业抱无限忠心的、坚强伟大的革命家；他真正掌握了科学的马列主义的原理原则，使之与中国革命实践密切结合，使马列主义中国化。毛泽东的思想就是代表中国无产阶级及其政党——共产党的思想，就是党内布尔什维克的思想，就是最能代表中国革命人民利益的思想。构成毛泽东主义的历史条件就是在殖民地、半殖民地、半封建的中国，革命已经经过了三个时期，在每个革命时期中，毛泽东以及一切团结在毛泽东周围的中共党员，都是一方面向着党外的敌对思想作斗争，一方面向着党内的"左"右倾机会主义作斗争；而在历史实践中都完全证明了毛泽东的思想是唯一正确的思想。中国无产阶级及其政党与中国革命人民所有的革命事业，凡是在毛泽东思想指导下进行的，其结果总是前进的，上升的，也就是胜利的。凡是由于党内各种机会主义、投降主义在一定时期攫取统治地位而违反了毛泽东的思想原则时，其结果总是挫败，与严重的损害了革命的利益。所以中国新民主主义革命的历史，中国共产党的历史，在实际上是以毛泽东为领导核心的。毛泽东的思想就是在与党外各种反革命思想及党内各种错误思想作斗争中，生长、发展和成熟起来的。目前中国无产阶级及其政党——共产党，以及一切革命阶级革命人民正在向着日本帝国主义企图殖民地化中国的各种奴化思想作斗争，正在向着中国式的法西斯主义作斗争；党内正在进行有重大历史意义的思想革命——整顿三风，这就是我们党的思想阵线的实际情况。因此，一切干部，一切党员，虚心和细心地学习毛泽东同志的学说，用毛泽东同志的思想来武装自己，并用毛泽东同志的思想去战胜党内各种错误思想与党外一切反动思想，这是异常迫切的任务。这是使全党在思想上、政治上、组织上和行动上完全统一起来，使党成为完全巩固的广大群众性的和进一步布尔什维克化的一个异常重大的关键。本社为了贯彻毛泽东思想于边区全党，特出版《毛泽东选集》，以介绍毛泽东同志的各种名著，来帮助全体同志加强整风学习。①

　　1945 年 4 月 20 日召开的中共六届七中全会，通过了《关于若干历史问题的决议》，正式确立了毛泽东思想在全党的指导地位。在随后召开的中国共产党第七次全国代表大会上，毛泽东同志被选为中央委员会主席，中国共

---

① 邓拓. 邓拓文集：第 1 卷[M].北京：北京出版社，1986：42-43.

产党以毛泽东为核心的第一代领导集体正式形成。张闻天在大会发言时，高度评价了毛泽东思想，简明扼要地阐述了毛泽东思想的基本内容，他说：

> 毛泽东同志不但继承了，而且发展了马克思主义，他在马克思主义的总宝库中放进了特别的与新的东西。在民族殖民地问题研究上，马克思、恩格斯曾经有过不少的贡献，列宁与斯大林则更进一步在这个问题上发展了马克思主义，而且列宁尤其是斯大林，曾经对于中国大革命在理论指导上，有过很大的贡献。然而，中国的革命的指导过去是，现在也仍然是由中国的马克思主义者负完全的与最后的责任——这样的马克思主义者就是毛泽东同志。马克思主义的理论与中国革命实践一经结合，产生了中国自己的马克思主义，毛泽东路线与毛泽东思想，那完全是当然的，完全是应该的。我们只要略举毛泽东同志关于中国半殖民地、半封建的社会性质的思想，关于中国新民主主义革命的思想，关于中国革命不平衡性、曲折性与长期性的思想，关于首先建立以农民为主体的革命根据地以发展全国革命的思想，关于正确解决中国农民土地问题的思想，关于建立民族民主统一战线及其内部又联合又斗争的思想，关于人民战争的全套战略战术的思想，关于反对主观主义、教条主义与经验主义的思想，关于建党、建军、建政的思想等等，我们就可了然，毛泽东同志是怎样的发展了马克思主义，怎样的充实与丰富了马克思主义的内容。因此，我们必须承认这一真理，即毛泽东路线与毛泽东思想是中国的马克思主义，因此，必须在全党同志头脑中建立毛泽东路线与毛泽东思想是中国马克思主义的观点，因而就在全党同志前面，提出了必须学习毛泽东路线与毛泽东思想的任务，因而在全党的宣传机关与全党的理论工作者的前面，提出了研究与宣传毛泽东路线与毛泽东思想的任务。我想我们全党同志都高兴，我们党今天有了我们自己的马克思主义，即民族化了的马克思主义，即毛泽东路线与毛泽东思想。[①]

通过本书可以看到，马克思主义在中国的传播和发展，是和中国新民主主义革命紧密结合起来的。马克思主义在中国的传播，为中国革命提供了唯物主义世界观和方法论的指导；而中国革命的伟大实践，则为马克思主义的传播和发展提供了坚实的基础。没有马克思主义的指导，中国共产党领导的中国革命不可能取得这样伟大的胜利；没有中国革命的伟大实践，马克

---

① 张闻天.张闻天文集(1939—1948)：第3卷[M].北京：中央党史出版社，2012：179-180.

思主义也不可能在中国得到如此广泛的传播和深入的发展。中国革命的胜利,证明马克思主义的正确;中国革命的胜利,证明马克思主义只有和各国的具体实际结合才能成功。

第七,通过本书展示中国现代不同阶段和不同区域的马克思主义研究特点。

中国现代马克思主义传播和研究大致可以分为三个阶段,"五四"运动前后为第一阶段,受俄国十月革命胜利的影响,中国早期许多先进知识分子接受了马克思主义的世界观,开始积极地学习和宣传马克思主义学说,其代表人物有李大钊、陈独秀、瞿秋白、恽代英、李达、蔡和森等。比如李大钊是中国最早接受和宣传马克思主义的杰出代表,不仅在十月革命胜利不久就连续发表《法俄革命之比较观》《庶民的胜利》《布尔什维克主义的胜利》等文章,介绍和歌颂十月革命,号召中国人民走俄国十月革命的道路,而且在1919年《新青年》杂志上发表了《我的马克思主义观》,率先向中国读者介绍马克思主义的三个组成部分,即唯物史观、政治经济学和科学社会主义,同时还与高一涵等人在北京发起组织"马尔格士学说研究会",以研究马尔萨斯人口论为掩护来研究马克思主义,作为中国最早研究马克思主义的团体,培养了很多信仰马克思主义的青年知识分子;陈独秀则在上海主编《新青年》杂志,以《新青年》为阵地,比较系统地开始介绍和研究马克思主义,特别是在1919年《新青年》第6卷第5号开辟"马克思主义研究专号",发表李大钊的《我的马克思主义观》、顾兆熊的《马克思学说》、起明译的《俄国革命之哲学的基础》、刘秉麟的《马克思传略》、凌霜的《马克思学说批评》、陈启修的《马克思的唯物史观与贞操委托》、渊泉的《马克思的唯物史观》和《马克思奋斗的生涯》等重要文章,在当时造成了极强的宣传效果。这一年,孙中山指示戴季陶、沈玄庐、孙棣三在上海创办《星期评论》,至1920年6月6日终刊,在此期间发表专门宣传马克思主义的文章近50篇,涉及马克思主义的文章则更多,是当时宣传和研究马克思主义的重要阵地。这一年,周恩来、刘清扬、邓颖超、郭隆真、马骏、谌小岑、李毅韬、张若、李锡锦、郑季清等人在天津创立觉悟社,决定出版《觉悟》,宣传马克思主义等新思潮。这一年,董必武和陈潭秋在武汉创办武汉中学,以此为阵地,宣传马克思主义。1920年,恽代英、林育南、李求实等人在武汉成立"马克思主义研究会",李大钊、高崇焕、王有德、邓中夏、罗章龙、瞿秋白、高君宇、何孟雄、张国焘、邵飘萍、朱务善、王有德、吴汝明、黄绍谷、王复生、黄日葵、李骏、杨人杞、李梅羹、吴容沧、刘仁静、范鸿劼、宋天放、范齐韩等在北京大学发起成立马克思学说研究会,陈独秀、李汉俊、沈玄庐、陈望道、施存统、李达、俞秀松、陈公培、杨明斋、周佛海、邵力子、沈雁冰、林伯渠、李启汉、李中、沈泽民、叶天底、袁振英、戴季陶(旋退出)、张东荪(旋退出)、刘大白、李季、沈仲九、金家凤等人在上海《新青年》编辑部发起成立马克思主义研究会,毛泽东、易培基、何叔衡、彭璜、姜济寰、易礼容、任弼时、方维夏等在湖南长沙发起成立俄罗斯研究会,王尽美、王象午、邓恩铭等进步青年在山东济南成立了专门研究马克思主义理论的康米尼斯特学会,即共产主义学会,这是山东有组织地研究宣传马克思主义理论的开端。这些马克思主义研究会的先后成立,对介绍、宣传、研究马克思主义起到了积极的促进作用,也培养了大批马克思主义的信仰者,为中国革命事业积蓄了后备力量。第一阶段的重点,是介绍马克思、恩格斯的经典著作和唯物史观,虽然成绩显著,但毕竟属于对马克思主义认识的初级阶段,对马克思主义的理解和介绍还不够充分、不够全面,存在的问题还有不少。但良好的开头是成功的一半,它为后续的马克思主义宣传和研究奠定了良好的基础。

1927年大革命失败以后,马克思主义在中国的传播和研究进入第二阶段,一方面是以毛泽东为代表的中国共产党人运用马克思主义指导中国革命和斗争,并初步实现了马克思主义基本原理与中国革命的具体实践相结合,为大力传播和研究马克思主义理论提供了非常有利的条件;另一方面,在国统区的革命理论工作者在白色恐怖的艰苦环境里继续努力从事马克思主义的传播和研究,取得了相当大的成绩。

在这一阶段,中央苏区的马克思主义宣传和研究尤其值得重视。其一,毛泽东同志对马克思主义的认识和研究,他在《反对本本主义》中说:"我们说马克思主义是对的,决不是因为马克思这个人是什么'先哲',而是因为他的理论在我们的实践中,在我们的斗争中,证明了是对的。我们的斗争需要马克思主义。我们欢迎这个理论,丝毫不存在什么'先哲'一类的形式的甚至神秘的念头在里面。""马克思主义的'本本'是要学习的,但是必须同我国的实际情况相结合。我们需要'本本',但是一定要纠正脱离实际的本本主义。"[①]毛泽东明确指出,马克思主义的基本原理必须与中国革命的实际相结合,中国革命不能照搬照抄俄国革命的模式和经验,这是马克思主义中国化的一个巨大飞跃,标志着马克思主义中国化的成果——毛泽东思想的基本形成,意义非常重大。毛泽东的《兴国调查》《湖南农民运动考察报告》等

---

① 毛泽东.毛泽东选集·第1卷[M].北京:人民出版社,1991:111-112.

社会调查,是马克思主义理论联系中国社会实际的典范,是"没有调查就没有发言权"主张的具体实践,是马克思主义中国化的实践成果。其二,中华苏维埃临时中央政府创办了《红色中华》《斗争》《红旗周报》《青年实话》等机关报,成为宣传马克思主义的重要阵地,《红色中华》发表了吴亮平的《马克思列宁论武装暴动》、昆的《纪念马克思与学习马克思列宁主义》、然的《马克思逝世五十周年纪念》、张闻天的《一切为了保卫苏维埃》等文章,《斗争》发表了尚昆的《苏联社会主义建设的胜利》和《马克思逝世五十周年纪念》、洛甫的《苏维埃政权下的阶级斗争》和《论苏维埃政权的文化教育政策》、博古的《论目前阶段上苏维埃政权的经济政策》、毛泽东的《查田运动的初步总结》,《红旗周报》发表了张闻天的《为中国民族的独立与解放而斗争》和《苏维埃政府怎样为粮食问题的解决而斗争》、何史文(瞿秋白)的《纪念列宁》、黄卷的《斯大林同志的信与反托洛斯基主义的斗争》,《青年实话》发表了吴亮平的《十月革命的胜利乃列宁主义伟大胜利》和《列宁革命事迹简述》等,极大地推进了中央苏区的马克思主义中国化和大众化进程。其三,苏区创办了马克思共产主义学校(即中共中央党校)和苏维埃大学等干部学校,对红军干部进行马克思主义理论教育,极大地推动了马克思主义理论学习的制度化与自主化。由于领导重视和各项教育措施的有效落实,很好地保证了马克思主义理论教育的顺利展开,进而逐步提高了广大学员的马克思主义理论水平。其四,苏区成立了马克思主义研究会,并出版了一大批马克思列宁主义的经典著作,掀起了学习和研究马克思主义的热潮。根据中央制定的《马克思主义研究会的组织与工作大纲》,各类干部学校也先后成立了马克思主义研究会,有组织地展开对马克思列宁主义理论的宣传和研究,培养出了一批研究马列主义理论的专家队伍,极大地促进了马列主义在中国革命实践中的运用和发展,促进了马克思主义中国化的历史进程。

所谓国统区,一般是指中国抗日战争和解放战争期间国民党统治的区域,重点是上海、南京和重庆三个城市。在国统区的马克思主义传播和研究,尽管遭到了一些挫折,甚至被查禁,但是马克思主义在国统区的传播和研究,仍然不绝如缕,从未中断。其中国统区爱国知识分子对马克思主义的传播和研究的贡献,尤其值得肯定。在国统区,以郭沫若、李达等为代表的马列主义学者,按照党中央的战略部署,团结大批进步知识分子,积极进行马列主义的研究和宣传工作,他们或翻译马列主义经典著作,如张申府译的恩格斯《论辩证法》、欧阳凡海译的《马恩科学的文学论》、张仲实译的《费尔巴哈论》、邹韬奋译的《苏联的民主》和《社会科学与实际社会》、沈志远译的

《雇佣劳动与资本》、何学文等译的《价值价格与利润》、方乃宜译的《马恩论中国》、凯丰译的《什么是社会主义》、唯真译的《马克思与民族战争问题》等；或成立中国左翼作者联盟、中国社会科学家联盟、中国左翼美术家联盟、中国左翼剧团联盟，这些左翼文化运动团体的成立，主要目的是传播和发展马克思主义，"左联"甚至还成立了马克思主义理论研究会，比较系统地翻译马克思主义文艺理论著作，很好地促进了马克思主义文艺理论的本土化进程。《中国社会科学家联盟纲领》也提出了联盟的主要任务是"以马克思主义的观点，分析中国及国际的政治经济，促进中国革命"，"有系统地领导中国的新兴社会科学运动的发展，扩大正确的马克思主义的宣传"。[1]

　　陪都重庆，是国民政府所在地，但是马克思主义传播与研究依然存在，值得重视的方面，一是中国共产党领导的《新华日报》是在国统区公开出版的唯一合法的报纸，发表了大量介绍和研究马克思列宁主义的文章，为马克思主义在国统区的普及、宣传起到了重要作用，成为马克思主义中国化和大众化历史上的光辉典范。王瑞熙说："《新华日报》根据国统区社会群体的构成状况，重点选择向工矿企业中的劳动工人群体、青年学生群体和职业妇女群体进行一些基本的马克思主义知识的宣传教育。在基本内容方面，《新华日报》主要是围绕马克思、恩格斯和列宁的个人形象和品格进行宣传，侧重从马克思主义发展历史的维度来普及一些基本的马克思主义知识，并且还会对马克思主义的一些具体理论进行针对性的介绍来推进经典马克思主义理论的普及。同时，对新民主主义理论的相关内容、毛泽东军事思想和文艺思想也进行了必要的宣传。"[2]还有《群众》周刊也是由《新华日报》编辑的党在国统区和香港地区公开出版的机关理论刊物，它通过对马列主义经典作家生平介绍、马列主义基本原理的诠释、国际共产主义运动重大历史事件的回溯、苏联社会主义革命和建设成就的展示等，承担了国统区传播和宣传马列主义理论和中国共产党的政治主张等任务，成为国统区人民群众接触马列主义的重要载体。二是毛泽东思想在重庆文艺界的影响，如毛泽东在1938年10月党的六届六中全会上作了《中国共产党在民族战争中的地位》的报告，提出了"中国特性""中国作风和中国气派"等问题，当时在延安地区引起了关于"民族形式"问题的讨论，到1940年，这种讨论波及到了重庆，陪都地区的马列文论界围绕着"民族形式的中心源泉"等问题也展开了激烈论争，向林冰发表的《论"民族形式"中心源泉》一文，成为这次讨论的导火线，

① 中国社会科学家联盟纲领[J].新思想月刊,1930(7).
② 王瑞熙.抗日战争时期《新华日报》推进马克思主义大众化研究[D].上海:华东师范大学,2017.

随后葛一虹有《民族形式的中心源泉是在所谓的"民间形式"吗》、罗荪有《论争中的民族形式"中心源泉"问题》、郭沫若有《民族形式"商兑"》、光未然有《文艺的民族形式》等，对向林冰的文章提出了批评，因为"陪都地区发生的这场论争是在毛泽东所做《中国共产党在民族战争中的地位》报告的基础上发生的，许多马列文论人士围绕毛泽东提出的'中国特性''中国作风和中国气派'等主张展开论争，促进了毛泽东文艺思想在陪都地区的传播。最后，这场关于'民族形式'问题的论争是文艺大众化运动的深入和发展，它解决的是如何使无产阶级文学更加群众化和民族化的问题。这场论争促进了马列文论更好地'为抗战服务'及面向'工农兵'方向。正如茅盾在《抗战以来文艺理论发展》中所说：'这一论争的结果，不但批判了"民族形式中心源泉"说，还连带批判了几种对于五四以来新文艺发展的不正确的看法，不但纠正了那些专从"形式"二字来立论的狭窄而机械的观点，并且也指出了新文艺的"普及"与"提高"将有赖于"民族形式"的完成。'总之，在陪都地区发生的这场关于'民族形式'问题的论争产生了广泛的影响，促进了马列文论中国化的历史进程"①。1942 年，毛泽东发表《在延安文艺座谈会上的讲话》，随后何其芳受党中央指派到重庆向文艺界进步人士传达《讲话》精神，得到了郭沫若等文艺界人士的重视，《讲话》在重庆文艺界得到了广泛的传播，这是马列主义文艺理论传播和马列主义文艺理论中国化进程中的一个里程碑，其中何其芳做出了很大贡献。

第三个阶段是延安时期，中国共产党的马克思主义理论队伍迅速发展壮大，形成了马克思主义理论的研究中心，首先是以毛泽东、张闻天、刘少奇、王稼祥等为代表的党的领袖带头研究马克思主义，如 1938 年 9 月，毛泽东在六届六中全会上作了《论新阶段》的报告，第一次明确提出了"马克思主义中国化"的概念，并作了具体阐述，获得了党内党外的广泛共识；1942 年延安整风运动开始时，毛泽东就亲自布置艾思奇主编《马克思恩格斯列宁斯大林思想方法论》一书的编写，此书完成后，成为延安整风运动必读文件之一，对于纠正党内存在的教条主义的思想作风，起到了很大的作用。王稼祥在《关于三民主义与共产主义》一文中阐述了马克思主义的主要内涵，他说："马克思主义是科学的社会主义，是无产阶级的革命科学与学说，是人类最进步的思想。马克思主义是人类十九世纪所造成的德国哲学、英国政治经济学、法国社会主义的代表人物的公认的继承者。马克思的学说——唯物

---

① 张锐.陪都地区的马列文论研究[D].重庆:重庆师范大学,2015.

辩证法、政治经济学与社会主义——不仅是科学的解说世界,而且是改造世界的科学。"①王稼祥还在1943年发表的《中国共产党与中国民族解放的道路》中,首次提出了毛泽东思想的科学概念,充分肯定了毛泽东思想是马克思主义中国化的重要理论成果,毛泽东思想"是马克思列宁主义与中国革命运动实际经验相结合的结果","毛泽东思想是引导中国民族解放和中国共产主义到胜利的保证"。② 其次是一大批学有专长的马克思主义理论工作者,如艾思奇、陈伯达、张仲实、吴亮平、郭大力、王亚南、何锡麟、柯柏年、李达、胡乔木、成仿吾、杨松、杨如心、王学文、胡绳、陈唯实、王思华、周扬、范文澜、沈志远等的理论研究和翻译工作,促进了马克思主义理论在延安的进一步传播和发展,特别是艾思奇对马克思主义大众化方面的贡献尤为突出,他的《大众哲学》,是马克思主义哲学的入门书,为马克思主义哲学的通俗化和大众化做出了开创性的贡献;他的《论中国的特殊性》《怎样研究辩证法唯物论》和《抗战以来几种重要哲学思想评述》等文章,对马克思主义中国化的必要性与可能性、马克思主义中国化的原则和主要内涵等问题作了全面系统的阐释,对于马克思主义中国化的研究与宣传起到了促进作用;再次是1938年中共中央在延安成立了马列学院,这是中国共产党创办的第一所专门学习和研究马克思列宁主义理论的学校。 在马列学院里,还专门设置编译部,集中了艾思奇、何思敬、王学文、吴亮平、王实味、何锡麟、徐冰、柯柏年、张仲实、赵非克等许多专业的编译人才,专门负责马克思主义著作的编辑和翻译工作,先后编译马恩丛书、列宁选集、斯大林选集等经典著作,这是中国共产党在革命根据地创立的第一个编译马克思主义经典著作的专门机构,使马克思主义在中国的传播和研究进入有组织、有计划的新阶段;最后是对毛泽东生平事迹和思想的研究,如萧山有《毛泽东同志的少年时代》《毛泽东同志初期的革命活动》《毛泽东同志的青年时代》《毛泽东同志传略》,张如心有《学习和掌握毛泽东的理论和策略》《毛泽东的人生观》《毛泽东的科学方法》《毛泽东的科学预见》《毛泽东的作风》《论毛泽东》《毛泽东的思想及作风》,张仲实有《毛泽东传略》,司马圣有《毛泽东论》,郑学稼有《毛泽东先生评传》,方方有《纪念"七一",学习毛泽东思想》《毛泽东与农民运动》,萧农有《毛泽东的革命军事思想》,林默涵有《学习毛泽东思想》等,大家从各种不同角度论述了毛泽东思想的内容和毛泽东发展马克思主义的贡献。

第八,通过本书展示现代报刊和出版机构对传播、宣传、研究马克思主

---

① 王稼祥.关于三民主义与共产主义[J].解放,1939(86).
② 王稼祥.中国共产党与中国民族解放的道路[N].解放日报,1943-07-08.

义的巨大贡献。

马克思主义之所以能够在现代中国广泛传播和得到深入研究,除了中国共产党人和一大批马克思主义信仰者、研究者的不懈努力外,与这个时期的报刊和出版机构的积极努力也是分不开的。从报纸而言,俄国十月革命胜利的消息刚传入中国,天津《益世报》立即在 1917 年 11 月 9 日以《俄国克伦斯基政府已被激进党政府推倒》为题报道了俄国十月革命胜利的消息;而邵力子主编的《民国日报》则在 1917 年 11 月 10 日和 11 日分别以《突如其来之俄国大政变》与《俄国大政变之情形》为题,报道了俄国十月革命胜利后的近况。特别是上海的《民国日报》副刊《觉悟》、北京的《晨报》副刊以及《时事新报》副刊《学灯》,由于大力介绍马克思主义的基本理论,被称为"五四"运动前后著名的宣传马克思主义理论的三大副刊;上海《申报》也刊登了很多宣传马克思主义学说的书刊,及介绍马克思学说和俄国十月革命胜利的文章,为普及马克思主义学说做出了一定的贡献。而中国共产党领导的《新华日报》和《解放日报》,则成为中国共产党人宣传马克思主义的两个重镇,发表了数百篇介绍和研究马克思列宁主义和毛泽东思想的文章,为传播和研究马克思列宁主义和毛泽东思想起到了极大的促进作用。

从杂志而言,《新青年》是马克思主义早期传播的领军刊物,在早期马克思主义传播中贡献最大,影响也最大。又如《每周评论》很早就刊登《共产党宣言》等一些马克思主义原著文章,为马克思主义在中国的广泛传播奠定了理论基础。国民党在上海创办的《民国日报》《建设杂志》和《星期评论》,进步党在北京创办的《晨报》和上海《时事新报》以及《解放与改造》,都是当时执舆论之牛耳的报刊,这些报刊的主编不一定都拥护马克思主义,但在社会主义时代思潮的大力冲击下,把马克思主义作为社会主义的一支,经常予以介绍和讨论,使马克思主义成为广大知识分子注意和学习的对象,自觉或不自觉地扩大了马克思主义在中国的传播和影响。据本书统计,当时传播、宣传和研究马克思主义的刊物有 700 余种。上海、北京的刊物最多,自不待言,其他如天津有《南开日刊》《华北新闻》《新民意报》,广州有《中华新报》《中山文化教育馆季刊》,长沙有《湘江评论》,南京有《南京学生联合会日刊》《中央副刊》《中央半月刊》,武汉有《国立武汉大学社会科学季刊》,瑞金有《红色中华》《斗争》《红旗周报》,延安有《中国文化》《共产党人》,贵阳有《贵州财政月刊》,合肥有《安徽大学月刊》,杭州有《浙江图书馆馆刊》《浙江青年》等,当时介绍和研究马克思主义的期刊,星罗棋布,几乎遍及各大城市,无论是哪个党派和团体控制的刊物,无论是赞成还是反对马克思主义的刊物,面对风靡世界的马克思主义思潮,已经无法忽视,不得不面对,所以从 1917 年到 1949 年,各类报刊发表介绍和研究马克思主义的文章就从没有中断过,即便是白色恐怖最严重的时候,也没有中断过,这从一个侧面反映出现代中国马克思主义传播之广,研究之深,影响之大。真可谓潮流所向,势不可当;人心所向,势不可当!

分析现代各类报刊还可以发现,它们为了做好马克思主义的介绍、宣传和研究工作,采取了多种多样的方法和形式,一是出版研究专号,如《新青年》有"马克思主义研究专号""俄罗斯研究专号""共产国际号""列宁专号",《今日》有"马克斯特号",《新潮》有"名著介绍特号",《改造》有"社会主义研究"专栏,《少年》有"俄罗斯革命五周纪念"专号,《中苏文化》有"斯大林先生六十寿辰专号""苏联十月革命 23 周年纪念特刊",《中国青年》有"苏俄革命纪念特刊",《读书杂志》有"中国社会史的论战专号";《晨报副刊》开辟"马克思研究""劳动节纪念""俄国革命纪念"专栏。二是组织专题讨论,如《新青年》有胡适、李大钊等人关于问题和主义的讨论。三是开展学术争鸣,如《东方杂志》发表的化鲁《马克思主义的最近辩论》和潘公展《近代社会主义及其批评》以及《改造》发表的梁启超《复张东荪书论社会主义运动》和蒋百里《我的社会主义讨论》及彭一湖《我对于张东荪和陈独秀两先生所争论的意见》,还有《评论之评论》发表的六几《评马克思派社会主义》、费觉天《关于社会主义争论之总批判》及高一涵《关于资本主义和社会主义的争论的我见》等,都是这类文章。四是释疑解惑,如《工人之路》分 43 期发表卓宣《关于共产主义方面底问题与答案》,回答了读者关心的关于共产主义方面的疑惑。五是用连载的形式发表研究马克思主义的长篇论文或领袖传记,如《时事新报》副刊《学灯》分 18 天发表罗琢章等翻译的《马克思社会主义之理论的体系》,《广东中华新报》分 5 天发表杨匏安的《共产主义》,《东方杂志》分 3 期发表君实的《社会主义之检讨》,《社会新闻》分 3 期发表荷生的《上海共产党三次暴动史》,《文摘战时旬刊》分 7 期发表汪衡的《毛泽东自传》等。六是用转载的方式扩大一些重要的马克思主义研究文章的影响,如渊泉(陈溥贤)翻译日本河上肇的《近世社会主义鼻祖——马克思之奋斗生涯》,先在 1919 年 4 月 1—4 日《晨报》上连载,后被《新青年》第 6 卷第 5 号转载;渊泉(陈溥贤)翻译河上肇的另一篇《马克思的唯物史观》,也是先发表在 1919 年 5 月 5 日《晨报》,随后被《新青年》第 6 卷第 5 号转载,这是现今所见在中国最早介绍马克思唯物史观的一篇重要文章,成为马克思主义哲学在现代中国传播的标志之一。七是将一些专题论文编辑成书,出版发行,扩大影响。如《新青年》编辑部将陈独秀、李达、施存统等人 25 篇讨论社会主义和马克思主义的重要文章编辑成《社会主义讨论集》由上海新青年社出版,成为研究马克思主义在中国传播的第一部重要的史料集。八是通过加编者按语的形式,揭示某些文章的原委或内容的重要性,提醒读者注意。如李大钊、陈独秀主编的《每周评论》第 16 号于 1919 年 4 月 6 日出版,在"名著"专栏中发表了署名"舍"的《共产党宣言》第 2 章最后部分的译文。这段译文中包括了《共产党宣言》十条纲领的全文,这是我国第一次用白话文体翻译的十条纲领。在这段译文的前面就有一个重要的按语,指出这是马克思和恩格斯"最先最重大的意见"。再如董必武于 1919 年 8 月从上海回到武汉筹办学校,遇到重重困难,写信给李汉俊倾诉,李汉俊于 10 月 6 日写了封长信,1920 年 1 月发表于《建设》杂志,题为《改造要全部改造》。在信中,李汉俊用唯物观剖析中国社会,指出中国是制度出了问题,局部改良已经无济于事,只有进行彻底地破坏,铲除旧制度,才能产生新天地。编者按语指出:"这篇本来是李君答朋友的一封信。因为这个问题是现在一个很重要的问题,所以李君答应本社拿来发表在杂志上。……我们希望社会上对于这个问题,多加一点注意,来研究解答他。"①这封信对董必武由激进民主主义者向马克思主义者的转变起到了推动作用。

从出版机构而言,在 1921 年中国共产党成立不久,就在上海创办人民出版社,由李达主持,开始马克思主义著作的出版事业,先后出版了《共产党宣言》《老农会之建立》《俄国共产党党纲》《两个工人谈话》《第三国际议案及宣言》《工钱劳动与资本》《国家与革命》等。计划出版《马克思全书》15 种、《列宁全书》14 种、《康民尼斯特(共产主义)丛书》11 种等。这些书的翻译和出版,对马列主义在中国的传播起了作用。其他如商务印书馆、中华书局等百余个出版机构,都出版了马克思主义原著或研究马克思主义的著作,为马克思主义在中国的广泛传播作出了积极贡献。

第九,通过本书展示国外学者研究马克思主义的主要成果。

中国早期马克思主义信仰者和研究者学习和研究马克思主义,由于不能直接阅读和研究马克思恩格斯的原著,只好通过学习和借鉴国外学者的马克思主义研究论著入手,所以早期中国先进知识分子对马克思主义的接受,都是间接的而不是直接的,而且大都有留学背景,他们在日本、法国、苏联等国家接受了马克思主义,然后把已经翻译成日文、俄文的马克思、恩格

---

① 　周行,田子渝.马克思主义在武汉地区的早期传播[J].湖北大学学报,2009(6).

斯原著转译为中文,传播给中国读者,同时,为了能让中国读者理解马克思主义,又把日本、德国、苏联、英国、美国等国学者研究马克思主义的论著翻译成中文,作为学习和研究马克思主义的辅助材料,这在当时是行之有效的做法。

在亚洲,日本的马克思主义研究成果最为突出,中国早期无产阶级的先进知识分子如李大钊、陈独秀、李汉俊、陈望道、王亚南、沈雁冰、周恩来、董必武、彭湃、施存统、郭沫若、周佛海、陈豹隐、艾思奇、邵飘萍、郑易里等,资产阶级民主革命派的代表人物如孙中山、廖仲恺、宋教仁、朱执信等大都是在日本接触到马克思主义和社会主义理论的,日本成为马克思主义传播到中国的一个中转站。所以,日本马克思主义学者的研究成果,就成为早期中国马克思主义学者学习和研究马克思主义理论的重要参考著作。如河上肇是日本现代研究马克思主义的最重要学者,被中国学界视为马克思主义研究的权威,所以他的论著也是被最早、最多地介绍到中国来的,论文有《马克思的唯物史观》《近世社会主义鼻祖——马克思之奋斗生涯》《社会主义之进化》《马克思社会主义之理论的体系》《见于资本论的唯物史观》《马克斯主义上所谓"过渡期"》《俄罗斯革命和唯物史观》《马克思底理想及其实现底过程》等,著作有《马克思主义经济学》《资本论入门》《马克思主义经济学基础理论》《社会主义经济学》等,合计有30余种。特别是渊泉翻译的《马克思的唯物史观》,可以说是马克思唯物史观在中国传播史上的开篇之作,促进了中国学者对马克思唯物史观和辩证法的研究。河上肇这些介绍和研究马克思主义的论著,对于中国的马克思主义初学者来说,起到了很好的辅助作用,或者说是入门指导书,影响颇大。比如李虹说:"河上肇关于马克思主义学说,尤其是唯物史观和阶级斗争说的介绍,对李大钊的马克思主义探究有一定的启蒙作用。"[①]她又指出:"我国早期的马克思主义者李汉俊在日留学14年,和河上肇缔结了深厚的师生之谊,他的思想形成受到了河上肇莫大的影响。"李大钊、李汉俊都是中国早期马克思主义的重要传播者和研究者,而他们都多少不等地接受了河上肇的马克思主义研究观点和方法。除此之外,李虹认为河上肇的马克思主义观点和研究方法,对李达、郭沫若、施复亮(施存统)、范寿康、陈豹隐(陈启修)、杜国庠等人在传播马克思主义、自身思想转变、研究学术都有具体影响。她明确提出,河上肇有关马克思主义的著作在中国马克思主义史上产生了三大作用:其一,是"五四时期"前后中国马

① 李虹.河上肇和李大钊的马克思主义探究[J].云南民族大学学报,2013(2).

克思主义思想的重要来源；其二，培养了中国第一批马克思主义者；其三，为中国马克思主义思想体系的形成提供了参照的范本。[①]

　　除了河上肇外，被中国学者翻译介绍到国内来的日本学者研究马克思主义的著作尚有很多，如堺利彦的《马氏唯物史观概要》《辩证法的唯物论》《社会主义与进化论——马克思学说与达尔文说之关系》《社会主义学说大要》，山川均的《马克思资本论大纲》《辩证法与资本制度》《苏俄之现势》，安部矶雄的《最近欧洲社会党之运动》，高畠素之的《资本论大纲》《马克思十二讲》等等，特别是《马克思十二讲》一书，内容包括马克思的生涯及事业、马克思的唯物哲学说、马克思的唯物史观说、马克思的国家学说、马克思的资本主义崩坏说、马克思的劳动价值说、马克思的剩余价值说、马克思的分工与协业说、马克思的机器学说、马克思的资本蓄积说、马克思的利润说、马克思的地代说等12个问题，几乎将马克思全部学说都梳理了一遍，这对中国读者认识和理解马克思主义学说，是非常有帮助的。他如施复亮、钟复光翻译永田广志的《现代唯物论》，介绍了辩证唯物论哲学发生发展的过程，重点论述了马克思、恩格斯、列宁、普罗汉诺夫两个阶段马克思主义哲学的发展。赵必振翻译福井准造的《近世社会主义》是近代中国最早一本比较系统地介绍马克思主义学说的著作，书中阐释了空想社会主义与马克思主义的本质区别。可以说，现代日本研究马克思主义的经典论著，都被介绍到了国内，日本学者对马克思主义传播到中国所起的作用是巨大的。

　　到了30年代以后，马克思主义日译本已经逐渐被俄文本、德文本所取代，日文翻译在中国现代马克思主义传播史上的垄断地位已经不复存在。德国是马克思和恩格斯的故乡，德国学者研究马克思主义有着天然优势和良好条件。在德国研究马克思主义的学者中，考茨基无疑是最重要的一位。他早期受马克思和恩格斯的影响，逐步成为一个马克思主义者，不仅是马克思代表作《资本论》第四卷的编者，还翻译了马克思的《哲学的贫困》，编辑了《剩余价值学说》，而且是正统马克思主义理论权威，虽然他后来背离了马克思主义，但是他的马克思主义研究成果在德国、奥地利、俄国以及中国现代，仍然有着很大的影响。考茨基的《马克思的经济学说》在1919年就被戴季陶节译为《马克思资本论解说》发表，而渊泉是年翻译的《马氏资本论释义》，则是考茨基此书的完整译本，在《资本论》没有翻译成中文之前，其成为中国现代马克思主义者所依据的重要思想资源。胡汉民在为戴季陶《资本论解

①　李虹.河上肇与中国的马克思主义传播[D].武汉:武汉大学,2013.

说》作序时说:"德国的考茨基无论他的政治上的立场怎么样,他对于马克斯经济学说的解释,总算是第一个功臣。"①1921 年,恽代英受陈独秀的委托,翻译了考茨基的《阶级争斗》一书,该书对马克思主义的一些基本原理作了阐述。此书中译本的出版,在五四运动时期有较大的影响,是中国共产党早期组织传播马克思主义的重要著作,对早期马克思主义者的思想影响很大,甚至成为毛泽东皈依马克思主义的三本书之一。1926 年,董亦湘翻译出版了考茨基的《伦理与唯物史观》一书,他在绪论中说:"这本小书,自出世以来,在讨论关于唯物史观的许多书籍里面,早已被称为名著之一;而专以唯物的历史家的见解去叙述或说明伦圣的发达及变迁,尤当以此书为第一部。作者为加尔·考茨基,其学问的渊博,在马克思学派中,也要占领第一把交椅。他毕生精力,大半用在阐明马克思的学术思想;他著作等身,传译成各国文字的,不下十颇种。他本是一个社会民主党党员,向来自命为正统的马克思主义者;可是事实的证明是最苛酷的,变节的马克思主义者的一个形容词,举世的真的马克思主义者要把它赠给他做徽号。他从前也曾说过资产阶级与无产阶级没有妥协的余地的,现在居然倡起劳资妥协的论调来了。但是,他虽然已非忠实的马克思主义者,而存留在马克思学说上的功绩,毕竟有不可磨灭之处。至对于本书的价值,更是无损毫末。"②这是很中肯的评价。考茨基被介绍到国内来的著作,尚有《社会革命论》《农业的社会化》《农业问题论》《科学社会主义的历史来源》《法国革命与阶级斗争》等。德国其他学者研究马克思主义的著作,尚有柯诺的《马克斯的民族社会及国家概念》、《马克斯家族发展过程》、《马克斯的国家发展过程》、《马克斯的唯物历史理论》、《马克斯的伦理概念》,威廉·里布列希的《马克斯传》,俺·伯亚的《马克斯主义时代社会主义史》,狄慈根的《辩证法唯物论》等等。

苏联是第一个社会主义国家,俄国十月革命的胜利,是马克思主义与苏联的革命实际相结合的结果,是马克思主义在苏联的伟大胜利。自从十月革命胜利的消息传到国内,中国先进的知识分子就开始注意介绍和宣传十月革命的情况,关注苏联社会主义革命和建设的进展,到了三四十年代,介绍和宣传苏联马克思主义研究成果和社会主义革命和建设成果就成为中国共产党人及先进知识分子的首要任务。这主要表现在三个方面:一是列宁和斯大林论著的翻译。列宁和斯大林既是马克思主义的坚定继承者与捍卫者,也是马克思主义的有力研究者和阐释者。他们研究和阐述马克思主义

---

① [德]考茨基.资本论解说[M].戴季陶,译.胡汉民,补译.上海:民智出版局,1927:1.
② [德]考茨基.伦理与唯物史观[M].董亦湘,译.上海:文学讨论社,1926:1.

的一系列论著，首先获得了中国现代马克思主义者的重视。如列宁的《唯物史观与马克思》《马克思主义》《卡尔·马克思、马克思主义底三个来源与三个组成部分》《帝国主义是资本主义的最高阶段》《国家与革命》《共产主义运动中的"左派"幼稚病》，以及斯大林研究马克思和列宁的论著如《马克思主义与民族问题》《列宁主义概论》《列宁主义的理论及实践》，都被介绍到了国内。尤其是《列宁选集》《斯大林选集》的出版，可以使中国读者全面了解列宁和斯大林研究马克思主义的贡献，为中国共产党人学习马克思主义和列宁主义提供了方便。其次是介绍和总结十月革命胜利的经验和社会主义革命与建设、苏共党史的论著，如伊凡诺夫的《论伟大社会主义十月革命的国际意义》、约德斯基的《伟大的十月社会主义革命和苏联艺术的繁荣》、谢尔巴科夫的《苏联人民在列宁斯大林旗帜下向胜利前进》以及维辛斯基编的《苏联社会组织》、史迁宾的《苏联经济小史》、卡拉什尼可夫的《苏联卅年来的教育》、布洛维尔的《苏联工业史纲》、日丹诺夫的《苏联哲学问题》、华维洛夫的《苏联的科学》、夏巴诺夫的《苏联医学教育》等，特别是《联共（布）简明党史教程》在中国出版以后，毛泽东多次号召党的干部学习此书，该书一度成为中国共产党人学习马列主义的重要教材和苏联经验的主要范本，影响之大，一时无两。再次是苏联学者研究马克思列宁主义的论著，如布哈林的《马克思主义者的列宁》《共产主义的 ABC》，李昂吉节夫的《论马克思〈资本论〉》，米丁等的《共产党宣言一百年》，普列汉诺夫的《马克思主义的基本问题》，斯摩拉克的《马列主义世界观》，德波林等的《马列主义——世界劳动人民解放的旗帜》，费多谢耶夫的《马克思主义关于阶级与阶级斗争的理论》，克鲁普斯卡娅的《列宁是怎样研究马克思的》《列宁的科学工作方法问题》，玛耶可夫斯基等的《列宁是我们的太阳》，维辛斯基的《史大林——列宁事业的继承者》，斯米尔诺夫的《列宁与史大林——伟大十月社会主义革命的领袖》，季诺维埃夫的《国际共产主义运动之目前的问题》等，都是苏联学者研究马克思列宁主义的经典论著。

总之，对于中国现代马克思主义传播的研究，是目前学界的一个热点，取得了许多研究成果，但大都是理论著作，用编年体的形式来展示现代马克思主义研究的历史进程和基本成就，是研究体例上的一个创新；本书把现代马克思主义在中国的传播和研究，与中国共产党的发展历史和现代中国社会的历史背景紧密结合，揭示了马克思主义中国化的艰难历程和取得的巨大成功，给人直观、真切的感觉；本书大量记载了当时国外学者对马克思主义的研究，读者不仅可以通过本书把握现代中国的马克思主义研究成就，而且可以了解当时世界各国研究马克思主义的主要观点和成就；本书以还原历史的态度，保存了当时一些反对和批判马克思主义的文章，一方面反映了历史的真实，显示出马克思主义在现代中国传播的艰难历程，另一方面也真实地反映了马克思主义在中国的传播是在斗争中发展壮大的历史，对我们总结过去马克思主义研究的经验与吸取曾经的教训具有很强的借鉴意义。通过《编年》总结中国现代马克思主义中国化的伟大成就，还可以为当代继续推进马克思主义中国化提供有益的历史经验与借鉴，同时为重新编写中国现代马克思主义研究史提供翔实可考的材料基础，对进一步促进中国当代马克思主义研究向纵深发展起到积极作用。

习近平总书记在纪念马克思诞辰 200 周年大会上讲话中说："马克思是全世界无产阶级和劳动人民的革命导师，是马克思主义的主要创始人，是马克思主义政党的缔造者和国际共产主义的开创者，是近代以来最伟大的思想家。两个世纪过去了，人类社会发生了巨大而深刻的变化，但马克思的名字依然在世界各地受到人们的尊敬，马克思的学说依然闪烁着耀眼的真理光芒！"[1]我们今天回顾总结中国现代马克思主义传播、宣传和研究的历史，一方面是为了纪念马克思，学习马克思主义，另一方面是要肯定和称赞我们的先辈为了马克思主义在中国的传播所付出的巨大心血和不懈努力，实践证明，我们的先辈选择用马克思主义来指导中国的革命和战争事业，是无比正确的。诚如习近平总书记所说："实践还证明，马克思主义为中国革命、建设、改革提供了强大思想武器，使中国这个古老的东方大国创造了人类历史上前所未有的发展奇迹。历史和人民选择马克思主义是完全正确的，中国共产党把马克思主义写在自己的旗帜上是完全正确的，坚持马克思主义基本原理同中国具体实际相结合、不断推进马克思主义中国化时代化是完全正确的！"[2]回顾马克思主义在中国现代传播和研究的这段历史，也为我们在新时代继续坚持马克思主义，坚持习近平新时代中国特色社会主义思想，实现中华民族的伟大复兴提供了强有力的信心！我们的目标一定要达到，我们的目标一定能够达到！

---

[1] 习近平. 习近平在纪念马克思诞辰 200 周年大会上的讲话[N]. 人民日报，2018-05-05.
[2] 习近平. 习近平在纪念马克思诞辰 200 周年大会上的讲话[N]. 人民日报，2018-05-05.

目　录

民国六年　丁巳　1917 年

一、研究背景

2 月,俄国爆发第二次资产阶级民主革命,推翻了沙皇制度,但出现了资产阶级临时政府与士兵代表苏维埃两个政权并立的局面。

按:列宁领导二月革命的消息传入中国,陈独秀即于 4 月 1 日在《新青年》发表《俄罗斯革命与我国国民觉悟》一文,是该刊第一篇介绍俄国革命的文章,也是陈独秀接受新思想的开端。

3 月 18 日,上海《申报》在"专电"中报道俄国二月革命的消息,称"俄国革命发端于本月十日,当时惟见饥民塞途,兵队冲突","俄皇见大势已去即允退位"。

是日,上海《申报》在《俄国革命》一文中,将俄国革命与中国辛亥革命作了比较:"中国革命定,而俄国之革命起;中国之革命速矣,而俄国之革命又速;中国之革命起于外省,而中央承认之,俄国之革命起于中央,而外省响应之;中国之革命起于战局未开之前,故与世界无关系,俄国之革命起于战局未定之际,故与世界有关系。此皆所谓不同之点也,然而出于国民之心理则同。"

是日,张蕴和在《申报》发表《俄革命与战争》的时评:"今后之世界有两事可预料者,对内必日离专制而趋共和,对外必日除强权而重公理。""然不可预料者亦即此两事,欲离专制必起革命,革命必扰乱,扰乱至若何程度而后定,则不可知也。欲除强权必起战争,战争必纠纷,纠纷至若何程度而后定,则又不可知也。"

3 月 19 日,《申报》发表中国驻俄公使刘镜人的《俄京政变之都中消息》的报道,介绍俄国二月革命的情形。

3 月 20 日,《申报》以《俄国革命情形之续报》为题,报道俄国二月革命的消息。

5 月 5 日,《申报》以《聚餐会演说俄国革命》为题,报道了亲历彼得格勒革命过程的大学生、基督教青年会国际干事处书记台君关于他所经历的革命的演讲全文。

5月19日,上海《民国日报》发表《最近俄国内部纷扰之传闻》,报道列宁从瑞士回国,主张中止战争。

11月7日(俄历10月25日),列宁领导的布尔什维克武装力量向资产阶级临时政府所在地圣彼得堡冬宫发起总攻,推翻了临时政府,组成了以列宁为主席的第一届苏维埃政府——人民委员会。世界上第一个社会主义国家宣告诞生,开辟了人类历史的新纪元。史称"十月革命"。

按:斯大林《十月革命与民族问题》说:"十月革命的伟大的世界意义,主要的是:第一,它扩大了民族问题的范围,把它从欧洲反对民族压迫的斗争的局部问题,变为各被压迫民族、各殖民地及半殖民地从帝国主义之下解放出来的总问题;第二,它给这一解放开辟了广大的可能性和现实的道路,这就大大地促进了西方和东方的被压迫民族的解放事业,把他们吸引到胜利的反帝国主义斗争的巨流中去;第三,它从而在社会主义的西方和被奴役的东方之间架起了一道桥梁,建立了一条从西方无产者经过俄国革命到东方被压迫民族的新的反对世界帝国主义的革命战线。"①

按:毛泽东说:"十月革命一声炮响,比飞机飞得还快。飞机从莫斯科到这里也不止一天吧,但这消息只要一天,即是说,十一月七日俄国发生革命,十一月八日中国就知道了。那个时候,把俄国的革命党叫做过激党。七十多年马克思主义走得那样慢,十月革命以后就走得这样快。因为它走得这样快,所以一九一九年中国人民的精神面貌就不同了,五四运动以后,很快就晓得了打倒帝国主义、打倒封建势力的口号。"②

按:毛泽东说:"俄国人举行了十月革命,创立了世界上第一个社会主义国家。……这时,也只是在这时,中国人从思想到生活,才出现了一个崭新的时期。中国人找到了马克思列宁主义这个放之四海而皆准的普遍真理,中国的面目就起了变化了。""十月革命一声炮响,给我们送来了马克思列宁主义。十月革命帮助了全世界的也帮助了中国的先进分子,用无产阶级的宇宙观作为观察国家命运的工具,重新考虑自己的问题。走俄国人的路——这就是结论。"③

按:李桢说:毛泽东同志曾经指出:"十月革命一声炮响,给我们送来了马克思列宁主义。"十月革命向全世界宣告崭新的社会制度由理想变为现实,开辟了人类探索社会主义道路的新时代,使马克思列宁主义传遍世界,

---

① 金炳镐.民族纲领政策文献选编[M].北京:中央民族大学出版社,2006:251-252.
② 毛泽东.毛泽东在七大的报告和讲话集[M].北京:中央文献出版社,1995:5.
③ 毛泽东.毛泽东选集:第4卷[M].北京:人民出版社,1991:1470-1471.

也传到了俄国的近邻——中国。十月革命帮助了全世界尤其是帮助了中国的先进分子，用无产阶级的宇宙观作为观察国家命运的工具，重新考虑自己的问题。在此之前，由我国社会历史条件所决定，中国的一些知识分子在传播资本主义思想的同时，也零星片段地传播了一些社会主义思想，简要介绍了一些马克思主义的学说。然而，马克思主义学说真正在中国的传播是在1917年俄国十月革命以后。在十月革命的影响下，中国社会许多先进的知识分子接受了马克思主义的世界观，成为具有初步共产主义思想的知识分子。他们向往十月革命，热情地学习、研究和宣传马克思列宁主义。在北方，李大钊是中国最早接受和宣传马克思主义的杰出人物，1918年先后发表了《法俄革命之比较观》《庶民的胜利》《布尔什维克主义的胜利》等文章，热情歌颂了十月革命的伟大胜利，高度评价了十月革命的重大意义，主张中国人民沿着十月革命胜利的道路前进。1919年，李大钊在《新青年》杂志发表了《我的马克思主义观》，比较系统地介绍了马克思主义的三个组成部分。在南方，陈独秀主编了《新青年》杂志，系统地刊载了宣传马克思主义的理论与介绍俄国社会主义革命实践的文章，在全国范围内产生了很大的影响。

这个阶段，中国进步知识分子在传播马克思主义方面特点明显：一是传播者都是在学习研究马列主义、研究十月革命、把马列主义和中国实际相结合的过程中，完成了世界观的转变，成为具有共产主义觉悟的知识分子的。二是积极组织进步团体，大量发行刊物，广泛宣传马克思主义理论和俄国十月革命。三是在同各种反马克思主义思潮的斗争中，为传播马克思主义开辟了道路。四是传播马克思主义同开展工人运动相结合。许多有共产主义觉悟的知识分子逐步由思维领域转向实际，深入工人群众宣传马克思主义，启发群众觉悟，推动工人运动。例如，从1917年到1919年，全国罢工达119次，特别是在五四运动中，各地工人运动由过去分散斗争汇合成为整个阶级的统一行动，中国工人阶级成为一支独立的政治力量登上了历史舞台。五四运动的兴起，又进一步推动了马克思主义的传播，使越来越多的人知道了科学社会主义是改造世界、拯救中国的良方，信仰马克思主义者的队伍日益壮大。许多有识之士在学习、研究、传播科学社会主义的过程中，逐步认识到建立无产阶级政党的必要性，许多省市都相继成立了共产主义小组，这就在政治上、思想上和组织上为中国共产党的成立做好了准备。

由此可见，正是由于俄国"十月革命"的爆发，直接影响到了近邻中国，极大地促进了马克思主义在中国的传播和发展，给我们送来了马克思主义。十月革命胜利的实践，也启发了中国的先进分子，鼓舞和激励着他们不断探索马克思主义的道路,在马克思主义理论的指导下奋勇前进。①

是日,中东铁路俄国工人、护路队士兵在得知俄国爆发十月革命后,立即成立工人士兵苏维埃,组成临时革命委员会。12日发布《告满洲全体公民书》,号召东北俄侨民和中国工人支援十月革命。

11月9日,天津《益世报》以《俄国克伦斯基政府已被激进党政府推倒》为题报道了俄国十月革命。

11月10日,邵力子主编的《民国日报》以《突如其来之俄国大政变》为题,对俄国十月革命进行报道:“彼得格勒成军与劳动社会已推倒克伦斯基政府。”列宁发表演说,提出俄国民治三大问题:“第一,即行结束战局,新政府必须向交战国提议休战。第二,以土地给还农民。第三,解决经济困难。”

是日,上海《时事新报》发表《俄国又革命》,谓“俄国忽又起革命,急进党推倒内阁,捕获阁员,亦可谓大变矣”。

是日,上海《申报》报道了俄国十月革命胜利的消息。

11月11日,邵力子主编的《民国日报》以《俄国大政变之情形》为题,再次对十月革命进行报道:“军工代表会现计议以下数事:第一,即行造成民治的和局。第二,即以产主之田地分给农民。第三,以行政全权交与军工代表会。第四,召集公正之民选国会。”

是日,天津《益世报》发表《俄京军队内讧之近况》,报道俄国十月革命的消息。

按:随后天津报刊陆续发表《俄国军工代表推倒新共和政府》《俄国军工会推倒临时政府之变局》《俄京大革命之现状》《俄国革命代表明令停战》等消息。列宁(又作里林、黎宁、莲林、李宁)的名字也时常出现在天津的报刊上。

11月12日,湖北《汉口新闻报》《大汉报》刊登《东京专电》称:“得俄国危急形势之报告”,“因俄国政变,股票界有多少摇动”。13日和14日,两报又以《俄国之大政变》和《俄国政变与欧战前途》为题,进一步报道了俄国革命的消息。

是日,《顺天时报》以《舰队拥护兵工委员会》和《俄京变动之情形》为题,报道俄国十月革命的消息。

11月14日,《顺天时报》以《俄国政潮之观测》为题,报道俄国十月革命的消息。

---

① 季明,主编.刘清“四个重大界限”学习问答[M].北京:人民日报出版社,2010:28-29.

是日,《汉口新闻报》报道了"俄人激烈派占据俄京彼得格勒"的消息。

11 月 15 日,《顺天时报》以《俄京真相未分明》《俄国之时局》《俄国之时局又变》为题,报道俄国十月革命的消息。

11 月 17 日,湖南《大公报》援引京津《泰晤士报》消息,以《俄国二次政变记》为题报道了俄国十月革命的消息。

是日,《顺天时报》以《克安司吉已入俄京》为题,报道俄国十月革命的消息。

11 月 19 日,《顺天时报》以《俄京近事》为题,报道俄国十月革命的消息。

11 月 22 日,《顺天时报》以《俄国之公电》为题,报道俄国十月革命的消息。

11 月 23 日,湖北《大汉报》以《俄国政变中心之兵士委员会》为题,介绍了俄国士兵委员会的情况。

11 月 24 日,《顺天时报》以《俄国之公电》为题,报道俄国十月革命的消息。

11 月 26 日,《顺天时报》以《俄国之公电》《锐进党之妄动》为题,报道俄国十月革命的消息。

11 月 30 日,《晨钟报》以《俄乱之最近情形》为题,报道俄国十月革命的消息。

12 月 2 日,《晨钟报》以《俄国单独媾和问题》为题,报道俄国十月革命的消息。

12 月 6—7 日,《大公报》以《俄国政变中心之兵士委员会》为题,报道俄国十月革命的消息。

12 月 7 日,《晨钟报》以《俄国之内患外忧》为题,报道俄国十月革命的消息。

12 月 11 日,《民国日报》以《俄国停战中之内外情形》为题,报道俄国十月革命的消息。

是日,《贵州日报》以《俄国第二次大革命要闻种种》为题,报道俄国十月革命的消息。

12 月 14 日,《晨钟报》以《关于俄德单独媾和之重要文书》为题,报道俄国十月革命的消息。

12 月 16 日,《晨钟报》以《俄国革命之原因》为题,报道俄国十月革命的消息。

12月18日,《晨钟报》以《蓝宁(列宁)政府抵赖债务》为题,报道俄国十月革命的消息。

12月23日,《晨钟报》以《俄国过激派之媾和条件》为题,报道俄国十月革命的消息。

是年,李大钊受聘为北京大学图书馆馆长,立即扩充图书馆中马克思主义著作,包括英文、德文和法文本的马克思主义原著,把图书馆变成学习和研讨马克思主义的主要场所。

二、研究论文

恽代英《物质实在论》(哲学问题之研究一)发表于《新青年》第3卷第1号。

陈独秀《俄罗斯革命与我国民之觉悟》发表于《新青年》第3卷第2号。

陈独秀《旧思想与国体问题》(在北京神州学院讲演)发表于《新青年》第3卷第3号。

陈独秀《时局杂感》发表于《新青年》第3卷第4号。

高劳《俄国大革命之经过》发表于《东方杂志》第14卷第5号。

申凤章《论欧洲战事与俄国革命之关系》发表于《东方杂志》第14卷第5号。

萨孟武《俄国宫廷秘史》发表于《东方杂志》第14卷第7号。

黄花《俄罗斯民主论》发表于《东方杂志》第14卷第9号。

按:文章指出,二月革命使"极端之专制,一跃而跻共和,耳目一新,世界眼光,亦一改其态度"。

高劳《革命后之俄国近情》发表于《东方杂志》第14卷第12号。

英魄《俄国女革命党魁追怀录》发表于《东方杂志》第14卷第12号。

记者《俄国民党恨政府专制》发表于《通俗周报》第1期。

编者《俄国大革命:革命的原因》发表于《通俗周报》第2期。

编者《俄国大革命:俄国国民最近的情形》发表于《通俗周报》第2期。

编者《俄国大革命:新政府已成立》发表于《通俗周报》第2期。

编者《各国对于俄国的态度》发表于《通俗周报》第2期。

编者《俄国大革命:革命军的奋勇》发表于《通俗周报》第2期。

编者《俄国大革命:俄国国民最近的情形》发表于《通俗周报》第2期。

沧海《廿纪世界之大变化》(俄罗斯之革命)发表于《太平洋》第1卷第3期。

沧海《法之大革命与俄之大革命》发表于《太平洋》第 1 卷第 3 期。

周春岳《调和与俄国革命》发表于《太平洋》第 1 卷第 4 期。

赣父《俄罗斯政变感言》发表于《太平洋》第 1 卷第 6 期。

鲠生《俄国革命与日俄新协约》发表于《太平洋》第 1 卷第 6 期。

沧海《俄国废帝与西北利亚之因缘》发表于《太平洋》第 1 卷第 7 期。

备乘《俄国革命人物小史》发表于《丙辰》第 3 期。

编者《俄国革命主要人物》发表于《寸心》第 4 期。

编者《俄国大革命纪实》发表于《寸心》第 4 期。

张阆村《俄国革命与中国外交》发表于《寸心》第 4 期。

群先《俄国国体问题之管见》发表于《同德》第 2 期。

任夫《俄国共和思想之进步》发表于《进步》第 11 卷第 4 期。

稻孙《俄国内阁之改造》发表于《进步青年》第 1 期。

稻孙《俄国革命与平明政治》发表于《进步青年》第 3 期。

稻孙《俄国革命后之青年会》发表于《进步青年》第 4 期。

竹影《俄国女子敢死队》发表于《青声周刊》第 4 期。

述知《关于俄国革命之杂闻》发表于《浙江兵事杂志》第 36 期。

译字林报《俄国内部近情之西电》发表于《浙江兵事杂志》第 37 期。

译英报《辛博森论俄国革命影响》发表于《浙江兵事杂志》第 37 期。

亦云《俄国之政局评》发表于《浙江兵事杂志》第 40 期。

亦云《俄国最近之政局谈》发表于《浙江兵事杂志》第 42 期。

陈稚兰《论俄国里加之陷落与中日之关系》发表于《浙江兵事杂志》第 42 期。

李佳白《论俄国革命与中华前途之关系》发表于《尚贤堂纪事》第 8 卷第 4 期。

李佳白《俄国革命促成欧战速结之先声》发表于《尚贤堂纪事》第 8 卷第 4 期。

编者《俄国不满意于其同盟》发表于《尚贤堂纪事》第 8 卷第 9 期。

编者《俄国革命》发表于《旅欧杂志》第 15 期。

编者《留法学界之贺俄国革命》发表于《旅欧杂志》第 16 期。

民谊《对于俄国革命后之感想》发表于《旅欧杂志》第 23 期。

编者《俄国宣布共和》发表于《旅欧杂志》第 24 期。

编者《俄国帝党之失败》发表于《旅欧杂志》第 24 期。

编者《俄欲施行均产主义》发表于《旅欧杂志》第 26 期。

编者《联军各国之反对俄国议和》发表于《旅欧杂志》第 26 期。

编者《俄国外交秘密之暴露》发表于《旅欧杂志》第 26 期。

编者《俄国单独媾和之先声》发表于《旅欧杂志》第 26 期。

编者《俄国财政凋敝》发表于《协和报》第 7 卷第 15 期。

汉声《论俄国革命之远近因》发表于《协和报》第 7 卷第 19 期。

编者《俄国之力尽矣》发表于《协和报》第 7 卷第 19 期。

恕公《俄国内乱记》发表于《协和报》第 7 卷第 19 期。

恕公《俄国革命记》发表于《协和报》第 7 卷第 20—24 期。

汉声《俄国革命与欧战之关系》发表于《协和报》第 7 卷第 22 期。

恕公《俄国将来之主要人物》发表于《协和报》第 7 卷第 24 期。

苍公《俄国现状,极形混乱》发表于《协和报》第 7 卷第 26 期。

苍公《俄国内部之纷扰》发表于《协和报》第 7 卷第 29 期。

苍公《俄国内乱之要闻》发表于《协和报》第 7 卷第 30 期。

李佳白、苍公《俄国之现势》发表于《协和报》第 7 卷第 30 期。

苍公《俄国保皇党之举动》发表于《协和报》第 7 卷第 31 期。

苍公《俄国之内乱》发表于《协和报》第 7 卷第 32 期。

苍公《俄报述俄国之现状》发表于《协和报》第 7 卷第 32 期。

苍公《俄国最近之形势》发表于《协和报》第 7 卷第 32 期。

陆桂祥《俄国革命有谓俄人主战者有谓俄人厌战者二说孰是》发表于《江苏省立第三中学杂志》第 2 期。

编者《俄国革命详志》发表于《中华全国商会联合会会报》第 4 卷第 3 期。

编者《俄国之国体问题》发表于《中华全国商会联合会会报》第 4 卷第 4 期。

重远《俄国盖沙令君论中国之新命系于孔教》发表于《宗圣学报》第 6 期。

李大钊《俄国革命之远因近因》发表于 3 月 19—21 日《甲寅》日刊。

按:文章认为,俄国革命之气运,已经弥漫全国,其远因近因,主要有:新旧思想之轧轹、虚无主义之盛行、德国官僚主义之输入、革命文学之鼓吹、农民之困苦、皇帝内阁之专断、官僚反动派之跋扈、上院右党之复活、后党亲德之阴谋、守旧派之反对国会、工党之激昂、面包之缺乏。

李大钊《俄国共和政府之成立及其政纲》发表于 3 月 27 日《甲寅》日刊。

按:文章说:"新内阁之政纲:(一)对于政治上及宗教上之犯人,直行大赦。(二)确保言论、出版、集会、结社之自由,扩张是等自由于军事上并学艺上。(三)撤废社会阶级上及宗教上之限制。(四)为确立政府及宪法,速为基于普通选举召集国民会议之准备。(五)从来由军队行使之警察权,应移于由选举而被选之地方自治团首长之手。(六)基于普通选举,布地方自治制。(七)参与革命之军队,不解武装,置之俄都。(八)严重维持军律,同时除去对于军队社会上之限制,使人与一般市民同享社会上之权利。此八项者,实俄国之大宪章也,权利宣言书也,独立宣言书也,临时宪法之神髓也,皆俄国国民牺牲之血所染成者也。吾人于此庄严神圣之纪念物,甚乐为之大书特书,载吾报之首页,以益显世界民主政治之光辉。"

李大钊《俄国大革命之影响》发表于3月29日《甲寅》日刊。

按:文章说:"平心论之,俄国此次革命之成功,未始不受吾国历次革命之影响。今吾更将依俄国革命成功之影响,以厚我共和政治之势力。此因果之定律,报偿之原则,循环往复,若兹其巧,或即异日中、俄两国邦交日笃之机缘欤?"

南陔《社会主义两大派之研究》发表于7月4—9日湖南《大公报》。

《俄政府防遏变乱》发表于11月9日天津《大公报》。

《俄京倒阁后乱况》发表于11月11日天津《大公报》。

《俄京纷扰之现状》发表于11月12日天津《大公报》。

杨匏安《李宁胜利之原因》发表于12月28日《广东中华新报》。

纳《俄国革命》发表于3月18日《申报》。

心危《俄国最近之政局。共和制之宣言,反革命之失败》发表于9月30日《申报》。

冷《俄国之政变》发表于11月13日《申报》。

心危《日本对俄休战之态度》发表于12月10日《申报》。

《俄过激派之失败》发表于12月4日《申报》。

庸《俄事问题》发表于12月14日《申报》。

如《俄国政变与欧战》发表于11月11日《晨报》。

三、研究著作

[德]恩格斯著、陆一远译《马克斯主义的人种由来说》(即《劳动在从猿到人转变过程中的作用》)由上海春潮书局出版。

按:是书第一卷序言:达尔文主义与马克斯主义,包括恩格斯是达尔文主义者、达尔文主义的真谛、自然的技术、人是社会的动物、两个发展的形式、人与动物的根本区别在哪里、劳动在人类进化中的作用、从达尔文主义到马克斯主义、劳动是有机体进化的要素、结论;第二卷包括劳动是猿到人类的进化过程中的产物、人类进化的过程。

哥来佛在是书《序言:达尔文主义与马克斯主义》中说:"我们数千万年以前和猿类相似的祖先怎样变成为人类的这一个问题,对于我们宇宙观的确定有莫大的意义。它是一个最有意味的问题。达尔文对于我们的祖先,曾有过简略的记述。恩格斯是马克斯的挚友和同事,一般学者中,只有他最能了解这问题的意义,当他解决这个问题的时候,比任何学者都要深刻独到。这伟大的社会学家和思想家,在他有名的杰作(原稿散失,惜非完璧)中,用很具体的很简要的例子,对我们说明达尔文主义与马克斯主义的密切关系。恩格斯不是自然科学家,他不曾以自然科学做过他的职业。但他对于一般的自然科学问题,特别是生物学问题,发生过很大的兴味,加过深刻的研究。因之恩格斯对于达尔文主义的关系,比不得一般好奇家的关系,恩氏所有关于达尔文主义的观点,意义至为重大。当然,恩格斯是达尔文之热心的忠实的拥护者,但他对于达尔文的思想,不曾同教条一样地看待。当恩格斯研究猿类动物之若何进化为人类,以及人类之所以成为人类的问题时,他发表过他有价值的意见,而又确定过主要的原则。他在达尔文主义中,输入达尔文本人所未曾注意的要素。达尔文本人对这要素虽曾注意过,但没有过十分真确的估量。从恩格斯的著作看来,马克斯主义是补充达尔文主义的学理,这就是说,只有马克斯主义的达尔文主义者,才能把猿类动物变为人类的经过情形,描写得真确。若是自然科学家,对于人种由来问题,发生纠纷的意见,那就因为这般达尔文主义的学者,至少是大部分,不曾站在马克斯主义的观点说话的缘故,所以,他们决不会注意到劳动在人类进化中的作用。……综之,恩格斯对于达尔文主义的观察,及其对于人种由来问题的推解,确有重大的科学的意义。"

民国七年　戊午　1918 年

一、研究背景

1月1日,上海《民国日报》发表社论,表示:"吾人对于近邻之大改革,不胜其希望也。"

按:社论进一步指出:"俄国革命之要求惟何? 曰人权;曰民权。惟争人权也,故非达农民工人生活的改善不可;惟争民权也,故非革除专横之王家及贵族而建设民主政治不可。吾国之革命亦然也……曰建设以三民主义为基础之民主国家,使国内之各民族各阶级举为平等,而个人之法律上人格皆为尊重。换言之,求人权及民权之伸张也,求平等自由精神之实现也,求吾国之永久和平也。"

1月3日,《民国日报》以《俄德奥媾和之进行》为题,报道俄国十月革命的消息。

1月16日,《民国日报》以《俄国内乱之蔓延》为题,报道俄国十月革命的消息。

1月29日,《民国日报》以《俄国内乱又炽》为题,报道俄国十月革命的消息。

2月25日,上海《申报》报道了苏维埃政府宣布废除不平等条约的消息。

2月27日,《时事新报》以《土崩瓦解之俄德媾和》为题,报道俄国十月革命的消息。

是月,天津报纸刊载苏俄政府决定放弃帝俄在中国取得的全部特权,废除一切不平等条约,并建议恢复两国人民友谊的通告,天津《益世报》发表评论,表示欢迎。

3月1日,《民国日报》以《俄国求和时之内讧外患》为题,报道俄国十月革命的消息。

3月6日,《民国日报》以《俄德和约已签字》为题,报道俄国十月革命的消息。

3月20日,《劳动时报》以《俄德媾和了》为题,报道俄国十月革命的消息。

4月14日,毛泽东、蔡和森、萧子升、张昆弟、陈绍休等21人在湖南长沙建立革命团体"新民学会"。其宗旨是研究新思想、寻求中国革命的正确道路和方法,宣传马克思主义和俄国十月革命。

4月20日,无政府主义刊物《劳动》第2号开始连续发表宣传俄国革命的漫画和探讨俄国革命性质、措施和成就的文章,其中有《俄国过激派施行之政略》《俄罗斯社会革命之先锋李宁事略》《李宁之解剖,俄国革命之真相》等。

是日,《晨钟报》以《俄过激派之对德态度》为题,报道俄国十月革命的消息。

5月1日,北京、上海等地开展五一劳动节纪念活动。五一劳动节的深入人心,进一步推动了马克思主义的传播。

按:曾璐瑶说:"五一劳动节是全世界劳动人民的共同节日,是全世界无产者联合起来共同反对资本主义压迫和剥削的节日。具有初步共产主义思想的知识分子发现五一劳动节的独特意义之后,便将其引入中国并积极开展五一劳动节纪念活动。五一劳动纪念活动在唤醒广大群众和工人阶级之外,还对马克思主义早期传播产生了深远的影响。"①

5月10日,《晨钟报》以《俄列宁政府谴责驻外领事》为题,报道俄国十月革命的消息。

5月23日,《大公报》以《俄过激派占领恰克图后情形》为题,报道俄国十月革命的消息。

5月27日,上海《民国日报》在报道十月革命的消息中说,俄国数千年之专治政府亦为提倡和平之列宁政府所推翻,俄国列宁政府之巩固,即由于和平之放任主义,中国似宜取以为法。

5月28日,《晨钟报》以《俄国最近宣布远东政策》为题,报道俄国十月革命的消息。

6月7日,《民国日报》以《协约国对俄方针决定》为题,报道俄国十月革命的消息。

6月19日,《大公报》以《俄新旧党之近状》为题,报道俄国十月革命的消息。

6月20日,《晨钟报》以《过激派治俄之现状》为题,报道俄国十月革命的消息。

---

① 曾璐瑶."五一"劳动节纪念活动对马克思主义传播的影响[J].胜利油田党校学报,2017(3).

6 月 30 日，王光祈、曾琦、陈淯、周太玄、张尚龄、雷宝菁等人在北京筹建少年中国学会，以"本着科学的精神，为社会的活动，以创造少年中国"为宗旨。

7 月 6 日，《晨钟报》以《请看列宁之治俄》为题，报道俄国十月革命的消息。

7 月 12 日，《晨钟报》以《俄国之大纷乱》为题，报道俄国十月革命的消息。

7 月 29 日，《晨钟报》以《列宁政府之哀鸣》为题，报道俄国十月革命的消息。

8 月 14 日，《晨钟报》以《俄国革命又起》为题，报道俄国十月革命的消息。

8 月 22 日，《晨钟报》以《俄国过激派政府之运命》为题，报道俄国十月革命的消息。

8 月 24 日，《大公报》以《俄国列宁政府之崩溃》为题，报道俄国十月革命的消息。

9 月 11 日，《晨钟报》以《黑暗时代之俄京》为题，报道俄国十月革命的消息。

9 月 25 日，《晨钟报》因披露段祺瑞向日本政府借款的消息而被查封。12 月 1 日，改名《晨报》继续出版。在李大钊、张澜等人支持下，对其第七版《晨报副刊》进行改良，在原有栏目设置的基础上增设"自由论坛""译丛"等栏目，从而开启了在中国系统、有组织地传播马克思主义的序幕。《晨报副刊》成为李大钊等人宣传新文化、传播马克思主义的重要阵地。

按：王宪明，杨琥说："《新青年》是李大钊宣传马克思主义的主阵地之一，而复刊后的《晨报》，特别是改良以后的《晨报副刊》则是他传播马克思主义的第二阵地。李大钊在《晨报》所担当的是一个组织者、协调者的角色，正是通过他的杰出工作，《晨报》从 1918 年 12 月 1 日复刊第一天开始，特别是从次年 2 月 7 日开始，成为马克思主义在中国有组织、有系统传播的最重要的阵地之一，其作用与《新青年》相比，可以说毫不逊色。在李大钊的指导和帮助下，复刊以后的《晨报》紧密配合《新青年》，在《晨报副刊》开始有组织、有系统地发表有关马克思主义理论和世界社会主义运动的文章。正是在《新青年》和《晨报副刊》的带动下，《民国日报》《时事新报》和稍后的《京报》等迅速跟进，先后辟出专栏专刊，宣传马克思主义。日本学者石川祯浩《中国共产党成立史》一书提出的'五四时期指导《晨报副刊》积极宣传马克思主义的不是李大钊而是陈溥贤'的观点,不符合历史事实。"①

10月5日,邵飘萍在北京创办《京报》。该报是五四运动以后北方地区传播马克思主义的一个重要阵地。

按:《京报》于1919年8月21日被当局查封,1920年9月17日复刊。

10月20日,北京大学学生救国会邓中夏、高君宇、黄日葵、许德珩等创办《国民》杂志,发表马克思主义著作和介绍马克思主义的文章,李大钊受聘为顾问。

12月22日,陈独秀主编的《每周评论》在北京创刊,每周一期,周日出版,侧重时评,及时反映国内外形势。主要撰稿人有陈独秀、李大钊、高一涵、张慰慈、张申府、王光祈、胡适、周作人等。

按:刘曼说:"《每周评论》作为一份进步报刊,聚集了许多像李大钊、陈独秀等这样的救国图强的撰稿人,他们在反帝反封建的同时,也启迪了民智,激发了民心,传播了先进理论和思想。'问题'与'主义'之争的辩论,一定程度上扩大了马克思主义在中国的影响,澄清了一些模糊的认识,分清了马克思主义与非马克思主义的差异,形成了对其客观的认识,也为以后中国共产党的成立和发展打下广泛的思想及群众基础。《每周评论》刊登了《共产党宣言》等一些原著文章,这些文章阐释了有关阶级斗争和无产阶级专政的基本思想,这为马克思主义在中国的广泛传播奠定了理论基础。研究得知《每周评论》主要通过宣传马克思主义理论、观察国内劳工状况、宣传俄国道路、介绍各国工人运动和民族独立运动、报道五四爱国运动、应战'问题与主义'之争、宣传社会革命等七个方面积极传播马克思主义。"②

是月,旅俄华工在彼得格勒成立旅俄华工联合会,并在有华工居住的城市建立分会。联合会及各地分会创办了多种中文报刊,宣传马克思主义,如《旅俄华工大同报》(莫斯科)、《华工醒世报》(赤塔)、《社会警钟》(阿穆尔)等。

是年底,李大钊与高一涵、朱务善等发起组织"马尔格士学说研究会"的秘密组织,对外以研究马尔萨斯人口论作掩护。该研究会是中国最早的马克思主义研究团体,培养了一些信仰马克思主义的青年知识分子。

---

① 王宪明,杨琥.五四时期李大钊传播马克思主义的第二阵地——《晨报副刊》传播马克思主义的贡献与意义[J].安徽大学学报(社会科学版),2011(4).

② 刘曼.《每周评论》与马克思主义传播研究[D].开封:河南大学,2017.

二、研究论文

李大钊《庶民的胜利》发表于《新青年》第 5 卷第 5 号。

按：文章说："一九一七年的俄国革命，是二十世纪中世界革命的先声。"彭明说："李大钊在 1918 年所写的几篇关于十月革命的著名论文（《法俄革命比较观》《庶民的胜利》《布尔什维主义的胜利》），虽然对马克思主义学说的内容还没有进行系统的介绍，而且其介绍的内容也有不够恰当的地方，但它们却在相当程度上表达了和传播了马克思主义的若干观点，应该看作是马克思主义在中国传播的开始。"①

按：杨荣、程甜说："在我国马克思主义早期传播之初，日本是传播的主渠道。《新青年》是日本主渠道的标志性刊物，反映在办刊上是从 1918 年 11月《新青年》第 5 卷第 5 号开始，到 1922 年 7 月 1 日《新青年》第 9 卷第 6 号为止。""马克思主义在中国早期传播有日本、苏俄、欧洲三个渠道，《新青年》作为马克思主义早期传播的领军刊物，客观地呈现了马克思主义传播渠道产生、发展的历史状况，真实地表现了马克思主义早期传播由日本渠道向苏俄渠道过渡的历史进程，是马克思主义在中国早期传播历史的风向标。《新青年》还清晰地展示了不同渠道传播内容的历史脉络。日本渠道传播马克思主义的基本原理：唯物史观、剩余价值理论和阶级斗争理论；苏俄渠道主要是传播辩证法与列宁的民族与殖民地革命理论；欧洲渠道对当时西方共产党组织、宣传有所介绍。传播主渠道的转换与传播内容的递进，是中国革命的客观需要，产生了新民主主义理论的基本思想，成为早期马克思主义中国化的理论标志。《新青年》的办刊历史突出展示了五四时期'精神日出'的辉煌进程。"②

李大钊《Bolshevism 的胜利》发表于《新青年》第 5 卷第 5 号。

按：文章说："1917 年俄罗斯的革命，不独是俄罗斯人心变动的显兆，实是 20 世纪全世界人类普遍心理变动的显兆。俄国的革命，不过是使天下惊秋的一片桐叶罢了。Bolshevism 这个字，虽为俄人所创造；但是他的精神，可是 20 世纪全世界人类人人心中共同觉悟的精神。所以 Bolshevism 的胜利，就是 20 世纪世界人类人人心中共同觉悟的新精神的胜利！"

［英］却而司·约翰司顿作、钱泰基译《俄露斯革命之真相》发表于《青年

---

①　彭明. 近代中国的思想历程［M］. 北京：中国人民大学出版社，1999：461.

②　莫杨荣，程甜. 精神的"日出"——《新青年》与马克思主义早期传播渠道研究［J］. 湖北大学学报（哲学社会科学版），2016(6).

进步》第 14 册。

李大钊《法俄革命之比较观》7 月 1 日发表于《言治季刊》第 3 册。

按：是文详细介绍俄国十月革命，是中国最早欢呼俄国十月革命胜利的文章。在文中第一次指出："俄罗斯之革命是二十世纪初期之革命，是立于社会主义上之革命，是社会的革命而并著世界的革命之采色者也。"同法国革命预示着世界进入资产阶级革命时代一样，俄国十月革命预示着社会主义革命时代的到来。作者断言："二十世纪初叶以后之文明，必将起绝大之变动，其萌芽即茁发于今日俄国革命血潮之中。"又发表《庶民的胜利》《布尔什维主义的胜利》等，介绍和评论十月革命。11 月 15 日在《新青年》杂志上发表文章预言：社会主义旗帜一定会插遍全球。

一纯《俄国过激派施行之政略》发表于《劳动》第 1 卷第 2 号。

按：文章认为，"俄人做的，系世界的革命，社会的革命"。

持平《俄罗斯社会革命之先锋李宁事略》发表于《劳动》第 1 卷第 2 号。

按：文章不仅阐述了列宁在俄国各时期的主要活动，还对他的功绩做了很高的评价："就照着他的来历以及他所做的事迹看起来，可以奉赠他七个字，叫做'适合了物理人情'。就是因为他所抱的主义，是要这世界的人，男女同一样，贫富一班齐。"

高劳《续记俄国之近状》发表于《东方杂志》第 15 卷第 1 号。

君实《俄国现在之政党》发表于《东方杂志》第 15 卷第 2 号。

善斋译《述俄国过激派领袖李宁》发表于《东方杂志》第 15 卷第 3 号。

按：是文乃国内介绍列宁事迹的开篇之作，译自日本学者的文章。

君实译《俄国社会主义运动之变迁》发表于《东方杂志》第 15 卷第 4 号。

按：文章说："俄国之革命，多与法国革命相似。惟其间有绝不相同者，则俄国革命颇带社会的革命之色彩也。或谓法国革命时，亦尝有共产主义之倡导，似不可谓不同。然今日之社会主义，与当时之共产主义，其意迥殊。所谓社会主义者，乃产业革新之产物也。虽法国革命，亦尝呈近似社会的革命之状，然而社会主义的革命之出现，实以今日之俄国革命为嚆矢。此不可谓非世界文明史上最宜注意之重大事变也。著者既执是以观俄国革命，故对于俄国社会运动之发展史，不得不加以重视。本篇所述，即为著者研究之一端。"

洪家秀《俄国形势之概要》发表于《东方杂志》第 15 卷第 5 号。

按：文章认为，十月革命，唤醒了欧洲，"实世界社会革命之开场也"。

［日］箕作博士作、谢婴白译《俄法革命异同论》发表于《东方杂志》第 15

卷第 8 号。

按：文章评价列宁"卓绝群侪，非暴烈蛮愚者可比"。

伧父《劳动主义》发表于《东方杂志》第 15 卷第 8 号。

君实《俄国之土地分给问题》发表于《东方杂志》第 15 卷第 9—12 号。

伧父《对于未来世界之准备如何》发表于《东方杂志》第 15 卷第 10 号。

刘大钧《社会主义》发表于《东方杂志》第 15 卷第 11 号。

按：文章说："社会主义内蕴虽极驳杂，然有数要义，为大多数持此说者所同信：一、社会需要之供给，全仰赖于工人。土地与母财，虽不可缺，然非经人工之支配，不能成物。故三者不可一概而论。一、万物既必待人工而后成，大多数之人，又恃工作以为生，故工人为社会之柱石。工人之利害，即社会之利害。一、财用之分配，应视各人劳力之多寡，或需要之缓急，由社会立法以定之，不能取放任主义，听其自然。一、母财（即用以生物之资产）私有，为经济不平等之主因，应改归社会掌管。其大略如此，欲知其详，则必分派论列。"

亦云《俄国过激派之责任问题》发表于《浙江兵事杂志》第 46 期。

天风、无我译《俄国未来之妇女》发表于《妇女杂志》第 4 卷第 1—2 期。

白先生、贾成春《俄国现状》发表于《金陵光》第 9 卷第 3 期。

蒯晋德《俄国之将来与大亚细亚主义发挥之分歧点》发表于《微言杂志》第 1 期。

许崇清《我之唯物史观》发表于《学艺》第 1 卷第 4 期。

何菁《社会主义之于吾国》发表于《学艺》第 1 卷第 4 期。

［美］约翰·史丹作、邵镳译《俄国两大革命》发表于《戊午》第 1 卷第 1 期。

鲠生《俄国远东政策之过去未来》发表于《太平洋》第 1 卷第 8 期。

彭蠡《民主主义与社会主义之趋势》发表于《太平洋》第 1 卷第 10 期。

按：文章说："社会主义之名，今尚有种种歧义：有以社会主义与共产主义对称者，有以社会主义与共产主义为异名同体者，更有混社会主义或共产主义为无政府主义虚无主义者。就大体而言之，彼其不满足于现代社会之组织固同，而其手段与归着之点，实不一致，且又截然之区别。今先就后者言之，则社会主义者，国家（社会主义之国家）万能主义也；无政府主义者，个人万能主义也。前者为个人主义之敌，后者为个人主义之友。其根本思想观念，殆若泾渭之相淆，虽欲用之，其道莫由。至于社会主义与共产主义，其混视而齐观耶？抑举此以概彼耶？此可依立论之便宜为之，不必是丹而非素。吾今姑以社会主义为概括之名称,而又区之曰激烈的社会主义,曰温和的社会主义,以稍示其素质之不同。"

〔日〕冈悌治作、卢鸿堉译《社会主义各派之学说》发表于《法政学报》第5期。

和孟《社会主义释义》发表于《法政学报》第6—7期。

唐崇慈《俄国大政治家克兰斯凯传略》发表于《清华学报》第3卷第4期。

陆殿扬《俄国之多数党》发表于《江苏省立第五中学校杂志》第7期。

陆殿扬《俄国之女子敢死队》发表于《江苏省立第五中学校杂志》第7期。

陆殿扬《俄国内新分裂之两共和国》发表于《江苏省立第五中学校杂志》第7期。

张复生《今后俄国卢布使用之效力问题》发表于《国际协报》第78期。

心危《过激派之责任问题》发表于1月16日《民国日报》。

编者《俄国四政治家之过激主义的评论》发表于1月19日《申报》。

编者《俄罗斯政变》发表于3月14日《申报》。

编者《过激党之俄国》发表于3月26日《申报》。

九如《过激派之俄国》发表于12月10日、20日《益世报》。

〔日〕安部矶雄作、李大钊译《最近欧洲社会党之运动》发表于12月14—31日《晨报副刊》。

按:《最近欧洲社会党之运动》最初发表于1918年7月1日出版的《言治季刊》第三册,并附有编者识:"此篇为日本阿部矶雄所著,成于大正六年五月。关于各交战国社会党之情态,引用一九一三年出版《社会主义者年鉴》。开战后社会党之运动,参照 *Socialist Review* 及 *International Socialist Review* 诸杂志。篇中叙述社会党过去之略史及最近之活动,颇为翔实,可供研究社会党者之参考云。"《晨报副刊》分38节转载,共41日才登载完毕。

民国八年　己未　1919年

一、研究背景

1月20日,无政府主义刊物《进化》月刊创刊,由进化社出版。

1月25日,北京大学哲学研究会成立,毛泽东加入该会。

是日,上海《申报》发表《中国宜防过激主义之侵入》一文,内容涉及马克思学说的来源、主要内容、影响范围等。

3月2日,为了团结世界各国的左派,列宁领导的第三国际(共产国际)在莫斯科成立,并以其作为世界共产党的总部,各国共产党是它的支部。

按:列宁发起建立了共产国际(即第三国际),制定了加入共产国际的条件,论证了无产阶级新型政党的政治原则、组织原则和策略原则,理论上以马克思主义为指导,从此开启了马克思主义在世界各国传播的伟大历程。中国共产党于1922年7月加入第三国际。共产国际对中共的指导和支持直接影响了马克思主义在中国的传播效果,它不仅成为中共学习马克思主义基本原理的渠道,更间接推动了马克思主义在中国的广泛传播。

是月,在蔡元培"提倡平民教育"思想的启示和推动下,邓中夏、廖书仓、康白情、黄日葵、许德珩等人发起组织"北京大学平民教育讲演团"。在《平民教育团征集团员》的启事中,标明"以教育普及与平等为目的,以露天讲演为方法"。

4月6日,《每周评论》第16号刊载舍译的《共产党宣言》的第二章"无产者和共产党人"。

按:是月,四川《国民公报》连载《近世社会主义鼻祖马克思之奋斗生涯》,介绍马克思生平及其奋斗经历。

4月中旬,北京华法教育会和中法协进会开办的法文专修馆开学,法国驻华公使柏卜亲自到校发表演说,鼓励学生赴法留学。

按:留法勤工俭学运动在1919年左右形成高潮,学生来源地几乎遍及当时的整个中国,在两三年之间,有2000多名学生赴法留学。留法勤工俭学运动造就了各类人才,特别是培养了一批具有马克思主义信仰的革命人才,如周恩来、蔡和森、向警予、赵世炎、李立三、聂荣臻、陈毅、邓小平等,使留法勤工俭学运动成为早期马克思主义传入中国的三条主要渠道之一。

4月20日,共产国际发表关于五一劳动节的宣言,将传播马克思主义理论确立为共产国际的历史使命,从此便开启了马克思主义在各国传播的伟大历程。

5月1日,共产国际执委会机关刊物《共产国际》杂志创刊。该杂志先后以俄、德、英、法、西、中6种文字在莫斯科和彼得格勒出版,宗旨是交流各国共产党的建设和斗争经验,讨论国际共产主义运动中的理论、战略和策略、组织等问题,批判反马克思列宁主义的思潮和流派。

是日,李大钊协助北京《晨报副刊》出版"五一劳动节纪念"专号,发表《"五一节"May Day 杂感》。

5月4日,北平天安门广场爆发了学生群众为主体的反帝爱国运动,即"五四运动"。它标志着中国新民主主义革命的开始,同时为马克思主义在中国传播创造了条件。随着运动的发展,在中国第一次出现了声势浩大的以宣传马克思主义为中心的思想运动。

按:毛泽东在《新民主主义论》中说:"五四运动是反帝国主义的运动,又是反封建的运动。五四运动的杰出的历史意义,在于它带着为辛亥革命还不曾有的姿态,这就是彻底地不妥协地反帝国主义和彻底地不妥协地反封建主义。五四运动所以具有这种性质,是在当时中国的资本主义经济已有进一步的发展,当时中国的革命知识分子眼见得俄、德、奥三大帝国主义国家已经瓦解,英、法两大帝国主义国家已经受伤,而俄国无产阶级已经建立了社会主义国家,德、奥(匈牙利)、意三国无产阶级在革命中,因而发生了中国民族解放的新希望。五四运动是在当时世界革命号召之下,是在俄国革命号召之下,是在列宁号召之下发生的。五四运动是当时无产阶级世界革命的一部分;五四运动时期虽然还没有中国共产党,但是已经有了大批的赞成俄国革命的具有初步共产主义思想的知识分子。五四运动,在其开始,是共产主义的知识分子、革命的小资产阶级知识分子和资产阶级知识分子(他们是当时运动中的右翼)三部分人的统一战线的革命运动。它的弱点,就在只限于知识分子,没有工人农民参加。"①

按:孟庆仁说:"马克思主义在中国的真正传播,是在十月革命之后。特别是五四运动爆发之后,无产阶级登上中国的历史舞台,工人运动蓬勃发展,为马克思主义的传播奠定了阶级基础,马克思主义在中国的传播成为新

---

① 毛泽东.毛泽东选集:第2卷[M].北京:人民出版社,1991:699-700.

文化运动的主流,马克思主义著作在中国的翻译和出版,马克思主义理论及其哲学思想在中国的宣传和介绍,呈现出空前繁荣的景象。从五四运动前后到中国共产党成立,在北京、上海、湖南、武汉、天津、江西、四川、山东等地,都成立了许多传播马克思主义的社团,出版了大量宣传马克思主义的报刊书籍。在五四运动后仅半年内,全国出版的在一定程度上具有宣传社会主义倾向的报刊,就有二百多种。仅《新青年》一家刊物,从 1919 年 5 月至 1921 年 7 月发表的关于马克思主义、社会主义革命和工人运动的文章,就有 137 篇。马克思主义的许多经典著作,也被翻译出版。"[1]

按:五四运动的历史意义是:(一)五四运动杰出的历史意义,"在于它带着为辛亥革命还不曾有的姿态,这就是彻底地不妥协地反帝国主义和彻底不妥协地反封建主义",充分显示了英勇的中国人民保卫民族尊严、国家独立的爱国主义立场和争取民主自由的不屈不挠的坚强意志。(二)五四运动标志着中国新民主主义革命的开始。五四运动中,工人阶级作为一支独立的政治力量,第一次登上历史舞台,促使运动迅速取得胜利,表明中国无产阶级有能力肩负起领导中国革命的历史重任。五四运动成为中国新旧民主主义革命的分水岭。(三)五四运动促成了马列主义的广泛传播,促成了马列主义与中国工人运动的结合,产生了中国第一代马克思主义者,为一九二一年中国共产党的成立作了思想上干部上的准备。(四)五四运动也是中国新民主主义文化,即无产阶级领导的人民大众的反帝反封建的文化运动的伟大开端,是中国文化史上光辉的一页,对中国新文化运动的发展产生了极为深刻的影响。[2]

5 月 5 日、6 日和 8 日,北京《晨报副刊》开辟"马克思研究"专栏,纪念马克思诞辰 101 年,被视为马克思主义传入中国之开端。

按:高军等人说:"五四运动后《晨报》副刊在其马克思研究专栏也登载了马克思的《劳动与资本》和考茨基的《马氏资本论释义》等译文,刊登过共产国际一大宣言《新共产党宣言》和一些介绍马克思、列宁的生平及关于俄国的革命和建设情况的材料。上海的《民国日报》副刊《觉悟》在五四运动后陆续登载过一些介绍马克思主义和苏俄建设情况材料。该刊与《晨报》副刊以及《时事新报》副刊《学灯》由于大量介绍了马克思主义,被称为五四运动时期著名的宣传马克思主义的三大副刊。"[3]

① 孟庆仁.著名马克思主义哲学家评传:第三卷导言[M].济南:山东人民出版社,1991:5-6.
② 南京大学学报编辑部.高等学校政治理论课教学资料[M].南京:南京大学学报编辑部,1983:6.
③ 高军,王桧林,杨树标.中国现代政治思想评要[M].北京:华夏出版社,1990:32.

5月23日,《益世报》因报道马克思学说而被北洋政府以"妨害治安"罪查封,总编辑潘智远等人被捕。

5月26日,《南开日刊》由南开学校创办,先后发表《思想革命》《中国劳动家庭该怎样去做》《青年思想根本的改造》《马克斯劳动时间的主张》等文章,鲜明地提出:"要有新国家,必先要有新思想;要有新政治,必先要有新思想;要有新道德,必先要有新思想;要有新学术,必先要有新思想;要有新生命,必先要有新思想;要有新青年,必先要有新思想。"认为马克思主义等"欧美新学说"是"中国从根本上革新的锐利武器"①。

6月2日,北京《新青年》6卷5号出版"马克思主义研究专号",刊载李大钊的《我的马克思主义观》(实际出版时间在1919年9月),系统地介绍马克思主义的三个组成部分:唯物史观、政治经济学和科学社会主义。

按:同期发表了顾兆熊的《马克思学说》、起明译的《俄国革命之哲学的基础》、刘秉麟的《马克思传略》、凌霜的《马克思学说批评》、陈启修的《马克思的唯物史观与贞操委托》、渊泉的《马克思的唯物史观》和《马克思奋斗的生涯》等。

按:周恩来回忆说:"到法国去以前,我阅读了《共产党宣言》、考茨基的《阶级斗争》和《十月革命》的译本,这些书是《新青年》杂志主持出版的。"②

6月8日,孙中山指示戴季陶、沈玄庐、孙棣三创办《星期评论》,至1920年6月6日终刊,在此期间发表专门宣传马克思主义的文章近50篇,涉及马克思主义的文章则更多,是当时宣传和研究马克思主义的重要阵地。

6月11日,陈独秀在散发《北京市民宣言》时被捕,李大钊被迫暂避昌黎五峰山,胡适代为主编《每周评论》,对刊物版式进行了改版,去掉了最能反映当时政治斗争的战斗文章和尖锐评论的《国外大事述评》《国内大事述评》,刊物失去了革命报刊的性质,改变了办刊方向。

是月,中国国民党机关报《民国日报》副刊《觉悟》创刊,邵力子任副刊主编,曾发表宣传马克思主义的政论文章50多篇,其中还发表早期共产党人李大钊、陈独秀、李达、李汉俊、陈望道、施存统、包惠僧、刘仁静等人宣传马克思主义的文章,是当时宣传和研究马克思主义、社会主义的重要阵地。

7月1日,王光祈、周太玄、李大钊等人发起正式成立少年中国学会。全国各地及巴黎、东京、纽约等地设有分会。出版《少年中国学会丛书》32

---

① 中央天津市委党史资料征集委员会,编.马克思主义在天津早期传播(1917—1924)[M].天津:天津人民出版社,1989:7.

② 斯诺.周恩来早年生活[M]//周恩来访问记.香港:万源图书公司,1976:9.

种、《少年中国》《少年世界》和《星期日周刊》。影响较大的是北京总会编辑的《少年中国》月刊,创刊于 1919 年 7 月,李大钊曾任编辑主任,刊登有关自然科学、文学、社会学和哲学的论著和译文,1924 年 5 月停刊。

按:当时,不少倾向进步的知识青年陆续入会,他们在五四爱国运动中发挥了重要作用。少年中国学会是五四时期出现的一个最大的群众性进步团体。学会存在长达六年之久,先后入会的有 120 多人,出版刊物有《少年中国》等。随着"问题与主义"论战的深入发展,学会成员明显分化,革命形势的发展,使其分化日趋严重。学会中的左翼,有李大钊、恽代英、毛泽东、张闻天、赵世炎、沈泽民等,他们都接受马克思主义、走革命的道路;中间派的代表人物是当时倾向无政府主义和空想社会主义的王光祈;右翼是后来国家主义派骨干曾琦、李璜、左舜生、陈启天、余家菊等。由于成员的思想分歧,学会在 1925 年底停止活动。①

7 月 14 日,毛泽东主编的《湘江评论》创刊,在《创刊宣言》中,热烈歌颂俄国十月革命及世界革命的潮流。

按:毛泽东署名的《创刊宣言》说:"自'世界革命'的呼声大倡,'人类解放'的运动猛进,从前吾人所不置疑的问题,所不遮取的方法,多所畏缩的说话,于今都要一改旧观。"

7 月 25 日,苏俄以俄罗斯苏维埃联邦社会主义共和国副外交人民委员会加拉罕的名义,发表《俄罗斯苏维埃联邦社会主义共和国对中国人民和南北政府的宣言》(即《苏联第一次对华宣言》),明确"宣布废除以日本、中国和以前各协约国所缔结的一切秘密条约",并"建议中国人民通过自己的政府立即与我们建立正式关系,并派遣自己的代表与我军会晤"②。

8 月 1 日,中国国民党的理论刊物《建设》杂志在上海创刊,孙中山指定胡汉民、汪精卫、戴季陶、朱执信、廖仲恺组成建设社编辑出版。该杂志是五四时期介绍马克思主义唯物史观数量最多的刊物。

按:王刚说:"辛亥革命前后,马克思主义在中国有了一定的译介和传播,以孙中山、朱执信、胡汉民、戴季陶等为代表的资产阶级革命派不仅有留日的相似经历,而且有救亡图存和给三民主义寻找依据的共同需要,这些历史机缘,促使'讲马克思主义倒还是国民党在先'。面对异常丰富的马克思主义理论,资产阶级革命派进行了各有取舍、各有侧重的选择性传播。孙中

---

① 李振霞,雍桂良.中国现代哲学史大事记[M].北京:红旗出版社,1987:19.

② 中共中央党史研究室第一研究部.共产国际、联共(布)与中国革命文献资料选辑 1917—1925 [M].北京:北京图书馆出版社,1997:80-81.

山主要选择了马克思的科学社会主义,朱执信倾注于阶级斗争学说,胡汉民侧重于唯物史观,而戴季陶则重点思考经济学说和劳动问题。资产阶级革命派传播马克思主义的目的,对马克思主义所做的中国式的解读,对马克思主义研究方法上的缺陷以及其阶级本性,尤其是资产阶级的政治立场,使得作为'盗火者'的资产阶级革命派,最终却成为马克思主义的反对者。"①

8月12日,《南开日刊》刊登《布尔扎维司目》与《布尔扎维克》两文,简要地介绍了俄国十月革命及马克思提出的八小时工作制。

8月18日,毛泽东因领导驱逐张敬尧运动第二次到北京,由坚信马克思主义的李大钊、邓中夏介绍,参加少年中国学会,开始接受马克思主义的基本理论。

按:李锐说:"在北京停留的短短期间,毛泽东尽力搜集有关马克思主义和俄国革命的书籍,用心地阅读。这时已经出版的马克思主义的书籍是很有限的,而有关'社会主义'的小册子却很多,内容很紊乱。这有限的几本马克思主义的书籍给予毛泽东极大的影响。他自己回忆这个重要的时刻的情形说:'在一九二〇年,我开始被马克思主义和俄国革命的影响所指导。在我第二次游北京期间,我读了许多关于俄国的书。我热烈地搜寻一切那时候能找到的中文的共产主义文献。在我的脑海里,有三本书印象特别深,帮我建立起对马克思主义的信仰。我接受了马克思主义是历史的最正确解释,从此以后,从没有动摇。这三本书是:《共产党宣言》,是由中文印行的第一本马克思主义的书,考茨基的《阶级斗争》,和刻儿枯朴的《社会主义史》。到了一九二〇年夏天,在理论上——某种程度地也在行动上,我成了一个马克思主义者了。'马克思列宁主义使毛泽东找到了中国革命的正确方向,找到了完整的革命斗争武器,因而也就更加增长和更加坚定了革命斗争的信心。根据《新民学会会员通信集》所载,毛泽东成为一个马克思主义者,大体上是在一九二〇年冬。"②

8月30日,《每周评论》第37号出版时,被北洋政府查封,"问题与主义"的争论也因此终止。这场争论扩大了马克思主义的影响,促进了马克思主义的传播。

按:刘曼说:"《每周评论》大量的文章对当时的国内外许多重大事件和重要问题进行了及时报道和评述,尖锐地抨击了帝国主义和北洋军阀政府的反动统治,这些报道和述评都是当时《每周评论》姊妹篇的《青年杂志》

① 王刚.论资产阶级革命派对马克思主义的选择性传播[J].马克思主义与现实,2013(4).
② 李锐.毛泽东的早期革命活动[M].长沙:湖南人民出版社,1980:254.

所不具有的,也是当时任何资产阶级报刊所没有的革命性和战斗性。而也正是这种反映军阀混战统治对社会造成的危害,封建愚昧文化对人民的统治,以及帝国主义对中国的残暴压迫,都在一定程度上推动了马克思主义的传播与运用,至于由于围绕马克思主义本身而引发的各种争论,乃至对于马克思主义基本理论的转录,更是直接地推动了马克思主义的传播。"①

9 月 16 日,周恩来、刘清扬、邓颖超、郭隆真、马骏、谌小岑、李毅韬、张若、李锡锦、郑季清等人在天津创立觉悟社,决定出版《觉悟》,宣传马克思主义等新思潮,领导群众开展革命斗争。觉悟社成为社员学习马列主义,研究社会新思潮的重要阵地。

9 月 21 日,李大钊应觉悟社的邀请来天津演讲,并与觉悟社成员座谈宣传马克思主义。

是月,张东荪、俞颂华主编的《解放与改造》在上海创刊,由时事新报社发行。

按:《解放与改造》是政论性刊物,中心主题是讨论世界的解放与改造、人的解放与改造,而社会主义宣传也是该刊的主要内容,先后发表了数十篇研究社会主义的文章。

10 月,山东省议员王乐平创办齐鲁通讯社,专门贩卖各种最新的丛书、杂志,推动了马克思主义著作及各种进步书刊在山东地区的传播。

11 月 1 日,中国大学、法文专修馆和俄文专修馆的山东籍学生宋介、王统照、王晴霓、范煜璐、徐彦之、段澜等一批宣传新思想、立志于寻找救国途径的有志青年在北京成立曙光社,创办《曙光》杂志。

按:李杨、柳作林说:"《曙光》杂志创刊于 1919 年 11 月 1 日,共出版 9 期。从创刊初期的宣传'改良主义、科学救国'到在中国广泛传播马克思主义,并成为北京共产党早期组织的宣传阵地,《曙光》的编辑思想的转变,正是五四时期马克思主义传播和中国一大批探索救国救民真理的进步热血青年、先进知识分子对俄国十月革命较全面的认识,并进而接受社会主义传播过程的一个缩影。"②

11 月 27 日,胡维宪在《南开校风》上发表《社会主义与中国》一文,指出农工阶级起来革命,走社会主义道路,是我国历史发展的必然趋势。

是年,董必武在恩施从事士兵运动,失败后到上海向孙中山汇报"鄂西

---

① 刘曼.《每周评论》与马克思主义传播研究[D].开封:河南大学,2017.
② 李杨,柳作林.《曙光》:五四时期马克思主义传播的缩影[J].出版发行研究,2016(3).

靖国军"总司令被害事件,暂住在湖北善后协会机关内,与刚从日本学成回国的李汉俊为邻居。在李汉俊的介绍下,董必武开始接触到马克思主义的书,对马克思主义感兴趣,开始反思过去革命的方法,探寻中国革命的出路问题。

按:李汉俊在日本留学期间,研读了大量马克思主义著作,其中日本马克思主义经济学家河上肇对他的影响很大,开始信仰马克思主义。他把从日本带回来的关于俄国革命的日文书借给董必武看,使董必武了解到俄国革命的一些情况。董必武回忆说:"汉俊介绍日本新出的杂志如《黎明》《改造》《新潮》等,我们虽然看不懂,也勉强去看……彼此都说现代社会已发生毛病了,传统的观念、道德、方法都要改变了。"①

是年,陈潭秋在五四运动后,作为武昌高师学生代表到南京、上海参观学校,考察教育活动。在上海经同学倪季端(倪侧天)介绍认识董必武。他们一见如故,"相互交流学习马克思主义的心得,畅谈改造中国和世界的抱负,同时商定用办报纸、办学校的方式传播马克思主义,开展革命活动"②。是年冬,董必武回武汉筹办武汉中学,得到陈潭秋的大力支持。学校创办后,陈潭秋任英语教师。

二、研究论文

[英]Angelo S. Rapport 著、起明译《俄国革命之哲学的基础》(上)发表于《新青年》第6卷第4号。

按:是文论述了俄国革命前的各种哲学思潮,介绍了传播革命的哲学家。

[英]Angelo S. Rapport 著、起明译《俄国革命之哲学的基础》(下)发表于《新青年》第6卷第5号(马克思主义研究专号)。

[日]河上肇作、渊泉(陈溥贤)译《马克思的唯物史观》发表于《新青年》第6卷第5号(马克思主义研究专号)。

按:河上肇是日本研究马克思主义的大家,他的著作是早期中国读者研读马克思主义的指导书。而且马克思主义的文本,当时大多是取道日本才传入中国的。郭沫若说:"中国民众是通过日语书籍介绍马克思和恩格斯的中国记者那里听说了马克思和恩格斯。这些书被译成了汉语,于是人民知

---

① 中国社会科学现代史研究室,选编.""一大""前后:(二)[M].北京:人民出版社,1980:369.
② 董必武.鞠躬尽瘁,战斗终生——董老忆潭秋[C]//湖北社科院,编.回忆陈潭秋.武汉:华中工学院出版社,1981:1.

道了马克思和恩格斯的存在。如果查阅一下文献资料，同样可以得出这一饶有兴趣的结论，即最早介绍马克思主义的是日本知识分子。"①

按：陈溥贤从日本留学归国，从 1919 年 4 月起，以"渊泉"为笔名撰写文章介绍日本社会主义思潮以及马克思主义，是五四运动前后将马克思主义介绍到中国的重要人物。本文是现今所见在中国介绍马克思唯物史观最早的一篇文章，成为马克思主义哲学在中国传播的标志。文章先发表在 5 月 5 日《晨报》，随后被《新青年》转载，进一步扩大了影响。

[日]河上肇作、渊泉(陈溥贤)译《近世社会主义鼻祖——马克思之奋斗生涯》发表于《新青年》第 6 卷第 5 号(马克思主义研究专号)。

按：是文先在《晨报》4 月 1—4 日连载，后被《新青年》转载，但两者在篇幅和行文上略有差异。文章说：马克思为德国人，青年时代即以改造社会组织为毕生事业，一切著述，咸以解决兹事为目标焉。马氏之奋斗生涯，即献身著述之生涯，而著述中以《资本论》为不朽名著，故吾介绍马氏著作《资本论》之历史，即所以介绍马氏之奋斗生涯，此诸君不可不知也。马氏决心著述《资本论》，实一八五二年时事。马氏本贫窭子，频年流荡，赤贫如洗，居英几难自活。嗣后马氏被聘为《纽育脱力滨》报之伦敦通讯员，每一通讯，得酬五美金，而马氏之生计，至是始略可支持，专心一志于《资本论》之著作。

陈启修《马克思的唯物史观与贞操问题》发表于《新青年》第 6 卷第 5 号(马克思主义研究专号)。

按：马克思的唯物史观的出现，使社会科学"换了面目"，也使人类精神文化发生了变化，"物质的结合一变，人类的文化也一变。因为人类究竟要受物质的支配，所以不得不随着物质的脚跟走"。

顾兆熊《马克思学说》发表于《新青年》第 6 卷第 5 号(马克思主义研究专号)。

按：文章说："唯物的历史观，是一种科学的历史观察法，是一种空前的社会哲学。这'唯物历史观'的创造人，便是马克思。"文章还论述了马克思主义哲学同黑格尔、费尔巴哈哲学的关系，以及唯物史观的基本观点。

刘秉麟《马克思传略》发表于《新青年》第 6 卷第 5 号(马克思主义研究专号)。

按：是文介绍了马克思的家庭、求学经过，以及撰述之外从事的实际革

① 郭沫若.中日文化的交流[N].人民日报，1955-12-13.

命工作,最后借用西方学者的话来评价马克思,称"《资本论》一书,实予研究社会主义及经济学者一最好之资料",对于中国读者了解马克思很有帮助。又评价《共产党宣言》是"传播最广,欧洲各国,均有译本""书中一语,正如枪弹一射。就其全书言之,几无一语,不经千次之呼吁"的著作。

黄凌霜《马克思学说的批评》发表于《新青年》第6卷第5号(马克思主义研究专号)。

按:作者黄凌霜是无政府共产派,是文对马克思学说的经济论、唯物史观、政策论作了曲解和批评。文章说:"马克思的学说大约可分为三大要点:(一)经济论,(二)唯物史观,(三)政策论。世人对于这些学说的批评多得很。那攻击社会主义的人,不必说了(例如 W. H. Mallock 所著的 *A Critical Examination of Socialism* 第十八页说:马氏的经济学'现在的科学界'正如古人分元素为四种。或如 Thales 万物皆出于水的理论之在现今的化学。)社会党,不满意于这种学说的人,也是不少。无政府党对于他的政策论,绝对的不赞成,早已成为历史上有名的争论,更不必说了。作者批评马氏的学说,对于他的经济论和唯物史观,以德人 E. Bernstein 的批评为根据。对于政策论的批评,以俄人 Z. Kropotkin 的批评为根据。现在且把马氏学说的缺点和他的好处写出来。"作者承认:"马氏历史哲学的方法和原理的发明,可算是他最大的创造,为学问界开一新纪元。"

克水《巴枯宁传略》发表于《新青年》第6卷第5号(马克思主义研究专号)。

按:文章认为无政府主义代表人物巴枯宁"算是一个坚持到底,百折不回的,一位社会运动家"。

李大钊《我的马克思主义观(上)》发表于《新青年》第6卷第5号(马克思主义研究专号)。

按:李大钊在1919年5月出版《新青年》第6卷第5号,以及1919年11月出版《新青年》第6卷第6号上,分上、下两篇发表了《我的马克思主义观》,这篇文章是中国人比较系统地介绍和分析马克思学说的开山之作,比较全面地介绍了马克思主义的唯物史观、经济学说和社会主义理论。它是李大钊的马克思主义世界观形成的重要代表作,是马克思主义在中国开始广泛传播的里程碑。

文章说:马氏社会主义的理论,可大别为三部:一为关于过去的理论,就是他的历史论,也称社会组织进化论;二为关于现在的理论,就是他的经济论,也称资本主义的经济论;三为关于将来的理论,就是他的政策论,也称社会主义运动论，就是社会民主主义。离了他的特有的史观，去考他的社会主义，简直是不可能。因为他根据他的史观，确定社会组织是由如何的根本原因变化而来的；然后根据这个确定的原因，以观察现在的经济状态，就把资本主义的经济组织，为分析的、解剖的研究，预言现在资本主义的组织不久必移入社会主义的组织，是必然的运命；然后更根据这个预见，断定实现社会主义的手段、方法仍在最后的阶级斗争。他这三部理论，都有不可分的关系，而阶级竞争说恰如一条金线，把这三大原理从根本上联络起来，所以他的唯物史观说："既往的历史都是阶级竞争的历史。"他的《资本论》也是首尾一贯的根据那"在今日社会组织下的资本阶级与工人阶级，被放在不得不仇视、不得不冲突的关系上"的思想立论。关于实际运动的手段他也是主张除了诉于最后的阶级竞争，没有第二个再好的方法。为研究上便利起见，就他的学说各方面分别观察，大盖如此。其实他的学说是完全自成一个有机的有系统的组织，都有不容分离不容割裂的关系。

马氏的经济论，因有他的名著《资本论》详为阐发，所以人都知道他的社会主义系根据于一定的经济论的。至于他的唯物史观，因为没有专书论这个问题，所以人都不甚注意。他的《资本论》虽然彻头彻尾以他那特有的历史观作基础，而却不见有理论的揭出他的历史观的地方。他那历史观的纲要，稍见于一八四七年公刊的《哲学的贫困》，及一八四八年公布的《共产党宣言》。而以一定的公式表出他的历史观，还在那一八五九年他作的那《经济学批评》的序文中。现在把这几样著作里包含他那历史观的主要部分，节译于下，以供研究的资料。

马克思的唯物史观有二要点：其一是关于人类文化的经验的说明；其二即社会组织进化论。其一是说人类社会生产关系的总和，构成社会经济的构造。这是社会的基础构造。一切社会上政治的、法制的、伦理的、哲学的，简单说，凡是精神上的构造，都是随着经济的构造变化而变化。我们可以称这些精神的构造为表面构造。表面构造常视基础构造为转移，而基础构造的变动，乃以其内部促他自己进化的最高动因，就是生产力，为主动，属于人类意识的东西，丝毫不能加他以影响，他却可以决定人类的精神、意识、主义、思想，使他们必须适应他的行程。其二是说生产力与社会组织有密切的关系。生产力一有变动，社会组织必须随着他变动。社会组织即社会关系，也是与布帛菽粟一样，是人类依生产力产出的产物。手臼产出封建诸侯的社会，蒸汽制粉机产出产业的资本家的社会。生产力在那里发展的社会组织，当初虽然助长生产力的发展，后来发展的力量到那社会组织不能适应的程度,那社会组织不但不能助他,反倒束缚他妨碍他了。而这生产力虽在那束缚他、妨碍他的社会组织中,仍是向前发展不已。发展的力量愈大,与那不能适应他的社会组织间的冲突愈迫,结局这旧社会组织非至崩坏不可。这就是社会革命。新的继起,将来到了不能与生产力相应的时候,他的崩坏亦复如是。可是这个生产力,非到在他所活动的社会组织里发展到无可再容的程度,那社会组织是万万不能打破。而这在旧社会组织内,长成他那生存条件的新社会组织,非到自然脱离母胎,有了独立生存的运命,也是万万不能发生。恰如孵卵的情形一样,人为的助长,打破卵壳的行动,是万万无效的,是万万不可能的。以上是马克思独特的唯物史观。

李大钊《我的马克思主义观》(下)发表于《新青年》第 6 卷第 6 号。

按:文章说,我于上篇,既将马氏的"唯物史观"和"阶级竞争说"略为评述,现在要述他的"经济论"了。马氏的"经济论"有二要点:一"余工余值说",二"资本集中说"。前说的基础,在交易价值的特别概念。后说的基础,在经济进化的特别学理。用孔德的术语说,就是一属于经济静学,一属于经济动学。

佚名《俄罗斯之混沌状态》发表于《每周评论》第 3 号。

冥冥李大钊,《新纪元》发表于《每周评论》第 3 号。

按:文章赞扬了俄国的社会主义革命,宣布"现在的时代是人类生活的新纪元""我们在这黑暗的中国,死寂的北京,也仿佛分得那曙光的一线,好比在沉沉深夜中得一个小小的明星,照见新人生的道路。我们应该趁着这一线的光明,努力前去为人类活动,作出一点有益人类工作"。

守常(李大钊)《新旧思潮之激战》发表于《每周评论》第 3 号。

佚名《俄国包围过激派之运动》发表于《每周评论》第 4 号。

彭一湖《新时代之根本思想》发表于《每周评论》第 8 号。

王光祈《国际的革命》发表于《每周评论》第 10 号。

按:文章说:"今年一月二十五日,俄德两国的过激派在莫斯科组织国际革命党,反对资本主义,禁止资产阶级的武装。"

冥冥(李大钊)《过激派的引线》发表于《每周评论》第 11 号。

按:文章宣传十月革命的伟大意义,对十月革命和"过激主义"产生的原因进行了正确解释和深层次分析,指出"过激主义种子,实在是因为社会上不满意的事太多,才产生的。既有这个种子,那社会上的一切不平、不安稳、不公道的事体,就是他的肥料。既加了肥,又要他不生长,那可有点办不到。所以世界政府中的顽固党,都怕过激主义,但是都在那里培植过激主义"。

［德］倍倍尔作、舍（成舍我）译《近代社会主义与乌托邦主义的区别》发表于《每周评论》第 15 号。

［德］马克思、恩格斯作，舍（成舍我）译《共产党的宣言》（节译）发表于《每周评论》第 16 号。

按：是文摘译《共产党宣言》第二章"无产者共产党人"后面属于纲领的一段。明确指出："这个宣言是 Marx 和 Engels 最先最重大的意见。他们发表的时候，是由一八四七年的十一月到一八四八年的正月，其要旨在主张阶级战争，要求各地劳工的联合，是表示新时代的文书"，这就对马克思主义的基本理论进行了充分的肯定。

陈独秀《纲常名教》发表于《每周评论》第 16 号。

按：文章说："欧洲各国社会主义的学说，已经大大流行了。俄、德和匈牙利，并且成了共产党的世界，这种风气，恐怕马上就要来到东方。"

若愚《无政府共产主义与国家社会主义》发表于《每周评论》第 18 号。

只眼（陈独秀）《二十世纪俄罗斯的革命》发表于《每周评论》第 18 号。

按：陈独秀获悉十月革命胜利的消息后，连续发表《二十世纪俄罗斯的革命》《克伦斯基与列宁》等文章，标志着他开始接受马克思主义。文章说："十八世纪法兰西的政治革命，二十世纪俄罗斯的社会革命，当时的人都对他们极口痛骂，但是后来的历史家，都要把他们当做人类社会变动和进化的大关键。"

佚名《各国劳农界的势力》发表于《每周评论》第 18 号。

按：文章说："自俄国布尔什维克主义战胜后，欧洲劳农两界，忽生最大的觉悟，人人出力和资本家决斗，他们的势力，已征服了好几国。""这种革命，在政治史上算得顶有价值的事体。"

只眼（陈独秀）《克伦斯基与列宁》发表于《每周评论》第 19 号。

陈独秀《中国士大夫阶级的罪恶》发表于《每周评论》第 20 号。

按：文章说："中国此刻第一要紧的革命，还是仿佛欧洲旧式的革命。不过起革命的，要是劳农阶级（就是工人和农民阶级），不是资产阶级。"这篇社论就是呼吁发动一场工农的社会革命推翻士大夫阶级的统治，社论中体现的民主概念已经从民众的民主经由民众的革命转变为民众的专政，这也传播了马克思主义基本理论中的阶级斗争理论和无产阶级专政思想。

慰慈《俄国的新宪法》发表于《每周评论》第 28 号。

按：文章说："俄国的宪法最有研究的价值，因为此宪法根据于许多最新的政府组织及政治哲学的最新思潮。"

慰慈《俄国的土地法》发表于《每周评论》第 29 号。

李大钊《阶级竞争与互助》发表于《每周评论》第 29 号。

按：文章分析论证了马克思的经济史观与阶级竞争学说的内在联系，简述了阶级产生的历史。

慰慈《俄国的婚姻制度》发表于《每周评论》第 30 号。

慰慈《俄国遗产制度之废止》发表于《每周评论》第 31 号。

赤《俄罗斯》发表于《每周评论》第 31 号。

涵庐（高一涵）《克鲁泡特金学说的要点》发表于《每周评论》第 31 号。

按：文章说："我以为克氏的学说有三个重要的地方：（一）文化是社会的产物；（二）互助是进化的要素；（三）自动是人生的要事。克氏既不承认进化派悲观的社会观、也不承认卢梭一派乐观的社会观。他的论据不是打书中得来的、不是打试验室中照书试验出来的，是到山林原野之中、亲自由动物的生活状态中考察出来的。所以克氏的学说决不是捕风捉影之谈。"

胡适《多研究些问题，少谈些"主义"》发表于《每周评论》第 31 号。

按：是文以研究问题为幌子，抵制马克思主义的传播，将先进分子要求研究和宣传马克思主义说成是什么"空谈外来进口的'主义'"。8 月 17 日《每周评论》第 35 期发表李大钊致胡适的公开信，针锋相对地指出宣传理想的主义与研究实际问题，是"交相为用""并行不悖的"，并且旗帜鲜明地表明自己"是喜欢谈谈布尔扎维主义的"。胡适 8 月在第 36 号、第 37 号《每周评论》上连续发表《三论问题与主义》《四论问题与主义》两文，回答蓝志先、李大钊两人的批评。并提出在输入有关主义、学理时，应当注意产生此种主义、学理的时势背景，论主的生平，以及该主义、学说曾经发生的效果。在《四论问题与主义》中，他批评马克思主义的阶级斗争学说养成"阶级的仇恨心""使社会上本来应该互助而且可以互助的两大势力成为两座对垒的敌营……使历史上演出许多不须有的惨剧"。

按：关于胡适挑起这次论争的动机，他在 1922 年 6 月 18 日《努力周报》第 7 期发表文章说："1919 年 6 月中，独秀被捕，我接办《每周评论》，方才有不能不谈政治的感觉。那时正当安福部极盛的时代，上海的分赃和会还不曾散伙。然而国内的'新'分子闭口不谈具体的政治问题，却高谈什么无政府主义与马克思主义。我看不过了，忍不住了，——因为我是一个实验主义的信徒，——于是发愤要想谈政治。我在《每周评论》第 31 号里提出我的政论的导言，叫做《多研究些问题，少谈些主义》。"

按：马克思主义在中国早期传播过程中，曾发生了马克思主义和反马克思主义的三次大的论战，也是马克思主义哲学思潮和反马克思主义哲学思潮的三次论战，这次"问题与主义"的论战，是要马克思主义还是要资产阶级改良主义之争，是要无产阶级革命哲学还是要实用主义之争。在中国，这是马克思主义与资产阶级改良主义最早的一次论战。

涵庐《这也是社会主义吗》发表于《每周评论》第 31 号。

心《俄国的新银行法》发表于《每周评论》第 32 号。

知非《问题与主义》发表于《每周评论》第 33 号。

李大钊《再论问题与主义》发表于《每周评论》第 35 号。

按：作者根据马克思主义唯物史观的基本原理，针锋相对地驳斥了胡适的"多研究些问题，少谈些主义"谬论。文章说："适之先生：我出京的时候，读了先生在本报 31 号发表的那篇论文，题目是《多研究些问题，少谈些主义》，就发生了一些感想。其中有的或可与先生的主张互相发明，有的是我们对社会的告白。现在把他一一写出，请先生指正！""我可以告白，我是喜欢谈谈布尔扎维主义的。……我总觉得布尔扎维主义的流行，实在是世界文化上的一大变动。我们应该研究他，介绍他，把他的实象昭布在人类社会，不可一味听信人家为他们造的谣言，就拿凶暴残忍的话抹煞他们的一切。"他说："我觉得'问题'与'主义'，有不能十分分离的关系。因为一个社会问题的解决，必须靠着社会上多数人共同的运动。那么我们要想解决一个问题，应该设法使他成为社会上多数人的共同的问题。要想使一个社会问题，成了社会上多数人共同的问题，应该使这社会上可以共同解决这个那个社会多数人，先有一个共同趋向的理想、主义，作为他们实验自己生活上满意不满意的尺度（即是一种工具）。那共同感觉生活上不满意的事实，才能一个一个的成了社会问题，才有解决的希望。不然，你尽管研究你的社会问题，社会上多数人，却一点不生关系。那个社会问题，是仍然永没有解决的希望；那个社会问题的研究，也仍然是不能影响于实际。所以我们的社会运动，一方面固然要研究实际的问题，一方面也要宣传理想的主义。"文中还指出："一个社会主义者，为使他的主义在世界上发生一些影响，必须要研究怎样可以把他的理想尽量应用于围绕他的实境。"因此，李大钊被誉为提出马克思主义中国化思想的第一人。

按：吕希晨说："反对胡适派改良主义与实用主义的斗争，是政治思想战线上无产阶级反对资产阶级最早的一次论战，是共产主义知识分子与资产阶级右翼知识分子的公开决裂。实质上是中国要不要马克思主义之争，是要不要对中国社会进行彻底改造，即实行彻底的民主革命之争。以李大钊为代表的共产主义者,在这场论战中,坚守马克思主义阵地,击溃了资产阶级右派的猖狂进攻,从而扩大了马克思主义的影响,他们不仅是中国共产党最早传播马克思主义的先驱,而且也是最早用马克思主义的宇宙观作为观察国家命运的工具的无产阶级革命家。他们的理论与实践活动培养和影响了一代共产主义知识分子,为大批的革命民主主义者向共产主义者的转变树立了光辉的榜样,充分体现了马列主义普遍真理与中国革命具体实践相结合的正确方向。他们的伟大历史功绩,将永远是中国共产党历史上光辉的一页。"①

胡适《三论问题与主义》发表于《每周评论》第 36 号。

按:胡适针对蓝知非、李大钊对《多研究些问题,少谈些主义》文章的批评,进行了辩解。

胡适《四论问题与主义》发表于《每周评论》第 37 号。

按:是月底,因《每周评论》被军阀政府封闭,在这个刊物上展开的"问题与主义"的论战也因此停止,但斗争并没有终止。

按:林之达说:"问题与主义的论战,是中国先进分子在宣传马克思主义的过程中进行的第一次磨炼,它以中国先进分子取得胜利而告终。通过这场论战,促使中国的先进分子去思考马克思主义对于中国革命究竟有没有用? 应如何应用马克思主义解决中国问题从而加深了对马克思主义的理解,并促使他们将自己接受的马克思主义的基本知识进行了一次系统地整理,使他们更加广泛更加自觉地宣传马克思主义。这场论战排除了在中国宣传马克思主义和十月革命的一大障碍,为更广泛地理直气壮地宣传马克思主义创造了一个有利条件。"②

泽东《创刊宣言》发表于《湘江评论》第 1 号。

泽东《各国的罢工风潮》发表于《湘江评论》第 1 号。

泽东《陈独秀之被捕及营救》发表于《湘江评论》第 1 号。

泽东《研究过激党》发表于《湘江评论》第 1 号。

泽东《民众的大联合》发表于《湘江评论》第 2、3、4 号。

按:毛泽东在第 4 期《民众的大联合》一文中指出,俄国十月革命是社会主义革命的典范,中国人民有进行大联合的觉悟和基础,以及能力,因此,中国的民众大联合必告成功。此文乃毛泽东马克思主义群众观的萌芽。

泽东《不信科学便死》发表于《湘江评论》第 3 号。

① 吕希晨.中国现代资产阶级哲学思想述评[M].长春:吉林人民出版社,1982:23.
② 林之达,主编.中国共产党宣传史[M].成都:四川人民出版社,1990:33.

子升《留法勤工俭学的情形》发表于《湘江评论》第3—4号。

云陔《唯物史观的解释》发表于《星期评论》第1号。

按：文章主要论述了7个问题：第一，"社会主义在于近世，有科学的意味。系社会进化的最高原理"。第二，社会主义的理论"纯是由历史上进化的连续趋势演成的结果"。第三，马克思、恩格斯的理论，阐明了历史变迁的公例（即规律）。第四，人类历史"虽可以追踪于思想"，但是，"可以追踪于物质的根源"。第五，马克思、恩格斯是两个新发生的权威，"现在的新精神，在于发展马克斯和恩格尔之唯物家的概念""源源本本考察历代人民的生活"。第六，人们对唯物史观有各种解释。第七，各阶级的关系与行动，以物质利益为基础。在人类进化中，最要紧的是社会原因，而这个原因首先又是由经济状况铸出来的。

戴季陶《对付"布尔色维克"的方法》发表于《星期评论》第3号。

[英]皮尔逊作、戴季陶译《社会主义与两性问题》发表于《星期评论》第5—7号。

[德]恩格斯作、戴季陶译《1891年社会民主党纲领草案批判》发表于《星期评论》第10号。

戴季陶《德国社会民主党的政纲》发表于《星期评论》第10号。

戴季陶《俄国两个政府的对华政策》发表于《星期评论》第15号。

汉俊《浑朴的社会主义者底特别的意见》发表于《星期评论》第15号。

编者《李宁的谈话》发表于《星期评论》第16号。

戴季陶《联合国对俄政策的变动》发表于《星期评论》第17号。

戴季陶《"世界的时代精神"与"民族的适应"》发表于《星期评论》第17号。

按：文章说："马克斯以前，许多社会主义的河流，都流到'马克斯'这一个大湖水里面。有许多时候，好象说起社会主义，就是指马克斯主义，讲马克斯主义，就无异是说社会主义。所以大家都承认这马克斯是社会主义的'集大成者'，是社会主义的'科学根据'的创造者。"但是，作者在叙述共产国际中出现了马克思主义的"修正派"后，又把马克思主义的社会主义说成没有固定的科学含义的东西，声称："'社会主义'这个主义，照我看来，并不是一个严格的主义，只是一个世界的时代精神"。

云陔《唯物史观的解释》（续）发表于《星期评论》第20号。

李汉俊《最近上海的罢工风潮》发表于《星期评论》第21号。

季陶《美国产业界的大恐慌——美国究竟有社会主义的存在没有》发表

于《星期评论》第 21 号。

戴季陶《俄国的近况与联合国的对俄政策》发表于《星期评论》第 26 号。

按：文章认为俄国革命是世界性的，代表世界最新潮流。由于中俄两国接壤而国情相似（两者都是农业国），中国人应该积极学习俄文和研究俄国政策。

今是《社会主义的劳动问题》发表于《星期日》第 22 号。

周《五四运动的效果》发表于《星期日》第 24 号。

戴季陶《我们为什么要讲社会主义》发表于《解放与改造》第 1 卷第 1 号。

张东荪《罗塞尔的"政治理想"》发表于《解放与改造》第 1 卷第 1 号。

〔苏〕李宁作、金侣琴（金国宝）译《鲍尔雪维克之所要求与排斥》（《俄国的政党和无产阶级的任务》）发表于《解放与改造》第 1 卷第 1 号。

按："鲍尔雪维克"即后来翻译的"布尔什维克"或"布尔塞维克"。文中也把俄国社会的政治势力分为四大政党：地主阶级为反对党，主张君主立宪；自由党，主张发展资本主义；和平派的社会党，即孟什维克，主张以和平、渐进的方式取得政权；布尔什维克，主张以革命手段取得政权，实现社会主义。

〔德〕爱尔和特作、颂华节译《社会主义之批判，社会学上之社会主义》发表于《解放与改造》第 1 卷第 1—2 号。

颂华译《社会主义之批评》发表于《解放与改造》第 1 卷第 2 号。

颂华译《社会主义之定义》发表于《解放与改造》第 1 卷第 2 号。

超然、空空《列宁与脱洛斯基之人物及其主义之实现》发表于《解放与改造》第 1 卷第 2 号。

虞裳《基尔特社会主义》发表于《解放与改造》第 1 卷第 3 号。

东荪《奥斯的社会主义与庶民主义》发表于《解放与改造》第 1 卷第 3 号。

祝枕江译《福利耶之社会主义》发表于《解放与改造》第 1 卷第 3 号。

苏一峰译《无产阶级论》发表于《解放与改造》第 1 卷第 6 号。

张君劢译《俄罗斯苏维埃联邦共和国宪法全文》发表于《解放与改造》第 1 卷第 6 号。

按：是文首次将俄文 Soviet 音译成"苏维埃"，一直沿用至今。1919 年 8 月下旬，张君劢游历瑞士途中，得到俄国新宪法文本，即译成中文，寄给张东荪发表。

东荪《我们为甚么要讲社会主义》发表于《解放与改造》第 1 卷第 7 号。

按：文章宣称"我们主张社会主义既不象工行的社会主义建立一个全国工行、又不象多数的社会主义组织一个无产者专制政治、更不象无治的社会主义废去一切机关、复不象国家的社会主义把所有生产收归国有。乃是浑朴的趋向"。李达《张东荪现原形》说："张东荪讲社会主义却是真的，他并且在《解放与改造》杂志上，发表了一篇《我们为什么要讲社会主义？》的文章。他这文章前半极力说中国无产阶级如何受了资本主义的苦痛的话，并且引用各国贵族学者连翩加入社会党的事情，证明他自己所以讲社会主义的理由，可是我留心着那文章的后面，究竟是怎样主张的，待看到'浑朴的倾向'五字，我便掉头说了这个'不对'。他前半不是明明白白说了要干社会革命的话么？为什么又不敢主张呢？我就晓得他那种前言不顾后语自己反对自己的特长，又在这文字上发露了。"①

周佛海《中国的阶级斗争》发表于《解放与改造》第 1 卷第 7 号。

按：是文用马克思主义的观点，介绍了阶级斗争产生的原因："就是一个阶级在社会上，立在支配者的地位，同时另一个阶级，在社会上是立在被支配者的地位；他们两个的地位不同，所以也就利害不同；被支配阶级因为要谋自己的利益起见，对于支配阶级不得不行社会运动。"

［英］罗塞尔著、雁冰译《社会主义下的科学与艺术》发表于《解放与改造》第 1 卷第 8 号。

按：是文乃罗塞尔《到自由的几条拟径》中的一章。

胡汉民《孟子与社会主义》发表于《建设》第 1 卷第 1—6 号。

按：文章说："我们读孟子的书，有两个感想。第一，是孟子认得民权的道理，却不曾想在政治组织上，使他实现，未曾做到人民所有的人民所治的政府。……第二，是孟子解决当时社会问题，用井田做基本。拿许多保育政策来补助，井田这个方法后世已不能行，但是这个理想是极好的。……可见中国二千年关于政治经济的学问，比伦理哲学，更没有进步，这都是我们应该抱憾的事。"作者用唯物史观的方法分析了周朝的社会，以及孔子和孟子等先贤的学说。

戴季陶《从经济上观察中国的乱源》发表于《建设》第 1 卷第 2 号。

按：文章说："十九世纪中叶的马克斯、因格尔斯，所以能够发现那一种很深邃的'唯物史观'，完全是得力于统计学的发达。如果没有这种好资料，

① 李达.张东荪现原形［N］.民国日报:副刊觉悟.1920-11-7.

恐怕就是马克斯、因格尔斯那样的天才,也决不会发现出这种精确的学理。这个批评,我以为是很公道的。""我们如果用马克斯的历史观察法来观察中国的历史,用达尔文生物进化说的法则来解剖中国的历史,这些乱杂无章的事实,便都容易明白了。"

沈中宄《五四运动之回顾》发表于《建设》第 1 卷第 3 号。

胡汉民《中国哲学史之唯物的研究》发表于《建设》第 1 卷第 3—4 号。

按:文章说:"伟大的人物,伟大的思想,都是时代的产物。而那时代人民的生活不安,和阶级的动乱,更是重要的关系。"

[德]考茨基著、戴传贤译《马克斯〈资本论〉解说》发表于《建设》第 1 卷第 4—6 号。

按:戴季陶于 1919 年开始在《建设》杂志上译载考茨基的《马克思的经济学说》。胡汉民说:"戴季陶先生于一九一九年译书陆续登过《建设》杂志,季陶先生译笔之精当,可以无须我来介绍。不过到《建设》第三卷第一号为止,译到第三篇第四章,以后《建设》停版,也未见季陶先生续译,我觉得他未成完璧,甚是可惜,所以替他补译以下的三章。"①

胡汉民《唯物史观批评之批评》发表于《建设》第 1 卷第 5 号。

按:是文编辑、翻译了《共产党宣言》、《神圣家族》、《哲学的贫困》、《路易·波拿马的雾月十八日》、《资本论》第三卷、《雇佣劳动与资本》等著作中对唯物史观的经典论述,并对马克思、恩格斯上述著作的成书年代及其在唯物史观中的地位作了简要说明。文章高度评价马克思主义唯物史观,称之为"唯物史观这个学说出,而社会学、经济学、历史学、社会主义同时又绝大的改革,差不多划一个新纪元,许多人拿来比达尔文的进化论,确是有同等的价值"。"唯物史观的意义,简单说,就是以经济为中心的历史观。"

李泽彰译《马克思和昂格斯〈共产党宣言〉》发表于《国民》第 2 卷第 1 号。

按:本文即《共产党宣言》第一章的全译文。据许德珩回忆,译者已将《共产党宣言》全文译完,因限于篇幅,杂志只能分期发表。在《共产党宣言》第一章译文发表后,由于受到胡适的利诱和威胁,译者抽回了译稿,因此《国民》杂志没有刊载完。②

许德珩《五四运动与青年的觉悟》发表于《国民》第 2 卷第 1 号。

---

① [德]考茨基.资本论解说[M].戴季陶,译.胡汉民,补译.上海:上海民智书局,1927:5.
② 中共中央编译局马恩室,编.马克思恩格斯著作在中国的传播[M].北京:人民出版社,1983:250.

曹任远《社会主义与吾国社会之改造》发表于《新群》第 1 卷第 1 号。

刘秉麟《什么是社会主义？怎样可以实行？》发表于《新群》第 2 卷第 1 号。

按：文章说："近来谈社会主义者最多，凡杂志上、月刊上，处处皆触见这个名词，究竟这种现象，是一种什么现象呢？就我所接触的而言，在这个幼稚时代中，有一方面可以抱乐观的，同时也有一方面，应当抱悲观的。从乐观方面言之，谈者的增多，必定是研究这种主义的人增多。一种学问经大多数学者，亟力的灌输，亟力的研究，这种学问没有不进化的，这种主义没有不传播的。而且谈者之所以增多，必定是喜欢看这种学说的人增多，供给与需要，必定是相关的，所以我觉得近来人民的思想，实在是有点变动，当初大家都以为这种学说是洪水猛兽，害人不浅。殆欧战告终，德奥大败，人人都知道这个新潮派不可遏制，与其阻扰他，不如顺着他，且阻扰他是万不可能。"

宋国枢《驳产业问题上之社会主义》发表于《东方杂志》第 16 卷第 2 号。

罗罗译《过激派之理想及其失败》发表于《东方杂志》第 16 卷第 5 号。

南陔《社会主义之真诠》发表于《东方杂志》第 16 卷第 7 号。

微《民本主义与社会主义》发表于《东方杂志》第 16 卷第 8 号。

[日]北聆吉原作、君实译《社会主义之检讨》发表于《东方杂志》第 16 卷第 9—11 号。

按：文章说："嘉尔马克思于一八九六著《资本论》，是为社会主义之经典。虽社会主义家中，不无非马克思派者，然其社会主义之原理及根本思想，实莫不以马克思氏社会学上经济学上之见解，为极大之基础。至于马克思派，则自然尊其见解，而奉其书为圣经矣。欲窥马氏《资本论》之全体，其为事必非易易。盖此书不特为社会主义家所共尊，即其他学者，亦皆重要视之。故万不能漫然加以评断。"

王名烈《二十世纪之两大势力》（再续——社会主义）发表于《法政学报》第 8—11 期。

一湖《社会主义论》发表于《太平洋》第 1 卷第 12 期。

按：文章说："近代的社会主义，可以分为三期。第一期是空想的社会主义；第二期是历史的社会主义；第三期是伦理的社会主义。"所谓历史的社会主义，就是马克斯的社会主义。

高一涵《俄国新宪法的根本原理》发表于《太平洋》第 2 卷第 1 期。

一湖《国际联盟与社会主义》发表于《太平洋》第 2 卷第 2 期。

[日]稻田周之助作、薰兰译《社会主义之研究》发表于《民铎》第 1 卷第 6 期。

易家钺《明治维新与日本社会主义运动》发表于《民铎》第 1 卷第 7 期。

P. S. K.《经济学的个人主义与社会主义》发表于《民铎》第 1 卷第 7 期。

柏夫《劳动问题与俄国革命》发表于《新生命》第 1 卷第 1 期。

孟真（傅斯年）《社会革命——俄国式的革命》发表于《新潮》第 1 卷第 1 期。

谭鸣谦（谭平山）《"德谟克拉西"之四面观》发表于《新潮》第 1 卷第 5 期

按：是文介绍了《共产党宣言》，热情宣传社会主义新思想，详细介绍了德国社会民主党十条党纲内容。是中国最早介绍《共产党宣言》的文章之一，促进了马克思主义在中国的传播。

东荪《社会主义与犯罪学》发表于《新群》第 1 卷第 2 期。

黄凌霜《评〈新潮杂志〉所谓今日世界之新潮》发表于《进化》第 1 卷第 2 号。

按：文章将社会主义分为共产主义与集产主义，把无政府主义说成是共产主义，把马克思主义称为集产主义，对马克思主义进行了歪曲和丑化。

缩克思《布尔札维克党之第一日》发表于《新中国》第 1 卷第 1 期。

陈愚生《傅立叶的社会主义》发表于《新中国》第 1 卷第 6 期。

［苏］列宁作、郑振铎译《俄罗斯之政党》发表于《新中国》第 1 卷第 8 期。

按：是文后附有《对于战争之解释》译文。

愚生译《达尔文的学说与马克思的学说——进化论与社会主义的关系》发表于《少年中国学会会务报告目录》第 4 期。

骆继汉《俄伊锉之排社会主义论》发表于《世界大势》第 8—9 期。

骆继汉《非国家社会主义》发表于《世界大势》第 15 期。

林鹤鸣《日本有犹太人宣传社会主义》发表于《世界大势》第 17 期。

陈国榘《民主政治歧路上之社会主义》发表于《世界大势》第 21—22 期。

沧水《社会主义与财政问题》发表于《银行周报》第 3 卷第 40 期。

去君《社会主义与劳工问题之关系》发表于《南洋周刊》第 2 期。

高振霄《社会主义与我》发表于《惟民》第 1 卷第 5 期。

显静《社会主义之分析论》发表于《惟民》第 1 卷第 8 期。

李达《马克斯劳动时间的主张》发表于 8 月 12 日天津《南开日刊》第 60 号。

按：文章说："前天我来到天津，有个朋友告我说，《南开日刊》六十周了，近来要出个纪念号，请你们作一篇关于马克斯的文章给他们登一登罢；当时我就答应了，及至回到家来想一想，这样大个题目从何处说起呢？要是来讲马克斯的行事，那《晨报》和《新青年》讲的详细极了，用不着我再来道听途说讨读者的厌。要是责备他的学说思想呢？他的《资本论》繁富的了不得，更是无从下手了。没有法子，我今天只得就他《资本论》中一个最小的问题，关于劳动时间的主张介绍来和大家讨论讨论罢。他《资本论》中说，劳动时间有个一定最高的限度，时间增长到那地方一定不能再增了。这个限度有两个条件，第一个是肉体上的条件，第二个是道德上的条件。"

张闻天《"五四"后的经过及将来》发表于7月11日《南京学生联合会日刊》。

按：是文乃五四以后最早提出彻底推翻军阀政府革命主张的少数文献之一。

张闻天《社会问题》发表于8月19—21日《南京学生联合会日刊》。

按：是文运用马克思的唯物史观分析观察了中国的现实问题，乃早期马克思主义在中国传播的代表作品。文章说："按马克司（英文）唯物的历史观，吾们可以晓得，社会问题经了四大变动。在第一个时期内，人类少、物质多。'一举手一投足之劳'，便可过活。不必讲什么培养自然物质的方法。人与人没有什么关系，大家安宁过一世罢了。所以在第一时期内，没有压制，没有争夺，象禽兽差不多的。到了第二时期，人类渐渐的多起来，物质也渐渐的不够用了，所以不能不讲求培养自然物质的方法。但是那个时候，人类智力不发达，没有劳动的经验，也没有劳动的兴味，所以作工是大家不欢喜的。在那时候，一群中比较聪明，而且有武力的人，凭借他的聪明去掐〈捏〉造种种鬼神的迷信，凭借他的武力之绝对服从的信条，所以在第二时期，只有屈从的性质，没有其他的。随后到了第三时期，人类愈繁庶，物质越发不足了，要生产足可供用的物质，自讲求培养自然物质外，不能不用更多劳力。此时生活方法更为复杂，不是随便可以生产的。所以在这时强制劳力无大效了。要想使人类竭他的全力，不得不用较复杂的方法来生产。第一要使他有甘愿劳动的心。第二因为他自己生活来生产的心。所以在第三时期内，是拿个人的独立发展做内容。最后到了第四时期，一般文化比较从前大大的进步，人类死亡的原因渐渐减少。所以人口越见增加，物产的生产方法虽比前进步，然究不及人类增加的快，所以物质越发不够用了。要想在不够用中求一般欲望满足，不得不用全局的计算，合最大生产力，行最完满的分配的经济方法。所以在第四时期是互相互助的。……还有那'乌托邦'，是理想上的社会主义。'工党'，是政策上的社会主义……至于进行的方法，各国不同。若是很进化的国家，以下条列很适用的：（共产主义为例）（一）废除土地私有制度，所有地租，概归公有。（二）如第（一）条不能积极进行,则或因〈由〉国家递增岁入的租税。(三)遗产归公。(四)迁居国外及叛党财产,一律充公。(五)用国家资本组织一国家银行,有垄断一切营业的权。(六)实行中央集权,交通机关和转运事业概归国有。(七)大制造厂及各种生产机关概归国有。垦辟荒地,改良种值〈植〉,须用同一的计划。(八)一切人民,有担负同样工作的义务,并须招集若干军队,以保护农事。(九)农工互相联合,渐废城与乡的区别。对于全国国民,用同等的平均分配。(十)采用自由教育制度。设立公共学校,俾一切儿童入校就学。当就学时代,不得入工厂工作。教育方针,须与各种工艺相关合。"

按:在我国最早用中文摘译《共产党宣言》中十条纲领的,是资产阶级革命思想家朱执信,他在 1905 年 11 月出版的《民报》第 2 号上,发表了《德意志社会革命家小传》一文,其中翻译了这十条纲领。十月革命胜利后,马克思主义正式传入我国,《宣言》的传播也开始出现了新的面貌。1919 年 4 月 6 日,即五四运动爆发前夕,李大钊、陈独秀主编的《每周评论》第 16 号出版,在它的《名著》专栏中发表了《共产党宣言》第 2 章最后部分的译文,译者署名"舍"。这段译文中包括了十条纲领的全文,这是我国第一次用白话文体翻译的十条纲领。这段译文的前面还有一个重要的按语,指出这是马克思和恩格斯"最先最重大的意见"。在《每周评论》的译文发表后仅仅 4 个多月,张闻天同志在他的文章中又一次用白话文列举了这十条纲领。张闻天的摘录,基本上是采用"舍"在《每周评论》上的译文,只有个别文字的改动。然而需要看到的是,他是把这十条纲领作为中国革命"第二步"的远景而加以介绍的。这样,它的意义就比"舍"的摘译(连同其对文件本身的评价)更深入了一层。[1]

《劳农政府治下之俄国——实行社会共产主义之俄国真相》发表于 4 月 12—28 日《民国日报》。

按:是文乃五四运动前我国报刊上第一次比较系统地介绍十月革命后苏俄情况的文章。又在《晨报》4 月 10—26 日连载。其中比较系统地介绍了苏俄妇女在参政、婚姻、教育、就业等方面获得平等权利的情况,帮助中国人民了解苏俄妇女的解放情况。

李达《什么叫社会主义》发表于 6 月 18 日《民国日报》副刊《觉悟》。

按:文章说:"社会主义、共产主义、无政府主义各有各的主张,不能笼统说的。近时很有人把社会主义当作共产主义,也有人把无政府主义置在社

---

[1] 一篇传播马克思主义的珍贵佚文——张闻天的《社会问题》[C]//张培森.张闻天与二十世纪的中国.北京:中共党史出版社,2000:34.

会主义头上,实在可笑得很,又是可怜得很。""共产主义是社会主义终极的理想。"

李达《社会主义的目的》发表于 6 月 19 日《民国日报》副刊《觉悟》。

按:文章指出:"社会主义是十九世纪的产物。"社会主义的目的就是"要改十九世纪的文明弊病",就是"一面是救经济上的不平均","一面是恢复人类真正平等的状态"。

李达《战前欧洲社会党运动之情形》发表于 6 月 20—7 月 3 日《民国日报》副刊《觉悟》。

按:文章将欧洲社会主义运动开展的情况进行了详细介绍,首次提出在国内建立共产党的提议,表达了作者对于建立马克思主义政党的热切愿望。

李达《陈独秀与新思想》发表于 6 月 24 日《民国日报》副刊《觉悟》。

慰慈《俄国的新宪法》发表于 7 月 3—5 日《民国日报》副刊《觉悟》。

[日]堺利彦著、渊泉(陈溥贤)译《马氏唯物史观概要》(译自日本社会主义研究)发表于 7 月 18—19 日、21—24 日、26 日、29—31 日《民国日报》副刊《觉悟》。

按:文章说:"马克思学说的构成分子,就是当时世上所流行的辩证论的思索法和唯物论的观察法。他学说的新特征,就在把这两个东西,结合起来罢了。所谓唯物史观说、辩证的唯物论就是这个东西。""其实这辩证论,可算是进化的思索法。换句话,就是将一切物事,作为历史的考究。因为一切事物,是变化不息的,所以要理解事物,便不能不理解他的生死和盛衰,主张唯物论的人,要把这个思索法,应用在'人类社会的历史研究'上头,这就是'唯物史观',这就是马克思学说的根据。"

慰慈《俄国的婚姻制度》发表于 7 月 18 日《民国日报》副刊《觉悟》。

李达《社会主义是什么》发表于 8 月 2 日《民国日报》副刊《觉悟》。

[日]山川菊荣著,金刚、汉俊译《世界思潮之方向》发表于 9 月 5—7 日《民国日报》副刊《觉悟》。

按:文章说:"俄国革命发生以来,世界形势,日日变化……世界实在向无产阶级的解放方面,正在突飞猛进。"受文章的感染,李汉俊撰写了"译后附志",指出我国应该建立俄国式的"民党""革命党",中国的革命者应该到知识分子、工人中去。面对蓬勃发展的社会主义革命,李汉俊还提出:"我们中国怎么样?——中国决不在世界外,也不能在世界外。"李汉俊在"译后附志"中写道:"译完了,我还有几句话要说,……我呢?人家叫我做民党,叫革命党,我应该在这一点有切实的打算。"由此可见,这时的李汉俊已经明确提出了建党思想。

仲九《五四运动的回顾》发表于 10 月 5—9 日《民国日报》副刊《觉悟》。

仲九《五四运动的回顾》发表于 10 月 11—16 日《民国日报》副刊《觉悟》。

民友社作、琏译《俄国的社会思想历史》发表于 11 月 9—22 日、24—25日、28 日《民国日报》副刊《觉悟》。

邵力子《提倡社会主义决不是好奇》发表于 12 月 8 日上海《民国日报》"时评"。

刘南陔《社会党泰斗马格斯 Marx 之学说》发表于 5 月 12—14 日《时事新报》副刊《学灯》。

金侣琴译《俄国问题》发表于 5 月 15—19 日《时事新报》。

[日]河上肇作、渊泉译《马克思的唯物史观》发表于 5 月 19—21 日、26—27 日《时事新报》副刊《学灯》。

[日]河上肇作、摩汉译《社会主义之进化》发表于 6 月 12—16 日《时事新报》副刊《学灯》。

按:文章说:"关于社会主义理想之进化,此种理想,又分空想的社会主义(又名感情的社会主义)、科学的社会主义二种。前者属初期社会主义,后者属近代社会主义。初期社会主义,多落空想的窠臼,故名空想的社会主义;近代社会主义,多从踏实方面着想,故名科学的社会主义。初期社会主义,距今约百余年;近代社会主义,不过五六十年耳。"

南陔《社会主义两大派之研究》发表于 6 月 28 日《时事新报》副刊《学灯》。

[英]Ensor 作、竞仁译《各国社会党之情形及社会主义之概论》发表于 7 月 16—19 日《时事新报》副刊《学灯》。

按:文章主要内容可分为两大部分:各国社会党运动的发展、社会主义的发源,向国人介绍了世界范围内各国社会党实行社会政策的情形以及社会主义理论流变发展的过程,在实践和理论层面向国人展示了有关世界社会主义运动发展。作者认为:"现在各国多行社会政策,欲知现代之社会政策非知社会进化阶级不可。欲明社会进化之阶级非读马克思 Marx 燕格士Engls 与鲁叁立 Lassale 三家著作不可。因现今法德比意英之社会政策多半取材于马燕鲁三家学说。"

[德]马克思作、河上肇译、食力转译《劳动与资本》(即《雇佣劳动与资

本》)发表于 7 月 25—29 日《时事新报》副刊《学灯》。

[日]河上肇作、罗琢章等译《马克思社会主义之理论的体系》发表于 8 月 5—12 日、22 日;9 月 5—8 日、12 日;10 月 28 日;11 月 1 日、4 日、12—13 日;12 月 23—24 日《时事新报》副刊《学灯》。

安体诚译《河上肇博士关于马克思之唯物史观的一考察》发表于 12 月 6—9 日《时事新报》副刊《学灯》。

按:文章说:"总起来说,马可思是拿关于人类性的一种观察去作前提,成立了一种必然论的唯物史观的了。那么,按他那唯物史观的见地说来,资本主义的组织的崩坏和社会主义的组织的实现,那到底算是躲避不了的运命了。"

[日]安部矶雄著、李大钊译《最近欧洲社会党之运动》发表于 1 月 5—28 日《晨报副刊》。

按:耿春亮说:"李大钊翻译的安部矶雄的《最近欧洲社会党之运动》,较为系统地向国人展示了欧洲社会党运动的历史及其政治主张,是一部欧洲社会党运动简史。关于世界社会党的介绍在十月革命之前中国的报章已有所报道,但内容均较为简略。像这样系统全面介绍世界主要国家的社会党运动的专著,还没有出现过,充分展示了中国早期的马克思主义者具有的世界眼光和胸怀,虽然不尽是关于马克思主义基本理论的介绍,但是使中国人了解到欧洲社会党运动的具体情况,其政治主张、社会实践对中国先进分子选择中国社会出路不无影响。"[①]

编者《俄过激派之革命传播运动》发表于 1 月 16 日《晨报》。

一湖《新时代之根本思想》发表于 2 月 18—19 日《晨报副刊》。

按:彭一湖在文章中说:"我对于经济的'得莫克拉西'的是非,换一句话说,就是我对于社会主义根本上极端赞成的。因为现在的世界是不平等的世界,是有特权的世界,一切优越权利都是少数人把持。"因为赞成社会主义,所以后来参加了李大钊在北京大学成立的马克思学说研究会。

潜译《俄国式革命之由来》发表于 2 月 26 日《晨报副刊》。

若愚《俄罗斯之研究》发表于 3 月 1—2 日《晨报副刊》(自由论坛)。

无名氏《俄过激派首领列宁》发表于 3 月 24 日《晨报副刊》(名人小吏)。

无名氏《过激派治下之俄都》发表于 3 月 25 日《晨报》。

无名氏《托罗斯基自述》发表于 3 月 27—28 日《晨报副刊》(名人小吏)。

① 耿春亮.《晨报副刊》与马克思主义在中国的传播(1918—1926)[D].北京:清华大学,2015.

无名氏《何谓无政府主义》发表于 3 月 29—30 日《晨报副刊》（自由论坛）。

［日］河上肇作、渊泉（陈溥贤）译《近世社会主义鼻祖：马克思之奋斗生涯》发表于 4 月 1—4 日《晨报副刊》（名人小史）。

按：文章说："读者诸君！吾今日介绍近世社会主义鼻祖马克思 Karl Marx（1818—1883）之奋斗生涯，实有两大用意，不能不一言，以告诸君。其一欲引起诸君研究社会主义之兴味，其一欲使诸君知古来贤哲献身求学之生涯。倘诸君于兹篇，略有所得，而此一得，即为诸君异日献身社会主义之动机。则吾此短篇所记载，其贡献于人类社会者，诚无涯矣。"是文以马克思所创立马克思主义为线索来记述其人生历程，向世人展示马克思一生以著述为中心的奋斗生涯，对中国人了解马克思生平思想，选择马克思主义作为改造社会的旗帜具有重要的启示作用。

《劳农政府治下之俄国》发表于 4 月 10—26 日《晨报》。

［美］塞克作、志希（罗家伦）译《俄国革命史》发表于 4 月 19—5 月 5 日、5 月 25—7 月 30 日《晨报副刊》。

按：作者是年 2 月 27—4 月 18 日在《晨报副刊》上连载其翻译的《大战后之民主主义》。在《大战后之民主主义》尚未译再完，即开始译载《俄国革命史》，他说："译者急于要译《俄国革命史》，所以将本书第一编节去三章，今又将第二编第五章节去，至此告终。急促着笔，其中辜负原文之处颇多，疏漏错误的地方，亦不能免。限于时间精力，请读者谅之。此书已不拟另印，如有人重译印行，以纠正我的过失，则我尤为感盼。"

陈溥贤《日本之马克思研究热》发表于 4 月 24 日《晨报副刊》。

按：文章主要介绍日本学者堺利彦、山川均的《马克思全传》将出版，而福田德三与堺山川决定翻译马克思全集。这篇文章介绍日本的马克思主义研究热，实质上也确实为五四前后中国传播马克思主义揭开了序幕。当然《晨报》发表此一篇短新闻，也是为在中国传播马克思主义进行舆论动员。

《布尔塞维克派之将来》发表于 4 月 24 日《晨报》。

若愚《读梁乔山与某君论社会主义书》发表于 4 月 29—30 日《晨报副刊》。

渊泉《人类三大基本的权利》发表于 5 月 1 日《晨报副刊》（劳动节纪念）。

若愚《劳动者的权利》发表于 5 月 2 日《晨报副刊》。

若愚《社会主义的派别》发表于 5 月 3 日《晨报副刊》。

[日]河上肇作、渊泉译《马克思的唯物史观》发表于 5 月 5—8 日《晨报副刊》。

按:《马克思的唯物史观》是日本马克思研究大家河上肇在《社会问题研究》(1919 年第一至第三册)发表的《马克思的社会主义的理论体系》的第二、三部分。文章简要介绍了马克思主义的历史唯物主义,并对《〈政治经济学批判〉序言》以及《共产党宣言》第一章中有关历史唯物主义的基本观点作了详细论述。其中《〈政治经济学批判〉序言》以后成为中国知识分子理解马克思主义唯物史观的最重要的思想资源。

[德]柯祖基(考茨基)作、渊泉(陈溥贤)译《马氏〈资本论〉释义》发表于 5 月 9 日、6 月 1—13 日《晨报副刊》。

按:马克思在 1867 年出版《资本论》第一卷,考茨基为了适应工人运动的发展和克服已有简述本的缺陷,写了《马克思的经济学说》一书。该书的手稿曾经交给恩格斯审阅过,出版后也得到恩格斯的肯定。陈溥贤根据日本马克思主义研究大家高畠素之翻译的考茨基《马克思的经济学说》而翻译成中文《马氏资本论释义》,应是中国知识分子所看到的关于马克思政治经济学较为完整的译本,在《资本论》没有翻译成中文之前,它成为中国马克思主义者所依据的重要思想资源。

[德]马克思著、陈溥贤译《劳动与资本》(今译《雇佣劳动与资本》)发表于 5 月 9—31 日《晨报副刊》(马克思研究)。

按:是文根据日本河上肇的《社会问题研究》上的《劳动与资本》转译过来,署名"食力",是陈溥贤的笔名,或曰另有其人,待考证。河上肇依据的底本是 1891 年在柏林发行的恩格斯的修改版,陈溥贤极其敏锐地注意到《劳动与资本》这篇文章在马克思的经济学说中占据的重要地位,及时将其翻译为中文。因为这个版本是经过恩格斯修改过的版本,能充分反映马克思成熟时期的经济思想,为中国人正确理解马克思的经济思想奠定了基础。耿春亮说:"《雇佣劳动与资本》在马克思的政治经济学思想形成过程中是奠基之作,其以后政治经济学的研究框架、理论体系、基本观点都在此文中有所体现与展示,食力所翻译的河上肇的译文,使中国思想界较早地了解马克思的政治经济学思想。对马克思主义在中国的传播具有重要的促进作用,以后中国学人开始重点介绍马克思的经济学说,由此中国人对马克思主义的理解又前进一步。"①

---

① 耿春亮.《晨报副刊》与马克思主义在中国的传播(1918—1926)[D].北京:清华大学,2015.

费觉天《世界的国家主义》发表于 5 月 20 日《晨报副刊》(自由论坛)。

兆明《社会主义胜利乎？社会政策胜利乎》发表于 6 月 6 日《晨报副刊》。

[日]吉野博士作、晨曦译《民主主义——社会主义——布尔塞维主义》发表于 7 月 1—3 日《晨报副刊》。

髯客译《战争中之社会党态度》发表于 7 月 12 日、15 日、18 日《晨报副刊》。

[日]贺川丰彦著、中译《马氏唯物史观的批评》发表于 7 月 25—8 月 5 日《晨报副刊》。

按：是文节译自日本《改造》杂志 7 月号《社会主义批评》，原文是贺川丰彦所著的《唯心的经济史观的意义》。文章介绍了马克思主义的历史唯物论，并着重译述了马克思的《政治经济学批判序言》中有关论述历史唯物论的部分，对生产力和生产关系、经济基础和上层建筑、存在和意识的相互关系以及阶级斗争的发展、作用等问题作了简述。

[日]尾崎士郎、茂木久平作，筑山醉翁(陈光焘)译《西洋之社会运动者》分别发表于 8 月 1—8 月 31 日、9 月 2—3 日、9 月 5—14 日《晨报副刊》。

按：原文题为《西洋社会运动者评传》。依次介绍白百尔、勒萨尔、亨达孙、里百尼喀、多洛克、鲁意乔治、马克思、黎宁、公巴思、韦伯、威尔逊、觉勒斯等 12 人的生平事迹。《西洋社会运动者评传》是日本人所写的马克思等无产阶级领袖的生平传记，主要侧重记述马克思思想发展历程：一、法国革命之伤痕；二、《共产党宣言》；三、毙于陷阱；四、伦敦滞留期；五、万国劳动者同盟；六、《资本论》完成。对列宁的生平记述标题依次为：一、俄国革命之二重性；二、附随于战争的革命概括；三、对于联合国之幻影消灭；四、黎宁之履历；五、社会民主党分裂之后；六、黎宁来，黎宁来；七、倔强偏狭之男；八、黎宁之着眼点。

毅(罗家伦)《新共产党宣言》发表于 8 月 7—11 日《晨报副刊》(世界新潮)。

按：《新共产党宣言》，其原文应是托洛茨基起草的《共产国际对全世界无产者的宣言》，"经第一次代表大会末次会议一致通过"。译者在正文之前说："应本年一月俄国劳农政府的请求，万国共产党于三月二日开第三次大会于莫斯科。到会的有三十二个代表，代表十八个共产党，还有欧亚十五个类似团体，也派代表去参观。这个就是共产党此次大会的宣言，是从美国五月三十日《国家》杂志里，译出来的。《国家》杂志，是从英国参战处刊布的公报叫《外报评论》的增刊里转载下来的。《外交评论》又是从三月二十九日及三十一日的 *Christiania Social-Demokraten* 报里翻译出来的。我并非主张共产主义的人,不过世界上发生了这件事,应该翻译出来,供作研究世界新潮的材料罢了。"

渊泉《现代社会改造论》发表于9月19—24日《晨报副刊》。

［苏］波额克女士讲《俄国的艺术与教育》发表于11月11日《晨报副刊》。

周作人讲《文学上的俄国与中国》发表于11月15—16日《晨报副刊》。

绍虞《马克思年表》发表于12月1日《晨报副刊》。

陈独秀《告北京劳动界》发表于12月1日《晨报》。

按:文章说:"十八世纪以来的'德莫克拉西'是那被征服的新兴财产工商阶级,因为自身的共同利害,对于征服阶级的帝王贵族要求权利的旗帜。""如今二十世纪的'德莫克拉西',乃是被征服的新兴无产阶级,因为自身的共同利害,对于征服阶级的财产工商界要求权利的旗帜。"在文章中,陈独秀指出无产阶级的含义,即"我现在所说的劳动界,是指绝对没有财产全靠劳力吃饭的人而言,他们合成一个无产的劳动阶级"。

杨匏安《唯物论》发表于7月16—18日《广东中华新报》。

杨匏安《社会主义》发表于10月18日、20、22—24日、27—28日《广东中华新报》。

按:文章说:"马克斯(1818至1883)者,尝著《资本论》,世称之为社会主义圣典。其说社会主义,能以学理为基础,故称学理的或科学的社会主义,于近世社会主义之中,尤占重要之地位。"

杨匏安《共产主义》发表于10月29—31日及11月1日、3日《广东中华新报》。

按:文章说:"于经济上反对私有财产制,而主张财产共有;于社会上反对个人的特权,而主张权利平等,是为共产主义。此主义,在通常人视之,每以为与社会主义同,顾严密而言,实有迥异。第以共产主义所主张之事,概为社会主义采用,又其发达及运动,恒与社会主义同出一辙,故难区别也。"

杨匏安《马克思主义——一称科学社会主义》发表于11月11—12月4日《广东中华新报》副刊《通俗大学校》。

按:文章说:"自马克思氏出,从来之社会主义,于理论及实际上,皆顿失其光辉。所著《资本论》一书,劳动者奉为经典;而德国社会民主党,且去来查尔(编者按:即拉萨尔)而归于马氏,在近世社会党中,其为最有势力者,无疑矣! 马氏以唯物的史观为经,以革命思想为纬,加之在英、法观察经济状态之所得,遂构成一种以经济的内容为主之世界观,此其所以称科学的社会主义者也。由发表《共产党宣言》书之 1848 年,至刊行《资本论》第一卷之 1867 年,此二十年间,马克思主义之潮流达于最高,其学说亦于此时大成。"关于马克思的阶级斗争学说,他说:"马克思谓阶级竞争之所由起,因土地共有制度既坏之后,经济的构造,皆建在阶级对立之上。所谓阶级,即经济上利害相反之阶级。其分别,则一方为有土地或资本等生产之手段者,一方则为无土地或资本等生产之手段者;一方肆其压服掠夺,而一方则受压服掠夺者也。"

杨匏安《国家社会主义》发表于 12 月 5—9 日《广东中华新报》。

杨匏安《讲坛社会主义》发表于 12 月 10—11 日《广东中华新报》。

杨匏安《基督教(社会主义)》发表于 12 月 12—13 日《广东中华新报》。

杨匏安《社会改良主义》发表于 12 月 15 日《广东中华新报》。

鹃魂《六个月间的李宁》发表于 11 月 28 日《泰东日报》。

按:文章说:"我们中国的将来,是很艰难的。不论政治革命,社会革命,我们不可不先有李宁行事的精神、态度、意志、方法。"

《列宁传》发表于 5 月 10 日湖南《大公报》。

按:是文简要介绍了列宁从事革命活动的历史,并附带介绍了列宁的一些重要著作,如《俄国资本主义的发展》《帝国主义》《土地问题》等。

知非《俄国过激派之研究》发表于 4 月 11—5 月 10 日《北京国民公报》。

三、研究著作

[苏]乌利亚诺夫(列宁)著、章一元译《最后阶段的资本主义》由上海春潮书店出版。

按:是书除绪论外,分生产集中与生产垄断、银行及其新作用、财政资本与财政的寡头政治、资本输出、资本家的联合之瓜分世界、列强之瓜分世界、帝国主义——资本主义的最后阶段、寄生生活与帝国主义之没落、帝国主义之批评、帝国主义在历史上的地位等 10 章。作者原序说:"这本供献给读者们的小册子,是一九一六年春季在沮利克著的。在我遇到的那种工作条件之下,是很缺乏英、法文的参考书,且尤其缺乏俄文的参考书。但是我所有的一本霍柏森所著的关于帝国主义的英文名著,我竭此书应享的注意力以利用之。这本小册子是在沙皇检察之下著的。因此,我不仅须极严格的限于、于纯粹理论上的——尤其是经济上的——分析,并且在叙述几个必要的政治观察时,不得不极谨慎将事的,以暗示的方法,用伊索式的文字(《伊索寓言》,是著名的寓言,以故事映射种种观念,因此暗示的文字称为伊索式的文字),把他叙出来。这是沙皇制迫害一切革命者,在把握着'合法的'作品时,所不得不使用的。在现在自由的日子中,再去阅读小册子里那些因受沙皇检察而变形的,受铁钳挤碎的页子,是很困难的。那时要说到帝国主义是社会主义革命的前一页,爱国的社会主义(口头上是社会主义,实际上是爱国主义)是社会主义的蠹贼,是完全转入于资产阶级方面的东西,因帝国主义客观的条件形成的工人运动的分化——诸如此类的问题,我不得不用'卑躬屈节'的文字。……我希望我的这本小册子,会帮助读者去解决基本的经济问题,不研究这些经济问题,那便不会了解现代战争和现代政治的问题,换言之,即不能了解关于帝国主义底经济本质的问题。"

四、卒于是年的研究者

刘师培(1884—1919)卒。师培字申叔,号左盦,江苏仪征人。早年在上海与章太炎、蔡元培、谢无量等一起参加反清革命,参与《俄事警闻》《警钟日报》《国粹学报》的编辑工作。1907年东渡日本,结识孙中山、黄兴、陶成章等革命党人,参加同盟会东京本部的工作,与章太炎等参与发起创立"亚洲和亲会"。受日本无政府主义思潮的影响,发起成立"女子复权会"和"社会主义讲习会",创办《天义报》和《衡报》,宣传无政府主义和社会主义理论,提倡废除等级制度,实现人权平等,实行无政府主义,鼓吹女权主义、共产主义、无政府主义,组织翻译《共产党宣言》和苦鲁鲍特金的《面包掠夺》《总同盟罢工》等,作有《〈共产党宣言〉序》,介绍了《共产党宣言》产生的背景和经过,肯定了马克思主义阶级斗争学说在研究历史中的意义。后被端方收买,背叛革命。辛亥革命后,由孙中山保释。后任成都国学院副院长,兼四川国学学校课,讲授《左传》《说文解字》等,与谢无量、廖季平、吴虞等共同发起成立四川国学会。1913年投靠阎锡山,任高等顾问。又由阎锡山推荐给袁世凯,任参政、上大夫。1915年8月与杨度等发起成立筹安会。1917年应北京大学校长蔡元培之聘,任北京大学文科教授。1919年1月与黄侃等成立"国故月刊社",成为国粹派,在北大主导发起《国故学刊》。著有《左盦集》8卷、《左盦外集》20卷、《左盦诗录》4卷、《词录》1卷等。

按:陈绍西说:"刘师培是20世纪初中国激进主义思潮和无政府主义的代表。虽然他的政治主张与早期国民党人有分歧,但又是当时革命思潮的推动者。他鼓吹社会主义,对马克思主义也有评价和介绍。研究 20 世纪初的中国社会主义思潮和中国人对马克思主义的初识,刘师培是一个绕不过的人物。搞清刘师培的社会主义观和马克思主义解读意向,对认识社会主义思想和马克思主义在中国的早期传播具有重要意义。"①

---

① 陈绍西.刘师培的无政府主义和马克思主义的评述[J].临沂大学学报,2013(1).

民国九年　庚申　1920 年

一、研究背景

1月，设在海参崴的俄共（布）远东地区委员会向俄共中央建议，要与中国革命者建立联系。次月，俄罗斯联邦驻远东全权代表维连斯基（又译维连斯基）到达海参崴，旋与来海参崴的中国革命团体的许多代表建立了联系。

1月下旬，李大钊、陈独秀应天津觉悟社的邀请，到天津演讲，在此期间会晤了共产国际驻天津通讯社的友人鲍立维，商谈协助成立中国共产党的问题。

按：此时，以维连斯基为首的共产党国际工作组也到中国活动，杨明斋为小组成员，担任翻译和协调工作，他们先后在北京、上海会见李大钊、陈独秀，研究在中国建立共产党组织等问题。杨明斋先后担任马克思主义研究会、中俄通讯社的负责人。后杨明斋和陈独秀等一起发起成立中共上海共产主义小组，杨明斋递转为中共党员。随后杨明斋参与党的一些理论宣传和教学活动，从事一些工会工作。

1月15日，北京《改造》月刊第2卷第4号刊出"社会主义研究"专栏，梁启超、张东荪撰文介绍吉尔特社会主义。

1月20日，天津觉悟社的《觉悟》出版，刊载周恩来执笔的《觉悟》《觉悟宣言》《雨中岚山——日本京都》等五首诗。

2月1日，恽代英、林育南等12人在武昌创办利群书社，并与萧楚女等发起成立中国社会主义青年团。利群书社的骨干尚有李书渠、李求实、卢斌、廖焕星、项英、施洋等，与毛泽东创办的文化书社有密切的联系。又与林育南、李求实等人在武汉成立马克思主义研究会。

按：曹金国、王玉贵说："1920年2月，恽代英在武昌领导创办了利群书社。从书社活动内容来看，售书、写书、借书及教育活动便利了早期马克思主义的传播。从实际的影响来看，恽代英本人走上了马克思主义道路，书社其他成员大都成为坚定的共产主义战士，其影响还辐射到书社之外的许多地区，为中国共产党及其领导的革命事业培养了许多骨干，为马克思主义中国化和中国共产主义事业的推进与发展做出了重要贡献。"①

2月4—7日,陈独秀应湖北学生联合会和各界联合会的邀请在武汉连续三天作了《中国存亡与社会改革的关系》《改造社会的方法与信仰》《知识教育与情感教育》《新教育的精神》等学术讲演,大力宣讲社会主义的革命思想。

3月1日,陈独秀发表《马尔萨斯人口论与中国人口问题》,初步运用马克思主义的观点,对马尔萨斯的反动理论进行揭露和批判。4月5日,又在上海对轮船工人作《劳动者的觉悟》的演讲,生动、通俗地向工人介绍了马克思主义"劳动创造世界""人民是历史的主人"等基本观点。以后又连续发表《谈政治》《俄国精神》《与柯庆施通信讨论劳动专政问题》《关于社会主义的讨论》《社会主义批评》《劳动神圣与罢工》等十余篇宣传马克思主义的文章。而其中《谈政治》一文则是他由民主主义者转变成为马克思主义者的标志,这是当时中国最早阐述了马克思主义革命学说和无产阶级专政思想的文章,此文和他在党成立后写的《马克思主义学说》等著作,被当时人们称为"研究马克思学说的最好的入门书"。

3月31日,李大钊、高崇焕、王有德、邓中夏、罗章龙、瞿秋白、高君宇、何孟雄、张国焘、邵飘萍、朱务善、吴汝明、黄绍谷、王复生、黄日葵、李骏、杨人杞、李梅羹、吴容沧、刘仁静、范鸿劼、宋天放、范齐韩等发起成立北京大学马克思学说研究会,以研究马克思派的著述为目的,是中国最早研究马克思主义的团体,在传播马克思主义和创建中国共产党早期组织方面发挥了重要作用。于翌年11月正式宣布公开活动。研究会下设翻译室,曾从德文翻译了《共产党宣言》、《资本论》第1卷等马列著作。毛泽东时在北大图书馆担任助理员,同李大钊、邓中夏等马克思学说研究会成员保持着密切联系,开始建立对马克思主义的信仰。

按:为了开展马克思主义研究工作,马克思学说研究会成立了一个专门的图书馆,用共产主义的音译"亢慕义斋"作为名字,收集了中国、英国、俄国、德国等各个国家各种文字的图书、报纸、杂志,多达数百本,这对研究马克思主义起了重要作用。研究会的一部分成员建立了翻译组,曾经翻译过《康慕尼斯特丛书》《列宁丛书》《马克思丛书》等。由于邵飘萍曾经留学日本,精通日文,所以他常常去翻译小组,帮助翻译和校对马克思主义经典著作。关于研究会的很多出版物和相关文献的印刷工作,邵飘萍通过自己办

报纸的便利条件给予帮助。当时,研究会不仅经常研究和探讨马克思主义基本原理和国内外发生的政治大事,还很关心具体的斗争现状,进行传播思想和组织活动,如马克思诞辰纪念会、对唐山工人罢工斗争的声援、对李卜克内西的纪念、卢森堡殉难 4 周年大会等。对此,邵飘萍有很多贡献,经常在《京报》上刊载文章,介绍马克思学说研究会的宣传活动。如 1923 年 5 月 5 日,邵飘萍安排《京报》公开发行马克思学说研究会编辑的《马克斯纪念特刊》,亲自题写刊名,刊出马克思及其夫人燕妮像,熊得山的《马克斯诞生日百零五周年纪念》、胡南湖的《马克斯传》、汉俊的《马克斯与达尔文和亚当·斯密特》、胡南湖的《马克斯著作史》、林可彝的《马克斯主义者政治运动的觉悟》、昆一鸣的《敬告中国无产阶级》、彭守模的《马克斯纪念日的感想》等文章。邵飘萍不惧恶劣的环境,敢于发行《马克斯纪念特刊》,又不惜巨资,免费赠阅,还刊登大幅广告,引起读者注意,这种勇气与热情在当时的报业中是独一无二的。作为中国共产党的外围组织,马克思学说研究会对中国传播马克思主义的意义十分重要。邵飘萍主动参加这个组织,这实际上是他直接参加革命组织的体现,这比邵飘萍仅仅参与学术研究的意义更重要。在马克思学说研究会中,邵飘萍充分发挥自己的优势,更加密切地接触了马克思主义和革命斗争思想,并给予这个中国共产党外围宣传组织许多关键的支持和帮助。[1]

是春,陈独秀、戴季陶、沈玄庐、张东荪、邵力子、李汉俊、陈望道、俞秀松、施存统、陈公培、袁振英等人在上海召开第一次座谈会,维连斯基向与会者介绍了十月革命和苏俄劳农政府的现状,并希望组织中国共产党。由于政见分歧,会议没有达成一致意见。戴季陶、张东荪等只参加一次会议后就退出了。经过几次座谈会,最后商定先组织社会主义青年团,再在全国各地建立党的早期组织。

按:4 月,俄共(布)中央远东局海参崴分局派遣维连斯基为全权代表,以《上海俄文生活报》编辑和记者的身份,偕同两名助手季托夫和谢列布里亚科夫,以及维连斯基的妻子库兹涅佐娃和翻译杨明斋前往中国。同时还从哈尔滨向天津派去了斯托扬诺维奇(米诺尔)。维连斯基是共产国际正式向中国派出的第一个使者,此举为共产国际"在远东国家开展有步骤的组织工作奠定了基础"。维连斯基来华后,在伊万诺夫和柏烈伟的协助下,在北京会见了李大钊,双方就建党问题多次交换意见。在此前后,维连斯基曾到

---

① 缪宇霆.邵飘萍与马克思主义在中国的传播研究[D].哈尔滨:哈尔滨工业大学,2013.

天津与柏烈伟、斯托扬诺维奇等一起讨论了在华建党工作。后由李大钊介绍，维连斯基到上海会见陈独秀等，进一步商讨建党问题。这样，中国共产党的创建工作被正式提到了议事日程。①

4月1日，天津新生社创办的《新生》杂志出版，以"发表新生社的主张和成绩，与介绍新思想"为宗旨。

是月，陈望道翻译《共产党宣言》完成，原拟在《星期评论》上发表，因遇到该刊停刊，于是由社会主义研究社作为"社会主义研究小丛书"第一种出版。

按：陈望道应陈独秀之邀，到上海编辑《新青年》，并参加马克思主义研究会和社会主义青年团筹建工作。并与陈独秀、李达等参与中国共产党的创建工作；中国共产党成立后出任中国共产党上海地方委员会首任书记。同时接受上海《星期评论》编辑李汉俊等人的委托，翻译《共产党宣言》。于是陈望道回到故乡义乌的茅草房里，开始这项翻译工程。4月末，陈望道译完《共产党宣言》全文，再经陈独秀与李汉俊二人校阅，当年8月便在上海首次出版印刷1000本，很快售尽，当即出版，仍然售空。

按：《共产党宣言》，又译《共产主义宣言》，是卡尔·马克思和弗里德里希·恩格斯为共产主义者同盟起草的纲领，国际共产主义运动第一个纲领性文献，马克思主义诞生的重要标志。由马克思执笔写成。1848年2月在伦敦第一次以单行本问世。宣言第一次全面、系统地阐述了科学社会主义理论，指出共产主义运动已成为不可抗拒的历史潮流。

毛泽东同志曾经对人说过："在一九二〇年，我第一次干工人政治组织，在这方面我开始被马克思主义理论和俄国革命史的影响所指导。在我第二次游北京期间，我读了许多关于俄国的书。我热烈地搜寻一切那时候能够找到的中文的共产主义文献。有三本书特别印在我的脑海里，建立起我对马克思主义的信仰。我接受了马克思主义是历史的最正确的解释，从此以后，从没有动摇过。这三本书是：《共产党宣言》，是由中文印行的第一本马克思主义的书；考茨基的《阶级斗争》和柯卡普的《社会主义史》。到了一九二〇年夏天，在理论上——某种程度的也在实践上——我成了一个马克思主义者了。而从这以后，我自己也认为是一个马克思主义者。"②

是月，毛泽东离开北京，途中游历多个城市，于5月初到达上海，多次与陈独秀会晤，谈论马克思主义著作和湖南开展革命活动等问题，对毛泽东的

① 肖甡.中共早期历史探究[M].上海：上海人民出版社，2013：3.
② [美]斯诺.西行漫记[M].王厂青，等译.香港：香港广角镜出版社，1975：106.

思想有很大影响。

　　按：毛泽东曾回忆说："我第二次到上海去的时候，曾经和陈独秀讨论我读过的马克思主义书籍。在我一生中可能是关键性的这个时期，陈独秀表明自己信仰的那些话给我留下了深刻的印象。"①所以回湖南后，就开始积极宣传马克思主义，为建立中国共产党进行思想和组织准备。1920 年，是毛泽东转变成为一个马克思主义者的关键一年。

　　5 月 1 日，中国工人阶级在共产主义知识分子等的组织下，第一次纪念自己团结战斗的节日"五一"国际劳动节。上海、北京、广州、唐山等地的工人都举行了纪念活动。李大钊在《新青年》第 7 卷第 6 期（劳动节纪念号）发表于《五一劳动 May Day 史》，介绍"五一"劳动纪念日的由来和欧美各国纪念五一劳动节的方式。在结论部分，他号召工人们团结和觉醒起来，"完成那'八小时'运动的使命，更进而负起'六小时'运动的新使命来"。

　　是月，陈独秀、李汉俊、沈玄庐、陈望道、施存统、李达、俞秀松、陈公培、杨明斋、周佛海、邵力子、沈雁冰、林伯渠、李启汉、李中、沈泽民、叶天底、袁振英、刘大白、李季、沈仲九、金家凤等人在上海《新青年》编辑部发起成立马克思主义研究会，主要活动为翻译和宣传马克思主义，组织青年从事工人运动，为中国共产党上海发起组的建立奠定了基础。

　　按：邵力子曾回忆说："研究会开始时，只是翻译和写文章宣传马克思主义。""后来，我们一面觉得只做宣传、研究工作是不够的，有学习布尔什维克的作风，建立严密的组织的必要，同时也看到时机已经成熟，青年中接受马克思主义思想的人也不少，应该组织起来。"②

　　是月，陈独秀、俞秀松、李汉俊、施存统、陈公培等 5 人在陈独秀寓所开会，确定筹建中国共产党，决定初步定名为"社会共产党"（后陈独秀接受李大钊的建议而改为"共产党"）。会上以马克思主义为指导起草了具有党纲、党章性质的若干条文，选举陈独秀为临时书记。史称"中共发起组"或"上海发起组"。随后，杨明斋、陈望道、沈玄庐、李达、周佛海、李启汉、沈雁冰、邵力子等被陆续吸收到发起组，他们都是上海发起组早期的重要成员。

　　按：肖甡说："中国共产党上海发起组（简称上海发起组）是在共产国际代表维连斯基指导与帮助下，于 1920 年 5 月成立的。上海发起组作为中国的第一个共产主义组织，具有'中心组'的特殊地位，在宣传马克思主义，制

①　毛泽东.毛泽东一九三六年同斯诺的谈话[M].北京：人民出版社,1979：41.
②　中共党史资料征集委员会,编.共产主义小组：(上册)[M].北京：中共党史资料出版社,1987：190.

定党的宣言和纲领,促进马克思主义同工人运动相结合,推动各地共产党早期组织和青年团的建立,以及筹备召开党的成立大会等方面,做出了重要贡献,为中国共产党的成立奠定了坚实的基础。"①

是月,共产国际为在东亚国家直接进行实际活动,在上海成立第三国际东亚书记处,设有中国、朝鲜和日本3个科,以推动各国的革命工作。

按:东亚书记处临时执行局主席维连斯基在本年9月向共产国际报告中国科的工作情况时说:"该科在北京、上海、天津、广州、汉口、南京等地为共产主义组织打下了基础。最近要为最终成立中国共产党举行代表大会。"②

是月,张国焘、罗章龙到长辛店组织工人补习学校,开展对工人先进分子的马克思主义教育。

是月,周恩来、郭隆真、于方舟等20余名学生因参与抵制日货运动而被天津反动当局逮捕,关押在天津地方检察厅。在检察厅牢房里,周恩来与战友们一起召开马克思学说讲演会,亲自讲授马克思的革命理论和实践活动,其编撰的《检厅日录》详细记载了这些活动。

按:《检厅日录》说:"五月二十八日晚间全体会,主席尚墨卿,先开讲演会:周恩来讲马克思学说,历史上经济组织的变迁同马克思传记。五月三十一日,今天功课表稍有变动,大家于研究英文、数学、历史、地理以外,又研究日文、心理学、经济学等。经济马千里帮同研究;日文、心理学周恩来帮同研究。下午沙主培过堂被审。晚上全体会。演讲会仍由周恩来讲马克思学说,唯物史观。六月二日晚上聚会,演讲会仍由周恩来讲马克思学说,唯物史观的总论同阶级竞争史。六月四日晚间聚合,……先开讲演会,仍由周恩来讲马克思主义——经济论中的余工余值说。六月七日晚上会议,……先开讲演会,周恩来讲读马克思的学说——经济论中的资本论(指资本理论——引者注)同资产集中说。今天马氏学说已讲完。"③由此可见,周恩来是我国最早传播马克思主义的杰出代表之一。

是月,梁子恪在河南开封创办文化书社,出售全国各地的新思想刊物和介绍马克思主义、社会主义和俄国等方面的著作,如《资本论小丛书》《社会

① 肖甡.中共早期历史探究[M].上海:上海人民出版社,2013:13.
② 《维连斯基-西比里亚科夫就国外东亚人民工作给共产国际执委会的报告》[C]//联共(布)、共产国际与中国国民革命运动(1920—1925).北京:北京图书馆出版社,1997:40.
③ 南开大学党委宣传部,南开大学校史研究室,编.抗战烽火中的南开大学[M].开封:河南大学出版社,2015:10-11.

主义》《马克思资本论入门》《社会主义研究》《马克思经济学说》《达尔文物种起源》《女性论》《欧洲政治思想小史》《欧洲各国改造问题》《科学社会主义史》等,文化书社成为五四运动后河南传播马克思主义的重要阵地之一。

6—7 月,陈独秀在上海成立了社会主义研究社,是党的第一个出版机构。曾出版陈望道翻译的《共产党宣言》、李汉俊翻译的《马克斯资本论入门》和陈独秀著的《政治主义谈》等我国最早传播马克思主义的著作,其译著者都是中国共产党上海发起组的重要成员。

7 月 19 日,陈独秀等人在上海举行中国最积极同志会议,商量建党问题。李汉俊、沈玄庐等都坚决主张建立中国共产党。

7 月 27 日,毛泽东、龙彝、吴毓珍、马文义等在湘潭发起成立湘潭教育促进会。发表毛泽东起草的《湘潭教育促进会宣言》。

是月,毛泽东、易礼容等在湖南长沙发起筹建文化书社,8 月 2 日正式成立,会议通过毛泽东起草的《文化书社组织大纲》。该社引进和销售了许多马克思主义书刊。

是月,中国无政府社会主义同盟在上海成立。随后,陈独秀、李大钊、梁冰弦等分别以上海、北京、广州为活动中心,成立了马克思主义者与无政府主义者联合组成的社会主义者同盟。

是月,东亚书记处临时执行局主席维连斯基由海参崴到达北京,主持召开在华工作的俄共党员第一次代表会议,会议就即将举行的中国共产主义组织代表大会和中国共产党的成立等问题交换了意见,对中国共产党的正式创建起到了促进作用。

8 月 13 日,蔡和森从法国写信给毛泽东,讨论社会主义问题,主张无产阶级专政。9 月 16 日又从法国写信给毛泽东,阐述了唯物史观问题,介绍了俄国和其他各国共产党的情况,明确提出建立中国共产党的主张。

按:蔡和森在 8 月 13 日的信中说:"我近对各种主义综合审谛,觉社会主义真为改造现世对症之方,中国也不能外此。社会主义必要之方法:阶级战争——无产阶级专政。我认为现世革命唯一制胜的方法。我现认清社会主义为资本主义的反映,其重要使命在打破资本经济制度。其方法在无产阶级专政,以政权来改建社会经济制度。故阶级战争质言之就是政治战争,就是把中产阶级那架机器打破(国会政府),而建设无产阶级那架机器——苏维埃。工厂的苏维埃,地方的苏维埃,邦的以至全国的苏维埃,只有工人能参与,不容已下野的阶级参与其中,这就叫做阶级专政。无产阶级革命后不得不专政的理由有二:无政权不能集产,不能使产业社会公有。换言之,即是不能改造经济制度。无政权不能保护革命,不能防止反革命,打倒的阶级倒而复起,革命将等于零。因此我以为现世界不能行无政府主义,因为现世界显然有两个对抗的阶级存在,打倒有产阶级的迪克推多,非以无产阶级的迪克推多压不住反动,俄国就是个明证。所以我对于中国将来的改造,以为完全适用社会主义的原理和方法。"①

按:蔡和森9月16日的信中说:忠于马克斯主义的布尔塞维克,既已把俄罗斯完全彻底的建设其主义,于一九一八年改名共产党,与德李伯克奈希、罗森堡所手创的斯巴达加斯团(不久亦改名共产党),及匈贝拉麝所组的共产党,组织"第三国际党"(即万国共产党),一九一九年三月四日(正资本家分赃会议在巴黎热闹时),在木斯哥成立,加入的团体共三十五个。高丽亦以劳动联合会的名义加入,波斯、印度、土耳其等,以东亚民族解放大联盟的名义加入,独中日没有团体!万国共产党即世界革命的总机关,这是无产阶级彻底的极真实极具主义方略的真正的国际组织,与没气焰的资本阶级的国际联盟针锋对立。

我以为非组织与俄一致的(原理方法都一致)共产党,则民众运动劳动运动改造运动皆不会有力,不会彻底。布尔塞维克与门色维克(先同属社会民主党)的分裂,开首是争党员加入的条件,布派主张极严格,门派主张宽大。……现在布党改名为共产党,加入条件仍极严格,所以十月革命时的党员仅万人(极确实的分子),现在不过六十万。现在入党条件如下:(1)二人介绍于地方支部。(2)入党的实习所受训练三月,作为后补入党之期。(3)实习所的指导员一步一步引导他们到共产主义的生活上来,并令他到共产主义的学校去听讲。(4)不能确信主义及遵守的除名。(5)如指导员认为训练未成熟,须再受训练三月。(6)然后具愿书三份,须守党的"铁的纪律"。党的组织为极集权的组织,党的纪律为铁的纪律,必如此才能养成少数极觉悟极有组织的份子,适应战争时代及担负偌大的改造事业。党的最高机关为中央委员会。党中设宣传运动部、组织教育部、调查统计部、义务劳动部。

蔡和森在信中还分析了建立中国共产党的紧迫性和重要性,并提出了具体的组织步骤。他说:"你看中国近日所发生的问题,那一种能在现社会现制度之下解决?所以中国的社会革命,一定不能免的。不趁此时加一番彻底的组织,将来流血恐怖自然比有组织要狠些。有了强有力的组织,或者还可以免掉。所以我认为党的组织是很重要的。组织的步骤:(1)结合极有

---

① 湖南省博物馆历史部,校编.新民学会文献汇编[M].长沙:湖南人民出版社,1980:86—87.

此种了解及主张的人组织一个研究宣传的团体及出版物。(2)普遍联络各处做一个要求集会、结社、出版自由的运动,取消治安警察法及报纸条例。(3)严格的物色确实党员,分布各职业机关、工厂、农场、议会等处。(4)显然公布一种有力的出版物,然后明目张胆正式成立一个中国共产党。现在组织研究宣传之外,更可组织一调查统计部、研究宣传部、调查统计部与出版物三者现在可打成一片而潜在从事。"①

按:彭兴万说:"东来日本、西从法国以及北源俄国是早期马克思主义进入国内的主要渠道。但从日本渠道和俄国渠道传入中国的马克思主义,都是经过'加工'后的马克思主义,在某种程度上缺乏正统性和直接性。而留法学生利用身处法国的优势条件,以研习马列原著为主要方式学习马克思主义,对马克思主义的理解相较于国内同志,更具有完整性和系统性。他们通过书信和向报刊投寄政论文章等方式,积极向国内同志传播正统的马克思主义,帮助国内同志深刻理解马克思主义。蔡和森关于早期建党思想的思考,很好的说明了这一点。1920 年,蔡和森写了两封长信给在国内的毛泽东,就中国无产阶级革命和无产阶级专政等问题,进行了详细的阐述,并明确提出建党思想。在信中,他认为世界存在两个敌对阶级,无产阶级必须以马克思主义唯物史观为指导进行阶级革命,而取得革命的胜利,就必须组建无产阶级政党——中国共产党。并明确指出,中国共产党的指导思想必须是马克思主义,而不是别的什么,党的最终目的是消灭阶级和实现共产主义;党是有严明纪律的党,党是有战斗力和组织力的党。可以说,这封信对毛泽东建党思想的影响是深远的,其中很多观点也在后期的建党实践中得到了运用。"②

8 月 15 日,陈独秀主编的宣传马克思主义的《劳动界》周刊在上海创刊,李汉俊、戴季陶、沈玄庐、陈望道、李震瀛、吴秀、李少穆、陈为人、袁笃实等编辑,以通俗的语言,介绍马克思主义的基本知识,揭露资本家对工人的剥削,教育工人阶级组织起来争取自身解放。曾分 4 期连载《劳动歌》,是我国最早的《国际歌》译文。当局以"煽惑劳动,主张过激"罪名予以查禁,并密令"缉拿查办"陈独秀等。1921 年 1 月停刊,共出 24 期。

按:《劳动界》是中国第一份马克思主义工人刊物。办刊的宗旨是:改良劳动阶级的境遇,对劳动工人进行阶级意识的启蒙教育。这是中国共产党

① 湖南省博物馆历史部,校编. 新民学会文献汇编[M]. 长沙:湖南人民出版社,1980:107-115.
② 彭兴万. 留法勤工俭学运动视野下的马克思主义传播和实践研究[D]. 重庆:重庆工商大学,2018.

上海发起组创办的党的第一个通俗性工人刊物。

8月20日,毛泽东、易培基、何叔衡、彭璜、姜济寰、易礼容、任弼时、方维夏等在湖南长沙发起成立俄罗斯研究会,以"研究俄罗斯一切事情为宗旨"。姜济寰任总干事,毛泽东任书记干事。

按:俄罗斯研究会的宗旨是研究俄罗斯的一切事情。主要工作是:1.在研究有得后,发行俄罗斯丛刊,作为传播信息、研究俄罗斯的园地;2.派人赴俄实地调查;3.提倡留俄勤工俭学。该研究会在宣传马克思主义、介绍俄国革命经验、酝酿建党思想、培养建党干部方面起到了积极的作用。

8月22日,俞秀松、施存统、沈玄庐、陈望道、李汉俊、金家凤、袁振英和叶天底等8人在上海成立社会主义青年团,以实行社会改造和宣传主义为宗旨,俞秀松为书记,1921年5月解散。

是月,上海革命局成立,由陈独秀、李汉俊、杨明斋等5人组成,维连斯基任主席。革命局下设出版部、宣传报道部和组织部。随后设立了北京革命局,并计划组建广州、天津、汉口等革命局。

是月,王尽美、王象午、邓恩铭等初步具有共产主义信仰的进步青年成立了专门研究马克思主义理论的康米尼斯特学会,即共产主义学会。这是山东有组织地研究宣传马克思主义理论的开始。主要成员有王翔千、贾石亭、段子涵、马馥塘、王象午、王复元、鲁伯峻、王用章、王志坚、王纯嘏、黄秀珍、明少华、方鸿俊等。研究会的活动主要是学习和研究《共产党宣言》以及马克思主义理论,讨论和参加一些政治活动。1921年3月被反动当局以"宣传过激主义"的罪名明令取缔。

是秋,董必武、陈潭秋等人发起成立武汉共产主义小组,先后参加者还有包惠僧、张国恩、赵子健、刘子通、黄负生以及工人郑凯卿、赵子俊等人。包惠僧任书记。

9月1日,《新青年》杂志第8卷第1号出版,该刊从此期起,成为中国共产党上海发起组的公开机关刊物,大量登载介绍马克思主义及苏俄情况的文章,开辟了《俄罗斯研究》专栏。

按:毛泽东说:"五四运动替中国共产党准备了干部。那个时候有《新青年》杂志,是陈独秀主编的。被这个杂志和五四运动警醒起来的人,后来有一部分进了共产党。这些人受陈独秀和他周围一群人的影响很大,可以说是由他们集合起来,这才成立了党。"[1]

---

[1]　毛泽东在七大的报告和讲话集[M].北京:中央文献出版社,1995:9.

　　按：学界普遍把《新青年》8 卷 1 号开辟《俄罗斯研究》专栏作为传播马克思主义的正式开端。其传播特点有以下几点："一是介绍和传播马克思主义的成分较为复杂；二是动机各有不同；三是都在与错误的思潮进行论争；四是主观主义色彩浓厚；五是对科学马克思主义理解模糊不清；六是在马克思主义介绍与传播者中，多数人并没有实际接触到马克思主义；七是都认识到革命的道路是通过革命斗争，而不是通过其他手段；八是只将其作为一种知识理论看待，并没有作为指导中国革命的行动指南；九是多数传播行为是有意识有组织的进行，个别传播行为较为少见。"①

　　9 月 12 日，上海《申报》以"研究俄国劳农政府之专书——《新俄国之研究》《劳农政府与中国》"为标题，在广告版块刊登介绍《新俄国之研究》和另一本介绍新俄情况之书的广告。

　　9 月 17 日，邵飘萍主编的《京报》复刊。

　　按：金延锋说："《京报》复刊后，不仅热情歌颂十月革命，介绍苏维埃俄国的真实情况，而且还发表或译载了大量介绍马克思主义和社会主义的文章，成为传播马克思主义的重要舆论阵地。"②

　　9 月 30 日，《星期评论》主编沈玄庐在上海《民国日报》副刊《觉悟》上以《答人问〈共产党宣言〉底发行所》为题公开复信读者，回答陈望道翻译的《共产党宣言》出版后的销售问题。

　　是月，毛泽东在长沙组织新民学会会员中的积极分子学习马克思列宁主义。参加者有何叔衡、彭璜、陈昌、郭亮、夏曦、肖述凡、易礼容等。同时开办湖南第一师范民众夜学和失业青年班，进行马克思主义启蒙教育。

　　是月，梁启超、张君劢等以"讲学社"和北京大学联合的名义，邀请英国哲学家、基尔特社会主义代表人物罗素来华讲学，宣传基尔特社会主义。

　　是月，由上海共产主义小组建立的外国语学社（亦称"俄文专修班"）成立，杨明斋任校长，学生以学习俄语和马克思主义基础知识为主，为留俄作准备。次年春，社会主义青年团从外语学社中挑选了刘少奇、任弼时、罗亦农、王一飞、彭述之、萧劲光、汪寿华等 20 余名团员，先后分 3 批赴苏联莫斯科东方大学学习。

　　是月，山东齐鲁通讯社更名为齐鲁书社，推举王乐平为社长，以促进社会文化进步为目的。曾经销《俄国革命史》《资本论入门》《辩证法》《唯物辩

---

① 许门友. 19 世纪末 20 世纪初：马克思主义在中国的介绍、传播及其特点[J]. 西北大学学报（哲学社会科学版），2010(5).

② 金延锋. 浙江籍先进分子在马克思主义早期传播中的贡献[J]. 嘉兴学院学报，2018(4).

证法研究》《社会科学大纲》等书和《新青年》《新潮》《奔流》《创造》《少年中国》等进步杂志及《每周评论》《努力》《觉悟》《莽原》《醒狮》等报刊。齐鲁书社成为马克思主义在山东广泛传播的主阵地。

10月4日,北京第一个共产主义小组成立,李大钊、张国焘、张申府为发起人。先后参加北京共产主义小组的还有罗章龙、刘仁静、邓中夏、高君宇、何孟雄、缪伯英、朱务善、李梅羹、宋介、张太雷以及当时信仰无政府学说的北京大学学生黄凌霜、陈德荣、张伯根、袁明熊、华林、王竟林等人。李大钊任书记。

10月10日,在中共上海发起组的帮助下,以上海工商友谊会的名义创办了《上海伙友》,目的是为加强整个工人阶级的联合与团结。

10月16日,瞿秋白、俞颂华、李宗武等人应北京《晨报》和上海《时事新报》共同派遣,踏上前往红色俄国的旅途,成为"十月革命"后到苏俄采访的第一批中国记者。瞿秋白事后写成《俄乡纪程》《赤都心史》等访苏见闻。

10月30日,上海镇守使查禁《伙友》《劳动界》《平民报》和《资本论》等书报,所谓查禁理由是"鼓吹社会主义"。

是月,张太雷在天津建立第一个社会主义青年团,出版《来报》,宣传马克思主义。

是月,斯托扬诺维奇、别斯林与无政府主义者区声白、梁冰弦等9人在广州组成广东共产党。因参加者大多是无政府主义者,所以被称作"无政府主义的共产党"。谭平山、陈公博、谭植棠因政见不同,拒绝加入该组织,他们自己创办了传播马克思主义的《广东群报》。

11月7日,中国共产党上海发起组创办的中国无产阶级第一个党刊《共产党》月刊在上海出版,李达主编,新青年社供稿,着重宣传党的建设的理论,尤其是列宁的建党学说,以及俄国共产党和国际共产主义运动中的建党经验,为创立全国性的中国共产党进行理论上和组织上的准备。至1921年7月7日终刊,共出刊6期。

按:《共产党》月刊是中国共产党成立初期创办的宣传马克思主义,进行党的基本知识教育的理论性的机关刊物,第一次打出"共产主义"的旗帜。

按:饶晓燕说:"《共产党》月刊最大特点就是旗帜鲜明地强调自身的无产阶级性质。作为中共发起组的舆论工具,《共产党》月刊向共产主义知识分子和革命知识分子大力宣传马克思主义理论,指导早期共产主义者与工人运动相结合,明确表达无产阶级和劳动人民的意志,为他们的利益代言。《共产党》月刊虽存续短暂,但因其坚定的立场、鲜明的党性、丰富的内容,在中国共产主义运动史上留下了浓墨重彩的一笔,有着巨大的历史与现实价值。……《共产党》月刊不仅作为共产主义传播阵地,其本身更是中国共产党运动的组成部分。"1920 年 8 月上海共产主义成立并积极筹备建立一个紧密统一的无产阶级政党,同年 11 月 7 日《共产党》应时而生,并第一次在中国公开打出了'共产主义''共产党'的旗帜,正式宣告了中国共产主义运动的开始。共产主义是以实际手段来追求实际目的的运动,《共产党》月刊作为共产主义思想传播的阵地,经魏金斯基之手接触到大量的布尔什维克文献,借助美国共产党和英国共产党的组织方式来探索中国共产党的未来的形态,改变了上海的共产主义运动,使其由日本语境学理的马克思主义研究,转向为对列宁的运动论和组织论的吸收。这样的转变下,早期共产主义者开始将马克思主义与工人运动相结合,最终推动了中国共产党的诞生。"①

　　11 月 7 日,武昌社会主义青年团第一次代表会议召开,会议规定武昌社会主义青年团的宗旨为"研究社会主义,实践社会主义思想"。同时,武汉地区党团组织在青年学生、工人中成立马克思学说研究会,组织学习《共产党宣言》《阶级争斗》等书和《共产党》等革命刊物。李汉俊是年底曾到武汉,在马克思学说研究会宣讲唯物史观,介绍社会主义各种流派,解读马克思主义的基本理论。

　　是日,北京共产党早期组织创办《劳动音》周刊,由邓中夏负责,目的是向工人宣传马克思主义理论,提高工人的觉悟,促进工人的团结,指导工人运动。

　　是月,陈独秀主持上海共产党发起组起草了《中国共产党宣言》(当时未公开发表),作为各地共产主义小组内部学习的文件,起到了临时党纲的作用。

　　按:《中国共产党宣言》是中国共产党历史上第一个宣言。1920 年 11 月 23 日在陈独秀主持下,上海共产主义小组起草了《中国共产党宣言》。宣言的正文分三个部分:共产主义者的理想、共产主义者的目的和阶级斗争的最近状态。是当时接纳临时党员的标准,也是全国建党的纲领性文件。

　　按:毛泽东于 1958 年 6 月间从中共中央秘书局 1958 年 6 月 3 日编印的《党史资料汇编》第 1 号上读了这篇从英译稿译为中文的《中国共产党宣言》后,曾写了一段重要批语:"不提反帝反封建的民主革命,只提社会主义

---

① 饶晓燕.《共产党》月刊与马克思主义的早期传播及其中国化研究[D]. 杭州:浙江财经大学,2017.

的革命,是空想的。作为社会主义革命的纲领则是基本正确的。但土地国有是不正确的。没有料到民族资本可以和平过渡。更没有料到革命形式不是总罢工,而是共产党领导的人民解放战争,基本上是农民战争。"①这几句言简意赅的批语,既肯定了这份历史文献作为党的革命纲领"是基本正确的",又指出它在革命阶段、土地纲领、对民族资产阶级的方针以及革命斗争主要形式这四个方面存在认识错误或不足。

是月,中国共产党早期组织领导下的第一个工会组织——上海机器工会正式成立。旋又成立了社会印刷工会、上海纺织工会。这些组织的建立,对工人运动起了促进作用。

12月1日和次年1月21日,毛泽东给在法国勤工俭学的蔡和森写了两封回信,专门就建党问题进行讨论。

12月2日,李大钊、何恩枢、徐其湘、陈学池、郭弼蕃、陈顾远、费秉铎、鄢祥褆等人在北京大学发起成立北京大学社会主义研究会,以"集合信仰和有能力研究社会主义的同志,互相的来研究并传播社会主义思想"为宗旨。

是年冬,湖南长沙共产主义小组正式成立,成员有毛泽东、何叔衡、彭璜、贺民范等6人。

是年,董必武创办的武汉中学开学,在董必武和陈潭秋等努力下,该中学逐渐发展成为武汉地区甚至于整个湖北省研究、学习、宣传马克思主义,介绍、传播新文化、新思想的重要基地,实际上成为湖北建党的发源地。是年秋,武汉共产主义研究小组成立。

按:董必武回忆说:"1920年秋,武汉中学成立已经历了一个学期,湖北的共产主义研究小组由我和陈潭秋、张国恩(几个月后他就不干了)等组织起来,社会主义革命的思想传播,在武汉中学内很少受到阻碍。中国社会主义青年团(当时叫SY)在湖北也是由武汉中学开始发展组织的。"②

是年,李大钊在北京大学史学系、经济系、法律系和政治系先后开设"唯物史观""工人的国际运动与社会主义的将来""社会主义与社会运动"等马克思主义理论课,在学生中公开讲授,并进行规范的考核。这是全国最早的在高等学校开设的马列主义理论课。

是年底,陈独秀应广东省省长陈炯明邀请,就任广东政府教育委员会委员长。维连斯基、柏烈伟、李季、袁振英、沈玄庐等与陈独秀同时到广州,积

---

① 汪澎澜,主编.开天辟地 中国共产党第一次全国代表大会[M].石家庄:河北人民出版社,2012:23.
② 董必武.董必武选集[M].北京:人民出版社,1985:508.

极推进广东党组织的筹建。上海共产主义小组书记由李汉俊代理。后李汉俊因不满意陈独秀起草的中国共产党党章而辞去代理书记职务。自 1921年 2 月至 8 月,由李达代理上海共产主义小组书记。

二、研究论文

李大钊《由经济上解释中国近代思想变动的原因》发表于《新青年》第 7卷第 2 号。

按:文章依据马克思主义唯物史观,结合中国社会的实际状况,阐明一个基本道理:即"凡一时代,经济上若发生了变动,思想上也必发生变动。换句话说,就是经济的变动,是思想变动的重要原因"。是文乃用马克思唯物史观分析中国思想变迁的典范。

陈独秀《新文化运动是什么》发表于《新青年》第 7 卷第 5 号。

按:文章指出,新文化运动应该注意三件事:一、新文化运动要注重团体的活动;二、新文化运动要注重创造的精神;三、新文化运动要影响到别的运动上面。

李大钊《"五一"运动史》发表于《新青年》第 7 卷第 6 号(劳动节纪念号)。

按:孙中山为本期题字"天下为公",北京大学校长蔡元培题字"劳工神圣"。

陈独秀《劳动者底觉悟》发表于《新青年》第 7 卷第 6 号(劳动节纪念号)。

蔡元培《社会主义史序》发表于《新青年》第 8 卷第 1 号(俄罗斯研究)。

按:《社会主义史》由英国克卡朴著,李季翻译。是文曰:"西洋的社会主义,二十年前,才输入中国。一方面是留日学生从日本间接输入的,译有《近世社会主义》等书。一方面是留法学生从法国直接输入的,载在《新世纪》周刊上。后来有《心声》周刊简单的介绍一点。俄国广义派政府成立以后,介绍马克思学说的人多起来了,在日刊月刊中常常看见这一类的题目。但是切切实实,把欧洲社会主义发起以来一切经过的情形,叙述出来的,还没有。"蔡元培友人李君懋猷取英国辟司所增订的克卡朴《社会主义史》用白话译出,在蔡元培看来"可以算是最适当的书了",是文即为此译本的序言。

陈独秀《谈政治》发表于《新青年》第 8 卷第 1 号。

按:是文系陈独秀转变成为马克思主义者的重要代表作之一。文章批评了无政府主义和修正主义,认为马克思主义的修正派主张议会主义,主张

利用资产阶级国家、政治、法律扫除社会罪恶,而取消阶级斗争和抵制劳动
阶级的专政,其行为结果证明,这不过是"与虎谋皮为虎所噬还要来替虎噬
人的方法,我们应该当作前车之鉴"。文章结尾说:"我虽然承认不必从根本
上废弃国家、政治、法律这个工具,却不承认现存的资产阶级(即掠夺阶级)
的国家、政治、法律有扫除社会罪恶的可能性。承认用革命的手段建设劳动
阶级(即生产阶级)的国家,创造那禁止对内外一切掠夺的政治法律,为现代
社会第一需要。"

李汉俊《女子将来的地位》发表于《新青年》第 8 卷第 1 号。

按:是文乃针对我国女子被男子支配的状况,运用马克思主义阶级观点
分析妇女解放的文章。

记者《香港罢工风潮始末记》发表于《新青年》第 8 卷第 1 号。

按:是文提出从根本上医治罢工的方法"惟有用阶级斗争",将马克思主
义理论用于分析我国工人运动。

中俄通信社《关于苏维埃俄罗斯的一个报告》发表于《新青年》第 8 卷第
2 号。

[苏]列宁著、震瀛译《民族自决》(《关于党纲的报告》)发表于《新青年》
第 8 卷第 3 号。

[英]哈德曼著、雁冰译《罗素论苏维埃俄罗斯》发表于《新青年》第 8 卷
第 3 号。

震瀛译《批评罗素论苏维埃俄罗斯》发表于《新青年》第 8 卷第 4 号。

独秀《民主党与共产党》发表于《新青年》第 8 卷第 4 号。

陈独秀《致张东荪的信——关于社会主义的讨论》发表于《新青年》第 8
卷第 4 号。

按:在《关于社会主义的讨论》中,陈独秀共辑了东荪先生《由内地旅行
而得之又一教训》、《正报》记者爱世先生《人的生活》、望道先生《评东荪君底
〈又一教训〉》、力子先生的再评《东荪君底〈又一教训〉》、东荪先生《大家须切
记罗素先生给我们的忠告》、《独秀致罗素先生底信》、东荪先生《答高践四
书》、东荪先生《长期的忍耐》、东荪先生《再答颂华兄》、东荪先生《他们与我
们》、杨端六先生《与罗素的谈话》、《东荪先生的致独秀底信》、《独秀复东荪
先生底信》这几篇文章。从中可以知道当时关于社会主义问题论战的各
家的主要观点。通过论战,批驳了资产阶级改良主义的谬论,为马克思主
义在中国的传播扫除了又一个障碍,从而加速了马克思主义在中国的
传播。

李大钊《唯物史观在现代史学上的价值》发表于《新青年》第 8 卷第 4 号。

按：作者是年又作有《唯物史观在现代社会学上的价值》一文。文章说："'唯物史观'是社会学上的一种法则，是 Karl Marx 和 Friedrich Engels 一八四八年在他们合著的《共产党宣言》里所发见的。""有些人误解了唯物史观，以为社会的进步只靠物质上自然的变动，勿须人类的活动，而坐待新境遇的到来。因而一般批评唯物史观的人，亦有以此为口实，便说这种定命（听命由天）的人生观，是唯物史观给下的恶影响。这都是大错特错，唯物史观及于人生的影响乃适居其反。"李大钊是年又作《马克思的历史哲学与理恺尔的历史哲学》。

［苏］列宁著、震瀛译《过渡时代的经济》（《无产阶级专政时代的经济和政治》）发表于《新青年》第 8 卷第 4 号。

A. T.《列宁的历史》发表于《共产党》第 1 期。

按：文章通过图文相结合的方式对列宁的生平事迹作了简要的介绍。首先作者刊载了列宁的图像，给人直观的列宁形象，然后简要概述了列宁个人的基本信息。其次，阐述了列宁的革命历程。

A. T.《俄国共产党的历史》发表于《共产党》第 1 期。

震雷《俄罗斯之共产党》发表于《共产党》第 1 期。

无懈（周佛海）《俄国共产政府成立三周年纪念》发表于《共产党》第 1 期。

按：文章谈到纪念十月革命胜利的意义时说道："并不是单为俄国共产党底成功而纪念……乃是为世界革命底前途而纪念，为社会主义底前途而纪念的。"明确指出早期共产主义者要走俄国道路，就是要在无产阶级政党领导下，坚定走社会主义道路。

［苏］列宁演说、震寰（袁振英）译《俄罗斯的新问题》发表于《共产党》第 1 期。

按：1920 年 3 月 29 日俄国共产党第九次大会在莫斯科召开，大会集中讨论了统一的经济计划问题，列宁出席会议并做了《俄罗斯的新问题》（《俄共（布）第九次代表大会文献·中央委员会的报告》）演说。

［法］Georges Sorel 作、震寰（袁振英）译《为列宁》发表于《共产党》第 1 期。

按：文章说，列宁的革命经历使他"不完全是一个理想家，只重在实行，全不离于事实"。因此即使新生苏俄政权的政治经济基础都相对薄弱，"多数派一方面要破坏，同时又要建设"这样的社会状况下，列宁从俄国国情出发,在无产阶级专政理论指导下,采取了强制、集中的方法建设社会主义。实践证明,"俄国的工人,把理想来实现,这种丰功伟业,万世不朽"。

李穆《共产党同它的组织》发表于《共产党》第 1 期。

P 生(沈雁冰)译《列宁的著作一览表》发表于《共产党》第 1 期。

按:是文译自美国《苏维埃俄国》刊物,列举列宁的重要著作 19 种,基本上涵盖了列宁革命时期的主要论著:1.《俄罗斯社会民主党问题》;2.《俄罗斯资本主义发达史》;3.《经济的札记和论丛》;4.《什么是要做的?》(《吾党运动的难问题》);5.《告贫乏的农民》(《为农民对于社会民主党的宗旨而作》);6.《进一步退两步》(《论本党的危机》);7.《民主革命中的社会民主党两个政策》;8.《社会民主实业史略的大纲》;9.《解散旧国会和无产阶级之目的》;10.《1905 年至 1907 年俄罗斯第一次革命中的俄国社会民主党的大纲》;11.《经济批评主义的唯物哲学》;12.《帝国主义是资本主义的末日》;13.《俄国政党和无产阶级之目的》;14.《论进行方法的文书》;15.《革命的教训》;16.《农业中资本发达律的新论据》(卷一《论美国农务经济中的资本主义》);17.《国家与革命》;18.《苏维埃政府的要图》;19.《无产阶级的革命与考慈基汉奸》。

震寰译《英国共产党成立》发表于《共产党》第 1 期。

编者《匈牙利社会共产劳动党》发表于《共产党》第 1 期。

胡炎(李达)《第三国际(即国际共产党)大会的缘起》发表于《共产党》第 1 期。

按:文章谴责修正主义不是"社会主义",而是"和资本家妥协"的"议会主义""改良主义",文章从根本上划清了马克思主义与修正主义之间的界线。

P.生(茅盾)译《共产主义是什么意思——美国共产党中央执行委员会宣布》《美国共产党党纲》《共产党国际联盟对美国 TWW(世界工业劳动者同盟的简称)的恳请》《美国共产党宣言》发表于《共产党》第 2 期。

江春(李达)《社会革命底商榷》发表于《共产党》第 2 期。

按:是文对于当时社会上流行的各种非马克思主义的社会主义提出批评,认为这是一些"似是而非的论调",对于无政府共产派也提出批评,并指出它同共产主义主张的原则区别。作者认为马克思、恩格斯所提倡的无产阶级取得政治上的支配地位,利用政治的优越权,夺取一切资本的社会革命,是在资本制度发达到一定的程度时,自然要实现的。阶级斗争是促进其实现的手段。

编者《法国社会党之急进》发表于《共产党》第 2 期。

编者《近东无产阶级大会》发表于《共产党》第 2 期。

编者《俄国劳动革命史略》发表于《共产党》第 2 期。

编者《全俄劳农会议在莫斯科召开》发表于《共产党》第 3 期。

周佛海《物质生活上改造的方针》发表于《解放与改造》第 2 卷第 1 号。

按：是文综合了反马克思主义的各种流派，提出了自己的主张，认为"生产者和消费者的利益，都能调和"，从而否认了马克思主义关于无产阶级革命理论的观点，否认了马克思主义推翻资产阶级的专政，建立无产阶级专政的政治主张，否认马克思主义从根本上废除资本主义的生产资料私有制，从根本上消灭剥削制度的经济主张。

筑山醉翁《社会主义简明史》发表于《解放与改造》第 2 卷第 1 号。

雁冰《广义派政府下的教育》发表于《解放与改造》第 2 卷第 1 号。

按：是文介绍俄国十月革命后的学校教育。

公展译《俄国土地法》发表于《解放与改造》第 2 卷第 1 号。

麦道那作、公展摘录《社会主义的误解》发表于《解放与改造》第 2 卷第 2 号。

按：文章分社会主义不是无政府主义与共产主义、社会主义不是废除私产制度、社会主义并不与自由冲突、社会主义与平等、社会主义与经济定命论、社会主义与阶级战争 6 部分。

[英]Kirkup 作、陈开懋译《法国原始的社会主义——圣西门》发表于《解放与改造》第 2 卷第 3 号。

东荪《我们为什么要讲社会主义》发表于《解放与改造》第 2 卷第 5 号。

[日]室伏高信作、周佛海译《社会主义与劳动组合》发表于《解放与改造》第 2 卷第 6 号。

金侣琴译《建设中的苏维埃》发表于《解放与改造》第 2 卷第 6 号。

按：是文乃列宁《苏维埃政权的当前任务》的节译。

[日]森户辰男作、枕江译《克鲁泡特金之社会思想研究》发表于《解放与改造》第 2 卷第 9—16 号。

[日]室伏高信作、周佛海译《工行社会主义之国家观》发表于《解放与改造》第 2 卷第 10 号。

[美]Richard Theodore Ely 作、周佛海译《社会主义的性质》发表于《解放与改造》第 2 卷第 10 号。

按：文章开头说："我们若把国内新出版物翻开起来看，差不多没有一本没有'社会主义'四个字的。无论是他们宣传他,或反对他,总可见近来的思想界对于社会主义这种东西,都热心去研究了。"但是,他却始终没有看到对"社会主义究竟是什么?"能予以正确说明的文章。为了使中国人真正了解社会主义,并研究实行的方法,所以特地撰写此文,对于"社会主义究竟是什么"一问题,作个最明了的答案。文章分广义的社会主义和狭义的社会主义、社会主义之要素、社会主义的定义、社会主义的国家、对于社会主义的性质的误解 5 部分。

〔日〕室伏高信作、佛海译《工行社会主义之国家观》发表于《解放与改造》第 2 卷第 10 号。

〔苏〕罗那察斯基作、福同译《俄国之新教育制》发表于《解放与改造》第 2 卷第 11 号。

明权《俄国产业组合法》发表于《解放与改造》第 2 卷第 12 号。

鲲《社会主义最近之派别》发表于《解放与改造》第 2 卷第 13 号。

〔英〕G. R. Thomson 作、献书译《基尔特主义的哲学原理》发表于《解放与改造》第 2 卷第 13 号。

〔日〕室伏高信作、明权译《社会主义之改造》发表于《解放与改造》第 2 卷第 14 号。

献书译《苏维埃俄罗斯之文化事业与教育》发表于《解放与改造》第 2 卷第 14 号。

张君劢、张东荪《中国之前途:德国乎? 俄国乎?》发表于《解放与改造》第 2 卷第 14 号。

按:是文由三封通信组成,其中两封是张君劢写给张东荪的,另一封是张东荪写给张君劢的回信。张君劢在两封信中,通过对俄国和德国革命的比较,全面阐述了他之所以认为中国只能走德国社会民主党的道路,而不能走俄国布尔什维克的道路的理由。

福同译《苏维埃俄国之妇女与儿童》发表于《解放与改造》第 2 卷第 15 号。

蔼庐《俄罗斯的政党》发表于《解放与改造》第 2 卷第 16 号。

福同《苏维埃劳工是否失却自由之正反两种意见》发表于《解放与改造》第 2 卷第 16 号。

绍虞《布尔塞维克的批判》发表于《解放与改造》第 2 卷第 16 号。

按:文章说:"关于社会主义许多的学说,以马克思为中心,在马克思以后的社会主义者,无论是赞成他或反对他的,恐怕是终没有不受马克思学说的影响的。布尔塞维克的首领列宁,自称为是主张马克思主义的,本来自己标榜信奉某主义,吾人不能便轻易信他,但是布尔塞维克,是渊源于马克思派的,殆是不可疑的事实。"

郑贤宗《天才的发挥与工作的效率在社会主义下果然都要减退吗》发表于《解放与改造》第 2 卷第 16 号。

张君劢《读〈六星期之俄国〉》发表于《改造》第 3 卷第 1—2 号。

按:《六星期之俄国》乃英国朗塞莫游历苏俄 40 余天后所著,该书介绍了列宁的历史,十月革命的经过,列宁在第三国际上的演讲,苏俄实行的土地国有和工业国有政策,苏维埃的组成以及财政、教育、外交等情况,批驳了帝国主义分子对布尔什维克的诽谤。张君劢在分段摘译时,也掺杂了他自己对俄国革命的评论。

［美］Melvin 作、澹庐译《社会主义的特质和趋向》发表于《改造》第 3 卷第 3 号。

瞿秋白《社会运动的牺牲者》发表于《新社会》第 8 号。

郑振铎《现代的社会改造运动》发表于《新社会》第 11 号。

按:文章指出,俄国十月革命后,实行的社会主义"实在是社会改造的第一步",称他们为过激派,"确是不对"。

瞿世英译《社会主义与教育》发表于《新社会》第 14 号。

瞿秋白《将来的社会与现在的逆势》发表于《新社会》第 16 号。

彭一湖《社会主义与新发明》发表于《太平洋》第 2 卷第 4 期。

杨端六《马克思学说评》发表于《太平洋》第 2 卷第 7 期。

按:文章说:"近来我国人多鼓吹社会主义,就中尤以马克思学说为最流行。究竟马克思学说之真正的价值与其应用于我国现在之得失,殆无人细考之者。此等一唱百和之风,果我国学界之福乎? 抑我国社会之幸乎? 吾不能无疑。然凡事必有所自始。我国社会主义之流行,其动机果何在乎? 以我国思想界之迟钝,输入西洋之学说,殆莫经过多少阶级而始得其一知半解之理想,而社会犹反对之。今不数年,而马克思之名喧传于全国。上自所谓名士,下至初级学生,殆无不汲汲于马克思学说之宣播。其原因果何在乎? 我在欧洲时,有人告我以此事,我不觉愕然以惊。……马克思为十九世纪一最大思想家,在经济学上与十八世纪之斯密亚当齐名。吾人对之,自宜表示相当之尊敬,然古人费数十年考究功夫所得之结果,往往不能掩其过失。马克斯《资本论》之错误,亦犹斯密亚当《原富》之错误,经后人解剖而益明。吾人欲崇拜马克思,不可不知其学说之弱处及其强处。我致力于社会学甚少,对于马克思学说,自不敢妄肆雌黄,然观近世学者所评,觉其合理而得要领,则不妨代为介绍,想亦国人之所乐闻也。"

[英]罗素著、何思源译《布尔塞维克主义》发表于《新潮》第 3 卷第 2 期"名著介绍特号"。

宋介《新俄罗斯之建设》发表于《曙光》第 1 卷第 6 号。

按:是文从组织、政治、经济等方面详细介绍了苏俄革命之后的情况,科学预见了"自今以往,世界各国如有以社会改革而组织政府者,总不免要受些苏维埃制度的影响"。因为苏共的"最后目的,确是共产主义"。

王统照译《俄国之农业的社会化》发表于《曙光》第 1 卷第 6 号。

郑振铎译《红色军队》发表于《曙光》第 1 卷第 6 号。

[苏]列宁著、王统照译《旧治更新》(《从破坏历来的旧制度到创造新制度》)发表于《曙光》第 1 卷第 6 号。

瞿世英译《近代俄罗斯小说》发表于《曙光》第 1 卷第 6 号。

瞿秋白译《俄国革命纪念》发表于《曙光》第 1 卷第 6 号。

郑振铎译《彼得·克鲁泡特金与苏维埃》发表于《曙光》第 1 卷第 6 号。

王统照译《罗素游俄感想之批评》发表于《曙光》第 2 卷第 1 号。

王统照《新俄罗斯艺术之谈屑》发表于《曙光》第 2 卷第 1 号。

[苏]列宁作、W. P. K. 译《过渡时代之经济》发表于《曙光》第 2 卷第 1 号。

W. P. K. 译《全俄经济委员会第三次大会蓝宁之演说》发表于《曙光》第 2 卷第 1 号。

宋介译《俄罗斯之女劳动家》发表于《曙光》第 2 卷第 1 号。

陈公博译《马克思的一生及其事业》发表于《政衡》第 2 期。

徐志摩《社会主义之沿革及其影响》发表于《政治学报》第 1 卷第 2 期。

胡汉民《阶级与道德学说》发表于《建设》第 1 卷第 6 号。

李人杰(李汉俊)《改造要全部改造》发表于《建设》第 1 卷第 6 号。

按:董必武于 1919 年 8 月从上海回到武汉筹办学校,遇到重重困难,写信给李汉俊倾诉,李汉俊于 10 月 6 日写了此封长信,1920 年 1 月发表于《建设》杂志。在信中,李汉俊用唯物观剖析中国社会,指出中国是制度出了问题,局部改良已经无济于事,只有进行彻底地破坏,铲除旧制度,才能产生新天地。编者按语指出:"这篇本来是李君答朋友的一封信。因为这个问题是现在一个很重要的问题,所以李君答应本社拿来发表在杂志上。……我们希望社会上对于这个问题,多加一点注意,来研究解答他。"这封信对董必武由激进民主主义者向马克思主义者的转变起到了推动作用。董必武曾回忆这段思想转变之旅："五四运动时,各种思潮都表现出来……当时社会上有无政府主义、社会主义、日本的合作运动等等,各种主义在头脑里打仗。李汉俊来了,把头绪理出来,说要搞俄国的马克思主义。"这封信公开发表,产生了社会效应,信中批评了盛行的改良主义、教育救国论,成为早期马克思主义传播的一篇重要文章。因此这篇文章也就成为武汉地区开始传播马克思主义的标志。①

林云陔《社会主义国家建设之概略》发表于《建设》第 2 卷第 1 号。

林云陔《社会主义与社会改良之现形》发表于《建设》第 2 卷第 2 号。

按:文章认为,"马克斯素主张阶级竞争者也"。

[德]考茨基作、戴季陶译《马克思〈资本论〉解说》(续)发表于《建设》第 2 卷第 2、3、5 号。

林云陔《近代社会主义之思潮》发表于《建设》第 2 卷第 3 号。

按:文章指出:"各社会主义学子之思想,用以改造社会之方法,亦有前后之异,前者成为理想派以奥永为最著,后者为科学派以马克思为领袖。"并进一步指出:"后者以科学之眼光,考察社会情形而行改造,其方法或由政治上动作进行之,但其改造之意思,由以对于经济之状况为要。"

林云陔《近代社会主义进行之动机》发表于《建设》第 2 卷第 4 号。

按:文章批评那种实行社会主义必须经过资本主义高度发达的看法,他以俄国为例,分析说:"吾谓社会主义其目的在生产共享,利益平等,以人道公理言之,以非私有阶级制度所可同日而语。况世界经济之现象,有视此为共同鹄的之趋势。为世界一部分至中国,决不能自为风气。"

[日]河上肇著、苏中译《见于〈资本论〉的唯物史观》发表于《建设》第 2 卷第 6 号。

按:文章指出,"唯物史观确定是马克斯研究经济学的指南车"。

林云陔《阶级斗争之研究》发表于《建设》第 2 卷第 6 号。

[德]恩格斯著、[日]河上肇译、苏中转译《科学的社会主义与唯物史观》发表于《建设》第 3 卷第 1 号。

按:是为恩格斯《社会主义从空想到科学的发展》第 2、3 节译。

宗之櫆《说唯物派解释精神现象之谬误》发表于《少年中国》第 1 卷第 3 期。

---

① 周行,田子渝.马克思主义在武汉地区的早期传播[J].湖北大学学报(哲学社会科学版),2009 (6).

刘国钧《新唯实主义发凡》发表于《少年中国》第 1 卷第 11 期。

方珣《唯实主义的生之哲学》发表于《少年中国》第 1 卷第 11 期。

查谦译《新唯实主义》发表于《少年中国》第 1 卷第 11 期。

查谦译《新唯实主义的认识》发表于《少年中国》第 1 卷第 11 期。

郑伯奇《新实在论的哲学》发表于《少年中国》第 1 卷第 11 期。

恽代英《论社会主义》发表于《少年中国》第 2 卷第 5 期。

[美]瓦特金作、谢循初译《美国急进的共产主义》发表于《少年中国》第 2 卷第 7 期。

方珣译《一九一九年之俄罗斯》发表于《少年世界》第 1 卷第 4 期。

徐彦之译《俄国学生对世界学生的宣言》发表于《少年世界》第 1 卷第 5 期。

赵叔愚译《新俄罗斯建设之初步》发表于《少年世界》第 1 卷第 6 期。

赵叔愚译《李宁对于俄罗斯妇女解放的言论》发表于《少年世界》第 1 卷第 7 期。

李小缘译《拯救俄罗斯须在她的妇女》发表于《少年世界》第 1 卷第 8 期。

东方美译述《罗素眼中苏维埃的俄罗斯——一九二〇年》发表于《少年世界》第 1 卷第 10 期。

一葵译《日本社会主义运动小史》发表于《少年世界》第 1 卷第 11 期。

邰爽秋《苏维埃教育之成绩》发表于《少年世界》第 1 卷第 12 期。

费觉天《驳马克思底唯物史观》发表于《评论之评论》第 1 卷第 1 期。

按：文章承认："马克思底唯物史观，在思想界的权威总算大极了，并且好多人要奉他作为改造方针，如《建设》就是其一。"

周炳琳《社会主义在中国应该怎么样运动》发表于《国民》第 2 卷第 2—3 期。

按：文章认为，社会主义在中国应该怎么样运动？这个问含着无余的希望，凡研究社会主义的人，都应该切实解答。我以为要解答这个问题，先要看看中国现在社会的、经济的状况是怎么样，然后拿它和美、欧各国社会主义运动发端时的社会的、经济的状况比较，再参酌异同，以定结论。

[爱尔兰]W. Paschal Larkin 著、常乃德译《马克思历史的唯物主义》发表于《国民》第 2 卷第 2—3 期。

按：文章说："这篇文字是从爱尔兰劳动丛书里 W. P. Larkin 著的《马克思派社会主义》的一章译出以供研究马克思主义的一个参考。""恩格斯在

1890 年至 1895 年间写的几封信,也可以把这个历史唯物主义的理想表明,我们要想完了了解这个理想,必须把这些信研究明白。"

费觉天译《马克思底〈资本论〉自叙》发表于《国民》第 2 卷第 3 期。

按:是文即《资本论》第一卷德文第一版序言。《资本论》在我国的翻译工作,早于 1920 年 10 月就已译出《资本论》第一版序言,即上海《民国》月刊第 2 卷第 3 号费觉天译《资本论自序》。到 1921 年开始译正文。当时的北京大学马克思学说研究会在李大钊的倡议下着手翻译《资本论》,七八个学生在老师的帮助下,从德文翻译出了《资本论》第 1 卷,但并没有印出来。马克思学说研究会解散后,译稿交给了担任马克思学说研究会导师的陈启修。我国《资本论》的第一个中译本,是陈启修在日本翻译的第 1 卷第 1 分册(即第 1 篇第 1—3 章),由上海昆仑书店 1930 年出版。后来潘冬舟又译了第 2、3 分册(即第 2—4 篇),由北平东亚书店 1923 年和 1932 年分别出版。《资本论》第 1 卷的另一个译本,是根据德文第四版翻译的。由王慎明、侯外庐翻译,上册由北平国际学社 1932 年出版;上下册合订本署名玉枢(侯外庐)、右铭,国际学社 1936 年出版。《资本论》第 1 卷的第三个译本,是根据 1928 年 Eden & Cedar Paul 的新译本翻译的。由吴半农译、千家驹校,即《资本论》第 1 卷第 1 册(第 1—2 篇),商务印书馆 1934 年出版。《资本论》第 1—3 卷全书,是郭大力、王亚南译,读书生活出版社 1938 年出版。作为《资本论》第 4 卷的《剩余价值学说史》第 1—3 卷,由郭大力译,长春新中国书局 1949 年 5 月出版。①

[德]威廉·里布列希著、戴季陶译《马克斯传》发表于《星期评论》第 31 号。

按:戴季陶译按:"这篇传记的著者威廉·里布列希,是过去德国社会民主党领袖。在社会主义宣传史上,也是一个极有功绩的人物。……他这一篇《马克斯传》,各国文字都有翻译。本篇是以一千九百零年发行的《日本社会主义研究》第一号所载志津野又郎氏译文为主,参照去年发行的《批评》所载室伏高信的译本转译出来。文中的注释,是译者加入的。"

T. T. S(陈独秀)《马克思逸话》发表于《星期评论》第 31 号。

戴季陶《问题是要研究的》发表于《星期评论》第 33 号。

[美]布里特氏报告、戴季陶译《劳农政府治下的俄国》发表于《星期评论》第 39 号。

①　张问敏.中国政治经济学史大纲(1899—1992)[M].北京:中共中央党校出版社,1994:61-62.

按:文章认为,苏俄是"一个最初的社会主义国家,一定蒸蒸日上,俄国的布尔赛维克,是纯正的马克思主义"。

戴季陶《俄国劳农政府通告的真义》发表于《星期评论》第 45 号。

按:文章说:"无限欢喜无限感激,的确是自有人类以来空前的美举。"

仲九《为什么要赞同俄国劳农政府的通告》发表于《星期评论》第 45 号。

颂西译《苏域俄罗斯教育谈》发表于《星期评论》第 45 号。

戴季陶《国家主义之破产与社会的革命》发表于《星期评论》第 47 号。

李大钊《"五一"(May Day)运动史》发表于《星期评论》第 48 号。

颂西译《俄罗斯社会党联邦苏域共和国新纪元两年的故事》发表于《星期评论》第 49 号。

汉俊《浑朴的社会主义者底特别的劳动运动意见》发表于《星期评论》第 50 号。

李汉俊《劳动者与"国际运动"》发表于《星期评论》第 51—53 号。

按:文章详细叙述第一国际、第二国际和第三国际的发展经过,借此告知中国人若要争取民族解放,必须与全世界的无产阶级团结起来推翻资产阶级,这是历史发展的必然规律。

孔锡麟《基督教社会主义》发表于《平民》第 5 期。

[美]约翰·史巴谷作、倪鸿文译《社会主义底解释》发表于《平民》第 22 期。

按:文章说:"社会主义者的哲学,乃是根据于唯物的假设。他的基本主义,是本那历史观的马格司。"

[美]约翰·史巴谷作、倪鸿文译《社会主义和个人主义》发表于《平民》第 23 期。

毛飞《经济革命中的社会主义与合作主义》发表于《平民》第 24 期。

[美]约翰·史巴谷作、倪鸿文译《社会主义运动史概说》发表于《平民》第 27—29 期。

王亚移《基尔特社会主义之研究》发表于《教育潮》第 1 卷第 9 期。

卢寿籛《论社会主义》发表于《中华教育界》第 9 卷第 1 期。

梁启超《欧游心影录》发表于《教育公报》第 11 期。

按:文章一方面说社会主义"在欧洲岂非救时良药",另一方面又说"若要搬到中国","我头一个就反对"。

邝摩汉《阶级斗争与劳动组合之形式变化》发表于《新中国》第 2 卷第 2 期。

李万里《社会主义之评判及社会革命之预防》发表于《新中国》第 2 卷第 6 期。

［日］高畠素之作、张光焕译《社会主义与进化论》发表于《新中国》第 2 卷第 7 期。

徐葆田《社会主义与工团主义》发表于《新学海》第 1 卷第 1 期。

谷旸译《社会主义的定义与差别》发表于《新学报》第 1 期。

郑振铎《俄罗斯文学的特质及其略史》发表于《新学报》第 2 期。

按：文章说："俄国现在已易专制而为自由的国家，易皇帝而为劳农的政府。一切自由的阻碍既去，全体人民的解放，方始光明，快活充满了一切人的心理。环境既变，那种沉痛、灰色、失望的文学，恐怕也要扫除净尽，一易而快活、希望赤色的文学了。""俄罗斯人的感情极富，文学的含蓄力极充满，以前屈抑于专制之下，每有不能尽言，不能自由发展的机会。现在这样抑逼、阻碍既去，文学潮必复一时涌起，至于极盛。这也是决言的。"郑振铎通过对俄罗斯文学的介绍，公开宣传了十月革命的胜利和社会主义制度的美好及前景，促进了与旧俄时代有相似遭遇的中国人民对现实有更深刻的认识。

郑振铎《新文化运动者的精神与态度》发表于《新学报》第 2 期。

按：文章说："马克思之作《资本论》整整作了四十二年的工夫，无论疾病侵身，炊烟断绝，他总是提笔构思。将死的时候，他还力疾起床，进书斋，伏案执笔。竟坐在案前椅上，与世长辞。这是怎么样的专心呀！我们从事于新文化运动，也应当有怎样的决心，怎样的彻底态度才行！现在的新文化运动者，有些人竟弃了伟大的责任不顾，专门分心于别事。"

李荫清《唯物的历史观与科学的历史》发表于《史地丛刊》第 1 期。

任公《社会主义商榷》发表于《兴华》第 17 卷第 12 期。

则鸣《基督的社会主义》发表于《兴华》第 17 卷第 22 期。

节光明《社会主义的价值》发表于《兴华》第 17 卷第 31 期。

白鹏飞《何谓社会主义》发表于《学艺》第 2 卷第 7 期。

按：文章分社会主义之本质、社会主义实现之条件及方法两部分。作者说："约言之，社会主义者信欲实现社会主义，非先建设政治上及经济上之庶民主义不可，此诚为古今来社会主义者思想之根源。而庶民主义之建设，犹为今日社会主义者唯一之大任也。然则庶民主义不仅为达到社会主义理想之手段，并为社会主义实现之形式。其手段在是，其目的亦在是。"

君柔《列宁之人物》发表于《民心周报》第 1 卷第 11 期。

愿学《列宁与纽约世界报记者之谈话》发表于《民心周报》第 1 卷第 20 期。

云舫《俄国共产主义之真相》发表于《民心周报》第 1 卷第 24 期。

逸园译《马克斯年表》发表于《民心周报》第 1 卷第 33 期。

杨亦曾《社会主义思想之源流及其发展》发表于《新群》第 1 卷第 4 期。

按：文章说："马克斯和拉塞尔与前人比较起来，似乎激烈一点。拉塞尔的眼光只在他一国，马克斯的社会主义则有国际的性质，他的学说却有几分像共产主义的。"

杨荫樾《拉萨尔与民治社会主义》发表于《东方杂志》第 17 卷第 3 号。

心溟《俄国之真相及其将来》发表于《东方杂志》第 17 卷第 3 号。

[美]Jerome Davis 作、雁冰译《俄国人民及苏维埃政府》发表于《东方杂志》第 17 卷第 3 号。

按：文章介绍了俄国革命和无产阶级专政的真实情况。

昔尘《边悌之社会主义》发表于《东方杂志》第 17 卷第 4 号。

按：文章说："基尔特社会主义之所以异于马克思派社会主义者，马克思派以消费为主，而基尔特则以生产为主；马克思派为物资的，而基尔特则兼为精神的、理想的；马克思派惟在除贫乏，而基尔特则尤在脱劳动者于奴隶之境遇也。"

三无《法学的社会主义论》发表于《东方杂志》第 17 卷第 5 号。

振青(邵飘萍)《俄国新政府之过去现在未来》发表于《东方杂志》第 17 卷第 5 号。

按：文章介绍了十月革命和苏维埃政府的各方面政策、成就以及布尔什维克党的历史。

[日]桑木严翼作、心溟译《唯物论与唯物史观》发表于《东方杂志》第 17 卷第 5—6 号。

按：文章指出，"从唯物论之旨趣，以诠释历史，即所谓唯物史观也"，并认为，从广义上讲，唯物史观"乃以一切自然现象之势力为主，而说明历史者"；同时，他又指出，在普通人的心目中唯物史观"乃指马克思以经济解释历史之义"。

三无《过德文理想社会主义之研究》发表于《东方杂志》第 17 卷第 6 号。

按：文章说："马克司尹哲士之流，力主自然法则之说，凡事必归于实验，遂有所谓唯物史观。然近世新理想主义勃兴，唯物史观，已为陈腐之议论，历受学者讥弹，行见思想界之潮流，将复与十八世纪之理想主义相汇合。是固非阿私所好之言也。"

[日]佐野学作、昔尘译《社会主义之未来国家》发表于《东方杂志》第 17
卷第 11 号。

景藏《民主国与社会主义》发表于《东方杂志》第 17 卷第 12 号。

三无《克鲁泡特金主义之评论》发表于《东方杂志》第 17 卷第 12 号。

昔尘《韦勃和法屏社会主义》发表于《东方杂志》第 17 卷第 14 号。

昔尘《柯尔与基尔特社会主义》发表于《东方杂志》第 17 卷第 15 号。

P.L《社会主义与人生问题》发表于《东方杂志》第 17 卷第 16 号。

[英]罗素作、愈之译《社会主义与自由主义》发表于《东方杂志》第 17 卷
第 18 号。

鸣白《日本社会主义运动史》发表于《东方杂志》第 17 卷第 19 号。

恽代英译《英哲尔士论国家的起源》发表于《东方杂志》第 17 卷第 19—
20 号。

按：英哲尔士即恩格斯。本文是恩格斯所著《家庭私有制和国家的起
源》第 2 章摘译文。译者首次向中国读者推荐这部名著，进一步扩大了马克
思主义在我国传播的影响。

陈嘉异《李宁之乌托邦》发表于《东方杂志》第 17 卷第 23 号。

[日]堺利彦作、丹卿译《社会主义发达的经过》发表于《东方杂志》第 17
卷第 24 号。

品仁《俄国与儿童》发表于《妇女评论》第 3—6 期。

予同《中国古代社会主义的思潮》发表于《工学》第 1 卷第 4 期。

玄庐《什么叫做"非社会主义"》发表于《劳动界》第 12 册。

[苏]吴廷康（维连斯基）《中国劳动者与劳农议会的俄国》发表于《劳动
界》第 13 册。

李达《劳动者与社会主义》发表于《劳动界》第 16 册。

[日]久留弘三作、陈望道译《劳动运动通论》发表于《劳动界》第 19 册。

段澜译《苏维埃俄罗斯与实业》发表于《批评》第 3 期。

良六《旧的社会主义与新的社会主义》发表于《批评》第 7 期。

易家钺《我们反对"布尔札维克"》发表于《奋斗》第 2 号。

A.L.《布尔札维克与世界的和平》发表于《奋斗》第 8—9 号合刊。

稻孙《演讲基督教社会主义》发表于《青年进步》第 30 期。

扶风《社会主义学说异同》发表于《青年进步》第 33 期。

扶风《罗素论社会主义治下之科学与文艺》发表于《青年进步》第 35 期。

王恒《读社会主义史感想之一》发表于《革新评论》第 2 卷第 1 期。

邱道根《社会主义的耶稣》发表于《野声》（新文社月刊）第 1 卷第 6—8 期。

张仕章《社会主义是什么》发表于《野声》（新文社月刊）第 1 卷第 6—8 期。

王治心《中国古代的几个社会主义思想家》发表于《野声》（新文社月刊）第 1 卷第 6—8 期。

杜师业《资本主义与社会主义之批评》发表于《庚申》第 1 卷第 1 期。

谢婴白《现代俄罗斯的研究》发表于《闽星》第 2 卷第 2—10 期。

两极《俄罗斯宪法评释》发表于《闽星》第 2 卷 2—6 期。

徐植仁《社会主义之一斑》发表于《南洋周刊》第 15 期。

吴相如《教育上个人主义和社会主义底研究》发表于《北京市高师教育丛刊》第 3 期。

谦胜（黄文山）《批评朱谦之君无政府共产主义的批评》发表于《北京大学学生周刊》第 7、9—10 号。

按：文章说："同学朱谦之君以所著《现代思潮批评》（新中国杂志社出版）见赠，诵读一过，不胜喜慰。……朱君此意，似与上述不相一贯，今姑不论，即朱君所谓虚无主义，犹待探究，——未来社会的趋势如何，虚无主义果能适合未来的社会吗？——今乃以黑智儿辩证法演绎而来的玄谈遽定为无政府以后必达之境，朱君为什么不怀疑自己的论断？我固非极端反对朱君之说者，即其所为之思想论，余亦深表同情，不过极端的怀疑主义，在消极方面，阻碍社会的进步不少，故不自顾其不学，与勇猛精进的朱君，有所辩难，幸朱君出其所见，为继续之讨论，这是不佞的厚望。"

朱谦之《再评无政府共产主义——答兼胜君的批评》发表于《北京大学学生周刊》第 9—10 号。

按：文章说："我很感谢兼胜君对于我无政府共产主义批评之批评，使我得益不少，而且有机会去申说我的意见，我想学理因辩难而愈明白，既承兼胜君不弃，允为继续之讨论，我为着真理关系，也非说不可。但我细读兼胜君的批评，觉有许多误会，都由于不明白我的立足地，假使看过我的虚无主义（《现代思潮批评》），便可省却许多争论了，现在为慎重起见，不可不尽先表明态度，以免再误会。（一）我是老实承认虚无革命系无政府以后必达之境，所以以无政府主义为手段，而以虚无主义为目的，只因无政府主义有做媒摆渡效能，所以很赞成他，又因他不过是过渡的方便法门，其实还不彻底，所以我敢批评他,而兼胜君竟说我'何以一拒一迎反复此'了。(二)我用方法,是形而上名学,以直觉法与无名论为基础,辩证法不过形而上名学的附属部分(参看我做的《虚无主义与老子》的第一章),何况黑格儿的三分辩证法,本是我所极力反对的呢!我在《现代思潮批评》说过:'我所取于黑格儿的,只是(a)对待的原理,(b)绝对的原理,至于三分辩证法,有些不敢恭维,因我对于这个"合"的方法,认他是保守的调和的,虚无学者是用绝对的不可调和态度而另有他们的辩证法。'兼胜君说我'极崇黑格儿的三分辩证法',不消说是误会了。(三)我的怀疑主义,是从思想论起点,对于'现实'而发,和知识问题,有什么干涉?而且'哲学上所指为绝对的怀疑论,是没有目的而且没有顺序,虚无主义的怀疑,是从存在发题,虽否定一切,却有否定的方法'。今兼胜君把有方法的基础的怀疑主义,看做空无所有的怀疑主义,又把思想上的怀疑主义,移去知识上看,我以为这是错误的。既已了解虚无主义者的位置,才可进论本题。从学理上着眼,将兼胜君的批评,仔细推敲一番,要是我说的完全错了,我愿为着我热情所得认识的真理低头,不然就请兼胜君反省自觉。"

水寒译《无政府主义与社会主义》发表于《北京大学学生周刊》第 17 号。

[日]河上肇作、罗琢章译《马克思之经济论》发表于《法政学报》第 2 卷第 4、6—8 号。

[日]米田庄太郎作、刘震译《法的社会主义研究》发表于《法政学报》第 2 卷第 5 期。

[日]吉野博士作,陈望道、张维祺译《唯物史观底解释》发表于《浙江省立第一师范学校校友会十日刊》第 10 期。

谭荔垣、刘铸伯《社会主义平议》发表于《宗圣学报》第 3 卷第 1 期。

胡在渭《捐资兴学与社会主义》发表于《绩溪县教育会年刊》第 1 期。

愚公《社会主义的三时期》发表于《旅欧周刊》第 27 期。

竹林《释迦牟尼之社会主义观》发表于《新佛教》第 1 卷第 5 期。

叶介之《耶稣与社会主义》发表于《新佛教》第 2 卷第 2 期。

慎庵《共产主义理论的根据》发表于 7 月 23—24 日湖南《大公报》。

毛泽东《发起文化书社》发表于 7 月 31 日湖南《大公报》。

按:文章号召人们行动起来,为当时传播新思想、新文化,宣传马克思主义起到积极作用。

毛泽东《文化书社组织大纲》发表于 8 月 25 日湖南《大公报》。

荫柏(彭璜)《对于发起俄罗斯研究会的感言》发表于 8 月 27—30 日湖

南《大公报》。

按:文章说:"近来有了马克斯的经济学出世,俄国人见了毫不惊奇,大家研究起来,尽吸收其精华,至今俄国的革命,还是马克斯经济学的产物。'他山之石,可以攻玉',这是中国人的古训。可爱的俄人,早有了这种谦虚的态度。现在中国人,不也应该有这种态度,来研究俄罗斯吗?"

[苏]勃内克女士《俄国的美术与教育》发表于10月28—29日湖南《大公报》。

AI《列宁的历史》发表于12月21—23日湖南《大公报》。

郑林庄译《马克思主义演进的三个时期》发表于9月23—26日《大公报社会科学》第33—34期。

剑译《罗素论唯物史观》发表于10月23日《晨报》。

[日]志津野又郎作、衡石译《马克斯逸话》发表于1月1—3日《民国日报》副刊《觉悟》。

衡石译《科学的社会主义》发表于1月5—8日《民国日报》副刊《觉悟》。

冯自由《中国社会主义之过去及将来》发表于1月16—19日《民国日报》副刊《觉悟》。

邵力子《布尔色维克的真相》发表于1月30日《民国日报》"随感录"。

按:文章说:"昨天《大陆报》的社论,说协约国将与俄国通商,或者就和布尔什维克的俄国讲和,也未可知。他并说:'从前世界各国,不明白布尔什维克的真相,外间所传多颠倒黑白,以为布尔什维克没有组织,没有纪律;现在才晓得布尔什维克是很有纪律,很有秩序,军队虽然不多,但统率得人,服从命令,所到成功,工厂也很发达。巴黎和会,并说去岁俄国收成的好,差不多是三十年来所没有的。'我们国内有许多人跟着别人叫布尔什维克是过激党的,并且提起过激党,就觉得真同洪水猛兽一般,现在请他们睁开眼,读一读《大陆报》这篇文章,不晓得他们有什么话说?所以本报除在要闻栏内译登以外,我再摘要写几句在这里。要晓得对俄态度,也是眼前最大的一个问题,大家要格外注意呀!"

孙科《社会主义之界说》发表于3月4日《民国日报》副刊《觉悟》。

秋霖《社会主义与犯罪性》发表于3月7日《民国日报》副刊《觉悟》。

衡石《第一次国际劳动会议议决案大纲》发表于5月1日《民国日报》副刊《觉悟》。

李泽彰译《俄罗斯苏域联邦共和国劳动法典》发表于5月4—7日《民国日报》副刊《觉悟》。

陈祖基《俄国现在剧场底状况》发表于 5 月 12 日《民国日报》副刊《觉悟》。

汉俊《社会主义与自由批评》发表于 5 月 21 日《民国日报》副刊《觉悟》。

[日]河上肇作、陈望道译《马克斯底唯物史观》发表于 6 月 17—19 日《民国日报》副刊《觉悟》。

按：译者说："河上肇是日本研究马克斯的大家，今年四月，著了一本《近世经济思想史论》。亚当·斯密以来的经济思想，被他说得非常明晰。不到一月，重版三次。原书共分三讲。现在我把他底第三讲里第二段译出，登在这里，作《觉悟》的青年底参考。"作者在《序论》中说："马克斯社会主义底理论，有两个大根柢。我前面用的都是马克斯底社会主义经济学这个名词。其实马克斯底社会主义，除了经济论，还有一个重要的根据。这便是马克斯特有的历史观，普通叫作'唯物史观'。我为了种种理由，却想叫他作'经济的史观'。名词无论怎样，总之马克斯底社会主义，在学问上是有两大根柢的：一是他底历史观，一便是他底经济论。然而他底经济论，因为他已经在那大著《资本论》里，详细地说述了，人人都已知道他底社会主义是站在一定的经济说上了，他底历史观，却因为没有系统的著述，往往不去注意。但我看来，他底社会主义，同他特有的历史现决不能离开的。他是根据他特有的历史观，确定了社会组织变迁推移的根本原因，才去观察现在的经济状态，预言现时的资本主义组织不久必然变成社会主义组织的。"

谭克敏《俄国革命前的大学生与俄国革命的关系》发表于 6 月 25 日《民国日报》副刊《觉悟》。

[英]William Morris 作、张毓桂译《社会主义的劳动问题观》发表于 7 月 13 日《民国日报》副刊《觉悟》。

赵叔愚译《新俄罗斯建设的初步》发表于 7 月 14—15 日《民国日报》副刊《觉悟》。

绍虞《布尔塞维克的批判》发表于 8 月 19 日《民国日报》副刊《觉悟》。

佛突《日本社会主义同盟会底创立》发表于 8 月 22 日《民国日报》副刊《觉悟》。

蔡元培《克卡朴氏社会主义史序》发表于 8 月 26 日《民国日报》副刊《觉悟》。

丘萤声《社会主义与抵制外货问题》发表于 8 月 27 日《民国日报》副刊《觉悟》。

昔尘《柯尔和基尔特社会主义》发表于 8 月 30 日《民国日报》副刊《觉悟》。

〔日〕升梦曙作、馥泉译《俄罗斯大学生与革新运动》发表于 8 月 31 日《民国日报》副刊《觉悟》。

张慰慈译《俄罗斯苏维埃政府》发表于 9 月 1 日《民国日报》副刊《觉悟》。

《劳农俄罗斯之保护妇女儿童》发表于 9 月 26 日《民国日报》副刊《觉悟》。

玄虚《答人问"共产党宣言"的发刊》发表于 9 月 30 日《民国日报》副刊《觉悟》。

袁弼译《罗素目中的李宁》发表于 9 月 30 日《民国日报》副刊《觉悟》。

〔英〕罗素《布尔什维克与世界政治》发表于 11 月 3 日、7—9 日《民国日报》副刊《觉悟》。

张东荪《由内地旅行而得之又一教训》发表于 11 月 6 日《民国日报》副刊《觉悟》。

按：文章公开提出"救中国只有一条路"，"就是增加富力"而不是搞"甚么社会主义"。因为文章对马克思主义进行了抨击，挑起了社会主义论战。

望道《评张东荪君的"又一教训"》发表于 11 月 7 日《民国日报》副刊《觉悟》。

江春（李达）《张东荪现原形》发表于 11 月 7 日《民国日报》副刊《觉悟》。

力子《再评东荪君底"又一教训"》发表于 11 月 8 日《民国日报》副刊《觉悟》。

晋青、力子《社会主义者惩戒国家主义者》发表于 11 月 16 日《民国日报》副刊《觉悟》。

周作人《文学上的俄国与中国》发表于 11 月 19 日《民国日报》副刊《觉悟》。

邵力子《拒受遗产和实行共产主义》发表于 12 月 5 日《民国日报》"评论"。

按：文章说："我希望觉悟者同时并进，一方面从自己做起拒受遗产，一方面仍唤起大家共同为共产主义努力。"

玄庐《资本主义的国家与社会主义的国家》发表于 12 月 19 日《民国日报》副刊《觉悟》。

江亢虎《农业与社会主义》发表于 12 月 31 日《民国日报》副刊《觉悟》。

徐松石《社会主义之沿革》发表于 1 月 14—21 日《时事新报》。

〔英〕Eiy 作、陈开慰译述《法国社会主义之经验》发表于 2 月 8—9 日《时事新报》。

按：文章说："共产主义同社会主义的理想与实行，是彼此相同的，统统谋社会之改良，出下等阶级于水火。"

［英］Kirkup 作、凯谋译述《社会主义的面面观》发表于 3 月 31—4 月 4 日《时事新报》。

冯巽译述《述色乃斯氏论社会主义的大意》发表于 4 月 20—25 日《时事新报》。

按：文章说："社会主义的发达史至少可分作三期。这三期不同的地方在理想的社会与达到这个理想的方法。第一期从起初到十九世纪中叶，这一期可名为空想时代。第二期从一八四七年马克斯刊行《共产党宣言》一书时起，这期的特色是政治的社会主义发生。赞成派称他为科学的社会主义，……第三期表明马克斯的与马同时的人的社会哲学底变迁，受了政治社会状态的改变与社会科学的发达的影响所致。这一时代可名为过渡时代。"

邝摩汉《马克斯剩余价值论》发表于 6 月 27 日、29—30 日，7 月 2—3 日、5—6 日上海《时事新报》副刊《学灯》。

陈开懋《基督教社会主义之研究》发表于 8 月 9—10 日上海《时事新报》副刊《学灯》。

［日］河上肇作、黄七五译《社会主义之进化谈》发表于 9 月 2—6 日《时事新报》副刊《学灯》。

［英］罗素讲、廷谦记《布尔什维克的思想》发表于 12 月 1 日《时事新报》副刊《学灯》。

《列宁与马克思》发表于 5 月 15 日《顺天时报》。

《列宁与马克思》(续)发表于 5 月 18—19 日《顺天时报》。

周作人《文学上的俄国与中国》发表于 11 月 15—16 日《晨报副刊》。

席石生《布尔塞维克主义论》发表于 11 月 2—8 日《鼓昕日报》。

按：文章说："社会欲改造矣，人类欲解放矣，而其改造之、解放之之道维何？曰布尔塞维克主义。""布尔塞维克主义亦社会主义之一派。此主义虽为俄罗斯之特产，而实则脱胎于马克斯主义。"

三、研究著作

［德］马克思、恩格斯著，陈望道译《共产党宣言》由上海社会主义研究社出版。

按：是年 5 月，陈望道应上海星期评论社的约请，回到浙江义乌家乡潜心翻译《共产党宣言》，8月中旬，《共产党宣言》作为社会主义研究小丛书第一种由社会主义研究社出版，首印 3000 余册，仍供不应求。是为《共产党宣言》的第一个中文全译本和单行本，是马克思主义著作在中国翻译出版的历史起点，出版后颇有影响。

米宁著《共产主义 ABC》由新青年社出版。

［德］米里·伊·马尔西著、李汉俊译《马格斯〈资本论〉入门》由上海社会主义研究社出版。

按：李汉俊序说："这书是由日本远藤无水所译马格斯《资本论》重译的。原著叫作 Shop Talks on Economics，系万国社会党评论联合编辑者米里·伊·马尔西所著的。内容是将马格斯经济学说底骨子即商品、价值、价格、剩余价值，以及资本和劳动底关系，用很通俗的方法说明了出来的。将马格斯经济学说，说得这样平易又说得这样得要领的，在西洋书籍中也要以这本书为第一。要讲马格斯社会主义以及要晓得马格斯社会主义的人，都非把马格斯社会主义三经典（马格斯、恩格尔斯合著作《共产党宣言》）"The Communist Manifesto"因格尔斯所著《空想的科学的社会主义》"Socialism：Utopian and Scientific"及马格斯底大著《资本论》"Das Kapital"之一的《资本论》拿来详详细细读一读不可。但是这《资本论》里面的材料理论都太复杂，不是脑筋稍微钝的人所能了解。所以考茨基就著了一本解释书（书名叫作 Karl Marx' Oekonomische Lehren），但是这个解释书又非有普通经济学知识者以及青年学生所能容易了解。这本《马格斯资本论入门》就可以算是《资本论》底解释之解释书。以中国现在知识阶级底程度，《资本论》底中国译本暂时未必就能出现；但考茨基底《资本论》解释书已经有戴君季陶以《马克斯资本论解说》的题名，译了五分之四登在《建设》（自第一卷第四号起），不久又要以单行本出现，想读者诸君不久就可以看得见的，无论诸君是看外国文是看译本，又无论诸君是先看了《马克斯资本论解说》再看《资本论》，或直接就看《资本论》，诸君都非先把这本书底原本或译本拿来读一读不可。照本书原来的书名，本来应该叫作《经济漫谈》，但鄙人考其内容，审其作用，以为莫过于叫作《马格斯资本论入门》，所以就取了这个名称。本书内容虽然很平易，但还不免有点抽象之处，非略有经济学常识者不能了解。所以鄙人在认为读者诸君非费点思索不能了解的地方，又略略加了点注解。读者诸君如能于看了此书之后，再看看马格斯所著《价值、价格及利润》（Value，Price and Profit），那就更好了。这本书是一八六五年六月马格斯在万国劳动者同盟作的讲演，马格斯经济学说底全体都暴露在里面。读者诸君如果看了这本书,诸君在(这)本《马格斯资本论入门》所得的观念必定更要明显起来,就是再看《资本论》也要少费许多困难的思索。鄙人现在着手这本书底翻译,大约不久就可以出版。1920 年 9 月汉俊。"

〔德〕米里·伊·马尔西著、李汉俊译《马格斯〈资本论〉入门》由长江书店出版。

〔德〕柯祖基(考茨基)著、陈溥贤译《马克思的经济学说》(第 1 编商品货币 资本)由上海商务印书馆出版。

〔德〕柯祖基(考茨基)著、陈溥贤译《马克思的经济学说》(第 2 编剩余价值)由上海商务印书馆出版。

按:是书乃《资本论》的解说书,出版于 1887 年,后经过多次修改,第一稿曾经恩格斯校阅,能比较忠实地反映马克思《资本论》的原意。译者是该书第一个全文翻译者。

按:陈溥贤在《马克思经济学说》出版凡例中说:这本书原名是 *Karl Marx's Oekonomische Lehren*. 原著是 Karl kautsky,日本马克思派大家高畠素之君根据原书一九一〇年版(即第十三版)译成日文,改名《资本论解说》,我又根据日译重译成汉文,署名仍用德文原名。马克思的《资本论》,大概没有人不知道了。柯资基著作这本书的意思,就是马氏《资本论》的精华抽出来,加以平易的解释,使读了这本书的人,不至感觉难解,也不至发生误解。或且是读了这本书的人,就不再读《资本论》,也可以了解《资本论》里头所说的是什么,柯氏原书第一版自序说道,"这本书以马氏《资本论》做根据,所以是模仿读书。《资本论》以外的马氏经济学著书,虽没有说到,不过遇了难解的地方,引用他说明的地方,却也不少。这本书的目的,是使没有时间去研究《资本论》的人,或是没有别种便利去研究《资本论》的人,读了这本书,可以了解《资本论》所说的到底是怎么一个思想? 著者很希望读了这本书的人,再去研究《资本论》的时候,能觉得容易些。又希望对于《资本论》发生误解的人,或是读了《资本论》第一篇就半途而废的人,读了我的书会发生想读《资本论》的兴味⋯⋯"

原著者柯资基是德国唯一的马克思派大学者,经营社会民主党的机关报《新时代》,差不多快到四十年了。近来因为同社会民主党多数派(就是现时德国政府的舆党),意见不合,纠集同志别树一帜,组织独立社会党。原译者高畠素之是日本很有名的马克思派学者,现在是日本国家社会主义派的领袖,他正在翻译马克思世界的名著《资本论》,可以见得他的学问了。

日译原文,很有几处省略去的地方,我因为找不到德文原书来参考,所以写信托高畠君替我补译出来，但是到了本书付印的时候，还没有寄到，只好等有再版的机会再补译，请读者原谅原谅。这本书从柯资基看来，已经是很通俗了。但是对于经济学一点没有研究过的人看来还是很不容易懂得的，更加上我的译笔很拙，或且格外觉得难懂，也未可知。我自信对于原文很忠实，字句也很费点苦心，虽然不能够婉达原书的意思，应该说没有什么大错误。我译书向来抱定"宁以意害辞，不以辞害意"的主张，但是遇着十分难解的地方，也很有把原句颠倒过来，或是加上几句说明的。原书度量衡的名称，也有照旧用德国的，也有把他改过来用中国的，很有不一律之嫌。因为与本书内容没有什么关系，所以随笔译下去，也不去修改他。这本书我于一九一九年五月起译载北京《晨报》，连续登到是年十一月才完。现在又把他刊行出来，做《马克思研究丛书》中之一种，这是共学社和商务印书馆的好意，我对于他们不能不感谢的。

按：曹楠说：陈溥贤五四时期在传播马克思主义方面做出的最大贡献，恐怕非翻译《马克思的经济学说》一书莫属。陈溥贤在介绍马克思的生平时已经注意到马克思的贡献重点是在《资本论》上，其在5月的《马克思的唯物史观》中也已提及马克思的社会主义有两大根底，其一是唯物史观，另一个就是经济论。当时中国尚无系统介绍马克思经济理论的著作。可能有鉴于此，陈溥贤从1919年6月初开始在《晨报》上连载考茨基的《马氏资本论释义》，一直至11月才结束。后来陈溥贤将《晨报》上的译文改名为《马克思经济学说》作为共学社"马克思主义研究丛书"之一于1920年年中出版。五四时期有两个重要中译本。一个是陈溥贤的《马克思经济学说》，一个是戴季陶翻译命名的《资本论解说》。这两个译本的底本都是依据日本高畠素之的日译本。高畠素之《资本论解说》初版于1919年，同年就被陈溥贤、戴季陶分别翻译成了汉文。陈溥贤翻译考茨基《马克思的经济学说》一书比戴季陶要早，应当说他是五四时期较早系统地介绍马克思经济理论的学者，有开创之功。可以说，一直到20世纪三十年代末四十年代初《资本论》被全译完成之前，这本书一直是学习、了解马克思经济理论的重要参考用书。[①]

［德］柯祖基（考茨基）著、陈溥贤译《马克思的经济学说》（第3编工钱与资本所得）由上海商务印书馆出版。

［德］柯祖基（考茨基）著、陈溥贤译《马克思的经济学说》（全1册）由共学社出版。

---

① 曹楠.陈溥贤五四时期传播马克思主义活动研究［D］.北京：北京化工大学，2017.

按：共学社在《马克思经济学说》的版权页里说："马克思的学说，在近时思想界占很重要的位置。现在更是他发展的时代，凡是留心世界思潮的人都该研究的。但是此项材料，我国尚少输入。本社为此，特地选择研究马克思的重要著作，译成丛书，兹由商务印书馆陆续出版，特此预告。"这则公告显示，马克思研究丛书中包含了《资本论解说》《唯物史观解说》《马克思派的社会主义》《修正派社会主义》等书。

［德］马克思、恩格斯等著，［苏］萨科夫斯基编，高希圣、唐仁、叶作舟、齐荪译《马克思学体系》（上册）由上海平凡书局出版。

按：是书根据马克思、恩格斯、列宁、普列哈纳夫、拉法格、卢森堡等人著作中的重要论述汇编而成。译序说：这部《马克思学体系》，真是部有力的编著。骤然见了这书的人，说不定会认本书为不过是抄写的集录和公式的罗列。但熟视了这书的内容，便知道这是由确固的综合的见地，生生地说明马克思学说之根本的方面，特别是世界观、历史哲学、认识论、力法论等。从马克思、恩格斯和其他先驱者的主要著作中所收集的各个文章，不仅在各方面散放着他们本来的光彩，而且由他们相集起来，在这里形成了一个很完备之综合的体系。本书是以从马克思、恩格斯的著作之引用为主体，又集录列宁、普列哈纳夫、拉法格、卢森堡，和其他战斗的科学社会主义者倾注心血之著作中的精粹，并远远追溯到海拉克利德、但漠克利德、鲁柯莱基斯等古代唯物论者的著作，以明示科学社会主义在人类思想上占到了怎样正当之历史的地位。要是没有像编者萨可夫斯基君那样真正精通而又确信马克思学说的人，那便不会编出这样的《体系》来的。

编者的提供这个关于马克思学之综合的体系的鸟瞰图，意思就是给了劳动阶级的实践上以新的精神的武器。在生息于阶级冲突之实践中的劳动阶级，要遍读所有科学社会主义的文献，事实上到底是不可能的。但如伊里基所说，没有前卫的理论，便不能有前卫的行动。在劳动阶级方面，理论和实践，乃是融合而不可分离的。这样说来，由统一的、综合的见地而搜集科学社会主义文献之精髓的本书确是给了劳动阶级的思考以强有力的刺戟，使他们的思想加速度的进步，而把它作为生活实践上的一种武器。

［德］恩格斯著、郑次川译、王岫庐（王云五）校《科学的社会主义》由上海群益书社出版。

按：是为恩格斯《社会主义从空想到科学的发展》第 3 章的节译本，也是恩格斯的独著在我国以小册子的形式首次出版。

〔日〕生田长江、本间久雄著，周佛海译《社会问题概观》由上海中华书局出版。

按：是书包括人类解放运动的法国革命、产业革命与劳动阶级之发生、资本主义的解剖、空想的社会主义和科学的社会主义、马克思主义的概观、德谟克拉西的研究等 12 章。

〔英〕克卡扑著、李季译《社会主义史》由上海新青年社出版。

按：胡贻谷受西方传教士李提摩太委托，将英国克卡扑的《社会主义史》译成中文，题名为《泰西民法志》，于 1898 年夏天由上海广学会出版。书中首次提到马克思及其学说，认为马克思是社会主义史中最著名和最有势力的人物，他和他的同心朋友昂格思（恩格斯）都被大家承认是"科学的和革命的"社会主义派首领。

冯自由著《社会主义与中国》由上海社会主义研究社出版。

按：是书分中国社会主义之过去及将来、从社会主义解决中国之政治问题、中国社会主义之宣传方法 3 章。

邝摩汉著《社会主义总论》（世界改造丛书）由又新日报社出版。

按：是书分 7 章论述社会主义的起源、定义、要素、分类、学说、政略和国家。

张云伏著《国际运动史》由上海神州国光社出版。

按：是书分社会主义的发端、科学社会主义的建始者——马克斯和恩格思、第一国际、德国社会民主运动、法英社会主义运动、其他各国社会主义运动、第二国际·第二半国际及新国际、战后各国社会主义运动、第三国际、俄国共产主义运动、职工国际、共产国际及新国际比较表解等 12 章。

邵飘萍著《新俄国之研究》由日本大阪区东瀛编译社出版。

按：是书比较完整、系统地介绍俄国革命后各方面的政策和取得的成就。作者指出："俄国今日所实行之社会主义，非独在俄国之政治与社会中为空前之创举，实世界历史上之一新纪元。今后果见社会主义之成功，其影响于世界，将较诸美国独立、法国革命之威力为尤著。"

司法部参事厅编《俄罗斯刑法》由北平司法公报发行所出版。

吴山著、两极译《俄宪说略》由广州粤省七株榕联爱会出版。

按：是书评介由列宁签署的苏联第一部新宪法即《俄罗斯苏维埃联邦社会主义共和国宪法》，认为俄宪是世界上破天荒的一种根本大法。

〔英〕兰姆塞著、兼生译《（一九一九）旅俄六周见闻记》由上海晨报社出版。

邵振青(邵飘萍)编著、陶保霖校订《(综合研究)各国社会思潮》由上海商务印书馆出版。

按：是书分两编共 11 章。上编社会主义之概念与历史，下编社会主义系统之分类。讲述社会主义理想上的差别、社会主义史、国家社会主义、马克思主义、无政府主义、基尔特社会主义等。作者对马克思主义的理论进行了总结，"吾人研究马克思之思想，从便利上可分为三方面以观察之，即哲学方面、社会学方面，与经济学方面是也。哲学方面，马克思之学说，有唯物论。社会学方面，马克思之学说，有唯物史观。经济学方面，马克思所独见者，有剩余价值说"。

张冥飞主编《劳农政府与中国》由汉口新文化共进社出版。

按：是书有"劳农政府的由来和经过"等 12 节，特别是"劳农政府与中国的关系""列宁的手段与奋斗精神""列宁的谈话"等节，使中国人民对新俄罗斯文明有了真实的了解。1917 年十月革命以后，介绍俄国革命和苏联的情况，成为国内传播马克思主义的重要内容。

毛泽东著、王无为编《湖南自治运动史》(上编)由上海泰东图书馆出版。

按：是书辑录毛泽东的 4 篇文章，包括《"湖南自治运动"应该发起了》《再说促进的运动》《湖南建设问题的根本问题》《湖南受中国之累，以历史及现状证明之》，其内容都是关于湖南自治和反对当时官僚军阀统治的。

四、卒于是年的研究者

朱执信(1885—1920)卒。执信名大符，笔名县解、去非、前进、琴生、秋谷，祖籍浙江萧山，生于广东广州。1904 年与胡汉民、汪精卫等留学日本，入东京法政大学附设的法政速成科学习。在东京结识孙中山等，开始确立革命思想，1905 年参与同盟会，被选为评议部评议员兼书记，参加《民报》编辑，开展民主革命活动。1906 年回国，1 月在《民报》第 2、3 期上连续发表《德意志社会革命家小传》一文，其中介绍了马克思、恩格斯的社会活动及马克思主义学说的主要内容，同时摘译《共产党宣言》的十条纲领，介绍了《资本论》的要点；又在《民报》第 5 期上发表《论社会革命当与政治革命并行》，首次使用"科学社会主义"一词，是中国传播马克思主义的先驱者之一，毛泽东曾称赞他为"马克思主义在中国的传播的拓荒者"。随后在广东高等学堂、广东法政学堂和方言学堂任教，积极进行革命宣传活动。1910 年 2 月参加策动广州新军起义。翌年 4 月参加辛亥"三二九"广州起义，发动顺德一带民军响应，并参加突击队，与黄兴等进攻督署，激战中负伤，流亡香港。

1911年10月武昌起义爆发后,在广东发动民军会攻省城,迫使清水师提督李准投诚。事后任广东军政府总参议。1912年在《新世界》第2期发表译述《社会主义大家马儿克之学说》,文章专门分出"共产主义宣言书之概略""《资本论》之概略"两部分,介绍《共产党宣言》和《资本论》的相关内容。1913年"二次革命"失败后,与廖仲恺前往日本,参与孙中山领导的反袁斗争。1915年11月奉孙中山召请赴日本筹商讨袁军事,正式加入中华革命党;12月受命为中华革命军广东司令长官。1917年7月任孙中山大元帅府的军事联络及掌管机要文书的职务。1919年与胡汉民、戴季陶等在上海创办《建设》杂志,从1920年3月至5月间,在《建设》《民国日报》《星期评论》《闽星》等报刊上发表《匈俄苏域政府的兵》《倒叙的日俄战争史》《兵底变态心理》《兵底改造与其心理》《改造者的两重义务》等文章,介绍宣传俄国革命成功的经验,认为中国革命必须"以俄为师"。1920年9月21日到虎门调停驻军与东莞民军冲突时被桂系军阀杀害。著有《朱执信集》,参与翻译考茨基的《马克思的经济学说》。

按:毛泽东曾称赞朱执信是"马克思主义在中国的传播的拓荒者"①,并说:"马克思、恩格斯创立马克思主义学说始于一八四三年(鸦片战争后三年),但由一八四三年到一九一七年,七十四年之久,影响主要限于欧洲,全世界大多数人还不知道有所谓马克思主义。马克思主义产生于欧洲,开始在欧洲走路,走得比较慢。那时我们中国除极少数留学生以外,一般人都不知道,我也不知道世界上有马克思其人,……以前有人如梁启超、朱执信,也曾提过一下马克思主义。据说还有一个什么人,在一个杂志上译过恩格斯的《社会主义从空想到科学的发展》。总之,那时我没有看到过,即使看过,也是一刹那溜过去了,没有注意。朱执信是国民党员,这样看来,讲马克思主义倒还是国民党在先。"②

按:林家有说:"朱执信无愧为中国杰出的民主主义者、文武兼备的革命家,也是革命的理论家和宣传鼓动家。他不仅是孙中山的忠实追随者,也是他领导的民主主义革命的忠诚的活动家、思想家,反对封建主义的英勇战士;他不仅能在革命的实践中不断探索民主革命的理论和思想,也能与时俱进,不断创新,不断进步,积极讴歌俄国社会主义革命,同情和支持社会主义建设。正如有论者指出的那样,'执信先生一生,不断地努力于政治改造与社会改造。他的精到的思想,深刻的理论,伴着他那一生他人不可企及的高

---

① 中共中央党史研究室,编.中共党史文摘年刊(1982)[M].杭州:浙江人民出版社,1984:78.
② 毛泽东.毛泽东在七大的报告和讲话集[M].北京:中央文献出版社,1995:4-5.

纯洁的精神,在近代人中是不可多得的'。他对中国的贡献是多方面的、巨大的,他赢得了世人的敬仰、怀念、学习和弘扬。""朱执信是民主主义者,但同情和关注马克思主义、向往共产主义。他研究马克思、恩格斯的理论,介绍马克思主义学说,反对阶级调和论,同情劳动人民的疾苦。他当时对马克思主义的理论尽管还存在不够清晰和理解片面的缺点,但他对马克思主义的理论探索,对马克思主义中的阶级斗争理论及人民群众的作用的认识,对共产主义社会的同情和向往,对于当时国人选择马克思主义作为救国救民的真理起到重大的促进作用。"①

---

① 林家有.朱执信[M].北京:团结出版社,2011:2、126.

民国十年　辛酉　1921 年

一、研究背景

1月1日,湖南新民学会在长沙召开新年大会,会议由何叔衡主持,毛泽东报告开会理由及学会经过。会议讨论"新民学会应以什么作共同目的""达到目的须用什么方法""方法进行即刻如何着手"三个问题,首先介绍在法会友主张以"改造中国与世界"为学会宗旨及实施途径等意见。之后,会员分别讨论。毛泽东《在新民学会长沙会员大会上的发言》中,主张俄国十月革命提供了一种新的革命模式,走出了一条新路,坚持用俄国劳农专政的方法实现改造中国和世界的目的。

按:这次年会,对中国共产党的诞生起到了一定的推动作用。

1月3日,新民学会继续开会,首先讨论"方法进行即刻如何着手"问题,结果一致赞同以研究及修养(主义、各项学术)、组织(社会主义青年团)、宣传(报及小册、演说)、联络同志、基金会(组织储金会)、基本事业(学校、文化书社、印刷局、编辑社、通俗报、讲演团、菜园)等六项为着手方法,并决定以4月17日为学会成立纪念日,各地会员是日分别集会。此次为期3天的聚会,讨论了巴黎会友提出的各问题,直接推动了湖南及全国建党的思想准备和组织准备工作。①

1月4日,张太雷和柏烈伟创办,谌小岑任经理兼编辑的天津第一份工人报纸《来报》(亦称《劳报》)日刊创刊,内容是宣传马克思主义和报道中国工人运动的消息。

1月13日,湖南长沙社会主义青年团成立,毛泽东任书记,早期成员有彭平之、郭亮、肖述凡等20余人。

1月21日,天津《益世报》报道,苏联"劳农政府准备世界革命",以"达其全球赤化之目的"。

是日,毛泽东复蔡和森信,赞扬他提出的组建共产党和实行无产阶级专政的主张,并说对他的见地"没有一个字不赞同"②。

---

① 李永春.蔡和森年谱[M].湘潭:湘潭大学出版社,2008:71.
② 李永春.蔡和森年谱[M].湘潭:湘潭大学出版社,2008:73.

是月,陈独秀约集谭平山、陈公博等人,酝酿重新筹建广东共产党。无政府主义者因不满陈独秀起草的党纲而退出党组织,于是开始成立真正的共产党,取名为"广州共产党",陈独秀任书记(后由谭平山接任),成员有斯托扬诺维奇、别斯林、谭平山、谭植棠、沈玄庐、袁振英、李季等 9 人。中共"一大"以后,中国共产党广东支部正式成立,谭平山任书记。陈公博主编的《广东群报》和沈玄庐主编的《劳动与妇女》为广东党支部的机关刊物。《广东群报》设置《评论》《俄国研究》《莫斯科通信》《马克思研究》《工人消息》《特别记载》等栏目,报道工人运动的情况,介绍马克思、列宁的生平和俄国共产党的历史,同时刊登陈独秀、李大钊、李达、谭平山、陈望道、沈雁冰、瞿秋白等人宣传马克思主义的文章。

是月,北京共产主义小组在长辛店铁路工场开办补习学校,为青年工人补习文化课,对工人进行马克思主义启蒙教育。

是月,马克思、恩格斯研究院在莫斯科成立;共产国际执委会做出关于建立共产国际远东书记处的决定,以此机构代行传播马克思主义的行政领导机关的职能。

按:1931 年该院与 1923 年 7 月 8 日成立的列宁研究院合并,改称马克思恩格斯列宁斯大林研究院,直属苏共中央,成为马克思主义的研究和传播机构。该机构翻译和出版的许多马克思列宁主义著作,以后被陆续引进到中国,影响巨大。

2 月 1 日,少年中国学会发起人之一陈愚生任社长、刘泗英任总编辑的《新蜀报》在重庆创刊,以后逐渐成为当地传播马克思主义的主要阵地之一。

2 月 2 日,天津《益世报》以"各国共产党之大联合"为题报道苏联各联邦的共产党代表已在莫斯科设立中央机关。

2 月 11 日,上海法捕房以新青年社出售《阶级斗争》等书,"言词激烈",将该社强行封闭。改在广州出版。

是日,蔡和森在蒙达尼给陈独秀写信,表明自己为极端马克思派,极端主张唯物史观、阶级战争与无产阶级专政。认为马克思主义的精髓在于综合革命说与进化说,马克思的学理由三点出发:在历史上发明他的唯物史观;在经济上发明他的资本论;在政治上发明他的阶级战争说。"三者一以贯之,遂成为革命的马克思主义"。还向陈独秀表示准备以读书、阅报之所得,"做一种有系统、有主张、极鲜明强固的文化运动"择要发表。陈独秀将此文冠以《马克思学说与中国共产党》在《新青年》第 9 卷第 4 号发表,并回信表示希望与赞成或反对马克思主义的人详加讨论。①

是春，王尽美、邓恩铭在北京共产主义小组李大钊的帮助下，成立济南共产主义小组，成员有王翔千等人。

4月6日，天津《益世报》报道，加里宁在莫斯科全俄运输工人大会上演说，强调工农联合的本质。

4月7日，《共产党》月刊第3号发表《介入第三次国际大会条件》的译文，介绍了1920年7月召开的共产国际第二次大会规定的加入共产国际的条件，对于各地共产主义小组了解共产党的性质、特点和组织机构，有积极意义。

是月，维连斯基奉调从中国回国任远东书记处秘书，张太雷随同维连斯基到远东书记处任中国科书记，马林来中国接替维连斯基的工作。马林和共产国际远东书记处代表兼赤色职工国际使命的尼克尔斯基同时到达上海，向李达、李汉俊建议及早召开全国代表大会，宣布中国共产党成立。6月3日，李达以上海发起组的名义，函约各地共产党组织，要各地选派两名代表到上海参加党的成立大会。当时有上海、北京、长沙、武汉、济南、广州、旅日、旅法共8个共产主义小组，其中旅法共产主义小组没有联系上，其他小组都接到李达、李汉俊的信，每个小组派两名代表到上海参加会议。

5月7日，《共产党》月刊出版第4号时发表《短言》，指出"共产党的根本主义，是主张用革命的手段改造经济制度，换句话说，就是用共产主义的生产制度来代替资本主义的生产制度"。

5月10日，天津《益世报》按，北洋政府电令直隶省长公署，严防俄共产党在中国作共产主义宣传，并令在天津车站严厉检查。

6月7日，《共产党》月刊第5号出版时发表《短言》，明确指出"我们共产党在中国有二大使命，一是经济的使命，二是政治的使命"。

6月22—7月12日，共产国际第三次代表大会在莫斯科召开。中共代表张太雷、杨明斋应邀出席会议，张太雷在会上作报告，呼吁共产国际和西方各国共产党给予远东的民族革命运动更大的支持。

是月，陈独秀、李大钊、李达、李汉俊、沈雁冰、陈望道、邵力子、沈玄庐等15人在上海创办"新时代丛书社"，由商务印书馆发行。曾出版《妇人与社会主义》《马克思主义与达尔文主义》《马克思学说概要》《社会主义进化论》等著作，传播马克思主义。

---

① 李永春.蔡和森年谱[M].湘潭:湘潭大学出版社,2008:75.

是夏,在李大钊领导下,北京党组织创办了《工人周刊》,报道当地工人生活和各地工人运动,宣传马克思主义的理论,唤醒工人的觉悟。

7 月 16—21 日,恽代英、林育南等在湖北黄冈浚新小学召开会议,决定成立共存社,公开宣布拥护阶级斗争和无产阶级专政,表明共存社是一个具有共产主义性质的革命团体。

7 月 23 日,中国共产党正式成立。中国共产党第一次全国代表大会在上海举行。出席大会的有毛泽东、何叔衡、董必武、陈潭秋、王尽美、邓恩铭、李达、李汉俊、张国焘、刘仁静、陈公博、周佛海,还有陈独秀的代表包惠僧。共产国际代表马林和尼克尔斯基也参加大会。中国共产党的主要创始人陈独秀和李大钊因工作原因没有出席会议。会议由张国焘主持。会议制定了党纲,通过工作决议,选举党的机构,陈独秀被选为中央局书记,李达为宣传主任,张国焘为组织主任。

按:中国共产党的成立,"不仅标志着一个新型党派的成立,也标志着中国革命的转向,也说明了马克思主义的早期传播取得了一定的效果,同时标志着马克思主义与中国具体国情的正式结合,此后,马克思主义也不再作为一种西方思想的非主流文化流入,而是作为主流文化与中华文化相融,彻底改变了中国社会运动的历史和逻辑指向"①。

按:中国共产党成立以后,中国出现了完全新式、以共产主义为目的、以马列主义为行动指南、统一的工人阶级政党。《中国共产党第一个决议》的宣传部分说:"一切书籍、日报、标语和传单的出版工作,均应受中央执行委员会或临时中央执行委员会的监督。每个地方组织均有权出版地方通报、日报、周刊、传单和通告。不论中央或地方出版的一切出版物,其出版工作均应受党员的领导。任何出版物,无论是中央的或地方的,均不得刊登违背党的原则、政策和决议的文章。"关于马克思主义在中国传播的途径,《决议》指出:"因工人学校是组织产业工会过程中的一个阶段,所以在一切产业部门均应成立这种学校,例如,应成立'运输工人预备学校'和'纺织工人预备学校'等等";关于马克思主义在中国传播的研究机构与研究内容,《决议》认为:"成立这种机构(工会组织的研究机构——作者注)的主要目的,是教育工人,使他们在实践中去实现共产党的思想","这种机构的研究工作应分为以下几类:工人运动史,组织工厂工人的方法,卡尔·马克思的经济学说,各国工人运动的现状。研究的成果应定期发表。应特别注意中国本国的工人

---

① 丁若浩.论马克思主义在中国的早期传播[D].重庆:西南政法大学,2018.

运动问题。"①

7月31日,中国共产党第一次全国代表大会从上海转移到浙江嘉兴南湖船上继续开会,8月1日闭幕。大会通过《中国共产党第一个纲领》《关于当前实际工作的决议》,确定党成立后的中心工作是组织和领导工人运动。

按:《纲领》说:"我党的纲领如下:(1)以无产阶级革命军队推翻资产阶级,由劳动阶级重建国家,直至消灭阶级差别;(2)采用无产阶级专政,以达到阶级斗争的目的——消灭阶级;(3)废除资本家私有制,没收一切生产资料,如机器、土地、厂房、半成品等,归社会所有;(4)联合第三国际。"②

按:《关于当前实际工作的决议》规定,"党在当前的中心工作是领导工人运动,提出派遣一批党员参加和领导工运工作,在工人中大力宣传马克思列宁主义"③。

按:习近平《弘扬"红船精神",走在时代前列》说:"1921年8月初,中国共产党第一次全国代表大会在浙江嘉兴南湖的一条游船上胜利闭幕,庄严宣告中国共产党的诞生。这条游船因而获得了一个永载中国革命史册的名字——红船。……'红船精神'同井冈山精神、长征精神、延安精神、西柏坡精神等一道,伴随中国革命的光辉历程,共同构成我们党在前进道路上战胜各种困难和风险、不断夺取新胜利的强大精神力量和宝贵精神财富。……开天辟地、敢为人先的首创精神,坚定理想、百折不挠的奋斗精神,立党为公、忠诚为民的奉献精神,是中国革命精神之源,也是'红船精神'的深刻内涵。"④

8月21日,中央局在上海成立党公开领导工人运动的总机关——中国劳动组合书记部,创办机关刊物《劳动周刊》,作为工人阶级"惟一的言论机关"。《劳动周刊》的创办,推动了马克思主义宣传和传播工作,促进了科学理论与工人运动的结合。

是月,毛泽东等在湖南长沙创办湖南自修大学,是为一所传播马克思主义和培养革命干部的学校。毛泽东起草《湖南自修大学组织大纲》《湖南自修大学创立宣言》。次年,李达应毛泽东之邀出任校长,编写了《马克思主义名辞解释》一书。

---

① 李忠杰,段东升,主编.中国共产党第一次全国代表大会档案文献选编[M].北京:中共党史出版社,2015:7-8.
② 李忠杰,段东升,主编.中国共产党第一次全国代表大会档案文献选编[M].北京:中共党史出版社,2015:5.
③ 中国社会科学院现代史研究室,等."一大"前后(一)[M].北京:人民出版社,1980:2-3.
④ 习近平.弘扬"红船精神",走在时代前列[N].光明日报,2005-06-21.

　　按：蔡虹瑛说："创办于湖南长沙的湖南自修大学是一所学习研究马克思主义的新型学校，旨在培养党的干部和掩护党的革命活动。湖南自修大学通过重点研究与学习《共产党宣言》《科学社会主义》《马克思的唯物史观》《社会主义史》等马克思主义经典著作，注重运用马克思主义基本观点，回答革命进程中的实际问题，引导学生积极参与社会革命实践活动。湖南自修大学采用自习加研讨的模式创新了对于唯物史观的学习方法，并且积极鼓励学生参与社会革命，成功地领导了湖南工人运动，并且成立了湖南全省工团联合会。湖南自修大学运用唯物史观的知识理论来指导工人的实践活动，这不仅是对唯物史观的运用，同时也是赋予唯物史观中国化以新的内容。湖南自修大学虽然只创办了短短的三年时间就被军阀赵恒锡强行关闭，但是它对唯物史观中国化有着巨大的贡献，湖南自修大学校长李达编写的《现代社会学》一书被广泛认为是中国第一本系统介绍唯物史观的著作，湖南自修大学还为中国共产党培养了一大批优秀的革命骨干，而且，它还为唯物史观的学习提供了新的方法。"[1]

　　是月，原由中共上海发起组开办的工人半日学校改名为上海第一工人补习学校，是由党的早期组织创办的第一所工会学校。

　　是月，中国共产党党员沈玄庐到浙江萧山向农民宣传革命道理，成立衙前农民协会，通过《衙前农民协会宣言》《衙前农民协会章程》，是为我国最早的农民运动。

　　9 月 1 日，中共中央在上海创办人民出版社，由李达主持，开始马克思主义著作的出版事业。陈独秀也辞去广东省教育厅长的职务，回到上海主持中央局的工作。

　　按：该出版社曾刊印《共产党宣言》《资本论入门》《老农会之建立》《俄国共产党党纲》《两个工人谈话》《第三国际议案及宣言》《国际劳动运动中之重要时事问题》《工钱劳动与资本》《国家与革命》《共产党礼拜六》《列宁传》《劳农政府之成功与困难》《共产党底计划》《俄国革命纪实》《劳动运动史》等。计划出版《马克思全书》15 种，《列宁全书》14 种，《康民尼斯特（共产主义）丛书》11 种，其他书 9 种等。这些书的翻译和出版，对马列主义在中国的传播起了作用。1923 年并入广州新青年社。中华人民共和国成立后设于北京。

　　9 月 11 日，曾赴日本留学并接受马克思主义的天津法政学校教员于树德、安体诚等，在中国劳动组合书记部北方分部的指导下，自筹资金，在河北

---

[1]　蔡虹瑛.论湖南自修大学对唯物史观中国化的贡献[D].长沙：湖南师范大学，2018.

大径路东兴里 2 段 12 号正式创办天津工人工余补习学校,将马克思主义与中国工人运动结合。于树德任校长,安体诚任教务主任。教员有李腾、吕一鸣、姜般若、兰秀山等青年团员和热心劳工运动者。

10 月 10 日,湖南省共产党支部成立,毛泽东被选为书记。

是月,中国共产党在上海创办了我党第一所培养妇女干部的学校——上海平民女校。李达兼任校长,亲自为学生讲授马克思理论知识。陈独秀、陈望道、沈雁冰、沈泽民、高语罕、邵力子都曾到该校兼课,并自编教材。

11 月 17 日,《北京大学日刊》发表《发起马克思学说研究会启事》,公开宣布"本会叫做马克思学说研究会,以研究关于马克思派的著述为目的"。研究会由高崇焕、王有德、邓中夏、罗章龙、吴汝明、黄绍谷、王复生、黄日葵、李骏、杨人杞、李梅羹、吴容沧、刘仁静、高尚德、范鸿劼、宋天放、何孟宏、朱务善、范齐韩(体仁)等 19 人列名发起,成员达百余人。

按:《启事》说:"马克思学说在近代学术思想界的价值,用不着这里多说了。但是我们愿意研究他的同志,都觉得有两层缺憾:一、关于这类著作,博大渊深,……更加上一重或二重文字的障碍。不消说单独研究是比较不甚容易完成的事业。二、搜集此项书籍也是我们研究上重要的先务。……我们根据这两个要求,所以各人都觉得应有一个分工互助的共学组织,祛除事实上的困难。上年三月间便发起了这个研究会。现在我们已有同志十九人了。筹集了一百二十元的购书费,至少要购备马克思全集英、德、法三种文字的各一份。现在各书已陆续寄到,并且马上就要找定一个事务所,可以供藏书、阅览、开会、讨论的用。我们的意思,在凭着这个单纯的组织,渐次完成我们理想中应有的希望。现在谨致意校内外的同志们,盼望你们热心的赞助,并欢迎你们加入共同研究。今将我们暂拟的几行规约写在下面:1.本会叫做马克思学说研究会,以研究马克思派的著述为目的。2.对于马克思派学说研究有兴味的和愿意研究马氏学说的人,都可以做本会的会员;入会手续,由会员介绍或自己请愿,但须经会中认可。3.研究的方法分四项:一、搜集马氏学说的德、英、法、日、中文各种图书;二、讨论会;三、讲演会;四编译、刊印马克思全集和其他有关的论文。4.本会设书记二人,担任购置、管理和分配书籍事务。"

是月,中央局为贯彻落实中国共产党第一次全国代表大会通过的《党纲》和《决议》精神,由陈独秀签署下发了《中国共产党中央局通告》,对党的工作提出了明确要求,如加快发展党员、做好马列著作和共产主义普及读物的出版、集中力量开展工人运动等。

是月,张太雷、施存统等制定《中国社会主义青年团临时章程》,明确规定"中国社会主义青年团为信奉马克思主义的团体"。

12 月 13 日,中国共产党领导的《妇女声》半月刊在上海创办,陈独秀、李达、沈雁冰、沈泽民等都为该刊撰写和翻译了大量文章。该刊在提升妇女的斗争意识方面发挥了重要作用。

12 月 23 日,孙中山在广西桂林会见共产国际殖民地问题委员会秘书马林,就承认并联合苏俄的可能性进行了三次会谈。

是年,《社会主义研究》创刊。

是年,陈潭秋、恽代英、林育南、黄负生、刘子通、施洋等发起成立武汉马克思学说研究会,主要活动是出版刊物《我们的》《武汉星期评论》,创办书社,组织读书会、同乡会等团结教育青年知识分子。

按:董必武《董老忆潭秋》说:"陈潭秋一参加党,就拼命干。湖北党的工作主要是他负责,领导开展工人运动和学生运动。他与钱亦石、张朗轩等教育界有威望的进步人士相好,同各学校都有密切联系,工作开展得很好。故此当时的武汉中学、女师、中华大学、高等商校和启黄中学等均为中共活动的地盘。他自己除了在武汉中学任教外,还在武昌高师附小教书,并有很长一段时间住在那里。所以武昌高师附小有一个时期简直成了湖北革命运动的指挥机关。党的第五次、团的第四次代表大会他都去参加了。我当时以国民党革命派的面目出现,主要是搞统战工作。"[1]

是年,苏俄政府创办东方大学(原名东方劳动者共产主义大学),斯大林为名誉校长。是年夏天,刘少奇、任弼时、罗亦农、萧劲光、王一飞、曹靖华、彭述之、蒋光慈、汪寿华、任作民、任岳、卜士奇等 36 人作为第一批留苏学生进入东方大学学习,编成中国班,重点是学习马克思列宁主义的理论、政治经济学、唯物史观,提高政治理论修养,坚定共产主义信仰。1923 年,部分中国赴法国勤工俭学学生转入该校学习。1938 年停办。

是年,在上海法租界发行的《新安徽》被上海镇守使以"传播共产谬说"的理由查禁。

是年,张申府、刘清扬、周恩来、赵世炎、陈公培等人在法国秘密成立中国共产党小组。因为当时未与国内取得联系,所以没有派代表出席中国共产党第一次代表大会。

---

[1]　中共黄冈县委会,编.回忆陈潭秋[M].武汉:湖北人民出版社,1981:3.

二、研究论文

李达《马克思还原》发表于《新青年》第8卷第5号。

按：是文乃中国共产党成立之前马克思主义传播的一篇重要文章。文章说："马克思的社会主义，已经在俄国完全实现了。可是还有许多人正在那里怀疑，实在有替他们解释的必要，所以特意的写点出来看看。这篇文字的大意，第一要说明马克思主义的本体，其次要说明马克思主义堕落的原因和历史，末了要说明马克思主义复活的事实，使世人了解真正的马克思。"文中按照"马克思所述社会革命的原理、手段、方法及其理想中的社会"的思想，从七个革命简述了"马克思社会主义"的基本观点，随后指出"马克思社会主义是科学的，其重要原则有五：一、唯物史观；二、资本集中说；三、资本主义崩坏说；四、剩余价值说；五、阶级斗争说。马克思的政治学说和经济学说，均详备于此五原则之中。"

［日］山川均作、陈望道译《劳农俄国底劳动联合》发表于《新青年》第8卷第5号。

按：文章说："俄国底社会组织，现在还在建设和创造。不管他结果怎样，总之是一个人类历史上未曾有的实验。"

震瀛（袁振英）译《列宁与俄国进步》发表于《新青年》第8卷第6号。

［日］佐野学作、李达译《俄国农民阶级斗争史》发表于《新青年》第8卷第6号。

李季《社会主义与中国》发表于《新青年》第8卷第6号。

按：文章说："英国克卡朴所著的《社会主义史》中有一句话：'在马克思死去一世纪之内，却还有何种文明国家没有为社会主义所征服，恐怕难得使人相信。'近世科学的社会主义始祖马克思死于一千八百八十三年，距今不过三十八年，……俄国的社会主义由理论进而为实行，也将近四年，虽因对内对外，战争不绝，以致阻力横生，不能放手去做，然俄国劳农政府的成绩已有可观。同时最近几年中世界各文明国中社会主义运动的进行，也蓬蓬勃勃，一日千里，迥非从前可比了。就现今世界的趋势看起来，各文明国在这五六十年之内，次第变为社会主义化的国家，绝非难事，故克氏此书的预言并不是一种幻想。"

汉俊《社会主义是教人穷的么》发表于《新青年》第9卷第1号。

［日］山川均著、李达译、陈望道附记《从科学的社会主义到行动的社会主义》发表于《新青年》第9卷第1号。

按：文章说："马克思的学说，有许多人将他分为社会学说和经济学说两种。马克思学说是一个体系，原不能这样截然区别出来，但为研究便利起见，把他分为社会学上的学说和经济学上的学说两种，也不见得就有什么妨害。然而马克思的这两种学说，更可以细分为四项。恩格斯在马克思的墓前，曾经有了一篇告别的演说，把马克思比作达尔文。这便因为达尔文在生物学领域内发见出来的东西，马克思在人间社会里发见了；达尔文阐明了生物个体的进化，马克思却阐明了人类社会的进化了。成了马克思学说体系的基础，成了出发点的东西，就是这个社会进化的原则，马克思学徒叫他作唯物史观。"文章从各个角度论述了马克思主义的社会主义学说，批评了罗素的社会主义和无政府主义观点。

李达《讨论社会主义并质梁任公》发表于《新青年》第 9 卷第 1 号。

按：是文认为："近来讨论社会主义的人渐渐多了，这确是一个好现象。因为社会主义的真谛若能充分的开发出来，批评者就不会流于谩骂，信仰者就不会陷于盲从。而且知识阶级中表同情于资本家的与表同情于劳动者的两派，旗帜越发鲜明，竭智尽力，各为其主，而社会主义与反社会主义两方面，皆可同时发展，以待最后之决胜。所以我说现时讨论的人越多，越是好现象。"在反对社会主义的人中，作者认为"梁任公这篇文字是最有力的论敌，所以借着这篇文字作一个 X 光线，窥察梁任公自身和梁任公所代表的知识阶级中一部分人总括的心理状态，试作一个疑问质询梁任公"。是文认为梁任公文中的主要的旨趣，约分五层："（一）误解社会主义。梁任公首先误解社会主义为社会政策派的劳动运动，所以说，'吾以为中国今日之社会主义运动，有与欧美最不相同之一点焉。欧美目前最迫切之问题，在如何而能使多数之劳动者地位得以改善。中国目前最迫切之问题在如何而能使多数人民得以变为劳动者'。""（二）提倡资本主义，反对社会主义。梁任公又以为中国生产事业极其衰落幼稚，中国人消费所需之生产品，皆仰外人供给。而制造此类消费品的资本家、劳动者和工厂，均在外国而不在中国。……'欲行社会主义生产方法，必须先以国内有许多现行之生产机关为前提。若如今日之中国，生产事业，一无所有，虽欲交劳动者管理，试问将何物交去？'""（三）高唱爱国主义，排斥外国资本家。梁任公看见国内无业游民过多，贫困日甚。加以受外国产业革命影响，'我国人之职业直接为外国劳动阶级之所蚕食，而我国人衣食之资，间接为外国资产阶级之所掠夺'。所以中国生产事业，必须由中国资本家自己开发，以便造成多数生产机关，吸收本国多数无业游民使为劳动者。""（四）提倡温情主义，主张社会政策。梁任公既然主张用资本主义开发本国产业,而资本制度发生的恶果,当然要循外国资本制度的旧经,发出无穷的弊害。要想补救此种弊害,只有采矫正态度与疏泄态度,不可抗阻,亦不可坐视。所以说,'惟当设法使彼辈(资本家)有深切著明之觉悟,知剩余利益断不容全部掠夺;掠夺太过,必生反动,殊非彼辈之福。对于劳力者生计之培养,体力之爱惜,智识之给与皆须十分注意。质言之,则务取劳资协调主义,使两阶级之距离,不至太甚也。至所用矫正之手段,则若政府的立法,若社会的监督,各因其力之所能及而已'。""(五)误会社会主义运动。梁任公误解社会主义运动为劳动者地位改善,所以反对;又误解为均产,所以反对;又误解为专争分配,所以也反对。又误解社会主义运动为利用游民,所以说,'劳动阶级运动之结果,能产出神圣之劳动者。游民阶级运动之结果,只有增加游民。'又说,'游民阶级假借名义之运动,对于真主义之前途,无益而有害。'这是梁任公反对中国社会主义运动最精刻的地方。'"

周佛海《从资本主义组织到社会主义组织的两条路——进化与革命》发表于《新青年》第 9 卷第 2 号。

按:文章说:"进化离不得革命,革命离不得进化的理由,前面已略略地说了。所以马克思一方面主张经济的定命论,一方面又主张阶级斗争,人家都以为马克思这两个主张是自相矛盾,其实正是他学说底精髓,他一方面叫人家不要轻视进化,同时别一方面又叫人不要轻视革命,社会主义不先实现于美,而先实现于俄,人家都以为是他的预言不中,其实由他学说底全体看起来,乃是当然的结果。俄国于资本制度发达到某一定的程度就起来行积极的,全部的革命,所以社会主义就因之实现。美国虽然资本制度发达到十分,然而革命的行动还未发生!虽然也不少同盟罢工,不过都是部分的,消极的,若照这样下去,我恐怕美国底资本制度,就是再经九百年,还是依然存在,还想甚么社会主义实现。俄国实行马克思学说底全体而成功,美国只他学说底一面而不成功。就是表示马克思学说底精髓,要从他的学说全体看才能领悟的,谁能说他是自相矛盾?"

高一涵《共产主义历史上的变迁》发表于《新青年》第 9 卷第 2 号。

按:文章历史地考察人类有关共产主义学说的演变,叙述了三派学说,即从伦理的基础上立论的共产主义、从人道的基础上立论的共产主义、从经济的基础上立论的共产主义。

李达《马克思派社会主义》发表于《新青年》第 9 卷第 2 号。

按:文章说:"马克思学说出世以后,从前的空想社会主义变而为科学的社会主义,于是社会主义就为马克思主义所代表,一说社会主义,就晓得这是马克思主义了。但是近来各国社会主义发生,范畴复杂,这有所谓马克思派社会主义和非马克思派社会主义的名称,马克思主义就不能代表社会主义了。马克思派社会主义,究竟是包含一些什么主义,恐怕还要一些研究社会主义的人弄不清楚的。他们自己要提倡马克思派社会主义,却自己不知道,倒反指摘别人所提倡的马克思主义为过激主义,加以过激派的头衔,使别人害怕,不敢公然主张。揣他们的心理真是可笑之极,也许是不懂得马克思主义的派别所致。我觉得有这中间的派别说明的必要,所以作一篇马克思派社会主义的文字。"作者批评指出以考茨基为代表的所谓"正统派社会主义",以伯恩斯坦为代表的修正派社会主义,以劳动者创办"自由工场"为理想的工团主义,都是怎样背离唯物史观,背离无产阶级革命、无产阶级专政学说的。而以列宁为首的俄国社会民主党内的多数派,即布尔什维克派,则是"完全遵奉马克思主义"的。

周佛海《马克思的资本论》(马克思资本论之研究对象及其全三卷之结构)发表于《新青年》第 9 卷第 2 号。

李达转译《列宁底妇人解放论》发表于《新青年》第 9 卷第 2 号。

［日］山川均著、周佛海译《社会主义国家与劳动组合》发表于《新青年》第 9 卷第 2 号。

［苏］列宁著、成舍我译《无产阶级政治》(《路易·勃朗主义》)发表于《新青年》第 9 卷第 2 号。

陈独秀《社会主义批评》(在广州公立法政学校的演讲)发表于《新青年》第 9 卷第 3 号。

按:他说:"马格斯以后的社会主义是科学的、是客观的、是建设在经济上面的,和马格斯以前建设在伦理上面的、空想的、主观的社会主义完全不同。……总之,在生产方面废除了资本私有和生产过剩,在分配方面废除了剩余价值,才可以救济现代经济的危机及社会不安的状况。这就是我们所以要讲社会主义之动机。"

陈独秀《政治改造与政党改造》发表于《新青年》第 9 卷第 3 号。

李大钊《俄罗斯革命的过去及现在》发表于《新青年》第 9 卷第 3 号。

按:文章比较详细地介绍了列宁的传记和主要著作以及苏俄政府的情况。

邓生译《劳农俄国底电气化》发表于《新青年》第 9 卷第 3 号。

存统《马克思底共产主义》发表于《新青年》第 9 卷第 4 号。

按：文章说："马克思是一个科学的社会主义者,他的社会主义是有科学的体系的。在他以前的社会主义,都是空想的社会主义,没有科学的体系;自从他出来之后,社会主义才具备了科学的体系,划了一个新纪元。""我们研究一种学说一种主义,决不应当'囫囵吞枣'。""我们在中国主张马克思主义,实在没有违背马克思主义底精髓,乃正是马克思主义精髓底应用。"

蔡和森、陈独秀《马克思学说与中国无产阶级》(通信)发表于《新青年》第9卷第4号。

按：蔡和森说："独秀先生:闻公主张社会主义而张东荪欢迎资本主义,两方驳论未得而见,殊以为憾。和森为极端马克思派,极端主张:唯物史观、阶级战争、无产阶级专政。所以对于初期的社会主义,乌托邦的共产主义,不识时务穿着理想的绣花衣裳的无政府主义,专主经济行动的工团主义,调和劳资以延长资本政治的吉尔特社会主义,以及修正派的社会主义,一律排斥批评,不留余地。以为这些东西都是阻碍世界革命的障碍物(其说甚长,兹不能尽);而尤其深恶痛绝掺杂中产阶级思潮的修正派,专恃议院行动的改良派,动言特别情形特别背景以及专恃经济变化说的投机派,以及叛逆社会党、爱国社会党,都是这些东西的产物。窃以为马克思主义的骨髓在综合革命说与进化说。专恃革命说则必流为感情的革命主义,专恃进化说则必流为经济的或地域的投机派主义。马克思主义所以立于不败之地者,全在综合此两点耳。马克思的学理由三点出发:在历史上发明他的唯物史观;在经济上发明他的资本论;在政治上发明他的阶级战争说。三者一以贯之,遂成为革命的马克思主义。社会革命完全为无产阶级的革命。"

陈独秀说:尊论所谓"综合革命说与进化说",固然是马克思主义的骨髓,也正是有些人对于马克思主义怀疑的一个最大的要害。怀疑的地方就是:马克思一面主张人为的革命说,一面又主张唯物史观,类乎一种自然进化说,这两说不免自相矛盾。鄙意以为唯物史观是研究过去历史之经济的说明,主张革命是我们创造将来历史之最努力最有效的方法,二者似乎有点不同。唯物史观固然含着有自然进化的意义,但是他的要义并不只此,我以为唯物史观底要义是告诉我们:历史上一切制度底变化是随着经济制度底变化而变化的。

我们因为这个要义底指示,在创造将来的历史上,得了三个教训:(一)一种经济制度要崩坏时,其他制度也必然要跟着崩坏,是不能用人力来保守的;(二)我们对于改造社会底主张,不可蔑视现社会经济的事实;(三)我们改造社会应当首先从改造经济制度入手。在第(一)(二)教训里面,我们固然不能忘了自然进化的法则,然同时我们也不能忘了人类确有利用自然法则来征服自然的事实,所以我们在第(三)教训内可以学得创造历史之最有效最根本的方法,即经济制度的革命。照我这样解释,马克思主义并没有什么矛盾。若是把唯物史观看做一种挨(呆)板的自然进化说,那末,马克思主义便成了完全机械论的哲学,不仅是对于历史之经济的说明了,先生以为如何?此理说来甚长,我这不过是最简单的解释,很盼望赞成或反对马克思主义的人加以详细的讨论。

陈独秀《和区声白讨论无政府主义》发表于《新青年》第9卷第4号。

新凯《共产主义与基尔特社会主义》发表于《新青年》第9卷第5号。

周佛海《实行社会主义与发展实业》发表于《新青年》第9卷第5号。

按:文章说:"叫资本家来发展实业,决没有好结果;实业就没有发达,也可以行社会主义。不过这个社会主义,要绝对地不受一切旧政党——无南无北,不管他是护法是违法——支配,不受一般臭伟人政客以及一切过去人底操纵,这才算真正的社会主义。"

李达《人民出版社通告》发表于《新青年》第9卷第5号。

按:《通告》说明人民出版社的宗旨和任务说:"近年来新主义新学说盛行,研究的人渐渐多了,本社同人为供给此项要求起见,特刊行各种重要书籍,以资同志诸君之研究。本社出版品的性质,在指示新潮底趋向,测定潮势底迟速,一面为信仰不坚者祛除根本上的疑惑,一面和海内外同志图谋精神上的团结。各书或编或译,都经严加选择,内容务求确实,文章务求畅达,这一点同人相信必能满足读者底要求,特在这里慎重声明。"《人民出版社通告》还公布了该社当年的出版计划,准备出版"马克思全书"15种,计有《马克思传》《工钱劳动与资本》《价值价格与利润》《哥达纲领批评》《共产党宣言》《法兰西内乱》《资本论入门》《剩余价值论》《经济学批评》《革命与反革命》《自由贸易论》《神圣家族》《哲学之贫困》《犹太人问题》《历史法学泥之哲学的宣言》。"列宁全书"出版14种,"康民尼斯特丛书"(即"共产主义丛书")11种,其他出版9种,包括恩格斯的《空想的科学的社会主义》。从计划出的"马克思全书"看,包括了马克思主义哲学、政治经济学、科学社会主义三个组成部分的内容。

宋孟康《国家主义与社会主义之比较》发表于《青年镜》第27期。

李大钊《团体的训练与革新的事业》发表于《曙光》第2卷第2号。

按:是文发表的时间为1921年3月,乃中国最早公开向革命者发出建党号召的重要文献。文章说:最近时代的劳动团体,以及各种社会党,组织更精密,势力更强大。试看各国罢工风潮,及群众运动之壮烈,不难想见。俄罗斯共产党,党员六十万人,以六十万人之活跃,而建设了一个赤色国家。这种团体的组织与训练,真正可骇。中国人虽然也是社会动物,但几千年专制之压迫,思想之束缚,和消极的、懒惰的、厌世的学说之浸染,闹得死气沉沉,组织的能力都退化了。然而中国腐败到这个样子,又不能不急求改革。改革的事业,亦断非一手一足之力。自然还要靠着民众的势力,那么没有团体的训练,民众势力又从那里表现呢?所以我们因渴想社会之改革,就恨中国人的组织能力太低,但是这也无怪。因为团体的训练和民众的运动愈发达,团体的训练才愈高明。换言之,没有经过民众运动的人民,团体的训练是不会发达的;毫无团体训练的人民,也不能产生有力的民众运动,可见这两件事是相待为用,相随俱进的。所以我们现在要一方注意团体的训练;一方也要鼓动民众的运动,中国社会改革,才会有点希望。

五四运动以后,学生团体发生俨然革新运动中之惟一团体。其实学生虽有几许热心侠气,究竟还是团体的训练不大充足,其中缺憾甚多。到了现在又有"强弩之末"的样子,令人正自伤心无极。(闻最近北京学生会选举职员投票两次都未产出,照投票这样散乱看来,恐怕就是团体训练薄弱之一证。)最近也产生了几个小团体,只是章程定妥之后,就算完事。其中亦是学生居多。有人称呼"章程运动",其言虽谑,亦自有理,尤足令人丧气。闻特来中国讲学的某大学者,尝于私下对三两学生说:"中国这样政府,设有革命党千人,便有站不住了。"然而我们竟没有那样的人,竟没有那样的团体,说到这里我们只有惭愧。我们的社会腐败到这个样子,终天口说改革,实际上的改革,半点没有。这总因为我们团体的训练不充足,不能表现民众的势力,而从事革新的运动。

然而没有团体,也没有地方可以得到团体的训练。所以我们现在还要急急组织一个团体。这个团体不是政客组织的政党,也不是中产阶级的民主党,乃是平民的劳动家的政党,即是社会主义团体,中国谈各种社会主义的都有人了,最近谈 Communism 的也不少了,但是还没有强固精密的组织产生出来。各国的 C 派朋友,有团体组织的很多,方在跃跃欲试,更有第三国际为之中枢,将来活动的势力,必定一天比一天扩大。中国 C 派的朋友,那好不赶快组织一个大团体以与各国 C 派的朋友相呼应呢?中国现在既无一个真能表现民众势力的团体,C 派的朋友若能成立一个强固的精密的组织,并注意促进其分子之团体的训练,那么中国彻底的大改革,或者有所附托!

李大钊《社会主义下之实业》发表于《曙光》第 2 卷第 2 号。

按：作者认为中国"如振兴实业，非先实行社会主义不可"。

陈独秀《社会主义批评——在广州公立法政学校演词》发表于《曙光》第 2 卷第 2 号。

按：文章对什么是共产主义进行了系统地阐述，并详细介绍了俄国共产党实行的"真马格斯主义"，深刻批判了行会社会主义（即基尔特社会主义）。

陈独秀《陈独秀答区声白先生书》发表于《曙光》第 2 卷第 2 号。

S.C《社会主义下之实业》发表于《曙光》第 2 卷第 2 号。

晴霓译《苏维埃俄罗斯的现在》发表于《曙光》第 2 卷第 2 号。

W.P.K.译《俄国工市之组织》发表于《曙光》第 2 卷第 2 号。

王统照《俄罗斯文学的片面》发表于《曙光》第 2 卷第 3 号。

W.P.K.译《莫斯科之大学》发表于《曙光》第 2 卷第 3 号。

范寿康《马克思的唯物史观》发表于《东方杂志》第 18 卷第 1 号。

按：范寿康在马克思辩证唯物主义思想指导下，指出对于中国文化与西方文化，既不能因为是国粹就一味接收，也不能因为是"洋货"就全盘摒弃，"一定要分清外国学术思想何者与中国有益，何者与中国有损，采用外国学术之时务宜取长舍短"。文章翻译了马克思在 1859 年 1 月写的《〈政治经济学批判〉序言》，并依据河上肇的《马克思社会主义的理论》一文中的有关观点，对马克思的唯物史观作了阐释。这是当时《〈政治经济学批判〉序言》最早的中文译文之一。

［德］马克思著、王嘉摘译《〈政治经济学批判〉序言》发表于《东方杂志》第 18 卷第 1 号。

潘公展《近代社会主义及其批评》发表于《东方杂志》第 18 卷第 4—6 号。

按：文章说："一年以来，社会主义底思潮在中国可以算得风起云涌了，报章杂志底上面，东也是研究马克思主义，西也是讨论鲍尔希维主义. 这里是阐明社会主义底理论，那里是叙述劳动运动的历史，蓬蓬勃勃，一唱百和，社会主义在今日中国，仿佛有雄鸡一唱天下晓的情景。"

化鲁《马克思主义的最近辩论》发表于《东方杂志》第 18 卷第 6 号。

按：文章指出，"马克思的社会进化思想、劳动阶级勃兴论、贫乏废灭论，现代学者大都加以承认，只是他的价值法则、唯物的历史观、武力革命的理论、阶级斗争说、无产阶级专政的计划，却还没有成为一定不易的理论呢"。

潘公展《近代社会主义及其批评》（续）发表于《东方杂志》第 18 卷第 7 号。

［日］山川菊荣作、幼雄译《劳农俄国的文化设施》发表于《东方杂志》第 18 卷第 8 号。

［日］贺川丰彦作、陈嘉异译《社会主义与进化论之关系》发表于《东方杂志》第 18 卷第 9 号。

［日］高畠素之作、望道译《社会主义底意义及其类别》发表于《东方杂志》第 18 卷第 11 号。

T《劳农俄国东方政策之成功》发表于《东方杂志》第 18 卷第 13 号。

［日］河田嗣郎作、昔尘译《农业之社会主义化》发表于《东方杂志》第 18 卷第 13 号。

罗罗《如何解决俄国问题乎》发表于《东方杂志》第 18 卷第 14 号。

W《德国之社会主义与智识阶级》发表于《东方杂志》第 18 卷第 16 号。

T《俄国之大饥荒》发表于《东方杂志》第 18 卷第 17 号。

徐六几《基尔特社会主义之历史的基础——中世纪基尔特的组织和精神》发表于《东方杂志》第 18 卷第 20 号。

六几《基尔特社会主义原理》发表于《东方杂志》第 18 卷第 22 号。

按：文章说："基尔特社会主义是马克思主义的一分派，由马克思主义当中继承了不少的好处，这是人人承认的。但是基尔特社会主义者排斥唯物史观却不遗余力。他和马克思主义区别的要点在是，他所以被称为新的社会主义者亦在是。不消说马克思主义者对于他们不肯放松加以抨击驳诘。甚至说他们不甚理解马克思主义为何物。……他们以为唯物史观是虚伪的，视生产方法为支配人类社会生活，政治生活一切的原动力更是舛谬。"

俞寄凡《俄国近代的绘画》发表于《东方杂志》第 18 卷第 22 号。

［俄］Lenin N. 作、惟志译《俄国近时的经济地位》发表于《东方杂志》第 18 卷第 22 号。

W《劳农俄国之外交关系》发表于《东方杂志》第 18 卷第 22 号。

T《俄国承认旧债之交涉》发表于《东方杂志》第 18 卷第 24 号。

郑振铎《俄国文学发达的原因与影响》发表于《改造》第 3 卷第 4 号。

张东荪《现在与将来》发表于《改造》第 3 卷第 4 号（社会主义讨论）。

按：是文全面地、系统地阐明了作者反对社会主义、反对马克思主义的观点。引发了马克思主义在中国早期传播时，马克思主义者和反马克思主义者的第二次论战，即关于社会主义问题的论战。

　　梁启超《复张东荪书论社会主义运动》发表于《改造》第 3 卷第 6 号(社会主义研究)。

　　按:1920 年《改造》期刊在第 3 卷第 4 号刊发了东荪先生《现在与将来》一文,后《新青年》第 8 卷第 4 号又刊登了陈独秀辑《关于社会主义的讨论》,掀起了关于社会主义的大讨论。《改造》杂志第 3 卷第 6 号特开"社会主义研究"专栏,当时知名人士如梁任公、蓝公武、蒋百里、彭一湖、蓝公彦、费觉天等人纷纷撰文,发表观点。是文是梁启超先生以复张东荪书的形式而论社会主义运动,对于这篇文章的观点,李达在《新青年》第 9 卷第 1 号上刊登了《讨论社会主义并质梁任公》一文,认为:"《复东荪书论社会主义运动》的一篇文字,虽然明明主张资本主义反对社会主义,而立论似多近理,评议又复周到,凡是对于社会主义无甚研究的人,看了这篇文字,就不免被其感动,望洋兴叹,裹足不前。"除李达外,李大钊、陈独秀、陈望道等也在《新青年》、《共产党》、《民国日报》副刊《觉悟》,以及《晨报》上发表论文,对张东荪、梁启超等人的言论,进行系统的批判,指出中国走社会主义道路是历史的必然。

　　蓝公武《社会主义与中国》发表于《改造》第 3 卷第 6 号(社会主义研究)。

　　蒋百里《我的社会主义讨论》发表于《改造》第 3 卷第 6 号(社会主义研究)。

　　按:文章开头说:"因为《改造》第四期有东荪先生一篇《现在与将来》文章,又看《新青年》四号有独秀先生的《关于社会主义的讨论》,引动了我许多感想,所以我就写出来。不过要先声明一句:我对于经济问题及社会主义问题,从前没有根本研究过,现在正在探讨之中,这篇也不过是探讨时代一种杂乱的思想罢了,这就是说我并不是批评人,是要发表我自己的所见。""东荪从《旅行内地所出教训》起到《现在与将来》止,中间许多文章好象是一种极冷静的理性文章,其实中间有一个彻切的感情的冲动。这种感情是从空变实、从他到我、从外张的变为内向。我于他文章的论断未尽同意,可是他文章的动机是极可尊贵的。无论论政论学,经过这一关,确是一种进步。"

　　彭一湖《我对于张东荪和陈独秀两先生所争论的意见》发表于《改造》第 3 卷第 6 号(社会主义研究)。

　　费觉天《对于社会主义争论问题提出两大关键》发表于《改造》第 3 卷第 6 号(社会主义研究)。

　　蓝公彦《社会主义与资本制度》发表于《改造》第 3 卷第 6 号(社会主义研究)。

六几《基尔特社会主义研究》发表于《改造》第 3 卷第 7 号。

瞿秋白译《共产主义与文化》发表于《改造》第 3 卷第 10 号。

志摩《罗素游俄记书后》发表于《改造》第 3 卷第 10 号。

费觉天《关于社会主义运动问题致蓝志先先生书》发表于《改造》第 3 卷第 10 号。

蓝公武《再论社会主义》发表于《改造》第 3 卷第 11 号。

张君劢《社会所有之意义及德国煤矿社会所有法草案》发表于《改造》第 3 卷第 11 号。

按：文章认为，真正的社会主义，"曰社会所有而已"。具体而言，它包括三个方面的内容："土地与生产机关之公有，一也；公共管理，二也；以利益分配于公众，三也。此三者，社会主义之必要内容也。""吾国之大工业，以外资关系，当下手之始，已成集中之势，故适于社会主义之施行，莫中国若。吾国工人之觉醒与资本主义之发达为同时的，故社会主义运动之成熟，必较他国为早。"

按：郑大华说：在社会主义是否适合于中国这一问题上，表面看来，张君劢似乎成了中国早期马克思主义者李大钊、陈独秀、李达、蔡和森等人的同盟者，因为后者也认为社会主义不仅适合于中国，而且实行社会主义是中国的当务之急，他们同样批驳过各种认为社会主义不适合于中国的观点，并和梁启超、张东荪等人围绕社会主义问题展开过激烈论战，但只要略加比较，我们就可以看出，二者之间存在着根本的原则分歧：

首先，张君劢主张中国实行社会主义的目的，是为了防止中国发生西方的社会革命，而中国早期马克思主义者则认为社会革命在中国不可避免，他们欢迎并殷切地盼待着社会革命的早日到来。蔡和森在写给陈独秀的信（《马克思学说与中国无产阶级》）中就指出了中国发生社会革命的必然性。他认为："社会革命的标准在客观上的事实，而不在主观的理想，在无产阶级经济生活被压迫被剥削程度之深浅，及阶级觉悟的程度之深浅。"其次，张君劢主张在中国实行的是德国社会民主党的民主社会主义，而中国早期马克思主义者主张的是马克思的科学社会主义。因此，与张君劢宣传、介绍民主社会主义相反，中国早期马克思主义者先后撰写和发表了大量的介绍、宣传马克思的科学社会主义的文字，如李大钊的《我的马克思主义观》，陈独秀的《马克思学说》，李达的《马克思派社会主义》《什么叫社会主义》《马克思学说与中国》《马克思还原》等。第三，张君劢反对阶级斗争与暴力革命，主张用"渐进"的方法，亦即对国民进行社会主义精神的教育，来实现社会主义。而中国早期马克思主义者认为,唯阶级斗争和无产阶级革命,才能使社会主义制度在中国建立起来。例如李大钊在《我的马克思主义观》中就指出,社会主义和公有制不能坐待成熟,离开阶级斗争,离开无产阶级革命,就不可能推翻资本家阶级的统治,实现社会主义,并强调:"这是马克思主义一个绝大的功绩。"李达在《马克思学说与中国》《马克思还原》等文章中也指出,无产阶级社会革命的目的旨在推翻资本主义,实现社会主义,而实现社会革命的手段则在阶级斗争。一言以蔽之,张君劢和中国早期马克思主义者的分歧在于:中国是走德国社会民主党的道路? 还是走俄国布尔什维克的道路?[1]

六几《评山川均〈从科学的社会主义到行动的社会主义〉》发表于《改造》第 3 卷第 12 号。

[俄] V. Kergenceff 作、瞿秋白译《校外教育及无产阶级文化运动》发表于《改造》第 4 卷第 1 号。

李大钊《自由与秩序》发表于《少年中国》第 2 卷第 7 期。

按:文章针对无政府主义者要求个人绝对自由、不受社会制约的观点进行了批判。

李达译《唯物史的宗教观》发表于《少年中国》第 2 卷第 11 期。

李璜《社会主义与宗教》发表于《少年中国》第 3 卷第 1 期。

李璜《社会学与宗教》发表于《少年中国》第 3 卷第 1 期。

[日]堺利彦作、一葵译《日本社会主义运动小史》发表于《少年世界》增刊日本号。

霍格松著、P. 生(茅盾)译《共产党的出发点》发表于《共产党》第 1 卷第 3 期。

按:文章说:"共产党的目的在建立新的社会制。"

石逸《关于新俄政府教育的一夕话》发表于《共产党》第 1 卷第 3 期。

江春《最近赤化小国之社会主义运动》发表于《共产党》第 1 卷第 3 期。

江春《劳农俄国之农工会议》发表于《共产党》第 1 卷第 3 期。

《将死的第二国际和将兴的第三国际》发表于《共产党》第 1 卷第 3 期。

按:文章说:"第二国际,是残杀劳动界凶手的组织,是资本家代表的组织。而第三国际是最有进步工人的万国联工会。这些工人,是立志或者推倒资本主义,或者死亡的。"第二国际"就要可耻的死去了",共产国际则"是被压迫的世界有希望的明星"!

① 郑大华.张君劢传[M].北京:中华书局,1997:82-83.

P. 生(茅盾)译《劳农俄国的教育》发表于《共产党》第 1 卷第 4 期。

[苏]列宁著、P. 生(沈雁冰)译《国家与革命》发表于《共产党》第 1 卷第 4 期。

按:是文为《国家与革命》的第一章第一、二节。

无懈(周佛海)《我们为什么主张共产主义》发表于《共产党》第 1 卷第 4 期。

格林《俄国青年之运动》发表于《共产党》第 1 卷第 4 期。

吉生《劳农俄国的劳动妇女》发表于《共产党》第 1 卷第 4 期。

江春(李达)《无政府主义之解剖》发表于《共产党》第 1 卷第 4 期。

按:是文系马克思主义与无政府主义论战的重要代表作。文章说:"近来中国大陆相信无政府主义的人渐渐多了。他们究竟有确实的信仰与否,我可以不问。可是据我的观察,他们之中多不免感情用事,他们的努力多用在无益的一方面,总不想从实际上做革命的功夫,这或者也许是各位朋友们所能原谅我的质直说话了。我因为要约同这些朋友们加入我们的队伍里,共同对世界资本主义作战,共同剿灭世界资本制度,以便早期实现社会主义的社会,所以写了这篇文字出来和各位朋友们商量一下。并且我们希望和这些朋友们以外的兄弟们,也要先把这无政府主义的内容了解一个大概。"文章分作这篇文字的志趣、无政府主义之起源和派别、斯体奈和蒲鲁东的无政府主义批评、巴枯宁的无政府主义批评、克鲁泡特金无政府主义的批评和结论等 6 部分。

C. T(施存统)《我们要怎么样干社会革命》发表于《共产党》第 1 卷第 5 期。

按:文章说:"我敢大声叫道,要想支那有希望,就非实行共产主义不可,我们在支那提倡共产主义,决没有与马克斯底主张冲突;就是马克斯生在支那,恐怕也一定要提倡共产主义。……总之,支那非赶快发展产业不可,要发展产业,只有用共产主义才能以很大的速力增加生产品,也只有用共产主义才能使无产阶级得着'人的生活'。这是从发展产业底见地看来,支那也非赶快实行共产主义不可的。以上两种理由,是我根本赞成共产主义底理由。"

无懈(周佛海)《夺取政权》发表于《共产党》第 1 卷第 5 期。

按:文章认为,马克思主义者是"按照共产主义原理去改造的",因此实现社会改造的手段非常明确,"第一就是要夺取政权!"而所谓的夺取政权"乃是说要用革命的手段,打倒有产阶级,把政权夺到无产阶级的手上来"。

编者《共产党在中国的使命》发表于《共产党》第 1 卷第 5 期。

按：文章说："我们共产党在中国有二大使命：一是经济的使命，一是政治的使命。"

[苏]列宁《加入第三国际大会的条件》发表于《共产党》第 1 卷第 8 期。

瞿秋白《中国工人的状况和他们对俄国的期望》发表于《共产国际远东书记处公报》第 1 期。

按：文章分析了中国工人的组织状况、存在的弱点及与社会主义运动的关系，这些对于中国共产党的工人运动理论的形成，具有重要作用。

罗素演讲、廷谦笔记《布尔塞维克的思想》发表于《罗素月刊》第 1 期。

陈学池《基尔特社会主义批评》发表于《评论之评论》第 1 卷第 2 期。

费觉天译《达尔文主义与社会主义》发表于《评论之评论》第 1 卷第 2 期。

《罗素底布尔什维克主义批评》发表于《评论之评论》第 1 卷第 2 期。

李大钊《中国的社会主义与世界的资本主义》发表于《评论之评论》第 1 卷第 2 期。

按：是为李大钊写给费觉天的一封信，发表时标题为费觉天所加。文章从经济上驳斥了"社会主义不适合中国"的论点。

六几《评马克思派社会主义》发表于《评论之评论》第 1 卷第 3 期。

费觉天《关于社会主义争论之总批判》发表于《评论之评论》第 1 卷第 3 期。

按：文章说："关于陈独秀先生同《时事新报》记者张先生所争论的，社会主义应否实行于今日中国的问题，各方面都大加注意。这问题本是今日中国底存亡关头。今日中国之有社会主义与资本主义之争，就好像一二十年前立宪与共和之争，一二年前新文学与旧文学之争那么一样的重要。然而自从张、陈二君辩论以后，各方面很少批评，这是我所深以为遗憾的。现在我请摘录张东荪与陈仲甫二先生之高论，再引证人类过去经验，实行大公无私的裁判，尽我评论之评论者底天职。然无论对于何种问题，若欲有所论难，首当对于那问题下一番剖解的工夫。所以我对于此问题，在《改造》杂志上，特提出两大关键，兹录于下：（一）今日中国底中等阶级，处此军阀政治之下，能否发达起来，卓然自成一资本阶级而能推翻军阀。（二）要发展中国实业，是否必须经过资本阶级，还是可以越级而升，跳过资本主义的阶段。并说，如能从人类过去经验上，证明今日中国底中等阶级能发达起来，变为资本阶级，而要实行社会主义必得经过资本主义阶段，那张先生就对了，非然者,那陈先生就对了。现在我请根据这两大关键,实行批判,并将张、陈二君之话摘录于下。"

高一涵《关于资本主义和社会主义的争论的我见》发表于《评论之评论》第 1 卷第 3 期。

按:作者的结论是:"历史的变化是可以人力修补或改变他的趋向。换句话说,就是不从资本主义的时代经过也可以达到社会主义的时代。"

觉天《科学的社会主义》发表于《评论之评论》第 1 卷第 4 期。

费觉天《从文学革命与社会革命上所见的革命的文学》发表于《评论之评论》第 1 卷第 4 期。

陈启修《社会主义底发生的考察和实行条件底讨论与他在现代中国的感应性及可能性》发表于《评论之评论》第 1 卷第 4 期。

按:文章分解题——题底由来及意义、社会主义底发生的考察、社会主义底实行条件底讨论、社会主义在现代中国的感应性、社会主义在现代中国的可能性和总结论 6 部分。

〔英〕Beokiit Bechho Fer 译《布尔札维克主义与基尔特原理》发表于《社会主义研究》第 2 期。

〔英〕潘悌作、陈与漪译《布尔札维克主义与阶级斗争》发表于《社会主义研究》第 4 期。

顾润卿《俄国农业之改革》发表于《英语周刊》第 315 期。

张《第二国际党与英国社会主义》发表于《时事月刊》第 1 卷第 1 期。

王兆枬译《俄国农民史论》发表于《时事月刊》第 1 卷第 3 期。

林可彝《最近德国共产党骚动之因果》发表于《时事月刊》第 1 卷第 4 期。

〔日〕室伏高信作、亢励功译《社会主义批评》发表于《政法月刊》第 1—2 期。

刘震《一九〇三年俄国新刑法之大概》发表于《法政学报》第 2 卷第 10 期。

许藻镕《俄国劳农政府之婚姻法》发表于《法政学报》第 2 卷第 10—12 期。

耿心《俄国财政与卢布》发表于《银行月刊》第 1 卷第 1 期。

林枕华《俄国教育》发表于《教育汇刊》第 1 期。

嵩峰《俄国之教育》发表于《教育》第 1 卷第 1 期。

波额克《俄国的艺术与教育》发表于《教育公报》第 8 卷第 1 期。

谷文《教育上个人主义与社会主义之趋势》发表于《苏岛教育》第 2 卷第 2 期。

鲁阳九《社会主义与法律》发表于《平民》第 58 期。

陈国榘《苏维埃俄国底经济组织》发表于《国民》第 2 卷第 4 期。

陈国榘《苏维埃俄国底新农制度》发表于《国民》第 2 卷第 4 期。

天民《俄国大哲学家沙洛胡甫之人生观》发表于《学生》第 8 卷第 1 期。

胡霖《劳农俄国》发表于《学艺》第 3 卷第 1—6 期。

陈照彦《马克斯主义经济学》发表于《学艺》第 3 卷第 7 期。

伯华《无产阶级论》发表于《劳动与妇女》第 6 期。

郭妙然《马克斯学说和妇女问题》发表于《新妇女》第 5 卷第 1 号。

昧赣《俄国妇女的近状》发表于《妇女杂志》第 7 卷第 6 期。

朱公准《斯密亚丹、马儿沙土、马克斯、资本主义经济组织之观察及批评》发表于《学林》第 1 卷第 3 期。

王世杰《议院制与社会主义》发表于《太平洋》第 2 卷第 10 期。

韦君《英国社会主义之兴起》发表于《学生》第 8 卷第 2 期。

徐昌第《社会主义与超人主义》发表于《安定》第 4 期。

逸荡《基督教与社会主义》发表于《生命》第 2 卷第 5 期。

江亢虎《社会主义之今昔》发表于《来复》第 145—147 期。

佛《俄国之科学现状》发表于《科学》第 6 卷第 8 期。

天声译《优生学和社会主义批评的两面》发表于《青年进步》第 47 期。

掖神《社会主义和马克斯〈资本论〉概括的观察》发表于《世风》第 1 卷第 3 期。

彭基相《社会主义是什么》发表于《新共和》第 1 期。

戴榘《德国铁路之社会主义》发表于《铁路协会会报》第 107 期。

冠英《社会主义与贮蓄节俭禁酒》发表于《海外新声》创刊号。

张原絜《英美社会主义对于家庭及财产问题之新趋势》发表于《约翰声》第 33 卷第 1 期。

《马克思学说研究会启事》发表于 11 月 17 日《北京大学日刊》。

［苏］列宁《在运输工人大会之演说》发表于 4 月 8 日《晨报》。

瞿秋白《共产主义之人间化·民族问题》发表于 6 月 22 日《晨报》。

按：是文乃对 1921 年 3 月斯大林在俄共第十次代表大会上所做的关于民族问题的报告的第一次译述，介绍了俄共关于民族问题的纲领、原则和政策，以及对中国革命具有重要指导意义的一系列民族理论和纲领。

陈溥贤《第三国际共产党组织》发表于 8 月 1 日《晨报副刊》。

按：文章说："一九一九年三月在莫斯科开第一次大会，列席团体，有俄国共产党（即布尔塞维克党）、诺威劳动党，德国共产党，匈牙利共产党及其他东欧共产党各共产团体，发表一篇《新共产党宣言》，我们报上已经译载过。"

〔日〕室伏高信作、李培天译《社会主义批评》发表于 1 月 6—10 日《时事新报》副刊《学灯》。

〔英〕罗素讲、铁严笔记《社会主义》发表于 2 月 21—22 日《时事新报》副刊《学灯》。

王平《唯物论者底论据与驳辩》发表于 4 月 12—13 日《时事新报》副刊《学灯》。

华生译《马克思主义之复活》发表于 4 月 22—23 日、25—30 日；5 月 2—7、9、11—14 日、16—19 日、21—22 日《时事新报》副刊《学灯》。

〔英〕柯尔作、寿凡译《基尔特社会主义与共产主义》发表于 9 月 16 日《时事新报》。

G.M.《批判陈独秀对于基尔特社会主义的批评》发表于 11 月 16 日《时事新报》副刊 7 号。

徐六几《十四年来的基尔特社会主义》发表于 12 月 10 日《时事新报》。

六几《基尔特社会主义原理》发表于 12 月 16 日《时事新报》。

李守常（李大钊）讲演、罗敦伟记《马克斯经济学说》（一）发表于 3 月 6—10 日天津《华北新闻》副刊《微明》。

按：李大钊说：马克斯的学说，本来极深奥，他的著作也是极多，一个人想要真正了解马克斯的学说，真是非常不容易。我个人不仅不敢说了解马克斯，并且也不敢说对于马克斯有什么研究，今天不过就平时所知道的一点点与诸君谈谈。马克斯的学说因为很深奥，著作也非常多，所以在中国想要找出一个能够了解马克斯的，可谓之不可能。北京大学与马克斯研究会，能够组成起来，研究马氏学说，引起一班人的兴趣，大家因此特别来研究，对于马氏之学说有了解，有研究，则马氏学说也可以放光明。马克斯经济学说就是我今天要来讲的题目。这个学说也非常深奥，本来不能在短时间中来讨论。现在我一方面根据马克斯经济学说的原理，将现在资本主义、资本家压制劳动者的秘密揭破，一方面看他有什么新的趋势。……现在中国既不能说，不与那一国发生经济关系。自然对于马氏学说应有特别研究。而马氏著作最紧要的就是《资本论》。第一卷是他生前刊行的，第二第三两卷系他死后刊行的。我们要研究马氏学说，至少要把《资本论》作有系统的研究。英国某君说：(?)不到五十岁不敢说了解马克斯。因为马氏著作，至少也要二三十年才能看完的。我今天来讲演，实在够不上说懂马克斯，不过略就我所知道这一点点来谈谈罢了。

光亮(施存统)《唯物史观在中国底应用》发表于 8 月 13—14 日天津《华北新闻》副刊《微明》。

按：文章说："唯物史观，本是人类社会进化底一个法则，彼底应用范围，当然无中外之分。不过有些人说唯物史观是不适于中国的，又有些人是把唯物史观误解了的，更有些人是把唯物史观呆解了的，所以我今天把这问题提出来向大家请教。要讲唯物史观在中国底应用，非先了解唯物史观不可。"

光亮(施存统)《马克思主义底特色》发表于 9 月 27 日天津《华北新闻》副刊《微明》。

按：文章说："马克思主义底特色，一言以蔽之，就在于有唯物史观。唯物史观底特色，即在于注重物质的条件。所以我们可以说，马克思主义底特色，在于注重物质的条件。轻视了物质的条件，便不成为马克思主义。主张社会主义，原不从马克思起。然社会主义成为有势力，却是马克思出来以后的事。近世社会主义没有一种不受马克思底影响。近世劳动运动，没有一件不被马克思主义底精神支配备着。这些说明什么？就是说明马克思主义是根据既在的事实的。马克思底社会主义是不能离开第四阶级一切运动的。凡是第四阶级底一切运动，在马克思主义上都有根据。"

高一涵讲、周义章记《共产主义历史的变迁》发表于 11 月 20—21 日天津《华北新闻》副刊《微明》。

按：文章说："共产主义是什么？亚利士多德曾说，共产主义有三种定义：(一)土地大家共有，大家公用，——共有公用。(二)土地私有，产物大家公用，——私有公用。(三)土地大家共有，产物大家分开来用——共有私用。就是现在的共产主义，主义也出不了这三种，不过现在的共产主义比较的进步，彼底特色是无所谓有，是社会公共的生产，大家平均的分用，……以后再说彼底派别。大抵可分为三派：第一派伦理的共产主义——从伦理上讲共产；第二派道德的共产主义——从道德上讲共产；第三派经济的共产主义——从经济上讲共产。"第一派伦理的共产主义者的代表，可以说是柏拉图。第二派道德的共产主义，又分三派——宗教派、小说派和新村派。第三派经济的共产主义——即科学的共产主义，代表人物是马克思。

汉胄《浙江教育家底社会主义谈》发表于 1 月 17 日《民国日报》副刊《觉悟》。

陈独秀《社会主义批评》发表于 1 月 28 日《民国日报》副刊《觉悟》。

[日]河上肇作、存统译《社会主义底进化》发表于 2 月 27—28 日《民国日报》副刊《觉悟》。

[日]高畠素之作,夏丏尊、李继桢译《社会主义与进化论》发表于 3 月 10—11 日、13—18 日、20—23 日《民国日报》副刊《觉悟》。

力子《马克思底思想》发表于 4 月 6 日《民国日报》副刊《觉悟》。

破产《不识马克思的经济学教师》发表于 4 月 19 日《民国日报》副刊《觉悟》。

[日]山川均作、存统译《劳农俄国底安那其主义者》发表于 5 月 1 日《民国日报》副刊《觉悟》。

[日]河上肇作、存统译《见于〈共产党宣言〉中的唯物史观》发表于 5 月 15—19 日《民国日报》副刊《觉悟》。

存统《唯物史观和空想》发表于 5 月 9 日《民国日报》副刊《觉悟》。

存统《社会主义与劳动者人数》发表于 5 月 13 日《民国日报》副刊《觉悟》。

恼生译《俄国婚姻律全文》发表于 5 月 17 日、19—21 日《民国日报》副刊《觉悟》。

存统《无产阶级专政和领袖变节》发表于 6 月 9 日《民国日报》副刊《觉悟》。

沈泽民《看了郭泰底唯物史观以后》发表于 7 月 14 日《民国日报》副刊《觉悟》。

[日]河上肇作、C.T 译《马克思主义和劳动全收权》发表于 7 月 19 日《民国日报》副刊《觉悟》。

[日]山川均作、光亮(施存统)译《劳动组合运动和阶级斗争》发表于 8 月 19 日《民国日报》副刊《觉悟》。

T《基尔特社会主义的特点》发表于 8 月 25 日《民国日报》副刊《觉悟》。

[日]高畠素之作、晓风译《个人主义与社会主义》发表于 8 月 26 日、28—30 日《民国日报》副刊《觉悟》。

光亮(施存统)《唯物史观在中国底应用》发表于 9 月 8 日《民国日报》副刊《觉悟》。

光亮(施存统)《"唯物史观"和现势力妥协》发表于 9 月 23 日《民国日

报》副刊《觉悟》。

光亮（施存统）《马克思主义底特色》发表于 9 月 23 日《民国日报》副刊《觉悟》。

C. T.《关于马克斯主义的一个误解》发表于 9 月 26 日《民国日报》副刊《觉悟》。

C. T.《介绍社会主义研究》发表于 9 月 27 日《民国日报》副刊《觉悟》。

张墨池《俄国西伯利亚革命前后的观察》发表于 9 月 27 日、29 日《民国日报》副刊《觉悟》。

范扬《社会主义与法律》发表于 10 月 13—14 日、16 日《民国日报》副刊《觉悟》。

Y. H. Shen 薛《俄国革命第四周年纪念的感想》发表于 11 月 7 日《民国日报》副刊《觉悟》。

高一涵讲、周义章记《共产主义历史的变迁》发表于 11 月 17 日《民国日报》副刊《觉悟》。

新凯《共产主义与基尔特社会主义》发表于 11 月 22 日《民国日报》副刊《觉悟》。

光亮（施存统）《对于高一涵（共产主义历史的变迁）的怀疑》发表于 12 月 5 日《民国日报》副刊《觉悟》。

［日］河上肇著、光亮（施存统）译《马克斯主义上所谓"过渡期"》发表于 12 月 18—19 日《民国日报》副刊《觉悟》。

费觉天《关于社会主义与资本主义争论问题》发表于 7 月 2—6 日《晨报副刊》。

俞颂华《赤俄见闻记》发表于 7 月 9—9 月 5 日《晨报》。

按：是为作者在访问苏联后撰写的长篇通讯，分为 8 节：赤俄之外交、赤俄之经济、赤俄之文化、赤俄之政治、农民问题、赤俄社会实况之一斑、欧俄粮食缺乏的原因、结论。

俞颂华《俄国旅程琐记》发表于 9 月 6 日《晨报》。

俞颂华《劳农俄国之观察》发表于 10 月 4—7 日《晨报》。

编者《俄国之劳农大会》发表于 12 月 1 日《申报》。

编者《列宁演说新经济政策》发表于 12 月 25 日《申报》。

［苏］列宁演讲、震瀛译《俄罗斯的新问题》发表于 1 月 5—8 日、10—12 日《广东群报》。

［美］斯柏高作、陈公博译《马克斯的一生及其事业》发表于 1 月 5—4 月

30 日《广东群报》。

按:陈公博《译者附志》说:"年来我们国人研究马克斯学说的,着实不少,而马克斯派在东方的势力,也有一日千里之势。但我看了许多出版物,对于马克斯学说的介绍,都不过零编断简,并不曾有个系统研究,至于马克斯的一生及其事业,更没有人关心到了。""这本书是斯柏高 John Spargo 著的,他也是世界劳工联合会的会员,对于马克斯未死的朋友及子女,都是谂交。这本书虽不算十分详细,总算是传述马克斯的最善本。"

陈独秀《社会主义批评》发表于 1 月 16—19 日《广东群报》。

无懈(周佛海)《俄国共产政府成立三周年纪念》发表于 1 月 17—22 日《广东群报》。

无懈(周佛海)《我们为什么主张共产主义》发表于 6 月 25 日、28—29 日《广东群报》。

李大钊《中国的社会主义及其实行方法的考察》发表于 1 月 27 日《新支那》报。

按:文章说:"现在的中国能否即刻实行社会主义,这件事目前已经成为议论的中心问题。不少人认为要实行社会主义,必须首先着力于发展实业,以开发全国的事业,增加富力,从而使一般人尤其是广大的下层农民富裕起来,认为这是最稳妥和最好的方法。然而我的想法却与此相反,我认为要在现存制度下发展实业只能越发强化现在的统治阶级而迫使下层农民为少数的统治者阶级付出更多的劳动。"

编者《劳动者与社会主义者》发表于 2 月 13 日大连《泰东日报》。

杨首争《社会主义与人类》发表于 2 月 15 日大连《泰东日报》。

编者《俄国少年共产会的组织法》发表于 1 月 21 日《汉口新闻报》。

编者《俄国共产党之宣言》发表于 3 月 1 日《汉口新闻报》。

按:该宣言是俄国政府由战时共产主义政策向新经济政策转变的产物,它预示着俄国政府社会建设的开始。

三、研究著作

[德]柯祖基(考茨基)著、李达译《马克思经济学说》由上海中华书局出版。

按:五四运动前后,中国知识分子对考茨基的著作非常重视,如其所著《马氏资本论释义》(《马克思的经济学说》)一书,不仅有多种译本,而且不断再版,虽然他在 1914 年之后就背离了马克思主义,但正如列宁所说:"我们从考茨基的许多著作中知道：他是懂得怎样做一个马克思主义的历史学家的；虽然后来他成了叛徒，他的那些著作仍将永远是无产阶级的财富。"①

［德］马克思著、袁让译《工钱、劳动与资本》（马克思全书 2）由上海人民出版社出版。

按：是书即《雇佣劳动与资本》。根据恩格斯修订过的 1861 年柏林德文版并参考 1902 年纽约英文版译出。书前有"译例"和译者序。

［德］恩格斯著、陈望道译《空想的和科学的社会主义》由上海人民出版社出版。

按：是书系一部阐述科学社会主义的思想来源、理论基础和基本原理的重要著作。

［德］恩格斯著、郑次川译《科学的社会主义》由上海公民书局出版。

［荷］郭泰著、李达译《唯物史观解说》由上海中华书局出版。

按：李达根据德文本并参照堺利彦日译本将之翻译成中文，中华书局把它列为新文化丛书之一进行出版，是我国第一本全面彻底诠释唯物论的专著，在中国马克思主义传播历程上具有重要地位。是书分 14 章，通俗地介绍了马克思主义的唯物史观。书前冠序。书末附《马克思唯物史观要旨》、译者附言。从 1921 年到 1936 年之间，此书出版了 14 版，可以影响之大。

［苏］列宁著、沈泽民译《论无产阶级在这次革命中的任务》出版。

［苏］列宁著、李立译《劳农会之建设》（即《苏维埃政权的当前任务》）由上海人民出版社出版。

［苏］列宁著、成则人（沈泽民）译《讨论进行计划书》（即《论策略书》）由上海人民出版社出版。

［德］柯祖基（考茨基）著、恽代英译《阶级争斗》由上海新青年社出版。

按：是书现译名《爱尔福特纲领解说》，是考茨基对爱尔福特纲领的理论部分所做的解说，恽代英受陈独秀委托翻译此书。该书对马克思主义的一些基本原理作了阐述。此书中译本的出版，在五四运动时期有一定的影响，是中国共产党早期组织传播马克思主义的重要著作，在早期马克思主义者的思想中发挥了很大的作用，成为毛泽东皈依马克思主义的三本书之一（另外二本是《共产党宣言》《社会主义史》）。

田诚著《共产主义与智识阶级》由汉口新文化共进社出版。

按：是书出版于中国共产党成立之前的 6 月，意义重大，作者田诚，或认

① 列宁.立宪会议和苏维埃共和国.[C]//列宁全集:第 35 卷,北京:人民出版社,1985:269.

为是陈潭秋的笔名。周行、田子渝说:《共产主义与知识阶级》(以下简称《共》)则是当时马克思主义者运用马克思主义基本原理与中国革命相结合的最高成果:首先,正确判断中国特殊的社会性质。在这个问题上,第一代马克思主义者曾经误判中国是资本主义社会,因而提出中国直接进行社会主义革命的命题。《共》的杰出贡献就在于它十分明确地指出中国社会不同于欧美,亦不同于俄国,而是帝国主义国家掠夺的"公共半殖民地"。正确认识社会的性质是制定正确政略的客观依据与出发点,由此出发《共》提出中国革命的任务是推倒帝国主义,以及依附他们的军阀政客、资本家。其次,提出革命必须要有马克思主义作指导。《共》运用马克思主义批判了对进步知识分子中影响最大的教育救国论和无政府主义。对前者,《共》指出教育是工具,"资本主义下的教育,没有不是受到资本主义的牵制的;只有在新兴的苏维埃俄罗斯,教育事业是极发达的,而且是极合正道的。所以我们要明白,正当的教育事业,要在社会革命以后,才能实现的"。对后者,《共》指出"无政府主义者是主张自由联合和小组织的,这种小组织的生产制会引着社会向退化的道上去"。要打破私有制,只有朝共产主义方面去,共产主义是科学的真理,"不是乌托邦的理想,是解放人类的明星"。再次,号召革命的知识分子与工农相结合。它特别强调中国的知识分子应该造成"往田间和工厂里去"的声浪,和一般工人与农民握手,"要觉得自身也是无产阶级一分子"。革命的知识分子到无产阶级中用马克思主义教育工人、农民,共同"实行共产主义的革命运动,因为这是改造社会的唯一方法"。最后,指出中国战略分两步走的思想。"第一步是要组织无产阶级先锋队,就是共产党",使共产党成为领导中国"革命运动的中心机关"。"第二步是要无产阶级夺得政权,建设劳农专政的国家"。要实现这两步,中国革命要站在第三国际的红色旗帜下,"拥护这个国际革命的中心,推广这个革命的运动"。虽然,在今天看来,这个最初的结合是幼稚的,最大的理论缺陷是没有认清中国革命的性质,提出直接"奔向苏维埃俄国"的社会革命,这个缺陷是历史的局限,但中国第一代马克思主义者对马克思主义一开始就强调"有的放矢"的思路是难能可贵的,沿着这个方向前进,后来才有了新民主主义的完整理论,才有了马克思主义中国化的三个理论成果。[①]

[日]高畠素之著、李达译《社会问题总览》由上海中华书局出版。

按:是书包括总说、社会问题的意义及由来、社会政策、社会主义、工会、

---

① 周行,田子渝.马克思主义在武汉地区的早期传播[J].湖北大学学报(哲学社会科学版),2009(6).

妇女问题等。

徐松石编译《托尔斯泰之社会学说》由上海广学书局出版。

［日］生田长江、本间久雄著，林本等译《社会改造之八大思想家》由上海商务印书馆出版。

按：是书将马克思与克鲁泡特金、罗素、托尔斯泰、莫里斯、卡彭特、易卜生、爱伦凯等 8 人并称为改造社会的八大思想家，介绍了他们的生平与思想。

［日］山川均著、王文俊译《苏维埃研究》由北京新知书社出版。

王弨、王之相、贺之俊译《俄罗斯公证章程》由北京司法部参事厅出版。

耿匡补译《俄罗斯民法》由北京司法部参事厅出版。

按：是书乃十月革命前俄国旧民法。内容包括亲族、权利义务、亲子财产上权利取得及继承顺序、取得并保全财产上权利之顺序、契约书上义务等。

张冥飞主编《劳农政府与中国》由汉口新文化共进社出版。

按：是书乃再版，主要介绍十月革命、新宪法、土地国有法，以及劳农政府与中国的关系等。

孙范译述《过激党真相》由上海泰东图书馆出版。

［苏］布哈林著、太柳译《共产党底计划》由人民出版社出版。

［英］柯尔、密洛著，郭梦良、徐六几译《基尔特社会主义发凡》由北京大学社会主义研究会出版。

［俄］L. 托尔斯泰著、耿济之译《艺术论》由上海商务印书馆出版。

按：是书分 20 章阐述了作者的文学艺术观，有郑振铎的序和译者的序。

四、卒于是年的研究者

严复（1854—1921）卒。原名宗光，字又陵，后改名复，字几道，福建侯官人。先后毕业于福建船政学堂和英国皇家海军学院，曾任京师大学堂译局总办、上海复旦公学校长、安庆高等师范学堂校长，清朝学部名辞馆总编辑。1896 年创办中国最早的俄语学校俄文馆，并任总办。主张向西方学习，曾翻译西方近代社会科学经典著作《天演论》《原富》《群学肄言》《群己权界论》《法意》等，其中影响最大的是翻译赫胥黎的《天演论》，以"物竞天择，适者生存"的进化论观点唤起国人救亡图存的民族意识，对近代思想界影响极大，是中国近代史上向西方国家寻找真理的"先进的中国人"之一，以后中国人之所以接受马克思主义社会阶段论，《天演论》提供的思想基础不容忽视。

毛泽东在《论人民民主专政》中称赞他是"中国共产党出世以前向西方寻找真理的一派人物"之一。

　　按：董四代说："严复是近代中国影响最大的启蒙思想家。他译介的许多西方近代有影响的政治、经济著作，在中国的思想史上产生了重要影响。他虽然不是社会主义思想家，并没有康有为那样的乌托邦巨著，也没有像孙中山那样提出有实践取向的民生社会主义，但他却以进化论的社会历史观，为中国社会主义思想发展提供了新的理论根据。……严复是面向未来寻求中国发展的启蒙学者，但又不是社会主义思想家。然而，处在西方文明日进，社会不平等加剧，社会主义思潮兴起的背景下，他又不能回避这个时代命题。虽然他对社会主义的论述不是系统的，但他对资本主义的判断和对社会主义的译述，又对中国近代社会主义思想发展产生了重要的影响。"[①]

　　彭璜（1896—1921）卒。字殷柏，又称荫柏，湖南湘乡人。毕业于湖南长沙商业专门学校。1919 年积极参加五四运动，任湖南学生联合会副会长、会长，曾组织学生罢课，声援北京学生。被毛泽东等吸收加入新民学会，成为学会的骨干分子。同年还与毛泽东等一起进行驱逐军阀张敬尧的斗争。1920 年 2 月创办《天问》周刊，与毛泽东倡议发起成立上海工读互助团筹备会，参与筹备长沙文化书社和组织俄罗斯研究会。1921 年加入中国共产党，在筹备赴法勤工俭学等事宜中，因操劳过度而患精神失常症，后失踪。是毛泽东早期在长沙开展革命活动的亲密战友。新中国成立后，被追认为革命烈士。

---

① 　董四代.严复在中国社会主义思想发展史中的地位[J].大庆师范学院学报,2010(4).

民国十一年　壬戌　1922 年

一、研究背景

1 月 15 日,青年团北京地委的机关刊物《先驱》半月刊在北京创刊,主编刘仁静、邓中夏,开始大篇幅宣传马克思列宁主义理论和介绍苏联的情况,并着重地宣传列宁关于民族殖民地问题的理论。第 4 期开始迁至上海出版,改为社会主义青年团的机关刊物。1923 年 8 月 15 日停刊,共出 25期。改出《中国青年》,由恽代英主编。

按:《先驱》半月刊和中共中央出版的机关刊物《向导》周刊,同为当时传播马克思主义、指导全国青年运动的刊物。

是日,上海社会主义研究会、中国社会主义青年团、科学讨论会、马克思学说研究会、新文化研究社等团体借宁波同乡会召开纪念德国马克思主义政治家李卜克内西大会,与会者 500 余人。

是日,北京部分高中等学校数百名学生响应中共中央局和青年团中央的号召,举行德国著名政治活动家李卜克内西与卢森堡女士殉难 3 周年纪念大会,请名流演讲,发放各种出版物。

是日,工余社负责人李卓编辑的无政府主义刊物《工余》在法国创刊,共出版 23 期。旅欧共产主义者与无政府主义派在政治、思想等一系列基本问题上,展开了针锋相对的论争,而《少年》和《工余》杂志成为双方重要的论战阵地。

按:王永祥等指出,一九二二年八月,著名无政府主义者区声白、刘抱蜀、刘无为等人,编辑出版了一种叫作《无所谓宗教》的小册子,在旅欧勤工俭学生和华工中广为散发。这本小册子上登载的《如何掘去宗教之根》等文章,名义上以"非宗教"相号召,实际上却"谓共产主义具有宗教精神",把"共产主义与宗教同列",进而攻击共产主义者对马克思学说的信仰是"迷信"。在另外的文章中,区声白明目张胆地胡说,共产党人"把马克思当作一个教祖""把《资本论》《共产党宣言》当作圣经""把首领当作牧师,一味盲从,不讲理性"。对于这种攻击和挑战,共产主义者当即予以回击,在一九二二年九月一日出版的《少年》第二号上,专门开辟了评论《无所谓宗教》的专栏,并刊登了周恩来的评论文章《宗教精神与共产主义》。文中,周恩来首先指出,马克思主义是革命的科学,而不是宗教的教义。他说:"自马克思出,一本科学的精神,寻出'物质世间'的最大缺憾在现代经济组织,而生产力的变迁,更足以使此经济组织有必须崩溃之势。另一方更从人类史中,找出阶级争斗的痕迹,知道现今的'下层阶级'乃是依附现代经济组织之下的最后最困苦的无产阶级。欲'铲除痛苦的根源',消灭此阶级界限,顺着经济变迁可能的趋向,自不得不想出'最公平的分配方法,最有效的生产制度,使生产者公有其生产品,而公同分享之'。这便是共产主义所由来,也正是马克思全部经济学说给以明确证明的。至于革命,更是'铲除痛苦'的不可避免方法。"马克思学说给人类指明了实现真正解放的唯一正确途径,而决没象宗教那样虚伪的"引入空想未来天国",去迷惑人心。同时周恩来又指出:作为共产主义者,对于指导自己行动的完整思想体系——马克思学说,则必须具有坚定不移的信仰而不得有任何动摇,因为"理愈明,信愈真,感愈切,革命的精神遂能愈久而愈坚"。鉴于此,共产党人必须"视马克思的著作为可贵可重""便甚言之为'经'为'典',也无可非议",这决谈不到是什么迷信!周恩来还进一步从理论上阐明了信仰与迷信的根本区别,他说:"迷信与信仰何别?别在其所信的理论与方法,能否用在'实际'上来'试验',换过来说,便是能否合乎科学精神。"既然信仰是合乎科学精神的,那就不是盲目的,而是出自理智的考虑。所以周恩来又明确指出:"凡有所'信',都不应趋越于理智范围之外,出此便为'迷信'。"这就清楚说明,共产主义者信奉的是经得起实践检验的科学理论,这与"教徒对于神父牧师只有迷信,即心知其非口亦不敢言"的唯心态度毫无共同之处。在这次论争中,反映出旅欧共产主义者对待马克思主义理论的一个重要思想,即在他们看来,马克思主义的理论之所以正确,之所以应该信仰,是因为它的理论和方法,能够经得起"在'实际'上来'试验'",是在实际试验中不断得到丰富和发展的科学。这个思想包含了实践是检验真理的标准的基本内容。这样的观点在一九二二年,即中国共产党成立仅仅一年之后,周恩来已如此鲜明地提了出来。……反对无政府主义的斗争,是旅欧共产主义者"对外宣传主义",推进共产主义运动的重要步骤。这场斗争,其直接胜利成果是摧垮了中国无政府派在欧洲负隅坚持的基地,消除了无政府主义在旅欧华人中的严重影响,将更多的革命群众争取到马克思主义的旗帜下。而其更深远的影响则在于,锻炼提高了第一代共产主义者。面对无政府主义的挑战,以周恩来、赵世炎为代表的旅欧共产主义战士,高举马克思列宁主义旗帜,批判谬误,捍卫真理。他们在斗争中,不仅从理论上严格区分了马克思主义与无政府主义的原则界限,而且联系中国和苏俄革命的具体实践,辨明是非。在革命斗争的推动下,他们对马列主义理论的学习更深入,理解也更深刻。这对他们日后迅速成长为有较高马列主义理论修养的领导骨干,无疑有着密切关系。因此,这场斗争对中国共产主义运动的发展具有很大意义。①

1月21—2月2日,共产国际在莫斯科召开远东各国共产党及民族革命团体第一次代表大会。列宁在会议期间接见中共代表团团长张国焘(共产党)、张秋白(国民党)和邓培(唐山工人)等人。出席会议的中共代表还有瞿秋白、俞秀松、任弼时、王尽美、邓恩铭、高君宇、林育南、张太雷、罗亦农、萧劲光等。这次会议使中国共产党进一步了解了列宁关于民族和殖民地问题的理论,促进了党对民主革命纲领和革命统一战线等的研究与讨论。

按:萨法罗夫在会上做了题为《民族殖民地问题和共产党人的态度》的报告,其中说:"中国劳动群众及其先进分子中国共产党人所面临的首要任务,是把中国从外国的压迫下解放出来,实现土地国有,推翻督军统治,建立单一联邦制的民主共和国,实行统一的所得税制度。这个共和国必须照顾广大农民的利益。"这个报告对中国共产党人认清中国国情,制定民主革命纲领产生了很大的指导作用。②

2月1日,周恩来由法国巴黎前往德国柏林,在留德学生中建立共产主义组织——旅德支部。然后返回巴黎,与赵世炎等着手筹备建立旅欧总支部的工作。

2月2日,北京大学马克思学说研究会发布通告,拟定具体的分组研究内容:第一组唯物史观,第二组阶级斗争,第三组剩余价值,第四组无产阶级专政及马克思预定共产主义完成的三个时期,第五组社会主义史,第六组晚近各种社会主义之比较及其批评,第七组经济史及经济学史,第八组俄国革命及其建设,第九组布尔什维克党与第三国际共产党之研究,第十组世界资本主义国家在世界各弱小民族掠夺之实况——特别注意于中国。③

2月26日,中国社会主义青年团广东省委机关刊《青年周刊》在广州创刊,以宣传马克思主义,提高青年的阶级觉悟,彻底改造旧制度为宗旨。

---

① 王永祥,孔繁丰,刘品青.中国共产党旅欧支部史话[M].北京:中国青年出版社,1985:132-134、146.

② 肖东波.中国共产党理论建设史纲(1921—1949)[M].北京:中共党史出版社,2004:33.

③ 北京大学图书馆,北京李大钊研究会,编.李大钊史事综录[M].北京:北京大学出版社,1989:468.

按：杨匏安以笔名"夕马"撰写《宣言》，公开向读者宣告："我们认定旧式的农业社会制度，是过去的，无可维持的；现在新起的工商业社会制度，是不合理的，应当改造的，所以'社会革命'四个大字，就是我们先行的旗帜。我们最服膺马克斯主义！因为他的经济学说，能把资本制度应当崩坏的纯经济的、纯机械的历程阐明。他的革命的无产阶级学说，就是指示我们实现社会主义的实际道路。"这篇短短的"宣言"，已初步把马克思主义同中国的国情联系起来，明确地提出我国革命除了应注重劳工运动之外，"我们尤其注重的是农民运动"，因为"中国是一个农业国，生产的大部分都是出自农民汗血"。同时号召学生、妇女和军队，同青年团员携起手来，共同革命，号召中国军人要学习苏联红军的榜样。

是月，共产国际远东书记处撤销，中国、日本、朝鲜等国革命由共产国际执委会直接领导。

4月，李大钊、邓中夏、刘复、陶孟和、徐炳昶、谭熙鸿、高一涵、周作人、范鸿劼、张国焘、张竞生、杨钟健、朱务善、郭春涛、高尚德、王用宾等人发起成立北京非宗教大同盟，是由党领导的一个以马克思学说研究会会员为主体、以北京大学为基地的革命团体。

4月上旬，中共中央在上海决定由达林、张太雷、蔡和森3人组成委员会，拟定社会主义青年团的纲领和章程草案。

5月1日，由中国劳动组合部书记部发起，在广州召开第一次全国劳动大会。

是日，武汉地区党团组织《大汉报》《汉口新闻报》《江声日刊》《武汉商报》《武汉晚报》《汉口时报》和武汉《星期评论》等报刊，同时出版纪念五一专号，发表陈潭秋《"五一"底略史》、林育南《"五一"与"五四""五五""五七"》、包惠僧《五一纪念过去和将来》、马念一《"劳动节"底感想》及《敬告劳动界》《我对于武汉劳动节的观察》等17篇文章。是武汉地区自十月革命以来，最大规模的一次公开传播马克思主义的行动，也是第一次集中向工人群众灌输科学社会主义的宣传造势。

5月5日，中国社会主义青年团第一次全国代表大会在广州召开。陈独秀、张国焘和蔡和森、张太雷等出席会议。会议讨论通过《中国社会主义青年团纲领》《中国社会主义青年团章程》《青年工人、农人生活状况改良的议决案》《中国社会主义青年团与中国各团体的关系之决议案》。选举高君宇、施存统、张太雷、蔡和森、俞秀松为中央执行委员会委员，林育南、张秋人、冯菊坡为候补委员，施存统为团中央执行委员会书记。蔡和森负责团机关报《先驱》的编辑工作。

是日，北京大学马克思学说研究会举办马克思诞生 104 周年纪念大会，邀请李大钊等进行公开演讲。

是日，南京马克思主义研究会在玄武湖举行马克思诞辰纪念会，杨杏佛应邀作《马克思传》的报告。

是日，湖南长沙马克思学说研究社会召开马克思诞辰 104 周年纪念大会，毛泽东在会上发表《共产主义与中国》演讲。同日《民国日报》副刊专载《马克思学说》，上海学界在民强中学举行纪念马克思诞辰大会。

是日，为纪念马克思诞辰 104 周年，天津团组织集资创办"五五书报代卖社"。

按：该社章程公开宣布：之所以确定这个名称，就是为了纪念马克思；之所以成立这个书社，就是为了解除"津沽一带人民"没有专门介绍这类马列主义书报机关的"大痛苦"。因此，书社成立后，在很短的时间内，便向天津人民介绍了大量的"文化和科学的书报"，在宣传文化、输入科学、传播马克思主义方面，起到了极为重要的媒介作用。① 是年底，在"五五书报代卖社"的基础上，天津团组织成立了天津马克思主义研究会的公开组织（又称马氏学会）。后又创办"马氏通信图书馆"，用通信的办法，向革命青年推荐马列著作。据记载，该馆"与马氏学说没关系的书籍"一律不要，在公布的第一批 49 多册书目里，既有马克思主义的珍贵文献，又有学习、研究和阐述马克思主义的书刊。如陈望道译的马克思、恩格斯合著《共产党宣言》、袁让译的马克思《雇佣劳动与资本》，其他人译的列宁《伟大的创举》《劳农政府的成功与困难》《讨论进行计划书》和《马克思资本论入门》《唯物史观解说》《马克思纪念册》《两个工人谈话》以及《共产党》《新青年》《今日》等②。

是日，恽代英等在川南师范学院成立马克思主义研究会，组织青年学生学习马克思、恩格斯的重要著作，专门用以宣传马克思主义唯物史观等，从而成为马克思主义的传播主阵地。

是日，上海为纪念马克思诞辰 104 周年而举行盛大纪念会，张秋人作马克思事略的报告，陈望道、郑太朴、沈雁冰等作演说。中国劳动组合书记部专门编辑出版了《马克思纪念册》。

---

① 中共天津市委党史资料征集委员会，编.马克思主义在天津早期传播(1917—1924)[M].天津：天津人民出版社,1989:16.

② 中共天津市委党史资料征集委员会，编.马克思主义在天津早期传播(1917—1924)[M].天津：天津人民出版社,1989:17.

5月10日,北京非宗教同盟成立大会在北京大学正式召开,李大钊、邓中夏、黄日葵、范鸿劼、刘仁静等15人当选为干事。次月出版《非宗教论》的文集。

是月,中共湘区委员会成立,毛泽东任书记,何叔衡、易礼容、李隆郅(李立三)为委员。

6月1日,上海公共租界工部局以"在《劳动周刊》上发表可能引起骚乱及破坏治安的文章"为罪名,逮捕了该刊主编李启汉,该刊被迫停刊。

6月3日,周恩来、赵世炎、陈延年、张申府、李维汉、王若飞、萧三、萧朴生、傅钟、郑超麟、尹宽、任卓宣、薛世纶、刘伯坚、袁庆云、王灵汉、佘立亚、李慰农、汪泽楷等在法国巴黎召开第一次代表大会,成立共产主义组织"旅欧中国少年共产党",设立"旅欧中国少年共产党中央执行委员会",选举赵世炎为总书记,周恩来负责宣传,李维汉负责组织。后根据团中央的指示,正式定名为"中国社会主义青年团旅欧总支部"。至8月,党中央决定成立中国共产党旅欧总支部,下辖旅法支部、旅德支部和旅比支部。在旅欧留学生和华工中加强马克思主义的宣传,并同旅法华人中的无政府主义和国家主义的思潮进行针锋相对的斗争。1924年后,因主要负责人陆续回国,总支部逐渐停止活动。

按:何长工说:"中国共产党旅欧总支部是我党最早在海外建立的坚强组织,在我党发展史上具有重大的作用。它集中了当时留法、留德和留比利时各国勤工俭学学生中最优秀的分子,为宣传马列主义做出了重要贡献,为我党培养了一大批优秀的领导干部和坚强的革命活动家。他们忠诚于党的革命事业,有的同志献出了自己的宝贵生命;有的同志则一直担任着党和国家的重要职务,成为党和国家的卓越领导人,鞠躬尽瘁,为党的事业贡献了一生。有的同志至今仍然担负着党和国家的重任,为党和人民的事业日夜操劳。这是旅欧总支部的光荣,也是全党和全国人民的光荣。"[1]

6月15日,中共中央发表《中共中央第一次对于时局的主张》,明确提出建立各民主阶级联合战线的主张,为中国共产党第二次全国代表大会制定党的民主革命纲领作了必要的思想准备。

6月30日,陈独秀以中国共产党中央执行委员会的名义向共产国际汇报中国共产党在政治宣传即马克思主义在中国的传播方面所做的工作。其中中央机关设立的人民出版社所印行的书就有马克思全书两种:《共产党宣

---

① 何长工.留法勤工俭学的斗争和旅欧总支的建立[C]//中国人民政治协商会议全国委员会文史和学习委员会,编.文史资料选辑:合订本第十九卷,中国文史出版社,2011:415-416.

言》、《雇佣劳动与资本》（当时译为《工钱劳动与资本》，袁让译），列宁全书五种：《共产党宣言》、《劳农会之建设》（李立译）、《讨论进行计划书》（沈泽民译）、《劳农政府之成功与困难》（李墨耕译）、《共产党礼拜六》（王静译），共产主义丛书五种：共产党计画书（布哈林）、俄国共产党党纲、国际劳动运动中之重要时事问题、第三国际议案及宣言、托洛茨基《从十月革命到布列斯特和约》（当时译为《俄国革命纪实》）等。

7 月 16—23 日，中国共产党第二次全国代表大会在上海举行，出席会议的有陈独秀、张国焘、李达、蔡和森、高君宇、邓中夏、施存统、王尽美、张太雷、邓恩铭、向警予、项英等 12 人。参加远东各国共产党及民族革命团体第一次代表大会的中国共产党代表团的部分代表，回国后参加了大会，并向大会作了报告。会议通过《关于"世界大势与中国共产党"的议决案》《关于"国际帝国主义与中国和中国共产党"的决议案》《关于"民主的联合战线"的议决案》《中国共产党加入第三国际决议案》及关于《议会行动议决案》《关于"工会运动与共产党"的议决案》《关于少年运动问题的决议案》《关于妇女运动的决议案》《关于共产党的组织章程决议案》，发表了《中国共产党第二次全国代表大会宣言》，认为"中国共产党是中国无产阶级政党。她的目的是要组织无产阶级，用阶级斗争的手段，建立劳农专政的政治，铲除私有财产制度，渐次达到一个共产主义的社会"。决定出版中央机关刊物《向导》周刊，蔡和森任主编。选举陈独秀、李大钊、蔡和森、张国焘、高君宇为中央执行委员，邓中夏、向警予为候补委员，陈独秀为委员长。

按：党的二大通过的《中国共产党第二次全国代表大会宣言》，根据马克思主义的一般原理和列宁关于民族和殖民地问题的基本思想，第一次全面系统地分析了中国革命所处的时代特点，分析了中国社会的经济政治状况和各阶级的政治态度，科学地规定了党的最高纲领和最低纲领，提出了党在现阶段的基本任务和斗争策略。党的民主革命纲领的制订和提出，反映了中国共产党人已经初步学会应用马列主义基本原理来解决中国革命的实际问题。[1]

7 月 18 日，共产国际执委会主席团正式决定中国共产党与孙中山领导的中国国民党建立革命联合路线，并指示中共中央立即迁至广州，所有工作必须在与马林的密切联系下进行。

是月，中国劳动组合书记部迁至北京，《工人周刊》成为劳动组合书记部

---

① 陈至立，主编. 中国共产党建设史[M].上海：上海人民出版社,1991:55.

总部的机关报。

是月,少年中国学会在杭州举行大会。

8月1日,中共旅欧支部在巴黎创办《少年》月刊,为中共在海外出版的第一份刊物。12月15日停刊。次年3月1日改名《赤光》,以宣传共产主义、批驳无政府主义思潮为重点。

按:《少年》月刊的宗旨是:宣传马克思主义学说及建党、建团的重要意义;解释共产国际和中共中央的文件精神,报道世界工运、青运和中国的青年运动消息;与勤工俭学生中的各种非马克思主义和反马克思主义思潮做斗争,论证中国必须坚持走无产阶级专政的革命道路;摘要刊登马克思、恩格斯、列宁的著作,宣传马克思主义;结合党团成员的思想动向和中国实际,介绍马克思主义的部分学说,是当时传播马克思主义的渠道之一。

8月21日,青年团北京地委、马克思学说研究会、少年中国学会等14个团体700余人,在北京大学第三院召开欢迎苏俄政府代表越飞的大会。

8月25日,孙中山在上海与苏俄全权大使越飞的代表会晤,越飞向孙中山提出改组国民党的建议。同时,中国共产党领导人李大钊等人多次拜访孙中山,商谈国共合作问题。

8月29—30日,中共中央在杭州西湖举行特别会议,陈独秀、李大钊、蔡和森、张国焘、高君宇、张太雷和马林等7人参加会议,讨论国共合作问题。马林传达了共产国际的指示,主张中共党员以个人身份加入国民党,建立国共合作的统一战线。经过讨论,会议决定在孙中山改组国民党以后,共产党员以个人身份加入国民党。

是月,长辛店铁路工人举行政治大罢工,天津铁路工会立即发表通电声援。24日,全津铁路工人举行援助大罢工。10月30日,又有开滦五矿工人同盟大罢工爆发,并得到社会各界支持。它表明马克思主义在天津的传播已经进入把理论应用于中国社会实际的阶段。

是月,共产党员邓中夏、缪伯英、高君宇、范鸿劼、蔡和森等和进步人士共同发起成立民权运动大同盟,推选邓中夏为临时主席,出版刊物《民权》。至10月15日发表《民权运动大同盟宣言》。

9月4日,孙中山在上海召集各省国民党负责者会议,讨论国民党改组事宜,并指定专人草拟国民党改组的宣言、党纲、党章。陈独秀等共产党人出席会议。会议一致赞成孙中山改组国民党的计划。

按:柳宁说:"第一次国共合作的建立,改善了马克思主义传播的环境,中国共产党从相对狭小的空间里走出来,主导了马克思主义的传播。中国共产党人开始将马克思主义同中国革命实际相结合,并进行理论上的探索,开启了马克思主义中国化起步阶段,取得了初步成果,产生了积极影响。""国民党人在国共合作前后传播马克思主义有明显变化,我们应全面地、历史地、辩证地看待国民党对马克思主义在中国传播的作用。(一)整体地看待第一次国共合作前后国民党人传播马克思主义的直接贡献和潜在影响。首先,第一次国共合作前,国民党人以实用主义的态度,积极接触、研究马克思主义,通过报纸杂志等媒介介绍和宣传马克思主义,并同早期中国共产党领导者共同传播马克思主义,客观上推动了马克思主义理论学说在中国的传播和影响的扩大。其次,国民党人对马克思主义的介绍和研究为第一次国共合作的建立做出了贡献。马克思主义作为一种先进的思想文化,受到当时国民党人的关注,以孙中山为代表的国民党人在探索建立一个资产阶级共和国的过程中,介绍和研究马克思主义并从中汲取营养,促进国民党思想的进步,为第一次国共合作奠定了思想基础。第三,国共合作期间,国民党的支持直接推动了工农运动的恢复发展。……第四,马克思主义在国共合作期间继续深入传播,也改变了国民党。将国民党由一个资产阶级、小资产阶级为主体的松散的多阶级集合体,转变为一个工人、农民、资产阶级和小资产阶级的革命联盟。国民党的阶级构成发生了变化,代表工人、农民、手工业者和小商人等利益的国民党左派贯彻孙中山'联俄、联共、扶助农工'的政策,主张与共产党合作,与干扰国共合作的言行进行斗争,捍卫国共合作,客观上促进了民主革命的发展。(二)国民党右派的反动行径造成马克思主义传播历程中的巨大损失。"[①]

9 月 13 日,中共中央的第一份机关报《向导周刊》在上海创刊,旗帜鲜明地宣传中国共产党的政治主张和反帝反封建的民主革命纲领,宣传马克思主义,发挥舆论宣传和政策指导作用。

按:谢菲说:"《向导》作为第一个公开发行的党刊,它的创刊与发行对马克思主义思想理论在中国的广泛传播有着十分重要的意义。以陈独秀、蔡和森为突出代表的一批早期有坚定信仰的马克思主义理论者,在中国正处于内忧外患、四分五裂的社会条件下,活跃在全国各地并组建团体,创办刊物,满腔热忱地对马克思主义思想进行传播,同时他们在将理论很好地应用于实践的过程中,做到一切从实际出发,实事求是,并将理论与实际工作更好地结合起来,努力推进理论更好地为实践服务,他们这些活动的开展也揭

---

① 柳宁.第一次国共合作时期马克思主义的传播——兼论中国国民党的影响[J].西部学刊,2016(2).

开了马克思主义中国化的序幕。……《向导》在中国传播马克思主义的过程,不仅强大的编撰群体对马克思主义理论进行介绍,而且还引领了当代有进步思想的青年,使他们也投身到马克思主义的实践中来。""总之,《向导》对马克思主义在中国的传播影响甚广,对中共的发展壮大也产生了重大影响,对马克思主义经典理论进行归纳和总结,为马克思主义在中国的传播做出了卓越的贡献。《向导》1922 年 9 月在上海创办,1927 年 7 月因汪精卫的叛变被迫停办,总共发行 201 期,先后在上海、北京、广州、武汉等大城市出版。它是由共产国际驻华代表直接参与创办的机关报,是中国共产党早期公开的报刊中持续发行时间最长的报纸,也是国民革命时期对中国报刊界影响最深的报刊之一。根据时局的发展,《向导》及时地指出当前的新情况、新动向,及时地指出斗争的新任务、新策略,适时地指导着国民革命的顺利发展,真正成为革命的'向导'。它作为马克思主义传播最重要的媒介,对马克思主义在中国的传播奠定了基础。"①

是月,毛泽东领导安源路矿工人大罢工取得胜利,对湖南工人运动和革命运动的影响巨大。

是月,中国共产党在上海创办人民出版社,配合马列主义的宣传教育运动,出版了《共产党宣言》《第三国际议案及宣言》《资本论入门》《俄国共产党党纲》《俄国革命纪实》等著作。

10 月 23 日,在私立东南高等专科师范学校基础上,由中国共产党与国民党联合主办的上海大学成立。校长为于右任,由邵力子代理,邓中夏任总务长,瞿秋白为社会学系主任,教员有李大钊、邓中夏、张太雷、萧楚女、恽代英、陈启修等,对学生进行系统的马克思主义教育,使许多革命知识分子接受了马克思主义世界观和革命理论,该校成为中国共产党培养革命干部的高等学校。

11 月,纪念俄国十月社会主义革命 5 周年讲演大会在北京大学举行,李大钊主持大会并发表演讲。

是年,北京大学的《先驱》半月刊被京畿卫戍司令部以"鼓吹社会主义"的名义查禁。

二、研究论文

陈独秀《马克思学说》发表于《新青年》第 9 卷第 6 号。

---

① 谢菲.《向导》在马克思主义传播过程中的贡献研究[D].哈尔滨:哈尔滨工业大学,2016.

　　按：文章论述了剩余价值、唯物史观、阶级争斗和劳工专政等 4 个问题。作者说："马克思是一个大经济学者，他的学说代表社会主义的经济学和亚当·斯密代表个人主义的经济学一样，在这一点无论赞成马克思或是反对者都应该一致承认。马克思底经济学说，和以前个人主义的经济学说不同之特点，是在说明剩余价值之如何成立及实现。二千几百页的《资本论》里面所反复说明的，可以说目的就是在说明剩余价值这件事。""马克思的唯物史观学说虽然没有专书，但是他所著的《经济学批评》《共产党宣言》《哲学之贫困》三种书里都曾说明过这项道理。综合上列三书中所说明的唯物史观之要旨有二：其一说明人类文化之变动。大意是说：社会生产关系之总和为构成社会经济的基础，法律、政治都建筑在这基础上面。一切制度、文物、时代精神的构造都是跟着经济的构造变化而变化的，经济的构造是跟着生活资料之生产方法变化而变化的。不是人的意识决定人的生活，倒是人的社会生活决定人的意识。其二说明社会制度之变动。大意是说：社会的生产力和社会制度有密切的关系，生产力有变动，社会制度也要跟着变动，因为经济的基础（即生产力）有了变动，在这基础上面的建筑物自然也要或徐或速的革起命来，所以手臼造出了封建诸侯的社会，蒸汽制粉机造出了资本家的社会。一种生产力所造出的社会制度，当初虽然助长生产力发展，后来生产力发展到这社会制度（即法律、经济等制度）不能够容他更发展的程度，那时助长生产力的社会制度反变为生产力之障碍物，这障碍物内部所包涵的生产力仍是发展不已，两下冲突起来，结果，旧社会制度崩坏，新的继起，这就是社会革命；新起的社会制度将来到了不能与生产力适合的时候，他的崩坏亦复如是。但是一个社会制度，非到了生产力在其制度内更无发展之余地时，决不会崩坏。新制度之物质的生存条件，在旧制度的母胎内未完全成立以前，决不能产生，至少也须在成立过程中才能产生。马克思社会主义所以称为科学的不是空想的，正因为他能以唯物史观的见解，说明资本主义的生产方法和资本主义的社会制度所以成立所以发达所以崩坏，都是经济发展之自然结果，是能够在客观上说明必然的因果，不是在主观上主张当然的理想，这是马克思社会主义和别家空想的社会主义不同之要点。"

　　李达《评第四国际》发表于《新青年》第 9 卷第 6 号。

　　新凯《再论共产主义与基尔特社会主义——答张东荪与徐六几》发表于《新青年》第 9 卷第 6 号。

　　按：文章说："自从我作了《共产主义与基尔特社会主义》和《今日的中国究竟怎样的改造》两篇文字之后，很惹起了些风波。《先驱》与《社会主义研究》就大打起其笔墨官司来了。我对于东荪、六几……所答复的,有许多不能赞同的地方,并且他们所答复的是真正盲而且聋的答复。对于我所说的,他们一点也没有看,只是再把他们所主张的基尔特社会主义重复说了一道。对于此种各自东西的辩论,本没有再理他们的必要,不过,有许多的地方他们错认了我的意思,并且我也认为我还有没十分发挥尽致,所以再作这一篇,以求教于中国的热心于社会主义者。"

存统《读新凯先生底〈共产主义与基尔特社会主义〉》发表于《新青年》第9卷第6号。

按:文章说:"说俄国现在所行的有一些是国家资本主义,这是事实,但说共产主义,就是国家资本主义,那就错误了。共产主义不但不能称为'国家资本主义',而且也不能称为'国家社会主义',因为这两者都不过是达到共产主义的一种手段,并非共产主义底目的。这里或者有人要发生疑问:你们现在所能行的既不是共产主义,为什么要自号为共产主义者。这个答语很简单:我们所以自号为共产主义者,不过表示实行共产主义的决心,至于一切手段,只要能够减少劳动者底苦痛,快点实现共产主义,我们都愿意采取的。总之,不能将俄国现象来批评共产主义。真正共产主义底实现,必须在全世界社会革命之后。"

赤(张申府)《共产主义之界说》发表于《新青年》第9卷第6号。

按:文章说:"共产主义在今日,实指一种最有组织的'推翻现在的社会品质而代以一个较好的'计划。在这个计划底下,有五个主要的坚强信念:第一,资本制度,在世界文明上,就令可算一个必经之阶,绝不能为真文明之基础。第二,资本制度现在已处在一种极不安的状态:资本主义已不能管他自己的事;就说大混乱还未开始,实已迫在眉睫。第三,只有无产阶级的专政,建立了共产主义,社会的安定才能重得,秩序与进步才能再望。第四,这个变更,必须是革命性质的,必须以非宪的手段抓住权力;必须以强力扑灭反革命。第五,资本主义的推翻必须是全世界的;地方的革命不济事,非实现世界革命的计略,共产主义不能成就。简括言之:阶级战争、世界革命、无产阶级专政、全权属于'苏维埃'(农工评议会):一切共有的共产主义舍此不立。除这以外,固然还有许多含意,但这五条实当代共产主义最关要害的特性,且是凡今自讲共产主义者无不同意之点。"

[日]河上肇作、C.T译《俄罗斯革命和唯物史观》发表于《新青年》第9卷第6号。

仲甫、凌霜《无产阶级专政》发表于《新青年》第9卷第6号。

李大钊《平民政治与工人政治》发表于《新青年》第 9 卷第 6 号。

［德］贝尔著、赭选译《马克思学说之两节》发表于《新青年》第 9 卷第 6 号。

［苏］布哈林著、雁冰译《俄国新经济政策》发表于《新青年》第 9 卷第 6 号。

邝摩汉《绝对的剩余价值研究》发表于《今日》第 1 卷第 2—3 号。

彭守朴《马克斯学说与无产阶级革命的关系》发表于《今日》第 1 卷第 2 号。

［德］马克思著、熊得山译《哥达纲领批判》发表于《今日》第 1 卷第 4 号（马克思特号）。

记者《五月五日马克斯纪念记事》发表于《今日》第 1 卷第 4 号（马克思特号）。

王中君《马克思的唯物哲学》发表于《今日》第 1 卷第 4 号（马克思特号）。

李光华译《马克斯夫人燕妮传》发表于《今日》第 1 卷第 4 号（马克思特号）。

林可彝《唯物论与唯物史观》发表于《今日》第 1 卷第 4 号（马克思特号）。

邝摩汉《绝对的相对的剩余价值研究》发表于《今日》第 1 卷第 5 号。

熊得山译《哥达纲领批评》发表于《今日》第 1 卷第 5 号。

熊得山译《马克斯的诗》发表于《今日》第 1 卷第 5 号。

［德］伯亚著、熊得山译《马克斯的社会学说》发表于《今日》第 2 卷第 1 号。

王中君《康德的认识论与马克斯的认识论》发表于《今日》第 2 卷第 1 号。

胡南湖《马克斯著作史》发表于《今日》第 2 卷第 1 号。

按：文章列举了马克斯、恩格斯合著的《神圣家族》《共产党宣言》等在内的 18 种著作。

邝摩汉《马克斯经济学说》发表于《今日》第 2 卷第 2 号。

汝为《社会主义与民治主义——并质陈独秀先生》发表于《今日》第 2 卷第 4 号。

［德］恩格斯著、熊得山译《历史以前的文化阶段》发表于《今日》第 3 卷第 2 号。

〔德〕恩格斯著、熊得山译《国家的起源》发表于《今日》第 3 卷第 2 号。

〔德〕恩格斯著、熊得山译《未开与文明》发表于《今日》第 3 卷第 2 号。

按：熊得山上述 3 篇文章，其内容分别是恩格斯所著的《家庭、私有制和国家的起源》中第 1 章，第 5、6 章和第 9 章的内容。

民《社会主义与伦理学》发表于《今世》第 2 卷第 2 期。

〔苏〕列宁作、陈掖神译《社会主义革命底建设的方面》发表于《今世》第 2 卷第 2 期。

〔苏〕列宁《第三国际对民族问题和殖民地问题所采取的原则》发表于《先驱》第 1 期。

〔苏〕列宁作、CS 译《第三国际第二次大会关于民族与殖民地问题的议案》（即《民族和殖民地问题提纲初稿》）发表于《先驱》第 1 期。

重远《共产主义与无政府主义》发表于《先驱》第 1 期。

按：是文援引了恩格斯《反杜林论》的部分论述。

仁任《革命与社会主义》发表于《先驱》第 1 期。

凯旋《资本主义与共产主义》发表于《先驱》第 2 期。

凯旋《共产主义者所应取的态度》发表于《先驱》第 2 期。

励冰《〈共产党宣言〉的后序》发表于《先驱》第 3 期。

按：文章说："这个宣言的寿命到现今已七五岁了（一八四七到一九二二）。这七五年中，无产阶级的国际组织凡三变，即第一国际，即国际工人协会（一八六四到一八七二），第二国际（一八八九到一九一四），第三国际（一九一九年三月成立于俄罗斯苏维埃共和国的首都莫斯科），无产阶级正式的革命凡两起，即一八七一年巴里光明尼的三月革命和一九一七年彼得格勒苏维埃的十月革命，而马克思主义和这个《宣言》的命运也随着这些事变由盛而衰由衰而盛反映不停。"

旋《评中国的基尔特社会主义》发表于《先驱》第 3 期。

绮园《基督教与共产主义》发表于《先驱》第 3 期。

按：文章说："宗教与共产主义无论在理论上或事实上都不能相提并论。……在共产主义战略上的命令与宗教戒律之中，每每有许多地方证明是相反的。一个共产党员，倘若他抛弃了宗教的戒律，照党底计划行事，那末他已经停止他的信徒资格了。一个人，他既信仰上帝而又自称为共产党员，不能抛弃戒律以从党规，那末他已经停止他的党员资格了。"

卢淑《基督教与资本主义》发表于《先驱》第 3 期。

按：文章说："我们要反对资本主义，不能不反对基督教。我们要推倒资本阶级,不能不先事推倒这基督教徒的社会,尤其要反对这声势浩大的世界基督教学生同盟。至于实行的方法,第一步便必须联络非基督教的学生组织一个大团体,再进一步,便是联络劳动者和他们决战。"

[日]河上肇著、施存统译《马克思底理想及其实现底过程》发表于《东方杂志》第 19 卷第 6 号。

史纲《赤俄底实业现状》发表于《东方杂志》第 19 卷第 7 号。

朔一《劳农俄国的新政策》发表于《东方杂志》第 19 卷第 7 号。

朱枕薪《苏维埃俄罗斯底过去与现在》发表于《东方杂志》第 19 卷第 11 号。

[日]栉田民藏作、存统译《唯物史观在马克思学上底位置》发表于《东方杂志》第 19 卷第 11 号。

林可彝《俄国为什么改行新经济政策》发表于《东方杂志》第 19 卷第 15 号。

江亢虎《新民主主义新社会主义说明书》发表于《东方杂志》第 19 卷第 16 号。

化鲁《德国青年与社会主义》发表于《东方杂志》第 19 卷第 17 号。

徐六几《中华基尔特社会主义国宪法导言》发表于《东方杂志》第 19 卷第 21 号(宪法研究号)。

[苏]吴廷康《中国无产阶级的斗争》发表于《新东方》第 2 期。

百里《社会主义怎样宣传》发表于《改造》第 4 卷第 2 号。

[日]河田嗣郎作、于树德译《农业社会主义论》发表于《改造》第 4 卷第 4 号。

关桐萃译《蓝宁(列宁)小传》发表于《改造》第 4 卷第 6 号。

六几《布尔札维克主义失败之真因》发表于《社会主义研究》第 13 期。

梦良《基尔特社会主义方法浅说》发表于《社会主义研究》第 15 期。

梦良《共产主义与基尔特社会主义略谈》发表于《社会主义研究》第 16 期。

六几《基尔特社会主义的秘密——资本主义的总鉴定》发表于《社会主义研究》第 18 期。

[英]柯尔作、梦良译《社会改良与社会改造》发表于《社会主义研究》第 18 期。

梦良《基尔特社会主义的国家观》发表于《社会主义研究》第 19 期。

[英]潘悌作、黄卓译《我们所需要的社会学说》发表于《社会主义研究》

第 19 期。

黄卓《潘悌的〈基尔特社会主义与农业的复兴〉》发表于《社会主义研究》第 20—21 期。

徐六几《地方的基尔特社会主义》发表于《社会主义研究》第 24 期。

夕幺丏(杨匏安)《马克斯主义浅说》发表于《青年周刊》第 3—7 期。

按：是文用白话文体通俗地、系统地介绍马克思主义三个组成部分的文章，比 1919 年的那篇《马克思主义——一称科学的社会主义》写得更加深入浅出，准确鲜明。文章说："自从 19 世纪出了一个马克斯之后，令以前的社会主义，在理论上和实际上都失掉了光辉，以后的社会主义，犹如得着一条明朗豁豁的道路，马克斯主义的潮流，竟一天一天的澎湃起来。1867 年马克期所著《资本论》第一卷出世，世界劳动者奉这本书为圣典，德国民主党并且因此和来查尔脱离附从了马克斯之下，在现世社会主义的当中，马克斯思想占着最重大的势力，这也是毫无疑义了。马克斯主义是以唯物的历史观为经，以革命的思想为纬，再加上了在英法各国观察经济状态之所得，因而构成一种以经济的内容为主之世界观，所以又有人叫他做科学的社会主义。我们欲研究马克斯主义，可以分他作三个部分。一、唯物的历史观；二、阶级竞争说；三、经济学说。由发表《共产党宣言》书之 1848 年起，直到刊行《资本论》之 1867 年，这 20 年间，就是马克斯主义最高倡的时期，以唯物的史观论为基础之科学的社会主义，亦大成于这期间之内。"

啸仙《社会主义与军人》发表于《青年周刊》第 2 期。

谢英伯《马克斯纪念日的感想》发表于《青年周刊》第 3 期。

[英]霍德进作、应元道译《基督教和社会主义》发表于《青年进步》第 54 期。

张仕章《中国的基督教与社会主义》发表于《青年进步》第 56 期。

杨匏安《无产阶级与民治主义》发表于《珠江评论》第 3 期。

按：文章说："无产阶级的运动，是打破资本主义，实现阶级斗争，以进于劳动独裁。资产阶级的运动，是反对封建特权，获得政治上的德谟克拉西，以确立资本主义。两者的战术和企图，在根本上都是不同的。"

只眼(陈独秀)《工人们勿忘了马克斯的教训》发表于《工人周刊》第 29 期。

江因(何孟雄)《谁是工人之友》发表于《工人周刊》第 29 期。

按：文章说："世界上最著名的是马克斯，他看到了工人们的苦难，他一直以来从事社会革命工作，找出了许多使工人生活得到满足的方法。并且著了很多书能当工人的圣经,并且创造了一个世界工人的团体,这种人是真正的工人之友。”

江囚(何孟雄)《无产阶级的战术》发表于《工人周刊》第 30 期。

按:文章对无产阶级如何取得胜利进行了论述,“第一步把国家变成无产阶级的国家,订出无产阶级的法律,剥夺有产阶级的所有权,工人是自己的主人;第二步防护有产阶级的反攻,剥夺他们的权利,等他们觉悟了不反抗了就一视同仁”。

[日]河上肇作、何崧龄译《唯物史观研究》发表于《学艺》第 4 卷第 1—3 期。

何崧龄《经济学批判序中之唯物史观公式》发表于《学艺》第 4 卷第 1 期。

何崧龄《唯物史观公式中之一句》发表于《学艺》第 4 卷第 2 期。

何崧龄《唯物史观中所谓“生产”“生产力”“生产关系”的意义》发表于《学艺》第 4 卷第 3 期。

李璜《社会主义与社会》发表于《少年中国》第 3 卷第 10 期。

按:文章说:“马克斯的社会主义所以自称为科学的,自认为在欧美社会切实易行的缘故,就因为他的唯物史观能分辨出生产进化程序的价值:因为生产状况要到了什么程序,才至于生出何种的生活方法……马克斯便趁这个自然之势,而有共产主义的说法,明白些说,马克斯主张共产主义,并不是他个人要这样做,是为社会事实所指出而不可避免的。”“我们要谈社会主义至少也觉得该当学马克斯这样留心一下社会事实。”

[苏]列宁《告少年》发表于《少年(巴黎)》第 2 号。

伍豪(周恩来)《共产主义与中国——从经济现状上立论》发表于《少年(巴黎)》第 2 号。

按:文章说:“共产主义之为物,在今日全世界上已成为无产阶级全体的救时良方。”“总归一句话,中国现在的经济情势,除去努力预备革命,实行共产革命外,实无法可解。”

R(张申府)《今日共产党之真谛何在》发表于《少年(巴黎)》第 2 号。

允常《赤俄最近之经济状况》发表于《少年(巴黎)》第 2 号。

伍豪(周恩来)《宗教精神与共产主义》发表于《少年(巴黎)》第 2 号。

按:文章说:“新近旅法学界中有些人集资编印了一种非宗教的册子,名《无所谓宗教》。这本是一件好事,而且是当做的事。在那本册子中,《如何掘去宗教之根》一文,要算是杰出之作,只可惜文中最后一段竟以共产主义与宗教同列,殊令人大惑不解,且适足为全篇根据科学精神反对宗教的污点。"文章指出马克思主义是革命的科学,而不是宗教的教义。

R(张申府)《"少年国际"共产少年运动的步骤》发表于《少年(巴黎)》第3号。

[苏]列宁《告少年》(续)发表于《少年(巴黎)》第3—4号。

[苏]托洛斯基作、允常译《革命的战略》发表于《少年(巴黎)》第3号。

石人(尹宽)《俄国少年团第五次大会》发表于《少年(巴黎)》第4号。

佚名《苏俄的近状》发表于《少年(巴黎)》第4号。

伍豪(周恩来)《无产阶级革命的俄罗斯》发表于《少年(巴黎)》第5号(俄罗斯革命五周纪念)。

按:文章说:"当十月革命成功后,世人尝说共产革命不先出现于工业发达的英美,而首见于俄国,乃是马克思学说上所未曾料到的事。但这是只见其一未见其二的话,也可说人还未懂得将马克思唯物史观和阶级争斗两说打成一片来看。""十月革命成功之因已如前述了,但我们还当追想下俄国三次革命既都是劳动阶级为其中的主动力,为什么偏等到十月革命才成功呢? 这不难回答,并且是很简单的回答:这是因为有了多数派——共产党——在其中做了忠实的指导,唯一的指导。俄罗斯的劳动阶级中也实只有共产党称得起他的忠党,这不独俄国为然,各国的劳动阶级中也无不皆然。"

[苏]季诺维埃甫作、L译《俄罗斯革命中的不朽》发表于《少年(巴黎)》第5号(俄罗斯革命五周纪念)。

[苏]托洛斯基作、飞飞译《十月革命与第四次世界会议》发表于《少年(巴黎)》第5号(俄罗斯革命五周纪念)。

P《俄罗斯革命的教训》发表于《少年(巴黎)》第5号(俄罗斯革命五周纪念)。

伍豪(周恩来)《俄国革命是失败了么——质工余社三泊君》发表于《少年(巴黎)》第6号。

石人译《什么是无产阶级专政》发表于《少年(巴黎)》第7号。

石夫《马克思主义的道德观》发表于《少年(巴黎)》第8号。

宽《留欧同学的共产运动与中国前途》发表于《少年(巴黎)》第8号。

[苏]布哈林作、石人译《国际共产党党纲底草案》发表于《少年(巴黎)》第8、9号。

Y·K《在中国底共产主义运动》发表于《少年(巴黎)》第9号。

卓宣《充满各国底阶级争斗声与国际情势》发表于《少年（巴黎）》第 9 号。

[法]杜诺瓦作，赤君译《马克思——共产主义创造者》发表于《少年（巴黎）》第 9 号。

卓宣《国际帝国主义之争霸及无产阶级革命》发表于《少年（巴黎）》第 10 号。

石人译《历史要走到无产阶级专政——马克思》发表于《少年（巴黎）》第 10 号。

抱兮译《离开政治的性质——马克思》发表于《少年（巴黎）》第 10 号。

卓宣《国际间有产阶级专政与共产阶级革命底情势》发表于《少年（巴黎）》第 11 号。

三泊《俄国共产主义失败之原因及其补救的方法》发表于《工余》第 9 号。

蔡和森《中国国际地位与承认苏维埃俄罗斯》发表于《向导》第 3 期。

孙铎《俄国革命五周年》发表于《向导》第 8 期。

孙铎《新俄罗斯》发表于《向导》第 10 期。

蔡和森《国人对于苏俄的同情》发表于《向导》第 10 期。

郭梦良《基尔特社会主义国家论》发表于《民铎》第 3 卷第 2 期。

易家钺《社会主义与家族制度》发表于《民铎》第 3 卷第 2—3 期。

按：文章说："社会主义与家族制度有什么特殊的关系？两者是不是能够相容？是不是极端冲突？我敢提先答复一声：社会主义与家族制度是誓不两立的！换句话说，社会主义的社会下，没有家庭；而家族制度的社会下，决不能成就社会主义。"

徐六几《地方的基尔特社会主义》发表于《民铎》第 3 卷第 3 期。

按：文章说："基尔特社会主义分为两派，一是国民的基尔特，一是地方的基尔特。柯尔、霍培逊、阿芮舒、密洛、何期诸人是前一派代表；潘悌、泰罗两人是后一派代表。我们年来所介绍给国人的差不多都是属于前一派，对于后一派虽间有连带说明，究多语焉不详，并且不曾单独为文介绍。我这篇小文就是想完成此种工作；固然也免不了许多说不尽的地方，但我信或足以弥补缺憾于万一。"

杨人杞《达尔文学说与唯物论的关系》发表于《民铎》第 3 卷第 5 期。

萧纯锦《中国提倡社会主义之商榷》发表于《学衡》第 1 期。

萧纯锦《马克思学说及其批评》发表于《学衡》第 2 期。

按:1922 年 1 月,东南大学的梅光迪等人创办了《学衡》杂志,在南京形成一个学衡派。他们以学贯中西相标榜,虽然在整理国学和研究中西古代文化方面做了一些工作,但他们坚持封建的伦理道德,反对新文化运动,反对马克思主义。《学衡》第一期、第二期上连续发表了梅光迪的《评提倡新文化者》和萧纯锦的《中国提倡社会主义之商榷》《马克思学说及其批评》,攻击马克思主义和科学社会主义。梅说:"马克思之社会主义,久已为经济学家所批驳,而彼等犹尊若圣经。"萧说:"夫马克思学说,在今日已风行一时,东西译集亦已数见不鲜,好事者复从而鼓吹之,则至贩夫走卒,虽目不识之无,几无不以读马克思为时髦,余之述马氏学说,设不加以相当之批评,将无类于推波助澜。"他们对马克思学说既无研究,只能恣意诋毁,说马克思主义"在今日已成为一种陈旧之学说","完全失其科学上之根据"。学衡派的谰言谬论,遭到邓中夏、沈雁冰、沈泽民等共产党人和新文化人士的批驳。鲁迅连续写了三篇文章,给学衡派以有力的打击,使"聚在'聚宝之门'左近的几个假古董所放的假毫光"黯然失色。①

邹卓立《社会主义平议》发表于《学衡》第 12 期。

[美]Miller E. C. 作、刘麟生译《近世社会主义之源流与派别》发表于《约翰声》第 32 卷第 3、5 期。

白衣《社会主义概说》发表于《蚬江声》第 8 期。

健安《个人主义和社会主义》发表于《芦墟》第 1—2 期。

墨笙《唯物史观公式的解释》发表于《学林》第 1 卷第 4—5 期。

邝摩汉《社会主义的批评及其将来势力的推测》发表于《学林》第 1 卷第 6 期。

于树德《农业社会主义论》发表于《湖北省农会农报》第 3 卷第 4—6 期。

于树德《农业社会主义论》(续)发表于《湖北省农会农报》第 3 卷第 8 期。

郭梦良《基尔特社会主义与教育独立——与李石岑君商榷》发表于《教育杂志》第 14 卷第 4 期。

郭梦良《柯尔氏的教育观——基尔特社会主义的教育观》发表于《教育杂志》第 14 卷第 9 期。

[日]山川菊荣作、味辛译《产儿限制与社会主义》发表于《妇女杂志》第 8 卷第 6 期。

---

① 中共江苏省委党史工作办公室. 中共江苏地方史:第 1 卷 1919—1949[M]. 南京:江苏人民出版社,1996:43-44.

胡嘉《唯心乎？唯物乎？》发表于《同济杂志》第 1 卷第 1 期。

张仕章《宗教与社会主义》发表于《沪江大学月刊》第 11 卷第 4—5 期。

陶孟和《评社会主义运动》发表于《国立北京大学社会科学季刊》第 1 卷第 1 期。

按：文章说："我们从近代社会主义运动中可以寻出两个诞生期。一个是马克斯与昂格尔的《共产党宣言》(1848)，一个是第一国际党在伦敦的集会(1864)。无论认明那一个是真的诞生期，近代社会主义运动皆不过百年的历史。他的历史虽然不长，但是势力却是很大。"

王统照《新俄国游记》发表于《晨光》第 1 卷第 3 期。

按：是文对瞿秋白的《俄乡纪程》进行介绍和评述，是学界最早对瞿秋白进行评论的文章。

亨如《共产党与国民党》发表于《晨光》第 1 卷第 4 期。

阎一士《社会主义与中国物质文明之关系》发表于《太平洋》第 3 卷第 4 期。

马寅初、万钟瑞《评今日我国之讲社会主义者》发表于《银行月刊》第 2 卷第 5 期。

陈独秀《对于现在中国政治问题的我见》发表于《努力周报》第 18 号。

按：文章说："我主张解决现在的中国政治问题，只有集中全国民主主义分子组织强大的政党，对内倾覆封建的军阀，建设民主政治的全国统一政府，对外反抗国际帝国主义，使中国成为真正独立的国家，这才是目前扶危定乱的唯一方法。"

胡适《国际的中国》发表《努力周报》第 22 号。

按：是年 7 月，中国共产党在上海召开第二次全国代表大会，通过了反帝反封建的政治纲领。会后，本此纲领发表了宣言。胡适就是见了宣言而后写这篇文章的。第一次公开地、直接地批评中国共产党的政治纲领。

[苏]皮耳克鲁光特金作，邹德高、高一涵译《"无政治主义"在"社会主义"进化中之地位》发表于《北京大学日刊》第 951—952、956 期。

徐步庭《提倡社会主义应有之运动》发表于《沈阳高等师范学校周刊》第 68 期。

温培基《论个人主义与社会主义之关系》发表于《沈阳高等师范学校周刊》第 74 期。

[荷兰]班纳哥克著、雁汀译《达尔文主义与马克思主义》发表于 1 月 11 日、3 月 10 日《晨报副刊》。

李特《李卜克内西传》发表于 1 月 14 日《晨报副刊》。

［苏］列宁《劳农俄国的建设事业》《苏维埃政权当前的任务》发表于 2 月 15—20 日、3 月 20—30 日《晨报副刊》。

李大钊讲、黄绍谷记《马克思的经济学说》发表于 2 月 21—23 日《晨报》。

按：文章说："近几年来，劳动界的势力渐渐地大起来"，"世界的劳动者，现在差不多渐渐地联合起来。他们的势力一天巩固一天，革命的时期也一天逼近一天。这完全是受马克思经济学说的影响"。在中国也同样要受到"马克思的影响"，同国际无产阶级一道进行社会主义的"世界革命"。

李大钊《五一纪念活动于现在中国劳动界的意义》发表于 5 月 1 日《晨报副刊》。

競人《我们纪念马克斯的意义》发表于 5 月 5 日《晨报副刊》（马克思纪念）。

按：文章说："我们趁马克斯祭日这一天纪念他，我想我们第一应纪念的是他的劳动运动的精神。人人都知道马克斯是《资本论》的著者，他一生著了许多历史的，经济的书，但还是很少的认识他是实行家——第一国际的创造者。自马克斯以来，工人才有了国际的运动，工人国际的运动才有真正实际的效果。倘使马克斯不做劳动运动，那么马克斯的著作也决不至于能如此有生气能动人了。至于马克斯的劳动精神尤其令我们佩服。""我们第二应纪念的，是马克斯指示给我们实现社会主义应由何阶级，和应用何方法。各派的社会主义，无论他是贵族阶级的乌托邦社会主义，小资产阶级的无政府主义，布郎格主义，知识阶级的基尔特社会主义，费宾安社会主义，劳动阶级的马克思主义，总之'所有的一切''一切所有'的社会主义他们至少有一点是相同的：将来理想的社会，是财富共有，是人人劳动的社会。然而社会主义由何种阶级和用何方法实现的问题，他们是永远不能一致的。乌托邦社会主义是希望资产阶级自己放弃权力和财富来实现，他们的唯一方法是以身作则，和文字感化。小资产阶级的无政府主义和布朗格主义是希望社会中极少数（不论任何阶级）的贤人，他们的方法是暴动、暗杀，或'无政府'的，或少数据得政权的实现社会主义。基尔特社会主义和费宾安社会主义是口口声声希望劳动阶级实现社会主义，他们站在旁边'帮助'（这两个字念作延宕）的，他们的方法呢，是宣传，宣传以至于老死。""至于马克斯主义呢，他就不同了。他主张社会主义是由劳动阶级实现的，他的方法是组织劳动者，教育劳动者，引导劳动者向政治的斗争。'无产阶级的解放是要无产阶级自身努力的，’这便是马克斯主义的标语。自有马克斯主义以来，社会主义才得有科学的基础，社会主义运动才有努力的方向了。社会主义的乌托邦的痕迹才逐渐去了。”

競人《俄国革命之马克思主义的基础》发表于 5 月 5 日《晨报副刊》（马克思纪念）。

雁汀《马克思传》发表于 5 月 5 日《晨报副刊》（马克思纪念）。

守常《马克思与第一国际》发表于 5 月 5 日《晨报副刊》（马克思纪念）。

[日]福田德三讲，矛尘、小峰记录《马克思主义的根本思想特别注重其与布尔什维克之关系》发表于 10 月 13—15 日《晨报副刊》。

守常（李大钊）《十月革命与中国人民》发表于 11 月 7 日《晨报副刊》（俄国革命纪念）。

李骏《俄罗斯十月革命》发表于 11 月 7 日《晨报副刊》（俄国革命纪念）。

伏庐（孙伏园）《俄罗斯革命纪念日杂感》发表于 11 月 7 日《晨报副刊》（俄国革命纪念）。

[苏]爱罗先珂讲、周作人译《俄国文学在世界上的位置》发表于 12 月 8 日《晨报副刊》。

瞿秋白译《无产阶级运动中之妇女》发表于《时事新报》副刊《学灯》。

按：文章指出：“共产主义苏维埃的俄罗斯一步一步的保证女工、农妇，妇女的命运，妇女的希望，脱离从前的奴隶制度，全仗着共产主义的胜利，所以无论在何事之先，为完全废除资本主义及创造共产主义而奋斗，必须男工与女工相联合。维持世界的革命——为无产阶级男女两性共同的口号，应当如此。”

东苏《联省自治与国家社会主义》发表于 9 月 17 日《时事新报》副刊《学灯》。

江亢虎《过渡时期之俄罗斯》发表于 9 月 30 日《时事新报》副刊《学灯》。

张闻天《中国底乱源及其解决》发表于 1 月 5—6 日《民国日报》副刊《觉悟》。

按：是文乃张闻天 1922 年 1 月 2 日读李汉俊《中国底乱源及其归宿》等文章后而撰写评论文章。文章表明张闻天科学社会主义观的初步确立，是张闻天思想转变的一个标志。文章说：“我们底结论于是如下：中国混乱的原因是由于中国社会组织逐渐崩坏而一时不能产生新的社会组织出来。这新社会组织的产生全靠从旧制度中解放出来，觉醒转来的个人团结成死党去实行社会活动，去解决这混乱。（我底结论大概和汉俊先生没有多大差别的。不过汉俊先生一定要马克斯怎样才怎样,我觉得太受拘束了。譬如我们是社会主义者,虽与马克斯所主张有许多共同的地方,但不必一定说马克斯主义者。因为马克斯是死人,他底学说虽可随人家解释,但到底太呆板了。社会主义却是活的东西,很有伸缩余地的。)"

C.T 译《俄罗斯革命和唯物史观》发表于 1 月 19 日《民国日报》副刊《觉悟》。

汉俊《唯物史观不是什么》发表于 1 月 23 日、31 日《民国日报》副刊《觉悟》。

汉俊《读张闻天先生底〈中国底乱源及其解决〉》发表于 2 月 2—3 日、5—6 日《民国日报》副刊《觉悟》。

只眼(陈独秀)《工人们勿忘了马克斯的教训》发表于 2 月 9 日《民国日报》副刊《觉悟》。

新凯《读了〈布尔札维克失败之真因〉之后》发表于 2 月 9 日《民国日报》副刊《觉悟》。

编者《北京马氏学说研究会宣言》发表于 2 月 9 日《民国日报》副刊《觉悟》。

按:宣言说:社会改造——社会改造——这个呼声已经唱的很高了,一般人也都觉得现在中国的社会是非要改造不可的了。但是社会改造不是一件容易的事情,我们在作改造事业之前,对于老前辈已经开定了的脉案,药剂,不能不明了,不能不考核,于是马克斯学说就有研究的必要了。马克斯不但是一个社会运动家,并且是一个极渊博的学者。他的《资本论》成立了新的经济学说。他的"唯物史观"成立了一种新的历史哲学……他对于社会科学的贡献着实是不小,在学术界中,他的学说也有研究的必要。

编者《马克斯学说研究社宣言及章程》发表于 2 月 26 日《民国日报》副刊《觉悟》。

黄谷记《马克斯底经济学说》发表于 2 月 27 日《民国日报》副刊《觉悟》。

陈独秀《社会主义对于教育和妇女二方面的关系》发表于 4 月 25 日《民国日报》副刊《觉悟》。

记者《马克思一百零四周年纪念大会》发表于 5 月 5 日《民国日报》副刊《觉悟》。

汉俊《研究马克斯学说的必要及我们现在入手的方法》发表于 6 月 6 日《民国日报》副刊《觉悟》。

按:文章剖析各种社会主义思潮后,指出:"对于现在先进各国社会现象底由来、内容、结果,观察得最确当,研究得最深刻,解说得最透彻的,在现在只有马克思。""马克思的学说是一个系统完整的大组织……可以分成理论与政策两方面。理论底方面,又可以分成'唯物史观说''经济学说''阶级斗争说'三大部分。政策底方面,就是所谓'社会主义民主主义'(今译为"科学社会主义")的部分。这中间,'唯物史观说'是关于过去的理论,是研究过去社会组织变化的原因和经过的,亦可以叫作社会组织进化论;'经济学说'是关于现在的理论,是用分析剖解的方法研究现在的资本主义经济组织,并预言了这组织必然的运命的,亦可以叫作资本主义经济论;'社会民主主义'是关于将来的理论,是研究如何实现社会主义的方法的,亦可以叫作社会主义运动论;'阶级斗争说'是象一条金线一般把上述三大部分的根本缝起来,以成就其为一个完整的大组织的部分。""但在彼本身上是不能分的;无论哪一部分,如果缺少了其余各部分的参照,必不能得到正确彻底的了解。譬如唯物史观,如果没有阶级斗争,如果没有经济学说底参照,就只能得到空洞的观念,并且不能了解现在的社会,尤其不能了解将来社会底组织。"

周佛海《介绍马克斯经济学说》发表于 6 月 13 日《民国日报》副刊《觉悟》。

周佛海《为研究马克斯学者进一言》发表于 6 月 20 日《民国日报》副刊《觉悟》。

逖生《唯物史观的意义》发表于 8 月 14 日《民国日报》副刊《觉悟》。

[日]升梦曙作、馥泉译《革命俄罗斯底文学》发表于 8 月 18 日、20—22 日《民国日报》副刊《觉悟》。

[德]考茨基作、董亦湘译《伦理学与唯物史观》发表于 9 月 7—8 日、10—12 日、14—19 日、21—23 日、25—26 日、28—29 日《民国日报》副刊《觉悟》。

董亦湘《论理学与唯物史观底价值》发表于 9 月 19 日《民国日报》副刊《觉悟》。

[德]考茨基作、董亦湘译《伦理学与唯物史观》发表于 10 月 1—3 日、5—6 日、8—10 日、13 日、15—17 日、19—20 日、22—24 日、26—27 日、29—31 日《民国日报》副刊《觉悟》。

周佛海《谈社会主义的条件》发表于 10 月 31 日《民国日报》副刊《觉悟》。

[德]考茨基作、董亦湘译《伦理学与唯物史观》发表于 11 月 2—3 日、5 日《民国日报》副刊《觉悟》。

小岑《苏维埃俄罗斯第五周纪念日》发表于 11 月 7 日《民国日报》副刊《觉悟》。

李春蕃译《资本主义与社会主义》发表于 12 月 3—5 日、7—8 日、12 日、14—15 日《民国日报》副刊《觉悟》。

[苏]爱罗先珂《俄国文学在世界上的位置》发表于 12 月 12 日《民国日报》副刊《觉悟》。

[日]升梦曙作、史维焕译《劳农俄罗斯的文化政策与其设施》发表于 12 月 17 日、19 日、21—22 日、24—25 日《民国日报》副刊《觉悟》。

李特《李卜克内西传》发表于 1 月 20—22 日天津《华北新闻》副刊《微明》。

按：文章说："李卜克内西底伟大，使他革命的精神永远不死了。一九一八年前德意志帝国崩溃之后，代旧政府而统治德意志的，是代表中产阶级改良主义者的德国社会民主党。反对改良主义的德国社会民主党政府，举行共产主义革命的，是著名的德国斯巴达卡斯团。这斯巴达卡斯团底指导者就是伟大的李卜克内西和伟大的卢森堡女士。李卜克内西是无产阶级的代表，他底主张在推倒德意志帝国政府，建立无产阶级专政的国家。他这种革命的精神，在德帝国正要崩坏的期内，表现得最为热闹。他不单攻击那班帝国主义的政党，使他们体无完肤，就是对于那爱柏尔特、谢致盂所领率的多数社会党也不肯和他们妥协。他在议会内极力宣传主义，攻击政府。他在议会外又指导民众，企图革命。他的生命，可说是热与热底继续。"

汉俊《唯物史观不是什么》发表于 2 月 20—28 日、3 月 1 日天津《华北新闻》副刊《微明》。

按：文章论述了唯物史观不是哲学、唯物史观不是哲学的唯物论、唯物史观不是物质唯一主义——唯物史观论者不是物质唯一主义论者、唯物史观不是诡辩的唯物论、唯物史观不是单纯的唯物的历史观、唯物史观不是盲目的经济史观、唯物史观不是机械论等 9 个问题。作者在绪言中说："唯物史观是马克斯社会主义底基础，不能了解他底唯物史观，就不能了解他底主义，误解了他底唯物史观，就要误解他底主义。我们现在因为有许多人，对于他底唯物史观，有许多误解，所以特做这篇文章来解释。"

陈独秀《马克思的两大精神》发表于 5 月 23 日《广东群报》。

按：文章说，今天有两个大会，一个是马克思纪念大会，一个是中国社会主义青年团成立大会，这两个大会有很密切的关系。其关系在哪里呢？因为社会主义青年团就是根据马克思的学说而成立。但是今天只讲马克思主义重要的精神，因为马克思的历史和其学理，在马克思纪念册上叙述了，诸君都可见到。马克思的学说和行为有两大精神，刚好这两大精神都是中国人所最缺乏的。

第一，实际研究的精神。怎样叫实际研究的精神？说来很为繁杂。古代人的思想，大都偏于演绎法，怎么叫演绎法？就是以一个原理应用许多事实，到了近代科学发明，多采用归纳法。怎么叫归纳法？就是拿许多事实归纳起来证明一个原理。这便是归纳法与演绎法相反之文。我们自然对于这两种方法，应该互为应用。但是科学发明之后，用归纳法之处为多，因为一个原理成立，必须搜集许多事实之证明，才能成立一个较确实的原理。欧洲近代以自然科学证实归纳法，马克思就以自然科学的归纳法应用于社会科学。马克思搜集了许多社会上的事实，一一证明其原理和学说。所以现代的人都称马克思的学说为科学的社会学，因为他应用自然科学归纳法研究社会科学。马克思所说的经济学或社会学，都是以这种科学归纳法作根据，所以都可相信的，都有根据的。现代人说马克思为科学的社会主义，和空想的社会主义不同，便是在此。这便是马克思实际研究的精神。

我很希望青年诸君须以马克思的实际研究精神来研究学问，不要单单以马克思的学说研究而已。如其单单研究其学说，那么马克思实际研究的精神完全失却，不过一个马克思主义的学者了。我很希望青年诸君能以马克思实际研究的精神研究社会上各种情形，最重要的是现社会的政治及经济状况，不要单单研究马克思的学理，这是马克思的精神，这就是马克思第一种实际研究的精神。

第二，马克思实际活动的精神。马克思所以与别个社会主义者不同，因为他是个革命的社会主义者。凡能实际活动者才可革命，不是在屋中饮茶吸烟，研究其学理，便可了事，这是研究孔子、康德的学问一样罢了。我们研究他的学说，不能仅仅研究其学说，还须将其学说实际去活动，干社会的革命。我望青年同志们，宁可以少研究点马克思的学说，不可不多干马克思革命的运动！青年们尤其是社会主义青年团诸君，须发挥马克思实际活动的精神，把马克思学说当做社会革命的原动力，不要把马克思学说当做老先生、大少爷、太太、小姐的消遣品。我今天特讲马克思这两大精神，请诸君注意。

天我《游俄通讯》发表于 3 月 17 日《申报》。

编者《列宁之病状》发表于 3 月 30 日《申报》。

编者《列宁之病因》发表于 5 月 3 日《申报》。

编者《列宁有病说之真相》发表于 6 月 4 日《申报》。

编者《列宁病剧》发表于 6 月 29 日《申报》。

编者《列宁之凶耗》发表于 7 月 20 日《申报》。

编者《苏俄政府之现状代列宁执政之三人物》发表于 8 月 10 日《申报》。

编者《苏俄妇女运动之经过》发表于 8 月 17—21 日《申报》。

［美］G. E. Roberts 作、通一译《苏俄经验之解剖》发表于 10 月 8 日《申报》。

编者《列宁病愈后之谈话》发表于 10 月 31 日《申报》。

编者《于俄国灾荒之感想及今后吾国民之觉悟》发表于 11 月 15 日《申报》。

［苏］Abrabam Epstein 作、鸿勋译《俄罗斯实业之衰败》发表于 12 月 3 日《申报》。

三、研究著作

［日］高畠素之著、施存统译《马克斯学说概要》由上海商务印书馆出版。

按：是书分马克斯及其近时批评家、唯物史观、马克斯主义经济学、资本主义生产及其破灭、共产主义观等 5 章。

［德］柯资基（考茨基）著、陈溥贤译《马克思的经济学说》由上海商务印书馆出版。

［德］马克思著、李季译、陶孟和校《价值价格及利润》由上海商务印书馆出版。

按：是书即马克思的《工资、价格和利润》，内容包括生产和工钱、生产工钱和利润、工钱和钱币、供给和需要、工钱和价格、价值和劳动、劳动力、劳动的价值、利润是因照商品价值出卖商品取得的、盈余价值的各成分、利润工钱和价格的普通关系、企图工钱增加或抵抗工钱下降的要例、资本和劳动的战争及这种战争的结果等章。

［英］班纳科支著、施存统译《马克思主义和达尔文主义》由上海商务印书馆出版。

按：作者说："十九世纪后半期，有两个最有势力支配人心的学者。一个是达尔文，一个是马克思。这两人底学说，把一般民众底人生观，从根底上起了革命，成了伴着现代社会斗争的'精神斗争'底中心点。马克思主义及达尔文主义底科学的重要，两者都一样地在于使进化论发展，其不同的只在于后者阐明了生物体底进化，前者阐明了人类社会底进化。"

《马克思纪念册》出版。

按：是书收录《马克思诞生一〇四周纪念日敬告工人与学生》《马克思学说》两篇文章。

［德］考茨基著、徐六几等译《人生哲学与唯物史观》由上海商务印书馆出版。

按：是书分古代与基督教的伦理观、启蒙时代的伦理观、康德的伦理观、进化论之伦理、社会主义之伦理等5章。

［苏］列宁著、蔡和森译《国家与革命》由广州人民出版社出版。

［苏］列宁著、王静译《共产主义礼拜六》（即《伟大的创举》）由广州人民出版社出版。

［苏］列宁著、李墨耕译《劳农政府之成功与困难》（即《苏维埃政权的成就和困难》）由广州人民出版社出版。

［日］山川均著、张亮译《列宁传》由广州人民出版社出版。

［苏］俄国共产党著、希曼译《俄国共产党党纲》由广州人民出版社出版。

［日］山川均、山川菊荣著，李达编译《劳农俄国研究》由上海商务印书馆出版。

按：是书分苏联革命史略、劳农政治的特质、劳动组合的组织、农民与革命、农业的社会主义化、农业政策、教育制度、文化设施、妇女解放等10章。

［英］拉尔金著、李凤亭译《马克斯派社会主义》（马克斯研究丛书）由上海商务印书馆出版。

按：是书分马克斯及其先进诸学者、唯物史观、马克斯的价值说、新马克斯派及其近来之发展4章。

［英］柯尔著，郭梦良、郭刚中译《基尔特社会主义与劳动》由上海商务印书馆出版。

按：是书分劳动者的人格、共和国家、劳动运动、中产阶级、治者阶级、产业制度、社会改良家、劳动与教育、无产者主义、自由的组织等12章。

《新青年》社编辑部编辑《社会主义讨论集》由新青年社出版。

按：是书收录陈独秀、李达、周佛海、李季、李汉俊、施存统、许新凯7人的文章共25篇。其中陈独秀6篇：《谈政治》《讨论国家·政治·法律的信》《关于社会主义的讨论》《社会主义批评》《讨论无政府主义》《马克思学说》；李达4篇：《马克思派社会主义》《讨论社会主义并质梁任公》《无政府主义之解剖》《评第四国际》；周佛海4篇：《实行社会主义与发展实业》《进化与革命》《我们为什么主张共产主义》《夺取政权》；李季1篇：《社会主义与中国》；

李汉俊 2 篇:《中国的乱源及其归宿》《我们如何使中国底混乱赶快终止》;施存统 5 篇:《马克思底共产主义》《我们要怎么样干社会革命》《唯物史观在中国的运用》《第四阶级独裁政治的研究》《读新凯先生〈共产主义与基尔特社会主义〉》;许新凯 3 篇:《今日中国社会究竟怎样的改造》《共产主义与基尔特社会主义》《再论共产主义与基尔特社会主义》。是书成为研究马克思主义在中国传播的第一部史料集。

[英]格雷西著、刘建阳译《社会主义之意义》由上海商务印书馆出版。

[美]伊利著、何飞雄译、陶孟和校《社会主义与社会改良》由上海商务印书馆出版。

按:是书分 4 编,第一编社会主义的性质,包括广义社会主义与狭义社会主义、社会主义的要素、社会主义之定义、社会主义的国家、关于社会主义的性质的误解、社会主义之起源、社会主义之进步、社会主义不可抵抗的潮流与其征候、社会主义与其他产业变革之政策、社会主义的文书等 10 章;第二编社会主义的特长,包括绪言、社会主义生产计画之特长、社会主义在分配消费之特长、社会主义的道德特长、社会主义与现在问题、社会主义运动所获之效果等 7 章;第三编社会主义之弱点,包括绪言、反对社会主义之失当论调、社会主义对于将来过于乐观对于现在过于悲观、社会主义危害人类之自由、生产法方面对于社会主义之难问、分配法消费法对于社会主义之难问、对于社会主义其他之难题等 8 章;第四编社会主义实地应用势力,包括绪言、独占事业之社会化、自然的独占事业与现代问题、土地问题、私有财产之社会方面之发达、其他个人努力之机会、政治之改良、结论等 11 章。

萧子升编《近世界非宗教大家》由上海求实学社出版。

按:是书介绍培根、狄德罗、达尔文、克鲁泡特金、马克思等 18 位人物的生平及言论。

成则人译《第三国际议案及宣言》由广州人民出版社出版。

四、卒于是年的研究者

黄负生(1891—1922)卒。原名黄凤清,祖籍安徽休宁,生于湖北武昌。1913 年任武昌中华大学教员。1917 年与恽代英等发起成立进步社团互助社,编辑《互助》刊物,积极参与新文化运动。1919 年参加五四运动,武汉方面所发电文及宣传文章,多出自其手。1920 年任武汉中学、湖北省立女子师范学校国文教员,参加武汉共产主义小组领导的马克思学说研究会。1921 年 1 月与施洋等创办以改造湖北教育及社会为宗旨的《武汉星期评论》,任主编,成为五四运动时期武汉地区最活跃的青年运动领导人之一。同年经陈潭秋介绍加入武汉共产党早期组织。中共"一大"后,任中共武汉地委、区委宣传委员。参与领导武汉人力车夫罢工和湖北女师学潮。在其影响下,他的学生林育南、李书渠、恽代英、徐全直、夏之栩等先后加入中国共产党。1922 年 4 月 7 日病逝。1945 年中国共产党第七次全国代表大会确认其为革命烈士。

民国十二年　癸亥　1923 年

一、研究背景

1月2日,中共中央复信旅欧中国少年共产党,希望他们根据中共中央第十次会议议决的国外组办法,加入中国社会主义青年团。该建议为旅欧中国少年共产党所接受,并更名"中国社会主义青年团旅欧之部"。

1月12日,共产国际执行委员会通过《关于中国共产党与国民党的关系问题的决议》,促进了第一次国共合作。

按:决议内容是:一、中国唯一重大的民族革命集团是国民党。它既依靠自由资产阶级民主派和小资产阶级,又依靠知识分子和工人。二、由于国内独立的工人运动尚不强大,由于中国的中心任务是反对帝国主义者及其在中国的封建代理人的民族革命,而且由于这个民族革命问题的解决直接关系到工人阶级的利益,而工人阶级又尚未完全形成为独立的社会力量,所以共产国际执行委员会认为,国民党与年青的中国共产党合作是必要的。三、因此,在目前条件下,中国共产党党员留在国民党内是适宜的。四、但是,这不能以取消中国共产党独特的政治面貌为代价。党必须保持自己原有的组织和严格集中的领导机构。中国共产党重要而特殊的任务,应当是组织和教育工人群众,建立工会,以便为强大的群众性的共产党准备基础。在这一工作中,中国共产党应当在自己原有的旗帜下行动,不依赖于其他任何政治集团,但同时要避免同民族革命运动发生冲突。五、在对外政策方面,中国共产党应当反对国民党同资本主义列强及其代理人——敌视无产阶级俄国的中国督军们的任何勾搭行为。六、同时,中国共产党应当对国民党施加影响,以期将它和苏维埃俄国的力量联合起来,共同进行反对欧洲、美国和日本帝国主义的斗争。七、只要国民党在客观上实行正确的政策,中国共产党就应当在民族革命战线的一切运动中支持它。但是,中国共产党绝对不能与它合并,也绝对不能在这些运动中卷起自己原来的旗帜。①

1月15日,北京大学马克思学说研究会在高等师范开会,纪念李卜克

---

① 李忠杰,段东升,主编.中国共产党第三次全国代表大会档案文献选编[M].北京:中共党史出版社,2014:27.

内西、卢森堡殉难四周年,李大钊、蔡和森和瞿秋白等出席并发表演讲。

1月26日,孙中山与苏俄代表越飞达成协议,发表《孙中山与越飞联合宣言》。表明孙中山初步确立联俄、联共、扶助农工三大政策,同时也表明苏俄政府对孙中山的支持。

1月29日,中共中央同意旅欧中国少年共产党加入青年团中央的公开信,正式承认其为中国社会主义青年团的旅欧组织,同时令其修改章程,停刊《少年》。

是月,彭湃等成立海丰县农会,开展减租斗争。随后陆丰、惠阳两县也相继成立农民协会。广东海丰、陆丰的农民运动,是中国共产党领导的早期农民运动中规模较大、影响比较深远的农民运动。

2月3日,北京民权运动大同盟、平民阶级大同盟、北大职员校务协进会、直隶教育改进会、马克思学说研究会、民治主义同志会、民潮周刊社、京兆自治会、少年中国学会、国民监督会团、北大学生干事会、北京学生联合会、唯真学会、社会主义青年团、劳动组合书记部、赣事报等40余团体在北京北河沿开会,继续讨论应付时局之方法。

是月,张君劢在清华大学发表《人生观》演讲,丁文江4月在《努力周报》发表《玄学与科学》一文,批判张君劢,从此拉开了玄学与科学的论战,梁启超也写有《人生观与科学》一文。

是月,旅欧中国少年共产党临时代表大会召开,周恩来、赵世炎、陈乔年、陈延年、王若飞、刘伯坚、萧三、傅钟等出席会议。

3月3日,共产国际执行委员会发表《就京汉铁路罢工工人流血事件告中国铁路工人书》,肯定中国工人阶级已经真正进入了有组织的国际无产阶级的行列。

3月18日,根据党中央和共产国际远东部的决定,中共旅欧支部从旅法、德的党团员中选拔一批青年骨干到莫斯科苏联共产党的高级党校东方大学系统学习马列主义。是日,在赵世炎带领下,陈延年、王若飞、陈乔年、佘立亚、高风、陈九鼎、王凌汉、郑超麟、袁庆云、王圭、熊雄等12人由巴黎动身经柏林赴莫斯科,周恩来送他们至柏林。

4月10日,湖南自修大学机关报《新时代》在长沙创刊,李达主编,主要宣传中国共产党反帝反封建的政治主张。

4月28日,中共旅莫斯科支部正式成立,原旅欧支部在莫斯科学习的党员转入旅莫支部。由罗亦农、彭述之、赵世炎3人组成支部委员会,罗亦农为书记。5月7日召开中共旅莫支部临时大会,讨论通过《旅莫党团训练具体方案》,对党团员的思想、组织、纪律方面做出了严格的规定。

是月,邓恩铭受济南共产主义小组的委托来到青岛,迅速建立密询点,宣传马克思主义,以主要精力开展党团组织的建设工作,至8月,青岛第一个党组织建立,邓恩铭任支部书记。邓恩铭还利用《胶澳日报》副刊编辑的职务,开展纪念马克思诞辰105周年的征文活动,转载《列宁传略》,宣传俄国十月革命和建立无产阶级国家的情况,从此,马克思主义开始在青岛社会各界传播。

5月1日,天津社会主义青年团领导的天津马克思主义研究会出版专门宣传马克思主义的刊物《明日》。

按:该刊在《宣言》中说:"我们底一个小小的出版物——《明日》,今日诞生了。在被呱呱堕地的时候,我们不愿意替彼说不负责任,或骑墙的话。所以在这时候,谨把我们底宗旨和意见,郑重的报告给诸君。我们相信马克斯主义,实在是改造社会底良剂,所以我们打算本着马克斯底精神,来解决社会问题,先组织这个《明日》,作我们发表言论的机关。我们不敢自夸,我们对于马克斯底研究,确是很幼稚;但我们只知道本着我们底能力去作。我们不愿说些空话,所以打算多就社会上的事实来批评,我们以为这样,效力或者收的更好一些。我们不愿只我们几个人来说,我们更希望外人底帮助,所以凡外人底稿件,无论反对或赞成的均所欢迎。我们不愿意瞎吹,我们只要把我们底意见说明便完了,所以才草了这么很短的一篇宣言。"①

5月5日,北京《京报》出版李大钊主持的马克思主义研究会编辑的《马克思一〇五周年诞辰纪念特刊》,刊登马克思和燕妮的头像,以及马克思的传记、专著等。特刊免费赠送读者,为引起读者注意,该报当天还刊登广告予以推荐。

5月24日,共产国际制定《给中国共产党第三次代表大会的指示》,指出"毫无疑问,领导权应当归于工人阶级的政党"。但这个指示几经辗转,于7月18日才收到,而此时中国共产党第三次全国代表大会已经结束。

6月12—20日,中国共产党第三次全国代表大会在广州召开。陈独秀、李大钊、毛泽东、蔡和森、瞿秋白、张太雷、张国焘、谭平山、罗章龙、陈潭秋、向警予等30余人出席大会,共产国际代表马林也出席会议。陈独秀主持会议,并代表上届中央委员会作工作总结报告。会议接受共产国际的决议,决定全体共产党员以个人名义加入国民党,与中国国民党建立党内合作

① 中共天津市委党史资料征集委员会,编. 马克思主义在天津早期传播(1917—1924)[M].天津:天津人民出版社,1989:102-103.

关系,但仍然保持并努力扩大共产党的组织。通过《关于国民运动及国民党问题的议决案》《中国共产党党纲草案》《关于第三国际第四次大会议决案》《劳动运动议决案》《农民问题议决案》《关于党员入政界的决议案》《青年运动决议案》《妇女运动决议案》《中国共产党中央执行委员会组织法》《中国共产党第一次修正章程》和《中国共产党第三次全国代表大会宣言》。

6月15日,中国共产党理论刊物《新青年》季刊在广州出版,瞿秋白任主编。《国际歌》译配词在《新青年》上发表。

6月19日,中共中央执行委员会通过《中国共产党第三次代表大会关于日本进行逮捕的决议》和《中国共产党第三次代表大会关于爪哇进行逮捕的决议》,对遭日本反动政府逮捕的100多名日本共产党员、被荷兰殖民政府迫害和逮捕的印度尼西亚共产党人均表示极大的同情。

6月21日,中共中央执行委员会第一次全会召开。会议选举陈独秀、毛泽东、蔡和森、谭平山、罗章龙5人组成中央局。推选陈独秀为中央执行委员会兼中央局委员长,总理全党党务。毛泽东为中央局秘书,罗章龙为中央局会计,蔡和森仍然主编中央机关报《向导》,谭平山主持国共合作事宜。这是中共中央第一次正式成立中央执行委员会内负责日常工作的常务机构。

7月1日,中国共产党机关刊物《前锋》月刊在广州创刊。

按:《〈前锋〉本报露布》说:"我们认定国民运动是中国国家生命之救星,是备受压迫过困苦生活的全中国人民之救星;我们在此运动中,不敢说是领袖,更不敢说是先觉,只愿当前锋,只顾打头阵;这头阵也许大失败,但我们并不怕失败,我们只希望无数量的爱国同胞,不断的踏着失败的血迹前进!"①

7月4日,中国共产党发表第二次对时局的主张,认为"在北京之国会已成为封建军阀之傀儡,国民已否认其代表资格,只有国民会议才真能代表国民,才能够制定宪法,才能够建立新政府统一中国"②。

7月上旬,中共中央召开会议,接受马林建议,决定由陈独秀、蔡和森等以《向导》编辑身份与孙中山会晤,座谈北方的形势及孙中山今后的计划。

7月11日,《向导》周报第31、32期合刊出版"北京政变特刊号",发表陈独秀的《北京政变与国民党》《北京政变与学生》《北京政变与军人》,毛泽东

① 中国社会科学院新闻研究所,编.中国共产党新闻工作文件汇编:下卷[M].北京:新华出版社,1980:7.
② 李永春.蔡和森年谱[M].湘潭:湘潭大学出版社,2008:147.

的《北京政变与商人》，竞人的《北京政变与劳动阶级》、孙铎的《北京政变与上海工会之主张》、仁静的《北京政变与农民》、致中的《北京政变与孙曹携手说》，以及蔡和森《北京政变与英美》《北京政变与吴佩孚》《北京政变与克利斯浦借款》《北京政变与各政系》4篇揭露北京政变内幕的文章。

7月13日，中共中央在广州召开会议，针对孙中山单搞军事计划而忽视政治宣传工作的状况，认为中央局在广州做不了很多事情，应转到北方进行召开国民会议的宣传工作，并准备召开学生代表会议和劳动大会，决定中央局将于近日启程，迁往上海。

七月下旬，中央机关开始由广州迁回上海。《向导》周报也随迁上海。

8月20—25日，中国社会主义青年团在南京举行第二次全国代表大会。邓中夏代表中共中央出席会议，少共国际代表达林出席并讲话，施存统做工作报告。大会表示拥护中共三大确定的同国民党合作建立革命统一战线的方针，着重讨论如何贯彻中共三大关于国共合作的决定，并规定社会主义青年团团员同共产党一样，以个人身份加入国民党。会议还通过了青年工人运动、学生运动、农民运动、教育宣传、青年妇女运动等决议案，选出了以邓中夏为委员长的团中央执行委员会。

8月22日，向警予主编的《妇女周报》在上海创刊，以宣传马克思主义、指导整个妇女解放运动为宗旨。

9月，中共北京地委根据党中央的指示，在中共北方区委和李大钊的直接领导下，创办了北京党校，由罗亦农任校长，赵世炎、陈乔年等任教员，这是我国第一所传播马克思主义的党校。

是月，苏俄政府发表第三次对华宣言，重申前两次宣言的原则，宣布完全放弃帝俄在中国的特权，并再次派代表加拉罕来华。

10月15日，党的三大以后，党中央和团中央共同组成了教育宣传委员会，隶属于中共中央局。书记罗章龙，委员蔡和森、瞿秋白、高君宇、恽代英等。对外采用"社会科学会"名义，统一领导中央的刊物图书的编撰和宣传教育工作。是日颁布《教育宣传委员会组织法》。

10月20日，中国社会主义青年团机关刊物《中国青年》在上海创刊，由恽代英、邓中夏、萧楚女主办。主要撰稿人有敬云、毛泽民等。

11月1日，中国共产党在上海创办上海书店，经售各种革命书刊。同时出版《马克思主义浅说》《唯物史观》《社会科学讲义》《社会科学概念》等介绍马克思主义的书。1926年2月书店被军阀查封。

11月28日，在列宁的指导下，共产国际执委会主席团通过《关于中国民族解放运动和国民党问题的决议》。

11 月 30 日,中共第三届第一次中央执行委员会通过《教育宣传问题议决案》,首次向全党提出了要从思想上建党的重要任务,特别强调"健全的唯物主义的宇宙观及社会观及'集体主义'的人生观"宣传,并规定了相应的参考材料。

按:是为中国共产党最早的关于党员教育的专门文件,其中对党内马克思主义理论教育与党外宣传的方针和方法作了规定,提出要采取多种形式加强党员的马克思主义基本原理、党纲党章的学习讨论,加强党员对时事政治的讨论以及对中国现实问题的了解;要用辩证唯物主义世界观和集体主义人生观教育党员和群众,反对个人主义。

是月,中国旅欧支部选送第二批青年骨干赴莫斯科东方大学学习,其中有刘伯坚、李慰农、袁子贞、汤儒贤、肖复之、马玉夫、李合林、尹宽、汪泽楷等。

12 月 10 日,《少年》出版第 13 期后,根据国内团中央的指示,改名《赤光》半月刊继续出版。周恩来、李富春、邓小平、肖朴生以及傅钟、李大章等都是《赤光》杂志社的重要成员,先后参与了该杂志的编辑、出版工作。

是年,李达、毛泽东在湖南自修大学创办《新时代》周刊,李达任主编,目的是向国内民众宣传马克思主义思想。李达在该刊发表的文章有《马克思主义概论》《帝国主义的真实面目》《五四青年运动之告国人书》等。

是年底,曾琦、李璜、何鲁之、张子柱等国家主义分子,为对抗中国共产党提出的反帝反封建的民主革命纲领,在法国巴黎成立"中国青年党",标志着国家主义派的正式形成。随后,旅欧共产主义者与国家主义派展开了激烈论战,揭露了他们反苏、反共、反对人民革命的阴谋,为国内进一步开展反对国家主义派的斗争奠定了基础。

二、研究论文

瞿秋白《世界的社会改造与共产国际——共产国际之党纲问题》发表于《新青年》(季刊)第 1 期(共产国际号)。

按:文章论述了共产国际诞生以来的世界经济现象、共产国际现今在世界政治中之位置、共产国际党纲之学理根据及其大纲。其中把马克思哲学称之为"辩证法的唯物论",也称为"互辩法的唯物论"。

瞿秋白《现代劳资战争与革命》发表于《新青年》(季刊)第 1 期(共产国际号)。

按：文章论述了世界范围的无产阶级反对资产阶级的斗争，指明共产国际的方针是"运用社会间各种动力之筹划，以日进于消灭社会阶级实行共产主义之目标"。

屈维它（瞿秋白）《东方文化与世界革命》发表于《新青年》（季刊）第 1 期（共产国际号）。

按：瞿秋白在文章中批判了梁漱溟的一些错误观点，他指出，中国共产党人主张建立无产阶级的文化，即使"仁义道德说之真正的平民化及科学文明之真正的社会化"，要建立这种新的真正的文化，就必须批判封建主义的旧文化，打倒帝国主义与封建主义，因为"宗法社会及封建制度的思想不破，则于帝国主义的侵略无法抵抗"，"不去尽帝国主义的一切势力，东方民族之文化的发展永无伸张之日"。换言之，"只有世界革命，东方民族方能免殖民地之祸，方能正当的为大多数劳动平民应用科学，以破宗法社会封建制度的遗迹，方能得真正文化的发展"。

瞿秋白《评罗素之社会主义观》发表于《新青年》（季刊）第 1 期（共产国际号）。

按：文章批评了罗素否定阶级斗争与社会革命，是不切实际的。

无名氏《共产主义之文化运动》发表于《新青年》（季刊）第 1 期（共产国际号）。

［苏］列宁作、瞿秋白译《俄罗斯革命之五年——此篇为列宁在共产国际第四次代表大会之演说》发表于《新青年》（季刊）第 1 期（共产国际号）。

按：是文即列宁的《俄国革命五周年和世界革命的前途》。

［苏］洛若夫斯基作、陈独秀译《共产主义之于劳工运动》发表于《新青年》（季刊）第 1 期（共产国际号）。

瞿秋白《世界社会运动中共产主义派之发展史》发表于《新青年》（季刊）第 1 期（共产国际号）。

按：编者按："此篇为瞿秋白所著《俄罗斯革命论》中之一篇，原题为《世界革命之先驱》。那部《俄罗斯革命论》，本是《秋白集》所关于'十月革命'的各方面之论文而成。他的体裁，是社会科学的论文，琐屑的史实不载。所以本篇也是如此——所述至共产国际第三次世界大会止（一九二一年）。"

［苏］腊狄客作、张秋人译《列宁论》发表于《新青年》（季刊）第 2 期。

张国焘译《俄罗斯无政府党宣言》发表于《新青年》（季刊）第 2 期。

屈维它（瞿秋白）《自民治主义至社会主义》发表于《新青年》（季刊）第 2 期。

陈独秀《科学与人生观序》发表于《新青年》(季刊)第 2 期。

按：1923 年，哲学界发生了以丁文江、胡适、吴稚晖为代表的"科学派"与张君劢、梁启超为代表的玄学派之间的论战，史称"科学与人生观论战"或"科学与玄学"之争。上海亚东图书馆将科学与玄学即科学与人生观论战以来的文章汇编成册，请陈独秀作序。陈独秀在病中写了此序。文章认为关于人生观问题的讨论，是社会的进步。

瞿秋白《自民权主义至社会主义》发表于《新青年》(季刊)第 2 期。

周佛海《马克思的〈资本论〉——马克思资本之研究对象及其全三卷之结构》发表于《新青年》(季刊)第 2 期。

[日]山川均作、王国源译《俄国新经济政策》发表于《新青年》(季刊)第 2 期。

恽代英《我们为甚么反对基督教》发表于《中国青年》第 1 卷第 8 期。

按：文章说："有人说，便假令基督教不免迷信，不免不彻底的毛病，有这种毛病的亦不止基督教。何以我们对于基督教特别反对呢？对于这一点，我最好介绍我的朋友余家菊做的一篇《教会教育问题》。他这篇文见《少年中国》四卷七期，亦见中华书局出版的《国家主义的教育》书中。他举出三点：第一，教会教育是侵略的；第二，基督教制造宗教阶级；第三，教会教育妨害中国教育的统一。他所说教会教育实际可包括基督教活动的全部。基督教除了迷信的话头，内存是很贫乏的。耶稣个人的人格，固然亦有一节可取之处，但亦至多不过如吾国孔孟程朱。然而外国人如此热心的用武力扶植基督教于中国，并且必须把中国的一切旧信仰打倒，教大家去信服他，这种意思不很容易知道么？"

代英《社会主义与劳工运动》(读书录)发表于《中国青年》第 1 卷第 11 期。

按：此文乃恽代英读《社会问题总览》中、下册和《社会问题详解》第二、三册后所写。他读此二书的其他部分后，另写有《研究社会政策》一文，发表于《中国青年》第 10 期。文章说："马克思以为历来国家社会之组织，不是人为的错误，乃是人类进化中必然的结果。要明此理，须知人类自始并不能完全用理智构成国家社会之组织。此等组织，不过由物质进化自然形成，人类之理智只能略加修饰。理智之有力，必系以其符合于有力的阶级之所要求。例如自机器工业流行以后，资本家一方固能利用其私有的机器工厂以役使工人，工人亦渐聚集而占经济上重要地位，成为一种伟大势力，故自柏拉图以来传播的社会主义思想，至此乃因而大盛行起来。马克思因见实力已渐转移到劳工方面,故信劳工阶级必然胜利。理智的社会主义,非物质进化到此田地,不能影响于社会的组织。故怪古人错误所以发生错误的社会组织,还是不了解唯物史观的原故。""关于马克思唯物史观与剩余价值说,我料看此书的必仍难十分了然。但《中国青年》篇幅有限,亦不能多加解释。现各地每有研究此等学说的人,读者若能托人解说,或再多看几本书,或能得一个观念。此系谈社会主义的根本意义,不可不注意研究。"

塘南《基督教与社会主义之共同目的》发表于《青年进步》第 60 期。

徐式圭《耶稣基督和社会主义的我见》发表于《青年进步》第 66 期。

[苏]阿多那斯基作、石夫节译《马克思主义辩证法底几个规律》发表于《少年(巴黎)》第 7 号。

按:文章阐释了马克思主义辩证法的 5 个规律:第一个规律是思想(意识)是由人生存的物质条件所决定的。强调马克思主义的辩证法是唯物的辩证法。第二个规律是要注重全局与局部的关系,要以统揽全局的观念观察事物的发展。"在政治上,这个规律要我们不仅注意到一国的情形,还应注意到各国的情形。马克思主义者应该在全国和全世界大势中观察阶级斗争的发展与事变。"第三个规律是在运动中研究问题,说明了辩证法是观察事物的方法论。第四个规律是理论必须联系实际。"我们不应只在环绕我们的环境,我们应改变环境。我们不应只争斗、思索争斗,我们应加入争斗,从争斗中吸取教训。"第五个规律是任何事物都是变化着的,没有永远不变的"真实",因此制定方略时必须随着社会的变化、阶级斗争的变化而变化。该文由《新青年》不定期(1924 年 8 月)加以转载。第 3 期还发表了普列汉诺夫的《辩证法与逻辑》。1923 年 7 月,李大钊在复旦大学的一次演讲中指出"马克思的唯物史观,很受海格尔(引者注:今译黑格尔)的辩证法的影响,就是历史观是从哲学思想来的明证"。由上可知,在瞿秋白传播马克思主义辩证法之前,我国传媒已多次介绍了马克思主义辩证法。①

[苏]D. Mockba《反对帝国主义联合战线怎样在中国应用》发表于《少年(巴黎)》第 7 号。

[苏]A. Logovsky 作、石人摘译《什么是无产阶级专政》发表于《少年(巴黎)》第 7 号。

Y. K(尹宽)《一个无政府党人和一个共产党人的谈话》发表于《少年(巴黎)》第 7 号。

---

① 周淑芳.瞿秋白在马克思主义中国化中的理论贡献[M].武汉:武汉大学出版社,2016:70.

[苏]V. Adovololy 作、石夫译《马克思主义辩证法底几个规律》发表于《少年(巴黎)》第 7 号。

[苏]布哈林作、石人译《国际共产党党纲草案》发表于《少年(巴黎)》第 8 号。

石夫《马克思主义的道德观》发表于《少年(巴黎)》第 8 号。

[法]杜诺瓦作、赤君译《马克思——共产主义创造者》发表于《少年(巴黎)》第 9 号。

按:文章开头说:"马克思是共产主义的创造者,我们研究和实行共产主义的人,对于他的学说应与以非常之宝贵、敬重,至他的生日——一八一八年五月五日——和死日——一八八三年三月十四日——我们应当纪念而且也值得纪念。又本志对于他的学说尚不曾为全部的叙述,现在趁此机会将《人道报》纪念他的这篇文字译其大略,以表敬意。并使读者对于他的学说得知一斑。虽然这篇文字过于简略,但他的学说原来书卷浩繁,道理深邃,可供我们永远的研究,绝不是一篇大章一本杂志所能发表得出,故我们在此止不过介绍一个大概罢了。——记者。"

Y. K(尹宽)《在中国底共产主义运动》发表于《少年(巴黎)》第 9 号。

按:文章说:"殖民地底无产阶级在组织的势力上说,既很幼稚,他的现时有力的敌人又不完全是当地的有产阶级,殖民地底革命分子也不单独是无产阶级——因感受军阀摧残和帝国主义掠夺不独是无产阶级——所以,殖民地底革命运动当初不是纯粹的无产阶级的运动;无产阶级底党派应综合所有革命的势力,联络所有革命分子来做向无产阶级革命底第一步底工作:打倒当地的统治阶级,推翻国际帝国主义。"

卓宣《充满各国底阶级争斗声与国际情势》发表于《少年(巴黎)》第 9 号。

按:文章说:"全世界无产阶级和被压迫民族也得着解放运动底基础和先锋了。这个基础和先锋当然就是俄国。"

[德]马克思作、石人(瞿秋白)译《历史要走到无产阶级专政》发表于《少年(巴黎)》第 10 号。

按:是文乃对《马克斯致魏德迈》的摘译。

[德]马克思作、抱兮译《离开政治的性质(1873 年)》发表于《少年(巴黎)》第 10 号。

按:是文即马克斯《政治冷淡主义》一文的翻译。

卓宣《国际帝国主义之争霸及无产阶级革命》发表于《少年(巴黎)》第

10 号。

卓宣《国际间有产阶级专政与共产阶级革命底新情势》发表于《少年(巴黎)》第 12 号。

抱兮译《权力的原理》发表于《少年(巴黎)》第 13 号。

按:是文乃恩格斯《论权威》的全译本,也是中国共产党成立后在国外翻译出版的恩格斯著作中最早的中译文。

T. Y. 译《美洲无政府党对俄国革命向世界的无产者的宣言》发表于《少年(巴黎)》第 17 号。

一帆《一个无政府者与一个共产党谈话之真的回声》发表于《少年(巴黎)》第 17 号。

李璜《社会主义与个人》发表于《少年中国》第 4 卷第 1 期。

李璜《民主主义的革命与社会主义的革命》发表于《少年中国》第 4 卷第 2 期。

[德]马克思作、李达译《德国劳动党纲领栏外批评》发表于《新时代》第 1 期。

按:是文即马克思的《哥达纲领批判》。

李达《马克思学说与中国》发表于《新时代》第 1 卷第 2 期。

按:是文提出了"中国可以应用马克思学说改造社会"的论断。在他看来,马克思在《共产党宣言》中并未为中国共产党筹划在中国如何从事革命运动的方案;但根据马克思 1848 年对于波兰等国共产党所设制定的计划,结合中国的具体情况,可以制定出一个革命运动的方案。这些看法体现了"按照中国国情""考虑中国社会问题的特殊性"来应用马克思主义学说的思想。这实质上是要求将马克思主义中国化。马克思主义哲学是马克思主义理论的基础,将马克思主义中国化,核心是将马克思主义哲学中国化。从这一层面说上,李达以朦胧的形式提出了马克思主义哲学中国化的思想。这为尔后毛泽东明确提出"马克思主义中国化"作了理论准备,也为"马克思主义哲学中国化"的提出作了理论准备。①

李维汉《观念史观批评》发表于《新时代》第 1 卷第 2—4 期。

按:文章介绍了马克思主义的唯物史观,对唯心史观进行了批评。

罗学瓒《共产主义与经济的进化》发表于《新时代》第 1 卷第 3 期。

田诚《"今日"派之所谓马克思主义》发表于《向导》第 15 期。

---

① 王向清.冯契与马克思主义哲学中国化[M].湘潭:湘潭大学出版社,2008:6.

蔡和森《中国革命运动与国际之关系》发表于《向导》第 23 期。

按：文章说："各资本主义先进国的民主革命，可说完全是对内的革命，他的敌人只有一个，就是封建阶级；殖民地及半殖民地的革命则不然，不仅是对内的革命而且是对外的革命，他的敌人有两个，一是封建阶级，一是外国帝国主义。"

毛泽东《北京政变与商人》发表于《向导》第 31—32 期合刊（北京政变特刊号）。

按：文章第一次提出中国当前的革命，是用民众的力量打倒军阀、打倒帝国主义，建立联合战线。

蔡和森《苏俄在欧洲国际地位之复振》发表于《向导》第 49 期。

按：文章说，一年来，苏俄在西欧的国际地位有了明显转变。英国方面，不仅保守党早已收回反对苏俄的口号，而自由党更以"承认苏俄"为此次选举政纲之一。意大利方面，前此反对劳工共和国的墨索里尼也完全改变了态度。

中国社会主义青年团《马克思诞生一百〇五周年纪念日敬告中国青年》发表于《先驱》第 17 期。

光亮《本团与中国共产党之关系》发表于《先驱》第 23 期。

［德］恩格斯作、熊得山译《家庭、私有制和国家的起源》发表于《今日》第 3 卷第 2 号。

按：是为恩格斯《家庭、私有制和国家的起源》一书中的第 1、5、6、9 章，分别译题为《历史以前的文化阶段》《国家的起源》《未开与文明》。

李大钊《桑西门（圣西门）的历史观》发表于《社会科学》第 1 卷第 4 期。

按：文章主要论述空想社会主义与科学社会主义的区别，指出科学社会主义是以唯物史观为基础的，因而它能说明社会主义的必然到来。

王乃宽《资本主义的变迁及归宿》发表于天津《南开周刊》第 1 期。

按：文章说："什么是社会主义的社会？就是资本主义最后的归宿。"

［日］大杉荣作、毅翁译《马克思与巴枯宁》发表于《学汇》第 99—101 期。

老梅《社会主义略说》发表于《学汇》第 166—170 期。

BP《无产阶级专政下俄罗斯》发表于《学汇》第 332—333 期。

抱朴《共产党宣言——社会主义原理》发表于《学汇》第 357 期。

因劳《无产阶级专政》发表于《学汇》第 359—362 期。

文伟《社会主义在中国究能实行么》发表于《竞志》第 8 期。

段麟郊《对于舒曼博士的社会主义之批评》发表于《扬子江》第 2 期。

潘公展《俄国经济界之复兴》发表于《东方杂志》第 20 卷第 20 号。

郭梦良《资本主义的浪费：基尔特社会主义的现代产业制度观》发表于《东方杂志》第 20 卷第 21—22 号。

梁树棠《孔道之社会主义》发表于《爱国报》第 11 期。

王季可《孔道之社会主义书后》发表于《爱国报》第 21 期。

伟尔虚《社会主义与妇女主义》发表于《妇女杂志》第 9 卷第 10 期。

陈家铎《我对于社会主义的疑问和中国现在是否有实行社会主义的必要和资格》发表于《春花》毕业纪念刊。

允恭、公敢《共产党治下之俄国》发表于《孤军》第 2 卷第 5—6 期。

求幸福斋主《社会主义者》发表于《民众文学》第 1 卷第 1 期。

零零《陈独秀为甚么主张国家社会主义》发表于《鸡鸣》第 1 期。

吴越《评〈新民主主义新社会主义〉》发表于《批评》第 7 期。

[法]布丹作、李希贤译《马克斯和近时的批评家》发表于《学艺》第 5 卷第 1 号。

按：文章说："马克思主义早已不是为着求世人承认他的存在而奋斗；反之，乃是为着维持一个已确立的学说——也可说已确立的唯一学说——的地位而奋斗。""大多数的马克思主义新批评家，不把这主义当做将来还须证明其精确的一种新奇的学说，却把他当做早已确立早被承认的教义，企图证明其全部或一部的误谬，因而主张有改正增补或废止的必要"，与此同时，"没有一个人公然敢为被马克思主义所代替的那些学说辩护"。

资耀华《亚丹斯密与马克思之关系》发表于《学艺》第 5 卷第 7 号。

剑波《所谓无产阶级专政》发表于《黑澜》第 1 期。

黄卓《基尔特社会主义与大学教育的改造》发表于《民铎》第 4 卷第 4 期。

《宗教与社会主义阶级之战争》发表于《圣教杂志》第 12 卷第 5 期。

郭心崧《中国经济现状与社会主义》发表于《北京大学日刊》第 1335 期。

郭心崧《中国经济现状与社会主义》发表于《北京大学日刊》第 1339—1340 期。

郭心崧《中国经济现状与社会主义》发表于《北京大学日刊》第 1343—1344 期。

江亢虎讲《俄国共产主义的原始》发表于《北京女子高等师范周刊》第 23—24 期。

李大钊《社会主义下的经济组织》发表于 1 月 16 日《京报》副刊《北大经

济学会半月刊》第 3 期。

　　按：李大钊说：社会主义的派别很多，大别为理想派与科学派。无论为理想派为科学派，均相信有一个新时代存于将来。这个新时代，就是社会主义实现的时代。欧文说："过去的历史，都只以示人间的非合理性；我们今才向理性的曙光进展。"是欧文理想中的新时代，乃为合于理性的时代。马克思说：人类的前史，都是阶级争斗的历史。资本主义发展的结果，演成最后的阶级战争。人类的前史，就随着阶级告终。是马克思理想中的新时代，乃是阶级消泯的时代。马克思一派的经济的历史观，尤能与人以社会主义必然的实现的确信。……社会主义的实现，必须经过三阶段：一、政权的夺取；二、生产及交换机关的社会化；三、生产分配及一般执行事务的组织。政权的夺取，有两种手段：一是平和的，一是革命的。

　　瞿秋白《苏维埃俄罗斯之教育政策》发表于 2 月 11 日《京报》副刊《教育新刊》。

　　陈为人《俄国劳农政府对于教育事业的建设及其经过》发表于 4 月 22 日《京报》副刊《教育新刊》。

　　熊得山《马克斯诞生日百零五周年纪念》发表于 5 月 5 日《京报》（马克斯纪念特刊）。

　　胡南湖《马克斯传》发表于 5 月 5 日《京报》（马克斯纪念特刊）。

　　按：文中说："自《资本论》第一卷出版以后，就继续第二卷第三卷的起草。但到马氏一八八三年三月十四日死时，这两卷还未出版，后经恩格斯十余年的整理，才梓行于世。这三卷《资本论》，是批评资本主义经济组织的缺点，并未因他的本身崩坏而不可不到社会主义的经济组织，资本主义最重要的是剩余价值，无剩余价值，资本主义不能成立，因之他的《资本论》，对于剩余价值也有特地的发见和特地的说明。但马氏于一八七五年五月五日曾致布拉克的一封书信即《哥达纲领批评》，也是他一种重要的晚年著作。他的理想和理想实现的过程，大体都在这里说得非常详细。他的理想实现过程，分三时期。第一，革命过渡时期，就是在资本主义社会中间，由这里到那里一种革命的变革时期，也就是一种政治的过渡时期，在这时期的国家，就是无产阶级专权的国家。第二，共产主义成熟期，在这时期无论在经济上道德上精神上及其一切关系上，都还存着旧社会的习惯，但私有财产和掠夺剩余价值的有产阶级，已经完全破除。到了第三期，就是共产主义完成期，在这时期全社会的生产力，都非常增加；全社会的财富，都非常丰裕。国家既会自然而消灭，人民也就可在招牌上大书特书各尽所能，各取所需。"

汉俊《马克斯与达尔文和亚当·斯密特》发表于 5 月 5 日《京报》(马克斯纪念特刊)。

胡南湖《马克斯著作史》发表于 5 月 5 日《京报》(马克斯纪念特刊)。

林可彝《马克斯主义者政治运动的觉悟》发表于 5 月 5 日《京报》(马克斯纪念特刊)。

昆一鸣《敬告中国无产阶级》发表于 5 月 5 日《京报》(马克斯纪念特刊)。

彭守模《马克斯纪念日感想》发表于 5 月 5 日《京报》(马克斯纪念特刊)。

《马克斯夫人燕妮传》发表于 5 月 5 日《京报》(马克斯纪念特刊)。

陈友琴《马克斯小传》发表于 11 月 16 日和 12 月 1 日《京报》副刊《北大经济学会半月刊》第 15—16 期。

江亢虎演讲、杨楷记录《游俄杂谈》发表于《史地学报》第 2 卷第 3 期。

〔日〕小林丑三郎作、李光业译《社会主义的财政》发表于《浙江公立法政专门学校季刊》第 8 期。

李达《社会主义与江亢虎》发表于 8 月 14—15 日、17 日、19 日、21 日湖南《大公报》副刊《现代思想》。

按:文章主要驳斥中国社会党的发起人江亢虎在长沙散布的假社会主义谬论。

瞿秋白《赤俄之归途》发表于 1 月 30—31 日《晨报副刊》。

张维周《列宁生日》发表于 4 月 10 日《晨报副刊》。

毕树棠《战后俄国文学概述》发表于 5 月 20—24 日《晨报副刊》。

施光亮《从社会主义的见地》发表于 7 月 26 日《晨报副刊》。

萨孟武《个人主义的自由及社会主义的自由》发表于 10 月 26—28 日《晨报副刊》。

记者《俄国革命纪念日》发表于 11 月 7 日《晨报副刊》(俄国革命纪念)。

张国焘《俄罗斯革命第六周年纪念与中俄关系》发表于 11 月 8 日《晨报副刊》。

贺其颖《苏俄与弱小民族》发表于 11 月 8 日《晨报副刊》(俄国革命纪念)。

按:文章说:"中俄联盟只希望当权者是决不会完成,是要用民众团结的力量,纠正当权者媚强的外交。同时国人必须与苏俄发生密切的协助和亲善关系,才能使中华民族解放和独立的奋斗得到一个光荣的胜利。"

范鸿劼《俄罗斯革命之三领袖》发表于 11 月 8 日《晨报副刊》(俄国革命纪念)。

马氏学会《马氏通信图书馆宣言》和《马氏通信图书馆章程》发表于 1 月 5 日天津《新民意报》副刊《明日》。

按:宣言说:"我们只是被压迫阶级,——无产阶级。我们觉悟到现代的社会组织,实在有改造的必要——因为我们已经从现代的社会制度下感受到绝大的痛苦了。我们相信改造社会,不是一言半语可以解决的,不是盲目者可以解决的。我们必须有一定的目标,才有能发生效力的希望。我们底目标便是马克斯主义,因为我们相信马氏学说,是改造社会底惟一的工具,所以情愿受了马氏底洗礼来作马氏底信徒。我们更相信改造社会,不是少数人能办到的事,所以便把我们底工具——马氏底书籍来供给人家,组织这个马氏图书馆。但是,我们只是今日作工,今日吃饭的朋友,所以有书籍,当然不完全,但希望诸位能在这里面得些许的帮助,这便是我们底愿望了!"

倾白《李卜克内西与卢森堡的第四周年纪念》发表于 1 月 15 日天津《新民意报》副刊《星火》。

孙觉民《苏俄与世界被压迫民族》发表于 3 月 17 日天津《新民意报》副刊《星火》。

天健《社会主义的派别与其批评》发表于 4 月 25 日天津《新民意报》副刊《星火》。

按:文章认为,当时的社会主义派别有 5 个,即安那主义(或译作无政府主义)、共产主义、议会派、工团主义、基尔特社会主义(或译作行会社会主义),分别做了介绍。作者说:"以上五派,无政府主义是独立的。共产主义和议会派,都属马克思派,不过共产主义是真正老牌马克思派,议会派却是冒牌、仿造的马克思派。工团主义是马克思和无政府的混合剂,基尔特社会主义是工团主义的变态。其余如德国的社会民主党,也称马克思修正派,但他们却是把马克思的长处修去了,乌托邦社会主义则属于空想的社会主义。均无甚要,故不附及。现在共产主义的代表是俄国,议会派的代表是俄国,工团主义的代表为法国,基尔特社会主义的代表是英国,而安那其主义,却还无一国实行。"

李守常(李大钊)讲演、孙席珍记录《马克斯经济学说》(二)发表于 5 月 6 日《新民意报》副刊《星火》。

按:李大钊说:马克斯的学说的要点,大体言之,从理论讲,生产全靠不变的和可变的资本混合起来,才能有经济的价值。现在不变资本固已为资本家所占有,就是可变的资本,也被资本家用障眼法欺哄工人,说是他的恩惠。生产完全是劳动的结果,生产不是完全创造的;自然间没有的东西,劳动者如何创造得出来。不过借劳力为之变地或变形,所谓生产就是如此。不过生产虽全由劳动者的力,而分配的时候,则全为资本家夺去,只分出一小部分仅足以维持劳动力的结与劳动者。从事实讲,则资本主义发达的结果,就起劳动者的反抗,适足以自制其死命。

因此,所以劳动者有第一国际、第二国际的组织。现在第一国际早就消灭了,第二国际也无形中同消灭一样。最后才有第三国际继起,承继马克斯的精神;自俄国革命成功后,就以莫斯科为大本营。英国的共产党也受了第三国际的命令加入劳动党。世界的革命一天快似一天了,全都受了马克斯学说的影响,中国人岂能单独除外。研究马克斯的学说,须得先把他的重要著作《资本论》有系统的究起来。曾有德国人说:人若不到五十岁,而研究马克斯的学说,说是完全懂得,总是骗人的;因为单独读完他的著作,便须二三十年的工夫哩。所以我们所讲的也不过随便说说罢了。

李春蕃《我为什么要做一个社会主义者》发表于 5 月 22 日天津《新民意报》副刊《星火》。

按:文中说:"我在这里可以下一个结论:一切罪恶,归根到底,都是起于财产私有制度。只将生产机关,如土地、矿产、机器、工厂、铁路,都为社会所共有,使利息、租金、赢利都消灭,一切的社会问题,就皆迎刃而解了!主张废除私有财产制度的,就是社会主义。所以,我就要做一个社会主义者!我很希望青年的朋友们,都明白社会主义是解决现代各种社会问题的最有效力、最根本的唯一方法,因而做社会主义者。诸位朋友们!快些起来打破一切现社会的状况,叫那些资本阶级在社会主义的革命面前发抖呀!"

无名氏《读苏维埃俄罗斯代表加拉罕氏宣言》发表于 9 月 19 日天津《新民意报》副刊《星火》。

按:文章说:我常常感觉到,我们对于俄罗斯民族如果再没有惭愧的心理,我们真将不可救药了。第一,我们中华国民推翻帝制,建设共和,本在俄罗斯以前;我们中华民国物产丰富,人口众多,又在俄罗斯以上。然而俄国今日不但政治革命告成;社会革命他同时奏了凯旋。它从世界列强一致仇视它压迫它之下,竭力挣扎,居然达了全国统一的目的;我们中国呢,社会改造固然谈不到,政治革命也只剩下一个空名,天天鼓吹统一,而全国依然四分五裂,封建余孽的军阀正做着宰制全国的迷梦。世界大战给与我们东亚民族崛起的机会,是中俄相同的,我们中国的凭藉更好过俄国几十倍,何以我们中国人竟这般不争气呢？第二，苏维埃俄罗斯对我们的好意，在我看来是破除以前一切历史的纪录的。我们中华国民本非不知好歹，在苏维埃政府第一次发布对华宣言时，本刊，和《星期评论》……刊物，都曾竭诚地表示欢迎，感谢。主张我们应首先承认劳农俄国，接受它退还我们的一切权利；上海和各省有觉悟的团体，也都曾有同样的表示。怎奈所谓"北京政府"始终冥顽不化，对于苏俄这样的好意，竟不敢承受。原来他们心目中一方面惧怕日帝国主义的国家的权势；一方面也正想利用"过激党"这一个名目来压迫国民。我们辜负了邻邦的好意，虽说不是我们国民的本心，然而国民做些什么，竟忍受那些直接间接的无理的压坦，绝不挣扎呢？"知耻近乎勇"。我所以觉得我们对于俄罗斯民族应知惭愧，也无非希望我们发出些勇气，切实地想，切实地做。究竟要怎样才能学得俄国人的好榜样，要怎样才能不辜负俄国人的好心。

吕一鸣《马克斯共产主义底过渡期》发表于 12 月 18—19 日天津《新民意报》副刊。

按：文中说："因为马克斯底共产主义是科学的，所以他的进行方法也带有科学的意味。他绝不象那贤明人所发明的共产主义一样，是[尊]重理论，而不顾经济的条件的。他很明白，'一个社会形体，在生产力还没有将这社会组织里可以发展的余地尽量发展的时候，是不会颠覆的。'这就是因为生产方法还没有发达到一定的程度，那时的生产方法还没有和当时的社会组织发生冲突，所以不能崩毁。因为这样，所以马克斯底共产主义是演进的，是必然要来的。但诸位不要误会，以为马克斯共产主义不是革命的，却是坐在家里等候共产主义自己走来。如果这样想，那便是大错特错了。'马克斯底共产主义，一方面固然是经济的必然，但他方面仍旧要靠人类的努力的。坐在家中等共产主义实现，这是唯物史观所不许的。'唯物史观很明白的告诉我们，'一切过去的社会底历史，都是阶级斗争的历史。'那末，历史上以往的社会组织的崩毁和成立，固然由于经济的必然，而实现这必然的却仍要靠阶级间的互相斗争。马克斯底共产主义的精髓，就在这个地方。所以我们要尽人类的努力，去完成那经济的必然。因为以前的各种生产方法和社会组织崩毁和成立，如手工工业的崩毁和近代资本家生产创的成立，都是明争暗斗的结果。因此，我们对这必然要来的共产主义的社会，仍是需要那人类的努力。"

沈梅《马克斯经济史观》发表于天津《新民意报》副刊《星火》第 15 号。

按：文章说："我们研究马克斯经济史观的时候，就要联想到这个学说与达尔文的生物学说,究方多少关系。我们都知道达氏倡物竞天择,适者生存的说话。他以为各种生物的机体,都免不了环境的支配与影响。于是生物为了生存起见,想了种种方法,以补环境的缺陷,而完成适应的能事。所以有最适者生存的话。马克斯却拿经济的关系,来说明人类的生活,社会的状况,政治的情形,以及一切进化的过程。他以为经济势力,能够支配人的生活、社会的状况等等,马克斯说:'不是人的意识,决定人的生活;倒是人的生活,决定人的意识。'从此我们可以更明了的生活状况,能够影响我们精神界的意识。然而要我们精神界的意识,能够支配与控制现有的生活状况,也唯有靠此精神界意识之光辉,构成超时代的思想,或感应时代的反响,改变现有的生活状况,而上进化轨道。所以达尔文的生物学说与马克斯的经济史观至少有这一关系或因缘。"

朱枕薪《俄国革命月历》发表于 1 月 1 日、4—5 日、7 日《民国日报》副刊《觉悟》。

张闻天《苏维埃俄罗斯政策之发展》发表于 1 月 18—19 日、21 日《民国日报》副刊《觉悟》。

李守常(李大钊)《社会主义下的经济组织》发表于 1 月 19 日《民国日报》副刊《觉悟》。

梅生《最近五年来俄国底经济政策》发表于 2 月 4 日《民国日报》副刊《觉悟》。

[日]佐野学作、存统译《中间阶级的社会主义论》发表于 5 月 3—4 日、6 日、8 日、10 日《民国日报》副刊《觉悟》。

C.D.《北京马克斯生日纪念会》发表于 5 月 10 日《民国日报》副刊《觉悟》。

[日]河田嗣郎作、存统译《劳农俄国底农业》发表于 5 月 13 日、15 日、17—18 日《民国日报》副刊《觉悟》。

李春蕃(柯柏年)《我为甚么要做一个社会主义者》发表于 5 月 18 日《民国日报》副刊《觉悟》。

[日]山川均作、光亮(施存统)译《"新经济政策"与俄国之将来》发表于 5 月 20 日《民国日报》副刊《觉悟》。

[苏]布哈林作、光亮译《无政府主义和科学的共产主义》发表于 5 月 24—25 日、27 日《民国日报》副刊《觉悟》。

[苏]莫斯科 *Berliner Tageblatt* 报主笔 Schetter 作、芙蕖译《革命俄罗斯之大学生活及新闻事业》发表于 6 月 12 日、14—15 日、17 日、19 日《民国

日报》副刊《觉悟》。

孟武节译《个人主义和社会主义》发表于 7 月 13 日《民国日报》副刊《觉悟》。

孟武《社会主义与国际平和》发表于 9 月 2 日《民国日报》副刊《觉悟》。

力子《读苏维埃俄罗斯代表加拉罕氏宣言》发表于 9 月 14 日《民国日报》副刊《觉悟》。

李春蕃(柯柏年)《共产主义与社会底进化》发表于 10 月 25·日《民国日报》副刊《觉悟》。

独秀《苏俄六周》发表于 11 月 7 日《民国日报》副刊《觉悟》。

施陶父《十月革命的历史的根源》发表于 11 月 7 日《民国日报》副刊《觉悟》。

瞿秋白《十月革命与经济改造》发表于 11 月 7 日《民国日报》副刊《觉悟》。

敬云《俄国革命六周年纪念日杂感》发表于 11 月 11 日《民国日报》副刊《觉悟》。

李大钊讲,陈钧、张湛明记《社会主义释疑》发表于 11 月 13 日《民国日报》副刊《觉悟》。

按:是为李大钊 9 月 7 日下午在上大社会问题研究会的演讲。他说:"今天是苏维埃俄罗斯革命成功的六周纪念日,又是本校社会问题研究会的成立日,所以我在此要与诸位作几句谈话。现在社会上有许多人,对于社会主义不明白,有许多怀疑地方。这种怀疑,实在是社会主义进行上之极大障碍。现在所要说的,就是要解释这几种怀疑。"

毅夫《查办假马克思主义》发表于 11 月 20 日《民国日报》副刊《觉悟》。

李春蕃(柯柏年)《马克斯主义问答》发表于 12 月 7 日、9 日、13 日上海《民国日报》副刊《觉悟》。

［俄］哇尔掰亚泥作、抱朴译《马克思阶级斗争说的娘家》发表于 12 月 4—5 日《时事新报》副刊《学灯》。

绍棠《社会主义的派别》发表于 2 月 22 日《申报》。

三、研究著作

［美］E. Untermann 著、周佛海译《马克斯经济学原理》由上海商务印书馆出版。

按:是书分 20 章介绍马克思《资本论》中的经济学原理。

范寿康等译著、东方杂志社编《马克斯主义与唯物史观》由上海商务印书馆出版。

按：是书收论文 4 篇：范寿康《马克思的唯物史观》，河上肇著、施存统译《马克思的理想及其实现的过程》，枛田民藏著、施存统译《唯物史观在马克思学上的位置》，化鲁译述《马克思主义的最近辩论》。

刘宜之著、向警予校《唯物史观浅释》由上海国光书店出版。

按：作者在书中阐述了马克思唯物史观的意义、内容及其在实践中的运用。作者在《序》中指出："马克思底改造社会底理论，对于改造中国有不可不采用的必要，不然社会就不能根本变化，贫富依然难免。""总之，社会主义在现在只有马克思主义，即主张唯物史观和阶级战争，也即是科学的社会主义（马氏以前底是空想的）。他改造社会的主张和理论，可算是其他号称社会主义，和带着高尚理想的主义所不及的，因为他们不是空虚的，便是延长社会底苦痛的。况且社会发达到一定的程度（资本主义）就会必然倒坏的，任凭你讲甚么主义，也不过是维持一时，决不能抵抗那必然的社会革命的。无产阶级底哲学者敀赤良（德人）说：'将来底社会是包在现在底社会的，犹如卵里面的小雀一样。'所以共产主义底社会必然要从现在底社会生出来。"

［美］列德莱著、李季译、陶孟和校《社会主义之思潮及运动》由上海商务印书馆出版。

按：是书介绍了社会主义运动发展史和各国社会主义运动状况，以及有关的思潮和理论学说等。

［英］克卡朴著、孙百刚译《社会主义初步》由上海中华书局出版。

按：是书分古代经济之改革、现制度之勃兴、社会主义之起源、初期社会主义、1848 年的社会主义、德国之社会主义、卡尔•马克思、国际劳动者协会、战时社会主义等 15 章。

［美］塞里格门、尼林著，岑德彰译述《资本主义与社会主义》由上海商务印书馆出版。

按：1921 年春在纽约召开辩论会，以资本主义 1930 年与社会主义为题，此为发言实录。内有塞里格门关于资本主义的辩词，尼林关于社会主义的辩词，并有会议主席的导言和尼林的结论。

梅生编《社会主义浅说》由新文化书社出版。

按：是书介绍了有关社会主义的各派理论学说，包括马克思主义、修正派社会主义、工团主义、无政府主义等。

［英］柯尔著、吴献书译《基尔特社会主义》由上海商务印书馆出版。

朱枕薪等著《劳农俄国之考察》由上海商务印书馆出版。

按：是书收录朱枕薪《苏维埃俄罗斯的过去与现在》、林可彝《俄国为什么改行新经济政策》、罗罗《劳农俄国之面面观》等 8 篇文章。

〔苏〕柯列索夫、布伦涅齐编《汉俄政法辞汇》由北京中国东方铁路协会出版。

李炘著《思达目蘖法律学说大纲》由北京朝阳大学出版部出版。

按：是书思达木蘖今译为施塔姆勒，是德国著名法学家。本书介绍了思达木蘖的法律思想，并将他的法律思想与无政府主义、马克思主义相比较，认为马克思主义是近世伟大的新思想，是现代改造社会运动的根本，立意新颖，分析有据。

孙润宇译《现在之劳农俄国》由译者出版。

按：是书包括苏联政治、经济、财政 3 编。附《全俄联邦宪法》。

陈独秀著《陈独秀先生讲演录》由丁卜图书织造社出版。

按：是书收录《我们为甚么相信社会主义》《我们相信何种社会主义》《社会主义如何在中国进行》3 篇文章。附录：《社会主义之历史的进化》。

雁冰、愈之、泽民编《近代俄国文学家论》由上海商务印书馆出版。

按：是书收录《都介涅夫》《陀斯妥以夫斯基》《安德列夫》《阿采巴希甫》《柯洛涟科》等 5 篇评介文章。

四、卒于是年的研究者

施洋(1889—1923)卒。原名吉超，字伯高，湖北竹山人。1914 年在武昌先后就读于湖北警察学校和湖北私立法政专门学校，立志学法为民。1917 年毕业后，在武汉从事律师职业，任武汉律师工会副会长。1919 年五四运动期间，参与组织湖北各界联合会，被推选为副会长和赴京请愿代表团团长。1920 年参与恽代英等创办的利群书社，开始学习马克思主义。1921 年 9 月参加中国劳动组合书记部武汉分部的工作，积极投入中国共产党领导下的武汉工人运动。1922 年加入中国共产党。1923 年参加京汉铁路总工会的筹建工作，后在参加京汉铁路全线总罢工中不幸被捕遇害。

民国十三年　甲子　1924 年

一、研究背景

1 月 1 日，天津《妇女日报》创办，共产党员刘清扬任总经理，李峙山任总编辑，邓颖超、周毅任编辑。

是日，蔡和森、陈独秀、恽代英、瞿秋白和鲍罗廷等一起出席中共中央和社会主义青年团中央在上海举行的联席会议，讨论国民党召开一大问题、共产党和青年团在帮助国民党改组中的方针问题。会上陈独秀"建议所有同志协助国民党改组"。

1 月 5 日，中共中央举行临时特别会议，邀请北京的李大钊、张国焘参加。会议讨论了参加国民党一大应采取的态度问题。根据陈独秀的提议，决定由李大钊、张国焘与已在广州的谭平山、瞿秋白等人组成一个指导小组，指导出席国民党一大的中共党员。

1 月 20—30 日，在孙中山主持下，中国国民党在广州举行第一次全国代表大会，通过共产党人参加起草的以反帝反封建为主要内容的宣言，实际确立联俄、联共、扶助农工的三大政策。大会选举产生由李大钊、谭平山、毛泽东、林伯渠、瞿秋白等 10 名共产党员为委员和候补委员的国民党中央执行委员会。大会的召开标志着第一次国共合作正式形成，中国进入第一次大革命时期，中国共产党的建设也进入一个新的发展时期。

1 月 21 日，列宁逝世。孙中山提议国民党第一次全国代表大会休会三天，以志哀悼。

按：列宁逝世后，北京举行了隆重的"国民追悼列宁大会"，追悼会后还专门刊印特刊，同时印刷发行《列宁纪念册》，内有像《国家与革命》等列宁重要经典的若干译文。沪、粤等地多家报刊也都先后登载悼念文章和列宁著作中文本。天津的《妇女日报》《青年文艺》等报刊，从 1 月下旬到 4 月初，对国内外悼念列宁的消息作了连续报道，并发表了许多悼念文章，其中有邓颖超的《悼列宁》。

1 月 22 日，因列宁逝世，共产国际执委会主席团做出决定，用德、英、法、芬、意、日、挪、波、西 9 种文字出版一卷本《列宁选集》。

1 月 23 日,共产国际执委会和赤色工会国际执行局发表《告各国无产者书》,赞扬列宁的生平事业,指出列宁的突出贡献就是创造性地发展和实践了马克思主义学说。

1 月 26 日,北京学生联合会、马克思学说研究会等团体在北京大学举行遥祭列宁大会。

1 月 30 日,天津《妇女日报》以《列宁死后哀荣》为题,报道全俄苏维埃第二届代表大会做出的纪念列宁的有关决议,同时刊登谌小岑的《群众觉悟与运动》一文。

3 月,中共天津党小组建立,于方舟、江浩、李锡九等随后建立中共天津地委。

3 月 6 日,天津《益世报》发表《被压迫民族与共产主义》。

按:莫斯科三月五日电:苏俄政府于国庆纪念日,俄国《国闻报》记者加搭正玛氏著一论文,历述远东各国今日国家主义之澎湃,与苏俄之劳农主义,带有因果之关系。因请苏俄中央委员会,特别注意远东之情势。其言曰,今日菲律滨之独立运动,实为抵抗美国资本主义之运动者也。高丽之共产党,虽受日本之压迫,至于不可立足,然其革命精神,正在鼓舞酝酿之中。是二国者,皆有光明之前途,而为共产主义在远东地理上之发祥地也云云。

3 月 23 日,天津 40 余个团体代表 500 多人,齐集直隶省议会厅,召开悼念列宁逝世大会,高唱《国际歌》,刘清扬做了题为《列宁的精神》的讲演。30 日,《京报》出版《列宁特刊》。

4 月 5 日,天津《妇女日报》发表《俄共产党员信条》。

按:海参崴电:俄国共产党自去年取门户开放主义,招募党员,计党员约增加四十万人。金诺维埃夫氏提出党员信条如下:一、本党目的非为获得个人自己之私权名誉计,乃为劳动阶级利益计。二、党员要服从本党之决议。三、宗教的观念绝对禁止。四、共产党员以劳动为基础;党员须十分之九为劳动者。五、本党党员有为国际共产党员之义务。六、党规神圣,不可侵犯。七、党员应详知本党之历史,对于本党牺牲之先烈,不可忘却。八、当积极的尽力党务。以上之外,尚有党员应与民众及农民提携,妇人解放,青年活动,以责任心保护党誉等之规定云。

5 月 5 日,马克思诞辰 106 周年,北京大学的《北大经济学会半月刊》登载"马克斯纪念专号",刊发《马克斯年谱》等 4 篇重要文献。

是日,为纪念马克思诞辰,天津专门举办报告会,邀请蔡和森到会发表演说。

5月10—15日，中共中央在上海召开第二届第一次执行委员会扩大会议。会议总结了国共合作5个月以来的经验，提出国民党内有左派与右派两种力量。特别强调今后在国民党中的工作以宣传为主，使国民党不断地、有规划地宣传一大宣言关于反对帝国主义及军阀、要求民权的原则。会议提出党的组织工作和教育工作的重要性；决定设立中央机关报编辑委员会，在工农部设立工会运动委员会。会议通过《共产党在国民党内的工作问题议决案》《工会运动问题议决案》《党内组织和宣传教育问题议决案》《农民兵士间的工作问题议决案》等文件。毛泽东任中共中央组织部长。

按：《党内组织问题及宣传教育问题决议案》指出："中央宣传部应当在党报上加重党内教育的工作，并且指导马克思主义研究会。""党内教育的问题非常重要，而且要急于设立党校养成指导人才。再则政治宣传亦急于有全国的进行规画。所以中央必须特别设立一个编辑委员会（主持中央一切机关报的编辑委员会）。""中央机关报的编辑委员会只对中央全体大会报告，遇有必要时，更可以向全国大会报告，中央机关报编辑委员会应当是真正工作的集合体，指导并训练政治及策略问题的全党思想。"[①]该决议首次提出了中共通过办党校传播马克思主义教育党员的途径，首次提出了通过设立中央机关报编辑委员会指导马克思主义在中国传播的重要机构。在《农民兵士间的工作问题议决案》中，还首次在中共中央的文献里提出了在军队、兵士中传播马克思主义的问题。

是月，周逸群联合从日本留学回国的李侠公、胡秉绎等人在上海创办贵州青年杂志社，发行《贵州青年》旬刊，传播马列主义和民主革命等进步思想。

是月，在中国共产党和苏联的帮助下，国民党在广州黄埔创办陆军军官学校（史称黄埔军校）。11月，党中央委派广东区委军委书记周恩来担任黄埔军校政治部主任。以后又委派聂荣臻、恽代英、萧楚女、熊雄、张秋人等共产党员到该校担任各项负责工作，用马列主义和党的路线宣传教育广大官兵，同时选派共产党员和青年团员到该校学习军事和政治。

6月11日，北洋政府内务部发出通缉李大钊、张昆弟、黄日葵、高尚德、刘仁静等人的咨文，要求京畿卫戍总司令部严速拘拿，务获归案讯办，以维治安，而遏乱萌。

6月17—7月8日，共产国际第五次代表大会在莫斯科召开，李大钊、罗

---

① 中共中央文献研究室中央档案馆，编. 建党以来重要文献选编（一九二一——一九四九）：第2册[M].北京：中国文献出版社，2011：74.

章龙、王荷波、刘清扬等人代表中共出席会议。李大钊在商得共产国际远东部的同意后,决定从东方大学调赵世炎等几位学习优秀、工作能力强的共产党员列席这次大会,并在会议结束后回国工作。周恩来也在本年 7 月离开法国回国工作。会议通过了《共产国际及其支部的教育活动提纲》,提出"必须通过有系统的宣传,即向广大群众灌输、传播马克思列宁主义"①。

6 月 29 日,中国共产党创办的最早的日报《热血日报》被反动当局封禁。

是夏,马沛毅、张海峰、吴芝圃、韩达生、裴光、杜孟模等人在杞县风俗改良会的基础上,在开封组织了河南省最早的研究马克思列宁主义的学术团体——河南社会科学研究会,团结中州大学和开封二中进步学生,宣传共产主义和反帝、反封建的爱国主义思想。

7 月 1 日,李大钊在共产国际第五次代表大会第二十二次会议上代表中国共产党作了报告。报告中明确地指出民主革命的对象,即国外帝国主义和国内反动军阀。

7 月 3 日,第一届农民讲习所在广州创办,共产党员彭湃任主任。此后,第二届共产党员罗绮园任主任;第三届共产党员阮啸仙任主任;第四届共产党员谭植棠任主任;第五届共产党员彭湃任主任;第六届共产党员毛泽东任主任。

按:肖甡说:"第一次国共合作以后,为唤起广大农民的觉醒和培养农民运动骨干力量,中国共产党以国民党中央农民部的名义,于 1924 年 7 月至 1926 年 10 月,在广州先后开办 6 届农民运动讲习所(简称农讲所)。这是广东农民运动的第一个步骤,为以后广东农民组织自卫军和农民协会奠定了坚实的基础,为大革命时期农民运动的发展,做出了重要的贡献。"②

是月,《少年共产国际》(月刊)由汉口中国青年社会编辑出版,系少年国际为指导中国共产主义青年运动而发行的《少年国际》杂志中文版。该刊以指导中国共产主义共青团组织和行动、介绍国际少年共产主义运动状况、传播马克思主义理论为主要内容。

8 月,共产国际发布《共产国际执行委员会宣传鼓动部章程》,任务是组织共产国际的宣传鼓动活动,指导各支部的相应活动,研究、整理和总结各支部的经验以统一各支部的活动。

9 月 20 日,中共旅欧支部选送聂荣臻、李林、熊味根、胡伦、范易、傅烈、

① 贝拉·库恩,编.共产国际文件汇编:第 2 册[M].北京:生活·读书·新知三联书店,1965:56.
② 肖甡.中共早期历史探究[M].上海:上海人民出版社,2013:138.

穆青等 20 余人赴莫斯科学习马列主义。是年秋冬,李富春、蔡畅以及郭隆真也赴莫斯科学习。

10 月,曾琦与李璜、张梦九、陈启天、左舜生、余家菊等国家主义分子在上海创办《醒狮》周报,标榜"内除国贼,外抗强权",实行反苏反共活动。

按:萧楚女 1925 年 10 月写有《显微镜下之醒狮派》,文章指出:"外抗强权的醒狮派:你们不但拥护资本主义,而且拥护帝国主义! 你们反对'打倒资本主义',反对'打倒帝国主义',反对'阶级斗争',反对'共产主义',反对苏俄——一脉相承,都只是为了你们自己是小资产阶级出身的资产阶级的轿夫。阶级斗争、共产主义、打倒国际帝国主义,实现世界经济革命,都是从根本上铲灭资本主义的现制度的,所以你们要拼命的反对。"萧楚女指出,民族主义有两种:"一是资产阶级的民族主义,主张自求解放,同时却不主张解放隶属于自己的民族。这是矛盾的民族主义,醒狮派奉之。一是无产阶级的民族主义,主张一切民族皆有自决权,主张自求解放,不受他族压制;同时也主张解放隶属于自己的弱小民族,不去压制他,这是平等的民族主义。"①

11 月 17 日,孙中山应冯玉祥邀请北上和谈,途经上海,毛泽东等共产党人谒见孙中山,并向他阐述中共对北上和谈的看法,呈送《中国共产党第四次对于时局之主张》。

12 月 7 日,中共中央决定在北京成立北方局,委员有李大钊、蔡和森、赵世炎、谭平山,李大钊任书记,谭平山为副书记。这是中共中央第一次成立中央派出机构。1925 年 1 月中共四大决定撤销北方局。

是年,随着马克思主义与天津工人运动的结合,中国共产党天津地方执行委员会正式成立,并在短时间内使党的基层支部发展到 20 多个,拥有党员 450 余人。

是年,吴玉章和杨闇公等人按照马克思主义原则,效仿俄国布尔什维克,经过反复讨论酝酿,正式创建了中国青年共产党,并在其纲领中表达了对马克思主义信仰的决心。

二、研究论文

李季《马克思传及其学说自序》发表于《新青年》(季刊)第 3 期。

按:文章说:"马克思为近世科学的社会主义之始祖,他的声名即随着这种社会主义的运动而传播于世界各国,欧美的劳动群众知道有马克思其人,

① 中共中央文献研究室中央档案馆,编.建党以来重要文献选编(一九二一——一九四九):第 2 册 [M].北京:中国文献出版社,2011:569、595.

已在半世纪之前,至于知识界的人知道他的尤较一般劳动群众为早,在他的生时,固已有无数马克思主义者了。自马氏死后,欧美各国社会主义的学说和运动日盛一日,在最近数年中,风声所播,已遍及于全世界,这都是和马克思的学说有直接或间接的关系的。因此,在世界一切有文化国家中,关于纪述马氏事迹和讨论马氏学说的著作现在真是累百盈千,而尤以马克思出生地的德国为最多。……可是说来也很奇怪,各国学者对于马克思的著作虽多,然至今还没有一部详尽无遗的马克思传,描写马氏生平的态度、品性和事业等等,使他的声音貌容、言语动作,得一一活现于我们的眼前;就是世间讨论马氏学说的著作,也大概是限于一隅,没有涉及全局,要求对于马氏学说的各方面,作一种有系统的记述,与公正的批评,这种作品,现在尚寥若星辰;至于将马氏一生所经历的事实所发表的著作与所表见的学说,冶为一炉,贡献于世的,除掉几部数十百页的小册子外,简直没有见过。本书之作,志在于斯。因此本书特分为上下两编,上编为马克思传,述其重要著作的大要;下编则专对于他的各种学说作一有系统的记述,并且加以批评。"

[苏]阿多那斯基作、石夫(瞿秋白)节译《马克思主义辩证法底几个规律》发表于《新青年》(季刊)第 3 期。

按:文中引证马克思《关于费尔巴哈的提纲》来说明马克思新唯物论的实践观实质,"革命的马克思主义不许理论与事实分离。我们不应只在认识环绕我们的环境,我们应改变环境……马克思曾说过:'哲学家只描写种种不同的世界,殊不知只在要改换他。'没有实行,即没有真实的认识,而且认识是必须行动的,否则他即是无用的东西"。或许可以说,瞿秋白是中国翻译介绍马克思《关于费尔巴哈的提纲》、阐发马克思新唯物论哲学世界观的第一人。

《社会主义苏维埃共和国联邦条约及宣言》发表于《新青年》(季刊)第 3 期。

[苏]梨亚荫诺夫作、罗忍译《马克思与俄罗斯共产党》发表于《新青年》(季刊)第 3 期。

蒋侠僧《无产阶级革命与文化》发表于《新青年》(季刊)第 3 期。

蒋侠僧《唯物史观对于人类社会历史发展的解释》发表于《新青年》(季刊)第 3 期。

按:文章说:"这个社会发展的规律被科学的社会主义之创始人马克思寻将出来。马克思首先使历史成为真正的科学,规定一严密的规矩,而以唯物的观点解释一切过去历史的事实及现在的现象,预言将来的趋向。马克思指示我们研究人类社会真正的方法,他虽然没有解释唯物史观的专书,但是我们可以在他《经济学批评》的序言中,可以得到唯物史观之真确的概念。""在马克思以前,唯物史观未成为一科学之时,学者总未寻出人类社会发展的原则,因之,我们也就寻不得一个圆满对于人类社会发展的解释。马克思首先使历史成为真正的科学,规定一严密的规律,而以唯物的观点来解释一切过去历史的事实及现在的现象,预言将来的趋向。这样,唯物史观就发明了人类历史的真象,给了我们对于世界及人类社会之一明了的概念。"

[苏]普列哈诺夫作、郑超麟译《辩证法与逻辑》发表于《新青年》(季刊)第 3 期。

[苏]布哈林作、尹宽译《社会主义的社会之基本条件和新经济政策》发表于《新青年》(季刊)第 3 期。

瞿秋白《实验主义与革命哲学》发表于《新青年》(季刊)第 3 期。

按:文章说:"实验主义既然只承认有益的方是真理,他便能暗示社会意识以近视的浅见的妥协主义——他决不是革命的哲学。"文章批评了胡适的实验主义哲学和多研究些问题,少谈些主义的观点。

[苏]列宁作、仲武译《落后的欧洲及先进的亚洲》(即《落后的欧洲和先进的亚洲》)发表于《新青年》(季刊)第 4 期(国民革命号)。

[苏]列宁作、仲武译《亚洲的醒悟》(即《亚洲的觉醒》)发表于《新青年》(季刊)第 4 期(国民革命号)。

[苏]列宁作、任弼时译《中国战争》(即《中国的战争》)发表于《新青年》(季刊)第 4 期(国民革命号)。

[苏]列宁遗作、仲武译《革命后的中国》(即《新生的中国》)发表于《新青年》(季刊)第 4 期(国民革命号)。

[苏]列宁作、蒋光赤译《民族与殖民地问题》(即《共产国际第二次代表大会文献·民族和殖民地问题委员会的报告》)发表于《新青年》(季刊)第 4 期(国民革命号)。

[苏]列宁作、蒋光赤译《第三国际第二次大会关于民族与殖民地问题的议案》(即《为共产国际第二次代表大会准备的文献·民族和殖民地问题提纲初稿》)发表于《新青年》(季刊)第 4 期(国民革命号)。

[苏]斯大林作、蒋光赤译《列宁主义之民族问题的原理》发表于《新青年》(季刊)第 4 期。

代英《列宁与中国的革命》发表于《中国青年》第 1 卷第 16 期。

按:文章说:我们诚心的赞美列宁,不但因为他是有智识的,有能力的,有品格的；而且因为他的智识、能力、品格，使他成就了一个最有权威的革命领袖；使他成就了俄国无产阶级的革命领袖，而且亦成就了全世界被压迫阶级的革命领袖。我们诚心的赞美列宁，不但因为他能够根据唯物史观，引导俄国的革命群众，从"沙"的政治与伪民主政治，以达到劳农专政的苏维埃政治；不但因为他能够很坚决地，很稳健地，使被压迫的被分裂的俄罗斯，从一切反动的势力，一切国外帝国资本主义的压迫中，拔救出来，而完成为平民自由的苏维埃俄罗斯联邦国；我们还因为他是一个世界主义者，是一个为世界一切被压迫民族奋斗的人。他不但是俄国平民的英雄，亦是世界一切被压迫民族革命的前驱者。

独秀《列宁之死》发表于《中国青年》第 1 卷第 16 期。

敬云《列宁的政治主张》发表于《中国青年》第 1 卷第 16 期。

敬云《列宁逝世之后》发表于《中国青年》第 1 卷第 16 期。

仲英《列宁之思想》发表于《中国青年》第 1 卷第 16 期。

CY《军事共产与共产主义》发表于《中国青年》第 1 卷第 23 期。

冰冰（袁玉冰）编《一个马克思学说的书目》发表于《中国青年》第 1 卷第 24 期。

按：文章介绍了供研究马克思学说做参考用的 23 种书目，其中有陈望道译《共产党宣言》、李季译《社会主义史》、恽代英译《阶级争斗》、陈石孚译《经济史观》、陈独秀《陈独秀先生讲演录》、新青年社编《社会主义讨论集》等。

存统《略谈研究社会科学——也是一个书目录》发表于《中国青年》第 1 卷第 26 期。

按：文章列出了研究马克思主义应看之 23 种中文书及其次序：1.《马克思主义和达尔文主义》；2.《马克思学说概要》；3.《共产党宣言》；4.《唯物史观浅释》；5.《唯物史观解说》；6.《人生哲学与唯物史观》；7.《资本论入门》；8.《工钱劳动与资本》；9.《价值价格及利润》；10.《马克思经济学说》；11.《马克思经济学原理》；12.《共产党计划》；13.《阶级争斗》；14.《俄国共产党党纲》；15.《第三国际议案及宣言》；16.《国际劳动运动中之紧要时事》；17.《劳农会之建设》；18.《劳农俄国研究》；19.《俄国革命记实》；20.《列宁传》；21.《共产党礼拜六》；22.《社会主义讨论集》；23.《社会经济丛刊》。

代英《苏俄革命与世界革命》发表于《中国青年》第 1 卷第 52 期（苏俄革命纪念特刊）。

但一（恽代英）《苏俄与中国革命运动》发表于《中国青年》第 1 卷第 52

期(苏俄革命纪念特刊)。

秋人《十月革命的领导者——列宁》发表于《中国青年》第 1 卷第 52 期(苏俄革命纪念特刊)。

任弼时《列宁与十月革命》发表于《中国青年》第 1 卷第 52 期(苏俄革命纪念特刊)。

恽代英《怎样进行革命运动》发表于《中国青年》第 1 卷第 54 期。

蒲来思《列宁论》发表于《中国青年》第 1 卷第 63 期。

任弼时《列宁主义的要义》发表于《中国青年》第 1 卷第 63 期。

按:1925 年上半年,任弼时先后在《中国青年》杂志上发表《列宁主义的要义》和《马克思主义概略》,把马克思主义、列宁主义的最基本的内容和观点向广大青年作了介绍。他说,列宁主义在资本主义及阶级斗争的新条件下发展了马克思主义。列宁主义的要义是:无产阶级专政是实现社会主义的唯一武器;无产阶级应与贫苦农民结成亲密的关系,引导农民参加阶级斗争;取得政权的无产阶级对于民族解放运动应给予实际的积极的帮助;要采取符合实际革命环境形势的策略。任弼时指出,马克思主义不是马克思一人臆造的,而是有他的主义形成的背景。这就是:英国的经济、法国的革命、德国的哲学。这就是马克思主义的三个主要来源。任弼时把马克思最主要的理论归结为唯物论哲学、辩证论、价值与剩余价值、阶级斗争与无产阶级专政、共产主义社会等几个方面。[1]

林根《俄国儿童共产主义的教育——俄国先锋队》发表于《中国青年》第 2 卷第 42 期。

章龙《威尔逊与列宁》发表于《向导》第 43—55 期。

刘仁静《悼列宁》发表于《向导》第 52 期。

按:文章认为,列宁一生有三件最伟大的功绩,第一,列宁是为人民奋斗的共产党的创始人,他创立的俄国共产党组织完备、纪律严明,为全世界人民所称赞;第二,列宁是主张西方社会革命和东方国民革命联合以推翻资本帝国主义的第一人。列宁的正确主张与第二国际社会党人目光短浅的看法形成鲜明的对照,使国际帝国主义胆战心惊;第三,列宁是中兴马克思主义的唯一思想家。他始终信守马克思主义,并使其发扬光大。这三件丰功伟绩往往为世人所忽略,作者从一个侧面强调了列宁在世界无产阶级革命史上的重要地位,呼吁全世界被压迫阶级的同胞们,要继承列宁的伟业,努力

---

[1] 秦位强,等.湘籍无产阶级革命家与马克思主义大众化[M].北京:中央编译出版社,2015:6.

奋斗,以达到最后解放。

世炎(赵世炎)《苏俄与美国》发表于《向导》第 53—54 期。

周佛海《英国劳动党成功之经济的说明及其与社会主义之关系》发表于《向导》第 57—58 期。

瞿秋白《苏联宪法与共产主义——驳心史之俄国宪法上共产主义之变化》发表于《向导》第 59 期。

瞿秋白《十月革命与弱小民族》发表于《向导》第 90 期。

按:文章说:"俄国的十月革命方始得着解决民族问题的道路。十月革命之指导者——俄国的共产党,在一八九八年成立大会时,便已经见到民族问题的真义,主张民族自决及其自行分立国家之权。帝国主义的欧战及随后各小民族之革命运动,适足证实俄国社会民主工党(多数派)对于民族问题的观察及政策之确当。十月革命前,多数派的民族政策便是:(一)绝对否认对于弱小民族的强迫政策;(二)主张各民族实际的平等及主权;(三)断定只有自愿的合作方能巩固各民族之真正结合;(四)说明只有资本家的政权彻底推翻之后,这种互助的结合,方有可能。十月革命成功,便使以前的政策得以实现。"

[苏]列宁作、超麟(郑超麟)译《马克思主义与暴动》发表于《向导》第90 期。

按:文章中指出,暴动如果要想成功,一定要依靠在先进的阶级上,而并不是依靠阴谋和政党。暴动必须依靠在广大民众对革命的热情以及革命膨胀的潮流中。暴动还需要抓住时机,审时度势,在革命进行中的重要转折点时进行武装暴动。在转折点发生的时刻必然是敌人防守最薄弱的时刻。

述之(彭述之)《十月革命与列宁主义》发表于《向导》第90 期。

按:文章说:"十月革命的著作者是列宁,十月革命是列宁指导俄罗斯的工人、农民和被压迫民族所创造出来的创作,所以十月革命即是列宁主义的具体表现。"

陈独秀《俄罗斯十月革命与中国最大多数人民》发表于《向导》第90 期。

按:文章说:"俄罗斯十月革命是真有利于最大多数人民——农民工人小工商业家——的革命。俄罗斯十月革命更有一个重要的主义是:在国内保障全俄人民经济生活脱离外国帝国主义的宰制而独立,在世界给一切被压迫民族反抗帝国主义之一个有力的暗示。"

中共中央《中国共产党对于时局之主张》发表于《向导》第92 期。

述之《中国共产党对时局主张的解释》发表于《向导》第93 期。

蔡和森《国家统一与革命势力的联合》发表于《向导》第 200 期。

刘叔琴《唯物史观在历史哲学上的价值》发表于《东方杂志》第 21 卷第 1 号二十周年纪年号(上)。

按:文章认为,马克思的理论体系可分为三部分:一、关于过去的是唯物史观,也可以说是社会组织进化论;二、关于现在的是经济学的批判,也可以说是资本主义的经济论;三、关于将来的是社会主义的社会组织的政策论,也可以说是社会民主主义运动论。

瞿秋白《现代文明的问题与社会主义》发表于《东方杂志》第 21 卷第 1 号。

诵虞《李宁的死与其事业》发表于《东方杂志》第 21 卷第 3 号。

诵虞《李宁死时》发表于《东方杂志》第 21 卷第 3 期。

幼雄《李宁传略》发表于《东方杂志》第 21 卷第 3 号。

化鲁《李宁及其后》发表于《东方杂志》第 21 卷第 3 号。

愈之《诸名家的李宁观》发表于《东方杂志》第 21 卷第 3 号。

化鲁《著作家的李宁》发表于《东方杂志》第 21 卷第 3 号。

李劼人《李宁在巴黎时》(巴黎通信)发表于《东方杂志》第 21 卷第 3 号。

化鲁、幼雄《李宁轶事》发表于《东方杂志》第 21 卷第 3 号。

化鲁《李宁和威尔逊》发表于《东方杂志》第 21 卷第 3 号

[苏]李宁《合作事业与新经济政策》发表于《东方杂志》第 21 卷第 5 号。

瞿秋白《李宁与社会主义》发表于《东方杂志》第 21 卷第 6 号。

按:文章说:李宁是社会主义者,这是人人都知道的。然而他比起其余的许多社会主义思想家来,却有几个特点。第一便是他最能综合革命的理论和革命的实践。第二便是李宁最能觉察现实——他能在适当的时候考察出社会上政治上的变机,能预料事势、政党、人物的变易。第三便是李宁的组织力和训练力。第四便是李宁争取政权的决心和相反相成的政略的运用。李宁是实行社会主义的第一人,正因为他有这四种特性:第一,能彻底实行;第二,能觉察现实;第三,有组织力与训练力;第四,能活用相反相成的政略。李宁能以妥协的方法行不妥协的策略,能组织集中革命的实力;能观察客观的政治动向;能运用革命实力探悉对付客观环境的方法,去实行社会主义的目的,不但如此,他更能组织成广大的革命机关,训练出适当的革命人才,来继续他进行伟大的长期的社会革命事业——一直到共产的无政府社会之实现。

潘力山《社会主义与社会政策》发表于《东方杂志》第 21 卷第 16 号。

从予《托尔斯泰与李宁的文字狱》发表于《东方杂志》第 21 卷第 18 号。

编者《列宁葬时苏联大会宣言》发表于《新江西半月刊》第 2 期。

记者《列宁略传》发表于《新学生》第 14 期。

张申府《怎么样子学马克思》发表于《新学生》第 19—20 期。

杨贤江《列宁与中国青年》发表于《学生杂志》第 11 卷第 2 期。

按：文章说：我今所欲论列的，是我们中国青年对于这位革命家能受到怎么样的教训，换言之，他对于我们中国青年当有什么影响。我以为象列宁这样一个人，实在可以做我们中国青年的模范了。为什么？因为他是个革命家，他是俄国无产阶级的革命领袖，他也是全世界被压迫阶级的革命领袖。不但如此，他竟是个革命家的好模范。他不怕讥诮，他不怕诽谤，他不怕笑骂，他只注意俄国各方面的实际情形，切实地引导着俄国政治经济的发展。他的先见，直等到事实成功了以后，才为人所钦服。他真是个从来未有的革命先觉。因为他是个学者。他的革命，不是感情的，不是浪漫的。他乃是个极热烈的马克思主义者，他研究唯物史观，他研究俄国真相，他更研究各种学术。试举一例，当一九〇五年俄国革命失败后，有些革命家灰心了，或者甚至变节了，只有他却在图书馆里做研究学理的工夫。他所看的书有经济、政治、哲学、历史、地理，有机械学、心理学、教育学、文学，更有关于朝鲜、中国、日本的书籍。但我们要知道：并不是他的博学和勤学为可贵，乃是他的学问能使他成为一个最有权威、最能成功的一个革命领袖为可贵。这一点敢请欢喜研究学问的青年注意！因为他是个穷困力行的人。

楚女《社会主义与我们的"社会生活"之意识》发表于《学生杂志》第 11 卷第 4 期。

萨孟武《马克思之资本复生产论》发表于《学艺》第 5 卷第 8 号。

萨本炎《康德与社会主义》发表于《学艺》第 6 卷第 5 号。

旦复《农业社会主义论》发表于《新农业季刊》第 3—4 期。

李芸《论中国社会主义之采择》发表于《经济学报》第 1 期。

陈质《社会主义之意义及派别》发表于《重庆中校旅外同学总会会报》第 6 期。

吴玉章《马克斯派社会主义》发表于《重庆商务日报十周年纪念刊》。

梁纶才《社会主义之性质及其主要的派别》发表于《太平洋》第 4 卷第 7 期。

周佛海《阶级斗争之理论的说明》发表于《太平洋》第 4 卷第 9 期。

张太雷译《马克思政治学》（第一章阶级的社会与国家）发表于《觉悟》第

11 卷第 26—30 期。

按：张太雷将列宁的《国家与革命》译为《马克思政治学》。

张太雷译《马克思政治学》（名著）（二续）发表于《觉悟》第 11 卷第 28 期。

蔡受百译《德国社会主义运动概况》发表于《民铎》第 5 卷第 4 期。

楚女《青年与进化论和唯物史观》发表于《教育与人生》第 46 期。

漫厂《无产阶级的教育运动》发表于《教育周刊》第 4 期。

按：文章说："我们提出的无产阶级教育，既不是资产阶级的教育，更不是那般替资本家帮忙的德谟克拉西教育，乃是促进真正无产阶级——劳动阶级的自身文化的教育，使他们得到阶级自觉，使他们怎样起来为自身谋利益？怎样才能提高自己的地位？怎样和黑暗的恶魔去奋斗？在现今黑暗的社会之下，我们怎样做无产阶级教育运动呢？我们是要拿定实行到民间去的志愿，我们不是要在玻璃窗户教室内给公子少爷们当教员，我们要在露天底下当一个群众的革命教育者。"

游宇《实行社会主义与提倡天才教育》发表于《教育周报》第 10 期。

李璜《再谭国家主义的教育——国家主义的教育与民主主义、社会主义、国际主义》发表于《中华教育界》第 13 卷第 9 期。

周天冲《俄国农民维持学校之热诚》发表于《中华教育界》第 14 卷第 1 期。

吴梦非《艺术的社会主义》发表于《艺术评论》第 43 期。

士炎（赵世炎）《工人与党》发表于《中国工人》第 1 期。

知非《马克斯主义与中国教育的方针》发表于《赤心评论》第 3 期。

翔宇（周恩来）《列宁死后的苏联》发表于《赤光》第 2 期。

按：文章说："俄罗斯苏维埃共和国自从前年远东共和国与他合并后，继之，联高加索、乔治亚、白俄等苏维埃共和国组成苏维埃社会主义共和国联邦（简称苏联），于是，这个世界上唯一的工人之国的国基遂日见巩固。而且因其经济地位的雄厚，逼得资本阶级之国终不得不与他谋和修好，恢复商务关系。……这就是说，苏联之被列强承认，与列强之终不得不承认苏联，全由于经济运命之断定。"

恩来《美国帝国主义者之对华政策》发表于《赤光》第 10 期。

恩来《中俄协定的签字后》发表于《赤光》第 10 期。

隋丽生《漫谈社会主义》发表于《批评》第 21 期。

田杰生《甚么叫做社会主义》发表于《汉钟》第 3 期。

代英《列宁与新经济政策》发表于 3 月 9 日《上海追悼列宁大会特刊》。

按：文章说，列宁的伟大，是我们大家承认了的事情；他在宣布新经济政策的时候，亦曾坦白承认了他们以前采取政策的错误。然则我于此文必欲证明新经济政策是他原来的政策，有何必要呢？第一，我以为这可以暗示产业后进国实现共产主义的方法。有些空想家不知道社会的进行，有他一定的程序，他们或者以为如俄国前两三年的军事共产主义，是最满意的方法，或者以为还有甚么比军事共产主义更高明的方法，可以一蹴而入于各尽所能各取所需的理想境界。倘若他们见到这是做不到了，又只知社会进行刻板的次第一落回到必须先让私人资本主义发达起来，才有共产主义可言的主张。列宁已经用他的行事告诉我们，两方面都是不对的；产业后进国家可以实现共产主义，但必须用新经济政策做他们中间一个长的阶梯。

第二，我以为可以暗示凡一种革命不是军事上得着胜利，便可以称为完全成功的。要改变社会的经济状况，军事胜利以后，革命的党还须靠合当的经济政策，以坚固新政府的基础，同时亦须预防旧势力的反动。俄国共产党为要达到共产主义的目标，现在还准备用新经济政策作长时期的争斗。可知我们所谓"革命军起，革命党消"，简直是无稽之谈。解决中国的问题，自然要根据中国的情形，以决定中国的办法；但是至少可以说，伟大的列宁，已经亲身给了我们许多好的暗示了，我们可以不注意他么！

杜守素（杜国庠）、李春涛《社会主义与中国经济现状》发表于《孤军》第 2 卷第 2 期。

按：文章说："社会主义，自马克斯、恩格尔《共产党宣言》出世（一八四八年）以后，遂由空想的进为科学的；又自俄罗斯十月革命成功（一九一七年）以后，更由理论的进为行动的，故现在关于社会主义所欲讨论之问题，已不是理论上社会主义能否成立的问题，而纯是实际上社会主义能否实现的问题。中国，自一九一九年（民国八年）以后，亦随世界潮流，曾一度漫无体系的介绍或研究社会主义学说。迨近一二年来，一方，因赤俄东方宣传部之得力，形式上已成立一中国共产党及中国少年共产党（即社会主义青年团）；一方，因国中一部分社会主义研究者，鉴于中国社会问题之急须解决，遂由研究的态度突进而主张而宣传而运动；故社会主义之在现代中国，亦已不是理论上中国可否容纳社会主义的问题，而纯是实际上社会主义在中国能否实现的问题。"

［德］波哈尔特作、切生译《空想的社会主义与科学的社会主义》发表于《孤军》第 2 卷第 2 期。

资耀华《由国际关系考察中国之现状与社会主义》发表于《孤军》第 2 卷第 7 期。

瞿秋白《历史的工具——列宁》发表于上海大学《孤星》第 4 期（追悼列宁号）。

葵译《民主革命与工人》发表于《政治生活》第 14 期。

按：是文乃对马克斯、恩格斯的《中央委员会告共产主义者同盟书》的摘译。

士炎（赵世炎）《十月革命》发表于《政治生活》第 20 期。

按：文章说："我们知道紧接十月革命产生了三个结果：工厂给了工人，土地还了农人，组织了红军，保护革命。但十月革命的本质是无产阶级的革命，十月革命的总结果是无产阶级专政。这个无产阶级专政的原则，是革命后一切政治设施的总枢纽。俄罗斯无产阶级于现在已有七个周年的成绩中，又有两个大结果：一是领导世界的革命运动，第三国际的组织包有全世界过半数的工人与被压迫民族；一是建立了苏维埃社会主义共和国联邦，弱小民族都闻风兴起，各资本主义国亦不得不予以承认，根基日益巩固。"

邓恩铭《反对帝国主义运动之进展》发表于《十日》第 31 期。

刘绍周、汪清沦《苏维埃社会主义共和国大联盟》发表于《晨光》第 2 卷第 1 期。

［英］披尔逊作、周建人译《社会主义与性》发表于《妇女杂志》第 10 卷第 5 期。

［美］拉派颇特作、咏唐译《社会主义与妇女解放》发表于《妇女杂志》第 10 卷第 12 期。

王各烈《论基尔特社会主义》发表于《政法学报》第 3 卷第 8 期。

［英］A. Shadwell 作、茂先译《社会主义之起源及其意义》发表于《政法学报》第 3 卷第 9—10 期。

哈雷《阶级斗争和阶级意识》发表于《共进》第 60 期。

［日］佐野学作、行家庆译《社会主义与农业问题》发表于《青年进步》第 71 期。

李巍《人们为何相信社会主义》发表于《南洋周刊》第 4 卷第 12 期。

蓝膺讴《社会主义浅释》发表于《沪江大学月刊》第 14 卷第 4—5 期。

颂《国际社会主义运动简章述》发表于《吴江中学校校友会汇刊》第 13 期。

［日］河上肇作、杜守素译《个人主义资本主义及社会主义》发表于《北京

朝阳大学旬刊》第 2 卷第 1—3 期。

程家彝《精神生活与社会主义》发表于《北京朝阳大学旬刊》第 2 卷第 8—9 期。

杜守素《社会主义之史的发展：由空想的社会主义到实行的社会主义》发表于《北京朝阳大学旬刊》第 2 卷第 13 期。

守常（李大钊）《这一周》发表于《北大经济学会半月刊》第 24 期。

按：文章说，这一周有好几个纪念日，即"五一"纪念日、"五四"纪念日、"五五"纪念日、"五七"纪念日。其中说："'五五'纪念日，这是社会主义经济学家硕宿，亦是社会革命的先驱马克斯的诞生纪念日。我们在这一天，应该细细的研考马克斯的唯物史观，怎样应用于中国今日的政治经济情形。详细一点说，就是依马克斯的唯物史观以研究怎样成了中国今日政治经济的情状，我们应该怎样去作民族独立的运动，把中国从列强压迫之下救济出来。这种研究的答案，自然是'中国今日政治经济的情形，完全是国际帝国主义侵入的结果，中国全民族应该并力反抗那侵入中国的国际帝国主义，作民族独立的运动，从列强压迫之下，把中国救济出来。'倘能循此途辙，以达于民族独立的境界，那么马克斯的学说真是拯救中国的导星，他的诞生日，必更值得我们纪念了。"文中专门提到马克思主义中国化，强调要让马克思主义适用于当时的政治经济形势，并做了具体的阐释。

邵纯熙《马克思之重要学说》发表于《北大经济学会半月刊》第 25 期。

张荣福《马克思的国家性质论》发表于《北大经济学会半月刊》第 25 期。

陈汝棠《马克思对于社会学的贡献》发表于《北大经济学会半月刊》第 25 期。

陈友琴《马克思年谱及其著作》发表于《北大经济学会半月刊》第 25 期。

陶孟和《评社会主义运动》发表于《国立北京大学社会科学季刊》第 1 卷第 1 期。

高一涵《福滨社会主义派的方法和理论》发表于《国立北京大学社会科学季刊》第 2 卷第 2 期。

杜国庠《由空想的社会主义到实行的社会主义》发表于《国立北京大学社会科学季刊》第 2 卷第 3 期。

高一涵《唯物史观的解释》发表于《国立北京大学社会科学季刊》第 2 卷第 4 期。

［日］河上肇《唯物史观研究》发表于《国立北京大学社会科学季刊》第 2 卷第 4 期。

张宗载《佛家的社会主义》发表于《佛音》第 1 期。

SA《无独有偶的马克思派和无政府主义者》发表于 7 月 8 日《时事新报》副刊《学灯》。

爱华《马克思主义之理论的谬误及其实验的失败》发表于 7 月 15—19 日《时事新报》副刊《学灯》。

抱朴《马克思主义批评》发表于 8 月 29 日《时事新报》副刊《学灯》。

李春蕃《俄国革命是失败了吗?》发表于 2 月 9—10 日《民国日报》副刊《觉悟》。

沈玄庐《游俄报告》发表于 2 月 9—14 日《民国日报》副刊《觉悟》。

〔苏〕列宁作、李春蕃译《农税底意义》发表于 2 月 12—17 日《民国日报》副刊《觉悟》。

泰雷《列宁底死》发表于 2 月 19 日《民国日报》副刊《觉悟》。

宋我真《列宁与孙中山》发表于 2 月 27 日《民国日报》副刊《觉悟》。

士炎(赵世炎)《世界与列宁及列宁主义》发表于 3 月 3 日《民国日报》副刊《觉悟》。

按:文章说:"列宁底事业是不必说了,他底著作也极丰富。去年出版的《列宁全集》共有三十四册,现在苏联政府决定将重要的译成各种文字(特别是东方文字)传播,最近一星期中,在列宁未葬埋以前,著作家波波夫(Popoff)和亚哥列夫(Yakolf)两人于两日内编成《列宁底生活与列宁主义》一书,于一日内由印刷局印成出版,现在正译成各种文字不久就可陆续出版,俄国民众之爱戴列宁,于此可见一斑。然而列宁与马克思一样,他底著作固然非常丰富,他底事迹更浩如烟海,列宁死后,代替他的便是虽无躯壳而却有无穷生命的列宁主义。研究列宁主义与研究马克思主义一样,不是容易的事。实际上马克思主义与列宁主义本是不可分的,不过列宁主义底骨髓在实际的事迹,在争斗的战略。最近波波夫和亚哥列夫两人所著成的书可以做我们研究列宁的革创的纲目,因为列宁既死,而列宁主义底研究,全待现在与将来人类底编纂与阐发!"

李春蕃《非社会主义者的"列宁"观》发表于 3 月 5 日《民国日报》副刊《觉悟》。

张涤中《我对于列宁先生死的感想》发表于 3 月 8 日《民国日报》副刊《觉悟》。

卜士畸《列宁是世界无产阶级不死的首领》发表于 3 月 9 日《民国日报》副刊《觉悟》。

董亦湘《告今日追悼列宁者》发表于 3 月 9 日《民国日报》(追悼列宁大会特刊)。

按:文章说:"列宁死了,世界一切被压迫民族,失去了一个忠实的伟大的领导者,固属万分不幸! 但是,世界上列宁的同志的数量,一定一天增加一天;一切被压迫民族的反抗潮流,一定愈激愈厉,因为我们深信最后的胜利者,一定在此不在彼,这也是因为客观的历史的必然规律,已经很明确地告诉我们了,我们又何忧何惧? 如果我们今日世界上被侵略的民族,尚不能共同觉悟,联合战线,与侵略的国际帝国主义一决生死;这才叫是可怕,才叫是可忧! 所以我们决不能因为列宁的死,而咨嗟涕泪,自馁壮气;又决不能只知追悼列宁,而忘记后死者责任之重大。我于此更作一郑重申明:如列宁那样并世不易数出的伟大的人物,我们怎能不起敬爱之心,他的逝世,怎能不引动我们深沉的哀思? 不过我们于这些意义外,还应当明了从今以后列宁所遗留下来的全世界被压迫者的重大责任。"

[德]法郎克博士讲、雷晋笙译《列宁生平最伟大的两种工作》发表于 3 月 21—22 日《民国日报》副刊《觉悟》。

李季《与陶孟和先生论马克思主义》发表于 4 月 2—9 日《民国日报》副刊《觉悟》。

董亦湘《伦理与唯物史观译者绪论》发表于 4 月 10—20 日《民国日报》副刊《觉悟》。

崔文成《中国国民革命与无产阶级》发表于 4 月 23 日《民国日报》副刊《觉悟》。

[苏]列宁作、李春蕃(柯柏年)译《帝国主义》(即《帝国主义是资本主义的最高阶段》)发表于 5 月 12—30 日《民国日报》副刊《觉悟》。

按:文章连载结束后,以《帝国主义浅说》为题出版了单行本。

崔文成《解释一般人对马克思学说的误解》发表于 5 月 14 日《民国日报》副刊《觉悟》。

士炎(赵世炎)《列宁》(1—5)发表于 6 月 8—12 日《民国日报》副刊《觉悟》。

按:文章说:"马克思主义者同时即列宁主义者责任之所以繁重,一方面因为无产阶级革命已经起了,并且得了第一次胜利于世界最大国之一俄罗斯,而另一方面,革命还在战斗中,国际无产阶级奋斗的困难,还摆在我们面前。第二国际的各国社会党现在还把毒药往工人群众中注射。列强的争攘又明显暴露,帝国主义的再战终不可幸免。所以由列宁手创的第三国际之工作是日益加多,同时由列宁所发现的这一条人类发展的红色之路也就愈更森严。列宁把历史武装了,这一副武装不是别的,就是历史的最高文化和武器,科学的社会主义——马克思主义。列宁死而马克思主义的武装就成为列宁主义,替代列宁活于人世,如不朽的马克思主义替代躯壳已腐的马克思一样。所以列宁主义不是别的,就是马克思主义在行动上,其骨髓充满了战略,也充满了科学的社会主义之理论。我们还应该说,列宁的工作,既预备了革命,又保卫了革命,且努力做成环绕革命四围的未来胜利,实是马克思主义凯旋。"

士炎译《列宁——理论家》发表于 7 月 5 日《民国日报》副刊《觉悟》。

〔美〕拿德克作、士炎译《列宁——实行家》发表于 7 月 9 日《民国日报》副刊《觉悟》。

董亦湘《唯物史观》发表于 7 月 25—28 日《民国日报》副刊《觉悟》。

〔苏〕拉狄克作、李春蕃译《列宁底最后的政治教训》发表于 8 月 23—24 日《民国日报》副刊《觉悟》。

《俄罗斯社会主义联邦苏维埃共和国劳动法》发表于 9 月 26—29 日《民国日报》副刊《觉悟》。

张伯兰《从原始共产社会到科学的共产社会》发表于 10 月 30 日《民国日报》副刊《觉悟》。

张伯兰《从原始共产社会到科学的共产社会》发表于 11 月 2—3 日、6—15 日、17 日《民国日报》副刊《觉悟》。

郑超麟《十月革命》发表于 11 月 7 日《民国日报》副刊《觉悟》(十月革命特号)。

述之《十月革命第七周之苏俄与资本主义世界》发表于 11 月 7 日《民国日报》副刊《觉悟》(十月革命特号)。

伯兰《十月革命——世界革命——第一步》发表于 11 月 7 日《民国日报》副刊《觉悟》(十月革命特号)。

赤帜《中国人民庆祝十月革命之真意义》发表于 11 月 7 日《民国日报》副刊《觉悟》(十月革命特号)。

李守常《苏俄民众对于中国革命的同情》发表于 11 月 10 日《民国日报》副刊《觉悟》。

张太雷译《马克思政治学:第一章阶级的社会与国家》发表于 11 月 26—30 日《民国日报》副刊《觉悟》。

高尔柏《国民党和共产党》发表于 12 月 4 日《民国日报》副刊《觉悟》。

　　李春蕃《一九二四年的俄罗斯》发表于 12 月 10—13 日《民国日报》副刊《觉悟》。

　　陆渊《苏俄与被压迫民族》发表于 12 月 20 日《民国日报》副刊《觉悟》。

　　丘咸《资本浅说》发表于 9 月 5—17 日《晨报副刊》。

　　陶鲁书译述《马克斯的生活》发表于 11 月 19—22 日《晨报副刊》。

　　清扬《纪念卢森堡》发表于 1 月 15 日天津《妇女日报》。

　　按：文章说："德国共产党的中央机关报叫作《赤旗》，就是卢森堡与小里布克奈西特所手创的。现在这个报的总编辑叫作塔赖门，十分崇信卢森堡的学说。德国共产党又出有一种杂志叫做《国际》，讲马克斯主义的学理，也是卢森堡与梅令格所创刊。世果传诵的斯巴达古斯团宣言也出她的手笔。……一个人最难得既深于学理，又能实行。列宁是能如此的，卢森堡也是能如此的。伊的学说，俱见于伊的大著《资本堆积论》，可以补马克斯《资本论》之不足。有人说这部《资本堆积论》在马克斯学说里是《资本论》后第一部重要著作，并非虚语。"

　　编者《世界无产阶级领袖列宁逝世》发表于 1 月 25 日天津《妇女日报》。

　　编者《列宁略史》发表于 1 月 25 日天津《妇女日报》。

　　邓颖超《悼列宁》发表于 1 月 26 日天津《妇女日报》。

　　按：文章说："列宁突于二十一日溘然长逝的噩耗传来令人不胜惊骇，惘然若失。真不知以何辞，才能表示出我们深切的哀悼阿？列宁是一个勇于实行者，奋身苦斗者，是真正为平民谋幸福者。他自十七岁开始，以至于死，无时无刻不是在那里与压迫人类的恶魔——资本主义——奋斗——备尝艰辛，操劳过度，是抱病载余，而竟至于不可救！……苏维埃大联合造成，政府基础又已巩固，他确为人类创立一新生命，开了一个新领域！他虽与逝（世）长辞，但他的精神和伟大的事业却永之不朽了！他不死于纷乱之际，不死于完成之时，而独死于现在，实有意与后继者，奋斗努力的机会。那么，后继者又何必过痛悼，而不愈加努力呢？不过人类一旦失此伟大之领袖，我们又焉得不悲？真是遥望俄都，泪满襟了！"

　　小岑《群众觉悟与运动列宁的成功给我的感想》发表于 1 月 30 日天津《妇女日报》。

　　按：文章说："现在列宁死了。杜罗斯基亦正病危。但我们敢确信俄国的苏维埃政府，断不致因此而断生命，其原因即由于列宁的成功，系立在群众觉悟的基础上。虽或有例外，但我们只能认之为例外罢了。且目前世界各国无产阶级觉悟的程度，较大战前，其进步实非可以道里计。他们对于新生的苏维埃俄罗斯,拥护之不遗余力。而英国劳工党内阁的成立,尤足认为革命政府前途的福音,故列宁等的成功,又可谓为立在全世界无产阶级觉悟的基础上。是列宁虽死,他所创的苏维埃俄罗斯将不受若何影响,不待智者即可知之。"

天津追悼列宁大会《追悼列宁大会志盛》发表于 3 月 24 日天津《妇女日报》。

按:文章记录关于请速恢复中俄邦交传单如下:"全世界无产阶级的先师列宁死了! 我们——被外国帝国主义侵略、军阀压迫的中国人民——对于这位援助弱小民族,抗帝国资本主义者的先导的死,感觉无限的悲哀。今日集合天津几十个青年团体,在此地开这个追悼会,就是我们对于他表示敬意与哀悼的一种极微弱的举动。列宁的功勋,因是建筑在全世界无产阶级与弱小民族的幸福的基础上,故自有历史以来,没有人能同他比拟。生在半殖民地的中国的我们,正切盼其能有所指导,不料此无产阶级的先师,竟溘然长逝,使我们如孤儿之失慈母。这是何等可悲痛的事啊! 我们悲痛之余,亟愿能早日同列宁先师所手创的俄罗斯社会主义联邦苏维埃共和国,作亲密的携手。对于现在进行的中俄交涉,主张先承认苏维埃政府后,再会议解决一切悬案。并警告为外国帝国主义作走狗的外交当局,不得故意留难,阻碍两国亲善的实现! 我们今无特在追悼列宁先师的大会中,大声的喊:速恢复中俄邦交! 速承认苏俄政府!"

清扬《列宁的精神》发表于 3 月 24 日天津《妇女日报》。

按:刘清扬说:今天,吾们固然说是列宁追悼会,但是另就一方面说,也可说是列宁的祝贺会。列宁是世界共产革命的领袖,是各地被压迫的民众的好友。他现在死了,吾们再不能继续的受他的教导了,就这一点说,当然吾们是要哀悼他。不过他的精神,他的事业,他的主义经这一次更要在世界上宣扬起来! 光大起来! 这乃是吾们很可以庆贺的。

列宁不但是一个实行家,不但是一个成功的实行家,并且是个学者,并且是个成功的学者。吾们从他所作的那本《国家与革命》是很可以晓得的! 他研究马克斯的学说,他批评各家的学说,是很有科学的精神的! 不过吾今天所要说的一点列宁的精神,还不是这个。

吾们晓得列宁主义,是由列宁的精神来的。列宁的精神是什么呢? 吾觉着列宁的精神,可以拿两个字包括起来:就是"切实"! 别的精神,都可以由这个推演出来。你看他,在什么时候主张民主政治,在什么时候主张无产阶级执政,在什么时候主张武力的共产主义,在什么时候主张施行新经济政策,在什么时候主张与各派联合,在什么时候与帝国主义者缔结合约,在什么时候主张党的分裂,在什么时候主张联合战线,以至于他主张俄国的劳动运动,与西欧的劳动运动要采取不同的形式。他又极力注重农人工人的联盟携手,在无产阶级专政以外,创出无产阶级与农民专政的口号。又看他临末两年的注重合作协社。吾可以说这种种都是从他的切实的精神来的。

刘尚《谁可以继承列宁》发表于 4 月 28 日天津《新民意报》副刊《觉邮》第 8 期。

按:文章说:列宁死了! 一个希世之杰,千古不朽的人物死了! 第三国际的创立者,第三期马克斯主义的宗师,列宁主义的成立者,第一次成功的无产阶级(广义)的国家的领袖,使世界政治社会史上开一个空前的新纪元的力量的第一代表者,从此永离人世了! 世界出一个伟大奇特的人物,死了之后,常有许多人想着继承他,发扬光大他的事业。列宁既是这样出奇重要的人物,他所领头兴起的事业,在这世界上,又不过刚刚开端,想着继承他,想着继起开拓推展他的事业的人,自必更不在少数。但是想又何容易? 列宁既称特出,必有其特出的地方。列宁既是成功成名的人物,必有使其成名成功的长处。列宁未死,列宁主义已成名了。列宁主义是与马克斯主义不能相背的,但既自独立为一种主义,也必有其不同之点。

吾以为列宁最特出的地方最大的长处,就是他能脚踏实地,能认识眼前的情况,能切实的向前进,能把理想与实际合而一之,双方兼顾,眼光看到远处,又能照顾到近处,完全免除了改革家容易犯的毛病。他是最能抱定宗旨又不择手段的,能最坚定又极能应付。他知切实的向前进一寸,胜过迈空迈一尺。无产阶级的革命本是打到头的阶级战争。当然居领袖之位的非兼是善战的名将与策士不可。列宁恰恰可以当此无愧色。他之为马克斯主义者不是书本上的,乃是把马克斯主义活现出来的。他能积马克斯以后的革命经验,建立适当实境的方策。列宁主义乃是合理论与实行而一之的,乃是合马克斯的学说与其以后实行革命得来的列宁的主张学说,不是想出来的,不是从书本上推绎下来的,乃是行出来的,作出来的,乃是从实际上观察出来的,乃是在实地上实验出来的。

吾以为一个人若要继承列宁,开拓推展他领头立下来的事业,也非有这些特出的长处,不同之点,不可。而列宁所以能如此,又在他能把本国国情,本国的经济状况,切实了解,故能知如何下手;又能把马克斯主义的本身与其历史的背景,切实了解,故能善于应用。可以继承列宁的人也必须是如此的。不但须如此,更应把列宁主义与其背景,也有深入研究,能够融会贯通,适宜应用。如有一个人在中国要继承列宁,便必须切实懂得马克斯主义与列宁主义与其各个的背景,更须拿着这等主义的方法,把中国的特殊国情,中国的经济情况,以及因经济的不同发生的种种不同的现象,痛加一番研究,得一个原原本本的了解,透底的观察。还不止于此,更应除马克斯主义与列宁主义以外,成立一种他自家的合乎现实境况的主义。

编者《今天是马克思一百〇六岁生日》发表于 5 月 5 日天津《妇女日报》。

按:文章说:"今天是一九二四年五月五日,是马克思诞生一百又六周年的纪念日,我们应该纪念他的是什么?我们应该纪念他是一个大经济学者。因为他在经济学上发明了独特的价值论和剩余价值论,使资本及劳动之意义都得着新的真的解释。我们应该纪念他是一个大社会学者,大历史哲学者。因为他发明了唯物的历史观,使我们得了人类社会历史运动底原则,使我们得了研究社会学历史学之科学的方法。我们应该纪念他是一个最有力的社会主义者。因为他发明了阶级争斗说和劳工专政说,使全世界无产劳动阶级都得了自救的方针。我们尤其应该纪念的,是他的苦战奋斗的精神和他的富贵不能淫、贫贱不能移、威武不能屈的人格。"

编者《列宁生前之事略》发表于 1 月 25 日《申报》。

梁启超《社会主义实行中国之演说辞》发表于 2 月 14 日《申报》。

心史(孟森)《共产主义复活之试验》发表于 3 月 6 日《申报》。

心史(孟森)《俄国宪法上共产主义之变化》发表于 3 月 14—15 日《申报》。

心史(孟森)《劳农共产与劳工共产》(上)发表于 5 月 14 日《申报》。

继盛《现今风行之各种主义》发表于 5 月 23 日《申报》。

按:文章对帝国主义、社会主义、共产主义等 17 种社会上流行的派别予以介绍。

心史(孟森)《中俄通好后之政治与经济》(一)发表于 6 月 9 日《申报》。

吴玉章《马克思主义的势力》发表于 4 月 16—17 日《国民公报》。

按:吴玉章于 1924 年 4 月 13 日在成都社会主义研究会成立大会上发表《马克思派社会主义的势力》的演讲,部分内容以《马克思主义的势力》为题发表在《国民公报》上。文章说:"现在有一最伟大最新颖的潮流,普遍于全世界。人类对之,或惊、或喜、或疑、或惧,莫不有一种奇异的感想,真所谓二十世纪的大怪物,这就是轰动世界的'社会主义'。社会主义的派别很多。以广义言,凡是改造社会组织的思想和计划,只要是反对个人主义(资本主义）的，都可叫做社会主义。如像共产主义、无政府主义、工团主义、基尔特社会主义、国家社会主义等都包括在内。以狭义言，只有从经济上着手，主张把现行的资本私有、自由竞争制度改废，凡生产消费都归社会全体共有共管，以谋社会全体的利益，这才叫社会主义。据现在的时势看来，尤其是马克思派的社会主义为最流行。因为经过苏俄的试验，人人已知道他有实现的可能性。"

飞飞《宁乡甲种师范开马克思纪念讲演会》发表于 5 月 6 日湖南《湘报》。

按：文章详细记载了马克思纪念讲演会的活动情况，其讲演者有周凤阳的"马克思传略"、姜星辅的"唯物史观"、胡辉的"剩余价值"、杨家珍的"阶级斗争"、刘之康的"劳动专政"、陈章甫的"为什么要讲马克思主义"等。

三、研究著作

［苏］杜夫莱斯基著《列宁经济学》由社会调查所出版。

按：作者说："马克思主义是马克思的见解和学说的体系。马克思是十九世纪时三个最进步国家内的三种重要思想的倾向——即德国的古典哲学，英国的古典经济学，及法国的与一般革命学说有关的社会主义——的继承者，天才的完成者。马克思把近代的唯物论和近代科学的社会主义的总和，作为世界文明国的劳动运动的理论和纲领提示出来。他的见解这样的彻底与完全。就是反对他的人也不能不予以承认。所以我们在说明马克思主义的重要内容（即马克思经济学说）之先，不得不把他的世界观的全般介绍一下。"

中华民国国民追悼列宁大会编《列宁纪念册》由编者出版。

按：是书收录《列宁小传》《宣言》《列宁死后之世界的哀悼》《列宁不死》《同志列宁》《马克思主义者——列宁》《读〈列宁传〉》《列宁与世界》《列宁与苏俄》《苏俄革命的特质》《列宁评传》《共产主义与社会底进化》《农税底意义》等文章。其中尚有李维汉的《列宁与中国》一文，称赞马克思和列宁是科学社会主义历史上的两大伟人。

［英］霍布逊著，郭梦良、郭刚中译《基尔特社会主义与赁银制度》由上海商务印书馆出版。

裴汾龄、韩永镇译《苏联共和国劳工法》由译者出版。

周宣极译《俄罗斯共和国民法》由北京修订法律馆出版。

裴汾龄译《苏维埃社会主义俄罗斯联邦共和国刑法》由北平译者出版。

按：译者为中国驻苏领事。

江亢虎著《新俄游记》由上海商务印书馆出版。

［苏］郭范仑科著、王伊维译、瞿秋白校《新社会观》由平民书社出版。

按：是书包括资本主义、阶级斗争与政党、帝国主义与社会主义、共产主义、第一国际及巴黎公社、俄国革命运动史之一斑、苏维埃俄国之经济政策等12章。

瞿秋白著《社会哲学概论》由上海书店出版。

按：瞿秋白于1923年在上海大学讲授《社会哲学概论》和《现代社会学》，并于次年出版这两部讲稿后，就以"马克思主义理论家"的面目与身份出现在中共党内和当时中国社会思想意识形态领域。是书乃在中国传播辩证唯物主义哲学的重要著作。它在中国现代哲学史上第一次把辩证唯物主义的基本观点介绍到中国来，这是前此许多中国无产阶级哲学家所不及的。瞿秋白对辩证唯物主义思想的研究与宣传，把马克思主义哲学在中国的传播推进了一大步。

瞿秋白著《社会科学概论》由上海书店出版。

按：是书为《社会主义讲义》的一部分，论述社会的意义、经济、政治、宗教、哲学、社会现象之联系等12章。附论马列。是书对马克思主义哲学在中国的传播起了重要作用。

萧楚女著《社会科学概论》由中央军事政治学校政治部宣传科出版。

瞿秋白编译《现代社会学》由上海书店出版。

按：瞿秋白1923年在上海大学任教时，根据布哈林的《历史唯物主义理论》一书，编写了《现代社会学》讲义。

瞿秋白编著《社会科学讲义》由上海书店出版。

孙倬章著《社会主义史》由上海商务印书馆出版。

按：是书分理想社会主义、科学社会主义的先驱者、科学社会主义者、无政府主义、国家社会主义与基督社会主义、社会主义国际的运动、社会主义的原理7章。是书乃该社百科小丛书之一。

施存统编《社会思想史》由上海书店出版。

按：作者指出，"明显点说，本书所讲的'社会思想'，包含三种对于社会而发的思想，一是主张改造社会的思想，例如马克思所主张的；二是主张改良社会的思想，例如亚里士多德所主张的；三是乌托邦派的思想，例如柏拉图所主张的。讲述包含以上三种意义的社会思想底历史的经过，就是本书底任务"。

蔡和森著《社会进化史》由上海民智书局出版。

按：是书乃作者在上海大学社会学系的授课讲义。周一平说：《社会进化史》对于中国史学界的影响主要是以下几点：第一，为中国马克思主义史学理论的建设奠定了基础。李大钊从 20 年代初开始对马克思主义的唯物史观进行了一些宣传，为马克思主义史学理论的建设做出了一些贡献。但是系统地宣传马克思主义的历史发展动因论、历史发展规律论、历史发展社会形态论，蔡和森在 20 年代初期的贡献是最大的，马克思主义关于历史学的一些历史唯物主义理论，在《社会进化史》中基本上有了系统的反映，这给予以后的马克思主义史学理论研究以启示，也指出了前进的方向，同时给予中国历史学，给予中国的中外历史研究（包括中国共产党历史的研究）以极大的影响。第二，开拓了中国马克思主义的社会发展史研究。用马克思主义的历史唯物主义观点研究社会发展史，蔡和森的《社会进化史》在中国是第一部。这一部书一出，以后才渐渐有一些马克思主义者也重视了社会发展史的研究，出版了一些马克思主义社会发展史的著作，出现了马克思主义占领中国的社会发展史研究阵地的可喜局面。在蔡和森之后 16 年，华岗写成了《社会发展史纲》。1943 年延安解放社编印了《社会发展史略》。1949 年马克思主义的社会发展史研究获得大丰收，这一年邓初民的《社会进化史纲》、沈志远的《社会形态发展史》、艾思奇的《历史唯物论社会发展史讲授提纲》及华岗的《社会发展史纲》（增订本）等等都相继出版。这些后出的著作比蔡和森的著作是有进步的。……第三，开拓了中国马克思主义的中国古代史研究。蔡和森的《社会进化史》，对中国古代的历史资料也作了一些研究，如《孟子》《国语》中的资料，如井田制、籍田、园圃等历史现象，书中进行了一些初步的研究。这些研究是中国最初的马克思主义理论指导的中国古代史研究，虽然只是略略涉及，研究的面还不广，也不深入，但这是开拓性的研究，标志着马克思主义的中国古代史研究开始了。用马克思主义的理论系统地研究中国古代史的中国史学家是郭沫若。①

蔡和森著《社会近代史》由上海民智书店出版。

按：是书为作者在上海大学编写的《社会近代史》讲义，全书以恩格斯的《家庭、私有制和国家的起源》一书为蓝本，吸收当时的一些新材料而撰写的。作者用历史唯物主义观点阐述私有财产、家族制度和国家的起源，并从近代资本主义社会的经济政治关系上论证了"资本主义社会必然崩溃"的趋

---

① 周一平.中共党史研究的开创者——蔡和森[M].上海：上海社会科学院出版社，1994：64、66.

势,得出"世界革命的成功,只是时间迟早的问题"的结论。

李大钊著《史学要论》由上海商务印书馆出版。

按:是书论述什么是历史、什么是历史学、历史学的系统、史学在科学中的位置、史学与相关学科的关系、现代史学的研究及对于人生态度的影响等6节。

公民丛书社编《孙文与共产党》由编者出版。

杨明斋著《评中西文化观》由上海中华书局出版。

按:寇清杰说:"杨明斋对'东方文化派'的有力批判和他对中西文化的态度,反映了早期马克思主义者在文化问题上的正确观点。他是继瞿秋白之后,又一位用马克思主义的立场、观点和方法对东方文化派进行系统剖析的共产主义者。从《评中西文化观》表现出的丰富内容和精湛观点来看,杨明斋的文化观点当之无愧的是论战中马克思主义理论水平较高的论点,是共产党人中有代表性的观点。在当时也确实发挥了重要作用。当然,由于历史条件的限制,杨明斋的著作中也存在一些不足之处,表现出早期马克思主义者理论上的不够成熟。但是,这并不能抹煞他在中国现代文化思想史上的重要地位,他的著述和思想将成为我们的宝贵精神财富。"①

四、卒于是年的研究者

刘子通(1885—1924)卒。原名子栋,又名刘通、刘太湘,湖北黄冈人。1905年留学日本,参加同盟会。1908年回国,任成都铁道学堂教习。1911年参与武昌起义。1920年参加陈潭秋主持的马克思学说研究会。1921年春加入武汉共产党早期组织,与陈潭秋等一起创办《武汉星期评论》,曾邀请李大钊到武汉讲学。后到湖北女子师范学校任教,在学生中发展党团组织,组建学生读书会,学习《共产党宣言》和《共产党》《新青年》等进步书刊。1924年3月病逝。1979年被湖北省人民政府追认为革命烈士。

王右木(1887—1924)卒。原名王丕昌,又名王燧,四川江油人。1914年作为官费生去日本留学,入东京明治大学经济系学习。在留学期间认识河上肇教授,开始认真研习马克思主义学说,结识日本早期的马克思主义研究者山川菊夫妇、上杉荣等,并参加李大钊等在留日学生中发起组织的"神州学会"。1919年春回国后,积极宣传马克思主义。1920年8月利用暑假徒步上海寻找共产主义小组和当时的社会主义青年团负责人,见到陈独秀

---

① 寇清杰.中国新文化的方向:中国早期马克思主义者中西文化观研究[M].天津:天津人民出版社,2002:185.

等人。同年底回到成都后,在成都高等师范学校成立马克思主义读书会,创办《新四川旬刊》,是四川地区最早的以研究和宣传马克思主义为主要任务的组织之一,成员由国立成都高等师范学校和国立成都高等师范学校附中发展到各校,达 100 多人,曾专题演讲《资本论》《唯物史观》《社会主义神髓》等。1922 年 4 月又在成都成立四川第一个团组织中国社会主义青年团,其参加者大部分是马克思主义读书会的成员。1924 年赴广州参加会议返川途经贵州土城时被杀害。是四川最早传播马克思主义的宣传者和四川党、团组织最早的创建人和领导人之一。

　　按:高烨说:"王右木是四川最早研究、传播马克思主义的先驱者,并将其付诸实践的开拓者。他从宣传马克思主义理论,组织马克思主义读书会、创办革命刊物,到领导学生运动、工人运动,始终用马克思主义信念武装自己、教育他人;从设想成立工农武装,到建立四川的党团组织,他始终把马克思主义理论同四川人民群众的革命实践相结合。""是他用具体行动拉开了马克思主义在四川传播的序幕,为四川地区马克思主义的传播、革命运动的开展作出了重要贡献。"①

---

① 高烨.王右木与四川早期马克思主义的传播[J].现代交际,2018(5).

民国十四年 乙丑 1925 年

一、研究背景

1月11—22日，中国共产党第四次全国代表大会在上海召开。会议分析了中国社会各阶级在民族革命中的地位，提出无产阶级领导权和工农联盟的重要性。陈独秀被推选为总书记，与张国焘、彭述之、蔡和森、瞿秋白组成中央局。会议通过《中国共产党第四次全国代表大会宣言》《中国共产党第四次全国代表大会对于列宁逝世一周年纪念宣言》《中国共产党第四次全国代表大会对于民族革命运动之议决案》《对于宣传工作之议决案》《对于组织问题之议决案》《对于妇女运动之议决案》《对于青年运动之议决案》《对于农民运动之议决案》《对于同志托洛茨基态度之议决案》等 11 个决议案。

按：张喜德、张妮说：在共产国际五大相关决议精神推动下，1925 年 1 月中共四大通过了《对于宣传工作之议决案》，马克思主义在中国传播事业迈出了极为重要的一步。其一，关于马克思主义在中国传播的理论根据和主要目标，《议决案》指出："今后本党宣传工作的主要目标必须根据大会关于中国民族革命运动的新审定，努力宣传民族革命运动与世界革命运动之关联和无产阶级在其中的真实力量及其特性——世界性与阶级性，以端正党的理论方向。"其二，关于马克思主义在中国传播存在的问题上，《议决案》指出："一、党中政治教育做得极少，在党报上我们几乎很难找到教育党员关于党的政策的讨论文字，在小组会中很少有政治报告"；"二、本党过去在职工运动中常因太偏重机关式的组织工作，竟使党的宣传和阶级教育未得输入工人群众"；"三、我们在群众中的政治宣传，常常不能深入"，"很少注意于共产主义理论的宣传和引导"。其三，关于马克思主义在中国传播的改进措施，《议决案》指出："一、为使宣传工作做得完美而有系统起见，中央应有一强固的宣传部负责进行各事，并指导各地方宣传部与之发生密切联系且有系统的关系。""中央编译委员会应努力于党内小册子之编译，尤其是关于列宁主义，国际政策，政治经济状况以及工人常识的材料之编辑。""在智识界中以马克思列宁主义的见地传布无产阶级的文化是很重要的一件工作。中央于此，应指导各地于可能范围内设立马克思列宁主义研究会或其他临时的讲演讨论会,以扩大共产主义运动。"中共四大通过的该《议决案》,特别是第三部分改进宣传工作即马克思主义传播工作的措施,对完善和推进马克思主义在中国的传播工作起了十分重要的作用。①

1 月 26 日,中国社会主义青年团第三次全国代表大会在上海召开,决定改名为中国共产主义青年团。会议选举张太雷任总书记,任弼时任组织部主任,恽代英任宣传部主任,贺昌任农工部主任,张秋人任非基督教部主任。大会明确共青团要绝对服从中国共产党的政治领导,动员号召全体团员认真贯彻中共四大决议。

5 月 1 日,中国共产党领导的第二次全国劳动大会在广州召开,决定成立中华全国总工会,加强对工人运动的领导。会议通过《工人阶级与政治斗争》《工农联盟》等 30 个决议案。这次会议成为中国共产党号召广大工人阶级行动起来,推翻帝国主义和封建军阀的进一步动员大会。

5 月 10—15 日,中共中央执委会第一次扩大会议在上海召开。陈独秀、蔡和森、瞿秋白、张国焘及共产国际代表维连斯基等人出席会议。陈独秀代表中央局作工作报告,会议通过《共产党在国民党内的工作问题决议案》《党内组织及宣传教育问题决议案》等。

5 月 28 日,中共中央召开紧急会议,决定以反对帝国主义屠杀中国工人为中心口号,发动群众于 30 日在上海租界举行反帝示威。同时,中共中央还决定,为了加强工会的组织力量,由共产党人李立三、刘华等主持,成立上海总工会。随后刘少奇到达上海,也参加了上海总工会的领导。

5 月 30 日,上海工人阶级为反抗日本资本家枪杀工人顾正红的暴行而举行反帝大示威,史称"五卅运动"。当晚,中共中央召开紧急会议,决定由瞿秋白、蔡和森、李立三、刘少奇和刘华等组成行动委员会,具体领导这次斗争,组织全上海民众罢工、罢市、罢课,抗议帝国主义屠杀中国人民。"五卅运动"是中国共产党领导下的群众性反帝爱国运动,是中国共产党直接领导的以工人阶级为主力军的中国人民反帝革命运动,标志着国民大革命高潮的到来。

6 月 1 日,上海总工会成立,李立三任委员长。这标志着上海工人运动从分散的状态开始转向集中的、有组织的行动。

6 月 4 日,中共中央创办由瞿秋白任主编的《热血日报》,及时向广大群众传达党指导运动的方针、政策,揭露帝国主义的罪行。

---

① 张喜德,张妮.共产国际与马克思主义在中国的有组织传播(上)[J].中国延安干部学院学报,2015(2).

6月5日,中共中央发表《中国共产党为反抗帝国主义野蛮残暴的大屠杀告全国民众书》,指出全上海和全中国的反抗运动之目标,决不止于惩凶、赔偿、道歉等,应认定废除一切不平等条约,推翻帝国主义在中国的一切特权为其主要目的。

6月7日,上海总工会与全国学联、上海学联、各马路商界总联合会共同组成的上海工商学联合会宣告成立,上海各界民众结成了反帝联合战线。

8月,在中共地方党组织的领导下,河南青年社在开封成立,积极从事马克思主义的宣传教育活动,其中影响最大的当属著名共产党员萧楚女主编的《中州评论》。该刊在《列宁逝世两周年纪念告被压迫同胞》和《列宁与中国国民革命》等重要文章中,向河南人民介绍了"列宁是马克思的门徒,是革命的马克思主义者,是正统派的马克思主义者。马克思主义,有了列宁就特别发扬光大"。《中州评论》成为党在河南创办的第一个刊物——中共豫陕区委的机关刊物。

9月,苏联共产党中央为纪念孙中山和帮助中国培养更多的革命干部,创办了中国劳动者中山共产主义大学。11月正式开学。国共两党都选送了一批学员进入该校学习。中共旅欧支部1925年底以后派出的革命青年,大部分在该校学习,其中邓小平、傅钟、李卓然等还参加了该校领导核心的工作。

10月,毛泽东从湖南到达广州,代行国民党中央宣传部长职务。曾参与创办《政治周报》,并任主编。

10月15—25日,中国国民党广东全省第一次代表大会在广州举行,毛泽东以中国国民党中央候补执行委员和代理国民党中央宣传部长的身份参加大会。

10月下旬,中共中央派遣蔡和森、向警予、沈泽民、李立三等代表,赴莫斯科参加共产国际第六次执委会扩大会议。

是月,中共中央扩大执行委员会会议在北京召开,会议通过《中国现时的政局与共产党的职任议决案》《中国共产党与中国国民党关系议决案》《组织问题议决案》《宣传问题议决案》等,《宣传问题议决案》对于宣传工作提出了八项具体要求,其中关于马克思主义在中国传播的语言形式,要求"应当用极通俗的言语文字,可是不但言语文字要接近群众,鼓动的内容也要接近群众","发展我们党的机关报,使他们通俗化。编辑通俗的小册子歌曲等,翻译马克思主义的书籍——是文字上的宣传和鼓动的根本责任。同时还要收集整理种种材料,以便根据马克思主义编辑关于中国问题的著作——做解决民族革命及阶级斗争中种种问题的理论上根据。因此,必须在中央设立相当的机关,指导和计划收集材料的工作"。①

11 月 23 日,国民党右派谢持、邹鲁、林森、居正等在北京西山召开所谓国民党一届四中全会,通过一系列反动议案,把李大钊、毛泽东等 9 名具有共产党籍的国民党"一大"中央执行委员开除出中央委员会。毛泽东主编的《政治周报》开辟"反攻"专栏,并亲自撰写《北京右派会议与帝国主义》《国民党右派分离的原因及其对于革命前途的影响》《右派的最大本领》等文章,揭露西山会议派分裂国共合作的反动行径。

是日,蔡和森等抵达莫斯科。在共产国际东方部的推荐下,应中共旅莫支部之邀,蔡和森为东方大学中国班的学生作了《中国共产党史的发展》的报告,系统地回顾了党的"一大"至"四大"这段历史,分析了党产生的历史背景,考察了党在中国民主革命各时期的斗争历史,批判了党内曾经出现过的一些错误思想倾向,同时指出了党在目前的问题和任务。是为中共党史研究的开创之作,奠定了中共党史研究马克思主义方法的基础。

按:蔡和森说:"真正的革命党,如无革命的理论是不行的,故一个革命党不仅要有好的组织、好的政策,尤其要有革命的理论来把思想统一,然后才能领导革命到正确之路。但党的理论非从天上掉下来的,一短时期可以形成的。马克思主义列宁主义在世界各国共产党是一致的,但当应用到各国去,应用到实际上去才行的。要在自己的争斗中把列宁主义形成自己的理论武器,即以马克思主义列宁主义的精神来定出适合客观情形的策略和组织才行。中国共产党思想的形成与俄国社会民主工党一样,是要经过很长期的奋斗才能形成的。"②

12 月 1 日,毛泽东在国民革命军第二军司令部编印的《革命》第四期上发表《中国社会各阶级的分析》一文,初步阐述了新民主主义革命的基本思想,解决了中国新民主主义革命的性质、任务、对象、领导力量、同盟军和前途等一系列根本问题,为中国革命指明了正确的方向,是毛泽东新民主主义革命基本思想初步形成的重要标志,丰富和发展了马克思主义阶级和阶级斗争的学说。

按:毛泽东此文是为反对当时党内存在着的两种倾向而写的。当时党内的第一种倾向,以陈独秀为代表,只注意同国民党合作,忘记了农民,这是右倾机会主义。第二种倾向,以张国焘为代表,只注意工人运动,同样忘记

① 中央档案馆,编.中共中央文件选集:第 1 册[M].北京:中共中央党校出版社,1982:478、481.
② 蔡和森.蔡和森的十三篇文章[M].北京:人民出版社,1980:21.

了农民,这是"左"倾机会主义。毛泽东说:"综上所述,可知一切勾结帝国主义的军阀、官僚、买办阶级、大地主阶级以及附属于他们的一部分反动知识界,是我们的敌人。工业无产阶级是我们革命的领导力量。一切半无产阶级、小资产阶级,是我们最接近的朋友。那动摇不定的中产阶级,其右翼可能是我们的敌人,其左翼可能是我们的朋友——但我们要时常提防他们,不要让他们扰乱了我们的阵线。"①

是年,朱德、张闻天、孙炳文、李大章、房师亮、刘鼎、施益生、王极知、许少灵、许祖熊、周文楷、江克明、杨士彬、王若飞、林蔚、林修杰等赴莫斯科中山大学学习马列主义。

按:张闻天《自我小传》说:"一九二五年'五卅'运动之前,我最后下决心加入中国共产党。在苏州担任了一些支部工作之后,即于一九二五年冬被派往莫斯科中山大学学习。这样整整的学习了五年。这是一个学习马列主义理论及苏联社会主义建设的实际的时期。曾经参加过学校支部局的工作,担任过共产国际东方部的一些工作,并曾积极的参加了反对陈独秀主义、托洛斯基主义、李立三路线等的思想斗争。"②

二、研究论文

[苏]列宁作、郑超麟译《第三国际及其在历史上的地位》(即《第三国际及其在历史上的位置》)发表于《新青年》第 1 期(列宁专号)。

[苏]列宁作、陈乔年译《社会主义国际的地位和责任》(即《社会党国际的状况和任务》)发表于《新青年》第 1 期(列宁专号)。

[苏]列宁作、郑超麟译《专政问题的历史观》(即《关于专政问题的历史》)发表于《新青年》第 1 期(列宁专号)。

陈独秀《列宁主义与中国民族运动》发表于《新青年》第 1 期(列宁专号)。

按:文章说,列宁主义自然就是马克思主义,然而马克思主义到了列宁,则更明了确定了,周密了,也扩大了。其更明了确定周密扩大之点,最重要的便是资本制度与共产制度间之无产阶级独裁制及反帝国主义的国际民族运动这两个理论。后者尤于中国目前的民族革命有关,我们应该略知列宁对于民族问题的意见。列宁对于民族问题的意见和资产阶级的改良派对于民族问题的意见,完全不同。列宁的意见:(一)全世界一切有色无色人种

---

① 毛泽东.毛泽东选集:第 1 卷[M].北京:人民出版社,1991:9.
② 张闻天.张闻天文集:第 3 卷(1939—1948)[M].北京:中共党史出版社,2012:84.

的。(二)行动上帮助民族解放运动。(三)由被压迫者革命而分立,而自建国家。(四)被压迫的民族共同反对帝国主义的国际问题。(五)联合被压迫的民族运动和被压迫的阶级运动——推翻国际帝国主义。(六)各民族间在政治上应该是自由分立的,在经济上应该是协作而统一的。

蒋光赤《列宁年谱》发表于《新青年》第 1 期(列宁专号)。

蒋光赤《在伟大的墓之前》发表于《新青年》第 1 期(列宁专号)。

按:文章说:"追溯苏维埃俄罗斯之由来,苏维埃俄罗斯产生的过程,我们就不得不想起那已经死了一年的列宁——革命的首领,人类的导师,苏维埃俄罗斯的创造者! 不错,历史不是个人所造成的,十月革命是无产阶级的革命,其成功当然不是列宁一个人的力量。说列宁是苏维埃俄罗斯的创造者,似觉有点不妥当。但是,我们要知道,若每个人能彻察历史的进程,顺应群众的心理,代表群众的愿望,使自己变成为群众的象征,使自己变成为群众的集体,则说他即群众,群众即他,有什么不可以呢? 十月革命是无产阶级的革命,但是列宁是无产阶级的化身,苏维埃俄罗斯之能产生,是因为劳农的努力,但是列宁是一个总指挥,列宁一身具有劳农的睿智,他能引导劳农到成功的路上去。"

[苏]腊狄客作、华林译《列宁》发表于《新青年》第 1 期(列宁专号)。

按:文章从列宁投身于世界无产阶级革命事业到批判以考茨基为代表的伪马克思主义,再到领导俄国十月革命取得成功并建立了世界上第一个社会主义国家,最后建立第三国际取代分崩离析的第二国际,通过这一系列的描述,深刻反映出列宁革命斗争的辉煌成就以及他为世界无产阶级所做出的伟大贡献。

瞿秋白《列宁主义与杜洛茨基主义》发表于《新青年》第 1 期(列宁专号)。

按:文章说:"俄国一九一七年十月革命之前,俄国无产阶级的政党——社会民主工党之中,早已分成多数派及少数派,这是大家所知道的。然而除这两派以外,杜洛茨基一直自成其为一派,介乎多数派与少数派之间,直到革命时杜洛茨基方加入多数派——共产党。列宁之多数派是唯一的无产阶级的革命的共产主义派,一切哲学上、经济上、政治上的理论,策略上的原则,党内组织的原理以及实际工作的方法,都是自成系统一线到底的。向来多数派与少数派之间的争执,以至于与杜洛茨基派的争执,都不仅是某个政策或某一口号的不同;推其结果,都是由于根本原则上的差异。各派最初分化时,表面看来,所争的大致是'小小的'问题,而后来逐渐演化起来,才试得出多数派确是无产阶级政治思想的最正确的指导者,少数派渐渐地退化到机会主义,以至于反革命,而成为资产阶级左派在劳动平民中的政治奸细。杜洛茨基派与列宁派的争执,也很可以含着这种趋势。现在杜洛茨基已经负责辞去军事委员,这是革命后他第一次最大地趋于机会主义的倾向之结果。然而俄国共产党的组织力,必定可以防止杜洛茨基的恶倾向,而重新统一自己的政策。所以现在这一争执已经没有实际的政治上的危险。然而我们还是很应当来研究一下列宁主义与杜洛茨基主义根本理论上的异点。"

[苏]斯大林作、瞿秋白译《列宁主义概论》发表于《新青年》第 1 期(列宁专号)。

按:文章分六个方面阐明列宁主义,即列宁主义之历史的根源、列宁主义之方法、列宁主义与理论、列宁之无产阶级革命论、无产阶级独裁制论、列宁主义与无产阶级的政党。作者结论是:列宁主义乃"无产阶级革命时的帝国主义时代的马克思主义——执行无产阶级革命实践的原理"。文章指出:"列宁主义之中有许多成分是马克思主义中原来所没有的,或者虽有却很不详尽,远未发展的","列宁主义是应用于俄国客观情形之马克思主义"。瞿秋白高度评价了列宁"应运马克思主义实行十月革命,成立世界上第一个社会主义国家"的伟大贡献,又说,"应用马克思主义于世界范围内的实际的阶级斗争"并获得"如此的成功",这是"列宁的特点"。

任弼时《列宁与青年》发表于《新青年》第 1 期(列宁专号)。

郑超麟《列宁与职工运动》发表于《新青年》第 1 期(列宁专号)。

中共中央《中国共产党第四次大会对于列宁逝世一周纪念》发表于《新青年》第 1 期(列宁专号)。

按:文章高度赞扬列宁伟大的历史功绩,并称赞他为"自马克思以后,全世界没有一个人比我们的首领列宁还更伟大"。

魏琴《列宁、殖民地民族与帝国主义》发表于《新青年》第 1 期(列宁专号)。

谢文锦《列宁与农民》发表于《新青年》第 1 期(列宁专号)。

按:文章详细描写了农民在俄国革命中的价值,并指出了列宁对于农民的重视,他甚至提出了"工人农民政府"的口号,体现了工农联盟的伟大作用。

[苏]斯达林《托洛茨基主义或列宁主义》发表于《新青年》第 2 期。

萧子暲《苏维埃社会主义共和国联合之研究》发表于《新青年》第 2 期。

《共产主义运动与苏俄》发表于《中国青年》第 3 卷第 51—75 期。

FM(恽代英)《纠正对于马克思学说的一种误解》发表于《中国青年》第 4 卷第 67 期。

[苏]亚枯匿夫作、黄镜译《社会主义与共产主义》发表于《中国青年》第 4 卷第 68 期。

超麟《醒狮派的国家主义——和他们这五个月来的宣传算一算账》发表于《中国青年》第 4 卷第 72 期。

按：文章开头引用列宁的话说："马克思主义与国家主义势不两立，无论这个国家主义是最'公平的''纯粹的'，圆滑的和文明的。马克思主义提出国际主义来抵制所有的国家主义。"

恽代英《评醒狮派》发表于《中国青年》第 4 卷第 76 期。

华少峰《驳董贞柯〈共产主义质疑〉》发表于《中国青年》第 4 卷第 76 期。

任弼时《马克思主义概略》发表于《中国青年》第 4 卷第 77—78 期合刊。

按：文章对马克思主义的产生及其基本内容唯物论、辩证法等作了阐述，并号召广大青年学习和掌握马克思主义的宇宙观。

超麟《梁启超怎样了解中国的阶级斗争》发表于《中国青年》第 4 卷第 79 期。

代英《暑假的工作与苏俄研究》发表于《中国青年》第 4 卷第 83 期。

李青锋《中心人物与中心思想》发表于《中国青年》第 4 卷第 87 期。

按：文章说："夫为资产阶级所切齿痛恨者'共产党'也，'过激派'也，所以国家主义者所痛恨的也是'共产党'，也是'过激派'。"

恽代英《民族革命中的共产党》发表于《中国青年》第 4 卷第 89 期。

恽代英《国民党与阶级斗争》发表于《中国青年》第 4 卷第 90 期。

正庸《共产主义者关于民族革命的理论》发表于《中国青年》第 4 卷第 93—94 期。

恽代英《唯物史观与国民革命》发表于《中国青年》第 4 卷第 95 期。

按：是文发表时未署名，学术界对此文是否为恽代英所作也有不同意见，这里采用"作者是恽代英"的说法。

FM(恽代英)《赤俄与世界革命》发表于《中国青年》第 5 卷第 102 期。

但(恽代英)《究竟苏俄是怎样的国家》发表于《中国青年》第 5 卷第 102 期。

代英《苏俄国家的教育》(按语)发表于《中国青年》第 4 卷第 105 期。

仁静《中国共产党的精神》发表于《中国青年》第 5 卷第 106 期。

一唱《对于本埠共产主义者的三叹》发表于《爱国青年》第 6 期。

中共中央《中国共产党第四次大会对于列宁逝世一周纪念宣言》发表于《向导》第 99 期。

独秀《列宁与中国——列宁逝世周年纪念日告中国民众》发表于《向导》第 99 期。

按：文章说：有许多中国人及其他各国许多人，尤其是在十月革命后的二三年间，以为这个布尔什维克首领列宁，不知是什么一个极恶穷凶的怪物。其实这完全是幻想。列宁的外表，象一个很朴素的教授，又象一个很活泼的工人；他的内心贮藏了对于全世界被压迫者的同情热泪，他不但同情于被压迫的工人农民阶级，指导全世界的阶级争斗，他并且同情于被压迫的弱小民族，指导全世界的民族争斗。释迦佛说：要普度此世界众生于他世界；列宁说：要为此世界人类中被压迫者脱离被压迫地位于此世界而奋斗。我们若要指证释迦佛所说他世界在何处及超度了多少众生到那里，便未免太滑稽了；而由列宁奋斗所解放之被压迫的工人农民阶级和被压迫的弱小民族，已经分明在此世界中令我们看见了，如十月革命后的苏俄工人、农民之解放及苏联境内小民族之解放与夫近在远东民族革命运动之勃兴。

自从义和团事件起，列宁即表示深厚的同情于中国人，攻击他本国政府非常严厉。……列宁对于中国的辛亥革命也表示满腔同情，当时他曾在《真理报》上说："四万万落后的亚洲人得到自由了，对于政治生活已经有觉悟了。可以说，地球上全人口四分之一已经由沉睡转到光明、活动、奋斗的路上了。此事对于文明的欧洲是不发生关系的，甚至法国至今还未正式承认中华民国。欧洲这种冷淡的态度，用甚么可以去解释呢！原来在西方各处都受帝国主义的资产阶级之统治，这资产阶级四分之三已经腐朽，对于任何一个野心家，只要争得反对工人之严厉方法及一个卢布有五个戈比的利息，都愿把自己所有的文化卖去。这个资产阶级把中国只不过看成一块肥肉，这肥肉自从被俄国亲热的拥抱一下之后，现在也许要被日本、英国、法国等撕碎了罢！"列宁对于列强扶助袁世凯造成中国的反动政局，也曾在《真理报》上攻击过。……在列宁这些说话中，可以看出他是一个何等人物，可以看出他对于中国及中国民众之同情是何等诚挚；同时，也可以看出中国本国的反动军阀勾结外国帝国主义的资产阶级，压迫中国民众破坏中国德谟克拉西运动是何等严酷；同时，又应该看出中国民众之好友，只有反对帝国主义的资产阶级之无产阶级，那些帝国主义的资产阶级都是中国反动军阀之好友，也就是中国民众之敌人。……我们若真要纪念列宁，永远纪念列宁，只有接受列宁遗训——联合全世界被压迫者，向全世界压迫者作战，为脱离被压迫的地位而战！

［苏］里亚赞诺夫《马克思与中国》发表于《向导》第 124 期。

瞿秋白《义和团运动之意义与五卅运动之前途》发表于《向导》第 128 期。

陈独秀《戴季陶反共产派运动》发表于《向导》第 129 期。

瞿秋白《五卅运动中国民革命与阶级斗争》发表于《向导》第 129 期。

按：任武雄说："瞿秋白是五卅运动的主要领导人之一。1925 年 1 月，党的四大上，瞿秋白当选为中央委员。当年 2 月的上海日商纱厂大罢工期间，他在《向导》上先后写了四篇文章，热情赞扬逐渐兴起的工运的高潮，重申民族民主革命的领导责任在于工人阶级。他说：'在这中国民族的总斗争日渐兴起的时候，工人阶级自然力求奋起而领导它。'""瞿秋白在《五卅后反帝国主义联合战线中的前途》《五卅运动中国民革命与阶级斗争》《国民会议与五卅运动》等文，全面地总结了五卅运动的历史经验，正确地评价了五卅运动的伟大意义，进一步探索了马克思主义与中国革命实践的结合，为马克思主义的中国化，为全党的中国革命理论的建树做了进一步的丰富与发展，为毛泽东思想的形成提供了有益的思想因素。这些也是珍贵的历史遗产。"[1]

陈独秀《十月革命与中国民族解放运动》发表于《向导》第 135 期（十月革命特刊）。

按：文章说："苏俄十月革命之内容是：（一）城市工人打倒资产阶级而得了自由；（二）乡村农民打倒地主阶级而得了自由；（三）俄国境内的小民族打倒俄皇及资产阶级的统治而得了自由；（四）全俄人民脱离西欧帝国主义的羁绊而得了自由。前二者是阶级运动，后二者是民族运动，合起来便是整个的世界革命之开端。"

毛泽东《中国社会各阶级的分析》发表于《革命》第 4 期。

按：是文次年 2、3 月先后在《中国农民》第 1 卷第 2 期和《中国青年》第 5 卷第 101 期转载。邱少明说："该文通篇应用马克思主义阶级分析方法，对中国社会各阶级的经济地位和政治态度进行全面、系统和深入的析论，鲜明解答了谁是我们的敌人、谁是我们的朋友这个革命的首要问题。这就自理论的高度将我国革命的性质、动力、对象、任务等课题作了科学阐释，既为马克思主义中国化和党的政治纲领的制定奠定坚实思想和政治基石，又为马

---

① 任武雄.党史研究文集[M].上海：上海古籍出版社，2004：358-359.

克思主义的大众化指明了目标方向。"①

刘大钧《中国经济发展之趋势——大规模工业与社会主义》发表于《现代评论》第2卷第40—41期。

陈启修《苏联事情之研究与对苏联政策之研究》发表于《现代评论》第2卷第45期。

李璜《原来列宁说过马克斯主义与国家主义势不两立》发表于《醒狮》第32期。

陈启天《国家主义与共产主义的分歧点》发表于《醒狮》第44期。

按：文章认为，国家主义与共产主义的分歧点，主要有三大点：一是国家主义以国家为前提，共产主义以阶级为前提；二是国家主张物心并重，共产主义主张唯物史观；三是国家主义主张本国政治革命，共产主义主张世界经济革命。作者最后说："解决中国目前国事，共产主义既处处不及国家主义，所以我们毅然决然主张国家主义反对共产主义。共产主义在将来可否实现不得而知，不过在目前的中国是绝对不能实现的。若要勉强实现，必招共管之祸，所以更不得不明白反对。有志国事的青年呵，你所信仰的主义是不是与他种主义用了比较研究的工夫，又是不是按合当前的国情决定的？如果不是的，我盼你们再研究一番，我这篇文章或可供你们研究的参考。"

张君劢讲，李守初、陶其情笔记《马克斯学说之研究及批评》发表于《大夏周刊》第24期。

徐震洲《商人地位与社会主义》发表于《商大周刊》第3卷第4期。

杜国兴《社会主义的理论与中国社会主义者的误谬》发表于《孤军》第2卷第9期。

彭维基《英国议会关于社会主义和资本主义的大争论》发表于《孤军》第2卷第9—10期。

王首春《近世社会主义与共产主义之区别》发表于《孤军》第2卷第11期。

林植夫（灵光）《评共产主义者的误谬并论中国的经济政策》发表于《孤军》第2卷第12期。

按：是文攻击中国的共产主义者的偏见，主张中国独特经济政策的必要性。作者说，在中国根本不存在资产阶级和无产阶级，只有掠夺者军阀和被

---

① 邱少明.民国马克思主义经典著作翻译史（1912至1949年）[D].南京：南京航空航天大学，2011.

压迫的人民；无产阶级无国境、全世界的无产阶级能够团结等观念也是错误的。因为如在美国，美国工人排除日本工人，在日本，日本工人排除中国工人，实际上各国的工人互相排除，相反，需求便宜劳动力的资本家没有国境。作者还批评中国共产党，说跟俄罗斯国情比较，中国缺乏国际地位，缺乏发达的产业，缺乏革命需要的斯拉夫式刚毅民族性格，缺乏革命实践的经验，就不能实行布尔什维克主义。他甚至说中国共产党缺乏独立自主的精神，拿着莫斯科的资金做莫斯科的走狗。

[日]河上肇作、大风译《生产政策之社会主义》发表于《孤军》第 3 卷第 3 期。

周佛海《唯物史观的真意义》（在国立广东大学法科讲演）发表于《孤军》第 3 卷第 3 期。

灵光一卒《共产党与中国》发表于《孤军》第 3 卷第 5 期。

心崧《关于社会主义与中国国情之一面的观察》发表于《孤军》第 3 卷第 6 期。

惠生《哭中山忆列宁》发表于《中国军人》第 4 期。

陈公《从唯物史观所见之中山先生死的问题》发表于《中国军人》第 4 期。

罗敬（赵世炎）《小资产阶级对共产主义之恐怖》发表于《政治生活》第 27 期。

按：文章说："共产主义是什么，这不是在此地所能解释的，我们很愿意有机会供给读者以种种关于共产主义知识之材料。不过在这里我们要先说明几个最关重要之点：（一）共产主义是国际的，世界的，而不单独是中国的。（二）中国共产党是世界共产党的一部分，并不是中国特有的党派。（三）中国共产党在目前对于政治之主张，是根据于中国之经济与政治状况的实际，而要求外倒帝国主义内倒军阀之民族解放的人民政治，这种主张丝毫没有什么奇异，更不是如反革命党那样传说的无聊与可笑，有所谓要马上实行共产。"

乐生（赵世炎）《介绍〈新青年〉杂志〈国民革命号〉》发表于《政治生活》第 27 期。

按：1924 年《新青年》季刊第 4 期为"国民革命号"。文章说："尤其可喜的是在这期中，使我们得了些关于列宁主义之认识。列宁主义之内容本来包含甚多，不易解释，今后列宁主义者对于列宁主义研究发扬之责任，也正如当初马克思主义（列宁自己是其中的第一个）对于马克思主义研究发扬之责任一样。我们东方的革命党人,要研究列宁主义,最要紧先研究列宁对于民族问题之理论。这一期中《列宁主义之民族问题的原理》一篇论文非常阐明,因为这篇论文的作者斯大林(现时俄国共产党中央执行委员会总秘书)自身就是一个民族问题的专家,而且现在也可以说是最懂得列宁主义的一人。其次《民族与殖民地问题》一篇演讲词是列宁自己的,与《第三国际第二次大会关于民族问题的议案》(列宁起草的)一篇到现在同成为历史不朽的著作,而且是数年来近东远东及一切被压迫民族革命方针之底稿。殖民地与半殖民地的共产党所以援助国民革命的政策,及各工业区的共产党与工党所采取的民族问题之方略,都是根据这两篇底稿之原则而出发。本期中所载列宁论中国问题的四篇文字都是新近寻译的,大多数的中国人以前不曾得见。这四篇文字中有许多关于中国时事的预言,读了可以看出列宁之智慧,使我们相信列宁真不愧世界无产阶级与被压迫民族革命之领导者。"

乐生(赵世炎)《驳斥对于苏俄的谤言》发表于《政治生活》第 38 期。

《共产主义与共产党》发表于《政治生活》第 41 期。

叔华《共产主义者的民族问题》发表于《政治生活》第 44 期。

《共产主义与共产党》(续)发表于《政治生活》第 46 期。

通《马克思与中国》发表于《政治生活》第 49 期。

一鸿《为共产主义而死,抑为三民主义而死》发表于《政治生活》第 63 期。

魏琴《列宁与中国革命运动》发表于《政治生活》第 65 期。

史密《列宁与俄罗斯共产党》发表于《政治生活》第 65 期。

[苏]亚希诺夫《列宁的家世和他的事业》发表于《政治生活》第 65 期。

健攻《列宁逝世二周年纪念大会纪事》发表于《政治生活》第 66 期。

毛泽东《〈政治周报〉发刊理由》发表于《政治周报》第 1 期。

按:毛泽东是时任中国国民党中央宣传部代理部长,兼《政治周报》前 4 期主编。是文乃毛泽东关于新闻工作、宣传工作的早期文献之一,是毛泽东建党初期办报思想的具体体现,概括了革命报刊的成功经验。

毛泽东《邹鲁与革命》发表于《政治周报》第 1 期。

毛泽东《共产章程与实非共产》发表于《政治周报》第 1 期。

子任(毛泽东)《革命派党员群起反对北京右派会议》发表于《政治周报》第 2 期。

毛泽东《中国国民党选派学生赴莫斯科孙文大学》发表于《政治周报》第 2 期。

按:文章指出,反对帝国主义和争取民族独立是列宁和孙中山在世时中苏友好合作的基础。苏俄创办莫斯科中山大学为中国革命培养人才,这是苏俄对中国革命的贡献。

宋我真译《译论社会主义的定义及其与别种社会改良的方法不同之点》发表于《政治周报》第2—3期。

子任(毛泽东)《上海〈民国日报〉反动的原因及国民党中央对该报的处置》发表于《政治周报》第3期。

子任(毛泽东)《北京右派会议与帝国主义》发表于《政治周报》第3期。

赵冠青《社会主义与社会改良主义之异点及其批评》发表于《政治周报》第8期。

华尔达《列宁与甘地》发表于《大亚杂志》第35期。

裘汾龄《苏维埃社会主义俄罗斯联邦共和国刑法》发表于《外交公报》第47—48期。

益誉《社会主义与中国》发表于《社会科学研究》第1期。

陈绍禹《社会、社会学、社会科学、社会问题、社会主义底浅释》发表于《社会科学研究》第1期。

黄卓《中国对于各民主社会主义之出版物》发表于《社会学杂志》第2卷第5—6期。

周佛海《马克斯的劳动价值说》发表于《社会科学季刊》发表于3卷第3号。

按:文章说:"要了解马克斯的经济学说的全部,须先了解马克斯的劳动价值说,同时要彻底了解马克斯的劳动价值说,又须对于马克斯经济学说的全体有相当的理解。关于马克斯的劳动价值说,反对者固多曲解,拥护者亦不乏误会。这篇文章的目的,在免去成见,纯以研究的态度,解释这种学说。"

金嘉斐《社会主义与中国》发表于《北大经济学会半月刊》第30期。

曲殿元《马克斯的价值论》发表于《北大经济学会半月刊》第33期。

邝摩汉《用唯物史观解释中国各种思想之变迁》发表于《学林》第1卷第8期。

王名烈《论英国最近社会主义之运动》发表于《学林》第1卷第8期。

士炎《"二七"纪念与列宁主义》发表于《二七二周年纪念册》。

按:文章说:"中国工人阶级纪念'二七'的时候,必须记起列宁。列宁是全世界工人阶级唯一不朽的领袖,他领导欧洲的工人反对资产阶级帝国主义的大战,又领导俄国工人举行十月革命,建立无产阶级专政的苏维埃共和国,筹备世界革命。全世界工人阶级自从有了列宁,才握紧了胜利的局面。中国工人于二七京汉罢工之役,遭压迫而失败,但若记起列宁,便增加我们的勇气,可以预判我们将来的胜利。"

勉己《共产主义的根据何在》发表于《人权月刊》第4期。

毛一波《论国家主义与社会主义》发表于《蜀评》第10—11期。

李春涛《唯物史观通释》发表于《法政学报》第4卷第3期。

李春涛《唯物史观公式》发表于《学艺》第6卷第9期。

周佛海《空想的社会主义和科学的社会主义》发表于《学艺》第7卷第1期。

按:文章说:"空想的社会主义者,过重人类的理性,而忽视客观的条件,所以科学的社会主义一发生,空想的社会主义的势力,就不得不消灭了。"

伯良《伟大的列宁》发表于《工人之路》第135期。

沈雁冰《论无产阶级艺术》发表于《文学周报》第172期。

按:《论无产阶级艺术》共分5节。第一节探讨无产阶级艺术的形成;第二节论述无产阶级艺术产生的条件;第三节探讨对无产阶级艺术的范畴;第四节苏联的文艺现象,讨论无产阶级艺术的内容;第五节讨论无产阶级艺术的形成。

沈雁冰《论无产阶级艺术》发表于《文学周报》第173期。

按:此节论无产阶级艺术的范畴。第一,"无产阶级艺术并非即是描写无产阶级生活的艺术之谓,所以和旧有的农民艺术是有极大的分别的。""无产阶级艺术决非仅仅描写无产阶级生活即算了事,应以无产阶级精神为中心而创造一种适应于新世界(就是无产阶级居于统治者地位的世界)的艺术。无产阶级的精神是集体主义的,反家族主义的,非宗教的。"第二,"无产阶级艺术非即所谓革命的艺术,故凡对于资产阶级表示极端之憎恨者,未必准是无产阶级艺术"。第三,"无产阶级艺术又非旧有的社会主义文学。""但是社会主义文学的作者大都是资产阶级社会的知识阶级,他们生长于资产阶级的文化之下,为这种文化所培养,并且给这种文化尽力。他们的主义是个人主义。他们是各自活动,没有团体的行动的。所以虽然有些知识阶级的作家对于劳动阶级极抱同情,对于社会主义有信仰,但是'过去'像一根无形的线,永远牵掣他们的思想和人生观。他们的社会主义文学大都有的是一副个人主义的骨骼。"综上所述,"无产阶级的艺术意识须是纯粹自己的,不能掺有外来的杂质;无产阶级艺术至少须是:(1)没有农民所有的家族主义与宗教的思想；(2)没有兵士所有的憎恨资产阶级个人的心理；(3)没有知识阶级所有的个人自由主义"。

沈雁冰《论无产阶级艺术》发表于《文学周报》第 175 期。

按：此节讨论无产阶级艺术的内容。文章说："我们还应该知道现今无产阶级艺术的内容除浅狭而外，还有一点毛病：就是误以为刺戟和煽动作为艺术的全目的。……刺戟和鼓动只是艺术所有目的之一，不是全体；我们不可把部分误认作全体。在作者和读者两方，自然觉得当有刺戟煽动性的作品为能快意，但是我们也不可不知过分的刺戟常能麻痹读者的同情心，并且能够损害作品艺术上的美丽。"

沈雁冰《论无产阶级艺术》发表于《文学周报》第 196 期。

按：此节论无产阶级艺术的形式。

胡愈之译《列宁与俄皇的故事》发表于《小说月报》第 17 卷第 1 期。

瞿秋白《"五一"纪念与共产国际》发表于《中国工人》第 5 期。

褚东郊《政局转变之因果与今后建国之方案(二)——由马克思唯物的历史观以观察中国政局转变的因果关系》发表于《东方杂志》第 22 卷第 1—2 号。

W 生《太洋中的小社会主义国》发表于《东方杂志》第 22 卷第 13 号。

樊仲云《苏俄近状》发表于《东方杂志》第 22 卷第 24 号。

泽远《共产党决议案与国民党》发表于《革命导报》第 2 期。

张光焕《社会主义与进化论》发表于《民大月刊》第 1 期。

曾有澜《"德谟克拉西"和社会主义》发表于《寻邬》第 2 卷第 2 期。

志颖《列宁周年纪念的感言》发表于《共进》第 74 期。

仲雯《纪念列宁》发表于《中国学生》第 11 期。

李琯卿《国家主义与共产主义》发表于《爱国青年》第 1 期。

张闻天《追悼孙中山先生》发表于《南鸿》第 2 期。

按：文章将孙中山与列宁作了客观的对比，评价了他们的成败并分析了其中的原因。文章指出："李宁在这许多地方却完全和孙中山不同的。他所领袖的是代表农民、工人与兵士的利益的共产党。他们都有一致的信仰，他们对于资产阶级毫没有一种妥协的表示。李宁不论做什么事，他的后面总站着他所努力组织成功的共产党全体。以这样有组织，有信仰的颠扑不破的结实的团体，不论做那一件事，没有不成功。所以结果俄罗斯在黑暗的资本主义的世界上最初放了异样的光明。"

沫若《马克斯进文庙》发表于《洪水》第 1 卷第 7 期。

孙鸿湘《社会主义概说》发表于《晨光》第 1 卷第 2、5 期。

雁冰《新性道德的唯物史观》发表于《妇女杂志》第 11 卷第 1 期。

晏始《恋爱自由与社会主义》发表于《妇女杂志》第 11 卷第 2 期。

广大《家族主义与社会主义之比较》发表于《知新》第 8 卷第 1 期。

李伯纯《空想的社会主义和科学的社会主义》发表于《革新》第 2 卷第 1 期。

十伊《纪念为无产阶级牺牲的两个革命家——李卜克内西、卢森堡》发表于《共进》第 74 期。

诸青来《共产党与民生主义》发表于《银行月刊》第 6 卷第 1 期。

受百《举世侧目苏俄共产党》发表于《国闻周报》第 2 卷第 26 期。

爱华《中国共产党与民众运动》发表于《国闻周报》第 2 卷第 37 期。

江亢虎《新社会主义与劳动节》发表于《商旅友报》第 17 期。

[俄]克鲁泡特金作、范天均译《无政府主义在社会主义进化中的地位》发表于《民钟》第 12—13 期。

周天冲《俄国教育之今昔观》发表于《中华教育界》第 15 卷第 3 期。

周天冲《俄国教育经费之增加》发表于《中华教育界》第 15 卷第 3 期。

曾克源《评唯物史观》发表于《光华季刊》第 1 期。

牟金泉译《社会主义之定义及其与其他社会改进方策之区别》发表于《民大政治学会月刊》第 3 期。

李权时《资本主义果较社会主义为浪费乎》发表于《复旦》第 1 卷第 1 期。

王名烈《论基尔特社会主义》发表于《法政学报》第 4 卷第 3 期。

高元柳《从唯物史观观察中国民治主义之失败》发表于《清华周刊》第 349 期。

周佛海《现代经济组织与社会主义》发表于《国立北京大学社会科学季刊》第 4 卷第 1—2 期。

瞿胜东《佛化的社会主义》发表于《海潮音》第 5 卷第 12 期。

李宗武《列宁之生涯》(上)发表于 1 月 21 日《晨报副刊》第 15 期。

李宗武《列宁之生涯》(下)发表于 1 月 22 日《晨报副刊》第 16 期。

鲁智《杜洛斯基主义与列宁主义》发表于 1 月 23 日《晨报副刊》第 17 期。

[苏]杜洛斯基作、吕漱林译《再论无产阶级革命的先决条件》发表于 2 月 14 日《晨报副刊》第 32 期。

华德博士演讲,张维周、许典凯笔记《新俄对共产主义的试验和我个人的感想》发表于 3 月 21 日《晨报副刊》特刊 4。

[苏]B.J.Gorev 作、吕漱林译《无产阶级的哲学》发表于 4 月 23—27 日、5 月 16—17 日、9 月 1—2 日、4—5 日《晨报副刊》。

按:译者附志说:"著者高列夫先生乃现今俄国极负盛名之社会科学教授。此书乃用俄文写成者,于去年(一九二四)在莫斯科出版,原书共分九章,附文三章,兹特将其后五章及附文三章先行译出,出书时再将前四章补译,极希望读者指摘误谬,以便订正。"译文各章标题为:"马克思学说对于'阶级'及'国家'的理论""唯物论对于'宗教'及道德的解释""唯物论对于'艺术'的解释""唯物史观"。

梁启超《无产阶级与无业阶级》发表于 5 月 1 日《晨报副刊》第 96 期。

吕漱林《列宁的幼年》发表于 5 月 1 日《晨报副刊》第 96 期。

鲁智《列宁主义与官僚主义》发表于 7 月 11 日《晨报副刊》。

杨敬慈译述《从有产阶级到无产阶级的剧场》(苏俄的剧场)发表于 7 月 24 日、26—27 日《晨报副刊》第 1232—1234 期。

鲁智《列宁党与农民问题》发表于 7 月 31 日《晨报副刊》第 1236 期。

张奚若《苏俄究竟是不是我们的朋友》发表于 10 月 8 日《晨报副刊》。

按:文章说:"帝国主义的国家仅仅吸取我们的资财,桎梏我们的手足,苏俄竟然收买我们的良心,腐蚀我们的灵魂;帝国主义只想愚弄我们的官僚和军人,苏俄竟然愚弄我们的青年和学者;欧战结束以后,帝国主义国家还唱尊重我们土地主权的口头禅,苏俄竟然无原故地占据了我们的外蒙古(他们的中国朋友还要替他们解释说应该占据);帝国主义的国家仅暗中帮助我们的吴佩孚、张作霖,苏俄竟明目张胆的在广东做我们的高级军官和外交官! 以自私自利的本心,用强暴恶劣的手段,在这个毫无自卫力的国家横行无忌,'如入无人之境',还要说他不是我们的敌人! 我倒要问问不是敌人是什么?"

徐志摩《又从苏俄回讲到副刊》发表于 10 月 10 日《晨报副刊》。

刘勉己《怎样对苏俄? 怎样对帝国主义?》发表于 10 月 14 日《晨报副刊》。

陈均《关于苏俄仇友问题的讨论》发表于 10 月 15 日《晨报副刊》。

按:文章说:"苏俄名为工人专政,实则共产党一党专政;名为代表劳动阶级的利益,实则愚弄、压迫劳动者;名为扶助弱小民族,实则以政治手腕侵略弱小民族的种种非难岂出无因。"

张奚若《苏俄何以是我们的敌人》发表于 10 月 17 日《晨报副刊》。

按：文章说："我在这篇文章里不但要说苏俄是我们的敌人，并且还要说他是比帝国主义者更厉害的敌人。你们如要骂我是反革命，是帝国主义者的走狗，或是其他更坏更下作的东西，那我只得由你们。"

李璜《对俄问题的我见》发表于 10 月 20 日《晨报社会周刊》第 3 号。

抱朴《苏俄不是帝国主义吗》发表于 10 月 22 日《晨报副刊》。

奚若《联俄与反对共产》发表于 10 月 22 日《晨报副刊》。

按：1925—1926 年，北方知识界以《晨报副刊》为中心，展开了关于"联俄与仇俄"的争论。张奚若参与了论战，是文把参与各方的政治势力的见解概括为："第一，因要联俄，所以就不反对共产。国民党的左派多半持这样的态度。第二，因要反对共产，所以就不主张联俄。狭义的国家主义者和带有资本主义臭味的人多半是这样的意见。第三，说联俄是外交问题，反对共产是内政问题，联俄自联俄，反对共产自反对共产，二者不容相混。一般自命头脑清晰的人多报这样的见解。"

梁启超《复刘勉己书论对俄问题》发表于 10 月 27 日《晨报社会周刊》第 4 号。

按：文章说："赤色帝国主义之有无，和苏俄是否是帝国主义者，这是两件事，不能拼为一谈。"

陈启修《中国对苏联政策应当如何》发表于 10 月 27 日《晨报社会周刊》第 4 号。

陈翰笙《联苏联的理由》发表于 10 月 27 日《晨报社会周刊》第 4 号。

钱端升《对俄问题致勉己书》发表于 11 月 3 日《晨报社会周刊》第 5 号。

按：文章说："（一）帝国主义不限定是经济的，（二）共产主义与政治的帝国主义不是不相容的，与经济的帝国主义却是不相容的，（三）苏联既然不是共产国家，两种帝国主义都有发生的可能。顺便我附说：苏联既然算赤色的国家，他的帝国主义——要是有了——可以说是赤色帝国主义。"

张荣福《请教勉己先生三点》发表于 11 月 3 日《晨报社会周刊》第 5 号。

按：文章说："考共产主义一名词之发生，原于千八百四十七年马克斯自己宣言，说他的主义是共党的社会主义，并不是当时流行的社会主义，此后，始有共产主义之名。到了千八百八十七年恩格斯作英文《共产党宣言序》时，复云……'此共产党之宣言，非社会党之宣言也，此宣言所云，实为共产主义……'于是共产主义一名词乃大定。恩格斯与马克斯为志同道合之革命友人，于千八百四十七年共产党第一次宣言，亦为马恩二氏合草，故我们可断言自千八百八十七年以来流传之共产主义,是指马克斯所云共产党的社会主义。"

陶孟和《对于联俄的疑问》发表于 11 月 3 日《晨报社会周刊》第 5 号。

丁文江《对俄问题》发表于 11 月 3 日《晨报社会周刊》第 5 号。

刘侃元《中国的建国策与对苏俄》发表于 11 月 4 日《晨报副刊》。

抱朴《赤俄与反帝国主义——答陈启修先生》发表于 11 月 9 日《晨报副刊》。

张慰慈《我也谈谈苏俄》发表于 11 月 12 日《晨报副刊》。

常燕生《我反对苏俄的一个最大的理由》发表于 11 月 16 日《晨报副刊》。

奚若《共产主义与中国》发表于 11 月 16 日《晨报副刊》第 50 期。

胡石青《读对俄问题讨论号的意见》发表于 11 月 17 日《晨报社会周刊》第 7 号。

按:作者认为,"第一,俄国新经济政策实行以后,恢复货币,设立国家银行,统一苏联全境交通,独占苏联全境内重要生产",这"是积极的发展国家资本"。"第二,苏俄如果真行共产,国内的全行分配制度,对外并无国际贸易","即把国家资本集中于各国私人之资本为国际竞争"。因此他得出结论:"苏俄以本国为主体来统治乌克兰白俄及高加索联邦,完全是承袭帝俄时正统的帝国主义。"

陈均《联俄排俄平议》发表于 11 月 23 日《晨报副刊》。

按:文章说:"由苏俄仇友问题,渐移至联俄排俄的问题,是近来最有价值的论战。意义的重要几乎可称空前。因为不惟要影响全国政局十年,而且关系中国的存亡。"

勉己《共产主义的论据》发表于 12 月 7 日《晨报副刊》第 51 期。

朱枕薪《俄罗斯研究序》发表于 1 月 27—28 日《时事新报》副刊《学灯》。

蓝德雷讲,祝平、徐云亭记《马克斯唯物史观》发表于 4 月 10 日《时事新报》副刊《学灯》。

李卓吾《苏维埃俄罗斯教育之进化》发表于 5 月 5—6 日《时事新报》副刊《学灯》。

李沛甘(巴金)《评陈启修教授之〈劳农俄国之实地考察〉》发表于 10 月 22 日《时事新报》副刊《学灯》。

编者《苏维埃制度下民族问题之解决》发表于 1 月 9—10 日《民国日报》副刊《觉悟》。

李春蕃《一九二四年的俄罗斯》(续)发表于 1 月 29—31 日《民国日报》副刊《觉悟》。

存统《列宁周年纪念与中国民众》发表于 2 月 8 日《民国日报》副刊《觉悟》(列宁号特刊)。

李敬泰《列宁主义与世界革命》发表于 2 月 8 日《民国日报》副刊《觉悟》(列宁号特刊)。

陈超麟《列宁逝世第一周年之苏维埃联合》发表于 2 月 8 日《民国日报》副刊《觉悟》(列宁号特刊)。

蒋光赤《哭列宁》发表于 2 月 8 日《民国日报》副刊《觉悟》(列宁号特刊)。

丽英(柯柏年)译《空想的及科学的社会主义》(即恩格斯《社会主义从空想到科学的发展》)发表于 2 月 19—28 日《国民日报》副刊《觉悟》。

按:是为恩格斯《社会主义从空想到科学的发展》在我国发表的第一篇全译文,从 2 月到 3 月在《觉悟》上连载。编者按说:"这是社会主义的三大经典之一,为研究资本主义和社会主义的人所必读之书,亦为最易明了社会主义要领的入门书。全书共三章,第三章曾由某书局翻译出版,可惜译得不甚高明,此系全译,译者对社会主义素有研究,故意义和文字都较前者为善。"

丽英(柯柏年)译《空想的及科学的社会主义》(即恩格斯《社会主义从空想到科学的发展》)(续)发表于 3 月 2—13 日《国民日报》副刊《觉悟》。

廖仲恺《各派社会主义与中国序》发表于 3 月 3 日《民国日报》副刊《觉悟》。

季永绥《"唯物史观""赢余价值""阶级战争"真是马克思底三大名著吗》发表于 3 月 4 日、4 月 1 日《民国日报》副刊《觉悟》。

李汉俊讲、季永绥记《社会主义的派别》发表于 5 月 13 日《民国日报》副刊《觉悟》。

李汉俊讲、季永绥记《社会主义的派别》(续)发表于 6 月 22 日《民国日报》副刊《觉悟》。

[日]山川均作、唐海译述《无产阶级政党之诸问题》发表于 12 月 24—28 日《民国日报》副刊《觉悟》。

张荣福《苏俄真是中国的敌人吗》发表于 10 月 8 日《京报副刊》。

陈钟琴《为苏俄仇友问题告双方》发表于 10 月 25 日《京报副刊》。

刘侃元《仇俄与反共产者的面面观》发表于 11 月 19 日《京报副刊》。

三、研究著作

［德］马克思、恩格斯著,陈望道译《共产党宣言》由广州国光书社出版。

中国青年社编《马克思主义浅说》由上海书店出版。

按:是书在短短一年的时间内多次再版,足以说明它对马克思主义在我国的早期传播,曾经起过重要的作用。关于出版此书的目的,中国青年社在其出版说明中写道:"这是最通俗而最简单扼要的解释马克思主义的书。这最便于初次研究马克思主义的读者,可以使他们有一个明了的大概观念。……我们印行这一本书,希望大家可以用做课本或是学会研究的材料,以推广马克思主义宣传。"该书内容共四篇:第一篇《资本》(原题为《剩余价值》),第三篇《阶级斗争》,第四篇《帝国主义》(即《帝国主义浅说》),均为张若名的三篇独立文章,第二篇为任弼时所著的《资本主义的发展》。《资本》和《阶级斗争》两篇文章,是张若名在法国学习了法文本的《通俗资本论》后写成的,文章写得深入浅出,通俗易懂。值得一提的是,在进行阶级分析时,该书编者张若名首次使用了"游民无产者"一词,并分析了这一阶层人的两重性。此前我国翻译马克思的作品,均使用的是"流氓无产者"。"游民"与"流氓",在字面的褒贬上即有很大的区别,用"游民无产者"一词,不仅使所包含的范围扩大了,而且也减少了贬义的成分。张若名的长子杨在道后来考证,毛泽东在写作《中国社会各阶级的分析》一文时,即参考了张若名的这篇文章,在分析这一阶层时,毛泽东同意张若名的观点,并且也采用了"游民无产阶级"一词。后来,《中国社会各阶级的分析》一文在被收入《毛泽东选集》时,将"游民无产阶级"改成了"游民无产者"[①]。

［德］柯祖基著、陈溥贤译《马克思经济学说》由上海商务印书馆出版。

［苏］列宁著、李春蕃译《帝国主义浅说》(即《帝国主义是资本主义的最高阶段》)由上海新文化书社出版。

刘宜之著《唯物史观浅释》由上海国光书店出版。

按:是书第一章唯物论与唯心论,第二章唯物史观,第三章唯物史观底意义,第四章巴苦儿底物质的历史观,第五章《经济学批评》底序言,第六章阶级斗争,第七章马克思底《资本论》,第八章结论。

王伊维译、瞿秋白校《俄国新社会观》由上海平民书社出版。

按:是书乃《俄国无产阶级社会观》的另一种版本,原为屈维它(瞿秋

---

① 陈红彦.名家手稿暨革命文献善本掌故[M].上海:上海远东出版社,2017:194.

白）、王伊维译,1922 年译于莫斯科,是赤潮公社发行的《赤潮丛书》第 1 种。

刘秉麟编《俄罗斯经济状况》由上海商务印书馆出版。

陈翰笙著《苏联的农业》由国立北京大学出版部出版。

按:是书论述苏联农业与世界经济的关系、苏联农产在工商业上的地位、发展苏联农业的障碍、农产教育的成绩等。

任国桢译《苏联的文艺论战》出版。

按:是书收录褚沙克的《文学与艺术》、阿卫巴赫等 8 人联名的《文学与艺术》、瓦浪斯基的《认识生活的艺术与时代》3 篇论文,并附录瓦勒夫松的《蒲力汗诺夫与艺术问题》一文。任国桢是第一个将苏联文学理论与普列汉诺夫艺术理论介绍到中国的共产党人。鲁迅为此书所写的《前记》中指出,在当时对苏联文艺界不了解的情况下"任国桢君独能就俄国的杂志中选择论文三篇,使我们借此稍稍知道他们文坛上辩论的大概,实在是极为有益的事"①。

江亢虎著《新俄回想录》由北京军学编辑局出版。

按:是书介绍作者 1921 年赴苏联游历观感。主要内容有冒险游俄失望之回顾、游者对于俄人实验共产政治之感想、旅行抵赤时之进退维谷、旅赤中之入俄交涉、旅赤中入俄交涉之波折、首途入俄之恐慌及所见、伊赤途中萍水相逢之俄良友等。

陈独秀、瞿秋白著《反戴季陶的国民革命观》由《向导》周报社出版。

按:是书内收瞿秋白《中国国民革命与戴季陶主义》及陈独秀《给戴季陶的一封信》。瞿秋白在文章说:"最近国民党中发现'戴季陶主义'的运动:理论上是所谓建立纯粹三民主义的中心思想,实际上是反对左派,反对阶级斗争,反对 C.P.的跨党,甚至于反对 C.P.的存在之宣传。这种运动开始于五月间广州所开国民党中央委员会第三次全体会议上,戴季陶竭力要定所谓国民党之'最高原则'(通过关于确定最高原则的训令);继之以浙江省党部执行委员会全体会议时,戴沈等竭力攻击所谓'左'倾的错误,终之通过所谓'宣传工作上对于阶级斗争应取的态度';最后戴季陶出版他的《国民革命与中国国民党》一书。他们这种运动不仅是在思想上摧残工人的阶级斗争,实在还是削弱国民革命主力军的工人阶级,因此亦就是削弱中国的国民革命运动。"

陈独秀给戴季陶的信写于 1925 年 8 月 30 日,他在信中说:"季陶先生:

---

① 鲁迅.鲁迅全集:第 7 卷[M].北京:人民文学出版社,1981:267.

自国民党改组以后,排除共产派的运动,不曾一日停止过:这个运动的最初期代表人物,要算谢惠生先生和冯自由先生;其次便是马素和邓家彦两位先生;最近便轮到你季陶先生了。我现在把你列在他们一起,你必定不服,并且我也承认你的知识和行为都非他们可比;不过你关于排除共产派的根本理论和批评共产派的态度,实与他们无甚出入。单在这一点,就可以把你列在他们一起。邵元冲先生称你在《国民革命与中国国民党》这部书所说的道理,至今没有人说过,没有人这样明明白白地说他个透辟无遗,这完全不是事实。你所持排除共产派的根本理论和批评共产派的态度,你若细细检查冯自由等从前印行的《护党报》及一些攻击共产党的小册子,你便知道不是你的新发明,他们早已都说过了。同是一样的理论与态度,出于别人便是捣乱,出于著书能文的戴季陶先生,便说是'他在政治的负责地位所应该发表的',世界上似乎无此道理吧!"

萧楚女著《国民革命与中国共产党》由《向导》周报社出版。

按:作者用马克思主义观点,深刻剖析了戴季陶的《国民革命与中国国民党》一书的谬误。

陈独秀著《独秀文存》(四)由上海亚东图书馆出版。

高尔松、高尔柏编《帝国主义与中国》由青年政治宣传会出版。

按:是书收录李达《何谓帝国主义》、萧楚女《帝国主义侵略中国的实况》、彭述之《帝国主义与义和团运动》、周恩来《辛丑条约与帝国主义》、瞿秋白《反帝国主义运动与国民党》等 24 篇文章。

四、卒于是年的研究者

孙中山(1866—1925)卒。中山名文,字载之,号日新,又号逸仙,幼名帝象,化名中山樵,广东香山人。1905 年在日本东京创建全国性的资产阶级革命党中国同盟会,被推举为总理,提出"驱除鞑虏,恢复中华,创立民国,平均地权"的革命宗旨,被采纳为同盟会纲领。又在同盟会机关报《民报》发刊词中,首次提出以民族、民权、民生为内容的三民主义。1910 年就注意到马克思,并注意吸收马克思主义补充自己的革命建国学说。1911 年底就任中华民国临时政府总统。1912 年 2 月辞去临时大总统职务。同盟会改组为国民党,任理事长。10 月应邀到上海社会党总部作题为《社会主义之派别及方法》的演讲,称赞马克思"研究资本问题垂 30 年之久,著为《资本论》一书,发阐真理,不遗余力,而条理之学说,遂成为有系统之学理。研究社会主义者,咸知所本"。1914 年在东京组织中华革命党。1917 年在广州建立军政府,任大元帅,进行护法战争。1918 年夏致电列宁和苏维埃政府祝贺俄国十月革命的伟大胜利。1919 年五四运动爆发后,曾给予高度评价和支持。1919 年 8 月委派胡汉民、朱执信、廖仲恺等人在上海创办《建设》杂志,大力宣传民主革命理论。10 月宣布中华革命党改组为中国国民党。1922 年 4 月在广州与苏俄的全权代表会见,寻求苏俄援助。又接受中国共产党和苏俄的帮助,提出联俄、联共、扶助农工的三大政策。1923 年与苏联代表越飞发表《孙文越飞宣言》,派出以蒋介石为首的孙逸仙博士代表团到苏联考察政治、党务和军事,聘请苏联派来的鲍罗廷为顾问。1924 年 1 月在广州召开中国国民党第一次全国代表大会,通过党纲、党章,重新解释三民主义,同时创办黄埔军官学校。1925 年 3 月 12 日病逝于北京,有《国事遗嘱》《家事遗嘱》和《致苏俄遗书》。著有《孙中山全集》。

按:张莉红说:"孙中山对马克思主义的认识,概括起来就是:1.他对于马克思主义研究社会问题的科学方法极为赞赏,他多次说他很崇拜马克思的学问。2.他的民生主义,与马克思主义在终极目的方面也是一致的。他说:'可以说共产是民生主义的理想,民生主义是共产主义的实行,所以两种主义没有什么分别,要分别的,还是在方法。'3.他未能接受马克思主义历史唯物主义社会基本矛盾的分析,以及阶级斗争是历史发展的动力的科学结论。因而,他不赞成通过阶级斗争、社会革命来实现新旧制度的更替。他一心指望通过对现有社会经济结构的改革,调和社会大多数成员的经济利益,从而实现共享幸福的大同社会理想。"①

按:陶季邑说:20 世纪初期,马克思主义对孙中山产生了以下影响,第一,在马克思主义的影响下,孙中山更加反对"资本家专制",反对建立资本主义制度。第二,在马克思主义的影响下,孙中山更加向往社会主义社会,并将马克思主义中的一些因素吸收到他所设想的社会主义社会之中。第三,在马克思主义的影响下,孙中山更加主张"以俄为师",建立"最新式的共和国"。第四,在马克思主义的影响下,孙中山更加主张实行联俄、联共与扶助农工的三大政策。②

廖仲恺(1877—1925)卒。仲恺原名恩煦,又名夷白,字仲恺,广东归善人,生于美国旧金山。1896 年就读于香港皇仁书院。1897 年与何香凝结婚。1904 年 3 月考入早稻田大学经济预科学习。9 月与何香凝在日本东京结识了孙中山,从此追随孙中山进行民主革命。1905 年协助孙中山建立中

①　张莉红.孙中山与马克思主义[J].成都大学学报(社科版),1987(4).
②　陶季邑.马克思主义对孙中山的影响[J].湖湘论坛,1997(4).

国同盟会,任同盟会总部副会计长和外务部干事、外务部副部长。1906 年翻译一些早期社会主义学说,并在同盟会机关报《民报》上发表。又以"屠富""渊实"笔名在《民报》发表译作《进步与贫乏》《社会主义史大纲》《无政府主义与社会主义》等,是最早介绍和探索社会主义问题的中国人之一。1907 年春转入东京中央大学政治经济科。1909 年在日本中央大学毕业后回国,考取法政科举人,在吉林巡抚处任翻译。武昌起义后在广州就任广东军政府财政部副部长。1911 年辛亥革命后,先后任广东任都督总参议、总统府财政部长兼广东省财政厅厅长。1912 年 5 月任广东军政府财政司长。1913 年 8 月"二次革命"失败后与孙中山等亡命日本。1914 年协助孙中山组织中华革命党,1915 年任中华革命党财政部副部长,继续为讨袁筹措军费,参加护法运动,致力于反袁斗争。1917 年 9 月任中华民国军政府财政部次长、代理总长。1918 年 6 月随孙中山到上海后,与朱执信、胡汉民等在上海创办《建设》杂志,发表《三大民权》《〈全民政治论〉译序》等文章,宣传和研究革命理论。同时翻译孙中山用英文写的《实业计划》第一计划。1919 年 10 月任中国国民党财政主任。称赞十月社会主义革命是"空前之举,震慑全球,前途曙光,必能出人群于黑暗"。与朱执信等学习俄文,准备赴苏俄学习。1921 年 4 月被任命为广东革命政府财政部次长,随后兼任广东省财政厅厅长。1921 年 5 月任中华民国政府财政部代理总长,支持孙中山出兵讨桂和北伐。1923 年 2 月与苏联代表越飞联合宣言条款进行具体磋商。3 月任陆海军大元帅大本营财政部部长。5 月任广东省省长。10 月以后被孙中山委派为国民党改组委员、临时中央执行委员。1924 年 1 月 20 日在中国国民党第一次代表大会上,当选为海陆军大元帅大本营秘书长、国民党一大中央执行委员、常务委员、工人部部长。协助孙中山筹建陆军军官学校——著名的黄埔军校,任该校党代表。6 月任广东省省长。7 月任国民党中央政治委员会委员。9 月任大本营财政部部长。11 月任大本营参议,所有党军、各军官学校和讲武堂的党代表,兼任中央农民部长。1925 年 1 月 25 日任黄埔军校"青年军人社"社长,7 月任国民政府财政部部长、军事委员会常务委员、广东省政府财政厅厅长。8 月 20 日被国民党右派分子所杀害。著有《廖仲恺集》。

　　按:姜晓丽说:"就廖仲恺社会主义思想的渊源来说,其既有对西方欧美各国资本主义的批判借鉴,也有对俄国社会主义的学习吸收,还有对孙中山三民主义,特别是民生主义思想的发扬光大,是中西合璧的结果。早在留日期间,廖仲恺就接触到了大量有关社会主义的著作和信息,并对社会主义产生了浓厚的兴趣,自 1905 年 11 月起,他就以'屠富'和'渊实'为笔名,连续在《民报》上发表了《进步与贫乏》《社会主义史大纲》《无政府主义之二派》《无政府主义与社会主义》《虚无党小史》等译作,对世界社会主义运动的发展简史进行介绍,从中认识到欧美资本主义经济制度的一些黑暗面的症结。他还把西方社会主义与中国社会联系起来,以图在资产阶级民主革命的同时进行社会主义革命,使中国避免走资本主义老路。十月革命后,随着与苏俄代表、共产国际代表以及中共党人的多次接触,廖仲恺对社会主义的了解更加深入,逐步确立起了联俄联共、扶助农工、进行国民革命等一系列思想,提出了较为明确的反帝反封建的思想,并发出'中国将来之光'在社会主义的科学预言。"①

按:林建曾说:"廖仲恺等一代人对社会主义的向往、追求是近现代中国人探索中国式社会主义道路的一个重要部分和关键环节,是一个不可或缺的过程。因为,倘没有孙中山、廖仲恺等中国民主革命家们的积极引进、推介、宣传,就不会有此后中国人,包括中国共产党人对社会主义的关注、向往、追求和坚持。也正因为孙中山、廖仲恺等人的社会主义思想不够完备、系统,甚至存在一些认识上的偏差、错误,才会有今天中国式社会主义道路的基本确立。"②

按:杨竞业说:"从中国民主革命的整个历程来看,廖仲恺坚持了孙中山的三民主义思想,贯彻了'联俄、联共、扶助农工'三大政策,也形成了国家至上的国家发展观、重视建党的政党发展观、严格建军的军事发展观以及以民为本的社会发展观。其思想与孙中山的思想都是无愧于'最邻近马克思主义'的思想。廖仲恺在探索救国救民和建国安邦道路的过程中,在反对教条式地搬用西式思想理论和方法来指导中国革命,以及在反对机械地搬用前人的既有经验来解决中国问题的意义上,不同程度地推进了马克思主义中国化,作出了值得后人铭记的历史贡献。"③

高君宇(1896—1925)卒。原名高尚德,字锡三,号君宇,山西静乐人。1916 年考入北京大学,为李大钊、陈独秀的学生,曾一起研究马克思主义理论和俄国十月革命的经验,寻求改造中国社会的方法和道路。五四运动期间,是北京大学学生会的负责人,参加五四运动,组织国民社、新潮社、少年

① 姜晓丽.论廖仲恺的社会主义思想[J].惠州学院学报(社会科学版),2012(4).

② 林建曾.试论廖仲恺社会主义思想的发展变化及特点[J].惠州学院学报(社会科学版),2010(5).

③ 杨竞业.论廖仲恺对马克思主义中国化的重要贡献[J].广东社会科学,2013(3).

中国学会,出版《国民》杂志。1920 年与邓中夏组织北京大学"马克思学说研究会",是我国最早研究和宣传马克思主义的团体之一,先后编译马克思主义丛书、列宁丛书。同时加入北京共产主义小组。曾与邓中夏以长辛店为据点开展活动,在京汉铁路沿线创办工人子弟学校,建立工人俱乐部和职工联合会组织,领导北方早期的工人运动。又受北京共产主义小组的委托,组建北京社会主义青年团,当选为第一任书记。不久被派到山西筹建社会主义青年团,指导王振翼、贺昌等改组山西《平民》周刊编辑部,在宣传马列主义、引导青年进行革命斗争方面起了重大作用。中国共产党成立之后为中国共产党党员,1922 年 1 月作为中共代表之一参加共产国际在莫斯科举行的远东各国共产党及民族革命团体第一次代表大会,并在 5 月广州召开的中国社会主义青年团第一次全国代表大会上当选为团中央执行委员会委员,7 月在中国共产党第二次全国代表大会上当选为 5 位中共第二届中央执行委员之一。8 月接替生病请假的施存统担任第一届团中央执行委员会书记。9 月任党中央机关刊物《向导》和北京区委机关刊物《政治生活》的编辑,宣传马克思主义。1924 年参加国民党第一次全国代表大会,1925 年病逝。曾与罗章龙编写《京汉工人流血记》一书,并作题为《工人需要一个政党》的后序。

按:李弘超说:"高君宇,中国共产党早期领导人之一,山西党组织的主要缔造者,早期马克思主义思想的积极宣传者。五四时期,马克思主义在中国广泛传播。为了适应社会形势,高君宇等一批马克思主义者,通过整顿平民教育团,组建北京社会主义青年团,扩大知识分子宣传队伍,对传播马克思主义,推动知识分子与工农群众结合,做出了重大贡献。"①

李慰农(1895—1925)卒。原名李尔珍,化名王伦、锄斧、厄尔曼,安徽巢县人。1913 年考入安徽省立甲种农业学校,提倡农业救国。后在俄国十月革命的影响下,于 1920 年赴法勤工俭学,在留法期间组织工学励进会,并发起成立旅欧中国少年共产党,积极参加了中国留学生发动的反对北洋军阀政府的"二二八"运动、拒款运动和进占里昂中法大学的斗争。1923 年加入中国共产党,同年 11 月转入莫斯科东方劳动者共产主义大学学习。1925 年 3 月回国,4 月接替邓恩铭任中共青岛市委书记,组织青岛工人工会,以水道局工友会的"同乐会"为基础,创办水道局工人俱乐部和工人夜校,提高了工人教育水平,在工人间宣传党的政策和纲领,传播马克思主义,并领导

① 李弘超.高君宇与早期马克思主义在中国的传播[J].学理论,2017(8).

发起支持大康纱厂工人反对日本资本家的联合罢工斗争。同年 7 月被北洋军阀张宗昌杀害。受其影响，爱国志士胡信之在其主办的《青岛公民报》上刊发《共产党宣言》，开辟《工潮专载》，报道罢工消息，宣传共产党的政治主张，因此与李慰农同时被捕遇害。

王尽美(1898—1925)卒。原名瑞俊，字灼斋，山东莒县人。1918 年考入山东省立第一师范学校，在此期间积极投身五四爱国运动，被推举为山东学生联合会负责人之一。1920 年 3 月北京大学马克思学说研究会成立后，他被发展为外埠会员。同年 11 月与邓恩铭等发起成立励新学会，创办《励新》半月刊，任主编。1921 年 7 月与邓恩铭一起代表山东共产党小组出席中国共产党第一次全国代表大会，会后任中共山东区支部书记。1922 年 1 月与邓恩铭、高君宇等人参加在莫斯科召开的远东各国共产党及民族革命团体第一次代表大会。1923 年 2 月回山东负责党的工作，主办《晨钟报》《现代青年》《十日》等报刊。1924 年 1 月出席在广州召开的中国国民党第一次全国代表大会。12 月去北京参加李大钊组织的国民会议运动讲演大会。1925 年 8 月 19 日在青岛病逝。

按：倪志勇说："王尽美是山东党组织的代表人物，是党的早期组织济南共产党小组的领军人物，是在山东传播马克思主义的主体。他结合山东的实际情况选择性传播了马克思主义的阶级斗争思想、党的建设思想和统一战线思想，通过办学会、办报刊和办工人俱乐部宣传马克思主义，用马克思主义的这些思想来武装当时的学生、工人和农民。这种选择性传播，不仅仅壮大了山东马克思主义的队伍，也促进了马克思主义在山东的传播，更对山东的革命运动起到了重大指导作用。"[1]

---

① 倪志勇.王尽美与马克思主义在山东的选择性传播研究[D].南京：南京师范大学,2015.

民国十五年　丙寅　1926 年

一、研究背景

1 月 1—20 日,中国国民党第二次全国代表大会在广州召开。毛泽东、周恩来、吴玉章、陈延年、董必武、林伯渠、恽代英、宋庆龄、何香凝、邓演达、柳亚子等出席大会。

是月,中国共产党成立中央农民运动委员会,进一步加强了党对农民运动的领导。

2 月 21—24 日,中共中央在北京召开特别会议,陈延年、任弼时、瞿秋白、谭平山等 12 人出席会议,会议讨论了现时的政局与党的重要职任、中央地址问题、国民党问题、北方军事政治工作问题、设立长期党校问题等 11 个议题。

2 月 28 日,毛泽东参加中国国民党政治讲习班第一期开学典礼,并发表演说,强调"革命分子团结起来"。

3 月 13 日,共产国际通过《关于中国问题的决议》,决议案强调了农民问题的重要性,指出"中国民族解放运动的基本问题是农民问题"。再次提出了无产阶级在民族民主革命中的领导权问题,仍坚持认为国民党"是工人、农民、知识分子和城市民主派的革命联盟";中国共产党与中国国民党进行党内合作的政策,虽然存在着大资产阶级的国民党右翼,但不主张左右派公开分裂。决议案还提出,中国共产党必须在政治保持独立自主,同时要反对右倾取消主义和极左情绪[①]。

4 月 9 日,共产国际远东书记处举行第一次会议,专门讨论维连斯基关于中国局势的报告。出席会议的书记处领导成员有维连斯基、别达赫特、谢马温、蔡和森、杨诺夫斯基、基姆、得洪、卡斯帕罗娃、福京等。

4 月 20 日,中共中央发出《中国共产党致第三次全国劳动大会信》,强调农民运动必须与工人运动相结合,农民运动必须接受工人阶级的领导,"本党目前的职责,是领导中国工人农民参加中国民族革命的争斗"[②]。

---

① 李永春. 蔡和森年谱[M]. 湘潭:湘潭大学出版社,2008:219-220.
② 中央档案馆,编. 中共中央文件选集:第 2 册[M]. 北京:中共中央党校出版社,1983:59-60.

5月3日,广州第六届农民运动讲习所开学,毛泽东为所长,讲授"中国农民问题""农村教育"和"地理"课程。9月11日结业仪式上,毛泽东作长篇发言,指明农民运动的迫切任务和学员的责任。

5月5日,中国第三次全国劳动代表大会和广东第二次全省农代会联合举行马克思诞辰纪念大会,彭湃主持会议,郭沫若、陈启修发表演讲。

按:据1926年第313期《工人之路》报道,彭湃在主持会议时说:在一百〇七年前的今日,是世界革命领导者马克思诞生日,我们今天纪念他,是有重大的意义。我们知道,马克思是无产阶级革命的理论家,同时又是无产阶级革命的实行家,他指示我们国际资本帝国主义之必然崩溃;他告诉我们只有全世界无产阶级团结联合起来,才能够打倒国际资本帝国主义,只有全世界无产阶级联合起来打倒帝国主义,才能够求得自身的解放,建设无产阶级所需要的共产社会。所以我们今天来纪念他,不仅只信仰他的主义便够了,我们要努力去做实际运动,使马克思主义实现,这才不辜负今天的纪念会。

6月30日,中共中央扩大会议在武汉召开。会议通过了所谓国共两党关系的十一条决议。

7月12—18日,中共中央执委会第四届第三次扩大会议在上海举行。会议讨论了党在北伐战争中的组织路线、国共合作的策略和民众运动的政策等,着重讨论了对待资产阶级和蒋介石的方针问题。通过了《中央政治报告》《党和国民党关系问题》《关于宣传部工作决议案》等决议案,发表了《中共中央第五次对于时局的主张》。

7月14日,在中国共产党的推动下,国民党正式发表北伐出师宣言。

11月22日,共产国际第七次扩大执行委员会会议开幕。谭平山29日在会上作《关于中国情况的报告》。斯大林30日作《论中国革命的前途》的演说,分析了中国革命的性质、帝国主义对中国的干涉、中国的革命军队、中国未来政权的性质、中国的农民问题、中国的无产阶级和无产阶级的领导权、中国青年问题。

12月13日,中共中央在汉口召开特别会议,陈独秀作政治报告。张国焘、瞿秋白、彭述之和国际代表鲍廷博、维连斯基等出席会议。毛泽东以中央农委书记的身份参加会议。会议通过了《关于政治报告议决案》《关于国民党左派问题议决案》《关于湘鄂赣三省农运议决案》《关于湘鄂赣三省党务议决案》《关于职工运动议决案》等决议。

12月16日,共产国际执委会第七次扩大会议通过《关于中国形势问题的决议》,详细论述了中国革命的形势,分析并指出了中国革命的前途,阐述了农民和土地问题的重要性,强调要巩固和加强国共两党的合作。

12 月 26 日,共产国际执行委员会主席团成员、中国委员会书记罗易被任命为共产国际驻中国代表团的首席代表,奉命来华贯彻共产国际执委第七次扩大全会关于中国问题的决议。年底,罗易在谭平山陪同下取道海参崴来中国。

是年,邓小平、傅钟、李卓然、肖鸣、周介涟、戴坤忠、何嗣昌、傅纶、覃仲霖、陈家齐、宋法明、滕功成、邓绍圣、汪泽巍、季苏、孙发力、傅继英、欧阳泰、岳少文、刘明俨、胡大才、朱增祥、汪庭贤、徐树屏、宗真甫、乔丕成、谢泽源、方至刚、胡大志、杨品荪、覃远猷、汤振坤、海荆洲等赴苏联莫斯科学习马列主义。

二、研究论文

李季《马克思通俗资本论序言》发表于《新青年》第 3 期。

按:文章说:"在欧洲留学时,常听见友人说,近三四年中,国内批评马克思学说的著作逐渐多起来了。我当时虽想罗致此等作品,一饱眼福,竟不能达到目的,直到今年九月归国后,才能如愿相偿。不过我读了这些大著之后,实在有点失望。因为这一般'批评家'对于马克思的学说,大都是些门外汉;他们自己没有研究过这种学说,偏好将他们的一知半解发表出来。他们的议论,本来是信口开河,丝毫没有价值。然因它们在著作界中各占有相当的地位,而国人鉴赏能力又极薄弱,所以他们的话,居然能够哗众取宠,惑世诬民! 举例来说,胡适之先生不是国内有名的学者么? 他不是顶着哲学博士头衔的哲学专家么? 他不是时常劝大家对于一种学说,当深加研究,然后加以介绍或批评,'免去现在许多……半生不熟,生吞活剥……的弊病','不要叫一知半解的人拾了……去做口头禅'么(参看《胡适文存》一卷 153 和 197 等页)? 然他自己谈马克思的哲学——唯物史观——就犯了这种毛病。……其次,马寅初先生不是国内有名的经济学教授么? 他不是劝告人家莫高谈马克思的学说,免作'皮肤之论'么? 他不是特别劝告研究经济学者要深思博览,避去'言之不慎'的弊病么(参看《马寅初演讲集》第一集 222 页)? 但可惜他只知道劝人家,却忘记了劝一劝自己! ……末了,还有五点是要声明的:第一,博洽德编《通俗资本论》的目的,不是用此书去代替三大卷的《资本论》,使原书从此可以废置不用,他的意思是要藉此书为初阶,引导许多人去读原书。我们译此书的目的也不是用他去代替三大卷的《资本论》,但是藉他为初阶,引导许多人去读大部头的《资本论》。我们在上面虽指出世间很少人有读这部大著作的要求,然我们决不因噎废食,遂不尽介绍原书的责任。因此我们只要稍得闲暇,即将着手翻译三大卷的《资本论》。第二,本书系从一九二二年第四版的《通俗资本论》德文原本译出,一切内容,均以此为根据(英文译本与德文原本间有出入之处)。第三,译书本分直译与意译两种,各自有其价值。本书几全用直译,希望藉此保持原文的精神。不过中西文法不同,有时须加些字句,才能显出原文的真意思。译者对于自由加入的字句,均用方括符[ ]作标记,以明责任。第四,原书所征引的书籍,如系英文,即直接用英文原名附入本书中,不再沿用德文译名。第五,本书对于原书一切文字均很忠实地译出,半点不敢遗弃,唯对于原书第三版所附加的检查表,因比较不甚重要,故暂时从略。"

瞿秋白《国民革命运动中之阶级分化——国民党右派与国家主义派之分析》发表于《新青年》第3期。

按:是为批评国民党右派的文章,也是马克思主义反对国家主义的论战文章。

[苏]布哈林作、郑超麟译《马克思主义者的列宁》发表于《新青年》第3期。

按:是文详细解读了马克思主义的基本原理,宣扬共产主义的科学性和规律性,同时对第二国际考茨基等人的伪马克思主义进行了驳斥,最后阐明了列宁主义是坚持并实践了马克思主义基本原理的真正伟大的马克思主义者,是马克思主义的传承与发展。

[苏]卜克洛夫斯基作、王伊维译《马克思主义的历史研究观》发表于《新青年》第4期。

季子《马克思的家庭教育》发表于《新青年》第4期。

[苏]布哈林作、郑超麟译《马克思主义者的列宁》(续)发表于《新青年》第4期。

瞿秋白《中国革命中之武装斗争问题》发表于《新青年》第4期。

按:瞿秋白是中国共产党内最早研究武装斗争问题的人之一。该文对中国革命中的武装斗争问题进行了初步探讨,并支持即将开始的北伐战争,它表明中国共产党不仅在实践上而且在理论上已开始重视武装斗争问题。

郑超麟《新经济政策之第五年与苏维埃政权底下的农民问题》发表于《新青年》第4期。

[苏]季诺维埃夫作、郑超麟译《国际共产主义运动之目前的问题》发表于《新青年》第5期(世界革命号)。

［苏］洛若夫斯基作、瞿秋白译《世界职工运动之现状与共产党之职任》发表于《新青年》第 5 期(世界革命号)。

任卓宣《历史上的第一次无产阶级革命——巴黎公盟》发表于《新青年》第 5 期(世界革命号)。

［苏］斯大林作、蒋光赤译《苏联政治经济概况》发表于《新青年》第 5 期(世界革命号)。

瞿秋白《世界的农民政党及农民协会》发表于《新青年》第 5 期(世界革命号)。

正庸《共产主义者关于民族革命的理论》发表于《中国青年》第 4 卷第 76—100 期。

［苏］斯达林作、谷二译《列宁主义的理论及实际》发表于《中国青年》第 5 卷第 101 期。

按：斯大林说："列宁主义是帝国主义和无产阶级革命时期中的马克斯主义，就大概说，他是无产阶级革命的理论和策略。特别是无产阶级专政的理论和策略。马克斯和恩格斯生于革命时代以前，那时帝国主义尚在胚胎时代，无产阶级还只在预备革命，无产阶级革命还不是直接在实际上所急要的事。列宁——马克斯和恩格斯的门徒——生于帝国主义膨胀与无产阶级革命发展的时期。在这一个时期，无产阶级已在一个国家胜利了，用革命毁灭了资产阶级的民主主义，开创了无产阶级民主主义时期即苏维埃的时期。我们说列宁主义是马克斯主义的开展，就是这个意思。"

仁静《一九〇五年的俄国革命》发表于《中国青年》第 5 卷第 101—111 期。

子云译《列宁主义的革命战术》发表于《中国青年》第 5 卷第 101—111 期。

按：是文即列宁《共产主义运动中的"左派"幼稚病》的部分译文。1928 年出版过一种出版者不详的全译本。

超麟《列宁主义与无产阶级教育》发表于《中国青年》第 5 卷第 110 期。

代英《甘地与列宁》发表于《中国青年》第 5 卷第 114 期。

编者《纪念十月革命》发表于《中国青年》第 5 卷第 139 期(十月革命纪念号)。

硕夫《十月革命与马克思主义》发表于《中国青年》第 5 卷第 139 期(十月革命纪念号)。

超麟《十月革命与列宁》发表于《中国青年》第 5 卷第 139 期(十月革命

纪念号）。

博《反俄声中的俄国青年》发表于《中国青年》第 5 卷第 139 期（十月革命纪念号）。

实甫《十月革命与世界革命》发表于《中国青年》第 5 卷第 139 期（十月革命纪念号）。

任弼时《十月革命与中国解放运动》发表于《中国青年》第 5 卷第 139 期（十月革命纪念号）。

［苏］列宁《论党的出版物与文学》发表于《中国青年》第 5 卷第 144 期。

超麟《列宁主义——指导中国民族革命的理论》发表于《中国青年》第 5 卷第 150 期（列宁征集周）。

一声《李卜克内西——革命青年底领袖》发表于《中国青年》第 5 卷第 150 期（列宁征集周）。

一声《列宁与青年运动》发表于《中国青年》第 5 卷第 150 期（列宁征集周）。

［苏］列宁《民族问题的根本观点》发表于《中国青年》第 5 卷第 150 期（列宁征集周）。

心崧《何以美国没有社会主义》发表于《独立青年》第 1 卷第 1 期。

灵光《社会主义的运动》发表于《独立青年》第 1 卷第 2 期。

林懿民《政党与阶级——评中国共产党》发表于《独立青年》第 1 卷第 6 期。

瞿秋白《列宁主义与中国的国民革命》发表于《向导》第 143 期。

梁明致《对于阶级斗争的讨论》发表于《向导》第 146 期。

瞿秋白《中国之革命的五月与马克思主义》发表于《向导》第 151 期。

按：文章列举了五月对于中国无产阶级特殊重要的纪念意义。作者用事实说明了马克思主义关于社会革命、阶级斗争、无产阶级的历史使命、资产阶级在民族革命中的地位、作用、特点等理论的正确性及其对中国革命的巨大的指导作用。

海帆、德连《介绍马克思主义著作之重要》发表于《向导》第 161 期。

陈独秀《十月革命与东方》发表于《向导》第 175 期。

按：文章说："苏俄十月革命之世界的意义，关系东方被压迫的民族革命运动，非常重大，可是欧美的资本帝国主义者力劝苏俄回到西方，恰好中国的反革命派也拒绝他来到东方，东方的革命派应该起来怎样对付这个问题呢？"

毛泽东《江浙农民的痛苦及其反抗运动》发表于《向导》第 179 期。

子任(毛泽东)《反对右派会议者遍于全国》发表于《政治周报》第 4 期。

子任(毛泽东)《国民党右派分离的原因及其对于革命前途的影响》发表于《政治周报》第 4 期。

按：是文对中国革命的时代、性质、对象、动力、目的与前途，做了全面的分析和论述，论证了中国革命不同于一般资产阶级民主革命的特点。其中尤其还论述了现阶段的民主革命与辛亥革命的不同在于国内"已经有了共产党；在国际上又突现了一个无产阶级国家的苏俄和一个被压迫阶级革命联合的第三国际，做了中国革命的有力的后援"。虽然这时毛泽东还未使用"新民主主义革命"的概念，但关于新民主主义革命的基本思想却已见萌芽。

毛泽东《关于农民运动决议案》发表于《政治周报》第 6—7 期合刊。

按：1926 年 1 月 19 日，毛泽东等在中国国民党第二次全国代表大会上提出《关于农民运动》的提案，被会议通过。其中有增加农民运动经费、开设农民运动讲习所等内容。这个议案表明了毛泽东重视农民问题和农民运动。

赵世炎《列宁主义之理论与实际》发表于《政治生活》第 65 期。

按：文章说："总括列宁主义的内容，举其最重要者，便是：(一)无产阶级革命论；(二)无产阶级专政论；(三)无产阶级国家论；(四)无产阶级政党论；(五)农民问题；(六)民族与殖民地问题；(七)社会主义经济的建设；(八)职工运动与工会之机能。此外还有妇女问题、青年问题、协作社问题等，……都含有丰富理论，与实际的方略。这些理论，管辖了世界问题之全部，历史的永久的劳动解放史，要以列宁主义为中心。因此而遍于现世界的一切经济的、政治的、社会的与文化的现象，全是列宁主义的基础。我们可以再说一遍：列宁主义就是马克思主义，马克思主义就是无产阶级革命的理论。然而马克思主义是无产阶级革命实现前的理论——工业资本主义时代的社会革命思想之大纲。列宁主义便是正当无产阶级革命实现时代的马克思主义——资本帝国主义时代执行无产阶级革命的实践的原理。"

巴马特《列宁之死》发表于《政治生活》第 65 期。

记者《列宁对于他自己的记载》发表于《政治生活》第 65 期。

记者《列宁逝世的第二周年》发表于《政治生活》第 65 期。

之章《列宁与苏维埃社会主义共和国大联合》发表于《政治生活》第 65 期。

猎夫(李大钊)译《马克思的中国民族革命观》发表于《政治生活》第 76

期(红色五月特刊)。

　　按:是文根据马克思的《中国革命和欧洲革命》一文翻译。这篇文章不仅仅是单纯的翻译,还包括李大钊对中国国民革命和世界革命关系以及中国国民革命重要性的分析,即在新的历史条件下推进了马克思主义对中国革命的分析,具有重要的意义。同时,该文作为马克思、恩格斯撰写的关于中国问题的众多文章中的第一篇中译文,具有重要的资料价值。文章开头说:"马克思批评当代历史事实的论文,是无产阶级研究马克思的人们绝好的材料的宝藏。我们现在要想根据马克思主义就中国现在的民族革命运动寻求一个显明的分析,最好是一读马克思当时关于中国革命的论文。从此我们不仅可以得到他的公式,我们更可以看出他怎样的应有他的研究方法,以解剖那赤裸裸的历史事实,整理那粗生的材料,最后我们便可以得到一个明确的结果。前年莫斯科无产阶级政治论坛,曾有一度勃兴了研究中国太平天国的革命运动的狂热,拉荻客在《真理报》上发表论文,谓太平天国的变乱,恰当马克思生存的年代,何以偏在马克思的著作里,找不出关于此事的评论? 近者美国出版的《工人月刊》载有马克思《中国及欧洲的革命》一文,这是非常重要的材料。足见马克思的著作,还有很多埋没在图书馆的故纸堆中的,真是可惜! 马克思这篇论文是一八五三年六月在《纽约日报》发表的。原来马克思充该报的外国通信员,是一八五一年至一八六二年的事,而太平天国的年代恰恰是由一八五〇年至一八六四年,正与马克思在《纽约日报》上发表论文的年代相值。这一篇论文,说明太平天国的变乱实为大英帝国主义侵入中国后第一次中国国民革命的大运动,并且指出中国的革命将要影响于英国,经由英国影响于欧洲的关系。这实在值得我们的注意研究,尤其在中国国民革命运动普遍全国、英国发生空前未有的大罢工的今日。"

　　郭沫若、陈启修《工农两代表大会纪念马克斯情形》发表于《工人之路》第13期。

　　金高《悼列宁》发表于《工人之路》第207期。

　　梦醒《列宁是世界革命领袖》发表于《工人之路》第209期。

　　按:文章说:"我们应该继承列宁先生的事业和教训,向一切军阀和帝国主义,作一最后的战争,那末共产主义的目的,就不难实现了,我们也不愧为列宁先生的信徒了。"

　　星《悼列宁》发表于《工人之路》第209期。

　　马英《怎么纪念巴黎公社》发表于《工人之路》第263期。

　　奇英《列宁先生传略》发表于《工人之路》第275期。

梁应劝《为什么要恐怖共产主义》发表于《工人之路》第 280 期。

裕业《马克思纪念日之感想》发表于《工人之路》第 310 期。

卓宣《关于共产主义方面底问题与答案》（1—9）发表于《工人之路》第 432—440 期。

卓宣《关于共产主义方面底问题与答案》（10—11）发表于《工人之路》第 442—443 期。

卓宣《关于共产主义方面底问题与答案》（12—13）发表于《工人之路》第 445—446 期。

卓宣《关于共产主义方面底问题与答案》（14—17）发表于《工人之路》第 448—451 期。

卓宣《关于共产主义方面底问题与答案》（18—23）发表于《工人之路》第 454—459 期。

卓宣《关于共产主义方面底问题与答案》（24—40）发表于《工人之路》第 462—478 期。

卓宣《关于共产主义方面底问题与答案》（41—42）发表于《工人之路》第 481—482 期。

卓宣《关于共产主义方面底问题与答案》（43）发表于《工人之路》第 489 期。

冯富康译《对于马克斯学说批评：资本主义与社会主义》发表于《法政学报》第 5 卷 1—2 期。

金侣琴《社会主义与科学方法》发表于《东方杂志》第 23 卷第 5 号。

张慰慈《苏俄政府的经济政策》发表于《东方杂志》第 23 卷第 9 号。

从予《苏俄共产党内讧的真相》发表于《东方杂志》第 23 卷第 11 号。

［英］罗素作、钱星海译《进化国里的社会主义》发表于《东方杂志》第 23 卷第 17 号。

何作霖《苏俄第二李宁斯塔林和他的政策》发表于《东方杂志》第 23 卷第 21 号。

马寅初《共产主义与中国资本》发表于《太平导报》第 1 卷第 10 期。

潘序伦博上讲、金道一笔记《共产主义与国民生计问题》发表于《太平导报》第 1 卷第 32 期。

朱华《拆马克思——世界革命之交》发表于《太平导报》第 1 卷第 42 期。

高蒙斯《现今马克斯的资本社会主义》发表于《时兆月报》第 21 卷第 2—3 期。

毛泽东《中国农民中各阶级的分析及其对于革命的态度》发表于《中国农民》第1卷第1期。

按：是文乃《中国社会各阶级的分析》一文部分内容的发挥。

灵鹊《共产党在京汉路活动之情形》发表于《国闻周报》第3卷第6期。

吴鼎昌《共产主义之宣传与研究》发表于《国闻周报》第3卷第7期。

按：文章说："共产主义之学说，创造者为马克思，其友英格思助成之。欧战前后，势力猛增，世界学者，争相传述。派别主张，略有异同。最著名者为德国社会民主主义，柯斯奇为之魁。然最有力者实推俄国布鲁西倭克主义，列宁于事实上学说尚俨然推为一世首领而无愧。且屡欲易布鲁西倭克主义之名，为共产主义。自认为马克思唯一嫡派。世界亦几公认而不疑。"

剑波《列宁论》发表于《国闻周报》第3卷第8期。

冷观《苏俄之远东政策——列宁死后之斯他宁》发表于《国闻周报》第3卷第20期。

朱偰《墨学与社会主义》发表于《现代评论》第4卷第84期。

陆养春《资本主义与社会主义概论》发表于《钱业月报》第6卷第8期。

吴玉章《中国革命与世界革命的关系——在黄埔军校的演讲》发表于《黄埔日刊》第141—143号。

按：文章说："大家必以为科学的社会主义是马克思主义，而更须知道列宁与中山先生都能以客观的见解来看清环境，都是能深明马克思的唯物史观的。所以我说中山主义与列宁主义即是科学的社会主义，而可以解决现代社会问题的。"

[法]萨罗利安作、乐世译《社会主义的墨斯哥》发表于《华东季刊》创刊号。

程憬《唯物史观略释》发表于《清华周刊》纪念号增刊。

周传儒《社会主义略史》发表于《清华周刊》第25卷第13期。

朱彬元《马克思社会主义》发表于《清华周刊》第25卷第14期。

郭恕《马克斯剩余价值论批评》发表于《醒狮》第89号。

炯炯《共产党不解共产主义乎》发表于《上海画报》第114期。

梁延枢《民生主义与共产主义》发表于《群言》第5卷第2期。

直津《国民党与共产主义者》发表于《群言》第5卷第4期。

罗良干《唯物史观之研究及批评》发表于《自强》第1卷第3期。

朱朴、李邦献《社会主义之经济的基础》发表于《励志》第1、3期。

王世杰、章熊《最近四十年来英国社会主义两大思潮：集产主义及基尔特社会主义》发表于《弘毅》第 1 卷第 5 期。

　　鲍哲芝《民生主义与社会主义》发表于《四明》第 1 卷第 2—4 期。

　　王安庆《社会主义思想小史》发表于《四明》第 2 卷第 1 期。

　　高元、承元译《科学中社会主义共产主义无政府主义》发表于《学林》第 2 卷第 3 期。

　　郭心崧《马克斯主义与国家——评郭沫若先生〈新国家的创造〉》发表于《独立青年》第 1 卷第 3 期。

　　毛泽东《中国社会各阶级的分析》发表于《中国农民》第 2 期。

　　毛泽东《中国社会各阶级分析统计表》发表于《中国农民》第 2 期。

　　邹敬芳译《社会主义与农业问题》发表于《中国农民》第 5 期。

　　毛泽东《国民革命与农民运动——农民问题丛刊序》发表于《农民运动》第 8 期。

　　按：1926 年 3 月，国民党执行委员会农民部成立农民运动委员会，编印了《农民问题丛刊》，毛泽东作为农民运动委员会委员为此刊作序，认为国民革命必须解决农民问题，"农民问题乃国民革命的中心问题"。

　　编者《五五纪念》(五月纪念马克思宣传大纲)发表于《人民周刊》第 2 卷第 10 期。

　　述之《五五纪念与中国：马克思主义与中国革命》发表于《人民周刊》第 2 卷第 11 期。

　　按：文章说："五月五日是创造世界无产阶级革命理论——共产主义的马克思底诞生纪念日，在这个纪念日里全世界的无产阶级和一切革命群众都要很热烈地去纪念他那崇高伟大的人格和进一步了解他的主义。"

　　西比《中国共产党为什么要干民族革命运动》发表于《人民周刊》第 2 卷第 29 期。

　　李春蕃译《共产主义原理》发表于《人民周刊》第 2 卷第 29 期。

　　毕耳《马克斯底根本概念》发表于《人民周刊》第 2 卷第 29 期。

　　按：是为《马克斯主义研究指南》之一章。文章说："马克斯底著作之中，有几个贯彻一切的根本概念，我们要了解马克斯主义，非先懂得这几个根本概念不可。可惜马克斯自己对这些根本概念很熟，以为无须特别解说，所以，很不常提及，就提及时也非常之简略。因此，读马克斯著作的人，很易把它们放过。因而引起许多的困难、误会，和反对的批评。"这些根本的概念，就是"阶级的社会""阶级的社会之三个阶段""经济的伦理的与法制的观念之相对""马克斯之进化观"等。

[苏]列宁作、李春蕃译《布尔什维克应夺取政权》发表于《人民周刊》第2卷第30期。

卓宣《我们对于十月革命应有底认识》发表于《人民周刊》第2卷第30期。

尹常《人类的新史"红十月"》发表于《人民周刊》第2卷第30期。

大林《俄国之经济状况》发表于《人民周刊》第2卷第30期。

尹常《社会主义史绪论》发表于《人民周刊》第2卷第31期。

断云译《俄国生产底组织及管理》发表于《人民周刊》第2卷第35期。

尹常《列宁与国民革命》发表于《人民周刊》第2卷第39期。

沫若《讨论马克斯进文庙》发表于《洪水》第1卷第9期。

按：郭沫若发表了《马克斯进文庙》和《讨论〈马克斯进文庙〉》的文章，引起了学界的争论，因为文中有些观点不是很正确，所以有人认为郭沫若当时还没有理解马克思主义。对此，也有人提出不同意见。陈永志分析说："对于《马克斯进文庙》《讨论〈马克斯进文庙〉》也可以这样说，这两篇文章是郭沫若在新的条件下，为了提倡马克思主义就按这一学说对孔子的思想作了主观的引申，用大同思想来附会共产主义。这当中的错误，当然不是郭沫若对共产主义理解错了，而是对孔孟的思想所作的引申不对。这一点，从这两篇文章的实际内容也可以看出。只要把文章中关于共产主义社会的解释单独进行考察，那我们将发现其中并没有错误。郭沫若之所以把马克思与孔夫子牵扯在一起，还因为他着眼于反驳那种以马克思主义不符合中国国情来反对马克思主义在中国传播的谬论。这一点在文章里写得明明白白。"①

光赤《共产不可不反对》发表于《洪水》第2卷第8期。

陶其情《马克斯到底不能进文庙》发表于《洪水》第2卷第14期。

代英《狮子眼中的"苏俄帝国主义"》发表于《少年先锋》第1卷第2期。

代英《怎样做一个共产党员》发表于《少年先锋》第1卷第4期。

熊锐《共产主义革命观》发表于《少年先锋》第1卷第6期。

求实《十月革命节的礼物》发表于《少年先锋》第1卷第7期。

《列宁的谦退——论列宁之一》发表于《少年先锋》第1卷第7期。

卓宣《十月革命与二十世纪底思潮》发表于《少年先锋》第1卷第7期。

春蕃《苏联的少年先锋队》发表于《少年先锋》第1卷第7期。

代英《俄党（?）》发表于《少年先锋》第1卷第8期。

---

① 陈永志.郭沫若思想整体观[M].上海:上海文艺出版社,1992:182.

朱积垒《告盲目反"共产主义"的人们》发表于《少年先锋》第 1 卷第 12 期。

香港学生联合会《对李列纪念周宣言》发表于《香港学生》第 9 期（纪念李卜克内西、列宁、卢森堡特刊）。

伧白《列宁与中国民族革命》发表于《香港学生》第 9 期（纪念李卜克内西、列宁、卢森堡特刊）。

国安《列宁与中国青年》发表于《香港学生》第 9 期（纪念李卜克内西、列宁、卢森堡特刊）。

《列宁传略》发表于《香港学生》第 9 期（纪念李卜克内西、列宁、卢森堡特刊）。

剑英《纪念马克思与中国革命》发表于《香港学生》第 13 期。

木人《九年来的苏联》发表于《战士》（十月革命专号）第 23 期。

《十月革命与中国民族革命》发表于《战士》（十月革命专号）第 23 期。

按：文章认为：十月革命是世界革命的开始，人类解放的第一声，是世界革命的起点；中国的民族革命，正是世界革命中之一大波涛，在十月革命影响下前进，共同彻底的反抗垂死的帝国主义。

《苏联之现状》发表于《战士》（十月革命专号）第 23 期。

按：文章说："十月革命在人类的历史中已新辟一纪元了。"

志颖《在列宁二周纪念日谈中国国民革命》发表于《共进》第 99 期。

鲁智《社会主义的社会》发表于《民钟》第 16 期。

王建猷《基督教与社会主义》发表于《生命》第 6 卷第 5 期。

按：文章说："在社会主义一方面，我也同样地确信应该有基督教的调剂，因为社会主义家的举动，时常偏于强暴，基督教的和平主义，是他们的良药。社会主义家时常因所谋不成而丧志灰心，基督教继续的努力，也是他们的良药。此外还为社会主义人类平等的宣传，为他们预备坦途，和养成富于道德力的领袖，所以要社会主义的成功，的确不可无基督教的能力。基督教化的社会主义，是社会主义最完善的目标。"

［苏］脱洛斯基作、仲云译《论无产阶级的文化与艺术》发表于《文学周报》第 216 期。

按：此节论述 3 个问题，一是何谓无产阶级的文化？此种文化能有其存在的可能否？二是资产阶级与无产阶级的文化的进路，三是无产阶级专政与文化之关系。

［苏］脱洛斯基作、仲云译《论无产阶级的文化与艺术》（续）发表于《文学

周报》第 217 期。

按：此节论述何谓无产阶级的科学、劳动诗人与劳动阶级、铁工派的宣言 3 个问题。

［苏］脱洛斯基作、仲云译《论无产阶级的文化与艺术》（续）发表于《文学周报》第 219 期。

按：此节论述世界主义和台米安·培特尼两个问题。

罗良干《马克思学说的基础——唯物史观》发表于《大夏周刊》第 28 期。

梁直轮《十月革命与中国民众应有的认识》发表于《军人周报》第 9 期。

TS《俄国革命所给与中国革命底经验》发表于《军人周报》第 10 期。

游步瀛《孙文主义与列宁主义之比较观》发表于《黄埔潮周刊》第 11、18—23、29 期。

许兴凯《对马克思派谈国家主义的教育》发表于《北京师大周刊》第 285 期。

丘咸《苏俄问题》发表于《中大季刊》第 1 卷第 1 期。

水藻《社会政策与社会主义之根本的差异》发表于《台湾民报》第 133 期。

邓炳文《我国古代社会救济法与今之社会主义》发表于《旅京四川法政同学会刊》第 6 期。

［苏］列宁作、李春藩译《唯物史观与马克思》发表于《岭东民国日报》副刊《革命》第 3 卷第 3 期。

长天《列宁与中国国民革命》发表于《国民新报副刊》第 45 期。

赖振声《中山党与马克思党》发表于《国民新报副刊》第 71 期。

抱朴《苏联与朝鲜革命运动》发表于 3 月 11 日《晨报副刊》。

［英］威尔斯作、戴景云译《共产主义的将来》发表于 4 月 5 日《晨报副刊》第 55 期。

金岳霖《唯物哲学与科学》发表于 6 月 19 日《晨报副刊》第 57 期。

按：是为作者从哥伦比亚大学毕业回国后撰写的第一篇哲学论文。

志摩《列宁忌日——谈革命》发表于 7 月 21 日《晨报副刊》第 62 期。

董必武《十月革命与中国革命》发表于 11 月《楚光日报》（十月革命增刊）。

三、研究著作

［德］马克思、恩格斯著，陈望道译《共产党宣言》由广州国光书社出版。

中国青年社编《马克思主义浅说》由上海书店出版。

按：是书分资本、资本主义的发展、阶级斗争、帝国主义 4 编，每编后面都有名词释义和问题待答。

［英］拉尔金著、李凤亭译《马克斯派社会主义》由上海商务印书馆出版。

［美］博洽德编、李季译《通俗资本论》由上海社会科学社出版。

［德］马克思著、李春蕃译《哥达纲领批评》由上海解放丛书社出版。

［苏］斯大林著、杨澄波译《列宁主义的理论及实践》由广州出版。

按：是书即《论列宁主义基础》，翌年新青年社出版时，中译名为《列宁主义概论》。

中华学艺社编《唯物史观研究》由编者出版。

按：是书收论述马克思唯物史观的论文 7 篇。其中 3 篇是何嵩龄译自日本河上肇著《唯物史观研究》：《经济学批评序》中之《唯物史观公式》、《唯物史观公式中之一句》、《唯物史观中所谓"生产""生产力""生产关系"的意义》，另外 4 篇为：陈昭彦《马克思主义经济学》、萨孟武《马克思之资本复生产论》、资耀华《亚丹·斯密与马克思之关系》、李希贤《马克思和近时的批评家》。

［德］考茨基著、董亦湘译《伦理与唯物史观》由新文化书社出版。

按：译者绪论说："这本小书，自出世以来，在讨论关于唯物史观的许多书籍里面，早已被称为名著之一；而专以唯物的历史家的见解去叙述或说明伦理的发达及变迁，尤当以此书为第一部。作者为加尔·考茨基，其学问的渊博，在马克思学派中，也要占领第一把交椅。他毕生精力，大半用在阐明马克思的学术思想；他著作等身，传译成各国文字的，不下十颇种。他本是一个社会民主党党员，向来自命为正统的马克思主义者；可是事实的证明是最苛酷的，变节的马克思主义者的一个形容词，举世的真的马克思主义者要把它赠给他做徽号。他从前也曾说过资产阶级与无产阶级没有妥协的余地的，现在居然倡起劳资妥协的论调来了。但是，他虽然已非忠实的马克思主义者，而存留在马克思学说上的功绩，毕竟有不可磨灭之处。至对于本书的价值，更是无损毫末。""唯物的历史哲学，是今日或今后的无产阶级用以战斗的哲学，就是指导无产阶级必然地群赴阶级战斗的战线上去获得胜利的历史理法。因为自有史以来的历史，无非是阶级斗争的历史，而古今历史上的所谓道德，都是适用于常相对峙，常相反抗的斗争阶级而藉以自厚其战斗力。唯物的历史哲学，既是用以说明历史上自经过各种各样的阶级斗争以至阶级解放的过程，就如果要说明道德，也非用唯物的历史哲学不可了。所以考茨基的自叙说,本书依据唯物史观,说明伦理发达的大纲,一方面以马克思及恩格思所发见的唯物哲学为基础,一方面根据了笛茨庚(Joseph Dietzgen)的唯物哲学之说。因此,他所对于伦理与社会历史进化之关系的说明,确能道出前人所未经道过的。"

胡汉民著《唯物史观与伦理之研究》由上海民智书局出版。

按:是书分6章:唯物史观批评之批评、中国哲学史之唯物的研究、孟子与社会主义、考茨基底伦理观与罗利亚底伦理观、阶级与道德学说、从经济的基础观察家族制度。

[美]塞利格曼著、陈石浮译《经济史观》由上海商务印书馆出版。

按:是书分12章论述马克思主义的经济史观。

[苏]布哈林著《共产主义的ABC》由湖北汉口新青年社出版。

按:是书分5编:资本主义制度、资本主义制度的发展、共产主义与无产阶级专政、第二国际与第三国际、资本主义发展怎样达到共产主义革命。

美国工党教育部编、中国青年社译《共产主义的ABC问题及附注》由中国青年社出版。

[苏]加卡诺维赤著《俄国共产党之建设》由中央军事政治学校政治部出版。

《共产主义与共产党》由汕头书店出版。

徐宗泽编著《共产主义驳论》由上海徐汇圣教杂志社出版。

按:是书站在天主教的立场来反对马克思主义学说。

王昌祉编著《苏维埃俄罗斯之观察》由上海徐汇圣教杂志社出版。

按:是书分5章评论苏联历史及现状、苏联的宗教政策与中国的关系等。

国民外交丛书社编、左舜生校《中俄关系略史》由上海中华书局出版。

成则人(沈泽民)译《第三国际议案及宣言》由广州人民出版社出版。

按:是书比较全面地传播了民族与殖民地问题理论,使列宁东方革命理论得以及时、有效地在中国境内传播开来。1922年初版,是年再版。

[法]安锐戈佛黎著、费觉畐译《社会主义与近世科学》由上海商务印书馆出版。

按:作者在是书《导言》中说:"我所以要对于马克思、斯宾塞两家学说加以辩难,为的是表明马克思派社会主义,乃近世科学革命,对于社会生活方面,所仅得的一种,最能实行,最为美满,最有效力的结果。……若科学革命乃发动于数世纪前,人类各部知识里,实验方法之复兴,至其所以能大盛于今日,则又由于达尔文与斯宾塞二氏之著作,而为吾人所当感谢不忘。"

李达著《现代社会学》由北平大学法商学院出版。

按:是书乃我国最早用马克思主义观点较系统地研究社会学的著作之一。主要介绍马克思主义历史唯物主义。作者认为:"马克思固未尝著社会学,亦未尝以社会学者自称,然其所著马克思主义大论,其成就早已在社会学之上,前无古人,后无来者。"因此,他"以马克思主义唯物主义为基础,故编写了此书"。"创作本书的主要目的,就是为了用马克思主义武装国内民众头脑,使其更好的开展革命斗争工作","作为理论工作者,首先就要从理论上帮助民众弄清发展的方向和目标"。

宋麟等编校《现代新主义》由上海世界书局出版。

按:是书将主义分为政治、哲学、社会、学艺 4 大类,分别论述三民主义、国家主义、无抵抗主义、马克思主义、新教育主义、写实主义、进化主义等 26 种主义的概念和概况。

中国大学出版部编《中国大学学术讲演集》(第 2 集)由北京编者出版。

按:是书收录余同甲的《马克思的经济史》、张君劢的《科学的评价》等 13 篇论文。

彭湃著《海丰农民运动》(广东省农民协会丛书)由广州国光书店出版。

向导周刊社编《中国共产党五年来之政治主张》由编者出版。

瞿秋白著《反戴季陶主义国民革命观》由《向导》周刊社出版。

恽代英编《政治学概论》由中央军事政治学校政治部出版。

四、卒于是年的研究者

邵飘萍(1886—1926)卒。飘萍原名新成,改名振青,字飘萍,浙江东阳人。1909 年毕业于浙江高等学堂。1912 年任《汉民日报》主编。1914 年流亡日本,进入法政学校学习,并组织东京通讯社。1916 年春回国,任《申报》《时报》《时事新报》主笔,被上海《申报》社长史量才聘请为驻京特派记者,创办北京新闻编译社。1918 年 10 月创办《京报》,任社长,连续发表《俄国大革命史》《俄国大学生与革新运动》《俄国人道主义之发达》《俄罗斯青年改造运动之一时代》等数十篇文章,促使中国人逐渐了解俄国内部的情况,使《京报》成为宣传马克思主义的重要阵地。1919 年《京报》因揭露曹汝霖等卖国罪行而被查封,再次流亡日本,在日期间大量阅读马克思主义著作,认真研究马克思主义,回国时还带回日文本的《共产党宣言》和《资本论》。1920 年下半年回国,与蔡元培一起创办北京大学新闻学研究会,并任导师,学员有毛泽东、高君宁、罗章龙等。致力于新闻教育事业并赞颂十月革命,介绍马克思主义思想,撰写《新俄国之研究》《综合研究各国社会思潮》等论著。1925 年在李大钊、罗章龙介绍下秘密加入中国共产党,对共产主义运动作了大量的报道。1926 年 4 月 26 日被奉系军阀政府以"宣传赤化"的罪名杀害。著有《实际应用新闻学》《新闻学总论》等。

按:缪宇霆说:"作为近代较早在中国传播马克思主义、介绍俄国十月革命的先驱者之一,邵飘萍将自己强烈的爱国信念和救国理想依托在传播马克思主义的实践上,同封建势力和帝国主义的侵略行径作斗争,矢志不渝,直至从容就义,在一定程度上介绍马克思主义的世界观和方法论,既推动社会主义运动的发展,也为中国共产党的宣传工作和马克思主义在中国的传播做出杰出贡献。……邵飘萍传播马克思主义贯穿了'新闻救国'思想,'新闻救国'的理念成为他传播马克思主义的一大特点;作为新闻记者,邵飘萍将马克思主义传播和'新闻专业主义'结合起来,用新闻专业主义的职业操守来强化马克思主义在中国传播的影响;作为办报者,他将全身心都投入到新闻事业,通过报纸的舆论影响力来参与政治改革;难能可贵的是,邵飘萍的马克思主义传播活动并未只局限于闭门造车,而是进行多方的实践和探索。……在传播马克思主义的内容上,邵飘萍分别从马克思主义的文本解读和新生的苏维埃俄国的介绍上展开。一方面,将马克思主义以一个多层次的面貌呈现在人们的面前,把马克思主义的三个重要组成部分通俗化地介绍给国人,在马克思主义早期传播史上十分罕见,丰富马克思主义传播的内容。另一方面,邵飘萍对十月革命后苏维埃俄国的介绍,从政治、经济、社会三方面的改革入手,突出苏俄新的变化和成就,使中国人对苏俄有了真实的认识;在传播马克思主义的实践中,邵飘萍利用自身办报的优势,利用大众媒体工具,发表文章、编写革命书籍、支持工人运动、参与马克思学说研究会,向中国人传播马克思主义,把能做到的、能够利用的一切思想和资源都运用于马克思主义在中国的传播,推动了反帝爱国运动的发展,为马克思主义传播贡献一生力量;在传播马克思主义的过程中,邵飘萍培养大量具有新思想的新闻人才,促进了一大批的马克思主义者的成长,为中国新闻事业打好地基,客观上为马克思主义传播铺平道路。"[1]

按:郭汾阳说:"邵飘萍从初无党派的资产阶级激进民主主义报人,转变成为具有初步共产主义思想的先进知识分子,他在中国马克思主义运动的

① 缪宇霆.邵飘萍与马克思主义在中国的传播研究[D].哈尔滨:哈尔滨工业大学,2013.

早期过程中,起过特殊贡献和作用。……作为先进知识分子一员的邵飘萍,举其一生业绩荦荦大端者,就是他在中国马克思主义运动最初的传播、实践过程中所起的推动作用。"①

张伯简(1898—1926)卒。字稚青,云南剑川人。白族。1919 年赴法国勤工俭学,参加由赵世炎、李立三等组织的"劳动协会"活动和法、德两国工人运动,接受了马克思主义。1921 年冬在德国柏林加入中国共产党。1922 年与周恩来、赵世炎等人在巴黎创建"旅欧中国少年共产党",被选为组织委员。同年秋,进入莫斯科东方大学系统学习了马克思主义理论。1923 年回国,曾任上海大学政治经济学教授,并翻译早期普及、宣传马克思主义理论的通俗读物。后在广州农民运动讲习所执教。1925 年任中共中央罢工委员会书记,与邓中夏等领导省港大罢工。1926 年参加中国共产党第四次全国代表大会。编著有《社会进化简史》《各时代社会经济结构元素表》等。

赵醒侬(1899—1926)卒。原名性和,又名赵干,江西南丰人。1921 年 7 月到江苏省立第二师范附设职业补习学校学习,开始阅读马克思主义书刊。1922 年加入中国社会主义青年团,转为中国共产党党员,受党组织派遣,回江西南昌开展革命活动。次年 1 月与方志敏、袁玉冰等发起组织中国社会主义青年团江西地方分团、江西民权运动大同盟和马克思学说研究会,广泛传播马克思主义。10 月任中国社会主义青年团南昌地方执行委员会委员长,并创办团地委机关报《红灯》,宣传马克思主义和指导革命斗争。1924 年 11 月任中共江西省地方执行委员会书记。1926 年 8 月 10 日被江西军阀逮捕,次月被秘密杀害。

---

① 郭汾阳.邵飘萍与中国马克思主义运动[J].浙江学刊,1994(1).

民国十六年 丁卯 1927 年

一、研究背景

1月4—2月5日，毛泽东在国民党湖南省党部监察委员戴述人等陪同下，实地考察了湘潭、湘乡、衡阳、醴陵、长沙5县的农民运动。2月12日到达武汉，开始撰写《湖南农民运动考察报告》。从3月5日开始，该报告在湖南省委机关报《战士》上连载，至4月3日刊完。

按：该报告分4部分，第一部分包括"农民问题的严重性""组织起来""打倒土豪劣绅，一切权力归农会"三方面；第二部分包括"糟得很和好得很""所谓'过分'问题""所谓'痞子运动'"三方面；第三部分以"革命先锋"为题；第四部分以"十四件大事"为题。报告贯穿了相信群众、依靠群众、发动群众的思想，成为中国共产党领导农民运动的理论指南。

按：周邦君说："毛泽东的《湖南农民运动考察报告》是马克思主义中国化孕育阶段富有特色的奠基之作。在动机上，它意在为农民运动辩诬，捍卫其正义性。在创作上，它源于作者对农民问题与国民革命本质联系的深入认识和他较早领导农民运动的具体实践。在文本上，其塔式结构与丰富内容相统一，使理论阐发既有美感又有力度。在思想上，它将无产阶级革命的基本理论与中国乡土社会的主要实际结合起来。它在表述上存在若干疏漏，但在总体上为开创马克思主义中国化道路作出了卓越的贡献。"[1]

是月，从日本留学回到上海的朱镜我、彭康、冯乃超、李初梨、李铁声等青年，创办《文化批判》，在文化界和思想界首先介绍辩证唯物论和唯物辩证法，倡导无产阶级革命文学。

2月23日，毛泽东在国民革命军总政治部农民问题讨论会第二次常会上作题为《中国各地农民运动状况》的报告，提出急需继续开办农民运动讲习所，大力培育农运人才。

3月19日，毛泽东在汉口出席中国国民党二届三中全会，参与起草《对农民宣言》，认为"中国的农民问题，其内容即是一个贫农问题"，"农民的最

---

[1] 周邦君.《湖南农民运动考察报告》与马克思主义中国化[J].古今农业,2016(4).

后要求在于土地,不使农民得到土地,农民将不能拥护革命至最后成功"①。

4 月 4 日,中央农民运动讲习所在武昌开学,全国 17 省的 800 名学员参加开学典礼。毛泽东亲自为中央农民运动讲习所制定教育方针、教学计划、选聘教员和组织教学,并亲自为学员授课。

4 月 12 日,蒋介石在上海发动反对国民党左派和共产党的武装政变,史称"四一二"政变。在事变后 3 天中,上海共产党员和革命群众被杀者 300 多人,被捕者 500 多人,失踪者 5000 多人,优秀共产党员汪寿华、陈延年、赵世炎等光荣牺牲。

4 月 13—16 日,中国共产党第四届执行委员会第三次全会提前在汉口举行,出席者有陈独秀、蔡和森、张国焘、谭平山、瞿秋白等人。会议讨论了中共五大的政治报告及组织委员会、职工运动、农民土地问题等文件。决定大会主席团及各委员会的组成,由蔡和森任秘书长。

4 月 18 日,蒋介石在南京建立大地主大资产阶级联合专政的反革命政权——南京国民政府。

4 月 20 日,中共中央发表《为蒋介石屠杀革命民众宣言》,指出"蒋介石业已变为国民革命公开的敌人,业已变为帝国主义的工具,业已变为屠杀工农和革命群众的白色恐怖的罪魁",号召全国人民动员起来,团结一致,形成一个巩固的革命民主主义战线来对付与战胜帝国主义、军阀、封建资产阶级联合势力的进攻。

4 月 24 日,中共中央发出《中央政治局对于国际第七次扩大会中国问题决议案的解释》。

4 月 27—5 月 10 日,中国共产党第五次全国代表大会在武昌举行。出席会议的有陈独秀、蔡和森、瞿秋白、毛泽东、任弼时、刘少奇、邓中夏、张国焘、彭湃、李立三、谭平山、李维汉、王若飞、张太雷、董必武、项英、苏兆征、向忠发、罗章龙、彭述之等 80 人。大会主席团委员为陈独秀、蔡和森、张国焘、谭平山、瞿秋白、彭述之等,大会秘书长为蔡和森。陈独秀致开幕词。大会的中心议题是确定党在紧急时期的任务。瞿秋白、任弼时等对陈独秀报告中的右倾主张和以往指导工作中的右倾错误提出了尖锐批评。会议通过《政治形势与党的任务决议案》《中国共产党接受共产国际第七次大会关于中国问题决议案之决议》《土地问题决议案》《职工运动议决案》《组织问题议决案》及《中国共产党第五次全国代表大会宣言》等 9 个文件。会议决定成

---

① 湖北省农民协会第一次代表大会日刊[N].1927-02-19.

立中央出版局,作为领导全国出版工作的机构,张太雷为局长。

4月28日,李大钊和北方党的领导骨干及国民党员共20人在北京被张作霖杀害,酿成震惊中外的"四二八"惨案。

5月9日,中共五大决定改中央执行委员会为中央委员会,设立中央政治局和常委会。选举了新的中央委员会,中央委员为陈独秀、蔡和森、瞿秋白、周恩来、刘少奇、李立三、张国焘、李维汉、向忠发、项英、谭平山、罗章龙等29人,候补中央委员有毛泽东、陈潭秋等11人。同时选举产生中央监察委员会,有正式代表7人和候补代表3人。五届一中全会选举陈独秀、张国焘、李维汉、蔡和森、李立三、瞿秋白、谭平山为中央政治局委员,苏兆征、张太雷、陈延年、周恩来为政治局候补委员,陈独秀、张国焘、蔡和森、瞿秋白4人(以后增补李维汉)为政治局常务委员会委员,陈独秀继续被选为党中央总书记。

5月18日,共产国际执委会第八次全会在莫斯科举行。会议以中国革命问题作为中心议题之一,设立了"中国问题委员会",通过《关于中国问题的决议》。

5月22日,中共中央政治局常委会开会,讨论开办中央党校问题。决定在武汉招收学员300人,半年1期。

是月,中共中央宣传委员会在武汉召开关于湖南农民运动等问题的讨论会,由蔡和森主持,陈独秀、瞿秋白、施存统、彭述之、毛泽东等人参加。

6月1日,中央政治局举行会议,讨论和通过《中国共产党第三次修正章程决案》,把"四大"党章的6章31条改成12章85条,专门增加了"党的建设"一章,规定"党部的指导原则为民主集中制",首次在党章上明确提出和肯定民主集中制原则。

6月24日,中共中央决定组织新的湖南省委,毛泽东任临时省委书记。7月初奉调回武汉,参加中共中央常委扩大会议。在会议通过的《目前农民运动的总策略》中,采纳了毛泽东的"上山"主张,为以后发动秋收起义、建立农村根据地奠定了思想理论基础。

6月30日,中共中央扩大会议通过陈独秀起草的《国共两党关系决议案》,认为"中国国民党既然是反帝国主义之工农及小资产阶级联盟的党,当然处于国民革命之领导地位"。

按:这个文件实际上是把国共统一战线的一切领导权全部交给了汪精卫控制的国民党,是个彻底的投降主义的纲领,其结果是助长了汪精卫的反革命气焰,把大革命更快地推向了失败。

7 月 12 日，根据共产国际执委会指示，中共中央改组，停止陈独秀的职务，由张国焘、李维汉、周恩来、李立三、张太雷组成临时中央常委会。

7 月 13 日，中共中央发表《中国共产党中央委员会对政局宣言》，谴责国民党中央和国民政府的反动罪行，宣布中国共产党党员退出国民政府，号召国民党党员及一般民众起来反对背叛革命的国民党中央及其政府。

7 月 15 日，汪精卫等在武汉举行"分共会议"，公开宣布与中国共产党决裂，发动反革命政变，疯狂屠杀共产党人和革命群众，使轰轰烈烈的第一次大革命遭到了失败。

7 月 24 日，中共中央发布《中央对于武汉反动时局之通告》，指示各级党组织转入秘密状态。这标志着国共第一次合作全面破裂。

7 月 29 日，中国共产党发表《中国共产党中央执行委员会告中国国民党同志书》，揭露武汉国民党中央及武汉政府对革命的叛变。

8 月 1 日，在周恩来、贺龙、叶挺、朱德、刘伯承的领导下，南昌起义开始。南昌起义打响了武装反抗国民党反动统治的第一枪，是中国共产党独立领导人民革命战争、创建人民军队的武装夺取政权的开端，也揭开了探索中国革命道路的序幕。

8 月 3 日，中共中央制定《关于湘鄂粤赣四省农民秋收暴动大纲》，随后的"八七"会议确认并通过了这个大纲。

按：大纲从政权建设、土地革命政策、打倒土豪劣绅及反革命等六方面提出了暴动的战略，并对四省农民秋收暴动的具体工作计划做出了布置。大纲强调了四个根本性的问题：第一，暴动的目的是推动土地革命，这充分体现了八七会议的精神，体现了当时的中国共产党开始把马克思主义的武装斗争理论与中国的具体国情相结合。第二，把秋收暴动作为武装斗争的重大步骤来看待，反映了党在大革命失败后对武装斗争的高度重视。第三，特别强调党对秋收暴动的直接的、独立的领导，把秋收暴动作为党独立领导武装斗争的开端。第四，把秋收暴动与工农民主政权建设联系起来，并不是把秋收暴动看作单纯的军事斗争，这是中国共产党把马克思主义的武装斗争理论、政权建设理论与中国的具体国情相结合的体现。[①]

8 月 7 日，中共中央在汉口召开紧急会议，李维汉、瞿秋白、张太雷、邓中夏、任弼时、顾顺章、苏兆征、蔡和森、毛泽东、罗亦农、陈乔年、李震瀛、陆沉、杨匏安、王荷波、李子芬、杨善南、陆定一、彭公达、郑超麟、王一飞和共产

---

① 李根寿.中央苏区时期马克思主义中国化研究[D].南昌：南昌大学，2011.

国际代表罗米那兹、中央秘书处负责人邓小平等参加会议,会议撤销陈独秀的中央总书记职务,确定土地革命和武装反抗国民党的总方针,决定在湘、鄂、粤、赣四省举行秋收起义。瞿秋白成为临时中央主要负责人。会议通过《党的组织问题议决案》《最近农民斗争的决议案》《最近职工运动决议案》《紧急会议告全党同志书》《中共"八七"会议告全党党员书》等文件。毛泽东在会议上提出了"须知政权是由枪杆子中取得的",即"枪杆子里出政权"的重大论断。史称"八七会议"。

　　按:金民卿说:"八七会议是在大革命失败后,中国共产党何去何从的关键时刻召开的一次重要会议。会议抓住并开始探索影响中国革命发展的几个至关重要的根本问题:一是强调了中国共产党独立领导中国革命的问题;二是明确提出了中国革命的基本性质和根本内容,强调了中国革命仍然处于资产阶级民权革命的阶段,革命的中心问题是土地革命;三是高度重视武装斗争的极端重要性,制定或重申了秋收暴动的方案;四是提出了探索中国革命新道路的问题,号召全党同志一起探索中国革命的正确道路;五是批判和结束了右倾机会主义错误,成立了新的领导集体。这几个问题,是中国共产党对大革命失败的反省,是对经验教训的总结,同时也开启了一个新的时代,那就是要把马克思主义的基本原理同中国革命的具体实践相结合,力求探索符合中国国情的总方针、新道路、新理论。因此,可以说,八七会议标志着中国共产党揭开了历史发展的新篇章,开始了马克思主义中国化的蹒跚起步。"1927年8月之后,中国共产党人开始领导中国人民开展轰轰烈烈的武装斗争和土地革命运动,并在斗争实践中创造性地发展了马克思主义,形成了中国化马克思主义的初步成果。[①]

　　8月9日,瞿秋白主持召开中央政治局第一次会议,选举瞿秋白、苏兆征、罗迈(李维汉)为临时中央政治局常委,并决定由瞿秋白兼管农业、宣传部并任党报总编辑。会议还决定成立中共中央北方局,由王荷波任书记,蔡和森为秘书。

　　9月9日,毛泽东在湘赣边界领导秋收起义。29日,起义部队进驻江西永新县三湾村,毛泽东对工农红军进行了改编,确立了"支部建在连上"的重要原则,保证了党对人民军队的绝对领导,史称"三湾改编"。它是中国共产党军事建设史上的新起点,奠定了党领导的新型军队的基础。

　　按:毛泽东在井冈山时期创造的以支部建在连上为核心的党对军队绝

---

① 金民卿.理论:中国化马克思主义的初步形成[M].南昌:江西高校出版社,2009:12.

对领导的制度,经党中央的肯定和推荐,在各地的红军中普遍实行,从而使工农红军的面貌焕然一新。1929 年 3 月 17 日,周恩来代表党中央起草的给贺龙及湘鄂西前委的指示信中谈到了游击队中党的组织问题。他说:"你们现在在前委之下组织一个支部,管理全军党的组织,只要工作上感觉方便,也不是不可以的。在朱、毛军队中,党的组织是以连为单位,每连建一个支部,连以下分小组,连以上有营委、团委等组织。因为每连都有组织,所以在平日及作战时,都有党的指导和帮助。据朱、毛来人说,这样组织,感觉还好。将来你们部队建党时,这个经验可以备你们参考。"[1]

9 月 22—23 日,蔡和森召集中共顺直省委政组会议,传达中央"八七"会议精神,并作《党的机会主义史》的长篇报告。

10 月 3 日,毛泽东率领秋收起义部队抵达宁冈古城,召开前委扩大会议,总结秋收起义以来的经验教训,确定建立根据地,开始军事训练,史称"古城会议"。

10 月 24 日,毛泽东向秋收起义部队宣布三项纪律:一切行动听指挥;不拿老百姓一个红薯;打土豪要归公。

按:1928 年夏天,毛泽东在布置部队分别发动群众任务时,又为红军规定了"六项注意":1. 上门板;2. 捆铺草;3. 说话和气;4. 买卖公平;5. 借东西要还;6. 损坏东西要赔。这些纪律构成了红军思想政治教育的主要内容,它对于正确处理军队内部关系和团结人民群众起了重要作用。[2]

是日,中共中央机关刊物《布尔塞维克》杂志在上海秘密出版,以指导全党的斗争,鼓舞全党的斗志。瞿秋白、罗亦农、邓中夏、王若飞、郑超麟组成编委会,其内容有农民暴动、中国革命问题、马列主义理论问题等。土地革命战争时期,中共中央还创办《红旗》《斗争》《实话》《党的生活》《党的建设》《解放》等报刊。

10 月 30 日,广东海丰、陆丰农民自卫军暴动,占领海丰、陆丰,成立海陆丰苏维埃政权,彭湃为政府主席。

是月,毛泽东在井冈山建立农村革命根据地。

按:金民卿说:"毛泽东在秋收起义遭遇挫折后,根据实际情况把军队拉向井冈山,开辟了井冈山革命根据地。这个选择虽然并不完全是主观的自愿自觉,更多的是客观形势逼迫下的无奈选择。但是,这个选择却充分体现了毛泽东一切从实际出发而不是从上级命令或苏联经验出发的实事求是的

① 周恩来. 周恩来选集:上卷[M]. 北京:人民出版社,1980:16.
② 王东旭,主编. 中国共产党思想政治教育史纲[M]. 郑州:河南人民出版社,1992:50.

思想路线,体现了毛泽东能够在进攻与退却的问题上灵活运用马克思主义的唯物辩证法,客观上构成了探索中国特色革命道路的实践起点。在井冈山革命斗争实践的基础上,毛泽东在党的建设、军队建设、土地革命、政权建设等方面展开了丰富的实践探索和深入的理论思考,系统论述了红色政权存在的原因和条件,明确提出了'工农武装割据'的新思想,为日后提出'农村包围城市、武装夺取政权'的中国革命道路理论,提供了初步基础。'工农武装割据'理论是继八七会议解决了要不要进行武装斗争的问题之后,对如何进行武装斗争问题的有效解决,是毛泽东在井冈山革命实践中把马克思主义的基本原理同中国革命具体实践相结合的典范,是毛泽东创立中国化马克思主义的重大步骤。"①

11月9—10日,中央临时政治局扩大会议在上海召开,会议在瞿秋白的主持下,通过《中国现状与共产党的任务决议案》《最近组织问题的重要任务议决案》《政治纪律议决案》《关于第六次全党代表大会之决议》《关于土地问题党纲草案的决议》等文件。

按:《中国现状与共产党的任务决议案》说:"城市工人暴动的发动是非常之重要;轻视工人,仅仅当做一种响应农民的力量,是很错误的,党的责任是努力领导工人日常斗争,发展广大群众的革命高潮,组织暴动,领导他们到武装暴动,使暴动的城市能成为自发的农民暴动的中心及指导者。城市工人的暴动是革命的胜利在巨大暴动内得以巩固而发展的先决条件。"②中共"六大"以后,这种"城市中心论"依然起着指导作用,结果导致了大革命的失败。

12月11日,中国共产党人张太雷、叶挺等人在广州领导国民革命军第四军一部和工人赤卫队举行武装起义,宣告成立广州苏维埃政府。

是年底,毛泽东在砻市集合工农革命讲话时,宣布工农革命军的三大任务:第一,打仗消灭敌人;第二,打土豪筹款子;第三,宣传群众,组织群众,武装群众,帮助群众建立革命政权。

是年冬,毛泽东先后到宁冈、永新两地作调查研究,撰写《宁冈调查》和《永新调查》的调查报告。

二、研究论文

瞿秋白(署名立夫)《中国革命与共产党任务》发表于《布尔塞维克》第1

---

① 金民卿.理论:中国化马克思主义的初步形成:前言[M].南昌:江西高校出版社,2009:3.
② 王德锋,傅炳旭,主编.中国近现代史参考资料[M].长春:吉林人民出版社,1993:324.

卷第 2 期。

　　按：文章说："中国工人阶级及其领导者——共产党，若不与农民缔结同盟，便不能取得胜利。联合农民是我们伟大的导师与领袖——列宁的基本学说之一。每个党员必须洞悉列宁这个学说。每天的事件正在证明，成千累万的农民群众在工人领导之下崛起斗争，终必得着胜利。共产党必须向工人解释，无产阶级若不与农民联合一致便不能取得胜利；还须向农民说明，农民若不得无产阶级的领导，便不能战胜自己的敌人。无产阶级与农民的联合是列宁学说之一部。在工人阶级领导之下工农联合起来是列宁学说之另一部。"

　　芝《中国共产党反对军阀战争宣言》发表于《布尔塞维克》第 1 卷第 2 期。

　　瞿秋白（署名立夫）《中国革命与共产党任务》（续）发表于《布尔塞维克》第 1 卷第 3 期。

　　瞿秋白《布尔塞维克之民主极权制》发表于《布尔塞维克》第 1 卷第 8 期。

　　中共中央《中国共产党为广东工农兵暴动建立苏维埃告民众》发表于《布尔塞维克》第 1 卷第 9 期。

　　吕谟《中国共产党最近中央扩大会议之意义》发表于《布尔塞维克》第 1 卷第 11 期。

　　中共中央《中国共产党反对反动的国民党政府对俄绝交宣言》发表于《布尔塞维克》第 1 卷第 11 期。

　　秋白《马克思主义还是民生主义》发表于《布尔塞维克》第 1 卷第 11 期。

　　按：文章分析民生主义的实质时，提出了一个新的论点："孙中山的民生主义的真面目，实在就是中国小资产阶级经济在帝国主义压迫之下，幻想进于富国强兵的资本主义的乌托邦。""欧洲的小资产阶级，当资本主义强盛起来，使他们破产失业的时候，他们感觉到痛苦而诅咒资本主义，幻想出一种社会主义的乌托邦。欧洲的思想界里所以发生所谓乌托邦的社会主义。……中国的小资产阶级，受着帝国主义的压迫，他们却连乌托邦的社会主义也不会想到，……因此，中国小资产阶级的终极思想，竟不外乎乌托邦的资本主义。"

　　始开《列宁不死》发表于《工人之路》第 553 期。

　　卓宣《列宁与工人》发表于《工人之路》第 553 期。

　　谭奇英《我们怎样纪念列宁》发表于《工人之路》第 553 期。

言凡《在纪念列宁当中的一个贡献》发表于《工人之路》第 553 期。

曾介木《阶级斗争与中国工人》发表于《工人运动特刊》第 5 期。

曾介木《显微镜下的中国共产党与中国工人》发表于《工人运动特刊》第 10 期。

曰归(郁达夫)《无产阶级专政和无产阶级文学》发表于《洪水》第 3 卷第 26 期。

按:文章说:无产阶级专政是历史的必然。"在无产阶级专政的时期未到达以先,无产阶级的文学是不会发生的。这是什么缘故呢？第一,无产阶级的专政还没有完成之先,无产阶级的自觉意识,就不会有。(因为若有了这自觉意识的时候,无产阶级的专政就成功了。)没有自觉意识的阶级文学是不会成立的。第二,文学的产生,须待社会的熏育的,在无产阶级专政没有完成的时候,社会的教育,社会的设施和社会的要求,都是和无产阶级文学相反的东西,在这一种状态之下产生的文学,决不是无产阶级的文学。"

毛尹若《马克思社会阶级观简说》发表于《洪水》第 3 卷第 28 期。

毛泽东《湖南农民运动考察报告》发表于《战士》周刊第 35—36、38—39 期(未登全文)。

按:1927 年 3 月 5 日,毛泽东发表《湖南农民运动考察报告》,此文是为了答复当时党内、党外对于农民革命斗争的责难而写的,此前他还到湖南做了 32 天的考察。其主要内容为:(一)充分估计了农民在中国民主革命中的伟大作用。(二)明确指出了在农村建立革命政权和农民武装的必要性。(三)科学分析了农民的各个阶层。(四)着重宣传了放手发动群众、组织群众、依靠群众的革命思想。

报告说:"我这回到湖南,实地考察了湘潭、湘乡、衡山、醴陵、长沙五县的情况。从一月四日起至二月五日止,共三十二天,在乡下,在县城,召集有经验的农民和农运工作同志开调查会,仔细听他们的报告,所得材料不少。许多农民运动的道理,和在汉口、长沙从绅士阶级那里听得的道理,完全相反。许多奇事,则见所未见,闻所未闻。我想这些情形,很多地方都有。所有各种反对农民运动的议论,都必须迅速矫正。革命当局对农民运动的各种错误处置,必须迅速变更。这样,才于革命前途有所补益。因为目前农民运动的兴起是一个极大的问题。很短的时间内,将有几万万农民从中国中部、南部和北部各省起来,其势如暴风骤雨,迅猛异常,无论什么大的力量都将压抑不住。他们将冲决一切束缚他们的罗网,朝着解放的路上迅跑。一切帝国主义、军阀、贪官污吏、土豪劣绅,都将被他们葬入坟墓。一切革命的党派、革命的同志,都将在他们面前受他们的检验而决定弃取。站在他们的前头领导他们呢?还是站在他们的后头指手画脚地批评他们呢?还是站在他们的对面反对他们呢?每个中国人对于这三项都有选择的自由,不过时局将强迫你迅速地选择罢了。”

述之《列宁主义是否不适合于中国的所谓“国情”》发表于《向导》第184 期。

按:文章针对帝国主义者及国民党右派关于列宁主义是俄国的东西、不适合中国的国情的论调作了批判。作者指出:“列宁主义不仅是解放世界无产阶级的唯一武器,而且是解放一切被压迫民族和一切被压迫民众的唯一武器。被帝国主义重重压迫的中国民族自然只有在列宁主义的旗帜之下,完全接受列宁主义这武器——理论与策略,才能解放出来。”

白丽《列宁与妇女解放》发表于《向导》第184 期。

陈独秀《列宁逝世三周年纪念中之中国革命运动》发表于《向导》第184 期。

魏琴《列宁论东方民族的解放运动》发表于《向导》第184 期。

超麟《列宁死了,但列宁主义活着》发表于《向导》第184 期。

陈独秀《无产阶级与民族运动》发表于《向导》第188 期。

按:文章说:“全世界的无产阶级,正因为打破整个的帝国主义,所以自然而然的要同情于任何被压迫民族反抗帝国主义的革命运动,因此形成了整个的世界革命。在此世界革命运动中,一边是各帝国主义及其走狗,一边是无产阶级及被压迫民族,因此形成了全世界无产阶级及革命的民族主义者(反革命的民族主义者可以做帝国主义的走狗,他们当然不能和本国的及世界的无产阶级合作)之间相互的同情与援助,因此形成了每个国家的各种革命都是整个的世界革命运动之一部分。无论何国工人,如果他们不同情于被压迫的民族运动,便是不随意参加打破帝国主义的世界;无论何国民族主义者,如他们不同情于工人运动,如果他们反对阶级争斗,便是不愿意成就打破帝国主义的民族革命。”

毛泽东《湖南农民运动考察报告》发表于《向导》第191 期。

按:《向导周刊》只发表了该报告的前半部分,后半部分因故没有继续发表。为此,瞿秋白将《报告》交给中国共产党办的长江书局,以《湖南农民革命》的书名出版。

硕夫《十月革命与马克斯主义》发表于《中国青年》第6 卷第12 期。

按:文章说:“根据马克斯主义,社会主义的革命必须资本主义的发展一方面将生产集中,使社会主义的条件具备,一方面将劳动者集中,使无产阶级的势力雄厚。俄国在欧洲比较上算是一个经济落后的国家,资本主义并不似英德法那样发展,为什么社会革命的爆发不先在英德法,反先在俄国?这不是证明马克斯主义无效,就是证明俄国的十月革命并不是真正的社会革命,不过是波尔什维克暴徒实行少数专制罢了。这是一切反革命者都这样做宣传的。他们为使全世界被压迫民众对于十月革命丧失同情,想尽了方法造谣,最后更拿出这种论调。他们以为这种论调是最能耸动人之听闻的,因为这是以子之矛攻子之盾,以你的马克斯主义攻击你的马克斯主义,总算是打蛇打着七寸!……十月革命的确是在俄国特殊的条件中成就的,但是这些特殊的条件又是受整个的资本主义的世界决定的。换言之就是:十月革命仍然是资本主义世界危机的表征,是资本主义制度崩坏的开始。"

超麟《十月革命与列宁》发表于《中国青年》第 6 卷第 12 期。

按:文章说:"十月革命是无产阶级的,是波尔札维克的,是列宁的。"

博《反俄声中的俄国青年》发表于《中国青年》第 6 卷第 12 期。

F. G. 作、D. Y. 译《列宁与共产主义青年运动》发表于《中国青年》第 6 卷第 126—150 期。

淦克超《中国共产党与马克斯主义》发表于《革命青年》第 19 期。

邓叔耘《马克思主义与爱国主义》发表于《醒狮》第 163 期。

按:文章认为,阶级与阶级斗争并不是客观存在,而是马克思凭空造出来的,说:"阶级斗争说是否是由近代工业社会所产生出来的历史律? 马克思是以科学社会主义者自豪的,他以为他的理论绝对没有主观底色彩而是从事实归纳出来的。我们在讨论唯物史观的时候,已经几次把这种虚伪指出,认定此种'客观癖'与'科学幼稚病',完全是欺骗顾客的招牌。"在阶级划分标准问题方面,国家主义派也极力兜售二元论的唯心主义观点,文章说:"财富是否是阶级区分的唯一标准? ——马克思持说立论处处都是从经济或物质着想的,所以他区分阶级的标准,完全是经济情形,其实仔细观察并思考起来,阶级概念并不如此窄狭。财产固然是阶级的构成条件之一,但财富之外尚有许多关于感情、道德、习俗方面的条件,同是一样重要。"

苞桑《三民主义与共产主义》发表于《太平导报》第 2 卷第 3 期。

兰坪《〈斥马克思〉辩》发表于《太平导报》第 2 卷第 3—4 期。

按:编者按:"本报第四十二期所载朱华君所译《斥马克思》一文,作者对于该文,本其平日之研究,从学理上加以辩正。幸读者加之意焉。"文章说:"朱华君译之《斥马克思——世界革命之父》一篇。对于马氏之为人,及其学说，排斥诋毁，不遗余力。以余视之，非确论也。马氏之学，误谬固多，然其缺点，在学说全体，不在一部。今若不从全体立论，但取其一二学理，而曰'不值一辨'，不知马氏者矣。至于马氏之为人，则凡稍知其生活者，皆能道之。其生计之困窘，人格之高超，在世界名人学者之中，已不多见。而其勇往直前，坚忍不拔之精神，尤非一般人士所能企及，更无庸余之喋喋也。"

澹庐《依马克思学说推究中国今日二大问题》发表于《太平导报》第 2 卷第 4 期。

顽石《中国共产党成败预测》发表于《太平导报》第 2 卷第 4—5 期。

王恒《中国共产党之心理》发表于《太平导报》第 2 卷第 6 期。

苞桑《列宁式共产不适于中国之原因》发表于《太平导报》第 2 卷第 9 期。

记者《国民党与共产党关系记略》发表于《国闻周报》第 4 卷第 14—16 期。

厚照《嘉尔马克斯传略》发表于《国闻周报》第 4 卷第 32—35 期。

厚照《苏俄革命十周年纪念中之列宁》发表于《国闻周报》第 4 卷第 43 期。

按：文章说："本年十一月七日为苏俄革命成功十周年纪念之日，全世界集合于俄都以纪念此革命伟人列宁氏者当不知有若干人。吾人亦愿藉此机会一述列宁之生平，以示旷代大人物之人格与事业之一斑，俾世之崇拜苏俄者，知革命之业非易事也。"

伯兴《在共产党试验下之湖南人民》发表于《中央半月刊》第 1 卷第 1 期。

李晋芳《共产主义之一个解剖》发表于《中央半月刊》第 1 卷第 1 期。

刘霆《列宁主义的弱点之暴露》发表于《中央半月刊》第 1 卷第 1 期。

按：文章说："列宁的无产阶级革命的理论，其出发点就与马克思主义的根基相反。马克思所最信赖的是科学方法，他用了科学方法去研究历史的和当时的事实，便断定资本主义之崩败和社会主义之成功，一定是在工业发达到极完备和工人阶级占最大多数的国家。可是列宁就说，不然。列宁的理论以为资本主义的战线最先破裂的地方，不必一定是工业最发达或工人最多的国家。反而言之，帝国主义的联合战线最弱的地方，就是资本主义的战线最先破裂的地方。因为帝国主义的联合战线最弱的地方，无产阶级革命才容易起来。因此，无产阶级革命发生而冲破资本主义战线的国家，反而是生产落后的国家，便是一件很可能的事。列宁这一个理论，至今一般列宁主义者就拿一九一七年俄国革命做它一个事实的证明,而坚信在生产落后的国家,是能够作阶级革命和阶级专政的。我们于此,就可联想到两个月前陈独秀、汪精卫两人的联合宣言当中,所谓中国是生产落后的国家,中国共产党决不会实行无产阶级专政的话,其为谎骗三岁小儿之谈,就可不辨自明了。"

郭任远《马克思主义是科学的吗》发表于《中央半月刊》第 1 卷第 1—6 期。

缪斌《马克思主义底破片性列宁主义底狠毒性证明中国共产党底反革命》发表于《中央半月刊》第 1 卷第 3 期。

[苏]布哈林作、许德珩译《社会主义之路与工农联合》(1—2)发表于《中央副刊》第 55—56 期。

[苏]布哈林作、许德珩译《社会主义之路与工农联合》(3—5)发表于《中央副刊》第 60—62 期。

[苏]布哈林作、许德珩译《社会主义之路与工农联合》(6—8)发表于《中央副刊》第 69—71 期。

[苏]布哈林作、许德珩译《社会主义之路与工农联合》(9—12)发表于《中央副刊》第 74—77 期。

[苏]杜洛斯基作、仲云译《无产阶级的文化与艺术》发表于《中央副刊》第 77—78 期。

[苏]杜洛斯基作、仲云译《无产阶级的文化与艺术》发表于《中央副刊》第 80—83 期。

[苏]布哈林作、许德珩译《社会主义之路与工农联合》发表于《中央副刊》第 83 期。

[苏]布哈林作、许德珩译《社会主义之路与工农联合》(十三)发表于《中央副刊》第 87 期。

[苏]布哈林作、许德珩译《社会主义之路与工农联合》(十四)发表于《中央副刊》第 91 期。

腾波《创造无产阶级文艺的园地——读了无产阶级文艺的建设以后》发表于《中央副刊》第 93 期。

[苏]布哈林作、许德珩译《社会主义之路与工农联合》(十五)发表于《中央副刊》第 95 期。

采真《关于无产阶级文艺园地底创造》发表于《中央副刊》第 95 期。

[苏]布哈林作、许德珩译《社会主义之路与工农联合》(十六)发表于《中

央副刊》第 96 期。

无文《反革命与列宁》发表于《现代评论》第 5 卷第 129 期。

皓白《法国无产阶级的政治运动》发表于《现代评论》第 6 卷第 152—153 期。

张奚若《共产主义的批评》（书评）发表于《现代评论》第 7 卷第 160 期。

按：是文对英国拉斯克所著《共产主义批评》一书加以评论。文章说：此书分五章及结论一篇。第一章叙述共产主义的历史。第二章讨论唯物史观。第三章讲共产主义的经济学。第四章批评共产主义的国家论。第五章叙述共产党的组织及战略。拉氏自己的立足点是：一方面厌恶资本主义不满于平民主义，同时希望他们改良，又恐怕他们不能改良。一方面赞成共产主义的理想，但是不赞成他的方法，并且相信就是用他的方法，也是不能实现他的理想。彼此两有不可，于是结果他就不免有点悲观。不过悲观之余，他还是希望资本主义能够大让步，平明主义能够大改良，以平和的方法去实行他的急进的社会主义。至于他这个态度对不对，他这个希望能实现不能实现，那完全是将来社会进化的一个事实问题，不是书本上的理想问题，这里不能批评，也不必批评。

［苏］拉狄克《列宁与中国革命》发表于《国际评论》第 19 期。

［苏］甘特达洛斯基《列宁对于殖民地运动与民族革命以及现时东方革命运动的教训》发表于《国际评论》第 28 期。

［苏］特洛茨基作，李霁野、韦漱园译《无产阶级的文化与无产阶级的艺术》发表于《莽原》第 2 卷第 6—8 期。

曰归（郁达夫）《无产阶级专政和无产阶级的文学》发表于《洪水》第 2 卷第 26 期。

毛尹若《马克思社会阶级观简说》发表于《洪水》第 2 卷第 28 期。

［苏］柴耳克索夫作、成言译《马克思〈资本集中说〉的谬误》发表于《民钟》第 2 卷第 2 期、第 4—5 期。

［德］Rudolf Eucken 作、佐之译、冯友兰校《社会主义问题之历史》发表于《燕大月刊》第 1 卷第 1 期。

按：译者在文章开头说："这篇是我所译 Rudolf Eucken 的《社会主义的分析》里头的一章。著者以哲学家的眼光，对于社会主义问题本身之缜密的观察，我想于明了社会主义上，是有很大帮助的。"

太虚《评社会主义》发表于《东方文化》第 2 卷第 3 期。

化鲁《苏联共产党的内部问题》发表于《东方杂志》第 24 卷第 15 号。

文宙《李宁夫人口中之李宁轶事》发表于《东方杂志》第 24 卷第 20 号。

朱枕薪《中国共产党运动之始末》发表于《新国家》第 1 卷第 8 期。

甘乃光讲、林霖笔记《孙中山与列宁》发表于《国民周刊》第 16 期。

按：是文包括孙中山与列宁的时代背景、孙中山与列宁生平的比较研究、孙中山与列宁主义的比较研究、孙中山与列宁的政策的比较研究、孙中山与列宁相互批评的话。

平公《略评中国共产党》发表于《革命》第 2 期。

碧波《无产阶级专政与无产者》发表于《革命》第 3 期。

碧波《无产阶级专政与革命》发表于《革命》第 9—10 期。

碧波《唯物论与奴隶制》发表于《革命》第 14—15 期。

修平《共产党何以有今日》发表于《革命》第 15 期。

钟明《社会主义文献》发表于《革命》第 29 期。

修平《与邵元冲先生谈社会主义》发表于《革命》第 31 期。

风音《社会主义文献（二）》（介绍无政府主义中文书籍）发表于《革命》第 32 期。

逸群《日本帝国主义与奉系军阀及中国共产党》发表于《解放》（广州）第 4 期。

《列宁逝世三周年纪念日告两广青年》发表于《少年先锋》第 1 卷第 13 期。

廉生《列宁纪念节的玩具》发表于《少年先锋》第 1 卷第 13 期。

施大灵《山鹰——论列宁》发表于《少年先锋》第 1 卷第 13 期。

独秀《列宁之死》发表于《少年先锋》第 1 卷第 13 期。

卓宣《列宁与青年》发表于《少年先锋》第 1 卷第 13 期。

守常《列宁不死》发表于《少年先锋》第 1 卷第 13 期。

杨白《寄给俄革命同志的一封信——为列宁纪念日而作》发表于《少年先锋》第 1 卷第 13 期。

［日］片山潜《同志列宁》发表于《少年先锋》第 1 卷第 13 期。

兵戎《人类自由的摇篮——纪念列宁》发表于《少年先锋》第 1 卷第 13 期。

侠明《列宁与妇女》发表于《少年先锋》第 1 卷第 13 期。

碧波《无产阶级专政与无产者》发表于《建国旬刊》第 13 期。

剑波《论无产阶级专政》发表于《三民周报》第 8 期。

太虚《以佛学批评马克思社会主义》发表于《三民周报》第 10 期。

岳尔克《苏俄解决土地问题之经过》发表于《中国农民》第 2 卷第 1 期。

袁玉冰《怎样研究共产主义》发表于《红灯》第 7 期。

按：文章为广大工农群众学习共产主义提出了四点建议，"一是研究共产主义的方法；二是共产主义研究大纲；三是研究共产主义要看些什么书；四是共产主义的重要内容"。

袁玉冰、汪群、陈之琦等《怎样研究列宁主义》发表于《红灯》第 10 期。

按：文章指出："列宁尚生时，列宁主义已到了中国，在中国成立了列宁主义的政党——共产党。中国的革命因为共产党的参加而有突飞的进步。列宁主义是中国革命的指南针。"现在"右派在江西已经打下去了，革命的潮流在江西又重新高涨起来。革命的情绪充满在青年的心里。封建势力与民主势力已短兵相接，较高程度的斗争已揭开第一页。江西青年需要研究列宁主义。列宁主义是斗争时一个顶好的工具——比机关枪、山炮、唐克还要厉害多了"。

一波《革命中的智识阶级与无产阶级》发表于《民锋》第 2 卷第 1 期。

杨汝梅《现代财政与社会主义之关系》发表于《银行月刊》第 7 卷第 6 期。

羊格思《马克斯拜倒郭任远》发表于《幻洲半月刊》第 2 卷第 3 期。

徐宗泽《社会主义的鸟瞰》发表于《圣教杂志》第 16 卷第 7 期。

吴景星《基督教与社会主义》发表于《真光》第 26 卷第 3 期。

宝广林《基督教与社会主义》发表于《真光》第 26 卷第 6 期。

太虚《以佛法批评马克思社会主义》发表于《进攻周刊》第 7 期。

萧子升《社会主义与社会学》发表于《中法教育界》第 7 期。

朱保训《飞宾社会主义及其渊源》发表于《留美学生季报》第 12 卷第 3 期。

金仲华口述、杨志刚笔录《苏联印象》发表于《旅行杂志》第 25 卷第 4 期。

按：是文记录了作者去欧洲参加第二届世界和平大会途经苏联的观感。

蔡敦辉《社会主义与佛教》发表于《南瀛佛教会会报》第 5 卷第 1、3 期。

述之《十月革命第七周年之苏俄与资本主义世界》发表于 11 月 7 日《民国日报》副刊《觉悟》。

[苏]列宁作、李春蕃译《国家与革命》（全文）发表于 1 月《岭东民国日报》副刊《革命》。

进之《社会主义的真意义》发表于《晨报副刊》社会第 82 期。

毛泽东《湖南农民运动考察报告》发表于 3 月 28—29 日,4 月 3 日、26—27 日《湖南民报》。

社评《中国与俄国》发表于 11 月 8 日天津《大公报》。

三、研究著作

中国青年社编《马克思主义浅说》由国光书店出版。

[德]柯资基(考茨基)著、陈溥贤译《马克思的经济学说》(共和社马克思研究丛书)由上海商务印书馆出版。

毛一波著《马克思经济学批评》由上海出版合作社出版。

按:是书内容涉及资本、价值、剩余价值、资本集中和资本主义的衰败等基本理论。

郭任远著《反科学的马克斯主义》由上海民智书局出版。

按:是书《导言》说:我在这几年来花了好几块钱,买了很多的书,和花了许多的光阴去研究那个震动全球的列宁主义。我起初想,以我的好新好奇的习惯,来研究这号称最新的列宁主义,应该是与这主义如鱼水相得叹相见之迟的。不幸得很,我研究的结果大失我所望。我发见列宁派除"大官内阁局主义"以外,并没有其他的发明。他们的工具主义是把一切人和机关都做工具看,所以逢人利用,到处利用,利用到无可利用才止。即是这个"大工具主义"也不是列宁自己所发明的,共产党的创教主,卡尔·马克思在七八十年前,已经实行"大工具主义"而得到很好的结果了。不过马克思的工具主义不专在利用人和机关,而在利用历史的事实,和赛因思 Science。这种利用可算是最稀奇的利用,也可算是极端派的工具主义。所以马克思不但是共产主义的创教主,并且是大工具主义的首创者和实行者。

欧洲自十九世纪以来,很多人不满意于现存的社会制度,而思有以改造它,所以提倡很多的学说和主义,可是这些学说和主义都不足以号召民众,实际上的势力也很薄弱,到了马克思主义一出,而天下"有志之士"望风而往,始而信仰,继而实行,互相号召,互相提倡,到了现在马克思主义已成为社会革命极有势力的学说,马克思的信徒已遍全球,一般社会主义者,无论是马非马,都说是马氏的嫡系。马氏的势力真大! 马氏的权威无上! 这真是共产党的工具主义的成绩,这都是马克思利用赛因思的结果。

现在的社会学者,和经济学者,无论赞成或反对马克思主义,都承认马克思的方法是科学的,都相信马克思用科学的方法去研究历史。呜呼! 赛因思! 赛因思! 你原来是一个洁白无辜的处女,你何时许配了马克思? 人家都叫你做马夫人，而你自己含羞忍辱历数十年而不叫一声的冤。然而我相信你是很冤枉的，我相信你的确被马克思强奸的，我现在已经忍不住了，我要出来代你抱不平，我要为你申冤，我要打倒共产党的"大工具主义"，我要打倒强奸赛因思的马克思。以工具待人罪已已经不可赦，乃竟以工具待历史，以工具待科学，其罪更可诛。申冤凡是科学家都应该找出马克思利用科学做工具的证据，都要搜集他冒充科学的招牌的事实，大家起来"声罪致讨"，大家起来做个科学的"清党运动"。

要做科学的清党运动，须先定一个清党的大纲，我们所拟定的大纲是：(一)马克思主义者往往自称他们的主义为科学的社会主义，他们说他们的结论是用科学的方法研究得来的，然而我们却有很充足的理由可以说明马克思主义不但是非科学的，而且是很违反科学的；他们说他们的主义和方法是很物观的，然而我们却有充分的证据可以证明他们是极端的主观派。(二)马克思的信徒动辄自号为最革命的革命党，而骂他人为"思想落后"，可是我们却有真凭实据可以指出马克思主义是一个"思想落后"的学说。马克思一生一世没有甚么新发明，他的学说里面，新的不是对的，对的不是新的。他对于共产党惟一的新的贡献，就是冒充科学的招牌来号召同志。(三)现在研究社会科学的人，都应以生物学及进化论为根据，然而马克思学说处处违反进化论，处处和最近的生物学的学说不符。(四)要解决社会问题，应以心理学原理为前提，然而马克思学说与最近的心理学的学理及事实相冲突的地方很多。以上几点就是我们要推翻马克思学说的大纲。这本小书的目的就在从科学的方法方面，和生物学及心理学的学理及事实来说明我们的主张之不错，并证明我们要推翻马克思主义的理由的充足。

在未结束这导言之前，我还有两桩事要请读者特别注意。(一)我自信我是一个最激烈，最彻底的科学革命家，我对于一切新的革命的学问，都有相当的同情。然而我对于马克思学说却始终反对，韦素园反对它的理由，就是因为它太不革命，就是因为它不是最新的最进步的学说。我的反对共产党与其说是为着甜蜜的行动，不如说是为着他们的反动。换一句话，我的反共并不是因为他们太赤，倒是因为他们太不赤，是因为他们是红萝卜，红其外而白其内。人家反共是因为相信他们是过激派，我的反共却是因为他们太不过激，这一点我希望读者特别注意，千万勿把我和一般头脑顽固的反共者同样看待。(二)我是极端反资本主义和一切关于经济的妥协主义和改良主义的，然而我所根据的理由和马克思所根据的理由大不相同。我是承认共产制度是人类进化所必经过的程序的，并且承认资产落后的国家，如行得其法,共产制度的实现,应当比大工业的资本主义的国家来得快,然而我相信共产制度不一定要经过阶级斗争,赤色恐怖,和阶级专政才能达到;并相信共产制度是人类要达到高一级的进化的手段,共产本身并不是一个目的。关于这一点,我在这本书中将有详细的说明,不过在开首的时候,我要读者明了我的真正的态度不要误认我做一个 Small Bourgeois,也不要误认我做一个 Marxian Revisionist,或是一个 Evolutionary Socialist。不是的,我是主张社会革命和经济革命的,然而我绝对不是一个马克思主义者,我尤反对现在的共产党革命的方法。

毛一波著译《马克思主义评论》由上海光明书局出版。

按:是书8章,著译者反对马克思主义。

[美]威廉著,刘芦隐、郎醒石译《马克思主义与社会史观》由上海民智书局出版。

按:译者序说:"威廉此书所以有移译的必要,是为了三点:其一,马克斯所以称为近代社会主义底中心,是由于他底科学方法和由此方法而得的结论,在中国真正了解他底结论的人还不多,了解他底科学方法的人尤其少得可怜,而此书适足以弥补这种缺憾;其二,现在无论学理的讨究或实际的运动,都须根据科学方法,才能适用于社会,才能解决问题,才能发生力量,而著者底目的,就在于用马克斯底科学方法,研究社会进化底事实,所得的结果,不独于社会进化上有重大发明,并且于学理上和实际上立定一个新基础;其三,孙中山先生说他创立民生主义数十年,而著者最近发明,适与他底注意若合符节,但究竟著者底学理和孙先生底注意相同相异之点是什么,凡研究学术主义的人都有彻底了解之必要。在这三点上,我们就可以决定此书底价值。"

李大钊等译、唐杰编《马克思主义的民族革命论》由新青年社出版。

按:是书收录列宁有关民族问题的著作,如《工人阶级和民族问题》《亚洲的觉醒》《社会主义革命和民族自决权》等9篇。

[德]考茨基著、戴季陶译、胡汉民补译《资本论解说》由上海民智书局出版。

按:是书乃解说《资本论》的专著。内容分3编:商品、货币、资本;剩余价值;工钱与资本所得。戴季陶对四个翻译者的评价:"执信先生是尼采和马克斯的合成人格,汉俊是马克斯主义者,展堂先生是马克斯主义研究者,我只可算是马克斯主义的介绍者吧。"

按:胡汉民《序》说:"德国的考茨基无论他的政治上的立场怎么样,他对于马克斯经济学说的解释，总算是第一个功臣。大抵他的政治的思想，脱不了十九世纪末期以来德国社会的环境，时时有妥协的倾向，因而得机会主义的徽号。尤其是做第二国际的指导者，到一九一四年——一五年，实在是正统派名誉破产的时代。却是他对于马克斯经济学说研究最深，他个人的学术素养，也足以为他制胜的工具。所以俺·伯亚的《社会主义史》，虽然痛斥德国社会民主党末流的堕落，以及欧洲大战当中第二国际一班领袖的失节，而就于考茨基宣传马克斯主义的功劳，还是异常推重。这确是公平的批判，不像中国人旧时的皮(脾)气，说王安石新法误国就要连他做的诗都要吹毛求疵，说蔡京是个奸臣就要连他写的字都不要看。考茨基这本书原名《马克斯的经济学说》，据他的第一版的序文说：'本书不用说，是根据马克斯的主著《资本论》的，仿《资本论》配列材料。至于《资本论》以外马克斯的经济学著作，不过为说明各个难义，或是引申《资本论》中的说明，用来参考。'故日本高畠素之译本，用《资本论解说》的名字，和本书内容很适合的。考茨基又说：'本书的目的是为使劳动阶级容易研究马克斯的学说。''本书的目的先使没有余暇时间，或没有其他机会研究《资本论》的人，知道《资本论》所含思想的理路。又因本书的说明使人容易研究《资本论》，引诱就于《资本论》有误解的人，或因原书第一篇难解而打断研究念头的人，从新再续原书。'而考茨基又深知马克斯《资本论》所以难读的缘故，不在马克斯的文字艰深，而在读者无相当的预备知识。怕的就是随意以平易的语句改换马克斯的用语，想'通俗化'就变成了'浅薄化'。他极力避开这层毛病，终究达到他本来的目的，使读者对于马克斯的经济学说，顿然觉得胸中雪亮，他的本领真不可及。无怪高畠氏以为是当世解说马克斯《资本论》许多著述中最完善之书。更有一点注意的，就是里宁讯斥一切机会主义学者，说'他们将马克斯主义革命的真髓阉割，将真的马克斯学说加以曲解，使变为可与资产阶级相容或信为可以相容的提出来'。这种恶点，我细审这本书，却是丝毫没有。这书刊行初版在一八八六年，近今苏俄学者引证考茨基所著书，常常声明是他未变节以前的话，我想这一层也很有关系的。"

　　[苏]斯大林著、瞿秋白译《列宁主义概论》由新青年社出版。

　　按：是书原系斯大林同志于 1924 年在斯维尔特洛夫大学的讲演词。本书初版本前面有献辞："贡献这个译本给中国共产党第五次大会"。1929 年 5 月出第三版时，为便于在国民党反动派白色恐怖统治下流传，封面假题为"吴稚晖论政及其他"。

　　[苏]列宁著、吴凉译《左派幼稚病》由中国出版社出版。

［苏］列宁著《国家与革命》由中外研究学会出版。

［苏］列宁著、陈文瑞译《二月革命至十月革命》由上海扬子江书店出版。

按：是书收入俄国两次革命期间列宁的有关文章，如《远方来信》《四月提纲》等45篇，是我国最早出版的列宁著作专题文集。

［苏］斯大林著《论反对派》由播种社出版。

［日］堺利彦著、吕一鸣译《辩证法的唯物论》由上海北新书局出版。

按：是书讲述辩证法的概念及其发展的历史过程，介绍黑格尔、费尔巴哈、马克思、狄慈根、列宁等人对辩证法发展的贡献。

［苏］哥列夫著、瞿秋白译《无产阶级哲学——唯物论》由新青年社出版。

按：是书译成于1927年1月，由新青年社出版。后经修订，于1930年3月由明日书店印行，书名改为《唯物史观的哲学》，译者署名也改为屈章，并于1930年9月再版。1941年4月另由霞社改名为《新哲学——唯物论》出版。1949年又由原野出版社翻印出版。是书为当时最早宣传唯物论哲学的译著之一。

［德］考茨基著、董亦湘译《伦理与唯物史观》由教育研究社出版。

［荷兰］郭泰著、李达译《唯物史观解说》由上海中华书局出版。

按：是书第一章本书之目的，第二章历史的唯物论与哲学的唯物论，第三章这学说的内容，第四章实例之说明，第五章科学知识学问，第六章发明，第七章法律，第八章政治，第九章习惯与道德，第十章宗教与哲学，第十一章艺术，第十二章结论，第十三章真理之力，第十四章个人之力，附录《马克思唯物史观要旨》。

［日］山川均著、崔物齐译述《资本主义的解剖》由上海光华书局出版。

按：是书分资本主义的生产、经济组织的变迁、生产者和生产机关的分离、劳动的商品化、生产和消费的矛盾、资本制度的浪费、人类浪费的制度、社会的生产和个人的所有的矛盾、生产力和财产制度的冲突、私有财产主义的动摇、社会生活的危险和不安、生活的改造、自己改造的努力、社会的改造、斗争的生活等15节。

［日］堺利彦著、吕一鸣译《社会主义学说大要》由上海北新书局出版。

［日］福井准造著、赵必振译《近世社会主义》由上海时代书店出版。

按：是书于日本明治三十二年（1899）由有斐阁出版，1903年由上海广智书局再版，本年重刊，是近代中国最早一本比较系统地介绍马克思主义学说的著作。

徐宗泽编著《社会主义鸟瞰》由上海圣教杂志社出版。

按：是书简述社会主义由空想到科学的发展过程及共产国际。编者鼓吹私有权不能取消，否认阶级斗争，指责社会主义妨害家庭及宗教。

张天百编《社会主义问答》由上海中央图书局出版。

按：是书分什么是社会主义、怎样实行社会主义、社会主义的界说、社会主义的由来、社会主义的派别、各种社会党的运动和彩色 6 部分，以问答方式说明相关问题。

张天百编辑《社会主义浅说》由上海中央图书局出版。

按：是书概述社会主义的发生、定义、理论主张、史略，比较社会主义的各派别。编者认为中国的社会主义即孙中山的民生主义。

萧楚女著《社会主义讲授大纲》由武昌时中合作书社出版。

按：是书为萧楚女在广州农民讲习所（任教员）与黄埔军校（任政治教官）时的讲稿，写于 1926 年 3 月。书中系统叙述了近代社会主义各种流派的发展历史，从社会主义思想产生的背景，一直讲述到第一个社会主义国家的诞生。作者用大量篇幅对马克思主义的重要内容唯物史观、剩余价值学说史和阶级斗争理论作了阐述。

瞿秋白著《俄国资产阶级革命与农民问题——俄国革命运动史之一》由新青年社出版。

按：作者书前《自序》说："俄国革命运动的历史，对于世界各国革命党人，都有很深切的兴趣，能够给很有用的教训与经验。这是大家都知道的。我很早便想利用我所有的一些材料，编纂一部俄国革命运动史略论，但是，总是因为没有时间，或是病，始终不能如愿。去年春病的期间，身体渐渐复原的过程里，在私庆得保性命之际，更觉得要尽这一个责任，因此，就动笔编了这一本书，所集材料并不多，不过做读者一个引起兴趣的概论罢了。我的计划是将俄国革命运动史分成四部分：（一）俄国资产阶级革命与农民问题；（二）俄国无产阶级之斗争与共产党；（三）自二月革命至十月革命；（四）苏维埃及社会主义之建设。如果客观情形允许我，我必定在最短期间完成这个心愿。如今出版的是第一部分，对于俄国社会民主党（共产党）未发生以前革命运动的记载，从最古的农民暴动起一直到最初的劳动运动，都有较有系统的叙述，其中尤其注意农民问题。俄国十二月党的革命以及后来各种社会主义及民粹主义的运动，无不与农民问题有关涉。历史上断定了：俄国的资产阶级，不但不能解决农民问题，推翻封建势力，并且不能完成自己阶级的民权革命。资产阶级革命的完成与农民问题的解决，始终是俄国无产阶级所领导的。这的确对于中国现时的革命，有很重要的教训。我希望读者不要把这本书单当做历史读。瞿秋白　一九二七，六，三，于汉口。"

陈彬和著《苏俄经济组织与实业政策》由上海共和书局出版。

章进编《联俄与仇俄问题讨论集》由上海北新书局出版。

按：章进《编者的几句话》说："编本书的上册主旨，是在使一般国民知道联俄与仇俄的理由、意义，及其利害；因为这是与中国前途的关系至大，所以非得将正反两方面的意见知道不可，藉此使国人知其究竟，然后方采择的余地而言。对外政策，当然只能有一种，决不能采取联俄政策时而又并行仇俄政策，这是谁都应该首认的。本书的上册里，主张联俄的与主张仇俄的，他俩都有其理由，并且两方的作者都是很郑重的声明过是以国家的利益为前提，绝不是为私人的利害而争论，如果照这样说法，岂不是我人应该承认两方都不错吗？但是将两种水火不形容的主张，决不能同时采取，因为在理论上既讲不过去，而在事实上更行不通；因此，一贯的主张总是不可少的，那么当然应该将我人所持之主张，详细地发表出来，贡献于国人，至于取舍之权，当然操诸国人。"

陈彬龢著《苏俄政治组织和共产党》由上海共和书局出版。

按：是书分俄国革命和革命后的政治组织、布雪维克主义、共产主义和恐怖主义 3 章。

陈彬龢著《苏俄治下的劳动反对派》由上海世界书局出版。

朱枕薪著《俄国革命论丛》由新国家杂志社出版。

抱朴著《俄国革命之失败》由上海大同书局出版。

卢剑波著译《失败了的俄国革命》由上海江湾出版合作社出版。

按：是书收录《无产阶级专政论》《国家的本性》《在俄见闻》《俄国革命论》《列宁论》等 12 篇文章。

顾树森编《苏俄新经济政策》由上海中华书局出版。

按：是书介绍苏联经济恢复时期实行新经济政策的经过。

吴义田著《苏俄农民政策述评》由上海共和书局出版。

高尔松著《世界无产政党发达史》由上海太平洋书店出版。

黄新民编译《欧洲社会思想史》由上海光华书局出版。

按：是书分 3 编 13 章，叙述自古代、中古至近世的社会思想史。介绍了柏拉图、亚里士多德、乌托邦派、富利亚、欧文、圣西蒙、马克思、恩格斯、克鲁泡特金等人的社会思想。

顽石著《俄国共产党之历史及其组织实力并俄国共产党与中国共产党之异同》由著者出版。

顾树森著《苏俄新教育》由上海中华书局出版。

按：是书分苏俄革新教育的基本主义、苏俄教育行政组织教育宗旨和教育制度大纲、苏俄的幼稚园教育、统一劳工学校、职业学校、高等教育机关、成人教育和社会教育、一般文化教育设施等 9 章。

蒋光慈编著《俄罗斯文学》由上海创造社出版部出版。

按：是书分上下卷，上卷为十月革命与俄罗斯文学，下卷为十月革命前的俄罗斯文学。

〔日〕升曙梦著、画室（冯雪峰）译《新俄文学的曙光期》由上海北新书局出版。

按：是书分新俄罗斯文坛的右翼与左翼、俄国诗坛的昨日今日和明日、革命期的俄国小说坛、最近俄国小说的印象等 4 篇。

〔日〕升曙梦著、画室（冯雪峰）译《新俄的无产阶级文学》由上海北新书局出版。

按：是书分无产阶级文学的诸问题、无产阶级文学的发达、无产阶级文学的特质、无产阶级诗人和农民诗人、无产阶级文学底艺术价值等 7 章。

甘乃光著、林霖笔记《孙中山与列宁》由广东省党部宣传部出版。

廖划平编《社会进化史》由上海泰东图书局出版。

按：是书分 8 章论述原始共产主义至共产主义社会的进化过程。

毛泽东著《湖南农民革命》（《湖南农民运动考察报告》）由汉口长江书店出版。

按：瞿秋白同志于 4 月 12 日写了《湖南农民革命序言》，热情赞扬了湖南农民的革命斗争，高度评价了毛泽东同志的考察工作。他明确指出："中国农民要的是政权是土地。因为他们要这些应得的东西，便说他们是'匪徒'。这种话是什么人说的话！这不但必定是反革命，甚至于不是人！农民要这些政权和土地，他们是要动手，一动手自然便要侵犯神圣的绅士先生和私有财产。他们实在'无分可过'，他们要不过分，便只有死，只有受剥削！中国农民都要动手了，湖南不过是开始罢了。中国革命家都要代表三万万九千万农民说话做事，到战线去奋斗，毛泽东不过开始罢了。中国革命者个个都应当读一读毛泽东这本书，和读彭湃的《海丰农民运动》一样。"并将毛泽东的报告和他的序交给党在武汉办的长江书店出版单行本。该书出版一个月以后，共产国际执委会刊物《共产国际》先后用俄语和英文予以转载，湖南等地的农民运动成为国际共运关注的焦点。1927 年 7 月 28 日，苏联《真理报》第 169 号发表斯大林的《时事问题简评》，对中国共产党领导的中国农民革命,对毛泽东的《湖南农民运动考察报告》,对瞿秋白的《湖南农民革命序》,都给予了高度评价。

毛泽东著《中国社会各阶级的分析》由广东汕头书店出版。

按:毛泽东是文发表于 1925 年 12 月 1 日,用马克思主义的阶级分析方法,分析了中国社会各阶级的经济地位及其对于革命的态度,强调了分清敌友是革命的首要问题,指出最广大和最忠实的同盟军是农民,解决了中国革命中最主要的同盟军问题,初步提出了关于中国新民主主义革命的基本思想。

费觉天著《阶级斗争原理》由上海北新书局出版。

按:是为国内第一本对阶级斗争进行系统论述的著作。分社会是如何结构、阶级是如何存在、从阶级起源中所见之简明社会史、阶级斗争行程与人群解放之次第、阶级斗争思想在历史上之追索、从生物进化论到历史进化论、阶级斗争的社会哲学、阶级斗争之国家观、阶级斗争的世界观、无产阶级专政与社会之将来、新时代政治组织之基本理论、从横的互相衡制到纵的上下监督制等 12 章。

周佛海著《逃出了赤都武汉》由上海大同书局出版。

按:是书分共产党成立时之状况及我和共产党的关系、武汉叛逆运动的内幕、我所知道的叛逆运动的经过等 4 部分。

广东特别委员会宣传委员会宣传股编《共产党与中国国民革命》由编者出版。

瞿秋白著《中国革命中之争论问题》(俄文本)由莫斯科出版。

按:是书 1928 年 4 月 12 日中国共产党党报委员会决定再版,其中有《论中国革命中之三大问题》等文章。

四、卒于是年的研究者

李大钊(1889—1927)卒。大钊乳名憨头,曾用名李耆年,字寿昌,后改名李大钊,字守常,号奄年,河北乐亭人。1907 年夏至 1913 年夏,入天津北洋法政专门学校求学。在校期间与同学郭须静一起加入中国社会党,毕业后到北京参加中国社会党活动。1913 年赴日本入早稻田大学政治科,开始接触社会主义思想和研究马克思主义著作。1914 年组织神州学会,进行反袁活动。次年为反对日本灭亡中国的"二十一条",以留日学生总会名义发出《警告全国父老》通电,号召国人以"破釜沉舟之决心"誓死反抗。1916 年主编留日学生会机关刊物《民彝》。5 月回中国,在北京创办《晨钟报》,任总编辑。旋辞职,任《甲寅日刊》编辑,推动新文化运动的发展。1918年任北京大学图书馆主任,后任经济、历史等系教授,参与编辑《新青年》,同年7月被推举为少年中国学会的《少年中国》月刊编辑主任。12月与陈独秀、张申府创办《每周评论》,推动共产主义。1919年元旦为《每周评论》撰写社论《新纪元》。3月与邓中夏、高君宇等人发起成立北京大学平民教育讲演团,宣传新思想和新文化。五四运动爆发后,《每周评论》以大号标题,报道运动的发展情况,发表《秘密外交与强盗世界》的评论。为营救陈独秀而奔走。1920年与陈独秀酝酿组建中国共产党,发起组织马克思学说研究会,翻译和研究马克思主义的著作,对马克思主义在中国的传播起了重要作用。同年10月与邓中夏、高君宇、何孟雄等建立北京共产主义小组。12月领导组建北京大学社会主义研究会。1922年根据共产国际指示,赴上海会见孙中山。1924年参与"国共合作",出席中国国民党第一次全国代表大会,以个人身份加入国民党,任国民党第一届中央执委。1925年五卅运动爆发后,与赵世炎等人在北京组织5万余人的示威。1927年4月28日被张作霖杀害。李大钊是中国共产主义运动的先驱,伟大的马克思主义者,中国共产党的主要创始人之一。遗著编为《李大钊选集》《李大钊文集》《李大钊遗文补编》。早年发表传播马克思主义的文章有《法俄革命比较观》《布尔什维主义的胜利》《我的马克思主义观》《马克斯经济学说》《史学与哲学》《社会主义下的经济组织》等。张次溪编有《李大钊先生著述年表》,杨树升等编有《李大钊年谱》。

按:1983年9月,中国共产党中央委员会撰写的《李大钊烈士碑文》说:"李大钊同志对中国人民的解放事业,对马克思主义的信仰和无产阶级的革命前途无限忠诚。他为在我国开创和发展共产主义运动的大无畏的献身精神,永远是一切革命者的光辉典范。大钊同志和其他无数先烈光荣地倒下去了,但是他们的牺牲没有使中国革命停止,相反,中国革命在牺牲者的血泊中继续前进,直至获得伟大的胜利。作为中国人民的优秀儿子和伟大的无产阶级革命家,大钊同志的业绩将永远受到中国人民的追怀和崇敬。为纪念李大钊同志,发扬他伟大的共产主义革命精神,中共中央于一九八三年三月十八日将他和他的夫人赵纫兰同志(一八八三年—一九三三年)的灵柩移葬于新建的李大钊烈士陵园。中国共产主义运动的先驱者,伟大的马克思主义者李大钊同志永垂不朽!"①

---

① 杨纪元.李大钊随笔[M].西安:陕西人民出版社,2011:258-259.

按：王学珍《在李大钊诞辰 100 周年纪念大会上的发言》说："李大钊同志是我国共产主义运动的先驱，伟大的马克思主义者，杰出的无产阶级革命家，中国共产党的主要创始人之一。他一生的光辉业绩和卓越思想，在我们党的历史上和中国现代政治思想史上产生了深刻的影响。他在传播马克思主义、创建中国共产党、开展革命统一战线、领导北方国民革命运动的实际斗争中，坚持不懈地运用马克思主义的基本原理，深入研究中国国情和中国革命的基本问题，为党的新民主主义理论的形成做出了重要贡献。同时，他作为一位学贯中西、名重当世的学者，又最早在中国以马克思主义的立场、观点、方法，对史学、文学、经济学、哲学、政治学、教育学、社会学等诸学科进行了开创性的研究。李大钊同志为我们留下的精神遗产是十分丰富的，值得我们学习的东西是很多的。这已成为党和人民宝贵的思想财富。"①

按：曹力铁说："李大钊是在中国传播马克思主义的第一人，也是把马克思主义与中国实际相结合的开拓者，为马克思主义中国化做出了奠基性的贡献。强烈的爱国主义、坚定的社会进步思想和鲜明的民本思想相结合，是李大钊接受并传播马克思主义的基本因素，由此奠定了中国共产党人把马克思主义中国化的基本立场。从时代要求出发，历史地（实践地）对待马克思主义的科学态度以及辩证思维的科学方法，则为马克思主义中国化提供了基本的思想方法。建党后，李大钊在革命实践中运用马克思主义分析中国社会、中国革命，得出了许多重要的认识，提出了许多重要观点，为马克思主义中国化开辟了道路。"②

李汉俊（1890—1927）卒。汉俊原名李书诗，号汉俊，笔名人杰、汉俊、汗、先进、海镜、海晶、厂晶等，湖北潜江人。1902 年赴日本留学，毕业于东京帝国大学。留日期间，与日本著名马克思主义经济学家和思想家河上肇缔结深厚的师生之谊，并深受其思想影响。1918 年回国后，在上海从事写作、翻译工作，参与编辑《新青年》、上海《星期评论》、《共产党》，传播新文化及马克思主义。1920 年与陈独秀共同发起组织马克思主义研究会和上海共产主义小组，同时创办《劳动界》周刊，并赴武汉帮助筹建武汉共产主义小组。1921 年 7 月参加在上海召开的中国共产党第一次全国代表大会。1922 年回武汉从事革命活动，曾任湖北全省工团联合会教育主任委员。后脱离中国共产党。1926 年春赴上海任教。后回武汉，加入中国国民党。1927 年任国民党湖北省党部执行委员、省政府委员兼教育厅厅长、省党部

---

① 胡乔木，等.李大钊研究论文选集[M].昆明:云南教育出版社,2009:12.
② 曹力铁.论李大钊对马克思主义中国化的贡献[J].浙江工商大学学报,2005(5).

青年部长。是中共第二、三届中央执行委员会候补委员。1927 年 12 月 17
日在武汉被桂系军阀杀害。曾在《星期评论》《觉悟》《妇女评论》《建设》《劳
动界》《小说月报》等杂志上发表宣传马克思主义的译文和文章 90 余篇,其
中有《怎么样进化》《唯物史观不是什么》等。译有《马克斯资本论入门》、《唯
物史观》(与李达合译)等。

　　按:窦春芳说:"李汉俊是中国早期的马克思主义者之一,他最早提出建
党思想,并在各种刊物上撰写、翻译介绍马克思主义的文章,为中国共产党
的建立进行了思想理论的准备;他发起成立上海共产主义小组,积极参与中
共一大的筹备工作,并提供开会场所。因此,对于中国共产党的成立,李汉
俊是作出了特殊贡献的。""马克思主义传入中国后,中国的思想界展开过三
次大的论战,即'问题与主义之争''关于社会主义的辩论'和'马克思主义与
无政府主义的论战'。三次论战以'关于社会主义的辩论'持续的时间最长,
在此次论战中,李汉俊是论战的主将。……在这场论战中,李汉俊批驳了张
东荪等主张在中国发展资本主义和反对无产阶级政党的谬论,这有助于人
们认清什么是真正的马克思主义,进而也传播了马克思主义。"[1]

　　漆南薰(1892—1927)卒。南薰,四川江津人。1915 年留学日本,考入
京都帝国大学经济学部,师从日本马克思主义学者河上肇,受其影响,逐渐
掌握了马克思主义理论。1925 年撰写《经济侵略下之中国》一书,在序中公
开声明系采用马克思派学理以解决中国经济问题,得到郭沫若的称赞。
1926 年回重庆接替萧楚女任《新蜀报》主笔,利用报纸宣传革命,揭露帝国
主义与封建军阀相互勾结的罪行。1927 年在"三三一"惨案中牺牲。

　　萧楚女(1893—1927)卒。楚女原名萧秋,字树烈,学名楚三,笔名楚女、
丑侣等,湖北汉阳人。1911 年投入新军,曾参加武昌起义。1915 年后编辑
《大汉报》和《崇德报》,在武汉参加五四运动。1920 年参加恽代英在武汉创
办的"利群书社",成为该社骨干。1922 年夏加入中国共产党。后去四川创
办重庆公学,曾任《新蜀报》主笔。1924 年任中共中央特派员,领导重庆社
会主义青年团工作。1925 年被派往上海,编辑《中国青年》等报刊。年底去
广州,任国民党中央宣传部干事,协助毛泽东编辑《政治周报》,并任农民运
动讲习所专职教员,先后编写出《帝国主义讲授大纲》《中国民族革命运动史
讲授大纲》《社会主义概要讲授大纲》等教材。1927 年 4 月 15 日在广州反革
命政变中被逮捕,4 月 22 日牺牲于南京石头城监狱。

---

① 窦春芳.李汉俊对中国共产党成立的特殊贡献[J].广西社会科学,2008(5).

范鸿劼(1897—1927)卒。鸿劼,湖北鄂州人。1918 年考入北京大学。参加五四运动,参与发起马克思学说研究会。1920 年 10 月参加中国共产党,1922 年 7 月至 1923 年 6 月为中共北京地方委员会委员长,1923 年 7 月至 1927 年为中共北京地区执行委员、委员长、组织部长,1927 年 4 月与李大钊一起被张作霖杀害。

袁玉冰(1899—1927)卒。名光鉴,字玉冰,别名孟冰、冰冰,江西泰和人。1919 年五四运动后,发起组织进步团体"鄱阳湖社",1921 年改为"改造社",主编《新江西》季刊,在江西地区传播马克思主义。1922 年 8 月入北京大学哲学系就读,参加北京大学马克思学说研究会,由李大钊介绍加入中国社会主义青年团,后转入中国共产党。1923 年回南昌与赵醒侬、方志敏一起从事革命活动,在南昌共同组织成立"江西民权运动大同盟"和"马克思学说研究会"。1924 年春赴莫斯科东方大学学习。1925 年冬回国后任上海社会主义青年团地委宣传部主任、团地委书记等职,并在中共江苏省委担负党的宣传、组织工作。1926 年 4 月任共青团江浙区委组织部主任。1927 年初任共青团江西省委书记,兼任中共江西区执行委员会秘书和宣传部长。旋调任青年团江西区委书记。1927 年 2 月主编《红灯》周刊,为传播马克思主义作出努力。4 月与冯任等创办列宁主义研究会。5 月任中共九江市委书记。7 月中旬受省委派遣去兴国县任县委书记。11 月调任中共赣西特委书记,积极组织赣西武装暴动。12 月 13 日去南昌向省委汇报工作时因叛徒告密,不幸被捕,英勇就义。是江西传播马列主义的先驱、江西党团组织的主要创始人、赣南第一位中共党员。

张太雷(1898—1927)卒。太雷原名曾让,字泰来,学名张复,自号长铗,投身革命后又名椿年、春木,后改名太雷,江苏常州人。1915 年考入天津北洋大学法科。1919 年积极参加五四运动,发起组织"社会建设会",后被大学开除。1920 年 8 月赴北京参加李大钊、张申府组织的共产主义小组。积极开展工人运动,与邓中夏到长辛店组建劳动补习学校,培养北方铁路工人运动的第一批骨干。后到天津组织社会主义青年团。1921 年春被派往俄国伊尔库茨克,任共产国际东方局中国科书记。6 月陪同共产国际代表马林和赤色职工国际代表尼克尔斯基来中国,筹备召开中共一大。会前,为大会筹备组翻译《中国共产党宣言》草案,提交马林修改。6 月 23 日再度被派往俄国,代表中共出席莫斯科共产国际第三次代表大会。1927 年参加中共中央在汉口召开的"八七"会议,坚决批判陈独秀的右倾投降错误,被选为临时中央政治局候补委员。后任中共广东省委书记、中共中央南方局书记。9

月到潮(安)汕(头)组织群众接应南昌起义军。11 月到上海中共中央参加制订广州起义计划,下旬回广州主持武装起义准备工作,兼任中共广东省委军委书记。12 月 11 日领导广州起义,建立广州苏维埃政府,任代理主席、人民海陆军委员。12 月 12 日被害身亡。曾在国共两党举办的各种讲习班和训练班上,先后讲授《少年中国》《第三国际》《世界政治经济状况》《民族问题》《目前时局与党的策略》等,还曾在毛泽东主办的第六届农民运动讲习所讲授《中国革命问题》。著有《张太雷文集》。

按:翁莹香说:"张太雷革命生涯的一大特点,是与共产国际及其派驻中国的代表有着密切的联系。他是中共最早的国际使者,早在 1921 年 3 月即赴苏参加共产国际远东书记处的工作,筹建了远东书记处中国科,为尚处于萌芽状态的中国共产党与共产国际建立了组织关系。此外,他还参加了共产国际三大和青年共产国际二大等重要国际会议。回国后先后担任共产国际代表马林和鲍罗廷的助手和翻译,为促进国共两党建立革命统一战线作出了突出的贡献。同时,张太雷还是中国社会主义青年团的重要创始人。在青年共产国际的指导下,他在恢复和整顿青年团、召开团的一大等方面贡献卓著。1921 年的苏俄之行,对张太雷影响最深的莫过于他优先学习和掌握了列宁的民族和殖民地理论。他根据列宁的这一理论,并结合中国的国情,在向共产国际提交的《报告》和《提纲》中提出了联合各阶级包括民族资产阶级的革命统一战线思想。在长期领导青年团的实践中,张太雷善于总结斗争的经验,研究青年运动的特点,形成了青年运动的思想。他认为青年运动担负着完成中国革命的重要使命,并提出青年运动必须以马克思主义为指导、青年运动必须与工农相结合等正确主张,为大革命时期青年运动的发展指明了方向。此外,张太雷还是中共早期重视农民运动的领导人之一。他运用马克思主义的基本原理,根据农民的经济地位来分析农民的革命性,强调农民问题是国民革命的根本,土地问题是农民问题的中心,始终支持农民开展反封建的斗争以谋得自身的解放。"[1]

杨闇公(1898—1927)卒。原名尚述,号闇公,又名琨,重庆潼南人。1917 年去日本成城学校补习日语,开始学习和接受马克思主义。1918 年入日本士官学校,攻读军事。曾积极参与组织留日同学读书会,学习进步理论。1920 年回国,1921 年冬去成都,参加成都留日学友会。1922 年加入成都中国社会主义青年团。1924 年 1 月与吴玉章等 20 余人组织中国青年共

① 翁莹香.共产国际背景下的张太雷革命实践与思想研究[D].天津:天津大学,2009.

产党,出版机关刊物《赤心评论》,建立社会主义研究会,开展马克思列宁主义的宣传教育和反帝反封建的革命鼓动工作。同年 9 月参加中国社会主义青年团重庆地委的领导工作,任组织部长。1925 年初被选为团地委书记。与萧楚女等在重庆成立四川反帝国主义联盟,建立青年团的外围组织——四川平民学社,开办平民学校,出版机关刊物《爝光》。1925 年 1 月 18 日重庆国民会议促成会正式成立,被推举为负责人之一。8 月与吴玉章一起筹办中法学校。10 月当选为国民党第二次全国代表大会四川省代表。1926年 10 月与朱德、刘伯承组成中共重庆地委革命军事委员会,兼任军委书记。11 月 25—12 月 4 日在中国国民党四川省第一次代表大会上作《政治报告》《工人运动报告》和《农民运动报告》。1927 年重庆"三三一"惨案后不久被四川军阀逮捕,同年 4 月 6 日惨遭杀害。

按:吴玉章《忆杨闇公同志》说:"他是中国共产党四川地方组织的创建人之一,是第一次大革命时期四川党组织的优秀领导人。""闇公同志在日本期间,阅读了许多马克思列宁主义著作,用以武装自己的头脑。随后,他决定回国参加实际斗争。1920 年他回国返川。回川后,一面进行马克思列宁主义的启蒙宣传,一面进行革命的组织工作。"[1]

陈延年(1898—1927)卒。又名遐延,安徽怀宁人。1919 年赴法国勤工俭学。1922 年参加发起旅欧中国少年共产党,编辑《少年》月刊,宣传马克思主义。同年加入法国共产党,后成为中共旅欧支部负责人之一。1923 年赴莫斯科东方大学学习。1924 年回国后,历任中共广东区委秘书兼组织部部长、区委书记,参加省港大罢工。1927 年赴上海,任中共江浙区委书记、江苏省委兼上海市委书记。是中共第五届中央委员和政治局候补委员。是年 7 月因叛徒出卖被国民党杀害于上海龙华。

赵世炎(1901—1927)卒。字琴生,号国富,笔名施英、乐生,四川酉阳人。1915 年考入国立北京高等师范附属中学。1919 年参加五四运动,任附属中学学生会干事长。由李大钊等介绍加入少年中国学会,并在法文专修馆学习法语。创办《少年》半月刊和主办《工读》半月刊、《平民》周刊。1920年赴法国勤工俭学,与李立三等创建劳动学会。1921 年主办《华工周报》。1922 年发起组建旅欧中国少年共产党,同年任中共旅欧支部负责人。负责编辑少共机关刊物《少年》月刊(后改为《赤光》半月刊)。1923 年赴莫斯科入东方大学。翌年回国,应李大钊的要求担任中共北京地委书记,并主办北

---

① 吴玉章. 吴玉章文集[M]. 重庆:重庆出版社,1987:1235.

方区委的《政治生活》周刊。1926 年后，任中共上海区委组织部主任兼上海总工会党团书记、中共江苏省代理省委书记等职。1927 年春在中共"五大"上当选中央委员。领导上海工人举行三次武装起义。7 月 2 日在上海虹口被国民党逮捕。7 月 19 日在上海枫林桥被处决。著有《赵世炎选集》，其中有《苏俄与美国》《世界与列宁及列宁主义》《列宁》《十月革命》《小资产阶级对共产主义之恐怖》《"二七"纪念与列宁主义》《驳斥对于苏俄的谤言》《列宁主义之理论与实际》等重要文章。

　　按：邱辰禧说："马克思主义在中国的传播自然离不开早期的一大批马克思主义者和马克思主义理论传播者。作为中国共产党早期杰出的无产阶级革命家、卓越的马克思主义理论传播者、著名的工人运动领袖，赵世炎的理论和实践活动在马克思主义中国化过程中做出了不可磨灭的卓越贡献。第一，赵世炎的马克思主义观及其实践，是构成赵世炎革命思想和生涯的一部分。赵世炎在国共合作历史背景下所进行的革命领导工作，必然离不开他的马克思主义观。这也是赵世炎在主要领导工人运动的同时，从理论到实践，都做出了一份探索和贡献对策原因所在。第二，赵世炎的马克思主义观涉及了早期共产党人革命实践的很多内容，如在中国革命的过程中怎样处理与资产阶级的关系，如何领导工人阶级与农民阶级，革命的领导权等等，但这些内容都是零散的、没有系统的阐述这些问题。第三，赵世炎的马克思主义观尚欠理论的系统性、完整性，但不乏实践的现实性和可行性。赵世炎的马克思主义观与当时早期共产党人的思想有着密切联系，是一脉相承的，和其他早期的革命家一样，赵世炎的马克思主义思想是在不断的革命实践的过程中逐渐完备的，在思想的碰撞过程中，逐渐形成了符合中国国情的马克思主义观，最终形成了中国共产党的马克思主义观。赵世炎是中国早期马克思主义传播之先驱，是马克思主义与中国工人运动相结合的开拓者，也是中国革命早期的重要组织者与领导者。马克思主义在中国的传播和发展，赵世炎起到了极大的推动作用，他的地位是公认的。"[1]

---

[1]　邱辰禧.赵世炎马克思主义观的探析[J].前沿,2015(12).

民国十七年　戊辰　1928 年

一、研究背景

1 月 20 日，中共临时中央发表《中国共产党宣布国民党为国民公敌宣言》，除已命令共产党员完全退出国民党外，号召全国工农民众在中国共产党领导下，努力继续广州暴动的事业，创立苏维埃的中国。

1 月 25 日，毛泽东在遂川县李家坪提出了工农革命军的 6 项注意：1. 上门板；2. 捆稻草；3. 说话和气；4. 买卖公平；5. 借东西要还；6. 损坏东西要赔。不久，三项纪律中的第二条"不拿老百姓一个红薯"改为"不拿群众的一个鸡蛋"，以后又改为"不拿工人农民的一点东西"，并将三项纪律改称为三大纪律。1929 年 1 月红四军进军赣南后，六项注意中增添了"大便找厕所"和"洗澡避女人"，最后形成八项注意。

是月，周佛海、陶希圣、萨孟武等人在上海创办新生命书局，先后组织出版社会科学常识化书、新生命丛书、社会科学名著译丛、新生命高等文库和经济名著丛书等图书。其中出版的马克思主义图书含三种类型：一是对马恩原著的翻译，二是翻译国外学者对马克思主义的研究成果，三是中国学者对马克思主义的解读，而第三种图书中以运用马克思主义理论分析和研究中国社会现实问题的著作为多[①]。

4 月 28 日，朱德、陈毅等率南昌起义余部与毛泽东率领的湘赣边界秋收暴动部队在井冈山砻市会师。两支部队组成中国工农红军第四军，革命力量得到了壮大。

5 月 18 日，中共中央发布《中央通告第四十七号》(即《关于在白色恐怖下党组织的整顿、发展和秘密工作》)。

5 月 20—22 日，湘赣边界中国共产党第一次代表大会在宁冈茅坪召开，会议由毛泽东主持并发表讲话，选举毛泽东为特委书记。

6 月 12 日，斯大林在莫斯科市接见中国共产党领导人瞿秋白、周恩来、李立三、邓中夏、苏兆征、蔡和森、项英、张国焘等。

---

① 张国伟. 马克思主义著作在中国的出版与传播(1899—1945)[D]. 上海：华东师范大学，2017.

6 月 18—7 月 11 日,中国共产党第六次全国代表大会在苏联莫斯科召开,会议全面总结了中国革命特别是大革命失败以来的历史经验,回答了中国革命的性质、革命形势以及革命发展的前途等一系列重大问题,而且在纠正"左"倾冒险主义的同时,制定了党的正确路线、方针,规定了党的行动政策。瞿秋白作《中国革命与共产党》的报告,周恩来作组织和军事报告。蔡和森被指定负责其中的宣传问题报告。会议确定了党在民主革命中的十大纲领。会议选举向忠发为党的总书记。

按:大会确定的党在民主革命中的十大纲领,其内容是:1. 推翻帝国主义的统治;2. 没收外国资本的企业和银行;3. 统一中国,承认民族自决权,4. 推翻军阀国民党政府;5. 建立工农兵代表会议(苏维埃)政府;6. 实行八小时工作制,增加工资,失业救济与社会保险等;7. 没收地主阶级的一切土地,耕地归农;8. 改善兵士生活,发给兵士土地和安置工作;9. 取消一切政府军阀地方的税捐,实行统一的累进税;10. 联合世界无产阶级和苏联。①

7 月 10 日,中国共产党第六次全国代表大会通过《中国共产党党章》和《宣传工作决议案》《政治决议案》《土地问题决议案》《农民问题决议案》《职工运动决议案》《苏维埃政权组织问题决议案》《关于组织问题草案之决议》等 15 个决议案,其中《宣传工作的目前任务》强调各种刊物宣传的重大意义,规范了马克思主义在中国的传播问题。

按:《宣传工作决议案》对马克思主义传播的基本任务、基本形式、主要刊物等都做出了明确规定,其中要求"必须组织:(1)发行并供给城市与乡村用的大批通俗的政治书籍报章,注意程度浅劣的工农,最好编成歌谣韵语;(2)发行为中等党员用的比较高深的书籍,如关于中国现时政治生活、党的目前任务、列宁主义、苏联、评孙中山主义及党内各种机会主义与左派盲动主义倾向等等问题;(3)发行马克思、恩格斯、斯大林、布哈林及其他马克思主义、列宁主义领袖的重要著作""应极力注意改良分散刊物与输送方法"等。② 这个决议对推动马克思主义在中国传播事业,具有十分重要的指导意义。

7 月 12—16 日,中国共产主义青年团第五次全国代表大会在莫斯科召开,总结大革命失败后的工作,贯彻中共"六大"会议精神,确定共青团的基本任务是争取团结更广大的劳动青年在党的周围,为进一步发动青年参加

---

① 中共中央党校党史教研室资料组.编.中国共产党历次重要会议集(下)[M].上海:上海人民出版社,1983:101.

② 中央档案馆.编.中共中央文件选集:第 4 册[M].北京:中共中央党校出版社,1983:257.

工农革命斗争,帮助中共准备群众起义,推翻国民党政权,建立工农民族政权而斗争。会议通过《教育宣传工作决议案》,对青年团员的政治学习作出具体规划。

按:决议案说:"中国共产青年团虽有六七年的历史,但至今尚未建立起真正共产主义青年运动的基本理论,一般团员中还包含着不少违反马克思列宁主义与无产阶级的思想与意识(取消主义、先锋主义、盲动主义等),这是本团莫大的危机。""建立真正共产主义青年运动的基本理论,提高一般团员政治知识,实为本团目前非常迫切的任务。所谓建立理论的基础绝对不是而且亦不能使之与实际斗争对立,他们主要意义在于动员全国同志,加紧学习列宁、李卜克内西等革命领袖所指示我们的共产主义青年运动的意义,学习国际青年运动及中国数年来在各种大小斗争中所得到的经验与教训,彻底肃清机会主义、取消主义、先锋主义、盲动主义等的残余,有系统的施行政治工作教育,使每一个团员都成为积极的政治宣传员。""最后还有一个重要任务就是极力设法编译共产国际与少共国际各种重要议决案与各种革命书籍如马克思、恩格斯、列宁、布哈林以及其他革命领袖的重要著作,最好能够指定少数同志从事此项工作。"[①]

7月17日,共产国际第六次代表大会在莫斯科开幕,瞿秋白、苏兆征、周恩来、蔡和森等31人组成中国代表团出席会议。会议通过了《国际形势和共产国际任务》提纲、《殖民地和半殖民地国家革命运动》提纲,规定中国共产党的任务是在革命高潮到来时举行武装起义,推翻资产阶级政权。大会强调各国党内仍然要反对右倾思想。

按:中共六大闭幕后,中央发出《中央通告第四号》(关于宣传鼓动工作),其中对马克思主义在中国的宣传、传播工作提出了具体要求。

7月18日,中国共产党六届一中全会召开,选举苏兆征、项英、周恩来、向忠发、瞿秋白、蔡和森、张国焘等7人为政治局委员,选举苏兆征、向忠发、项英、周恩来、蔡和森为中央政治局常务委员。在20日召开的第六届中央政治局第一次会议上,向忠发被选为中共中央政治局主席和中央常委主席,周恩来任中央常委秘书长兼中央组织部部长。

按:1944年3月3—4日,周恩来在延安干部党校作《关于党的"六大"的研究》报告,总结了党的"六大"功过得失,他说:"总起来说,六大关于革命的性质、动力、前途、形势和策略方针等问题的决定基本上是对的,所以说六大

---

① 胡献忠,主编.中国共青团历次全国代表大会概览[M].北京:中国青年出版社,2012:141-143.

的路线基本上是对的。但错误的方面也不少,就是说,在具体的实际的问题上犯了许多错误:一、不认识中国革命的特点是农民斗争与武装割据,中国革命的中心问题是农民土地问题。二、不认识中国阶级关系变化的复杂性,没有把策略观点着重放在争取中间阶级上。三、不认识革命形势发展的不平衡性,因而没有重视农村工作与建党工作,虽然当时还不可能产生乡村包围城市的观点。四、没有更认真地总结过去的经验教训,从而认识武装的重要,以武装建党、建政、做群众工作,这些,毛泽东同志当时已经做了。所以说,六大是有原则性的错误,对以后发生了坏的影响。毛泽东同志是正确的,但是,六大决议在当时的影响更大,因为六大是全党性的,毛泽东同志还没有成为全党的领导,这是党的不幸。"①

10 月 14—16 日,中共湘赣边界第二次代表大会在宁冈县茅坪召开,毛泽东为会议起草《政治问题和边界党的任务》(《湘赣边界各县党第二次代表大会决议案》)的决议,其中有《中国的红色政权为什么能够存在》的内容,回答了"红旗到底能打得多久"的疑虑,提出了"工农武装割据"的重要思想,认为坚持共产党的领导,是红色政权能够存在和发展的保证。

按:《中国的红色政权为什么能够存在?》是毛泽东关于政权问题的辉煌论著之一。在这篇文章中,毛泽东创造性地把马克思列宁主义的普遍原理与中国革命的具体实践相结合,回答了第一次国内革命战争失败后在中国革命问题上具有决定意义的一个理论问题——关于红军和红色政权能否存在和发展的问题,指明了在反动统治薄弱的农村积聚力量,实行工农武装割据,以农村包围城市,最后夺取城市取得全国政权的道路。这是毛泽东思想开始形成的一个标志,是马克思主义中国化的里程碑。②

11 月 25 日,毛泽东以《井冈山的斗争》为题给中共中央报告井冈山革命斗争的情况。

按:毛泽东在给中央的这份报告中,在总结井冈山根据地建设经验以及"八月失败"教训的基础上,提出了建立一支新型人民军队的初步思想。他指出:红军的成分除了一部分是工人、农民外,还有一部分是游民无产者,对于这样的红军队伍,主要的是要加紧政治训练,即通过政治教育,使他们具有阶级觉悟,知道是为了自己和工农阶级而作战。他充分肯定了三湾改编

① 中共中央党史研究室,中央档案馆,编.中国共产党第六次全国代表大会档案文献选编下[M].北京:中共党史出版社,2015:1066.

② 石国亮,段元俊,主编.领导干部必读的党史国史经典[M].北京:国家行政学院出版社,2014:14.

时确定的党支部建在连上的重大举措,认为红军所以艰难奋战而不溃散,"支部建在连上"是一个重要原因,所以这一制度不能废除只能加强;同时还要在部队中大力发展党员,使红军中党员数量达到不少于一半的比例。除了党的作用外,他还强调革命军队内部实行民主主义的必要。这是因为当时红军初建,非强调民主,不足以鼓舞新入伍的农民和俘虏过来的国民党军士兵的革命积极性,不足以破除封建雇佣制度遗留下来的军阀主义习气。当然,部队中的民主生活必须是在军事纪律所许可的范围内,必须是为着加强纪律而不是为着减弱纪律,所以在部队中提倡必要的民主的时候,必须同时反对要求极端民主的无纪律现象,而这种现象在初期的红军中,曾经一度严重地存在过。因此他在一年以后召开的中国共产党红军第四军第九次代表大会上提出要对其予以纠正。上述关于在红军中加强政治教育、实行党的领导、实行民主主义等思想主张,是毛泽东从井冈山斗争的实践中得来的宝贵经验,它们构成了区别于一切旧式军队之新型人民军队的基本原则,是毛泽东建军思想的核心内容。[①]

12月14日,彭德怀、滕代远率领的红五军与朱德、毛泽东领导的红四军在宁冈茅坪会师,是日召开庆祝大会,毛泽东、朱德、彭德怀等先后讲话。

是年,侯外庐开始翻译《资本论》第1卷。

按:《资本论》在中国的翻译,1927年,陈启修流亡日本期间开始根据德文版,并参照日本学者河上肇日译本翻译《资本论》,其翻译的《资本论》第一卷第一分册,于1930年3月由上海昆仑书店出版;潘冬舟继陈启修后先后翻译第一卷第二、三、四篇,分为二卷,即第二分册和第三分册,于1932年8月和1933年1月由北平东亚书局出版,后潘被捕牺牲,中断翻译;1928年,侯外庐在法国开始翻译,于1930年译完第一卷的二十章,后与王思华合作从头翻译,他们将《资本论》分为上、中、下三册翻译,第一卷上册于1938年9月由生活书店以"北京国际学社"名义出版,第一卷上、中、下合译本于1936年6月以"世界名著译丛"名义出版。

二、研究论文

薛《中国的苏维埃政权与社会主义》发表于《布尔塞维克》第1卷第14期。

瞿秋白《世界无产阶级之独裁》发表于《布尔塞维克》第2卷第5期。

---

① 陈先初.湖湘文化名著读本·军事卷[M].长沙:湖南大学出版社,2013:168.

撒翁《驳马克思不是容易的事呀》发表于《布尔塞维克》第2卷第7期。

按：文章说："缪斌在他反驳马克思主义的大文里，发见了'马克思误于研究的材料，只偏于英国孟加斯得工业区之一隅，所以材料不免偏缺'。郭任远在他反驳马克思主义的大文里，发见了'马克思的剩余价值论，和马克思的社会主义没有重大的关系'。反驳马克思学说不是一件容易的事，在学问贫乏的中国，无论能够赞成马克思学说的，或是能够反驳马克思学说的，都算是可贵。可是像这两位缪先生和郭先生的妙文，也居然印刷出来问世，我未免要为'徒殄梨枣'的梨枣痛苦了！"

撒翁《郭先生和自己开玩笑》发表于《布尔塞维克》第2卷第7期。

按：文章说："郭任远想反对马克思主义，又恐怕人们因此说他头脑顽固，于是在非难马克思主义之前，高唱表白他自己'是极端反对资本主义和一切关于经济的妥协主义和改良主义的，是主张社会革命和经济革命的'。并且大喊'马克思学说太不革命'，又大喊'我的反共并不是因为他们太赤，倒是因为他们太不赤；人家反共是因为相信他们是过激派，我的反共却是因为他们太不过激'。我看这位郭先生，未免太和他自己开玩笑了！"

秋白《马克思主义还是民生主义》（续）发表于《布尔塞维克》第2卷第12期。

按：文章说："中国的民族解放问题，实在就是农民问题，就是土地问题。""中国的剥削阶级、地主、豪绅、买办、巨商，是帝国主义剥削中国的最稳固的基础；不推翻豪绅阶级的统治，帝国主义的统治是决不能推翻的……中国是大多数工农民众的中国，要解放中国于帝国主义之下，首先便要解放中国的农民。"

秋白《马克思主义还是民生主义》（续完）发表于《布尔塞维克》第2卷第14期。

杨匏安《所谓第三党》发表于《布尔塞维克》第2卷第17期。

按：文章说："在这个直接革命时代，只有一个代表革命的无产阶级的共产党和一个代表反革命的豪绅资产阶级的国民党，中间更找不出一个既不代表革命也不代表反革命的东西的。至于他们还要说些什么赞成马克思主义，反对列宁主义的鬼话来欺人欺己，这真是倒霉的中国知识界才会说得出来啊！"

撒翁《达尔文和马克思同时倒霉》发表于《布尔塞维克》第2卷第18期。

立夫《孙文主义呢？列宁主义呢？》发表于《布尔塞维克》第2卷第26—28期。

徐天一《无产阶级专政之批评》发表于《中央半月刊》第 1 卷第 17—20 期。

胡一贯《从资本主义文化到社会主义文化》发表于《党军半月刊》第 7 期。

文台《阶级斗争呢？阶级合作呢？——共产党的理论与国民党的理论》发表于《浙江党务》第 4 期。

莫邪《因〈海上〉而谈共产党文艺运动》发表于《青年战士》第 9—11 期。

[日]贺川丰彦作、张民箴译《基督教社会主义》发表于《青年进步》第 115 期。

得钊《列宁和列宁主义》发表于《无产青年》第 1—5 期。

[苏]列宁《列宁论莫斯科暴动的教训》发表于《无产青年》第 1—5 期。

王翘《列宁在十月革命中主张和言论的一致》发表于《无产青年》第 1—5 期。

萨孟武《布尔扎维克主义马克思主义与孙文主义之比较》发表于《新生命》第 1 卷第 1 期。

按：文章开头说："自共产党叛逆以来，一般国人，常有二种错误，其一，误认布尔什经克主义，即为马克思主义；其他则主张马克思主义，完全与孙文主义不同。故余草此一文以辟其误。""马克斯之思想，可分四种。第一为唯物史观，此乃考察过去之社会，而发现一种法则，谓社会之基础，乃为经济，经济变迁，社会亦见进化。第二为剩余价值，此乃考察现在之社会，而谓资本主义的生产，全以获得剩余价值为目的。第三为社会民主主义，此乃研究将来之社会，而谓资本主义发展之极，必以社会民主主义为归宿。第四为阶级斗争，此乃主张社会之进化，必以阶级斗争为手段。"

悲天《苏俄共产党内之派争——正统派与反对派》发表于《新生命》第 1 卷第 2 期。

潘公展《十年来共产党专政下的苏俄》发表于《新生命》第 1 卷第 1—2、4—5 期。

萨孟武《中山先生之国民革命与马克斯之社会革命之比较》发表于《新生命》第 1 卷第 2 期。

按：文章说："中山先生提倡国民革命，马克斯提倡社会革命；国民革命以实现三民主义为目的，社会革命以实现共产主义为目的。此盖中山先生生于中国，马克斯生于泰西，二者所处之环境不同，故其革命的目的，亦复有异也。详言之，当马克斯之时，罗马帝国已归崩坏，民族国家早已成立，且自法国革命以来，民权思想澎湃全欧，各国无不发布民权主义之宪法，当时人民所感之苦痛，惟有资本主义之压迫，故马克斯乃提倡社会革命，而以共产主义为目的也。反之，中国……外有帝国主义之侵略，内有官僚军阀之压迫它以民穷财尽，民不聊生，故中山先生提倡国民革命，而以三民主义为目的也。"

潘公展《十年来共产党专政下的苏俄》发表于《新生命》第 1 卷第 4—5 期。

梅思平《唯物史观与民生史观》发表于《新生命》第 1 卷第 5 期。

何思源《从黑格尔到列宁》发表于《新生命》第 1 卷第 5、8 期。

按：文章说："马克思主义的发生，完全由于他的思想方式及其对于世界万象观察的方法。列宁主义与马克思主义结果虽同，而思想之方法则大异。两人思想之方法不同，所以采取的革命方略也不同，马克思主义在西方或可成功，列宁主义在东亚一定失败，失败与成功皆非偶然，思想之方式有以致之。马克思之少年时代，正当德国大哲学家黑格尔的学说全盛时期，马克思本是在黑氏之下致力研究哲学之人，黑氏之历史哲学即是马克思的基本思想。黑格尔的历史哲学归综于辩证法，所以马克思的思想即是由辩证法生出来的。"

谭振民《土地社会主义论》发表于《新生命》第 1 卷第 8 期。

谭振民《费边社会主义研究》发表于《新生命》第 1 卷第 10 期。

美国《到自由之路》社论，剑波译《从马克思主义到斯大林主义》发表于《当代》第 1 卷第 3 期。

[美]Pearl S. Buck《中国之共产主义》发表于《当代》第 1 卷第 4 期。

彭康《思维与存在——辩证法的唯物论》发表于《文化批判》第 3 期。

李铁声译《辩证法的唯物论》发表于《文化批判》第 3—4 期。

洪涛《什么是"辩证法的唯物论"》发表于《文化批判》第 4 期。

按：文章说："唯物论是从外界的探求着手，而唯心论则以自己心中的内省内观为出发点。后者闭着眼睛观察世界，前者张开眼睛观察世界。唯物论以为外界是与人心独立而存在的客观的实在，而唯心论则以为真实的，只是现在能思考的这一颗心，外界不过是反映于我们感觉上的一种幻影而已。"

李初梨译《唯物辩证法精要》发表于《文化批判》第 5 期。

彭康《唯物史观的构成过程》发表于《文化批判》第 5 期。

[德]恩格斯作、厉译《在马克思墓前的演说辞》发表于《出路》第 1 期。

成仿吾《从文学革命到革命文学》发表于《创造月刊》第 1 卷第 9 期。

〔苏〕傅利采《绘画之马克思主义的考察》发表于《创造月刊》第 2 卷第 5 期。

北化译《今日的马克思主义》发表于《国闻周报》第 5 卷第 44、45、48 期。

〔德〕安格尔作、秋生译《马克斯的死与葬》发表于《戈壁》第 1 卷第 1—2 期。

李承祥译《社会主义的政治思想的源本》发表于《蜀文》创刊号。

白木《一五三、唯心与唯物》发表于《语丝》第 4 卷第 28 期。

〔苏〕波旦诺夫作、杜衡译《无产阶级艺术底批评》发表于《熔炉》第 1 期。

陈声李《共产党专政下的苏俄》发表于《军声》第 1 期。

零零《马克斯与巴枯宁——社会主义与无政府主义》发表于《革命》第 47 期。

高巩白《社会主义和民生主义概观》发表于《革命军旬刊》第 3—4 期。

萧淑宇《共产党暴动问题》发表于《革命评论》第 1 期。

胡存智《民生主义与共产主义的比较》发表于《革命前锋》第 7 期。

刘少荣《民生主义与共产主义》发表于《党光》第 8 期。

黄定中《社会主义与初民社会》发表于《四中周刊》第 33 期。

牛青庵《民生主义与共产主义》发表于《新北平》第 4 期。

邓绍先《民生史观和唯物史观底比较研究》发表于《致力》第 1—3 期。

夏安修《社会主义与干涉主流之派别》发表于《致力》第 1 卷第 5 期。

大愿《社会主义下农业问题之差别见解》发表于《策进》第 2 卷第 28—29 期。

养秋《中国共产党与中国革命》发表于《策进》第 3 卷第 56 期。

魏十篇《唯物史观的辩误及其真义》发表于《育德月刊》第 1 卷第 3 期。

尧伯《对于拉斯克"唯物史观之研究与批评"的批评》发表于《泰东月刊》第 1 卷第 10A 期。

傅克兴《意识形态的变革与唯物辩证法》发表于《思想》第 2 期。

李铁声译《〈哲学底贫困〉底拔萃》发表于《思想》第 2—3 期。

按：是文根据法文翻译了马克思《哲学底贫困》第 1、2 章，摘录了其中关于唯物辩证法和唯物史观的部分内容编译而成。

陆机《唯物史观与民生史观异同论》发表于《血路》第 1 卷第 7 期。

吼白《唯物史观与民生史观的异同》发表于《血路》第 1 卷第 8 期。

李一氓《唯物史观原文》发表于《流沙》第 4 期。

按：是文为纪念马克思诞生 110 周年而编译，收录了马克思《政治经济学批判〉序言》、《共产党宣言》和《资本论》中有关唯物史观的论述。

一氓译《科学社会主义的哲学渊源》发表于《流沙》第 5 期。

尹若《无产阶级文艺运动的谬误》发表于《现代文化》第 1 卷第 1 期。

谦弟《无产阶级文学论的批判》发表于《现代文化》第 1 卷第 1 期。

剑波《无产阶级艺术的产生与其蜕变》发表于《现代文化》第 1 卷第 1 期。

李平凡《民生史观和唯物史观》发表于《现代中国》第 1 卷第 4 期。

刘若诗《辩证法是什么》发表于《现代中国》第 2 卷第 3 期。

T.C.《马克思唯物史观之批评》发表于《三民半月刊》第 1 卷第 3 期。

天民《赤俄无产阶级专政之真相》发表于《三民半月刊》第 1 卷第 4 期。

环攻《马克思与嫡系玄孙》发表于《再造》第 11 期。

黎东方《唯物史观之穷乏》发表于《再造》第 21 期。

［美］克洛开尔著、卢剑波译《马克斯主义的谬误》发表于《贡献》第 2 卷第 3 期。

按：是文系作者于 1926 年 12 月 22 日在纽约的国际安那其主义者团的演讲词，发表于《到自由之路》月刊第 4 卷第 8 期，自第 1 节至第 5 节发表于《贡献》旬刊。

萨克思《辩证法错了》发表于《新宇宙半月刊》第 1 卷第 1 期。

郭思练《马克思主义的根本错误》发表于《金陵月刊》第 1 卷第 1 期。

詹文浒《马克思主义的根本错误》发表于《星期评论》第 2 卷第 34—35 期。

陶其情《马克斯到底不能进文庙》发表于《洪水》第 2 期。

田中《关于评"社会主义底发展"》发表于《日出》第 4 期。

王去病《马克斯·黑智尔·康德》发表于《先导》第 1 卷第 2 期。

息邪《驳马儿客斯之唯物的历史论》发表于《坦途》第 7 期。

张铭鼎《社会主义与教育》发表于《教育杂志》第 20 卷第 6 期。

郑统九《剩余价值之研究》发表于《晓光》第 17、19 期。

申彦俊《唯物史观辩证法之研究》发表于《国民公论》第 4 期。

谦弟《评唯物变观与无产阶级专政》发表于《民锋》第 3 卷第 2 期。

梁津《从民生主义与共产主义相反之要点上批评其优劣》发表于《广西青年》第 6 期。

种因《三民主义与各派社会主义的比较》发表于《学生杂志》第 15 卷第 2 期。

周宪文译《社会主义与两性问题》发表于《新女性》第 3 卷第 11 期。

庆誉《社会主义述略》发表于《知难》第 50 期。

杨典钦《民生主义与社会主义之区别》发表于《北平特别市公安局政治训练部旬刊》第 7 期。

齐执度《〈民生主义与社会主义区别〉一文的补充》发表于《北平特别市公安局政治训练部旬刊》第 11 期。

蔡和森《党的机会主义史》发表于《顺直通讯》第 2 期。

按：是文又译成俄文，发表在莫斯科中山大学中国问题研究所编辑的《中国问题》1929 年第 1 期。是为中共党史研究的第一部专史著作。

朱枕薪《共产党口中之苏俄真相》发表于 8 月 1 日《晨报副刊》第 71 期。

三、研究著作

柳絮译《唯物史观批评》由南华书店出版。

鲁智著《马克思主义的破产》由上海自由书店出版。

按：是书内容包括马克思"资本集中说"的谬误、唯物史观、唯物论与奴隶制、马克思主义的讨论、马克思的"无产阶级专政"、马克思学说底根据、马克思主义批评（社会主义与国家、马克思与巴黎公社、过渡时期与政治、和平改造与武装革命、辩证论唯物主义、昂格思与科学发明、阶级斗争、柏恩斯泰与修正派、列宁派与政党专政、社会民主派、苏维埃与独裁政治）。附录马克思主义纠谬、布尔塞维主义与法西斯主义。

［德］柯诺著、朱应祺、朱应会译《马克斯的民族社会及国家概念》（马克思研究丛书之一）由上海泰东图书局出版，有译者小引。

按：是书论述民族概念及形成、民族团体和宗教团体、民族感情和阶级差别、民族和国家的关系、民族国家等问题。

［德］俺·伯亚著、胡汉民译《马克斯主义时代社会主义史》由上海民智书局出版。

按：译者序说：俺·伯亚以一八〇〇年至一九二〇年底社会主义史为《马克斯主义时代》，诚然它是这时代社会运动底中心，而且包括了社会运动事实底大部分。伯亚以马克斯主义学者处理马克斯主义底时代，自是得意之作。关于马克斯主义底评述，虽然不过——译作中文——二十多页，却是精审透辟到极地，如"辩证法""阶级斗争""经济学底核心""进化与革命"，这几节，便是著者用马克斯的研究方法，研究得来底结果。我们很可以拿来和其他马克斯批评者底书切实比较。著者对于恩格斯晚年底主张，还有多少微词,不怕他过去和现在在德意志社会的权威,是著者极大胆独断底地方,虽然一面极力推扬考茨基宣传马克斯主义底功绩,而于德意志社会民主党陷入改良的社会主义,以及第二国际在欧洲大战时候变节破产这两点,再不为考茨基和其他底社会民主党,第二国际领袖们,稍留余地。可见他无所偏袒。本篇记述德意志底事实较详,因为一八七五年至一九一四年,四十年间,真是如著者所说:"德意志劳动者阶级在社会主义底理论和实际上演指导的脚色","德意志社会民主党几乎是世界近代的劳动运动底先锋"。著者再三期望德意志底社会主义运动,收决定的胜利,完成其使命,他完全是社会革命者底立场,并非杂有何种民族国家主义底观念。又此书成于一九二三年,而述欧美以及亚洲各国底事实,都以一九二〇年为止。所以中国和日本底篇幅比较很少。好在一切事实都在我们眼前,我们应该从自己底经验得到教训。

[德]考茨基著、黄惠平译《恐怖主义与共产主义》由上海新时代丛书社出版。

按:是书分革命与恐怖、巴黎、大革命、第一巴黎公社、恐怖政治的遗传性、第二巴黎公社、习俗的温和、共产党的工作 8 章。有译者的话和克鲁普斯卡亚《列宁论民族殖民地问题》。附录民族殖民地问题参考书目。

[日]室伏高信著、沈茹秋译《共产主义批评》由上海开明书店出版。

按:是书分共产主义的理论、共产主义的农民政策、第三国际、第四国际、布尔什维克的虐政、劳工反抗派、读卢森堡女士的俄罗斯革命论等 7 部分。

徐江著《共产主义与中国》由进化出版部出版。

[德]柯诺著,朱应祺、朱应会译《马克斯的经济概念》由上海泰东图书局出版。

按:《译者小引》说:"本书译自柯诺氏所著《马克斯之历史社会及国家理论》中之第二卷第五章,原名《社会生活机能之经济方法》。其中所论如'生产关系''生产力''生产条件''技术''交换'等,概是关于马克斯之学说,并对于马克斯批评家之见解,一一加以辨证,洵不愧为研究马克斯之名著。故特译出,以供研究马克斯学说者之资料,权作为本丛书之第一种。"

[日]河上肇著、温盛光译《马克思主义经济学》由上海启智书局出版。

按:是书论述马克思主义经济学的基本观点,包括资本主义社会商品的生产和流通、生产力和生产关系的发展等。

刘宝书编译《马克思与列宁之农业政策》由上海太平洋书店出版。

按:是书《编者言》说:"为社会策安全,为人类谋幸福,是则编译此书之启其端也。书凡二章,一为马克思之农业政策,一为列宁之农业政策,而以恩格斯之农业政策与河西氏之农业问题之于社会民主党与共产党二文,附录于后。其于农业之社会化诸问题,皆有所讨论昭示,以为阅者通晓近世国家社会变迁之一助云。"

〔德〕恩格斯著、陆一远译《农民问题》由上海远东图书公司出版。

〔法〕Pierre Chasles 著、唐诵莽译《鲍尔希维克之分析》由上海民智书局出版。

按:是书分 6 节介绍俄国十月革命前俄国社会背景和革命思潮,布尔什维克的组织、主张、政策。作者认为俄国社会混乱,农民渴望得到土地,所以布尔维克才能取得政权。

〔美〕意斯门著、汉钟译《史达林与杜洛斯基》由上海民智书局出版。

按:是书分列宁与杜洛斯基、列宁的遗书、工人德模克拉西议决案、杜洛斯基的战术、史达林的攻伐、他们拥护"列宁主义"、杜洛斯基的本身抵抗等 14 章。

〔德〕恩格斯著、朱镜我译《社会主义的发展》由上海创造社出版。

按:是书即恩格斯《社会主义从空想到科学的发展》的翻译本。

〔德〕恩格斯著、黄思越译《社会主义发展史纲》由上海泰东书局出版。

按:是书即恩格斯《社会主义从空想到科学的发展》的翻译本。

〔德〕恩格斯著、陆一远译《马克斯主义的人种由来说》由上海春潮书局出版。

自由丛书社编著《苏俄革命惨史》由上海自由书店出版。

〔苏〕苏柯罗夫著、朱应会译《俄罗斯的革命经过》由上海太平洋书店出版。

按:是书根据荒木笃实的日译本转译:内分革命运动的发轫、1905 年、二月革命、十月革命等 4 篇。

杨幼炯编著《俄国革命史》由上海民智书局出版。

按:是书分俄国革命之造因及其经过、布党治下的苏俄、列宁逝世之政局等 3 篇。

〔日〕山内封介著、卫仁山译《俄国革命运动史》由上海太平洋书店出版。

按:是书叙述 18 世纪中期普加乔夫起义至 1917 年十月革命时期的俄国革命运动史。

章渊若著《苏俄改建论》由上海泰东图书局出版。

按:是书包括苏俄民族发展历史的观察、苏俄改建社会的基础、苏俄革命的原因和经过、李宁与苏俄革命、无产阶级专政、苏俄国体与政治、苏俄经济政策、苏俄底国际关系等 11 章。

顾树森编译《苏俄新法典》由上海中华书局出版。

按:是书乃苏联建国初期法律汇编,包括苏俄联邦新宪法、苏俄联邦共和国旧宪法、苏俄劳工法典、苏俄劳农法典、苏俄民法、苏俄刑法等 6 编。

中国国民党广东省党务指导委员会宣传部编《十年来共产党专政下的苏俄》由编者出版。

[苏]特罗茨基著,韦素园、李霁野译《文学与革命》由北平未名社出版。

按:是书分十月革命以前的文学、十月革命底文学"同路人"、亚历山大·勃洛克、未来主义、诗歌底形式派与马克斯主义、无产阶级的文化与无产阶级的艺术、共产党对艺术的政策、革命的与社会主义的艺术等 8 章。

[日]藏原惟人、外村史郎辑译,冯雪峰重译《新俄的文艺政策》由上海光华书局出版。

按:是书乃联共(布)在 1924 年召开的文艺政策讨论会的记录。

[日]田制佐重著、无闷译《社会思想概论》由上海太平洋书店出版。

按:是书分社会思想是什么、现代社会思想之特质、马克思以前之社会主义、马克思之社会主义、"法比安"社会主义、社会主义之批评、什么是新劳动组合主义、什么叫做无政府主义、社会联带主义等 20 章。

[日]波多野鼎著、徐文亮译《近世社会思想史》由上海开明书店出版。

按:是书包括绪论、空想的社会主义、科学的社会主义、共产主义、无政府主义等 5 章。

赵兰坪著《社会主义史》由上海商务印书馆出版。

按:是书从社会主义内涵的视角,共分 8 章介绍社会主义的历史发展:社会主义概说、初期社会主义、一八四八年法国的社会主义、国家社会主义、马克思主义、基尔特社会主义、工团社会主义、布尔什维主义。

许德珩编《社会学概论》由上海商务印书馆出版。

按:是书包括社会学的对象、社会学的方法和社会学的分类 3 章。

张水淇著《三民主义与共产主义》由上海民生书店出版。

按:是书收录《三民主义与共产主义》《列宁式共产不适于中国之原因》《质难第三国际破坏中国之策略并告中国共产党》3 篇文章。

刘秉麟著《世界各国无产政党史》由上海商务印书馆出版。

[苏]斯陀垮夫著、瞿秋白译《无产阶级政党之政治的战术与策略》由新

青年社出版。

萨孟武著、王世杰校阅《现代政治思潮》由上海商务印书馆出版。

按：是书分 8 章介绍马克思主义、布尔什维克主义、工团主义、无政府主义、基尔特社会主义、社会改良主义以及现代国家理论、国际政治思想等。

[英]司各脱著、钟建闳译《近代名人与近代思想》由上海商务印书馆出版。

按：是书包括《马克斯与社会主义》《托尔斯泰与和平主义》等 24 章，论述了每位名人的生平事迹和主要思想。

[日]河上肇著、李培天译《近世经济思想史论》由学术研究会丛书部出版。

按：是书第三讲专门马克思的经济学说，包括社会主义经济学之成立、唯物史观、资本主义的经济学之批判、社会民主主义等。

徐逸樵著《社会思想史 ABC》由 ABC 丛书社出版。

按：是书分 3 编，第一编近代的社会状态，包括工场工业、近代社会底精神 2 章；第二编空想的社会主义，包括空想的社会主义概观、傅笠叶底生涯及其思想、奥文底生涯及其思想、圣西门底生涯及其思想 4 章；第三编科学的社会主义，包括科学的社会主义概观、马克斯底生涯及其著作（附恩格尔）、唯物史观、资本主义的社会秩序 4 章。

四、卒于是年的研究者

沈玄庐（1892—1928）卒。原名宗传，字叔言，改名定一，字剑侯，号玄庐，浙江萧山人。1904 年任云南楚雄府广通县知事，1909 年辞官回乡。辛亥革命初，曾任浙江省参议会议长。1917 年与侯绍裘等创办《民国日报》副刊《觉悟》。五四运动时，参与主编传播马克思主义的主要刊物《星期评论》。1920 年 8 月与陈独秀、李汉俊、陈望道、俞秀松、施存统、杨明斋、李达等共同发起成立上海共产党组织，参与起草《中国共产党党纲》，又与陈独秀等一起指导上海的工人运动，还与俞秀松等在浙江创建党和社会主义青年团，并与宣中华、刘大白等浙江第一师范进步师生在杭州成立"悟社"，从事马克思主义研究。1921 年 4 月回家乡领导萧山衙前农民运动，是中国共产党成立后所领导的第一次农民运动。后随陈独秀南下广州，创办《劳动与妇女》杂志，任主编，对工人阶级和广大妇女进行马克思主义启蒙教育。1923 年 8 月参加由蒋介石、王登云、张太雷组成的"孙逸仙博士代表团"，出访苏联。1924 年任国民党浙江省党部负责人。1925 年参加"西山会议"，是会议宣言和决议的主要起草人之一。1927 年任浙江省清党委员会主任委员,屠杀共产党人和革命志士。1928 年 8 月 28 日遇刺身亡。

按:周明华说:"沈玄庐是衙前农民运动的发起者、组织者和领导者。他在衙前农民运动中的作用是举足轻重的。他是中国共产党成立后组织农民运动的第一人,较之彭湃在广东海丰组织农民运动早了近一年。并且,为这次农民运动起草了完整的、比较好的纲领——《衙前农民协会宣言》和《衙前农民协会章程》。""虽然,衙前农民运动失败了,虽然沈玄庐在以后背叛了党,但是,衙前农民运动,作为我党所领导的第一次有组织有纲领的农民运动,它在历史上的意义是不容否定的,而沈玄庐作为这次运动的发动者、组织者和领导者,他在运动中的地位与作用,也毫无疑问应给予实事求是的评价。"[1]

向警予(1895—1928)卒。原名向俊贤,湖南溆浦人,土家族。1912 年考入湖南省立第一女子师范学校,两年后转入周南女校,并将名字改为向警予。1919 年秋参加毛泽东、蔡和森等创办的革命团体新民学会。同年 10 月与蔡畅等组织湖南女子留法勤工俭学会,成为湖南女界勤工俭学运动的首创者。12 月与蔡和森一起赴法勤工俭学。1920 年与蔡和森在法国蒙达尼结婚。1921 年底回国,1922 年初加入中国共产党,开始领导中国最早的无产阶级妇女运动。曾为党中央妇女部起草《妇女运动决议案》等许多重要指导文件,发表《中国最近妇女运动》《中国妇女宣传运动之新纪元》《妇女运动的基础》等大量论述妇女解放运动的文章。1925 年 5 月任中共中央妇女部主任,并当选为中共第四届中央局委员。10 月赴莫斯科东方劳动者共产主义大学学习。1927 年回国,在中共汉口市委宣传部和市总工会宣传部工作。同年 10 月任中共湖北省委党报《大江报》主笔。1928 年 3 月 20 日由于叛徒的出卖不幸被捕,5 月 1 日英勇就义。著有《向警予文集》。

按:杨红星说:"历史已经证明,中国早期的马克思主义者,首先是彻底的爱国主义者,爱国主义精神是他们转向马克思主义的思想基础。在向警予对理想信念,对革命信仰的一贯追求中,爱国主义是基本的精神底色和情感基调。正因为胸怀祖国,关注苍生,以民族危亡为基本着眼点,以人民的自由解放为最终诉求,向警予才会在跌宕起伏的社会潮流中不断推动人生信仰与时俱进地蜕变与升华,直至确定以马克思主义为人生指导,以共产主义为理想目标。""在追寻马克思主义信仰的众多人士当中,向警予只是其中

① 周明华.沈玄庐与衙前农民运动[J].杭州师范学院学报,1991(4).

的一个典型代表,这些人物通过对马克思主义的不懈追求,最终找到了解决近代中国诸种社会问题的钥匙并开启了全新的社会发展道路。应该说,向警予的信仰养成体现着早期马克思主义者信仰追寻的一般脉络和基本规律,包括陈独秀、李大钊、毛泽东、蔡和森、周恩来、瞿秋白、董必武、吴玉章等在内的一大批早期共产主义者,其信仰之路无疑都经历过多次的权衡与磨砺,最终殊途同归选择马克思主义并与时俱进地实现其中国化和推进其大众化。"①

张秋人(1898—1928)卒。乳名友表,学名慕翰,别号秋莼,浙江诸暨人。1920年到上海,结识陈独秀、俞秀松等人,开始接触马列主义。次年加入社会主义青年团。1921年参加中国共产党。经陈独秀介绍,专程到长沙会见毛泽东,旋去衡阳任湖南省立第三师范英文教员。1923年春指导和支持湖南"三师学潮"。因遭军阀迫害而回到上海。同年8月在中国社会主义青年团第二次全国代表大会上,被选为团中央候补委员。1924年1月任中共上海地方兼区执行委员会候补委员。6月任团江浙皖区兼上海地方执委会秘书(书记)。9月补选为团中央委员,任《中国青年》编辑。同时任上海非基督教大同盟领导成员。1926年3月到广州,继毛泽东和沈雁冰之后,接任国民党政治委员会机关刊物《政治周报》编辑。《政治周报》停办后,到第六期广州农民运动讲习所任教员。调任黄埔军校政治教官,与恽代英、萧楚女并誉为"广州三杰"。"四一二"反革命政变后,到武汉黄埔分校工作,与向警予等一起从事党的宣传工作。1927年7月任中共浙江省委书记,9月被捕。1928年2月8日遇害。著有《张秋人文集》,其中有《十月革命的领袖列宁》《五卅惨案中的学生运动》《广州的青年革命军》等文章。

夏明翰(1900—1928)卒。字桂根,祖籍湖南衡阳,生于湖北秭归。1919年在衡阳参加学生爱国运动。1921年入湖南自修大学学习。1924年任中共湖南省委委员,并负责农委工作。1925年兼任省委组织部长、农民部长和长沙地委书记。1926年12月主持召开湖南省第一次农民代表大会。1927年春任全国农民协会秘书长兼武汉中央农民运动讲习所秘书。6月调回湖南,任中共湖南省委委员兼组织部长。中共"八七"会议后,在湖南积极参加组织秋收起义。10月兼任平(江)浏(阳)特委书记。1928年初调任中共湖北省委常委。同年3月在汉口被国民党逮捕,3月20日英勇就义。就义前写下诗句:"砍头不要紧,只要主义真。杀了夏明翰,还有后来人。"1964

---

① 杨红星.早期马克思主义者信仰养成与践行路径探析——以向警予为例[J].湖湘论坛,2018(1).

年在排演大型音乐舞蹈史诗《东方红》时，在周恩来总理的建议下，夏明翰烈士的《只要主义真》与刘伯坚烈士的《带镣行》被合成雄浑悲壮的《就义歌》而广泛传唱。

　　罗亦农（1902—1928）卒。字慎斋，湖南湘潭人。1916 年考入美国人在湘潭创办的教会学堂益智学校学习。1919 年夏到上海"边工边读"，通过《新青年》《劳动界》等进步杂志，阅读大量宣传马克思主义的文章和介绍新思想的书，并认识陈独秀等人。1920 年进入上海中国共产党早期组织创办的"外国语学社"学习俄语，同年 8 月和张太雷、俞秀松等人组织并加入中国社会主义青年团。1921 年经上海中国共产党早期组织的介绍，与刘少奇、任弼时等同志一起赴莫斯科东方大学学习，同年冬加入中国共产党。1925 年 3 月回国，任中共广东临时委员会成员，后任中共广东区委宣传部长，参与组织和领导省港大罢工。同年 10 月调北京任中共北方区委党校校长，12 月起调任中共上海区执委会书记。1926 年 11 月和 1927 年 2 月与赵世炎等人两次领导上海工人起义，均未成功。1927 年 5 月至 9 月先后任中共江西省委书记、中共湖北省委书记。11 月在中央政治局扩大会议上，被补选为中共中央政治局委员、常务委员，并兼任中央组织部部长。年底离开武汉前往上海中央所在地工作。为筹备召开党的"六大"，负责起草《党务问题》的报告，并与瞿秋白一起拟写《党纲草案》。1928 年 4 月 15 日因叛徒出卖在上海英租界被捕，4 月 21 日英勇就义。著有《罗亦农文集》。

　　按：曹建英、弘华说："罗亦农同志是我党最早主张马克思主义同中国革命相结合的领导人之一；也是最早提出无产阶级领导权并予以实践的领导人之一；他对中国社会各阶级的分析，对新民主主义革命有着积极的指导意义；他组织领导了上海工人三次武装起义，组建了以无产阶级和小资产阶级为主的临时上海市政府；最早提出开展农村游击战、建立革命根据地、实行武装割据的理论；在加强党的建设方面，也有一些独到的见解，是我党第一个主张惩治党内腐败的领导人。"[①]

　　陈乔年（1902—1928）卒。陈乔年，安徽怀宁人。陈独秀次子，陈延年胞弟。1915 年起先后在上海法语补习学校、震旦大学学习。1919 年初支持其兄与无政府主义者黄凌霜、郑佩刚等人在上海组织无政府主义的"进化社"，创办《进化》杂志，年底赴法勤工俭学。从 1921 年开始，在赵世炎、李立三等人的影响下，致力于马克思主义的研究。1922 年加入旅欧中国少年共产

① 曹建英.论罗亦农在中国共产党早期的作用与地位[J].湘潭师范学院学报（社会科学版），2003（1）.

党,同年转为中国共产党党员。参与《少年》半月刊的编辑工作。1923年兄弟俩在赵世炎的率领下,赴莫斯科东方大学学习。1925年回国,任中共北京地委组织部部长、北方区委组织部部长。与陈为人等策划成立专为印刷中共北方区委机关刊物《政治生活》的印刷厂。1926年3月与李大钊等一起发动和领导北京各界群众的大游行,反对八国的最后通牒,遭到北洋政府的镇压,身负重伤。1927年在中共第五次全国代表大会上当选为中央委员。调任湖北省委组织部部长。同年秋,被调任中共江苏省委组织部部长。1928年2月16日不幸被捕,6月6日英勇就义。

彭公达(1903—1928)卒。公达,湖南湘潭人。在长沙的长郡公学学习时,结识郭亮、夏明始等人,由他们介绍加入中国共产党。1926年到广州参加国民党中央农民部农民运动委员会工作,受毛泽东邀请担任农民运动讲习所职员,任讲习所中共支部书记。1927年春任中共湘区委员会农民部长、省农民协会顾问等职。1927年6月,毛泽东回湖南任湖南省委书记时,彭公达任省委委员。8月参加中央八七会议后,同毛泽东一起回湖南重组湖南省委,任省委书记。秋收起义后,受到中央错误批评,被撤销省委书记职务,改任中共湘西特委书记兼常德县委书记。1928年7月在安源由于叛徒出卖被捕,同年8月7日在长沙英勇就义。

按:毛峥嵘说:"彭公达是中国共产党在大革命时期和土地革命战争初期,湖南农民运动、武装起义的著名领导人之一。他为了崇高的共产主义理想和中华民族的解放事业,奋斗了一生,献出了宝贵的生命。"①

---

① 毛峥嵘.湖南农民运动的先驱彭公达[J].党史文汇,2017(1).

民国十八年 己巳 1929 年

一、研究背景

3月20日，毛泽东在福建长汀召开红四军前委会议，研究当前形势和红军的行动方向问题，确立开辟赣南、闽西革命根据地的方针。

4月，毛泽东率领红四军第三纵队进驻赣南兴国县城，领导开展兴国县的工作。召开兴国县第一次工农兵代表大会，建立赣南地区第一个红色政权——兴国县革命委员会。并主持制定《兴国土地法》。

6月22日，红四军党的第七次代表大会在福建龙岩召开，会议通过《红军第四军第七次代表大会决议案》，陈毅任前委书记，毛泽东离开了红四军重要领导岗位，留在闽西养病。

6月25—30日，中国共产党在上海举行六届二中全会，通过《关于中央政治局工作报告的决议》《政治决议案》《组织问题决议案》《宣传工作决议案》《职工运动决议案》《中国共产党中央执行委员会第二次全体会议宣言》《告红军将领士兵同志书》《中国共产党二中全会告柏林无产阶级书》等文件。《中央政治局工作报告纲要》指出，"马克思列宁主义书籍的编译，也已开始出版"。

按：《宣传工作决议案》对党的宣传工作的任务、方针、路线、组织等作了详细的规定，其中说："扩大马克思列宁主义的宣传并且要普遍这种宣传到工人群众中去。为要加强革命思想的领导，党必须在群众中扩大马克思列宁主义的宣传，党应纠正一般同志以为只有在党内应当加强马克思列宁主义的训练，而忽略在党外群众中这种思想的宣传，或者以为只有在学生群众中能进行这种宣传，在工人群众中不能进行这种宣传等错误的工作态度。马克思列宁主义完全是从工人群众实际生活中产生的理论，所以就工人实际生活来宣传证明马克思列宁主义的理论，并不是什么难事。工人群众在资产阶级欺骗蒙蔽之下，非扩大马克思列宁主义的宣传，不能使他们走上正确的革命的道路。""加强党内马克思列宁主义的理论教育，充实党的理论机关报。为要提高党内理论水平线，加强无产阶级的革命理论的教育，党必须有计划的加强马克思列宁主义的理论教育，翻译介绍马克思列宁主义的论著,用马克思列宁主义的理论解释共产国际与中国党的纲领与重要决议案,并且从各种实际政治的社会的问题引证解释马克思列宁主义的理论。党为此要编译各种理论的书籍小册子,特别要注意使党的理论机关报《布尔塞维克》的内容充实起来,使经常担负介绍马克思列宁主义的理论,并指导在实际问题中如何应用马克思列宁主义。"①

7月,中国共产党闽西第一次代表大会通过《土地问题决议案》,为正确的土地革命路线的完整形成奠定了坚实的基础。

9月28日,中央政治局通过《中共中央给红军第四军前委的指示信》,史称"九月来信"。来信明确指出:"先有农村红军,后有城市政权,这是中国革命的特征,这是中国经济基础的产物。如有人怀疑红军的a在,他就是不懂得中国革命的实际,就是一种取消观念。如果红军中藏有这种取消观念,于红军有特殊的危险,前委应坚决地予以纠正,以教育的方法肃清。"来信指示了红军的基本任务:"一、发动群众,实行土地革命,建立苏维埃政权;二、实行游击战争,武装农民,并扩大本身组织;三、扩大游击区域及政治影响于全国。"②

按:李根寿说:"中央'九月来信'肯定了红四军两年来的斗争经验和对中国革命的重大贡献,充分肯定了毛泽东'工农武装割据'的思想和建党建军的基本原则,加速了中国革命道路的形成,并为统一红四军前委领导的思想和古田会议的召开,奠定了政治、思想和组织基础。"③

9月,陈独秀成立"中国共产党托派反对派",宣传托派主张。从此时起一直到1937年陈独秀出狱为止,他一直试图用托派思想为指导来研究中国革命问题。

10月15日,中共中央政治局作出《关于反对党内机会主义与托洛斯基主义反对派的决议》,号召全党与之作坚决的批判和斗争。

按:《决议》说:"现在机会主义与托洛斯基主义反对派,不只是故意的煽起党的讨论而且实行了他们的小组织的行动。反对派已经有他们的秘密刊物,在党内传播,独秀同志也在未经中央决定以前,把他写给中央的信,自由在同志中间宣传,这是列宁党所不能宽恕的破坏党的行为。因此中央在组织上有下面的决定:(一)各级党部如果发现了这样的小组织必须马上解散,

① 中共中央宣传部办公厅,中央档案馆编研部,编. 中国共产党宣传工作文献选编:1915—1937 [M].北京:学习出版社,1996;883、893-894.

② 周恩来.周恩来选集:上卷[M].北京:人民出版社,1980;29-43.

③ 李根寿.中央苏区时期马克思主义中国化研究[D].南昌:南昌大学,2011.

对于参加的同志须与以组织上的制裁。（二）经过讨论以后，仍然固执他的取消主义的思想，不执行党的策略，不服从决议的，应毫不犹疑的开除出党。（三）独秀同志必须立即服从中央的决议，接受中央的警告，在党的路线之下工作，停止一切反党的宣传与活动。中央认为在目前革命斗争紧张的形势之下，上面的决定，是巩固党，使党能坚决执行领导革命斗争任务的必需的方法。中央号召全党同志一致起来，拥护中央的决议，肃清党内取消主义的思想与一切反党的小组织。"①

11 月 15 日，陈独秀、彭述之等人结成中国共产党"左派反对派"，进行反党的组织活动，是日中共中央做出《关于开除陈独秀党籍并批准江苏省委开除彭述之、汪泽楷、马玉夫、蔡振德四人决议案》。随后，陈独秀等人公开组织所谓"列宁主义反对派"的组织，继续进行反党活动，同时发表《告全党同志书》，历数在共产国际指挥下被迫执行其旨意的苦衷。

11 月 26 日，毛泽东在陈毅陪同下，回到红四军前委主持工作。

是月，李一氓等在上海创办《新思潮》月刊，后改名为《新思想》。是为中共中央宣传部领导下的文化工作委员会通过创造社出版的刊物，该刊组织讨论中国社会性质问题，旨在宣传中共六大的判断，批驳陈独秀、托派和"新生命派"的观点。

11 月 28—30 日，中国共产党红军第四军第九次代表大会在福建上杭古田召开，会议通过毛泽东起草的《中国共产党红军第四军第九次代表大会决议案》（即《古田会议决议》）的决议，其中指出要"有计划地进行马克思主义的研究""用马克思主义的方法去作政治形势的分析和阶级势力的估量，以代替主观主义的分析和估量"。这是中国化马克思主义人民军队建设思想的重大理论创新成果，其中最核心的部分是《关于纠正党内的错误思想》。会议还通过《党的组织问题》《党内教育问题》《红军宣传工作问题》《士兵政治训练问题》《废止肉刑问题》《优待伤病兵问题》《红军军事系统与政治系统关系问题》《拥护中央对机会主义及托洛斯基主义反对派的决议案》等文件。《古田会议决议》是毛泽东第一篇全面系统阐述红军党内教育的重要文献，标志着毛泽东干部教育思想的正式提出。

按：《关于纠正党内的错误思想》一文体现了以毛泽东同志为核心的第一代中央领导集体对加强党和军队建设所做的可贵探索。文章的核心内容是：红军党内存在各种非无产阶级思想，对于执行党的正确路线妨碍极大，

---

① 中共中央文献研究室、中央档案馆，编.建党以来重要文献选编（一九二一—一九四九）：第 6 册 [M].北京：中国文献出版社，2011:537-538.

必须加以纠正;用无产阶级思想建设党和红军;红军中党的领导机关要建立成领导的中枢,强调党对红军的绝对领导等。这个决议使红军肃清了旧式军队的影响,完全建立在马克思列宁主义的基础上,成为新型的人民军队。这个决议是军队建设的纲领性文献,不但在红四军实行了,后来各部分红军都先后不等地照此做了,这样就使整个中国红军完全成为真正的人民军队。人民军队中党的工作和政治工作后来有了发展和创造,但基本的路线还是继承了这个决议的路线。同时,决议中关于红军党的领导机关要建立成领导的中枢、强调党对红军的绝对领导、在组织上厉行集中领导下的民主生活等内容也为我们加强党的建设提供了指导思想,至今仍有重要的现实意义。①

是年,党中央决定出版一个内部讨论的刊物《党的生活》,任务就是要提倡全党同志尽量发表对党内问题的意见,不管是政治的、组织的、工作方法的,不管是同意中央的意见的或者是不同意的,不管是批评其他同志的观点或是自己个人的经验,都可以尽量在《党的生活》上发表。

按:《〈党的生活〉的任务》指出:"布尔塞维克的党,是要总合全党多数同志的正确的意见来决定党的一切政治方针与策略。布尔塞维克的党,是要在不断的'自己批评'中锻炼出来。没有'自己批评'的精神,决不能成为一个布尔塞维克的党。一个布尔塞维克的党员,不只是站在党的路线之下,积极参加党的一切工作;而且要尽量发表个人对于一切问题的意见,贡献于党。一个布尔塞维克的党员,要有公开的批评工作,批评同志的勇气,尤其要有自己批评和接受人家批评的勇气。"②

二、研究论文

[德]德曼尔作、瞿秋白译《共产国际第六次大会与德国共产主义之任务》发表于《布尔塞维克》第2卷第3期。

《共产国际执行委员会与中国共产党书》发表于《布尔塞维克》第2卷第10期。

毅宇(贺昌)《布尔塞维克党的组织路线——列宁论"党的组织"》发表于《布尔塞维克》第2卷第10期。

---

① 赖平,主编.毛泽东思想和中国特色社会主义理论体系概论精选原著导读[M].湘潭:湘潭大学出版社,2010:2.
② 中国社会科学院新闻研究所,编.中国共产党新闻工作文件汇编:下卷[M].北京:新华出版社,1980:18.

按：文章说："中国党的每个同志必须深切的了解苏联共产党的组织路线，即是要了解列宁对组织问题的基本理论。谁都知道苏联共产党是世界共产党的模范，世界最先进的党；因此，研究苏联共产党的组织路线，是目前中国党的主要任务之一。现在世界的革命运动已进展到第三时期，中国的革命运动已开始'复兴'的形势，将要推进中国第二次革命高潮更快的到来，目前的问题，就是需要我们更迫切的研究列宁对组织问题的基本理论，学习苏联共产党的组织经验，实现中国党的'布尔塞维克化'，才能使党与群众建立起亲密的关系，领导中国革命得到彻底的胜利——朝着无产阶级性的民权革命完全胜利的目标前进，然后使这一胜利和由这一胜利所产生出来的结果，转变到社会主义的前途去！"

慕石《社会主义建设的伟大工作——苏联的五年经济计划的研究》发表于《布尔塞维克》第 2 卷第 11 期。

[美]卡佛氏作、北化译《马克斯主义的根本错误》发表于《东方杂志》第 26 卷第 2 号。

按：编者按："去年美国《现代史料杂志》特汇登批评马克斯的主义的论文三篇，那三篇文章的作者，都是美国知名之士，而对于本问题具有特殊见解的人。这里爰为选录两篇。本篇作者卡佛氏系美国哈佛大学有名的政治经济学教授，他在这篇文章里头，系就马克斯立论的出发点以批评其学说之不当。近由北化君译为汉文，刊登《国闻周报》第 5 卷第 44 期，兹特转录于此。"

[美]H. J. Laski 作、北化译《马克斯派哲学的价值和缺点》发表于《东方杂志》第 26 卷第 2 号。

按：编者按："这篇也就是上述《美国现代史料杂志》所汇登批评马克斯主义的三篇文章中的一篇，作者拉斯基氏曾经在哈佛大学充当教授，现任伦敦大学政治学教授，他的观点虽和卡佛不同，可是他的议论却也同样的值得注意。本本译者仍为北化君，原登《国闻周报》第 5 卷 45 期。"

周化人《班纳克夫之资本主义与社会主义观》发表于《东方杂志》第 26 卷第 14 号。

周宪文《批亚生论社会主义与两性问题》发表于《东方杂志》第 26 卷第 14 号。

周化人译《萧伯纳之社会主义与资本主义观》发表于《东方杂志》第 26 卷第 14 号。

[英]J. A. Hobson 作、化之译《目前英国的社会主义》发表于《东方杂

志》第 26 卷第 18 号。

[日]加田哲二作、安之译《德意志伊特沃罗儿和马克斯社会学》发表于《一般》第 9 卷第 1、3 期。

行空《马克思之私人的会议》发表于《世界月刊》第 1 卷第 1 期。

[德]拉伐克作、行空译《忆马克思》发表于《世界月刊》第 1 卷第 1 期。

[德]李卜克内希作、行空译《马克思与小孩子》发表于《世界月刊》第 1 卷第 2 期。

蔡行空《达尔文与马克思》发表于《世界月刊》第 1 卷第 3 期。

代青《唯物论概况》发表于《世界月刊》第 1 卷第 3 期。

一泯《新英译文的〈资本论〉》发表于《新思潮》创刊号。

按：文章说：旧英译本的《资本论》，是 Moore 同 Aveling 两人合译的，但是这全部都经过马克思老友恩格斯的校读。我见过的版本是美国芝加哥 Charles H. Kerr 书店的版本。新英译本的《资本论》，是 Eden Paul 同 Cedar Paul 两人合译的，用的底本是德文第四版，但是只译了第一卷。在英国由 Allen & Unwin 书店出版，在美国由 International Publishers 书店出版。新译本的价值如何，在这里，我纂述下李阿萨诺夫教授的意见如下："《资本论》的英文翻译，不否认它有新译本的必要，就令那旧译本是经过恩格斯校订的，但谁也不能保证这没有错误。但是要开始新的翻译工作时，那翻译者必需先把旧英译本读完，而且给它以适当批评并且指出那译本的错误或不适当处，这才来完成他的全新的翻译。但是埃田同保罗两人的这新译本呢，却不是这样做的。它不是一个完全新的翻译，仅不过把慕尔同爱威林两人的译文，来校订一回，替换一二文字的面目，颠倒一二语句的组织而已。而且他们用的底本，又不是考茨基的 Volksausgabe 本，这个版本虽然不是顶可靠的版本，但是可说这是德文各版中较可靠的一种，因为它与法文《资本论》是符合的，我们知道，法文译本是作者（马克思）本人亲自校正的。所以我们看见埃田同保罗两人没有利用这个好底本，所以翻译也就退一步的了。"这就是李阿萨诺夫的意见。同时他更指出这新译本的五处错译。

李德谟《关于马克思及马克思主义中文译著书目试编》发表于《新思潮》第 2—3 期。

谷荫《列宁小传》发表于《新思潮》第 2—3 期。

林林《唯物史观与唯民生史观》发表于《革命新声》第 21—22 期。

[日]河田嗣郎作、奕龙译《社会主义思想之渊源》发表于《暨南周刊》第 5 卷第 7 期。

［德］马克斯作、陈志安译《工银劳动与资本》(续完)发表于《清华周刊》第31卷第1—3期。

曹盛德译《社会主义灭亡了吗》发表于《清华周刊》第32卷第4期。

李白余《社会主义经济思想小史》发表于《清华周刊》第32卷第5—6期。

邱椿讲演,张玉池、邹湘笔记《社会主义的教育》(一)发表于《北京大学日刊》第2288—2294期。

邱椿讲演,张玉池、邹湘笔记《社会主义的教育》(二)发表于《北京大学日刊》第2296—2297期。

［俄］艾勒勘作、陈仲选译《俄国社会主义之起源》发表于《东北大学周刊》第80期。

［日］北泽新次郎作、王南坡译《科学的经济思想与马克斯》发表于《泰东月刊》第2卷第9期。

刘剑横《卡佛氏的〈资本论〉的论评》发表于《泰东月刊》第2卷第12期。

按:文章说:"卡佛氏是美国哈佛大学有名的政治经济学教授,他去年有一篇文章批评马克思登载于美国《现代史料》杂志,这篇文章主要的是讨论资本的性质及其作用,所以我把他叫做《卡佛氏的资本论》。这篇文章经过国内有名的杂志的两次转载,其重要便可想而知了。因为他有如此重要,所以我来试加一点论评,发挥一点我个人的见解。想来这种纯粹学理的研究和真理的辩白也是有必要的罢。……卡佛的这一篇论文虽然只是一篇文章,但这位资本主义的拥护者的确很厉害,他把各方面的问题包含在里面去了,的确可以算是资本主义者的资本论。他这种理论并不是过去的,是现代的资本主义的理论。大战以后的各资本主义国家,都在实用产业合理化的口号,这个口号就是对工人阶级说:战后资本衰颓,实用你们的生活也困苦了,你们要改良生活,只有这一条出路,多作工,多生产,把战后的资本复兴起来,这资本同时也能为你们生殖财富,你们的生活以后就好了。虽然现代资本国家并不是采用了卡佛氏的资本论的原理才去实行产业合理化,然而卡佛氏的资本论是能代表资本主义者的合理化的精神的,所以我们有评论他的必要,并且因为研究学理,研究真理辨白是非,也有深致疑惑他的必要。"

［苏］卢那卡尔斯基作、朱镜我译《关于马克思主义文艺批评底任务之大纲》发表于《创造月刊》第2卷第6期。

编者《中国不能用马克斯的办法》发表于《中央周刊》第52期。

李孔昭《空想的社会主义之研究》发表于《四中周刊》第 69 期。

傻瓜《马克斯主义之认识》发表于《新民》第 4 期。

按：文章说："近年来马克斯主义传播到中国了，这种列宁、斯达林以政治势力而舞弄割裂破碎了的马克斯主义，在这种特殊的畸形社会环境里，染上了政治色彩，其所表现的行动，也成了一种奇怪的政治现象。马克斯主义本身理论见解的分歧，及在中国政治斗争中排演的恶剧，这一方面使我们正确的认识了马克斯主义在历史过程中应用的实际性质，同时也是所谓科学的社会主义，在经济落后的国家的政治生活上，新掘了一个最后的致命的陷坑。到现在，马克斯的学说虽然崩溃了，马克斯主义所遗存的真理，虽然已经十分稀微了，但是根据马克斯学说做政治的革命运动的人们，因为不认识中国的客观环境和事实，昧于共产党谬误的理论，仍在有增无已的加紧的努力追逐迷离幻灭的憧憬，企求他们所谓科学的社会主义的实现，这在整个的革命运动上看，实在是一个很重大的损失。我们为集中中国的革命力量计，在这种严重的时期，大家对于马克斯的学说，须有一种深切的研究，要从学术和真理的立场，来诊断马克斯主义在学理上的矛盾，与根据其学说来做政治运动的不可能，使一般迷信共产主义的青年，放弃了应该丢在垃圾堆中的古典经济学说，在中国的现实社会里，用科学的方法，来认识革命的真理。"

王性善《中国共产党的真相》发表于《自新》第 4 期。

王宪仁《评中国共产党的暴动政策》发表于《自新》第 7 期。

唐伦译《科学的社会主义》发表于《励笃》第 2 期。

唐伦译《史达林略传》发表于《励笃》第 2 期。

[日]平林初之辅作、胡一贯译《从资本主义文化到社会主义文化》发表于《党军月刊》第 1 期。

文圣律《社会主义的政治思想》发表于《党军月刊》第 3 期。

慕迦《关于唯物史观的一点研究》发表于《党军月刊》第 3 期。

孙慕迦《唯物史观的本体——唯物论》发表于《党军月刊》第 7 期。

童蒙正《英国工党社会主义政治运动的经过》发表于《建国月刊》第 2 卷第 5—6 期。

周紫菊《孟子的社会主义之政治哲学》发表于《上中》第 3 期。

[英]柯尔《评辛克贺维祺的"反马克斯主义"》发表于《新兴文化》第 1 期。

汪水滔《马寅初博士了解马克斯价值论么——博士的马克斯价值论批评的驳论》发表于《新兴文化》第 1 期。

[英]拉斯基作、黄肇年译《共产主义的历史的研究》发表于《新月》第 2 卷第 2 号。

熊得山《社会主义的基础知识》发表于《新月》第 2 卷第 2 号。

张嘈《〈资本论〉解说》发表于《新月》第 2 卷第 6—7 号。

许声《安那其主义与社会主义》发表于《革命周报》第 71—80 期。

许声《国家社会主义与安那其主义之区别》发表于《革命周报》第 71—80 期。

熊淡荪《社会主义之意义及其派别》发表于《警光月刊》第 2 期。

姚宝贤《新康德派社会主义引端》发表于《民铎》第 10 卷第 2 期。

杨东莼《从自然科学的唯物论到辩证的唯物论》发表于《民铎》第 10 卷第 5 期。

按：文章说："思维自身是与物质的实体相结合的，是与人类的脑髓相结合的；思维是筋肉之一机能，是分泌液状腺之一机能。其次，思维只有与物质的素材结合，只有与感觉知觉相结合，它的机能才能发生作用。由这两重的意义，所以思维是物质的。所谓一般的感觉，即最简单的意识，是与生物之存在相结合的发展到最高度的悟性与理性，是与人类相结合的，是与特殊器官——脑——相结合的。"

陈康时《萧伯纳之社会主义的教育论》发表于《教育杂志》第 21 卷第 11 期。

黄庭荫、熊道聪《在三民主义的立场上批评其他的社会主义》发表于《湖南学生》第 3—4 期。

戴葆鎏《无产阶级的政治理论评述》发表于《天籁》第 18 卷第 16 期。

[苏]Marc Ichowicz 作、戴望舒译《小说与唯物史观》发表于《小说月报》第 20 卷第 7—12 期。

傅任敢《萧伯纳社会主义指南代评》发表于《认识周报》第 1 卷第 15 期。

[苏]维诺夫《苏联的社会主义建设》发表于《西方与东方》第 1 期。

黄素《中国戏剧脚色之唯物史观的研究》发表于《南国月刊》第 1 卷第 5—6 期。

黄未明《社会主义的产生和发展》发表于《国立劳动大学周刊》第 2 卷第 3 期。

按：文章说："社会主义的产生，是因为社会上的经济不平等，和社会上有了利益不同的阶级。社会主义就是要解决这些问题的。社会主义的目的是要在人类社会上得到充分快乐和美满的生活；换句话说，就是人类要从经济的束缚和社会一切压迫中得到解放。……法国革命的事实,给了当时一般社会主义者的教训:法国革命的事实告诉社会主义的理论家,应注意社会实际的情形,民众的要求和社会经济的趋势。社会主义的发展是伴着时代前进。离开时代的社会思想是乌托邦派,是一般空想家在他脑筋中描摹的天国,人世间决没有实现的可能。法兰西大革命是社会主义是思想转变的一个时期。"

[美]Warbasse T. P. 作、陆国香译《合作主义对各派社会主义的批判》发表于《国立劳动大学周刊》第2卷第10期。

苏友农《资本主义经济与社会主义经济概论》发表于《经济科学》创刊号。

萧铁峰《社会主义经济学鼻祖马克思的略传》发表于《经济科学》创刊号。

张与九《马克斯主义概观》发表于《经济科学》第1—2期。

[苏]卢那卡斯基作、代青译《唯物论者的文化观》发表于《北新》第3卷第22期。

觉民《赤色帝国主义与中国共产党》发表于《新化》第10期。

[美]加孚尔作、周伟光译《马克思主义的根本错误》发表于《潮阳期刊》第2期。

杨东莼《从自然科学唯物论到辩证的唯物论》发表于《民锋》第10卷第5期。

青锋《在科学前的唯心论与唯物论》发表于《科学思想》第12期。

按:文章说:"一部哲学底历史,都是唯物论和唯心论互相争辩的历史,这一种争辩从上古到现代,各时期争辩底形式虽有不同,然而争辩依然,并没有停止,也并没有解决。"唯心论与唯物论相反的第一点,就是精神与物质底存在问题。唯心论与唯物论相反的第二点,就是知识从何处来的问题,即认识底起源问题。唯心论与唯物论相反的第三点,就是知识底本质是什么的问题。唯心论与唯物论相反的第四点,就是意志是否自由底问题。唯心论与唯物论相反的第五点,就是历史底动力问题。唯心论与唯物论相反的第六点,就是人力底作用问题。唯心论与唯物论相反的第七点,就是社会底改造问题。唯心论与唯物论相反的第八点,就是人类底生活问题。总之,"科学昌明底时代,就是唯物论昌明底时代。顺应时代思潮和代表时代需要的人,应该撑着唯物论底旗子出来,送唯心论入葬。这是我们今天促进人类文化的一个中心工作"。

青锋《科学玄学底论战与唯物唯心底论战——读过张东荪〈因果律与数理〉以后》发表于《科学思想》第 17 期。

按：文章论述了科学玄学底矛盾、唯物论与社会变革、唯心论底反革命作用、因果律与目的论、数理可以改变因果律么、因果律唯心论化底谬误、数理之发展与其客观性、所谓心物二元论、科学和唯物论底战胜等 9 个问题。

马公越《马克思昂格斯研究说》发表于《世界杂志》第 1 卷第 2 期。

韦润珊《苏维埃社会主义共和国联盟之地理》发表于《地理杂志》第 2 卷第 1、3 期。

[日]堺利彦作、江岩译《社会主义大意》发表于《地球》第 1—2 期。

郎继善《社会主义和民生主义》发表于《征帆》第 7 期。

夏安修《社会主义与干涉主流之派别》发表于《致力》第 2 卷第 1 期。

秋原《戏剧之唯物史观的解释》发表于《语丝》第 5 卷第 47 期。

[日]杉本良吉译、鲁迅重译《马克斯主义者之所见的托尔斯泰》发表于《春潮》月刊第 1 卷第 3 期。

邵祖恭《社会主义与社会政策》发表于《社会期刊》创刊号。

王聪之《资本主义与社会主义之分野》发表于《劳资合一》第 1 卷第 1 期。

峭《波格达诺夫的〈社会意识学〉和〈社会主义社会学〉》发表于《新文艺》第 1 卷第 3 期。

[法]易可维茨作、沈起予译《唯物史新光下之文学》发表于《现代小说》第 3 卷第 5—6 期。

陶希圣《马克斯的社会进化论——社会进化说与文化传播说之四》发表于《新生命》第 2 卷第 5 号。

按：文章说："历史的唯物论不是创自马克斯。马克斯不过综合黑格儿的辩证法，韦科及其他唯物的历史观，及法国唯物论。但是这种辩证法的唯物论自有特点，与一般的历史的唯物论不同。所以特为提出来说明一下。而在说明之先，我想指出两件事来，加以注意。第一，'唯物史观'包含两部分：一是辩证法的唯物论的方法；二是把辩证法的唯物应用到社会所得到的论断。这两部分是应当分别观察的。……第二，'唯物史观'的产生，是资本主义发展期。马克斯以资本主义典型英国为对象而研究出唯物史观的法则与论断。这是我们应当注意的。"

张维桢《萧伯纳之社会主义与资本主义观》发表于《新生命》第 2 卷第 7 号。

天明《唯物史观与民生史观》发表于《村治月刊》第 1 卷第 8 期。

方立勋《什么是社会主义》发表于《法学周刊》第 1 卷第 3 期。

王秋云《近代无产阶级之政治思想》发表于《法学周刊》第 3 卷第 17—19 期。

杨幼炯《近代社会主义运动之趋势》发表于《社会科学杂志》第 1 卷第 2 期。

赵兰坪《马克斯主义之批评》发表于《社会科学杂志》第 1 卷第 3 期。

按：文章介绍了德国彼尔斯登和仲柏德氏对马克思主义的批评。彼尔斯登早期信仰马克思主义，后亡命英国，"渐觉英国资本主义制度之发展，多与马克斯之语言相反，盖英国自实施工厂法规，设立消费协会以来，劳动者之生活，日益良好，与马克斯所谓日益贫困者，适得其反。余如资本之集中与积集，恐慌之时期与范围，皆与马克斯之理论，背道而驰。遂感马氏主义，有修正之必要。乃于一八九六年至九七年之交，在柯尔塞所主持之社会民主党之机关杂志《新时代》上，继续发表彼之意见，题曰《社会主义问题》，引起党中极大纠纷，而成马克斯主义者攻击之的。乃于一八九九年，综合彼之对于马氏主义之见解出版一书，题曰《社会主义之前提与社会民主党之任务》，即英译之《进化的社会主义》，遂开修正派社会主义之先河而彼氏为其领袖焉，今即以此书为根据，略述彼氏对于马克斯主义之批评如左"而仲柏德是德国社会经济学之泰斗，曾任柏林大学经济学教授，著有《近代之资本主义》和《社会主义与社会运动》，后者发行第十版时，大加增补，改名为《无产阶级之社会主义》，他对马克斯主义之批评，即在此书之第一卷第四章。

一苇《纪念建立无产阶级国家的列宁》发表于《红旗》第 10 期。

按：文章说："中国经过了很多年的革命战争，但资产阶级小资产阶级始终不能领导革命以走到胜利的路上。中国的国民革命运动，亦仍旧被蒋介石、汪精卫等背叛而出卖了。中国无产阶级虽然比俄国弱，但是自从经过了历次的伟大的历史斗争，在每次斗争中都证明只有无产阶级能够最坚决的与帝国主义军阀及一切反革命势力奋斗。在五卅以后，省港大罢工，与汉口九江收回租界，更证明中国无产阶级是伟大的革命力量。现在虽然经过了许多严重的失败，但现在一切客观的事实，仍旧证明了只有无产阶级是最觉悟最坚决的革命力量，将要引导革命彻底胜利。虽然中国现在不是一下便能够建立无产阶级政权，但无产阶级一定要领导农民，领导一切劳苦群众夺取政权。中国必会有工农兵苏维埃的政权形式，来代替以前一切豪绅资产阶级的统治。列宁已经死了，但是列宁的精神永存着！列宁的教训，仍旧是我们全中国无产阶级的指南针！中国共产党已经使自己站在列宁主义的旗帜之下，为中国无产阶级远大的前途奋斗！"

[日]山川菊荣作、陶父译《社会主义之妇人观》发表于《新女性》第 4 卷第 3 期。

周容《萧伯纳之社会主义观》发表于《新女性》第 4 卷第 10 期。

周容《社会主义与婚姻》发表于《新女性》第 4 卷第 12 期。

许孝炎《社会主义的帝国主义论》发表于《新时代》第 1 卷第 2 期。

野《三民主义即社会主义》发表于《知难》第 104—105 期。

王沂宗《三民主义与各派社会主义》发表于《平凡》第 1 期。

碧波《安那其主义与社会主义》发表于《革命》第 78 期。

瘦生《唯物史观和马克思轶事》发表于《革命论坛》第 2 期。

士纯《唯物史观的总检查》（一）发表于《感化》第 9 期。

士纯《唯物史观的总检查》（二）发表于《感化》第 15 期。

士纯《唯物史观的总检查》（三）发表于《感化》第 19 期。

士纯《唯物史观的总检查》（四）发表于《感化》第 24 期。

刘绍裘《站在民生史观的立场上批评唯物史观》发表于《感化》第 33 期。

詹文浒译《二十世纪社会主义的新路》发表于《青年进步》第 126—127 期。

张义襄《社会主义与建设省会救济院》发表于《救济月刊》第 2 期。

阳叔葆《民生史观与唯物史观》发表于《三民半月刊》第 2 卷第 2 期。

蒋振《民生主义与科学社会主义之比较》发表于《大夏季刊》第 1 卷第 1 期。

陈鸿勋《个人主义与社会主义》发表于《云南训政半月刊》第 9 期。

赵长敏《现代英国基尔特社会主义学家的民主社会》发表于《留英学报》第 3 期。

三、研究著作

[美]李阿萨诺夫著、李一氓译《恩格斯马克思合传》由上海江南书店出版。

按：译者序说：本书是李阿萨诺夫的讲演稿，原名《马克思与恩格斯》，是一种合传的形式，实在照传记体的体制说来，这不是一部传记的书。这本书在中国，中国的情形假定是与外国一般，则急切的尚没有翻译的必要。因为我们要读，真正的读一部马克思或恩格斯的传记，这本书是不够的。但是中国没有过,从没有过一部马克思传的书,恩格斯传的书更不要提起。但是或许我们会记忆到,三分之一的马克思传是中国露过面的,而且还不是翻译的第二手货。这译本并不想望担负填补这缺陷的任务。它或者会给读者的只是一座马克思与恩格斯的造像模型的轮廓而已。轮廓我们当然不满足,但是聊以慰于无。

〔苏〕列宁著、黄剑锋译《马克思评传》(卡尔·马克思)由上海启智书局出版。

李季著《马克思传》(上册)由上海平凡书局出版。

〔苏〕普列汉诺夫著、思美(张闻天)译《马克思主义的基本问题》由莫斯科出版。

按:是书乃作者1907年11月至12月为马克思逝世25周年纪念集而作。该纪念集因故未出版,此文乃于1908年出版单行本,以后曾多次再版。张闻天这个译本是最早的中文版,大约在1929年前后先在苏联莫斯科出版。

谢士英著《马克思主义之批评》由上海商务印书馆出版。

〔日〕河西太一郎等著、萨孟武等译《马克思经济学说的发展》由上海新生命书局出版。

按:是书《绪论》说:"由马克思与恩格尔,经过厄卡纽斯与李普克尼希,而至于考茨基与列宁,若综观马克思主义农业理论的发展过程,则可由时代而区别为二个不同的重心点。其一是由马克思而至于考茨基的农业发展法则论,其二是由恩格尔而至于列宁的农民对付政策论。理论与实践之辩证法的统一,是马克思主义的特色,所以理论与政策之间,亦有有机的关系,不过由时代的情形和时代的要求,而异其重心点罢了。这就是因为马克思主义一面是社会进化的科学,同时又是实际运动的指导理论,而使其不得不这样的。马克思对于农业问题,其立论的重心,常注意于农业方面的资本主义的发展法则。其根本的见解,到了现在,尚成为马克思主义农业理论之指导原理。由马克思的农业发展法则论,而更能展开精密的研究者,则为考茨基。列宁对于这个方面,亦曾发表极彻底的见解,但列宁所视为重心的,乃在他方面。恩格尔关于农业的发展法则论,大约完全与马克思相同。但恩格尔比较马克思命长,在其晚年,曾看见各国社会党以农民问题为其议事日程,且又成为论争的标的,所以对于农民对付政策论,有很大的贡献。马克思主义的农民对付政策论既由恩格尔而确定其大纲,至能展开这个政策论而移于实践者,在世界史上,自然是列宁了。这样,马克思主义的农民对付政策论,遂由列宁及其一派而大成。"

[德]柯诺著,朱应祺、朱应会译《马克斯的经济概念》(马克斯研究丛书)由上海泰东图书局出版。

[英]恩麦特著、汤澄波译《资本论概要》(又译《资本论浅释》)由上海远东图书公司出版。

按:是书分商品与货币、货币之资本化、绝对剩余价值之生产、相对剩余价值之生产、工资、资本之积聚等 8 编,阐释《资本论》第 1 卷的基本理论。卷首有译者序。

[德]考茨基著、戴季陶译、胡汉民补译《资本论解说》由上海民智书局出版。

[日]河上肇著、刘野平译《资本论入门》由上海晨曦书店出版。

按:根据《译者弁言》,原著未完稿,仅完成解说马克思《资本论》第 1 卷首篇"商品与货币"部分。

[日]河上肇著、沈绮雨译《社会改革底必然性》由上海创造社出版部出版。

按:是书解释马克思《资本论》第 1 卷,论及商品、剩余价值、阶级斗争等问题。

[德]马克思著、博洽德编、李季译《通俗资本论》由上海社会科学社出版。

[德]波洽特著、李云译《资本论解说》由上海昆仑书店出版。

按:是书卷首有编者序及原著第 3 版序,末附《马克思危机说的本质》一文。

[德]马克思著,朱应祺、朱应会译《工资价格及利润》由上海泰东图书局出版。

按:《译者小引》说:"本书是马克斯一八六五年六月二十六日在国际劳动总务委员会席上的一篇演说文章,当时马氏不过五十岁,距今约六十余年,两年后,即一八六七年《资本论》第一卷,也已出版,所以他的经济学体系,那时已就成熟了。这书原稿,是英文的,是马克斯死后所发见的遗稿,不是他生前出版的。编订分节,都是马克斯的幼女伊利诺及他的女婿爱底瓦得两个人的工夫。英文原本,标题为《价值、价格及利润》。德国本子,是斯泰因所翻译的,标题为 Lohn, Preis und Profit,本丛书现依德国译本翻译,因此就题为《工资、价格及利润》。说到本书的内容,总可算是马克斯经济学的骨子,又可说是《资本论》的缩图。页数虽少而《资本论》上的重要问题大概都已涉及。尤其《资本论》第一卷至第三卷的主要部分,更简明的叙述出来。又剩余价值学说史上所讨论的许多问题也于本书的第八章及第十一章中,明白解释。所以研究马克斯经济学的人,不可不读《资本论》,而研究《资本论》的人,不可不先把这本小册子,反复熟读,所以我们把他译出,做为马克斯研究丛书的第四种。"

[德]马克思著,朱应祺、朱应会译《工资劳动与资本》(马克思研究丛书5)由上海泰东图书局出版。

按:是书即《雇佣劳动与资本》。根据日本河上肇的日译本传译。

[德]恩格斯著、彭嘉生译《费尔巴哈论》由上海南强书局出版。

按:是书根据德文原文并参照英译本和日译本翻译的单行本。《编者序言》说:"恩格斯底《费尔巴哈论》在现在已经不是为哲学家费尔巴哈而读了。费尔巴哈底意义,与他在前世纪四十年代的声誉比较起来,是失去了很多的了。对于支配阶级,费尔巴哈对于宗教及教会的斗争是太过于激烈了。他们剥去了他在大学里的地位,而且渐渐地使他饿死了。可是对于革命的劳动者社会,费尔巴哈又还不够,这位隐遁的自由思想家及无神论者不能奋起来直接参与无产阶级的斗争。这样,费尔巴哈站在两个战线的中间,而且这样他从历史落伍了。他的主著《基督教的本质》(一八四一、一八四三及一八四九年连出三版,而第四版到一八八三年才出来),虽然有 Reclnm-Verlag 的民众版(一九〇四年),但现在人们已经不大读了。这是太不公平了,这确是一本对于教会的固陋及与世界游离了的宗教的思辨是像火样热烈的斗争书。在现代的精神史里,常做在黑格尔与马克思间的,辩证法的观念与辩证法的唯物论间的中间派,费尔巴哈占一个重要的位置。可是马克思和恩格斯可以正当地称为'费尔巴哈主义者'的期间只不过是一个短时期。在一八四五年马克思已经超过费尔巴哈论纲,尤其是一八四五到一八四六年马克思和恩格斯的共著而没有完全地发表过的,现在则为 Rjasanow 从马克思的遗稿中搜出来的那个斗争书《德意志的意识形态论》中的关于费尔巴哈的部分。……因为恩格斯底这本《费尔巴哈论》很详细地叙说了马克思主义之哲学的基础,现在对于我们是非常的重要。想到马克思恩格斯的世界观之明了的把握对于战斗的无产阶级的重要意义,至少应将马克思恩格斯之本质的哲学上的议论用民众版的形式集拢起来。在这两个科学的共产主义的祖师间分工,马克思担当了经济学的理论的工作,而恩格斯却主要地献身于马克思主义的辩护及普及。所以恩格斯的著作特别地对于我们成问题是决非偶然的事。"

［苏］辛克贺维祺著、徐天一译《反马克斯主义》由上海民智书局出版。

按：是书分 13 章。著者为大斯拉夫派学者，曾在美国哥伦比亚大学任教。

［苏］阿多拉茨基著、高唯钧译《哲学的唯物论》由上海沪滨书局出版。

按：是书分哲学的两个战线——唯物论与唯心论的斗争、各种哲学著作的唯心论与唯物论、近代自然科学中的唯心论与唯物论、认识论问题等 4 章。

［德］狄慈根著、杨东莼译《辩证法的唯物观》由上海昆仑书店出版。

按：是书分被创造的精神不能透入自然内部、绝对真理和它的自然对象、反唯物论的唯物论、达尔文与黑格尔、认识之光等 5 章。

［德］狄慈根著、杨东莼译《新唯物论的认识论》由上海昆仑书店出版。

［德］卡尔·科尔士著、彭嘉生译《新社会之哲学的基础》由上海南强书局出版。

按：是书根据《关于唯物辩证法之问题的历史的与逻辑的研究》一书第 1 节译出。分哲学史上马克思主义、马克思主义理论之进化阶段、科学的社会主义哲学、理论斗争的意义等 4 章。

［德］梅林（原题摩陵）著、屈章（瞿秋白）译《历史的唯物主义》由上海创造出版部出版。

按：是书分 11 节，叙述马克思主义历史唯物论的基本原则。

［苏］阿德拉斯基著、高唯均编译《辩证法的唯物论》由上海沪滨书局出版。

［苏］德波林（原题代博林）著、程始仁（高语罕）译《康德的辩证法（辩证法史的研究）》由上海亚东图书馆出版。

［苏］戴博林著、程始仁（高语罕）译《斐希特的辩证法》由上海亚东图书馆出版。

［苏］德波林著、林伯修译《唯物辩证法与自然科学》由上海光华书局出版。

按：是为苏联哲学教科书，苏联以教科书形态传入中国的马克思主义著作，对当时学界和中国共产党人颇有影响。

［苏］布哈林著、李铁声译《辩证法底唯物论》由上海江南书店出版。

按：是书收录哥利夫《辩证法及辩证的方法》和布哈林《辩证法的唯物论》两篇文章。

［苏］普列汉诺夫著、吴念慈译《史的一元论》由上海南强书局出版。

按：是书即《论一元论历史观的发展》，共分 6 章：18 世纪的法兰西唯物论、王政复古时期的法兰西史家、空想的社会主义者、德意志观念论哲学、近代唯物论和结论。

［苏］赖也夫斯基著、陆一远译《唯物的社会学》由上海新宇宙书店出版。

［苏］布哈林著、许楚生译《唯物史观与社会学》由上海社会问题研究社出版。

按：是书论述辩证法的唯物论、社会、社会与自然之间的均衡、社会诸要素间的均衡等。

［日］山川均著、施伏量译《辩证法与资本制度》由上海新生命书局出版。

按：是书分两篇。上篇论述辩证法的唯物论，包括哲学上的唯物论、唯物论的社会观、动的观点与现象间底关系、社会现象中底应用、从量的变化到质的变化、矛盾的发展、机械的唯物论、辩证法的唯物论等 8 章；下篇论述资本主义政治经济，包括资本主义的生产、经济组织底变迁、经济组织进化底法则、生产者与生产机关底分离、劳动力底商品化、生产与消费底矛盾、资本制度底消费、人类浪费的制度、社会的生产与个人的所有底矛盾、生产力与财产制度底冲突、私有财产主义底动摇、社会生活底危险和不安、生活底改造、自己改造底努力、社会底改造、斗争的生活等 16 章。

［日］山川均著、熊得山译《唯物史观经济史》（上册：资本主义以前经济史）由上海昆仑书店出版。

［日］石滨知行著、施复亮译《唯物史观经济史》（中册：资本主义经济史）由上海昆仑书店出版。

［日］河野密著、钱铁如译《唯物史观经济史》（下册：社会主义经济之发展）由上海昆仑书店出版。

张其柯（高语罕）著《理论与实践：从辩证法唯物论的立场出发（书信体）》由上海亚东图书馆出版。

按：作者指出："（一）唯物史观是解释'人生观'的唯一的正确的哲学，是思想斗争的唯一武器。（二）不惟张君劢等不懂得唯物史观，就是胡适之、丁文江等也不懂得，或则他们的社会的阶级意识不愿意懂得。（三）唯物史观是近代的唯物论，是辩证法的唯物论，不但与唯心论立在极端反对的地位，即与十八世纪的法兰西机械的唯物论也截然不同。"

林伯修译《旧唯物论底克服》由上海创造社出版部出版。

按：是书分 4 部分：序说——思维底运动与社会的底变革过程、马克思主义哲学底渊源、马克思主义承继旧唯物论底什么样的遗产、马克思主义怎样地克服了旧唯物论。译自日文。

[美]威廉著，刘芦隐、郎醒石译《马克思主义与社会史观》由上海民智书局出版。

[德]恩格斯著、李膺扬(杨贤江)译、周佛海校订《家族、私有财产及国家之起源》由上海新生命书局出版。

按：是书乃根据英文参照日文本翻译的恩格斯《家庭、私有制和国家的起源》的全译本。分先史时期、家族、易洛魁人之氏族、希腊人之氏族、雅典国家之发生、在罗马的氏族及国家、在克勒特人及日耳曼人间的氏族、在日耳曼人见国家之形成、野蛮与文明等 9 章。

[日]河上肇著、陈豹隐译《经济学大纲》由上海乐群书店出版。

按：作者序说："关于这个稿本的公布，我还得做一点报告和说明。第一，这个稿本虽然称为经济原论的讲义，但是，只要看一看，谁也知道，他在实质上几乎是和马克斯《资本论》的解释一样的东西。也许有一些人，觉得这很奇怪，却是，由我看来，因为马克斯《资本论》是顶好的经济原论，所以我在自己去讲授经济原论这个课目的时候，就不能不全然依据《资本论》。也许还有人说，纵然《资本论》是顶好的经济原论，如果照这种办法，不会太过于偏向马克斯吗？却是，据我的意见说来，真理这东西本不会有两种的，所以，如果马克斯的学说挝住了真理，我们当学究的，无论如何，除了把自己的研究放在他所建设的基础之上，实在别无办法。并且，照马克斯的研究法和叙述法说来，《资本论》第一卷的内容，应该专是关于资本的生产进程的考察（所以，在第一卷里面，关于流通进程的考察，在暂时丢开不管的），第二卷的内容，应该专是关于资本的流通进程的考察（所以，在这里，生产进程是丢开不管的），第三卷的内容，也应该是关于总进程的考察，就是说，把生产进程和流通进程二者统一起来时的整个进程的考察。……如果有人认为，可以随便把这些顺序抽换颠倒起来，这人一定就是还没有懂得马克斯的方法的人。因为上面说的这些缘故，所以，我的讲义的构成，也就不能不一一依据《资本论》的构成了。"

[日]北泽新次郎著、温盛光译《经济思想史的展开》由上海启智书局出版。

按：是书分希腊、个人主义、空想、无政府主义、科学社会主义与马克思、工团主义、基奈特社会主义等 8 章。

[日]高畠素之著、吕一鸣译《〈剩余价值学说〉概要》由上海北新书局出版。

按:是书以解说马克思剩余价值学说为主,原书题为《剩余价值学说概论》。

[德]Heinrich Cunow 著,朱应祺、朱应会译《马克斯的民族社会及国家概念》由上海泰东图书局出版。

按:《译者小引》说:"本丛书译自德人柯诺氏所著马克斯之《历史社会及国家理论》的第二卷第一章,名曰《民族、社会及国家概念》。其中所论如'民族的概念''民族的成立''民族的感情'等问题,发挥尽致,确有特别的见解;尤其在'民族问题和民族性问题'一章内,否认'民族自决权',为一般社会学者注目的焦点;并且主张解放弱小民族,须以文化进步为前提。这种特殊的研究,总算是很有价值的东西。所以亟为译出,权做马克斯研究丛书的第二种。"

[苏]列宁著《列宁选集》第 12 卷由北方人民出版社出版。

按:是书封面题为《世界全史》作为掩护。

[苏]列宁著、中外研究学会译《国家与革命》由上海中外研究学会出版。

按:是书乃第一次以单行本的形式翻译出版的本子,全书分 6 章,第一章阶级社会与国家,第二章国家与革命:一八四八至一八五一年的经验,第三章国家与革命:巴黎公社的经验,第四章恩格尔斯补充的说明,第五章国家衰亡之经济基础,第六章被机会主义者所糟蹋的马克思主义。

毕修勺著《论无产阶级专政》由上海革命周报社出版。

按:是书收录《无产阶级专政与无产者》《无产阶级专政是不合理的》《无产阶级专政的欺骗与弊害》《无产阶级专政是到自由的路么》《无产阶级专政与革命》这 5 篇反对无产阶级专政的文章。

[苏]列宁著、画室(冯雪峰)译《科学的社会主义之梗概》由上海泰东图书局出版。

[日]杉山荣著,李达、钱铁如译《社会科学概论》由上海昆仑书店出版。

按:是书包括社会科学是什么、唯物辩证法、唯物史观、社会构成之分析、社会发达的进程等 6 章。

[日]住谷悦治著、宁敦五译《社会主义经济学史》由上海昆仑书店出版。

按:是书分 3 篇,第一篇经济学史的概观,第二篇前期资本主义与社会主义经济学说,第三篇后期资本主义与社会主义经济学说的发展。

[苏]波格丹诺夫著、萨孟武译《社会主义社会学》由上海新生命书局出版。

[苏]萨可夫斯基编、高希圣等译《社会进化之铁则》由上海平凡书局出版。

按：是书第一分册版权页为社会进化的铁则，根据马克思、恩格斯、列宁、普列哈纳夫、拉法格、卢森堡等人著作中的重要论述汇编而成。

〔美〕萨克思著、彭芮生译《科学的社会主义底基本原理》由上海创造出版部出版。

按：是书分科学的社会主义的方法、唯物的宇宙观、唯物史观、社会主义的历史必然性、价值论、客观的或劳动价值论、剩余价值和利润论、科学的社会主义的批评等 8 章。

唐仁编译《社会主义社会学》由上海平凡书局出版。

按：是书分 7 章，第一章社会学之对象及其与其他科学的关系，第二章社会科学之原因论与目的论，第三章有定论与无定论，第四章辩证法的唯物论，第五章社会，第六章社会与自然间的均衡，第七章社会的均衡及其再生。

〔德〕考茨基著、萨孟武译《社会革命论》由上海新生命书局出版。

按：是书分两编，第 1 编论述社会改良与社会革命，包括进化与革命、民主主义等；第 2 编论述社会革命之后，包括掠夺者的抄没、生产的增加、精神的生产等。

〔苏〕列宁著、胡瑞麟译《革命与考茨基》由上海中外研究会出版。

按：是书著者就无产阶级革命的有关问题对考茨基进行批判，并阐明自己的观点。书末附录立宪会议大纲。

高希圣编译《科学的社会主义》由上海平凡书局出版。

按：是书共 5 章。概述马克思生平及科学社会主义产生的时代背景，介绍唯物史观、政治经济学基本理论、无产阶级革命和无产阶级专政学说以及列宁主义的基本知识等。

〔日〕河上肇著、邓毅译《社会主义经济学》由上海光华书局出版。

按：是书于 1930 年再版，是《马克思主义经济学》的另外一个译本，卷首有"译者弁言"。全书论述马克思主义经济学的基本观点，包括资本主义社会商品的生产和流通、生产力和生产关系的发展等。

〔英〕彭勒科克著、〔日〕堺利彦译述、张定夫重译《社会主义与进化论——马克思学说与达尔文说之关系》由昆仑书店出版。

按：是书包括达尔文说、马克思说、马克思说与阶级斗争、达尔文说与阶级斗争、达尔文说与社会主义、自然法则与社会学说、人类之社会性、道德·思想·言语、动物的器官与人类的工具、资本主义与社会主义等内容。

〔苏〕列宁著、石英译《农民与革命》由上海沪滨书局出版。

按：是书内容包括都市劳动者的斗争、社会民主主义者要的是什么、"富与穷，农村中的财产底私有者和劳动者"、农村阶级斗争等。

[苏]列宁著、李竞仲译《俄国农民问题与土地纲领》(《1905 年至 1907 年俄国革命中的农民问题与社会民主党的土地纲领》)由上海平凡书局出版。

按：是书分俄国土地革命的经济基础及其本质、俄国社会民主工党的土地政纲与革命所给与它的考验、土地国有与土地市区公有的理论基础、土地政纲问题中政治上的与策略上的考虑、第二次帝国会议关于土地问题的讨论中之阶级与政党等 5 章。

[日]山川均著、汪允揆译《苏俄之现势》由上海南强书局出版。

世界室主人著《苏俄评论》由上海新月书店出版。

汉文著《显微镜下之苏俄》由上海启智书局出版。

张天化译《苏俄共产主义之崩溃》(苏俄丛书)由上海民智书局出版。

吴仁德著《世界资本主义国之反俄战线》由上海平凡书局出版。

按：是书介绍十月革命后苏联的成长壮大和反苏战线的起源及反苏战争(武装干涉)情况，以及苏联采取的对策。

施存统译《苏俄政治制度》由上海新生命书局出版。

按：是书分苏维埃社会主义共和国、俄罗斯社会主义联邦苏维埃共和国 2 编。

杨幼炯著《苏俄民族政策之解剖》由上海民智书局出版。

按：是书评论苏联民族政策的实施、苏联的东方政策、苏联民族政策与土耳其国民党、民族自决与中国民族革命的前途等问题。

[美]司各特·尼林等著、张民养译《苏联之经济组织》由上海泰东图书局出版。

[美]尼埃林著、魏学智译《苏联的经济组织》由上海春潮书局出版。

[苏]波波夫著、楼桐孙译《苏俄之消费协作》由上海民智书局出版。

按：是书分 9 章叙述俄国消费合作运动史略、十月革命后苏维埃消费合作事业的状况和组织制度等。

[苏]波波夫著、丁华明译《苏俄的消费组合》由上海明日书店出版。

[苏]列宁著、刘野平译《帝国主义论》由上海启智书局出版。

[苏]列宁著、刘野平译《资本主义最后阶段帝国主义论》由上海启智书局出版。

[德]考茨基、马希阿尼著，邓毅译《农业的社会化》由上海新生命书局出版。

[德]马克斯等著、过千香译《社会进化的铁则》由上海启智书局出版。

按：是为马克思、恩格斯等人对社会进化和社会发展的考察和总结。

[德]卡尔·马克思著、杜竹君（李一氓）译《哲学之贫困》由上海水沫书店出版。

按：是为《哲学的贫困》的第一个中译本，是从法文翻译过来的。

[德]恩格斯著、林超真（郑超麟）译《宗教·哲学·社会主义》由上海沪滨书局出版。

按：译者序说：这一本书包含恩格斯的三部著作：《原始基督教史论》《空想社会主义与科学社会主义》和《费儿巴赫与德国古典哲学的末日》；第二部著作中除正文外还有分量几与正文相等的一篇导论，第三部著作中又附录有名的马克思的《费儿巴赫论纲要》。我所根据翻译的原文是法文。这样汇印这三部著作出版的本子，在其他文字中不知是否有过；在法文中这种本子似乎也已绝版，因为我在巴黎时搜求多时终未获得，巴黎市场中，除开《空想社会主义与科学社会主义》之外，其他二部著作以及那篇长导论，是连单行本都买不着的。首先应该感谢朋友尹君，他在巴黎《人道报》馆地窖里找得这一本破烂不堪的旧书，承他的好意借给我翻译。

这一本书中，除开《空想社会主义与科学社会主义》之外，其余连那篇长导论在内，都是恩格斯晚年的著作，而且都未曾译成中文出版过的。恰好相反，中国人之翻译《空想社会主义与科学社会主义》，在马克思和恩格斯著作的中文翻译中，算得是最勤恳努力的。据我个人所知道：在五四运动时，已经有某定期刊物按期译载过；随后，有现为某大书馆的某大老板，译出其后半部关于资本主义生产发展的，印成单行本出版，并改名为《科学社会主义》；到一九二四—二五年，上海《民国日报》副刊《觉悟》，又按期译载一次；到去年创造社出版部又有朱镜我先生的译本出版；最后，现在我又译出在这个译本里头。

[日]佐野学著、林伯修译《无神论》由上海江南书店出版。

按：是书收录论文 3 篇，即《社会主义与无神论》《马克思主义无神论与其曲解》《历史的唯物论与伦理的理想底问题》。

王纯一（杨匏安）编译《西洋史要》由上海南强书局出版。

按：龚育之《读〈杨匏安文集〉》（代序）说："1929 年他参考同志们从苏联带回来的讲义等材料，编译成一部 20 余万字的《西洋史要》，由南强书局出版。应该说，这是杨匏安的一部力作。马克思主义是从近代西方产生的。中国人要学习马克思主义，必须对西方近代历史有必要的了解。《西洋史要》正好适应了这种需要。不仅白区的党员和进步分子中有这种需要,苏区也有这种需要。毛泽东在 1929 年 11 月曾经给上海中央写过一封信,说苏区党员理论常识太低,须赶急进行教育,除请中央将党内出版物寄来外,另请购书一批,书名另寄。'我们望得书报如饥如渴,务请勿以事小弃置。'写得何等急切! 信中提到的党内出版物,除《布尔塞维克》杂志和《红旗》报外,还提到《俄国革命运动史》,这部书是新青年社出版,瞿秋白著的。《西洋史要》无疑属于《俄国革命运动史》一类,是党的理论教育中急切需要的读物。《俄国革命运动史》称瞿秋白著,恐怕也是编译而成的。编译的方式,当时很流行,因为这种方式有几个优点:一是可以取所据蓝本的精华,用流畅的中文叙述,不必拘泥于翻译全书,以免篇幅过大而文字艰涩;二是如果以几本书为蓝本,可以各取其长,综合介绍;三是作者还可以结合中国实际作一些自己的补充和发挥。《西洋史要》就是有这些长处的一部编译的著作。毛泽东在延安的时候写信给胡乔木,请他搜集几本在延安能找到的社会发展史著作,提到'张伯简也翻过(或是他写的)一本《社会进化简史》,诸如此类,均请收集'。张伯简也是中国共产党早期的党员,在传播马克思主义中的作用,应该给予足够的估计。"①

施伏量译《欧美无产政党研究》由上海新生命书局出版。

按:是书除绪论外,包括第一章德国社会民主党,第二章法国社会党,第三章英国劳动党,第四章意大利社会党,第五章美国底社会党,第六章共产党。

高晶斋著《苏俄党争之解剖》由上海新生命书局出版。

按:是书分过去和目前俄国共产党内派争的实际状况、正统派与反对派关于社会主义建设的争论、关于列宁主义和马克思主义的辩论、关于苏维埃国家之社会性质及苏维埃社会之阶级的辩论、关于俄国共产党内的小组织及俄国共产党与第三国际之关系的辩论、两派关于新经济政策和农民问题的辩论、两派关于国营工业国家资本主义和工人问题的辩论、关于世界革命和中国革命的争论等 11 部分。

〔日〕山川均著、温盛光译《苏俄之现势》由上海启智书局出版。

〔英〕亨利・努尔・巴拉尔斯福特著、胡庆育译《苏俄政治之现况》由上海太平洋书店出版。

〔日〕山内封介著、卫仁山译《俄国革命运动史》由上海太平洋书店出版。

---

① 杨匏安.杨匏安文集:卷首[M].北京:中央文献出版社,1996:4.

曾绳点著《苏俄之简要报告》由国立暨南大学反俄运动大会出版。

美国工人代表苏俄调查团著、李伟森译《十年来之俄罗斯》由上海乐山书店出版。

[美]普赖斯著、游宇译《苏联劳动之保护》由上海民声书局出版。

[美]普赖斯著、刘曼译《苏俄劳动保障》由上海华通书局出版。

[美]斯特朗著、张仕章译《苏俄的企业》由上海南华图书局出版。

按:是书介绍俄国十月革命后在企业、经济方面的情况。

[日]平林初之辅著,施存统、钟复光译《近代社会思想史要》由上海大江书铺出版。

按:是书包括资本主义社会、资本主义经济学说、空想的社会主义、无政府主义与社会民主主义、马克思与科学的社会主义、马克思主义底消长等6章。

[日]杉山荣著,李达、钱铁如译《社会科学概论》由上海昆仑书店出版。

按:是书包括社会科学是什么、唯物辩证法、唯物史观、社会构成之分析、社会发达的进程等6章。

李宗吾著《社会问题之商榷》由国民公报社出版。

按:是书包括公私财产之区分、马克斯主义和孙中山主义之比较、人性善恶之研究、世界进化之轨道、解决社会问题之办法、各种学说之调和等6章。

张韶武、孙慕迦编《社会主义史》由中央陆军军官学校政治训练处出版。

按:是书分绪论、空想社会主义、无政府主义、马克斯社会主义、马克斯社会主义批评、布尔什维克主义、社会民主主义、工团主义、基尔特社会主义等9讲。

[日]久保田明光著、丘哲译《社会主义思想之史的解说》由上海启智书局出版。

按:是书分社会主义本质的意义、马克思以前的社会主义、马克思派社会主义、基尔特社会主义、农业社会主义等6章。

[苏]波格丹诺夫著、苏汶译《新艺术论》由上海水沫书店出版。

按:是书收录《无产阶级的诗歌》《无产阶级艺术底批评》《宗教、艺术与马克斯主义》3篇论文。

[苏]马克希麻夫著、金溟若译《俄国革命后的文学》由上海开明书店出版。

按:是书收录《革命后的文艺一般问题》《十月革命后的俄罗斯诗坛》《十

月革命后的艺术底散文之概观》等 3 篇。附录《关于艺术底社会学之学术会议》。根据秋山炭六的日译本转译。

[苏]倍·柯根著、沈端先译《新兴文学论》由上海南强书局出版。

按：是书先概述十月革命以前俄国无产阶级文学的产生，然后分铁工场时代、十月时代、关于《少年亲卫队》、理论与批评 4 部分，评述十月革命胜利以后头十年的苏联文学成就。

华维素(蒋光慈)编《俄国文学概论》由上海泰东图书局出版。

汪倜然著《俄国文学 ABC》由上海 ABC 丛书社出版。

[日]升曙梦著、陈侗达译《现代俄国文艺思潮》由上海华通书局出版。

按：是书分国民文学的构成和写实主义的确立、一八四〇年代思潮、一八六〇年代思潮、民情主义思潮、田园文明的挽歌、马克思主义的思潮、近代主义的思潮、都会文艺思潮、革命文坛的各流派、无产阶级的文学、共产党的文艺政策等 11 章。

瞿秋白译《共产国际党纲及章程》出版。

施伏量译《欧美无产政党研究》由上海新生命书局出版。

朱谦之著《大同共产主义》由上海泰东书局出版。

中国共产党中央政治局等著《中国革命与机会主义》由上海民志书局出版。

按：是书收录中共中央《反对党内机会主义与托洛斯基主义反对派的决议》、奥斯克《答复陈独秀的来信》、《中共中央答陈独秀同志关于中东路问题的第一信》、《批评独秀同志对中东路问题意见的机会主义的错误》等 4 篇文章。附录：《独秀同志对中东路问题的意见》《独秀同志复中央的信》等 3 篇文献。

高希圣、郭真著《社会运动家及社会思想家》由上海平凡书局出版。

按：是书收录布哈林、列宁、考茨基、托洛茨基、克鲁泡特金、马克思、倍倍尔、斯大林、李卜克内西等 37 人的小传。

李鹤鸣(李达)著《社会之基础知识》由上海新生命书局出版。

按：是书第二篇共 4 章，介绍了《资本论》第一卷的主要内容，准确地解释了马克思经济学说。

国民党浙江省执委会编《中国国民党国民革命和俄国共产党共产革命的区别》由编者出版。

按：是书收录蒋中正《中国国民党国民革命和俄国共产党共产革命的区别》，胡汉民《列宁主义不是无产阶级革命的理论与战术》，萨孟武《中山先生之国民革命与马克斯之社会革命之比较》《布尔札维克主义马克斯主义与孙文主义的比较》,潘公展《十年来共产党专政下的苏俄》等文章。

四、卒于是年的研究者

梁启超(1873—1929)卒。字卓如,一字任甫,号任公,又号饮冰室主人、饮冰子、哀时客、中国之新民、自由斋主人,广东新会人。曾主编《新民丛报》,向中国读者介绍社会主义学说。1902年在《新民丛报》第18号发表《进化论革命者颉德之学说》,文中4次提到马克思的名字,第一次介绍马克思及其学说,称马克思是社会主义的泰斗。1903年发表《二十世纪之巨灵托辣斯》,认为麦喀士(马克思)是社会主义之鼻祖,但又认为马克思的学说是"幼稚之理想""其谬误固已不可掩""无有一毫之意味,无有一毫之价值",并未接受马克思主义。1903年到美洲游历,考察美国社会情况,接受美国《社会主义丛报》总编辑哈利逊等的访问,认为中国并不具备社会主义革命的条件。1904年在《新民丛报》第46号至48号上发表《中国之社会主义》,把马克思的社会主义学说归纳为"土地归公,资本归公"。十月革命后,他将自己对马克思主义或社会主义的看法概括为社会改良主义,又称国家社会主义,在《欧游心影录》中专门设有《社会主义商榷》一节。1921年发表《复张东荪书论社会主义运动》,仍然坚持中国不宜实行社会主义的观点,成为反对社会主义的代表人物。先后发表《干涉与放任》《俄罗斯革命之影响》《俄国社会党》《中国之社会主义》《社会主义论》《社会主义论序》等文章,在客观上促使社会主义思潮在20世纪初的中国兴起,所以被称为近代中国最早在刊物上系统介绍社会主义及马克思主义学说的启蒙思想家。著有《饮冰室合集》等。

按:许静波说:"梁启超是中国近代史上最早译介马克思主义的代表人物之一,同时也是极力公开反对社会主义的国学大师。在梁启超看来,由于不具备经济条件,没有工人阶级以及不适合革命等原因,中国不能走社会主义道路。梁启超的论说彰显了国学与马克思主义的内在紧张关系,即经学与科学的对立、天下与社会的对立、民本与民主的对立。""梁启超无疑在中国的马克思主义传播史上占有一定的地位,但他对社会主义的理解囿于国学的框架内,这样的社会主义实行起来势必与中国实际大相径庭,也不能从根本上扬弃和超越西方的资本主义。梁启超没有看到社会主义的政治意义,即社会主义是要实现人与人之间真正的平等,要开拓人的自由全面发展的广阔空间,因而他的救国手段和策略也仅仅是一种'精英意识'。经过时代的筛选和历史的考验,中国最终选择了社会主义的道路,这是梁启超通过理论演绎得不出的结论。"①

按:李军林说:"梁启超是中国人在自己的论著中最早介绍马克思及其学说的改良派代表,他在《新民丛报》上连续发表《进化论革命者颉德之学说》《二十世纪之巨灵托辣斯》以及《中国之社会主义》等文章,论及马克思及社会主义思想,为马克思主义输入中国立下了汗马功劳。"②

彭湃(1896—1929)卒。乳名天泉,原名彭汉育,化名王子安、孟安等,广东海丰人。1917年赴日本留学,就读于早稻田大学政治经济科。1921年夏回国,任海丰县教育局局长。1923年7月至1925年底,在广州举办五届农民运动讲习所,任第一和第五届农讲所主任。参加两次东征。1925年5月当选为广东省农民协会执行委员会常委、副委员长。中共广东区委成立后,任区委委员,1926年10月任中共海陆丰地委书记兼潮梅海陆丰办事处主任。1927年3月到武汉农讲所工作。5月在中共第五次全国代表大会上当选为中央委员。1927年10月在广东海陆丰地区领导武装起义后,建立海丰、陆丰县苏维埃政府,是中国第一个工农兵苏维埃政权。1927年8月1日参加南昌起义,任中共前敌委员会委员。在"八七"会议上缺席当选为临时中央政治局候补委员。11月领导海陆丰武装起义,任海陆丰工农民主政府委员长和中共东江特委书记。1928年7月在中共第六次全国代表大会上当选为中央政治局委员。同年冬任中央农委书记兼江苏省委军委书记。1929年8月24日因叛徒白鑫出卖而被捕,30日在上海龙华与杨殷、颜昌颐、邢士贞同时英勇就义。著作编为《彭湃文集》。

按:马小芳说:"中共成立初期,著名的农民运动领袖、被毛泽东誉为'农民运动大王'的彭湃,以'平凡化'的形象,毅然走向农村,深入农民,最早在广东发动、组织农民开展轰轰烈烈的农民运动,极大地推动了新民主主义革命时期农村马克思主义大众化实践,并作出了重大贡献。""在向农民宣传马克思主义,推动马克思主义大众化实践的过程中,彭湃非常重视发挥农会的作用,充分利用农会这个载体,组织农民开展多种形式的政治斗争。通过这些政治斗争,向广大农民进一步宣传马克思主义,使他们进一步团结起来、组织起来,以实现反帝反封建的革命目标。"③

---

① 许静波.国学与马克思主义的初遇——以梁启超为例[J].马克思主义与现实,2015(3).
② 李军林.从"五W"模式看马克思主义在中国早期传播的特点[J].湖南师范大学社会科学学报,2007(1).
③ 马小芳.彭湃推动农村马克思主义大众化的实践与启示[J].岭南学刊,2017(2).

按:齐霁、杨东说:"在马克思主义大众化特别是在乡村社会大众化的历史进程中,彭湃无疑是一位开拓者。从对乡村社会现状的认知,到对农民群体社会心理的剖析,不仅体现了他将人民群众最关心、最现实的利益问题摆在了首位,事实上也是他实践马克思主义大众化的逻辑起点。更为重要的是,彭湃在乡村社会的大众化实践中,是以最平凡的形象深入民间,用自己的高尚情操和感染力来号召和吸引民众的。而人们也正是从他身上所承载的形象与符号中才做出自己的认知和判断的。当彭湃在民众心目中已成为一种特定的符号,他们也就最终认识和理解了'马克思主义'。这也正是彭湃在乡村社会大众化实践中留给我们的一条最宝贵的经验。"①

缪伯英(1899—1929)卒。又名缪玉桃,湖南长沙人。1919 年 7 月考入北京女子高等师范学校学习,曾参加北京大学的湖南学生同乡会,与邓中夏、何孟雄等人一起,研讨改造社会等问题。1920 年初参加北京大学马克思学说研究会。同年 11 月参加由李大钊组织的北京共产主义小组,成为中国共产党的第一个女党员。1922 年下半年任中国劳动组合书记部秘书,并兼管女工部的日常工作和《工人周刊》的编辑工作。常与邓中夏、何孟雄等深入产业工人集中的丰台、长辛店、南口、唐山等地,开展工人运动。8 月当选为北京民权运动大同盟的筹备委员。1923 年与丈夫何孟雄一起领导京汉铁路北段的罢工斗争。1924 年 3 月任中共北京区执行委员会妇女部长。1925 年初先后担任中共湘区委员会委员和妇女运动委员会主任,兼管湘区委宣传工作。1926 年 10 月以湖北省立第二女子中学训育主任的公开身份前往汉口,协助蔡畅开展妇运工作。1927 年至上海任中共沪东区委妇女运动委员会主任。1929 年在上海病逝。是我国妇女解放运动的先驱者。

---

① 齐霁,杨东.彭湃与马克思主义在乡村社会的大众化[J].兰州学刊,2011(3).

民国十九年　庚午　1930 年

一、研究背景

1月5日,毛泽东在古田就时局和红军的行动问题给红四军第一纵队司令员林彪复信(即《星星之火,可以燎原》),对党内和红军内的悲观思想作了批评,同时指明中国革命的发展前途。标志着毛泽东"以农村包围城市,最后夺取城市"的革命理论基本形成,初步解决了在半殖民地半封建的中国如何进行无产阶级革命的问题。

按:《星星之火,可以燎原》,是毛泽东给林彪的一封信,是为答复林彪散发的一封对红军前途究竟应该如何估计的征求意见的信。毛泽东在这封信中批评了当时林彪以及党内一些同志对时局估量的一种悲观思想。一九四八年林彪向中央提出,希望公开出版这封信时不要提他的姓名。毛泽东同意了这个意见。在收入《毛泽东选集》第一版的时候,这封信改题为《星星之火,可以燎原》,指名批评林彪的地方作了删改。

2月6—9日,毛泽东主持召开红四军前委,赣西、赣南特委和红五、六军军委联席会议(史称"二七会议"),决定创办中国红军军官学校第六分校。

3月2日,在中国共产党的领导下,中国左翼作者联盟在上海成立(简称"左联"),此后,中国社会科学家联盟、中国左翼美术家联盟、中国左翼剧团联盟相继成立。这些左翼文化运动团体的成立,主要目的是传播和发展马克思主义。

按:"左联"成立后,就把确立马克思主义的艺术理论和批评理论作为自己的主要工作方针之一,马上成立马克思主义文艺理论研究会,由之前间接地翻译日本作家论述苏俄马克思主义文艺理论转为系统、规模、深入地翻译马克思主义经典原著。

是月,陈独秀、彭述之、何资深等在上海创办《无产者》,陈独秀撰写《发刊宣言》。以该刊名为名形成中国托派中的"无产者社派"。

5月,毛泽东在江西寻乌进行社会调查,撰写《反对本本主义》(原题为《调查工作》)和《寻乌调查》,提出了"没有调查,就没有发言权""调查就是解决问题"的科学论断,主张马克思主义"必须同我国的实际情况相结合""中国革命斗争的胜利要靠中国同志了解中国情况"，批评了以往我们党内有些同志把马克思主义教条化，把共产国际决议和苏联经验神圣化的错误倾向，阐明了本本主义的危害性和反对本本主义的重要性。

按：毛泽东说："我们说马克思主义是对的，决不是因为马克思这个人是什么'先哲'，而是因为他的理论在我们的实践中，在我们的斗争中，证明了是对的。我们的斗争需要马克思主义。我们欢迎这个理论，丝毫不存在什么'先哲'一类的形式的甚至神秘的念头在里面。""马克思主义的'本本'是要学习的，但是必须同我国的实际情况相结合。我们需要'本本'，但是一定要纠正脱离实际的本本主义。"①这就是说，马克思主义的基本原理必须与中国革命的实际相结合，中国革命不能照搬俄国革命的模式和经验。饶银华说："这篇文章提出和阐明的重要思想原则，是辩证唯物主义认识论在实际工作中的具体运用和生动概括，是作者运用马克思主义立场、观点和方法从事社会调查，同主观主义特别是教条主义作斗争的历史经验的科学总结。它表明了毛泽东思想活的灵魂的三个基本点，即实事求是、群众路线和独立自主思想的初步形成，也是毛泽东哲学思想形成初期的标志性成果。"②

是月，中国社会科学家联盟在上海成立，会议通过《中国社会科学家联盟纲领》。

按：《纲领》指出：马克思主义已经在全世界上占着胜利，在社会科学上，不必说，就是在自然科学上，也是如此。只有根据于马克思主义的理论，自然科学方能获得稳固的基础，脱离现在西欧资产阶级自然科学的危机，而进入新的发展的阶段。马克思主义已经证明是贯通社会科学与自然科学思想的唯一正确的基础。但是马克思主义，不仅限于理论，它的伟大的特点，还在它是和实际运动相联系的，理论与行动的合一，是马克思主义的一个基本原则。谁要是空谈理论，而不作实际行动，那他就决不是一个真正的马克思主义者。马克思主义的胜利，就是资产阶级也不得不承认了，以生产手段私有制雇佣劳动制为基础的资本主义社会，自然把否定这一制度的马克思主义，看做洪水猛兽似的死敌。资产阶级用尽一切方法，想来破坏马克思主义，它既不能以整个思想的体系，来和马克思主义相对抗，于是就假冒马克思主义篡改马克思主义，抛弃马克思主义的革命精髓，使之成为自由主义的学说。这种企图，形成了各国的社会民主主义。

社会民主主义的影响，反过来，在马克思主义者的内部引起了非马克思

① 毛泽东.毛泽东选集：第一卷[M].北京：人民出版社，1991：111-112.
② 饶银华.评述毛泽东[M].北京：中央文献出版社，2014：241.

主义的倾向,如取消派,托洛茨基派,他们想以表面"左"倾的辞句或明显的机会主义的理论,来涂改革命的马克思主义。现时在全世界上,在中国,这都是对于革命的马克思主义的一个切身的危险,革命的马克思主义,是在反幼稚的"左"倾及反机会主义的"右倾"的斗争中锻炼出来的;谁要是不和社会民主主义作斗争,不和社会民主党影响下的托洛茨基派及机会主义派作斗争,那末,他们就不是一个真正的马克思主义者。在这样的形势之下,革命的马克思主义者,就决不能不有一种团结来光大和发挥革命的理论,以应用于实际,所以我们发起"中国社会科学家联盟",我们的主要任务是:一、以马克思主义的观点,分析中国及国际政治经济,促进中国革命。二、研究并介绍马克思主义理论,使它普及于一般。三、严厉驳斥一切非马克思主义的思想——如民族改良主义、自由主义,及假马克思主义的理论——如社会民主主义、托洛茨基主义及机会主义。四、有系统地领导中国的新兴社会科学运动的发展,扩大正确的马克思主义的宣传。五、革命的马克思主义者,决不是限于理论的研究,无疑地应该努力参加中国无产阶级解放运动的实际斗争,在目前要积极争取言论、出版、思想、集会等等的自由,我们相信只有这样,正确的马克思主义社会科学运动,方能扩大与深入。我们很诚挚的希望中国一切真正的马克思主义者,为无产阶级解放运动努力的人们,和我们一起,在革命的马克思主义的旗帜之下,团结起来,来光大和发挥这个伟大的革命的理论,来促进中国工农革命的胜利。[①]

6月11日,中共中央政治局会议在上海召开,通过了由中央政治局常委兼中央宣传部长李立三起草的《新的革命高潮与一省或几省的首先胜利》的决议,会议提出以武汉为中心的全国总暴动和集中全国红军进攻中心城市的计划。该计划因红军伤亡惨重而最终失败。

是日,毛泽东在闽西南阳主持召开红四军前委和闽西特委联席会议,并做了关于形势、任务和斗争经验的报告。朱德、邓子恢等60多人出席会议。会议通过《富农问题》和《流氓问题》的决议案。

7月18日,中国共产党全国组织会议在上海召开,会议通过了《目前政治形势与党的组织任务》的决议,发布了《中央通告第八十四号——为充分实现六月十一日政治决议的策略路线》《中央通知第一四七号——红色区域最高的军事政治指导机关(工农革命委员会)之产生与运用》《中央通知第一四八号——关于赤色工会运动与建立各级工会间的关系问题》等文件。

---

① 史先民.中国社会科学家联盟资料选编[M].北京:中国展望出版社,1986:21-23.

8 月 10 日,中国共产党中央机关报《红旗日报》正式出版,向忠发作发刊词《我们的任务》。

按:向忠发说:"本报出版的任务,不仅是要登载每日的全国的政治事变,传达各地的革命活动,并且要根据着马克思列宁主义的原则,发布中国共产党对革命中各个问题的观点与主张。"①

8 月上旬,周恩来和瞿秋白先后从苏联回国,根据共产国际的指示,开始纠正李立三"左"倾冒险主义错误。在 22 日举行的中央临时政治局会议上,周恩来传达了共产国际的指示精神,提出了反对武汉暴动的主张。

9 月 8 日,中共中央发出《中央政治局接受国际关于停止武汉南京暴动的指示致国际电》,承认共产国际反对武汉、南京暴动的指示是绝对正确的。

9 月 12 日,第一次全国苏维埃代表大会中央准备委员会会议在上海召开。

9 月 24—28 日,在共产国际指导下,中国共产党六届三中全会扩大会议在上海召开。周恩来作《传达国际决议的报告》和《组织报告》,李立三作了检查发言。会议通过《关于政治状况和党的总任务议决案》《组织问题决议案》等文件,结束了以李立三为代表的"左"倾冒险主义错误。

10 月,江西省苏维埃政府宣告成立,标志着苏区的中央根据地的形成。至 1934 年 10 月开始长征,历时 4 年之久。中央苏区是土地革命战争时期,由毛泽东、朱德等领导开创的全国最大的革命根据地,对中国革命做出了巨大贡献。

10 月至 11 月,毛泽东先后到兴国、东塘、木口村等地调查,并撰写《兴国调查》《东塘等处调查》《木口村调查》《赣西土地分配情形》《江西土地斗争中的错误》等文章,解决了土地革命中的许多政策问题。

按:兴国调查是毛泽东历次调查较深入的一次,对于党制定实施土地革命路线和政策具有指导意义,是研究毛泽东农村调查理论和实践的重要文献资料,是构成毛泽东新民主主义革命基本思想的组成部分,也是进行党的思想方法和工作方法教育的教材。②

11 月 25 日,闽西工农银行发行印有马克思、列宁头像的深绿色石印版壹圆券纸币。在此券正面的中间为马克思、列宁头像,两端中间分别为"暂用""钞票"字样。背面写着"全世界无产阶级联合起来"的口号。

---

① 中国社会科学院新闻研究所,编. 中国共产党新闻工作文件汇编:下卷[M]. 北京:新华出版社,1980:21.

② 袁竞,主编. 毛泽东著作大辞典[M]. 北京:中国国际广播出版社,1991:24.

二、研究论文

之华《苏联社会主义改造的新时代》发表于《布尔塞维克》第 3 卷第 6 期。

丁浩川《幼年时期的列宁》发表于《中国青年》第 2 卷第 1 期。

丁浩川《向斯大林学习》发表于《中国青年》第 2 卷第 3 期。

光悌《释马克思列宁论儿童的劳动剥削与解放》发表于《中国青年》第 2 卷第 6 期。

[苏]斯大林《与英国作家威尔斯的谈话》发表于《中国青年》第 2 卷第 11 期。

萧林《列宁的为人》发表于《中国青年》第 2 卷第 11 期。

马振钾《民生主义与社会主义及共产主义》发表于《陇上青年》第 2 期。

张祖翼《共产主义的趋势》发表于《青年进步》第 4 期。

林植夫《马克思学说之批评》发表于《新声》第 1 期。

按：文章说："要批评马克思的学说，须从哲学、政治学、经济学、生物学各方面着手，尤其是哲学方面，他是祖述费儿巴黑的唯物论，而以海格尔的辩证法作其基础，故我们如果想根本解决，不能不从这一方面着手。但是马克思自己始终只承认他的学说是科学，故我们在另一方面，不妨就他本身的学说，加以批评，换一句话说，即我们不妨就马克思本身研究看他到底有多大权威，如果他本身没有多大权威，则我们批评马克思的目的已达，不必再费其他何等的麻烦，此篇的目的即在于此。"文章分唯物史观之批评、剩余价值说之批评、阶级斗争说之批评 3 部分。

樊颖明《倒果为因的唯物史观》发表于《新声》第 15 期。

萃英译《马克思主义的根本错误》发表于《新声》第 18 期。

张我军《从革命文学论到无产阶级文学》发表于《新野》创刊号。

默之《列宁与未来主义》发表于《中学生》第 6 号。

陈清晨译《托洛斯基的生平》发表于《北新》第 4 卷第 13 期。

漆琪生《五年计划实施后苏俄之贸易政策及其贸易现状》发表于《北新》第 4 卷第 14 期。

[日]西河太一郎作、季尺译《都会对农村关系之辩证法的发展》发表于《北新》第 4 卷第 14 期。

子真《唯物史观与社会学》发表于《北新》第 4 卷第 17 期。

[苏]Louis Fischer 作、凌康源译《托罗斯基的世界革命》发表于《东吴》

第 1 卷第 1 期。

按："托洛斯基是苏俄反干部派的首领。虽然是在被放逐中,他的言论还足轻重一时。这篇文章中,将托洛斯基与史丹林对于世界革命不同之处,说得很明白。读了,我们至少可以明了现在苏俄对于国外的社会革命,抱什么态度。"——译者

沈志远《唯物辩证家的斯大林》发表于《理论与现实》第 1 卷第 4 期。

颂华《苏俄经济政策的变动及其最近的概况》发表于《东方杂志》第 27 卷第 6 号。

李惟果《苏俄的五年大计划》发表于《东方杂志》第 27 卷第 10 号。

[苏]K. Timiryazeff《达尔文与马克思》发表于《东方杂志》第 27 卷第 17 号。

[法]詹美斯作、化鲁译《社会主义的一个新学派——亨利窦满》发表于《东方杂志》第 27 卷第 19—20 号。

海君《共产党与中国社会》发表于《铲共半月刊》第 4 期。

颠公《共产党基本理论——唯物史观的批评》发表于《铲共半月刊》第 5—6 期。

按:文章批评"唯物史观的挂一漏万",认为"马克思却以生产情态独能支配宗教与科学,并以之为历史中最基本的力量,真不知他将地理环境与人类特性放到哪儿去了。马克思只知道经济的力量大,而不知非经济的力量也非常之大,并且地理环境与人类特性且支配着经济或生活情态而为其基础。所以唯物史观实在是轻率挂漏没有得着社会生活的适当概念"。

玉瑛《科学的社会主义 ABC》发表于《时潮月刊》第 1 卷第 1 期。

鹤逸《何谓辩证法的唯物论》发表于《时潮月刊》第 1 卷第 3、4—5 期。

按:文章说:"唯物论的观点,总括起来,就是社会为它自己的存在,自不得不想出一种方法取得生存资料,其方法,实为决定社会其物的物质基础,这个基础,不但决定人类的意识,并且决定人类的思想,以及一切精神上的变化。辩证法的唯物论,就是在社会观上立于这种唯物论的见地。"

磊《从资本主义的没落说到马克思主义与民生主义的差异》发表于《劳资合一》第 1 卷第 2 期。

化石《共产党专政下的苏俄农民》发表于《劳资合一》第 1 卷第 5 期。

朱明《共产党反宗教之真相》发表于《俄罗斯研究》第 5—6 期。

明译《共产党统治下之苏俄大学教育》发表于《俄罗斯研究》第 8 期。

[苏]Caluin Hoouer 作、顾高阳译《俄国共产主义的成绩》发表于《俄罗

斯研究》第 8 期。

夏晋熊《阶级斗争的批评》发表于《心声月刊》第 1 卷第 2 期。

按：文章认为："马克斯的阶级斗争不能实现原因是：(一)社会断不会像马克斯所说的那样纯单，那样机械式，只有两大对峙阶级；(二)经济利己欲不是人事一切的原动力；(三)劳动界不会认他们将来的真正利益所在，不愿眼前得到的近利，切肤的衣食问题；更不会彻底的认识这种实现社会共通利益观念，社会革命的步骤与方法。"

夏晋熊《唯物史观的批评》发表于《心声月刊》第 1 卷第 3 期。

按：文章批评"马克斯'唯物史观'的学说太偏重于经济元素，或生产程式方面，而太忽略了其他非经济的要素。历史演进的原动力的起源是非常复杂的，互相影响的，断不能拿一个原动力来解释因果纷歧的历史。马克斯对于非经济要素，固然是非常轻视，但他对于与历史最有密切关系的地理上势力与科学的发明也没有十分注意，这是他的更大的缺点"。

启《科学社会主义的资本主义崩溃论》发表于《郁大月刊》第 2 期。

希达《马克斯主义与三民主义》发表于《郁大月刊》第 2 期。

阎树枬《唯物史观的社会构造之研究》发表于《郁大月刊》第 3 期。

鲁易《社会主义》(主义讲座)发表于《民众生活》第 1 卷第 22 期。

鲁易《马克斯社会主义》(主义讲座)发表于《民众生活》第 1 卷第 23 期。

鲁易《空想的社会主义》(主义讲座)发表于《民众生活》第 1 卷第 25 期。

为彬《社会主义者邹穆公》发表于《民众教育》第 1 卷第 26 期。

[苏]杜莱塞作、华鼎彝译《共产主义下的苏俄》发表于《长风》第 3 期。

吴昭说《〈资本论〉的最终目的及其研究方法》发表于《长风》第 3 期。

按：文章说："《资本论》是一部很难解的书，著者马克斯在这部书里要研究的是：'资本制生产方法和适应于这方法的生产关系与交易关系。'(见《资本论》第一版自序文)马克斯的《资本论》实在是一部纯粹学术的书；但是因为马克斯一生之实际革命运动的影响，却动摇了后世《资本论》读者的公正客观底态度。以致《资本论》的评论者，无论是站在驳斥方面或颂扬方面，皆不免以己见为主体而偏端地搜求《资本论》中意见与己见的异同。至于是否对著者和全书已有整个的，彻底的理解，却是问题。所以我在说明'《资本论》的最终目的及其研究方法'以前，要深切盼望读者对于纯粹学术的著作，要超脱一切成见，纯粹客观地在书中探求作者的思想与见解。就是在阅读之后要批评的时候，亦切忌以常识为标准。因为常识是常和科学的事实相反的。"

王建公《唯物论与辩证法》发表于《民鸣月刊》第 2 卷第 4 期。

［日］北泽新次郎作、向默安译《资本主义经济与社会主义经济》发表于《民鸣月刊》第 2 卷第 5 期。

芳润《唯物史观与资本主义》发表于《健行月刊》第 2 卷第 1 期。

李白余《辩证法唯物论的哲学大纲》发表于《健行月刊》第 2 卷第 3 期。

［苏］列宁《经济罢工与政治罢工》发表于《全总通讯》第 5 期。

［美］布丁作、一如译《对于唯物史观与阶级斗争底探讨》发表于《现社会》第 1 卷第 1 期。

周可法《战前欧美社会主义运动史略》发表于《群言》第 7 卷第 3—4 期。

王宪仁《苏俄无产阶级独裁之批判》发表于《自新》第 9—10 期。

甘作佳译《无产阶级的政治学说》发表于《南涛》创刊号。

阳叔保《民生史观与唯物史观》发表于《文物月刊》第 1 卷第 3 期。

高椿如《社会主义为经济论之大意》发表于《商学研究》第 1 卷第 4 期。

徐正邦《中国国民党与法西斯蒂及共产党之比较》发表于《法政周刊》第 1 卷第 1 期。

编者《马克斯学理的认识》发表于《贵州财政月刊》第 2 卷第 2 期。

如心《评布哈林氏的"唯物史观"》发表于《社会科学战线》第 1 期。

［日］三木清作、罗鸿诏译《辩证法之自由与必然》发表于《社会科学论丛》第 2 卷第 7 期。

［苏］德波林作、何思敬译《哲学之对象与辩证法》发表于《社会科学论丛》第 2 卷第 12 期。

曾同春、尹玉瑛《合理化与社会主义之将来》发表于《新朝大》第 3 卷第 1—2 期。

曾迪先译《欧文与基督教社会主义》发表于《清华周刊》第 33 卷第 2—3、5—6 期。

［苏］布哈林作、金衡译《科学的社会主义与基督教》发表于《清华周刊》第 33 卷第 10 期。

乐人译《宗教与社会主义》发表于《清华周刊》第 33 卷第 10 期。

柏昂尼《辩证唯物论对于宗教的批判》发表于《清华周刊》第 33 卷第 10 期。

乃超《马克思主义艺术理论的文献》发表于《文艺讲座》第 1 册。

按：文章说："马克思主义的方法不单是处理经济、政治、社会发展的方法，又是一切学问之最科学的方法。向来以唯物史观分析经济、政治以至社会构造的文章虽然很多，但是关于艺术领域中的研究，这方面的成果还不见得多。同时，艺术之唯物论方法的研究，虽然已经有了很多。资产阶级的学者也做了相当的工作，然而有系统的，有正确的结论，依然不多。这里当然不能够笼统的全部介绍过来，只能选出一部分的作者的著作。同时在这些著作里面，可以找到线索去研究马克思主义学者以前的资产阶级学者对于艺术领域上的著作。"文章介绍了蒲列哈诺夫的《艺术与文学》、卢那查尔斯奇的《马克思主义艺术理论》、波格达诺夫的《艺术与劳动阶级》、捷烈夫斯基的《艺术与无产阶级》、傅利采的《艺术社会史概要》和《艺术社会学》、玛查的《现代欧洲的艺术》、阿尔瓦托夫的《艺术与阶级》和《艺术与生产》、格甲克的《艺术辩证法的问题》、维托诺夫·达比陀夫的《马克思主义造型艺术史》、布哈林的《艺术上的形式主义》、殊密特的《艺术发达之辩证法》、梅林克的《世界文学和无产阶级》等著作。

　　[苏]傅利采作、蒋光慈译《社会主义的建设与现代俄国文学》发表于《文艺讲座》第 1 期。

　　[日]冈泽秀虎作、雪峰译《俄国无产阶级文学发达史》发表于《文艺讲座》第 1 期。

　　乃超《日本马克思主义艺术理论书籍》发表于《文艺讲座》第 1 册。

　　按：文章说："一九二四年日本的无产阶级运动开始由自然生长的斗争转入目的意识的斗争。无产阶级的运动一天一天的发展起来，知道过去的无组织的斗争不能彻底的解放劳动群众，也知道没有把劳动群众从种种旧的支配观念解放出来，就不能促进革命成功，于是文化领域中开始了蓬蓬勃勃的无产阶级文学运动。六七年来日本的文学由自然生长的无产文学转变为目的意识的无产文学运动，我们又可以在这运动中找出一些时时刻刻领导这个运动之发展的马克思主义艺术理论的书籍。初期的理论少不免是限于给无产文学争取公开的存在，正因为这样，理论的内容未必有纯正马克思主义的观点。"文章介绍了平林初之辅的《无产阶级的文化》、武藤直治的《文学的革命期》、宫岛资夫的《第四阶级的文学》、青野季吉的《马克思主义文学斗争》、藏原惟人的《艺术与无产阶级》、田口宪一的《马克思主义与艺术运动》、山田清之郎的《日本无产阶级文学运动史》等著作。

　　[苏]伊可维支作、戴望舒译《唯物史观的诗歌》发表于《新文艺》第 1 卷第 6 期。

　　[苏]蒲力汗诺夫作、郭建英译《无产阶级运动与资产阶级艺术》发表于《新文艺》第 2 卷第 1 期。

〔苏〕伊可维支作、戴望舒译《唯物史观与戏剧》发表于《新文艺》第 2 卷第 1 期。

冯乃超《俄国革命前的文学运动》发表于《艺术》第 1 卷第 1 期。

〔苏〕布哈林作、李史翼译《音乐之唯物史观的分析》发表于《大众文艺》第 2 卷第 5—6 期。

黄炎道《唯物辩证法研究》发表于《朝华》第 2 卷第 3—4 期。

杨威《当代政治家毛泽东》发表于《奋报》第 475 期。

常乃德《唯物主义与中国的新教育》发表于《中华教育界》第 18 卷第 6 期。

按：文章说："我所说的唯物主义，不是马克斯的唯物史观，因为唯物史观只是一种变相的唯心主义；也不是欧洲哲学上的唯物主义，因为那种唯物主义的哲学也只是玄学鬼在那里作怪。我所说的唯物主义，乃是根本抛弃一切唯心的玄想，切切实实从物质的建设着手，以培植未来新中国的基础。这个基础的建筑，应该仍是交给现代的中国教育家身上。"

陈骧《唯物主义教育哲学之基本论点》发表于《师大教育丛刊》第 1 卷第 3 期。

按：文章论述的教育哲学的六个基本论点，即第一，唯物主义教育哲学家，主张人性无所谓善不善，或竟主张性是恶的；第二，唯物主义教育哲学家，主张教育万能，重人为而轻自然，重习惯而轻本性；第三，唯物主义教育哲学家，对于教育价值或教育目标是实用主义的，与社会主义的，是与人类生活价值相应的，是与人生活的一致的；第四，唯物主义教育哲学家，在教育方法上，主教师之积极工作，而取干涉主义，不主消极教育以等待儿童自己变成优良的人；第五，唯物主义教育哲学家，地域教育历程，主张先测量儿童之智力、情感、意志、个性差异等，测量好了，然后才按部就班的去施教育；第六，唯物主义教育哲学派，对于编制课程之标准为社会需要，选择教材之方法为工作分析法。

冯赞元《合作运动与各种社会主义的不同性和他的优越性》发表于《江苏党务周刊》第 24 期。

潘汉年《普罗文学运动与自我批判》发表于《拓荒者》第 1 卷第 2 期。

按：文章说："一个真正的马克思主义者，最能够接受正确的客观批判，同时，他一定又是自己阵营内检讨工作，坚决执行自我批判的人，毫无彼与此个人情感意气的虚掩。同时，马克思主义者自我批判的目的与手段，绝对不与一个小资产阶级自由主义者相同，他绝对不容许从个人的利害关系或者私人的情感而出发。""我们为了要把正确的马克思主义思想普遍化,为了要确立中国普罗文学运动的理论,为了要指摘作家思想与生活的错误,为了要指导一般青年读者怎样去理解作品,我们应当马上开始中国普罗文学运动的自我批判。"

谷荫《马克思底诞生纪念》发表于《拓荒者》第 1 卷第 1—5 期。

潘汉年《左翼作家联盟的意义及其任务》发表于《拓荒者》第 1 卷第 3 期。

按:文章在讲到左翼作家联盟应有的任务时说:"正确的马克思主义文学理论的宣传与斗争:因为中国马克思主义思想还没有普遍化的深入,所以当初这一运动的开始,便没有正确的形态,如小资产阶级是个人主义、浪漫主义、虚无主义的革命思想,充满了所有的文艺理论与作品中,一直到现在,含有毒质的革命文学作品尚在发展。我们要克服这一倾向及其危机,只有加紧正确的马克思主义理论的宣传,一方面我们固然需要介绍外国已有正确的无产阶级文学理论,可是一方面一定要加紧马克思主义的社会科学理论的研究与宣传,在这两重工作中,才能够产生与中国无产阶级政治斗争配合一致的无产阶级文学运动理论。同时只有扩大马克思主义的文学理论的宣传,才能更快的摧毁一切反动文学理论的存在,减少其麻醉与缓和革命斗争的作用。现在资产阶级的御用走狗、学者及小资产阶级虚无主义的诡辩家,不是正在积极的向我们做各种方式上的进攻吗? 我们丝毫不能忽略这一理论的斗争!"

[苏]列宁作、冯雪峰译《论新兴文学》发表于《拓荒者》第 2 卷第 2 期。

按:是文为列宁《党的组织和党的出版物》中的主要部分。

吴刚立《三民主义产生时代之背景及其影响于世界各派社会主义》发表于《荒园》第 2 期。

唐启宇《合作与自由竞争及社会主义之观察》发表于《自求》第 16 期。

[德]Rocker. R. 作、卢澹卿译《历史的回忆——第一国际中国家社会主义派之理论与实际的失败》发表于《晦鸣》第 1 卷第 18 期。

顾孟余《论唯物史观》发表于《革命战线》第 8 期。

白澍田、唐小圃《俄罗斯社会主义联邦苏维埃共和国——婚姻亲属及监护法》发表于《法律月刊》第 1—3 期。

谭绍就《社会主义与家庭问题》发表于《社会问题》第 1 卷 2—3 期。

关瑞梧《马克斯阶级斗争说的见解和批评》发表于《社会问题》第 1 卷 2—3 期。

沧波《苏俄之劳工现状与五年计划》发表于《实业杂志》第 155 期。

胡远濬《老孔学说与黑格耳马克斯学说之比较》发表于《国立中央大学半月刊》第 2 卷第 4 期。

章锡琛《倍倍尔的"妇人与社会主义"》发表于《妇女杂志》第 16 卷第 7 期。

周容《社会主义与资本主义：为知识妇女作》发表于《妇女杂志》第 16 卷第 10 期。

希圣《民生史观和唯物史观底认识》发表于《绩溪评论》第 6 期。

李达、邱鹤《辩证法的唯物论》发表于《大夏期刊》第 1 期。

梁平(吴亮平)《整个社会科学运动的意义》发表于《世界文化》第 1 期。

按：文章说："革命马克思主义的一个基本特点，就是理论与行动的统一。伟大的马克思主义者，无论是马克思、恩格斯或列宁，本身就是英勇的无产阶级革命者。马克思主义不是教条，而是行动的指导。所以只关在亭子间里说几句马克思主义的话的人，决不是真正的马克思主义者。真正的马克思主义者一定要参加无产阶级的解放运动。只有在马克思主义领导之下，工农的革命运动，方能得到正确的指导，同时也只有参加实际革命斗争，才能使马克思主义成为有生气的、有力量的理论。所以中国的每个真正马克思主义者，毫无疑义地都应该自觉地参加实际的革命斗争，以促进革命的胜利。中国正处于伟大的变革时期之中。中国一定要从帝国主义统治下的国家，转成工农的革命国家。在这一时期之中，革命的思想家——马克思主义者——负担着非常重大的任务。中国新兴社会科学运动，是客观革命形势所必然产生的结果，这一运动，应该是群众的，应该吸收广大的群众来参加，只有这样，新兴社会科学运动才能负担起它的伟大任务。"

烈文《苏联社会主义建设的伟大发展》发表于《世界文化》第 1 期。

庄心在《政治思想与政治制度——唯物论辩证法的研究》发表于《世界月刊》第 5 卷第 1—2 期。

[苏]伊里基作、高希圣译《科学社会主义的本质》发表于《世界月刊》第 5 卷第 1—2 期。

按：文章说："马克思主义是马克思之见解和学说的体系。马克思是继承了而且灿烂地完成了十九世纪时属于人类中三个最进步的国家之三个重要的思想倾向，即德国的古典哲学，英国的古典经济学，及和法国的一般革命学说相关联之法国的社会主义。他把近代唯物论和近代科学社会主义的总和提示为世界上一切文明国之个人运动的理论及纲领，这种见解的彻底和完全,就是他的反对者,也是加以承认的,所以在说明马克思主义的重要内容,即马克思的经济学说前,我们须先简单地绍介他的世界观。"

李权时《从唯物史观到新唯心史观》发表于《经济学季刊》第 1 卷第 1、4 期。

清晨《站在三民主义的立场来评判共产主义》发表于《津声》第 2 卷第 2 期。

龚伯循《中国共产党的剖视》发表于《南浔铁路月刊》第 8 卷第 7 期。

樊维德《对于苏俄之感想》发表于《国立浙江大学校刊》第 29 期。

刘景阳《论马克斯学说的错误与中国不能实行的原因》发表于《冯庸大学校刊》第 3 期。

按:文章批判了马克思的"唯物史观的错误""阶级斗争的错误""劳农专政的错误""副余价值的错误""世界革命的错误"。作者最后说:"在中国不能实行主要的理由,可以总结如下:第一共产主义完全将人类当作物质和经济的东西,既与事实不合,又与中国民族性根本相反,在中国是绝对不能实行。第二中国经济尚未发达,资产阶级既为'流产',无产阶级也'幼稚',而且'人数无多',缺乏实行共产主义的根本条件,用杀人放火的暴动法,硬作出的无产阶级,只能作流寇,一时到处扰乱,决不能实行农工专政。第三中国的国际关系只能容许民族革命与民生革命。俄国所指挥的世界革命,只能破坏民族革命与民主革命,而惹起列强的干涉,陷中国于万劫不复,因此世界革命在中国也无实行的可能。第四共产主义在中国的实际表现,只是赤色恐怖,只是农工暴动,只是杀人放火,致引起全国人民的觉悟与反抗,从此可断定无成功的可能。"

默之《列宁与未来主义》发表于《中学生》第 6 期。

汪毅《从辩证法来考察地球的进化》发表于《现代中学生》第 1 卷第 1 期。

秋池《辩证法概说》发表于《现代中学生》第 1 卷第 5 期。

中阳《中国共产党的两劲敌——统一与建设》发表于《黄埔月刊》第 1 卷第 3 期。

毛应章《社会主义浅说》发表于《黄埔月刊》第 1 卷第 4—5 期。

忆德《辩证法唯物论的认识论》发表于《清华》第 1 卷第 1 期。

仲云《唯物史观与文艺》发表于《小说月报》第 21 卷第 1—6 期。

剑民《唯物史观的文学论》发表于《读书杂志》第 1 卷第 2 期。

[日]田烟三四郎作、冯雪峰(署名洛扬)译《艺术形成之社会的前提条

件》发表于《萌芽月刊》第 1 卷第 1 期。

　　按：是文乃从日文转译的马克思《〈政治经济学批判〉导言》中关于艺术生产与物质生产发展不平衡问题的论述。马克思提出了艺术生产与物质生产发展的不平衡问题。

　　[德]恩格斯作、致平译《在马克斯葬式上的演说》发表于《萌芽月刊》第 1 卷第 3 期。

　　[日]田烟三四郎作、冯雪峰译《马克思论出版底自由与检阅》发表于《萌芽月刊》第 1 卷第 5 期。

　　按：是文选自马克思为《莱茵报》撰写的第六届莱茵省议会的辩论文章和《评普鲁士最近的书报检查令》，共有 9 节。马克思认为，"自由出版是在到处张开着的国民精神底眼，是国民底具象化了的自己信赖，是将各个个人和国家及世界结合起来的纽带，是将物质的斗争变为精神的斗争，而且将那素材的姿态加以理想化的那种合同文化"。马克思还揭露了统治阶级实行"倾向取缔法"的虚伪性与反动性，指出这种"没有给予什么客观的规准的这法律""不是为国民起见的国家底法律，而是为对抗别的党派起见的一党派底法律"，因而又是"恐怖主义的法律"。

　　孙有曾《唯物辩证法概说》发表于《育德月刊》第 2 卷第 3 期。

　　周勋臣《马克斯的学说与宗教》发表于《北辰杂志》第 2 卷第 7 期。

　　宁华庭《社会主义泛论》发表于《共鸣》创刊号。

　　吕钧璜《辩证法的唯物论》发表于《级友》创刊号。

　　萍寄《唯物的辩证法与辩证法唯物论》发表于《渭潮》迪期。

　　希源程《中国各种社会主义概观》发表于《互助周刊》第 2 卷第 2 期。

　　宇心《俄国党争与中国革命》发表于《三民半月刊》第 4 卷第 6 期。

　　孤掌《什么是"社会主义共产主义无政府主义"》（新书批评）发表于《中国新书月报》创刊号。

　　张道仁《辩证法述略》发表于《大夏月刊》第 3 卷第 1 期。

　　陈耀先《无产阶级艺术论》发表于《国立劳大月刊》第 1 卷第 3 期。

　　张汉《辩证法》发表于《国立劳大月刊》第 1 卷第 9 期。

　　刘长宁译《唯物史观及其批评》发表于《燕大月刊》第 6 卷第 1 期。

　　孙寒冰《社会主义的政治思想之史的发展》发表于《国立大学联合会季刊》第 1 卷第 1 期。

　　葛定华《欧战前各国社会主义之运动》发表于《国立中山大学语言历史学研究所周刊》第 11 卷第 121 期。

杨敬舆《空想的社会主义之一瞥》发表于《国立成都大学旅沪同学会会刊》第 1 期。

谈玄《佛教的唯物论》发表于《海潮音》第 10 卷第 12 期。

郑林庄译《马克思主义演进底三个时期》发表于 9 月 23—26 日《大公报》(社会科学)第 33—34 号。

三、研究著作

[德]贝尔著、易桢译《马克思传及其学说》由上海社会科学研究会出版。

按:书前译者《小前言》说:"近代世界的巨大事变,时时处处都证明了马克思底伟大的教训是铁一般地真实,是推动世界革命的一支最有力量的杠杆,仅让那般'吠尧'的'桀犬'是怎样狺狺地狂吠着,也终只是白费气力而已。要彻底理解这位科学社会主义底创造者——马克思底伟大教训,首先便不可不熟悉他底生平奋斗底经历。Max Beer 底这本《马克思传及其学说》是一本短小精悍的作品,他把马克思底精神发展过程,社会活动事业,很扼要地,很精彩地指陈出来,后边又很简明地,正确地叙述了马克思底学说,读了之后,再进而研究马克思底其他著作,当有'迎刃而解'之乐。本书多少可给研究科学社会主义的朋友们一些帮助,这是引起译者译这一本小书的动机。"

[苏]里亚札诺夫著、刘侃元译《马克斯与恩格斯》由上海春秋书店出版。

按:是书即李一氓译《恩格斯马克思合传》的另一种译本。卷首有《马克斯恩格斯传记发展史考》(译者代序)。

梅恩编译《马克斯传记》由上海三民公司出版。

李季著《马克思传》(上册、中册)由上海平凡书局出版。

[苏]薄力哈诺夫著,李史翼、陈谧合译《马克思主义根本问题》由上海真美善书店出版。

按:是书《译者们的小引》说:"薄力哈诺夫氏在现在的中国,实在用不到详尽的介绍,因为谁也知道他是'俄国共产主义之父',是世界社会主义学者中的大权威。虽然他在欧洲大战的时候,竟与考茨基一样,变成一个可耻的社会爱国主义者了;但是他过去在理论上的努力,我们依然不能抹杀。反之,却很有注意的必要。这一本书《马克思主义根本问题》,是薄氏诸名著中的一册。他在这本书上,以异常熟练的手腕,运用唯物论的说明,解决了一切理论上实际上的困难问题。并且对于资产阶级学者的许多著作,都给以正确的批判。同时关于文化史、神话学,以及艺术等等的分析,都有新的发见;所以要理解马克思主义之哲学的历史的观点,这本书是最好没有的资料。最后我们要声明,这本译本是根据木村春海及恒藤恭的日译本,后来又承思仁君代为与法译本对照一次,在此谨表感谢之忱!"

［苏］普列汉诺夫著、彭康译《马克思主义的根本问题》由上海江南书店出版。

按:是书包括《马克思主义底哲学的基础之研究》《费尔巴哈的唯物论》《近代自然科学家之唯心论的倾向》《社会关系对于意识形态的影响》等 16 篇文章。

［苏］普列汉诺夫著、成嵩译《马克思主义的基本问题》由上海泰东图书局出版。

按:是书收录《马克思主义的基本问题》《论自然界与历史中的冲突》《辩证与逻辑》3 篇论文。

［苏］普列汉诺夫著、李麦麦译《马克思主义的基本问题》由上海社会科学研究会出版。

［苏］波丁著,滕固、张志澄译《马克思学说体系》由上海未明社出版。

［苏］萨克夫斯基编,高希圣、唐仁、叶作舟、齐荪译《马克思学说体系》由上海平凡书局出版。

按:是书分为《社会进化的铁则》(上、下)、《史的唯物论》(上、下)4 部分。是书首次提出了"马克思学体系"的新概念,值得重视。

［德］马克思、恩格斯著,潘鸿文(华岗)编《马克思主义的基础》由上海社会科学研究会出版。

按:是书包括《共产党宣言》《共产主义原理》《雇佣劳动与资本》。编者宣称《共产党宣言》体现了"唯物史观、阶级斗争、政治经济"等内容,是"科学的社会主义者之一部最基本的系统的著作"。

［日］河上肇著、江半庵译《马克思主义批判者之批判》由上海申江书店出版。

按:是书收录日本经济学者士田杏村、上方成美、高田保马等人攻击马克思主义的文章,此书予以批判。

罗敦伟著《马克思主义评论之评论》由上海大东书局出版。

马哲民著《精神科学概论——马克思主义的"精神生活"及"精神生产"过程之研究》由上海新生命书局出版。

按:是书力图运用马克思主义的理论对人类的精神活动和现象作系统的研究。全书分总论、"精神生活过程"及其社会关系、"精神生活过程"与社会关系 3 编,共 13 章。

[德]马克思、恩格斯合著,华岗译《共产党宣言》由上海中外社会科学研究社出版。

按:1930 年,党的理论家翻译家华岗受命将 1888 年恩格斯亲校的英文版《共产党宣言》重译,还译出了《1872 年序言》《1883 年序言》《1890 年序言》3 篇德文版序言。该译本华岗是参照陈望道译本,正文第一次使用中英文双语对照,由上海华兴书局出版。这是中国共产党成立后的第一个全译本。早于 1928 年秋,华岗就开始对照原文,逐字逐句地研读和琢磨,反复推敲和比对。1930 年出版时署名"华岗译",时年他 27 岁。该书当时初版时采取伪装本技巧,书名删去"共产党"3 字,仅剩"宣言"2 字,出版社署名是"上海中外社会科学研究社",封面一律使用汉语。该书迅速重印 2 次,至 1932 年已出了第三版。《共产党宣言》的首句话 1930 年华岗译本是:"有一个怪物正在欧洲徘徊着——这怪物就是共产主义。"华岗还将《共产党宣言》最后一句由"万国劳动者团结起来啊!"改译成"全世界无产阶级联合起来!"①

[苏]普列汉诺夫著、章子健译《马克思主义的哲学问题》由上海乐群书店出版。

按:是书分 16 节,从辩证唯物论的理论来源谈起,讨论了地理环境论,生产方式,社会意识形态,基础与上层建筑,经济生活与哲学、艺术的关系,自由与必然等问题。

[苏]德波林著、张斯伟译《哲学与马克思主义》由上海乐群书店出版。

按:是书乃论文集。包括三类文章,即关于哲学批评和论战、关于唯物论史、马克思主义与黑格尔论辩证法。

[苏]萨可夫斯基著、彭桂秋译《马克思世界观》由上海平凡书局出版。

按:是书为萨可夫斯基所著《马克思学体系》一书中的第 10 分册。

[德]柯诺著,朱应祺、朱应会译《马克斯的唯物历史理论》由上海泰东图书局出版。

按:《译者小引》说:"本丛书译自德人柯诺氏所著《马克斯的历史、社会及国家理论》的第二卷第六章。原名《马克斯的历史理论》。因他的理论,是以物质为人类思想的中心,以经济做社会制度的基础,所以就标名为《马克斯的唯物历史理论》。但马克斯把他的'历史理论'定名为'唯物史观'的原

① 邱少明.民国马克思主义经典著作翻译史(1912 至 1949 年)[D].南京:南京航空航天大学,2011.

因，并非说人类的行为，完全根据于物质的动机；实是因社会的物质生活过程，可做社会精神生活的基础。我国近来，研究唯物史观的书籍，坊间所出，名目虽殊；然千部一腔，别无发挥透彻之处。其中阐明马克斯的唯物史观精义的固然很多，而曲解了他的，亦复不少。本书著者柯诺氏，是德国的硕学，而研究马克斯的泰斗。他说明马克斯的学说，纯是根据哲理，再加批评。一方指摘马克斯的错误，他方驳诘马克斯批评家的曲解。是其是，非其非，绝无左袒辩护的地方。例如第四章里面，指摘'马克斯最初过重于经济的事实，而演绎政治、法律，及其他观念'的错误。又如第九章内，对于马克斯批评家的见解错误之点，详为驳论。此外，第八章里面，说明经济事实，如何变为观念要素的过程等，都很值得注目的，所以把他译出，以飨马克斯学说的研究者。"

[德]马克思、恩格斯著，向省吾译《马克思恩格斯关于唯物论的断片》由上海江南书店出版。

按：是书包括马克思的《费尔巴哈论》和《法国唯物论史》，恩格斯的《〈费尔巴哈论〉拾遗》《唯物史观论》《马克思的唯物论及辩证法》。

[德]卡尔·马克思著、杜竹君（李一氓）译《哲学之贫困》由上海水沫书店出版。

[德]恩格斯著、向省吾译《费尔巴哈与德国古典哲学底终末》由上海江南书店出版。

[德]恩格斯著、成嵩译《从猿到人》（即《劳动在从猿到人转变过程中的作用》）由上海泰东书局出版。

[德]柯诺著，朱应祺、朱应会译《马克思哲学唯物论历史理论》由上海泰东图书局出版。

[苏]郭列夫著、瞿秋白译《无产阶级之哲学——唯物论》由新青年社出版。

[日]河上肇著、巴克译《唯物史观的基础》由上海明日书店出版。

按：是书为著者《经济学研究》一书中的第 13 章、第 14 章。论述唯物史观产生和发展的过程。分唯物史观的基础、恩格斯与唯物史观两章。

[日]河上肇著、郑里镇译《唯物史观研究》由上海文华书局出版。

按：是书介绍历史唯物主义有关生产力与生产关系、基础与上层建筑、阶级斗争、国家与革命等的基本观点与原理。

[日]河上肇著、周拱生译《唯物论纲要》由上海乐华图书公司出版。

按：是书简述从 16 世纪 17 世纪开始的欧洲近代哲学，19 世纪德国古典哲学,以及马克思主义哲学;总结了唯物论的出发点和根据,思维与存在的关系等问题。全书分11章。

[日]佐野学著、徐韫知译《唯物论的哲学》由上海乐华图书公司出版。

按:是书介绍马克思主义哲学的产生、发展及其基本内容。全书分4章。书末附录《明治时代的光辉的唯物论者》一文,介绍了中江兆民的思想。

[苏]布哈林著、刘伯英译《历史的唯物论》由上海现代书局出版。

[苏]布哈林著,梅根、依凡译《历史的唯物论》由上海普益出版社出版。

[苏]布哈林著,梅根、依凡译《唯物史观大纲》由上海平凡书局出版。

[苏]德波林著、任白戈译《伊里奇底辩证法》由上海辛垦书店出版。

按:是书序言为伊里奇(列宁)辩证法底重要性;前篇为革命辩论家伊里奇,后篇为伊里奇底辩证法之一斑。附录:关于辩证法底问题。

[苏]德波林著、林伯修译《辩证法的唯物论入门》由上海南强书局出版。

[德]狄慈根著、柯柏年译《辩证法唯物论》由上海联合书店出版。

[德]狄慈根著、柯柏年译《辩证法的逻辑》由上海南强书局出版。

朱明著《唯物辩证法入门》由上海文艺书局出版。

按:是书分辩证法底起源和历史、辩证法底取义、辩证法义诸公律(矛盾律、过程律、阶段律、联系律)以及辩证法底应用等章。

[苏]德波林著、韦慎译《辩证的唯物论者——乌里亚诺夫》由上海秋阳书店出版。

按:是书又名《列宁——战斗的唯物主义者》。分16章:绪论、理论与实际、认识论的基础、客观的真理、辩证的唯物论、物质的定义、唯物论与唯心论、空间与时间、规律性必然性与自由、思维与存在、物理的唯心论的批评、马克思主义与近代的实际、马克思主义与历史、唯物论共产主义与新人。

[苏]伏尔佛逊著、林超真译《辩证法的唯物论》由上海沪滨书局出版。

按:是书分上、下两编。上编为马克思以前唯物论的发展,下编为马克思的学说。

[苏]哥列夫著、屈章(瞿秋白)译《唯物史观的哲学》由上海明日书店出版。

按:是书介绍唯物史观的内容、来源、发展和作用。分11部分:何为哲学、唯心论与唯物论、近代唯物论的发展、现代唯物论与科学、唯物论的历史观、阶级观与国家论、唯物论与宗教及道德、唯物论的艺术观、唯物哲学与阶级斗争、辩证法与科学、科学之对象——社会。

[苏]塞姆柯甫士基编、齐沁仪译《史的唯物论》(上、下册)由上海春秋书

店出版。

按：是书为马克思、恩格斯、波克罗夫斯基、拉法格、普列汉诺夫、梅林、考茨基、布哈林等人有关历史唯物主义的论著分类摘编。上册有马克思以前的历史观、达尔文学说、自然条件与生产技术等类；下册有基础理论与上层建筑、史的唯物论之应用限界与观念的关系、阶级等类。

［苏］普列汉诺夫著、王凡西译《从唯心论到唯物论》由上海沪滨书局出版。

［苏］普列汉若夫著、杜畏之译《战斗的唯物论》由上海神州国光社出版。

［苏］普列汉诺夫（原题普赖汉诺夫）著、王若水译《近代唯物论史》由上海泰东图书局出版。

按：是书根据德文版译出，分为霍尔巴赫、爱尔维修、马克思3篇。

［苏］萨可夫斯基著，高希圣、严灵峰等译《辩证的唯物论》（马克思学体系第九分册）由上海平凡书局出版。

按：编者在书前介绍《马克思学体系》说："本书系俄国有名马克思学者萨可夫斯基所编，为全世界仅有的一本马克思学说精华文集。本局现特请高希圣、唐仁、叶作舟、韦慎、陈代青、严灵峰、彭桂秋等分任译述，决于最短期内，全都出齐。兹将各册书名录后：《社会进化的铁则》（上、下）、《史的唯物论》（上、下）、《史的唯物论的例证》（上、下）、《自由和必然》、《辩证法》、《辩证的唯物论》、《马克思世界观》。"

［苏］萨可夫斯基著、叶作舟等译《史的唯物论》（上、下册）由上海平凡书局出版。

按：是书的上册是《马克思学体系》第3分册，译者叶作舟，下册是该书第4分册，译者齐荪、何亚。

［德］波治特著、汪馥泉译《史的唯物论概说》由上海神州国光社出版。

按：是书介绍马克思主义的唯物史观，书末附译者后记。本书根据日译本转译。

［德］马克思等著、程始仁（高语罕）等编译《辩证法经典》由上海亚东图书馆出版。

按：是书收录马克思、恩格斯、列宁著作10篇，本书据日本河上肇辑本翻译，"向中国读者介绍了唯物辩证法的核心内容，为中国人全面认识马克思主义哲学提供了参考，也为马克思主义哲学的传播注入了活力"①。

---

① 杨苏磊.高语罕与马克思主义哲学［D］.北京：中共中央党校，2013.

〔苏〕普列汉诺夫著、刘侃元译《唯物史观的根本问题》由上海春秋书店出版。

按：是书分上、下编，上编有唯物史观之历史准备、达尔文与马克思、自然条件与技术3章，下编有基础及上层建筑的理论、理论之精炼及阶级等章。根据英译本传译。

〔苏〕普列汉诺夫著、杜畏之译《战斗的唯物论》由上海神州国光社出版。

按：是书收录批评俄国经验批判论者波格达诺夫的三封信，信内多说及唯物论之认识论，并严厉批评观念论。

〔苏〕普列汉诺夫著、高晶斋译《由唯心论到唯物论》由上海新生命书局出版。

〔法〕饶勒斯、拉法格著，青锐译《在历史观中底唯心主义与唯物主义》由上海辛垦书店出版。

按：是书收录饶勒斯和拉法格两人的哲学论战演说，二者的论战表明了马克思主义与修正主义者的理论分歧与斗争。书前有译者序，书末有译者附语《我们对唯物调合史观底意见》一文。

郭湛波著《辩证法研究》由北京景山书社出版。

按：是书介绍了什么是辩证法，以及赫拉克利特、黑格尔、马克思、老子、庄子等人的辩证思想。分为辩证法概论、西洋辩证法、中国古代辩证思维3篇。

华汉著《唯物史观研究》（上、下册）由上海现代书局出版。

按：是书上册主要讲述辩证唯物主义，下册为历史唯物主义。

吴理屏（吴亮平）编译《辩证唯物论与唯物史观》由上海心弦书社出版。

按：《编者序》说："唯物史观供给我们以整个的宇宙观，这是近代科学发展所证实的唯一正确的宇宙观。当现在全世界处于激荡的狂潮中的时候，一切能够思维的人们，都企求着找得一条出路，渴望着一种正确的人生观，于是对于唯物史观的研究，即成为普遍全世界的一种热烈的要求。那么，怎样办呢？这一问题，极严重地提出于苏联。最好，自然是直接向马克思、恩格斯、伊里奇、蒲列哈诺夫等人的著作中直接寻找唯物史观学说的基础。可是这种工作，不但对于初学者，而且甚至对于称有根底的人们，都是一桩难事。所以，切要明了的唯物史观教本，就成为理论上、实际上的一个急迫的需要。本书就是为满足这种需要而作的。原本为苏格尔特及薛尔文特两人所合著，1929年冬出版于苏联，出版后不数月即已销售十数万本，现时此书在苏联是最好的唯物史观教本。"

张如心著《辩证法学说概论》由上海江南书店出版。

按：是书系统介绍从古代希腊至 19 世纪欧洲辩证法思想的发展，以及各个时期辩证法赖以产生的经济基础、科学文化背景和阶级关系。全书分为绪论、古代希腊哲学底辩证法、德国古典派哲学底辩证法、马克思主义底辩证法 4 个部分。书前有作者序。

张如心著《苏俄哲学潮流概论》由上海光华书局出版。

按：是书论述十月革命以后苏俄哲学思潮的发展概况，苏联哲学界的斗争情况。分为两章：哲学思潮发展的几个阶段、改造时代中辩证唯物论派与机械唯物论派斗争的几个主要哲学问题。

［日］佐野学著、邓毅译《唯物论与宗教》由上海秋阳书店出版。

按：是书为日本《马克思主义讲座》第 1 卷中的一部分，用唯物论的观点阐述宗教的起源、发展和作用。

［美］E. Untermann 著、刘曼译《马克斯主义经济学》由上海乐群书店出版。

［德］马克思著、刘曼译《经济学批判》由上海乐群书店出版。

按：是书即马克思《政治经济学批判》，乃第一次全文译出的单行本。

［德］马克思著、李达译《经济学批评》由上海昆仑书店出版。

［德］科因著，陈宝骅、邢墨卿译《马克思主义经济学方法论》由上海新生命书局出版。

按：是书系研究马克思主义经济学方法论的专著，内容也涉及资产阶级各经济学派的经济理论与方法论。全书分 4 章，第一章理论经济学的对象，第二章抽象的科学之理论经济学，第三章经济学上的唯物论，第四章马克思主义经济学是辩证的科学。

［德］考茨基著、汪馥泉译《马克思底经济学说》由上海神州国光社出版。

［德］考茨基著、陈溥贤译《马克思经济学说》由上海商务印书馆出版。

［日］河上肇著、李达等译《马克思主义经济学基础理论》由上海昆仑书店出版。

按：是书上编论述马克思主义的哲学基础，下编解说《资本论》中的商品理论。河上肇《序》说："马克思主义经济学，如果离开了那哲学的基础，要正当地理解它，是不可能的。本书上篇，就是努力从那种旨趣去阐明马克思主义之哲学的基础的，论述的顺序，一切都是踏着由抽象的东西到具体的东西的那种阶段。……下篇是由《资本论》中商品的分析之解说而成的，商品是资本主义社会的细胞。而本来的细胞学是'生物学的基础'，当然是给生物界的现象以终极的说明的东西(参看由羽博士《细胞》引言),同样,这商品的分析,是资本主义社会的经济学的基础,当然是对于现代社会的一切矛盾给以终极的说明的东西。这下篇的内容,和我在今年春天用《资本论入门》的名称发表了的东西,大略相同,这部分的论述,在现在的我看来,好像是早已没有更加改善的余地了。"

[德]马克思著、陈启修译《资本论》第 1 卷第 1 分册由上海昆仑书店出版。

按:是书乃《资本论》第一个中译本,包括《资本论》第 1 卷第 1 篇和第 1 版序言、第 2 版跋。书前有译者例言及《〈资本论〉旁释》(包括考茨基著《马克思经济学说在思想史上的地位》)、河上肇著《〈资本论〉在马克思经济学说上的地位》、《〈资本论〉第一篇在〈资本论〉上的地位》3 篇文章及考茨基国民版序。译自德文"考茨基国民版"第 8 版(1928 年)。

[日]小泉信三著、霜晓译《资本论》由北平青春书店出版。

[日]高畠素之著、施复亮译《资本论大纲》由上海大江书铺出版。

按:是书以解说马克思《资本论》为主,引文占了一半。卷首有译者序。日文版书名原题为《马克思经济学》。

[日]山川均著、陆志青译《马克思资本论大纲》由上海未明社出版。

[英]恩麦提著、程次敏译《马克斯资本论浅释》由上海北新书局出版。

按:恩麦提原序说:"这本《资本论浅释》之目的在使马克斯《资本论》第一册底译本透彻明了——在于可能范围内尽力使《资本论》底主要或一般宏旨成为家喻户晓。这本书底用意尤其在使《资本论》底前三章即第一篇书透彻明了,并且家喻户晓,这三章在本书中大致按照原书也编为三章提要。但它们并不是严格的提要,因为有些地方我竟毫无迟疑地将一小段原书伸展而简直成为一节疏解。现在这本书是打算使马克斯底经济著作之精华简单化,以便不但为学生们阅读,并且求能尽量表白这部真正奇妙的著作底确定的意义,避免那些不幸四面丛生的误解,友谊的(即非故意的误解)及敌视的,及无数的混淆纠纷,无心犯的及有意犯的。如果经济学这门科学有丝毫重要的话,那末,像现在这本书这样的浅释是非常须要的。虽然马克斯空前未有的《资本论》出世已经有五十多年了,我们如果要说有许多英文读者了解它,那这话未免冒昧武断。一切各种各派的所谓'马克斯主义者',从那最卑污恶劣的诱人入陷阱的人或'沿门托钵'荒诞信徒以至真心拥护马克斯主义的劳动阶级信徒,甚至将马克斯伟大著作底根本道理亦极可痛惜地误解了;所以他们便必然地就将基于这些根本原则的宏大上层建筑也误解了。"

［德］考茨基著，戴季陶译、胡汉民补译《资本论解说》由上海民智书局出版。

［德］考茨基原著、［日］石川准十郎改编、洪涛重译《资本论概要》由上海神州国光社出版。

按：是书分劳动价值及剩余价值、剩余价值的生产、工资及资本蓄积、资本的循环及周转、平均利润与生产价格等 5 编。

［英］爱德华耶费宁著、吴曲林译《学生底马克思》(马克思《资本论》研究纲要)由上海联合书店出版。

按：《译者底话》说：从译者个人底眼光看来，这本小册子至少有下列四点值得读者底注意：(一)本书用最明晰的 Outline Form 把一本八百多页的巨书缩成一本不到二百页的小册子。(二)他用最科学的分析法把一本最难理解的《资本论》简化得有条有理，使读者一目了然。(三)它在量的方面虽不及《资本论》十分之一，但在质的方面却把《资本论》底实质的内容包括无遗了。(四)它是用最客观的态度——大半是用《资本论》底原句写成，不像 Mnett 底 Marx Economie Handok，Karl kausky 底 Karl Marx's Oekonomische Lehren 等书一般，多多少少，有意无意地参加了些主见。但因为原文过于简练的缘故，译笔便难免不甚流畅了。这是要特别请读者原谅的。不过"忠实"二字，译者自信，确已做到，只要读者用心地看下去，包管不会有什么困难的。

［德］马克思著、邹钟隐译《自由贸易问题》(《关于自由贸易的演说》)由上海联合书店出版。

按：是即 1848 年 1 月 9 日发表于布鲁塞尔民主协会的公众大会上的《关于自由贸易的演说》。卷首有日译者例言、译者例言及恩格斯撰写的《〈自由贸易问题〉英译序论》卷末附《工资》(马克思遗稿)。

［日］高畠素之著，萨孟武、陈宝骅、邢墨卿译《马克思十二讲》由上海新生命书局出版。

按：第一讲马克思的生涯及事业，第二讲马克思的唯物哲学说，第三讲马克思的唯物史观说，第四讲马克思的国家学说，第五讲马克思的资本主义崩坏说，第六讲马克思的劳动价值说，第七讲马克思的剩余价值说，第八讲马克思的分工与协业说，第九讲马克思的机器学说，第十讲马克思的资本蓄积说，第十一讲马克思的利润说，第十二讲马克思的地代说。

［日］河上肇著、邓毅译《社会主义经济学》由上海光华书局出版。

［苏］米哈列夫斯基著、朱镜我译《经济学入门》由上海神州国光社出版。

〔苏〕普列汉诺夫著、李麦麦译《现代经济的基本问题》由上海社会科学研究会出版。

按：是乃《马克思主义的基本问题》（1908 年版）一书的早期译本。

〔苏〕布哈林著、向省吾译《转型期经济学》由上海乐华图书公司出版。

按：是书分 11 章，论述帝国主义时代世界资本主义制度的崩溃和向社会主义制度过渡的倾向与一般规律，批驳某些社会民主主义者对这一转化过程性质的非马克思主义观点。是书由德文版转译。

〔苏〕布哈林著、潘怀素译《转型期的经济学》由上海北新书局出版。

〔苏〕布哈林著、杨伯恺译《世界经济与帝国主义》由上海辛垦书店出版。

按：是书分世界经济与资本国际化的过程、世界资本与资本国家化的过程、帝国主义即资本主义竞争之扩张的再生产等 4 编。

〔苏〕布哈林著、郑侃译《有闲阶级的经济理论》由上海水沫书店出版。

〔苏〕布哈林著、刘曼译《有闲阶级经济学批判》由上海乐群书店出版。

按：是书分总论、限界效用说和马克斯主义之方法论的基础、价值论、利润论、结论和附录——理论协调政策等 7 章。对马克斯以后的资产阶级经济学从社会学和方法论两方面进行系统批评。

〔法〕拉法格著、刘初鸣译《经济决定论》由上海辛垦书店出版。

按：是书分 6 编：马克思底历史方法、抽象思想底起源、正义思想底起源、善底思想起源、灵魂思想底起源和进化、上帝的信仰。

〔德〕恩格斯著、吴黎平（吴亮平）译《反杜林论》由上海江南书店出版。

按：是为《反杜林论》的第一个全译本。从一八七六年九月起到一八七八年，恩格斯写了《反杜林论》一书，全名为《欧根·杜林先生在科学中实行的变革》。

〔德〕恩格斯著、钱铁如译《反杜林格论》（上册）由上海昆仑书店出版。

〔德〕柯诺著，朱应祺、朱应会译《马克思的阶级斗争理论》（马克思研究丛书）由上海泰东图书局出版。

〔苏〕波波夫著、章子健译《马克思昂格思农工同盟论》由上海乐群书店出版。

按：是书介绍了马克思和恩格斯关于资本主义制度下农民的阶级分化、小资产阶级二重性及农业经济的命运等问题的论述。

〔德〕柯诺著，朱应祺、朱应会译《马克斯的国家发展过程》由上海泰东图书局出版。

按：是书分原始社会形态的家族理论、原始的游牧群、从游牧群变迁到地域共同团体、恩格斯的地域团体观念、地域团体部族及部族同盟、日耳曼人的国家建设等6章。

[德]柯诺著,朱应祺、朱应会译《马克斯的家族发展过程》由上海泰东图书局出版。

按:是书包括家族的发生、摩尔根和恩格斯的家族构成概念的批评、原始的家族形态、族外婚姻和特定婚姻、符号团体和母系家族的发生、母族制家族、父族制家族、社会发展过程上的血族团体、恩格斯的原史构成和唯物史观等9章。

[德]达马斯基著、付英伟译《马克思主义与土地改革》由江苏南京中德书局出版。

按:是书分导言、马克思主义、路径及目的3部分。论述马克思主义的本质、剩余价值学说与土地问题,侧重于德国土地政策的制定及执行情况。有译者自序。

[德]马克思著、陈仲涛译《拿破仑第三政变记》(即《路易巴拿巴的雾月十八日》)由上海南强书店出版。

[德]马克思著、李一氓译《马克思论文选译》(第1集)由上海社会科学研究会出版。

按:是书原题《马克斯论文选译》。书前有苏联V. I. Uranov的代序《马克思主义引论》。

[苏]乌利亚诺夫(列宁)著、章一元译《最后阶段的资本主义》由上海春潮书局出版。

[苏]布哈林著、许楚生译《唯物史观与社会学》由上海社会问题研究社出版。

[德]马克思著、德特里希编、巴克译《社会主义的基础》由上海山城书店出版。

按:是书乃文摘汇编,分为6编:革命的认识时代、资本主义的生产时代、剩余劳动与劳动日、社会主义和劳动运动、唯物史观、科学的断片思想。译者序说:"我很简单的对此书的意见,写在下面:第一,现在伴随着革命时代的前进,科学的社会主义在实践的运动的过程上,更是显示其迫切的需要,这是毋庸讳言的早已由理论的进到实际的了。为科学的社会主义的马克思主义,是普罗列塔利亚特之变革的实践的意识所表现的现代的最革命的理论和行动的指标。而此理论和指标,散在于马克思的通所有的著作中。参加于实际运动的过程上的人们,想要对于通所有的马克思主义的著作,而完全的涉猎起来，不但在时间上或有所不许，且实际是不易做到的一桩事。此书在此困难情形之下，确会有许多的帮助。因为关于马克思主义的主要的理论，均已分门别类的搜集于此书中了。第二，通所有的马克思的著作，虽外表上好像没有一贯的，统一的，而实际在其理论上，内容上，是一贯的，统一的。况为科学的社会主义的马克思主义，是历史运动的意识的所产物，是贯通革命阶级的变革的实践的所产物；故其性质，非独断的，是革命的，非一定的，是发展的。有这样的关系，此书所引用的语句，虽是各问题的最紧要处，然因节录的，或断片的句录的，那就不免要使读者易陷于断片的，或局部的把握马克思主义，而致有误解或俗学化的危险！所以希望读者倘有时间的余裕，对于各种问题，还须去读马克思的原著的全文。最后，我希望读者对于此书，是能给我正确的批评和指正，而使我有改正的机会呵！"

［德］恩格斯等著、刘济闿译《社会进化的原理》由上海春秋书店出版。

［德］考茨基著、桂秋译《科学社会主义的历史来源》由上海沪滨书局出版。

按：是书包括引言、自然科学与社会科学之综合、马克思与恩格斯、德法英三国思想之综合、工人运动与社会主义的结合、理论与实际的结合、马克思对科学上之贡献等7篇。

［美］波定著、余慕陶译《科学社会主义底理论体系》由上海金马书堂出版。

按：是书分11章。包括卡尔·马克斯及其近时的批评家、唯物史观与阶级斗争、唯物史观及其批评家、价值与剩余价值、劳动价值说及其批评家、"马克斯价值论的大矛盾"、经济矛盾和资本主义之消灭、资本之集中与中产阶级之消灭、无产阶级及其历史任务、社会革命、结论等。

［苏］布哈林著，高希圣、郭真译《社会主义大纲》由上海平凡书局出版。

［苏］塞姆柯甫士基编、齐沁仪译《社会主义的必然》（上、下）由上海春秋书店出版。

［苏］布哈林著，邝光沫、许平合译《社会主义之路》由上海辛垦书店出版。

按：是书原名为《社会主义之路与工农联合》，有布哈林原序。

［苏］雅·鲁道义等著、徐包天译《到社会主义之路》由北平东方书店出版。

按：是书介绍了苏联经济概况及与资本主义国家的关系，阐明了苏联不加入国际联盟的理由。

〔苏〕波格丹诺夫（原题波格达诺夫）著，陈望道、施存统同译《社会意识学大纲》由上海春秋书店出版。

〔日〕杉山荣著、温盛光译《社会科学十二讲》由上海乐华图书公司出版。

按：是书包括科学是什么呢、社会科学的方法、唯物的认识、社会构成之前提、社会之发达过程等12讲。书后附马克思年谱。

〔德〕卡尔第尔著、余祥森译《社会主义共产主义及无政府主义》由上海新生命书局出版。

张栗原编译《社会科学理论之体系》由上海神州国光社出版。

按：是书包括科学是什么、社会科学是什么、社会科学的方法论、唯物论、唯物论的认识论、唯物论的辩证法、唯物史观公式、社会构成的前提、社会之发展过程等10章。

〔苏〕芦波尔著、李达译《（理论与实践的）社会科学根本问题》由上海心弦书社出版。

按：是书包括存在与思维底问题、唯物辩证法底问题、社会的方法论底问题、普罗列达里亚狄克推多底问题、文化问题等6章，论述哲学上的党派性、对立的统一、获得政权的问题等。书前有译者例言及原著者序。

王坚壁著《社会主义中国史》由上海平凡书局出版。

〔美〕留伊斯著、〔日〕高畠素之译、刘家筠重译《社会主义社会学》由上海华通书局出版。

按：是书分孔德的人类发达说、孔德的科学分类法、斯宾塞静的社会学、社会学和社会科学等13章。

〔美〕留伊斯著、汪馥泉译《社会主义社会学》由上海神州国光社出版。

〔美〕留伊斯著、高维翰译《社会学入门》由上海水沫书店出版。

〔美〕希尔葵著、周佛海译《社会主义的理论与实际》由上海中华书局出版。

按：是书《例言》说："一、本书是美国底社会主义编希尔葵所著的，详述社会主义与社会学、伦理学、法律学，及政治学的关系，及社会主义的各种改革运动，这本书是在一九〇九年出版，已重版几次，希氏底主要著作，还有《合众国社会主义史》。二、译文不是照原文全译的，因为原文有许多地方过于烦琐，若全译出来，对于译者及读者底时间，殊不经济，所以撷其精华，去其糟粕，只把他底重要地方译出来，但是原文底本意，没有丝毫失掉；就是理论底统系，事实底顺序，也是前后互相联络，没有失却本来面目。"

〔苏〕塞姆甫士基编、刘沁仪译《社会科学教科书》由上海春秋书店出版。

按：是书分资本主义的最后阶段、空想的与科学的社会主义两部分，包括列宁、希法亭、马克思等人的著作16篇。

顾凤城编《社会科学问答》由上海文艺书局出版。

按：是书包括概论、辩证法的唯物论、社会问题、经济问题、政治问题等6章，讨论社会科学的分类、经济是社会的基础等。

朱新繁著《社会革命之思想与运动的发展》（上）由上海联合书店出版。

按：是书分产业革命的影响、经济的自由主义、空想的社会主义、小资产阶级的国家社会主义、马克思主义、无政府主义与工团主义、机会主义与列宁主义、第一国际的起源与经过、第二国际的成立与死灭、第二国际时代的各国社会主义运动等10章。

吴黎平编《社会主义史》由上海南强书局出版。

按：作者自言编写目的："本书最大的希望，即在帮助那渴望解放的人们，找到正确的道路。"该著作"注重社会主义思想的发展，在叙述这种发展时，有许多地方自然一定要连带的说到社会主义运动"，"在叙述某种社会主义思想时，尽可能的详述此种社会主义思想所由产生的社会环境与根源"，"采用科学批判的态度，对于每种社会主义思想，都给一个简要的批评"。

社会科学讲座社编《社会科学讲座》（第1卷）由上海编者出版。

按：是书收朱镜成的《马克思主义的基础理论》、吴黎耳的《唯物史观》、林伯修的《国家与法律》、王学文的《经济学》、郭沫若的《经济学方法论》等12篇论文。

［德］马克思著、吴希岑译《德国农民问题》由上海春秋书店出版。

［德］马克思著、陈仲涛译《路易·波拿巴的雾月十八日》（《拿破仑第三政变记》）由上海江南书店出版。

按：是书运用唯物史观分析了1848年2月革命到1851年12月路易·波拿巴举行反革命政变这一时期法国历史发展的进程。

［德］F.恩格斯著、刘镜园译《革命与反革命》（又名《1848年的德国》）由上海新生命书局出版。

［德］考茨基著、刘隐译《法国革命与阶级斗争》由上海新生命书局出版。

［苏］列宁著、吴凉译《左派幼稚病》由中国社会科学研究学会出版。

按：是书分10章。其中有我们可以在哪一点上来讲俄国革命有国际意义呢、布尔塞维克成功的基本条件之一、英国共产主义运动中的"左派"等。并有著者的增补：《德国共产党人底分裂》《德国共产党人与独立党人》等4篇。

[苏]列宁著,彭苇秋、杜畏之译《俄国资本主义的发展》上册由上海春秋书店出版。

[苏]列宁著、陈文达译《二月革命到十月革命》由上海华兴书局出版。

[苏]列宁著、华岗译《共产主义运动中的"左派"幼稚病》由上海华兴书局出版。

[苏]列宁著《三个国际》由上海华兴书局出版。

[苏]列宁著《帝国主义是资本主义的最高阶段》由上海春潮书局出版。

[苏]列宁著《唯物主义与经验批判主义》由上海亚东图书馆出版。

[苏]列宁著,笛秋、朱铁笙译《唯物论与经验批判论》由上海明日书店出版。

[苏]列宁著《一九一七年革命文选》由上海神州学术出版社出版。

[奥]菲勒普·密勒著、伍光健译《列宁与甘地》由上海华通书局出版。

[奥]菲洛伯·弥勒著、董人骥译《列宁与甘地》由北平富文斋出版。

[苏]斯大林著,晓红、铁红译《政治问题讲话》(《斯大林在联共第十六次大会所作的报告》)由上海新生活书店出版。

[苏]斯大林著、李文枝译《论列宁主义基础》(《列宁》)由上海春华书店出版。

[苏]斯大林著、瞿秋白译《中国革命之前途》出版。

[德]马克思等著、唐杰译编《民族革命原理》(《中国革命与欧洲革命》)由上海华兴书局出版。

按:是书收录乌利安诺夫《民族与殖民地问题纲领》、罗易《民族与殖民地问题的附加议案》、列宁《社会主义革命与民族自决权》、斯大林《民族问题》、马克思《中国及欧洲的革命》等 15 篇文献。

[苏]蒲列哈诺夫著、青锐译《无政府主义与社会主义》由上海辛垦书店出版。

按:是书分空想的社会主义观点、科学的社会主义观点、无政府主义学说之历史的发展、无政府主义观点、所谓无政府主义者的策略和道德、无政府主义和社会主义等 6 章。

[苏]托洛茨基著、梁鉴舜译《苏俄之前途》由上海新宇宙书店出版。

[苏]庐那查尔斯基著、何成嵩译《西方底文化和苏联底文化》由上海江南书店出版。

按:是书乃著者于 1928 年 1 月 29 日在普列汉诺夫经济学院的演说词《西方的文化和我们的文化》。

〔苏〕托洛斯基著,乐三、叶元新译《极左派与马克思主义》由国际研究会出版。

〔苏〕托洛茨基著、无产者社译《保卫苏联与反对派》(列宁团走的什么道路? 极左派与马克思主义)由上海群育书店出版。

按:是书分左派反对派之分派、形式主义代替马克思主义、和平主义代替布尔什维克主义、对于中国革命和俄国革命估量上之原则上错误等21章。

李伟森编《俄国农民与革命》由上海泰东图书局出版。

按:是书叙述十月革命前的农奴制度、农奴暴动及农奴解放、十月革命农民问题的解决以及苏联农业的状况等。

施复亮、钟复光译《苏联经济政策及社会政策》由上海新生命书局出版。

按:是书译自日本改造社出版的《经济学全集》第 16 卷及第 18 卷。

〔美〕博尔戴斯著、陈泽生译《苏俄农村生活》由上海联合书店出版。

按:是书包括农民、土地、农村贸易、农业政策、农业设施、农业团体、拖拉机的使用等 10 章。

〔美〕博尔戴斯著、卢逢清译《苏俄的农民生活》由上海太平洋书店出版。

〔美〕博尔戴斯著、易鸿译《苏维埃的乡村生活》由上海启智书局出版。

〔美〕斯密司著,蔡咏裳、董绍明译《苏俄的妇女》由中华书局出版。

按:是书分 12 章,介绍十月革命后的苏联妇女情况。

刘侃元译述《苏俄的合作社》由上海太平洋书店出版。

张复生著《苏联五年实业计划》由国际协报社出版。

苏联国家设计委员会编、吴寿彭译《苏联五年计划》由上海平凡书局出版。

岳渔著《苏联发展之新阶级》由世界科学研究学会出版。

〔苏〕萨普诺夫著、丁奇夫译《苏维埃宪法浅说》由上海华兴书局出版。

按:是书分资产阶级国家基本特质、苏维埃国家基本特质、苏维埃国家里的选举法、苏维埃国家的构造与中央政权机关、地方政权机关等 5 章。

〔苏〕蒲查可夫著、梁孔译《苏联宪法解说》由苏俄政治经济研究社出版。

查良鉴著《俄国现代史》由上海商务印书馆出版。

按:是书分 8 章,包括俄国现代史之背景、十九世纪之回顾、欧战与俄罗斯大革命、革命后之俄罗斯、建设中之苏俄等。

〔日〕仲宗根源和著、金溟若译《苏俄新教育之研究》由上海神州国光社出版。

按：是书分马克思主义与教育、旧俄罗斯及其教育、新俄罗斯及其教育、教育行政组织及机关、统一劳动学校儿童保护的诸设施、科学及艺术教育等 9 章。

[英]赫刻著、甘大新译述《苏俄革命与宗教》由上海联合书店出版。

按：是书记述苏联的宗教现状、苏联革命与宗教的最初交涉等。

[苏]M. 泰宁著、陆一远译《苏俄外交史》由上海乐群书店出版。

按：是书叙述苏联自十月革命至 1927 年间的外交活动。

[苏]列宁著、陈望道译《伊理基论文学》由上海大江书铺出版。

[日]尾濑敬止著、雷通群译《苏俄新艺术概观》由上海新宇宙书店出版。

按：是书分革命和艺术底关系、革命艺术概观、革命文学论、革命诗坛、革命美术、革命乐坛、革命戏剧等 7 章。

[苏]柯根著、沈端先译《伟大的十年间文学》（新兴文学论续编）由上海南强书局出版。

按：是书分绪言、序论、十月的前夜、普罗列塔利亚文学、同路人文学等 5 部分。

[日]冈泽秀虎著、陈雪帆译《苏俄文学理论》由上海大江书铺出版。

[英]拉斯基著、黄肇年译《共产主义论》由上海新月书店出版。

按：译者序说："这本《共产主义论》，是在一九二七年四月出版，到当年八月已经重印二次，它受西方读者欢迎的程度可想而知。这本书的价值可以从两方面说一说。第一，普通讨论共产主义的书籍，或者以宣传这个主义为目的，或者以反对这个主义为目的。以宣传为目的的书籍，只顾宣扬这个主义的好处，以为这个主义是唯一尽美尽善的真理。反对这个主义的书，把这个主义完全看成一种罪恶，没有丝毫可取的地方。我们知道凡是一种学说或主义，绝不能说尽美尽善，其中总有许多地方供吾人讨论研究。我们又知道凡是一种学说或主义，也绝不能完全错误，丝毫没有可取的地方。因为凡是一种学说或主义，必是因为应付某时代的某种需要而产生，既然能够产生，那就是说这种话学说或主义一定有可以应付需要的地方，不然不能产生，或者产生之后立刻就要灭亡。即或这主义不能实际应付当时的需要，换句话说，它所供献的答案不能解决它所提出来的问题——至少我们可以从这主义较真切的了解它所想应付的需要。因为这些原故，我们对于无论哪种学说或主义，都应当抱一种客观研究的态度，绝不应完全宣扬，或者完全反对。这种公正不偏的态度，就是这本书最大的价值。这本书的作者自始至终都抱一种研究讨论的态度，把这个主义完全当作一种学术来研究，并且时时防止自己陷入偏见和宣传的歧途。第二，普通的政治课本和别的书籍，多半都是片面的讨论共产主义，都是把他看作一种政治的学说和制度。间或有从政治、经济、艺术、文学等等方面研究这个主义，如米勒的《布尔希维克主义的心和面》，但是往往都是以宣传为目的，失掉研究的态度。能够从多方面研究这个主义的，恐怕要以这本书为最好。因为这两种原故，所以把这本书译成中文，叫我们看看完全以客观态度去研究的共产学说，到底是怎样的一种学说。"

郭沫若著《中国古代社会研究》由上海联合书店出版。

按：张晓霞说："在这部著作中，郭沫若开创性的运用唯物史观为指导，深入分析了中国古代出土的文物和文献史料，对中国社会的发展进程进行了明确的阐述，指出中国社会是原始社会、奴隶社会、封建社会集中社会形态交替进行的，这证明马克思主义关于人类社会发展的阶段划分是完全符合中国的。郭沫若的著作一经出版，便立刻受到了来自'动力派'和'新生命派'的一致围攻。论战主要围绕三个问题展开。""史学家郭沫若在《中国古代社会史研究》一书中，试图用马克思主义的生产力与生产关系发展的理论来分析中国历史发展过程，从研究生产工具入手来解析社会发展的阶段，他指出中国古代史上从周到封建社会末期的几次大规模的变革都是由生产力的发展引起的，这一论断打破了以往史学家以朝代更替划分的方法，开创了以唯物史观为依据描述中国历史发展过程的马克思主义史学的新路径。吕振羽在论战中写成的他的第一本史学专著《史前期中国社会研究》，是最早运用马克思主义观点写成的中国原始社会史。对马克思主义的这些运用不仅促进了马克思主义的传播，还影响了翦伯赞、侯外庐等一批史学家沿着中国马克思主义史学的道路不断前进。"[①]

［苏］蒲力汗诺夫（普列汉诺夫）著、鲁迅译《艺术论》由上海光华书局出版。

按：普列汉诺夫是马克思主义思想理论家。是书收录普列汉诺夫的《论艺术》《原始民族的艺术》《再论原始民族的艺术》等3篇书信体论文及《论文集〈二十年间〉第3版序》，均由日译本转译。自鲁迅之后，瞿秋白也翻译了许多马克思、恩格斯、列宁、拉法格、普列汉诺夫等人的文艺著作，为马克思主义文艺思想在中国的出版传播营造了声势。除了鲁迅与瞿秋白以外，翻译和介绍马克思主义文艺思想的还有冯雪峰、郭沫若、沈端先、冯乃超、李初

① 张晓霞.1927—1937年马克思主义在中国的传播研究[D].西安:陕西师范大学,2016.

梨、陈望道、戴望舒、周扬、胡风、任钧等。他们翻译介绍的作者主要有普列汉诺夫、卢那察尔斯基、卢卡契、高尔基等。马克思主义文艺思想在中国的传播,对推动无产阶级革命文学在 30 年代的迅速发展与成熟是非常重要的。30 年代之所以产生了一批有影响的"左翼"作家与作品,与马克思主义文艺思想的指导是分不开的。①

[日]瓦浪司基等著、屠夫二郎辑《时代文学新论集》由上海新兴文艺社出版。

按:是书收录瓦浪司基《新俄普罗列塔利亚文学的诸问题》、冈泽秀虎《新俄普罗列塔利亚文学发达史》、青野季吉《普罗列塔利亚艺术概论》、片钢铁兵《普罗列塔利亚小说作法》等 4 篇论文。

[俄]普列汉诺夫著、冯雪峰译《艺术与社会生活》由上海水沫书店出版。

按:是书论述了艺术与社会生活的关系,认为艺术源于社会、服务于社会,艺术对于社会的发展有很大的意义。译者根据日本藏原惟人的日译本转译。

[苏]耶考芜莱夫著、何畏译《文学方法论者普列哈诺夫》由上海春秋书店出版。

按:是书介绍普列哈诺夫(普列汉诺夫)对文学艺术的见解,包括他的辩证的方法论及文艺批评观、文学史观等。

[法]伊科维兹著、樊仲云译《唯物史观的文学论》由上海新生命书局出版。

[法]伊可维支著、戴望舒译《唯物史观的文学论》由上海水沫书店出版。

四、卒于是年的研究者

陈昌(1894—1930)卒。昌又名章甫,湖南浏阳人。1910 年考入湖南公立第一师范学校。1918 年与毛泽东、蔡和森等发起组织新民学会。1920 年参加毛泽东组织的马克思主义研究会,后加入中国共产党。1921 年在浏阳创办金江农民学校,组织浏阳文化促进会,任会长。同时创办《浏阳旬刊》,传播马克思主义。1926 年在醴州政治讲习所任政治教官。1930 年 2 月在长沙被国民党政府杀害。

王德三(1898—1930)卒。原名王懋庭,又名正麟,笔名齐人,云南祥云人。1921 年考入北京大学,加入北大马克思学说研究会。1922 年由邓中夏

① 郭长保.新文化与新文学——基于晚明至五四时期的文学文化转型研究[M].北京:线装书局,2012:195.

介绍加入中国共产党。1924 年秋受中共北方区委委派,到陕北建立党组织,是陕北地区共产党组织的创建者和重要领导人之一。1925 年回北京大学复学,任中共北京区委委员,参与领导北京的工人运动。在北京发起组织革新社(后改为新滇社),出版《铁花》,从事马克思主义宣传工作。1926 年赴广州任黄埔军校政治部宣传科科长兼政治教官。1927 年 2 月回云南进行建党工作,任中共云南省委第一任书记。曾在云南深入少数民族聚居区,认真总结党在民族地区工作的经验教训,向少数民族群众宣传党的主张,启发少数民族兄弟的阶级觉悟。并针对滇南少数民族地区的工作,主持制定了《少数民族问题大纲》,这是党在云南少数民族工作的第一个纲领性文件。1930 年 11 月因叛徒出卖而不幸被捕。在狱中,写下了感人至深的万言遗书,于 12 月 31 日在昆明英勇就义。

黄日葵(1899—1930)卒。日葵又名一葵、野葵,号宗阳,化名陈亦农、文质,广西桂平人。1916 年秋赴日本留学。1918 年 5 月因反对中日签订二十一条而罢课回国,考入北京大学,受李大钊、陈独秀的教育和影响。参与组织国民杂志社,任特别编辑,曾任《全国学生联合会日刊》编辑委员,加入中国少年学会,任评议员及《少年中国》杂志编辑副主任。1919 年 3 月参与组织北京大学平民讲演团。参加五四爱国运动的游行示威。1920 年 3 月与邓中夏发起组织北京大学马克思学说研究会。10 月参加北京共产主义小组,成为广西最早的共产党员。1921 年 7 月赴南京出席少年中国学会年会,与邓中夏、高君宇一起同国家主义派进行针锋相对的斗争。1923 年任中共北京地方执行委员会宣传委员。1924 年参加国共合作,负责国民党北京特别市党部的青年工作。1925 年参加北京响应上海五卅运动的三次大规模群众爱国斗争。11 月被派到广州任共青团广东区委学生运动委员会书记。1926 年参与领导广东及全国青年运动。任国民革命军第七军政治部副主任,同时任中共广东区委特派员,负责广西党的领导工作。1927 年春任广西省委筹备组主要负责人。旋被调离广西到安徽第七军军部工作,参加北伐战争。1927 年参加南昌起义,任革命委员会宣传委员会委员。1930 年 12 月病逝于上海。

按:杨文光说:"黄日葵是我国早期共产主义运动的一员干将,其对马克思主义在中国的早期传播做出了积极贡献。黄日葵传播马克思主义主要通过进步期刊及报刊、通过演讲或政治报告、通过授课的方式、通过交谈的方式。传播的内容主要包括对国际社会主义运动的介绍与宣传、对中国国情的分析以及对国家未来发展道路的探讨、关于无产阶级专政的理论、关于妇女解放运动的介绍宣传等几方面。黄日葵传播马克思主义对提高共产党员乃至广大民众的思想觉悟及马列理论水平、对中国革命特别是广西革命的发展产生了重要的影响。"①

冯品毅(1900—1930)卒。品毅,河北大名人。1918 年考入北京高师英文系,1923 年毕业。参加五四运动,1920 年 3 月与李大钊发起组织"马克思主义学说"研究会,1922 年加入中国共产党,后到河南开封第一师范任英语教师,1925 年担任中共豫陕区党委委员,1926 年后在家乡宣传马克思主义,大革命失败后到北京从事革命工作。1930 年逝世。

---

① 杨文光.五四干将黄日葵对马克思主义的传播研究[J].学理论,2015(3).

民国二十年　辛未　1931 年

一、研究背景

1月7日,中国共产党第六届四中全会在上海召开,共产国际代表米夫扶持王明为中央政治局委员,王明等人实际上掌握了中共中央的领导权。从此,王明为代表的"左"倾冒险主义统治全党长达4年之久,给中国革命造成了巨大危害。

1月25日,中共中央在上海创办《党的建设》杂志,目的是宣传中国共产党的政治主张、方针路线和马克思主义。

2月10日,王明的《两条路线》(后改称《为中共更加布尔塞维克化而斗争》)小册子正式出版。翌年3月,王明在莫斯科加以修补后出版,广为散发。这本小册子,实际上是以王明为代表的"左"倾冒险主义的总政治纲领。

2月27日,毛泽东依据2月8日中共苏区中央局通告第九号《土地问题与反富农策略》的精神,以中央革命军事委员会总政治部主任的名义写信给江西省苏维埃政府,确定了土地改革后农民对土地的所有权,并指出之所以这样规定,"是民权革命时代应该有的过程,共产主义不是一天做得起来的",只有实行资产阶级民主革命阶段所必需的政策,"才是真正的走向共产主义的良好办法"①。

4月21日,中共中央发布《中央关于苏区宣传鼓动工作决议》,规范苏区的马克思主义传播工作。要求苏区内各中央局必须要有健全的宣传部,宣传部应有计划、经常做马克思主义的宣传、传播工作;必须创办一种党的与苏维埃的机关报,同时还创办地方小报、编辑最通俗的小册子等来宣传、传播马克思主义;要求在各苏区中央分局所在地,必须设立一个以上的党校,培养党政干部,传播马克思主义,通过红军战士宣传,通过各种纪念活动,通过发展俱乐部、游艺会、晚会等各种场合、机会进行马克思主义的宣传、传播工作;不仅在苏区党内,人民群众内进行宣传,还要在俘虏的兵士

---

① 中共中央文献研究室中央档案馆.编.建党以来重要文献选编(一九二一—一九四九):第 8 册[M].北京:中国文献出版社,2011:91.

中、白军士兵中进行马克思主义的宣传工作等①。

5月1日，中国托派在上海举行统一大会，成立中国共产党列宁主义者左翼反对派，选举陈独秀、彭述之、罗汉、宋逢春、陈亦谋、郑超麟、王文元、濮德治等为中央委员，陈独秀任总书记。

7月，中央苏区团中央机关报《青年实话》创刊。

9月18日，日本关东军炮轰中国北大营，进攻沈阳，炮制了震惊中外的"九一八事变"。

9月20日，中共中央发表《为日本帝国主义强暴占领东三省事件宣言》。

9月23日，湘鄂赣省工农苏维埃第一次代表大会通过《文化问题决议案》，明确规定苏区文化工作的任务和意义。

按：这个文件是指导苏区文化建设的重要文件，它是土地革命初期中国共产党文化建设理论的一个阶段性的成果，在中共的历史上，它第一次比较明确地提出了党进行文化建设的目的、指导方针及具体内容。《决议案》指出：第一，为使苏维埃政权得到巩固的社会基础，必须铲除旧社会遗留下来的一切旧道德、宗教、风俗、封建教育和礼教，建立工农阶级的各种文化事业。第二，文化工作具有重要的阶级斗争意义，在苏区进行马克思列宁主义及一切无产阶级革命理论的教育，提高群众的政治认识，加强群众的阶级意识，深入开展阶级斗争，发动人民起来与反动军阀和国民党的反动统治作斗争。第三，使人民群众享受文化娱乐，使人民知道和相信苏维埃政府是他们自己的政府，是为人民谋利益的，并培养大批干部到苏维埃政府来工作。第四，反对帝国主义的文化侵略，取消一切教会学校，收回教育权。第五，注意对苏联社会文化活动情形以及苏联文化建设的介绍，使苏区群众了解苏联人民实际生活的状况，在完成中国民权革命的任务之下，努力争取苏区文化向社会主义的道路上前进。②

9月，张闻天从苏联回国，任中共中央宣传部部长，是月被指定为临时中央政治局委员和政治局常委。是年参加当时关于中国社会性质问题的论战，撰写《中国经济之性质问题的研究》一文，在分析了中国当时经济情况的基础上，指出中国的社会性质是半殖民地半封建社会。

按：许佳君等编著《张闻天与毛泽东思想》第二章说："张闻天运用马克

---

①　中央档案馆．编．中共中央文件选集：第7册[M]．北京：中共中央党校出版社，1991：210-220.
②　周韬．南京国民政府文化建设研究（1927—1949）[D]．长沙：湖南师范大学，2008.

思的辩证唯物主义和历史唯物主义的基本原理,深刻分析了近代中国社会的基本国情,解决了中国革命发展过程中关于中国社会性质、革命性质、任务、领导等一系列重大的理论问题,丰富了毛泽东思想,为毛泽东思想的形成作出了理论贡献。张闻天关于中国社会和中国革命的理论是马克思主义在中国的运用和发展,是马克思主义中国化的理论成果之一,是毛泽东思想的有机组成部分。他的这一理论的进步是在革命的实践过程中、在与教条主义的斗争中取得的,它与毛泽东思想的成熟、马克思主义中国化的第一次飞跃的完成大体同步。"①

11 月 7 日,中华全国苏维埃第一次代表大会在江西瑞金召开,通过《中华苏维埃共和国宪法大纲》《土地法》《劳动法》以及军事、财经、文教等决议。宣告中华苏维埃共和国临时中央政府成立,选举毛泽东为主席,张国焘、项英为副主席,朱德为红军总司令。

12 月 11 日,中华苏维埃共和国临时中央政府机关报《红色中华》在江西瑞金创刊。至 1937 年 1 月 25 日出版最后一期,共发行 240 期,主要内容有马克思主义基本知识介绍、党和政府的政策宣传、苏联社会主义建设的伟大成就、苏维埃民主选举、党的建设、苏区军民革命战争抗击敌人的伟大壮举、苏维埃政府的经济文化教育等。先后担任《红色中华》主编的有周以粟、王观澜、李一氓、沙可夫、任志斌、瞿秋白等。

按:王连花说:"《红色中华》是中国共产党在革命根据地所创办的第一份中央机关报,也是中央苏区发行量最大、传播最广、影响力最强的一份报刊。它对马克思主义中国化作出了十分重要的贡献,主要体现在:传播马克思主义的重要内容,为马克思主义中国化奠定了坚实的理论基础;密切联系中国的革命实践,宣传党的纲领路线、方针政策,及时登载和反映马克思主义与中国革命实践相结合所产生的最新理论成果,促进马克思主义在中国的丰富和发展。《红色中华》推进马克思主义中国化具有三个突出特点,即实践性、大众性和曲折性。"②

是日,《红星》报在江西瑞金创刊,张如心、邓小平、陆定一曾先后任该报主编。

二、研究论文

闲友《纪念列宁的口号》发表于《布尔塞维克》第 2 卷第 4 期。

---

① 许佳君,等.张闻天与毛泽东思想[M].南京:河海大学出版社,2003:53.
② 王连花.《红色中华》与马克思主义中国化[J].赣南师范学院学报,2014(4).

思美(张闻天)《是取消派取消中国革命,还是中国革命取消取消派》发表于《布尔塞维克》第 4 卷第 3 期。

按:文章说:"这反革命的取消派取消不了中国的革命。中国革命的火车头,他有充足的革命的火焰与力量,打破一切障碍奔走前去。不是取消派取消中国革命,而是中国革命将取消取消派!"

瞿秋白《托洛斯基派和国民党》发表于《布尔塞维克》第 4 卷第 6 期。

唐庆增《马克思经济思想与中国》发表于《经济学季刊》第 2 卷第 4 期。

按:文章认为,推究马克思主义所以能在我国风行之故,不外四端:一是国民生计之憔悴也,二是智识程度之底下也,三是学者书贾之投机也,四是学校课本之作祟也。

吴文藻《马克斯派社会主义与费边派社会主义的比较》发表于《社会问题》第 1 卷第 4 期。

何思敬译《哲学之对象与辩证法》发表于《社会科学论丛》第 3 卷第 1 期。

[苏]阿平根哈作、邓染原译《社会主义的国家的建设与马尔塞斯主义底商榷》发表于《社会科学论丛》第 3 卷第 2 期。

[德]恩格斯作、何思敬译《国民经济学批判大纲》发表于《社会科学论丛》第 3 卷第 3—4 期。

[日]三木清作、罗鸿诏译《辩证法之自由与必然》发表于《社会科学论丛》第 3 卷第 4 期。

公孙无量《由虚无主义到唯物史观》发表于《读书杂志》第 1 卷第 3 期。

胡秋原《唯物史观艺术论——朴列汗诺夫之研究》发表于《读书杂志》第 1 卷第 3 期。

柳法《俺伯亚底译英国社会主义史》发表于《读书杂志》第 1 卷第 3 期。

陈衡玉《托洛茨基自传》发表于《读书杂志》第 1 卷第 6 期。

[美]魏特夫作、彭芳草译《黑格尔与资产阶级和无产阶级》发表于《读书杂志》第 1 卷第 9 期。

郭大力《黑格尔与马克思》发表于《民铎》第 11 卷第 1 期。

杨东莼《唯物论的认识论》发表于《民铎》第 11 卷第 1 期。

茅盾(署名丙申)《五四运动的检讨——马克思主义文艺理论研究会报告》发表于《前哨·文学导报》第 1 卷第 1 期。

按:文章题解说:"研究近代中国史的人们对于'五四'是不应该忽略的。这并不是因为'五四'是象一般人所说的'新文化运动',而是因为'五四'是中国资产阶级争取政权时对于封建势力的一种意识形态的斗争。换一句话说，'五四'是封建思想成为中国资产阶级发展上的障碍时所必然要爆发的斗争。这个斗争的发展，在现在看来，是有很显明的阶段的：最初由白话文学运动作了前哨战，其次战线扩展而攻击到封建思想的本身(反对旧礼教等等)，又其次扩展到实际政治斗争——'五四'北京学生运动，然而这以后无产阶级运动崛超，时代走上了新的机运，'五四'埋葬在历史的坟墓里了。是这样的'五四'要在这篇'报告'内加以讨论。"文章论述了"五四"发生之社会的基础、"五四"及其文学运动、从"五四"到"五卅"、五四运动之历史的意义等问题。作者的结论是："资产阶级的'五四'虽然是失败了，但亦相当的尽了它的历史的使命。在意识形态的斗争上，至少是破除封建思想这一点，是它的历史的革命的意义。中国封建势力，直到现在，还是根深蒂固，打倒封建势力还是革命工作的一面，可是我们却不能因此便以为'五四'到现在还是有革命的作用。相反的，如前所述，'五四'是中国新兴资产阶级企图组织民众意识的资产阶级的'文化运动'、'五四'口号完全是资产阶级性，所以在无产阶级争取政权的现阶段，虽然同时仍须注力于铲除封建势力，但'五四'在现今却只能发了反革命的作用。历史上曾尽了革命作用的思潮或运动，到后来成为反革命的，比比皆是。'五四'亦复如此。社会新的进化，决不是机械的。虽则历史已经滑进了新阶段，然而旧时代的渣滓总还有若干沉淀在新社会的基层。一种尽了时代使命的思潮或'文化运动'亦复如此。所以一方面我们固然论定'五四'早已送进坟墓，但另一方面我们也不能无视那些依旧潜伏于现代的滕理中的'五四'的渣滓，甚至尚有'五四'的正统派以新的形式依然在那里活动，例如'新月派'。这一些，在现今只有反革命的作用。扫除这些残存的'五四'，也是目今革命工作内的一项课程。"

黄慎之《中国共产党之内讧及其批评》发表于《中央导报(广州)》第4期。

邓染原《领袖论(中)——社会主义领导者的形态》发表于《中央导报(广州)》第20期。

汇同《由俄国布尔塞维克谈到中国共产党》发表于《中国杂志》第1卷第3期。

[苏]列宁《革命军队与革命政府》发表于《红旗周报》第6期。

王平《在突飞猛进中的苏联社会主义建设》发表于《红旗周报》第14期。

何史文(瞿秋白)《纪念列宁》发表于《红旗周报》第27期。

按：文章说："列宁主义对于世界社会主义革命的作用，是极端伟大的。

列宁在马克思主义者之中,第一个提出'社会主义可以先在一个国家里面胜利'的问题。解决了这个问题,并且领导了伟大的苏俄共产党实行这个任务,列宁的继承者史大林同志,反对着托洛茨基,反对着布哈林等的右派,领导着百万党员的苏联共产党,领导着苏联无产阶级的伟大坚决的斗争,现在已经实现了列宁的这个学说。……共产国际是列宁主义的国际。世界各国的无产阶级,世界各国的共产党,只有在列宁主义的国际的领导之下,才能够取得革命的胜利。中国共产党就是在列宁主义国际的领导之下,纠正党内一些右倾'左倾'机会主义的错误,而向着胜利的道路走进。"

汉堡《究竟什么是"无产阶级文学的定义"》发表于《十日》第1集第13期。

汉堡《无产阶级文学否定论小序》发表于《十日》第1集第13—17期。

按:编者按:"这是汉堡先生为本刊写的一篇有力的文章,陆续在本刊按期分篇登载。不论是关心革命的抑或是学文学或学社会科学的人,都应该看看。"

素子《世界闻人素描——爱因斯坦与社会主义》发表于《十日》第1卷第15期。

百忍译《社会主义与资本主义》发表于《浊流》第1卷第3期。

纪云《共产党工农运动之里面》发表于《光明之路》创刊号。

潘覆《中国共产党内部分裂的真相》发表于《光明之路》创刊号。

孔德《在上海所见到的共产党》发表于《光明之路》第1卷第11期。

卫惠林《涂尔干教授的社会主义批评》发表于《时代前》第1卷第1期。

何炳勋《马克斯主义及其他社会主义检评》发表于《醒钟》第1卷第2—3期。

[日]坂本英雄作、陈士诚《刑法社会主义理论》发表于《法律评论》第8卷第26期。

[日]山川均作、王耀东译《辩证法的唯物论是什么》发表于《法政周刊》第2卷第3期。

瞿辉伯《共产主义基本的理论——唯物史观与民生史观之比较》发表于《党务月刊》第9—11期。

周佛海《唯物的社会观与唯心的人生观》(二十年二月七日在中央党部总理纪念周讲)发表于《中央党务月刊》第41期。

周宪文《修正派社会主义之研究》发表于《黄埔月刊》第1卷第9期。

[苏]Grinko G. T. 作、伦译《社会主义合理化和工人》发表于《南开大学

周刊》第 119 期。

[英]Brown 主教作、梁宅译《上帝科学与马克斯》发表于《燕京月刊》第 8 卷第 2 期。

可浊译《马克思的农业理论与实施》发表于《燕京月刊》第 8 卷第 3 期。

[英]拉斯基作、谢光汉译《社会主义化的工业》发表于《广西留京学会学报》第 2 期。

毛起鹀《用社会学原理批评社会主义》发表于《复旦社会学系半月刊》第 2 卷第 1—2 期。

按：文章分社会主义在学术中之地位、社会主义的两极端、社会主义的几个根本观念、无政府主义的批评、共产主义的批评、社会变迁的原理、资本主义的功过、倾向社会主义的运动、现在经济组织应当怎样改革等 9 部分。

应成一《马克斯主义与波尔虚维克主义》发表于《复旦社会学系半月刊》第 2 卷第 5 期。

王安国《何谓唯物的社会学》发表于《复旦社会学系半月刊》第 2 卷第 9 期。

杜若译《维也纳：社会主义实验的城市》发表于《东方杂志》第 28 卷第 6 号。

颂华《西班牙的社会主义宪法草案》发表于《东方杂志》第 28 卷第 23 号。

张维桢《韩恒孝教授之社会主义观》发表于《东方杂志》第 28 卷第 24 号。

马寅初《资本主义欤共产主义欤》发表于《东方杂志》第 28 卷第 24 号。

明志《共产主义之谬误》发表于《东方公论》第 45—46 期。

中庸《留俄外史史料：上帝就是列宁》发表于《俄罗斯研究》第 2 卷第 1 期。

顾谷宜《现代俄国的历史背景》发表于《俄罗斯研究》第 2 卷第 2 期。

黄华《评"社会主义之基础知识"》发表于《书报评论》第 1 卷第 1 期。

黄华《评〈资本论〉底中译本》发表于《书报评论》第 1 卷第 1 期。

吴理屏编译《辩证法唯物论与唯物史观》发表于《书报评论》第 1 卷第 2—3 期。

刘存良《从哪里买到最廉本的英译〈资本论〉》发表于《书报评论》第 1 卷第 4 期。

魏嗣銮《辩证法与唯物史观》发表于《哲学评论》第 4 卷第 1 期。

书良《社会进化之唯物论》发表于《采社》第 8 期。

周佛海《唯物的社会观唯心的人生观》发表于《中央周刊》第 184 期。

［德］Ludwig Lore 作、云译《德国社会主义运动之兴亡史》发表于《中央时事周报》第 2 卷第 45 期。

陈亦农《苏俄五年计划的现状和其次的大计划》发表于《时事月报》第 4 卷第 2 期。

顾毅宜《一月来之苏俄——五年计划进行之现状》发表于《时事月报》第 5 卷第 5 期。

［苏］史特里雅诺夫作、任白戈译《机械论批判（机械论与辩证法的唯物论）》发表于《二十世纪》第 1 卷第 1 期。

白桥《唯物哲学与自然科学的发展》发表于《二十世纪》第 1 卷第 1 期。

［德］亨利德曼作、陈启明译《马克斯派思想方法之批评》发表于《国立劳动大学劳动季刊》第 1 卷第 1 期。

按：译者附志："凡是历史上伟大思想都是体会那时代精神最真切的反映。马克斯主义之在十九世纪正如达尔文的进化论通是这个时代最伟大的思想。但以时过境迁，尤其是经过欧洲大战之后，马克斯主义无论在赞成或反对他的方面都发生极深刻的变化。此文原著者在战前本是一个笃信马克斯主义的人，但至战后一则反其说，其所著《到马克斯主义以外求出路》一书曾用德法文字在德比法三国先后出版，译者现正将全书译为中文，约一二月内即可竣事，特先抽出其批评马克斯主义理论之部《评马克斯的唯理主义》一章先行发表，因为这是批评马克斯的方法论最透彻的一部分，也是反机械论最剧烈的一部分，我认为在读全书之前有细读这章之必要，所以特地把他在这里先行发表。"

陈书农译《社会主义的理论》发表于《国立劳动大学劳动季刊》第 1 卷第 2 期。

雨萍《社会主义撮要》发表于《崇实季刊》第 13 期。

绩辉《社会主义化的都市：维也纳》发表于《国闻周报》第 8 卷第 15 期。

［日］大塚令三作、吉人译《中国共产党之现势》发表于《国闻周报》第 8 卷第 29 期。

高佣《闹鬼的唯物观》发表于《世界与中国》第 2 卷第 6 期。

是实《什么是辩证法》发表于《大夏大学预科同学会刊》第 3 期。

虞德元《从论理学到辩证法》发表于《厦大周刊》第 0 卷第 16 期。

笑帆《辩证法的认识论》发表于《新生活》第 9 期。

王善祥《空想社会主义及其批评》发表于《法政周刊》第 3 卷第 1 期。

洪兴《对俄复交不要忘了中国共产党》发表于《白河周刊》第 1 卷第 20 期。

[苏]伊科维兹《唯物史观的文学论》发表于《新月》第 2 卷第 11 期。

罗隆基《论中国的共产——为共产问题忠告国民党》发表于《新月》第 3 卷第 10 期。

侍桁译《巴黎公社论》发表于《萌芽》第 3 期。

冯雪峰译《巴黎公社底艺术政策》发表于《萌芽》第 3 期。

丹秋《唯物史观的"生产""生产力""生产关系"的意义》发表于《朝华》第 2 卷第 5—6 期。

袁永昶《福特与马克斯》发表于《交大周刊》第 2 卷第 3 期。

何思敬译《唯物论的辩证法和自然科学——为恩格斯"自然辩证法"而作》发表于《万人杂志》第 2 卷第 1 期。

张一凡《唯物论辩证法与自然科学所引起之论争》发表于《万人杂志》第 2 卷第 2 期。

[日]山川均作、钟复光译《空想的社会主义》发表于《微音月刊》第 1 卷第 9—10 期。

席得志《民生主义与共产主义》发表于《宿中校刊》第 10 期。

雷仲坚《近代唯物论的认识论》发表于《新社会》第 1 卷第 1 期。

雷仲坚《辩证法及进化论在历史上及理论上之比较——评胡适博士论辩论法》发表于《新社会》第 1 卷第 2 期。

雷仲坚《辩证法的基本概念》发表于《新社会》第 1 卷第 3 期。

李石岑《相对真理与绝对真理》发表于《新中华》第 1 卷第 1 期。

甦人《萧著〈社会主义与资本主义〉》发表于《开明》第 29 期。

陈英伯《评机械唯物论——批评"唯物史观与社会学"》发表于《读者》第 1 卷第 1 期。

昆玉《社会主义农业理论之论战》发表于《民权旬刊》第 22 期。

超逸译《德意志的国家社会主义运动》发表于《中国杂志》第 1 卷第 2 期。

张之杰《个人主义、社会主义经济学派的社会观之比较》发表于《三民半月刊》第 6 卷第 1—2 期。

[苏]Russell B. 作、赵雪林译《社会主义在产业后进国的趋势》发表于《三民半月刊》第 7 卷第 5 期。

马寅初、徐兆荪《社会主义之批评》发表于《浙江反省院月刊》第 1 期。

吴兆莘《对于马克斯主义之批评——由批评劳动价值说、剩余价值说，及社会进化律以推翻阶级斗争说》发表于《浙江反省院月刊》第 3 期。

历识民《在我眼目中的中国共产党》发表于《浙江反省院月刊》第 5—6 期。

徐云士《对于列宁主义与中国共产党之评论》发表于《浙江反省院月刊》第 7—8 期。

马吉良《论中国共产党》发表于《浙江反省院月刊》第 10 期。

[日] 平林初之辅作、萧文安译《资本主义文化与社会主义文化》发表于《真理与生命》第 6 卷第 2 期。

黎村《为建设社会主义的日本亦须侵略满蒙：请看日本社会主义者的主张》发表于《民众周刊》第 3 卷第 18 期。

颠公《马克思所谓的阶级与阶级斗争》发表于《铲共半月刊》第 14 期。

吴黎平《鉴赏与批评：社会主义史》发表于《上海青年》第 31 卷第 3 期。

[法] 朱黑斯作、颉颃译《艺术与社会主义》发表于《南华文艺》第 1 卷第 2 期。

金乃武《过去世界文艺思潮之唯物史观的总检讨》发表于《春晖学生》第 4 期。

薛剑光《唯物史观及其批评》发表于《焦作工学生》第 1 卷第 1 期。

郭湛波《形式逻辑与辩证法之比较研究》发表于《北大学生周刊》第 2 卷第 1—2 期。

湘皋《马克斯的唯物史观果为何种经济构造所产生》发表于《宣传周报》第 23 期。

裴国恩《警察对于中国共产党应有的认识》发表于《辽宁警官高等学校校刊》第 1 期。

蒋《总理社会主义之派别及方法》发表于《山东财政公报》第 3 卷第 3 期。

袁可尚、江樵《社会主义之将来》发表于《南开大学周刊》第 108 期。

张东荪《我亦谈谈辩证法的唯物论》发表于 9 月 3 日《大公报》副刊《现代思潮》。

按：张东荪等人以《大公报》和《再生》杂志为据点，叶青以《二十世纪》等杂志为阵地，开展"唯物辩证法论战"。张东荪从 1931 年开始，陆续发表《认识论》《道德哲学》《多元认识论重述》《动的逻辑是可能的么》《唯物辩证法之总检讨》等文,并编辑《唯物辩证法论战》的论文集,攻击马克思主义哲学,配合国民党反动政府对革命文化的"围剿"。托洛茨基主义者叶青,也先后发表《哲学到何处去》《理论与实践》《颠倒黑格尔哲学的真解》《外因论与内因论》《形式逻辑与辩证逻辑》等文章,编辑《哲学论战》集,对张东荪进行"批判"。这是新康德派与托洛斯基派的唯心主义哲学的内部争吵,目的是争夺思想战线统治权,其实际矛头都是指向马克思主义哲学的。所以,关于辩证法的论战,是由张东荪和叶青等人挑起的。当时的马克思主义者艾思奇、邓云特(即邓拓)等人,发表了《形式逻辑还是唯物辩证法》《论黑格尔哲学的颠倒》《关于形式逻辑与辩证逻辑》《关于内因论和外因论》《生产力与生产关系的交互作用》等论文,对张东荪、叶青双方进行了批评,捍卫了马克思主义哲学。

三、研究著作

〔德〕恩格斯著、吴黎平(吴亮平)译《反杜林论》由上海江南书店出版。

按:《译者序言》说:"本书原文名为《欧根·杜林先生在科学中实行的变革》,简名为《反杜林论》,乃恩格斯生平最大名著,原文为反对机械论者、形而上学者及俗流经济学者杜林而作。在十九世纪八十年代时,杜林先生的小资产阶级的折衷主义的'社会主义',曾在德国产生了某种影响,它甚至影响了某一部分的社会民主党人。马克思恩格斯看到了这种理论坠落的危险,于是决定对杜林作一番理论的清算。这一清算的责任,大部分落在恩格斯身上。在一八七六、一八七七年间恩格斯就有系统地发表了反对杜林的文章,这些文章大都经过了马克思的目,而且其中一部分是由马克思亲自做的。马克思与恩格斯在文字工作上时常采取了合作的形式,相互检阅作品,各自担任专门的部分。因之,本书也可说是恩格斯马克思二人合作的结晶。本书自出版后,普遍地传诵于西欧。其中绪论一编的第一章与第三编社会主义的第一、第二两章,经恩格斯改编为《由空想到科学的社会主义的发展》,这书是科学社会主义的三大基本文献之一,现时在全世界上几无国不有此书的译文了。……中文本系根据德文原本参照俄日两种译本而译成的。英文本译为 *Landmarks of Scientific Socialism*,内容多有省略,因手下没有此书,故未能加以参考。译文有错误时,希读者指出,当于再版时改正。科学社会主义的理论在全世界上一日千里地往前发展着。译者希望这一名著的译本,能够对于马克思主义思想在中国的传播以及实际的斗争,有所臂助。吴黎平一九三〇年十月廿六日。"

[德]马克思著、郭沫若译《政治经济学批判》由上海神州国光社出版。

按：是书于1932、1939年再版。卷首有马克思1895年1月写于伦敦的"序言"，末附《政治经济学批判导论》，各章后均有注释。

吴惟平著《马克思学说批判》由北平东方学会筹备会出版。

包布夫编《马克思和恩格斯对于农民问题的意见》由上海春耕书店出版。

[德]考茨基著、宗华译《近代农村经济的趋向》由上海国立中央研究院社会科学研究所出版。

按：是书节译自《土地问题：近代农业的趋向及社会民主党的农村政策》一书的第5、8章；包括"资本主义的农村经济"及"资本主义农村经济发展过程中的农民"两部分。

[苏]德波林著、刘西屏译《辩证法的唯物哲学》由上海青阳书店出版。

[日]河上肇著、江半庵译《唯物辩证法者的理论斗争》由上海星光书店出版。

按：是书收录作者二十多年间写的论文6篇，其中有《关于辩证法的唯物论——答土田杏村氏》《辩证法的唯物论之批判底批判——土方教授底批判之批判》《马克思主义经济学底见地与目的——关于土方教授所谓"盲从的马克思主义之克服"》《马克思底绝对地租论——土方教授底题为〈由地租论看到的马克思价值说之崩坏〉的论文之分析》《资本蓄积之穷途——关于生产手段与消费资料底关系答高田博士》等。

[苏]布哈林著、郭仕袭译《史的唯物论（社会学的体系）》由上海乐群书店出版。

[美]波柏尔博士著、刘天宇译《唯物史观之批评的研究》由上海大东书局出版。

按：是书乃《马克思主义的历史观》一书的第5部分，包括唯物史观的要旨、唯物史观与历史事实、唯物史观的狭隘、唯物史观之逻辑的弱点、唯物史观在社会科学中的地位。

[德]恩格斯等著、萨可夫斯基编《社会学说体系》（上）由社会经济学会出版。

[法]拉法尔格著，张达译《社会与哲学的研究》由上海新生命书局出版。

按：是书为《卡尔·马克斯的经济决定论》一书中的4个章节：信神的几个原因、抽象观念的起源、正义观念的起源、善的观念的起源。本书又名《哲学问题之唯物的研究》。

刘涅夫、王凌世编译《世界十大思想家底名著解题》由上海星光书店出版。

按：是书所谓十大思想家是：柏拉图、亚里斯多德、圣西门、黑格尔、奥文、傅利叶、马克思、恩格斯、克鲁泡特金、伊里奇。

［日］小泉信三著、张资平译《近世社会思想史纲》由上海大东书局出版。

按：是书包括总论、英国之社会思想、法国社会思想、德国社会思想、俄国社会思想、国际社会主义运动等6编。

［日］平林初之辅著、许亦非译《近代社会思想史》由上海中华书局出版。

按：是书包括资本主义社会的组织、资本主义经济学说、空想的社会主义、无政府主义、社会民主主义、工团主义、马克思与科学的社会主义、马克思主义的消长、社会政策与劳动立法等11章。

罗敦伟著《社会主义政治学》由上海北华书局出版。

按：是书分8章，第一章什么是社会主义政治学，第二章政治学的研究方法，第三章政治现象有基础，第四章国家的本质起源与消灭，第五章统治形态，第六章阶级与阶级斗争，第七章无产阶级专政理论，第八章政党与政党政治。

陆一远编《社会进化史大纲》由上海光明书局出版。

按：是书以辩证唯物主义观点来研究社会进化的过程，包括社会形式及其发展、研究社会形式的材料等4编25章。

刘炳藜编《社会科学家与社会运动家》由上海中华书局出版。

按：是书在社会运动家部分，介绍了马克思、恩格斯、列宁、孙中山等13人的生平事迹。

［美］艾迪著、青年协会书报部译《苏俄的真相》由上海青年协会书局出版。

按：是书分俄罗斯的历史、共产主义是什么、俄国的农业与集团农场、工业与劳工、共产党共产政府与共产国际、教育与文化、道德与婚姻、法律与正义、俄国的宗教、共产主义的批评、共产主义的挑战等11章。

丁汉民编《新俄罗斯考察记》由北平陆军大学出版。

韩希诚编译《苏俄一瞥》由苏俄研究丛书社出版。

按：是书分对俄观察的两极端、俄罗斯与其他资本主义国家的差异、苏俄的国体及政体、苏维埃联邦统一的原因、苏联现状面面观、苏俄的致命伤等9章。

［苏］乌梁诺夫著、陈文达译《二月革命至十月革命》由华兴书局出版。

按：是书包括第一次革命的第一阶段、论目前革命中无产阶级的任务、论两个政权、无产阶级政党的纲领之草案、布尔塞维克必须夺取政权、马克思主义与暴动、革命的任务、和资本家妥协是自趋灭亡、政权归苏维埃、布尔塞维克能否维持政权、论十月革命等 45 篇文章。

[英]赫刻著、张仕章补译《苏俄治下的宗教》由上海新文社出版。

谷荫译《苏联的宪法》由苏联研究学会出版。

按：是书收《俄罗斯苏维埃联邦社会主义共和国宪法》，共 5 编 89 条，1925 年 5 月 1 日由加里宁签署公布。包括《苏维埃社会主义共和国联盟成立宣言》(1922 年 12 月 30 日)。

施伏量、钟复光译《苏联经济政策及社会政策》由上海新生命书店出版。

按：是书上篇"苏联经济政策"(日本社会经济研究所编)，论述苏联经济的构成、政策的演变、各部门经济的现状以及第一个五年计划的概观等；下篇"苏联社会政策"，述及苏联国内阶级状况、工会、工资制度、劳动、失业问题、社会保险等方面的状况和政策。

[法]季特著、吴克刚译《俄国合作运动史》由上海商务印书馆出版。

按：是书分 6 章介绍俄国革命前的合作运动、新经济制度下的合作社、消费合作的各种形式、俄国合作运动的现状等。

[日]山下德治著、祝康译《新兴俄国教育》由上海中华书局出版。

[英]贝灵著、梁镇译《俄罗斯文学》由上海商务印书馆出版。

[苏]苏林著、唯真译《列宁略传》由中央出版局出版。

[美]I. D. Levine 著、方仲益译《史太林》由上海良友图书印刷公司出版。

曹谷冰著《苏俄观察记》由天津大公报社出版。

四、卒于是年的研究者

向忠发(1880—1931)卒。忠发，湖北汉川人。1922 年任汉阳钢铁厂工会副委员长、汉冶萍公司总工会副委员长。同年加入中国共产党，后从事码头工人运动。1923 年参加京汉铁路工人的大罢工。1925 年出席中共四大。1927 年在中共五大上当选为中央委员，"八七"会议上被选为临时中央政治局委员。10 月和李震瀛率领中国工农代表团和学生团去苏联，任代表团主席团主席。同时任中共驻共产国际代表。1928 年 2 月出席共产国际执行委员会第九次扩大会议，当选为共产国际执行委员会委员和主席团委员。在 7 月召开的中共六届中央政治局一次会议上当选为中共中央总书记，成为中国共产党早期领导人。1928 年底从苏联回国。1931 年 6 月 22 日被国民党特务逮捕,6 月 24 日被国民政府枪杀于上海。

刘天章(1893—1931)卒。天章又名望,字云汉,陕西高陵人。1918 年夏进入北京大学预科学习。1919 年主编北京大学学生会会刊,积极参加五四反帝爱国斗争。1920 年与陕西进步青年杨钟健等将陕西旅京学生团改名为旅京陕西学生联合会,创办《秦钟》杂志,宣传和提倡新文化新思想。同时参加北京大学马克思学说研究会,开始研读马列著作和进步书刊。1921 年由李大钊介绍加入中国共产党,10 月创办《共进》半月刊,宣传和介绍马列主义。1924 年 6 月大学毕业后,协助李大钊做党的工作,任北京反帝大同盟的秘书。1927 年 2 月任中共陕西区委候补委员,负责宣传工作,任陕西国民日报社社长,进行革命宣传。1929 年到天津任《天津商报》总编辑,继续进行革命宣传。1930 年任中共山西省委书记。1931 年 10 月因叛徒出卖被捕,旋被杀害。

蔡和森(1895—1931)卒。和森字润寰,号泽膺,湖南湘乡人。1913 年进入湖南省立第一师范读书。1918 年 4 月与毛泽东等人组织进步团体"新民学会",创办《湘江评论》,参加五四运动。1919 年底赴法国勤工俭学,曾给毛泽东写信,提出建党学说。1921 年 10 月回国,在党的三大、四大上当选为中央局委员,参与中央领导工作。1922 年 5 月 5 日当选第一届团中央执行委员。会后为团中央主编机关报《先驱》,积极宣传马克思主义。党的第二次全国代表大会以后,长期主办中共机关刊物《向导》,大力宣传党的民主革命纲领,反复阐明反帝反封建的革命思想。1927 年 5 月在中共五届一中全会上当选为中央政治局委员、常委,随后又兼任中共中央秘书长。1931 年在组织广州地下工人运动时遭叛徒出卖被捕牺牲。著有《社会进化史》《俄国社会革命史》等。

按:李永春说:"在马克思主义中国化过程中,蔡和森作为建党初期理论家和马克思主义理论宣传家,在建党之前从学术层面探索了马克思主义理论学说中国化的问题,以及将列宁主义理论与中国革命实际相结合而建立'中国共产党'的问题并独立地提出系统的建党思想。在中共成立之后,他提出将马克思主义理论和中国革命实际相结合并形成中国共产党'自己的理论'的历史任务,而且初步总结了党在这一探索过程中的经验教训,因此对马克思主义中国化有着独到的理论贡献。此外,蔡和森在推动毛泽东世界观的转变和在湖南的建党活动等方面也做出了实际贡献。"①

———————————

① 李永春.蔡和森对马克思主义中国化的探索[J].党史研究与教学,2008(5).

杨贤江(1895—1931)卒,贤江字英甫(英父),笔名李浩吾、李谊、江一、健夫、姚应夫、李洪康、牛犇、李膺扬、叶公朴、柳岛生、雁江等,浙江余姚人。1911 年从诚意学堂毕业,留堂任教。1912 年考入杭州浙江省立第一师范学校。1917 年师范毕业后,应聘到南京高等师范学校任学监处事务员。1918 年加入少年中国学会,被选为南京分会书记,负责分会《少年世界》的编辑。1919 年参加五四运动。1921 年经朱元善推荐,被商务印书馆聘为《学生杂志》主编,任职六年。曾参与五卅运动和上海三次工人武装起义的组织工作。1923 年 7 月在上海被选为国民运动委员会委员,协助恽代英编辑《中国青年》。1925 年与沈雁冰等发起组织上海教职员救国同志会。1927 年到武汉任北伐军总政治部革命军日报社社长兼总编辑。大革命失败后,转移到日本,在日本边进行革命活动边从事社会科学和教育科学的研究及翻译工作。1929 年秘密回国,参加上海文委领导工作,并发起组织社会科学家联盟。著有《教育史 ABC》《新教育大纲》《今日之世界》等。其中《新教育大纲》被认为是中国第一部马克思主义教育学著作。译著有《家族私有财产及国家之起源》《世界史纲》《青年的心理和教育》《苏维埃共和国新教育》《新兴俄国之教育》等。今有《杨贤江教育文集》等。潘懋元等著有《马克思主义教育理论家杨贤江》。

按:潘懋元、华长慧、宋恩荣《纪念杨贤江诞辰 110 周年丛书序》说:"杨贤江在我国教育理论上的突出贡献,是率先运用唯物史观研究教育历史,剖析教育现象,阐明教育理论。20 世纪 20 年代前后,在马克思主义开始传播,中国革命的曙光刚刚显出端倪,但又极其艰难困苦的形势下,他将马克思主义教育理论与中国教育实际相结合,深刻揭示教育本质,抨击资本主义教育思潮,阐明了那个时代迫切需要并对后来产生了重大影响作用的现代教育理论。"[①]

恽代英(1895—1931)卒。代英又名蘧轩,字子毅,原籍江苏武进。中华大学毕业。学生时代积极参加革命活动,是武汉地区五四运动主要领导人之一。1920 年创办利群书社,后又创办共存社,传播新思想、新文化和马克思主义。1921 年加入中国共产党。1923 年任上海大学教授。同年 8 月被选为中国社会主义青年团中央委员、宣传部部长,创办和主编《中国青年》。曾从事国共合作的统一战线工作,参与领导"五卅"运动。在黄埔军校任政治主任教官和中共党团干事,在武汉任政治总教官。在九江任中共中央前

---

① 沈德林,周建华.伟大的一生　不朽的业绩:杨贤江生平事迹简介[M].北京:光明日报出版社,2005:1.

敌委员会委员,参与组织和发动南昌起义和广州起义;在上海任中共中央宣传部秘书长、组织部秘书长等职,曾主编中央机关刊物《红旗》。1930 年 5 月 6 日在上海被国民党当局逮捕,1931 年 4 月 29 日被杀害于南京。著有《恽代英教育文选》《恽代英文集》《恽代英日记》等。其中有《论社会主义》《社会主义与劳工运动》《列宁与中国的革命》《列宁与新经济政策》《马克思主义者与恋爱问题》《民族革命中的共产党》《国民革命与阶级斗争》《怎样做一个共产党员》《在狱中给党组织的信》等宣传马克思主义的文章。

按:1950 年 5 月 6 日,周恩来总理在《中国青年》杂志上为纪念恽代英烈士殉难十九周年题词:"中国青年热爱的领袖——恽代英同志牺牲已经十九年了,他的无产阶级意识、工作热情、坚强意志、朴素作风、牺牲精神、群众化的品质、感人的说服力,应永远成为中国青年的楷模。"是年武昌中华大学筹建恽代英纪念馆,宋庆龄、董必武、叶剑英、林伯渠、吴玉章等党和国家领导人热忱题词,褒扬他的革命精神。宋庆龄的题词是:"代英烈士纪念,在伟大的革命中光荣地献身,他给青年们江流那样不断地追思。"董必武的题词是:"恽代英同志是我党最善于联系青年和劳动群众的领导人之一。他经常正确地反映青年和劳动群众的意见,引导他们前进,同时不断地向他们学会了许多东西。"叶剑英的题词是:"青年模范,人民英雄。"林伯渠的题词是:"伟大的中华民族最优秀的儿子中国共产党最卓越的领导者恽代英同志精神不死。"吴玉章的题词是:"革命青年的模范。"①

邓演达(1895—1931)卒。演达字择生,广东惠阳人。1909 年加入同盟会,早期专门从事军事运动。军校毕业后追随孙中山参加护法战争、平定陈炯明叛乱、参与黄埔军校的筹办及北伐的军事指挥工作。1926 年 1 月任黄埔军校教务长,6 月任国民革命军总政治部主任,注重军队的思想政治工作。1927 年 3 月任国民党中央农民部长,曾在武昌举办农民运动讲习所。大革命失败后,愤然离开中国,开始近三年的流亡生活,先抵达苏联,与苏联政府和共产国际领导人交流对中国革命的看法,后又到德国,在大量研读马列主义理论著作,考察欧洲多个国家的政治、经济情况的基础上,用历史唯物主义的某些观点,分析了中国社会的政治、经济状况,制定了从平民革命到实现社会主义的具体政治纲领,提出了一整套关于社会主义的理论,标志着其社会主义思想的基本形成。1930 年秘密回到上海,筹建中国国民党临时行动委员会。著有《邓演达文集》,其中有《中国革命的新阶段与国民革命

---

① 李良明.100 位为新中国成立作出突出贡献的英雄模范人物·恽代英[M].北京:北京工业大学出版社,2011:126-127.

的新使命》《农民运动的理论和实际》《党的根本问题》《中国国民党临时行动委员会政治主张》《现时国际及中国的形势与我们斗争的路向》《怎样去复兴中国革命——平民革命》等论文。

按：宋连胜、李波、王海胜说："邓演达的社会主义观是在我国大革命失败后尖锐复杂的政治斗争中，为探索中国革命出路而逐步形成的，其中蕴涵着许多进步的思想。他所主张的中国革命前途是社会主义、社会主义的实现途径是国家资本主义、社会主义的任务是发展生产力等思想与毛泽东的科学社会主义思想有相似之处。但由于邓演达的社会主义排斥共产主义，否定无产阶级的领导地位与作用，因此，其信奉的社会主义未能融入新民主主义革命的理论体系，还不属于科学社会主义的范畴。邓演达的社会主义思想尽管存在着很多缺陷，但所倡导的社会主义的一些基本内容仍然代表着当时中国民主党派政治思想理论发展的最高水平，并对中国的革命和建设事业具有重要的借鉴意义。"①

杨匏安（1896—1931）卒。匏安原名锦涛，笔名匏安，广东香山人。早年游学日本半工半读，接触马克思主义和西方各种流派的社会思潮。1917 年回国。1918 年在广州时敏中学任教，兼任《广东中华新报》记者。1919 年 11 月在《广东中华新报》副刊连载《马克思主义》一文，对马克思主义的三个组成部分作了比较全面而简要的阐述，是为华南地区最早系统地介绍马克思主义的文章。1921 年加入中国共产党，是广东最早的一批共产党员之一。1922 年开始从事工人运动工作，向工人宣传马克思主义。曾任粤汉铁路局广州分局编辑主任。在《青年周刊》发表《马克斯主义浅说》。1923 年 6 月根据中共"三大"决定，以共产党身份加入国民党，并担任共产党在国民党中的党团书记。1924 年 1 月被推举为国民党中央组织部秘书长。1925 年 11 月在国民党广东省党部第一次代表大会上，被选为省党部三个常委之一。1926 年 1 月在国民党第二次全国代表大会上被选为中央委员兼常委。1927 年 4 月初从广州到达武汉，继续参与国民党中央的活动和全国济难总会工作，并任该会常委。同年春出席中国共产党第五次全国代表大会，被选为中央监察委员。1929 年回到上海，留在党中央机关，参与党的报刊出版工作。1931 年因叛徒出卖被捕遇害。著有《杨匏安文集》，其中有《马克思主义》（一称《科学社会主义》）、《马克斯主义浅说》、《社会主义》、《共产主义》、《无产阶级与民治主义》等文章。

---

① 宋连胜，李波，王海胜. 论邓演达的社会主义观[J]. 社会科学战线，2009(8).

按：黄宗将、黄修卓说："在中国无产阶级革命的前夜，杨匏安系统地介绍和传播马克思主义，为中国无产阶级革命提供了至关重要的理论武器，是对中国革命具有开创意义的思想奠基，做出了卓越的历史贡献。杨匏安是早期在我国华南地区系统介绍和传播马克思主义的第一人，与李大钊齐名，学界称为'南杨北李'。"①

周逸群（1896—1931）卒。逸群别名周立凤，贵州铜仁人。1919 年东渡日本，入东京庆应大学学习政治经济学，在此期间阅读许多马克思主义著作和介绍十月革命的书刊，向往苏联社会主义革命的道路。1923 年回国，在上海参加创办《贵州青年》旬刊，结合贵州实际，宣传马克思主义关于阶级、阶级斗争和无产阶级革命思想。1924 年 10 月入黄埔军校学习，11 月加入中国共产党。先后创办《青年军人》《中国军人》等刊物。1926 年参加北伐战争，在国民革命军贺龙部任师、军政治部主任。1927 年 8 月参加南昌起义，起义军南下后任第二十军第三师师长。曾介绍贺龙加入中国共产党。1928 年 1 月任中共湘西北特委书记。与贺龙一起组织工农革命军，举行桑植起义。1929 年 12 月主持召开鄂西地区中共第二次代表大会，制定并通过《关于鄂西党目前的政治任务与方针》《关于军事问题》等项决议案。1930 年 2 月领导组建中国工农红军第六军，兼任政治委员；4 月主持召开鄂西第一次工农兵代表大会，成立鄂西苏维埃联县政府；7 月率红六军与红四军在公安县会师组成红二军团，任军团政治委员、中共前委书记，与贺龙领导创建以洪湖为中心的湘鄂西苏区；9 月调任中共湘鄂西特委代理书记兼湘鄂西苏维埃联县政府主席。1931 年 5 月在"肃反"中被杀害。是中国共产党的优秀党员，杰出的无产阶级革命家、马克思主义宣传家、活动家，共产党军队的早期缔造者之一，湘鄂西红军和苏区创建人。著有《周逸群文集》。

按：孙雪军说："周逸群在党的建设、政治宣传、军事斗争等方面，为南昌起义的胜利打响作出了创造性的贡献。以共产党员的高尚情操和坚定信念，感化、影响和造就了身边的人，为南昌起义争取了强大的有生力量，创造了南昌起义的客观有利条件。"②

谭寿林（1896—1931）卒。寿林曾化名覃树立，广西贵县人。1921 年考入北京大学乙部预科英文班，参加北京大学马克思学说研究会，认真学习马克思主义，坚定了革命信念。1922 年加入中国社会主义青年团。1923 年与黄日葵等广西籍同学发起组织新广西期成会，出版《桂光》杂志，进行革命宣

① 黄宗将,黄修卓.我国早期马克思主义的传播者杨匏安[J].兰台世界,2015(3).
② 孙雪军.周逸群对南昌起义的特殊贡献[J].铜仁地委党校学报,2006(3).

传活动。同年加入中国共产党。参与编辑《工人周刊》，向工人进行马克思主义的教育，同时深入唐山等地开展工人运动。1926 年回广西任中共梧州地委书记。1928 年任全国海员总工会秘书长。1931 年任全国总工会秘书长。由于叛徒出卖在上海被捕，旋被杀害。

何孟雄(1898—1931)卒。孟雄原名定礼，字国正，号孟雄，湖南酃县人。早年在长沙求学期间，与毛泽东、蔡和森等交往密切，建立革命友谊。1919 年 3 月入北京大学旁听，5 月 4 日随北京大学同学前往天安门游行集会，参加火烧赵家楼的行动。1920 年 3 月在李大钊的指导和帮助下，加入北京社会主义青年团和北京大学马克思主义研究会。积极从事工人运动，曾赴南口、唐山、长辛店等处了解劳工情况，筹组工人组织，并于 12 月发表长篇论文《劳工运动究竟怎样下手》，对中国劳工运动的特点和规律进行较为全面的探讨。1921 年 7 月中国共产党成立，成为全国最早的 53 名党员之一。1922 年 6 月赴广州出席中共第三次全国代表大会。从 1921 年底起，先后任中共北京地委书记、中共唐山市委书记、武汉市委组织部长等职。大革命失败后，曾任中共江苏省委常委，淮安特委书记，江苏省委常委兼农民运动委员会书记，军事委员会书记，南京市委书记，上海沪东、沪中、沪西区委书记等职。1931 年 1 月在上海被捕后英勇就义。是早期北方工人运动的杰出领袖，北方党团组织的创始人之一，为开创北方革命运动新局面做出了重要贡献。在党内，他最早实际从事工人运动。

林育南(1898—1931)卒。育南又名毓兰，号湘浦，湖北黄冈人。早年就读于武昌中华大学中学部，1917 年 10 月参加恽代英组织的互助社。1919 年 3 月与同学胡业裕等在中华大学发起组织新声社，出版《新声》半月刊。五四运动爆发，与恽代英、陈潭秋等组织和领导武汉罢工、罢课、罢市的斗争，为武汉学生联合会负责人之一。1920 年春，与恽代英等在武昌创办利群书社，在武汉成立马克思主义研究会。同年考入北京医学专科学校，常去北京大学与北京共产主义小组成员一起研讨马克思学说。1922 年初加入中国共产党。5 月任中国劳动组合书记部武汉分部主任。1923 年参加组织和领导了震撼世界的"二七"大罢工。1924 年 5 月前往上海，参加编辑《中国青年》。1925 年参加领导"五卅"运动，在上海总工会负责宣传工作。1926 年 5 月出席广州第三次全国劳动大会后，奉命回汉，与李立三、刘少奇、项英等一起领导湖北的工人运动。1927 年 1 月任湖北总工会第一次代表大会秘书长，被选为湖北省总工会宣传部主任。开办工人运动训练班、宣传员训练班，设立工农通讯社，出版《工人导报》《工人画报》等。大革命失败后,先后任中共湖北省委常委兼宣传部部长、中共湖北省委代书记、中共沪东区委书记。1930 年起任全国苏维埃区域代表大会中央准备委员会秘书长。1931 年 1 月 17 日与何孟雄、李求实等被国民党反动派逮捕,不久遇害。

邓恩铭(1901—1931)卒。恩铭又名恩明,字仲尧,贵州荔波人,水族。1918 年考入济南省立第一中学。五四运动爆发后,被选为学生自治会领导人,组织学生参加罢课运动。1920 年 11 月与王尽美等组织励新学会,创办《励新》半月刊,介绍俄国十月革命,抨击社会现状。1921 年春参与发起建立济南的共产党早期组织。创办《劳动周刊》,积极宣传马克思主义,推动工人运动。同年 7 月与王尽美代表山东共产党早期组织,赴上海出席中国共产党第一次全国代表大会,是当时最年轻的代表,也是少数民族代表之一。会后回济南建立中共山东区支部,任支部委员。1922 年 1 月赴莫斯科参加远东各国共产党和民族革命团体第一次代表大会,受到列宁接见。同年底赴青岛创建党组织,先后任中共直属青岛支部书记、中共青岛市委书记。1927 年 4 月赴武汉出席中共第五次全国代表大会,回山东后,任中共山东省执行委员会书记。由于叛徒告密,在济南被捕。1931 年 4 月 5 日被国民党军警枪杀。著有《邓恩铭文集》。

按:谭福德说:"邓恩铭同志就是我们山东地方党组织的缔造者和早期领导者之一。1917 年,他投奔亲友,落脚济南求学。1919 年,他积极参加五四运动,并开始接受马克思主义。1920 年 11 月,他和王尽美同志一起,组织励新学会,创办以介绍新思想、新文化为宗旨的《励新》半月刊。1921 年春,他与王尽美等人发起建立济南早期党组织。邓恩铭同志是山东党组织的重要组织者和开拓者。"[1]

蒋光慈(1901—1931)卒。原名侠僧,笔名光赤,安徽金寨人。五四时期参加芜湖地区学生运动。1921 年赴苏联莫斯科东方大学学习。次年加入中国共产党,回国后从事文学活动,曾任上海大学教授。1927 年与阿英、孟超等人组织"太阳社",编辑《太阳月刊》《时代文艺》《新流》《拓荒者》等文学杂志,宣传革命文学。著有《列宁年谱》《无产阶级革命与文化》《唯物史观对于人类社会历史发展的解释》等文章,译有《民族与殖民地问题》《列宁主义之民族问题的原理》等。

李求实(1903—1931)卒。原名国玮,字北平,笔名李伟森,湖北武昌人。1919 年五四运动时,参加武汉学生大示威游行,积极投入恽代英创办的利

---

① 谭福德.在纪念邓恩铭诞辰 110 周年座谈会上的讲话[N].贵州日报,2011-01-12.

群书社的活动。1920年,与恽代英、林育南等人在武汉成立马克思主义研究会。1921年加入中国社会主义青年团,次年加入中国共产党,并在武汉主办《日日新闻》。1923年参加领导二七大罢工。1924年赴莫斯科东方大学学习,任中央驻莫斯科总代表。1925年回国,在上海编辑《中国青年》,后任主编,发表多篇宣传马克思主义的政论文章。1926年8月任中国共产主义青年团广东区委宣传部长,主编《少年先锋》。1927年调任共青团湖南省委书记。1930年3月参加左翼作家联盟的领导工作。曾主编《红旗日报》副刊《实话报》,协助全国总工会创办《工人日报》。1931年1月17日在上海公共租界被捕,旋被国民党政府杀害。译著有《十年来之俄罗斯》《俄国农民与革命》《俄国革命画史》《动荡中的新俄农村》等。著有《李求实文集》。

民国二十一年　壬申　1932 年

一、研究背景

1 月 9 日,中共中央做出《关于争取革命在一省与数省首先胜利的决议》,要求红军必须开展"胜利的进攻","在大江以北,应以鄂豫皖区为中心,而将皖西北、鄂东、鄂豫边、湘鄂西苏区联系一起,造成威胁武汉长江上下游及平汉铁路的形势"。①

2 月 2 日,中共中央发表《中国共产党关于上海事件的斗争纲领》,提出罢工、罢课、罢操、罢岗,反对上海设立中立区,民众自动武装起来。

2 月 26 日,中共中央做出关于一·二八事变的决议,主张由武装的工农成立革命军事委员会,领导抗日民族革命战争。

4 月 15 日,毛泽东发布《中华苏维埃共和国临时中央政府宣布对日战争宣言》,"正式宣布对日战争,领导全中国工农红军和广大被压迫民众,以民族革命战争,驱逐日本帝国主义出中国以求中华民族的解放和独立"②。

6 月 20 日,毛泽东与项英、张国焘联名发布中华苏维埃共和国临时中央政府人民委员会第六号训令,要求各级苏维埃政府有计划地培养妇女干部。

7 月 1 日,《布尔塞维克》在中断数月后重新出版,在第 5 期《卷头语》中声称:"为马克斯主义而斗争,是我们党目前最中心任务之一。我们的《布尔塞维克》必须担负起这一伟大的任务!"

7 月,邹韬奋在上海创办生活书店,是国统区宣传抗日救国主张,团结进步人士的重要阵地,同时,书店将马克思主义视为救国真理,在艰难的环境下依然积极宣传马克思主义理论、介绍苏俄无产阶级革命与建设的成就,在宣传战线上响应中国共产党的主张,成为党领导下的一家革命意志坚定的进步书店,对国统区的民众动员和进步思想传播作出巨大贡献。

按:王晓说:"抗战八年里,在生活书店同人和进步作者的共同努力下出

---

① 中央档案馆,编.中共中央文件选集:第 8 册[M].北京:中共中央党校出版社,1991:43.

② 李佑新.马克思主义中国化的典范:延安时期毛泽东思想研究[M].长沙:湖南教育出版社,2003:28.

版了大量的马克思主义理论著作及相关读物,包括马克思主义原著、中国化马克思主义理论书籍、马列主义启蒙读物、抗日战时丛书、巩固和发展抗日民族统一战线书籍、抗战文艺作品和通俗作品等等。这些马克思主义理论著作的出版提高了我国马克思主义理论翻译水平,丰富了马克思主义著作的数量和种类,为马克思主义理论的系统学习提供了文本支持。而大量马克思主义启蒙读物的涌现也直接扩大了马克思主义的受众对象,为实现马克思主义中国化和大众化贡献了智慧。""抗战开始后,中国共产党获得合法地位,马克思主义理论的传播获得些许空间,生活书店利用有利时机,在党的领导下组织马克思主义翻译家张仲实、钱亦石、郭大力、徐懋庸等人翻译出版马列主义原著。在他们的共同努力下出版了马克思原著5种、恩格斯原著7种、马恩合写著作2种,列宁原著8种、斯大林原著2种,这些马列主义原著的出版内容涉及政治、经济、哲学、科学社会主义等领域,对于阶级斗争的理论也进行了系统阐述,将人民群众的观点贯穿在理论宣传中,对马克思主义进行了系统传播。中国革命需要科学理论的指导,书店的出版发行工作弥补了之前马克思主义理论传播的弱点,更加全面真实的向中国人民介绍了马克思主义,有力的配合了中国共产党的理论宣传工作,尤其是扩大了马克思主义在国统区先进知识分子群体的影响力,也帮助中国共产党提高马克思主义理论水平,是中国共产党党外传播马克思主义原著的重要阵地。"①

10月3—8日,中共苏区中央局在江西宁都召开全体会议。毛泽东、朱德、王稼祥、顾作霖、邓发、任弼时、项英等出席会议。史称"宁都会议"。会议撤销了毛泽东同志红一方面军总政委的职务。照搬照抄国际路线的教条主义压制了从实际出发的中国化马克思主义者,毛泽东遭到了特别严厉的批判,从而不仅给当时红军的前线指挥机关造成了困难和不利局面,而且成为后来红军第五次反"围剿"失败的一个重要原因。

10月5日,中央局公布《关于准备十月革命纪念工作决议》。

按:决议说:今年十月革命纪念节,所开展的中国形势,主要的特点是两个政权的尖锐对立,国民党统治急剧的崩溃与苏维埃政权的大大巩固与发展,这就使帝国主义疯狂的更直接指挥与组织国民党对苏区和红军的四次"围剿"与帝国主义直接武力干涉的危险的日益增加。……因此今年十月革命纪念节,是有特别重要意义与任务,除掉庆祝拥护和宣传中央政府周年纪

---

① 王晓.抗战时期生活书店马克思主义著作出版研究[D].福州:福建师范大学,2017.

念一年来苏维埃运动发展与苏联社会主义建设胜利外,必须组织、准备、领导和武装千百万工人劳苦群众,发展民族革命战争。武装保护苏联,保卫中国革命,粉碎帝国主义国民党四次"围剿",实现一省数省革命的首先胜利。①

10月15日,陈独秀因叛徒谢少珊出卖,在上海公共租界被工部局逮捕,移交给国民党政府,同时被捕的有梁有光、王晓春、王小平、何阿芳、王鉴堂。胡适立即联合翁文灏、丁文江、傅斯年、任鸿隽等学者名流营救,并与蔡元培、段锡朋等商请律师为陈独秀出庭辩护。

12月18日,苏俄研究社在南京成立。

二、研究论文

李季《辩证法在马克思主义中所占的位置》发表于《读书杂志》第2卷第1期。

按:文章指出:"辩证法在马克思主义中是坐在第一把交椅上。"

王礼锡《思想方法论——实验主义思维术,形式逻辑,科学的辩证法》发表于《读书杂志》第2卷第1期。

李季《"辩证法还是实验主义"序言》发表于《读书杂志》第2卷第1期。

按:文章说:"当我于一九二四年由德到俄之后,曾应同学的要求,开始做一个辩证法的小册子,方成三万字,即因事搁笔,后来起程返国,稿子留在海参崴,竟被遗失了。自此以后,总抽不出工夫,提不起勇气,再从事于这种工作。直至去年草《我的生平》一书,追忆留德时代所研究的辩证法,才旧事重提,草成几个规律,并和实验主义作个比较,共达七万字。《我的生平》虽已由亚东图书馆出版,但国光社为应读书界的需要起见,要求将这一部分文字另印一个单行本。因此我又获得一个机会,将自己的作品重读一遍,稍微加以整理和补充,并将目录详加改订,名为《辩证法还是实验主义》。本书的内容和上列各书不尽相同,书名已经表现得十分明白。但除掉随时批评实验主义外,就辩证法的规律讲,也稍有歧异,值得在此提出来说一说。"

胡秋原《马克斯主义所见的歌德》发表于《读书杂志》第2卷第4期。

杜畏之《唯物论的防御战——一封公开信致张东荪》发表于《读书杂志》第2卷第5期。

按:是文针对张东荪发表于9月12日《大公报》副刊《现代思潮》上的

---

① 中共江西省委党史研究室,等编.中央革命根据地历史资料文库·党的系统(4)[M].南昌:江西人民出版社,2011:2414.

《我亦谈谈辩证的唯物论》一文,提出了批评意见。

李石岑《辩证法与形式逻辑》发表于《读书杂志》第 2 卷第 5 期。

按:文章说:"辩证法与形式逻辑同为宇宙现象考察的方法论。辩证法有辩证法的思考形式,形式逻辑有形式逻辑的思考形式。但两者同是想把握世界事物之真髓的。现在先把形式逻辑的思考形式说明一个大概,再从而批评它,最后乃阐明辩证法的思考形式。所以全文共分三段说明。"

陈邦国《辩证法与逻辑学——读者札记之一》发表于《读书杂志》第 2 卷第 6 期。

按:文章说:"马克思主义的逻辑学与形式逻辑学的区别,就是辩证法的推理与形而上学的推理之区别。"

佛理采《朴列汗诺夫与艺术之辩证法底发展问题》发表于《读书杂志》第 2 卷第 9 期。

陈邦国《辩证法与哲学——读书札记之二》发表于《读书杂志》第 2 卷第 10 期。

按:文章说:"辩证的唯物论在历史范围内之应用即所谓历史的唯物论,或简称之谓唯物史观;应用于自然界即构成了辩证的自然观。总而言之,在历史中在自然界中,我们有了完全认识现实世界之可能,因此说,辩证唯物论即我们的认识论,亦即是我们的哲学观。"

白草译《史达林与苏俄》发表于《读书杂志》第 2 卷第 10 期。

澄宇译《托罗斯基论苏俄革命与国际形势》发表于《读书杂志》第 2 卷第 10 期。

李季《谈谈我著马克思传的经过》发表于《读书杂志》第 2 卷第 11—12 期。

按:文章说:"拙著《马克思——其生平其著作及其学说》上编上中下三册,一直到现在才弄完付印,从留德时动手算起,共历十一年,中间经过不少的变迁,特约略写一点出来,作为一种纪念的回忆罢。我在拙著《我的生平》叙述此书的最初计划说:'起初本只打算草一个四万字的小册子,共分四章,章中又分若干节。第一章脱稿,仅一万多字,与预期的无甚出入。但一到第二章,容量甚多,即拟将全书增至八万字,草至第三章第四章,容量更多,又拟增至十六万,二十万,以至三十万字。就文字讲,第一章较逊于第二章,第二章较逊于第三章,第三章又较逊于第四章。当这种工作还没有完成的时候,我已经知道因材料的增加,必须改章为篇,改节为章,并将一二两章重新改作,将第三章加以增补。迨改作增补告竣,字数达五十万,历时两年多。

后来回国,先后将上中两册出版,复有修改增加之处,几达五十万字,连下册一起算,当有七十万字。'这段话至少表见两个要点:一,我最初没有打算做大部头的书,二,起初草成五十万字,只费去两年多工夫,以后增补的工作历时八九年,而所加的字数不过二十余万。关于第一点,是因专门研究的时日较长,浏览的杂志和书籍较多,所搜集的材料十分充足,扩充篇幅,是当然的事。关于第二点,是因回国后,做教书匠,译吃饭书,花费我不少的精力,故迟延了本书的出版期。然这却不是一个唯一的原因。本书的范围非常广大,应参考的书籍、报章和杂志多至数百种。就马克思本人讲,著作数十种,而《资本论》和《剩余价值论》都系艰深的专门巨著,非短时期或一二遍所能通晓,且马克思主义非马氏一人所独创,昂格思实尽了一部分责任,因此他的著作也变成了我的主要对象之一。……像这样涉及多方面的著作,非有长时期的准备,是无从下手的。所以这八九年来,我虽为着谋生和其他工作花去许多宝贵的光阴,但所有闲暇时间全注在这种准备上——这正是本书难产的一个原因。"

何史文(瞿秋白)《中国的经济和阶级关系——对方亦如的批评》发表于《布尔塞维克》第5卷第1期。

按:瞿秋白对方亦如种种曲解马克思主义的观点进行了批评。是年还撰写了《唯物辩证法的合法主义化》《孙倬章先生的土地问题》等文章,并编为《战鼓集》,但未出版。在《唯物辩证法的合法主义化》中说:"马克思主义的唯物辩证法是无产阶级斗争的思想上理论上的武器。"①

[苏]斯大林《论布尔塞维主义史中的几个问题》发表于《红旗周报》第32期。

洛甫(张闻天)《斯大林同志的信与反倾向的斗争》发表于《红旗周报》第33期。

黄卷《斯大林同志的信与反托洛斯基主义的斗争》发表于《红旗周报》第35期。

海云《苏联社会主义新城市的伟大建设》发表于《红旗周报》第51期。

歌特(张闻天)《文艺战线上的关门主义》发表于《斗争》第30期。

按:文章说:"无产阶级文艺批评家的任务,正是在以马克思主义的武器,去批评所有的文艺作品,正确的指出这些作品的阶级性与它们的艺术价值(或无价值),而不是把一切这些作品因为它们不是无产阶级的作品,就一

---

① 瞿秋白.瞿秋白文集:第7卷[M].北京:人民出版社,1991:507.

概抛到垃圾堆里,去痛骂这些作品的作家为资产阶级的走狗。马克思主义的文艺批评家不是资产阶级的自由主义者,拿所谓超阶级的观点去批评艺术(如胡秋原),但同时他也不是疯狂的宗教的信徒。我们在左翼文坛上所需要的,就是这类的批评家,真正的马克思主义的文艺批评家! 只有依靠这类批评家,我们才能建立马克思主义的文艺理论在革命文艺界中的领导作用。……对于革命的文学家,就是不是无产阶级的文学家,我们都应该爱护。马克思对于海涅、列宁对于高尔基那种亲爱的态度,应该给我们很好的榜样。……然而我们必须重复的说:这并不是说,我们应该变成文艺上的自由主义者,投降资产阶级或小资产阶级,如象在许多情形之下,那些叫喊'马克思主义'的'左'的文艺家常常所做的那样,而是应该领导革命的文艺家走到马克思主义的道路上。这里所需要的,正是坚定的马克思主义的立场!"是文乃用科学观点阐述文艺与政治关系的马克思主义的理论文献。

宇《列宁书翰的新发见》发表于《东方杂志》第 29 卷第 3 号。

亦英《论矛盾诸规律》发表于《东方杂志》第 29 卷第 7 号。

汉文《十字路上的中国共产党》发表于《苏俄评论》第 2 卷第 2—3 期。

延青《苏俄与中国共产党》发表于《苏俄评论》第 2 卷第 2—3 期。

按:文章说:"莫斯科政府是布尔塞维克党所领导和指挥的政府;第三国际是名义上的世界革命总司令部,实际上是俄国共产党所领导的一个国际机关,做苏维埃政府的外援;中国共产党是直接听命于第三国际,间接服从俄国布尔塞维克党的指挥。所以中国共产党与第三国际的关系,可以概略称之为苏联与中国共产党的关系。"文章分"中国民族独立运动之世界意义""中国共产党之盲动主义""帝国主义之进攻中国与包围苏联""中国与苏联唇齿相依""莫斯科的建议如何"等 5 部分。

楚耀译《史大林之右倾与五年计划之危机》发表于《苏俄评论》第 3 卷第 4 期。

孙洁人《史大林在家中》发表于《俄罗斯研究》第 3 卷第 1 期。

漆琪生《社会主义农业理论之论战》发表于《现代学术》第 1 卷第 5 期。

[苏]亚尔夫列德作、嵩甫译《五年计划中的社会主义的文化革命》发表于《文化月报》第 1 卷第 1 期。

李作潘译《共产主义的过去与将来》发表于《国闻周报》第 9 卷第 43 期。

荒野译《列宁夫人近状》发表于《国闻周报》第 9 卷第 49 期。

[日]宫本桂仙作、梁平译《共产主义的崩溃》发表于《朝晖》第 1 卷第 1 期。

[日]宫本桂仙作、梁平译《社会主义与共产主义》发表于《朝晖》第 1 卷第 2—4 期。

朱约伯《耶稣与社会主义》发表于《晨光》第 2 卷第 6 期。

李思纯《唯物论与唯心论》发表于《尚志周刊》第 1 卷第 2 期。

胡霖森《从唯物史观到唯仁史观——唯仁论历史哲学之建立》发表于《尚志周刊》第 1 卷第 22—24 期。

化鲁《列宁(一)》发表于《中学生》第 25 期。

范易嘉《列宁(二)》发表于《中学生》第 25 期。

范易嘉《马克斯和昂格思》发表于《中学生》第 25 期。

瞿秋白《列宁》发表于《中学生》第 25 期。

素素《中日问题谈到社会主义的前途》发表于《艺文学生》创刊号。

笑尘《辩证法唯物论的认识论》发表于《艺文学生》第 3 期。

王尚鸣《苏联第二五年计划完成即其国家社会主义完成》发表于《平旦周报》第 10—11 期。

黄魂《陈独秀与中国共产党》发表于《救国周报》第 22 期。

时花《广西共产党之过去及现在》发表于《社会新闻》第 1 卷第 11 期。

谭公《陈望道与共产党》发表于《社会新闻》第 1 卷第 13 期。

黄真《郭沫若与共产党》发表于《社会新闻》第 1 卷第 15 期。

豫人《河南共产党底起源》发表于《社会新闻》第 1 卷第 15 期。

豫人《河南共产党底初步运动》发表于《社会新闻》第 1 卷第 17—18 期。

叶群《叶挺与共产党》发表于《社会新闻》第 1 卷第 21 期。

吴惟平《对于中国共产党的新估价》发表于《新战线》第 2 期。

蒋《社会主义演讲》发表于《山东财政公报》第 3 卷第 12 期。

韦《社会主义演讲》发表于《山东财政公报》第 4 卷第 1 期。

鉴莹《佛法的马克斯主义观》发表于《正信》第 1 卷第 11—12 期。

洛华译《黑格尔的辩证法》发表于《循环》第 1 卷第 45—47、49—50 期。

杨堃《中国现代社会学之派别及趋势》发表于《鞭策周刊》第 1 卷第 3 期、第 4 期。

按:文章说:"马克思主义派社会学之在中国,与其说是一种社会学派,不如说是一种社会思潮较为恰当。本来社会学与社会主义不同。社会学是一门科学,而社会主义则是一种主义。"

董人骥《唯物史观与黑格儿辩证法》发表于《鞭策周刊》第 2 卷第 10 期。

董人骥《社会主义的实际问题之一隅》发表于《鞭策周刊》第 2 卷第 15 期。

君劢《国家民主政治与国家社会主义》发表于《再生杂志》第 1 卷第 2—3 期。

李长之《打倒八股式的唯物辩证法》发表于《再生杂志》第 1 卷第 4 期。

按：文章说："我认为八股式的唯物辩证法论者有许多立论是荒谬的，我找出六个根本的错误。"一、是不知事情仍有绝对的评价人类的德性，天然有永久不可变更者在，如爱生长。二、是不知一样事物之可有多方面的属性。三、是不知不同的事物可有不同的性质。四、是宗教的先立论后填例的态度。五、是分不清质量的意义。六、是把问题看得太简。而八股式的唯物辩证法有六个荒谬的影响，一是毁灭理性，二是破坏思想自由，三是不负责任的打官话，四是懒，五是教育前途不堪收拾，这是最具体的最急切的一个问题；六是"由特殊而抹杀整个"的习惯之养成。

张东荪《辩证法的各种问题》发表于《再生杂志》第 1 卷第 5 期。

刘百闵《释国民社会主义》发表于《政治评论》第 3 期。

罗时实《斥共产主义革命与资产阶级政治》发表于《政治评论》第 5 期。

亮工《读李长之先生的〈打倒八股式的唯物辩证法〉后》发表于《评论之评论》第 1 卷第 3 期。

西林《唯物辩证法及其应用》发表于《现代批评》创刊号。

西林《哲学分野中的观念论与唯物论》发表于《现代批评》第 1 卷第 2 期。

力者《社会主义之产生及其发展》发表于《现代批评》第 1 卷第 3 期。

卢达士、王彬《机械论的因果论与辩证法的因果论——对于布哈林底因果论之批判》发表于《研究》（上海）第 1 期。

［俄］阿尔诺利多夫作、青莼译《共产主义在中国》发表于《唯生》第 1 卷第 13—16 期。

按：文章说："中国共产党此时虽属萌芽初生，然其行径，毫不以国民党为矜式，已宣布团结行列之组织，振刷内部律纪，并明示中国共产党员由俄国保尔雪维克党人搬来的进攻策略，凡此，均足使孙逸仙心灵震骇。共产党人，虽然对于联合、妥协，原则上永远的反对，但因急需扩展根据地的关系，又窥破国民党的社会主义分子，已颓萎腐败，遂决意乘机利用其在群众间之威权，因而将进攻之策略，加以转变。"

［法］卓莱斯作、仁言译《对于马克斯〈共产党宣言〉的批评》发表于《新

路》第 5、7 期。

按：卓莱斯为法国社会党三大鼻祖之一。文章说："《共产党宣言》的伤痕，不是政纲的含混，只是方法的含混。这种方法是什么？就是无产阶级用武力建树自己的权力，用武力向革命的有产阶级夺取权力。"

半生《民生史观是不是唯物史观》发表于《新路》第 6 期。

丁和《唯物史观的唯物史观》发表于《新路》第 8 期。

仁言《急进主义与社会主义》发表于《新路》第 11 期。

骆叔和《民族复兴运动中的中国共产党问题》发表于《新创造》第 1 卷第 6 期。

［日］小岛宪作、东浦译《国际社会主义运动之发展》发表于《心音》第 2 期。

王克生《社会主义之不可避免性》发表于《铃铛》第 1 期。

史乃绍译《科学的社会主义之历史的渊源》发表于《对抗》第 4 期。

吴亮平《十月革命的胜利乃列宁主义伟大胜利》发表于中共苏区中央局机关刊物《青年实话》第 9 期。

按：文章说："十月革命震动了全世界，开辟了世界历史的新纪元，建立了第一个胜利的无产阶级专政的国家，它的胜利，是在布尔塞维克的正确领导之下取得的；是在坚决的反对机会主义（托洛斯基主义与孟雪维克主义）的斗争中取得的；这一胜利，正是列宁主义的伟大胜利，同时又证实各种机会主义的完全破产。"

［苏］斯大林作、叔璋译《李宁主义诸问题》发表于《中国出路的研究》第 1 卷第 2 号。

敷之译《法西斯蒂乎，马克思乎》发表于《中国出路的研究》第 1 卷第 5 期。

阮慕韩译《日本国民社会主义诸潮流》发表于《现代社会》第 1 卷第 1 期。

郭世珍《日本国家社会主义论》发表于《现代社会》第 1 卷第 2 期。

克灵《在抗日运动中对中国共产党之批判》发表于《自决》第 1 卷第 8 期。

凌铭《都会与农村关系之辩证法的发展过程》发表于《自决》第 2 卷第 2 期。

天生《苏联社会主义之发展及其前途》发表于《自决》第 2 卷第 3 期。

严肃《民族社会主义研究》发表于《探讨与批判》第 1 卷第 2 期。

唐孝刚译《唯物派经济学之哲学的基础》发表于《探讨与批判》第 5 期。

曾克熙《费边社会主义》发表于《协大学术》第 2 期。

[苏]列宁《资本主义在农业中的发展》发表于《理论与现实》创刊号。

林云谷《日本人的国家社会主义》发表于《南方杂志》第 1 卷第 3 期。

彭文应《共产主义之路比较可通》发表于《主张与批评》第 4 期。

魏先孝《什么是唯物辩证法》发表于《政法月刊》第 8 卷第 8—9 期。

[苏]Joseph Stalin 作、班文茗译《社会主义与资本主义之批判》发表于《桂潮》第 4 期。

[法]朱黑斯作、曾仲鸣译《艺术与社会主义》发表于《南华文艺》第 1 卷第 3 期。

葛嘉《艾迪与共产主义》发表于《晨光》第 1 卷第 3 期。

新《用数字表现出来的资本主义生产与社会主义生产》发表于《现实》第 1 卷第 12 期。

寒松《社会主义是什么》发表于《生活周刊》第 7 卷第 26 期。

S. C.《中国共产党的缩写》发表于《中华周报》第 11 期。

志坚《共产主义的唯理论》发表于《中华周报》第 34 期。

黎明《社会主义的利弊问题》发表于《民众周报》第 213—215 期。

按：文章说：“在本报二〇八和二〇九两期合刊上有一篇揆一先生的社会主义，中国关于社会主义的利弊一节，有不少值得讨论的地方。现在把我关于这些问题的意见写在下面，以供本报读者的研究。”文章谈了劳动力的分配问题、生产的效率问题、管理问题、分配问题。

徐熙祥《社会主义之我见》发表于《盐中学生》第 5 期。

何钰安《评中国共产党》发表于《民众喉舌》第 10 期。

开凡《两种体育——资本主义国家的体育与社会主义国家的体育》发表于《东方青年》第 2 卷第 4 期。

史逸乘《苏联社会主义建设底现阶段》发表于《世界与中国》第 2 卷第 3 期。

高佣《谁能活用辩证法唯物论》发表于《世界与中国》第 2 卷第 6 期。

清《中国共产党最近状况之一般》发表于《北辰杂志》第 4 卷第 9 期。

若木《天主教会对于资本主义和社会主义的理论》发表于《北辰杂志》第 4 卷第 10 期。

罗隆基《论共产主义——共产主义理论上的批评》发表于《新月》第 3 卷第 1 期。

按：文章说："马克斯派的思想，归纳起来，可分这四部：（一）历史哲学；（二）经济理论；（三）革命策略；（四）理想社会。"

罗务德《唯物史观与圣灵》发表于《中华基督教全国总会公报》五旬节纪念专号。

素译《远东苏维埃共和国的社会主义的建设》（远东区域脱离日本干预和白匪叛乱的十周年纪念）发表于《燕大月刊》第 9 卷第 2 期。

［日］藤森成吉作、叶沉译《创作方法的唯物辩证论》发表于《文艺新地》第 1 卷第 4 期。

吴亮平《马克思列宁论武装暴动》发表于 12 月 11 日《红色中华》第 44 期。

区克宣《从资本主义到社会主义之过渡期的经济》发表于《民众三日刊》第 1 卷第 55—58 期。

狂客《唯物史观及其批评》发表于《香港九龙杂志》第 1 卷第 5 期。

［日］五来欣造作、默全译《政治理想的社会主义》发表于《清华周刊》第 37 卷第 8 期。

仲珊节译《斯大林谈片》发表于《外交月报》第 1 卷第 2 期。

蠡舟《汉奸们的唯心哲学与唯物哲学》发表于《外交月报》第 1 卷第 5 期。

竟成设《日本国家社会主义之进展》发表于《国际译报》第 2 卷第 3 期。

王恩洋《唯物杂评》发表于《海潮音》第 13 卷第 6 期。

鉴莹《佛法的马克思主义观》发表于《海潮音》第 13 卷第 9 期。

吴玉章《斯大林传》发表于 12 月 20—23 日《新华日报》。

佛泉《黑格尔之对演说与马克思之对演法》发表于 3 月 12 日《大公报》副刊《现代思潮》第 25 期。

许宝骙《黑格尔之历史哲学与马克思之历史观》发表于 4 月 2 日《大公报》副刊《现代思潮》第 28 期。

按：文章说："严格讲来，黑格尔所讲的东西与马克思所讲的东西似乎不完全是一回事。若是以马克思的东西为'历史'哲学，为'史观'，则黑格尔的东西似乎只能说是宇宙哲学、宇宙观。马克思是在规规矩矩地解释历史，解释历史的所以演变；黑格尔则主题是在研讨宇宙之始造与宇宙之形式，其论历史也是附于宇宙之下而讲的。马克思注重历史的演变，要问历史之演变是在何种动力之下而演变的；黑格尔注重这全部历史的由来，要问这全部历史是在何种前提之下蜕生出来的。所以马克思的东西是'历史'哲学，是'历史'观,而黑格尔的历史哲学严格说来只是宇宙哲学的一种说法。"

许嘉《论黑格尔与马克思之对演法》发表于 5 月 7 日《大公报》副刊《现代思潮》第 33 期。

关仲和《马克思唯物史观与黑格尔历史哲学》发表于 5 月 7—21 日《大公报》副刊《现代思潮》第 33—35 期。

按:文章说:"在十九世纪的思想史上,黑格尔和马克思可算做要占最重要的地位。历史、法律、宗教、哲学、逻辑、美术、辩证法等都受了他们的影响而换了新面目。他们的哲学根本的出发点是不同的。"

张佛泉《再论黑格尔与马克思之对演法》发表于 5 月 21 日《大公报》副刊《现代思潮》第 35 期。

崔敬白《辩证法是可以骇的吗》发表于 10 月 1 日《大公报》副刊《世界思潮》第 5 期。

季同《辩证法与生活》发表于 12 月 29 日《大公报》副刊《世界思潮》第 18 期。

按:文章说:"会应用辩证法,有时表面上看来不可能的事,会变成可能的,即如俄国革命,不辩证地看,俄国社会是不能有无产革命的,但列宁由辩证法来看,断定在俄国无产革命必能成功。实在说,俄国革命的成功,一部分即由于列宁的善用辩证法。用辩证法来解析现象是学问,用辩证法来处理实际问题,乃一种艺术。"

程慎吾(梁实秋)《马克思的自白》发表于 12 月 31 日天津《益世报·文学周刊》第 9 期。

三、研究著作

李季著《马克思传》(下册)由上海神州国光社出版。

[德]马克思著,王慎明(王思华)、侯外庐译《资本论》(第 1 卷上册)由北平国际学社出版。

按:是书包括《资本论》第 1 卷第 1、2、3 篇。根据《资本论》德文第 4 版第 1 卷翻译。

[德]马克思著、潘冬舟译《资本论》(第 1 卷第 2、3 分册)由北平东亚书店出版。

按:潘冬舟在该书《译者言》说:"马克思所著《资本论》一书中文译本,为陈启修先生所开始,可是第一分册在上海昆仑书店出版以后,至今三年,尚未续出。但这本书是中国社会科学界所迫切需要的,因此,我现在愿意继续翻译这一著作。为避免工作重复起见,第一分册我就不再翻译了。"

〔日〕高畠素之著、施存统译《资本论大纲》由上海神州国光社出版。

徐嗣同编《马克斯的〈资本论〉》由上海中华书局出版。

〔德〕考茨基著、汪馥泉重译《马克思底经济学说》由上海神州国光社出版。

〔日〕河上肇著、江伯玉译《马克斯主义经济学大纲》由著者出版。

按:是书分为科学的马克思主义经济学、简单的商品流通里所含的恐慌底可能性、资本家的生产诸关系的内部里生产诸力之发展、竞争之间独占的转化等5章。

〔日〕河上肇著、钟古熙译、施复亮校《通俗剩余价值论》由上海神州国光社出版。

按:是书乃介绍马克思剩余价值学说的专著。

郑学稼著《庞巴卫克的经济学说——正资本论及资本及利息》由上海黎明书局出版。

按:是书介绍与马克思主义经济学尖锐对立的奥地利学派主要代表人物庞巴维克的理论。

〔德〕恩格斯著、青骊汉译、刘易斯英译《(英汉合璧)费尔巴哈论》由上海社会主义研究社出版。

〔德〕恩格斯著、彭嘉生译《费尔巴哈论》由上海南强书局出版。

〔德〕恩格斯著、吴理屏(吴黎平)译《反杜林论》由上海笔耕堂书店出版。

按:作者从哲学、政治经济学、社会主义三个领域里,对杜林的机构论和形而上学作了深入批判。

〔德〕马克思著、许德珩译《哲学之贫乏》由北平东亚书局出版。

按:《译者赘言》说:"《哲学之贫乏》这本书,是马克思的著作中最初出世的一种,他在学术上所占的地位若何,当代学者类能言之,并且也只要一读书中恩格斯的那篇长序,以及马克思自己所作的那两篇短序亦自知之,用不着我来费词;我现在这篇赘言,并不是来介绍这本书,乃是来说明我为什么来把这本书翻译出版。……我更希望这本书出版后,能够得到一些严重的批评,使这一本名著,在中国成为一种可读的译本,那却非我一人之幸了!"

〔德〕恩格斯著,蒲列哈诺夫注,杨东莼、宁敦伍译《机械论的唯物论批判》由上海昆仑书店出版。

按:是书包括从黑智儿到费儿巴哈、观念论与唯物论、费儿巴哈的宗教哲学与伦理学、辩证法的唯物论及附录费儿巴哈论纲、费儿巴哈论补遗、史的唯物论、法兰西唯物论史、马克思的唯物论与辩证法、费儿巴哈临港原稿译文等。

[德]恩格斯著、杜畏之译《自然辩证法》由上海神州国光社出版。

按：是文《自然辩证法》全文首次出版。

卢舜昂著《马克斯主义世界观——唯物辩证法》由北平旭光社出版。

按：是书讲述辩证唯物主义哲学的基本理论，分绪论、唯物论、辩证法、唯物辩证法底发展过程4章。

曾春编译《布哈林及其机械唯物论批判》由上海时潮书店出版。

[苏]布哈林著、许楚生译《唯物史观社会学》由北平北新书局出版。

按：是书分8章，主要论述辩证法的唯物论、社会、社会与自然之间的均衡、社会诸要素间的均衡等。书后附对于唯物史观的理论问题之几个简短的附注。

[苏]伏尔佛逊著、林超真译《辩证法的唯物论》由上海春秋书店出版。

张如心著《无产阶级底哲学》由上海光华书局出版。

按：是书分4章：辩证唯物论底历史根源、辩证唯物论底几个主要问题、辩证唯物论与马克思主义学说、辩证唯物论与文化革命。

张如心著《辩证法与唯物论》由上海光华书局出版。

按：是书即《无产阶级底哲学》改名出版。

张如心著《哲学概论》由上海昆仑书店出版。

按：是书论述以唯物论为中心的哲学发展史。包括古代希腊、文艺复兴和18世纪法国的唯物论、德国古典哲学，以及马克思的辩证唯物论。书末附《列宁与哲学》。

傅宇芳著、吕梦南校订《马克思主义政治学教程》由上海长城书店出版。

按：是书分3编。上编政治科学概论，讲述政治科学的含义、方法和政治理论与实践问题；中编国家论，讲述国家的性质、构成及社会发展规律等；下编政治运动，讲述政治运动的意义、路线、程序及方式等。

[德]恩格斯著、李一新译《德意志农民战争》由上海乐华图书公司出版。

[苏]列宁著《国家论》由上海浦江书店出版。

[苏]列宁著、吴凉译《左派幼稚病》由上海社会科学研究社出版。

[苏]斯大林著《论反对派》由上海中华书局出版。

按：是书收录《托洛斯基主义还是列宁主义》《论联共党内的反对派联盟》《论联共党内社会民主主义的倾向》《再论联共党内社会民主主义的倾向》《中国革命问题》《与中国劳动大学学生的谈话》《中国革命和共产国际的

任务》《俄国反对派的政治面目》《托洛斯基反对派之过去与现在》等论文。

［苏］波波夫著、刘明泰译《论革命转变》由中外研究会出版。

按：是书阐述了革命的基本形式，马克思、恩格斯、列宁论不断革命，无产阶级是资产阶级革命的领导者，不断革命中的农民，"转变"的条件与保障等思想观点。

［苏］托罗茨基著、韩起译《列宁传》由江苏南京国际译报社出版。

［苏］里昂齐夫、吉仁采夫著，柳明译《列宁主义初步》由北国图书公司出版。

按：是书包括党章的基础、与孟塞维克主义奋斗、为党而斗争、与右倾及"左"倾斗争、资本主义的危机、苏联等 7 章。书前有胡菲的序。

［奥地利］孚勒普·密勒著、伍光建译《列宁与甘地》由上海华通书局出版。

［苏］列宁（原题乌里亚诺夫）著，高希圣、郭真译《经济学教程》由上海神州国光社出版。

按：是书乃列宁经济学论著的摘编，分为马克思主义的本质、资本主义以前的经营形式和达到资本主义之过渡的经营形式、工业上资本主义的发展、农业上资本主义的发展、市场论、地租论、帝国主义、从资本主义到社会主义的过渡时代等 9 个专题。

［苏］列宁著、陈瑞宣译《三个国际》由上海华兴书局出版。

按：是书收录《三个国际》《第二国际的破产》《第三国际和它在历史上的地位》《工人运动中的新路线》《共产国际与国家制度》等文章。

储寒著《苏联的机构》由上海良友图书印刷公司出版。

王依平译《苏联十五年计划》由上海光明书店出版。

周宪文编《苏俄五年计划概论》（五年计划的理论与实际）由上海中华书局出版。

按：是书叙述苏联五年计划（1928—1932）的理论基础、内容及其目的，以及五年计划实行以来的成果。

［苏］格林科著、沈君实译《苏联五年计划概论》由天津国际文化学会出版。

林伯修著《第二次五年计划》由上海良友图书印刷公司出版。

苏联研究社编《两个五年计划》由上海春申书店出版。

王印川著《苏联五年计划奋斗成功史》由天津大公报社出版。

张毓宾著《苏俄积极建设论》由长春著者出版。

雷用中编著《苏联经济之史的发展其现况及其前途》由北平导群书店出版。

按：是书分 8 章叙述十月革命后苏联工业、农业、商业、财政、金融、交通发展的历史、现状和前景。

[日]山内一雄著、王锡纶译《苏俄之政治经济社会》由上海新生命书局出版。

按：是书论述十月革命以后苏联的政治、经济和社会情况。

力人编译《苏维埃经济与世界经济》(苏联社会主义建设小丛书)由华兴书店出版。

顾树森编《苏俄农业生产合作》由上海中华书局出版。

按：是书分 8 章介绍苏联农业合作的现状、主要法规、商业活动、财务状况、对外贸易，以及各中央联合社、合作社的驻外代表等情况。

科学研究会著《新兴社会科学研究大纲》由北平科学研究会出版。

按：是书分绪论——怎样研究社会科学、马克思列宁主义的体系、史的知识、实际问题(中国经济及政治的性质等)、临时问题等。

王明著《两条路线》改名为《为中共更加布尔塞维克化而斗争》在莫斯科出版。

瞿秋白著《中国到哪里去》由中国社会科学联盟北方分盟出版。

胡秋原编译《唯物史观艺术论——朴列汗诺夫及其艺术理论之研究》由上海神州国光社出版。

按：是书分绪言、艺术理论家朴列汗诺夫之性质、艺术之本质、艺术与经济、艺术之起源、艺术之进化与发展、文艺底个性与社会性之考察、朴列汗诺夫与艺术批评、俄国科学底美学及社会底文艺批评之先驱、朴列汗诺夫之方法论等 10 章。附录:《列宁与艺术》《艺术与无产阶级》《文艺创作之机构》《政治底价值与艺术底价值》《文艺起源论》《革命文学问题》。

毛泽东等著《经济工作手册》由沈阳东北书店出版。

四、卒于是年的研究者

刘大白(1880—1932)卒。大白原名金庆棪，改姓刘，名靖裔，字大白，别号白屋，浙江绍兴人。1913 年赴日本，加入同盟会。1916 年回国，任职《杭州报》。1919 年应经亨颐之聘在浙一师与陈望道、夏丏尊、李次九一起改革国语教育，被称为“四大金刚”。1920 年 5 月参加陈独秀以《新青年》杂志名义召开的社会主义和中国改造问题座谈会，8 月与施存统、俞秀松、沈玄庐、陈望道、邵力子、沈雁冰、沈仲九、戴季陶等参加上海共产主义小组，11月与宣中华、俞秀松、沈玄庐等在杭州组织"悟社"，专门研究社会主义。1921年4月参与沈玄庐领导的萧山衙前农民运动，参与起草《衙前农村小学校宣言》《衙前农民协会宣言》《衙前农民协会章程》。1922年4月与俞秀松等发起成立中国社会主义青年团杭州支部。11月与宣中华、沈玄庐等组织"任社"，创办《责任》周刊。1924年经邵力子推荐，任复旦大学文科教授。与陈望道等负责《黎明》周刊。1928年任国立浙江大学秘书长。1929年任教育部常任次长。1931年开始闭门写作。著有《刘大白诗选》《刘大白文集》《中国文学史》等。

　　按：刘家思、周桂华、周宜楠说："刘大白是中国早期共产主义运动的积极分子。他不仅早期参加了上海共产主义小组，而且积极进行了革命宣传，参与组织和领导了中国共产党领导的最早的农民运动，而且直接催生了中国共产主义青年团杭州支部，是中国共产党杭州小组的接生娘。而且，作为一个诗人，他还以自己的诗歌讴歌了工农和红色政权，赞颂无产阶级革命战士，表现无产阶级的悲惨人生，进而号召无产阶级奋起革命，是无产阶级革命文学的开创者。这也是他在共产主义运动中作出了突出贡献。"①

　　邝振翎（1885—1932）卒。振翎字摩汉，号石谿，别署石谿词客，江西寻乌人。早年加入同盟会，参加南昌光复、武昌起义、滦州起义，为辛亥革命的功臣。1915年秋与顾息疢、何海鸣等20余人在上海成立护法讨袁的文艺组织，取名"心社"。1917年1月在北京与何海鸣一道创办《寸心》月刊，任编辑。1918年赴日本东京帝国大学研究社会经济。1921年初由日本返国，先后在国立北京政法大学等公私大学担任教授，并在报馆任主笔，积极参与新文化运动。并与胡鄂公、熊得山、汪剑农、彭泽湘等人组建中国共产主义同志会，成为国内早期马列政党的创建者，也是中共的早期党员。1922年2月15日在北京与胡鄂公、熊得山联合创办《今日》杂志。1924年1月列宁逝世后，组织和参加在北京的追悼大会，并与李春涛、杜国庠合编《列宁逝世纪念册》，撰写《列宁与世界》与《苏俄革命的特质》二文。同年又与李春涛、谭平山等人创办《社会问题》杂志。1925年前后创办北京文化大学，担任校长。1927年初出任中央军事政治学校武汉分校教官，同时兼任国立武昌中山大学经济系主任，被荐为校务委员会主席。著有《唯物的中国史观》《用唯物史观解释中国各种思想之变迁》《社会主义总论》《经济概论》《中国经济概

---

① 刘家思，等. 中国早期共产主义运动中的刘大白[J]. 四川职业技术学院学报，2012(2).

况》《经济学原理》等。译文有《马克思剩余价值论》《社会主义之进化》等。

韦拔群(1894—1932)卒。拔群曾用名韦秉吉、韦秉乾、韦萃,广西东兰人。1921 年在家乡组织"改造东兰同志会",旋改为"公民会",提出了团结瑶胞的口号,成立演讲团,发布各种有关马克思主义社会革命的宣传,积极动员民众起来为自身的解放而斗争。1923 年率领农民自卫军攻打东兰县城,成立东兰革命委员会,是为中国现代农民运动史上最早的一次武装起义。1924 年因被国民党桂系当局通缉而到广州,次年 1 月进入广州农民运动讲习所学习。8 月返回东兰任东兰农民协会军事部长,并先后在东兰开办三届农民运动讲习所,吸收瑶族学员参加学习,主要开设"中国国民革命运动史略""苏俄状况""社会主义""党史""工人运动"等政治常识类课程。1929 年 9 月任广西农民协会副主任委员,12 月参与组织百色起义,任右江苏维埃政府委员、中共工农红军第七军前敌委员会委员、红七军第三纵队司令员。1930 年 10 月红七军整编后任二十一师师长。在武篆举办两期瑶族骨干训练班。1931 年 10 月当选为中华苏维埃共和国中央执行委员。1932 年 10 月不幸遇害。毛泽东称赞韦拔群"是壮族人民的好儿子,农民的好领袖,党的好干部"。

民国二十二年　癸酉　1933 年

一、研究背景

1 月 17 日,中共驻共产国际代表团,以中华苏维埃临时中央政府和工农红军革命军事委员会名义发表宣言,向一切进攻革命根据地和红军的国民党军队提议,在停止进攻、保证民众的民主权利和武装人民的条件下,停战议和,一致抗日。但遭到国民党政府拒绝。

1 月 31 日,毛泽东主持召开中华苏维埃共和国临时中央政府人民委员会第 31 次常委会,决定创办一所大规模的党校,以培养大批忠于党和革命事业的能做党团工作、政府工作、工会工作的政治工作干部。

2 月 4 日,在《青年实话》《党的建设》的基础上,苏区中央局机关报《斗争》在江西瑞金创刊。

2 月 17 日,中共中央发表《中共关于马克思逝世五十周年纪念的决议》,指出:"马克思主义和列宁主义已成了世界无产阶级和一切劳苦群众争求解放的旗帜和武器。我们党应比以前加倍努力与广泛地将马克思主义和列宁主义灌输到中国劳苦群众中去,来武装他们,以争取伟大的解放","加强党员之马克思主义和列宁主义的基本教育,实为我们党在目前非常严重迫切的任务"。[①]

2 月 18 日,中共中央发表《为马克思逝世五十周年纪念告民众书》,号召广大工农兵群众和学生拥护马克思主义列宁主义。

是月,王明"左"倾教条主义者在江西苏区发起反对邓小平、毛泽东、谢唯俊、古柏等苏区党、政、军负责人的党内斗争,大批坚持毛泽东正确主张的干部遭到错误的指责、批判和处理,史称"反邓、毛、谢、古事件"。

3 月 13 日,中央苏区苏维埃党校即马克思共产主义大学在江西瑞金正式开学,任弼时任校长,旋由中央人民委员会主席张闻天兼任,董必武、杨尚昆为副校长,罗明为教务主任。党校分为 3 班:一是新苏区工作人员训练班,二是 4 月的训练,分党、团、苏维埃、工会工作 4 班,三是高级训练班,由

---

① 中共中央文献研究室中央档案馆.编.建党以来重要文献选编(一九二一——一九四九):第 10 册[M].北京:中央文献出版社,2011:123,125.

各省委、省苏维埃及省工会派送。党校的科目各班不同,主要是马克思列宁主义的基本原理、党的建设、苏维埃建设、工人运动、历史地理和自然科学等。由刘少奇、陈云讲授《共产党宣言》,李维汉讲授《政治经济学》等,毛泽东讲授《苏维埃运动史》,任弼时、邓颖超讲授《中共党史》,陈云讲授《职工运动史》,顾作霖讲授《少共史》,周恩来、朱德、刘伯承、李德(德国人,军事顾问)讲授《军事课》,徐特立讲授《地理常识》,董必武讲授《西方革命史》。

3月,马克思共产主义学校编审处成立,主要负责该校教材等的编辑出版,由副校长董必武具体负责。

4月9日,马克思主义研究会在江西瑞金成立,以"研究马克思列宁主义,在思想上为共产国际与中共中央的总路线而斗争"为宗旨,是为中央苏区第一个马克思主义理论研究机构。张闻天任书记,中央制定和颁布了《马克思主义研究会的组织和工作大纲》。因各省和各中央机关相继成立了马克思主义研究分会,故设在马克思主义学校内的马克思主义研究会便升格为"总会",称"马克思主义研究总会"。总会设立编译部和文化研究组。

5月14日,马克思主义研究会在红军学校俱乐部举行第二次公开演讲,题目是《目前红军建设中的几个基本问题》,主讲人博古。

5月25日,中共中央发表《为反对国民党出卖华北平津告民众书》,号召全国人民"反对日本帝国主义进攻平津,反对国民党南京政府和北方军阀的新卖国"。《告民众书》揭露了国民党全权代表黄郛与日本侵略者进行出卖华北的秘密谈判,反对国民党对日妥协卖国、对内进攻苏区的不抵抗政策。

6月17—21日,毛泽东主持召开瑞金、会昌、于都等8县查田运动大会,并在会上作《查田运动是广大区域中的中心任务》和《查田运动的第一步——组织上的动员》两个报告。又在上述8县贫农团代表大会上作《八县查田运动大会上报告》。

6月18日,马克思主义研究江西分会宣告成立,并于7月2日举行第一次学术讨论会。

8月10日,中央组织局发出《关于党内教育计划致各级党部的信》,明确提出"省县应该开办培养干部的训练班""系统地研究马克思列宁主义,讨论中国革命的基本问题",并且对培训的领导机关、学习时间、培训课目、教授大纲等,作了非常明确、具体的规定。

按:文件指出:"要保证我们的党,在目前巨大历史事变中能够完成它的任务,必须要'加紧党员群众的教育,增加他们的政治程度,有系统地宣传马克思列宁主义,研究中国革命过去几年的经验'(六次大会政治决议)。我们应当有计划的有目的的提高党内政治理论的水平,以马克思列宁主义的思想武装所有新旧同志们的头脑,进行经常有组织的教育工作。""为着深造中央一级及省县一级工作人员的思想与理论,各机关内应成立马克思主义研究分会,在马克思主义研究总会领导之下,经常有系统的研究马克思列宁主义,讨论中国革命的基本问题。中央责成马克思主义研究总会规定具体实际的领导方式。"①

8月12日,中央苏区南部17县经济建设大会和中央苏区北部11县经济建设大会在瑞金召开,毛泽东在会上作《粉碎第五次"围剿"与苏维埃经济建设任务》的报告。

8月20日,毛泽东在中华苏维埃临时中央政府召开的赣南17县经济建设工作会议上作《必须注意经济工作》的报告,认为"没有正确的领导方式和工作方法,要迅速地开展经济战线上的运动,是不可能的"。要求大量地组织和训练"经济战线上的指挥员"。

8月31日,中央创办苏维埃大学,毛泽东任校长,沙可夫任副校长。从1934年4月起,瞿秋白接任苏维埃大学校长,并增加徐特立为副校长。苏维埃大学明确规定,苏维埃大学必须以马克思列宁主义的实际课程教育学生。

9月15日,毛泽东与项英、张国焘联名发布中华苏维埃共和国中央人民委员会《关于教育工作》的第17号训令。

按:训令要求:"在适应着目前革命战争的需要这一条件之下,确立普及义务教育制度,在共产主义的精神上来创造革命的新后代,广泛的进行宣传马克思列宁主义的革命理论,立刻开始有组织的有计划的进行扫除文盲运动,要尽量的在最短时期内把从前豪绅地主资产阶级的统治所留下来的最毒恶的遗产——文盲——完全消灭。设立列宁师范与各种教育干部训练学校,来造就一支发展普及教育与扫除文盲的战线上必需的强大的教育者军队,对于发展工农剧社、蓝衫团、俱乐部、图书馆、阅书室等等社会教育工作,应给以充分的注意与组织。这更是目前教育的方针与中心的任务。"②

11月15日,马克思主义研究总会文化研究组正式成立并举行第一次研究会议,确定本组今后的研究方向侧重在文艺理论与创作的具体问题上。

---

① 中央档案馆,编.中共中央文件选集:第9册[M].北京:中共中央党校出版社,1991:296-307.
② 中共江西省委党史研究室,等编.中央革命根据地历史资料文库·政权系统(7)[M].南昌:江西人民出版社,2013:982.

大会聘请张闻天、凯丰为指导员,指定阿伪、胡底为正副组长。

11 月 18 日开始,毛泽东先后到江西兴国长冈乡、福建上杭才溪乡进行调查工作,并写了《长冈乡调查》(原题为《乡苏工作的模范(一)——长冈乡》)和《才溪乡调查》(原题为《乡苏工作的模范(二)——才溪乡》)。

是年,张闻天在江西苏区马克思共产主义大学讲授《中国革命基本问题》,第一讲为《中国革命的社会经济基础》,认为中国社会的经济性质是"半殖民地与半封建的经济,这种经济决定了中国革命的任务与性质,决定了中国革命中各阶级的关系,决定了中国革命的动力"①。

二、研究论文

尚昆《苏联社会主义建设的胜利》发表于《斗争》第 1 期。

尚昆《马克思逝世五十周年纪念》发表于《斗争》第 4 期。

按:文章说:"马克思是全世界无产阶级革命的导师,是科学社会主义理论的鼻祖,是第一国际的创造人,他号召全世界无产阶级,坚决一致地向资本主义作残酷的阶级斗争,他指示了全人类最后解放的大道——共产主义社会!""研究和学习马克思列宁主义,以马克思列宁主义来武装自己,是全世界各国共产党员的战斗任务,对于马克思列宁主义缺乏彻底的了解,要成为真正的布尔塞维克是很困难的。""每一个党员都必须加紧对马克思列宁主义的学习。我们要以这一锐利的武器去粉碎敌人,粉碎一切对马克思列宁主义的修改和曲解,高举着我们马克思列宁主义的旗帜,为苏维埃的中国奋斗到底!"

[苏]斯大林《列宁和联合中层问题》发表于《斗争》第 11 期。

洛甫(张闻天)《论苏维埃经济发展的前途》发表于《斗争》第 11 期。

[苏]斯大林《列宁和联合中层问题(续完)》发表于《斗争》第 13 期。

洛甫(张闻天)《苏维埃政权下的阶级斗争》发表于《斗争》第 14 期。

洛甫(张闻天)《苏维埃政权下的阶级斗争(续完)》发表于《斗争》第 15 期。

[苏]列宁《新的任务与新的力量》发表于《斗争》第 17 期。

毛泽东《查田运动的初步总结》发表于《斗争》第 24 期。

按:文章说:"无疑的,查田运动是在广大地区内开展了。但当这个运动前进的时候,当我们正确估计了已得成绩,并奠定了运动发展的基础的时

候,我们还要警觉地注视运动中途的障碍物。只有发动两条战线斗争的火力去清除这些障碍,才能推进查田运动更加迅速的前进。开展反右倾的思想斗争,反对对查田运动严重意义的估计不足,及对地主富农的妥协投降,反对对群众斗争的尾巴主义,是每个共产党员的责任。同时要把侵犯中农的危险唤起全体党员的注意,要严厉打击任何侵犯中农利益的企图,因为这是目前查田工作中已经明显表现出来了的十分严重的危险。对富农不正确观念,也无疑要影响到中农上去。一切命令主义的蛮干,对于联合中农是最大的危害。用两条战线斗争的火力,来扫荡查田运动道路上的一切障碍物,查田运动就可以大踏步前进,他的彻底胜利就有了充分保障了。"

[苏]列宁《革命军部队的任务》(即《革命军战斗队的任务》)发表于《斗争》第 25 期。

[苏]列宁《给圣彼得堡委员会附设的"斗争委员会"的信》(即《致圣彼得堡维扬战斗委员会》)发表于《斗争》第 25 期。

洛甫(张闻天)《论苏维埃政权的文化教育政策》发表于《斗争》第 26 期。

按:文章说:"苏维埃政权的文化教育政策,是在使每个苏维埃公民受到苏维埃的教育。这种教育不是在愚弄民众为剥削阶级服务,而是在启发民众,使民众为自身的解放而斗争。这种教育决不是封建时代的教育,不是资产阶级的教育,而只能是无产阶级的教育,即是马克思与列宁主义的教育,即共产主义的教育。因为只有马克思列宁主义,才能武装我们的头脑,使我们为中国工农民众的最后解放而斗争,并且使我们的斗争能够得到胜利。"

[苏]列宁《列宁论共产主义的教育——一九二〇年十月二日在俄国共产党青年团第三次全俄代表大会上的演说》发表于《斗争》第 31—32 期。

按:列宁说:"关于青年的任务的问题,我应该说:青年的任务,尤其是共产青年团的和其他组织的最一般的任务,可以用一句话说来,就是学习的任务。"

毛泽东《贵阳运动的群众工作》发表于《斗争》第 32 期。

[苏]斯达林《应当使集体农民变成小康者》发表于《斗争》第 35 期。

[苏]列宁《关于战胜高尔洽克给工人农民的一封信》(即《关于战胜高尔察克告工农书》)发表于《斗争》第 37 期。

[苏]列宁《列宁论人民委员会与劳战委员会的工作》发表于《斗争》第 39 期。

[苏]列宁《列宁论游击战争》(即《游击战争》)发表于《斗争》第 40—41 期。

明庵《法西斯主义与社会主义》发表于《革命与战斗》第 2 卷第 4 期。

白辑译《"唯物辩证法"及"自然辩证法"之研究方法》发表于《读书与出版》创刊号。

季雷《马克思的社会形式论》发表于《读书杂志》第 3 卷第 3—4 期合刊（中国社会史的论战专号）。

按：文章说："现在我将马克思对于社会形式发展的学说而特别是关于东方社会之分析与亚洲生产方法的意见写出来，作为我们研究中国社会发展史的借镜，对于大家所争论的问题也不会没有裨益之处，至于我个人对于争论所持的意见和态度只有留在以后再来发表，在这里因为篇幅的关系，也只有在理论上将马氏对于人类社会发展所分析的见解介绍一下。这是本篇写出的意思。马克思的社会形式学说是历史发展的产物。这一学说和马克思的整个系统一齐发展起来。如果我们要在现在理解马克思的社会形式学说，那么很显然的，我们应当在其发生与发展中去了解才成。"

刘苏华《唯物辩证法与严灵峰》发表于《读书杂志》第 3 卷第 3—4 期（中国社会史的论战专号）。

余沈《经验主义的，观念主义的和马克思主义的中国经济论》发表于《读书杂志》第 3 卷第 3—4 期（中国社会史的论战专号）。

按：作者认为："马克思主义之活力在于能预见将来，在它的方法，而不在它的目的。"

［苏］A. V. Lunacharsky 作、天觉译《马克思主义与艺术》发表于《读书杂志》第 3 卷第 5 期。

［德］恩格斯作、陆侃如译《致哈克奈思女士书》发表于《读书杂志》第 3 卷第 6 期。

陈豪君《社会主义的计划经济——苏联计划经济》发表于《读书杂志》第 3 卷第 7 期。

［日］川口浩作、徐翔穆译《艺术理论与辩证法的唯物论》发表于《读书杂志》第 3 卷第 7 期。

张克诚《一九三二的乌托邦社会主义及其理论的批判》发表于《昆华读书杂志》第 1 期。

龙一飞《谈谈社会主义》发表于《南方杂志》第 2 卷第 1 期。

平宣《中国共产党之前途》发表于《北方公论》第 22—23 期。

吴亮平《列宁革命事迹简述》发表于《青年实话》第 2 卷第 1 期。

李宁《唯生史观与唯物史观》发表于《青年生活》第 14 期。

董其鸣《证据学中的辩证法》发表于《中华法学杂志》第 4 卷第 9—10 期。

董其鸣《证据学中的辩证法》(续完)发表于《中华法学杂志》第 4 卷第 12 期。

黄慕韩《共产主义与三民主义之比较观》发表于《青年评论》第 27、29、31 期。

沙家鼎《对中国共产党最近政治路线之检讨》发表于《青年评论》第 44 期。

健伯《共产主义经济学的理论家——布哈林氏的生涯》发表于《中国经济》第 1 卷第 1 期。

张志澄《关于马克思的价值学说之论战》发表于《中国经济》第 1 卷第 5—6 期。

按:文章说:"经济学中之价值论,始终是一个聚讼不决的悬案。这在经济学史上不难明白看出。但价值论同时又是一切经济理论之基础,亦即一切经济现象所赖以说明之最后的根据,因此,凡是研究经济学和经济问题的人,对于晦涩难明之简直论暨各种迷离惝恍之简直学说,即使感到莫大的烦闷和不快,亦不能不予以深刻的注意。我们知道,马克思的全部学说业已自成一整个的体系,而它的许多经济理论不过是其中之一部分,如果去把这些理论提出来作单独的批评,自难中窍。例如否认马克思的历史哲学的人,对于他的一切经济理论就没有研究和批评的必要。不过事实上那些所谓马克思批评家,都没有像马克思那样圆通,即他们如果是些哲学家,就不能了解他的经济理论,如果是经济学家,就不能了解他的历史哲学。因此,所谓反马克思的文献尽管汗牛充栋,但马克思主义者仍视若无睹,而可从容应战。本文所要介绍的,便是这种论战之一幕,且仅涉及马克思的价值学说者为限,这个介绍虽没有多大意味,但有一点应当声明的,即关于马克思的价值学说之本体,在国内许多出版物中间已有充分介绍,兹为节省篇幅起见,除必要时酌量引用外,拟不另叙述,而仅以介绍对于这个学说的许多反对论以及对于这些反对论的答辩为本文唯一任务。"

飞黄《英国社会主义经济学者海德曼之生涯及其著作》发表于《中国经济》第 1 卷第 7 期。

沈叔钦《经济观点的社会主义谈》发表于《南大经济》第 2 卷第 2 期。

曾用修《史他林的一国社会主义建设可能论的外交政策》发表于《南大半月刊》第 2 期。

蒋学楷《德国民族社会主义运动的探讨》发表于《民族（上海）》第 1 卷第 1—6 期。

《苏联社会主义建设：是列宁主义的胜利》发表于《红色中华》第 53 期。

《苏联新预算案：收入将超过支出：社会主义建设的伟大胜利》发表于《红色中华》第 55 期。

《苏联社会主义建设成功：保障苏联和平政策的胜利》发表于《红色中华》第 57 期。

昆《纪念马克思与学习马克思列宁主义》发表于《红色中华》第 60 期。

按：文章说："列宁不止一次重复的说：'没有革命的理论，就不会有革命的行动。'马克思主义是无产阶级反抗资本主义最有力的战斗武器，是创造新社会最有用的工具。马克思所起草的《共产党宣言》阐明了资本主义的发展，指出了无产阶级革命策略的基础，指示了无产阶级用武力推翻全部现代制度，实现共产主义社会的解放大道！列宁主义是帝国主义时代的马克思主义，是马克思主义在帝国主义和世界革命时期中的运用。列宁不只是恢复了被一切机会主义者所曲解和涂污的马克思主义的革命内容，而且在阶级争斗的新条件中，向前开展了马克思主义，而且添上了许多极可宝贵的新的内容。在列宁亲身领导之下的，胜利的俄国十月革命，正是马克思列宁主义的光荣胜利！"

然《马克斯逝世五十周年纪念》发表于《红色中华》第 60 期。

按：文章说："卡尔·马克斯是全世界无产阶级革命的导师，是科学社会主义之父，他创造了第一国际，他号召全世界无产阶级坚决的一致的向资本主义作残酷的阶级斗争，他最初的喊出：'全世界无产阶级联合起来！'他指示给全人类最后的解放大道——共产主义社会！"

弱时《踊跃加入中国共产党》（社论）发表于《红色中华》第 71 期。

丘横云《马克思共产主义学校新苏区班的毕业典礼》发表于《红色中华》第 87 期。

良《马克斯主义研究会江西分会成立了》发表于《红色中华》第 89 期。

《世界最大运河完成了，苏联社会主义建设新胜利》发表于《红色中华》第 92 期。

南熏《以无产阶级坚强领导开展广泛的合作运动》发表于《红色中华》第 119 期。

潘汉年《十月革命纪念与社会主义的胜利》发表于《红色中华》第 121 期。

方祥光、陈之民《艺术领域内的阶级斗争展开反封建旧戏的斗争》发表于《红色中华》第 132 期。

张素民《马克斯第二斯高德与推克诺克拉西》发表于《新中华》第 1 卷第 4 期。

李百强《甘地主义与社会主义》发表于《新中华》第 1 卷第 21 期。

邓云特（邓拓）《形式逻辑还是唯物辩证法》发表于《新中华》第 1 卷第 23 期。

吴清友《从苏联的军事共产主义说到新经济政策》发表于《中华月报》第 1 卷第 2 期。

艾思奇《二十二年来之中国哲学思潮》发表于《中华月报》第 2 卷第 1 期。

林希谦《共产主义与法西斯蒂主义的斗争观》发表于《中华周报》第 59 期。

绍平《马克思的断片》发表于《中华周报》第 68 期。

《李勃尼希特关于马克思之记述》发表于《中华周报》第 68 期。

汪绍原《马克斯主义果真在德国"诈死"么》发表于《独立评论》第 3 卷第 50 期。

丁文江《评论共产主义并忠告中国共产党员》发表于《独立评论》第 3 卷第 51 期。

黄平凡《读〈评论共产主义并忠告中国共产党员〉后》发表于《独立评论》第 3 卷第 62 期。

周炳琳《我对于中国共产党的批评》发表于《独立评论》第 3 卷第 62 期。

叶飞《苏联第二次五年计划与社会主义的农业》发表于《评论之评论》第 1 卷第 22 期。

周毓英《苏俄与世界和平》发表于《社会主义月刊》第 1 卷第 1 期。

王沉《马克斯的生平学说及其批判》发表于《社会主义月刊》第 1 卷第 5 期。

按：文章说："卡尔·马克斯——时代之骄子，无产阶级的导师，革命理论的前驱。马克斯学说，过去曾目为劳动大众的圣经。总之，马克斯之伟大，是值得我们钦仰的。……马克斯的三部曲——唯物史观、剩余价值、阶级斗争，成为他心血的结晶，更有人认定是马克斯伟大的发明。实际上，马克斯仅是社会主义的集成者，修正了过去乌托邦派的谬误。他的唯物史观，不过采取了海格尔的辩证法，舍弃了他的唯心论。同时更搜罗了唯物论的材料，加以整理。简明的说，马克斯在社会主义的精髓里注射了哲学与科学的原素。因为唯物论是马克斯建立社会主义的骨干，所以关于这一部门，不妨比较详细的说明他。唯物论正面的敌对者，便是唯心论。所以马克斯先要攻击唯心论的陷落，而后树立自己正确的理论。"

张风《苏联的和平外交与中共前途》发表于《社会主义月刊》第 1 卷第 9 期。

周毓英《中国社会主义之旗》（本刊一周年的理论总结）发表于《社会主义月刊》第 1 卷第 12 期。

金平欧《中国共产党的解剖》发表于《党旗》第 1 卷第 22—23 期。

陈天达《苏联社会主义都市之建设》发表于《申报月刊》第 2 卷第 1 期。

昆元《马克斯逝世五十周年》发表于《申报月刊》第 2 卷第 3 期。

张耀华《苏联社会主义建设的财政基础》发表于《申报月刊》第 2 卷第 4 期。

爱真《中国共产党之演进》发表于《东干月刊》第 1 卷第 2 期。

江帆《中国共产党内部斗争与斯他林》发表于《中国与苏俄》第 1 卷第 1 期。

行者《中俄复交与俄国文化的批判》发表于《中国与苏俄》第 1 卷第 2 期。

浩吾《论集团农场农民之社会主义的训练》发表于《中国与苏俄》第 1 卷第 3 期。

友直《中国共产党演进之趋势》发表于《中国与苏俄》第 1 卷第 4 期。

赵昕初《远东社会主义前哨之新阵容》发表于《苏俄评论》第 1 卷第 12 期。

济萍《斯大林对左翼反对派之又一胜利——季诺维也夫悔过书》发表于《苏俄评论》第 5 卷第 2 期。

佐野学《俄国经济史》发表于《苏俄评论》第 5 卷第 2—6 期。

［德］考茨基作，邓季雨、钟维明译《乌托邦社会主义之评判》发表于《苏俄评论》第 5 卷第 5—6 期。

吕一声《社会主义苏维埃白俄罗斯共和国宪法》发表于《苏俄评论》第 5 卷第 5—6 期。

王石孙《苏俄国外贸政策之特征》发表于《国民外交杂志》第 1 卷第 5—6 期。

［日］平田晋策作、友于译《极东赤军强化与共产主义战争理论》发表于

《国民外交杂志》第 3 卷第 3 期。

[英]欧文作、施次晨译《一九一七年俄国农地均分革命》发表于《历史科学》第 1 卷第 3—4 期。

笑天《唯物史观与民生史观的再检讨》发表于《新陆》第 39—40 期。

蓬《"民族"革命与中国共产党问题》发表于《泊声》创刊号。

[日]冈泽秀虎作、东声译《最近苏俄的文艺批评界——形式主义与形式主义的社会主义与马克斯主义》发表于《创化季刊》第 1 卷第 1 期。

萧百新《苏联两次五年计划之比较的观察》发表于《东方杂志》第 30 卷第 22 号。

子熙《中国共产党的末路》发表于《勇进》第 1 卷第 6—7 期。

文玉《俄国养育孤儿法》发表于《玲珑》第 3 卷第 17 期。

叶馥佩《革命时期中的俄国妇女》发表于《玲珑》第 3 卷第 22 期。

姚静芳《俄国女工之患病与保护》发表于《玲珑》第 3 卷第 28 期。

何乃黄《中国革命与俄国革命》发表于《线路》第 34 期。

编者《俄国革命纪念与中俄共产党》发表于《重心旬刊》第 1 卷第 6—7 期。

苏中常《唯物史观之扬弃与民生史观之阐明》发表于《政治评论》第 47—48 期。

徐镇南译《列宁与莫索利尼》发表于《政治评论》第 67 期。

梅嵩南、何恩译《马克斯主义与三民主义的关系和区别》发表于《南方杂志》第 2 卷第 4 期。

若木《马克思逝世五十周年之后》发表于《北辰杂志》第 5 卷第 11 期。

按：文章说："一八八三年三月十四日，马克思加尔死于伦敦郊外的一所陋屋中。那时他有六十五岁。自他逝世到如今，不过五十周年；而他的主义在德国境内的势力，却已一败涂地，可耻亦复可叹！"

春荣《新社会党员对于马克斯主义的看法》发表于《北辰杂志》第 5 卷第 18 期。

姚庆三《介绍阿夫达利盎著社会主义基础论》发表于《经济学季刊》第 4 卷第 3 期。

[日]中川贤一作、显之译《日本的国家社会主义运动与完成政党的分解》发表于《民众运动》第 1 卷第 6 期。

德瑞《中国共产党党章》发表于《正论周刊》第 32 期。

[英]拉斯基作、赵演译《共产主义的现在与将来》发表于《前途》第 1 卷

第 3 期。

[英]柯尔作、赵演译《法西斯主义之抬头及社会主义之失败》发表于《前途》第 1 卷第 10 期。

顾高扬《日本国家社会主义论》发表于《前途》第 1 卷第 12 期。

刘民范《从唯神史观到唯物史观》发表于《挺进》第 3 期。

[英]科尔作、致远译《法西斯蒂主义与社会主义之消长》发表于《乐群》第 2 卷第 3 期。

袁举芳《对于无产阶级专政的批评》发表于《四中学生》(广东潮安)第 5 期。

刘叔琴《当作认识论的辩证法》发表于《中学生》第 31 期。

[英]Edward Aveling《学生底马克思》发表于《中学生》第 34 期。

蒲梢《德国的大思想家、科学的社会主义的始祖马克斯氏》发表于《中学生》第 34 期。

潘大逵《各派社会主义之分析》(上)发表于《现代学生》第 3 卷第 2 期。

曹元译《法西斯主义与社会主义斗争论》发表于《现代社会》第 2 卷第 1 期。

清原译《托洛斯基论中国农民运动与无产阶级》发表于《社会与教育》第 5 卷第 9 期。

静华(瞿秋白)《马克思恩格斯和文学上的现实主义》发表于《现代》第 2 卷第 6 期。

按:瞿秋白在文中注解中把过去一直译为"写实主义"的"realism"改译为"现实主义",从此"现实主义"一词得以风行。是年 3 月又撰写《马克思主义和中国革命》(未刊)。

[苏]华希里可夫斯基作、森堡译《社会主义的现实主义论》发表于《现代》第 3 卷第 4—6 期。

鲁迅《关于翻译》发表于《现代》第 3 卷第 5 期。

按:是文从日文节译了恩格斯给敏·考茨基的信中的一段论文艺问题的话。

周起应《关于"社会主义的现实主义与革命的浪漫主义":"唯物辩证法的创作方法"之否定》发表于《现代》第 4 卷第 1 期。

温铨贤《唯物史观的批评》发表于《独一师月刊》第 1 卷第 1 期。

陈志群《社会主义都市》发表于《礼拜六》第 506 期。

中愚《陈炯明的社会主义》发表于《摄影画报》第 9 卷第 35 期。

李亦人《苏俄国外贸易与中国》发表于《商业月报》第 13 卷第 5 期。

［日］山本三郎作、陈清金译《"哲学的科学"之辩证法》发表于《现象月刊》第 1 卷第 1 期。

吴觉先《科学的辩证法与庸俗的辩证法——评李季著〈辩证法还是实验主义〉》发表于《现象月刊》第 1 卷第 3 期。

白亦民《辩证法与自然科学——评陈范予先生》发表于《现象月刊》第 1 卷第 6 期。

白棣《怎么建立民族社会主义国家》发表于《进展月刊》第 2 卷第 9 期。

刘文奇《黑格尔辩证法的刑法论之分析》发表于《进展月刊》第 2 卷第 12 期。

范寿康《形式论理与辩证法》发表于《安徽大学月刊》第 1 卷第 1 期。

姜琦《辩证法的几个难题之解决》发表于《安徽大学月刊》第 1 卷第 5 期。

张振华译《无产阶级的政治理论》发表于《沪江大学月刊》第 22 卷第 1 期。

光《乌托邦社会主义与科学社会主义》发表于《监政周刊》第 4 卷第 3—4 期。

龙仲玮《国家社会主义的经济思想》发表于《学报》（广州）第 2 期。

龙仲玮《激进的社会主义之经济思想》发表于《学报》（广州）第 2 期。

祝世康《英社会主义化之进展》发表于《建国月刊》第 9 卷第 6 期。

［苏］列宁夫人作、郝零星译《苏联妇女的解放》发表于《女子月刊》第 1 卷第 2 期。

我天《介绍与批评——〈共产主义的真理与谬误〉（英文本）》发表于《女青年月刊》第 12 卷第 9 期。

［美］蒲来斯牧师作、［日］竹中胜男译《共产主义与基督教》（日文本）发表于《女青年月刊》第 12 卷第 9 期。

曾熙《社会主义不是可怕的》发表于《广西青年》第 12 期。

按：文章说："有一般的人，看社会主义这个名词，好像毒蛇猛兽一样，看做一种危险物；不分皂白，先加反对、压迫。其实主义的内容如何，他们不知道。这种反对，实太无理。我对此门学问并没有很深的研究。不过据我浅薄研究的结果，我知道社会主义是主张平等的，主张自由的，主张互助的，教人努力进步的，求人类普遍的幸福的；是极公道，极合理，极可爱，可佩，可行的一种主张；是益人的，不是害人的；是救人的，不是毒人的。所以我希望人们,第一,不必先怀着鬼胎,听了这名词便吓了一跳;第二,去研究研究他的内容;第三,择其善者而行之。至于他的详细的内容,也不是这一言所能尽的,实在值得大家研究的了。"

吴雷川、邬式唐《勤俭与社会主义》发表于《杭州青年》第 16 卷第 13 期。

[俄]里托夫斯基作、伍昉斯译《在建设中的社会主义文学》发表于《文艺》第 1 卷第 1—3 期。

[俄]卢那卡尔斯基作、吴春迟译《社会主义的艺术底风格问题》发表于《文学》第 1 卷第 6 期。

[日]上田进作、王笛译《苏联文学的展望:社会主义的写实主义与革命的浪漫主义》发表于《文学杂志》第 1 卷第 3—4 期。

防风《苏联社会主义建设之胜利》发表于《春秋》第 2 卷第 4 期。

半生《唯物史观的检讨》发表于《新路》第 30 期。

玉藻《中国共产党的伟大贡献》发表于《自觉》第 9 期。

梦飞《苏联无产阶级的民主政权》发表于《自决》第 1 卷第 2 期。

[日]河野密作、赵敬孙译《资本主义经济与社会主义经济》发表于《自决》第 1 卷第 2 期。

艾思奇《抽象作用与辩证法》发表于《正路》第 1 卷第 1 期。

按:文章说:"这抽象的力,一方面要能在混乱的一切现象中,找到我们的观察的纯粹的对象,即是前面说的分离作用,一方面要吸尽一切对象中的运动法则和变化过程,即是前面说的综合作用。因此,《资本论》著者所观察的社会里,虽然有封建的原素混杂在其中,他借了'抽象的力'能够把它当作单纯的资本主义社会去观察,从它里面,抽出了生产关系的概念。然而这概念,是结在发展变化的事实之上的活的概念,不是像许多人引用的永远是周期恐慌着的有着走马灯一般的机械式循环的死的资本主义。"

田废民《谈谈知识青年与共产党》发表于《集美青年》第 1 期。

[英]F. S. Marvin 作、杨季康译《共产主义是不可避免的么》发表于《新月》第 4 卷第 7 期。

[苏]列宁《告少年》发表于《少年》第 2 期。

YK《在中国的共产主义运动》发表于《少年》第 9 期。

大林《中国共产党之分析》发表于《尚志周刊》第 2 卷第 14—15 期。

方重《马克斯·列宁与"普罗文学"》发表于《旁观》第 9 期。

林清辉《马克斯伊里奇主义哲学的对象》发表于《明日》第 1 卷第 1 期。

陈汝舟《形式逻辑与唯物辩证法》发表于《明日》第 1 卷第 2 期。

高滔《唯物史观的戏剧论》发表于《剧学月刊》第 2 卷第 7—8 期。

潘大逵《俄国革命前的社会》发表于《自由言论》第 1 卷第 13 期。

祝平《俄国土地改革中的农奴解放》发表于《地政月刊》第 1 卷第 7 期。

高信《洛柏图斯与马克思之绝对地租论》发表于《地政月刊》第 1 卷第 9 期。

方毅译《法西斯主义与美国出路——社会主义共产主义技术主义与美国出路》发表于《平明杂志》第 2 卷第 15 期。

觉《柯尔论资本主义与社会主义》发表于《平明杂志》第 3 卷第 2—3 期。

彭学海《法律演进的唯物史观》发表于《法学杂志》第 6 卷第 5 期。

平心《什么是辩证法》发表于《生活》第 8 卷第 29 期。

戈公振《我对于观察苏联的态度》发表于《生活(上海)》第 8 卷第 31 期。

良工《托洛茨基论俄国发展的特性》发表于《实践》第 12 期。

邱瑞五《形式的逻辑与辩证法逻辑》发表于《文理》第 4 期。

应明《国家社会主义之将来》发表于《勇进》第 1 卷第 11 期。

蛰安《法西斯主义与民族社会主义》发表于《星期三》第 1 卷第 25 期。

中共中央《中央关于马克思逝世五十周年纪念的决议》发表于《红旗周报》第 58 期。

中共中央《为马克思逝世五十周年纪念告民众书》发表于《红旗周报》第 58 期。

拉狄克《把社会主义文化的旗帜举高些》发表于《红旗周报》第 59 期。

大炎《马克思主义在日本的发展》发表于《国闻周报》第 10 卷第 10 期。

按:文章说:"三月十四日是马克思死后五十周年,他的学说所谓马克思主义在这短促的几十年间,已经广播到世界各国,激荡了各界人的心弦。世界经济的崩溃,社会情势的激变,越发接近了它的内容,变成了学理研究的主要争辩问题,社会运动的唯一的派别标准。马克思主义在各国发达的过程,换言之,对于它的认识程度,和实践上的表现,随着该国社会演进的各阶段,与学术上追求的深度,各国有它的特殊性,同时有一般的共通性。现在将日本的马克思主义发达过程,简单叙述一下,或可证明马克思主义在各国的发展是受该国社会的特殊阶段,与认识程度的限制;它的真面目,随着社会的进展,越发显露。我们可以依着它进展的情况,分曲解时期、研究时期与行动时期三个时期叙述。"

[德]拉法格作、林风译《马克思回想录》发表于《国闻周报》第 10 卷第 12—13 期。

谷荫重译《唯物史观世界史教程》发表于《世界文化讲座》第 1 期。

〔苏〕乌里亚诺夫作、野村译《帝国主义与社会主义内部的分裂》发表于《世界文化讲座》第 1 期。

李何明《唯物辩证法讲座》发表于《世界文化讲座》第 1 期。

黄贤俊《德国国家社会主义劳动党的发展与国际风云》发表于《时事月报》第 8 卷第 1—6 期。

顾宜谷《中俄复交后俄国在远东之地位》发表于《时事月报》第 8 卷第 2 期。

黄玉珂《共产主义与中国及世界》发表于《银行周报》第 17 卷第 33 期。

林宇棠辑《日本共产党之发展》发表于《时代公论》第 1 卷第 51 期。

陈汉钦《唯物史观的分拆与批判》发表于《海滨学术》创刊号。

灵影译《马克斯主义与科学》发表于《文化界》第 1 卷第 1 期。

〔德〕恩格斯作、郏阳译《恩格斯的未发表的信——关于写实主义》发表于《文化界》第 1 卷第 2 期。

〔德〕拉发格作、任昉译《马克斯的回忆》发表于《文化界》第 1 卷第 3 期。

温《马克斯的叛徒》发表于《晨光》第 2 卷第 5 期。

小者《列宁主义与民族革命》发表于《生力》第 11 期。

周辅成《论未来的哲学——新唯物论——质李石岑》发表于《大陆杂志》第 1 卷第 9 期。

陈范予《辩证法与自然科学》发表于《大陆杂志》第 1 卷第 12 期。

按：文章说："辩证法是马克思主义底根本之根本，全部马克思主义，建筑在这辩证法一个基础上，所谓辩证的历史观与辩证的唯物论，只是这个基础上底附加物而已。在马克思主义者看来，辩证法本身，应用无穷。它可以应付一切现象，从自然现象以至知识。对某一部分现象则用某种辩证法。"

张东荪《辩证法底各种问题》发表于《再生》第 1 卷第 5 期。

施友忠《马克思唯物史观之分析及其批评》发表于《再生》第 2 卷第 2 期。

叶法无《唯物史观社会学思想述评》发表于《国家与社会》第 13 期。

张行化《共产主义与中国》发表于《泊声》第 2 期。

治一《什么是辩证法》发表于《广西青年》第 4 期。

〔日〕升曙梦作、张资平译《俄国的写实主义及自然主义文艺》发表于《青年世界》第 2 卷第 1—3 期。

张彭年《辩证法的前途》发表于《前途》第 1 卷第 8 期。

[日]大森义太郎作、彭信威译《唯物史观的学说史的背景——唯物辩证法讲话之二》发表于《读书中学》第 1 卷第 3 期。

[日]林癸未夫作、梁于民译《法西斯主义与国家社会主义》发表于《壬申半月刊》第 13—14 期。

罗式士《唯物论之史的发展》发表于《学术月刊》第 1 卷第 1 期。

半生《唯物史观的检讨》发表于《新路》第 30 期。

[苏]科齐查诺夫斯基作、兰生译《自然科学与社会主义》发表于《生路》第 8 期。

[苏]科齐查诺夫斯基作、兰生译《自然科学与社会主义》发表于《生路》第 10 期。

赵剑华《反唯心论的民生史观——从唯心史观唯物史观社会史观到民生史观》发表于《新中国》第 1 卷第 1 期。

长守善、马鸣尘《国家社会主义底本质》发表于《每周评论》第 92、96 期。

范寿康《哲学的两个基本方向——观念论与唯物论》发表于《文哲季刊》第 3 卷第 1 号。

按：文章说："哲学上的学说真是种类繁多，不胜枚举。不拘在于过去与现在，我们在哲学上都可以发见极多的不同的方向，而这些方向，或在根本的问题上，或在次要的问题上，各持异说，莫衷一是。但是假定我们注意于学说里面所含为最主要的本质时候，那末，我们得把一切哲学上的学说分为两个基本的方向，一个方向把精神看做基本为根源，另一个方向却把物质或自然看做基本的根源。一个方向在说明人类社会的一切现象时从精神的根源出发，另一个方向却从物质的诸原因出发。前者是观念论，后者是唯物论。"

张露薇《萧伯纳的生平及社会主义的检讨》发表于《清华周刊》第 39 卷第 1 期。

藻波《社会主义与中国问题》发表于《清华周刊》第 39 卷第 3 期。

[苏]S. G. Pushkaver 作、子钟译《二十世纪中的俄国农民运动与组织》发表于《清华周刊》第 39 卷第 11—12 期。

适《新西兰之国家社会主义》发表于《清华周刊》第 40 卷第 5 期。

[苏]Coeman B. 作、亮依译《宗教与社会主义文化》发表于《清华周刊》第 40 卷第 5 期。

范寿康《形式论理与辩证法》发表于《安徽大学月刊》第 1 卷第 1 期。

姜琦《辩证法的几个难题之解决》发表于《安徽大学月刊》第 1 卷第 5 期。

按：作者认为，第一，辩证法是一个行历，也是一个方法，二者兼而有之，更彻底的，二者是合体的；第二，辩证法的行历是与进化相同；第三，辩证现象是普遍的；第四，所谓"正"与"反"这两个名词本来是相对的，换句话说，两者是互相关系的，互为因果的；第五，辩证法极为重要。据我个人的研究，以为辩证法自身不是具有内在的矛盾。

琬如《亚丹·斯密士、李加图、马克思三家之价值演说》发表于《湖南大学期刊》第 9 期。

李芝瑞《租税制度改良可以清除阶级斗争》发表于《并州学院月刊》第 1 卷第 2 期。

袁世荣《由社会主义之立场观察民法上之所有权》发表于《并州学院月刊》第 1 卷第 6 期。

胡宜斋《共产主义与社会主义》发表于《中法大学月刊》第 3 卷第 1 期。

潘家寅《共产主义理论的实现之过程简表》发表于《中法大学月刊》第 4 卷第 1 期。

周佛海《唯物的社会观和唯心的人生观》发表于《江苏教育》第 2 卷第 1—2 期。

蒋澄《辩证法的教育观——教育不能决定只能适应社会的存在》发表于《教育论坛》第 2 卷第 6 期。

陆觉先《黑格尔辩证法发凡》发表于《科哲学报》第 1 期。

深智《关于社会主义月刊阶级论底辩证》发表于《自决》第 1 卷第 5 期。

大道《唯心社会主义与合作》发表于《社会导报》第 3 卷第 1 期。

匡九《闽西社会主义实验区》发表于《社会新闻》第 2 卷第 16 期。

雨铭《毛泽东在中宣部》发表于《社会新闻》第 2 卷第 16 期。

梅《左联与马克思纪念》发表于《社会新闻》第 2 卷第 27 期。

迪人《史大林夺取中共领导的经过》发表于《社会新闻》第 2 卷第 29—30 期。

荷生《上海共产党三次暴动史》发表于《社会新闻》第 3 卷第 9—11 期。

随《胡汉民与共产党》发表于《社会新闻》第 3 卷第 24 期。

伟英《五卅惨案与中国共产党》发表于《社会新闻》第 3 卷第 28—29 期。

恒《纪念马克思》发表于《出版消息》第 9 期。

百灵《〈叛徒的列宁〉序》发表于《出版消息》第 18 期。

按：文章说："书是译成了，照规矩得写一篇序。这是一本传记小说，我只知原著者是一个波兰人，以外我不很详细。关于列宁，我也没有什么说的：有些人说他是个坏人，有些人说他是个好人；至于我，只是翻译这本书，关于他，我是不愿说，而且也是不能说。我译这本书，没有什么动机；自己的意思，只是这样：让大家看看这个全世界所注目的人的传记小说吧！我以为，读传记可以知道一个人的思想和环境，和他那个社会的缩影，以及那一个人奋斗的经过。世界上闻名的伟人，据我所知的有很多：拿破仑、孔夫子、墨索里尼、希特拉、孙中山……不及详述。我一时高兴，来译了这本列宁的传记。原著者的思想，原著者的观点和立场，则只好由读者去判断；不过我知道，原著者对于俄国革命史迹的搜集，是极忠实，极详尽的。"

卢冠群《关于辩证法唯物论的几个命题》发表于《暨南季刊》创刊号。

胡庆育《资本主义——社会主义之权威的论战》发表于《中央时事周报》第 2 卷第 10—11 期。

[苏]蔡古里亚《十月革命十六周年纪念时期的社会主义工业》发表于《共产国际月刊》第 4 卷第 11 期。

[日]永田广志作、李剑华译《唯物史观与客观主义——对于历史的态度》发表于《国际每日文选》第 4 期。

[苏]赫罗尔特·拉斯基作、康选宜译《五十年来之马克斯主义》发表于《国际每日文选》第 16 期。

[日]上田进作、华蒂译《苏联文学的近况：社会主义的写实主义与革命的浪漫主义》发表于《国际每日文选》第 31 期。

[苏]克齐珊诺夫斯基·伊凡《科学与社会主义》发表于《国际每日文选》第 48 期。

[日]基尔泡庆、久野三郎作，聂绀弩译《关于社会主义的写实主义》发表于《国际每日文选》第 51 期。

陈乃昌《农业社会主义建设之理论的根据》(社会主义大经营的优越)发表于《国际每日文选》第 66 期。

陈次溥《苏联共产党之清党运动》发表于《国际周报》第 3 卷第 7 期。

李文显《苏俄建设近况——社会主义经济建设的新成功》发表于《国际周报》第 4 卷第 4 期。

徐光达译《德国民族社会主义的构成》发表于《国际译报》第 5 卷第 1—2 期。

徐光达译《德国民族社会主义的构成》发表于《国际译报》第 5 卷第 4—5 期。

[美] Paul Blansbard 作、大同译《社会主义与资本主义的设计经济》发

表于《中兴周刊》第 19 期。

斐文译《法西斯主义与社会主义的成败论》发表于《平明杂志》第 2 卷第 13 期。

编者《马克斯〈共产党宣言〉之又一译本》发表于《浙江图书馆馆刊》第 2 卷第 2 期。

按：文章说："马克斯之《共产党宣言》，久已被译成各国文字，风行于世。最近苏联于马克斯逝世五十周年纪念日，又将该《宣言》译成乌斯柏格文字，在纪念日作第一次公布。按乌斯柏格人为土耳其斯坦之最开化的鞑靼民族。"

陈清金《唯物辩证法的根本法则》发表于《上海法学院季刊》创刊号。

记者《我国学术界纪念马克司逝世五十周年》发表于 3 月 13 日上海《申报》。

按：纪念会的《缘起》说："在此短促之五十年中，马克司之学说所给予世界之影响至为重大。而五十年来世人对马克司，无论其为憎为爱，为毁为誉，而于马克司之为一伟大之思想家，为近世科学社会主义之始祖，则殆无人否认。迩来我国以反对共产党之故，辄联而及于马克司之思想与学说，寖且言者有罪，研究者亦有罪。此种现象，亟应打破。何也？一种思想之产生，一种学说之成立，断非偶然之奇迹。吾人如能基于纯正研究立场，则无论为附和或为反对，但于此种学说，都应切实研究。唯研究乃能附和，亦唯研究乃能反对。盖真理惟研究乃能愈益接近也。今以反对共产党之故，遂及于马克司之思想与学说，则为盲目为思想上之义和团。同人等今基于纯正之研究学术立场上，发起纪念马克司逝世五十周年，一以致真挚之敬意于此近代伟大之思想家，同时亦即作研究自由思想自由之首倡，并打破我国学术界近年来一种思想义和团之堡垒。"

曹康《马克斯逝世五十年纪念》发表于 3 月 20 日《大公报文学副刊》。

张岱年《新唯物论》发表于 4 月 27 日《大公报》副刊《世界思潮》。

按：文章发挥马克思《关于费尔巴哈的提纲》的思想精髓，阐发了马克思、列宁的新唯物论，即辩证唯物论的精义，认为"新唯物论或辩证唯物论，实为现代最可注意之哲学"。

张季同《辩证唯物论的知识论》发表于 12 月 14 日《大公报》副刊《世界思潮》第 61 期。

三、研究著作

［苏］阿多辣茨基著，柯雪飞译《马克思列宁主义的理论基础》由上海中

华书局出版。

按:是书分哲学的两个战线——唯物论与唯心论的斗争、各种哲学著作的唯心论与唯物论、近代自然科学中的唯心论与唯物论、认识论问题等4章。

[苏]列宁著《卡尔·马克思》由莫斯科苏联外国工人出版社出版。

李季著《马克思传》(上册、中册)由上海神州国光社出版。

[苏]梁赞诺夫著、刘侃元译《马克斯恩格斯合传》由上海春秋书店出版。

吴亮平著《马克思主义与列宁主义》由中央苏区中央局出版。

按:作者说:马克思不但天才地发现了人类历史发展的规律,而且科学地揭示了怎样改造旧社会、建设新社会的道路。马克思不但继承了历史上一切有价值思想的大成,而且创造了完整的新的革命的无产阶级人生观,领导了被剥削阶级的争取自身解放的斗争。在马克思逝世后的五十年间,马克思主义已普遍地成为世界被剥削阶级斗争的光辉的旗帜。"当理论为群众所把握时,理论就代表一种伟大的力量"(马克思)。马克思主义就代表着这样力量,这一力量,震荡着全世界,使全世界的剥削阶级在它的面前发抖。

[日]河上肇著、潘敬业编译《马克斯主义经济论初步问答》由华北编译社出版。

按:编译者序言:"马克思主义经济学和资产阶级学者的经济学有什么不同呢?马克思主义经济学的内容是些什么呢?一般初学者在这样疑问的追求之下,抱了厚本大册的《资本论》去读,不懂,再拿《通俗资本论》《资本论解说》……去读,仍然了解的很少,结果,一时便无法了解马克思主义经济学的内容;尤其一般劳苦大众,大多数听说马克思的经济学是为他们写的,是要让他们了解资本家对他们的榨取关系的,但在目前的中国出版界,很难找到一本适于劳苦大众了解的马克思主义经济学书籍。为了这样的需要,我从河上肇博士著的《第二贫乏物语》中译出一部分,编成这本小册子,原文系河上博士用对劳动者讲话的口吻写的,通俗明白,极易了解,适于一般初学者及劳苦大众阅读。"

[德]考茨基原著、[日]石川准十郎改编、洪涛重译《资本论概要》由上海神州国光社出版。

[德]马克思著、潘冬舟译《资本论》(第3分册)由北平东亚书店出版。

[日]山川均著、傅烈译《资本论大纲》由上海辛垦书店出版。

按:是书《译者小引》说:"关于《资本论》底解说的一类著作,就在素来荒凉寂寞的中国也较多的舶来品了。这中间比较好的两种,自然一是考茨基底《资本论解说》，一是博洽德底《通俗资本论》。山川均氏底这一本《资本论大纲》却又是另一体型的著作。"

朱谦之著《历史学派经济学》由上海商务印书馆出版。

按：是书概述历史学派的根本观点及其国民经济学的理论，评述马克思、李斯特、格洛士、罗协儿、希德布兰、毕喜儿、石慕勒、桑巴德等人的经济理论及其代表的经济发展阶段，并对批评历史学派者给予反批评。

[苏]德波林著、彭苇森译《辩证的唯物论者乌里亚诺夫》由北平新光书店出版。

李季著《辩证法还是实验主义》由上海神州国光社出版。

按：是书详细分析了马克思主义辩证法与实验主义（即实用主义）的对立。

李圣悦著《现代社会学理论大纲——唯物史观的社会学的基础理论》由上海光华书局出版。

按：是书卷首有胡毓秀《献词》，其曰："这部书著述的参考书只有三四十种。主要的理论是借镜于《政治经济学批判》、《资本论》第一卷和第三卷、《家族、私产与国家的起源》、《反杜林论》、《历史的唯物论》、《唯物论与经验批判论》、《辩证的唯物论的哲学导言》（德波林著）与《观念形态科学纲要》（波格达诺夫著）诸书。书中有好几处，可以窥出著者新的见解。虽然我还不敢断定地说此等见解完全没有缺陷，但它们会引起读者研究的兴趣是显然无疑的。"

[苏]司多利亚洛夫著、吴友清译《苏俄哲学论战》由上海大中华书店出版。

按：是书分哲学与阶级斗争、马克思主义哲学及辩证法的理论之否认、机械的唯物论、机械派了解的质与量、归并问题、机械派了解的物质与运动、机械派了解的对立与统一、偶然性与必然性、主观主义与相对论、弗洛伊德主义与弗洛伊德马克思主义、哲学与党的任务等 11 章。

赵一萍著《社会哲学概论》由上海生活书店出版。

按：是书通俗地讲解马克思主义关于社会发展和社会构成的理论。全书分 8 章：哲学的性质和任务、辩证法的唯物论、社会哲学上的唯物论与唯心论、因果律与目的论、历史的决定论与意志自由问题、历史唯物论的社会观、社会底发展、社会底变革——社会革命论。

刘毅芝著《新哲学概论》由中学生书局出版。

按：是书分唯心论与唯物论、唯物史观、唯物史观底意义、巴苦儿底物质的历史观、《经验学批判》底序言、阶级斗争、马克思底《资本论》、结论等8章。

李石岑著《哲学概论》由上海世界书局出版。

按：是书共有四编：第一编绪论；第二编形而上学；第三编认识论；第四编新唯物论。其中第四编新唯物论阐述的就是马克思主义哲学。

〔苏〕雅洛曼绥夫著、周靖明译《列宁主义初步》由上海扬子江书店出版。

按：是书包括党与阶级、资本主义社会、过渡时期、党的经济政策之基础、党在工业方面的任务、为文化而斗争、第一次革命、党章的基础、为党的统一而斗争等17章。

〔苏〕高尔基著、糜春炜译《我与列宁》由上海绿野书屋出版。

〔波兰〕奥森杜斯基著、百灵译《叛徒的列宁》（前卷）由上海改造书店出版。

按：是书卷首有译者序，说明书名"叛徒"二字的意思是指旧社会、旧宗教、旧时代的叛徒。

〔苏〕克鲁普斯卡娅著、韩起译《列宁回忆录》由上海正中书局出版。

按：是书作者乃列宁的夫人。全书分在彼得堡、流放、伦敦生活、日内瓦、第二次大会、第二次大会以后、侨居国外、1905年在彼得堡、第二次出国等11章。

向理润编《斯大林》由上海新生命书局出版。

〔苏〕托洛茨基著、刘镜园译《托洛茨基自传》由上海神州国光社出版。

李麦麦编著《托洛茨基》由上海新生命书局出版。

〔德〕考茨基著，邓季雨、钟维明译《乌托邦社会主义之评判》由江苏南京拔提书店出版。

〔苏〕列宁著、密茨译《共产主义青年团的基本任务》（即《青年团的任务》）由上海中华书局出版。

按：是书封面题为《银行会计概要》作为掩护。列宁提出，共产主义青年团的基本任务是对青年一代进行共产主义教育，培养共产主义事业的接班人。

钟陶皋编著《共产党总批评》由民族书店出版，有自序。

按：是书包括唯物史观、剩余价值、阶级斗争、无产阶级专政等，攻击中国和苏联共产党的革命运动，认为马列主义不适合中国国情。

王季平、陈幻合编《苏联党争文献》由上海新生命书局出版。

李梨编《苏联小座谈》由上海华通书局出版。

按：是书内容涉及苏联社会、民族、人口、妇女、婚姻、宗教、工农生活、衣食住行等方面的情况。

申报月刊社编辑《苏联研究》由上海申报月刊社出版。

按：是书分历史、政治、外交、国防、建设、经济、农工、教育、社会、文艺界、游记等 11 个专题，收录各类文章 22 篇。

苏联研究社编《苏俄研究集》由上海开华书局出版。

按：是书收陈彬龢《苏联之轮廓画》、高振清《苏联的政治组织》、维文《苏联的政党》、冯小青《苏俄农业的发展》、唐敬杲《苏俄军队的实力》、寒琪译《苏联的科学》、张明养译《苏联的知识阶级》、柳岛生译《苏联的大学生》等10 篇文章。

邓季雨译著《苏俄之真相》由南京拔提书店出版。

张国忱编《苏联概观及中苏外交述要》由编者出版。

陈彬龢著《中苏复交问题》由上海良友图书印书公司出版。

樊英著《苏联妇女的生活》由上海申报馆出版。

[美]斐尔德夫人著、张济川译《苏俄妇孺保护政策》由上海中华基督教女青年会全国协会出版。

按：是书介绍苏联国家对于妇女儿童实行的保护政策。

[苏]蔡伦采夫著，方天白、徐翔穆合译《苏联所见之太平洋争霸战》由上海神州国光社出版，有王礼锡序，梅龚彬、胡秋原合序及译者序。

[苏]列宁著，彭苇秋、杜畏之译《俄国资本主义的发展》下册由上海新生命书局出版。

[苏]曼奴依尔斯基著、方群英译《资本主义世界与苏联》由上海景星书店出版。

[苏]米留库夫著、[日]竹博吉译、王希夷重译《苏俄革命之研究》由上海商务印书馆出版。

[苏]列宁著、苏联研究社编《俄国社会民主党与农民问题》由上海开华书局出版。

按：是书通译为《社会民主党在 1905 年—1907 年俄国第一次革命中的土地纲领》。分为俄国土地革命的经济基础及其本质、俄国社会民主工党的土地政纲与革命所给与它的考验、土地国有与土地市区公有的理论基础、土地政纲问题中政治上的与策略上的考虑、第二次帝国会议关于土地问题的讨论中之阶级与政党。

[苏]乌梁诺夫编、陈文达译《二月革命至十月革命》由上海华兴书局出版。

按：是为列宁著作选集。包括：第一次革命的第一阶段（远方来信第一）；论目前革命中无产阶级的任务；论两个政权；论策略书；无产阶级政党的纲领之草案；我们的观点；致全俄农民代表大会代表一封公开信等。

〔德〕薛尔文特著、黄觉非译《苏联监狱制度》由北平好望书店出版。

按：是书根据大村哲三的日译本转译。

〔苏〕蔡葵士著、方正译《苏联与第二次大战》由上海新生命书局出版。

〔苏〕斯大林、莫洛托夫著《第一个五年计划的总结与第二个五年计划的前途》由中华书局出版。

陆静山编《苏联五年计划的故事》由上海儿童书局出版。

樊英著《苏联第二五年计划》由上海申报馆出版。

谭炳训编译《苏联五年计划》由上海新中国建设学会出版。

〔苏〕雅柯李夫著、高志翔译《苏联农业五年计划》由上海申报馆出版。

〔美〕胡佛著，刘炳藜、赵演编译《苏俄经济生活》由上海中华书局出版。

按：是书分13章介绍苏联经济的一般特征及苏联工业、农业、贸易、银行、货币、合作制度、劳动、保险、计划经济等各方面的概况。

陈彬和编译《苏联现状论》由上海申报馆出版。

赵铭彝著《苏联的演剧》由上海良友图书印刷公司出版。

胡汉民著《从苏俄建设想到孙总理的建国方略》由上海华通书局出版。

史美煊编《苏俄新教育概观》由上海商务印书馆出版。

张任远著《苏联的教育》由上海申报馆出版。

按：是书介绍苏联的教育情况，包括教育的任务和实施原则、教育行政系统、学龄前的教育、社会工艺教育、职业技术教育、政治及民众教育等。

〔日〕冈泽秀虎著、陈望道译《苏俄文学理论》由上海开明书店出版。

〔美〕弗里曼、库尼兹著，钟敬之译《苏俄底文学》由上海新生命书局出版。

按：是书包括《苏俄文学底过去和现在》和《苏俄文学上的人物》2篇。

〔美〕弗里曼等著、克己译《苏俄艺术总论》由南京国际译报社出版。

按：是书论述了十月革命以后的苏联文学、戏剧、电影、绘画、雕刻、建筑、音乐等。

胡铭著《从莫斯科归来》由北平群众图书公司出版。

〔美〕列德莱著、郑学稼译《社会主义思想史》由上海黎明书局出版。

按：是书分乌托邦社会主义及其先驱、马克思社会主义、其他社会主义学派、战后社会主义的发展、联合运动等5编。

华超著《各国社会主义运动史》由上海商务印书馆出版。

[英]麦克唐纳著、严恩椿译《社会主义运动》由上海商务印书馆出版。

按：是书分政治的经济的与工业的、资本主义之经济的失败、资本主义下之知识阶级、社会主义之方法、与社会主义无涉者、社会主义所直接要求者、在社会主义的国家中、社会主义运动等 11 章。

[美]波格达斯著、吴霆锐译《社会思想史》由上海作者出版社出版。

按：是书介绍社会思想的性质、原始社会思想、古代文化之社会思想、中世纪社会思想、个人主义社会思想、马克思与社会主义的社会思想等 14 章。

陈东晓编《陈独秀评论》由北平东亚书局出版。

按：是书收录傅斯年《陈独秀案》、蔡和森《论陈独秀主义》、胡适《陈独秀与文学革命》、世界日报社评《陈独秀被捕事件》、广州民国日报社论《陈独秀引渡以后》、老憨《论陈独秀》等文章 26 篇。

四、卒于是年的研究者

邓中夏（1894—1933）卒。中夏原名邓隆渤，字仲澥，又名邓康，湖南宜章人。1917 年考入北京大学国文门学习。1918 年 5 月参与组织学生救国会，为负责人之一。同年底，协助李大钊将学生救国会改组为国民社。1919 年创办《国民》杂志，任编辑干事。3 月发起组织北京大学平民教育演讲团，任总务干事。五四运动爆发后，任北京学生联合会总务干事，领导学生投身反帝反封建的爱国斗争。1920 年 3 月与高君宇、范鸿劼、黄日葵等人发起成立北京大学马克思学说研究会。10 月加入北京共产主义小组。11 月负责编辑《劳动者》，向工人进行社会主义宣传。1921 年 1 月主办长辛店劳动补习学校。4 月筹办长辛店工会。7 月到南京参加少年中国学会第二次年会。1922 年 1 月负责编辑中国社会主义青年团机关报《先驱》。5 月出席第一次全国劳动大会，当选为中国劳动组合书记部总部主任。7 月 16 日在上海出席中国共产党第二次全国代表大会，当选为中央委员。1923 年任上海大学总务长，主持学校行政工作。8 月出席中国社会主义青年团第二次全国代表大会，当选为团中央执行委员会委员、组织部长，主编团中央机关刊物《中国青年》。是年底，在《中国青年》《中国工人》等刊物上指名批判陈独秀的取消主义。1924 年在上海创办工人夜校。1925 年 1 月出席中共第四次全国代表大会，继续当选为中央委员。5 月任中华全国总工会执行委员、秘书长兼宣传部长。6 月在香港领导省港大罢工，并主编《工人之路》周刊。1926 年 2 月任中共广东区委机关报《人民周刊》编委。6 月任中华全国总工会劳动学院院长兼省港罢工课程教授。1927 年参加中共中央八七会议,被选为临时中央政治局候补委员。任江苏省委书记兼中共中央机关刊物《布尔塞维克》编委。1928 年 2 月任中共广东省委书记,3 月率中共工会代表团赴莫斯科参加赤色职工国际第四次代表大会,被选为中央执行局委员。6 月 18 日参加中共"六大",当选为中央候补委员。1930 年 7 月回国,到上海任全国总工会党团成员兼宣传部长,9 月任中共湘鄂西特委书记和红二军团政治委员兼前敌委员会书记。1931 年受王明"左"倾路线打击,被撤掉全部职务。1932 年到中央沪东区委宣传部工作。1933 年 5 月被国民党当局逮捕。9 月 21 日在南京雨花台被杀害。编著有《中国职工运动简史》《广州暴动与中国共产党的策略》。著有《邓中夏文集》,其中有《论工人运动》《我们的力量》《劳动运动复兴期中的几个重要问题》等重要文章。

按:邓中夏是中国共产党早期的一位卓越领导人和杰出的工人运动领袖,马克思主义理论家和学者。付延功说:"邓中夏是一个坚定的马克思主义者,他继承和发展了马克思列宁主义工人运动理论,并结合中国具体国情开创了中国共产党工人运动理论,为马克思主义中国化、时代化和大众化做出了突出贡献,是中国共产党工人运动理论的奠基者之一,为毛泽东工人运动思想的形成奠定了基础。在中国革命和中国工人运动史上具有重要的地位。"[①]

应修人(1900—1933)卒。修人字修士,笔名丁九、丁休人,浙江慈溪人。早年在上海钱庄当学徒,五四时期开始创作新诗。1922 年同潘漠华等合出诗集《湖畔》,并主编小型文学刊物。1925 年加入中国共产党。先后在广州黄埔军校和武汉国民政府劳工部工作。1927 年赴苏联留学,入中山大学学习。1930 年回国,在周恩来领导的中央军事委员会任油印科负责人,继而调任临时中央工作,并参加中国左翼作家联盟,参与左联机关刊物《前哨》创刊号装订与发刊工作。曾在上海中共中央军委、中共中央组织部工作,后任中共江苏省委秘书长、宣传部部长。1933 年在上海同国民党特务搏斗时牺牲。著有童话《旗子的故事》《金宝塔银宝塔》等。

沈泽民(1900—1933)卒。泽民原名沈德济,浙江桐乡人。茅盾(沈雁冰)胞弟。中学毕业后,考进南京河海工程学校。1919 年 11 月 1 日在南京与杨贤江、左学训、黄仲苏等 11 人成立少年中国学会南京分会,任该会《少年中国》和《少年世界》的编务工作,同时与同窗好友张闻天任《南京学生联

---

① 付延功.论邓中夏对工人运动的理论贡献[D].上海:华东师范大学,2010.

合会日刊》的编辑科科员（即撰稿人），著文抨击军阀统治，揭露社会黑暗，热情宣传革命民主主义思想。1920 年去日本留学，1921 年回国参加文学研究会。1922 年加入中国共产党。1924 年任中共上海兼区执委、国民党上海执行部宣传部秘书，同时在上海大学兼课，与毛泽东、邓中夏等以共产党员身份，参加国民党上海执行部工作。主编《民国日报》副刊《觉悟》，宣传马克思主义。与蒋光慈等组织春雷文学社。1926 年与爱人张琴秋被派往苏联莫斯科中山大学和红色教授学院学习。1930 年回国，负责中央宣传部工作，1931 年被派往豫鄂皖、苏区工作，任中央分局委员、省委书记。1933 年 11月在苏区湖北省天安县天台山牺牲。著有《俄国文学论》《俄国的叙事诗歌》《罗曼·罗兰传》《王尔德评传》《读冰心作品志感》《文学者的人格》等。译著有日本小泉八云的《文学论》《俄国的批评文学》《新俄艺术的趋势》《近代的丹麦文学》，俄国妥特列夫的《邻人之爱》等。今有《沈泽民文集》。

民国二十三年　甲戌　1934 年

一、研究背景

1 月,中共六届五中全会在江西瑞金召开,会议讨论了《目前形势与党的任务》《国民党区域中的工人阶级斗争与工会工作》和《中国苏维埃运动与它的任务》3 个报告,通过了《中共五中全会政治决议案》《五中全会关于白色区域中经济斗争与工会工作的决议》《五中全会给全苏大会党团的指令》等文件。

按:博古在《目前形势与党的任务决议——在中共六届五中全会上的报告》(1934 年 1 月 18 日)中指出:"在严重剧烈的国内战争的环境之中,加强党的组织,健全党的组织,使他能够适应迅速变化着的国内战争的环境,是一个重要的任务。苏区的党必须最大限度注意到发展和巩固党的组织和团的组织,必须训练工人的新干部,提拔他们到领导的机关,必须将阶级异己分子和不可靠的分子从组织上肃清出去。加强党内的马克思列宁主义的教育与坚强不倦怠的两条战线上的斗争,是保证党能完成自己的伟大任务的保证。"①

1 月 15 日,中共中央发表六届五中全会的通电,祝贺苏联社会主义建设取得的胜利。

1 月 22—2 月 1 日,中华苏维埃共和国临时中央政府在瑞金召开第二次全国苏维埃代表大会,毛泽东代表中华苏维埃共和国中央执行委员会和人民委员会作了《中华苏维埃共和国中央执行委员会与人民委员会对第二次全国苏维埃代表大会的报告》(这个报告的主要部分后来以《我们的经济政策》为题收入《毛泽东选集》)。27 日又作《关于中央执行委员会报告的结论》。会议选举毛泽东为中央执行委员会主席。

按:毛泽东在报告中指出:"苏维埃文化教育的总方针,在于以共产主义的精神来教育广大的劳苦民众,在于使文化教育为革命战争与阶级斗争服务,在于使教育与劳动联系起来。苏维埃文化建设的中心任务,是厉行全部

---

① 秦邦宪.秦邦宪(博古)文集[M].北京:中共党史出版社,2007:243.

的义务教育,是发展广泛的社会教育,是努力扫除文盲,是创造大批领导斗争的高级干部。"①

1 月 24 日,博古在第二次全国苏维埃代表大会上作《只有苏维埃才是全中国民众解放的唯一道路》的致辞,认为苏维埃运动不仅是中国广大的工农劳苦群众唯一的解放的道路,而且同样的还是东方殖民地的一切被压迫民众解放的道路。

1 月 27 日,毛泽东在江西瑞金召集的第二次全国工农代表大会上作《关心群众生活,注意工作方法》的结论,认为"革命战争是群众的战争,只有动员群众才能进行战争,只有依靠群众才能进行战争"②。

2 月 7—12 日,中国工农红军第一次全国政治工作会议在瑞金召开,提出了"政治工作是红军的生命线"的科学论断,明确了思想政治工作在红军中的重要地位。

4 月 1 日,张闻天以中华苏维埃共和国人民委员会主席的身份在中央苏区瑞金苏维埃大学开学典礼上发表讲话,指出"苏维埃大学以马克思列宁主义的实际课程教育学生同志,希望学生同志努力加紧学习,深刻的了解到在目前战斗的环境中,一分一秒也不要浪费,加速度完成自己的功课"(1934年 4 月 3 日《红色中华》刊载的"开学记盛"中发表了这篇简要记录)。

4 月 10 日,中共中央宣传部在《红色中华》第 177 期发表《五五节报告大纲——马克斯诞生纪念》。

7 月 8 日,博古在中央苏区马克思主义研究会演讲会上发表《为着实现武装民众的民族革命战争,中国共产党做了什么和将做些什么》的演讲。

7 月 19 日,马克思主义研究总会在《红色中华》报上颁发了《马克思主义研究会的组织和工作大纲》。

按:《大纲》说:"本会成立的目的是加强一般干部的马克思主义理论的准备,造成必不可少的理论基础,同时运用列宁室俱乐部等机关提高一般的政治水平线。"严帆《中央苏区的文化学术社团——马克思主义研究总会编译部、文化研究组》说:"马克思主义研究会是革命根据地第一个革命学术研究团体,它的分会遍布苏区党政军和群众团体中,形成了一个颇具规模的马克思主义和列宁主义理论研究的网络,为提高苏区广大干部的马列主义水平发挥了重要作用。目前发现有由马克思主义研究会出版的《共产党宣言(附雇佣劳动与资本)》一书,署名'中央苏区马克思主义研究总会出版',

① 江西省档案馆.中央革命根据地史料选编:下册[M].南昌:江西人民出版社,1982:331.
② 毛泽东.毛泽东选集:第 1 卷[M].北京:人民出版社,1991:136.

1934 年 2 月印行;另外还有张闻天的著作《中国经济之性质问题的研究》,也由研究会出版,'这本书的出版,对于各地研究马克思主义的同志,特别是对于各地研究中国经济问题的同志,有极大的贡献'."①

是月,中央政府和中央军委迁往瑞金以西的背梅坑,毛泽东开始撰写《游击战争》一书。全书分 3 章,第一章"概论",论述游击队的任务、组织以及游击队如何发展成为红军。第二章"游击战术",论述游击队战斗动作的要则、袭击驻止和行动的敌人、破坏敌人的后方、对付敌人的"围剿"相追击、关于行军宿营给养卫生等事项。第三章"游击队的政治工作",论述游击队政治工作的目的、游击队部队内的政治工作、游击队在地方居民中的工作、游击队破坏敌人部队的工作。10 月,中央革命军事委员会以《中央革命军事委员会关于游击队动作的指示》为名,印发了毛泽东的这个小册子。

是月,中央理论机关报《布尔什维克》创刊。

10 月 10 日,第五次反"围剿"失败后,中国工农红军不得不离开中央革命根据地,开始漫漫长征,进行战略转移。

10 月 20 日,江苏淮盐特委宣传部发布纪念十月革命 17 周年宣传大纲。

按:大纲说:(一)今年纪念十月革命,正是苏联社会主义建设胜利,世界革命高潮到来的时候,正是中国工农红军粉碎帝国主义、国民党五次"围剿"初步计划的时候。(二)今年纪念十月革命,帝国主义正准备在战争里找出路:夺取市场,瓜分中国,进攻苏联,镇压一切的革命斗争,企图把劳苦群众们都变成炮灰,各国扩张军备,帝国主义的领袖们连遭暗杀(奥国总理陶尔斐斯、南斯拉夫国王亚力山大、法外长巴尔都……),日德订立密约,中国大批购置军火,实现与帝国主义的"技术合作",举办保甲、抽丁、拉夫、招兵进攻苏区红军和镇压白区工农兵劳苦群众的斗争。(三)今年纪念十月革命,不是在嘴上纪念,而是要拿斗争来纪念的。不斗争,便打不倒敌人,便得不到好处。(四)今年纪念十月革命,我们要发动这些斗争,反对征工导淮,反对清丈土地,打倒破坏斗争的地主、豪绅、资产阶级,向国民党的政府狗官要饭吃,要田种,要事做。(五)今年纪念十月革命,要学习十月革命时的办法,把政权从帝国主义、国民党的手里夺下来。十七年前俄国有人主张与资产阶级的临时政府妥协,但是列宁却主张用暴动的方法来夺取政权,结果列宁是得到胜利了。(六)今年纪念十月革命,要用斗争来响应中华苏维埃红军,响应苏联,响应全世界的无产阶级革命。(七)今年纪念十月革命,要反对保

---

① 林星.中央苏区文艺研究论集[M].武汉:长江文艺出版社,2017:173.

甲、拉夫,举行游击战争和革命兵变,来反对帝国主义的战争毒计,来反对国民党的投降阴谋。(八)今年纪念十月革命,要打倒专会破坏斗争的法西斯蒂。法西斯蒂是帝国主义、国民党的忠实先锋,他们专会破坏斗争,我们要等到斗争的胜利,首先要打断法西斯蒂的狗腿!①

12 月 12 日,中共中央负责人在通道城的恭城书院举行临时紧急会议,讨论战略行动方针问题。博古、周恩来、张闻天、毛泽东、王稼祥、李德等参加,周恩来召集主持会议。会议经过激烈争论,最终同意毛泽东提出的放弃原定计划,改变战略方向,红军立即向西转到敌人力量薄弱的贵州去的意见。

按:金民卿说:"通道会议是长征以来第一次就行动方针问题在中央会议上进行争论,并使毛泽东的意见重新得到一些中央主要领导的赞同,是两年多来毛泽东的正确意见再一次在中央得到认可。这表明,周恩来、张闻天、王稼祥等中央主要领导都已经觉醒,大多数中国共产党人开始从磨难中逐步反省,他们不再迷信国际顾问李德,而开始转向能够独立自主根据中国具体国情来思考中国革命道路的毛泽东,开始用中国化的马克思主义来指导自己的行动。这是一个虽然艰难但却十分可贵的重大变化。"②

12 月 17 日,中央红军进驻贵州黎平城,次日中共中央政治局召开会议,讨论红军今后的战略方针问题。会议接受毛泽东的意见,作出《中央政治局关于在川黔边建立新根据地的决定》。

按:金民卿说:"黎平会议是一个极其重要的转折点,会议否定了曾经被奉若神明的国际顾问李德和中央主要负责人博古的错误意见,接受了毛泽东的正确意见。这是教条主义的马克思主义同中国化马克思主义之间斗争的又一种结果。自从 1932 年 10 月宁都会议以来,代表正确方向的毛泽东长期被剥夺发言权,中国化马克思主义的理论创新成果长期被诬陷为'右倾机会主义',被全面否定。而今,两年多以后,中国化马克思主义的声音再次响起,在中国共产党的政治局会议上得到绝大多数的赞同,这表明了两种马克思主义观斗争的结果,表明了真正的马克思主义开始战胜假的、教条主义的马克思主义,长期在痛苦中磨难的中国共产党人开始走向集体觉醒之路。值得一提的是,博古也开始有所觉醒,尽管自己意见被会议所否定,还是服

①　中央档案馆,等编.江苏革命历史文件汇集(特委县委文件)(一九二六年——一九三四年十一月)[M].北京:中央档案馆,1989:217-218.

②　金民卿.理论:中国化马克思主义的初步形成[M].南昌:江西高校出版社,2009:263.

从会议决定。"①

二、研究论文

［苏］列宁《列宁论游击战争》（续完）发表于《斗争》第 41 期。

［苏］列宁《怎样组织竞赛》发表于《斗争》第 45 期。

毛泽东《上杭才溪乡的苏维埃工作》发表于《斗争》第 45 期。

［苏］列宁《怎样组织竞赛》（续完）发表于《斗争》第 48 期。

毛泽东《上杭才溪乡的苏维埃工作》（续完）发表于《斗争》第 48 期。

毛泽东《为全部完成粮食突击计划而斗争》发表于《斗争》第 49 期。

［苏］列宁《在司伟德洛夫大学的演讲》（即《对开赴前线的斯维尔德洛夫大学学员的讲话》）发表于《斗争》第 51 期。

王明《中国共产党是中国反帝与土地革命中的唯一的领袖》发表于《斗争》第 66 期。

张闻天《反对小资产阶级的极左主义》发表于《斗争》第 67 期。

［德］马克斯《中国革命与欧洲革命》发表于《斗争》第 68 期。

［德］恩格斯《波斯与中国》发表于《斗争》第 68 期。

郭祖劼译《马克司论》发表于《四十年代》第 3 卷第 5—6 号。

伍纯武《马克思与朋巴维克价值论之比较研究》发表于《经济学季刊》第 1 卷第 4—5 期。

陈其鹿《资本主义与共产主义之调和论》发表于《经济学季刊》第 5 卷第 1 期。

卢子岑《唯物史观大意及其在中国历史上之应用》发表于《南大经济》第 3 卷第 1 期。

卢子岑《资本主义乎？社会主义乎？》发表于《南大经济》第 3 卷第 1 期。

唐庆永《社会主义之真面目》发表于《之江经济期刊》创刊号。

［日］嶋野三郎作、沫夫译《苏联共产党与农民之抗争》发表于《苏俄评论》第 6 卷第 1 期。

黄甘棠《苏联共产主义青年团的现势》发表于《苏俄评论》第 6 卷第 2 期。

赵昕初《远东社会主义前哨的新阵容》发表于《苏俄评论》第 6 卷第 3 期。

---

① 金民卿.理论:中国化马克思主义的初步形成[M].南昌:江西高校出版社,2009:264.

黄甘棠《苏联商业问题——社会主义建设中的商业》发表于《苏俄评论》第 6 卷第 5 期。

绿萍译《国内战争及战时共产主义时代的苏联文学》发表于《苏俄评论》第 6 卷第 5 期。

［苏］法可史基作、张惆译《社会主义的写实主义急先锋》发表于《苏俄评论》第 6 卷第 6 期。

允卓《苏联农村中的阶级斗争》发表于《苏俄评论》第 7 卷第 1—2 期。

［苏］拉狄克作、鲁滨译《关于中国、日本与社会主义的写实主义》发表于《苏俄评论》第 7 卷第 3 期。

谦吉译《史大林论集体农场》发表于《苏俄评论》第 7 卷第 6 期。

宗华《俄国革命历史各阶段》发表于《中国与苏俄》第 1 卷第 1 期。

陈强《社会主义的控制经济》发表于《现代社会》第 2 卷第 4—6 期。

延俊译《国际社会主义的末日》发表于《中国革命》第 3 卷第 20 期。

东木《德国国家社会主义劳动党的研究》发表于《中国革命》第 3 卷第 21—22 期。

周铎《马克斯之阶级斗争与劳工专政的理论批判》发表于《青年评论》第 2 卷第 15 期。

［日］津久井龙雄作、胡天译《日本国家社会主义运动的开展》发表于《青年与战争》第 3 卷第 8 期。

曾述尧《三民主义与共产主义怎样的不同》发表于《自觉》第 29—30 期。

按：文章认为，三民主义与共产主义的不同，一是产生的背景不同，二是理论的基础不同。

昧微《法西斯蒂与国家社会主义》发表于《重心》第 2 期。

刘耀龙《三民主义与科学社会主义》发表于《重心》第 13—14 期。

牧《法西主义与国家社会主义》发表于《警醒》第 1 卷第 6 期。

林牧《德国国民社会主义的社会观》发表于《警醒》第 1 卷第 9 期。

觉群《最近日本国家社会主义之透视》发表于《警醒》第 2 卷第 8—9 期。

黄汉楹《消费合作与社会主义》发表于《经济丛刊》第 2 期。

周游《唯物史观之空间性与时间性》发表于《创进月刊》第 2—3 期。

［德］Professor H. Kliene 作、周莘农译《德国国家社会主义概观》发表于《沪大月刊》第 2 卷第 1—2 期。

张馥葆《〈共产党宣言〉之分析》发表于《清华周刊》第 40 卷第 11—12 期。

按：文章说："马克思和恩格斯都是著作等身的学者，我们单单提出《共产党宣言》来研究，自然是不能透彻洞悉他们学说的全部；所可喜者，在这短短的一篇文章之中，我们毕竟还可以窥出一点大纲。这个宣言是一八四七年十一月欧洲共产党推选马克思和恩格斯起草的。翌年一月，此宣言用德文写成；二月，在伦敦开始公布；后来就译成各国的语言。至于这个宣言中究竟有多少成分是马克斯作的，有多少成分是恩格斯作的，我们很难追究清楚。恩格斯有一段话说：'这篇宣言，是我们合作的，我个人的工作仅仅是依照马克斯的基本理论加以发挥。那个基本理论是说：在任何时间，社会的组织都一定是随从当时的生产及交换的方式产生出来。后者是前者的基础；要解释那个时代政治的及文化的史实，都必须由这个基础上下手；人类全部历史，就是一部阶级斗争史——榨取者与被榨取者统治者与被统治者斗争史；现在这种斗争，已经达到一个阶段，在这阶段中，被压迫阶级（普罗阶级）除非整个解放全社会——从榨取、压迫，阶级分别及斗争中将全社会解放——不能把自己从布尔乔亚的榨取及压迫之下解放出来。'这一段话，恐怕不是恩格斯客气故意要推重马克斯，我们不妨把《共产党宣言》看作是马克斯的理论，恩格斯的手笔。"

郑林宽《谈〈资本论〉》发表于《清华周刊》第 40 卷第 11—12 期。

乔冠华《黑格尔力学中的辩证法》发表于《清华周刊》第 41 卷第 5 期。

张凤阁《形式逻辑与辩证法的比较》发表于《清华周刊》第 41 卷第 10 期。

张凤阁《马克斯经济学理体系中的辩证观点——社会主义派经济学方法论的研究》发表于《清华周刊》第 41 卷第 11—12 期。

按：文章说："马克斯既然是科学社会主义的创立者，他用剩余价值的学说，说明了资本制社会的发生、成长，和衰减。因而在经济学上作出了一个划时代的贡献，那么，他到底用怎样的研究方法，以达到具有这种体系的研究结果呢？他的经济学理体系中的观点是怎样呢？如果我们将他的方法论研究一下，如果我们对他的方法论具有深刻的理解，那么他的研究结果，我们便一点亦不觉得奇怪了。马克斯的经济学著作，以其大著《资本论》为代表。在《资本论》的全三卷中，他的研究方法处处都是谨守着唯物辩证法的观点，关于这种辩证方法的内容，他在《资本论》第二版的序文中曾作如下简要的说明：'我的辩证法的方法，在根本上，不仅与黑格尔的方法不同，而且是和他正相反对的东西，在黑格尔看来，思维过程——他在观念这个名称之下，把这个过程转变为独立的主体——是现实世界的创造主，而现实世界不过是思维过程的外部的现象。反之,从我的立场看来,观念世界不外是被移置被翻译在人类头脑中的物质世界。'……马克斯关于其大著《资本论》里面所应有的方法论的说明,只有以上所引的一段话。除此之外,他很少道及这个问题。但我们为更彻底明了这问题的本质起见,还须更进一层作一比较详细的说明。因此,我们先来研究黑格尔的辩证法,以后再将马克斯的方法与他对照一下。"

宜衣《共产主义与中国》发表于《清华周刊》第 41 卷第 11—12 期。

张申府《辩证法的唯物论》发表于《清华周刊》第 42 卷第 1 期。

按:是文主要评介苏联莫斯科马恩列宁研究院院长阿都拉茨基研究唯物辩证法的著作,罗列出该书的标题是:作为普罗革命斗争理论与战术的马克思主义、列宁主义的国际意义、作为马列主义理论基础的唯物辩证法、为辩证唯物论的斗争、人的知识与自然的辩证法、社会发展的辩证法、怎样研究列宁。

沧白《〈唯物辩证法论战〉读后感》发表于《清华周刊》第 42 卷第 8 期。

弱缨《评张东荪编〈唯物辩证法论战〉》发表于《清华周刊》第 42 卷第 8 期。

按:文章说:"本年十月北平出版了一本相当引人注意的哲学新书,这就是张东荪氏编的《唯物辩证法论战》(北平民友书局发行)。这本书,卷首有张君劢序及编者弁言各一篇。正文分上下两卷。上卷都是新作,下卷都是发表过的,总计有傅统先、牟宗三、张东荪、南庶熙、魏嗣銮、张抱横等 11 人的 14 篇论文,篇幅达五百页以上,不可不谓为声势浩大了。外附录杜威、罗素和柯亨的短文各一篇,及张东荪答叶青信一封。我首先要指出来的是,这部书的内容与书名并不相符。其实就是编者自己亦不是不知道,'本书即名曰论战,则理应登载正反双方面之主张,无如赞成唯物辩证法的书籍现在大有满坑满谷之势,而反对论除散见于各杂志外,从无专书。所以本书虽名曰论战而实际仅登反对一方面之论著'(见弁言)。我很奇怪,既然只载一方面的文字,何不直截了当响响亮亮的叫做'唯物辩证法批判'而要用'论战'两个字呢?难道为的是批判两个字没有论战两个字动听么?'论战'编者的动机我不敢胡猜,聪明的读者自会知道。"

张英伟《社会主义写实主义论》发表于《清华暑期周刊》第 3—4 期。

张申府《马克思的真意》发表于《清华学报》第 9 卷第 3 期。

按:英国学者柯尔著有《马克思之真谛》一书,是文就是对该书的评论。作者说:"柯尔出身于牛津,欧战之后才出名。现在已是英国少数开明进步的学者论士之一。他本是在欧战之末倡设行会社会主义的。但他虽是社会主义者，却不是马克思的盲从者。他绝不想把马克思的教义弄成独断教条。例如对于马克思有名的价值论，柯尔在本书里，就想加以补充与改造。"

柳浪《辩证法与中国革命与中国共产党》发表于《尚志》第 3 卷第 1 期。

刘石臣《欧洲辩证法发展之阶段的划分》发表于《进展月刊》第 3 卷第 7—8 期。

唐庆增《马克斯经济思想与中国》发表于《光华大学半月刊》第 2 卷第 10 期。

诸青来《资本主义与社会主义》发表于《光华大学半月刊》第 2 卷第 10 期。

江振声《评张东荪编〈唯物辩证法论战〉》发表于《光华大学半月刊》第 3 卷第 4 期。

赵廉《吉鸿昌与共产党》发表于《老实话》第 39—50 期。

新生《共产党在四川的起源》发表于《老实话》第 39—50 期。

杨蔚《农佃问题之研究·马克思的土地政策》发表于《新农村》第 10—11 期。

杨蔚《恩格斯的土地政策》发表于《新农村》第 11 期。

梅剑如《社会主义建设的财源》发表于《梅陇月刊》第 45 期。

陈范予《自然辩证法再批评》发表于《新社会科学》第 1 卷第 4 期。

郭汉鸣《法兰西大革命与社会主义》发表于《新社会科学》第 1 卷第 4 期。

唐庆增《拉萨尔社会主义述评》发表于《社会学刊》第 4 卷第 2 期。

应成一《唯心与唯物之争辩》发表于《社会学刊》第 4 卷第 2 期。

伍纯武《英国基尔特社会思想》发表于《社会月刊》第 1 卷第 2 期。

君劢《〈唯物辩证法论战〉序》发表于《再生杂志》第 2 卷第 10 期。

按：文章说："马氏唯物史观总题之下，有生产条件，有阶级争斗，有上层构造下层构造诸说，而自苏俄革命以来，马氏信徒中所侧重者，为'达兰克铁克'，故就此点申说之，以归诸东荪，非所谓序也。呜呼！苏俄唯物哲学之基础，社会革命之信系，非'达兰克铁克'乎？彼等认为无产革命之实现，本历史进行中之'达兰克铁克'而有以知其必然，然吾人衡诸三界，其不相符合之点若是其多，吾国人甘为愚弄以入于陷阱中乎？抑及早翻然改图乎？不能不望青年诸君之少逞情感，多增学识矣。"

周辅成、宏明《关于"唯物辩证法论战"》发表于《再生杂志》第 2 卷第

11—12 期。

景玉《反对民主及社会主义之法西斯主义》发表于《北辰杂志》第 6 卷第 3 期。

若水《法西斯主义与共产主义》发表于《北辰杂志》第 6 卷第 15 期。

[日]横光利一作、易炜译《马克思的审判》发表于《文艺月刊》第 6 卷第 4 期。

杨潮译《马克斯论文学》发表于《文学新地》第 1 期。

[苏]卢那卡尔斯基作、余女生译《苏联的演剧问题——论社会主义的现实主义，文学和戏剧》发表于《文学新地》第 1 期。

编者《马克思的佳话》（转自《南洋商报》）发表于《华安》第 2 卷第 7 期。

戈公振《列宁逝世的十周年——苏联访问记之一》发表于《新生周刊》第 4 期。

浮生《马克思的"方法论"》发表于《行健月刊》第 4 卷第 1 期。

郭本道《对于黑格尔辩证法的几点意见》发表于《行健月刊》第 4 卷第 5 期。

斐丹《苏联的租税政策》发表于《东方杂志》第 31 卷第 6 号。

高谦《最近苏联的劳工问题》发表于《东方杂志》第 31 卷第 23 号。

[苏]乌里亚诺夫（列宁）作、商廷发译《托尔斯泰像俄国革命的一面镜子》发表于《文学新地》第 1 期。

[德]恩格斯作、胡风译《与敏娜·考茨基论倾向文学》发表于《译文》第 1 卷第 1—6 期。

郭家鼎《史达林的一生》发表于《外交月报》第 4 卷第 5 期。

洪深《最新唯物辩证法》发表于《一周间》第 1 卷第 1—6 期。

刘石臣《辩证法之发展阶段》发表于《大侠魂》第 3 卷第 3—4 期。

惠人译《史大林日常生活素描》发表于《黑白半月刊》第 1 卷第 13 期。

了一《正统学派经济学与社会主义经济学之异同》发表于《河南政治》第 4 卷第 12 期。

段麟郊《唯生论辩证法》发表于《中华季刊》第 2 卷第 3 期。

中共中央宣传部《"五五"报告大纲》（纪念马克思诞生）发表于《红色中华》第 177 期。

按：大纲指出："马克思列宁主义是我们的指南针""是中国革命完全胜利的一个有力的保障""我们只有更加努力学习马克思列宁主义""研究马克思列宁给我们的宝贵的教训与丰富的经验""把马克思列宁主义来武装我们

的头脑",才能"战胜敌人"。

凯旋《马克思共产主义学校》发表于《红色中华》第205期。

《马克思主义研究会的组织和工作大纲》发表于《红色中华》第216—217期。

鸣夏《站在国家生存竞争的立场上批评共产主义和法西斯主义》发表于《宇宙旬刊》第2期。

伯文甫《国家社会主义及会社式国家》发表于《文通》第3卷第42—43期。

沙土《辩证法的基本法则》发表于《津汇月刊》第8期。

孙陵《乌托邦社会主义》发表于《大夏青年》第1卷第7期。

天《美国国家社会主义经济政策的批评》发表于《革命公论》第1卷第5期。

[日]小林澄光作、汤有雁译《德国国家社会主义的教育学说》发表于《师训》第2期。

林绍樵《社会主义经济之涵义》发表于《实业季报》第1卷第2期。

惟业《社会主义经济学的体系》发表于《经济学期刊》第2卷第2期。

白川《中国共产党左派反对派的三部曲》发表于《北方公论》第78期。

温健公《社会主义底写实主义之确立》发表于《世界论坛》第1卷第11期。

吴积辉《社会主义》发表于《同文学生》第3期。

云裳《社会主义下的妇女》发表于《妇女共鸣》第3卷第5—7期。

[苏]Sassnowa作、杜平译《社会主义制度下的苏联妇女与儿童》发表于《女声》第2卷第10期。

圆梅《苏联社会主义经济建设的胜利》发表于《大众科学》第1卷第1期。

周起应《关于"社会主义的现实与革命的浪漫主义"》发表于《现代》第4卷第1—6期。

陈英荣《社会问题与社会主义》发表于《市一中学生》第7期。

方惇颐译《德国的民族社会主义教育》发表于《教育研究》第52期。

沈志远《苏俄哲学思想之检讨》发表于《中山文化教育馆季刊》创刊号。

沈志远《近代哲学中的辩证法之史的发展——论笛卡儿、斯宾诺莎、康德、菲希特、谢林与黑格尔诸家之辩证法》发表于《中山文化教育馆季刊》第1卷第2期。

按：文章说："近几年来，中国学术界谈辩证法谈得总算够热闹了。固然开口闭口漫谈'矛盾底一致''数量变质量'以自炫其时髦的，的确不在少数。但是真正具着研究学术的热忱和抱着严正的科学态度来介绍和探讨辩证法的，却也颇不乏人。这自然是中国学术界一致进步的现象。然而热闹固然热闹，关于辩证法的作品数量固然也不少，而就研究的深刻性说，还是不够的。单举下面一点事实来看，就可证明予言之不谬。我国学术界谈辩证法的文章和书籍，差不多都是关于马克思、恩格斯、普列汉诺夫和伊利契的，同时也有很多是关于黑格尔的；换一句话说，我国所有关于辩证法的出版品，大都是介绍或讨论完成的辩证法，而从辩证法未完成（它完成于黑格尔）前去追溯它的史的发展，对马克思、恩格斯、黑格尔以前各派哲学思想体系中的辩证法原素或片断作一番整理功夫的，恐怕简直是凤毛麟角吧！然而从学术思想底立场上说，这步功夫却是极端重要的，虽然它是一件比较繁重而困难的工作。"

焰生《马克司主义文学与无产阶级文学》发表于《新垒半月刊》第 3 卷第 2—3 期。

[意]Achille Loria 作、郭祖劼译《马克思论》发表于《四十年代》第 2 卷第 5—6 期。

按：文章说："（《共产党宣言》）这宣言透露出马克司主义之两大基本理论：即'经济的进化依存于生产工具的进化而定'，简言之，即'经济学之技术的决定'及政治的道德的和理想的制度乃从经济制度中转注而来。简言之，即'社会学之经济的决定'。换言之，吾人今日当称之为'历史的唯物论'者是也。政法制度之依存于经济制度而定，自然即转论而为政治权力必集中于握有经济权力的那些人的手里，或集中于握有经济权力的代表与代理人的手里，因此，凡欲以和平的政治手段来达到改善无产阶级之境遇的思想，真是愚昧可笑，因而指明革命是被剥削者之唯一得解放的希望。于是，为了革命，或为达到革命之路的坚固联合，这宣言乃以其历史名句鼓动世界的工人：'全世界的工人联合起来！'这篇宣言有划时代的意义，虽在今日最反对那篇宣言的人也不得不承认了。实则她是第四阶级的权利宣言，革命的无产阶级的大宪章，得未曾有的暴动集团之鲜血淋漓的革命军旗。"

[美]马克斯·伊斯特曼作、默盦译《反对马克斯的辩证法》发表于《申报月刊》第 3 卷第 5 期。

王明《革命、战争和武装干涉与中国共产党底任务》发表于《共产国际月刊》第 5 卷第 1 期。

石安译《苏联的宗教问题》发表于《文化与教育》第 37 期。

〔美〕波尔作、马润庠译《国家社会主义与德国的孤立》发表于《时事类编》第 2 卷第 2 期。

张果译《苏联的宗教问题》发表于《时事类编》第 2 卷第 26 期。

〔英〕拉斯基作、孙铭译《马克思社会哲学的背景》发表于《华年》第 3 卷第 8 期。

按：文章说："在社会思想史上，卡尔·马克司所占的地位，无人能望其项背。除了马基维尼和卢骚以外，思想家之受人抨击，以至这样的体无全肤的，更无其人。他又有点像卢骚，这总算是他的幸运，在他的死后，尚能支配一个打着他的名号而起的革命。他的各种著作，其得人热爱之深，直可与《圣经》或《罗马法典》先后辉映。然而在一般的社会主义者当中，他所占的真实的地位，还是一个纷歧的问题，并不像通常给他所僭拟的那般简单。他的价值论，同一班英国的前辈们所曾充分发挥过的意见，差不多完全相合。若赫云顿和马迪逊这班人，他们对于唯物史观见解的应用，并不见得没有他的那样鲜明。他的对于阶级敌对事实的认识，圣西门又早着先鞭。甚至他的对于劳动阶级那种不可言状的炽热的同情，也并没有比霍尔、欧文以及约翰穆勒等人深切多少。"

〔英〕罗素作、孙铭译《我何以不是一个共产主义者》发表于《华年》第 3 卷第 19 期。

〔美〕杜威《我所以不做共产主义者的理由》发表于《华年》第 3 卷第 20 期。

〔英〕柯亨作、访赟译《我所以不做共产主义者的理由》发表于《华年》第 3 卷第 21—22 期。

刘连山《辩证法进展的略述》发表于《期刊》（天津）第 2 期。

梁钧《唯物辩证法与自然科学》发表于《浦潮》第 1 卷第 2 期。

张云汉《辩证的发展之辩证法的研究》发表于《楚雁》创刊号。

明驹《资本主义的教育和社会主义的教育底检讨与批判》发表于《大学生言论》第 2 期。

许崇清《教育学与社会主义》发表于《三民主义月刊》第 3 卷第 1 期。

马鸣尘《国社党的实践与国家社会主义》发表于《每周评论》第 126 期。

觉《柯尔论资本主义与社会主义》发表于《平明杂志》第 3 卷第 2—3 期。

吕怀《德国国家社会主义兴起之背景及意义》发表于《珞珈月刊》第 2 卷第 1 期。

晓光《马克思的嗜好》发表于 3 月 23 日《香港工商日报》。

张季同《辩证唯物论的人生哲学》发表于 2 月 22 日和 3 月 8 日《大公报》副刊《世界思潮》第 66 期、67 期。

按：文章说："辩证唯物论的人生哲学，总括言之，是社会的，革命的，实践的，战斗的，而根本上是辩证唯物的本来，唯物辩证法，不只是求知的方法，而亦是行动的方法，是生活的方法。"

三、研究著作

[德]马克思著、吴半农译、千家驹校《资本论》(第 1 卷第 1 分册)由上海商务印书馆出版。

按：是书包括德文第 1、2 版序言及《资本论》第 1 卷第 1、2 篇。

[德]恩格斯著、李膺扬译《家族私有财产及国家之起源》由上海新生命书局出版。

[奥]庞巴维克著、汪馥泉译《马克思主义体系之崩溃》由上海黎明书局出版。

按：是书分绪论、价值及剩余价值的理论、平均利润率及生产价格的理论、矛盾的问题、马克思学说体系中的谬误、松巴托(桑巴特)底拥护论等 5 章。

张克林著《孙中山与列宁》由南京拔提书店出版。

按：《序》说："世界的两大革命家，孙中山与列宁，各就其革命的对象与环境，产生出相异的革命理论，革命方略，革命战术，革命行动，奠定了中华民国与苏联共和国的基础，且隐然支配了二十世纪的世界。吾人研究现世纪问题，对于这两位伟大人物不能不有明确的认识。这便是本书写作的动机与目的。"

[苏]列宁著、傅子东译《唯物论与经验批判论》由上海神州国光社出版。

张东荪编著《唯物辩证法论战》由北平良友书局出版。

按：是书汇集 30 年代关于唯物辩证法战论的文章 14 篇，目的是攻击马克思主义哲学。作者为：张东荪、傅统先、牟宗三、吴恩裕、南庶熙、孙道升、魏嗣銮、李长之、施友忠、张抱横、吴惠人等。书前有张东荪弁言和《唯物辩证法之总检讨》，张东荪书柯亨语录墨迹，书末附录《我何以不是共产主义者》(罗素)，《我所以不做共产主义者的理由》(杜威)，《我所以不做共产主义者的理由》(柯亨)，《签复〈张东荪哲学批判〉著者之公开信》(张东荪)。

周辅成著《哲学与唯物辩证法》由上海现代科学社出版部出版。

按：是书论述马克思的辩证唯物主义与政治革命思想。

〔日〕大森义太郎著、罗叔和译《唯物辩证法读本》由上海申报馆出版。

按：是书分序论和本论，本论包括唯物史观的起源、辩证法的唯物论、唯物史观3章。

〔日〕大森义太郎著、杨允修译《唯物辩证法读本》由上海新生命书局出版。

〔苏〕列宁著、四川经济学会译《经济学》由上海华通书局出版。

郑斌撰述《社会主义的新宪法》由上海商务印书馆出版。

按：是书综合介绍1927年以前的苏联宪法。分无产阶级专政、苏维埃国家与阶级关系、苏维埃国家的经济基础、苏维埃国家与民族问题、苏维埃建国大原则、苏联之发展过程、苏维埃会议及中央执行委员会、苏联人民委员会及人民委员部、联邦共和国及自治州、地方苏维埃等10章。

〔苏〕斯大林著《列宁主义问题》由中共苏区中央局出版。

按：是书包括《十月革命与联邦共产党人的策略》《论南斯拉夫的民族问题》《再论民族问题》《第一个五年计划的总结》等12篇。

雷丁著《乌里亚诺夫》由上海群力书店出版。

按：是书分8章介绍列宁的生平与事业。

〔苏〕莫洛托夫著、李仲武译《苏俄十月革命纪念报告》由江西南昌内外通讯出版。有编者序。

〔美〕艾迪著、沈秋宾译《今日之苏俄——我们能从它学得什么》由上海青年协会书局出版。

杨丹荪编译《改造中的苏俄》由上海青年协会书局出版。

按：是书分制度、人民、生活3编，论述了十月革命以后苏联的政治、经济、道德观念、文化艺术、社会生活等方面的变化。

〔美〕M. Hindus 著、乐桥译《掀天动地的苏俄革命》由南京正中书局出版。

宗华著《俄国革命史概论》由南京中国与苏俄杂志社出版。

〔苏〕范伦斯基著《俄国革命史》由上海商务印书馆出版。

张任远（张仲实）编译《苏联政治制度浅说》由上海《申报》丛书出版。

〔苏〕托洛斯基著《第四国际与战争》由中国共产主义同盟布尔雪维克列宁派出版。

按：是书分问题是怎样提出的、对无产阶级的独裁、邦那巴主义、国家资本主义、苏联的经济、反革命的可能的途径、苏联的新党、第四国际和苏联等13节。

宗华著《苏俄经济政策概论》由南京中国与苏联杂志社出版。

章友江著《苏联经济制度》由北美书店出版。

［苏］斯大林等著，潘天觉、陈清晨译《五年计划论战》由上海神州国光社出版。

黄卓著《苏俄计划经济》由上海世界书局出版。

［苏］斯大林著、翦伯赞译《苏俄集体农场》由上海太平洋书店出版。

按：是书收录斯大林论述集体农场的文章，包括《伟大转变的一年》《苏俄的土地政策问题》《关于清算当作一个阶级的富农的政策》《答复斯斐德诺夫大学学生所提出的问题》《谷物战线》《沉醉于成功》等。

［苏］哥宁列夫等著、程大森译《苏联集团农场组织方略》由上海国际书局出版。

王益滔编译《苏俄农业政策》（国际丛书）由上海中华书局出版。

按：是书论述苏联革命初期及第一个五年计划期间的农业政策及其对农业、农民的影响。

江涛声著《苏联公共卫生的实质》由上海中华医学杂志社出版。

按：是书分引言、苏联公共卫生现状鸟瞰、苏联工人的卫生保障、苏联产妇、婴儿的卫生保障等。

东北健行学会编《苏俄十二讲》由北平民友书局出版。

按：是书分历史、政治、外交、国防、建设、经济、农工、教育、社会、文艺界、游记等 11 个专题。收录胡愈之《苏联革命史的回顾》、董之学《苏联的政治体系》、张一元《苏联的外交》、彬如《苏联的国防运动》、宗涛《苏联红军的组织》等 22 篇文章。附录《十六年来之苏俄》。

英国新费边研究所编，李公朴译《苏联十二种研究》由上海申报馆出版。

按：1932 年秋，英国新费边研究社赴苏考察，随后发表了 12 篇文，其中有《苏联的经济概况》《财政》《电力与工业发展》《苏俄的工人》《农业》等。附录：《苏联之交通》《苏联田野间的卫生工作及医学之发展》。

申听禅译、叶在均校《苏俄刑法》由上海商务印书馆出版。

［美］哈珀著、郑群彦编译《苏俄公民训练》由上海青年协会书局出版。

郑竞毅著《苏联婚姻法》由上海生活书店出版。

按：是书除引言外，分结婚、离婚、结婚离婚的登记 3 章。

［德］哈姆森著、袁文彬译《苏俄妇女与儿童》由上海中华书局出版。

按：是书概述苏联政府对儿童保护和妇女保障方面的措施、方法，以及他们在法律上的地位。

姜绍鹤、何声清译《苏联文化革命》由南京拔提书店出版。

苏联教育研究所编,焕平、叶森译《苏联新教育大观》由上海思潮出版社出版。

按:是书分5章介绍苏联的教育事业发展情况。

[苏]平克维支著、丁时译《苏俄新教育》由上海世界书局出版。

沈志远等著《苏联与资本主义各国之关系》由上海中华书局出版。

[美]雷岱尔著、郑学稼译《社会主义思想史》由上海黎明书局出版。

按:是书分乌托邦社会主义及其先驱、马克思社会主义、其他社会主义学派、战后社会主义的发展、联合运动5编。

[日]山川均著、徐懋庸译《社会主义讲话》由上海生活书店出版。

刘炳藜编《社会主义史纲》由上海中华书局出版。

按:是书分柏拉图到十七世纪、十八世纪以来空想的社会主义、科学的社会主义、其他社会主义(国家社会主义、费边社会主义、工团主义、基尔特社会主义)、布尔塞维克主义等5章。

毛泽东、张闻天著《区乡苏维埃怎样工作》由中央苏区出版。

毛泽东著《经济建设与查田运动》由莫斯科列宁格勒苏联外国工人出版社出版。

[苏]列宁著,克己、何畏译《托尔斯泰论》由上海思潮出版社出版。

四、卒于是年的研究者

李石岑(1892—1934)卒。石岑原名邦藩,字石岑,湖南醴陵人。1913年入日本东京高等师范学校。1915年与潘培敏、李大年、丘夫之等在东京发起组织"学术研究会",编辑出版《民铎》杂志,后被日本政府查封。1916年与留日学生陈启修等成立丙辰学社,后改名为中华学艺社。1918年与留日学生曾琦等18人于东京组织华瀛通讯社。1920年回国后,在上海继续主编《民铎》。兼任《时事新报》副刊《学灯》主笔。1921年任上海商务印书馆编辑,并与周予同主编革新后的《教育杂志》。同时参加文学研究会上海分会。先后被上海大夏大学、华光大学、国民大学等聘为哲学、心理学教授。1923年参加中国思想文化战线上"科学与人生观"的论战。1925年编辑《教育丛书》共84种,由商务印书馆出版。1928年自费出国留学。1930年从德国回到上海,任中国公学、大夏大学、暨南大学哲学教授。1932年赴广州中山大学任教。1933年回上海暨南大学任体育系教授。曾应上海青年会之邀发表《科学的社会主义哲学》的演讲,公开宣传马克思主义哲学。1934年

10 月 8 日因患肾炎医治无效而逝世。主要著述和译著有《李石岑讲演集》《李石岑论文集》《人生哲学（上）》《哲学浅说》《现代哲学小引》《体验哲学浅说》《超人哲学浅说》《希腊三大哲学家》《西洋哲学史》《哲学概论》《中国哲学十讲》《人生之价值与意义》《教育哲学》《现代教育思潮批判》《郎格唯物论史》等。

　　按：孙立军说："李石岑先生是中国二十世纪的著名学者。他一生尽管生命短暂，却对发掘中国传统文化精髓和传播西方文化，特别是传播马克思主义学说做出了不可磨灭的贡献。李石岑先生一生的思想很多，他秉承五四新风，广泛介绍西方新知识，新学说，并参证中国传统学说，对人生问题多有阐发。李石岑把'生命'上升为本体论意义，围绕'表现生命'这一终极目的，从哲学、艺术、科学、学问和教育几个角度展开，论述了人生的理想、人生的价值，人生的态度、人生的境界和归宿，以及人生问题的解决方案和表现生命的实现路径等问题。他以'无为'作为表现生命的方法，反对遏抑生机，阻碍生命的人为的东西，强调使'本然自然的''生'通过内在的意志表现出来，不加任何外为的因素。通过真我的修养，实现人生的大有为，从小我的人生境界上升到宇宙的人生境界，最后归人生于艺术一途。"[①]

---

① 孙立军.李石岑人生哲学思想研究［D］.南昌：南昌大学,2007.

民国二十四年　乙亥　1935 年

一、研究背景

1月1日,中共中央在贵州瓮安县猴场召开政治局会议。毛泽东在会议上重申红军应在川黔边地区先以遵义地区为中心建立新的根据地的主张,多数与会者赞同毛泽东的意见。会议再次否定李德、博古提出的"完全可以在乌江南岸建立一个临时根据地,再徐图进军湘西,与红二、六军团会合"的错误主张,决定红军立刻抢渡乌江、攻占遵义。会议通过《中央政治局关于渡江后新的行动方针的决定》。会议还剥夺了李德的军事专断权力,刘伯承被重新任命为红军总参谋长。

1月15—17日,中共中央政治局在贵州遵义召开扩大会议,讨论迫切需要解决的红军军事方针问题,临时中央负责人博古主持会议并作正报告,周恩来作副报告。会议结束了王明在中央的统治,确立毛泽东同志的领导地位。出席会议的有毛泽东、周恩来、朱德、秦邦宪(博古)、张闻天、陈云、刘少奇、林彪、聂荣臻、彭德怀、李富春、杨尚昆、刘伯承、王稼祥、凯丰(何克全)、邓小平、邓发、李卓然等20人。共产国际驻中国的军事顾问李德及担任翻译的伍修权列席会议。会议通过了张闻天起草的《中共中央关于反对敌人五次"围剿"的总结决议》,否定了博古所作的报告。会后于3月12日,中央成立了周恩来、毛泽东、王稼祥参加的"三人军事指挥小组",负责长征中的军事指挥工作。在毛泽东的正确指挥下,红军摆脱了被动,为胜利完成万里长征奠定了坚实的基础。

按:毛泽东《中国共产党在民族战争中的地位》说:"遵义会议纠正了在第五次反'围剿'斗争中所犯的'左'倾机会主义性质的严重的原则错误,团结了党和红军,使得党中央和红军主力胜利地完成了长征,转到了抗日的前进阵地,执行了抗日民族统一战线的新政策。由于巴西会议和延安会议(反对张国焘路线的斗争是从巴西会议开始而在延安会议完成的)反对了张国焘的右倾机会主义,使得全部红军会合一起,全党更加团结起来,进行了英勇的抗日斗争。这两种机会主义错误都是在国内革命战争中产生的,它们的特点是在战争中的错误。"①

按：毛泽东说："大家学习党史，学习路线，知道中国党历史上有两个重要关键的会议。一次是三五年一月的遵义会议，一次是三八年的六中全会。遵义会议是一个关键，对中国革命的影响非常之大。但是，大家要知道，如果没有洛甫、王稼祥两个同志从第三次'左'倾路线分化出来，就不可能开好遵义会议。同志们把好的账放在我的名下，但绝不能忘记他们两个人。当然，遵义会议参加者还有别的好多同志，酝酿也很久，没有那些同志参加赞成，光他们两个人也不行；但是，他们两个人是从第三次'左'倾路线分化出来的，作用很大。从长征一开始，王稼祥同志就开始反对第三次'左'倾路线了。"②

按：张闻天《从福建事变到遵义会议》说："遵义会议在我党历史上有决定转变的意义。没有遵义会议，红军在李德、博古领导下会被打散，党中央的领导及大批干部会遭受严重的损失。遵义会议在紧急关头挽救了党，挽救了红军，这是一。第二，遵义会议改变了领导，实际上开始了以毛泽东同志为领导中心的中央的建立。第三，遵义会议克服了'左'倾机会主义，首先在革命战争的领导上。第四，教条宗派开始了政治上组织上的分裂。这个会议的功绩，当然属于毛泽东同志，我个人不过是一个配角而已。对于我个人说来，遵义会议前后，我从毛泽东同志那里第一次领受了关于领导中国革命战争的规律性的教育，这对于我有很大的益处。"③

1月下旬，陕北省第一次苏维埃代表大会在安定召开，宣布成立陕北省苏维埃政府。

2月14日，中国文化建设协会为造成全国好学风气，提高文化水准起见，发起读书竞进会，发起者主要有吴醒亚、何炳松、陶百川、陈高傭、孙寒冰、李熙谋、樊仲云、蒋健白、王新命等。聘请陈立夫、蔡元培、李熙谋、高一涵、刘秉麟、竺可桢、吴醒亚、潘公展等人为读书会选定委员，开列第一届读书竞进会选定书目。

是月，中共西北工作委员会和西北革命军事委员会成立，统一领导陕北、陕甘边两块根据地和武装力量。

4月8—21日，中国文化建设协会举办为期两周的全国读书运动大会，特敦请吴铁城、陶百川、王云五等14位各行业精英人士，分别进行各种关于

---

① 毛泽东.毛泽东选集:第2卷[M].北京:人民出版社,1991:530.

② 遵义会议纪念馆,编.毛泽东与遵义会议[M].北京:中共党史出版社,1992:9-10.

③ 张闻天.张闻天文集(1939—1948)第3卷[M].北京:中共党史出版社,2012:151.

读书问题的演讲。李熙谋、樊仲云、孙寒冰、章渊若、张素民、章友三等学者分别就如何研究自然科学、国际政治、政治学、法律科学、经济学、教育学等进行演讲。

5月12日,中共中央政治局在四川会理召开红军长征过程中的一次扩大会议,毛泽东主持会议,周恩来、张闻天、朱德、彭德怀、林彪等参加会议。会议批评了林彪指责毛泽东指挥不行的错误言论,维护了毛泽东的领导和红军的团结。

5月17日,瞿秋白在福建汀州监狱中写了《多余的话》,对自己的一生作了检查反省。

按:在《我和马克思主义》一节中,他说:当我开始我的社会生活的时候,正是中国的"新文化"运动的浪潮非常汹涌的时期。为着继续深入的研究俄国文学,我刚好又不能不到世界第一个"马克思主义的国家"去。我那时的思想是很紊乱的:十六七岁时开始读了些老庄之类的子书,随后是宋儒语录,随后是佛经、《大乘起信论》——直到胡适之的《哲学史大纲》,梁瀬漠(漱溟)的印度哲学,还有当时出版的一些科学理论,文艺评论。在到俄国之前,固然已经读过倍倍尔的著作,《共产党宣言》之类,极少几本马克思主义的书籍,然而对马克思主义的认识是根本说不上的。而且,我很小的时候,就不知怎样有一个古怪的想头。为什么每一个读书人都要去"治国平天下"呢?各人找一种学问或是文艺研究一下不好吗?所以我到俄国之后,虽然因为职务的关系时常得读些列宁他们的著作、论文演讲,可是这不过求得对于俄国革命和国际形势的常识,并没有认真去研究政治上一切种种主义,正是"治国平天下"的各种不同的脉案和药方。我根本不想做"王者之师",不想做"诸葛亮"——这些事自然有别人去干——我也就不去深究了。不过,我对于社会主义或共产主义的终极理想,却比较有兴趣。

记得当时懂得了马克思主义的共产社会同样是无阶级、无政府、无国家的最自由的社会,心上就很安慰了,因为这同我当初的无政府主义,和平博爱世界的幻想没有冲突了。所不同的是手段,马克思主义告诉我要达到这样的最终目的,客观上无论如何也逃不了最尖锐的阶级斗争,以至无产阶级专政——也就是无产阶级统治国家的一个阶段。为着要消灭"国家",一定要先组织一时期的新式国家,为着要实现最彻底的民权主义(也就是无所谓民权的社会),一定要先实行无产阶级的民权。这表面上"自相矛盾"而实际上很有道理的逻辑——马克思主义所谓辩证法——使我很觉得有趣。我大致了解了这问题,就搁下了,专心去研究俄文,至少行大半年,我没有功夫去管什么主义不主义。

　　后来，莫斯科东方大学要我当翻译，才没有办法又打起精神去看那一些书。谁知越到后来就越没有功夫继续研究文学，不久就宣（喧）宾夺主了。但是，我第一次在俄国不过两年，真正用功研究马克思主义的常识不过半年，这是随着东大课程上的需要看一些书，明天要译经济学上的那一段，今天晚上先看过一道，作为预备，其他，唯物史观哲学等等也是如此，这绝不是有系统的研究。至于第二次我到俄国（1928—1930），那是当着共产党的代表，每天开会，解决问题，忙个不了，更没有功夫做有系统的学术上的研究。

　　马克思主义的主要部分：唯物论的哲学，唯物史观——阶级斗争的理论，以及政治经济学，我都没有系统的研究过。《资本论》——我就根本没有读过，尤其对于经济学我没有兴趣。我的一点马克思主义理论的常识，差不多都是从报章杂志上的零星论文和列宁的几本小册子上得来的。可是，1932年的中国，研究马克思主义以至一般社会科学的人，还少得很，因此，仅仅因此，我担任了上海大学社会学系教授之后就逐渐的偷到所谓“马克思主义的理论家”的虚名。其实，我对这些学问，的确只知道一点皮毛。当时我只是根据几本外国文的书籍传译一下，编了一些讲义。现在看起来，是十分幼稚，错误百出的东西。现在已经有许多新进的青年，许多比较有系统的研究了马克思主义的学者——而且国际的马克思主义的学术水平也提高了许多。还有一个更重要的“误会”就是用马克思主义来研究中国的现代社会，部分是研究中国历史的发端，也不得不由我来开始尝试。五四以后的五年中间，记得只有陈独秀、戴季陶、李汉俊几个人写过几篇关乎这个问题的论文，可是都是无关重要的。我回国之后，因为已经在党内工作，虽然只有一知半解的马克思主义智识，却不由我不开始这个尝试：分析中国资本主义关系的发展程度，分析中国社会阶级分化的性质，阶级斗争的形势，阶级斗争和反帝国主义的民族解放运动的关系等等。

　　从1923年到1927年，我在这方面的工作，自然在全党同志的督促，实际斗争的反映，以及国际的领导之下，逐渐有相当的进步。这决不是我一个人的工作，越到后来，我的参加是越少。单就我的“成绩”而论，现在所有的马克思主义者都可明显的看见：我在当时所做的理论上的错误，共产党怎样纠正了我的错误，以及我的幼稚的理（论）著之中包含着怎样混杂和小资产阶级机会主义的成分。这些机会主义的成分发展起来，就形成错误的政治路线，以至于中国共产党中央委员会不能不开除我的政治局委员，的确，到1930年，我虽然在国际参加了两年的政治工作，相当得到一些新的智识，受到一些政治上的锻炼。但是,不但不进步,自己觉得反而退步了。中国的阶级斗争早已进到了更高的阶段,对于中国的社会关系和政治形势,需要更深刻更复杂的分析,更明了的判断,而我的那点智识绝对不够,而且非无产阶级的反布尔塞维克的意识就完全暴露了,当时,我逐渐觉得许多问题不但想不通,甚至想不动了。新的领导者发挥某些问题的议论之后,我会感觉到松快,觉得这样解决原是最适当不过的,我当初为什么简直想不到;但是,也有别候会觉得不了解。

此后,我勉强自己去想一切"治国平天下"的大问题的必要,已经没有了! 我在十分疲劳和吐血症复发的期间,就不再去"独立思索"了。1931年初就开始我政治上以及政治思想上的消极时期,直到现在。从那时候起,我没有自己的政治思想。我以中央的思想为思想。这并不是说我是一个很好的模范党员,对于中央的理论政策都完全而深刻的了解。相反的,我正是一个最坏的党员,早就值得开除的,因为我对中央的理论政策不加思索了。偶然我也有对中央政策怀疑的时候,但是,立刻就停止怀疑了,因为怀疑也是一种思索;我既然不思索了,自然也就不怀疑。

我的一知半解的马克思主义智识,曾经在当时起过一些作用——好的坏的影响都是人所共知的事情,不用我自己来判断——而到了现在,我已经在政治上死灭,不再是一个马克思主义的宣传者了。同时要说我已经放弃了马克思主义,也是不确的。如果要同我谈起一切种种政治问题,我除开根据我那一点一知半解的马克思主义方法来推论以外,却又没有什么别的方法。事实上我这些推论又恐怕包含着许多机会主义,也就是反马克思列宁主义的观点在内,这是"亦未可知"的。因此我更不必枉然费力去思索:我的思路已经在青年时期走上了马克思主义的初步,无从改变,同时,这思路却同非马克思主义的歧路交错着,再自由任意的走去,不知会跑到什么地方去。——而最主要的是我没有气力再跑了,我根本没有精力再作政治的,社会科学的思索了。[①]

6月14日,中共中央、毛泽东率领的红一方面军在四川夹金山下的懋功地区与红四方面军胜利会师。

6月26—28日,中共中央政治局在四川懋功县的两河口召开扩大会议,毛泽东、朱德、周恩来、刘伯承、王稼祥、张闻天、博古、刘少奇、凯丰、邓小平、林彪、彭德怀、聂荣臻、张国焘、林伯渠、李富春等出席会议。会议通过

① 瞿秋白.瞿秋白文学精品选[M].北京:现代出版社,2017:60、68-71.

《关于一、四方面军会合后战略方针的决定》，明确规定"我们的战略方针是集中主力向北进攻，在运动战中大量消灭敌人，首先取得甘肃南部，以创造川陕甘苏区根据地"。这个战略方针，为实现我党我军北上抗日和领导全国抗日运动的伟大战略目的奠定了基础。

8月1日，中共驻共产国际代表团发表《中国共产党中央委员会和中国苏维埃中央政府为抗日救国告全体同胞书》，即《八一宣言》，提出停止内战、全国一致抗日的主张，号召全国四万万同胞"为祖国生命而战！""为民族生存而战！""为国家独立而战！"

按：《八一宣言》发表以后，中国共产党开始用"中华民族"指称中国各民族统一体。

8月4—6日，中共中央政治局在四川松潘毛儿盖附近的沙窝召开会议，着重讨论红军主力的发展方向问题。到会的有张闻天、毛泽东、博古、王稼祥、陈昌浩、凯丰、邓发、徐向前、李富春、聂荣臻、林彪、李先念等12人。会议通过张闻天起草的《中央关于一、四方面军会合后的政治形势与任务的决议》。

按：《决议》指出："为了创造川陕甘苏区的历史任务，必须在一、四方面军中更进一步的加强党的绝对领导，提高党中央在红军中的威信。中国工农红军是在中国共产党中央的唯一的绝对的领导之下生长与发展起来的，没有中国共产党就没有中国工农红军，就没有苏维埃革命运动。""党必须拿马克思列宁主义来教育我们的党员与红军指成员，冷静的来估计我力量的对比与目前的形势。只有这种正确的估计才能使我们正确的提出党的任务与口号，马克思列宁主义者拥护真理而反对欺骗。"[①]

8月20日，中共中央政治局在四川的毛儿盖举行会议，以克服张国焘对红军北上建立川陕甘根据地的阻扰。会议根据毛泽东的报告，通过《关于目前战略方针之补充决定》。

9月1日，左联机关刊物《文艺群众》发表于《悼瞿秋白同志》，对瞿秋白的一生进行评述，署名"本社同人"。

9月12日，中共中央在甘肃俄界召开政治局紧急扩大会议，批判张国焘的严重错误，做出《关于张国焘同志的错误的决定》，号召四方面军全体忠实于共产党的同志团结在党中央的周围，同张国焘的右倾机会主义和军阀主义的倾向作坚决的斗争，以巩固党和红军。

---

① 张闻天.张闻天文集:第1卷[M].北京:中共党史出版社,2012:383、388.

9月18日,红二十五军长征到达陕北延长县永平镇,与红二十六军、二十七军会师,合编为红十五军团。

9月19日,中共中央、红一方面军主力长征结束。

按:毛泽东《论反对日本帝国主义的策略》说:"讲到长征,请问有什么意义呢?我们说,长征是历史纪录上的第一次,长征是宣言书,长征是宣传队,长征是播种机。自从盘古开天地,三皇五帝到于今,历史上曾经有过我们这样的长征么?十二个月光阴中间,天上每日几十架飞机侦察轰炸,地下几十万大军围追堵截,路上遇着了说不尽的艰难险阻,我们却开动了每人的两只脚,长驱二万余里,纵横十一个省。请问历史上曾有过我们这样的长征吗?没有,从来没有的。长征又是宣言书。它向全世界宣告,红军是英雄好汉,帝国主义者和他们的走狗蒋介石等辈则是完全无用的。长征宣告了帝国主义和蒋介石围追堵截的破产。长征又是宣传队。它向十一个省内大约两万万人民宣布,只有红军的道路,才是解放他们的道路。不因此一举,那么广大的民众怎会如此迅速地知道世界上还有红军这样一篇大道理呢?长征又是播种机。它散布了许多种子在十一个省内,发芽、长叶、开花、结果,将来是会有收获的。总而言之,长征是以我们胜利、敌人失败的结果而告结束。谁使长征胜利的呢?是共产党。没有共产党,这样的长征是不可能设想的。中国共产党,它的领导机关,它的干部,它的党员,是不怕任何艰难困苦的。谁怀疑我们领导革命战争的能力,谁就会陷进机会主义的泥坑里去。长征一完结,新局面就开始。直罗镇一仗,中央红军同西北红军兄弟般的团结,粉碎了卖国贼蒋介石向着陕甘边区的'围剿',给党中央把全国革命大本营放在西北的任务,举行了一个奠基礼。"①

9月27日,中共中央在陕西通渭县的榜罗镇召开政治局常委会议,再次讨论红军的战略方针问题,决定保卫和扩大陕北革命根据地,以陕北作为领导中国革命的大本营。

10月22日,中央政治局在吴起镇召开扩大会议,张闻天、博古、毛泽东、王稼祥、周恩来、邓发、李富春、聂荣臻、刘少奇、叶剑英、凯丰、贾拓夫、彭德怀等出席会议。会议宣告中央红军长征结束。

是月,红一方面军干部团与陕甘红军军政学校会合,组成中国工农红军学校。

11月3日,中共中央决定成立西北革命军事委员会,毛泽东任主席。

---

① 毛泽东.毛泽东选集:第1卷[M].北京:人民出版社,1991:149-150.

开始纠正陕甘革命根据地肃反扩大化的错误,下令释放刘志丹、习仲勋等人并恢复他们的工作。

11 月 28 日,中共中央发表《抗日救国宣言》。

11 月 30 日,毛泽东在红一方面军营以上干部大会上作《关于直罗镇战役总结和目前形势与任务》的报告,指出教育首先是干部教育。

12 月 9 日,北平大中学生数千人举行抗日救国示威游行,反对华北自治,反抗日本帝国主义,要求保全中国领土的完整,掀起全国抗日救国新高潮。

按:冯契回忆说:"我最初接触到马克思主义哲学著作,是在'一二·九'运动中。开始读得很杂,读苏联人写的书,读中国人写的书,包括李达、艾思奇等人的著作,也直接读英文版的马克思、恩格斯、列宁的著作。但最使我心悦诚服的,是在抗战期间读毛泽东的《论持久战》和《新民主主义论》。"①

12 月 17—25 日,中共中央政治局扩大会议在陕西瓦窑堡召开,毛泽东、张闻天、周恩来、博古、刘少奇、邓发、何克全、李维汉、张浩、杨尚昆、郭洪涛等出席会议,会议讨论建立抗日民族统一战线问题,通过《中央关于目前政治形势与党的任务决议》和《中央关于军事战略问题的决议》。会议根据民族矛盾逐步上升为社会主要矛盾的新特点,确立了建立抗日民族统一战线的新策略。

按:许春玲等说:"共产国际的代表张浩在会上作了关于共产国际七大的传达报告。他指出,共产国际的这次大会明确提出,各国共产党可以根据本国的实际情况,独立自主地制定符合本国国情的行动纲领和路线,反对照搬照抄共产国际决议和别国经验,并作出了不再干涉各国党内部事务的决定。这标志着共产国际开始改变对其他国家的领导方式,从外部方面放松了党的组织控制,解脱了思想的束缚,同各国共产党的关系发生了很多转变。这种转变对于以毛泽东为代表的中国共产党人根据中国的革命具体实际,创造性地应用马克思主义,独立自主地思考和解决中国革命问题,实现马克思主义理论与中国的具体实践相结合,推动马克思主义中国化,形成和发展科学的马克思主义观,提供了极为有利的外部条件。正如毛泽东所说:'自一九三五年共产国际第七次代表大会以来,共产国际即没有干涉过中国共产党的内部问题,而中国共产党在整个抗日民族解放战争中的工作,是做

---

① 冯契.认识世界和认识自己[M].上海:上海人民出版社,2011:7.

得很好的。'"①

12 月 27 日,毛泽东在陕北瓦窑堡党的活动分子会议上作《论反对日本帝国主义的策略》报告,提出中共的抗日民族统一战线的策略方针,阐述了建立抗日民族统一战线的可能性和必要性,批评了党内存在的"左"倾关门主义的错误。标志着毛泽东抗日救亡的政治思想新主题的形成,并为全党所接受,苏维埃运动从此让位于抗日救亡运动。

按:瓦窑堡会议是从土地革命战争到抗日战争的历史转折时期,党召开的一次极为重要的会议。它总结了两次国内革命战争时期政治策略方面的基本经验,批判了"左"倾关门主义,制定了抗日民族统一战线的策略路线。这次会议是遵义会议的继续,它解决了遵义会议没有解决的党的政治路线问题,扭转了"左"倾错误给党造成的长期孤立局面,有力地推动了全国抗日民主运动的发展。②

是年,钱俊瑞、孙冶方、徐雪寒等在上海创办新知书店。抗战全面爆发后迁往武汉,以"中国出版社"名义出版大量马列著作。如《"左"派幼稚病》《论反对派》《国家与革命》等。

二、研究论文

谌小岑《马克思之真谛》发表于《中山文化教育馆季刊》第 2 卷第 4 号。

按:文章说:"柯尔是英国学者派的社会主义者集团费边社的领袖之一,因为他的著述很多,乃得驰名世界,中国研究政治经济的学者鲜有未读过他的著作的,所以他的名字在中国也颇为熟悉。这本书(《马克思之真谛》)是他的最近名著之一,内中将马克思的哲学、政治、经济思想用二十世纪四十年代为背景加以阐扬。他虽自承为马克思主义者,但他否认他是一个捧着马克思的神主专门咬文嚼字自号为正统派的马克思门徒;他以为这种人是些书凯子,不足与言马克思主义。所以他这本书并不是给马克思的著作作注疏,他的目的是在将马克思主义中仍然适应于今日时势的活的部分提供了出来而去除那些陈腐的渣滓。"

君哲《苏俄之斯大林运河》发表于《中国与苏俄》第 1 卷第 3 期。

巴尔度《苏俄的无神论》发表于《苏俄评论》第 8 卷第 5 期。

朱佑申《史大林的生平》发表于《苏俄评论》第 9 卷第 3 期。

---

① 许春玲,侯彦峰,彭蕾.延安时期中国共产党人的马克思主义观[M].北京:中国社会科学出版社,2017:27.
② 姜华宣,等主编.中国共产党重要会议纪事:1921—2011[M].北京:中国文献出版社,2011:111.

［苏］列宁作、陆梦衣译《托尔斯泰——俄国革命的一面镜子》发表于《苏俄评论》第 9 卷第 6 期。

［英］柯尔作、谌小岑译《马克思价值论述评》发表于《劳动季报》第 1 卷第 5—6 期。

按：译者按："作者是英国《费边社》的一个领袖，著述等身，有中文译本的不少。本篇摘自其近著《马克思之真谛》，为著述界所许为最精彩的一章。惟匆忙译来，错误不免，幸希指正。"文章论述了价格与价值、价值的来源、劳动量、剩余价值之分配、利润的来源、工资糊口论、劳动生产力、剩余价值与利润、资本主义的矛盾等问题。

刘立人《辩证物质论底认识论》发表于《科学论丛》第 4 卷第 1 期。

青锐《自然科学与辩证法》发表于《科学论丛》第 4 卷第 4 期。

李子真《社会主义首领——史达林》发表于《新人周刊》第 1 卷第 48 期。

谭济民《社会主义的检讨》发表于《新北辰》第 2 期。

［比］非此日尔作、立珊兄弟译《共产主义在英国的衰颓》发表于《新北辰》第 10 期。

张觉人《社会主义的土地制度改革论》发表于《农村经济》第 3 卷第 2 期。

黄丽泉《土地问题外给共产党留的另一空隙》发表于《新农村》第 25 期。

蕴浩《教育上的个人主义与社会主义》发表于《乡村改造》第 3 卷第 30 期。

［苏］库浦义袖夫作、耿佛廛译《苏俄经济现状观——国民经济之振兴与第二次五年计划之实施成绩》发表于《经济评论》第 2 卷第 6 期。

黎民译《恩格尔斯逝世四十周年》发表于《劳动季报》第 1 卷第 7 号。

平子《辩证法与三》(断想之二)发表于《国论》第 1 卷第 2 期。

平子《民族性与辩证法》(断想之三)发表于《国论》第 1 卷第 2 期。

常燕生《国人对于中国共产党运动应有的认识》发表于《国论》第 1 卷第 4—5 期。

周志慰《唯物史观的批评》发表于《国论》第 1 卷第 6 期。

［日］高田保马作、刘泽膏译《唯物史观之接近于三史观》发表于《华年》第 4 卷第 31—32 期。

伯雨《社会主义与合作之分野》发表于《农林新报》第 12 卷第 1 期。

童玉民《合作制度与社会主义》发表于《农行月刊》第 2 卷第 3 期。

叶青、陈高佣、李麦麦《资本主义文化与社会主义文化讨论》发表于《文化建设》第 1 卷第 7 期。

[俄]爱玛·戈德曼《俄国无共产主义》发表于《文化建设》第 1 卷第 10 期。

白云译《唯物史观之不足信》发表于《宇宙（香港）》第 2 卷第 2 期。

张东荪译《罗素评唯物辩证法》发表于《宇宙（香港）》第 2 卷第 11 期。

秋柳《马克思哲学思想之渊源》发表于《行健月刊》第 6 卷第 5 期。

[美]樊都生作、张仕章译《基督教与马克思主义》发表于《华年》第 4 卷第 17 期。

按：译者按："美国樊都生为纽约协和神学院的院长。他的言论可以代表当代美国一班新神学家的思想，但不能认为今日中国基督教思想界先进分子的观念。这一点是要请读者注意的。"文章说："基督教与马克思主义中间的分界线决不能拿革命与反革命的对语来划分的。其实，基督教无论是守旧的或是急进的，所以要向马克思主义发出挑战的呼声并竭力要反对马克思主义的实际政策却含有更深远的意味。怀特赫德维十九世纪中反抗唯物主义的诗人代表时，曾经说了下面的一段话：'威至威士并不顾虑到任何理智上的反对。激动他的东西乃是道德上的排斥。他觉得有些东西已被抛弃了，而且那被抛弃的正是包含着各种最重要的东西。'激动基督教的东西原来也不是理智上的反对，却就是道德上的排斥。它从骨子里知道马克思主义在实际的运动中，有些东西已被抛弃了，而这被抛弃的东西也就是最重要的。再者，基督教所提出的反抗是为了保存世界文化的价值起见的。那种反抗也许因为它的真实能力，可以达到成功的地步，而使人类早日脱离唯物主义的束缚。"

[苏]菲帕福尔金作、王世明译《苏联学士院与社会主义的建设》发表于《科学时报》第 2 卷第 11 期。

孔芥译《苏联文学的社会主义者底写实主义》发表于《大钟》第 7 期。

震瀛（袁振英）译《列宁——最可恶的和最可爱的》发表于《新青年》第 8 卷第 3 号。

秋平《唯物论和观念论》发表于《青年文化》第 2 卷第 4 期。

秋平《什么是唯物辩证法》发表于《青年文化》第 3 卷第 1 期。

艾支格《法西斯主义与社会主义》发表于《警醒》第 2 卷第 11—12 期。

[英]柯尔作、寓正译《法西主义与社会主义的失败》发表于《警醒》第 3 卷第 4—5 期。

李达《唯物辩证法的对象》发表于《法学专刊》第 5 期。

潘天甲《世界共产主义之劫运》发表于《政治评论》第 160 期。

陶进之《最近日本共产主义运动》发表于《日本评论》第 7 卷第 3 期。

[德]Schwarschild L. 作、滕柱译《唯物史观的神秘性》发表于《三民主义月刊》第 5 卷第 6 期。

内夫《社会主义与人类理想中的天国》发表于《时兆月报》第 30 卷第 8 期。

镜秋《三民主义与无政府主义共产主义之比较》发表于《警察月刊》第 5 期。

谢幼伟《唯物辩证法论战》(书评)发表于《新民月刊》第 1 卷第 3 期。

许宝骙《读〈唯物辩证法论战〉后》发表于《复兴月刊》第 3 卷第 10 期。

按：文章说："近几年来，国内流行着一派很时髦的舶来的思潮，叫做唯物的辩证法或辩证的唯物论。说唯物的辩证法是重在辩证法；说辩证的唯物论是重在唯物论。总之是把辩证法与唯物论扯在一起的一个东西。这派学说现在风行全国，大有弥漫全思想界之势。而一班研究哲学的人却一直不曾予以相当的注意。现在这本书《唯物辩证法论战》出世，据个人所知，可以说是我国哲学界的人们对这赤色哲学第一次的总检讨。从内容看亦可以说是总攻击。当此狂潮澎湃之际，来了这一个'中流砥柱'，无论反对派或赞成派，无疑都应予以重视。编者是张东荪先生。他底名字不用在此介绍。他底哲学主张及在哲学界的地位是稍留心学术的人们所共晓的。其他十位作者，亦都是精研哲学，能够独立思想的学者。以他们底论著编成的这本书在态度上表现着两个优点。(一)所说的话纯是学理的探讨，并且是自由独立的探讨，与带作用的宣传或机器式的播音是不可同日而语的。(二)各篇文字，除李长之先生底《八股式的辩证法》一篇稍病轻激外，态度都是很庄严郑重的。无谓的谩骂，恶意的嘲讽，在这里比较很少。这两点，读者会觉到这是一部有头脑有意义的著作，不感到什么不舒服不痛快。"

[苏]加太也夫作、王敌译《社会主义初期的艺术》发表于《第一线》第 1 卷第 2 期。

王健《通俗社会科学讲话——辩证法》发表于《第一线》第 1 卷第 4 期。

张仲实《苏联向何处去》发表于《新中华》第 3 卷第 1 期。

按：是文分为 7 节：现阶段的主要目标、工业战线上的新胜利、农业战线上的新收获、学会技术、能赶上并超过资本主义国家吗、和平运动与加入国联、前途的展望。文章最后说："我们推测，和平仍将是苏联日后对外政策的中心目标。"

张素民《康门斯之资本论》发表于《新商业季刊》创刊号。

赵德全《共产主义之荒谬与三民主义之伟大》发表于《青海评论》第68期。

思奇《什么是机械论的唯物论》发表于《生活知识》第1卷第2期。

思奇《略说新唯物论》发表于《生活知识》第1卷第3期。

按：文章说："新唯物论就是'能干'的哲学，它把客观世界看做基础，认为主观的一切只是从这从基础上产生的；但同时却不能忽视，主观对于客观，有很大的反作用。若照老例把客观的东西作为物质看待，把主观的东西作为精神看待，那么，新唯物论就主张精神不过是物质的产物，同时也不能不重视精神对于物质的反作用。精神和物质本来是统一的一体（因为主观是客观中产生的），但同时却又和物质对立着，矛盾着，争斗着。这是新唯物论的根本见解。"

肖鸥《民生史观与唯物史观的区别》发表于《学生生活》第3卷第10期。

黄士英《唯心与唯物》发表于《美术生活》第4期。

罗范群《如何理解唯物辩证法本身底变化性》发表于《新宇宙》第2卷第8期。

[苏]米定·拉里扎维支作、罗哲明译《现代哲学——辩证法的唯物论》发表于《新宇宙》第2卷第9—10期。

周继铨《现代世界两大政治思潮比较论：社会主义与法西斯主义》发表于《南中》第6期。

彭津龙《社会主义的鸟瞰》发表于《育群》第1卷第7—8期。

马客谈《俄国儿童的科学和艺术教育》发表于《小学与社会》第1卷第40—41期。

林希谦《艺术的社会主义者摩利斯的研究》发表于《大夏》第1卷第9期。

杨锦昱《由唯心史观唯物史观说到民生史观》发表于《江汉思潮》第3卷第2期。

伴雪《辩证法之史的发展》发表于《现代评坛》第1卷第6期。

格收译《社会主义的现实主义之"批判"》发表于《陕西旅沪学会季刊》第2期。

原野《评河上肇对于唯物史观公式的歪曲》发表于《云南旅平学会季刊》第2卷第2期。

[日]佐佐木留夫作、玉里译《"辩证法具体化"的意义与方向》发表于《云

南旅平学会季刊》第 2 卷第 2 期。

佚名《空想社会主义与科学社会主义之异同》发表于《云南旅平学会季刊》第 2 卷第 2 期。

马采《赫格尔美学的辩证法——艺术的理念·其历史的发展及感觉的展开》发表于《国立中山大学文学院专刊》第 2 期。

贾开基《马克思地租论》发表于《复旦学报》第 2 期。

乔守耿《李加图马克斯价值学说之比较》发表于《复旦学报》第 2 期。

萧邦承《马克斯在法律学上底地位》发表于《复旦学报》第 2 期。

按：文章说："在这社会主义运动早已遍播于整个世界底任何一角的今日，马克斯这个威威赫赫的大名，我想谁也会听得惯熟了。不过一般人所知道的马克斯，都不过是一个科学的社会主义的创始者，一个为劳苦群众谋解放的革命的导师，一个近代的经济学家而已，对于他在法律学上的丰功伟绩，不但一般人不曾注意，就是所谓第一流的法律学家，亦绝少听到提及，他们时常在口头溜来溜去，或在其大著中反复书写的，只是布拉克斯顿、奥斯丁、亚里士多德、格罗杰士、斯达目拉、黑格尔、郭拉、耶林格、基尔克等诸人，而于马克斯，简直当他是个门外汉。其实，只要稍微涉猎过马克斯学说的人，我想谁也知道，马克斯并不是那样简单的一个人，他不仅是个经济学家、社会改革家，而对于社会一切知识，都非常丰富，对于各种科学、政治、法律、艺术、宗教等，都有高深的素养，和深刻的研究。尤其法律，是他在大学里专门研究的课程，而且毕业后，曾执行过一年多的律务，后来因为渐感律师业务与他的个性不合，及当时身临着许多实际的经济问题，无法解决，于是才转而从事经济学底研讨。这在他世界闻名的伟大巨制《政治经济学批判》底序言中，就已明白的告诉了我们……从上面这两段简短的文词中，我们就知道马克斯不仅仅是一个普通的法学士，而且是一个对于法律有深刻研究，特殊见解的非凡的法律学家。"

谷荣章《辩证法的创世人赫拉克里特》发表于《清华周刊》第 43 卷第 9 期。

清《法国的重大问题：法西主义？社会主义》发表于《清华周刊》第 43 卷第 9 期。

汪倬然《民生史观与唯物史观》发表于《大道月刊》第 4 卷第 4 期。

黄德寿《民生主义与共产主义之比较研究》发表于《反省月刊》第 5—6 期。

通一《什么是彻底的辩证法》发表于《人海灯》第 2 卷第 13—15 期。

林强《什么是剩余价值》发表于《珞珈月刊》第 2 卷第 7 期。

赵石经《天主教与社会主义》发表于《圣教杂志》第 24 卷第 11—12 期。

张景明《公教与社会主义》发表于《我存杂志》第 3 卷第 2 期。

[日]堺利彦作、张我军译《空想的社会主义——革命后的新社会的失望》发表于《日文与日语》第 2 卷第 3—4 期。

胡克作、马润庠译《共产主义之民主与独裁观》发表于《时事类编》第 3 卷第 8 期。

圆桌季刊社作、竹风译《资本主义与共产主义》发表于《时事类编》第 3 卷第 9 期。

[意]克锐斯皮作、马润庠译《民主政治之危机及其马克斯主义的解释》发表于《时事类编》第 3 卷第 14 期。

[德]白纳尔作、王德昭译《恩格斯与科学》发表于《时事类编》第 3 卷第 19 期。

[美]乔治西门作、蒋震华译《美国的卡尔·马克思》发表于《时事类编》第 3 卷第 21 期。

[苏]莱昂特夫作、小明译《论社会主义时代的生产和消费》发表于《时事公论》第 2 卷第 1 期。

[日]森吉义旭作、吴小海译《德国马克斯主义的没落与拿蒂斯的兴隆》(续完)发表于《国际周报》第 12 卷第 4 期。

吴惠人《解析法与马氏哲学》发表于 8 月 16 日《北平晨报》。

三、研究著作

[德]马克思著、陈启修译《资本论》第 1 卷第 1 分册由上海昆仑书店出版。

[德]恩格斯著、彭嘉生译《费尔巴哈论》由上海南强书局出版。

[英]柯尔著、谌小岑译《马克思之真谛》由上海商务印书馆出版。

按：是书包括马克思主义的基础、资本主义之成长、唯实史观、经济阶段、无产阶级、马克思主义与国家、价值论、辩证法等 9 章。作者为英国费边社的领袖之一。

吴惠人著《马克思的哲学》由北平人文书店出版。

按：是书分 8 章：黑格尔和费尔巴哈——马克思哲学思想的来源、反传统哲学中之形而上学系统哲学、辩证唯物论、形而上学思维方法是什么、由思想律的批评谈到形式逻辑之性质、马克思的方法论伦理观、马克思哲学的几个问题。

[俄]普列汉诺夫著、李麦麦译《哲学的根本问题》由上海辛垦书局出版。

按：是书《马克思主义的基本问题》的改名重版本。

[德]马克思、恩格斯著，柳若水译《黑格尔哲学批判》由上海辛垦书店出版。

[美]佛劳林斯基著、董霖译《世界革命与苏联》由上海商务印书馆出版。

[美]维清著、谭炳训译《苏联第一第二五年计划之技术分析》由新中国建设学会出版。

[德]这哈·都拔编、杨华日译《苏联经济论》由上海商务印书馆出版。

西门宗华著《苏俄农业合作社组织法》由南京中国与苏俄杂志社出版。

[日]泽村康著，唐易庵、孙九录译《苏俄合作制度》由上海商务印书馆出版。

[苏]以利亚且夫著、樊华堂译《苏俄倾销论》由上海商务印书馆出版。

按：是书分 6 章叙述苏联 1930 年以前的对外贸易情况。

[苏]赫刻著、杨缤译述《苏联的宗教与无神论之研究》由上海青年协会书局出版。

按：是书包括教会与国家、共产主义的宗教观、集体化及无神论宣传、前途的瞻望等 13 章。

胡庆育著《苏联政府与政治》由上海世界书局出版。

按：是书分苏联政府之理论根据、苏联政府之由来、组织及运用、共产党和第三国际等章。

李立侠著《苏联政治组织纲要》由上海新中国建设学会出版。

[苏]莫洛托夫著、焦敏之译《苏维埃第七次代表大会政府工作报告》出版。

宗华著《苏俄行政区域之组织》由南京中国与苏俄杂志社出版。

郑林庄著《苏俄地理概论》由上海中华书局出版。

[苏]科诺黎著、宦乡译《苏俄之东方经济政策》由上海商务印书馆出版。

日本俄国问题研究会编、林启明译《苏联母性与儿童之保护》由上海商务印书馆出版。

YK 编《苏联作家的创作经验》由上海天马书店出版。

何汉文编著《中俄外交史》由上海中华书局出版。

李达著《社会学大纲》由国立北平大学法商学院出版。

按：王向清说："《社会学大纲》是中国学者撰写的第一部系统、完整阐述马克思主义哲学原理、探讨马克思主义哲学体系结构的著作。马克思、恩格斯创立了马克思主义哲学，列宁阐发了马克思主义哲学。但他们都没有像黑格尔那样为自己的哲学思想建立一个逻辑范畴体系，他们的哲学思想散见于多篇哲学论著中。20 世纪 20 年代，苏俄哲学界还没有形成一个为学术界多数人认可的马克思主义哲学体系；30 年代以来，苏俄哲学界在批判德波林学派的过程中逐渐形成了相对稳定的马克思主义哲学体系，其代表作是西洛可夫等人撰写的《辩证法唯物论教程》、米丁等人撰写的《新哲学大纲》《辩证唯物论与历史唯物论》。这些著作确定了马克思主义哲学的内容，建构了马克思主义哲学的体系，这些著作反映了当时苏俄学者的基本看法，这就是将马克思主义哲学分为辩证唯物论与历史唯物论两大部分。李达虽然充分借鉴了上述苏俄哲学著作中的成果，但对将马克思主义哲学划分为辩证唯物论和历史唯物论提出了异见。《社会学大纲》全面地阐述了马克思主义哲学的内容，阐明了马克思主义哲学是由历史观、自然观和认识论等组成的完整体系。这个体系由'唯物辩证法''当作科学看的历史唯物论''社会的经济结构''社会的政治建筑'和'社会的意识形态'等五篇相互联系的内容构成。这与当时将马克思主义哲学划分为辩证唯物论与历史唯物论两部分的流行见解显然不同，反映了作者对建构中国化马克思主义哲学体系的初步尝试。《社会学大纲》虽然有自己的体系结构，但其内容基本是对马克思主义哲学原理的介绍，大部分内容都是马克思主义哲学经典作家论述过的，它只不过用独特的体系结构把这些内容有机地结合起来，从整体上讲没有多少理论上的创新。当然，这并不否认《社会学大纲》在局部地方有理论上的创新，推进了马克思主义哲学在中国的发展。《社会学大纲》在阐发马克思主义哲学原理时，也没有注意将它与中国古代哲学的朴素唯物论和朴素辩证法传统结合起来，没有体现出中国特色和中国气派。这就是说，李达并没有建构起富有个性特点、民族特色的马克思主义哲学体系。"①

廖仲贤编译《给青年作家——高尔基论文选集》由上海龙虎书店出版。

按：是书收录高尔基的《给青年作家》等 9 篇有关写作、文艺理论及回忆契诃夫、托尔斯泰的文章。末附吉尔波丁的《伟大的高尔基》、罗曼·罗兰的《论高尔基》和高尔基年谱、高尔基作品中译要目。

[苏]高尔基著、楼适夷译《我的文学修养》由上海天马书店出版。

---

① 王向清.冯契与马克思主义哲学中国化[M].湘潭:湘潭大学出版社,2008:6-7.

四、卒于是年的研究者

何叔衡（1876—1935）卒。叔衡字玉衡，湖南宁乡人。清末秀才。湖南省立第一师范毕业，1918 年与毛泽东等组织成立新民学会，任执行委员长。1920 年与毛泽东等发起组织俄罗斯研究会，并发起成立长沙共产主义小组。1921 年出席中国共产党第一次全国代表大会，会后任中共湘区委员会委员。第一次国共合作时期，任国民党湖南省党部执行委员、监察委员。1927 年长沙马日事变后，到上海为党创办地下印刷厂等。1928 年赴苏联出席中共六大。随后进莫斯科中山大学学习。1930 年回国，任共产国际救济总会和全国互济会主要负责人。次年秋赴中央苏区，历任中华苏维埃共和国中央执行委员、工农检查人民委员、内务部代理部长和中央政府临时法庭主席等职。红军主力长征后，留在根据地坚持斗争。1935 年 2 月 24 日从江西转移福建途中，在长汀突围战斗中壮烈牺牲。

刘伯坚（1895—1935）卒。伯坚原名刘永福，曾用名刘永固、刘伯谦、王大年、刘大冶、刘铸、刘铁侠等，四川平昌人。1920 年 6 月赴欧洲勤工俭学，与周恩来等共同组建旅法中国少年共产党，后改名为旅欧共青团，在此期间阅读了大量的马克思主义经典著作。1922 年 6 月作为旅比支部的代表参加旅欧中国少年共产党（1923 年 2 月改名为中国社会主义青年团旅欧支部）第一次代表大会。1923 年 2 月至 12 月任旅欧中国共青团执行委员会候补委员。1922 年 5 月加入中国社会主义青年团。1923 年 4 月转为中国共产党党员，担任中共旅比支部书记，积极从事党的组织和建设工作，大力宣传马克思主义，批判各种反对马克思主义的思潮，为中国共产党的早期思想建设做出了重要贡献。1923 年 11 月被派赴莫斯科东方大学学习，同时担任中国社会主义青年团旅莫地方执行委员会候补委员。1924 年 10 月至 1925 年 4 月任中国社会主义青年团旅莫地方执行委员会书记、中共第四期旅莫支部委员会编辑委员会委员。1925 年 1 月至 5 月任中共第五期旅莫地方执行委员会委员、技术书记。5 月任中共第五期旅莫地方执行委员会训练部主任等职。1926 年参与创办《前进报》。1927 年 8 月任中共江苏省委员会兼中共上海市委员会委员、宣传部长。1928 年出席中国共产党第六次全国代表大会。1931 年当选为中华苏维埃共和国中央执行委员会委，参与并领导了宁都起义，任红军第一方面军第五军团政治部主任。1932 年任中华苏维埃共和国中央革命军事委员会总政治部宣传部副部长和中国工农红军第十五军代理军长。1934 年红军长征后，留在赣南坚持斗争，任赣南军区政治部主任。1935 年 3 月被俘牺牲。临死前写下了《移狱》《狱中月夜》《带镣行》等诗篇。

阮啸仙(1897—1935)卒。原名熙朝,字建备,号瑞宗,别号晁曦,广东河源人。1918 年春考入广东甲种工业学校,受俄国十月社会主义革命的影响,接受了马克思主义思想的熏陶。在陈独秀等人的教育和引导下,与周其鉴、刘尔崧、张善铭等一批进步青年学生结成好友,组建了广东中等以上学生联合会,领导"甲工"和其他学校学生参加了五四运动。1919 年秋参加广州地区社会主义青年团,成为广东社会主义青年团的创始人和领导人。1921 年参加广州共产主义小组。1922 年 9 月从广东甲种工业学校毕业后,任团广东区委书记,全力从事青年运动。1923 年 6 月在广州公开组织广东新学生社,宣传马克思主义和进步思想,出席中国共产党第三次全国代表大会。1926 年 11 月中共中央设立农民运动委员会,与彭湃等为委员,跟随农委书记毛泽东领导全国农民运动。1928 年 6 月与李立三、邓中夏、苏兆征、李富春等人作为广东代表出席在莫斯科举行的中共六大。1929 年奉党中央之命,从莫斯科回国,旋即参加江苏省委的领导工作。翌年春,奉调党中央宣传部工作。旋调任中共北方局组织部长。1930 年冬赴沈阳指导中共满洲省委工作。1934 年 2 月 3 日被中华苏维埃临时人民政府任命为中央审计委员会主任,成为共产党第一任中央审计委员会主任,人民审计制度的创建者和奠基人。9 月奉命调中央赣南省委,任省委书记兼任军区政治委员。1935 年与蔡会文、刘伯坚等率领赣南省党政机关向赣粤边方向突围时壮烈牺牲。著有《中国农民运动》等。

瞿秋白(1899—1935)卒。秋白原名双,又名爽、霜,笔名宋阳、史铁儿等,江苏武进人。早年入北京俄文专修馆学习,参加五四运动,与郑振铎等创办《新社会》旬刊。1920 年加入北京大学马克思学说研究会,开始研究科学的社会主义。9 月以《晨报》记者名义访问苏联。1922 年由张太雷介绍加入中国共产党,任莫斯科东方大学中国班俄文教员,兼作政治理论课的译员。11 月参加共产国际第四次代表大会,为陈独秀等人做翻译。1923 年回国,当选为中共三大中央委员。在中共中央机关从事理论宣传工作,先后编辑《向导》《前锋》。同年底参与国民党第一次代表大会宣言草案的起草。1924 年 1 月 20 日出席中国国民党第一次代表大会,当选为中央候补执行委员。1925 年参与领导五卅运动,主编《热血日报》。在中共"四大"上当选为中央委员,并与陈独秀、张国焘、彭述之、蔡和森一起组成中共中央局。1927 年在中共"五大"上当选为中央政治局委员。6 月 3 日补为政治局常委,主管中共中央宣传部,任中共党报委员会书记、中央农委委员。8 月在武汉主持召开中共中央八七会议,当选为临时中央政治局常委,并主持中央工作。1928 年赴莫斯科,当选为中共六届中央政治局委员、共产国际执行委员、主席团委员,并任中共驻共产国际代表团团长。1930 年回国,1931 年在六届四中全会上被解除职务。1934 年去江西中央苏区,任中华苏维埃共和国教育部部长,兼苏维埃大学校长、中央机关报《红色中华》社长兼主编。红军长征后,留在江西工作。1935 年 2 月 24 日在福建长汀被捕,6 月 18 日遇害。著有《俄乡纪程》《赤都心史》《马克思主义文艺论文集》《俄国文学史》《中国拉丁文化的字母》等,译著《解放了的唐·吉诃德》《岔道夫》《茨冈》等,遗著被编为《瞿秋白文集》《瞿秋白选集》。刘小中、丁言模编有《瞿秋白年谱详编》。

按:杨尚昆《在瞿秋白同志就义五十周年纪念会上的讲话》(1985 年 6 月 18 日)说:"秋白同志是中国共产党早期的主要领导人之一,伟大的马克思主义者,卓越的无产阶级革命家、理论家和宣传家,中国的革命文学事业的重要奠基者之一。1899 年 1 月 29 日出生于江苏常州。1919 年在北京参加五四运动。1920 年以新闻记者身份赴苏俄采访,是最早有系统地向中国人民报道苏俄情况的新闻界先驱。经过五四运动的洗礼,经过在列宁故乡的实地考察和学习,他接受了马克思主义,确立了投身于中国共产主义运动的革命志向。1922 年加入中国共产党。1923 年 1 月回国后,担任党中央机关刊物《新青年》《前锋》主编和《向导》编辑,也是这三个刊物的主要撰稿人。他翻译介绍了马克思、恩格斯、列宁、斯大林的一些重要著作,写了大量的政治理论文章,致力于马克思主义的传播和研究工作,为党的思想理论建设作出了开创性的贡献。他注重运用马克思主义的基本原理分析中国的国情,对于中国革命的基本问题进行广泛的研究,提出了精辟的见解。他最早根据列宁《两个策略》的思想,从理论上论证党的第二次全国代表大会提出的中国革命分两步走的纲领。随后又着重提出和论述了无产阶级在中国民主革命中的领导权、农民运动在中国革命中的重要意义、武装斗争的作用等等问题。在他的论述里,虽然不免包含某些偏颇和失误,但是他无疑是我们党早期探寻中国革命理论和革命道路的最优秀的先行者之一。""秋白同志是一位多才多艺的文艺理论家、批评家、作家和翻译家。由于担负了繁重的党的实际领导工作和思想理论工作,没有能全力从事文学活动,但他仍然在中国现代文学史上树立了不朽的丰碑。二十年代初,他写过优美的散文和大量新闻通讯,积极评介苏俄文学作品和文艺理论著作,最早全文翻译《国际歌》。他是党内最早认识和高度评价鲁迅在中国思想文化界的杰出作用的领导人。从1931年夏到1933年秋,他和鲁迅在上海共同指导反对国民党反动派的文化"围剿"的斗争,推动左翼文学以及电影、音乐等工作的发展。他比较系统地翻译和介绍了马克思主义经典作家的文艺论著,还写了许多论文和杂文,探讨中国革命文化发展的道路,反击形形色色的反动文艺思潮,使进步的文化工作者得到极富教益的指导和帮助。他同鲁迅在共同斗争中结成的亲密无间的革命情谊,成为中国革命文化史上的光辉榜样。秋白同志在文字改革、革命的新闻事业和教育事业以及苏区文艺工作等方面,也都作出了优秀的成绩。""秋白同志的一生,是战斗的无产阶级革命家、理论家的一生。他是中国现代革命知识分子的一位杰出的代表人物。他从没落的封建家庭中叛逆出来,经由激进民主主义走向了共产主义。在党还十分缺乏马克思主义理论和革命实践经验准备的幼年时期,他担负了中国革命道路的开拓者的重大责任。他没有辜负时代和人民的付托,为寻求中国革命的真理,为开创中国革命的大业,奉献了毕生的心血以至整个生命,作出多方面的卓越的贡献。无论是在疾病缠身的时候,在极端残酷的白色恐怖中,在党内遭受无理打击和迫害的逆境里,秋白同志始终保持了一个共产党人的革命气概。他无保留地为中国人民解放事业、为共产主义理想而献身的精神;勇于进取、坚持用马克思主义探索和解决中国革命根本问题的毅力;在对敌斗争和党内斗争中是非分明、立场坚定的原则态度;服从大局、不谋私利、团结同志、模范地遵守纪律的品德;言行一致、谦虚谨慎、严于律己、勇于自我批评的作风;所有这些,连同他在思想文化理论方面完成的五百多万字的著述和译作,是革命先驱者为后人留下的极为珍贵的精神遗产,值得全党和全国人民特别是青年认真地学习和继承。"①

按:尉健行《在纪念瞿秋白同志诞辰一百周年座谈会上的讲话》(1999年1月29日)说:"瞿秋白同志是中国共产党早期的主要领导人之一,伟大的马克思主义者,卓越的无产阶级革命家、理论家和宣传家,中国革命文学事业的重要奠基者之一。……瞿秋白是伟大的马克思主义者。他为传播马克思主义,在中国共产党早期从事理论建设,作出过巨大贡献。当他英勇就义前,曾坦然地向敌人表示:'我的思路已经在青年时期走上了马克思主义的初步,无从改变。'他坚信马克思主义必然胜利,坚定不移地为在中国传播和实行这一理论而奋斗着。瞿秋白非常重视党的理论建设,在党还十分缺

---

① 杨尚昆.在瞿秋白同志就义五十周年纪念会上的讲话[N].人民日报.1985-06-19.

之马克思主义理论准备的幼年时期,他就提醒全党:'无理论的党,必归破产.'他为提高全党理论水平而呕心沥血,勤奋笔耕,运用马克思主义基本原理分析中国的实际国情,对中国革命的基本问题进行广泛而深入的钻研,提出许多精辟的见解,为党的思想理论建设作了大量奠基性的工作。瞿秋白在短短十几年间为后人留下的政治理论著作达三百多万字,哺育、启迪了不止一代的中国先进分子。瞿秋白是艰苦探索中国革命道路的优秀先行者。他致力于马克思主义中国化,对毛泽东思想的形成作出了重要贡献。毛泽东思想是马克思列宁主义同中国实际相结合所产生的第一个伟大理论成果,它是集体智慧的结晶,是在吸收众多革命领导人的优秀思想成果的基础上形成的。瞿秋白在领导中国革命斗争的实际工作中,力求用马克思主义的武器来解决中国的问题,坚持'革命的理论永不能和革命的实践相离'。他对许多问题的认识,不乏真知灼见。"[①]

方志敏(1899—1935)卒。志敏,江西弋阳人。1919 年考入江西省立南昌甲种工业学校,积极参加和组织学生运动,被选为南昌学联的负责人之一。1922 年 7 月到上海,同年 7 月加入中国社会主义青年团。1924 年 3 月在南昌转为中国共产党党员。1922 年 10 月在南昌创办文化书社,专门销售《向导》《新青年》等革命书刊。1923 年 9 月与袁玉冰、黄道等编辑出版《新江西》季刊。1925 年回到弋阳,建立弋阳青年学会,创办《寸铁》旬刊。1926 年 4 月作为江西省代表赴广州参加第二次农民代表大会。1927 年 3 月赴武汉,参加由毛泽东、邓演达主持的粤湘赣鄂豫农民协会执委会和农民自卫军联席会议,与毛泽东、彭湃、邓演达、谭平山等 13 人当选中华全国农民协会临时委员会执行委员。1929 年 9 月任赣东北苏维埃政府主席,兼文化委员会主席。建立苏维埃铅印厂和造纸厂,创办《工农报》。1930 年起,先后任赣东北省、闽浙赣省苏维埃政府主席,红十军政治委员,中华苏维埃共和国中央执行委员,中共闽浙赣省委书记。1934 年 1 月在中共六届五中全会上当选为中央委员。1935 年 1 月 29 日被俘。在狱中写有《赣东北苏维埃创立的序言》《清贫》《可爱的中国》《狱中纪实》《我从事革命斗争的略述》等文章和书信,通过关系转交给在上海的鲁迅,由鲁迅转交给党中央。同年 8 月 6 日在南昌英勇就义。

按:刘国云说:"方志敏把马克思主义普遍原理和赣东北革命根据地的实际结合起来,创造性的开展工作,为中国革命作出了许多开创性的贡献。

---

① 汤淑敏,等主编. 瞿秋白研究新探[M]. 南京:南京大学出版社,2003:1.

他是江西第一个地方党团组织的主要创始人之一;是党内比较早认识到'农民问题'并积极组织开展农民运动的革命家;是'大革命'失败后党内最早举起共产党的旗帜、举起武装起义的旗帜、举起土地革命旗帜的领导人之一;领导创建了赣东北革命根据地;创建了我党历史上最早一批苏维埃政权;领导闽浙赣苏区最早实行通过发展国民经济的办法来增加财政收入,最早实行对外贸易,最早发行红色股票;红十军的主要创始人;十分重视改善民生,领导创建了我党历史上第一个人民公园;他的爱国情怀、爱国思想和爱国篇章,铸就了中华民族爱国主义的又一座丰碑,是最早被称为'民族英雄'的共产党员之一;他的清贫精神和清贫思想,在中国共产党党史上具有标杆意义。"①

梁柏台(1899—1935)卒。柏台又名越庐、月庐,字苏生,号梯云,浙江新昌人。1918年考入浙江省立第一师范学校,积极参加学生爱国运动。1920年秋进入上海外国语学社学习俄语,同年加入中国社会主义青年团。1921年赴苏联海参崴编辑中文报纸,旋由第三国际远东局派往党校受训。1922年入苏联莫斯科东方大学学习,加入中国共产党。1927年底调苏联伯力远东党部工作,翻译了《苏共党纲和党章》等书。1931年夏回国到江西中央革命根据地工作,参与中华苏维埃第一次全国代表大会文件的起草工作,是宪法草案撰稿人。又参与领导创立苏维埃司法机关工作和制定各种苏维埃政治法规等。1932年任《红色中华》代理主笔。1933年任内务部代理部长,兼《苏维埃中国》一书编委会主任。1934年任中央政府司法部部长,对建立健全革命根据地立法、司法工作制度做出了贡献。1935年3月4日在战斗中负伤被捕,旋被杀害。

贺昌(1906—1935)卒。原名贺其颖,字伯聪,笔名昌、晨,化名毅宇,山西柳林人。山西省早期青年运动、工人运动的卓越领导人,中共早期的高级党务工作者,红军高级指挥员和政治工作者。1921年加入中国社会主义青年团,旋转为中国共产党党员。参与创办进步刊物《青年》。1923年入上海大学学习,后到安源、北京、天津、上海等地从事青年工作和工人运动。曾任中共湖南省委书记,中共中央南方局宣传部长,中国工农红军第五军政治委员,第三军团政治部主任,红军总政治部副主任、代主任,中共中央北方局书记等职。被选为中共第五、第六届(三中全会增补)中央委员,第一、三、四届团中央执行委员。中央红军主力长征后,留在赣南坚持游击战争,任中央军

---

① 刘国云.方志敏在中共党史上的十大贡献[J].上饶师范学院学报,2012(4).

区政治部主任。1935 年 3 月率部向粤赣边突围,10 日于江西会昌河畔遭国民党军伏击,与时任赣南省委书记阮啸仙等人一起壮烈牺牲。著有《贺昌文集》。

　　林青(1911—1935)卒。原名李远方,又名李肃如,曾用名矛戈,贵州毕节人。1927 年考入重庆美术专科学校。1929 年加入中国共产主义青年团。1930 年到上海做学徒,参加党领导的文学研究会和社会科学研究会的活动,阅读了《共产党宣言》《资本论》等马克思主义著作和进步书刊。1931 年底转入中国共产党。1932 年遭英租界巡捕房逮捕。在狱中两年,在中共党员吴亮平帮助下,专门研究马列主义的政治经济学。1933 年出狱后,回贵州毕节进行革命活动,成立了以传播马克思主义、宣传中国共产党政策及主张、推动抗日救亡活动为目的的"草原艺术研究社"。1935 年任中共贵州省工委书记。7 月不幸被捕,9 月被国民党杀害。

国家社科基金
后期资助项目
GUOJIA SHEKE JIJIN HOUQI ZIZHU XIANGMU

中国现代马克思主义研究编年史（下）

Chronicle of Modern Chinese Marxism Research

俞樟华　俞　扬　陈含英 编撰

ZHEJIANG UNIVERSITY PRESS
浙江大学出版社
·杭州·

民国二十五年　丙子　1936 年

一、研究背景

1 月 17 日,中共中央政治局在瓦窑堡召开常委会议,毛泽东在会上作关于目前行动方针与计划的报告。19 日,毛泽东与周恩来、彭德怀以西北革命军事委员会主席、副主席名义发布《西北革命军事委员会东进抗日及讨伐卖国贼阎锡山的命令》。

1 月 22 日,鉴于张国焘的反党分裂活动,严重危害党和革命事业,中共中央政治局是日做出《中央关于张国焘同志成立第二"中央"的决定》,责令张国焘立即取消伪中央,放弃一切反党的倾向。6 月 1 日,张国焘被迫取消伪中央。

1 月 27 日,中共中央发出《中央为转变目前宣传工作给各级党部的信》。

按:信中指出:"目前宣传工作最中心最紧急的任务,就在于用一切的力量去暴露日本强盗的凶暴侵略行动,与蒋介石无耻的卖国政策及欺骗,去说明日本强盗与蒋介石是灭亡中国的当前最主要最凶恶的敌人,去煽动一切不愿当亡国奴的中国人联合起来,去开展民族革命战争,汇合土地革命与民族革命的两大巨潮,结合民族革命战争与国内阶级战争,去战胜日本强盗及汉奸卖国贼蒋介石,争取中国的独立与解放。"①

2 月,中共中央决定组成以彭德怀任总司令、毛泽东任总政委的中国人民红军抗日先锋军进行东征。17 日,中华苏维埃共和国中央政府发布了《东征宣言》。毛泽东在督促东征渡河准备工作时遇到大雪,欣然作《沁园春·雪》词,其中有"俱往矣,数风流人物,还看今朝"的名句。

是月,在陕西安定县的瓦窑堡成立西北抗日红军大学,毛泽东与周恩来、彭德怀、周昆、袁国平联名发布《中华苏维埃人民共和国西北抗日红军大学招生布告》。

3 月 27 日,中共中央召开政治局会议,讨论抗日民族统一战线的策略

---

① 魏建国,主编. 瓦窑堡时期中央文献选编(上)[M]. 上海:东方出版社,2012:153.

问题。

5月5日,毛泽东、朱德以中华苏维埃共和国中央政府主席、中国人民红军革命军事委员会主席的名义联名发表《停战议和一致抗日通电》,第一次公开放弃反蒋口号,申明"停止内战,一致抗日"的主张。通电标志着抗日民族统一战线政策的新发展,开始由抗日反蒋转向逼蒋抗日。

5月8日,中共中央在延川县太相寺召开会议,毛泽东作《目前形势与今后战略方针》的报告,认为我们的任务,总的是建立全国人民的统一战线,战胜日本帝国主义。会议决定红军西征,以促进西北革命根据地的巩固和发展,促进与东北军、西北军抗日民族统一战线的形成。

5月14日,毛泽东在陕北延川县大相寺召开的东征红军团以上干部会议上发表讲话,提出利用全面抗战开始之前的时机,抽调大批干部到红军大学学习的要求。

5月20日,毛泽东在中央政治局常委会议上作关于建立红军大学问题的报告。

6月1日,中央革命军事委员会决定以西北红军大学为基础,在瓦窑堡组建中国人民抗日红军大学,负担起为抗日战争培养大批马克思主义理论领导人才的光荣使命,同时为全国的各方面供给了二十多万德才兼备的马克思主义军政干部。

6月20日,中共中央发出《中共中央致国民党二中全会书》,再次提议"停止内战一致抗日"。

是月,美国著名记者埃德加·斯诺经宋庆龄秘密介绍,从北平出发前往西北革命根据地进行实地采访,是为第一个采访革命根据地的西方记者。在为期两个多月的采访中,斯诺先后与毛泽东、周恩来、张闻天、博古、林伯渠、谢觉哉、叶剑英、萧劲光、蔡树藩、邓颖超、贺子珍等进行了交谈,搜集了许多红军长征的第一手资料。毛泽东在7月16日、18日、19日、23日和9月下旬,先后与斯诺作了多次长时间的谈话,详细介绍了中国抗日战争的形势、方针,苏维埃政府的对内政策以及中国共产党与共产国际、苏联的关系等问题,同时介绍了他自己的经历,为斯诺以后撰写毛泽东传记奠定了基础。

8月10日,中共中央在保安召开政治局会议,讨论改变"抗日反蒋"口号问题,决定放弃红军称号,联蒋抗日。呼吁立即停止内战,组织全国抗日统一战线,进行民族自卫战争。

8月20日,中共中央发表《关于今后战略方针》,第一次确认南京政府为统战的"必要与主要对手"。

8 月 25 日，中共中央发出《中国共产党致中国国民党书》，再次呼吁停止内战，一致抗日，实现第二次国共合作，组成国共两党合作为基础的全民族的抗日统一战线。

8 月 26 日，毛泽东致信给抗日红军大学校长林彪，对"抗大"的教育计划和教学方针作出指示。

9 月 1 日，中共中央发布《中央关于"逼蒋抗日"问题的指示》，宣布改变"反蒋抗日"为"逼蒋抗日"。

9 月 15—17 日，中共中央政治局在保安召开扩大会议，毛泽东、张闻天、周恩来等出席，会议讨论抗日民族统一战线中面临的新问题。洛甫作《目前政治形势与一年来民族统一战线问题》的报告，会议通过《中央关于抗日救亡运动的新形式与民主共和国的决议》，提出了"建立民主共和国"的口号。

10 月 10 日，中共中央、中华苏维埃中央政府、中央革命军事委员会联合发出《为庆祝一、二、四方面军大会合通电》，向红一、红二和红三方面军的会合表示祝贺。三大红军主力的会师，对开创抗日的新局面具有重大意义。

10 月 18 日，中共中央为培养白区工作干部，在保安开办白区工作训练班。是日，中央分管白区工作的领导张闻天在训练班作《关于白区工作中的一些问题》的报告。

按：张闻天在谈到关于干部问题时指出："为了要使得我们的干部取得马克思列宁主义的武器，我们必须认真办理我们的党校，改善我们的教育工作，提高全党所有干部的学习精神。我们必须坚决反对过去的那种公式主义教条主义的残余，这种残余不幸在我们的机关内还是存在着的。我们教育工作的中心，全不在于使我们的干部多记一些教条与公式，多读几本新书，而是使他们学会马克思列宁主义的生动的革命精神，而是使我们的干部学会能够使用马克思列宁主义的方法，去分析具体的环境，并从这种分析中得出一定的行动方针。只有这样，我们才能造成有独立工作能力，能够独当一面的干部。"[①]

11 月 6 日，红四方面军指挥部徐向前、陈昌浩、李卓然等人向中革军委上报了《平（番）大（靖）古（浪）凉（州）战役计划》，其中传播马克思主义、做好政治和统战工作作为单独一部分被提出。

---

① 张闻天. 张闻天文集（1935—1938）：第 2 卷［M］. 北京：中共党史出版社，2012：129.

11 月 14 日起,美国记者斯诺采访陕北归来,在上海《密勒氏评论报》和国内外多家报刊上发表《毛泽东采访记》等大量报道和新闻照片,突破了国民党长达 9 年来的新闻封锁,让国际社会第一次听到毛泽东和共产党人的主张,成为轰动世界的重大新闻。

按:斯诺撰写的《红星照耀中国》一书,1937 年由英国戈兰茨公司出版。次年 2 月,中译本由上海复社出版。胡愈之等在国统区翻译出版此书时,为躲避国民党的检查,将书名改为《西行漫记》。此书第一次向全世界公正而翔实地介绍了中国共产党领导的工农红军的发展历史和革命根据地的真实现状,在国内外产生了非常巨大的影响。此书曾被翻译成 10 多种文字,在全世界广为传播。

11 月 22 日,毛泽东在中国文艺协会成立大会上发表讲话,指出"发扬苏维埃的工农大众文艺,发扬民族革命战争的抗日文艺,这是你们伟大的光荣任务"①。

12 月 2 日,党中央决定红二、红四方面军的红军大学与抗日红军大学合并,仍称中国人民抗日红军大学。

12 月 12 日,张学良、杨虎城在西安扣留蒋介石及陈诚、蒋鼎文、朱绍良、卫立煌、陈调元等国民党高级将领,并通电全国,提出改组南京政府,停止一切内战等八项主张,史称"西安事变"。

12 月 25 日,蒋介石接受中共中央和张学良提出"停止内战,联红抗日"等条件,西安事变得以和平解决,促进了国共两党实行第二次合作。

12 月 28 日,毛泽东发表《关于蒋介石声明的声明》。

按:毛泽东指出:"蒋介石氏十二月二十六日在洛阳发表了一个声明,即所谓《对张杨的训词》,内容含含糊糊,曲曲折折,实为中国政治文献中一篇有趣的文章。蒋氏果欲从这次事变获得深刻的教训,而为建立国民党的新生命有所努力,结束其传统的对外妥协、对内用兵、对民压迫的错误政策,将国民党引导到和人民愿望不相违背的地位,那末,他就应该有一篇在政治上痛悔已往开辟将来的更好些的文章,以表现其诚意。十二月二十六日的声明,是不能满足中国人民大众的要求的。"②

是月,毛泽东在陕北保安红军大学发表《中国革命战争的战略问题》的演讲,指出"过去的革命战争证明,我们不但需要一个马克思主义的正确的政治路线,而且需要一个马克思主义的正确的军事路线。十五年的革命和

---

① 毛泽东.毛泽东文集:第 1 卷[M].北京:人民出版社,1991:461.
② 毛泽东.毛泽东选集:第 1 卷[M].北京:人民出版社,1991:245.

战争,已经锻炼出来这样一条政治的和军事的路线了"①。毛泽东还对干部教育问题第一次作了系统论述。

按:毛泽东在 12 月撰写了《中国革命战争的战略问题》一书,并在红军大学讲授这本书的内容。陈国富说:"《中国革命战争的战略问题》是毛泽东运用马克思主义辩证唯物主义和历史唯物主义哲学原理分析中国革命战争的实际问题的光辉典范。毛泽东的军事辩证法思想的一些基本观点在这篇著作中均已产生,随着抗日战争实践的发展,毛泽东又根据新的战争实践经验,进一步丰富和展开了他的军事思想,从而形成了完备的军事辩证法思想体系,其标志就是《抗日游击战争的战略问题》《战争和战略问题》《论持久战》等著作的问世。"②

是年底,李公朴等在上海创办读书生活出版社,翻译、出版的马列经典著作主要包括《资本论》《恩格斯论〈资本论〉》《马恩科学的文艺论》等。

二、研究论文

[日]中山贞雄《史大林论》发表于《苏俄评论》第 10 卷第 2 期。

按:文章说:"史大林实在是一种现代的英雄。在列宁生存中,谁想像到史大林会作他的后继者呢? 在苏联,最近对于有功于国家的人们,呼以'人民英雄'这称号。这也是史大林自身有着一种英雄主义的证据。"

[苏]克罗普斯克亚《列宁与高尔基》发表于《苏我评论》第 10 卷第 3 期。

朱佑申《史大林的右手——卡加诺维赤》发表于《苏俄评论》第 10 卷第 5 期。

尹若夫《苏联反对派与史大林斗争的结局》发表于《苏俄评论》第 10 卷第 9 期。

[苏]小米良政作、张秀哲译《苏联十九年来的社会主义建设》发表于《苏俄评论》第 10 卷第 11 期。

[苏]阿尔太斯基作、潘若夫译《苏联之社会主义财产》发表于《苏俄评论》第 10 卷第 11 期。

[苏]史达林《斯泰哈诺夫运动与苏联文化》发表于《中苏文化》第 1 卷第 1 期。

戈宝权《四库全书珍本与列宁图书馆》发表于《中苏文化》第 1 卷第 2 期。

---

① 毛泽东.毛泽东选集:第 1 卷[M].北京:人民出版社,1991:186.
② 陈富国.马克思主义哲学中国化(1927—1949):理论的选择、阐释与运用[M].南昌:江西人民出版社,2015:128.

楚《社会主义之农村戏院》发表于《中苏文化》第 1 卷第 6 期。

苏乾英《中国上古及中古之国家社会主义经济政策》发表于《食货》第 3 卷第 7 期。

李秉衡《经济史学上的恩格斯》发表于《食货》第 3 卷第 12 号。

按：文章说："在恩格斯全部著作中，有两方面出色的研究，即军事学与经济史学。不过，军事学在恩格斯并非重要，菲·亚得拉道：'为完成他毕生的事业，在恩格斯许多部门的科学中，军事学并不如何重要。'因此，我们专说他在经济史学上的业绩记述。"

张东荪《评〈共产党宣言〉并论全国大合作》发表于《自由评论》第 10 期。

李长之《马克斯的哲学》（书评）发表于《自由评论》第 14 期。

按：吴惠人著《马克斯的哲学》，于 1935 年由人文书店出版发行。本文是对该书的评论。文章说："一般人于马克斯或奉若神明，或贬若洪水猛兽，此际居然见到一本心平气和的研究的书，而且是出自中国的青年学者之手，而且有不少创见和精辟的所在，这首先是可喜的事了！我不能不推荐给读者的，是本书一种有条理的逻辑精神。即在行文之中，也处处令人见到那种安详、清晰的风格。"

谐庭译《列宁的艺术观》发表于《自由评论》第 25—26 期。

高名凯《从因果律问题说到唯物史观》发表于《自由评论》第 35—36 期。

徐芸书《关于唯物史观的问题》发表于《自由评论》第 37 期。

谐庭译《列宁的艺术观》发表于《自由评论》第 38 期。

吴泽《马克斯主义社会哲学论纲评述》发表于《劳动季报》第 4 卷第 8 期。

［苏］洛森堡作、刘亚生译《空想的社会主义者圣西门的经济思想批判》发表于《劳动季报》第 4 卷第 8 期。

［日］内藤纠夫作、刘大炎译《日本劳动运动黎明期内的片山潜的社会主义思想》发表于《劳动季报》第 4 卷第 9 期。

罗隆基《论共产主义》（共产主义理论上的批评）发表于《新北辰》第 2 卷第 3 期。

牛若望《共产主义问题》（书评：介绍一部反共产思想的伟书）发表于《新北辰》第 2 卷第 3 期。

按：《共产主义问题》由法国伯跌夫原著，刘景辉译，雷鸣远校正，安国真福院出版。

牛亦未《共产主义评判》发表于《新北辰》第 2 卷第 3 期。

赵尔谦《从人类本性窥察共产主义》发表于《新北辰》第 2 卷第 3 期。

萨仪孟《苏联关于家庭政策演变原因》发表于《新北辰》第 2 卷第 5 期。

冯瓒璋《共产主义哲学与公教人生哲学之比较》发表于《新北辰》第 2 卷第 8 期。

大道《中国共产党之形成及其初期发展》发表于《中外问题》第 14 卷第 1—2 期。

持平《中国共产党之前途》发表于《贵州评论》第 20 期。

廖谦珂《社会主义底概念与体制》发表于《文化》第 4—5 期。

曾任《从马克思学说到批判说到中国现代青年应有的觉悟》发表于《三民主义月刊》第 6 卷第 5 期。

[德]恩格斯作、何凝译《巴尔扎克论》发表于《现实文学》第 1 卷第 2 期。

樊仲云《读唯物史观的文学论笔记》发表于《正师月刊》第 2 卷第 7 期。

张书绅《陈独秀与中国共产党》发表于《防共月刊》创刊号。

卢心远《对立统一底法则——辩证法底根本法则之一》发表于《研究与批判》第 2 卷第 5 期。

卢心远《质量互变底法则——辩证法底根本法则之二》发表于《研究与批判》第 2 卷第 6 期。

杨伯恺《机械的物质论与辩证的物质论》发表于《研究与批判》第 2 卷第 6 期。

陈伯达《腐败哲学的没落——为批判张东荪编的〈唯物辩证法论战〉而作》发表于《读书生活》第 4 卷第 1—2 期。

胡绳《通俗辩证法讲话》发表于《读书生活》第 4 卷第 7 期。

陈唯实、胡绳《读了评通俗辩证法讲话的答辩》发表于《读书生活》第 4 卷第 8 期。

黄积发《阶级斗争贻害社会论》发表于《方便月刊》第 2 期。

李侃《德国国家社会主义的意义》发表于《中华月报》第 4 卷第 5 期。

奇《列宁与苏联——谁都知道列宁是个世界的伟人，手创苏维埃社会主义国家的英雄》发表于《中锋》第 9 期。

李正杰《反科学的社会主义》发表于《周行》第 2 期。

[苏]F. 希累尔作、牛健译《社会主义写实主义底前提》发表于《新地》第 3 期。

孔甲《无产阶级与民主主义》发表于《火花》第 3 卷第 1 期。

王少谦《日本主义与社会主义》发表于《学行月刊》第 1 卷第 2 期。

式如《中国共产党的总分析》发表于《前哨(长沙)》第 2 卷第 6 期。

式如《中国共产党新政策的检讨》发表于《前哨(长沙)》第 2 卷第 6 期。

[苏]Alexander Grossman 作、包之静译《货币在苏联社会主义建设中的作用》发表于《解放》(上海)第 1 卷第 5 期。

程十全《以唯物史观的错误证实唯生史观的正确》发表于《反省月刊》第 17—18 期。

李圣悦《社会主义辞典》发表于《图书展望》第 5 期。

按:李圣悦编译《社会主义辞典》,由上海启智书局 1930 年出版。是书乃根据纳颇波尔脱的书移译而成的。全书分三部分:第一部分叙述社会主义之定义、名词、学说、历史、政党与纲领;第二部分为社会主义名人录;第三部分为社会主义文献。名词之部,先注译名,次附注释,人名之部,首附译名,次注其国籍及生卒年月,略历及著述;著述之不又分四部:(一)书目提要;(二)辞典与辞书;(三)历史类;(四)一般的著述等部。其编排悉依著者姓氏西文字母顺序为次,姓氏之后,附注书名,出版处及出版年等项。是文为新书介绍。

罗鸿诏《唯物论及其批判》发表于《暨南学报》第 1 卷第 1 期。

灵文《共产主义在印度》发表于《中央时事周报》第 5 卷第 2 期。

刘国桢《社会主义之派别及其学说之渊源》发表于《民钟季刊》第 2 卷第 4 期。

寿清《唯物和唯心》发表于《青年界》第 10 卷第 1 期。

张彭年《论社会主义思想》发表于《浙江青年》第 2 卷第 3 期。

梅花岭《一个伟大的妇女生活——列宁夫人》发表于《女青年》第 15 卷第 9 期。

秋平《什么是唯物辩证法》发表于《青年文化》第 3 卷第 2—4 期。

平子《把社会主义和国家利益联系起来》发表于《青年生活》第 1 卷第 12 期。

王士勉译《合作主义与其他的社会主义之比较研究》发表于《乡村建设》第 6 卷第 8 期。

郁《社会主义制度下教育资本制度下教育之比较》发表于《儿童教育》第 7 卷第 5 期。

[美]Davis J. 作、林仲达译《社会主义教育与资本主义教育之比较观》发表于《大众教育》第 1 卷第 1 期。

罗建南《德国新社会主义对于希特勒思想的影响》发表于《宇宙旬刊》第 5 卷第 4 期。

至海《难兄难弟——马克斯与马寅初》发表于《北洋画报》第 20 卷第 1487 期。

周文《共产主义与国家社会主义》发表于《中华月报》第 4 卷第 3 期。

朱偰《桑巴特新著德意志之社会主义》发表于《是非公论》第 19 期。

许君武《汉奸与中国共产党》发表于《青年公论》第 1 卷第 3 期。

［苏］斯尔考夫作、菡亭译《诗底社会主义的写实主义》发表于《文化》第 4—5 期。

赵增厚《社会主义制度下教育与资本主义制度下教育之比较》发表于《文化与教育》第 78 期。

［苏］亚达米英作、威林译《当作行动指针之史的唯物论》发表于《学术界》第 2 卷第 1 期。

周继颐《唯物论概述》发表于《哲学与教育》第 5 卷第 1 期。

杨朴庵译《辩证观与机械观》发表于《哲学与教育》第 5 卷第 1 期。

［苏］斯鲁珂夫作、李华飞译《诗歌中的社会主义的写实主义》发表于《诗歌杂志》创刊号。

［苏］拉金作、凌之译《社会主义的现实主义的创始者高尔基》发表于《今代文艺》第 2 期。

赵家璧《特莱塞——从自然主义者到社会主义者》发表于《文季月刊》第 1 卷第 1 期。

青芝译《德国国族社会主义之哲学基础》发表于《实报半月刊》第 9 期。

赓革思《"社会主义的现实主义与革命的浪漫主义"之"正确性"与"国际性"》发表于《新潮》第 1 卷第 1 期。

耀《个人社会主义》发表于《长城》第 4 卷第 3 期。

松石《唯物辩证法与形式论理学》发表于《新黔》第 12 期。

［日］永田广志作、江如虹译《辩证法唯物论底生成》发表于《文化》第 3 期。

王力人《唯物辩证法与形式逻辑》发表于《文化丛谈》第 11 期。

刘鸿河《三民主义在各派社会主义中的地位》发表于《大任》第 1 卷第 1 期。

毛树清《唯生论和唯物史观的现实检讨——介绍两种思想界上的权威者》发表于《秀州钟》第 15 期。

马寅初《资本主义与社会主义相互影响》发表于《银行周报》第 20 卷第 27 期。

白清《社会主义经济学家——马克思之生平》发表于《之江经济期刊》第5期。

林同济《福罗特与马克斯》发表于《政治经济学报》第5卷第3期。

冯单舞《前马克斯社会主义与合作主义之检讨》发表于《农村经济》第3卷第5期。

按:文章说:"社会主义的派别分歧,此地的'前马克斯社会主义',即马克斯社会主义者所称的乌托邦社会主义,这一派的代表学者,有法国的圣西门、傅立叶及英国的欧文。乌托邦社会主义,是指社会主义的究极目的,如果只以任意的愿望为基础,那就叫做乌托邦社会主义。它对于那当作究极目的的社会主义描写,是比较空虚不明确而散漫。而对于保证新制度成功的原动力手段和方法,也没有看得出来,创始者只发明了各种新的社会制度,提出详细的计划,要使人人都容受这个提案,相信其实现的必要,因为未来新社会的要素和根柢尚未清楚看出,他们不能以历史和现实去找寻证据,只是以理性为证据,他们以为人们如果理解了他们的制度,那末他们一定会即刻承认这是新社会组织的最后计划。我们既明了乌托邦社会主义的具体概念,再来逐步分析它的特质怎样。"

许超《合作主义与共产主义及三民主义之比较研究》发表于《农村经济》第3卷第5期。

李达《辩证逻辑与形式逻辑》发表于《法学专刊》第5期。

李达《唯物辩证法的对象》发表于《法学专刊》第6期。

田树滋《德意志国家社会主义的国家社会观》发表于《大路周刊》第4期。

王瑛《什么是社会主义社会》(社会问题讲话之三)发表于《教育短波》第80期。

慈强《民族保健运动之向上以走进社会主义的建设之路》发表于《健康生活》第7卷第5期。

李达、杨明章《辩证法的逻辑》发表于《燕大周刊》第7卷第2期。

实敏《唯物论辩证法的基本法则》发表于《清华周刊》第44卷第2期。

晓波《辩证唯物论的认识论》发表于《清华周刊》第44卷第3期。

[苏]基尔波丁作、罗苹译《论社会主义的写实主义》发表于《清华周刊》第44卷第3期。

晴空译《社会主义的世界》发表于《清华周刊》第44卷第9期。

佟贵廷《列宁乎?爱因斯坦?》发表于《清华副刊》第45卷第11—12期。

蔡枢衡《三十年来中国刑法之辩证法的发展》发表于《国立北京大学社会科学季刊》第 6 卷第 1 期。

崔书琴《民生主义与共产主义》发表于《国立武汉大学社会科学季刊》第 6 卷第 1 期。

赵石经《天主教与社会主义》发表于《圣教杂志》第 25 卷第 1 期。

《中国人民底领袖毛泽东》发表于《共产国际月刊》第 7 卷第 1、2 期。

按：是年，中文版《共产国际》杂志先后以《中国人民底领袖毛泽东》《红军总司令朱德》《民族英雄方志敏》等为题目，介绍了毛泽东等中国共产党的领袖人物，促进了国际社会对中国共产党领导人的了解。

［日］户坂润作、明月译《论日本的自由主义·法西斯主义·社会主义》发表于《留东新闻》第 24 期。

［苏］阿尔退益斯基作、郑天然译《苏联社会主义财产的两种形态》发表于《世界动态》第 1 卷第 2 期。

［苏］伊里奇《辩证法的要素》发表于《世界动态》第 7 卷第 2 期。

郭汉烈译《基于辩证唯物论的科学发展》发表于《时事类编》第 4 卷第 3 期。

［法］卡尔梭作、郭汉烈译《马克斯主义及其行动的分析》发表于《时事类编》第 4 卷第 10—11 期。

按：文章说："在法国，数十年来，纯正马克斯理论被摒弃，给他以狭义的解释，而且常常改换其面目。西方民主国家使一般工人抛弃阶级斗争，而趋于'阶级协调'这点，正统马克斯派认为是邪说异端。恰巧有这么一个能实行马克斯主义的人，这就是列宁。'列宁主义非他，即现代的唯一的马克斯主义。'布尔萨维克主义在一九一七年俄国大革命前，在法国没有人知道他；到现在，法国工人却因列宁主义而得知马克斯主义了。'列宁主义使法国共产党的活动重订新猷'，而且对法国无产阶级提出有产阶级制度的动摇，和革命的战略等问题。有产阶级制度的动摇，和所谓资本主义之极端的崩溃，为共产党努力宣传的'序幕'，他们在社会上活动方法，有时倒也很灵敏。"

［日］铃木安藏作、高璘度译《马克斯主义与现代日本——马克斯主义的科学性》发表于《时事类编》第 4 卷第 13 期。

［法］佛里曼作、蔡国铭译《社会主义新世界的中间阶级》发表于《时事类编》第 4 卷第 15 期。

何建民译《恩格斯之数学论》发表于《时事类编》第 4 卷第 16 期。

［日］大森义太郎作、邓照藜译《共产主义与法西斯主义之新的对立》发

表于《时事类编》第 4 卷第 22 期。

孙道升《马克思的哲学》发表于 2 月 13 日《大公报图书副刊》第 117 期。

毛泽东《在中国文艺协会成立大会上的讲话》发表于 11 月 30 日《红色中华》第 1 期。

三、研究著作

［德］马克思著，右铭（王思华）、玉枢（侯外庐）译《资本论》（第 1 卷中、下册）由世界名著译文社出版。

按：是书前有《资本论》第 1 卷第 1、2 版序和"译者的话"。

王季同著《马克思主义批判及附录》由中国科学公司出版。

按：是书内容包括马克思主义的特点和弱点、辩证法的难关、东方的辩证法等问题。有附录十余篇，书前有著者自序。

［英］柯尔著、谌小岑译《马克思之真谛》由上海商务印书馆出版。

按：《译者绪言》说："他在第一章中这样提醒读者，'如果说马克思生在今日，而他的著述会同他在一八四八年……至一八八三年所写述的东西一字不易，那只是一种最无理的滑稽。'况马克思对于变化这一意义是视为最重要的；而马克思最后五十余年来世事的变化又到了一个如何令人不可捉摸的程度呢？'所以他要求每一个自号为马克思忠实信徒的人应该考虑他自己是否在一九三四年仍为一个马克思主义者（本书于一九三四年出版，故作者举以为例）。"

［苏］列宁著、现代思潮社译《马氏评传》由现代思潮社出版。

［苏］列宁著、刘及辰译《黑格尔〈论理学〉大纲》由天津百城书局出版。

［苏］毕谪列夫斯基著、严灵峰译《历史唯物论入门》由上海新生命书局出版。

陈唯实著《通俗辩证法讲话》由上海新东方出版社出版。

按：是书比较全面地介绍了古今中外的辩证法理论，尤其是马克思列宁主义的辩证法理论，首先提出了"辩证法之实用化和中国化"的主张。他认为对于唯物辩证法，"最紧要的，是熟能生巧，能把它具体化、实用化，多引例子或问题来证明它。同时语言要中国化、通俗化，使听者明白才有意义"。

陈唯实著《通俗唯物论讲话》由上海大众出版社出版。

按：作者在该书开头的《几句话》中强调了三点：第一，《通俗唯物论讲话》与《通俗辩证法讲话》是相互关联的"兄弟书"，辩证法与唯物论它俩"是有密切联系而不能分离的东西"。第二，本书的宗旨是力求做到通俗的、具体的、战斗的、实践的,尽可能实行"哲学到大众去"。第三,"本书的一点企图,是要一般的读者,对于新唯物论有了相当的认识、理解,确信了辩证唯物论是科学的哲学,是现代的世界观,是正确的客观真理,是伟大的精神武器,是战斗的实践指南,是大家所必研究的一种真实学问的宝库"。

[苏]米丁著、沈志远译《辩证唯物论与历史唯物论》(上)由上海商务印书馆出版。

沈志远著《现代哲学的基本问题》由上海生活书店出版。

按:是书将马克思主义哲学大众化、通俗化的理论特色是侧重于宇宙观和认识论这两个方面,其中的某些思想观点似为毛泽东《实践论》一书所吸收。

[德]卡尔·马克斯著、郭沫若译《艺术作品之真实性》由日本东京质文社出版。

按:是书为第二次国内革命战争时期马克思文艺论著翻译出版的重要成果。这本书是郭沫若参照日本的一篇摘录,从《神圣家族》德文本中直接翻译过来的。这是我国第一本从原文翻译的马克思的文艺论著。

[德]恩格斯著《家族私有财产及国家之起源》由上海新生命书局出版。

[德]恩格斯著、瞿秋白译《恩格斯论巴尔扎克》由上海三联书店出版。

[德]恩格斯著、瞿秋白译《恩格斯论易卜生的信》由上海三联书店出版。

[德]恩格斯等著、陈北欧译《艺术论》由日本东京质文社出版。

[苏]列宁著、中文编译部译《共产主义运动中的"左派"幼稚病》由译者出版。

按:是书分我们可以在哪一点上来讲俄国革命有国际意义呢、布尔塞维克成功的基本条件之一、英国共产主义运动中的"左派"等10节。书名页书名下题:一个用通俗语言来说明马克思主义战略和策略的尝试。

日明编译《约瑟夫·史太林的生平》由群力社出版。

[德]路德维希著、陈汉年译《史太林》由上海多样社出版。

顾执中译《史达林传》(上集)由上海普益书社出版。

按:是书转译自美国作家伯特生从德文译出的史达林传。上集分15章,从史达林的童年时代叙述至被流放到西伯利亚。下集书未见。

[法]巴比塞著、徐懋庸译《从一个人看一个新世界》由上海大陆书社出版。

按:是书乃斯大林评传。分沙皇统治下的一个革命者、巨人、铁腕、民族的团结、初层的基石、寄生的战争、伟大的口号、农村、明天做什么、两个世界、把舵的人等 11 章。

〔日〕平竹传三著,陈此生、廖璧光译《苏联经济地理》由上海商务印书馆出版。

〔日〕川西勇、国松久弥著,许亦非、许达年译《苏俄经济地理》由上海中华书局出版。

按:是书论述苏联农业、林业、畜牧业、煤炭、煤油灯的生产和发展情况。

〔日〕小林良正著、顾志坚译《俄国社会经济史》由上海商务印书馆出版。

李炳焕、沈麟著《苏联计划经济问题》由上海商务印书馆出版。

〔苏〕杨逊著、包玉珂译述《苏联之国际贸易》由上海商务印书馆出版。

按:是书分 7 章论述国际贸易在苏联经济制度中的地位、苏联国际贸易的机构、实行五年计划前后苏联与若干重要国家的国际贸易关系等。

〔苏〕诺台尔著、赵恩廊译《苏联之商业与供应》由上海商务印书馆出版。

〔苏〕巴鲁著、铭竹译《苏联合作银行》由北平审淇出版社出版。

按:是书介绍苏联各主要合作银行及农业信用合作组织的发展与经营。

〔英〕司派尔著、江梦生译《今日的苏联青年》由重庆新民印书馆出版。

沈天泽编《苏俄研究纲要》由四川学生集中训练总队出版。

沈天泽著《苏联底现势》由成都新新印刷社出版。

按:是书论述了十月革命胜利后二十年来的政治、经济、文化、军事及外交情况。

沈志远著《苏联的政治》由大众文化社出版。

按:是书评述苏维埃国家的本质、苏联国家制度的特征、政权机关的组织结构及党政关系等。

张西曼译《苏联新宪法草案》由南京中苏文化协会出版。

王发泰编译《苏俄民法典》(修订追补)由平凡社出版。

按:是书全称为《俄罗斯苏维埃联邦社会主义共和国民法》,1922 年 10 月通过,1928 年 1 月 16 日改正、追加,是书根据修订本翻译。

杨剑秀著《苏联的文化》由上海大众文化社出版。

〔苏〕平克维枢著、尚仲衣译《苏联的科学与教育》由上海商务印书馆出版。

按:是书分苏联的国民教育系统及其实现普及教育之斗争、学前教育、初级与中学职业教育、高等教育的系统、成人教育、少数民族的文化与教育等 8 章。

林克多著《苏联闻见录》由上海大光书局出版。

　　日本苏俄问题研究所原译、张郁光重译《苏俄性教育的理论与实际》由上海商务印书馆出版。

　　按：是书分 3 篇，论述性教育的一般问题、性教育的特殊问题、性变态问题。

　　陈希豪著《新社会问题》由南京正中书局出版。

　　按：是书分资本主义下之统制经济、社会主义下之计划经济、俄土的关系、怎样去训练青年、当前底妇女问题、苏联劳工的现况、关于教育的两点意见、苏联司法的概况等 13 部分。

　　阎锡山著《共产主义的批判·共产主义的错误》由山西省政府出版。

　　阎锡山讲《共产主义的错误》由太原绥靖公署主任办公处出版。

　　米夫著《中国共产党英勇奋斗的十五年》（中国革命问题丛书）出版。

　　[英]拉斯基著、黄肇年译《共产主义的批评》由上海商务印书馆出版。

　　[美]斯诺著、亦愚译《西行漫记》（《二万五千里长征》）由急流出版社出版。

四、卒于是年的研究者

　　胡汉民（1879—1936）卒。汉民幼名胡衍鹳，改名胡衍鸿，字展堂，晚号不匮室主，笔名汉民，生于广东番禺，祖籍江西吉安。1902 年留学日本，入东京宏文学院速成师范科。1904 年进入日本法政大学研习政治学，接触到马克思主义理论。1905 年加入中国同盟会，任《民报》主编，在《民报》发表《民报之六大主义》《告非难民生主义者》等文，与康、梁保皇派展开论战，对孙中山思想多所阐发。1908 年赴新加坡主持《中兴日报》，在《中兴日报》上发表大批文章继续批驳保皇派。先后任中国同盟会南洋支部长、南方支部长。1911 年任广东军政府大都督。后随孙中山至南京，任中华民国临时大总统府秘书长。1914 年任《民国》杂志总编辑、中华革命党政治部长。1917 年 9 月任广州军政府交通总长。1919 年 8 月在上海与戴季陶、朱执信、廖仲恺等创办《建设》杂志，任主编，并在该杂志上相继发表《中国哲学史唯物之研究》《唯物史观批评之批评》《阶级与道德学说》《从经济的基础观察家族制度》《考茨基的伦理观与罗利亚的伦理观》《女子解放从哪里做起》等传播马克思主义唯物史观的经典之作，同时节译《神圣的家族》《政治经济学》《共产党宣言》《哲学的贫困》《雇佣劳动与资本》《法兰西内战》《资本论》等马克思、恩格斯著作中包含唯物史观的片段在《建设》上发表，瞿秋白因此称其为"中国第一批的马克思主义者"之一。1921 年任中华民国政府总参议兼文官长、政治部长。1923年任陆军大元帅大本营总参议。1924年10月任广东省省长。1928年任国民政府立法院院长等职。1930年主持编成《总理全集》。1933年创办《三民主义月刊》。1935年12月被国民党五届一中全会选为中央常务委员会主席。1936年5月9日病逝。著有《胡汉民文集》。

按:刘志亮、叶玲慧说:"《建设》杂志是五四时期胡汉民宣传马克思主义唯物史观数量最多也是最深透的杂志,但胡汉民对马克思主义唯物史观所持有的传播理念却始终是学理性和实用性的。胡汉民这样的选择是在当时的大环境下对革命形势发展的客观回答,也是发展三民主义的主动作为,而这也决定了胡汉民不可能成为一个马克思主义者,甚至最后走上了反马克思主义的道路。胡汉民的历史反转警示我们传播理念的极端重要性,因而我们今天宣传马克思主义,必须坚定马克思主义的理想信念,必须在实践中推动马克思主义大众化的发展。"[1]

王光祈(1892—1936)卒。光祈,四川温江人。1914—1918年在中国大学学习,毕业后与北京大学林德扬、黄秉礼、郭有守同住,又常与李大钊、陈独秀、高一涵等来往。先后曾参加《民国新报》《京华新报》的编辑,发起成立少年中国学会,是少年中国学会的主要创建人之一,又发起成立"工读互助团"。1920年4月作为《晨报》《时事新报》《申报》特约记者赴欧留学,主要研究经济,后改学习音乐,1932年任波恩大学讲师,1936年逝世。著有《中国音乐史》等。

按:高亚非说:"王光祈的工读互助主义思想及其实践充满着乌托邦式的幻想,带有明显的空想社会主义与无政府主义的色彩,在五四时期的中国,其失败也是必然的。但它在中国革命发展历程中,作为改造中国社会的'救时良方'试验推行,是一个不应忽略的环节,作为通往真理途中的一个阶段,它在20世纪的中国思想史上,印下了深深的足迹,特别是对马克思主义在中国广泛而深入的传播,起了重要的促进作用。"[2]

王复生(1896—1936)卒。复生名濡廷,化名王甄海(振海)、郭其瑛、郭毅,笔名止庵,云南祥云人。1916年春入北京大学文科预备班。1920年参与发起成立北京大学马克思学说研究会,积极投入马克思主义的研究和宣传。1921年加入中国共产党。1922年3月至1923年7月到陕西华县咸林

---

① 刘志亮,叶玲慧.胡汉民关于马克思主义唯物史观的传播理念[J].广东第二师范学院学报,2017(4).

② 高亚非.论王光祈的工读互助主义思想与马克思主义在中国的传播[J].中华文化论坛,2013(1).

中学任教,宣传马克思主义和中国共产党的政治主张。1925 年回京与王德三等发起组织新滇社,进行马克思主义宣传。大革命失败后,赴东北工作,日本侵入东北后,积极开展抗日斗争。1936 年 8 月 15 日被日军杀害。

刘志丹(1903—1936)卒。志丹原名刘景桂,字子丹,陕西保安(今志丹县)人。1921 年考入陕北联合县立榆林中学,曾任学生会主席,组织领导学生运动,同军阀井岳秀等封建势力做斗争。1924 年冬加入中国社会主义青年团。1925 年加入中国共产党,同年秋天,奉党的命令,入黄埔军官学校。大革命时代,曾任国民革命军第四路军政治处长等职,积极参加反对北洋军阀的战争。1928 年参与组织渭华起义,任西北工农革命军军事委员会主席。1931 年"九一八事变"后,组织西北反帝同盟军,任副总指挥及参谋长,后为中国工农红军陕甘游击支队副总指挥、总指挥等职。1932 年为中国工农红军第二十六军负责人。1934 年 5 月任中共陕甘边军事委员会主席,后兼任军政干部学校校长,与军校政委习仲勋、常务副校长吴岱峰一起亲自编写《军事教育大纲》《政治工作训令》等教材。1935 年秋为中国工农红军第十五军团副军团长兼参谋长。毛主席、党中央到达陕北后,任西北革命军事委员会副主任、中国工农红军第二十八军军长等职。1936 年 4 月率红军东征,在山西中阳县三交镇战斗中光荣牺牲。1936 年中央决定将保安县改名为志丹县,以志永久纪念。

按:张闻天说:"志丹同志的路线是我党领袖毛泽东同志的路线,是我党布尔什维克的路线,是真正的中国马列主义路线。"①

---

① 中共陕西省委党史研究室,编.刘志丹[M].西安:陕西人民出版社,1993:482.

民国二十六年　丁丑　1937 年

一、研究背景

1月7日,中共中央发出《关于西安事变宣传方针的指示》,强调中共的基本方针是停止内战,一致抗日。

1月9日,中国共产党中央委员会、中华苏维埃中央政府发出《为号召和平停止内战通电》,敦促蒋介石履行西安的诺言,停止进攻西安。

1月13日,中共中央领导机关由陕北保安迁驻陕西延安。从此,延安成为中国人民革命斗争的指导中心和总后方,成为革命知识分子和青年学子向往的地方。

1月19日,中国人民抗日红军大学改名为中国人民抗日军事政治大学,简称抗大。21日,抗大成立教育委员会,毛泽东兼任抗大教育委员会主席,委员有林彪、刘伯承、傅钟、罗瑞卿、刘亚楼、杨立三、莫文骅。毛泽东为抗大制定的校训是"团结、紧张、严肃、活泼"。抗大的教育方针是"坚定正确的政治方向,艰苦朴素的工作作风,灵活机动的战略战术"。

2月,中共中央致电国民党五届三中全会,提出了联合抗日的五项要求和四项保证,得到宋庆龄、何香凝、冯玉祥等的积极响应。

3月27—30日,中共中央在延安凤凰山下召开政治局扩大会议,毛泽东、张闻天、博古、朱德、张国焘、凯丰、林伯渠、林彪、彭德怀、任弼时、贺龙、董必武、罗荣桓等56人参加,会议讨论了西安事变和国民党三中全会以后的抗战形势及中国共产党的新任务,批判了张国焘的一系列错误,通过了《中共中央政治局关于张国焘同志错误的决定》。

按:张国焘在思想上没有接受党中央对他的批评教育,于1938年4月17日声明脱离中国共产党,公开投靠国民党。4月18日,中共中央做出决定开除张国焘党籍。4月19日,党中央发出《关于开除张国焘党籍的党内报告大纲》。4月29日,陕甘宁边区政府发布命令,撤销张国焘边区政府代主席等一切职务。

4月24日,中共中央机关刊物《解放》周刊在延安创刊,到1941年8月31日停刊。在该杂志上发表的马克思列宁主义翻译著作有《社会主义从空想到科学的发展》《法兰西内战》《德国的革命和反革命》《哥达纲领批判》《论马恩列斯》《帝国主义是资本主义底最高阶段》《列宁论战斗的唯物论底意义》等。

4月30日，中共新华通讯社在延安正式成立，开始向国内发布国际、国内新闻，向仲华任社长。

5月2—14日，中国共产党全国代表会议（当时称苏区代表会议）在延安召开，毛泽东作《目前政治形势与党的任务》（收入《毛泽东选集》第1卷时改为《中国共产党在抗日时期的任务》）的报告，提出了"巩固和平""争取民主""实现抗战"的新任务。随后又作《为争取千百万群众进入抗日民族统一战线而斗争》的结论。张闻天作《中国共产党苏区代表会议的任务》的报告、博古作《关于苏区党的组织问题的报告》，刘少奇、朱德等作了专题发言。

5月17—6月10日，中国共产党白区工作会议在延安召开，刘少奇在17日的会议上作《关于白区的党和群众工作》的报告。6月6日，张闻天根据中共中央政治局会议精神，作了《白区党目前的中心任务》的报告，其中强调"必须善于运用马列主义""要加强党内的马列主义教育"等问题。

按：张闻天在报告中指出："党内教育问题，现在特别重要。在思想上用马克思列宁主义的武器武装全党同志，是党目前争取民族统一战线中的领导权的最主要的任务。必须使全党同志了解学习马克思列宁主义的重要，养成学习理论的兴趣，只有这一武器能够使我们在各种复杂的环境下，正确的解决问题，而不犯严重的错误。""为要消灭党内的关门主义，必须：（一）坚决开展反对关门主义的斗争，打破'左'倾总比右倾好些的观点。（二）加强党内马克思列宁主义的教育，学会用马克思列宁的方法来分析时局，学会马克思列宁领导群众的艺术。（三）加强党内无产阶级的骨干，提拔同群众有密切联系的干部。"[①]

6月3日，毛泽东在中共中央政治局会议上作题为《群众工作问题》的报告，首次提出"普及与深入马克思主义"的问题，第一次提出马克思主义大众化的历史命题。

按：在报告的《关于十五年来党的路线和传统问题》中说："党在领导革命中获得伟大成绩的原因，第一是党的领导机关，党的大多数干部与大多数党员接受了马克思列宁主义，有了马克思列宁的政治路线，并在国际的指导下英勇坚决地实行了。没有这个条件是根本不成功的。第二是领导机关大

---

① 张闻天.张闻天文集（1935—1938）：第2卷[M].北京：中共党史出版社，2012：200、303.

多数干部与党员还学习了学会了为实现上述任务起见而需要的党与党员率领群众同敌人作战的战术，这包括斗争策略、宣传教育方法、党内关系等等，没有这个条件，也不能说到成绩。……总起来说，党是英勇坚决地领导了中国的革命，并且得到伟大的成绩，今后还要领导革命达于彻底的胜利，这是由于党有了马克思主义的政治路线与斗争方法而得来的。党在过去犯过许多大的、小的、'左'的、右的、不合于马克思主义原则性的错误，党也从对这些错误的斗争中锻炼得更强些，革命成绩也从克服错误的斗争中得出来。现在还存在着的将来也会要发生的错误，必须根据马克思主义的原则性给以解决与给以防止。这就是我们党的理论与实际的发展观。"①

7月7日，日本侵略军向卢沟桥一带的中国军队发动进攻，并炮轰宛平城。驻守卢沟桥附近的国民党军第29军第37师第110旅在旅长何基沣的指挥下奋勇反击。卢沟桥事变爆发，全国性的抗日战争从此正式开始，标志着中国革命进入全民抗战、争取民族解放斗争的新时期。

7月8日，中共中央发出《中国共产党为日军进攻卢沟桥通电》，号召全民抗日，抵抗日寇侵略。同时，毛泽东、朱德、彭德怀、贺龙、林彪、刘伯承、徐向前发表《红军将领为日寇进攻华北致蒋委员长电》，要求实行全国总动员，保卫平津，保卫华北，收复失地，红军将士愿为国效命，以达保土卫国之目的。中央书记处发出《关于卢沟桥事变后华北工作方针问题给北方局的指示》，提出"不让日本帝国主义侵占中国寸土""为保卫国土流最后一滴血"的口号。

7月21日，中共中央发出《关于目前形势的指示》，重申立刻开放党禁，实现国共两党亲密合作，集中抗战的军事领导，实行全国总动员，采取攻势防御方针，大规模组织民众与武装民众，开展敌后抗日游击战争；立即使中央政府、地方政府的机构民主化，容纳各党、各派代表参加国民会议与政府。

7月23日，毛泽东发表《反对日本进攻的方针、办法和前途》。中共中央发表《为日本帝国主义进攻华北第二次宣言》，号召坚决进行抗战，反对一切对日本侵略者的让步妥协。

按：毛泽东在文章中指出，在坚决抗战的方针之下，必须有一整套的办法，这就是全国军队的总动员、全国人民的总动员、改革政治机构、抗日的外交、宣布改良人民生活的纲领并立即开始实行、国防教育、抗日的财政经济政策、全中国人民、政府和军队团结起来，筑成民族统一战线的坚固的长城，

① 中共中央宣传部办公厅，中央档案馆编研部，编. 中国共产党宣传工作文献选编：1915—1937 [M]. 北京：学习出版社，1996：1255-1256.

"这一套为着实现坚决抗战的办法，可以名为八大纲领"。①

是月，毛泽东在延安抗日军事政治大学发表《实践论》的讲演，提出"实践的观点是辩证唯物论的认识论的第一位"的基本观点，从理论上彻底批判了党内长期存在的教条主义和经验主义。

按：李达说："毛泽东同志的《实践论》，是马克思列宁主义实践理论的发展，是毛泽东思想的一个基础，是辩证唯物论的基本原理与中国革命的具体实践的结合。它是中国革命行动的理论，是毛泽东的思想方法与工作方法的科学总结。"②

按：陈唯实《〈实践论〉——马克思列宁主义哲学的伟大贡献》说："毛泽东同志根据国际无产阶级革命斗争的经验，特别是根据中国共产党的长期革命斗争的丰富经验，尤其根据对党内教条主义与经验主义、'左'倾盲动主义与右倾投降主义的斗争经验，把辩证唯物论的认识论总结成为《实践论》这一伟大著作，捍卫了马克思列宁主义的认识论，并且加以丰富和发展。《实践论》是毛泽东思想的哲学基础，成为领导中国革命实践的理论武器。中国革命的伟大胜利的实践证明了《实践论》的基本思想是马克思列宁主义的真理。《实践论》对于辩证法唯物论的认识论的新发展，据我研究的心得，可以概括为下列几个基本原理：第一，在能动的反映论的基础上，更进一步地发展为'实践、认识、再实践、再认识'的认识论的基本原理。第二，发展了人们的认识、知识、思想能力来源于劳动生产实践与阶级斗争实践的基本原理。第三，发展了理论、知识来源于实践并为实践服务及被实践所证明的基本原理。第四，发展了认识、理论、真理的唯物辩证法的基本原理，即马克思列宁主义并没有结束真理，而是在实践中不断地开辟认识真理的道路。"③

8 月 1 日，总政治部发布《关于新阶段的部队政治工作的决定》，其中要求"提高党员的质量，这就需要加强党内马克思列宁主义的教育，使党员不仅懂得党的建设的各种问题，而且要懂得党的策略，对时事问题的分析与革命的前途，使每个党员的政治水平高过于非党群众，在思想发展上保持党的模范作用"④。

是日，毛泽东在"八一"抗战动员运动大会开幕式上发表讲话，号召全国

①　中共中央文献研究室中央档案馆，编.建党以来重要文献选编（一九二一——一九四九）：第 14 册[M].北京：中央文献出版社，2011：397.

②　李达.《实践论》《矛盾论》解说[M].上海：生活·读书·新知三联书店，1979：1.

③　陈唯实.陈唯实文选[M].广州：广东教育出版社，1986：150-151.

④　中共中央文献研究室中央档案馆，编.建党以来重要文献选编（一九二一——一九四九）：第 14 册[M].北京：中央文献出版社，2011：425.

各地动员起来,与日本帝国主义开展斗争。

8月22—25日,中共中央在陕西洛川召开政治局扩大会议(史称洛川会议),张闻天主持会议,毛泽东代表中共中央政治局作了军事问题和国共两党关系问题的报告。会议讨论制定中国共产党在抗日战争时期的路线、方针和政策,会议决定成立以毛泽东为首的新的中共中央军事委员会,会议通过《关于目前形势与党的任务的决定》。并根据毛泽东的提议,通过著名的《中国共产党抗日救国十大纲领》,号召"在国共两党合作的基础上,建立全国各党各派各界各军的抗日民族统一战线,领导抗日战争,精诚团结,共赴国难"。

按:抗日救国十大纲领是:(一)打倒日本帝国主义。(二)全国军事的总动员。(三)全国人民的总动员。(四)改革政治机构。(五)抗日的外交政策。(六)战时的财政经济政策。(七)改良人民生活。(八)抗日的教育政策。(九)肃清汉奸卖国贼亲日派,巩固后方。(十)抗日的民族团结。[①]

8月25日,毛泽东在延安为中共中央宣传部门撰写了《为动员一切力量争取抗战胜利而斗争》的宣传鼓动提纲,认为只有实行全面的抗战路线才是中华民族解放独立之路。

是日,中央军委发布红军改编为国民革命军第八路军的命令,以朱德为总指挥,彭德怀为副总指挥,叶剑英为参谋长。28日,国民党南京政府宣布在西北的主力红军改编为国民革命军第八路军。

是月,毛泽东在延安抗日军政大学发表《矛盾论》的讲演,批判了主观主义,特别是教条主义的形而上学的思想方法。

按:李达说:"毛泽东同志师承列宁的遗教,不但根据马克思、恩格斯、列宁、斯大林的文献,研究了世界无产阶级革命的经验,吸收了现代科学上的新成就,充分地、详尽地、明晰地'说明和发挥'了论对立统一法则的学说,而且具体地、灵活地、巧妙地应用了这一学说于中国革命问题,建立了中国革命的理论与政策,并用亲身领导人民革命的经验,丰富了并发展了这一学说。《矛盾论》如同《实践论》一样,正是马克思列宁主义的普遍真理与中国革命的具体实践相结合的宝贵的理论收获。"[②]

按:王向清说:"《矛盾论》系统、完整地阐明了对立统一规律的内容,提出了新的唯物辩证法理论。在马克思主义哲学发展史上,马克思、恩格斯首先将辩证法建立在唯物论的基础上,从而赋予辩证法以科学形态;列宁则明

① 常连霆,主编.山东党史资料文库:第14卷[M].济南:山东人民出版社,2015:2-4.
② 李达.《矛盾论》解说[M].上海:生活·读书·新知三联书店,1953:3.

确提出了'对立统一规律是唯物辩证法的实质与核心'的论断,但没有对这一观点进行完整而又系统的论证。《矛盾论》不但坚持了'对立统一规律是唯物辩证法的实质与核心'的观点,指出对立统一规律是'唯物辩证法的根本法则',是宇宙的最根本规律;而且从多层面完整、系统地阐发了对立统一规律的内容。《矛盾论》从六个方面对对立统一规律作了诠释:即两种发展观,矛盾的普遍性,矛盾的特殊性,主要的矛盾和主要的矛盾方面,矛盾诸方面的同一性和斗争性,对抗在矛盾中的地位。可以说,在唯物辩证法的发展史上,它提出了不少原创性的观点,首次赋予对立统一规律以完备的理论形态。创新是建构理论的重要标志,《矛盾论》对对立统一规律的内容的多方面拓展,标志着它建构了新的唯物辩证法理论。"①

9 月 7 日,毛泽东在延安听取抗日军政大学政治部副主任胡耀邦的工作汇报,并为抗大政治部办的校刊《思想战线》写了题为《反对自由主义》的发刊词,号召全党要用马克思主义的积极精神,克服消极的自由主义。

按:毛泽东的这篇文章,在是年冬陕甘宁边区党委主办的《工作通讯》上首次刊载,1942 年 4 月 10 日延安《解放日报》上公开发表,是毛泽东建党学说的重要著作之一,是一篇马克思主义的重要文献。对于它的现实和历史意义,黄景芳等人指出:"(一)这篇著作,对克服当时存在于党内和革命队伍的自由主义倾向,增强党在马克思主义基础上的团结和统一,增强党的战斗力,保证抗日战争的胜利和后来的革命和建设的胜利,都起了重要作用。这篇著作后来成为延安整风和历次党内教育的重要学习文献。并成为从思想上建党的锐利武器和党员党性修养的座右铭,具有深远的历史意义。(二)这篇著作,从理论上深刻地剖析了时常存在于党内生活中的错误思想倾向——自由主义的基本特征、错误实质、严重危害、产生根源及其思想方法,提出了在党内坚持开展反对自由主义的积极思想斗争的原则和方法,从中国共产党的党的建设实际出发,进一步阐发了马克思主义党的学说关于党的团结和斗争的原理,是毛泽东运用马列主义的普遍原理,总结我们在党内斗争中的经验教训的基础上,特别是针对'左'倾机会主义在党内斗争问题上所犯的错误而提出来的,这是进行党内斗争的唯一正确的指导思想和方针,充分说明毛泽东关于运用批评与自我批评的方法解决党内矛盾,进行积极的思想斗争的思想已经完全形成和成熟,这是毛泽东对马列主义建党学说的一个创造性的发展。(三)这篇著作,在今天对我们搞好新时期党的思

① 王向清.冯契与马克思主义哲学中国化[M].湘潭:湘潭大学出版社,2008:16-17.

想建设仍然具有现实的指导作用。近几年来,思想文化领域的资产阶级自由化思潮严重泛滥,其中一个很重要的原因,就是党内的自由主义倾向发展的结果。个别党员自由主义严重,违背党的政治纪律和组织纪律,积极鼓吹资产阶级自由化;有的党员领导干部对此不闻不问,软弱无力,甚至采取自由主义态度,听任资产阶级自由化思潮到处泛滥,是不利于搞社会主义现代化建设的。邓小平指出:'毛泽东同志的《反对自由主义》,是一篇马克思主义的好文章。建议各级领导同志,特别是思想战线的同志认真学习一下,并且按照文章的精神办事。'(《建设有中国特色的社会主义》(增订本)35页)因此,重新学习这篇著作,对开展党内的积极思想斗争、克服自由主义和反对资产阶级自由化,巩固和加强全党政治上、思想上和组织上的团结统一,努力建设高度的社会主义精神文明,促进我国社会主义现代化建设事业的胜利发展,仍有重要的现实指导意义。"①

9月22日,中共中央发表《中国共产党关于国共合作宣言》,次日,蒋介石发表谈话,指出团结御侮的必要,事实上承认了中国共产党在全国的合法地位,标志着以国共合作为中心的抗日民族统一战线的正式形成。

按:毛泽东在是年9月29日发表《国共合作成立后的迫切任务》一文中,论述了抗日民族统一战线的重要意义,他说:"这在中国革命史上开辟了一个新纪元。这将给予中国革命以广大的深刻的影响,将对于打倒日本帝国主义发生决定的作用。""历史的车轮将经过这个统一战线,把中国革命带到一个崭新的阶段上去。中国是否能由如此深重的民族危机和社会危机中解放出来,将决定于这个统一战线的发展状况。"②

10月19日,毛泽东在延安陕北公学纪念鲁迅逝世周年大会上发表《论鲁迅》的讲话,号召学习鲁迅精神。同时提出了陕北公学的办学方针和办学任务。

按:毛泽东说:"我们今天纪念鲁迅先生,首先要认识鲁迅先生,要懂得他在中国革命史中所占的地位。""鲁迅先生的第一个特点,是他的政治的远见。他用望远镜和显微镜观察社会,所以看得远,看得真。他在一九三六年就大胆地指出托派匪徒的危险倾向,现在的事实完全证明了他的见解是那样的准确,那样的清楚。""鲁迅的第二个特点,就是他的斗争精神。刚才已经提到,他在黑暗与暴力的进袭中,是一株独立支持的大树,不是向两旁偏倒的小草。他看清了政治的方向,就向着一个目标奋勇地斗争下去,决不中

---

① 黄景芳.等主编.《毛泽东著作选读》介绍[M].长春:吉林大学社会科学丛刊编辑部,1987:125.

② 毛泽东.毛泽东选集:第2卷[M].北京:人民出版社,1991:364.

途投降妥协。有些不彻底的革命者起初是参加斗争的，后来就'开小差'了。……鲁迅的第三个特点是他的牺牲精神。他一点也不畏惧敌人对于他的威胁、利诱与残害，他一点不避锋芒地把钢刀一样的笔刺向他所憎恨的一切。他往往是站在战士的血痕中，坚韧地反抗着、呼啸着前进。鲁迅是一个彻底的现实主义者，他丝毫不妥协，他具备坚决的心。他在一篇文章里，主张打落水狗。他说，若果不打落水狗，它一旦跳起来，就要咬你，最低限度也要溅你一身的污泥。所以他主张打到底。他一点没有假慈悲的伪君子的色彩。现在日本帝国主义这条疯狗，还没有被我们打下水，我们要一直打到它不能翻身，退出中国国境为止。我们要学习鲁迅的这种精神，把它运用到全中国去。"①

10 月 23 日，毛泽东为陕北公学成立题词："要造就一大批人，这些人是革命的先锋队。这些人具有政治远见。这些人充满着斗争精神和牺牲精神。这些人是胸怀坦荡的、忠诚的、积极的与正直的。这些人不谋私利，唯一的愿望是为着民族与社会的解放而奋斗。这些人不怕困难，在困难面前总是坚定的、勇敢向前的。这些人不是狂妄分子，也不是风头主义者，而是脚踏实地富于实际精神的人。中国要有一大群这样的先锋分子，中国革命的任务就能够顺利地解决。"②

10 月 25 日，毛泽东在延安会见英国记者贝特兰，并发表重要谈话。

按：谈话内容包括中国共产党和抗日战争、抗日战争的情况和教训、在抗日战争中的八路军、抗日战争中的投降主义、民主制度和抗日战争。

11 月 1 日，陕北公学举行开学典礼，毛泽东在开学典礼上作《关于目前时局》的讲话。以后，张闻天、朱德、周恩来、任弼时、董必武、陈云、李富春、王若飞等中央领导都到陕北公学作过报告。

11 月 12 日，延安举行党的活动分子会议，毛泽东应邀作题为《上海太原失陷以后抗日战争的形势和任务》的报告。

11 月 29 日，中共驻共产国际代表、共产国际执委会委员、主席团委员、书记处书记王明和康生等从苏联经新疆迪化乘飞机到达延安，毛泽东、张闻天、周恩来等中央领导到机场迎接。

12 月 9—14 日，中共中央为听取王明带来的共产国际的指示和总结党的工作，在延安召开政治局会议（史称"十月政治局会议"）。张闻天、毛泽东、王明、康生、陈云、周恩来、博古、林伯渠、彭德怀、凯丰、刘少奇、项英、张

① 毛泽东.论鲁迅[N].人民日报,1981-9-22.

② 中共中央文献研究室,编.毛泽东年谱:中卷[M].北京:中央文献出版社,2013:34.

国焘等人参加会议,王明作《如何继续全国抗战与政权抗战胜利呢》的报告,对中央洛川会议以来所采取的正确方针和政策提出了批评,遭到毛泽东等人的抵制,王明的错误意见没有形成会议决议。会议决定成立中国共产党第七次全国代表大会筹备委员会,毛泽东任主席;增补王明、陈云、康生为中央书记处书记;由周恩来、王明、博古、叶剑英组成中共代表团,负责与国民党谈判;由周恩来、博古、项英、董必武组成长江局,领导南方各省党的工作。

12月23日,中共中央代表团与中共中央长江局在武汉召开第一次联席会议,决定将两者合并,对外称中共代表团,对内称长江中央局,王明任书记,周恩来任副书记。王明在领导长江局工作期间,违反党的组织纪律,不经党中央同意就擅自发表一些错误言论和文章,给敌后革命工作带来了危害。

是年,共产党员关毓华组织王忠生、关沫南、宋敏、边惠等进步青年在黑龙江哈尔滨成立读书会,命名为"马克思主义文艺学习小组"。

是年,陈潭秋被共产国际执委会任命为列宁学校中国部主任,同时参加共产国际中共代表团工作。是年底,列宁学校中国部取消,陈潭秋任《救国时报》主笔,参与翻译《苏联共产党(布)党史简明教程》。

按:孔原《潭秋同志在莫斯科的日子里》说:"一九三五年冬季,潭秋同志进列宁学校学习,我们又在一起相处了一段时间。……潭秋同志学习马列和外语极为刻苦认真,成绩优异,并且热情耐心地帮助其他同学学习,真正做到了学而不厌,诲人不倦。"①

二、研究论文

[苏]斯大林《论党的工作缺点和消灭托派及其他两面派分子的办法》发表于《解放》第1卷第4期。

董必武《共产主义与三民主义》发表于《解放》第1卷第6期。

按:作者认为孙中山先生的伟大,正因为他遗留给我们革命的三民主义。孙中山的民族主义"与马克思主义者对民族问题的主张原则上相同。所说的民权主义如果真能'为一般平民所共有',马克思主义者亦当拥护。所说的民生主义如真能实现在经济落后的中国,也可以推进中国经济前进一大步。马克思主义者对于革命方面有进步作用的任何主张,总是赞助的"。

---

① 孔原.潭秋同志在莫斯科的日子里[C]//回忆陈潭秋,武汉:华中工学院出版社,1981:120.

洛甫(张闻天)《关于十年来的中国共产党》发表于《解放》第1卷第8期。

按:文章说:"自前年中国共产党发表《八一宣言》《十二月决议》以来,经过西安事变的和平解决与和平统一局面的开始实现,中国共产党的政治影响是空前的提高了。中国共产党成了民族统一战线的发动者、组织者,成了民族统一战线的团结的坚强的核心。""总结起来,我们应该说中国共产党十年来的奋斗,是获得了伟大成绩的。这些成绩就是:(甲)在发动组织与领导全中国人民反日反帝的民族解放斗争中,唤起了全中国人民的民族觉醒;(乙)在发动组织与领导工农小资产阶级的一切政治经济的斗争中,提高了他们觉悟的程度与斗争的力量;(丙)创造了工农自己的苏维埃政权与红军——推动中国革命前进的伟大因素;(丁)首先提出了抗日民族统一战线的新政策,并为了促成抗日民族统一战线的建立,奋斗至今,为中华民族开始放下了和平统一团结御侮的基础;(戊)锻炼了中国共产党,使它成为同中国人民有密切联系的坚强的战斗的党。"

毛泽东《反对日本进攻的方针、办法和前途》发表于《解放》第1卷第12期。

[苏]马特比夫《社会主义国家的胜利总结》发表于《解放》第1卷第27期。

凯丰《马克思与中国》发表于《解放》第1卷第36期。

按:文章说:"马克思不但对于西欧的民族问题表示热烈的同情,而且对于东方被压迫民族,尤其对于中国的解放运动,同样表示热烈的同情。……马克思不仅热烈的同情中国人民的解放运动,而且对于他生时中国所发生的每一个事变,革命运动他都作了详细的研究,同时对于当时中国的社会经济结构,因资本主义而引起的变化,欧美的对华贸易,尤其是当时对华的鸦片贸易,作了深入的探究。他遗留给我们研究中国问题和中国革命运动史以丰富的指示。"

柯柏年译《列宁论战斗的唯物论底意义》发表于《解放》第1卷第62期。

张如心《列宁与中国人民解放事业——为列宁逝世十五周年纪念而作》发表于《解放》第1卷第62期。

按:文章说:"今年正月二十一日是列宁逝世十五周年纪念的日子。列宁是世界革命运动的导师,是弱小民族解放运动的热烈同情与赞助者。因此在今天中国抗战严重关头,来举行这一纪念,是有他的重大意义。"

[德]恩格斯作,黎平、石巍译《马克思墓前演说——一八八三年三月十

七日讲于伦敦海格特坟场》发表于《解放》第 1 卷第 66 期。

按：马克思于 1883 年 3 月 14 日在英国伦敦逝世。3 月 17 日，安葬于伦敦城北的海格特公墓。本文是恩格斯作为马克思的亲密战友在马克思墓前发表的讲话，现在题为《在马克思墓前的讲话》。恩格斯用英语发表的这篇讲话，代表全世界无产阶级对于马克思的逝世表示了深切的哀悼，对于马克思一生为无产阶级事业所做的伟大贡献作了崇高的评价和热情的赞颂。

［苏］列宁作，黎平、石巍译《马克思学说的历史命运》发表于《解放》第 1 卷第 66 期。

按：列宁说：马克思学说中的主要的一点，就是阐明了无产阶级作为社会主义社会创造者的世界历史作用。自马克思阐述这个学说以后，全世界的事态发展是不是已经证实了这个学说呢？马克思首次提出这个学说是在 1844 年。马克思恩格斯合著的，于 1848 年问世的《共产党宣言》，已对这个学说作了完整的、系统的、至今仍然是最好的阐述。从这时起，世界历史显然分为三个主要时期：(1)从 1848 年革命到巴黎公社(1871 年)；(2)从巴黎公社到俄国革命(1905 年)；(3)从这次俄国革命至今。……自马克思主义出现以后，世界历史的这三大时期中的每一个时期，都使它获得了新的证明和新的胜利。但是，即将来临的历史时期，定会使马克思主义这个无产阶级的学说获得更大的胜利。（黎平等的译文，与《列宁选集》第 2 卷（人民出版社 1995 年版）的译文，在文字上略有不同，这里选录的是《列宁选集》中的文字）

陈伯达《纪念马克斯与孙中山》发表于《解放》第 1 卷第 66 期。

按：文章说："五十六年(一八八三)三月十四日，是科学共产主义的创始人，人类社会历史发展规律的发现者，世界无产阶级及全人类解放运动的伟大导师——马克思停止其肉体上的呼吸的日子。十四年前(一九二五年)三月十二日，是中国民族革命首领，一代民族伟人，中国民族民主革命一般原则(三民主义)的提出者——孙中山停止其肉体上的呼吸的日子。在这两个接近的纪念日，在今天的中国大时代，我们来研究这生在不同的历史环境、代表两种不同的历史运动，具有不同的社会内容的两大人物的思想，是很有意义的。"

陈伯达《关于马克思学说的若干辩证》发表于《解放》第 1 卷第 70 期。

［苏］施惠林、多利科诺夫作，梁惠译《社会主义的现实主义概观》发表于《文艺科学》第 1 期。

按：文章说："由理论上的论究，特别是文学作品的实际所指示出来的是：为着苏联文学的发达，最有效的是社会主义的现实主义的道路了。社会主义的现实主义，它就是人生底正确的真实描写苏维埃国家的普罗列塔利亚与及一切勤劳者，是不害怕真实的。他们有要知道一切关于人生的真实的兴味，他们不能自欺，而且也不愿自欺，把真实只作为敌人，是危险的。"全文分别论述了为什么社会主义的现实主义是必要的、社会主义的现实主义的特质、不能把社会主义的现实主义和布尔乔亚的现实主义混同、社会主义的现实主义和革命的浪漫主义没有矛盾、社会主义的现实主义与心理描写、社会主义的现实主义注意形式问题等问题。

[苏]吉尔波丁等作、田方绥译《论社会主义的现实主义》发表于《文艺科学》第 1 期。

按：文章分艺术的本质、苏联文学的两个本质契机、苏联文学的现状、当前的基本缺陷及诸问题 4 部分。

[苏]罗森达尔作、卓戈白译《社会主义的现实主义基本的诸源泉》发表于《文艺科学》第 1 期。

按：文章分社会主义的现实主义的一般概念、唯物论的基本原理（存在的客观性）是社会主义的现实主义的第一个源泉及基础、艺术文学（全美学）之全历史的总括是社会主义的现实主义的第二个源泉及基础、苏联的现实诸关系及这些关系反映的苏维埃艺术文学是社会主义的现实主义的第三个源泉及基础等 4 部分。

[苏]西尔列尔作、李微译《社会主义的现实主义的前提》发表于《文艺科学》第 1 期。

按：文章说："恩格斯在《从空想到科学的社会主义之发展》里面，曾经说过：社会主义今日的科学理论，一方面是观察了资本主义社会状态的结果；他方面，'社会主义和一切新的理论相同，非和过去不久的前驱者们所创造的思想结合不可'。是苏维埃文学指导样式，无产阶级样式的社会主义现实主义，也首先就是我们的社会主义社会关系的产物，同时又是人类所有的过去先行文化发展的产物。"

[苏]吉尔波丁作、赫戏译《新现实主义与革命的浪漫主义》发表于《文艺科学》第 1 期。

[苏]米哈尔·柯列诃夫作、胡明树译《战线上的多罗莱丝——苏联作家的西班牙动乱从军记》发表于《文艺科学》第 1 期。

上辑《社会主义的现实主义》发表于《文艺科学》第 1 期。

吴泽《苏联哲学思想的斗争及其发展》发表于《中苏文化》第2卷第4—5期。

翦伯赞《劳动生产力在历史发展中之社会主义的阶段》发表于《中苏文化》第2卷第4—5期。

王德昭《一九三六年苏联社会主义建设之进展》发表于《苏俄评论》第11卷第1期。

月宸《中国共产党发表宣言共赴国难》发表于《战线》第4期。

［美］史诺作、汪衡译《毛泽东论中日战争》发表于《抗日半月刊》第1卷第3期。

［美］史诺笔录、汪衡译《毛泽东自传》发表于《文摘战时旬刊》第1—6期。

按：毛泽东说："一九二〇年冬，我将工人第一次政治地组织起来，并开始在马克思主义理论及苏联革命史的影响下领导他们。我第二次到北平时，我读了许多关于苏联的事情，同时热烈地寻我当时中国所能见到的一点共产主义书籍。三本书特别深印在我的脑子里，并且建立了我对于马克思主义的信仰。我一旦接受它是历史的正确解释后，此后丝毫没有过摇动。这几本书是《共产党宣言》，第一本用中文的马克思主义书籍；考茨基的《阶级斗争》和吉古柏的《社会主义史》。一九二〇年夏，我在理论上和某种程度的行动上，变成了马克思主义者，并且自此以后，我自认为一个马克思主义者。"

长冰译《毛泽东论抗战的现阶段》(1937年10月25日在延安对伦敦《每日导报》记者的谈话)发表于《文摘战时旬刊》第7期。

李建芳《论中国共产党与其最近的转变》发表于《文摘》第1卷第2期。

［美］埃德加·斯诺笔录、吴光译《毛泽东自传》发表于《文摘》第2卷第2期。

［苏］克伦斯基作、吴咏菊译《斯大林主义的命运》发表于《文摘》第2卷第2期。

冯仲足《苏联诞生二十年》发表于《东方杂志》第34卷第18号。

按：文章说："二十年前苏维埃政权的树立，代表着一种新的主义在历史上第一次的胜利——就是那以生产手段公有为基础的劳动大众的统治，代替了那以生产手段作为阶级私有的少数剥削阶级的统治。"

黄廷英《荷兰之社会主义及劳工》发表于《东方杂志》第34卷第22—24号。

吴泽《费尔巴哈论》发表于《文化批判》第 4 卷第 1 期。

按：文章说："我们知道黑格尔的辩证法，是后来马克斯哲学的源泉之一，它是一个历史上的大发见，它一举击破了人类思想及行动之结果的固定意义。"

卢心远《辩证法呢折中主义呢——评叶青先生》发表于《文化批判》第 4 卷第 3 期。

卢心远《否定之否定底法则——辩证法底根本法则之三》发表于《研究与批判》第 2 卷第 7 期。

［德］马克斯作、郭和译《论社会批评的意义及方法》发表于《思想月刊》第 1 卷第 3 期。

常燕生《生物史观与唯物史观的比较》发表于《国论》第 2 卷第 6 期。

李璜《论共产党所领导的文化运动》发表于《国论》第 2 卷第 10 期。

大微《中国共产党的转变》发表于《再生杂志》第 4 卷第 1 期。

第《马克思与福洛伊德》发表于《再生杂志》第 4 卷第 6 期。

立斋《共产党变更方向与人类德性之觉悟》发表于《再生杂志》第 4 卷第 9 期。

瞿秋白遗作、雪华录寄并序《多余的话》发表于《逸经》第 25—27 期。

按：《多余的话》是瞿秋白 1935 年在狱中写的，原稿至今未发现。1937 年《逸经》第 25 期至 27 期连载，为第一次发表。

毛尹若《马克思也是诗人》发表于《逸经》第 30 期。

李达《唯物辩证法的几个法则》发表于《法学专刊》第 7 期。

按：文章论述了从现象到本质的认识之推进、哲学史上关于本质与现象的范畴的理解之演进、现象与本质的辩证法、本质与假象的关系、根据与条件的辩证法、关于根据与条件的范畴的曲解、内容与形式的辩证法分离内容与形式的形式主义与机械论、哲学史上关于必然性与偶然性之演进、必然性与偶然性的辩证法、现代机械论与少数派观念论关于必然与偶然的问题之曲解、法则、法则与因果性、目的的概念之科学的说明等问题。

邱肃《〈资本论〉后的恐慌论和崩坏论》发表于《法学专刊》第 7 期。

［英］Dobrin S. 作、萧懋燕译《苏维埃法理学与社会主义》发表于《中国法学杂志月刊》新编第 1 卷第 5—6 期。

张涤非《从马克斯主义检讨中国共产党最近之政策》发表于《文化建设》第 3 卷第 6 期。

瞿秋白《我和中国共产党》发表于《文化建设》第 3 卷第 8 期。

按：是文节录发表于《逸经》第 6 期上的《多余的话》。

宪文《马克斯之剩余价值论》发表于《新中华》第 5 卷第 9 期。

宪文《马克斯之资本主义自灭说》发表于《新中华》第 5 卷第 9 期。

宪文《马克斯之〈资本论〉》发表于《新中华》第 5 卷第 15 期。

张作义《社会主义与宗教》发表于《新北辰》第 3 卷第 3 期。

冯瓒璋《共产主义评判》发表于《新北辰》第 3 卷第 6 期。

袁承斌《论无神的共产主义通牒》发表于《新北辰》第 3 卷第 6 期。

参麟《读中国共产党宣言》发表于《南声》第 91 期。

俊英《中国共产党之检讨》发表于《章江潮》第 2 卷第 2 期。

马骏《毛泽东会见记》发表于《群众》第 1 卷第 3 期。

艾思奇《辩证法唯物论梗概》发表于《中国农村》第 3 卷第 7 期。

按：文章论述了唯物论、客观的观念论、观念论是迷信宗教的桥梁、旧唯物论的弱点、辩证法唯物论、辩证法和形而上学、矛盾统一律、质量互变律、否定之否定律、矛盾统一律等基本问题。

晓帆《剩余价值学说》发表于《中国经济月刊》第 5 卷第 2、4 期。

熊梦飞《中国共产党转变之面面观》发表于《铎声》第 1—2 期。

罗宗骊《形式逻辑与辩证法》发表于《半月评论》第 1 卷第 5 期。

韦一《社会主义竞赛和史太汗诺夫运动》发表于《中国少年》第 1 卷第 7 期。

［美］罗斯·特灵作、孟华译《唯心主义与唯物主义》发表于《女青年》第 16 卷第 6 期。

殊子译《社会主义在苏联之动静》发表于《青年月刊》第 3 卷第 5—6 期。

周毓英《唯生论的辩证法》发表于《青年动力》第 1 卷第 1 期。

湘波译《资本主义经济与社会主义经济之根本的对立》发表于《合作青年》第 1 卷第 2—3 期。

吴冬青《辩证法唯物论教程根本法则章商榷》发表于《认识月刊》第 1 卷第 1 期。

周叔迦《佛教的辩证法》发表于《月报》第 1 卷第 1—6 期。

徐芸书《论共产党问题》发表于《月报》第 1 卷第 3 期。

按：文章说："现在所谓'共产党的问题'，就是中国共产党与中国统一的关系的问题。中国共产党在前年提出各阶级各党派合作的口号，在去年又提出'建立统一的民主共和国'的口号。这就是中共的'民族统一阵线'的新政策。现在所谓共产党的问题，即因共产党的新政策而引起。"

叶兆南《论中国共产党宣言与蒋委员长谈话》发表于《南针》第 1 卷第 9—10 期。

白选之《巴枯宁的社会主义思想》发表于《南风》第 13 卷第 1 期。

一民《中国共产党改变政策的因果》发表于《兴华》第 34 卷第 10 期。

王日蔚《日本政府与中国共产党》发表于《民众周报》第 3 卷第 6 期。

亦文《救亡运动与共产党》发表于《黄胄周刊》第 1 卷第 2 期。

袁洪范《马克斯"剩余价值"说批判》发表于《进化》新年号。

周宪文《列宁之帝国主义论》（学说介绍）发表于《绸缪月刊》第 3 卷第 10 期。

按：文章说："列宁于一九一七年著《资本主义最后阶段的帝国主义》一书，其主要目的，在解剖帝国主义之经济的性质，此即所谓列宁之帝国主义论是。自此书出，使社会主义阵营内左右两派之分野更为明显，而对资本主义之战术，亦各不相同。故论者每称此书为列宁主义之最重要部分。"

赵纪彬《唯生论哲学中的辩证法问题——方法与体系的内在关联》发表于《政问周刊》第 69 期。

寒松《莫斯科的现在和将来》发表于《宇宙风》第 36 期。

林为梁《唯物史观研究大纲》发表于《学术界》第 2 卷第 2—3 期。

［日］永田广志作、维嘉译《唯物辩证法纲要》发表于《学术界》第 2 卷第 2—3 期。

［美］斯诺作、东园译《毛泽东访问记》发表于《学生呼声》创刊号。

宠光社译《共产主义良友中之苏俄真像》发表于《磐石杂志》第 5 卷第 3 期。

蔡瑜《论辩证唯物论》发表于《丁丑杂志》第 1 卷第 1 期。

蓝志先《辩证法唯物论批判》发表于《丁丑杂志》第 1 卷第 3 期。

杨谦《中国共产党解决土地问题的政策》发表于《保安半月刊》第 2 卷第 8 期。

雷德《中国共产党口号下的人们阵线》发表于《保安半月刊》第 1 卷第 12 期。

黄雪章《今日苏联社会主义下之医学》发表于《公共卫生月刊》第 2 卷第 10 期。

章景瑞译《合作在社会主义国家中的地位》发表于《合作前锋》第 1 卷第 3 期。

会春《辩证唯物论与历史唯物论》发表于《中山文化教育季刊》第 1 期。

超人《中国共产党过去内讧的检讨》发表于《铲共月刊》第 1 期。

江涛《中国共产党运动之回顾与前瞻》发表于《铲共月刊》第 2 期。

一平《我们怎样认识共产党》发表于《防共月刊》第 5 期。

张镜潭《列宁时期的苏俄党争》(1917—1924)发表于《外交月报》第 10 卷第 3 期。

朱灼《民生史观与辩证法》发表于《江苏反省院半月刊》第 4 卷第 9 期。

又铭《剩余价值与资本》发表于《中法大学月刊》第 10 卷第 3 期。

贾开基《马克斯的地租论》发表于《复旦学报》第 2 期。

[英]Cowie D. 作、贻群译《新西兰之社会主义的试验》发表于《中央时事周报》第 6 卷第 5 期。

[美]黑吉作、沈炼之译《美国要变成一个社会主义国家么》发表于《时事类编》第 5 卷第 1 期。

[英]考维作、陈石孚译《新锡兰之社会主义的实验》发表于《时事类编》第 5 卷第 3 期。

[德]恩格斯作、荃麟译《社会意识形态概说》发表于《时事类编》第 5 卷第 3 期。

按:作者摘译《马克思恩格斯全集》第 1 集第 5 卷《德意志意识形态》第 1 章一部分,是国内最早的以阿多拉茨基版为蓝本的《德意志意识形态》的节译本。

[日]三木清作、修白译《形式论理学与辩证法》发表于《时事类编》第 5 卷第 6 期。

[苏]意斯特曼作、崔书琴译《苏俄社会主义之消灭》发表于《时事类编》第 5 卷第 7 期。

[日]秋泽修二作、吴胜之译《卡尔及恩格斯的历史观》发表于《时事类编》第 5 卷第 7 期。

按:文章说:"卡尔及恩格斯的历史观的根本特征,是不但在历史发展中,把握社会,而且把握自然——即把握物质的精神的世界全体。——以及唯物论的辩证法地把握历史。历史地把握一切事物的理论,一般地称为'历史主义'。在这一点,卡尔及恩格斯的理论就是科学的彻底化了的历史主义。然而这种历史主义,只有在真的辩证法的理论的时候,才是合理地整备,科学地完成的理论。本来历史主义不是意味着辩证法的本身,历史主义不过是辩证法的一个要素,破坏形而上学之世界观的一个基础,而开拓形而上学全构造的崩溃,和辩证法的世界观的确立之道路。反过来说,辩证法必须是在历史的发展中把握世界——自然及社会——的历史主义，这是显明的。"

［苏］谢莱作、由稚吾译《恩格斯论文学》发表于《时事类编》第 5 卷第 8 期。

［苏］卢海莫维奇等作、李孟达译《列强之备战与苏联的国防》发表于《时事类编》第 5 卷第 8 期。

［苏］杜勃林作、何祚昌译《苏维埃法理学与社会主义》发表于《时事类编》第 5 卷第 9 期。

马润庠《评苏联驻美大使讲共产主义与社会主义之区别》发表于《时事类编》第 5 卷第 9 期。

［苏］明德尔森作、李孟达《苏联国民经济建设近况》发表于《时事类编》第 5 卷第 12 期。

章楚《拜轮：共产主义的代价》发表于《时事类编》第 5 卷第 13 期。

［苏］伊林作、李孟达译《苏联第三五年计划的前途》发表于《时事类编》第 5 卷第 13 期。

按：文章说："第三个五年计划将是苏联继续前进的新计划，将是苏联力量真正昌盛的五年计划，将是走向胜利道路的一个伟大步骤。"

吕克、郭汉烈《关于社会主义与文化》发表于《时事类编》第 5 卷第 14 期。

［苏］Adoratsky V. 作、翦伯赞译《自然与人类知识的辩证法》发表于《世界文化》第 1 卷第 10 期。

小邨《列宁时代联共政治委员的命运》发表于《世界动向》第 4 期。

君衡《史大林为何胜》发表于《世界动向》第 4 期。

李麦麦《经济唯物论与自然唯物论》发表于 6 月 6 日《时事新报》。

［美］斯诺《一个非常的伟人》发表于 2 月 25 日《救国时报》。

字林西报西安通讯员《毛泽东氏保障人民信仰自由》发表于 3 月 21 日《救国时报》。

毛泽东《我们的责任》发表于 11 月 4 日《新中华报》。

按：文章指出，一定要战胜日本帝国主义，共产党、红军、陕甘宁特别区负有这种责任。

何香凝《苏联革命二十周年纪念之感想》发表于 11 月 7 日上海《大公报》。

三、研究著作

［苏］列宁著《马克思学说》由上海智新书局出版。

朱剑侬著《马克思价值论的批判》由浙江反省院出版。

［德］恩格斯著、张仲实译《费尔巴哈论》由上海生活书店出版。

按：译者序言："我介绍本书的动机，是跟介绍《社会科学的基本问题》的动机一样的。我们知道，近一两年来，国内出版界有一个严重的缺点，就是各家所出版的东西，形式与内容，差不多都是千篇一律的。要补救这一缺点，只有介绍世界名著，提高学术研究的水平。在这一动机之下，除《社会科学的基本问题》外，又介绍了这本书，想来读者一定是欢迎的。"

［德］马克思原著、博洽德缩编、李季译《通俗〈资本论〉》由上海亚东图书馆出版。

［日］川上贯一著、林文译《通俗〈资本论〉读本》由上海潮锋出版社出版。

按：是书分价值、剩余价值之生产、工资、资本之再生产与蓄积、利润与生产价格、商业资本与借贷资本、地租、金融资本之形式等8编。

邵林书著《马克思剩余价值学说之批判的研究》由浙江反省院出版。

［德］马克思著，朱应祺、朱应会译《工资、价格及利润》由上海泰东图书局出版。

朱应祺、朱应会译《马克斯及恩格斯评传》由上海泰东图书局出版。

按：是书上编6章，为马克思评传。下编7章，为恩格斯评传。

［德］恩格斯等著、赵秀芳编译《恩格斯等论文学》由上海亚东图书馆出版。

按：是书收录恩格斯《论文学》、赵季芳《恩格斯论巴尔扎克》、伊里奇《托尔斯泰论》等3篇文章。

［德］恩格斯等著、陈北鸥译《作家论》由上海光明书局出版。

按：是书包括莎士比亚论、普式庚论、杜斯退益夫斯基论、易卜生论、高尔基论。

赵纪彬著《马克思主义与孙文主义之综合对勘法的探讨》由浙江反省院出版。

按：是书包括对于马克思主义与孙文主义作综合对勘法的迫切意义、马克思主义与孙文主义之概略的对勘、马克思主义理论与共产党行动之逻辑上有机的联系等8部分。书前有牟震西的序。赵纪彬又名林向冰。

［德］马克思、恩格斯著，方乃宜译《马克思恩格斯论中国》由莫斯科外国

工人出版社出版。

　　按：马克思、恩格斯在 1847 年以后的 50 年中，不断地发表论述中国问题的著作，其中比较集中地发表在 1853 年至 1862 年的美国《纽约每日论坛报》上，加起来大约有 120 多篇，其中具有代表性的论著有马克思的《中国革命和欧洲革命》《英中冲突》《俄国的对华贸易》《英人在华的残暴行动》《鸦片贸易史》《中国和英国的条约》《新的对华战争》《对华贸易》《中国记事》等，恩格斯的《英人对华的新远征》《波斯和中国》《俄国在远东的成功》等。

　　〔苏〕斯大林著《列宁主义概论》由解放社出版。

　　按：是书分关于列宁主义底基础和关于列宁主义问题两部分。

　　〔苏〕列宁著，〔法〕巴比塞、库勒拉编，徐懋庸译《列宁家书集》由上海生活书店出版。

　　〔苏〕列宁著《国家与革命》由湖北汉口新生书店出版。

　　江镜泉译《列宁与哲学》由延安大同出版社出版。

　　按：是书收录 3 篇文章，即《从马克思——经过普列汉诺夫——到列宁》《列宁与辩证法》《列宁主义与唯物辩证法》。

　　〔苏〕列宁著《社会民主派民主革命中的"两个策略"》由新时代出版社出版。

　　〔英〕龚斯德著、许无愁译、梅立德校《基督与共产主义》由上海广学会出版。

　　按：是书分绪言、基督徒与共产主义者的关系、共产主义与马克思主义的检讨、共产主义在苏俄实验的批判、结论等 5 章。

　　〔苏〕米丁著、张仲实译《哲学》由上海生活书店出版。

　　按：是书译自《苏联大百科全书》。分 3 部分，除绪论外，讲述了哲学的基本问题、哲学的发生发展、马列主义中的哲学问题。

　　〔日〕永田广志著，施复亮、钟复光译《现代唯物论》由上海进化书局出版。

　　按：是书介绍辩证唯物论哲学发生发展的过程。全书除序说外，分马克思恩格斯时代、旧俄底辩证法唯物论两编。论述马克思、恩格斯、列宁、普罗汉诺夫两个阶段马克思主义哲学的发展。书前有译者序言。

　　陈唯实著《战斗唯物论讲话——新哲学世界观》由上海杂志公司出版。

　　按：是书分 8 讲，即唯物论与唯心论的起源、唯物论哲学的复兴、近代唯物论哲学、机械的唯物论批判、唯心辩证法与唯物辩证法、机械唯物论与辩证唯物论、科学的辩证唯物论、现阶段的战斗唯物论（列宁发展了辩证唯物论、列宁的战斗唯物论、列宁的实践唯物论、辩证唯物论与列宁主义）。作者尚著有《通俗辩证法讲话》《通俗唯物论讲话》《新哲学体系讲话》《新哲学世界观》等几部著作,对马克思主义哲学进行了全面的介绍。

艾思奇著《现代哲学读本》由上海一般书店出版。

按:是书讲述了马克思主义哲学产生和发展的历史。分上下两部,上部为新哲学的建立,专论马克思、恩格斯时期的哲学;下部新哲学的发展,专论列宁时期的哲学。全书共 5 章:新哲学的诞生、新哲学的战斗、俄国是新哲学发展的中心、对主观主义客观主义和马赫主义的批判、新哲学的新阶段。书首有《一个概观》,介绍了马克思主义哲学的概况。

艾思奇著《大众哲学》由上海读书生活出版社出版。

按:艾思奇最早对马克思主义哲学通俗化和大众化问题进行探索。1934 年 11 月至 1935 年 10 月,他在上海《读书生活》杂志上连续发表理论联系实际的哲学论文 24 篇,然后结集为《大众哲学》于 1937 年出版。该书以深入浅出的语言介绍了马克思主义哲学的基本原理,为马克思主义哲学的通俗化和大众化做出了杰出贡献。艾思奇是马克思主义哲学中国化、现实化、通俗化的积极倡导者,也是躬身实践者。

［俄］普列汉诺夫著、张仲实译《社会科学的基本问题》由上海生活书店出版。

按:是书原名《马克思主义的基本问题》,为躲避国民党"文化围剿"而改为今名,书中介绍马克思主义哲学的各种基本问题。包括马恩哲学的研究资料、存在与思维的关系、主体与客体的统一、辩证法与进化论、地理环境与社会的发展、社会心理与社会阶级斗争、现代科学界的新趋势等 17 节。书后附注解、名词索引及人名索引。

［俄］普列汉诺夫著、孙静工译《俄国社会思想史》(上中册)由上海商务印书馆出版。

按:是书第一部绪论:俄国社会关系发展概论;第二部彼德前俄罗斯社会思想运动,包括政教争斗影响下之社会思想运动、新旧贵族争斗影响下之社会思想运动、贵族与教会争斗影响下之社会思想运动、沙皇与高级贵族争斗影响下之社会思想运动、混乱时代的社会思想运动、混乱时代后莫斯科俄罗斯董事会生活与社会情绪、转向西方、初期的西化派与启蒙学者、初期的欧化派与启蒙学者、民族主义反动之抵制西欧影响、作为社会思想之一种表现的宗教中的分离运动等 12 章。

郑学稼著《苏联党争》由上海真理出版社出版。

袁文端等译《托洛茨基派危害苏联案》由南京中苏文化协会出版。

[美]杜威等编、李书勋译《苏联党狱的国际舆论》由上海亚东图书馆出版。

简芙编《苏联大党案》由上海时事新闻刊行社出版。

锤苊著《苏联的党案》由上海良友图书印刷公司出版。

林孟工编著《现代苏联政治》由上海商务印书馆出版。

按：是书分苏联的国家机构、计划经济、民族民生问题、外交政策、军事与国防、党内斗争、宪法改革等 9 章。

张庆泰著《苏联政治讲话》由香港华南图书社出版。

按：是书分 6 章论述十月革命及苏维埃政权的政治机构、经济建设事业等。

[美]马尔维去著、陈世第译《今日的苏联》由长沙商务印书馆出版。

吴蔼宸著《苏联宪法研究》由上海大公报馆出版。

郑虚舟著《苏联新宪法》由上海良友图书印刷公司出版。

按：是书介绍苏联 1936 年宪法，包括背景、特征、社会组织与经济制度、国家形态与政治机构，人民的权利、义务等，以及斯大林对种种批评的回答和全世界的反响。

张西曼译《苏联宪法》（苏联第八次苏维埃非常大会通过）由南京中苏文化协会出版。

[苏]E. A. 亚尔钦著、崔晓立译《苏联儿童教育讲座》由上海商务印书馆出版。

[美]哈尔柏著，马复、曹建译《苏联公民教育》由上海商务印书馆出版。

按：是书介绍了苏联共产党、共青团、工会组织，苏联的政治教育、社会状况，以及国际主义与民族主义等。

[英]柯兹著、包玉珂译《苏联第二次五年计划》由长沙商务印书馆出版。

钟恺译著《苏维埃联邦共和国之金融与财政》由南京中国计政学会出版。

祝平、徐思予编著《苏俄之国民经济建设》由南京正中书局出版。

李炳焕、沈鹿著《苏联计划经济问题》由上海商务印书馆出版。

按：是书分绪论、苏联计划经济的理论基础、苏联计划经济的实施机关与产生程序、苏联计划经济史的发展、苏联的工业问题、苏联的农业问题、苏联的商业问题、苏联的金融问题、苏联的财政问题、苏联的劳动问题等 10 章。

吴清友编著《苏联建国史》由上海商务印书馆出版。

按：是书分总论（俄罗斯帝国之兴起和没落）、二月革命前的俄罗斯、苏联之诞生、国内战争与新经济政策、"五年计划"时期中的苏联等5章。附录：中苏关系大事年表。

王达夫著《苏联二十年》由上海杂志公司出版。

按：是书分10章介绍1917年至1937年间苏联的政治、经济、文化、军事等方面的情况。

沈志远、张仲实编著《二十年的苏联》由上海生活书店出版。

按：是书分到十月之路、布列斯特和约和国内战争、战时共产主义、新经济政策、第一个五年计划、第二个五年计划、新宪法、社会生活、大众的物质文化生活、民族政策、国防等11章。前4章是沈志远执笔，后7章是张仲实执笔。

吴清友著《苏联民族问题读本》由上海一般书店出版。

按：是书分7章论述沙皇俄国的民族问题、布尔什维克在俄国资产阶级革命时期的民族政策、无产阶级专政时期的民族问题、苏联民族的历史发展等。

申城生著《苏联对华政策的将来》由大陆社出版。

金泽华编著《苏联是否能援助中国》由上海非常丛书出版社出版。

孙冶方等著《中国与苏联》由上海民族解放丛书社出版。

君平编《中苏的关系》由上海抗战研究社出版。

张云伏编著《中苏问题》由上海商务印书馆出版。

严继光著《中苏合作抗日论》由南京中山文化教育馆出版。

胡愈之编《苏联革命与中国抗战》由上海生活书店出版。

［苏］莤麦茨古著、王师复译《苏联保健事业》由商务印书馆出版。

［苏］绥维林、托里伏诺夫著，戴何勿译《苏联文学》由上海读者书房出版。

［苏］亚伯兰丁著、范希衡译《苏联诸民族的文学》由上海商务印书馆出版。

按：是书分社会主义建设时代的文学、苏维埃自家自述、作家及其作品3部分。

［苏］高尔基等著，武蠡甫、曹允怀译《苏联文学诸问题》由上海黎明书局出版。

［苏］高尔基等著、雯英译《苏联文学的话》由上海大风书店出版。

按：是书包括高尔基《苏联文学总论》、潘菲洛夫《什么是新现实主义》、法捷耶夫《新现实与新文学》、爱伦堡《新内容与新形式》等 4 篇论文。

［苏］高尔基著、世界文学研究社译《高尔基论苏联文学》由新生出版社出版。

［苏］高尔基等著《我们怎样写作》（青年文学自修丛书）由上海联华书局出版。

按：是书收录高尔基、法捷耶夫、A.托尔斯泰、皮涅克、左勤克等 12 人谈写作经验的文章。

［苏］高尔基等著，靖华、绮雨等译《给青年作家》由上海生活书店出版。

［苏］高尔基著，叶以群、邵荃麟译《怎样写作——高尔基文艺书信集》由上海读书生活出版社出版。

［苏］高尔基著、楼适夷译《高尔基文艺书简集》由上海开明书店出版。

按：是书收录高尔基致安特列夫、罗迦乞夫斯基、萧伯纳、柴哈罗夫、伊凡诺夫、莫洛绍夫、摩拉雪夫、史罗桀夫斯基等国内外作家的书信 30 余封。根据日译本节译。

［苏］高尔基著、石夫译《青年文学各论》由上海世界文艺研究社出版。

按：是书收录《文艺放谈》《与青年作家们底谈话》《给青年作家底信》《关于创作技术》《关于现实》《关于戏剧》《关于诗底主题》《关于儿童文学》《文学和电影》等 9 篇指导青年文学创作的论文。

［苏］高尔基著、齐生等译《俄怎样学习》（青年文学自修丛书）由上海联华书局出版。

葛一虹、田鲁编译《苏联艺术讲话》由上海读书生活出版社出版。

按：是书论述十月革命后的苏联戏剧、歌剧、舞剧、电影、雕塑、绘画、建筑等艺术发展。

［美］波格达斯著，徐卓英、顾润卿译《社会思想史》（上、下册）由上海商务印书馆出版。

按：是书介绍社会思想的性质、原始社会思想、古代文化之社会思想、中世纪社会思想、个人主义社会思想、马克思与社会主义的社会思想等 14 章。

外交部情报司编《苏维埃社会主义联邦共和国现代名人小志》（党政军学文化艺术各界）由编者出版。

陶亢德主编《苏联见闻》由广州宇宙风社出版。

［美］斯诺著、欧阳明德译《毛泽东传》由救亡图书出版社出版。

［美］斯诺著、张宗汉译《毛泽东自传》由延安文明书局出版。

[美]斯诺著、张洛甫译《毛泽东自传》由陕西延安书局出版。

按:是书附录《毛泽东夫人贺子珍小传》《毛泽东论抗日及联合战线》《毛泽东等呈蒋委员长一致对日抗战电文》。

[美]斯诺著、平凡译《毛泽东自传》由战时文化书局出版。

[美]斯诺著、汪衡译《毛泽东自传》由上海文摘社出版。

按:是书附录爱泼斯坦《这就是毛泽东——中国共产党的领袖》、福尔曼《访问毛泽东》、斯坦因《毛泽东会见记》、赵超构《毛泽东先生访问记》、柳六文《我所知道的毛泽东先生二三事》及《毛泽东论中日战争》。

[美]斯诺记录,翰青、黄峰译《毛泽东自传》由上海光明书局出版。

按:1935年左右,毛泽东在陕北窑洞内口述,斯诺用英文记录,后经吴黎平重述为中文,请毛泽东加以修正后发表,原载《亚细亚》第37卷78914号。分为4章,叙述毛泽东少年时代至红军长征时期的经历。

[美]斯诺、史沫特莱著,思三、汪馥泉译《毛泽东会见记》由上海文化出版社出版。

[美]斯诺著、大华编译《毛泽东印象记》由救亡出版社出版。

[美]斯诺著、白华编译《毛泽东印象记》由上海进步图书馆出版。

按:是书分为关于合作者、毛泽东印象记、抗日问题、联合战线问题、关于红军、关于特区工业等6章。

[美]斯诺笔录、鲁凯译《毛泽东奋斗史》由上海前锋出版社出版。

按:是书卷首有江帆《毛泽东先生的传略》和衡天《毛泽东夫人贺子珍女士的传略》,传末附录毛泽东关于特别问题谈话、毛泽东在保安关于联合战线谈话、毛泽东谈论中日战争等3篇文章。

毛泽东著《毛泽东论文集》由上海大众出版社出版。

按:是书收录《国共两党统一战线成立后中国革命的迫切任务》《中国抗日民族统一战线在目前阶段的任务》《抗日战争中我们的主张》《论中国抗日战争》《论抗战必胜》等12篇文章。书前有毛泽东小传。

毛泽东著《毛泽东论中日战争》由陕西人民出版社出版。

毛泽东著《论抗日战争的形势及其教训与胜利的关键——毛泽东与梅杰·堡脱兰谈话》由高原出版社出版。

[美]史沫特来著、宋景桐译《国共合作后怎样发展统一战线》(史沫特来与毛泽东的谈话录)由汉口图书社出版。

毛泽东等著《新中国在进展中》由上海新中国出版社出版。

按:是书收录《中国共产党宣言》、宋庆龄《国共统一运动感言》、朱德《日本决不可怕》、毛泽东《抗战必胜论》等 8 篇文章。

［苏］普列汉诺夫著、张仲实译《社会科学的基本问题》由上海生活书店出版。

按：是书分序言、马恩哲学的研究资料、存在与思维的关系、主体与客体的统一、历史唯物论的方法论的意义、辩证法与进化论、生产力的发展与地理环境、地理环境与社会的发展、物质生活与观念形态、思想基础与文艺、自由与必然等 17 节。

李达著《社会学大纲》由笔耕堂书店出版。

按：是为以马克思主义为指导而写成的理论著作，从理论上对"唯物辩证法""当作科学看的历史唯物论""社会的经济构造""社会的政治构造""社会的意识形态"等五个篇章进行了系统阐述，被毛泽东称为"中国人自己写的第一本马列主义的哲学教科书"[①]。

邹韬奋著《读书偶译》由上海韬奋出版社出版。

按：是书为作者 1933 年至 1934 年在英国伦敦博物院图书馆所写的英文笔记的一部分。作者在这本书中第一次较为全面地介绍了马克思的生平、理论及其思想来源，同时分别介绍了作为马克思的合作者、继承者恩格斯及其发展者、实践者列宁的思想。全书的"目次"主要有："马克斯研究发凡""马克斯的理论体系""马克斯的历史解释""唯物史观的解释""唯物辩证法""马克斯的经济学""恩格斯的生平和工作""恩格斯的自白""列宁的时代""列宁的生平""列宁的理论"。

赵文华著《二万五千里长征记》由北京大众出版社出版。

按：是书介绍了长征中的重要战斗和红军成长的历史。

大华著《二万五千里长征记》由上海复兴出版社出版。

朱笠夫编著《二万五千里长征记——从江西到陕北第八军红军时代的史实》由抗战出版社出版。

按：是书分"红军大会合""艰苦而壮大的道路""围剿之突破与长征之准备""二万五千里长征纪程""抢桥""长征闲话"6 章。书末附《红军第一军团西行中经过地点及里程一览表》。

吴明编著《共党要人素描》由上海民族解放社出版。

按：是书收录毛泽东、朱德、周恩来、徐向前、叶剑英、恽代英、彭湃、方志敏等 12 位共产党重要人物的传略。

---

① 　周溯源.毛泽东评点古今人物：精华本［M］.上海：上海人民出版社，2015：371.

史天行编《朱德传》由汉口芒种书屋出版。

陈德真编《朱德传》由广州战时读物编译社出版。

赵轶琳编著《八路军将领列传》由上海自力出版社出版。

按：是书收录朱德、彭德怀、贺龙、项英、刘伯承、徐向前等 6 位八路军将领的传略。

熊国霖编著《抗战将士剪影》（第 1 集）由汉口时代社出版。

按：是书介绍了毛泽东、朱德、彭德怀、周恩来、刘伯承、李宗仁、白崇禧等 30 余位抗战人士的生平、言论和事迹。

杜宁（杨之华）等著《殉国烈士瞿秋白》由莫斯科外国工人出版社出版。

按：是书所收日本共产党代表的悼文说："瞿秋白同志是中国共产党的组织者之一，是中国苏维埃运动中一个伟大的革命家。瞿秋白同志是坚持着马克思、列宁的共产国际的旗帜的人，他反对军国主义，反对狭隘的民族主义，他在国际主义的旗帜之下为着解放中国四万万饥寒交迫的人民，与反动的国民党及各帝国主义者进行残酷斗争，以便从他们残惨剥削和恐怖之下获得解放。"

四、卒于是年的研究者

李震瀛（1900—1937）卒。震瀛又名李宝森、李泊之，化名震因、振因，天津人。早年就读于南开中学，与周恩来等组织进步活动。1919 年参加五四爱国学生运动，任天津学生联合会干事。不久参与组织觉悟社和创办《觉悟》杂志。后入南开大学学习。1920 年加入天津马克思主义研究会和天津社会主义青年团。1921 年秋到北京加入中国共产党。旋即被派到上海，任中国劳动组合书记部干事兼《劳动周刊》编辑。曾同李启汉在小沙渡创办工人补习学校，组织发动上海英美烟厂和日华纱厂罢工运动。1922 年春被中共中央派到郑州开展铁路工人运动，建立发展中共组织。7 月到上海出席中共第二次全国代表大会。1923 年初参与领导筹备成立京汉铁路总工会，任总工会秘书长，参与组织京汉路全线大罢工。二七惨案后受到军阀通缉，在中共北平区委做工运工作。同年冬到哈尔滨、大连等地开展工人运动。曾在哈尔滨帮助筹建青年团和中共组织，举办平民学校，宣传马克思主义，团结进步青年。后返回天津，在中共天津地方委员会中负责铁路工人运动。1925 年被调到上海从事工人运动，参与五卅运动中的工人斗争的组织活动。1926 年 9 月起先后任上海总工会组织部主任兼工人自卫团指挥处总指挥、中共上海区委军事委员会主任、职工运动委员会主任兼上海总工会组

织部部长等职,参与领导指挥了上海工人第一、二、三次武装起义。1927 年
3 月被选为上海临时政府委员。5 月在中共第五次全国代表大会上被选为
候补中央委员。6 月被第四次全国劳动大会选为中华全国总工会执行委
员,任中共湖北省委职工运动委员会书记。第一次大革命失败后,出席中共
八七会议。同年 10 月同向忠发率中共代表团和中国工人代表团赴苏联访
问,分任两个代表团秘书和秘书长,在莫斯科参加十月革命十周年纪念活
动,先后出席共产国际执委会第九次会议和赤色职工国际四大。1928 年春
曾同向忠发代表中共与斯大林、布哈林联名发表两党宣言。旋回国到上海,
5 月被派到济南,任中共山东省委常务委员兼工委书记。1929 年调回上海,
任中华全国总工会组织部部长。8 月中共中央长江局成立,任委员负责工
会工作。9 月初兼中共武汉市委工委书记。1931 年 1 月在上海出席中共六
届四中全会,因参加右派"非常委员会",7 月被中共中央开除党籍,此后回
天津在绸缎店当店员。1937 年病逝于天津家中。

　　吴先清(1904—1937)卒。先清,女,浙江临海人。在杭州女子学校学习
时,曾参加五四运动,1924 年加入中国共产党。1925 年赴莫斯科东方大学
学习。大革命失败后回国,在上海中共中央情报机关工作。1935 年再次赴
莫斯科,入马列学院学习。1937 年被诬陷为日本间谍,错杀于西伯利亚。

民国二十七年　戊寅　1938 年

一、研究背景

1月11日,中共中央长江局机关报《新华日报》在武汉创刊,周恩来任董事长,潘梓年任社长。是为中国共产党在国统区公开出版的机关报,以传播马克思主义,为党发声为己任。由《新华日报》编辑的《群众》周刊同时创刊,同年10月武汉沦陷后,迁往重庆继续出版发行,直到1947年2月28日被迫停刊。

按:王瑞熙说:"《新华日报》根据国统区社会群体的构成状况,重点选择向工矿企业中的劳动工人群体、青年学生群体和职业妇女群体进行一些基本的马克思主义知识的宣传教育。在基本内容方面,《新华日报》主要是围绕马克思、恩格斯和列宁的个人形象和品格进行宣传,侧重从马克思主义发展历史的维度来普及一些基本的马克思主义知识,并且还会对马克思主义的一些具体理论进行针对性的介绍来推进经典马克思主义理论的普及。同时,对新民主主义理论的相关内容、毛泽东军事思想和文艺思想也进行了必要的宣传。"①

按:孙兴芳、汤志华说:"《群众》周刊是中共在国统区着重宣传马列主义的理论刊物。《群众》周刊在以周恩来为首的南方局的领导下,为向国人编译、介绍马列主义经典著作及研究资料方面做出了重大贡献。首先,它向广大民众强调学习马克思主义经典理论的重要性。1939年4月1日,《群众》周刊第二卷第二十期发表了以列宁的名言'学习!学习!再学习'为题的社论,强调'马克思、恩格斯、列宁、斯大林的学说理论,是整个劳动人类和先进人士斗争的武器',是'放之四海而皆准的理论'。其次,它采用多种途径出版、宣传马克思主义经典理论。如借助于马恩列斯诞辰或逝世周年纪念等重要日子来发表文章。再次,在传播内容上,它尽量避开反映生产力与生产关系矛盾的阶级对抗,多将生命力作为辩证唯物主义的根本问题。据初步

① 王瑞熙.抗日战争时期《新华日报》推进马克思主义大众化研究[D].上海:华东师范大学,2017.

统计在整个抗战期间《群众》共发表马恩列斯的宣传文章高达 115 篇。"①

　　是月,国民党在武汉设置主管抗日宣传的文化机构——政治部第三厅。在国共合作形势之下,中国共产党积极参与第三厅的工作,由周恩来直接领导,郭沫若任厅长,利用国民党名义,运用公开合法形式,领导文化界进步人士扩大抗战宣传,同时也为马克思主义经典理论在国统区的传播提供坚强后盾。

　　2 月 11 日,毛泽东在延安出席反侵略大会并发表演说,同时接见美国合众社记者王公达,回答了记者提出的问题。讲话指出当时有中国的统一战线、世界的统一战线和日本的统一战线 3 个统一战线,其目标都是一样的,就是一致反对日本帝国主义的侵略战争。

　　2 月 27—3 月 1 日,中央政治局在延安举行例会,讨论抗战形势和军事战略问题。毛泽东、王明、洛甫、周恩来、康生、凯丰、任弼时、张国焘等出席会议。会议没有形成正式文件。会后,王明公开发表《三月政治局会议的总结》一文,把右倾投降主义冒充为党中央的路线而大肆宣扬,造成了不良影响。

　　是月,毛泽东对访问延安的美国合众社记者发表谈话,阐明了中国共产党在抗日战争中的原则、立场和必胜的信心,呼吁国际社会声援和支持中国人民的正义斗争。

　　是月,毛泽东与周恩来、林伯渠、徐特立、周扬等联名发表《鲁迅艺术学院创立缘起》,强调干部决定一切。

　　3 月 12 日,毛泽东在纪念孙中山先生逝世 13 周年及追悼抗敌阵亡将士大会上发表演说,指出孙中山的伟大在于三民主义纲领、统一战线政策和艰苦奋斗精神。

　　3 月 15 日,中共中央做出《关于大量发展党员的决议》。为保证在大量发展党员的同时使党的组织得到巩固,中央要求各级党组织要给新党员以初步的马列主义与党的知识教育,使他们了解共产主义与其他党派的思想理论的基本区别。

　　4 月 1 日,毛泽东在陕甘宁边区国防教育会第一次代表大会开幕式上发表即席讲话,要求大家用全力来应付抗战,用教育来支持抗战,教育要听抗战的命令。

---

① 孙兴芳,汤志华.抗战时期马克思主义经典理论在国统区的传播研究[J].广西社会科学,2015(4).

4月2日,中共中央发出《关于党报问题给地方党的指示》,要求每个同志重视党报、阅读党报,把党报、杂志上重要负责同志的论文当作是党的政策和党的工作方针来研究。

4月9日,毛泽东在抗大第四期第三大队开学典礼上作《在抗大应当学习什么》的讲话,明确了抗日战争时期干部学校的教学内容。

4月10日,延安鲁迅艺术学院正式成立,毛泽东等中央领导出席大会并发表讲话。鲁迅艺术学院是中国共产党创办的第一所培育革命文艺干部的综合性艺术学校。中共中央为该校制定的教学方针是:"以马列主义的理论与立场,在中国新文艺运动的历史基础上,建设中华民族新的时代的文艺理论与实际,训练适合今天抗战需要的大批艺术干部,团结培养新时代的艺术人才,使鲁艺成为实现中共文艺政策的堡垒与核心。"[1]

4月14日,任弼时代表中共中央向共产国际提交《中国抗日战争的形势与中国共产党工作与任务》的报告。

是月,《抗敌报》改为《晋察冀日报》,邓拓任社长和总编辑,是为抗日根据地创办时间最早和最长的党报之一,是宣传马克思主义和毛泽东思想的重要舆论阵地。

5月5日,在马克思诞辰120周年纪念日,中共中央马克思列宁主义学院(简称马列学院)在延安成立,张闻天任院长,王学文任副院长。

按:为纪念马克思诞生120周年,中国共产党在延安创办马列学院,这是第一所专门学习和研究马列主义理论的干部学校。在马列学院里,专门设编译部,编译马列著作,张闻天任主任,主要成员先后有何锡麟、柯柏年、王实味、景林、赵非克、王学文、张仲实、成仿吾、艾思奇、徐冰、吴黎平、王思华、何思敬、曹汀、陈絜等。这是中国共产党在根据地中第一个编译马列主义经典著作的专门机构。以后,中共中央又成立凯丰为负责人,博古、洛甫、杨尚昆、师哲、许之桢、赵毅敏等人参加的翻译校阅委员会,组织开展马列著作的翻译、校对工作。

5月15日,毛泽东为陕甘宁边区政府和八路军后方留守处起草《陕甘宁边区政府、第八路军后方留守处布告》,目的是对付蒋介石集团的破坏。

5月26—6月3日,毛泽东在延安抗日战争研究会上作《论持久战》的讲演,总结了抗战以来的基本经验,批评了关于抗战的一些错误认识,全面阐明了中国共产党关于抗战的战略方针和争取抗战胜利的正确道路,极大地

---

[1] 王纪刚,编著.延安大学校[M].北京:世界图书出版公司,2016:221.

鼓舞了广大军民的抗战信心和决心。

按:毛泽东指出,抗日战争是持久战,最后胜利是中国的。毛泽东总结了抗日战争 10 个月的经验,进一步揭示了抗日战争的发展规律,把持久战的思想更加理论系统化。毛泽东说:"抗战十个月以来,一切经验都证明下述两种观点的不对:一种是中国必亡论,一种是中国速胜论。前者产生妥协倾向,后者产生轻敌倾向。他们看问题的方法都是主观的和片面的,一句话,非科学的。""中日战争既然是持久战,最后胜利又将是属于中国的,那末,就可以合理地设想,这种持久战,将具体地表现于三个阶段之中。第一个阶段,是敌之战略进攻、我之战略防御的时期。第二个阶段,是敌之战略保守、我之准备反攻的时期。第三个阶段,是我之战略反攻、敌之战略退却的时期。三个阶段的具体情况不能预断,但依目前条件来看,战争趋势中的某些大端是可以指出的。客观现实的行程将是异常丰富和曲折变化的,谁也不能造出一本中日战争的'流年'来;然而给战争趋势描画一个轮廓,却为战略指导所必需。所以,尽管描画的东西不能尽合将来的事实,而将为事实所校正,但是为着坚定地有目的地进行持久战的战略指导起见,描画轮廓的事仍然是需要的。"①《论持久战》是一部伟大的马列主义的经典军事理论著作,被誉为世界十大军事名著之一。

5月,毛泽东针对全面抗日战争初期,中国共产党内和党外都有许多人轻视游击战争的重大战略作用,而只把自己的希望寄托于正规战争,特别是国民党军队的作战情况,撰写了《抗日游击战争的战略问题》的文章,批驳了这种观点,指出抗日游击战争发展的正确道路。

6 月 11 日,共产国际执委会主席团在经过认真讨论后,通过了《关于中共代表报告的决议案》和《共产国际执委会主席团的决定》。《决议案》认为中国共产党的政治路线是正确的。

7 月 2 日,毛泽东接见在延安访问的世界学生联合会代表团全体成员,和他们进行了重要谈话。

9 月 14—27 日,中共中央召开政治局会议,从苏联回国的王稼祥在会上传达共产国际的指示和共产国际执行委员会总书记季米特洛夫的意见:"中共一年来建立了抗日民族统一战线,政治路线是正确的,中共在复杂的环境和困难的条件下真正运用了马列主义。中共中央领导机关要以毛泽东为首解决统一领导问题,领导机关要有亲密团结的空气。"②

① 毛泽东.毛泽东选集:第 2 卷[M].北京:人民出版社,1991:440-441、462-463.

② 逢先知.毛泽东年谱:中卷[M].北京:中央文献出版社,2005:90.

按：共产国际原先支持王明，排挤毛泽东作为党的领导人。从此，转变为支持毛泽东为中国共产党的主要领导人，这为随后举行的中国共产党六届六中全会肯定以毛泽东为首的中央政治局的政治路线，确立毛泽东在全党的领导核心地位，奠定了基础。

9月29—11月6日，中国共产党第六届中央委员会第六次全体会议在延安召开，张闻天主持并致开幕词，毛泽东、周恩来、朱德、刘少奇、陈云、王稼祥、彭德怀、康生、博古、王明、项英、关向应、张浩、杨尚昆、李富春、李维汉等出席会议。

10月12—14日，毛泽东代表中共中央政治局在党的六届六中全会作《抗日民族战争与抗日民族统一战线发展的新阶段》(《论新阶段》)的政治报告和《战争与战略问题》《统一战线中的独立自主问题》的结论，提出"马克思主义中国化"的命题。全会通过《中共扩大的六中全会政治决议案》，批准以毛泽东为核心的中共政治局的路线。

按：毛泽东说："马克思、恩格斯、列宁、斯大林的理论，是'放之四海而皆准'的理论。不应当把他们的理论当作教条看待，而应当看作行动的指南。不应当只是学习马克思列宁主义的词句，而应当把它当成革命的科学来学习。不但应当了解马克思、恩格斯、列宁、斯大林他们研究广泛的真实生活和革命经验所得出的关于一般规律的结论，而且应当学习他们观察问题和解决问题的立场和方法。我们党的马克思列宁主义的修养，现在已较过去有了一些进步，但是还很不普遍，很不深入。我们的任务，是领导一个几万万人口的大民族，进行空前的伟大的斗争。所以，普遍地深入地研究马克思列宁主义的理论的任务，对于我们，是一个亟待解决并须着重地致力才能解决的大问题。我希望从我们这次中央全会之后，来一个全党的学习竞赛，看谁真正地学到了一点东西，看谁学的更多一点，更好一点。在担负主要领导责任的观点上说，如果我们党有一百个至二百个系统地而不是零碎地、实际地而不是空洞地学会了马克思列宁主义的同志，就会大大地提高我们党的战斗力量，并加速我们战胜日本帝国主义的工作。""共产党员是国际主义的马克思主义者，但是马克思主义必须和我国的具体特点相结合并通过一定的民族形式才能实现。马克思列宁主义的伟大力量，就在于它是和各个国家具体的革命实践相联系的。对于中国共产党来说，就是要学会把马克思列宁主义的理论应用于中国的具体的环境。成为伟大中华民族的一部分而和这个民族血肉相联的共产党员，离开中国特点来谈马克思主义，只是抽象的空洞的马克思主义。因此，使马克思主义在中国具体化，使之在其每一表现中带着必须有的中国的特性，即是说，按照中国的特点去应用它，成为全党亟待了解并亟须解决的问题。洋八股必须废止，空洞抽象的调头必须少唱，教条主义必须休息，而代之以新鲜活泼的、为中国老百姓所喜闻乐见的中国作风和中国气派。把国际主义的内容和民族形式分离起来，是一点也不懂国际主义的人们的做法，我们则要把二者紧密地结合起来。在这个问题上，我们队伍中存在着的一些严重的错误，是应该认真地克服的。"①

10 月 15 日，张闻天在中共六中全会上作《关于抗日民族统一战线与党的组织问题》的报告，提出了"马列主义中国化"的命题。

按：报告说："组织工作，包含斗争形式、组织形式、工作方法。马克思主义的原则、方法是国际性的，但我们是在中国做组织工作，一定要严格估计到中国政治、经济、文化、思想、民族习惯、道德的特点，正确认识这些特点，再来决定我们的斗争形式、组织形式、工作方法。我们要的是国际主义的内容，民族的形式，我们要使组织工作中国化，否则我们就不是中国的共产党员。将外国党的决定搬到中国来用，是一定要碰钉子的。所以不仅要懂得马克思主义的原则，而且要在民族环境中来实现这些原则。若以为政治上有了马克思主义，在组织上就可以不要考虑中国特点，那是不对的，那是机械主义。如在上海曾搞过突击运动，结果是完全失败了。那就是机械搬用外国经验的结果，就是因为不懂得运用各国经验要适合中国的情况。我们确定组织工作的方针时，还要分析中国各地方不同的特点。中国经济、政治发展不平衡，各地情况不同。尤其现在处在战争环境中间，情况很复杂，而且变化迅速。这就要求我们分析各地的不同特点及其变动。所以我们要有原则性，还要有具体性，要根据各地的情况实现我们的原则，这就是马克思主义。我们反对千篇一律。"②报告第二部分在谈到党的干部问题和宣传教育工作时，强调要重视干部的理论学习，"要使我们的干部在思想上武装起来，学习马列主义，掌握马列主义的武器。有一百个至二百个真正精通马列主义者，中国革命问题就可以说解决了一半。所以必须用一切方法使我们的干部在工作中学习，在学校中学习马列主义"。报告还提出了"特别要注意以马列主义的革命精神与革命方法，去教育共产党员和革命青年。并以此去研究中国革命的实际问题，研究中国历史和中国文化的各方面。要认真的使马列主义中国化，使它为中国最广大的人民所接受"，报告指明党校教育方针的第一条即要求注重"理论与实际的联系"，要"特别着重于马列主

① 毛泽东.毛泽东选集:第 2 卷[M].北京:人民出版社,1991:533-534.
② 张闻天.张闻天文集:第 2 卷(1935—1938)[M].北京:中央党史出版社,2012:308.

义的革命精神与方法的教育,着重于拿实际问题说明马列主义的原则"①。

是日,张浩在中共六中全会上作《关于抗战中职工运动的任务》的发言,公开响应毛泽东马克思主义中国化的倡议。他提出要注意职工运动的民族化、中国化、通俗化,认为职工运动的工作方法方式,不能照搬俄国工人运动的经验和中国各地的工作经验。

11 月 6 日,中共六中全会根据毛泽东的报告通过了《中共扩大的六中全会政治决议案》,以及《关于各级党委暂行组织机构的决定》《关于中央委员会工作规则与纪律的决定》《关于各级党部工作规则与纪律的决定》等重要文件。刘少奇在会上作《党规党法的报告》。王稼祥在闭幕词中指出:"此次会表示我们已掌握马列主义,以之分析具体的复杂的环境,定出正确的政策与方针。此次大会表示了党的团结与一致。此次会在党史中占重要地位,总结了过去的经验,定出了工作,将会完成光荣的任务。此次会在中华民族史上亦有重大的意义,推动抗日战争走向最后胜利。"②

按:《政治决议案》说:"必须加紧认真地提高全党理论的水平,自上而下一致地努力学习马克思、恩格斯、列宁、斯大林的理论,学会灵活的把马克思列宁主义及国际经验应用到中国每一个实际斗争中来。""更加改进《新华日报》《解放》《群众》等的内容,大量设立各级培养干部的学校,训练班等。"③

二、研究论文

吴克坚《纪念巴黎公社》发表于《群众》第 1 卷第 14 期。

凯丰《马克思与中国》发表于《群众》第 1 卷第 22 期。

[苏]列宁《列宁论青年的学习问题——一九二零年十月二日在苏俄共产青年团第三次全国代表大会上的演说》发表于《群众》第 2 卷第 4 期。

[苏]列宁作、唯真译《马克思主义与民族战争问题》发表于《群众》第 2 卷第 5 期。

可夫译《斯大林的演说》发表于《群众》第 2 卷第 8—9 期。

[苏]列宁作、柯柏年译《纪念恩格斯》发表于《群众》第 2 卷第 8—9 期。

按:列宁说:"恩格斯于一八九五年八月五日死于伦敦。在他底朋友马克思逝世(他死于一八八三年)后,他是全文明世界中最著名的学者,现代无

① 中共中央党史研究室第一研究部,译.共产国际、联共(布)、中国革命文献资料选辑 1938—1943 [M].北京:中国党史出版社,2012:676-677.
② 王稼祥.王稼祥选集[M].北京:人民出版社,1989:147.
③ 中央档案馆,编.中共中央文件选集:第 10 册[M].北京:中共中央党校出版社,1985:702.

产阶级底导师。自从命运使马克思与恩格斯遇合之后,他们各人底毕生工作,就成为他们俩底共同事业。所以要知道恩格斯对无产阶级有什么贡献,必先明白马克思为发展近代劳动运动之工作与学说底意义。"

郭化若《抗日游击战争战术上的基本方针》发表于《解放》第 28 期。

陈伯钧《论抗日游击战争的基本战术——袭击》发表于《解放》第 28 期。

按:毛泽东为《解放》周刊写了编者志:"这篇文章,是陈伯钧同志节录一九三四年毛泽东同志所著《游击战争》小册子上面论游击战术之一部分,为了适合抗日战争的情况,陈同志在文字与条文上有所增减,复经毛同志校正,今在本刊发表,以供全国各地抗日游击战争领导干部参考。"

周恩来《关于所谓〈中国共产党的策略路线〉一书问题的公开信》发表于《解放》第 36 期。

石巍译《列宁论青年的学习问题》发表于《解放》第 40—41 期。

毛泽东《抗日游击战争的战略问题》发表于《解放》第 40 期。

按:毛泽东论述了抗日游击战争的 6 个具体战略问题:(1)主动地、灵活地、有计划地执行防御战中的进攻战、持久战中的速决战和内线作战中的外线作战;(2)和正规战争相配合;(3)建立根据地;(4)战略防御和战略进攻;(5)向运动战发展;(6)正确的指挥关系。并指出:"这六项,是全部抗日游击战争的战略纲领,是达到保存和发展自己、消灭和驱逐敌人、配合正规战争、争取最后胜利的必要途径。"

[苏]斯大林《苏联红军的三个特点》发表于《解放》第 41 期。

毛泽东《论持久战》发表于《解放》第 43—44 期。

按:毛泽东在《论持久战》中,从多方面对诸多问题进行了论述。第一,全面地分析了中日战争所处的时代和敌我双方的基本特点:敌强我弱、敌小我大、敌退步我进步、敌寡助我多助,揭示了抗日战争发展的客观规律:抗日战争是持久战,最后的胜利必将属于中国。第二,科学预见抗日战争将经历三个战略阶段:战略防御、战略相持和战略反攻阶段。第三,提出了一套具体的战略方针:防御中的进攻,持久中的速决,内线中的外线。第四,强调了遵循战争发展规律,充分发挥人民群众的主观能动性的重要性,阐述了中国共产党人的战争观。当抗日战争开始不久,许多人对战争将如何发展还不甚明了的时候,《论持久战》在人们面前那样清晰而有说服力地描绘出战争发展全过程的完整蓝图,回答了人民头脑中存在的种种问题。一篇论文具有如此强大的说服力量和震撼人心的力量,在历史上是少有的。以后抗日战争的实践,充分证明《论持久战》中的预见是完全正确的,是符合实际情况的。①

[苏]列宁《纪念恩格斯》发表于《解放》第 47 期。

毛泽东等《我们对于国民参政会的意见》发表于《解放》第 47 期。

按:毛泽东、陈绍禹(王明)、秦邦宪(博古)、林祖涵、吴玉章、董必武、邓颖超 7 位中共党员被选为 1938 年 7 月 6—15 日召开的国民参政会参政员,得到中共中央的正式批准。在会议前夕,毛泽东等 7 人为答复各方面关于中共对此会意见的询问,于 7 月 5 日发表了联合声明。

黎平(吴亮平)《恩格斯与中华民族自卫战争》发表于《解放》第 47 期。

黎平(吴亮平)《纪念中国人民的伟大朋友——恩格斯》发表于《解放》第 47 期。

按:文章说:"在我们民族英勇抗战的一年又一月来纪念我们中国人民的伟大朋友,与马克思共同创造科学社会主义领导国际革命运动的巨人,革命家、思想家——恩格斯的逝世的四十三周年,是有深刻的历史的意义的。恩格斯在一八二〇年生于普鲁士莱茵省巴门城,在一八九五年八月五日逝世于伦敦,较马克思去世晚十二年。恩格斯和马克思一起,把社会主义从空想变成了科学,他们创造了科学的共产主义,即全世界工人阶级、全世界一切民族、整个人类谋彻底解放的斗争的科学。他们根据于这种科学的共产主义,所以最热烈地同情并赞助中华民族的伟大解放运动。"

《马克思与波兰问题》发表于《解放》第 49 期。

艾思奇《共产主义者与道德》发表于《解放》第 51 期。

按:是文较全面地反映了艾思奇的马克思主义伦理观。全文分三部分论述了唯物主义者和道德的关系,共产主义道德观及其特点,共产主义道德与民族道德的关系。

[德]马克思、恩格思作,艾思奇译《马克思恩格斯关于唯物史观的通信》发表于《解放》第 52—56 期。

杨松《在准备和实行十月社会主义革命中的布尔塞维克党》(续)发表于《解放》第 56 期。

毛泽东《高度发扬民族自尊心和自信心》发表于《解放》第 57 期。

毛泽东《论新阶段》发表于《解放》第 57 期。

按:文章说:"马克思、恩格斯、列宁、斯大林的理论,是'放之四海而皆

---

① 吴玉才.毛泽东思想文献解读[M].芜湖:安徽师范大学出版社,2015:93.

准'的理论。不是把他们的理论当作教条看,而是当作行动的指南,不是学习马克思列宁主义的字母,而是学习他们观察问题与解决问题的立场与方法。只有这个行动指南,只有这个立场与方法,才是革命的科学,才是引导我们认识革命对象与指导革命运动的唯一正确的方针。"

杨松《在准备和实行十月社会主义革命中的布尔塞维克党》发表于《解放》第 59 期。

郑学稼《给中国共产党党员一封公开的信》发表于《抗战向导》第 1 期。

张绚中《统一与抗战建国——评中国共产党》发表于《抗战向导》第 6 期。

吴曼君《中国共产党与毛泽东主义》发表于《抗战向导》第 8 期。

张绚中《三民主义与马克思社会主义之关系》发表于《抗战向导》第 9 期。

柳宁《三民主义与共产主义》发表于《抗战与文化》第 1 卷第 11 期。

金海如《忠告中国共产党》发表于《抗战与文化》第 1 卷第 12 期。

叶青《中国共产党底存在问题》发表于《抗战与文化》第 1 卷第 12 期。

吴公坚《由第三国际说到中国共产党》发表于《抗战与文化》第 2 卷第 2 期。

丁逢白《评"中国共产党的策略路线"》发表于《抗战与文化》第 2 卷第 2 期。

叶青《中国共产党的背景》发表于《抗战与文化》第 2 卷第 7 期。

关关《中国共产党与民主政治》发表于《抗战与文化》第 2 卷第 8 期。

叶青《中国共产党在国民革命时代》发表于《抗战与文化》第 2 卷第 8 期。

叶青《中国共产党在苏维埃运动时代》发表于《抗战与文化》第 2 卷第 9 期。

王一农《中共阶级斗争之批判》发表于《抗战与文化》第 2 卷第 10 期。

叶青《中国共产党在抗日救国时代》发表于《抗战与文化》第 2 卷第 10 期。

庄依言《中国青年与中国共产党》发表于《抗战与文化》第 2 卷第 11 期。

徐德美《三民主义与社会主义》发表于《抗战与文化》第 2 卷第 12 期。

叶青《中国共产党底前途》发表于《抗战与文化》第 2 卷第 12 期。

张仲实《孙中山与列宁》发表于《抗战三日刊》第 39 期。

按:文章说:"本月 21 日,是苏联革命的伟大导师——列宁逝世的十四周年纪念日。列宁差不多人人都晓得，用不着记者多啰嗦。他的事业——伟大的十月革命，已经决定了他在人类社会发展史上的位置；他的遗产——蒸蒸日上的社会主义的苏联，已经表明了他的对人类贡献的伟大。不论是苏联的友人或是苏联的敌人，一提起他，没有不表示佩服，肃然起敬的。列宁不仅是俄国人民的领袖，而且是全世界劳苦大众和被压迫人民的领袖。"

张仲实《同情于中国民族解放战争的马克思》发表于《抗战三日刊》第68期。

按：文章说："本年5月5日，适为马克思诞生120周年纪念。关于马氏的生平，他的学说与事业，以及他在历史的位置，有好多专书可看，这里因篇幅有限，恕不多嘴；而且现在苏联社会主义建设成功的事实，更证明了马氏学说的正确，也用不着记者来啰嗦。在今日中华民族怒吼起来，与日本帝国主义作生与死斗争的当儿，遇着这位巨人的诞生120周年纪念，当然有着重大的意义。因此，记者愿乘这个机会，特把马克思当年诅咒欧洲资本家掠夺中国和对我们祖先反抗强暴表示莫大同情的情形，略微说一下，以示纪念。……（马克思）担任《纽约每日论坛》特约通讯，他前后关于中国问题，曾特别写了好几篇通信。在这些通信中，他竭力指斥欧洲强盗的侵略行为，把事件的真相揭发出来，而处处对中国表示同情。"

毛泽东《新哲学讲座——辩证法唯物论》发表于《抗战大学》第1卷第6—7期。

邓万《〈论新阶段〉的讨论提纲》发表于《抗战大学》第2卷第4期。

张仲实《苏联对外政策与中国抗战》发表于《全民抗战》第34期。

按：文章说："我们知道，中国对日抗战，是被压迫民族反帝的解放战争，从社会发展的见地说，这是一个有进步意义的战争。要是中国抗战一胜利，那将对世界帝国主义体系予以严重的打击。苏联正是看到了中国抗战的这一进步的意义，才基于它的社会主义的立国原则，诚心诚意愿意对中国抗战予以积极的支持和援助。所以，继续抗战乃是我们取得苏联援助的先决条件。"

叶青《中国共产党底存在问题》发表于《抗日民众》第3—4期。

毛泽东《毛泽东论抗战中诸问题》发表于《文摘战时旬刊》第13期。

胡伺《斯太林论社会主义胜利》发表于《文摘战时旬刊》第18期。

雷生译《一个共产主义者谈欧洲》发表于《文摘战时旬刊》第32—33期。

时伦《论各国共产党与无产阶级援助中国对日抗战》发表于《战时论坛》第1卷第1期。

画彤《中国共产党与苏联转变的观测》发表于《战鼓》第 1 卷第 3—4 期。

陆诒《毛泽东谈抗战前途》发表于《战地通信》第 10 期。

按：作者在延安访问了毛泽东主席，文中记载了访问时毛泽东的一些谈话，其中毛泽东说："我们虽然决心在华北干下去，但并不是说八路军包办，主要的盼望在华北的各友军大家干，最近阎锡山将军、卫立煌将军，都已经誓与晋省国土共存亡的决心，这当然是极好的现象。现那一军那一派的损失，都是整个民族的损失。今天我们所争取的，第一是抗战的胜利。如果再失败下去，日本亡了中国，什么都完了，什么也谈不上了。我们特别要在这个抗战的紧急阶段，以最大的努力来巩固抗日的统一战线，必要凝固全国进一步的团结，并誓死拥护最高领袖蒋委员长抗战到底的主张，以博取中华民族的解放胜利！"

编者《中国舆论下的苏联》（论文介绍两篇：《促进中苏关系须先纠正错误意识》《苏联对外政策与中国抗战》）发表于《中苏文化》第 1 卷第 1—2 期合刊。

魏克《中国抗战是否希望苏联援助》发表于《中苏文化》第 1 卷第 1—2 期合刊。

[苏]Norsky 作、王懋坚译《社会主义建设中的苏联》发表于《中苏文化》第 1 卷第 6—7 期合刊。

徐敏《社会主义经济的发展》发表于《中苏文化》第 1 卷第 9 期。

于绍文《社会主义建设猛进中的苏联国家预算》发表于《中苏文化》（十月革命二十一周年纪念特刊）。

《领导社会主义建设之苏联领袖——斯达林与幸福之儿童》发表于《中苏文化》（十月革命二十一周年纪念特刊）。

《社会主义生产事业》发表于《中苏文化》（十月革命二十一周年纪念特刊）。

《社会主义的文化》发表于《中苏文化》（十月革命二十一周年纪念特刊）。

萧敏颂译《二十年来的资本主义与社会主义经济》发表于《中苏半月刊》第 2 卷第 2 期。

真人《二十年来的苏联共产主义》发表于《近代杂志》第 1 卷第 10—11 期。

陈鲁镇《中国国民党共产党关系史》发表于《前锋》第 1 卷第 1—2 期。

胡为仁《列宁主义初步大纲》发表于《武装》第 1—3 期。

按：编者按："这个大纲的写成,主要地是根据已在市面上风行的两种书(一)《列宁主义概论》,(二)《现代文选》。前一书正是列宁的最优秀的继承者斯大林所著,后一书是史维城先生根据十多种马恩列斯四人的原著编译成的,我们相信对于想要由上述两书去把列宁主义作一个初步探讨的读者诸君,这也许可能给予若干的帮助吧!"

杜俊君《辩证法在民族解放中的作用》发表于《武装》第3期。

何兹全《国民党与社会主义》发表于《政论旬刊》第1卷第7期。

何兹全《资本主义·社会主义——我们要怎样建国,建立什么样的国家》发表于《政论旬刊》第1卷第21期。

李孟达《苏联红军最初创立的过程》发表于《民族战士》第1—4期。

李立中《从历史发展论国民党与共产党》发表于《民族生命》第2期。

[英]C. Jensen作、武译《现阶段的俄国共产主义》发表于《火炬》第1卷第1期。

恒德《国际形势论民族战争中的中国共产党》发表于《新力》第12期。

刘直之《儒家学说在社会主义思想方面的贡献》发表于《近代杂志》第1卷第3期。

马骏《毛泽东会见记》发表于《半月文摘》第1卷第6期。

毛泽东《毛泽东论游击队战略》发表于《安徽政治》第15期。

按：毛泽东说："敌是进攻,我是防御,敌是外线作战与异民族侵入异国,我是内线作战与同民族反异民族的战争,因此在战略上我们是持久,而在单独战役作战上则图速决。所以游击队作战,要求集中多的兵力,采取迅速与神秘的行动,出其不意的袭击敌人,很快的解决战斗,而要力戒消极防御,力戒拖延,力戒临时分散兵力。游击战本来是以分散为原则,例如扰乱敌人,钳制敌人,破坏敌人,及做群众工作时,都以分散为原则;但为着打破敌人某一部分的进攻而须努力的时候,就仍须集中主要的兵力,打击和歼灭小部分的敌人,这仍然是游击队的原则,所以其进攻往往比正规军大。不管在任何战场上,都须能主动地化整为零,聚零为整,有时防御,有时进攻,神出鬼没,变内线为外线,持久中求速决,灵活地使用兵力。"

叶洲《剩余价值和资本》发表于《自修》第1卷第10期。

懋孙《唯物辩证法的初步认识》发表于《自修》第1卷第39期。

懋孙《怎样用辩证法去把握客观的真理》发表于《自修》第1卷第40期。

张少岩《社会主义国家建设的成功》发表于《自学(上海)》第1卷第9期。

任天马《朱德毛泽东先生印象记》发表于《前夜》创刊号。

则鸣《辟所谓中国共产党的策略路线》发表于《决胜》创刊号。

云生《中国共产党的真面目》发表于《新中国》第 1 卷第 4 期。

吴清友《苏俄教师的社会主义竞赛》发表于《教育杂志》第 28 卷第 2 期。

伍重光《与毛泽东先生"论国际矛盾大于国内矛盾"》发表于《轴心》第 1 期。

武仙卿《民生主义不等于共产主义》发表于《政论》第 1 卷第 24 期。

高季迪《中国共产党之史的检讨》发表于《快刀》第 1 卷第 4 期。

杨朔《毛泽东特写》发表于《华美》第 1 卷第 5 期。

郑锡麟《资本主义与社会主义》发表于《青年向导》第 12 期。

张纯明《俄国共产主义的起源》发表于《新经济》第 1 卷第 8 期。

箴一《列宁夫人的生平》发表于《译报周刊》第 1 卷第 22 期。

张君劢《国家社会主义经济建设之具体方案》发表于《再生杂志》第 5 期。

张君劢《致毛泽东先生一封公开信》发表于《再生杂志》第 10 期。

按：张君劢 4 月代表国家社会党与国民党正副总裁蒋介石、汪精卫交换文件，从此国家社会党由秘密组织而公开活动。7 月出席在汉口召开的国民参政会第一届第一次会议，并选为驻会委员。12 月在重庆《再生》第 10 期上发表《致毛泽东先生一封公开信》，产生恶劣的政治影响。

毕范宇《共产主义对于民主及基督教的挑战》发表于《天风》第 6 卷第 12 期。

周继善《唯物论者的宗教观和基督教的社会观略论》发表于《天风》第 6 卷第 22 期。

招观海《基督教对共产主义应有的认识》发表于《天风》第 6 卷第 23 期。

翌明《基督教看共产主义》发表于《天风》第 6 卷第 24 期。

周篪《再论辩证法之三律》发表于《惊蛰》第 3 卷第 4 期。

程瑞锟《社会主义的法律》发表于《自学》第 1 卷第 11 期。

邹明初《中山先生之社会主义观》发表于《中山月刊》第 7 期。

孟云桥《论资本主义与社会主义——对于民生主义的解释》发表于《国是公论》第 15 期。

王学诗《七年来的中国共产党》发表于《国际周报》第 1 卷第 21 期。

按：文章说："在第三国际领导下的中国共产党七年来的经过，可以分做几个部分来讲：一、苏维埃临时政府成立；二、红军退出江西；三、西安事变；

四、参加抗战。一九三一年可以说是朱毛路线的开始。"

杨问苍《从列宁到斯塔林》发表于《世界政治》第 3 卷第 3 期。

[苏]Varga E. 作、许涤新译《十年来社会主义与资本主义经济的发展》发表于《世界知识》第 7 卷第 5 期。

薛维垣《史丹林论社会主义》发表于《时事月报》第 18 卷第 4 期。

于绍文译《苏联社会主义农业的机械化》发表于《时事类编》特刊第 28 期。

毛泽东《在延安党政军及群众团体检查工作干部会上的讲话》发表于 12 月 30 日《新中华报》。

社论《纪念"革命中之圣人"——列宁》(列宁逝世十四周年纪念)发表于 1 月 21 日《新华日报》。

凯丰《马克思与中国》发表于 5 月 5 日《新华日报》。

[苏]列宁《马克思传》发表于 5 月 5 日《新华日报》。

社论《纪念马克思和孙中山》发表于 5 月 5 日《新华日报》。

[苏]列宁《马克思主义的三个来源与三个组成部分》发表于 5 月 5 日《新华日报》。

按:文章从马克思主义理论主要构成部分和各部分之间的内在关系的角度,介绍了马克思主义是整个的世界观,在这些理论中最为重要的是关于无产阶级专政的学说。马克思主义的这三大部分内容是一个紧密联系的有机统一整体。马克思主义的理论基础是唯物论,马克思主义辩证法是指导工人阶级进行革命斗争的有力武器,政治经济学则是工人阶级认清资本主义经济社会发展规律的有效工具。

[苏]列宁《论民族战争——节录列宁论尤尼乌士之小册子一文》发表于 5 月 7 日《新华日报》。

[苏]列宁作、唯真译《马克思主义与民族战争问题》发表于 7 月 9 日《新华日报》。

[苏]列宁《落后的欧洲与先进的亚洲》发表于 10 月 10 日《新华日报》。

[苏]席特考夫斯基作、吴敏译《马克思主义辩证法的法则及其运用》发表于 12 月 8 日《新华日报》。

三、研究著作

[德]马克思、恩格斯合著,陈望道译《共产党宣言》由湖北汉口人民书店出版。

〔德〕马克思、恩格斯著，成仿吾、徐冰译《共产党宣言》由解放社出版。

〔德〕马克思、恩格斯合著，成仿吾、徐冰译《共产党宣言》由中国出版社出版。

〔苏〕阿多辣茨基著、柯雪飞译《马克思列宁主义的理论基础》由汉口播种出版社出版。

按：作者说："列宁从马克思那里所接受了的理论基础——辩证法唯物论，曾经由列宁往前独立地发展了。列宁必须在另一种新的条件之下来活动，许多问题必须按照新的方法来解决，同时，列宁利用马克思主义的方法，在开始了世界无产阶级革命的帝国主义时代的复杂的新环境中，解决了为革命的马克思主义而斗争的困难任务。在马克思和恩格斯逝世之后，第二国际最伟大的理论家与领袖中之任何一人，都不能解决这个任务。只有列宁才执行了这个任务，因为他与无产阶级的群众运动有密切的联系，并且领会了马克思主义理论，非他人所可及。列宁是无产阶级全世界历史任务之最正确的代表者。列宁在三次革命中领导了无产阶级的斗争，同时把马克思主义理论之一切组成部分都向前推了，发展了。因此，帝国主义与无产阶级革命的最新时代的马克思主义，得到了列宁主义的名称，这有充分的理由。"

〔德〕马克思、恩格斯著，彭汉文编译《马克思主义的基础》由上海社会科学研究社出版。

按：是书包括恩格斯的《共产主义原理》初稿等 6 篇文章，书前有编者序。

〔苏〕列宁著、王唯真译《马克斯及其学说》由新华书店出版。

按：是书包括卡尔·马克思、马克思底学说、哲学的唯物主义、辩证法、唯物史观、社会阶层斗争、社会主义、劳苦大众斗争底策略等内容。

唯真译《什么是马克思主义》由延安解放社出版。

李季著《马克思传》（上、中、下册）由上海言行出版社出版。

〔苏〕列宁、托洛斯基著，李书勋译《恩格斯评传》由上海亚东图书馆出版。

〔苏〕曼努意斯基著、王唯真译《恩格斯及其事业》由汉口出版。

〔苏〕曼努意斯基著《为革命的马克思主义而斗争的恩格斯》出版。

〔日〕河上肇著、李达等译《马克思主义经济学基础理论》由上海昆仑书店出版。

〔德〕考茨基原著、〔日〕石川准十郎改编、洪涛重译《〈资本论〉概要》由上海言行出版社出版。

[苏]聂奇金纳著、郑易里译《〈资本论〉的文学构造》由汉口读书生活出版社出版。

[德]马克斯著,郭大力、王亚南译《资本论》(政治经济学批判)由上海生活书店出版。

[德]马克斯著,恩格斯编,郭大力、王亚南译《资本论》第 3 卷《资本主义生产的总过程》由读书生活出版社出版。

按:恩格斯《编者序》说:第三卷的编辑工作,本质上,是与第二卷的编辑工作不同的。第三卷除一个草案外,就没有别的可以利用;并且这个草案,也是极不完全的。照例,各篇的开端,都曾细心撰修,即在文体上也有推敲。但越下去,研究工作,就越是概括,越是有遗漏,越是牵涉那在研究进行中其位置尚未经最后决定的枝点,越是把句子弄得冗长复杂,以致其内孕育的思想,不能一目了然。许多地方,书法与说明方法,明白表示在工作过度中著者的疾病的开始与加重上。这种疾病,使著者的独立工作,益益觉得困难;最后,还使著者的工作,不得不暂时完全停止。这并不是不可思议。在1863 年至 1867 年,马克斯不仅已将《资本论》后二卷的初稿完成,将第一卷整理好预备付印,且曾努力于国际劳动者协会的设立和扩张,这是一种可惊的工作。结果,他的健康的破坏,在 1864 年 1865 年,就已露出最初的症候,以致不能亲手将第二卷和第三卷做好。我的工作,是先把草稿全部抄写一遍,使它成为一种易读的抄本。这种草稿就连我也往往是不能辨认的。单是这件事,就很花时间。然后真正的编辑工作,方才开始。我曾把这种工作,限制在必要的限度内。在意义已经很明了的地方,我曾竭力保存初稿的性质。从不同的观点观察同一的对象,从而把同一的思想复述几遍,殆已成为马克斯的习惯。对于这种复述,我概加以保留。甚至以不同文字表示同一思想的地方,我也不加削除。但有些地方,我所加的订正或增补,已不以编辑为限;有些地方,我是利用马克斯所供给的事实材料,尽可能根据马克斯的精神,而自行推得结论。在这些地方,我都把全段话,用角形弧括起来,并附上我的姓名的简笔字了。我所加的注,有时不便用括弧,但凡是有我的简名的地方,其全注都须由我逐字负责的。这是自明的,一个原稿初次草成时,总会提示许多点,表示待以后说明,并不是每一点后来都加说明的,因为我要宣示著者整理的计划,所以关于这些点,我都照原样,没有改动。

[德]马克思、恩格斯著,郭沫若译《德意志意识形态》由上海言行出版社出版。

按：郭沫若从苏俄莫斯科马克思恩格斯研究所所长李亚山诺夫（今译为梁赞诺夫）所编辑的《马克思恩格斯文库》第 1 册摘译《德意志意识形态》第 1 卷第 1 章《费尔巴哈——唯物主义观点与唯心主义观点的对立》，由言行出版社出版，书名为《德意志意识形态》。

按：邓伯军说："'民国时期'（1930 年 4 月—1949 年 9 月），《德意志意识形态》研究总体上尚处译介和解读性研究阶段。从总体上讲，虽然当时的政治界和学术界对《德意志意识形态》的译介和解读的苏联教条模式的缺陷性已有所认知，但是依然囿于其学科体系和理论框架之内，没有历史地还原和再现马克思文本学的解读模式，更没有对其作出具有自主知识产权的理论创新。期间，在中国传播的马克思主义经典著作，主要是恩格斯著作和苏联人关于马克思主义经典著作的解读之作，而体现马克思主义哲学新视界的《德意志意识形态》，直到 1930 年以后才有高语罕、杨东莼和宁敦伍、荃麟等分别节译的部分段落；19 世纪 30 年代末 40 年代初有了《德意志意识形态》第 1 章的节译本；也有一些富于学术敏感力的学者对《德意志意识形态》进行了介绍和初步的研究。但是《德意志意识形态》尚未被列入马克思主义经典著作系列，而是将其纳入苏联哲学教科书体系之中去对其作出解读和阐释。毛泽东思想作为民国时期马克思主义中国化的最大理论成果，实乃'以苏解马'的马克思主义中国化实践的理论飞跃。从历史视域观之，应承认'以苏解马'的马克思主义，对我国完成民族独立和人民解放这两大时代主题的历史性意义，但'以苏解马'的高扬'斗争哲学'这一历史局限性，也造成我国在现实实践中阶级斗争扩大化的历史性的悲剧。"①

［德］马克思著、西流（濮清泉）译《劳动价值说易解》由上海亚东图书馆出版。

按：是书乃《工资、价格和利润》一书中的第 6 至 14 章，书前有"译者的话"，根据堺利彦日译本转译。

［德］马克思、恩格斯著《社会主义入门》由延安民族解放青年社出版。

［德］马克思、［苏］列宁、［苏］斯大林著，李铁冰编译《马克思列宁史大林论民族革命问题》由湖北汉口火炬出版社出版。

按：是书有译者前记。封面及目次前书名题：马克思、列宁、斯大林论民族革命问题。《编译者前记》说："民族革命问题是世界革命中最大的问题之一，特别是中国革命的根本问题。这个问题必须拿马克思主义、列宁主义的

---

① 邓伯军.《德意志意识形态》在中国研究史［D］.南京：南京航空航天大学,2010.

观点来分析,然后才能得到正确的解决。现在中国抗日的民族革命战争,正在空前的英勇的进行着,凡是为中华民族解放而斗争的人们,确有研究马克思、列宁、史大林等关于民族革命问题的重要论文之必要。读者看完了这小集子,对于决定民族革命战争的战术与战略,将有不少理论上的帮助。"

[德]马克思、恩格斯著,方乃宜译《马克思恩格斯论中国》由汉口中国出版社出版。

按:《译者的话》说:马克思与恩格斯《论中国》一书,是由这两位人类伟大思想家关于中国的专家论文及其他著作中关涉到古代东方与中国的片段摘录所汇集而成的。第一章和第三章都是片段摘录,这些摘录大半是从下列几种书籍中摘出的:(一)马克思与《恩格斯全集》,联共党出版局俄文版;(二)马克思著《资本论》,联共党出版局一九三六年俄文版;(三)马克思著《剩余价值论》,联共党出版局一九三六年俄文版;(四)马克思著《政治经济学批评》,联共党出版局一九三五年版;(五)《马克思与恩格斯文库》,俄文版。本书第二章乃是马克思与恩格斯在《纽约每日论坛》和《泼莱塞报》上所发表的关于中国的论文,都是由俄文版《马克思与恩格斯全集》第九卷、第十一卷(第一册与第二册)以及第十二卷(第二册)上所编入的译文,译成中文的。书中《编辑部注》,乃是马克思、恩格斯、列宁学院编辑部在俄文版原书上所下的附注。当我们从事翻译这本书的时候,因为缺乏中文参考书,无法找到书中所引证的一切文件原文,所以有几条引证,只得译出大意。这是本书很大的一个缺陷。我们希望重版时能够找到这些引证的原文,以补上这个缺陷。译者,一九三七年四月。

[德]马克思、恩格斯著,方乃宜译《马恩论中国》由上海生活书店出版。

按:是书摘编马克思、恩格斯任《纽约每日论坛报》等报刊通讯员时,撰写的有关中国问题的文章,被认为是马克思和恩格斯第一本关于中国问题的论文集。

[德]马克思、恩格斯著,杨克斋编译《中国问题评论集》由上海珠林书店出版。

按:是书摘译了马恩所撰写的《鸦片贸易》《中英条约》《俄国在远东之成功》《对华贸易》《中国纪事》等文章。

[德]恩格斯著,李膺扬(杨贤江)译、周佛海校订《家族私有财产及国家之起源》由明华出版社出版。

[德]恩格斯著,吴黎平译《社会主义从空想到科学的发展》由中国出版社出版。

按：是书据莫斯科马列学院编《马克思恩格斯选集》译出。

〔德〕恩格斯著《从空想的社会主义到科学的社会主义》由新汉出版社出版。

按：是书分引论、历史、理论 3 部分。

〔德〕恩格斯著、张仲实译《费尔巴哈论》由上海生活书店出版。

〔德〕恩格斯著《史的唯物论》由新汉出版社出版。

按：是书分史的唯物论、法兰西唯物论史和马克思的唯物论及辩证法 3 部分。

〔德〕恩格斯著、钱啸秋（钱亦石）译《德国农民战争》由上海生活书店出版。

按：是书除正文外，还收入恩格斯写的两篇序言。

〔苏〕列宁著《列宁选集》由延安解放社重新出版。

按：是书收录《国家与革命》《革命与考茨基》《论"民主"专政》《论专政问题底历史》等 6 篇文章。

〔苏〕列宁著、列宁选集中文版编译部译《列宁选集》（第 3、5、7、9、10、13 卷）由解放社出版。

〔苏〕列宁著《列宁选集》（第 7、9、13 卷）由中华出版社出版。

〔苏〕列宁著、莫师古译《国家与革命》由译者出版。

按：是书收录《国家与革命》《无产阶级革命及叛徒考茨基》《论"民主"和专政》《共产国际第一次世界大会上关于资产阶级民主和无产阶级专政的提纲与报告》《论专政问题底历史》等 5 种著作。

〔苏〕列宁著、莫师古编译《二月革命到十月革命》由上海生活书店出版。

〔苏〕列宁著、唯真译《帝国主义是资本主义底最高阶段》由上海生活书店出版。

〔苏〕列宁著、纪华译《左派幼稚病》由汉口中国出版社出版。

〔苏〕列宁著、莫师古译《左派幼稚病》出版。

〔苏〕列宁著《左派幼稚病》（新版增订）由汉口中国出版社出版。

〔苏〕列宁著《左派幼稚病与两个策略》由中华出版社出版。

〔苏〕列宁著《论妇女、女工和农妇》由汉口中国出版社出版。

按：是书节录选编列宁全集中有关妇女问题的论述。包括"妇女与资本主义""妇女与战争""妇女与十月革命""苏维埃政权实际上解放了妇女""苏维埃政权替女工开辟了广大的活动范围""但是妇女的家庭奴隶关系仍旧遗留下来""几百万的女工们应当自己起来担负建设新生活的事业""社会经济和生产劳动使女子与男子平等""布尔塞维克主义引导妇女参加建设新社会的事业""第一步已经做到了,道路已经打开了"等 10 个问题。

〔苏〕列宁著《论民族自决权》由汉口新汉出版社出版。

〔苏〕列宁著、傅子东译《唯物论与经验批判论》由上海言行出版社出版。

〔苏〕列宁著《论共产国际》由火炬出版社出版。

〔苏〕列宁著、何芜译《列宁给高尔基的信》由新文化书房出版。

按:是书根据日译本重译,选择了 1908 年至 1913 年列宁给高尔基的信。

〔苏〕斯大林著《列宁主义概论》由新时代社出版。

〔苏〕斯大林著《列宁主义问题》(上卷,新版)由湖北汉口中国出版社出版。

按:是书收录《关于列宁主义底基础》《十月革命与俄国共产党人底策略》《十月革命底国际性质》《与第一次美国工人代表团的谈话》《俄国共产党第十四次临时大会工作底总结》等 28 篇。上卷卷首有编译部底几句话,下卷卷首有出版者声明。

〔苏〕斯大林著、莫师古译《列宁主义问题》出版。

按:是书包括《关于列宁主义问题》《论南斯拉夫的民族问题》《再论民族问题》《第一个五年计划的总结》《干部决定一切》等 24 篇。

〔苏〕斯大林著、徐冰等译《列宁主义问题》由上海新时代出版社出版。

按:是书收录《十月革命与联邦共产人的策略》《论南斯拉夫的民族问题》《关于工农政府问题》《列宁和联合中农问题》《第一个五年计划的总结》等 17 篇。

〔苏〕斯大林著、战斗社编《列宁主义研究概要》由上海文化书店出版。

按:是书包括列宁主义的史的根源、方法、理论,无产阶级专政,农民问题,民族问题,战术与策略等 9 章。书前有引言:列宁主义——马克思主义的展开。

〔苏〕斯大林著《论列宁》由东方出版社出版。

〔苏〕斯大林著《斯大林言论选集》由湖北汉口中国出版社出版。

按:是书收录《第一个五年计划底总结》《论农村中的工作》《在全苏集体农庄突击队员第一次代表大会的演说词》《关于最高苏维埃选举之演说》等 14 篇文章。

〔苏〕雅洛曼绥夫著《列宁主义初步》由时代出版社出版。

〔苏〕雅洛曼绥夫著《列宁主义初步》由陕西延安解放社出版。

按：是书第一章党与阶级，第二章资本主义社会，第三章帝国主义——资本主义制度最后的阶段，第四章过渡时期，第五章党的经济政策之基础，第六章党在工业方面的任务，第七章党在农村经济方面的任务，第八章为文化而斗争，第九章第一次革命，第十章党在反动时期与帝国主义战争时期的情况，第十一章一九一七年"两次革命"，第十二章党的基础，第十三章为党的统一而斗争。

项英编译《列宁主义研究》由斗争出版社出版。

按：是书包括列宁主义之定义和列宁主义之主要点，列宁主义之历史根源、理论，列宁主义方法之基础和实质等 5 章。

文维城编译《什么是列宁主义》由湖北汉口中国出版社出版。

按：是书分列宁主义是在帝国主义和无产阶级革命时代的马克思主义、方法和理论两编，共 5 章。卷首有编者声明。

金则人、黄峰编译《列宁》由上海光明书局出版。

沈因编《列宁传》由上海民力书局出版。

［苏］雅洛斯拉夫斯基著《列宁传》由中国出版社出版。

铁冰译《列宁的一生》由湖北汉口上海杂志公司出版。

［英］杜德著、江明译《列宁的生平》由汉口新知书店出版。

［苏］高尔基著、罗稷南译《和列宁相处的日子》由上海生活书店出版。

按：是书包括作者在列宁逝世后所写的 15 篇特写，生动地描绘了列宁光辉的斗争生活和亲切可爱的领袖形象。书末附列宁给高尔基的 15 封信。

周真璜编译《列宁的故事》由文化编译社出版。

周真璜编译《列宁的故事》由汉口新知书店出版。

［苏］托罗茨基著、戚铭远译《列宁》由上海世界书局出版。

［德］路德维希（原题鲁特威喜）著、张治中译《斯大林评述》由华南图书馆出版。

逸夫编译《史太林的生平》由民族解放青年出版社出版。

［法］巴比塞等著、王唯真译《斯大林及其事业》由新华书店出版。

［苏］司徒乔夫著、瞿秋白译《无产阶级政党之政治的战术与策略》由新时代出版社出版。

［苏］拉萨诺夫著、任白涛译《共产主义与性爱·结婚·家族问题——马克思、恩格斯见解的发展》由言行出版社出版。

按：是书分 7 节，包括对于共产主义社会共有妇女的俗说批判、一夫多妻乃一夫一妻之问题、现代苏联的婚姻法等。

［苏］斯大林著、博古译《辩证唯物论和历史唯物论》由上海生活书店出版。

［苏］阿多拉茨基编、郑九星译《列宁历史的唯物论》由上海启蒙书店出版。

按：是书乃列宁关于辩证法与唯物论的专题文摘。

博古译《辩证唯物论与历史唯物论》由中国出版社出版。

按：陈柱天主持的中国出版社在汉口成立。曾出版《共产主义运动中的"左派"幼稚病》《论反对派》《国家与革命》《列宁主义问题》等马克思列宁主义经典著作。是书乃《苏联共产党党（布）史简明教程》第 4 章第 2 节《辩证唯物主义与历史唯物主义》，译自 1938 年 9 月 9—19 日苏联《真理报》。分为马克思底历史方法、抽象思想底起源、正义思想底起源、善底思想底起源、灵魂思想底起源和进化、上帝底信仰等 6 编。

［苏］米丁著、沈志远译《辩证唯物论与历史唯物论》（下）由商务印书馆出版。

按：是书自英译本转译。下册为历史唯物论，分为辩证唯物论与唯物史观、论社会经济形态生产力与生产关系、资本主义和社会主义的经济体系、关于社会群和国家的学说、过渡时期之政权与社会斗争、意识形态论、战斗无神论、社会变革论、马克思主义与修正主义等 9 章。

［苏］亚达米阳著、康敏夫译《史的唯物论》由上海神州国光社出版。

按：是书论述过去的思想家们历史观中的唯物主义成分，马克思主义历史观的形成与发展，历史唯物主义的基本观点，五种社会形态及其生产方式，历史唯物主义的最近发展。

［苏］瓦因斯坦著，汪耀三、金奎光译《辩证法全程》由上海光明书局出版。

按：是书论述近代辩证法发展的三个重要阶段的代表人物黑格尔、马克思、列宁的思想。

［苏］叶斯·渥利夫桑著、林默涵译《唯物恋爱观——唯物辩证法的现象学入门》由汉口读书生活出版社出版。

艾思奇著《中国化的辩证法》由上海生活书店出版。

胡绳著《辩证法唯物论入门》由桂林新知出版社出版。

按：是书分为辩证唯物论的战斗性、辩证唯物论、唯物辩证法、辩证唯物论的认识原理等 5 章。

苏共（布）中央委员会所设专门委员会主编、苏联共产党（波）中央委员会审定《联共（布）党史》由哈尔滨兆麟书店出版。

〔苏〕亚罗斯拉夫斯基著《联共党史》由中华出版社出版。

按：是书论述马克思主义组织产生以前的俄国革命运动，俄国社会民主工党第一、二次代表大会，1905 年至 1907 年革命的性质、动力、策略，布尔什维克与孟什维克的斗争等。

火炬出版社编《共产国际第七次全世界代表大会底决议案》由编者出版。

按：是书收录《关于共产国际执行委员会工作》《共产国际第七次全世界代表大会根据国际监察委员会报告通过的决议案》《法西斯主义底进攻和共产国际为造成工人阶级反对法西斯主义的统一而斗争的任务》《帝国主义者准备新的世界大战与共产国际底任务》《苏联社会主义底胜利及其全世界的历史意义》《关于接受新支部问题的决议》《关于修改共产国际章程问题的决议》《共产国际领导机关底成分》等 8 篇文献。

〔苏〕伊凡诺夫等著、张仲实编译《俄国怎样打败了拿破仑》由湖北汉口生活书店出版。

左亮编译《苏联革命时代的游击战》由湖北汉口中苏文化杂志社出版。

〔苏〕沃林（原题伏林）著、铁坚译《俄国革命是怎样胜利的？》由上海新文化书房出版。

按：是书分 9 章，包括布尔塞维克主义的历史准备和形成、从 1905 年到 1917 年革命、1917 年 2 月革命、内战时期的党、复兴时期的党、为国民经济社会主义改造而斗争、革命领袖传等。

拓荒编译《快乐的苏联》由上海一心书店出版。

按：是书介绍十月革命、1928—1937 年两个五年计划的成功、苏维埃政权和新宪法、人民大众的幸福生活、妇女地位的提高、军备状况与国际关系等。

陈豪著《苏联怎样冲破帝国主义的包围》由湖北汉口黎明书局出版。

按：是书分十月革命与帝国主义、帝国主义对苏联的围攻、从封锁到承认、苏联革命之经验与教训等 4 部分。

〔苏〕曼努意斯基著《苏联社会主义建设底总结》由陕西延安大同出版社出版。

按：是书乃作者 1935 年 8 月 17 日在共产国际第七次全世界代表大会上的报告。包括苏联社会主义底胜利、社会主义国家发展底新阶段、世界无产阶级革命发展底新阶段。

吴清友著《苏联论》由上海一般书店出版。

按：是书分 7 章论述十月革命、苏联的政治机构、经济发展、文化概况、民族政策及和平外交政策等。

喆人著《苏联的五年计划》由上海世界书局出版。

可园编《艰苦成功的苏联》由上海世界书局出版。

方至刚著《苏联研究》由国民政府军事委员会战时工作干部训练团第三团政治部出版。

〔法〕安得烈·纪德著、伊林文译《为我的从苏联归来答客难》由上海亚东图书馆出版。

〔美〕威廉斯著、吴道存译《苏联国际生活》由汉口黎明书局出版。

〔苏〕李维诺夫著《为和平而奋斗的苏联》由战时文化出版社出版。

〔苏〕李维诺夫著《苏联为世界和平坚强支柱》由前进出版社出版。

按：是书收录《法西斯主义是摧毁民主主义与自由的恶魔》《西欧国家的安全遭受着危险》《我们的政策无论过去现在和将来都是和平政策》等 9 篇文章。

〔日〕和田祯纯著、张希为译《苏俄的对欧政策》由汉口国魂书店出版。

作枚编《苏联的青年》由上海世界书局出版。

〔苏〕科萨列夫著、莫师古译《苏联青年的生活与斗争》由中国出版社出版。

〔苏〕捷克加了夫著、伍双文译《苏联军队中的政治工作》由上海生活书店出版。

〔苏〕捷克嘉洛夫著、杨未华译《苏联红军中的政治工作》由汉口大众出版社出版。

叶文雄译《苏联红军是怎样长成的》由广州生活书店出版。

吴清友编著《苏联法制》由长沙商务印书馆出版。

按：是书分上、下两编。上编 9 章，回顾帝俄时代的法制，叙述苏联法制发展过程、理论依据。政治制度的特征，以及苏联宪法、民法、刑法、诉讼法、劳动法的特征；下编 4 章，叙述苏联法院组织、律师制度、检察及监狱制度等。附录：苏联新宪法（张西曼译，共 146 条）及本书中文参考资料举要。

〔美〕威廉·奥多姆著、吴道存译《苏联政治生活》由汉口黎明书局出版。

按：是书分苏联的政治制度、政府组织、民族政策、政党及选举、国旗及国歌等 28 个专题。

徐望孚编译《苏联使领法之剖视》由编译者出版。

按：是书根据《使领法简义》（俄文版）一书及译者收集的关于法规资料编译而成。分为使节法、领事法两编。

〔德〕柯勃著、费祖贻译《苏联监狱》由长沙商务印书馆出版。

按：作者曾在 1932 年 5 月参观苏联监狱。本书从苏联刑罚制度的责任、囚犯们的空间时间、治病、少女教养、入狱的红军士兵和党员、囚徒的评论等方面介绍苏联监狱的情况。

浦涛编著《苏联的民众生活》由上海世界书局出版。

谊农编《苏联的妇女》由上海世界书局出版。

〔苏〕科萨列夫著《苏联青年的奋斗和生活》由汉口前进出版社出版。

〔苏〕科萨列夫著《苏联青年生活和斗争》由汉口中国出版社出版。

〔美〕威廉著、蒋学楷译《苏联经济生活》由汉口黎明书局出版。

任君著《苏联的农业改造》由上海世界书局出版。

浦涛编著《苏联的建设事业》由上海世界书局出版。

曹伯韩著《从苏联谈到联苏》由中苏文化协会长沙分会出版。

喆人编著《苏联的军备》由上海世界书局出版。

何文藻著《苏俄新军备》由汉口人民书店出版。

鲁林编著《苏联在远东的军事建设》由上海文化书局出版。

汪馥泉著《苏联的运动红军》由长沙商务印书馆出版。

吴清友著《苏联红军二十年》由上海一般书店出版。

李守华编《苏联的红军及其新战术》由新民出版社出版。

按：是书分红军的形势、保卫世界和平的苏联空军、苏联红军新战术思想的要点等 3 章。

强伯玉著《苏联红军新战术》由上海大众出版社出版。

邵芙编译《海陆空军在苏联》由新生出版社出版。

汪馥泉著《苏联的远东红军》由商务印书馆出版。

按：是书分苏联一般的军容、苏联在远东的建设、远东陆军及战备、远东空军、远东海军、日苏的危机等 6 节。

吴生编著《苏联的文学》由上海世界书局出版。

按：是书分文学跟着时代跑、伟大的高尔基、十月革命前的文学、国内战争时期的苏联文学、复兴时期的苏联文学、改造时期的苏联文学等 6 章。

吕振羽著《中苏关系的过去和未来》由长沙中苏文化协会湖南分会出版。

钱俊瑞等著《苏联已开始助我抗战》由广州战时出版社出版。

［苏］莫洛托夫著《十月革命二十周年》出版。

按：是为作者 1937 年 11 月 6 日在纪念十月革命 20 周年大会上的报告。

林祖涵等著《十月革命的经验与中国抗战》由重庆新华日报馆出版。

沈志远著《中苏互助论》由汉口上海杂志公司出版。

徐咏平编《中日战争与苏俄军事动向》由新中国出版社出版。

郑乐敷著《苏联出兵问题》由重庆中山文化教育馆出版。

甘介侯著《苏俄为什么还未参战》由上海前进社出版。

威岭编《中国抗战与苏联》（第 1 辑）由汉口大众出版社出版。

曹伯韩著《从苏联谈到联苏》由长沙中苏文化协会湖南分会出版。

云白编著《中苏关系的变迁》由上海世界书局出版。

储玉坤著《动荡中的中苏关系》由香港大公报代办部出版。

郑乐敷著《苏联出兵问题》由重庆中山文化教育馆出版。

按：是书阐述苏联出兵攻日或协助中国抗日的可能性及必要性，以及苏联尚未出兵的原因等。

凤羽编著《日本进攻苏联与中国》由陕西战时论坛社出版。

羊枣（杨潮）著《中国抗战与苏联》由上海一般书店出版。

芜名编译《准备对日抗战的苏联》由上海怒吼出版社出版。

潘念之等著《中国与苏联》由汉口光明书局出版。

按：是书收录潘念之《中国民族解放战争与苏联》、王亚南《中苏与世界和平》、蓝天照《中苏关系的回顾》、骆耕漠《中苏关系与日本》、朱楚辛《中苏的经济关系》、黄峰《中苏的文化关系》、孙冶方《十月革命的教训》、傅于琛《外蒙古问题》、贝叶《中苏关系的展望》等 9 篇文章。

［苏］斯大林著、新人译《世界大势与中国》由汉口之初书店出版。

按：是书从日译本转译，收录《关于国际的形势》《关于战争的危险与中国革命》。

毛泽东著、史天行编《毛泽东言论集》由湖北汉口芒种书屋出版。

按：是书收录《国共两党统一战线成立后中国革命的迫切任务》《中国抗战必胜论》《抗日及联合战线》《毛泽东与美国记者谈话》等 8 篇文章。附录：陆治《毛泽东谈抗战前途》、柳云《记毛泽东》等 4 篇文章。

毛泽东著《毛泽东言论集》由法国巴黎救国时报出版。

毛泽东著、张剑萍编《毛泽东抗战言论集》由上海展示读物编译社出版。

按：是书收录毛泽东《陕北特区的施政方针》《抗战前途》等 10 篇文章。

毛泽东著《论新阶段》由重庆新华日报馆出版。

按：是书中除收录《论新阶段》全文外，还收录《六中全会会议决案》及六中全会电文 6 篇。《论新阶段》包括五中全会到六中全会、抗战十五个月的总结、抗日民族战争与抗日民族统一战线发展的新阶段、全民族的紧急当前任务、长期战争与长期合作、中国的反侵略战争与世界的反法西斯运动、中国共产党在民族战争中的地位、召集党的七次全国代表大会。

毛泽东著《论新阶段》由延安解放社出版。

毛泽东著《论新阶段》由中心出版社出版。

毛泽东等执笔《抗战中的党派问题》由湖北汉口长江出版社出版。

毛泽东等著《论一党专政》由中华出版社出版。

毛泽东等著《统一战线下党派问题》由广东广州时事新闻编译社出版。

按：是书收录毛泽东《论一党专政问题》、陈绍禹《挽救时局的关键》、长江《抗战中的党派问题》、叶青《关于政治党派》等 7 篇文章。

毛泽东著《论持久战》由延安解放社出版。

按：《论持久战》科学地论证了抗日战争的发展规律，批判了对抗日战争的各种错误认识，以无可辩驳的逻辑力量阐明了争取抗战胜利的正确道路，从思想上、理论上武装了全党、全军和全国人民，极大地鼓舞和坚定了广大军民争取抗战胜利的信心和决心。[1]

毛泽东著《论持久战》（新群丛书第 15 种）由汉口新华日报馆出版。

毛泽东著《论持久战》由上海译报图书部出版。

毛泽东著《论持久战》（英商每日译报时论丛刊第 1 种）由上海每日译报社出版。

毛泽东等著《关于团结救国问题》由解放社出版。

按：是书收录毛泽东《与延安新中华报记者其兴先生的谈话》，陈绍禹《挽救时局的关键》、洛甫《巩固国共合作争取抗战胜利》等 4 篇文章。

毛泽东等著《论一党专政》由中华出版社出版。

按：是书收录毛泽东《论一党专政》《抗战前途》，陈绍禹《抗战中的几个问题》《论中共政策》，周恩来《谈抗战形势》，彭德怀《前线战况》，洛甫《巩固国共合作争取抗战胜利》，陆定一《国共合作的长期性》等 10 篇文章。

毛泽东等著《怎样争取最后胜利》由广州战时出版社出版。

按：是书收录毛泽东与史诺的谈话《保证最后胜利的条件》、彭德怀《争

① 刘益涛.八载干戈仗延安　抗战时期的毛泽东[M].南宁：广西师范大学出版社，1995：105.

取最后胜利的战略与战术》、胡愈之《到胜利的路》等 29 篇文章。

毛泽东等著《抗战中的党派问题》由汉口长江出版社出版。

按：是书收录毛泽东《一党专政问题》、王明《挽救时局的关键》、长江《抗战中的党派问题》等 7 篇文章。

毛泽东著《抗日游击战争的战略问题》由太岳军区司令部出版。

毛泽东著《抗日游击战争的战略问题》由汉口新华日报馆出版。

毛泽东著《抗日游击战争的战略问题》由解放社出版。

毛泽东著《游击战争的战略问题》由上海美商远动画报社出版。

毛泽东著《抗日游击战争的战略问题》由生活书店出版。

毛泽东、陈昌浩、刘亚楼等著《抗日游击战争的一般问题》由延安解放社出版。

郭化若、周纯全、陈伯钧等著《抗日游击战争的战术问题》由延安解放社出版。

朱德著《论抗日游击战争》（抗战丛书第 5 种）由延安解放社出版。

周恩来著、苏生编《周恩来论抗战诸问题》由上海群力书店出版。

按：是书收《目前抗战形势与坚持长期抗战的任务》《抗战以来的收获和教训》《目前抗战的形势》《敌人最近进攻方式及其作战计划》《坚持华北抗战及保卫山西》《如何进行持久抗战》《八路军最近作战的情况》《现阶段青年运动的性质与任务》等 8 篇文章。

周恩来著《论目前抗战形势》由湖北汉口新华日报馆出版。

叶剑英著《武汉广州沦陷后的抗战新局势》由生活书店出版。

光人著《毛泽东奋斗史》由战时出版社出版。

莫师古译《共产党党章》由上海生活书店出版。

柳宁著《中国共产党的透视》由上海正义社出版。

叶青著《中国共产党底存在问题》由汉口抗战出版社出版。

黄雪村著《中国共产党与国民革命》由南宁民团周刊社出版。

任卓宣著《共产主义问答》由上海国光书店出版。

吴黎平著《社会主义史》由上海生活书店出版。

张闻天等著《十年来的中国共产党》由解放出版社出版。

按：是书收录洛甫《关于十年来的中国共产党》、季米特洛夫《中国共产党十五周年纪念》、中共中央《中国共产党中央关于目前政治形势与党的任务决议》（中国共产党中央政治局 1935 年 12 月 25 日通过）、《中共中央告全党同志书》。

张闻天等著《十年来的中国共产党》由汉口扬子江出版社出版。

平凡编《十年来的中国共产党》由上海南华出版社出版。

按：是书分关于十年来的中国共产党、中国红军的组织及其策略、中国红军的战斗力、中国苏维埃政府的建立、苏区的财政、苏区的文化事业与经济组织、苏区的工业、苏区社会实况的分析、由苏维埃到民主共和制度、国共两党统一战线成立后中国革命的迫切任务、中国共产党在现实环境中的现实任务等 11 章。附录：《中国共产党抗日救国十大纲领》《中国共产党对时局重要宣言》等。

解放出版社编《中共对于抗日民族统一战线的主张》由编者出版。

按：是书收录《为抗日救国告全体同胞书》《中国共产党致中国国民党书》《对西安事变通电》《中国共产党为日军进攻卢沟桥通电》《中国共产党为日本帝国主义进攻华北第二次宣言》《中国共产党为公布国共合作宣言》《中国共产党对时局宣言》《中国共产党抗日救国十大纲领》等 12 篇文章。

新华日报馆编《中共六中全会决议和宣言》由重庆新华日报馆出版。

［美］斯诺著、汪卫译《二万五千里长征》由文摘社出版。

［美］史诺著、汪衡译《二万五千里长征》由黎明出版社出版。

赵君辉编《红军十年》由上海新生出版社出版。

原景信著《陕北剪影》由新中国出版社出版。

［美］斯诺著、郭文彬译《光芒万丈的中国新战士》由上海一心书店出版。

按：是书辑录斯诺撰写的毛泽东、朱德、彭德怀、周恩来 4 个人的传记，故书名又叫《红军四杰》。

施平著《朱德将军卅年战斗史》由救亡出版社出版。

张寒青编译《西战场的主将朱德》由上海大时代书局出版。

按：是书分 17 章，叙述朱德的出身、青少年时期对革命思想的追求、参加革命战斗经历和功绩以及关于朱德的传说等。

林轶青编著《中国的红星》由上海新中国出版社出版。

按：是书分上、下编，上编收录当时已经去世的红军战士张太雷、毛泽覃、方志敏、萧楚女等 31 人的传略，下编收录朱德、毛泽东、周恩来等 19 人的传略。

［美］斯诺著，王厂青、林淡秋等译《西行漫记》由复社出版。

按：是书的翻译者尚有陈仲逸、章育武、吴景崧、胡仲持、许达、傅东华、邵宗汉、倪文宙、梅益、冯实符等人。《译者附记》说："《西行漫记》是斯诺视察西北苏区所作的一个综合报告。英文原作于一九三七年十月，由伦敦

Gollancz 公司初版发行,到了十一月,已销了五版。美国版于一九三八年一月由 Random House 发行。除插图外,内容和英国初版完全相同。原书已译俄文,在苏联销行很广。法文、瑞典文本,也正在翻译中。英文初版发行后,作者发现有许多错误,决定在再版修正。(第十一章中删去了一个整节,第十章中关于朱德的一节完全重写过。)此外还改正了许多字句。现在中译本,系照作者的修正本译出。有许多字句和英文初版不相同的地方,都是作者自己改正的。"

尼司编《陈独秀与所谓托派问题》由新中国出版社出版。

按:是书分陈独秀与共产党、陈独秀被共产党开除以后、从共产党肃反说到陈独秀是否托派及局外人的评议等 4 节。

四、卒于是年的研究者

杨明斋(1882—1938)卒。原名好德,字明斋,以字行,俄文名施密特·瓦西里·伊万诺维奇,山东平度人。1901 年到海参崴做工谋生,在十月革命前加入布尔什维克党。1918 年到西伯利亚地区半工半读,参加布尔什维克党领导的工人运动,被推选为华工代表。后入莫斯科东方大学深造,系统地学习了马克思列宁主义。1920 年 3 月作为以维金斯基为代表的共产国际工作组成员到中国活动,任翻译和协调工作。5 月参与建立上海马克思主义研究会,7 月在上海创立中俄通信社,宣传马克思主义和介绍苏俄社会主义革命与建设的经验,是我国设立的第一个无产阶级、社会主义的通讯社,也是共产党最早的通讯社。8 月与陈独秀、李汉俊、李达等发起成立上海共产主义小组。参与创办《共产党》月刊。9 月创办外国语学社,每周给学生讲一次马列主义。曾先后在上海机器工会发起会、"工人游艺会"成立大会和广州五金工会代表大会上发表演讲,用通俗的语言向工人群众讲述马克思主义的剩余价值学说,宣传马克思主义思想。同时作为《新青年》改版后增设的"俄罗斯研究"专栏的撰稿人,先后发表了翻译文章《俄国职工联合会发达史》《苏维埃的平民教育》《苏农政府召集经过情形》等。1921 年与张太雷作为中共代表赴伊尔库茨克,向共产国际远东书记处汇报中共建党情况及与共产国际建立关系等问题,并起草了关于建立共产党国际远东书记处中国支部的报告,提交共产国际第三次代表大会。同年 6 月与张太雷赴莫斯科出席共产国际第三次代表大会。1922 年出席中共二大,后任苏联顾问团翻译。同时参加北京马克思学说研究会的工作。10 月受党的委托在上海接收和选送学员,率领包括张闻天、王稼祥、乌兰夫、伍修权等在内的第二批学员百余人赴苏联到新组建的莫斯科中山大学学习。后在中山大学负责总务工作。1923 年前后任中国共产党北方区委党报、中国劳动组合书记部北方分部机关报《工人周刊》与北京劳动通讯社编委,在工人群众中宣传马克思主义,推动工人运动的发展。1924 年出版《评中西文化观》一书,用马克思主义观点系统地分析批判了复古倒退思想。大革命失败后,隐居平津,从事改造中国社会的理论研究,出版《中国社会改造原理》,主张以科学社会主义的原理指导中国社会的改造。1931 年被当作叛逃者流放到托姆斯克当勤杂工。1934 年 8 月行政流放期满后到莫斯科,进入苏联外国工人出版社工作。1938 年 2 月以被捏造的罪名遭逮捕,并于同年 5 月牺牲。1989 年 1 月被苏共中央平反,恢复名誉。8 月被中华人民共和国民政部追认为革命烈士。

按:寇清杰说:"杨明斋是中共建党初期著名的革命活动家和党内屈指可数的几个马克思主义理论家之一,长期致力于党的理论教育和宣传工作,他对党的早期事业做出过重要贡献,是我党历史上一位受人尊敬的'忠厚长者'。同时,他以马克思主义的立场、观点和方法,观察分析、比较中西方文化,批判了各种错误的观点,阐明了马克思主义对中西文化的态度,鲜明而系统地反映了作者的文化观和他对中西文化的态度。"[1]

按:张江芬说:"杨明斋作为俄共(布)正式派往中国代表团中的一员,为创建中国共产党发挥了重要作用。在这一历史过程中,杨明斋为马克思主义在中国的早期传播也作出了积极贡献。他向国内介绍、宣传苏俄革命经验,启发青年觉悟,促进马克思主义与工农实践相结合。此外,他以马克思主义为指导,论证了社会主义的先进性,阐发了马克思主义文化观,并初步探索了中国革命的道路。这些探索和成果有效地扩大了马克思主义在中国的影响力,对中共早期文化事业以及马克思主义早期传播的苏俄路径也有积极的推动作用。"[2]

钱亦石(1889—1938)卒。亦石,湖北咸宁人。1924 年加入中国共产党。1925 年起主要从事统一战线工作。1928 年受党的指派到日本学习马克思主义理论,并从事进步学生运动,后来转赴莫斯科学习苏联历史,研读了《资本论》。1930 年底回国后从事马克思主义翻译著述工作。1932 年在上海各大高校任教,曾根据马克思主义基本原理和中国的实际情况编纂新

---

[1]　寇清杰.中国新文化的方向:中国早期马克思主义者中西文化观研究[M].天津:天津人民出版社,2002:169.

[2]　张江芬.杨明斋对马克思主义在中国传播的历史贡献[J].中共党史研究,2015(7).

的教材,有"红色教授"美称。抗战后积极向民众宣扬统一战线。1936 年加入社联。1938 年率作家和艺术家奔赴前线采访演出,因积劳成疾病逝。曾翻译恩格斯的《德国农民战争》,著有《紧急时期的世界与中国》《中国政治史讲话》《中国外交史》等。

宣侠父(1899—1938)卒。侠父又名尧火,号剑魂,浙江诸暨人。1916 年考入浙江省立特种水产学院,毕业后以第一名的成绩获准公费去日本留学。在日本认真研究马克思主义,积极参加社会活动,被母校停止公费留学待遇。1922 年回国,和共产党人俞秀松、宣中华在杭州、台州等地从事革命活动。1923 年在杭州加入社会主义青年团,旋转为中国共产党党员。1924 年受党派遣到黄埔军校第一期学习,旋被蒋介石开除。1925 年到李大钊处工作,被派至冯玉祥的国民军中从事政治工作,曾专心学习苏联红军政治宣传工作的经验,开办图书室、俱乐部、训练班,对广大官兵进行启蒙教育,宣传新三民主义和马克思主义,从而开创了共产党在国民军联军中政治工作的新局面。同时在兰州与张一悟等组建中共甘肃特别支部,对甘肃党的建设和传播进步思想发挥了重要作用。1928 年 8 月回诸暨,与陈作人等党员开展农民运动。1929 年入国民革命军梁冠英部,任二十五路军总参议和南京政府军事参议院参议。1935 年化名宣古渔,到香港进行统战工作。1937 年 3 月又受党组织派遣到西安协助周恩来开展抗日民族统一战线工作。9 月被任命为八路军第十八集团军高级参议。1938 年被国民党特务暗杀于西安。著有《宣侠父诗文集》《国民军史概论》和长篇小说《入伍前后》。

周达文(1903—1938)卒。达文,贵州镇远人。1920 年进入北京大学预科班学习。1921—1924 年在北京俄文法政专门学校学习,加入李大钊等发起成立的马克思学说研究会,参加在北京大学召开的北京社会主义青年团成立大会,1923 年由中共北京地委书记范鸿劼等人介绍加入社会主义青年团,随后又由李大钊和范鸿劼介绍加入中国共产党。在北京期间先后担任社会主义青年团北京俄文法政专门学校支部书记、北京社会主义青年团北京地方局委书记、北京学生会执委会委员、全国学联主席和全国学联党团书记。1924 年 10 月受党中央指派,赴莫斯科东方大学学习。1925 年 6 月回国,按照中共中央的指示,先后在上海和北京等地工作。1925 年 11 月和杨明斋、俞秀松等人一起,赴莫斯科中山大学学习。1927—1932 年,先后为列宁学院的学生、研究生和教员,并担任该校支部局委员和中国部主任等职。1933 年任联共远东边疆区委主办的中文报纸《工人之路》总编辑。1937 年 7 月 14 日因被王明和康生诬陷,苏联内务人民部以"托洛茨基右派反苏组织成员"的罪名将其逮捕。1938 年 4 月 13 日被苏联最高法院军事法庭判处死刑。1957 年 8 月 3 日，苏联最高法院正式决定为他平反。1986 年，中共中央组织部正式批复，为他恢复名誉，随后在镇远故居建立纪念馆。曾受苏共中央和共产国际的器重，《斯大林全集》中的《给丘贡诺夫的信》就是写给他的。贵州镇远县史志办公室编有《周达文纪念集》。

民国二十八年　己卯　1939 年

一、研究背景

1 月 15 日,《八路军军政杂志》在延安创刊,为政治综合性刊物。毛泽东、王稼祥、萧劲光、郭沫若、萧向荣组成编委会,萧向荣任主编,毛泽东撰发刊词。该刊以坚持抗战国策,提升军队作战能力,收集各项工作经验,研究抗战军队建设诸事宜为宗旨。在该杂志发表的马克思列宁主义翻译著作有《恩格斯军事论文选集》《军队论》《冲锋》《以全力与邓尼金斗争》等。

1 月 28 日,毛泽东在抗大第五期开学典礼上发表讲话。

2 月 2 日,毛泽东出席中共中央召开的延安干部生产动员大会,并在会上发表讲话,提出生产和学习是全党和根据地的工作中心。

2 月 17 日,中共中央成立由张闻天兼任部长、李维汉为副部长的干部教育部,领导全党的马列主义学习运动和广大在职干部的教育。从 5 月起,陕甘宁边区和各抗日根据地相继开展马列主义的学习运动。1940 年 6 月,中央干部教育部与中央宣传部合并,称为中央宣传教育部。10 月又改为中央宣传部,统一领导延安干部教育。

3 月 8 日,延安各界妇女举行大会,纪念三八国际劳动妇女节,庆祝陕甘宁边区妇联成立一周年,追悼列宁夫人克鲁普斯卡雅逝世。毛泽东在纪念大会上发表讲话,号召广大妇女要学习克鲁普斯卡雅,要学习大革命时代牺牲了的模范妇女领袖女共产党员向警予,她为妇女解放为劳动大众解放为共产主义事业奋斗了一生。

3 月 12 日,毛泽东在延安纪念马克思和孙中山大会上发表讲演。

按:毛泽东阐述了纪念两位伟大革命导师的意义,从总理遗嘱上说明孙中山先生唤起民众共同奋斗的重要思想。

3 月 18 日,西北青年救国会召开常委会会议,决定将 5 月 4 日作为中国青年节。

3 月 22 日,中央发出《中央关于建立发行部的通知》。

是月,中央干部教育部发布《延安在职干部教育暂行计划》,为开展干部学习作了领导和组织的准备。

4月1日，中共机关理论刊《群众》周刊第 2 卷第 20 期登载以列宁的名言"学习、学习、再学习"为题的社论，号召"要从斗争中去学习，学习中去斗争"。

4月5—27 日，中共中央连续发出《中共中央关于精神总动员的指示》《中央为开展国民精神总动员运动告全党同志书》《中共中央关于精神总动员的第二次指示》等文件，对如何开展这一运动和在开展这一运动中应该注意什么问题，在党内党外都作了部署。

4月24日，毛泽东在抗大生产运动初步总结大会上发表《自己为自己劳动，其生产能力是不可限量的》演讲。

是月，由王明、吴亮平任正副指导员的马列主义研究会在延安成立，成员主要有各校马列主义教员、马列学院研究室研究员和一部分对马列主义感兴趣的在职干部，共计 23 人。研究和讨论的主要问题有马列主义一般问题、列宁主义基本问题、苏联与联共党、马列主义与文化艺术、马列主义与妇女、马列主义与青年、马列主义与宗教。研究会最后的成果是产生了一个马列主义研究提纲。

是春，由王学文负责指导的政治经济学研究会在延安成立，有中共中央党校、马列学院、抗大等学校的教员共 18 人参加，主要目的是提高政治经济学教员的理论水平和统一延安这门课的教材，该研究会重点学习和研究《资本论》。

是春，中国问题研究会在延安成立，张闻天任指导员，杨松任主任。主要研究中国社会性质，中国革命的对象、动力、任务、性质及前途，沦陷区工作，中国文化运动，中国少数民族问题，中国职工问题，中国青年问题，中国妇女问题，中国农民土地问题，三民主义与共产主义的关系等。

5月1日，中共中央在延安举行延安各界国民精神总动员和纪念五一劳动节大会，毛泽东出席会议并作《国民精神总动员的政治方向》的报告。

是日，为纪念五四运动 20 周年，延安《解放》周刊第 70 期刊登胡乔木的《青年要发扬五四爱国精神的论文》，毛泽东为该刊撰写《五四运动》一文。

按：毛泽东说："在中国的民主革命运动中，知识分子是首先觉悟的成份。辛亥革命和五四运动都明显地表现了这一点，而五四运动时期的知识分子则比辛亥革命时期的知识分子更广大和更觉悟。然而知识分子如果不和工农民众相结合，则将一事无成。革命的或不革命的或反革命的知识分子的最后的分界，看其是否愿意并且实行和工农民众相结合。他们的最后分界仅仅在这一点，而不在乎口讲什么三民主义或马克思主义。真正的革命者必定是愿意并且实行和工农民众相结合的。"①

5月4日，毛泽东在延安青年群众举行的五四运动20周年纪念暨首届中国青年节大会上发表《青年运动的方向》的讲演，向广大青年澄清了什么是真马克思主义者，什么是假马克思主义者，并告诫广大青年一定要正确理解马克思主义的精神和灵魂，要做一名真正的马克思主义者。

5月17日，中共中央书记处做出《关于宣传教育工作的指示》，要求"坚持公开宣称马列主义，出版翻译各种关于马列主义刊物与书籍，组织各种社会科学的研究会与读书会等"②。

5月20日，中共中央干部教育部在陕北公学礼堂召开干部教育动员大会，毛泽东专门讲了学习运动的必要性和可能性，强调了学习的重要意义，指明了学习的方法，要求大家克服可能发生的困难，并号召大家"在工作、生产的百忙中，以'挤'的方法，获得学习的时间；以'钻'的方法，求得问题的了解与深入"。李维汉在动员报告中指出："理论与实际联系起来的原则，无疑的是教育事业中最基本的原则。这个根本原则的具体的了解，对我们来说，就是马列主义的中国化。""要做到马列主义的中国化，就首先要深刻地研究马列主义；在研究的时候，注意学习它的内容和意思，学习它的立场和方法，而不是把它当作教条。""要做到马列主义中国化，就需要善于灵活地运用它到中国具体环境的具体斗争中来；在运用它的时候，必须查清自己所处的历史条件和具体环境，从这个具体的环境出发。"③

5月26日，毛泽东为延安《新中华报》作《抗大三周年纪念》。指出抗大的教育方针是"坚定正确的政治方向，艰苦朴素的工作作风，灵活机动的战略战术"。

按：《新中华报》是抗日战争时期中共中央和陕甘宁边区政府机关报。前身是《红色中华》。1937年1月改现名。三日刊。在延安出版。该报辟有：社论、专论、短评、三日国际、三日战况、国内要闻、各县短讯等栏目。1941年5月与《今日新闻》合并改组为《解放日报》。

6月10日，毛泽东在延安高级干部会议上作反投降问题的报告提纲，在谈到干部教育问题时指出，党的六届六中全会以后，中央发起的全党干部学习运动，对于提高全党干部的理论文化水平，有头等重要意义。

---

① 毛泽东.毛泽东选集：第2卷[M].北京：人民出版社，1991：559-560.
② 中共中央宣传部办公厅，中央档案馆编研部，编.中国共产党宣传工作文献选编：1937—1949[M].北京：学习出版社，1996：48.
③ 李维汉.回忆与研究：上[M].北京：中共党史出版社，2013：332.

6月20日,总政治部学习委员会成立,下设若干学习分会,负责督促和检查各单位的学习,同时帮助各组解答问题。

6月30日,毛泽东为纪念全面抗日战争两周年而撰写了《反对投降活动》的文章。

是月,毛泽东为推动全党的学习,同时致力于自己的哲学研究,成立六人哲学小组,成员有艾思奇、何思敬、杨超、和培元和陈伯达。后来,萧劲光、莫文骅、吴黎平、张仲实、叶子龙等陆续参加该小组的学习研究。

7月20日,毛泽东、周恩来、张闻天等出席延安中国女子大学的开学典礼,毛泽东在讲话中指出,"全国妇女起来之日,就是中国革命胜利之时"。

按:中国女子大学是一所专门培养妇女干部的学校,在教学内容上主要学习马列主义、中国共产党问题、社会形式发展史、政治经济、哲学、中国问题、妇女问题等。

7月8—12日,刘少奇回延安向中央汇报工作期间,应主持中央日常工作并兼任中央宣传部长和马列学院院长张闻天的邀请,在延安马列学院作《论共产党员的修养》的演讲,是党的思想建设的重要理论著作。

按:刘少奇的讲话,经毛泽东批准,8月20—9月20日在延安《解放》周刊第81、82期和第83、84期合刊上连载。1942年延安整风运动时,被列为22个干部必读的学习材料之一。1949年和1962年经作者修订后由人民出版社出版。收入《刘少奇选集》上卷。有多种外文译本。《论共产党员的修养》的主题是从党性的高度,教育共产党员必须牢固地树立共产主义世界观,用以指导自己的行动,并从理论和实践的结合上,阐明了共产党员加强党性锻炼和修养的目的、方法和基本要求。

按:是书内容分九章,分别是:一、共产党员为什么要进行修养;二、作为马克思和列宁的好学生;三、共产党员的修养和群众的革命实践;四、理论学习和思想意识修养是统一的;五、共产主义事业是人类历史上空前伟大而艰难的事业;六、党员个人利益无条件地服从党的利益;七、党内各种错误思想意识的举例;八、党内各种错误思想意识的来源;九、对待党内各种错误思想意识的态度,对待党内斗争的态度。

8月1日,毛泽东在延安人民追悼平江惨案死难烈士大会上发表《必须制裁反动派》的演说。

8月4日,周恩来在中共中央政治局会议上作报告,发表《三民主义与共产主义》(提纲)。

按:周恩来说:"一、共产主义是我们的信仰,三民主义是统一战线的政治纲领。二、三民主义与共产主义不仅在世界观、人生观、社会观及哲学方法论上有基本的不同,即在民族、民主及社会政策上也有许多差异。三、真正的三民主义是孙中山的三民主义,既不是汪精卫的伪三民主义,也不是戴季陶的修正三民主义,当然也不能是我们某些同志企图马克思主义化的三民主义,因为这只能使三民主义混乱起来,而不能还它真正的革命面目。四、我们的态度,应该赞助真正了解和实行孙中山真正的革命之三民主义的人去发展三民主义,同时我们自己也应将孙中山三民主义的革命政策实行和发展起来,使它能与我们的民族解放政纲配合起来前进。五、假使不将三民主义与共产主义的差别分别清楚,不仅国民党人可以有两种看法,即一种是共产主义与三民主义既没有分别,共产党大可不必再相信共产主义;另一种是三民主义既可包括共产主义,则共产主义在中国便无存在的必要。便连非国民党人也要这样想,共产主义、三民主义既是没有分别,至少是现在没有分别,共产党人何不先将三民主义做好,而不必再说什么共产主义,至少是现在可以不谈。甚至共产党人也会这样想,共产主义是将来的事,现在做的完全是三民主义的事,或者想将三民主义解释成为共产党的东西来符合我们民族、民主的乃至社会主义的纲领。这都是不妥的,只能模糊社会视听,增加国民党的自大心理,并不能帮助统一战线的发展。"①

8 月 13 日,中央宣传教育部发出《关于加强党内策略教育的一些具体决定》,规定"在全党的在职干部教育中,党校和党的训练班中,及党领导的各种干部学校中,把党的策略教育列入正式教育计划之内,并作为成绩考察的重要标准"②。

8 月 23 日,张闻天在中共中央政治局会议上发表关于《支持长期抗战的几个问题》的讲话,内容包括投降妥协的危险性问题、武汉广州失守后的形势变化、当前党的任务、关于三民主义问题、文化政策、党的工作问题等。

按:张闻天指出:"我个人对三民主义的了解是:一、马列主义,科学的社会主义,同三民主义有原则的区别。我们没有人说三民主义就是马列主义或科学的社会主义。二、我们拥护三民主义,是拥护它作为今天统一战线的政治基础。三、我们拥护三民主义,是拥护三民主义的革命的政治纲领。四、我们只从马列主义立场拥护三民主义。五、我们反对对三民主义的曲解,反对一民主义,反对假三民主义。……没有马列主义的帮助,真正的三

① 中共中央文献研究室中央档案馆,编.建党以来重要文献选编(一九二一——一九四九):第 16 册[M].北京:中央文献出版社,2011:562-563.
② 李维汉.回忆与研究:上[M].北京:中共党史出版社,2013:336.

民主义是国民党所把握不住的。即使孙中山也要我们的帮助,国民党第一次全国代表大会时便是这样。但三民主义也不能发展为马列主义。"①

8 月 25 日,中共中央政治局发出由王稼祥起草的《关于巩固党的决定》,指出今后一个时期的中心任务是巩固党的组织,而巩固党的中心一环,是加强党内的马列主义教育、阶级教育和党的教育,使党员认识马列主义与三民主义、民族统一战线与阶级斗争、民族立场与阶级立场的正确关系。

8 月 29 日,毛泽东在延安地区小学教师暑假训练班结业典礼上作《抗战教育与小学教员》讲演,要求教师到工作中去学习,向学生学,向老百姓学。

9 月 1 日,毛泽东就国际新形势问题对《新华日报》记者发表谈话,认为苏德互不侵犯协定是苏联社会主义力量增长和苏联政府坚持和平政策的结果。

9 月 16 日,毛泽东和中央社、《扫荡报》、《新民报》记者发表谈话,认为只有"坚持抗战、反对投降""坚持团结、反对分裂""坚持进步、反对倒退",中国才能避免灭亡。

9 月 28 日,毛泽东应中苏文化协会的邀请,为纪念苏联十月社会主义革命胜利 22 周年而撰写了《苏联利益和人类利益的一致》的文章。

10 月 4 日,毛泽东为中共中央党内刊物《共产党人》撰写发刊词,指出统一战线、武装斗争和党的建设是中国共产党在中国革命中战胜敌人的三个法宝。三大法宝理论是毛泽东思想成熟的重要标志。

按:中国延安干部学院,编《延安时期大事记述》说:"《〈共产党人〉发刊词》是 18 年党的自身建设历史的科学总结,是马克思列宁主义中国化的不朽的光辉文献。它的发表,对于动员全国人民克服面临的投降、分裂和倒退,激发人民群众抗战的勇气和信心,起了巨大的鼓舞作用。同时,这篇文献还总结了党的建设的成功经验和基本规律,为全面加强党的建设,夺取革命胜利提出了任务,指明了前进的方向。"②

10 月 10 日,毛泽东亲自起草了《大量吸收知识分子的决定》,强调"没有知识分子的参加,革命的胜利是不可能的"。

10 月 20 日,中共中央机关刊物《共产党人》月刊在延安正式创刊,张闻天任主编,李维汉任编辑部主任,张闻天、邓发、李维汉、李富春、王首道、冯文彬、孟庆树、方强、陈正人等曾任编委。

---

① 张闻天.张闻天文集(1939—1948):第 3 卷[M].北京:中共党史出版社,2012:13-14.

② 中国延安干部学院,编.延安时期大事记述[M].北京:中央文献出版社,2010:187.

11月1日,中共中央做出《中央关于深入群众工作的决定》,要求以群众工作之好坏作为判断当地党的工作之好坏的主要标准。

11月13—12月17日,陕甘宁边区第二次党代表大会在安塞县的徐家沟召开,毛泽东亲临大会作重要报告,高岗作《抗战新阶段中陕甘宁边区的任务》的报告。会议做出了《关于审查党员成分的决议》《关于党内干部教育问题的决议》等多个决议。

12月1日,中共中央发出由毛泽东起草的《关于吸收知识分子的决定》,是为中国共产党正式做出的第一个系统阐明知识分子政策的马克思主义文献。

12月6日,为贯彻落实中央《关于吸收知识分子的决定》,中央军委发出《关于军队吸收知识分子及教育工农干部的指示》。

12月10日,陈云在中国共产党陕甘宁边区第二次代表会议上发表《关于干部队伍建设的几个问题》的讲话。

12月21日,白求恩于1938年1月受美国和加拿大共产党的派遣,来到延安,帮助中国人民的抗日战争。不幸于1939年11月12日在晋察冀边区因医治伤员中毒而殉职。八路军政治部、卫生部将在1940年出版《诺尔曼·白求恩纪念册》,是日,毛泽东专门撰写了《学习白求恩》一文,号召全党学习白求恩的精神。

按:是文收入《毛泽东选集》第2卷时,题目改为《纪念白求恩》。

是月,毛泽东撰写《中国革命和中国共产党》(见《毛泽东选集》第2卷),从历史、现实、未来相结合的高度,分析了中国社会及其阶级状况,指出了中国共产党的伟大历史任务。

是年,由张闻天和陈云领导的党建研究会在延安成立,主要总结研究和解决党的建设工作中的一些问题,如党章、党员、组织原则、干部政策、支部工作、两条战线、领导方式、党与群众工作、公开工作与秘密工作、巩固党、党内教育等。

二、研究论文

毛泽东《〈共产党人〉发刊词》发表于《共产党人》创刊号。

按:毛泽东说:"中央很早就计划出版一个党内的刊物,现在算是实现了。为了建设一个全国范围的、广大群众性的、思想上政治上组织上完全巩固的布尔什维克化的中国共产党,这样一个刊物是必要的。……所以,统一战线问题,武装斗争问题,党的建设问题,是我们党在中国革命中的三个基本问题。正确地理解了这三个问题及其相互关系,就等于正确地领导了全部中国革命。而在十八党的历史中,凭借我们丰富的经验,失败和成功、后退和前进、缩小和发展的深刻的和丰富的经验,我们已经能够对这三个问题做出正确的结论来了。就是说,我们已经能够正确地处理统一战线问题,又正确地处理武装斗争问题,又正确地处理党的建设问题。也就是说,十八年的经验,已使我们懂得:统一战线,武装斗争,党的建设,是中国共产党在中国革命中战胜敌人的三个法宝,三个主要的法宝。这是中国共产党的伟大成绩,也是中国革命的伟大成绩。"

王稼祥《为中国共产党的巩固和坚强而斗争》发表于《共产党人》第1期。

按:文章说:在中国,在殖民地半殖民地,无产阶级政党组织原则,应当是马列主义原则,绝不应当因为民族解放斗争与民族统一战线,而把党的水平降低到民族解放战士、民主主义者与共产主义同情者的水平,绝不应当丝毫离开马克思、列宁、斯大林关于无产阶级政党的学说。依照马列主义组织原则所建立起来的党,在实际斗争中锻炼出来的党,保持其纯粹无产阶级性,周围环绕着广大的同情者,实行正确的民族统一战线的政策,哪怕这个党虽然在一定时期中在数量上(与全国人口比较上)并不很大,然而能够引导四万万人口的人民,能够达到民族解放与将来的社会解放的最后胜利。

洛甫(张闻天)《略谈党与非党员群众的关系》发表于《共产党人》第2期。

按:文章说:"党与非党员群众的关系问题,是马列主义论党的学说的基本问题。""没有群众的革命实践,就不会有马列主义。马列主义根据社会发展规律与革命运动规律的正确把握而预测未来,指导未来。但群众的实践是无穷的,它比马列主义所能预见的要复杂得多,丰富得多。所以党必须不断的向群众学习,总结他们实践中的一切新的经验,以丰富与发展马列主义,使党能够更好的领导群众。同时,群众的实践是测量党的领导之是否正确的最后标准。党要根据群众的实践来考验党的决定的是否正确。如果群众的实践证明党的决定是不完全正确的,那党必须根据群众实践的经验来校正或修改党的决定;如果群众的实践证明了党的决定是错误的,那党必须抛弃过去的决定,根据群众实践的新的经验,来重新采取新的决定。党是群众的教师,而又是群众的学生。只有愿意做群众的学生的党,才能领导群众到革命的最后胜利。但群众的实践,没有马列主义党的总结,只能成为一大堆混乱的原料。这种原料，虽是很可宝贵的，但并不能帮助群众达到革命的胜利。"

吴允中译《斯大林论雅·米·斯维尔德洛夫》发表于《共产党人》第14期。

编者《学习马克思学习的精神和方法》发表于《共产党人》第17期。

汉夫《辩证唯物论与历史唯物论》发表于《群众》第2卷第13期。

潘梓年《近代社会主义底创立者》发表于《群众》第2卷第13—14期。

华西园《恩格斯论民族问题》发表于《群众》第2卷第14期。

戈宝权译《恩格斯的生平、著作及其事业》发表于《群众》第2卷第14期。

凯丰《〈联共(布)党史简明教程〉的历史意义和国际意义》发表于《群众》第2卷第16期。

何思敬《〈资本论〉自修——列宁的指示》发表于《群众》第2卷第19期。

[苏]曼努意斯基作、曹若茗著译《列宁与国际工人运动》发表于《群众》第2卷第23期。

[苏]阿·西道罗夫《关于列宁著〈俄国资本主义底发展〉一书》发表于《群众》第3卷第1期。

[苏]G·季米特洛夫作，企程、春江合译《社会主义国家及国际无产阶级的斗争》发表于《群众》第3卷第2期。

毛泽东《国民精神总动员的政治方向》发表于《群众》第3卷第3期。

毛泽东《当前时局的最大危机》发表于《群众》第3卷第8—9期。

毛泽东《中英两国人民站在一条战线上》发表于《群众》第3卷第10期。

戈宝权译《列宁革命运动开始及〈工人阶级解放斗争同盟〉》发表于《群众》第3卷第12期。

毛泽东《论目前国际形势与中国抗战》发表于《群众》第3卷第13期。

毛泽东《对于过去参政工作和目前时局的意见》发表于《群众》第3卷第14期。

戈宝权译《什么是"合法的马克思主义"？——联共(布)党史研究资料之十》发表于《群众》第3卷第15、16期。

毛泽东《中国军队应学习苏联红军》发表于《群众》第3卷第17—18期。

许涤新《马克思论战争》发表于《群众》第3卷第18—19期。

按：文章说："把握住马克思列宁主义的战争学说，我们是可以明白我国抗战是'得道多助'的……而悲观消极的人们，是应该紧紧去把握马克思列宁主义的战争学说的。"

艾思奇《怎样研究辩证法唯物论》发表于《群众》第 3 卷第 18—19 期。

按：文章论述了马克思主义哲学中国化的必要性以及使马克思主义哲学中国化的可能，着重谈了研究马克思主义的方法问题。

[苏]亚尔帕里作、许涤新译《理解〈资本论〉所必需底预备知识——怎样研究资本论第一章》发表于《群众》第 3 卷第 18—19 期。

戈宝权译《论正义与非正义的战争（下）——联共（布）党史研究资料之十二》发表于《群众》第 3 卷第 20 期。

许涤新《二十余年来资本主义经济与社会主义经济底对照》发表于《群众》第 3 卷第 20 期。

朱世纶《真正解放了的苏联各民族》发表于《群众》第 3 卷第 20 期。

[苏]J. 亚尔帕里作、许涤新译《理解〈资本论〉所必需底预备知识（下）——怎样研究〈资本论〉第一章》发表于《群众》第 3 卷第 20 期。

[苏]A. 谢斯他科夫教授作、戈宝权译《俄国的第一次资产阶级革命（上）——〈苏联史简明教程〉第九章》发表于《群众》第 3 卷第 20—22 期。

《论联共（布）党史的发行和研究并论共产国际各支部中马列主义的宣传工作》发表于《群众》第 3 卷第 23 期。

丁达译《〈联共党史〉对于荷兰革命运动的重要性——〈联共党史〉普及运动在各国之五》发表于《群众》第 3 卷第 23 期。

[苏]I. 巴康诺夫作、戈宝权译《论布尔塞维克党在一九一四年至一九一八年战争中的策略（上）——联共（布）党史研究资料之十五》发表于《群众》第 3 卷第 23 期。

凯丰《斯大林同志与中国革命——庆祝斯大林同志六十寿辰》发表于《群众》第 3 卷第 24 期。

按：文章说："斯大林同志是马克思、恩格斯、列宁的伟大的共产主义学说的继承人，他把马克思主义、列宁主义向前发展，在新的环境下、在新的条件下以新的论点新的经验来丰富马克思主义列宁主义的宝库。……斯大林伟大的功绩，就是保证了马克思主义列宁主义不受机会主义一切流派——托洛茨基主义、布哈林派、民族主义分子等等的危害，并在与这些机会主义的斗争中阐扬了列宁主义。"

许涤新《斯大林对于民族问题的贡献》发表于《群众》第 3 卷第 24 期。

闵廉译《列宁斯大林的国家学说对国际工人阶级的意义》发表于《群众》第 3 卷第 24 期。

戈宝权译《斯大林的革命活动的开始》发表于《群众》第 3 卷第 24 期。

［苏］米丁著、戈宝权译《论马克思的〈政治经济学批判〉——〈政治经济学批判〉出版八十周年纪念》发表于《群众》第 3 卷第 25 期。

汉夫《列宁的〈帝国主义论〉与霍伯森》发表于《群众》第 5 卷第 2 期。

艾思奇《列宁关于辩证法的笔记》发表于《解放》第 60—61 期。

杨松《在准备和实行十月社会主义革命中的布尔塞维克党》发表于《解放》（续完）第 60—61 期。

柯柏年译《列宁论战斗的唯物主义》发表于《解放》第 62 期。

黎平《关于苏联一国建成共产主义社会的问题》发表于《解放》第 63—64 期。

黎平《完成社会主义社会建设并实施新宪法的斗争中之布尔塞维克党》发表于《解放》第 63—64 期。

［德］恩格斯作，黎平、石巍译《马克思墓前演说》发表于《解放》第 66 期。

陈伯达《纪念马克思与孙中山》发表于《解放》第 66 期。

按：文章说："中国马克思列宁主义者根据中国历史的分析，在一定历史阶段上接受孙中山先生三民主义，对于三民主义进行科学的解析，同时也发扬光大了三民主义，这不但对于三民主义没有坏处，而且对于三民主义只有好处。……如果中国没有马克思列宁主义这伟大科学共产主义的出现，而为中国共产党人所运用来帮助三民主义的实现，而三民主义就不能获得最有效力的革命方法，而使三民主义得成为事实。"

陈伯达《关于马克思学说的若干辨证》发表于《解放》第 70 期。

黎平《中国共产党与道德》发表于《解放》第 71 期。

陈云《怎样做一个共产党员》发表于《解放》第 72 期。

按：文章在谈到党员的学习问题时说："根据目前的环境，我们应该学习什么呢？（一）我党是马克思列宁主义的战斗的党，首先，我们要学习马克思、恩格斯、列宁、斯大林的理论，才能培养自己成为一个真正有能力的有坚强党性的共产党员。我们的学习是学习马克思列宁主义的精神，学习他们观察问题的立场、观点和方法，而不是背诵教条。（二）要研究中国的历史和时事政治的情况，不然也就不能规定当前的革命工作的任务和方法。（三）要学习军事知识和军事技术，特别是游击战争。在今日，'党员军事化'已成为全党的战斗口号。（四）文化程度低的党员，首先要长期地进行识字和读书读报的工作，以提高自己的文化水平，只有文化程度的提高，才能求得政治上的更加进步。（五）尤其重要的是，每个共产党员要随时随地的在实际工作中学习,向群众学习。一切实际工作中的和群众斗争中的经验教训,是我们最好的学习的课本。"

洛甫(张闻天)《论共产党的阶级立场与民族立场的一致》发表于《解放》第 75—76 期(中国共产党十八周年纪念特辑)。

[苏]曼努伊尔斯基《在资本主义国家里的共产主义运动》发表于《解放》第 78 期。

[苏]曼努伊尔斯基作、杨松译《斯大林与世界共产主义运动》发表于《解放》第 81—82 期。

艾思奇《怎样研究辩证法唯物论》发表于《解放》第 82 期。

刘少奇《论共产党员的修养》(二)发表于《解放》第 82 期。

戈宝权译《关于列宁著〈俄国资本主义的发展〉一书》发表于《解放》第 83—84 期。

编者《谬论地引证马克思恩格斯》发表于《解放》第 85 期。

[苏]列宁著,杨松、袁维译《社会主义与战争》发表于《解放》第 85—86 期。

王稼祥《关于三民主义与共产主义》发表于《解放》第 86 期。

按:文章说:"马克思主义是科学的社会主义,是无产阶级的革命科学与学说,是人类最进步的思想。马克思主义是人类十九世纪所造成的德国哲学、英国政治经济学、法国社会主义的代表人物的公认的继承者。马克思的学说——唯物辩证法、政治经济学与社会主——不仅是科学的解说世界,而且是改造世界的科学。""马克思主义的重要特征就是唯物辩证法。真理是具体的,中国的马克思主义者根据马克思主义的基本学说,具体的分析中国的历史的、经济的、阶级的环境,订出他们在中国革命的各个阶级的纲领与主张,把适合于西欧资本主义国家的纲领与主张搬到中国来,这根本不是马克思列宁主义,而是幼稚的机械论者。共产党员是国际主义的马克思主义者,但是马克思主义必须和我国的具体特点相结合并通过一定的民族形式才能体现。马克思列宁主义的伟大力量,就在于它是和各个国家具体的革命实践相联系的。"

陈伯达《论共产主义者对三民主义关系的几个问题》发表于《解放》第 87—88 期。

[苏]列宁《十月革命四周年纪念》发表于《解放》第 89 期。

艾思奇《社会主义革命与知识分子》发表于《解放》第 89 期。

陈伯达《十月社会主义革命与马克思列宁主义》发表于《解放》第 89 期。

按:文章说:"十月社会主义革命的胜利,是马克思列宁主义的胜利,是马克思列宁主义对于民粹主义的胜利,是马克思列宁主义对于孟塞维克主义和托洛茨基主义的胜利。"

黎平《十月社会主义革命与革命转变问题》发表于《解放》第89期。

仲道《反杜林论》发表于《理论与现实》创刊号。

[英]海尔登作、孙克定译《唯物辩证法与自然科学》发表于《理论与现实》创刊号。

钱俊瑞《论民生主义的本质:资本主义乎? 社会主义乎?》发表于《理论与现实》创刊号。

按:文章分三民主义是革命的民主主义之高涨、民生主义是本质上发展资本主义与主观上企求社会主义之统一、民生主义不是社会主义、民生主义更不是国家社会主义、民生主义建设的基本方式是革命民权下的国家资本主义、民生主义向社会主义的发展6部分。

罗森贝《怎样研究〈资本论〉》发表于《理论与现实》第1卷第2期。

艾思奇《形式论理学和辩证法——并略评潘梓年先生的〈逻辑学与逻辑术〉》发表于《理论与现实》第1卷第2期。

沈志远译《论唯物辩证法底某些范畴》发表于《理论与现实》第1卷第3期。

[苏]莱昂捷也夫作、陈雪光译《社会主义与劳动》发表于《理论与现实》第1卷第3期。

[苏]科马厚夫作、西坡译《斯大林时代的科学》发表于《中苏文化》(斯大林先生六十寿辰庆祝专号)。

[苏]克拉夫晋克作、长林译《苏联造型艺术中的斯大林像》发表于《中苏文化》(斯大林先生六十寿辰庆祝专号)。

[苏]V. Melikov 作、杜伯刚译《斯大林怎样保卫了沙利青》发表于《中苏文化》(斯大林先生六十寿辰庆祝专号)。

S. Y. 译《银幕上的斯大林》发表于《中苏文化》(斯大林先生六十寿辰庆祝专号)。

[苏]库士敏诺夫作、叶文雄译《斯大林与斯泰哈诺夫运动》发表于《中苏文化》(斯大林先生六十寿辰庆祝专号)。

曹靖华译《斯大林论列宁》发表于《中苏文化》(斯大林先生六十寿辰庆祝专号)。

戈宝权《斯大林重要著作年表》发表于《中苏文化》(斯大林先生六十寿

辰庆祝专号）。

黄松龄《斯大林建设社会主义农业的理论与政策》发表于《中苏文化》（斯大林先生六十寿辰庆祝专号）。

罗荪《读伟大革命事业的领导者传记》发表于《中苏文化》（斯大林先生六十寿辰庆祝专号）。

潘梓年《斯大林领导下的苏联和平政策》发表于《中苏文化》（斯大林先生六十寿辰庆祝专号）。

陶甄《斯大林与反对派在理论与实践上的斗争》发表于《中苏文化》（斯大林先生六十寿辰庆祝专号）。

张西曼《斯大林宪法》发表于《中苏文化》（斯大林先生六十寿辰庆祝专号）。

张友渔《斯大林宪法与民主政治》发表于《中苏文化》（斯大林先生六十寿辰庆祝专号）。

按：文章说："凡是一个现代的国家，都有规定国家制度、政府机构以及政府和人民相互之间的权利义务关系即社会阶层相互之间的权力关系的基本法，这便是所谓宪法。……一九三六年十二月五日，苏联第八次全国苏维埃代表大会所通过的斯大林宪法，便是在这种新的需要之下产生的。这一宪法，据斯大林说：'是世界上唯一彻底民主的宪法。''是世界上所有的宪法中最民主的宪法。'"

外庐、洪进《斯大林——世界学术传统的继承》发表于《中苏文化》（斯大林先生六十寿辰庆祝专号）。

邵力子《恭祝苏联伟大领袖斯大林先生六十寿辰》发表于《中苏文化》（斯大林先生六十寿辰庆祝专号）。

沈志远《斯大林和辩证法唯物论》发表于《中苏文化》（斯大林先生六十寿辰庆祝专号）。

［苏］M. Gwardiya 作、王语今译《列宁遗志继承者斯大林的使命》发表于《中苏文化》（斯大林先生六十寿辰庆祝专号）。

吴玉章《斯大林传》发表于《中苏文化》（斯大林先生六十寿辰庆祝专号）。

赵克昂《斯大林论干部问题》发表于《中苏文化》（斯大林先生六十寿辰庆祝专号）。

威岭《追悼列宁夫人》发表于《中苏文化》第 3 卷第 8—9 期。

沅陵（翦伯赞）《纪念人类史上最伟大的日子——十月革命》发表于《中

苏文化》第 3 卷第 10 期。

[苏]曼努意斯基作、谷大满译《苏联社会主义的胜利和反法西斯阵线》发表于《中苏文化》第 3 卷第 10 期。

王昆仑《法西主义·社会主义·三民主义》发表于《中苏文化》第 3 卷第 10 期。

邵力子《中苏两大民族联合起来为反侵略而斗争》发表于《中苏文化》第 3 卷第 12 期。

曾誉《社会主义之新胜利——公债》发表于《中国与苏联》第 1 卷第 1—2 期。

杨芳《一九三八年俄罗斯社会主义联合共合国家预算实行情形》发表于《中国与苏联》第 1 卷第 1—2 期。

罗钰如《谈谈化学和辩证法》发表于《青年生活》第 7 期。

萧三《祝斯大林六旬大寿》(诗歌)发表于《中国青年》(延安)第 3 期。

黄华《美国共产主义青年团的工作》发表于《中国青年》(延安)第 5 期。

[苏]季米特洛夫作,凯丰、宝权译《国际无产阶级和人民反对法西斯的统一战线》发表于《时论丛刊》第 4 期。

[苏]康斯坦丁诺夫作、张仲实译《论个人在历史中的作用》发表于《读书月报》第 1 卷第 1 期。

汪纯鑫《唯物辩证法和历史唯物论的练习问题》发表于《读书月报》第 1 卷第 2 期。

寒松《社会主义与社会主义史》发表于《读书月报》第 1 卷第 3 期。

沈志远《社会主义下的婚姻和家庭》发表于《读书月报》第 1 卷第 4—5 期。

[苏]列宁夫人《列宁的童年和少年时代》发表于《读书月报》第 1 卷第 6 期。

向林冰《关于辩证法法则的实际运用问题》发表于《读书月报》第 1 卷第 8 期。

魏培元《辩证法怎样克服形式逻辑》发表于《读书月报》第 1 卷第 9 期。

[德]马克斯、威尔纳作,周学普译《苏联红军的实力如何》发表于《改进》第 1 卷第 7 期。

[苏]德勒夫斯基作、沈炼之译《科学的进化与唯物史观》发表于《改进》第 1 卷第 9—10 期。

[英]约翰·斯特拉哲作、龚积芝译《社会主义在英国》发表于《改进》第

2 卷第 4 期。

文央《列宁夫人之死》发表于《上海妇女》第 2 卷第 9 期。

梵音《列宁夫人印象记》发表于《上海妇女》第 2 卷第 10 期。

米沙《列宁夫人的生与死》发表于《上海妇女》第 2 卷第 11 期。

洪流《唯物恋爱观提要》发表于《上海妇女》第 3 卷第 9 期。

［英］Becher 作、慕虹译《社会主义下的家庭》发表于《上海妇女》第 3 卷第 11 期。

张申府《论中国化》发表于《战时文化》第 2 卷第 2 期。

按：毛泽东发出"马克思主义中国化"的号召后，张申府立即做出积极响应，对"中国化"问题进行集中论述。本文在开头用很大篇幅引用了毛泽东在《论新阶段》中关于马克思主义中国化的文字，然后表示："我们认为这一段话的意思完全是对的。不但是对的，而且值得欢喜赞叹。由这一段话，更可以象征出来中国最近思想见解上的一大进步。"

张涤非《中国到社会主义之路》发表于《抗战与文化》第 3 卷第 3—4 期。

吴曼君《评毛泽东先生的乡村抗战论》发表于《抗战与文化》第 3 卷第 7 期。

［苏］E. Knipovich 作、王楚良译《论高尔基底社会主义的人道主义》发表于《文艺新潮》第 2 卷第 1 期。

［德］恩格斯《起义的艺术》发表于《战地知识》第 1 卷第 3—4 期。

凌潜夫《中国共产党的思想解放》《战旗》第 53 期。

李少清《社会主义国家的儿童》发表于《少年战线》第 1 卷第 11—12 期。

张凤桐译《共产主义在拉丁美洲》发表于《时代批评》第 26—27 期。

毛起鵕《马克斯主义中国化问题》发表于《时代精神》第 4 卷第 1 期。

按：文章说："首先提出'马克思主义中国化'的口号的，却是中国的共产党人。这口号提出的动机在'学习我们的历史遗产'。据说：'我们这大民族数千年的历史，有它的发展法则，有它的民族特点，有它的许多珍贵品……今天的中国是历史的中国之一发展……我们不应该割断历史从孔夫子到孙中山，我们应该给以总结，我们要继承这一份珍贵的遗产，继承遗产，转过来就变为方法，对于当前的伟大运动是有重要的帮助的。'这好像是一种新的认识；可是这些历史的遗产应该怎样给以总结呢？他的答复是这样的，即'用马克思主义给以批评的总结''将国际主义的内容与民族形式紧密的结合起来，使马克思主义通过民族形式而实现''使马克思主义中国化，在其每一表现中带着中国的特性'，那么我们不禁感觉得失望了。第一个理由在中国的共产党人只有认识中国历史遗产的兴趣,而无继承中国历史遗产的意志。他们之所以要认识中国历史遗产,目的在求得一'总结'。'总结'的意思仿佛是这样的,'所有中国的历史遗产,是自孔夫子开始的(?),还是到了孙中山的时候,便就该告一段落,嗣后即应该是马克思的世界。'这样,不是'珍贵'中国的历史遗产,而是'蔑视'中国的历史遗产,不是'继承'中国的历史遗产,而是'抛弃'中国的历史遗产。第二个理由在中国的共产党人有厌恶教条主义的情绪,而无摆脱教条主义的能力。'洋八股必须废止,空洞抽象的调头必须少唱,教条主义必须休息'。这几句话未尝不说得动听,可是谈到认识中国的历史遗产的时候,却依然主张'把国际主义的内容与民族形式紧密的结合起来,使马克思主义通过民族形式而实现',这仍旧是教条主义;以教条主义研究中国的历史,断不能正确的了解'它的发展法则',如果真正要使马克思主义中国化,那末,一、应以唯生的理论替代唯物的理论,二、应以民族斗争的理论替代阶级斗争的理论,三、应以民族主义的理论替代国际主义的理论,四、应以建立民族国家的理论替代无产阶级专政的理论。但这已经不是马克思的共产主义,而是孙中山先生的三民主义,但其实,亦必如此而后所谓'马克思主义中国化'始能名副其实,不然者,只是以马克思主义化中国,而不是将马克思主义中国化。"

李石臣《中国共产党的诞生》发表于《新中国》第 2 卷第 1 期。

[德]乌拉诺夫作、靖华译《列宁的童年》发表于《文艺阵地》第 4 卷第 1—7 期。

[日]波多野乾一作、高振清译《中国共产党小史》发表于《上海评论》第 2—3 期。

[苏]伏罗希洛夫作、金人译《斯大林与红军》发表于《民族公论》第 1 卷第 6 期。

高莽《〈资本论〉读法》发表于《民族公论》第 2 卷第 4 期。

陈国新《毛泽东论国际形势的商榷》发表于《民意周刊》第 92—93 期。

白危《毛泽东断片》发表于《七月》第 4 卷第 1—4 期。

[苏]加奈次基作、胡风译《列宁与高尔基》发表于《七月》第 4 卷第 1—4 期。

双山《社会主义大师们的艺术观》发表于《动向》第 1 卷第 2 期。

梨《从张君劢先生给毛泽东同志的信说起》发表于《前驱》第 2 卷第 5 期。

吴曼君《民生主义与社会主义》发表于《国魂》第 35 期。

叶青《民生主义·资本主义·社会主义》发表于《国魂》第 37—38 期。

尹耕南《中国底科学的社会主义》发表于《建国旬刊》第 7—8 期。

仲衡《美苏邦交问题的内幕》发表于《中山公论》第 1 卷第 6 期。

李纯青《墨西哥的社会主义教育》发表于《教育杂志》第 29 卷第 1 期。

毛泽东《在延安各界庆祝斯大林六十寿辰大会上的讲话》(1939 年 12 月 21 日)发表于《军大建设》第 6 期。

按：毛泽东说："我们要学习他的两方面。一个是道理方面，一个是事业方面。马克思主义的道理千条万绪，归根到底就是一句话：'造反有理。'几千年来总是说压迫有理，剥削有理，造反无理。自从马克思主义出来，就把这个旧案翻过来了，这是个大功劳，这个道理是无产阶级从斗争中得来的，而马克思作了结论。根据这个道理，于是就反抗，就斗争，就干社会主义。斯大林有什么功劳呢？他发挥了这个道理，他发挥了马克思列宁主义，为全世界被压迫的人民，弄出一篇很清楚很具体很生动的道理来，这就是建立革命阵线，推翻帝国主义、推翻资本主义，建立社会主义社会的整个理论。事业方面是把道理见之于实际。关于建设社会主义的事业，马克思、恩格斯、列宁都没有完成。斯大林把他完成了，这是开天辟地的大事。在苏联两个五年计划之前，各个资产阶级的报纸，天天说苏联不得了，社会主义是靠不住，但是今天怎样呢？把张伯伦的口封住了。他把中国那些顽固派的口也封住了。他们也都承认苏联是胜利了。"

曾涌泉《共产主义与军队》发表于《八路军军政杂志》第 1—4 期。

潜波《纪念恩格斯》发表于《岛风》第 1 卷第 2 期。

倩之《科学社会主义的特点》发表于《学习半月刊》第 1 卷第 1 期。

叶青《资本主义？社会主义？民生主义？》发表于《血路》第 38—39 期。

叶青《三民主义与社会主义》发表于《血路》第 46 期。

叶青《再论三民主义与社会主义》发表于《血路》第 52 期。

叶青《三论三民主义与社会主义》发表于《血路》第 63 期。

饶孝善《评马克斯剩余价值的理论》发表于《血路》第 72 期。

按：文章说："第一，马克斯认为产生剩余价值的三种方法，对于现在资本主义的国家所发生的现象，完全不能适合。而且恰恰相反，这是由于他的偏见的误解和认识的不清。第二，马克斯的基本错误，就是由于他对于产生剩余价值之因素的认识不周密：他认为只有工人的劳动，才是产生剩余价值的唯一原因。他主张剩余价值应该完全由工人享有的理论，因之同样的陷于不合理而错误。第三，我们认为产生剩余价值的因素，不仅是由于工人的劳动,而是由于社会各个分子直接间接努力的结果,因此,剩余价值的利益应该比例的分配社会各个分子。"

汪衡译《斯大林的最终目标》发表于《文摘》第 57—58 期。

傅统先《辩证法与唯物论是可以综合的吗?》发表于《文哲(上海)》第 1 卷第 9 期。

许崇清《"学术中国化"与唯物辩证法》发表于《新建设》第 2 期。

叶青《毛泽东的〈论新阶段〉》发表于《战时中学生》第 1 卷第 10 期。

张君劢《与毛泽东先生商抗战建国大计》发表于《教战导报》第 1 卷第 6 期。

任远《十月革命中的列宁史太林和托洛斯基》发表于《新知半月刊》第 3 卷第 1 期。

黄特《唯物论的辩证法》发表于《新知十日刊》第 2 卷第 3—5 期。

史非《中俄革命比较研究大纲——由资产阶级民主革命到社会主义革命的发展》发表于《新知十日刊》第 2 卷第 6 期。

黄特《唯物论的辩证法》发表于《新知十日刊》第 2 卷第 8—9 期。

张纯明《俄国共产主义的起源》发表于《新经济》第 1 卷第 8 期。

[美]Max Lerner 作、吴泽炎译《马克斯主义的六个谬误》发表于《东方杂志》第 36 卷第 1 号。

按:文章指出马克斯主义的六个谬误是:第一,马克斯主义太低估了资本主义的力量;第二,过分高估了无产阶级的力量;第三,低估了中等阶级的力量,同时也错看了它的趋向;第四,低估了民族国家观念的实力;第五,对政治中的人性,抱错误的观念;第六,无产阶级独裁的误估。"要而言之,马克斯主义的最大贡献,是在于它的历史观,它的根据阶级立场的分析方法,它的与社会各方面都有密切的相互关系,它的对于社会趋向的认识,它的坚持理论与实践的贯通;但无论如何,它决不是一种已经尽善尽美不容再事更改的思想系统。"

东序《史太林报告苏联外交政策》发表于《东方杂志》第 36 卷第 7 号。

吴泽炎《苏联外交政策的变与不变》发表于《东方杂志》第 36 卷第 21 号。

张仕章《基督教与社会问题——基督教与社会主义的关系》发表于《真理与生命》第 12 卷第 1—2 期。

杨虞夫《唯物史观之评价》发表于《建国旬刊》第 13 期。

巩石《社会主义的分配法》(大众社会科学讲话)发表于《青年周报》第

46 期。

巩石《社会主义和共产主义的分界》(大众社会科学讲话)发表于《青年周报》第 49 期。

曹日昌《心理现象中的辩证法则》发表于《教育短波》第 17 期。

曹日昌《心理学的辩证法的发展》发表于《教育短波》第 18 期。

[苏]留希克夫《苏联社会主义的批判》发表于《远东》第 1 卷第 2—3 期。

陶镕成《评马克斯的唯物史观和阶级斗争说》发表于《胜利》第 22 期。

旭《中国共产党与苏俄》发表于《新民报半月刊》第 1 卷第 14 期。

[苏]高洛杰茨基作、李孟达译《一九一八年乌克兰人民抗战的经验》发表于《时事类编》特刊第 31 期。

李孟达《中苏关系之演进及其前途》发表于《时事类编》特刊第 38 期。

梁寒操《斯大林先生领导下的苏联》发表于《时事类编》特刊第 45 期。

黄苏元译《国家社会主义的外交》发表于《欧亚文化》第 1 卷第 2 期。

[苏]奥尔伯作、鞠子明译《史大林治下的历史教育》发表于《国际周报》第 53 期。

[苏]克里维茨基作、姚茗译《史大林与西班牙》发表于《国际周报》第 58—62 期。

[苏]克里维茨基作、姚茗译《史大林的肃军运动》发表于《国际周报》第 64—67 期。

[苏]舒伯作、士丹译《史大林的外交政策》发表于《国际周报》第 67 期。

[苏]列宁作、吴敏译《第三国际和它在历史上的地位》发表于 3 月 6 日《新华日报》。

社论《纪念两个伟人——马克思和孙中山》发表于 5 月 5 日《新华日报》。

[美]卡尔曼作、陆竞成译《毛泽东会见记》发表于 8 月 28 日《新华日报》。

毛泽东等《我们对于过去参政会工作和目前时局的意见》发表于 9 月 9 日《新华日报》。

[苏]席特考夫斯基作、吴敏译《马克思主义辩证法的法则及其运用》发表于 12 月 18 日《新华日报》。

按：文章从辩证法的意义、学习辩证法的四个法则和共产主义与辩证法的关系的角度,对辩证法进行了全面介绍。

[苏]尤琴著、博古译《马列主义哲学上底不可估价底贡献》发表于 12 月

21 日《新华日报》。

毛泽东《在农展会开幕典礼上的演讲》发表于 2 月 7 日《新中华报》。

按：毛泽东指出，我们一面战斗，一面生产，一定能够战胜敌人。

毛泽东《在延安纪念"二七"大会上的讲话》发表于 2 月 10 日《新中华报》。

毛泽东《中国军队应当学习苏联红军的经验》发表于 2 月 22 日《新中华报》。

按：1939 年 2 月 16 日，毛泽东为纪念苏联红军建军 21 周年应苏联《真理报》之邀而撰写了这篇文章。

毛泽东《在"三八"纪念大会上的讲话》发表于 3 月 13 日《新中华报》。

社论《纪念孙中山与马克思》发表于 3 月 13 日《新中华报》。

毛泽东《在延安马克思和孙中山纪念会上的讲话》发表于 3 月 16 日《新中华报》。

编者《纪念马克思、孙中山，本市举行盛大晚会，国共两党同志济济一堂，毛泽东等莅场讲演》（有毛主席讲话摘要）发表于 3 月 16 日《新中华报》。

毛泽东《在"三一八"纪念晚会上的讲演》发表于 3 月 22 日《新中华报》。

毛泽东《在中共中央干部教育动员大会上的讲话》发表于 5 月 26 日《新中华报》。

毛泽东《抗大三周年纪念》发表于 5 月 30 日《新中华报》。

按：是为毛泽东为隆重纪念抗日军政大学成立 3 周年而写的专题文章。

毛泽东《在延安模范青年颁奖大会上的讲话》发表于 6 月 6 日《新中华报》。

按：毛泽东在讲话中要求青年应该把坚定正确的政治方向放在第一位。

毛泽东《在抗大成立三周年纪念大会上的讲话》发表于 6 月 6 日《新中华报》。

毛泽东《在中国女子大学开学典礼上的讲话》发表于 7 月 25 日《新中华报》。

按：毛泽东最后以"全国妇女起来之日，就是中国革命胜利之时"两句话做结论。

毛泽东《在陕甘宁边区学生救国联合会第一次代表大会上的讲话》发表于 8 月 18 日《新中华报》。

毛泽东《在欢迎全国慰劳总会北路慰劳团晚会上的讲话》发表于 9 月 15 日《新中华报》。

毛泽东《第二次帝国主义战争讲演提纲》发表于 9 月 19 日《新中华报》。

毛泽东《在延安欢迎中外友人晚会上的讲话》发表于 9 月 29 日《新中华报》。

毛泽东《在延安"一二九"四周年大会上的讲话》发表于 12 月 16 日《新中华报》。

毛泽东《驳斥某战区司令长官造谣的谈话》发表于 12 月 27 日《新中华报》。

毛泽东《在延安各界庆祝斯大林六十寿辰大会上的讲话》发表于 12 月 30 日《新中华报》。

按：毛泽东为庆祝斯大林 60 岁生日，已经在 12 月 20 日专门撰写了《斯大林是中国人民的朋友》的文章。在 12 月 21 日延安各界举行的庆祝斯大林 60 寿辰大会上又发表了讲话。

毛泽东《在延安欢迎马占山晚会上的讲话》发表于 12 月 30 日《新中华报》。

毛泽东《八路军在新阶段中应该加重注意的几个问题》发表于 5 月 6 日《抗敌报》。

社评《敬祝苏联国庆》发表于 11 月 7 日重庆《大公报》。

三、研究著作

［德］马克思、恩格斯合著，成仿吾、徐冰译《共产党宣言》由香港中国出版社出版。

［德］马克思、恩格斯著，彭汉文编译《马克思主义的基础》由上海健全社出版。

按：编者序说：在我编辑这本书的时候，首先必需要对于这些材料内容有一个简单的介绍。第一便是著名的《共产主义原理》，是恩格斯起草《共产主义宣言》的初稿。第二是震动全世界的《共产主义宣言》，这是科学社会主义的鼻祖马克思及恩格斯共同起草的。这个《宣言》是一八四七年发表的，他的发表开始了人类历史发展之新的阶段，特别是开始了无产阶级社会主义的新纪元。最后，我们又将马克思的重要著作之一《雇佣劳动与资本》，也搜集在本书之中。这本书是一本未完的政治经济的著作，在一八四九年《新莱茵报》上登载过的。这本书对于雇佣劳动之一切基本的说明，可以称为以后马克思大著《资本论》之最初的种子。他的特点在以无产阶级的科学的方法，说明了雇佣劳动在资本主义社会下的状况，驳斥了一切资产阶级的学者之欺骗劳工的理论。将这些材料集在这一本书上,因此我们标题为《马克思主义的基础》。相信这个题名是深合于本书之内容的。

[俄]普列汉诺夫著、彭康译《马克思主义的基本问题》由上海长虹社出版。

[苏]列宁著《什么是马克思主义》由湖北汉口中国出版社出版。

按:是书包括《卡尔·马克思》《马克思的学说》《哲学的唯物主义》《辩证法》《唯物史观》《阶级斗争》《马克思的经济学说》《社会主义》《无产阶级阶级斗争的策略》等9节。附录:《马克思主义的三个来源与三个组成部分》。

[苏]列宁著,许之桢编,柯柏年、王石巍等译《马恩与马克思主义》由解放社出版。

按:是书收录《卡尔·马克思》《纪念恩格斯》《马克思与恩格斯通信集》《马克思主义底学说》《马克思主义与修正主义》等37篇文章。

[英]柯尔著、谌小岑译《马克思之真谛》由上海商务印书馆出版。

[德]马克思著、郭沫若译《政治经济学批判》由言行出版社出版。

[德]马克思著,何思敬、徐冰译《哥达纲领批判》由延安解放社出版。

按:是书1949年11月由人民出版社校正重印第1版,1950年8月校订重印第2版,1957年5月第4次印刷。1949年5月20日解放社编辑部的《编者的话》说:马克思的《哥达纲领批判》一文,写于一八七五年五月初,内容是批评德国社会民主党的《纲领草案》。这个草案准备提交将要在哥达召开的该党的代表大会上讨论。该草案全用小资产阶级的辞句写成,在《党纲》的原则问题上,犯了许多重大的机会主义错误,并回避了无产阶级运动的根本问题——无产阶级专政的问题。马克思在这篇文章里发挥了《共产党宣言》所说的一些原则,撮述了无产阶级政党的政治要求。德国社会民主党的领袖们曾长期地隐藏了科学共产主义的这个重要文件,不让群众知道。直到一八九一年该党将在爱尔福特举行代表大会,通过新的纲领之前,恩格斯认为需要,不顾第二国际领袖们的反对,才把这个文件公布了。

[德]马克思著、郭和译《法兰西内战》由上海海潮社出版。

[德]马克思著,吴黎平、刘云(张闻天)译《法兰西内战》由陕西延安解放社出版。

按:是书包括恩格斯写的《卡·马克思〈法兰西内战〉》一书导言、马克思写的国际工人协会总委员会关于普法战争的两篇宣言、《法兰西内战》。书后附马克思致路·库格曼论及巴黎公社的信(两封)和列宁在《卡·马克思致路·库格曼书信集俄译文序言》中论巴黎公社的摘录。

［德］马克思著、郭和译《论犹太人问题》由上海亚东图书馆出版，有译者前言及代序。

［德］马克思著、沈志远译《雇佣劳动与资本》由重庆生活书店出版。

按：是书于 1945、1947、1949 再版。属于世界学术名著译丛书的一种，正文前有《卡尔·马克思〈雇佣劳动与资本〉1891 年单行本导言》，书前有译者序。

［德］马克思著、郭和译《论社会批评的意义及方法》由上海亚东图书馆出版。

［苏］里亚札诺甫著、苏迅译《马克斯与恩格斯》由上海言行出版社出版。

柯柏年、艾思奇、景林等译《马恩通信选集》由解放社出版。

按：是书收《为无产阶级政党而斗争的书信》14 件，柯柏年译，徐冰校；《马克思恩格斯关于唯物史观的书信》18 件，艾思奇译；《论爱尔兰问题》4 件，柯柏年译；《马克思论俄国》2 件，景林译，徐冰校。

焦敏之译《恩格斯军事论文选集》由八路军军政杂志社出版。

按：是书收录恩格斯的 5 篇军事著作：《军队》《步兵》《炮兵》《骑兵》《欧洲军队》。是为中国翻译出版的第一本恩格斯军事论文集。

［德］恩格斯著、吴黎平译《社会主义从空想到科学的发展》由重庆生活书店出版。

［德］恩格斯著，王右铭、柯柏年译《德国革命与反革命》由重庆生活书店出版。

按：是书包括革命爆发前的德国、普鲁士邦、德国的其他各邦、奥地利、维也纳暴动、柏林暴动、佛兰克府国民议会、波兰人捷克人和日耳曼人、巴黎暴动、维也纳暴动等 20 节。附录：《中央委员会致共产主义者联盟的信》《共产主义同盟史》《马克思与〈新莱茵报〉》。

［德］恩格斯著、钱亦石译《德国农民战争》由重庆生活书店出版。

按：是书分农民战争时期的经济状况与阶级关系、农民战争中的各种反对派及其领袖、农民暴动的简史、贵族暴动的简史、农民战争纪实及其失败的主要原因（上、下）、农民战争与其结果的历史意义等 7 章。另有两篇附录：《1525 年德国农民的十二个条件》和《注释 17 条》。

［德］恩格斯著、张仲实译《家族私有财产及国家的起源》成书。

按：是书后改名为《家庭、私有制和国家的起源》。《译者序言》说：F·恩格斯底这部名著，像他的其他好多名著一样，也是千古不朽的杰作，也是新社会科学军械库中的重要武器。它的内容，主要的是根据莫尔根《古代社会》一书的材料及其他关于古代社会学的珍贵资料,研讨古代即所谓蒙昧和野蛮两时期底社会制度之基本特征。起头系阐发婚姻与家庭形态随着社会底经济进步而来的变化;其次,系根据希腊人、罗马人及日耳曼人三个民族底例子,分析原始民族制度底解体过程及这一解体底经济原因,而指出私有产、阶级及国家发生底经过。本书内容的理论丰富性是非常显著的。它树立了社会形态发展的理论,简单扼要地说明了私有产、阶级及国家底曾经如何发生及其将来如何消灭,与夫国家底本质如何。要是恩氏底《反杜林论》《费尔巴哈论》《自然底辩证法》及《社会主义从空想到科学的发展》等名著,都是关于新哲学,关于辩证唯物论的"经典",那末,他的这本名著可说是关于社会形态发展理论底"经典"了。①

[德]马克思、恩格斯著,郭大力译《资本论通信集》由重庆读书生活出版社出版。

按:是书收录马克思和恩格斯的通信,马克思、恩格斯分别给库格曼和丹尼尔孙的书信,共 25 封。

[苏]闵斯选编,章汉夫、许涤新译《恩格斯论〈资本论〉》由重庆读书生活出版社出版。

沈志远著《研习〈资本论〉入门》由上海生活书店出版。

欧阳凡海编译《科学的文学论》由桂林读书生活出版社出版。

按:是书编译者收入了马克思和恩格斯的 6 封文艺书信,即《恩格斯底现实主义论》(希尔莱尔)、《恩格斯底巴尔扎克论》(给哈克廉士女士的信)、《恩格斯底易卜生论》(给爱伦斯德的信)、《恩格斯给拉萨尔的信》、《马克思给拉萨尔的信》、《马克思与世界文学》(希尔莱尔)。马克思致拉萨尔的信是编译者由日文重译的,其他是选用的国内已有的译文。把马克思和恩格斯的几封重要的文艺书信汇编成册,这在我国还是第一次。

[德]马克思等著、高语罕编译《辩证法经典》由上海亚东图书馆出版。

按:是书节译了《德意志意识形态》第 1 章"A.一般意识形态,德意志意识形态"之若干段落。高语罕当时将篇名定为《唯物的见解和唯心的见解之对立》,交由亚东图书馆正式出版发行。这为中国国内迄今发现的最早的对《德意志意识形态》的节译本。

吴黎平(吴亮平)、艾思奇著《唯物史观》(《科学历史观教程》)由新华日报华北分馆出版。

---

① 张仲实.张仲实文集·上[M].北京:中国文联出版公司,2016:434.

按：是书在当时成为中共对广大干部进行马列主义理论教育的经典教程。全书重点论述了唯物史观的 6 个基本理论，即生产力与生产关系、阶级、国家政权、民族与民族斗争、家庭、意识形态。

李仲融著《辩证法唯物论》由广西桂林石火出版社出版。

按：是书除绪论外，分为本体论、认识论、方法论 3 章，讲述辩证唯物论的基本内容。

［苏］西洛可夫、爱森堡著，李达、雷仲坚译《辩证法唯物论教程》由上海笔耕堂出版。

按：是书是苏联哲学界 30 年代批判德波林学派过程中最初产生的一部有影响的著作，其显著特点是突出了马克思主义哲学发展的列宁阶段，坚持了列宁关于哲学的党性原则，批判了德波林学派的机械论。李达及时地把这本书翻译介绍给中国读者，有其重要的意义。

李衡之著《唯物辩证法基本知识》由上海言行出版社出版。

按：是书分辩证法之史的考察、从观念论的辩证法到唯物论的辩证法、辩证法的三个基本定律、辩证法的思维之本质、形成论理学与辩证法、自然科学与辩证法。

葛名中著《科学的哲学》由上海生活书店出版。

按：是书分绪论、辩证唯物论的基本观点、唯物辩证法的基本法则、唯物辩证法与哲学思维诸重要范畴、唯物辩证法与形式逻辑、唯物辩证法与中华民族全民抗战等 6 章。

张怀奇著《辩证法唯物论回答》由上海三户书店出版。

按：是书分唯物论辩证法的成长与发展、辩证法唯物论的科学性、唯物论辩证法的对象、唯物论的辩证法（上）、唯物论的辩证法（下）等 5 章。

［苏］罗森塔尔著、张仲实译《辩证认识论》由上海生活书店出版。

按：是书译自《在马克思主义旗帜下》杂志 1938 年第 12 期。分为不可知论与辩证唯物论、认识底界说、认识底第一阶段——活的观察、认识底第二阶段——抽象思维、概念范畴法则、范畴与概念间底相互关系、认识底第三阶段——实践底检验等 7 节。

［苏］米丁著、沈志远（原题王剑秋）译《辩证法唯物论》（上下册）由上海生活书店出版。

按：是书分 6 章：马列主义——普罗列塔利亚的世界观、唯物论和唯心论、辩证法唯物论、唯物辩证法之诸法则、哲学中两条阵线的斗争、辩证唯物论发展中的列宁阶段。

林哲人著《大众哲学问答》由上海三户书店出版。

按：是书分哲学是什么、哲学的两大领域、哲学上的四大问题、辩证唯物论的本质与发展、唯物辩证法的根本法则，本质与现象、内容与形式，必然性与偶然性、法则与因果性、现实性与可能性等 7 章。

［苏］阿多拉茨基著、吴大琨译《新哲学概论》由上海生活书店出版。

按：是书分马克思主义与无产阶级、列宁主义的国际重要性、作为马克思列宁主义理论基础的唯物辩证法、为了辩证法唯物论的斗争、关于自然以及人类知识的辩证法、关于社会发展的辩证法、怎样去研究列宁等 7 章。

［苏］哥列夫著、瞿秋白译《新哲学——唯物论》由上海霞社出版。

按：是书分为 10 章，讲述辩证唯物主义与历史唯物主义的基本问题，包括绪论、何为哲学、唯心论与唯物论、近代唯物论之发展、现代唯物论与科学、唯物论的历史观、马克思主义之阶级论及国家论、唯物论与宗教及道德、唯物论的艺术观、唯物论哲学与阶级斗争。

［苏］列宁著《列宁选集》（第 3、7、8、9、10、12、13 卷）由解放社出版。

［苏］列宁著、王唯真译《帝国主义——资本主义的最高阶级》由重庆生活书店出版。

［苏］斯大林著《关于列宁主义问题》由外国文书籍出版局出版。

凯丰编译《什么是列宁主义》（1—6 册）由湖北汉口中国出版社出版。

按：是书包括列宁主义是在帝国主义和无产阶级革命时代的马克思主义、方法和理论、无产阶级革命的理论、无产阶级专政、为社会主义建设的胜利而斗争等 7 编。本书为第四编：无产阶级专政。

［苏］雅洛曼绥夫著《列宁主义初步》由社会科学研究社出版。

［德］加拉赖·蔡特金著、胡仲持译《忆列宁》由上海珠林书店出版。

［美］Ruth Shaw、H. A. Potamkin 著，黄莎译《列宁画传》由暴风雨出版社出版。

［俄］T. 兹拉托格洛瓦、A. 卡普勒著、林淡秋译《列宁在 1918 年》由香港读书生活出版社出版。

［苏］斯大林著《斯大林选集》5 卷由陕西延安解放社出版。

按：把斯大林的重要文章用选集形式辑成多卷本出版发行，这在中国和世界的马列出版发行史上尚属首次。

［苏］斯大林著《论党工作之缺点和消灭托洛茨基两面分子及其他两面分子之办法》由潮锋出版社出版。

［苏］斯大林著、戈宝权译、博古校阅《斯大林在联共党（布）第十八次大

会上关于苏共产党中央委员会工作的总报告》由重庆新华日报馆出版。

〔苏〕斯大林著、张仲实译《论民族问题》由汉口生活书店出版。

按:《译者的几句话》说:本书是一个汇集,凡斯大林关于民族问题所有的言论,都搜罗在它的里面。

〔苏〕联共(布)中央党史委员会编著、联共(布)中央委员会审定、中国出版社译、博古总校阅《联共(布)党史简明教程》(上下册)由中国出版社出版。

按:是书作为马克思列宁主义基本知识的百科全书被翻译成多国语言,在各国共产党包括中国共产党党内广泛传播。《教程》的宣传与学习受到了中共中央的高度重视,它被当作马克思列宁主义百科全书在中国长期而广泛地传播,其地位也远远超过一般的历史教科书,其影响巨大而久远。①1939 年 9 月 1 日,延安新华书店开始销售从苏联运来的中文版《列宁文集》《列宁主义问题》和《联共(布)党史简明教程》。

苏联共产党(波)中央委员会所设专门委员会主编《苏联共产党(波尔什维克)历史》由莫斯科外国文书籍出版局出版。

按:是书主要讲述了苏联共产党(波尔什维克)的历史,全书共分为 12 章,内容包括为在俄国建立社会民主工党而斗争、俄国社会民主工党之形成等。

吴清友译《最新联共党史》由上海启明社出版。

凯丰译《苏联共产党(布)党章》由重庆新华日报馆出版。

凯丰译《苏联共产党(布)党章的修改》由重庆新华日报馆出版。

凯丰译《日丹诺夫在联党(布)第十八次代表大会上关于苏联共产党(布)党章修改的报告》由重庆新华日报馆出版。

张仲实编译《苏联新宪法研究》由上海生活书店出版。

〔苏〕伏罗希洛夫著、江隆基译《斯大林与红军》由重庆解放社出版。

〔苏〕伏罗希洛夫著、黄文杰译《论苏联红军的现状》由重庆新华日报馆出版。

〔英〕斯隆著、邹韬奋译《苏联的民主》由重庆生活书店出版。

中国出版社编《国际形势与苏联外交政策》由中国出版社出版。

〔苏〕莫洛托夫著、大笠译《苏联第三次五年计划》由上海知识书店出版。

戈宝权译《发展苏联国民经济的第三个五年计划的决议》由重庆新华日报馆出版。

---

① 胡虹.《联共(布)党史简明教程》与马克思主义中国化研究[D].上海:上海师范大学,2014.

[苏]维·莫洛托夫著《关于发展苏联国民经济之第三个五年计划》由莫斯科外国文书籍出版局出版。

谭炳训著《考察苏联经济建设之建议》由江西省民生印刷厂出版。

本社编《苏联新建设》由金华国民出版社出版。

赵飞克等译《苏联概况》由中国出版社出版。

按：是书原名《我们的国家》，由联共（布）中央出版所于1937年底出版。据英译本转译。内分苏联是社会主义已获得胜利的国家、苏联是一个强有力的工业国家、社会主义在农村的胜利、新技术与新人民、苏维埃人民底光明的和快乐的生活、文化与生活、苏维埃各民族底伟大斗争等8章。

[苏]斯大林著、叶非木译《今日之苏联》由播种社出版。

按：本书是斯大林在联共十八次代表大会上关于中央工作的报告。讲述苏联共产党的情况、国内形势及国际形势。

王文萱著《苏联的农工和交通》由长沙商务印书馆出版。

秦丰川编著《社会主义的苏联》由民族革命出版社出版。

按：是书分1905年的革命，二月革命与十月革命，帝国主义与国内战争，新经济政策，第一、二个五年计划，苏联的政治机构，苏联的社会生活，苏联的国防事业，苏联与中国等14讲。

[英]哈巴德著，万鸿开、李竹溪译《苏联之货币与金融》（苏联小丛书）由长沙商务印书馆出版。

按：是书分3编，第1编概述十月革命后苏联金融演进历史，第2编介绍苏联银行信用之现行组织、立法、金融政策等，第3编分析和批评苏联金融理论与设施。

[日]泽青鸟著、张白衣译《苏联航空的全貌》由长沙商务印书馆出版。

按：是书叙述俄国航空的沿革，革命后苏联航空建设的情况及成就，红军空军的实力及1937年的北极探险飞行和开拓苏美不着陆空航的情况。

[苏]拉比诺维契著、胡明译《苏联内战史》由重庆读书生活出版社出版。

按：是书论述了苏维埃国家粉碎协约国三次武装干涉和国内白卫军反革命叛乱的斗争经过。

[苏]A.舍斯达柯夫编、仲实译《苏联历史讲话》由上海生活书店出版。

朱一民编《现阶段的苏联》由中央军校第七分校政治部出版。

[苏]托洛斯基著、何伟译《苏联的现状及其前途》由春燕出版社出版。

按：是书分现在已经成就的是什么、经济的发展与领导的动摇、社会主义与国家、为提高生产力之斗争、社会矛盾与不平等之增长、外交政策与军队、苏联的社会关系、苏联往哪里去等 11 章。

邹韬奋译《苏联的民主》由重庆生活书店出版。

中苏文化协会编《苏联之儿童保护》由上海良友复兴图书印刷公司出版。

黄文杰、吴敏译《苏联工人的生活》由重庆生活书店出版。

［苏］爱拉娃卡娃等著、俞荻译《苏联文学新论》由上海海燕出版社出版。

林枕敬编《苏联文学的进程》由上海开明书店出版。

葛一虹著《苏联儿童戏剧》由上海杂志公司出版。

［苏］普多野丁、乌拉狄密尔著，高鹏飞译《科学的社会主义讲话》由上海三户书店出版。

按：是书分两编。上编包括绪论、唯物史观、资本主义灭亡论、政治革命、马克思主义的发展 5 章；下编包括科学的社会主义创始者、马克思学说、马克思的阶级学说、无产阶级斗争的战术 4 章。

毛泽东著《毛泽东救国言论选集》由新华日报馆出版。

按：是书收录《中国抗日民族统一战线在目前阶段的任务》《论持久战》《论新阶段》《与合众社记者的谈话》《与延安新中华报记者的谈话》等 11 篇。

毛泽东著《论持久战》由重庆新华日报馆出版。

毛泽东著《论持久战》由大众出版社出版。

毛泽东著《论持久战》由中国出版社出版。

毛泽东著《论持久战》由新华社出版。

毛泽东著《论新阶段》由重庆新华日报馆出版。

毛泽东著《论新阶段》由大众出版社出版。

毛泽东著《论新阶段》由新公论社出版

毛泽东著《论新阶段》由新华社出版。

毛泽东著《论目前国际形势与中国抗战》由新华日报馆出版。

毛泽东著《第二次帝国主义战争与中国抗战》由香港时论编译社出版。

毛泽东著《第二次帝国主义战争与中国抗战》由现实出版社出版。

按：是书收录毛泽东的 2 篇文章：《目前国际形势与中国抗战（关于国际形势对新华社记者的谈话，1939 年 9 月 1 日）》《第二次帝国主义战争（讲演提纲）——9 月 14 日在延安干部大会上的讲演》。附有新华社社论《国际新形势与中国抗战》。

毛泽东等著《抗日游击战争的一般问题》由中国文化社出版。

毛泽东、洛甫著《反对第二次世界帝国主义大战》由冀西公报社出版。

[英]J.斯脱拉奇著、何封译《社会主义底理论和实践》由桂林新知书店出版。

张仕章著《基督教与社会主义运动》由香港青年协会书局出版。

按:是书论述基督教与社会主义运动的关系,包括绪论——综合的研究、理论上的检讨、历史上的观察、结论——必然的趋势等4章。

[美]贝德士著、张仕章译《基督教与共产主义》由香港青年协会书局出版。

按:是书论述基督教与共产主义之间的关系,分基督徒与共产主义者的关系、共产主义与马克思主义的检讨、共产主义在苏俄实验的批判等5章。

[法]R.P.G. de Raucourt S.J.著、张正明译《共产主义检讨》由上海光启社出版。

按:是书上编共产主义的学说,包括马克思主义、辩证唯物论和历史唯物论、布尔什维克主义3章;下编共产主义的批判,包括共产主义和哲学、共产主义和宗教2章。

萨师炯著《共产主义与法西斯主义》由长沙商务印书馆出版。

按:是书分现代资本主义社会的成立及其发展、共产主义、法西斯主义、共产主义与法西斯主义之政策上的比较等4章。

张闻天等著《三民主义与共产主义》由自修出版社出版。

按:是书收录洛甫《拥护真三民主义反对假三民主义》、王稼祥《关于三民主义与共产主义》、毛泽东《旧三民主义与新三民主义》、黎平《叶青的假三民主义就是取消三民主义》、陈伯达《论共产主义者对三民主义关系的几个问题》、艾思奇《关于三民主义的认识》、辛焘《加强三民主义的研讨》、杨康华《三民主义研究提纲》等8篇文章。

钱实甫著《孙文主义与列宁主义甘地主义》由广西南宁民团周刊社出版。

王农仙编著《中国共产党的检讨》由重庆求是出版社出版。

按:是书分共产主义理论的分析、国际共产党组织史略、中国共产党史略、少共国际与中共青年团史略、共产党内部派别斗争的鸟瞰等12章。

四、卒于是年的研究者

熊得山(1891—1939)卒。原名熊学峻,字子奇,又字德山,湖北江陵人。1907年赴日本留学,先后入宏文学院和明治大学。曾加入共进会和同盟会。与胡鄂公在保定成立共和会,响应武昌首义。五四运动后接受马克思主义理论,1921 年与胡鄂公等在北京参与发起成马克思主义研究会。1922 年 2 月组织共产主义同志会并创办《今日》杂志,宣传马克思列宁主义。在主编《今日》时,先后发表《社会主义未来国》《社会主义与人口论》《马克思学说与无产阶级革命的关系》《唯物的中国史观》《无产阶级对于政治应有的态度》《土地国有制度》《马克思著作史》等文章。并且于《今日》第 1 卷第 4 号出版"马克斯特号",首次翻译发表马克思的《哥达纲领批判》《资本论》中的有关篇章《相对的剩余价值研究》,恩格斯的《家庭、私有制和国家的起源》的第 4 章,列宁的《俄国现时经济的地位》以及布哈林的《俄苏维埃的新经济组织》等著作。1929 年与邓初民等人于上海创办昆仑书店,次年加入中国社会科学家联盟和中国互济会。1932 年任教于广西大学,直至 1939 年逝世。著有《中国社会史研究》《社会思想》等,译有《物观经济学史》《马克思的社会学说》《国际劳动同盟的历史》《欧洲经济通史》等。

董亦湘(1896—1939)卒。亦湘原名彦标,又名椿寿,字叔桐,号亦湘,江苏武进人。1918 年秋进入上海商务印书馆编译新字典部当助理编辑。1919 年五四运动爆发后,开始业余自学英语、俄语,阅读马列著作,研究社会主义学说,并与陈独秀、邓中夏、俞秀松、沈雁冰等人交往。1922 年初由沈雁冰介绍,加入中国共产党。先后任中共上海商务印书馆第一任党支部书记、中共上海地方兼区执行委员会国民运动会委员等职。曾先后介绍恽雨棠、陈云、张闻天、杨贤江、孙冶方、唐光明等人入党。1922 年到无锡创建中共无锡第一个党支部。1924 年 8 月到 1925 年上半年在党领导的上海大学社会系任教,讲授社会发展史,编写《社会发展史》讲义,并参加五卅运动。1925 年 8 月赴苏联莫斯科中山大学和列宁学院学习。1933 年初被调到苏联远东哈巴罗夫斯克工作,任远东苏联内务部政治保卫局全权军事代表。1937 年在苏联清党时遭到王明陷害,被捕入狱。1939 年 5 月 29 日被迫害致死。1984 年被中央平反昭雪,定为革命烈士。1987 年 4 月其家乡为之建立纪念碑,陈云亲笔题写碑名。译有考茨基的《伦理与唯物史观》,作有《告今日追悼列宁者》《唯物史观》《民族革命讲演大纲》《唯物的人生观》等文。

俞秀松(1899—1939)卒。秀松又名寿松,字柏青,化名王寿成,浙江诸暨人。1916 年考入浙江省立第一师范学校。五四运动期间,成为杭州学生运动领袖,曾与施存统、宣中华、夏衍等创办《浙江新潮》,传播新文化新思想,宣传马克思主义。1920 年 1 月到北京加入工读互助团,4 月返回上海,参加《星期评论》杂志社工作,在上海与陈独秀、李汉俊、陈望道、李达等组织马克思主义研究会,同时参与发起成立上海共产主义小组,任中国社会主义青年团首任书记。1921 年 3 月在上海建立中国社会主义青年团临时中央执行委员会,仍任书记。同年接受少共国际的邀请,出席少共国际在莫斯科召开的第二次代表会,并代表中国社会主义青年团作了专题报告。1922 年 1 月参加了远东各国共产党和民族革命第一次代表大会,并受到列宁的接见。同年 1 月 30—2 月 2 日,又以中国代表团代表的身份参加了远东青年团代表大会。1922 年 8 月以个人名义加入国民党,任东路讨伐军总司令部参谋处一等书记官,并参加广州战役,是我党最早参加军队与作战的军事工作先行者。1925 年 10 月第二次赴苏联学习,任中山大学学生会主席、党团书记。1927 年 11 月入列宁学院深造和工作。在此期间遭到王明等人的陷害。1936 年进入新疆工作,任省立一中校长和新疆学院院长。1937 年 11 月被从苏联途经新疆回延安的王明、康生逮捕入狱,被借苏联肃反扩大化之机杀害。1962 年被追认为烈士。1983 年 8 月 14 日《人民日报》发表《共产主义事业的开拓者——俞秀松烈士》的长篇报道,8 月 16 日《中国青年报》发表《共产主义事业的先驱者——纪念中国社会主义青年团创始人俞秀松烈士》的纪念文章。

按:郭秋琴说:"俞秀松是中国共产党上海发起组的重要成员,是中国青年运动和共产主义运动的先驱者。""俞秀松是中国社会主义青年团中央领导集体的核心成员之一,他为中国社会主义青年团的创建、发展并走上布尔什维克化的道路,作出了重要贡献。"①

---

① 郭秋琴.俞秀松对创建中国社会主义青年团的贡献[J].上海党史与党建,2010(9).

民国二十九年　庚辰　1940 年

一、研究背景

1 月 3 日,中共中央发出《中央关于干部学习的指示》,明确规定"全党干部都应当学习和研究马列主义的理论及其在中国的具体运用",其中将《联共(布)党史简明教程》列入干部中级课程。

按:指示说:一、全党干部都应当学习和研究马列主义的理论及其在中国的具体运用。二、其主要课程,依据由浅入深由中国到外国的原则,大致规定如下:甲,初级课程:中国近代革命史、中国革命与中国共产党、游击战争、社会科学常识。乙,中级课程:联共党史、马列主义。丙,高级课程:政治经济学、历史唯物论与辩证唯物论、近代世界革命史。丁,时事政治课程分为中国、日本、国际三个方面经常研究。戊,军队中应有军事学习课。三、右列课程,可作为初级党校、中级党校、高级党校的一般标准。在各种不同情况下,得增减伸缩之。在职干部则依其水准及其他具体条件来选择学习课目。但每人同时以学习一门为原则。四、各中央局、中央分局、区党委应设法翻印中央出版的关于上述各课程的教科书与参考材料,同时编辑各种适合于下级党部用的教材与提纲。五、必须在各级党的组织中和党所领导的军队、政权与学校中,吸收足够的在文化上与理论知识上有相当准备的知识分子党员,参加干部的自习和教育的工作。六、各级组织的领导干部尤其是主要领导干部,必须以身作则的领导与提倡其他干部的学习。建立在职干部平均每日学习两小时的制度,并保持其持久性与经常性。七、各级党的领导机关应经常注意检查党校和干部训练班的工作,提高其质量,轮流征调干部入学,其因环境关系不能办党校者,必须征调干部送中央、中央局或区党委所办学校学习。八、凡不识字的或文化水平过低的干部必须以学习文化课消灭文盲为主。九、各级党委和政治部的宣传部下应设立干部教育科,负责管理干部教育的工作。十、各级党的组织必须把干部教育放在党的重要工作的地位上来,经常给以检查,指导和帮助。①

---

① 中共中央宣传部办公厅,中央档案馆编研部,编.中国共产党宣传工作文献选编:1937—1949 [M].北京:学习出版社,1996:100-101.

1月4—12日,陕甘宁边区文化协会第一次代表大会在延安中国女子大学礼堂举行,王明作《关于文化界统一战线的问题报告》、洛甫(张闻天)作《关于文化政策的报告》、艾思奇作《抗战以来边区的文化运动报告》、周扬作《两年来边区国民教育工作报告》、吴玉章作《关于新文字问题的报告》、罗迈作《抗战中两种不同的教育政策的报告》。在大会发言的还有杨松《马列主义中国化的问题》、萧三《中苏文化关系》等。

1月5日,洛甫在陕甘宁边区文化界救亡协会第一次代表大会上作《抗战以来中华民族的新文化运动与今后任务》的报告,认为马克思列宁主义学说是最富有革命性与科学性的主义与学说。

1月9日,毛泽东在陕甘宁边区文化协会第一次代表大会上发表题为《新民主主义的政治与新民主主义的文化》(《解放》周刊发表时改为《新民主主义论》)的讲演,丰富和发展了马克思列宁主义关于民主主义革命的理论,标志着新民主主义革命理论的成熟,对于中国民主革命具有重大理论和实际指导意义。这篇讲话也是毛泽东思想系统形成和发展的重要理论标志。

按:毛泽东在《新民主主义论》中谈到民族的科学的大众的文化时说:"所谓'全盘西化'的主张,乃是一种错误的观点。形式主义地吸收外国的东西,在中国过去是吃过大亏的。中国共产主义者对于马克思主义在中国的应用也是这样,必须将马克思主义的普遍真理和中国革命的具体实践完全地恰当地统一起来,就是说,和民族的特点相结合,经过一定的民族形式,才有用处,决不能主观地公式地应用它。公式的马克思主义者,只是对于马克思主义和中国革命开玩笑,在中国革命队伍中是没有他们的位置的。中国文化应有自己的形式,这就是民族形式。民族的形式,新民主主义的内容——这就是我们今天的新文化。"①

按:郭漄《延安时期与毛泽东思想的系统形成和发展》说:"延安时期形成的毛泽东思想的理论体系包含了九个方面的内容:第一,关于新民主主义革命的理论,主要内容是:新民主主义革命的总路线和三大法宝;新民主主义革命的道路;新民主主义革命的基本纲领。第二,农民问题的理论,主要内容是:农民问题的重要性;农民问题的核心是土地问题;关于教育农民的问题。第三,军事问题的理论,主要内容是:建设人民军队的思想;人民战争的思想;人民战争的战略战术。第四,根据地建设的理论,主要内容是:根据

---

① 毛泽东.毛泽东选集:第2卷[M].北京:人民出版社,1991:707.

地的经济建设;根据地的政权建设;根据地的文化建设。第五,统一战线的理论,主要内容是:建立革命统一战线的重要性,必须坚持统一战线中中国共产党的领导权,又联合又斗争的策略思想。第六,党的建设的理论,主要内容是:党的政治建设;党的思想建设;党的作风建设;党的组织建设。第七,文化理论,主要内容是:新民主主义的文化观;教育思想;文艺思想;新闻思想;知识分子问题等。第八,战略策略思想,主要内容是:战略上藐视敌人与战术上重视敌人的思想;正确处理阶级关系的思想;正确组织进攻和退却的思想;打击主要敌人的思想;"两手"的策略思想。第九,哲学思想,主要内容是:《实践论》《矛盾论》的思想;实事求是的思想;调查研究的思想;工作方法的思想。"①

1 月 15 日,毛泽东写信祝贺吴玉章同志 60 寿辰。信中说:"一个人做点好事并不难,难的是一辈子做好事,不做坏事,一贯地有益于广大群众,一贯地有益于广大青年,一贯地有益于革命,艰苦奋斗几十年如一日,这才是最难最难的啊!"②

是日,《中国文化》杂志在延安创刊,艾思奇任主编。创刊号发表毛泽东在陕甘宁边区文化协会第一次代表大会上的讲演《新民主主义的政治与新民主主义的文化》,后改题为《新民主主义论》,系统论述新民主主义革命的理论和纲领。

按:《中国文化》是中国综合性学术刊物。在创刊号上发表毛泽东的《新民主主义的政治与新民主主义的文化》(即《新民主主义论》)。毛泽东在《新民主主义论》中概括形成的"新民主主义"范畴对民主革命的阶段、领导阶级、革命目标提出了不同于马克思主义经典作家的新见解,丰富了马克思主义的政治哲学理论。

1 月 28 日,毛泽东为中共中央起草《克服投降危险,力争时局好转》的党内指示。

2 月 1 日,毛泽东在延安民众讨汪大会上发表《团结一切抗日力量,反对反共顽固派》的讲演,同时为延安民众讨汪大会起草《向国民党的十点要求》的通电。

2 月 5 日,延安自然科学研究举行成立大会,毛泽东出席会议并发表讲话,认为"马克思主义包含有自然科学,大家要来研究自然科学,否则世界上

① 郭谠,等主编.延安时期与毛泽东思想[M].西安:陕西人民出版社,1993:34.
② 田湘波.毛泽东名言问世记[M].北京:中国青年出版社,2013:61.

就有许多不懂的东西,那就不算一个最好的革命者"①。会议选举吴玉章为会长。

2月7日,毛泽东为《中国工人》刊物创刊撰写发刊词,同日为延安《新中华报》改版一周年纪念而撰写了《必须强调团结和进步》的文章。

2月15日,中共中央发出由张闻天起草的《中央关于办理党校的指示》,对办理党校的宗旨、基本任务、办理党校的机关、党校训练时长、教学方法、学习方法、教学原则、党校管理制度、党校生活等诸多方面进行了规定,形成了一套完备的党校办理指南和干部培养模式,有效地指导了干部教育工作,为党培养了大批人才。指示规定各级党校的基本任务是以马列主义的理论与实际来教育干部。

按:《指示》指出,"为了巩固与发展党,各地党的领导机关均应办理党校,以加强对党的干部的马列主义教育"。从巩固和发展党这个高度,强调加强对干部的马列主义理论教育是办理党校的根本目的。《指示》要求各中央局各分局办理训练中级干部(县级及区级)的党校;各省委、区党委、地委办理训练区级干部的党校;各地委、县委办理训练初级干部(支部干事)的训练班。《指示》规定:"各级党校的基本任务是在以马列主义的理论与实际来教育干部,而来校干部的基本任务也就是学习。因此整个党校的组织形式与工作方法,均应服从于这个基本任务。"《指示》还就党校的教学方法作了一套具体规定。这些教学方法在党校取得了良好的效果。这里主要是两条,一条是提倡自学为主,《指示》规定:"学习方法应采取在教育指导下以个人自习(即自己读书)为主的原则。"另一条是提倡循序渐进,这就是《指示》中规定的:"教学方面,应以由少到多、由浅入深、由中国到外国、由具体到抽象的原则。"《指示》强调"求得理论与实际的一致,是党校教习的中心目标",为了求得这种一致,"应该使学生切实了解马列主义的精神和方法,应该经常研究与讨论党中央与党的领导机关的各种文件与指示,应该经常多请当地的和外来的负责同志报告各种时事问题及各种实际工作的情况与经验。这些均应成为党校的主要功课之一部"。《指示》强调,"在学校生活中应该充分的发扬民主。在学习中应提倡敢于怀疑,敢于提出问题,敢于发表意见,与同志的辩论问题的作风。对于错误的、不正确的思想,主要的应该采取说服、解释与共同讨论的方法来纠正"。②

---

① 武衡,主编.抗日战争时期解放区科学技术发展史资料:第1辑[M].中国学术出版社,1983:6.
② 陈至立,主编.中国共产党建设史[M].上海:上海人民出版社,1991:353-354.

2 月 18 日，中共中央发出《中央关于积极参加国民党区的小学教育与社会教育的指示》。

2 月 20 日，毛泽东在延安宪政促进会上发表题为《新民主主义的宪政》的演说，揭露蒋介石实行宪政的骗局。

3 月 6 日，毛泽东为中共中央起草《抗日根据地的政权问题》的党内指示。

3 月 11 日，毛泽东在延安党的高级干部会议上发表题为《目前抗日统一战线中的策略问题》的报告。

是日，共产国际执委会主席团做出《关于中国问题的决议》。

按：决议指出："（在莫斯科）开展翻译和出版马列主义经典著作的工作，中国共产党中央委员会应派遣三名通晓俄语和汉语的专业工作人员前往；在中国扩大翻译和出版部分马列主义经典著作的工作（马列的六卷本、两卷本选集，马克思的两卷本选集等）；在中国再版《联共（布）党史简明教程》，因已印行的册数不能满足中国广大党员和知识分子的需要；中共中央应进行一场广泛的传播《列宁主义基础》和学习这部经典著作的运动；在上海组织印刷日文版《联共（布）党史简明教程》；在原特（边）区党组织内扩大党员和同情者的《联共（布）党史简明教程》学习小组和时事政策学习小组的网点；而在国民党地区的党组织内，则要发展政治问题座谈会小组的网点；扩大专业宣传干部的培养工作。为此，应在延安马列学院内设立宣传部。"①

3 月 18 日，中共中央书记处发出《中央关于开展抗日民主地区的国民教育的指示》，其中要求应该确定国民教育的基本内容为新民主主义的教育，这即是以马列主义的理论与方法为出发点的关于民族民主革命的教育与科学的教育。

3 月 20 日，中共中央书记处做出《中央关于在职干部教育的指示》。指示规定 5 月 5 日马克思生日为学习节，以此推动干部学习马克思主义。该指示将在职干部按文化理论水准的不同分为甲、乙、丙、丁四类，《联共（布）党史简明教程》与马列主义、政治经济学、哲学一起被列为"甲类、有相当文化理论水平的老干部"的学习课程。

5 月 4 日，毛泽东为中共中央起草题为《放手发展抗日力量，抵抗反共顽固派的进攻》的给中共中央东南局的指示。

6 月 21 日，延安新哲学会举行第一届年会，毛泽东、洛甫、朱德和艾思

---

① 　共产国际有关中国革命的文献资料：第 3 辑 [M]．北京：中国社会科学出版社，1990：46-47．

奇、陈伯达、茅盾、张仲实、杨松、和培元、范文澜、周扬等50余人出席会议。毛泽东发表重要讲话。延安新哲学会的基本任务是学习和研究辩证法唯物论,使之与中国革命具体实际结合,推动了马克思主义哲学中国化。陈唯实作《斯大林对唯物辩证法的新发展》的学术报告。

按:陈唯实的报告分6个部分:斯大林论马克思主义哲学的党性、斯大林提出的相互联系的法则捍卫了真理具体性的学说、斯大林提出的运动发展法则发展了新事物不可战胜的学说、斯大林对于否定之否定规律的理解和处理、斯大林着重阐述了突变的学说、斯大林继承发扬了列宁的对立统一对立斗争的学说。

7月1日,刘少奇在新四军江北指挥部纪念中国共产党成立19周年大会上作《做一个好的党员,建设一个好的党》的报告。

按:报告说:"我们的党,就是在和这些敌人的这些残暴手段之斗争中,生长、壮大与坚强起来的。因为我们的党,是马克思主义的布尔什维克党,是与群众有密切联系的党,是代表着历史上最进步的无产阶级的党,因此,我们是永远不会被消灭的,我们是不可战胜的。世界上已经没有任何一种力量能战胜我们的党,相反,我们将战胜世界上一切的反动势力,将把世界改造成为最进步最美满最合于我们理想的共产主义世界。"[1]

7月5日,毛泽东为延安《新中华报》撰写题为《团结到底》的纪念抗日战争三周年的文章。

7月7日,中共中央发出《中央关于目前形势与党的政策的决定》,其中要求"全党必须加强进行策略教育,克服干部单纯化的现象,应把这种策略教育列入干部教育的正式课程,作为成绩考成的重要标准"[2]。

8月13日,中共中央宣传部发出《关于加强干部策略教育的指示》,要求在职干部必须学习中共中央的决议、中央领导同志的有关策略的报告、党报上的重要文章等,不断提高干部的策略思想。

9月10日,中共中央发出《关于发展文化运动的指示》,指出发展抗日文化运动,不但是当前抗战的武器,而且是在思想上、干部上准备未来变化与推动未来变化的武器。要求共产党员在反对复古、反对大资产阶级的文化专制政策、反对日寇汉奸的奴隶文化等方针之下,动员各阶级知识分子、各部门文化人与广大青年学生参加国统区文化运动。

---

[1] 中共中央文献研究室,中共中央党校,编.刘少奇论党的建设[M].北京:中央文献出版社,1991:208.
[2] 中央档案馆,编.中共中央文件选集:第11册[M].北京:中共中央党校出版社,1986:432.

10 月 10 日，中共中央宣传部、中央文化工作委员会发出《关于各抗日根据地文化人与文化团体的指示》。

10 月 14 日，中共中央宣传部发布《关于充实和健全各级宣传部门的组织及工作的决定》，规定在各级宣传部门下设教育科管理党内教育工作及干部教育。

10 月 17 日，中共中央宣传部发出《关于各抗日根据地内党支部教育的指示》。

10 月 20 日，中共中央宣传部颁布《关于提高延安在职干部教育质量的决定》，指出学习中存在的不足，并具体提出了 8 条改进办法。

按：其中第七条说："在职干部马列主义理论的学习，不能妨碍他们现在所担任的实际工作，相反的，只有当这种学习能够提高他们对实际工作的兴趣与能力时，才有意义。担负专门技术工作或从事文艺工作的党员，应把提高自己的技术与文艺素养的学习算在在职干部学习的范围之内。对于他们，需要在学习马列主义一般理论与精研技术及文艺的时间上有适当的调剂。必要时，可暂时减少其马列主义理论学习的时间或分量，或在一定时间内推迟这方面的学习。至于非党同志，凡不愿参加马列主义理论学习者，不得勉强。"[1]

10 月 25 日，中共中央宣传部做出《关于大后方党的干部教育的指示》，对大后方党的干部教育的内容、方式、领导、注意事项等都做了详细规定。

10 月 26 日，中共中央宣传部做出《关于抗日根据地在职干部教育中几个问题的指示》。

10 月 28 日，中央军委总政治部发出《关于干部工作一般问题指示》和《关于干部政策与教育工作的指示》。

10 月 29 日，中共中央宣传部做出《关于华北联大教学任务、方针等问题的指示》。

11 月 15 日，中共中央宣传部发出《关于各抗日根据地内小学教育的指示》。

12 月 25 日，毛泽东为中共中央起草对党内的指示《论政策》。

是日，中央军委发布《关于加强干部教育的命令》，认为加强干部教育、提高干部能力，是提高我军战斗力、战胜目前艰难斗争环境、适应部队发展亟待解决的重要问题。

---

[1] 中共中央党史研究室第一研究部，译. 共产国际、联共（布）、中国革命文献资料选辑（1938—1943）：第 21 册[M]. 北京：中共党史出版社，2012：178.

是年,陈毅在新四军成立三周年的干部纪念会上发表《井冈山的斗争》的报告,回顾了新四军的历史和发展。

二、研究论文

毛泽东《中国革命与中国共产党》发表于《共产党人》第4—5期。

按:文章在第4期上发表时,刊登了编委启事:"《中国革命与中国共产党》一书,为本书编辑委员会编辑,供各学校、各训练班教课及在职干部自修学习之用。这是初稿,随编随在《共产党人》上发表,希教者读者提出意见,以便修改,使成一个完善的教本。各地教课时,可以从本刊上取下付印。一九三九年十二月二十五日。"这个教材由毛泽东和范文澜编写,目的在于用来培养党的骨干,提高全党的马克思主义理论水平,把党建设成为"一个全国范围的、广大群众性的、思想上政治上组织上完全巩固的、布尔什维克化的中国共产党",以担负起领导抗日战争和整个新民主主义革命的伟大历史使命。文章论述了与中国革命密切相关的中国社会历史的特点;阐述中国革命的基本理论。包括(一)中国革命的对象是帝国主义和封建主义。(二)中国革命的任务是,对外推翻帝国主义压迫的民族革命和对内推翻封建地主压迫的民主革命,而最主要的任务是推翻帝国主义的民族革命。(三)中国革命的动力主要是无产阶级、农民阶级、其他小资产阶级和民族资产阶级。(四)中国革命的性质不是社会主义的,而是资产阶级民主主义的;不是旧民主主义的,而是新民主主义的,即无产阶级领导之下的人民大众反帝反封建的革命,属于世界无产阶级革命的一部分。(五)中国革命的前途不是资本主义的,而是社会主义和共产主义的。(六)中国革命的两个阶段是既有区别又有联系的。民主革命是社会主义革命的必要准备,社会主义革命是民主主义革命的必然趋势。

郭化若《八路军的军事理论》发表于《八路军军政杂志》第2卷第8期。

按:是文实质上是考察指导八路军作战的军事理论——毛泽东军事思想。该文章的这种考察从11个方面展开。他认为:八路军的军事理论,第一,全面地指出敌我力量的对比(敌强我弱,但敌国小我国大;敌侵略,我正义;敌寡助,我多助;敌没落,我新兴),及其必然的变化(敌变强为弱,我转弱为强),说明"日本必败,中国必胜",以坚定全中国军民抗战胜利的信心。第二,正确地指出持久战的基本方针,反驳了亡国论和速胜论,指出长期团结为长期抗战之根,"兵民是胜利之本"。第三,具体指出战略防御与战役进攻为积极防御的具体表现,以纠正抗战初期某些方面的消极防御,使抗战的军事行动积极起来。但同时又反对拼命主义和冒险主义,指出战略防御中必要的退却是允许的。第四,正确估计了游击战之重要性,指出游击战与正规战之有机的配合的重要性。第五,指出运动战为主,阵地战为辅的战略方针,以发扬中国人力上量的优势,对付敌人技术上的优势。第六,指出战略上"内线的持久的防御战",战役上战斗上"外线的速决的进攻战"的方针,等等。第七,指出主要以战役战斗的歼灭战为手段,达成战略上的消耗的目的。第八,指出主动灵活、有计划的指导,为抗战中战略战役指导的准备与借鉴,使我军能转弱为强,转败为胜。第九,确定"独立自主的山地游击战"和"以游击战为主,但不放松有利条件下的运动战"为八路军的战略行动方针。第十,建立抗日根据地,建立民主政权以实行民主政治,发动与武装广大民众,实行各种进步的政策,开展广泛的游击战争,以坚持长期的抗战。第十一,以新民主主义的政治为建军的基础,军队必须真正实行三民主义与抗战建国纲领,必须建立与实施抗日的政治工作制度,必须改善士兵生活待遇、改善官兵关系、废止肉刑以求上下一致,必须改善军民关系以求军民一体,必须实施进步的军事政治训练,实施革命的纪律,以提高战斗力。不难看出,郭化若的文章对八路军军事理论的阐述,主要是根据毛泽东的军事理论,因而,郭化若的文章可看作是对毛泽东军事思想最早的接触和较系统的发挥。①

　　艾思奇《论中国的特殊性》发表于《中国文化》创刊号。

　　按:文章说:"马克思主义者所谓的精通马克思主义不仅是指马克思主义的理论研究,而同时是指要能在一定的具体环境之下实践马克思主义,在一定国家的特殊条件之下来进行创造马克思主义的事业。""正因为我们要求马克思主义的中国化,所以就尤其要坚持马克思主义的基本原则和基本方法,正因为我们要具体地应用马克思主义到中国的现实的特殊条件上来,所以我们就尤其要站稳马克思主义的立场。"艾思奇还探讨了马克思主义哲学中国化的具体途径。"第一步,要把握辩证法唯物论本身的基本观点,这只是研究的开始和准备。第二步,就要暂时丢开哲学公式,把所遇到的现实事物的本身作具体的考察。第三步,在辩证法唯物论的引导下,分析事实材料的各方面,并把握这一切方面的联系,这就是要把握辩证法唯物论法则的具体表现。"

　　萧三《高尔基底社会主义的美学观》发表于《中国文化》第 1 卷第 1—2 期。

---

① 　胡为雄.毛泽东思想研究简史[M].北京:中央文献出版社,2014:48-49.

　　[苏]尤琴作、杨松译《继续研究马克思列宁的哲学问题》发表于《中国文化》第1卷第3期。

　　按：译者在文章开头说："尤琴是在苏联与米丁齐名的哲学家。他在本文内解释了关于历史唯物主义中一个很大的争论问题，就是关于社会主义社会内和共产主义社会内生产力与生产关系之间的相互关系问题，本即关于社会主义和共产主义的动力问题。关于此问题在苏联和中国的思想界中，都曾发生了很大的争论，并曾有和还有许多错误的观点，而尤琴在本文内给了一个正确的回答。此外，尤琴在本文内还通俗地叙述了斯大林同志关于辩证法的四个特征。对于研究辩证唯物主义的青年们，大有帮助。因此，特将此文译出，登载于《中国文化》，以为我国学习和研究辩证唯物主义和历史唯物主义的青年们之参考。原文登载于一九三九年十一月十四日《真理报》。"

　　杨松《关于马列主义中国化的问题》发表于《中国文化》第1卷第5期。

　　按：文章说："关于马列主义中国化的问题，可以分为以下五个小问题来讲：（一）马列主义中国化的意义；（二）马列主义中国化的历史发展；（三）马列主义中国化的成绩和严重的缺点；（四）马列主义中国化的当前几种任务；（五）马列主义中国化的方法论问题。"作者认为马列主义中国化的意义，"一、抗日的文化统一战线是抗日民族统一战线的一部分，它本身包含有统一性和斗争性。它的统一性表现在：马列主义的文化人和其他各党各派的文化人，在文化战线上共同反对日本帝国主义的殖民地奴化政策和反对封建的复古倒退的文化运动。它的斗争性表现在：马列主义者的文化人在这个统一战线中，坚持自己马列主义的宇宙观和人生观，坚持自己对于科学的共产主义的信仰，而应用马列主义的思想武器，应用马克思和列宁的唯物辩证法，去批判一切非无产阶级的思想意识，为建立以新民主主义的内容为内容和以中华民族的形式为形式的中华民族新文化，并在中国历史学、政治经济学、哲学、文学、音乐、美术、戏剧、诗歌和自然科学中，获得巩固和发展自己的地位。二、'马列主义不是教条，而是行动的指导'。中国的马列主义者若不把马列主义具体地应用到中国具体环境中去，若不把马列主义中国化，就不能使马列主义更加深入中国，就不能更加充实和发展马列主义，只把马列主义当作了教条来背诵。反之，假如我们能把马列主义中国化，或说使中国各门学术马列主义科学化，那末不仅充实和发展了马列主义，并且把中华民族的文化发扬光大，而在全世界的人类文化中获得自己的光荣灿烂的地位"。

作者指出："从五四运动以后，马列主义开始传入中国以来，在这二十年中，特别是在最近十余年来，马列主义的中国化确实已收到了很大的成绩，证明中国共产党真正是科学的创造式的马克思列宁主义的政党，决非如共产主义的叛徒叶青之流所说的，中国共产党没有理论。我们现在检查起来，可以简单列举如下：一、在对于中国社会经济性质方面：中国共产党确定了中国社会经济的半殖民地性半封建性占统治地位。同时指出了中国民族资本主义之相当发展，击溃了托洛茨基主义在这方面的反革命理论。二、关于中国社会各阶级和阶层的相互关系，中国革命的性质、任务、动力和战略与策略等等问题上，充实了和发扬了马克思列宁和斯大林关于殖民地和半殖民地革命的学说（如象共产国际和中共历次关于中国革命的决议）。三、关于国家政权的形式，中国共产党在帝国主义时代资产阶级性民主主义革命中，在十年苏维埃运动中，证明了苏维埃不仅是无产阶级专政的国家政权形式，并且是工农革命民主专政的国家政权形式。并且，在目前提出了为新民主主义共和国而奋斗的口号，它正如毛泽东同志所说的，既非十七、十八世纪西欧资产阶级革命所产生出的旧式资产阶级的民主共和国，如现在法国和美国；亦非如现在苏联无产阶级专政的国家形式。四、关于建立新的人民的革命军队和军事战略战术的学说，中国共产党以毛泽东同志为首，发挥了和具体化了马克思、恩格斯、列宁、斯大林关于战争和军事的学说（如象毛泽东同志在十年内战中战略和战术的发挥。在目前抗战中所著《论持久战》和《论新阶段》）。五、关于中国农民土地问题，中国共产党领导了十年的土地革命，把马克思和列宁关于这方面的理论和策略更加具体化了和充实了其内容。六、关于建立新式的马克思列宁的布尔什维克共产党方面，中国共产党在其反陈独秀机会主义、反盲动主义、反李立三路线和反张国焘路线的斗争中，在殖民地和半殖民地国家内建立新式共产党方面，也更加充实了和具体化了马克思和列宁关于党的学说。七、由于党的和非党的布尔什维克在我国各门学术方面的研究和刻苦的工作，在我国各门学术的马列主义化方面，也有许多成绩。如鲁迅的文学，他的批评和他关于马列主义理论和艺术理论之介绍。八、在翻译和介绍马列主义的经典著作方面，在大革命失败以后的十年中间，特别是在抗战三年以来，作了许多宝贵的工作，如象马克思《资本论》的出版，恩格斯《反杜林》《自然辩证法》之中文翻译，《马恩选集》之出版，列宁《唯物论与经验批判论》、列宁《俄国资本主义之发展》、《列宁选集》和《斯大林选集》之出版，斯大林《民族殖民地问题》之出版，《联共（布）党史》中文版等等。这是马列主义中国化的初步和必要的工作。九、在马列主义的通俗化和大众化方面,虽然难免某些错误和庸俗化的毛病,但是,由于共产党人及同情者的共同努力,也作了一些工作,获得了一些成绩。十、西欧启蒙运动者的著作和俄国古典文学、苏联和英、法、美等国无产阶级文学的翻译和介绍方面,也做了一些工作,如像黑格尔《逻辑学》和《历史哲学》的中文出版,以及其他启蒙运动者某些著作之翻译。托尔斯泰、杜思妥亦夫斯基、高尔基、夫尔曼洛夫、绥拉菲么维支、法捷耶夫等等作家小说之中文翻译。"

作者认为,马列主义中国化的当前具体任务是:"在马列主义中国化方面的一般总任务就是:克服目前我国马列主义者的思想文化理论战线上的落后,要使理论和经验上的总结和检讨,不仅不落后于目前政治斗争,不仅不落后于目前的实际的革命斗争;并且成为实际斗争的先导,配合着军事的和政治的斗争,以争取实现抗战必胜建国必成之伟大目的。具体说来,有如下的具体任务。(一)在经济学方面,我们要精通马克思的政治经济学,以马克思和列宁的经济理论作基础。不仅要从事于近两年来帝国主义侵入中国,封建主义崩溃及中国民族资本主义发生和发展过程之科学研究,著成如列宁关于俄国资本主义发展之那样科学著作;并且,要从事于抗战三年来我国经济变动之研究,因为,抗战以来,敌占领我国工业中心城市,封锁了我国海口,我国经济上发生了很大的变动。此外要从事于敌国及世界经济之研究,因为,我国是世界经济的一部分。(二)在历史学方面,要用马克思列宁的历史唯物主义的观点,要有丰富的世界各国历史知识和用世界各国革命的眼光去整理中国的历史,把它从统治阶级的换朝代的历史,变成真正的中华民族和中国人民的公民史。著出一本科学的教科书,用以教育中华民族的后辈,激动我国青年的民族自尊和爱国主义的热情。这一任务,中国的资产阶级及历史学家不能完成,历史注定了要中国无产阶级的历史家来完成这一任务。正如毛泽东同志所说:'学习我们的历史遗产,用马克思的方法给以批判的总结,是我们学习的另一任务。我们这个大民族数千年的历史,有它的发展法则,有它的民族特点,有它的许多珍贵遗产,对于这个,我们还是小学生。今天之中国是历史的中国之发展,我们是马克思主义的历史主义者,我们不应该割断历史。从孔夫子到孙中山,我们应该给以总结,我们要承认这一份珍贵的遗产。"(《解放》第六七期第三六页)(三)在哲学方面,我们要以马克思和列宁的哲学作基础,并用丰富的西欧和俄国哲学史的知识,去研究和继承中国的哲学,对于中国历代哲学里唯心主义的各派思想给以无情的批判,而对于中国历史哲学思想中的唯物主义和辩证法的成份加以发挥,著成一部完整的科学的中国哲学史,这是非常需要的。在西欧马克思和恩格斯以前,还有黑格尔关于哲学史的著作,他从埃及、阿拉伯、印度、希腊、罗马起到他自己,从他的唯心主义辩证法的观点,加了一番整理的工作,后来马克思和恩格斯以唯物历史主义的立场,给黑格尔以科学的批判。在俄国曾有著名的马克思主义者普列哈诺夫所著《俄国社会思想史》,把俄国的各种各派的社会思想,以马克思主义的科学立场,加了一番整理工作。在我们中国,这一个任务就落在马克思列宁主义者的肩上。我们资产阶级的哲学家如胡适之先生曾企图进行这一工作,但是,由于中国资产阶级学者们被自己的阶级性所限制,由于自己没有近代社会科学中最尖锐的武器唯物辩证法和唯物历史主义,注定了他们不能完成这一任务。(四)要继承鲁迅大师的遗产,正如毛泽东同志所说:鲁迅先生不仅是一个文学家、文艺批评家和理论家,而且是一个革命家,是一个非党的布尔什维克,有如俄国的巨人高尔基。我们在文学方面要适应和反映伟大民族抗战的历史需要,写出表扬中华民族和中国人民英勇斗争的伟大著作。托尔斯泰关于 1812 年的战争,能够写出《战争与和平》,为什么我们中国处在这样伟大时代,不能写出类似的著作呢?又如国内战争时二万五千里长征,不是一部中国的《铁流》吗?再如目前敌后抗战的许多英勇故事,难道写不出中国的《夏伯阳》和《毁灭》么?(五)在文学、音乐、戏剧、美术和诗歌等等方面,要精通和把握世界各国在这些方面已有的成果,并精通马列主义关于文学艺术方面的理论,去批判和扬弃我国旧的已腐烂的封建主义的贵族文学、音乐、戏剧等等,同时却必须接受历史上代表和接近被压迫者的诗人、文学家、戏剧等等的遗产;同时要研究和搜集目前民间流行的歌谣、故事、传说、小调、图书、剧本等等,创造出以新民主主义为内容和以中华民族的形式为形式的新文学、新音乐、新戏剧、新诗和新美术等等。比方俄国的音乐家格林克曾经久住意大利,精通意大利和西欧其他各国先进音乐和关于音乐界的理论,后来回到俄国又精通俄国民间小调和歌谣,在长期刻苦工作之后,创造出不朽的伟大俄国民族的音乐与歌剧,我们伟大中华民族的新音乐之创立和形式,一定也是走这样的道路。(六)在最近期间内完成马、恩、列、斯之主要著作之翻译,对于那些错误太多的译本必须全部重译或校对。在最近将来要开始《马恩全集》和《列宁全集》之翻译和出版。(七)同一切非共产党员的唯物论者共同合作,翻译西欧各国启蒙运动者的有名著作,如培根、洛克、斯宾诺莎、黑格尔、费尔巴哈等等之著作。把已出版和翻译有错误者重新翻译和重新出版。特别是首先要翻译黑格尔的《大逻辑学》及费尔巴哈的著作。(八)继续翻译西欧和俄国等世界闻名的古典文学著作及苏联、英、法等国无产阶级作家的著作。如象莎士比亚的著作在英国的流行和研究,还不如在苏联之流行和深刻的研究,莎士比亚的《哈孟雷德》在日本东京禁止排演,歌德的著作在德国不能流行,这都证明帝国主义的反动资产阶级不能接受西欧资产阶级在年青时和革命时的宝贵遗产,而要由全世界无产阶级和殖民地半殖民地被压迫人民来接受了。(九)在我国自然科学中传播辩证法唯物论的学说,争取为马列主义者在自然科学上的地位。因为正象列宁所说:'自然科学家除非是站在一个坚固的哲学基础之上,他是抵挡不住资产阶级的观念之猛攻,也阻止不了资产阶级世界观的复辟的。在这个斗争中,自然科学家为要挡住敌人的进攻,并取得最后的胜利,就必须做一个现代的唯物论者,做一个马克思所代表的唯物论的信奉者,这即是说,他必须做一个辩证法唯物论者。'(见列宁《论战斗唯物论的意义》一文)(十)彻底批判在中国革命问题上,在历史学上、政治经济学上和哲学上一切反马克思主义的观点。如托洛茨基的反革命理论、布哈林的机械唯物论、德波林的孟塞维克的新康德主义,确实在政治经济学上唯心论的错误,在历史学上的波克罗夫斯基学派等等。(十一)进一步做马列主义通俗化和大众化的工作,写作许多中级的读物,达到既是通俗易懂,又是具备高深的理论基础,而不走向庸俗化和不致曲解马列主义学说。"

[苏]N.乌拉索夫作、张仲实译《论社会主义社会底动力矛盾问题》发表于《中国文化》第1卷第6期。

[苏]加里宁作、萧三译《论艺术工作者应学取马克思列宁主义》发表于《中国文化》第1卷第6期。

[苏]F.高罗霍夫作、张仲实译《论社会主义时代生产关系底全完适应于生产力》发表于《中国文化》第2卷第1期。

按:文章说:"历史唯物论训示我们,在发展中,生产国与生产关系之间是在实行着辩证的相互作用。"

[苏]S.柯列斯尼柯瓦作、张仲实译《苏维埃社会主义社会底动力》发表于《中国文化》第2卷第2期。

张仲实《怎样研究〈资本论〉》发表于《中国文化》第2卷第3期。

按:文章说:现在一般研究《资本论》的兴趣,极为浓厚。有的成立了"读资本论小组",定期举行讨论会,实行集体研究;有的个人自修,潜心研读;至于各学校政治经济学一科,将《资本论》列为必读的参考书,那更不用说了。在这种情形之下,怎样研究《资本论》,便成了惹人注目的一个问题。近见苏联《布尔塞维克》杂志"顾问栏"也载有一篇专文,详论研究《资本论》底意义和方法。为了"中国化"一点,特根据该文底材料,改写成本文,以供读者参考。

《资本论》底值得每个革命者要再三潜心研读,具体说来,有下列几点:第一,它发现了资本主义社会发生、发展及其灭亡底法则,揭开了资本主义剥削底秘密,而给全世界的被压迫阶级和被压迫民族指出了争取解放底路径和终极目的。第二,它概括了无产阶级革命运动底丰富经验,阐明了无产阶级革命斗争底巨大意义。马克思本人就是一个非常伟大的无产阶级的革命家。所以,他是研究了具体的历史的现实,概括了无产阶级革命运动底经验,而指出了达到这一运动底终极目的之途径,并没有一点儿空想主义。第三,它是应用辩证唯物论去分析问题之最好榜样。辩证唯物论像一条红线一样贯穿着全部《资本论》。……根据以上三点,我们可以说,研究《资本论》,乃是掌握马列主义理论底最重要的一个环节。凡愿布尔塞维克式地认真掌握马列主义理论的人,都应当以阅读、研究马克思底这部基本著作为自己的任务。苏联的老布尔塞维克,在十月革命以前,虽处在极秘密的条件之下,但都读过《资本论》。谁手中有《资本论》,算是莫大的幸福。那时获得该书,很不容易。因此,好多布尔塞维克,曾抄写《资本论》,分散给同志研究。他们读《资本论》兴趣底浓厚,就可想而知了。

杨思仲《学习马克思、恩格斯、列宁底批评态度与批评方法——〈马恩列论艺术〉读后感》发表于《中国文化》第 2 卷第 3 期。

按:文章作者从文学的角度驳斥了那些基于政治上需要有意或无意阉割和曲解马克思、恩格斯以及列宁关于唯物史观的经典阐述。

毛泽东《新民主主义论》发表于《解放》第 98—99 期。

按:是为毛泽东在陕甘宁边区文化协会第一次代表大会上的报告,原题为《新民主主义的政治与新民主主义的文化》。

[苏]列宁著,杨松、袁维节译《社会主义与战争》发表于《解放》第 100 期。

[苏]雅鲁斯拉夫斯基《列宁为创立共产国际而奋斗》发表于《解放》第 102 期。

《马克思列宁主义的宣传应当提升到适当的高度》发表于《解放》第 105 期。

《〈联共(布)党史简明教程〉对于世界共产主义运动,国际无产阶级及一切国家劳动者的意义》发表于《解放》第 105 期。

许之植译《卡尔·马克思传略》发表于《解放》第106—107期。

[德]拉发格《马克思回忆》发表于《解放》第106—107期。

[苏]季米特洛夫作、师哲译《斯大林与国际无产阶级》发表于《解放》第106—107期。

柯柏年《马克思的读书方法》发表于《解放》第109期。

按：文章指出，马克思读书时，首先是抱着批判的态度。其次，他对于学问，不是作肤浅的了解，而是作深入的了解。第三，马克思反对死套公式，主张具体地详细地去研究。第四，马克思对于理论的思考与实际材料有很好的配合。第五，马克思认为"一切事在开头总是困难的，这一句话，可以在一切科学上适用"。同时，他又指出，"在科学上面是没有平安的大路可走的，只有那在攀登上不畏劳苦，不畏险阻的人，才有些攀到光辉的顶点"。

[苏]莫洛托夫《斯大林——列宁事业的继承者》发表于《解放》第109期。

[苏]弗·耿金娜《关于列宁的"什么是'人民之友'和他们反对社会民主派"》发表于《解放杂志》第109期。

[苏]曼努伊尔斯基作、师哲译《共产主义的伟大理论家——斯大林》发表于《解放》第110期。

[苏]潘克拉多娃《宣传家的列宁》发表于《解放》第112期。

实甫（张仲实）《列宁如何研究马恩的著作》发表于《解放》第114期。

按：文章说："列宁是马克思恩格斯学说底忠实继承者与伟大发展者。他领导俄国无产阶级与农民，推翻了地主资产阶级底统治，建立了人类历史上头一个无产阶级专政底国家——苏联。他当年怎样研究马恩二氏底著作，达到了这样的历史的伟大的成就，这是一个很有趣味的问题。本文底目的，就在于阐述这个问题。不过，这个题目是非常广泛的，因篇幅有限，不能把各方面统通都讲到，所以，这里只是就下面几个问题谈谈，以供读者参考。这几个问题，就是：一、列宁对于马克思主义理论底态度；二、列宁怎样开始研究马克思主义及工作方法；三、列宁在解决无产阶级政党在资产阶级性民主革命中的战略策略，无产阶级在社会主义革命中取得政权，以及关于国家和无产阶级专政诸问题时，如何运用马克思底著作。"

实甫（张仲实）《列宁如何研究马恩的著作》（续）发表于《解放》第115期。

按：文章说："首先我们由前面所引的一些例子中看到，列宁研究马恩二氏底著作，总是跟无产阶级在现实上正在进行的群众革命斗争底具体而迫切的任务,密切联系在一起的。他在最积极地参加这一斗争,作为这一斗争底指导者,并估计这一斗争底经验时,总是缜密地研究'当时社会底毫无例外的一切阶级底相互关系之总和'和全部国际环境的。其次,我们看到,列宁在研究马克思恩格斯时,总是从他们的著作中汲取一切经验教训,来解决当前斗争底具体任务。他估计到历史运动中的新东西,并根据这一点创立新的论点,他使马克思底学说具体化,进一步发展它,同时并不屈不挠地进行无情的反对机会主义对于马克思主义庸俗化和歪曲的斗争,进行无情的反对孟塞维克、托洛茨基反革命派的斗争。列宁把马恩二氏的伟大共产主义学说实现于生活,列宁创造了布尔塞维克政党——新型政党,以马克思主义底革命学说的精神训练了这一政党,并以新的观念充实了这一学说。"

[苏]斯大林作、师哲译《无产阶级和无产者的政党》发表于《解放》第115 期。

[苏]曼努伊尔斯基《列宁反对社会民主主义》发表于《解放》第119 期。

蒋《伟大十月社会主义革命的二十三周年》发表于《解放》第119 期。

费煦、俞光生《什么是社会主义》发表于《解放》第119—120 期。

[苏]斯大林《社会民主党怎样了解民族问题》发表于《解放》第121 期。

王明《学习毛泽东——在泽东青年干部学校开学典礼中的讲演》发表于《中国青年》第2 卷第9 期。

按:王明说:"对于青年学生的学习问题,我只贡献五个字:学习毛泽东!青年干部学校既然以毛泽东同志的光辉名字命名,那就要名副其实,就要学习毛泽东同志的生平事业和理论。"王明把怎样学习毛泽东归纳为五个方面:学习毛泽东始终一贯地忠于革命的精神、勤于学习的精神、勇于创造的精神、长于工作的精神、善于团结的精神。在讲到勇于创造的精神时,王明认为"毛泽东同志在其理论和实践中有很多新的创造",并具体概括了以下五个方面:在建设苏维埃的政权问题上,在建设中国工农红军的事业上,在创造革命的军事战略战术问题上,在建立民族统一战线问题上,在建立新民主主义政权问题上。王明说,在建设苏维埃的政权问题上,共产国际执委第十三次全会代表一致指出,苏维埃不仅是无产阶级专政的国家形式,而且也是工农民主专政的政权形式;这后一句新的有历史意义的总结,便是根据中国苏维埃革命的实际经验产生的。在资产阶级民主革命阶段中,建立工农民主专政的特殊形式的苏维埃政权,这就是中国共产党在毛泽东同志领导下的新创作。在建设中国工农红军的事业上,毛泽东吸收苏联建设红军的经验,改造了中国军队的传统,在中国资产阶级民主革命阶段创造了新的中国的工农红军。在创造革命的军事战略战术问题上,特别是游击战争问题上,毛泽东与把游击战争作为一种辅助的战术的一般人不同,把游击战争在其行动中和理论中均发挥到战略的地位。毛泽东的《游击战争的战略问题》《论持久战》等军事著作,不仅是抗日民族解放战争的军事指南,而且是马列主义在军事问题上的新发展。在建立民族统一战线问题上,毛泽东根据马列主义的理论,综合 1925—1927 年及以后十年来中国革命的经验,在日寇侵略深入国土的历史条件下,正确地规划了抗日民族统一战线的政策。把统一与斗争的原则,辩证地了解和运用起来,保证了民族团结和抗战坚持。在建立新民主主义政权问题上,根据列宁主义关于国家问题的学说,毛泽东提出建立新民主主义政权的理论。毛泽东著的《新民主主义论》不仅是中国现阶段国家问题的指南,而且是一切殖民地半殖民地关于建立革命政权问题的指针,同时也就是对马列主义关于国家问题的新贡献。[①]

徐特立《毛主席的实际精神》发表于《中国青年》第 2 卷第 9 期。

按:文章说:"毛主席任中央政府主席时,曾经和兴国长冈乡、上杭才溪乡两个乡主席谈了七天,写了一本小册子,后来在《斗争》上发表了。这次的谈话,得到了改造乡苏维埃的具体材料,这种材料是历史上没有的。我们毛主席就从最下级的乡主席那里得到了过去人类没有发现的财宝。我是一九三○年年底到江西的。这时江西还是游击区域,政权在区乡。毛主席认为游击区域应当有带游击性的教育,要我编识字运动的办法。其中有一个小问题他和我讨论两次,一直到彻底得到解决才中止讨论。这一问题就是怎样教文盲写字,模范字怎样写法。这一小问题,本不值得他过问,而他丝毫不放松。因为文盲是广大群众问题,我们放松了一点,就使广大群众受了损失,就不是小问题了。上面一类的事还多得很,不能多写,现在我要做一个结论,毛主席的工作作风确是列宁的作风。列宁的作风是俄国的革命精神和美国的实际精神,上面我所写的就是毛主席的实际精神。"

莫休《无比的理解力和创造力》(记毛泽东同志)发表于《中国青年》第 2 卷第 9 期。

谢觉哉《几个片断》(记毛泽东同志)发表于《中国青年》第 2 卷第 9 期。

谭政《三湾改编》(记毛泽东同志)发表于《中国青年》第 2 卷第 9 期。

鲁《中国共产党之回顾与前瞻》发表于《中华青年》第 2 卷第 4 期。

[苏]I. 巴康诺夫作、戈宝权译《论布尔塞维克党在一九一四年至一九一

---

① 胡为雄. 毛泽东思想研究简史[M]. 北京:中央文献出版社,2014:18.

八年战争中的策略(下)——联共(布)党史研究资料之十五》发表于《群众》第 4 卷第 1 期。

《列宁逝世十六周年纪念——论列宁与帝国主义战争》发表于《群众》第 4 卷第 2—3 期合刊。

[苏]列宁著、徐冰译《论斯托哥尔摩会议——作于一九一七年九月》发表于《群众》第 4 卷第 2—3 期合刊。

梓年《列宁怎样发展了马克思主义?》发表于《群众》第 4 卷第 2—3 期合刊。

按:作者认为,"列宁丰富了和发展了马克思主义的地方是多得难以尽述",但文章只论述了关于资本主义的发展规律、关于国家形式、关于党的组织原理 3 个问题。文章最后说:"我们列述列宁丰富了、发展了马克思主义理论的地方,姑且就止于此。这当然不是因为列宁丰富了、发展了马克思主义理论的地方就只有这些。不,还有许多。譬如说,在哲学方面,辩证唯物论,在列宁手里丰富了好多,发展了好多,这里就没有讲到,从所举上面的几个例,也已足够看到列宁是怎样的用自己的新经验和新知识来丰富马克思主义理论,用适合于新的历史条件的新结论和新原理来使它更丰富、更向前发展。'马克思主义,列宁主义,并不是教条,而是行动指南'。"

李小元《列宁在两条战线的斗争中所揭发的"政治逻辑"》发表于《群众》第 4 卷第 2—3 期合刊。

按:文章说:"在列宁的一生事业中,在不同的时期,在不同的问题上,也曾经进行过许多次的两条战线上的斗争,在斯托雷平反动时期,在战时共产主义的时期,在经济政策的时期,在帝国主义战争问题上,在民族问题上,在农民问题上……列宁都经常地毫不让步地对抗着各式各样的反对派,在他无情地打击'左'的观点时,也同样无情地打击右的,在他残酷地清算右的理论时,也同样残酷地清算'左'的。正是靠了这种经常的两条战线的斗争保证列宁的事业,列宁所领导的党在每一时期,每一问题上都站在正确的坚定的无产阶级的立场上,而胜利地向前迈进。"

顾伯荐《论列宁的〈帝国主义是资本主义的最高阶段〉》发表于《群众》第 4 卷第 2—3 期合刊。

按:文章说:"一九一六年春天,在第一次帝国主义大战酣战方殷的时候,列宁写成了《帝国主义是资本主义底最高阶段》一书。在这本书中,列宁卓绝地分析了资本主义发展新阶段——帝国主义阶段的种种特征,指出帝国主义所特有的寄生性与腐化,揭露了改良主义者社会爱国主义者关于帝国主义学说的反动的性质,指明帝国主义是无产阶级底社会革命的前夜。这一本书是马克思《资本论》的进一步的发展与完成。和马克思《资本论》一样,这本书是无产阶级进行革命行动指南针,是打击一切机会主义的有力武器。"

[苏]邓格尔作、企程译《列宁与工人阶级底统一》发表于《群众》第4卷第2—3期合刊。

按:文章说:"无产阶级革命,只有在工人阶级底革命的先锋队把无产阶级的大多数争取过来,能够得到整个阶级底拥护或善意的中立的时候,才能够成功。作为无产阶级革命底力量与策略的列宁主义,把这个命题作为它底最重要的原则之一而发展起来。"

王拓《列宁的战斗精神及其工作作风》发表于《群众》第4卷第2—3期合刊。

按:文章说:"世界上我想没有人比列宁对革命事业的忠诚和勇敢的了,他的坚定正如同他的天才一样,是为一般人所不能比拟的。高尔基说得好:'这个矮胖而结实的身材,苏格拉底式的头和一双敏锐的眼睛,在那个略带蒙古型的脸上,辉耀着一种反抗人生的虚伪与灾祸的不倦的战士的光芒;他的灵魂不屈的精力,经由他的眼睛而飞出火花;他们的言语常使我感到钢铁剃刀的寒闪,这些可惊的简明的言语,闪耀出真理完满的具象。'远从一八九一年起,列宁已成为俄国革命有力领导者之一。……这种伟大的成就绝不是偶然而来的,这是基于魄力、天才、经验、决果,几种要素融合为一块而得出的成果。列宁有一种非常忍耐力和坚定不拔的精神。"

[苏]F.耿金娜作、博古译《关于列宁的〈什么是人民之友和他们如何反对社会民主派〉一书》发表于《群众》第4卷第2—3期合刊。

朔望、季龙译《列宁的遗产》发表于《群众》第4卷第2—3期。

[苏]M.希密特作、戈宝权译《关于列宁的〈做什么?〉一书》发表于《群众》第4卷第4期。

[苏]柯特金《列宁的〈做什么〉一书的提要》发表于《群众》第4卷第5期。

卢竞如译《列宁和斯大林论干部》发表于《群众》第4卷第5、8期。

[苏]E.布尔若洛夫作、戈宝权译《列宁的〈进一步退两步〉一书》发表于《群众》第4卷第6期。

竞如译《共产主义与军队》发表于《群众》第4卷第6期。

[苏]亚历克桑德洛作、闵廉译《一部创造性的马克思主义的优秀作

品——评斯大林著〈列宁主义问题〉》发表于《群众》第 4 卷第 6 期。

按:文章说:"斯大林著的《列宁主义问题》,在苏联的劳动人民中,在全世界的劳动群众中,获得了巨大的同情。这本书,对于每个努力于创造一个没有压迫没有剥削的社会,保持国际和平,能使每人得到有创造机会的工作的人,是一根布尔塞维克的导线。在这本书里,马克思列宁主义学说中最重要的课题,得到了它的英明的发展——从马克思学说基本思想的获得中,继续推进和发展,而且用了新的证句和新的结论,来充实它的内容,由此来分析了革命运动与共产主义建设的许多实际问题,在各种不同的历史阶段上应取的方法。"

[苏]列宁作、徐冰译《纪念巴黎公社》发表于《群众》第 4 卷第 8 期。

[苏]波洛马列夫作、罗于云译《论斯大林的著作〈马克思主义与民族问题〉》发表于《群众》第 4 卷第 10 期。

陈家康《斯大林底干部政策》发表于《群众》第 4 卷第 11 期。

汉夫《列宁主义的工作体裁》发表于《群众》第 4 卷第 11 期。

何思敬《列宁与克劳塞维茨》发表于《群众》第 4 卷第 11—12 期。

许涤新《论马克思的〈雇佣劳动与资本〉》发表于《群众》第 4 卷第 12 期。

[苏]M.巴甫洛夫作、戈宝权译《论列宁的〈在民主革命中社会民主党的两个策略〉》发表于《群众》第 4 卷第 12—13 期。

[苏]列宁作、徐冰译《学生运动与目前政治形势》发表于《群众》第 4 卷第 13 期。

[苏]列宁作、徐冰译《应该抵制杜马吗?》发表于《群众》第 4 卷第 16—17 期。

蔚青译《我歌颂斯大林》发表于《群众》第 4 卷第 16—17 期。

何思敬《列宁与克劳塞维茨》(续第十二期)发表于《群众》第 4 卷第 16—17 期。

[苏]斯大林作、吴敏译《无产者阶级与无产者政党》发表于《群众》第 5 卷第 1 期。

戈宝权编译《斯大林论民族文化》发表于《群众》第 5 卷第 2 期。

汉夫《列宁的〈帝国主义论〉与霍柏森》发表于《群众》第 5 卷第 2 期。

[苏]G.加克作、博古译《马克思主义——列宁主义——统一的、整个的学说》发表于《群众》第 5 卷第 4—5 期。

按:文章说:"马克思主义——列宁主义——统一的、整个的学说,它的组成部分彼此内部地和不可分离地联结着。列宁明确地规定了马克思主义底组成部分。马克思主义底组成部分实质上是:辩证唯物论、马克思的经济理论和科学社会主义底理论。马克思主义底这三个组成部分符合于它的三个根源。马克思主义不是离开人类思想底以前的发展而产生的。马克思主义是作为科学底以前的发展所创造了的思想上的材料底直接的继续和发展产生的。"

何思敬《列宁与克劳塞维茨》(续四卷 16、17 期合刊)发表于《群众》第 5 卷第 4—5 期。

[苏]列宁《列宁论文化》发表于《群众》第 5 卷第 4—5 期。

[苏]F. Shneider 作、闵廉译《列宁论无产阶级斗争的战略和策略》发表于《群众》第 5 卷第 7 期。

汉夫《斯大林的和平外交政策》发表于《群众》第 5 卷第 11 期。

[苏]J. 亨里希作、徐冰译《列宁论弱小国家与弱小民族》发表于《群众》第 5 卷第 11 期。

戈宝权编译《斯大林论苏联文化革命》发表于《群众》第 5 卷第 11 期。

[苏]卢波尔作《恩格斯〈费尔巴哈与德国古典哲学的终结〉一书的介绍》发表于《群众》第 5 卷第 13—14 期。

葆荃《恩格斯著作中译本编目》发表于《群众》第 5 卷第 13—14 期。

按:是为恩格斯部分著作的中译本目录,收录了从 1847 年至 1940 年期间翻译出版的部分中译本。

华西园《恩格斯论民族问题——为纪念恩格斯诞生一百二十周年而作》发表于《群众》第 5 卷第 13—14 期。

按:文章说:"恩格斯是科学社会主义的创立者之一,是马克思最切近的知友和共同工作的战士。马克思主义的全部学说和事业,都有恩格斯的劳绩参加在里面。在政治经济学和哲学等一切基本问题上,他们两人的意见是完全一致的。在民族问题上,自然也不是例外。"

曾芜明译《恩格斯〈费尔巴哈论〉一书的介绍》发表于《群众》第 5 卷第 13—14 期。

《恩格斯一百周年诞辰纪念特辑》发表于《群众》第 5 卷第 13—14 期。

[苏]皮列斯特尼夫作、赵克昂译《列宁斯大林关于一个国家内社会主义胜利的学说》发表于《中苏文化》第 5 卷第 1 期。

曹靖华辑译《列宁的故事》发表于《中苏文化》第 5 卷第 1 期。

苏联建设杂志社论、礼长林译《对于列宁的纪念——为列宁逝世十五周年纪念而作》发表于《中苏文化》第 5 卷第 1 期。

　　按：文章说："十五年前，一九二四年一月二十一日，极天才的思想家，无产阶级及全世界被压迫者底伟大领袖，第一个社会主义国家的创立者，布尔什维克党及共产国际的创造者，乌拉吉米尔依里奇列宁逝世了。全世界的工人阶级，把列宁逝世的消息，看作是最沉痛的损失。"

　　[苏]且尔诺瓦作、李葳译《列宁在伦敦》发表于《中苏文化》第 5 卷第 1 期。

　　[苏]包哥廷作、葛一虹译《我怎样描写列宁》发表于《中苏文化》第 5 卷第 1 期。

　　[苏]萨登克作、礼长林译《论社会主义社会底军队》发表于《中苏文化》第 5 卷第 2 期。

　　沙金《列宁与儿童》发表于《中苏文化》第 6 卷第 2 期。

　　葛一虹译《列宁论艺术》发表于《中苏文化》第 6 卷第 2 期。

　　严信民《苏联社会主义伟大胜利数字的说明》发表于《中苏文化》第 6 卷第 2 期。

　　[苏]E. 特罗许钦可作、葛一虹译《马克斯论文学》发表于《中苏文化》第 6 卷第 5—期。

　　艾炯译《论斯大林宪法》发表于《中苏文化》第 6 卷第 6 期。

　　陈传纲译《列宁论合作社》发表于《中苏文化》第 6 卷第 6 期。

　　戈宝权译《斯大林论作家》发表于《中苏文化》第 7 卷第 1 期。

　　鲍林、徐仲航《社会主义底农业》发表于《中苏文化》第 7 卷第 2 期。

　　戈宝权译《列宁与斯大林论电影》发表于《中苏文化》第 7 卷第 4 期。

　　郑伯奇《苏联电影给予中国电影的影响》发表于《中苏文化》第 7 卷第 4 期。

　　叶文雄译《斯大林与苏联电影》发表于《中苏文化》第 7 卷第 4 期。

　　[苏]C. 克列美作、罗思译《列宁论结婚与家庭》发表于《中苏文化》第 7 卷第 5 期。

　　[苏]A. A. 格里高里耶夫作、赵华译《社会主义建设下的苏联地理学》发表于《中苏文化》第 7 卷第 6 期。

　　张西曼《庆祝社会主义的苏联》发表于《中苏文化》（十月革命 23 周年纪念特刊）。

　　陈铭枢《苏联十月革命纪念献词》发表于《中苏文化》（十月革命 23 周年纪念特刊）。

　　[苏]贝斯特梁斯基作、礼长林译《斯大林与历史科学》发表于《中苏文

化》(十月革命 23 周年纪念特刊)。

邓初民《苏联文化革命的现阶段》发表于《中苏文化》(十月革命 23 周年纪念特刊)。

[苏]戈洛霍夫作、叶文雄译《论苏联社会主义时代的社会构成》发表于《中苏文化》(十月革命 23 周年纪念特刊)。

凯丰《苏联建设中之文化革命——苏联社会主义知识分子底新地位》发表于《中苏文化》(十月革命 23 周年纪念特刊)。

侯外庐《苏联现阶段文化革命之意义》发表于《中苏文化》(十月革命 23 周年纪念特刊)。

按:文章说:"斯大林在第十八次大会所提出的'文化革命'课题,实在是一个伟大的号召,这号召的历史性质,正说明了比廿三年前十月革命之变革现实,更深刻的一页宏碑! 如果说十月革命是基本上变革现实的历史并占有现实的法则,则现阶段的苏联文化革命是全面地(不但是经济政治的,而且是人类性的),高度地(不但是消灭资本主义成分的,而且是进入占有自然法则的),最深觉醒地(不但是限于使旧历史文化冻结的,而且使旧历史文化变种地成为可吸养的),最强团结地(不但是以民族的形式以社会主义为内容的,而且是全劳动人民本身事业的),监视、把握、克服、占有现实的发展与现实的法则。"

季龙译《苏联民间故事中的列宁和斯大林》发表于《中苏文化》(十月革命 23 周年纪念特刊)。

[苏]罗可托夫编、曹葆华译《斯大林论苏联的先进文化》发表于《中苏文化》(十月革命 23 周年纪念特刊)。

[苏]罗可托夫编、曹葆华译《斯大林论文学与艺术》发表于《中苏文化》(十月革命 23 周年纪念特刊)。

[苏]科列斯尼科瓦作、焦敏之译《论苏联社会主义社会的动力》发表于《中苏文化》(十月革命 23 周年纪念特刊)。

沈志远《苏联社会主义建设的成功与文化革命》发表于《中苏文化》(十月革命 23 周年纪念特刊)。

[苏]阿尔脱曼作、魏辛、李孟达译《苏联社会主义的文学及其最近的文艺论争》发表于《中苏文化》(十月革命 23 周年纪念特刊)。

翁文灏《中苏友谊的根据》发表于《中苏文化》(十月革命 23 周年纪念特刊)。

[苏]塞斯特科夫作、徐冰译《苏联革命建国的领袖——斯大林先生》发

表于《中苏文化》(十月革命 23 周年纪念特刊)。

吴玉章《论民族解放与社会主义革命底相互关系——为纪念十月革命二十二周年而作》发表于《中苏文化》(十月革命 23 周年纪念特刊)。

按：文章说："十月革命的伟大的国际意义,就在它在落后的东方和先进的西方同时掀起了反帝国主义的斗争,正像斯大林同志论到十月革命与民族问题时所说的那样:'第一,它扩大了民族问题的范围,把它从欧洲反对民族压迫的斗争的局部问题,变为各被压迫民族各殖民地及半殖民地从帝国主义之下解放出来的整总问题。第二,它给这一解放开辟了广大的可能性和现实的道路,这就大大地促进了西方和东方的被压迫民族的解放事业,把它们吸收到胜利的反帝国主义斗争的巨流中去。第三,它从而在社会主义的西方和被奴役的东方之间架起了一道桥梁,建立了一条从西方无产者经过俄国革命到东方被压迫民族的新的反对世界帝国主义的革命战线。'十月革命是社会主义革命,它推翻了地主和资产阶级的政权,建立了握在工农手里的苏维埃政权,停止了参加以掠夺为目的的帝国主义战争,宣布被压迫民族得有民族自决权,承认他们的独立——这些是苏维埃在革命过程中的光辉成绩。"

[苏]耶洛斯夫斯基作、丘琴译《苏联历史学的当前紧急任务》发表于《中苏文化》(十月革命 23 周年纪念特刊)。

张冲《苏联第廿三周年国庆致苏联人民书》发表于《中苏文化》(十月革命 23 周年纪念特刊)。

[苏]别涅狄克扶夫《一九三九年的社会主义农业》发表于《中苏月刊》第 4 卷第 1—2 期。

[苏]古鲁维赤《一九三九年的社会主义经济》发表于《中苏月刊》第 4 卷第 1—2 期。

冯乃超《关于苏联文学》发表于《文学月报》第 2 卷第 5 期(苏联文学专号)。

[苏]伊里奇作、任方译《经验批判的认识论和辩证法唯物论的认识论》发表于《哲学杂志》第 1 卷第 1 期。

[苏]克鲁普斯卡耶 N. 作、宜闲译《伊里奇怎样研究马克思》发表于《哲学杂志》第 1 卷第 2 期。

黄特《哲学·一八四〇——一九四〇》发表于《哲学杂志》第 1 卷第 3 期。

按：文章说：马克思和恩格斯的哲学活动,也是从黑格尔的观念论哲学出发的,可是当费尔巴哈一旦揭起了唯物论的大旗,他们也立刻接受了费尔巴哈而从观念论走到唯物论。但他们同样没有以停止在费尔巴哈的直观唯物论上为满足,他们并且清楚地理解着黑格尔辩证法的部分的真理意义和革命作用,从而也看到了费尔巴哈抛弃辩证法的错误。更重要的,他们基于接触到历史的真实而奠定了替无产阶级服役的决心。因此无产阶级底共通的世界观和方法论,辩证法的唯物论或唯物论的辩证法,就通过这一对历史巨人的手而锻炼完成,他们并且把这个理论应用于社会和历史的领域,而构成了作为科学的历史观底历史唯物论。这一个伟大的成就,正是由于他们唯物辩证法地扬弃了黑格尔的观念辩证法,以及辩证唯物论地扬弃了费尔巴哈的直观唯物论而得到的。

列宁是俄国无产阶级革命的领导者以及社会主义祖国苏联的创造者,他不只是一个实践家、革命家,而更是一个天才的马克思主义理论者,是辩证唯物论的哲学大家。列宁对于哲学的贡献,根据了新的历史条件而发展马克思主义,就正构成了新哲学发展史上的一个独特的阶段,那便是出名的哲学上的列宁阶段。

列宁阶段上的哲学方面底伟大内容和贡献,可以归结为下面几点:第一,正是列宁,他是第一个把新哲学的原理应用到帝国主义时代的各种具体问题上。当马克思和恩格斯的生存时代,还是产业资本主义的时期,等到他们逝世以后,现实历史发生了巨大的变化,而从产业资本进入了金融资本的时期,这种新的历史形势自然会在理论上找到它们底反映的。列宁就是运用了唯物辩证法,而正确有力地解决了在为帝国主义,以及世界无产阶级革命时代所创造出来的那种新而复杂的环境下,应当怎样去进行为了革命的马克思主义而斗争的问题。第二,列宁是第一个科学地确定了哲学的党派性底意义和作用的,他指明了任何哲学思想都是表现了一定阶级的统治方向和利害。因此他认为那些伪装做是中间性的,不偏不倚的理论,不是欺骗,便是妥协。同时列宁本人就始终将新哲学作为一个理论的武器而为进步阶级服役。第三,他在认识论上更完成了"实践反映论"的理论,并且阐明了认识本身是一个辩证发展的过程,因此列宁正确地指出认识论和辩证法在本质上就完完全全是一个东西。第四,对于对立物的统一法则底展开,以及对立物的相互转化的问题,列宁也有着很大的贡献,他把对立物的统一律称为是辩证法的核心,并且经常的应用它来实际地分析帝国主义和批判帝国主义。

使马克思—列宁的主义的全体以及他们的哲学理论在一切构成部分上更加发达了的,是史大林。他所处的时代,是资本主义社会已经发展到独占的金融资本时代底末期,帝国主义已经到达最后挣扎的阶段,而最后不得不演成了政治上的法西斯独裁底野蛮时代。史太林承继了马列主义的光辉传统,而也构成了哲学上的史大林阶段。

哲学上的史大林阶段,它的具体内容可以通过下面的几个特征来加以观察:第一,史大林在他的一切革命实践底活动里,在他的一切理论斗争的劳作里,都曾经把全世界进步阶级的哲学,辩证法的唯物论,加以具体的发挥和应用。这样,配合了新时代的新形势,他就也有力地发展了新哲学,而使新哲学更跨前一步。第二,哲学上的史大林阶段底更重要的一个特征是,在这个阶段上,作为新哲学的辩证法唯物论,已经不是单纯少数哲学者和先进的社会战士底理论武器和实践武器了,它已经广泛地成为全世界进步人群一致的世界观和方法论,它是和每一个人的日常生活发生了更为紧密的联系。第三,新哲学的二条战线上的斗争,在哲学的史大林阶段上,又采取了一个新的姿态展开。在和极"左"的托洛茨基主义以及极右的布哈林主义底斗争中,无论是在理论方面或是政治方面:史大林就是始终坚决地站在列宁的立场也就是整个马克思主义的立场上,而在这个斗争的陆续展开和发展的过程中,历史的新的客观形势底来到就又充实了实践和理论的二方面,这样新的实践也产生了新的理论。

陈忠纯《病理的共产主义与生理的民生主义》发表于《新认识》第 1 卷第 5 期。

王慕尊《黑格尔与马克思的认识》发表于《新认识》第 1 卷第 5 期。

按:文章说:"研究马克思主义的人,常常拿黑格尔的哲学做他们的护身符,一般人也以为这两位先生的思想学术什么渊源和关连似的,其实黑格尔的哲学与马克思的哲学格格相反,前者是极端的唯心论者,后者是极端的唯物论者,相去诚不知有多么远也。"

江锦邦《民生主义与共产主义经济思想之比较》发表于《新认识》第 2 卷第 3 期。

黄特《论少年马克斯——论卢波尔等著〈五大哲学思潮〉》发表于《新知十日刊》第 4 卷第 4 期。

易琴《〈辩证法唯物论入门〉评介》发表于《读书月报》第 1 卷第 11 期。

胡绳《写在〈辩证法唯物论入门评介〉之后》发表于《读书月报》第 1 卷第 11 期。

编者《有关〈资本论〉的几个问题》发表于《读书月报》第 2 卷第 2 期。

胡绳《〈资本论〉中的辩证法——矛盾的统一,对立及其展开》发表于《读书月报》第 2 卷第 2 期。

按：文章说："《资本论》作者在其二版跋文(1873)中明白地说明了，在他的书中是运用着辩证法的方法。辩证法虽是从黑格尔而来的，不过'我的辩证法不仅在根本上与黑格尔的辩证法不同，且正相反对。'……我们在研究《资本论》中的辩证法的时候，首先就要指出作为资本主义及资本主义的各种经济范畴的发生发展而最后促其死亡的基本动力的内部的矛盾。"

卡奇《我怎样读〈资本论〉的》发表于《读书月报》第 2 卷第 2 期。

丁力文《辩证法法则的实际运用——并与向林冰先生商榷》发表于《读书月报》第 2 卷第 7 期。

[苏]瓦尔加著、关梦觉译《资本主义与社会主义》发表于《读书月报》第 2 卷第 7 期。

沈志远《唯物辩证法家的斯大林》(斯氏六十寿辰纪念文)发表于《理论与现实》第 1 卷第 4 期。

戈宝权译《斯大林论科学》发表于《理论与现实》第 2 卷第 2 期。

吴藻溪《自然科学上的马克思》发表于《理论与现实》第 2 卷第 3 期。

按：文章说："马克斯在自然科学上的伟大成就，可以从下列二点去考察：(一)自然科学在马克斯理论完成时代的发展及其社会机能。……处在一个自然科学的发展这样迅速，及其社会机能这样巨大的时代的革命导师马克斯，当然更要把这样一个时代所已达到的自然科学水平化为自己的常识。所以我们仅就这一点作肤浅的考察，也可以看出考茨基和阿特勒的曲解是如何地不合事实。(二)马克斯在自然科学方面所研究的部门及其过程。马克斯在自然科学上的伟大成就，不仅在于学说之发明，而尤在于历史的和现代的生活经验之概括。他建立了自然科学的经验的起源和实践的机能，使它能够对社会起着非常重大的作用。他在自然科学方面，所研究的部门是相当广阔的。"

逸臣《中国共产党之回顾与前瞻》发表于《中国月刊》第 5 卷第 1 期。

君潭《由中日战争谈到中国共产党》发表于《中原新潮》第 2 卷第 1 期。

五溪《中国共产党的过去和将来》发表于《中原新潮》第 3 卷第 6 期。

补拙译《现代社会主义与合作》发表于《中农月刊》第 1 卷第 6 期。

补拙译《合作与基尔特社会主义》发表于《中农月刊》第 1 卷第 8 期。

金君致《中国共产党党内斗争史》发表于《宪政月刊》第 1 卷第 2 期。

卢祖清《以民族主义民权主义批判马克斯的民族意识和民主观念》发表于《胜利》第 70 期。

震环《接受毛泽东先生的指示》发表于《胜利》第 73 期。

梦鸥《从中国共产党说到马克斯社会主义》发表于《新命》第 13 期。

［苏］苏沙娜作、蒋学模译《布狄乞夫的过去和现在——社会主义怎样改变了乌克兰犹太人的生活》发表于《全民抗战》第 131 期。

关梦觉译《社会主义国家与战争——英苏关系展望》发表于《全民抗战》第 141 期。

李文朴《我与共产党》发表于《抗战与文化》第 4 卷第 10 期。

张涤非《评毛泽东的〈新民主主义〉》发表于《抗战与文化》第 4 卷第 11 期。

许交《社会主义体制下的新宪法》发表于《学习》第 1 卷第 12 期。

［德］马克思、恩格斯作，高丰译《费尔巴哈——唯物观和唯心观的对立》发表于《学习》第 3 卷第 3—5、10—12 期。

孤鸿《社会主义底理论和实践》发表于《学习生活》第 1 卷第 4 期。

岑风《斯大林传》发表于《学习生活》第 1 卷第 5 期。

［美］Lewis Corey 作、温心园译《马克斯主义底新批判》发表于《新建设》第 9—11 期。

按：译者在文章开头说：“原文载于美国 The Nation 杂志第一五〇卷第七期。作者认为马克斯主义有成为极权主义的可能，应打破其系统，分别取舍，使适合于民主。此论曾引起甚大之反响（见同卷第十期）。观于外国学者对于政治经济理论之聚讼纷纭，而国父为我中华民族所定的三民主义，则已如帛布菽粟，益足见国父眼光的伟大。”文章分“马克斯主义的失败”“由社会主义成为极权主义”“民主主义的侧重”3 部分。

［苏］列昂节夫作、迪先译《马克斯未发表遗稿〈资本生产物的商品〉》发表于《理论与现实》第 2 卷第 1—2 期。

邱椿《列宁的教育思想》发表于《江西地方教育》第 194—196 期。

按：文章说：“（列宁）他的教育思想是渊源于其宇宙观、知识论、人生观的；他的宇宙观是冲突与综合的宇宙观；他的知识论是正反合的知识论；他的人生观是阶级斗争的人生观。所以他的教育主张有二：1.教育是有阶级性，教育是阶级斗争的工具。2.无产阶级的教育是‘多艺的’的教育，是综合的生产教育。”

黄庆中《马克斯学说的批评》发表于《社会科学月刊》第 2 卷第 1 期。

蒋匀田《剩余价值何在》发表于《再生旬刊》第 54 期。

［苏］拉佛勒斯基作、周行译《高尔基论社会主义的现实主义》发表于《七

月》第 5 卷第 1—4 期。

李溱《评赫尔社会主义国家之经济制度》发表于《经济学报》第 1 期。

李肇义译《合作主义与组合社会主义》发表于《中农月刊》第 1 卷第 3 期。

洪尊元《国民党与共产党》发表于《时代批评》第 3 卷第 37 期。

洪尊元《自由主义·共产主义·法西斯主义》发表于《时代批评》第 3 卷第 56 期。

王慕尊《黑格尔与马克思》发表于《时代精神》第 3 卷第 1 期。

张希哲《谈谈黑格尔辩证法》发表于《时代精神》第 3 卷第 1 期。

[英]罗素《历史中的辩证法——黑格尔与马克思的不同点》发表于《时代精神》第 3 卷第 1 期。

叶青《辩证法与共产党》发表于《时代精神》第 3 卷第 1 期。

刘子健《与毛泽东论三民主义的理论和实践》发表于《时代思潮》第 24 期。

刘子健《与毛泽东论新民主主义》发表于《青年人半月刊》第 6 期。

[德]马克思《关于工人联合会的报告》发表于《中国工人月刊》创刊号。

[美]斯诺作、求是译《毛泽东访问记》发表于《上海周报》第 1 卷第 13—14 期。

麦琪《社会主义的选举法》发表于《上海周报》第 1 卷第 25—26 期。

梅远谋《民生主义就是共产主义吗》发表于《党义研究月刊》第 1 卷第 6 期。

胡兰成《中国共产党问题》发表于《三民周刊》第 2 卷第 1 期。

燕妮译《史大林与第三国际》发表于《三民周刊》第 2 卷第 1 期。

毛泽东《辩证法唯物论》发表于《民主半月刊》第 1 卷第 2 期。

毛泽东《反对自由主义》发表于《民主半月刊》第 1 卷第 4 期。

按：是为毛泽东 1937 年 9 月 7 日写的一篇文章。毛泽东在这篇文章中列举了自由主义的 11 种表现。文章剖析了自由主义的危害、来源以及自由主义者的思想方法。号召共产党员要用马克思主义的积极精神，克服消极的自由主义。这篇文章，对于纠正党员思想上的不正之风，起了很大的作用。

胡铁英《列宁主义研究提纲》发表于《民主半月刊》第 1 卷第 4 期。

按：提纲涉及的研究问题有：1. 关于垄断资本主义问题；2. 关于无产阶级专政问题；3. 关于顺利的建设主义之形式与方法问题；4. 关于无产阶级在

革命中,在所有一切人民革命中反对专制制度的革命中,以及在反对资本主义的革命中的领导权问题等。讨论的问题有:什么是马克思主义? 为什么马克思主义产生于德国? 什么是列宁主义? 列宁主义的历史根源怎样? 列宁主义对马克思主义有什么新贡献? 斯大林对于马列主义有甚么新发展? 马列主义在中国的发展及应用等。

向凡《为和平而奋斗的廿三年——纪念苏联十月社会主义革命廿三周年》发表于《新华南》第 3 卷第 2—3 期。

健公《基尔特社会主义》发表于《新警察》第 1 卷第 3 期。

瑞文《从共产主义说到中国共产党》发表于《新东方杂志》第 1 卷第 4—5 期。

欧克莱《列宁在一九一八年》发表于《锻炼半月刊》第 1 卷第 2 期。

秦穆《斯大林宪法公布后之苏联政治机构》发表于《政治建设》第 2 卷第 3 期。

秦似译《列宁对人类的爱》发表于《中学生》第 24 期。

若愚《闲话列宁》发表于《健康生活》第 19 卷第 2 期。

施珊译《社会主义国家的计划经济》发表于《中国与世界》第 3 期。

[日]冈阳之助作、时中译《日本社会运动之过程——发展时代——社会主义》发表于《日本评论》第 1 卷第 3—4 期。

吴恩裕《德意志意识形态》发表于《新经济半月刊》第 4 卷第 3 期。

按:是文主要介绍了以阿多拉茨基版为底本,由劳夫和麦琪尔翻译,巴斯加尔校对的英译本的《德意志意识形态》,该英译本只是原书的第 1 部分和第 3 部分,第 2 部分被译者删去了,故此文仅仅介绍了《德意志意识形态》的第 1 部分和第 3 部分。

似彭《列宁主义问题》发表于《新经济半月刊》第 4 卷第 9 期。

按:斯大林著有《列宁主义问题》一书,1940 年由莫斯科外国文书籍出版局出版。本文是对该书的评论。

宋弗洛译《列宁传》发表于《中苏月刊》第 4 卷第 1—2 期。

谭易流《列宁轶事》发表于《中行》第 1 卷第 6 期。

万异《社会主义之经济学的与社会学的研究》发表于《训练月刊》第 1 卷第 6 期。

吴平译《列宁论国际劳动妇女节》发表于《中国妇女》第 1 卷第 9 期。

林讷译《共产主义道德问题》发表于《中国妇女》第 1 卷第 10—11 期。

林萝《中国共产党与社会革命》发表于《大路》第 1 卷第 11—12 期。

叶青《三民主义与社会主义》发表于《大路》第 2 卷第 1—5 期。

叶青《三民主义与社会主义》发表于《大路》第 3 卷第 2—6 期。

张涤非《民生史观与唯物史观的异同》发表于《大路》第 2 卷第 5 期。

叶青《国民党与共产党之比较》发表于《大风》(香港)第 62—64 期。

叶青讲、胡声记《民生主义与社会主义》发表于《大夏周报》第 17 卷第 2 期。

应廉译《张伯伦式的社会主义》发表于《译刊》第 1 卷第 1 期。

张仕章《基督教与社会主义的关系》发表于《同工》第 194 期。

徐祖阴《中国共产党的新估价》发表于《尖兵半月刊》第 2 卷第 10 期。

刘石肱《唯心史观唯物史观与唯生史观》发表于《青年正论》第 2 卷第 13 期。

王世颖《苏俄之社会主义竞赛》发表于《改进》第 2 卷第 7—8 期。

时逸君《"中国共产党"的特性》发表于《中报周刊》第 17 期。

[美]斯诺作、秋子译《毛泽东访问记》发表于《国际周报》(香港)第 4—5 期。

潘炎《共产党人在法国》发表于《国际周报》(香港)第 5 期。

[美]Mather A. 作、方达译《俄国的军国主义与社会主义》发表于《国际周报》(香港)第 13 期。

治平《伊斯兰教的社会主义》发表于《清真铎报》新第 2 期。

[德]喀尔·费尔卡作、本刊翻译部译《德国社会主义与消费合作》发表于《新民报半月刊》第 2 卷第 21 期。

《列宁与被压迫民族解放运动》发表于 1 月 21 日《新华日报》。

[苏]席特考夫斯基作、慕钢译《斯大林对马列主义哲学底发展》发表于 2 月 5 日《新华日报》。

戈宝权译《马克思的生平、著作及其事业》发表于 5 月 5 日《新华日报》。

社论《伟大的五五纪念》(纪念马克思)发表于 5 月 6 日《新华日报》。

柯柏年《马克思的读书方法》(上、下)发表于 7 月 24 日、25 日《新华日报》。

[苏]斯里辅克尔作、慕钢译《列宁主义是马克思主义的发展》发表于 11 月 9 日《新华日报》。

葆荃编译《恩格斯的生平、著作及其事业》发表于 11 月 28 日《新华日报》。

社论《纪念恩格斯的诞生》发表于 11 月 28 日《新华日报》。

编者《今日恩格斯诞辰一百二十周年，苏联各地热烈纪念》发表于 11 月 28 日《新华日报》。

华赓抗《纪念恩格斯感言》发表于 11 月 29 日《新华日报》。

［苏］《真理报》（载文）纪念恩格斯（诞辰一百二十周年）发表于 12 月 1 日《新华日报》。

毛泽东《在祝贺吴玉章同志六十寿辰大会上的祝词》发表于 1 月 24 日《新中华报》。

按：毛泽东指出："一个人做点好事并不难，难的是一辈子做好事，不做坏事，一贯地有益于革命，艰苦奋斗几十年如一日，这才是最难最难的呵！"

毛泽东《在边区第二届农工展览会开幕典礼上的讲话》发表于 2 月 3 日《新中华报》。

毛泽东《在延安青年宪政促进会成立大会上的讲话》发表于 2 月 24 日《新中华报》。

毛泽东等《延安各界宪政促进会宣言》发表于 2 月 28 日《新中华报》。

社论《纪念两个伟人——孙中山与马克思》发表于 3 月 12 日《新中华报》。

按：社论说："三月十二日，是中华民族革命领袖孙中山先生逝世十五周年纪念日；三月十四日，是全人类解放导师马克思逝世五十七周年纪念日。当今全国人民抗战方酣，全人类的解放运动正在高涨的时候，来纪念这两位时代伟人的逝世，的确有严重的意义。"

毛泽东《在陕甘宁边区自然科学研究会成立大会上的讲话》发表于 3 月 15 日《新中华报》。

按：毛泽东认为，马克思主义包含有自然科学，大家要来研究自然科学，否则世界就有许多不懂的东西，那就不算一个最好的革命者。

毛泽东《在三八节纪念大会上的讲话》发表于 3 月 29 日《新中华报》。

毛泽东《在延安新哲学会第一届年会上的讲话》发表于 6 月 28 日《新中华报》。

毛泽东《在边区中央局经济自给动员大会上的讲话》发表于 12 月 3 日《新中华报》。

邓拓《纪念"五五"，学习科学的革命理论》发表于 5 月 5 日《抗敌报》。

孙科《纪念苏联十月革命并加强中苏之提携互助》发表于 11 月 7 日重庆《大公报》。

三、研究著作

［德］马克思著、柯柏年译、吴黎平校订《拿破仑第三政变记》由陕西延安解放社出版。

按：是书《译校者关于本书内容的一点说明》说："马克思底《拿破仑第三政变记》这部书，就是分析从一八四八年二月革命起至一八五一年止的法国历史的经过。在《拿破仑第三政变记》这书中，马克思如此英明地深刻分析了法国这一时期的历史事变，如此具体地光辉地运用唯物史观的伟大理论，使得这一著作（和马克思的其他著作一样）虽然到现在差不多经过了九十年，还不仅没有丝毫丧失而反是日益显示其内容的正确与意义的伟大。这真是一部万古不磨的，百读不厌的名著。"

［德］马克思著、柯柏年译、吴黎平校订《拿破仑第三政变记》由上海生活书店出版。

［德］马克思著、柯柏年译、吴黎平校订《拿破仑第三政变记》由大连光华书店出版。

［德］马克思著、柯柏年译、吴黎平校订《拿破仑第三政变记》由中原新华书店出版。

［德］马克思著、柯柏年译、吴黎平校订《拿破仑第三政变记》由华东新华书店出版。

［德］马克思著、郭和译《巴黎公社》由上海海潮社出版。

按：梁尚诺夫《俄译本序》说："巴黎公社是国际无产阶级运动史上的一个转换点。它第一次提出了工人阶级夺取政权的实际问题，无产阶级专政的问题。正当整个资产阶级的世界，用污泥浇泼到巴黎的英勇工人的身上时，马克思用第一国际的名义，起来保护公社的战士，并且指出如何从工人的实际斗争的要求中，生长出无产阶级新的组织形式，如何奠定新的国家形式，在这个形式的框子里，无产阶级可以去实现共产主义。根据着一八四八年革命的经验，马克思早已得到了这样的结论：无产阶级之夺取政权，不能简单地占有资产阶级的国家机关，它必须摧毁全部旧的官僚的与军事警察的机器。这结论他最初规定在自己的《布鲁美月十八日》中。公社的经验，最后证实了这个理论的结构。……巴黎公社的经验，在十月革命的经验中被极度地利用了实行了，并且经过了十月革命，它又对匈牙利的与德国的革命发生了影响。列宁的《国家与革命》，只是马克思对于国家观点的系统化，马克思这种观点最后是在巴黎公社的影响之下形成的。因此，详细地研究这个经验,成为每一革命马克思主义者的责任了。"

[德]恩格斯著、杜畏之译《自然辩证法》由上海言行社出版。

按:张仲实《恩格斯传略》说:"《自然辩证法》这本著作包括大致写完的论文以及一百七十多篇札记和片断。当时没有出书,到一九二五年才首次出版。恩格斯在这里用辩证唯物主义的观点和方法,对上世纪中期自然科学的发展和成就作了深刻的概括。……扼要地说,恩格斯的《自然辩证法》一书中最重要的有两点:其一,证实了唯物辩证法及其普遍的基本规律,也是自然科学的理论基础和认识方法;其二,进一步证明了世界的物质统一性。恩格斯还强调了唯物辩证法在认识世界这个问题上所起的决定性作用。他说:'的确,蔑视辩证法是不能不受惩罚的。无论对一切理论思维多么轻视,可是没有理论思维,就会连两件自然的事实也联系不起来,或者连二者之间所存在的联系都无法了解。在这里,唯一的问题是思维得正确或不正确,而轻视理论显然是自然主义地,因而是不正确地思维的最确实的道路。'"(《马恩全集》第 20 卷第 399 页)①

[德]恩格斯等著、何封等译《卡尔·马克思——人·思想家·革命者》由上海读书出版社出版。

集体编著《马恩列斯小传》由生活合作出版社出版。

按:是书收《马克思小传》《恩格斯小传》《列宁小传》《斯大林小传》等 4 篇文章。

[德]恩格斯著、吴理屏(吴黎平)译《反杜林论》由抗战书店出版。

[德]恩格斯著、曹汀译《暴力在历史中的作用》由八路军军政杂志社出版。

按:是书恩格斯写于 1887 年 12 月底至 1888 年 3 月,收入《马克思恩格斯全集》第 21 卷。这是作者所没有完成的题为《暴力在历史中的作用》小册子的一部分。它把《反杜林论》中的"暴力论"所阐明的基本原理,运用于分析 1848 年到 1888 年的德国历史。本文对德国统一后所制定的宪法和其他法律做了研究和批判。

[苏]列宁著,许之桢编,柯柏年、王石巍等译《马恩与马克思主义》由延安解放社出版。

[英]奥斯本著、董秋斯译《精神分析学与马克思主义》由重庆读书出版社出版。

---

① 张仲实.张仲实文集:第 1 卷[M].北京:中央编译出版社,2016:261-262.

按：是书原题为《弗洛依德与马克思·辩证研究》。全书除约翰·斯特拉斯写的导言外，分为精神分析学、精神分析与马克思主义两卷，共12章。前卷主要论述弗洛伊德的精神分析理论，后卷主要阐述精神分析与马克思主义的共同性。

大众读物编刊社编《马列主义初步》由编者出版。

按：是书包括马克思的一生、马克思的学说、列宁主义的定义和要点、列宁主义的历史根源、列宁发展了马克思主义、斯大林怎样发展了列宁主义等8章。

［苏］闵斯编，章汉夫、许涤新译《恩格斯论〈资本论〉》由重庆读书生活出版社出版。

按：是书包括《资本论》书评、《资本论》第一卷提纲、《资本论》第三卷补、对《资本论》第三卷第二十七章的增补等内容。

［德］考茨基原著、［日］石川准十郎改编、洪涛重译《〈资本论〉概要》由上海言行出版社出版。

按：洪涛《译者序》说：日本学者石川准十郎"根据考茨基所著的《马克思的经济学说》(此书在我国共有两种译本，一种是由商务印书馆出版的，久已绝版，另一种是由民智书局出版的，戴季陶、胡汉民两先生共译，题名《资本论解说》)一书改编的。考茨基的那部著作的价值如何，想久已为读者所知，毋庸译者再来赘说，不过可惜考茨基在那部著作中只对《资本论》第一卷详细地加以说明，而对于《资本论》第二卷的内容简直没有提起，《资本论》第三卷也只说到一点，未免美中不足。石川准十郎有鉴于此，特费了许久的功夫，将考茨基的那部著作重新改编一过，不但将考茨基所遗漏的《资本论》第二卷的内容补进去了，并且有许多部分是直接引用《资本论》的原文来说明的，所以石川准十郎所改编的这本书，是介绍马克思《资本论》全三卷的最完善的一本书，无论对于已经看过考茨基那部著作的人，或者想研究马克思《资本论》不得其门而入的人，都是很有用处的。译者敢于不揣愚鲁，将这一本书介绍给读者诸君，就是为的这个原故。至于译文，间有借用戴、胡两先生之译语的，特此致谢，不敢掠美"。

［德］马克思著、彭迪先编译《资本生产物的商品》由重庆《理论与现实》杂志社出版。

［德］马克思著，彭迪光、郭大力译《〈资本论〉补遗勘误》由读书出版社出版。

［英］艾威林著、哲民译《〈资本论〉简明教程》由上海洪波出版社出版。

〔苏〕亚尔帕里著、许涤新译《怎样研究〈资本论〉》由重庆读书生活出版社出版。

〔苏〕西脱科夫斯基等著《马克思主义的辩证法》出版。

按：是书收录论文有莫洛特佐夫的《辩证法与行而上学》、西脱科夫斯基的《马克思主义的辩证法》和《唯物辩证法的某些范畴》、略桑崔夫的《现象底辩证的联系和互相依存》、释尔的《唯物辩证法论自然底运动变化与发展》、皮利维其的《论量变到质变》、罗森塔尔的《唯物辩证法底最重要的要点》、列本金的《发展是对立的统一与斗争》。

〔苏〕列宁著、阿特朗茨基编辑、李大江译《辩证法与唯物论》由上海科学出版社出版。

按：全书除序论（马克思主义——列宁主义）外，分为 5 编：马克思主义三个泉源与三个构成部分、马克思主义的解说、哲学的唯物论与唯心论之斗争、辩证法、唯心史观与唯物史观。

黄特、刘涟编《辩证唯物论体系》由上海新人出版社出版。

按：是书节选马克思、恩格斯、狄慈根、拉法格、普列汉诺夫、列宁、德波林、斯大林、米丁等人哲学著作中的部分内容。

〔英〕奥斯旁著、楚之译《弗洛伊特与马克斯——一种辩证法的研究》由上海世界书局出版。

按：是书前有迭肯的《精神分析与唯物史观》的代序。

〔苏〕列宁著、焦敏之译《列宁战争论》由重庆读书出版社出版，有译后记。

按：是书分 4 部分：关于日俄战争与 1905 年革命、关于第一次帝国主义战争和国际社会主义运动、关于布列斯特和约、其他。

〔苏〕列宁著、平心译《战争论笔记》由上海生活书店出版。

〔苏〕列宁著、杨作才译《列宁读战争论的笔记》（即《卡尔·冯·克劳塞维茨〈战争论〉一书的摘录和批注》）由上海生活书店出版。

〔苏〕列宁著、徐冰译《社会主义与战争》由重庆读书生活出版社出版。

〔苏〕斯大林著、唯真译《论列宁主义基础》由野耕书店出版。

〔苏〕斯大林著《列宁主义问题》（下卷，新版）由湖北汉口中国出版社出版。

凯丰编译《什么是列宁主义》由湖北汉口中国出版社出版。

按：是书包括列宁主义是在帝国主义和无产阶级革命时代的马克思主义、方法和理论、无产阶级革命的理论、无产阶级专政、为社会主义建设的胜利而斗争等 7 编。

曹靖华辑译《列宁的传说及其他》由上海文化生活出版社出版。

[苏]马恩列学院编、鸣世译《斯大林传》由重庆读书出版社出版。

[苏]加里宁等著、胡明辑译《斯大林》由上海知识出版社出版。

按:是书乃纪念斯大林 60 诞辰文集,译自苏联《真理报》,作者有加里宁、莫洛托夫、伏罗希洛夫、米高扬等。

[苏]加里宁著、张翼飞译《六十年来的史达林》由上海大路出版公司出版。

联共(布)中央附设马克思恩格斯列宁学院编《约西夫·维萨力昂诺维奇斯大林》(略传)由解放社出版。

[苏]铁木菲·罗果托夫著、蒋天佐译《斯达林与文化》由上海知识出版社出版。

按:是书分 4 部分,第一部分为斯大林有关文化问题著作和言论的摘录,收录《创造的马克思主义》《形式与内容的问题》等 10 篇文章;第二部分记述与当代艺术家们的会晤谈话;第三部分附录《苏联文学中所描写的斯达林》;第四部分为译后记。

[苏]联共(布)中央委员会编《联共(布)党史简明教程》(上下册)由抗敌报社出版。

按:1941 年 5 月 19 日,毛泽东在《改造我们的学习》中指出:"《苏联共产党(布)历史简要读本》是一百年来全世界共产主义运动的最高的综合和总结,是理论和实际结合的典型,在全世界还只有这一个完全的典型。我们看到列宁、斯大林他们是如何把马克思主义的普遍真理和苏联革命的具体实践互相结合又从而发展马克思主义的,就可以知道我们在中国是应该如何地工作了。"①

胡仁编《联共(布)党史简明教程研究提纲》由波浪出版社出版。

按:是书按照《联共(布)党史简明教程》分 12 章,概述苏联共产党在社会民主工党、日俄战争、第一次世界大战、十月社会主义革命、国民经济恢复、国家社会主义工业化、农业集体化等各革命时期的斗争发展历史。附录:《论联共党史课本》《怎样研究联共党史》。

公直著《苏联建国史》由上海世界书局出版。

焦敏之著《苏联战史》由光明书局出版。

---

① 毛泽东.毛泽东选集:第 3 卷[M].北京:人民出版社,1991:802-803.

杨光政、陈怀玉译《今日的苏俄》由上海新生命社出版。

按：是书收录《今日的苏俄》《二十年来的苏俄》《俄国的军国主义与社会主义》《斯大林主义与希特勒主义》等 20 篇文章。

［苏］G. 宾斯托克等著、黄花译《从帝俄转变到苏联》由成都飞报社出版。

按：是书收录 G. 宾斯托克《从帝俄转变到苏联》《俄苏斯外交的传统》，H. 渥尔夫《缠绕欧洲之恶梦》，M. 哥特列夫《苏芬问题的关键》，J. M. 斯派特《苏联空军力的检讨》等 9 篇文章。

陈史坚著《苏联的经济建设》由上海生活书店出版。

黎烈文、周学普等编译《苏联的建设》由改进出版社出版。

胡焕庸等著《苏联经济地理》由重庆青年书店出版。

按：是书分 26 章叙述苏联的疆域、民族、气候、土地、农业、矿藏、能源、工业、交通、贸易等状况，并分述各个经济区域的经济、地理概况。

［苏］斯大林著《俄国社会民主工党伦敦代表大会》由外国文书籍出版局出版。

［苏］沙巴里夫著、克宁译《苏联的青年》（苏联小丛书）出版。

［苏］A. 马加伦库著、西濛译《苏联的儿童》（苏联小丛书）出版。

［日］三岛康夫著、林琦译《苏联军队概观》由上海正中书局出版。

军事委员会办公厅顾问事务处译《苏联红军暂行野战教范》由编者出版。

军事委员会办公厅顾问事务处译《苏联国民兵役法》由重庆中国文化服务社出版。

吴无吾编著《苏联外交政策之转变》由上海新生出版社出版。

［苏］维·米·莫洛托夫著《论苏联外交政策》由桂林救亡日报社出版。

钱俊瑞著《苏联外交政策研究》由桂林文化供应社出版。

梁寒操等著《中苏问题丛论》（第 1 集）由桂林中苏文化协会桂林分会出版。

曹葆华、蓝天译，周扬编校《马克思恩格斯列宁论艺术》由延安鲁迅艺术学院文学院出版。

按：是书译文大多是从英文转译的。其中有马克思恩格斯著名的 5 封文艺书信，列宁论托尔斯泰的 4 篇文章。

苏联康敏学院文艺研究所编、楼适夷译《科学的艺术论》由重庆读书生活出版社出版。

按:是书由苏联共产主义学院文艺研究所编,由楼适夷从日文转译过来。此书编者从马克思、恩格斯的著作,特别是成熟期的著作中摘录辑集起来的,共辑录马克思和恩格斯的文艺论述 40 多个片段,他们的几封著名的文艺书信是全文收入的。原书于 1933 年出版,是苏联也是世界上较早摘录辑集的一部马克思恩格斯的艺术论,它反映了马克思恩格斯文艺观的基本面貌。

卢竟如译《列宁论中国》由重庆文蔚书店出版。

按:列宁论述中国的文章大约有 90 多篇,其中比较重要的有《中国的战争》《中国各党派的斗争》《中国的民主主义和民粹主义》《新生的中国》《中华民国的巨大胜利》《落后的欧洲和先进的亚洲》等。

[英]贾德著、钟见庵译《共产主义的理论》由重庆中国文化服务社出版。

乔达著《共产主义的理想》由重庆中国文化服务社出版。

新华日报华北分馆编《论共产党》由新华日报华北分社出版。

按:是书附录《共产党的布尔塞维克化的条件》《关于联共(布)党章修改的决议》等 4 篇。

毛泽东等著、建党论文集编辑委员会编《建党论文集》(第 1 册)由编者出版。

按:是书收录毛泽东《中国革命与中国共产党》《〈共产党人〉发刊词》,陈云《怎样作一个共产党员》,洛甫《共产党员的权力与义务》,刘少奇《论共产党员的修养》等 29 篇文章。附录:《中央政治局关于巩固党的决定》等 9 篇文献。

毛泽东著《新民主主义论》由延安解放社出版。

按:是书内容包括中国向何处去、我们要建立一个新中国、中国的历史特点、中国革命是世界革命的一部分、新民主主义的政治、新民主主义的经济、驳资产阶级专政、驳"左"倾空谈主义、驳顽固派、旧三民主义与新三民主义、新民主主义的文化、中国文化革命的历史特点、四个时期、文化性质问题上的偏向、民族的科学的大众的文化等。

毛泽东著《新民主主义论》由新华日报华北分馆出版。

毛泽东著《新民主主义论》由新四军江北政治部出版。

毛泽东著《新民主主义的政治与新民主主义的文化》由新华书店出版。

毛泽东著《辩证法唯物论》由延安八路军军政杂志社出版。

毛泽东等著《关于宪政诸问题》由新华日报社出版。

按:是书收录毛泽东《新民主主义的宪政》、王明《促进宪政运动努力的方向》、史乃展《中国宪政运动之史的发展》以及《延安各界宪政促进会宣言》等。

王稼祥著《中国共产党与革命战争》由八路军军政杂志社出版。

按：是书论述了中国共产党在国内革命战争、抗日战争，以及今后武装斗争中的任务。

刘少奇著《作一个好党员建设一个好的党》由东北出版社出版。

张林编《国民党与共产党》由九龙亚洲出版社出版。

［苏］J.斯脱拉奇著、麦园译《社会主义底理论和实践》由新知书店出版。

按：是书分唯物史观、资本主义的运动法则、辩证法唯物论、阶级斗争、马克思主义的发展、到社会主义之路等 7 章。

邓初民著《社会史简明教程》由上海生活书店出版。

按：是书第六编社会主义社会，包括社会主义社会生活之经济的过程、社会主义社会生活之政治的过程、社会主义社会生活之精神的过程等章。

公直编《大众哲学讲话》由上海世界书局出版。

按：是书分六章：马克思主义三部曲、唯物史观、资本主义的运行法则、辩证的唯物论与辩证的法则、马克思主义的发展、马克思主义文献题解，是一部为研究马克思主义者提供入门途径的著作。特别是末章"马克思主义文献题解"，对马克思、恩格斯、列宁、斯大林的著作在中国出版情况作以详细介绍，反映出马克思主义在中国早期传播的概况。

丁宗恩编译《论弱小民族》由上海北社出版。

按：是书收录马克思著作《不列颠在印度的统治》和《不列颠在印度统治的未来结果》。

四、卒于是年的研究者

蔡元培（1868—1940）卒。元培字鹤卿，又字仲申、民友、孑民，乳名阿培，曾化名蔡振、周子余，浙江绍兴人。1912 年任中华民国临时政府教育总长。1916 年至 1927 年任北京大学校长，在学术上主张"兼容并包"，提倡学术思想自由，聘请信仰马克思主义的陈独秀任文学院长、李大钊任经济系主任、陈启修任经济系教授；支持李大钊等成立马克思学说研究会，允许在北大校刊刊登成立启示，提供召开成立大会的场所，应邀参加成立大会并发表讲话。1920 年至 1930 年同时兼任中法大学校长。1920 年为李季所译《社会主义史》作序，1929 年为李季的《马克思传》写序，认为编撰《马克思传》为"当务之急"，还为王亚南和郭大力合译的《资本论》题写书名。1933 年 3 月为纪念马克思逝世50周年,联络陶行知、李公朴、陈望道、黄炎培等百余人发起"马克司逝世五十周年纪念会",对马克思主义在中国的传播起了促进作用。同时在上海青年会举办的马克思学说讲座会上,宣讲《科学的社会主义概论》。1928年至1940年专任中央研究院院长。1940年3月5日在香港病逝。著有《蔡元培全集》。

按:梁巧娥说:"马克思主义在中国的早期传播并不顺利。马克思主义在中国早期传播的过程中,蔡元培为马克思主义的传播创造了良好的环境,他以积极理性的态度认识马克思主义,关注劳工,这都促进了马克思主义在中国的早期传播。蔡元培既为近代教育做出贡献,也为马克思主义在中国早期传播做出贡献。"①

马君武(1881—1940)卒。原名道凝,又名同,改名和,字厚山,号君武。汉族,祖籍湖北蒲圻,出生于广西桂林。1900年进入震旦学院学习法文,翻译《法兰西革命史》。1902年留学日本京都帝国大学,结识孙中山,走上民主革命道路。1903年在《译书汇编》上发表《社会主义与进化论比较》,其中提到马克思和科学社会主义,被认为是中国最早介绍社会主义者。又于《大陆报》第二期发表《唯物论二巨子之学说》一文,介绍狄德罗、拉美特利宣传唯物论对法国革命所起的巨大作用。1905年参加同盟会,参与起草同盟会章程。1906年将《共产党宣言》的纲领部分译成中文发表在《民报》上。1911年辛亥革命成功后,参与起草《中华民国临时约法》和《临时政府组织大纲》,任临时政府实业部次长。后又担任孙中山革命政府秘书长、广西省省长、北洋政府司法总长、教育总长。1918年翻译卢梭的《民约论》,1919年第一个翻译出版达尔文的《物种原始》(即《物种起源》)。1924年后,投身教育事业,先后担任大夏大学、国立北京工业大学、中国公学、国立广西大学等学校校长。著有《马君武集》等。

按:陈启源说:"马君武对社会主义学说的初步评介,可谓筚路蓝缕,功不可没。这是给予风雨如磐、万马齐喑的旧中国思想界一个强烈的冲击和震动,对于社会主义学说在中国的传播起了重要的思想启蒙作用,推动和促进了民主革命的蓬勃发展,尤为难能可贵的是,马君武介绍了马克思主义的一些基本观点和主要著作书目,为后人继续从事马克思主义的学习和研究,开展无产阶级革命运动,提供了重要的信息和线索。因此,马君武在中国近现代思想史上,应当占有重要的地位。"②

---

① 梁巧娥.蔡元培与马克思主义在中国的早期传播[J].学理论,2019(8).
② 陈启源.论马君武对社会主义学说的初步评介[J].广西大学学报(哲学社会科学版),1995(2).

肖次瞻（1905—1940）卒。原名炳煌，又名次旃、汉吉，贵州思南人。1924 年随父到武汉，就读于共产党人陈潭秋等创办的共进中学。1925 年加入中国社会主义青年团，1926 年加入中国共产党，同恽代英等一起从事革命活动，接受了马列主义，后出任中华全国邮务总工会筹备处常委。1927 年转移到上海、湖南洪江等地，主办《黔首周刊》《洪江周刊》，抨击时弊。1930 年初，回到思南，从事共产主义革命活动。1931 年春筹办八县联办中学，并任教务主任。1935 年 3 月到贵阳从事马列著作研读，不断撰文在《新黔日报》副刊发表，并利用各种渠道寻找共产党组织。1936 年任凤仪小学教务主任。1937 年 9 月与进步青年商学礼、肖毓雄等办起凤仪图书馆，传播革命道理，曾先后举办 3 期党员学习班。肖次瞻、熊大瀛分别主讲党纲、党章、《共产党宣言》、《辩证唯物主义》、《论持久战》等基本内容，为建立中共思南地下党作好组织上和思想上的准备。1938 年 6 月任中共思南临时工作委员会书记。9 月初为正式书记。1940 年 2 月调贵州省工委工作，4 月任贵州省工委秘书长兼贵阳县委书记。7 月不幸被捕，11 月英勇牺牲。

民国三十年 辛巳 1941 年

一、研究背景

1月1日,八路军军政学院在延安举行开学典礼,毛泽东、朱德、徐向前、萧劲光等出席。王稼祥、谭政分别兼任正副院长,张如心任教育长。

1月18日,中央军委总政治部、中央文委发出《关于部队文艺工作的指示》。

是月,国民党调集7个师的兵力在安徽泾县茂林地区向正在北移的新四军军部和直属队约9000人发动突然袭击,制造了震惊中外的皖南事变,军长叶挺与对方谈判被扣,政治部主任袁国平牺牲,副军长项英、参谋长周子昆在突围中被叛徒杀害。这是抗战时期国民党所发动的反共高潮中所犯下的最大的一次罪行。

1月20日,中国共产党中央革命军事委员会因皖南事变而发布命令。同时,军委发言人对新华社记者发表谈话,揭露国民党反动派的反共阴谋和所犯罪行。

是年初,党中央集中120余名高级干部在延安进行整风学习。主要学习党的历史文献,《共产党宣言》《共产主义运动中的"左派"幼稚病》等马列主义经典著作。为推动高级干部的整风学习,毛泽东亲自主持编辑《六大以来》的文件,供高级干部学习党的历史。次年又专门成立《马恩列斯思想方法论》一书的编辑委员会,历时一年完成此书的编辑,为高级干部掌握马列主义的思想方法提供了很好的读本。

2月10日,共产国际做出《共产国际执委会书记处关于宣传处政治教育部帮助各资本主义国家共产党学习马克思列宁主义的工作的决定》。

3月18日,毛泽东为中共中央起草《打退第二次反共高潮后的时局》的党内指示。

3月20日,中共中央宣传部发出《关于反敌伪宣传工作的指示》。

是月,中共中央决定,将《新中华报》和《今日新闻》合并,称之为《解放日报》,成为中共中央机关报,是宣传马克思主义和毛泽东思想的重要阵地。5月15日试刊,16日正式出版发行。博古任社长。毛泽东为中央书记处起草了《关于创办解放日报的通知》。

是月，邓拓在晋察冀边区为工农干部讲授《唯物辩证法简篇》，课后分 8 期连载于《晋察冀日报》。

按：邓拓指出："辩证法是有唯心的和唯物的分别的。许多革命的敌人，甚至还窃用唯物辩证法的招牌来进行他们反革命的勾当，因此，我们必须认清：只有马克思主义的唯物辩证法，才是唯一真实的、科学的、正确的。"①

4 月 23 日，中央军委发出《关于军队中吸收和对待专门家政策指示》，是为中国共产党关于对待技术干部政策的第一个重要规定。

5 月 1 日，中共陕甘宁边区中央局发布经中共中央政治局批准的《陕甘宁边区施政纲领》（简称"五一施政纲领"），是日在《新中华报》上正式公布。这个纲领是毛泽东审阅初稿时重新改写的，它的制定和发布，不仅在陕甘宁边区建设史上有重要意义，而且在中国革命史和毛泽东思想发展史上，也有重要的地位。

5 月 6 日，《晋察冀日报》发表邓拓撰写的社论《掌握马克思主义的理论武器》，指出中国人民的抗日战争的胜利前途，离不开马列主义理论方针的指导，号召抗日人民都来学习马克思主义。

按：社论说："马克思是科学社会主义的创始者，是世界无产阶级以及被压迫民族革命的导师。他的诞生，就是光明的诞生，就是人类历史新纪元的诞生。马克思所指示的方向，成为一个半世纪以来，全人类所奔赴的方向。……中共中央为纪念马克思、规定'五五'为学习节，他的伟大意义，就在于中国人民一旦学习掌握了马克思主义这一理论武器的时候，就是掌握了革命的胜利。党的领袖毛泽东同志说过：'如果中国有一百个至二百个系统地而不是零碎地，实际地而不是空洞地学会了马克思主义的同志，那将是等于打倒一个日本帝国主义。'正是由于马克思主义在今天的中国，是彻底战胜日本帝国主义的强大的武器，所以今天来纪念马克思的时候，我们不但号召全党全军的共产党员和战士加深学习马克思主义，而且号召一切抗日人民都来学习马克思主义。"②

5 月 7 日，中共中央宣传部发出《关于展开对国民党宣传战的指示》。

5 月 8 日，毛泽东为中共中央起草《关于打退第二次反共高潮的总结》的党内指示。

5 月 19 日，毛泽东在延安高级干部会议上作《改造我们的学习》的报

---

① 邓拓. 邓拓文集：第 1 卷[M].北京：北京出版社,1986：17.

② 邓拓. 邓拓文集：第 1 卷[M].北京：北京出版社,1986：39-40.

告,联系党的思想状况,着重阐明了马列主义关于理论联系实际的基本原理,从对待马克思主义的学习态度出发,重申马克思主义学习的重要性。

按:毛泽东在这个讲演里,一是明确地提出了马克思列宁主义的理论联系实际的原则是党的根本的指导思想,是党的一切工作的指针;二是把理论和实际统一的问题同党性联系起来,指出理论和实际统一的马克思主义作风,是党性的表现。理论和实际相分离的反科学的反马克思列宁主义的主观主义作风,是共产党的大敌,是工人阶级的大敌,是人民的大敌,是民族的大敌,是党性不纯的一种表现;三是规定了在全党贯彻理论联系实际的原则,克服主观主义的基本措施。《改造我们的学习》第一次发表在延安《解放日报》1942年3月27日第1版,是延安整风学习必读文件之一。

5月25日,中共中央发出《关于统一各根据地内对外宣传的指示》。

是日,毛泽东为中共中央起草《揭破远东慕尼黑的阴谋》的党内指示。

6月20日,张闻天为中共中央宣传部起草《中央宣传部关于党的宣传鼓动工作提纲》,内容包括宣传鼓动工作的任务与范围、我党宣传鼓动工作的特点、宣传与鼓动的相互关系、宣传鼓动工作的基本原则、宣传鼓动工作的方法、党内教育工作、群众鼓动工作、文化运动、报纸刊物通讯社及出版工作、宣传鼓动工作与组织工作的关系、宣传鼓动工作干部的培养、宣传鼓动工作的统一领导和组织系统。

按:该提纲指出:"我们党的宣传鼓动工作的任务,是在宣传党的马列主义的理论、党的纲领与主张、党的战略与策略,在思想意识上动员全民族与全国人民为革命在一定阶段内的彻底胜利而奋斗。这种宣传与鼓动,同时包含有对共同思想进行联合、对敌对思想进行斗争的两个方面。……我党宣传鼓动与其他党派的宣传鼓动的基本的原则的区别,就在于我党的宣传鼓动工作是以马列主义为指导原则的。这些基本的原则的区别,具体表现在:第一,我党所宣传的理论、纲领、政策等,是符合于客观真理的,符合于客观发展的规律的。我们在认识客观真理、客观规律中,指出历史发展的方向和前途,并为着这种前途而奋斗。因此,我党的宣传鼓动工作是有生命力的,有力量的。第二,我党所宣传的理论、纲领、政策等,是符合于全民族与全国人民的利益的。我党的宣传鼓动工作就是为着全民族与全国人民的利益而服务。因此,我党的宣传鼓动是能为群众所接受与拥护的。第三,我党的宣传鼓动工作是与党的行动相符合的。言论和行动的一致,是我党的特点。群众所重视的不仅是言论,而主要的是行动。要是一个政党的言论与它的行动不相符合,要是它不履行自己的言论,要是它的言论不兑现,这样的政党必然要失去群众的信任，必然要遭受失败。共产党有别于其他阶级的政党，就是严格的保持言论和行动的一致。因此，我党的宣传鼓动是行动的，战斗的。"

提纲指出："党内教育工作是党的宣传鼓动工作中一个重要的部分。党内教育的目的，就是提高全党政治理论的水准，思想上巩固党的队伍，培养掌握马列主义的能独立解决问题的工作干部。党内教育的内容，应当集中在几门主要的课程上：(1)马列主义；(2)中国共产党的建设；(3)中国革命运动的经验教训，党在各个革命时期的政治路线与具体政策；(4)中国历史；(5)中国社会政治经济知识。党内教育应当是普遍的，从最高级的领导干部到每个党员都应当把学习当作是自己的责任。党内教育应当有计划的、经常的、不间断的进行。解决党内教育的基础问题就是：(1)供给教材；(2)培养指导员、教员；(3)领导机关对学习制度的建立、监督、检查。"①

6 月 23 日，毛泽东为中共中央起草《关于反法西斯的国际统一战线》的党内指示。

7 月 1 日，中共中央做出《关于增强党性的决定》，其中有在党内更加强调全党的统一性、集中性和服从中央领导的重要性等 6 条规定。任弼时为此撰写了《关于增强党性问题的报告大纲》。《解放日报》是年 9 月 6 日因此发表《加强党性的锻炼》的社论。

按：任弼时说：党性的范畴究竟包括些什么，究竟怎样才能锻炼出和培养成坚强的党性呢？就是说，为了增强党性，需要在哪些方面修养和锻炼自己呢？为了回答这个问题，首先应该弄清几个基本前提：一、共产党是无产阶级的先锋队，无产阶级的利益就是共产党的利益。二、共产党员的党性，就是无产阶级最高度的阶级觉悟和阶级意识。三、党性是以党员的思想意识、政治观点、言论行动来作标志，来测量的。然而这都不能超出一定的社会环境而孤立起来看。四、我们中国共产党处在什么样的环境中，并且它本身都具有些什么特征？……要反对机会主义，对妥协、投降主义进行无情的斗争，为马列主义革命理论的纯洁性而斗争，对那污辱和曲解革命理论者进行不可调和的斗争。就是要与一切非马列主义的思想和观点作坚决的斗争。这个斗争是测量党员的党性的主要标志之一。②

7 月 2 日，刘少奇在中共中央华中局党校作《论党内斗争》的讲演，用马

① 张闻天.张闻天文集(1939—1949)：第 3 卷[M].北京：中央党史出版社，2012：103、106.
② 中共中央文献研究室，中国延安干部学院，编.延安时期党的重要领导人著作选编(下)[M].北京：中央文献出版社，2014：441-443.

列主义的基本观点,系统论述了党内斗争的问题。

按:第二次国内革命战争时期,中国共产党内曾产生教条主义和经验主义,特别是王明为代表的"左"倾教条主义,在党内实行"残酷斗争,无情打击",给党造成极大损害。为了正确地总结党内斗争的经验教训,教育全党加强党员的党性锻炼,正确地进行党内斗争,刘少奇作了这篇讲演。它是指导我们正确进行党内斗争的重要文献。它对于克服中国共产党和革命队伍中存在的"左"的和右的思想影响,增强在马克思列宁主义原则基础上的团结统一起了重要的历史作用。

7月4日,中共中央宣传部发出《关于各抗日根据地报纸杂志的指示》。

7月7日,中共中央发出《关于设立调查研究局的通知》,毛泽东为主任,任弼时为副主任。

7月10日,中共中央宣传部发出《关于各抗日根据地群众鼓动工作的指示》。

7月12日,凯丰在延安青年干部学校作《青年学习问题》的演讲,要求青年废除教条主义、公式主义的学习方法,而大力发挥创造性的学习。

按:凯丰说:"我们的青年,革命的青年,学习革命的理论,应当是创造性地学习,发挥创造性。我们学习革命的理论,是当作行动的指南,而不是教条。学习革命的理论,学习马列主义,并不是死记住马列主义书籍中个别的结论和个别的原理,按时引用,不管任何环境,到处适用。这样的对待马列主义是非常错误的。列宁称这样一种人为'吹法螺的人',把共产主义变成了空谈。这样的对待马列主义是空洞的、抽象的、死板的、公式主义的、教条主义的对待马列主义。而马列主义的创始人,他们自己就经常地说到,他们自己的理论不是教条,而是行动的指南。马列主义是科学,是关于社会发展的科学,无产阶级斗争的科学,革命斗争的科学。对待科学就不能用教条的态度。它是发展的、完善的,用新的经验新的知识去完善它,用新的经验新的知识去丰富它。在环境变迁之下,不能不用新的结论去代替旧的结论。学习革命理论,学习马列主义,完全不是熟读马列主义书籍内一切公式和结论,而是学会它的实质,它的精神,它的方法,以便在各种不同的条件下,在解决革命运动的实际问题时运用这个理论。学习革命的理论,就是要能创造性地学习,根据新的环境、新的经验,丰富这个理论,善于发展这个理论,并把它推向前进。"[1]

---

① 凯丰.凯丰文集[M].南昌:江西人民出版社,2008:132-133.

7月30日,中共中央决定,将陕北公学、中国女子大学、泽东青年干部学校、鲁迅艺术学院、自然科学院等5所学校合并,成立延安大学,吴玉章任校长。

是月,马列学院改组为马列研究院,毛泽东亲临指导,并做了题为《实事求是》的报告,认为中央集中这么多干部办研究院,就是希望大家能够依据马克思列宁主义的理论和方法,对敌、友、我三方面的经济、财政、政治、军事、文化、党务各方面的动态进行详细的调查研究工作,然后引出应有的和必要的结论。这是毛泽东向马列研究院提出的任务。

按:马列学院更名中央研究院后,张闻天仍兼院长,范文澜出任副院长。中央研究院的研究工作,采用分科设室、专家指导的原则。全院设9个研究室,由各学科党内专家担任室主任,直接指导研究工作,分别是:张如心任中国政治研究室主任,王思华任中国经济研究室主任,范文澜兼任中国历史研究室主任,艾思奇任中国文化思想研究室主任,欧阳山任中国文艺研究室主任,柯柏年任国际问题研究室主任,师哲任俄语研究室主任,中宣部副部长、主管干部教育工作的李维汉兼任中国教育研究室和中国新闻研究室主任。

8月1日,中共中央向全党发出《中共中央关于调查研究的决定》和《中共中央关于实施调查研究的决定》,认为克服主观主义的根本办法,就是在全党大兴调查研究之风。

8月29日,毛泽东在中央书记处工作会议上提出要在中央设立思想方法学习小组,会议决定立即成立中央研究组,以毛泽东为组长,准备编辑马恩列斯反主观主义、形式主义言论集,供全党干部学习之用。

9月5日,毛泽东在中央党校听了范文澜讲授《中国经学史的演变》后,是日致信范文澜加以充分肯定,认为把所讲的内容写出来"必有大益,因为用马克思主义清算经学这是头一次,因为目前大地主资产阶级的复古反动十分猖獗,目前思想斗争的第一任务就是反对这种反动。你的历史学工作继续下去,对这一斗争必有大的影响"。①

9月10—10月22日,中央政治局在延安召开扩大会议(史称"九月会议"),讨论中共在历史上特别是十年内战时期的政治路线问题、中国革命成败的关键问题、进行思想革命以及如何达到党的真正统一和团结等问题。会议决定在全党发动思想革命运动,反对主观主义和宗派主义。毛泽东在会上发表《反对主观主义和宗派主义》讲话,提出反对主观主义和宗派主义

① 毛泽东.毛泽东书信选集[M].北京:人民出版社,1983:163.

的问题,要求在理论上"要分清创造性的马克思主义与教条式的马克思主义",要用马克思主义观点研究实际问题,其中再次强调学习《联共(布)党史简明教程》:"研究马、恩、列、斯的思想方法论,以《联共党史》为学习的中心,多看反对主观主义的言论。"①

9月26日,中共中央发出《中央关于高级学习组的决定》,要求延安及外地各重要地点均设立高级学习组。高级学习组统归中央学习组领导。根据中央指示,分别成立周恩来为组长、董必武为副组长的西南学习组,刘少奇为组长、饶漱石为副组长的华中局高级学习组,朱德为组长、叶剑英为副组长的中央军委军事高级学习组。

按:中央成立高级学习组就是"为提高党内高级干部的理论水平与政治水平"。高级学习组"以理论与实践统一为方法,第一期为半年,研究马、恩、列、斯的思想方法论与我党二十年历史两个题目,然后再研究马、恩、列、斯与中国革命的其他问题,以达克服错误思想(主观主义及形式主义),发展革命理论的目的"。②

10月10日,延安民族学院举行开学典礼,西北局书记高岗任院长,高克林任副院长。在对学员进行文化知识教育的同时,还对学员进行爱国主义、国际主义和马列主义民族问题理论的教育。

10月26—31日,东方民族反法西斯大会在延安召开,大会产生的"东方民族反法西斯大同盟"总盟设在延安,各地设立分盟。朱德被选为联盟执行委员会主席。

11月4日,中央学习组发出《关于各地高级学习组学习内容的通知》,要求本年度第一步均以列宁主义的政治理论与我党六大以来的政治实践为学习范围,并规定必须将所学材料通读一遍,以获得初步概念,以便来年春天深入研究。

11月6日,陕甘宁边区第二届参议会第一次会议在延安召开,毛泽东、朱德等中央领导同志出席会议,毛泽东发表《在陕甘宁边区参议会上的演说》。李鼎铭等11人在会上提出的关于精兵简政的提案,得到毛泽东的高度重视和会议的通过,并作出决议交政府速办。《解放日报》12月6日以《精兵简政》为题发表社论;毛泽东在12月下旬为中共中央起草的《关于太

① 中共中央文献研究室中央档案馆,编.建党以来重要文献选编(一九二一——一九四九):第18册[M].北京:中央文献出版社,2011:592-593.
② 中央档案馆,编.中共中央文件选集:第13册(1941—1942)[M].北京:中共中央党校出版社,1991:205.

平洋战争爆发后敌后抗日根据地工作的指示》中，把"精兵简政，节省民力"列为"目前迫切的重要的任务"之一。会议还讨论通过了《陕甘宁边区保障人权财权条例》。

11 月 15 日，中共中央、中央军委发出《关于向日本军民进行反战宣传的指示》。

11 月 21 日，中共中央、中央军委发布《关于成立军事教育委员会和军事学院的决定》，决定以朱德、叶剑英、萧劲光、谭政、许光达、郭化若、叶季壮、王斌、王铮等 9 人组成军事教育委员会，由朱德总负责。

12 月 1 日，中共中央发出《关于延安在职干部学习的决定》。

12 月 17 日，中共中央政治局做出《关于延安干部学校的决定》，明确指出中央研究院、中央党校、军事学院、延安大学、鲁迅艺术学院、自然科学院等院校的各自培养目标。

按：《决定》指出："关于马列主义的教授与学习，应坚决纠正过去不注重领会其实质而注重了解其形式，不注重应用，而注重死读的错误方向。学校当局及教员必须全力注意使学生由领会马列主义实质到把这种实质具体地应用于中国环境的学习。学生的是否真正领会（理解、认识、懂得），以学生的是否善于应用为标准。这里所说的应用，是指用马列主义精神与方法去分析中国历史与当前的具体问题，去总结中国革命的经验，使学生养成这种应用的习惯，以便在他们出校之后善于应用马列主义的精神与方法去分析问题与指导实践。"《决定》还规定中央研究院、中央党校、军事学院、延大、鲁艺、自然科学院等在延安的六所干部学校的办学目的、培养目标，领导体制、招生原则、教员管理、教学原则、教学计划、教学内容、教学方法、教学设备、学校管理以及学风建设。《决定》还表明："本决定适用于延安。但本决定中的一切基本原则，同时亦适用于各抗日根据地。"①

12 月 25 日，中央书记处做出《关于高级学习组组织条例的规定》，指示各地高级学习组都应根据学员的实际情况而分为政治组和理论组，政治组以研究政治实践为目的，理论组以研究政治理论与思想方法为目的。

是月，中共中央决定将八路军军政学院与抗大三分校合并成立军事学院。次年 1 月 1 日正式成立，朱德任院长，叶剑英任副院长。

是年，毛泽东在延安撰写了《驳第三次左倾路线（关于一九三一年九月至一九三五年一月期间中央路线的批判）》的长文，批判以王明为代表的

---

① 中共中央文献研究室中央档案馆，编.建党以来重要文献选编（一九二一——一九四九）：第 18 册 [M].北京：中央文献出版社，2011：763-764.

"左"倾机会主义路线。

按：是文当时没有发表，1964 年春，中央档案馆找出原稿送给毛泽东，毛泽东冠以《驳第三次左倾路线》的题目，并写了段前言。他说："这篇文章是在延安写的，曾经送给刘少奇、任弼时两同志看过，当时没有发表……甚至没在中央委员会内部传阅，就不再提起了，大概是因为这篇文章写得太尖锐，不利于团结犯错误的同志。"在征求修改意见的信中，毛泽东写道："此文过去没有发表，将来（几十年后）是否发表，由将来的同志们去作决定。"毛泽东把改好的稿子送给当时几位中央领导同志传阅过，后来既没有公开发表，也没有在内部发表。[①]

是年底，中共中央出版发行部改为中共中央出版局，博古兼任局长，许之桢为秘书长主持日常工作，内设出版科、发行科、指导科，由尹达、卜明、臧剑秋分任科长。

二、研究论文

张如心《论布尔什维克的教育家》发表于《共产党人》第 3 期。

按：是文主要内容是：一是使用了"毛泽东同志的思想"这一提法，指出毛泽东的言论著作，是马克思主义理论与中国革命实践结合典型的结晶体。二是认为中国共产党，特别是毛泽东，根据长期革命斗争的丰富经验，根据他对中国社会特点及中国革命规律性深邃的认识，在中国革命诸问题的理论和策略上，都有了许多不容否认与不容忽视的创造性与马克思主义思想贡献。三是着重指出中国共产党教育培养人材，"应该是忠实于列宁、斯大林的思想，忠实于毛泽东同志的思想"。是文在"毛泽东思想"概念提出的历史过程中有一定的地位。此后，张如心又在 4 月 15 日撰写《在毛泽东同志的旗帜下前进》（《解放》1941 年第 127 期），提出"毛泽东同志的创造性底马克思……列宁主义"的概念。在《学习和掌握毛泽东的理论和策略》（《解放日报》1942 年 2 月 18—19 日）一文中，他还提出"毛泽东主义"的概念。

张闻天《提倡朴素与切实的工作作风》发表于《共产党人》第 7 期。

叶剑英《加紧学习马克思主义的政治与军事》发表于《共产党人》第 17 期。

按：是文为叶剑英在延安在职干部纪念马克思诞辰 123 周年学习会上的讲演。文章说："我们读一读马克思《论领导起义的艺术》《恩格斯论军队》

---

① 叶健君，王龙彪，熊廷华.毛泽东与王明[M].北京：东方出版社，2013：207.

《列宁论游击战》《斯大林论红军的三个特点》,毛泽东《中国革命战争的战略问题》《论持久战》等书,都证明善于领导政治斗争的领袖,同时也善于领导战争。革命的政治和军事的统一性及军事对于政治的依从性——战争是政治的继续,已成为不可争辩的真理。"

洛甫(张闻天)《提高干部学习的质量——纪念五五学习节》发表于《共产党人》第17期。

按:文章说:提高干部学习马列主义的质量,是当前干部学习中的一个中心任务。为了完成这个任务,现在急需解决下列三个问题。第一,关于培养干部独立阅读(也即是独立研究)的能力与习惯的问题。每个干部要养成独立阅读的能力,首先应该知道自己的文化理论水平,不要好高骛远,妄想一步就跨进马列主义的大门。第二,关于增加各种具体的社会知识与科学知识的问题。马列主义是人类文化知识最高的发展,学习马列主义必须有很丰富的、具体的社会知识与科学知识做基础。没有这样的基础,要成为一个优秀的马列主义者,是不可能的。第三,关于中级读物及辅助读物的编辑与出版问题。要使干部学习能够按部就班的前进,能够学习具体的知识,没有适当的中级读物与辅助读物的供应,是不可能的。这三个问题,是今后我们在提高干部学习的质量中所应该十分注意,并力求解决的。

毛泽东《没有调查就没有发言权》(《农村调查》序)发表于《共产党人》第18期。

按:《农村调查》一书汇集了毛泽东保存的1927—1934年期间农村调查的材料。1937年10月,毛泽东曾为该书写过一篇序言,即序言一。1941年在延安正式出版时他又写了序言二和跋。1953年序言二及跋收入《毛泽东选集》第3卷。1982年12月中国共产党中央文献研究室编辑的《毛泽东农村调查文集》,将序言一增收到《〈农村调查〉的序言和跋》一文中。《〈农村调查〉的序言和跋》丰富了马克思主义关于调查研究的基本思想,它帮助人们学会应用辩证唯物主义认识论和历史唯物主义的基本观点去从事社会调查。该文曾作为中国共产党延安整风运动的学习文件之一,对全党干部从思想上清算王明等人的教条主义错误,端正思想路线,转变工作作风,提高深入实际、调查研究的自觉性,起了重要的推动作用。

张如心《理论与实践的统一——干部修养问题之一》发表于《共产党人》第19期。

按:文章强调:"(一)学习和掌握马列主义,完全不是说要熟读它的一切公式、结论、词句,并拘守这一公式和结论底每一字句,而是在于领会它的实质、精神、方法，并学会在无产阶级斗争的各种条件之下，在解决革命运动的实际问题时来运用和丰富发展这一理论。（二）我们是中国共产党的干部，我们学习马列主义理论唯一的目的，是为了解决中国问题，为了改造中国社会，完成中国革命。（三）为了使马列主义中国化的事业能够完满地解决，我个人认为，全党干部必须很好的学习毛泽东同志的精神和研究他的著作。"

［苏］伯托罗夫作、夏迪蒙译《恩格斯与军事科学》发表于《群众》第 6 卷第 1—2 期。

按：文章说："恩格斯初次认真地开始研究军事问题，乃是他从军的时候。他是普鲁士的志愿炮兵，一八四一年服完他的兵役，离开军队以后，年轻的恩格斯对于军事问题的兴趣，并没有消失掉。彻底的民主主义者，尤其是将要为共产主义者的恩格斯，观察到市民战争之不可避性，开始锻炼自己成为军事的指导者。不久，历史给他实现这个希望的机会。德国一八四八年的革命，在德国南部惹起了一连串的叛乱。当时业与马克思密切联系的恩格斯，热情地参加了这个斗争。一八四九年他参加巴登的义勇兵团，成为该军团指挥官乌里希的副官，随军团出征，四次参与它底最重要的战斗。鉴于一八四八—四九年革命之失败，恩格斯感觉到加深研究军事问题的必要。他详细研究军事的文献，分析斗争的经验，编著了许多关于当时的兵学，特别是军事技术的深堪注目的著作。"

纪龙译《恩格斯的军事经验》发表于《群众》第 6 卷第 1—2 期。

［苏］哥门尼托作、博尔译《列宁万岁》发表于《群众》第 6 卷第 1—2 期。

［苏］斯吉巴阳作、刘光译《论列宁和斯大林的工作作风》发表于《群众》第 6 卷第 1—2 期。

［苏］季米特洛夫《巴黎公社七十周年》发表于《群众》第 6 卷第 1—2 期。

［苏］德猛尔逊作、焦敏之译《列宁——社会主义国家的创始者》发表于《群众》第 6 卷第 3—4 期。

［德］恩格斯《恩格斯给布洛赫的信》发表于《群众》第 6 卷第 3—4 期。

杨松《列宁论中国》发表于《中国文化》第 2 卷第 5 期。

按：文章说："列宁逝世于 1924 年 1 月 21 日，到今年已有整整十七年了。在我国抗战已进入第五年度和我们正处在第二次世界大战与世界革命新周期时，来纪念列宁，自然有特别重要的意义。列宁始终是中华民族和中国人民的忠实朋友，他对于我们中华民族历来就给有很高的估价和期望。远在三十年以前（民国元年）他就曾指出：'我们看到真正伟大民族的真正伟大思想；该民族不仅善于因自己长期的奴隶状况而痛哭，不仅善于梦想自由平等,而且还善于去向长期压迫中国的人们作斗争.'(《列宁选集》中文版卷七第420页)他在三十年前对于我民族的期望和赞赏,到目前抗战已进入第五年度的现在,得到了完全的证明;确实证明了和证明着我中华民族真是象列宁所称赞的'真正伟大的民族''真正善于去向长期压迫中国的人们作斗争'。这一真理在今天还没有为日本侵略者所认识,他自己还梦想征服全中国;这一真理也还没有为我全体同胞所认识,有些民族败类分子甘心投敌,卖国求荣。""在列宁叙述民族解放战争的三个有利条件时,当时还没有产生社会主义的苏联。今天苏联超脱于第二次帝国主义战争漩涡以外,日益增强自己的军事、政治、经济和文化力量,日益提高自己的国际地位,日益增加自己在世界中的比重。而且,在资本主义各国内的无产阶级革命正在酝酿着和生长着。所有这些有利条件,在目前我国抗战中具备着。这就是告诉我们,只要我们能够克服投降分裂的危险,坚持抗战到底,坚持团结和进步,争取时间、准备力量,特别是发扬高度的真正的民主主义的高涨,激励千百万群众,参加抗战建国的伟大事业,抗战最后胜利一定是我们中国的。那时也就证实列宁关于民族解放战争可能胜利的预言,那也是我国人民纪念列宁的最好方法。"

张仲实《列宁底著作遗产——为纪念列宁逝世十七周年而作》发表于《中国文化》第2卷第5期。

按:文章说:列宁是无产阶级底最伟大的战略家和理论家。十月革命底成功和现今苏联社会主义建设底胜利,就表明了他的在人类历史上的地位。他的所有的著作,乃是科学共产主义底无穷无尽的思想富源,是科学共产主义底一部真正的百科全书。其次,列宁又是唯物辩证法底不可超越的大家。他在自己的著作里面,在各个不同的历史时期,曾经提出了许多新的问题,断然地打破了一切陈旧的和过时的观点,粉碎了各色各样的反马克思主义的、反革命的理论,对于各种迟滞不前和行尸走肉的见解给予无情的打击,彻底粉碎了不论公开或隐蔽的机会主义。第三,列宁还作了好多科学的发现,这些发现以新的内容充实了马克思主义底理论,向前发展了它的方法,武装了工人阶级去进行胜利的争取共产主义的斗争。第四,列宁底一切著作都是创造性的马克思主义底典型模范。第五,列宁底著作教导我们以巨大的原则性。列宁对于阶级斗争中的原则、观念,总是予以特殊重要的决定的意义。他严格地保卫马克思主义底理论,使它不要遭受任何异己的影响。

[苏]伏莱德金纳原序、萧三译《列宁论文化与艺术——根据〈列宁论文

化与艺术〉书中内容及伏莱德金纳原序译作》发表于《中国文化》第 2 卷第 6 期。

王思华《关于社会主义与共产主义社会发展的动力问题》发表于《中国文化》第 2 卷第 6 期。

陈唯实《史大林发展了关于否定之否定的问题》发表于《中国文化》第 3 卷第 1 期。

和培元《论新哲学的特性与新哲学的中国化——为延安新哲学会三周年纪念作》发表于《中国文化》第 3 卷第 2—3 期合刊。

按：文章高度评价毛泽东的《辩证法唯物论（讲授提纲）》，指出："特别是对立统一律一章是最后的中国化了的马列主义的哲学著作，他对辩证法原则的阐述之所以那样爽朗、生动、有力，这不仅由于它的文字流畅易懂，更重要的是由于在字里行间洋溢着活的中国革命经验。这就指示着新哲学中国化的正确道路。"

艾思奇《抗战以来几种重要哲学思想评述》发表于《中国文化》第 3 卷第 2—3 期合刊。

《恩格斯传略》发表于《解放》第 122 期。

柯柏年《关于〈共产党宣言〉》发表于《解放》第 122—123、125 期。

［苏］斯大林《列宁逝世》发表于《解放》第 123 期。

张仲实《掌握创造性的马克思主义——为纪念列宁逝世 17 周年而作》发表于《解放》第 123 期。

按：文章说：马克思主义有两种：一种是口头上的、书本上的、教条式的；另一种则是革命的、实践的、创造性的。……中国共产党在自己二十年来的革命斗争中，尤其在最近十余年来的艰苦斗争中，曾经光荣地粉碎了各色各样的机会主义者——陈独秀派、托派（早已成为日寇的走卒）、罗章龙派、李立三路线、张国焘路线，坚持了马克思列宁主义理论的纯洁性。它在不断的实践斗争中已经壮大起来，而成为真正的马列主义的无产阶级政党了。现在它以毛泽东同志为首，不仅已经正确地把握了创造性的马列主义，不仅已经学会了娴熟而正确地把马、恩、列、斯的学说应用于中国的环境，而且在殖民地半殖民地革命问题上，已经向前推进了马列主义，已经给马列主义的"总宝库"提供了好多新的贡献，添加了许多新的珍贵东西。毛泽东同志的《论持久战》《论新阶段》《新民主主义论》等著作，是中国的最优秀的真正马列主义的作品。除了联共（布）而外，这是中国共产党现在跟世界上其他各兄弟党比较，可引以自傲的地方。

[苏]耶鲁斯拉夫斯基《斯大林是苏共(布)党的历史家》发表于《解放》第124期。

艾思奇《关于辩证法、论理学、认识论的一致性》发表于《解放》第124期。

毛泽东《抗议无法无天之罪行》发表于《解放》第124期。

实甫(张仲实)《斯大林早期的哲学思想》发表于《解放》第125期。

按:文章说:"斯大林同志在其早年底一些论著里面,就表现出他是一位伟大的理论家,是一个天才的论战家,是一个杰出的伟大的马克思主义的哲学家。就俄国一九〇五年革命反动时期保护与发展马克思主义,坚持布尔塞维主义理论,捍卫与发挥马克思主义底理论基础——辩证唯物论与历史唯物论诸点说来,这一时期斯大林同志底好多著作,可说与列宁底《唯物论与经验批判论》一书,是同垂不朽的。"

[苏]米丁《斯大林对于马列主义哲学的伟大贡献》发表于《解放》第126期。

艾思奇《辩证法唯物论怎样应用于社会历史的研究》发表于《解放》第126期。

按:文章说:"历史的唯物论,乃是马克思主义——列宁主义政党的社会科学。历史唯物论的科学的正确性,和它的革命的阶级性是分不开的。"

景仁《略谈学习马列主义的方法》发表于《解放》第127期。

按:文章认为,马列主义是国际性的革命理论,"没有马克思主义的中国化,也就无所谓马列主义中国化"。推进马克思主义的中国化,要以学习马列主义的基本理论为基础。

张如心《在毛泽东同志的旗帜下前进》发表于《解放》第127期。

按:在这篇文章中,张如心给毛泽东以极高的评价:"毛泽东同志是我们党伟大的革命家,天才的理论家、战略家。""中国最好的创造性的马克思、列宁主义者,他精通马克思列宁主义的理论,他具有近二十年极丰富的革命斗争经验,善于把渊博的马克思列宁主义的理论和丰富的具体的中国革命实践像士敏土一样结合在他身上,他善于把马列主义的坚定的原则与灵活的策略有机地联系在一起。"文章进而阐明了毛泽东"在中国问题上发展创造性马克思主义的几个显著的例证":第一,关于中国社会性质、阶级关系及中国民族民主革命的特质问题。第二,关于民族统一战线问题。第三,关于中国民族民主革命的政权问题。第四,关于革命军队的建设、革命根据地的建设及革命战争的战略战术问题。毛泽东还创造了在半殖民地半封建社会的中国的一套新的革命军事理论,完整的中国革命战争的战略战术。他把马、恩、列、斯的游击战争思想,发展成为有战略意义的完整的游击战争理论和实践。

艾思奇《关于哲学研究应注意的问题》发表于《解放》第 127 期。

[苏]克鲁普斯卡娅《列宁怎样研究马克思》发表于《解放》第 131—132 期。

张如心《论创造性的学习》发表于《解放》第 131—132 期。

按:文章说:"要掌握马列主义的精神与方法必须学习与具备各种具体的知识与科学知识,因为马列主义原则不是马、恩、列、斯等人单凭自己脑筋杜撰出来的,它本身是社会的发展的产物,是科学文化思想最高的结晶体,没有这些知识是无法了解马列主义的原则的。""要端正目的,学习马克思主义理论和策略,是为了改造世界改造社会,首先就是改造中国而学习,为解决中国革命问题、正确理解与运用中国革命的策略而学习。"

[苏]波鲁丁作、秦似译《列宁与社会主义革命》发表于《中苏文化》第 8 卷第 1 期。

[丹麦]纳克舍作、葛一虹译《列宁对西方艺术家的影响》发表于《中苏文化》第 8 卷第 1 期。

许涤新《苏联社会主义经济的发展及其对于世界的影响》发表于《中苏文化》第 8 卷第 1 期。

[苏]佛利夫桑作、苏几译《社会主义工业化时期科学在生产力发展中的作用》发表于《中苏文化》第 8 卷第 1 期。

[苏]弗伦克尔作、叶文雄译《列宁与红军》发表于《中苏文化》第 8 卷第 2 期。

李明作、孙琪译《列宁论外交政策》发表于《中苏文化》第 8 卷第 5 期。

赵华《关于社会主义下生产关系与生产力适应的论争》发表于《中苏文化》第 8 卷第 5 期。

[苏]M. 鲁宾斯坦作、余鸿达译《社会主义与技术进步》发表于《中苏文化》第 8 卷第 5 期。

[苏]B. 卜亚立克作、艾平合译《斯大林与高尔基》发表于《中苏文化》第 8 卷第 6 期。

[苏]M. 铎尼克作、焦敏之译《社会主义的美学观》发表于《中苏文化》文艺特刊。

岂凡(章克标)《德意志意识形态》发表于《哲学月刊》第 1 卷第 2 期。

按：是文以名著精髓的形式介绍了马克思、恩格斯的《德意志意识形态》。

[苏]迦克等作、方兴译《马列论真理》发表于《哲学月刊》第 1 卷第 3—5 期。

星火《马克斯与费尔巴哈》发表于《哲学月刊》第 1 卷第 6 期。

按：文章说："马克斯和恩格斯攻击了费尔巴哈的非历史的抽象，而把人类看做历史发展的产物；同时又从生产机构里面，发现了社会的存在基础，经过了这样的锻炼，才到达他们自己的体系之建立。当一八四六年马恩合作撰写的《德意志意识形态》出版时，他们便已经完全摆脱了费尔巴哈直观唯物论的拘束，而第一次堂堂皇皇地打出了辩证唯物论与历史唯物论的大旗。"

王静《自然辩证法、历史唯物论与辩证唯物论》发表于《哲学月刊》第 1 卷第 6 期。

郭民强《辩证法的认识论？实践反映论》发表于《哲学月刊》第 2 卷第 1 期。

庄生《列宁怎样研究哲学》发表于《哲学月刊》第 2 卷第 1 期。

胡自译《马克思与蒲鲁东的斗争》发表于《哲学月刊》第 2 卷第 3 期。

车育文《共产主义者与暴力》发表于《哲学月刊》第 2 卷第 3 期。

郑元瑞《孙中山先生对马克思主义之批判》发表于《抗战与文化》第 4 卷第 12 期。

张涤非《评毛泽东的〈新民主主义论〉》发表于《抗战与文化》第 4 卷第 12 期。

丁逢白遗作《评中国共产党》（中国共产党机会主义的形成）发表于《抗战与文化》第 5 卷第 3 期。

叶青《三民主义与社会主义之比较》发表于《抗战与文化》第 5 卷第 4 期。

厚吾《中国共产党斗争策略及其方式》发表于《抗战与文化》第 5 卷第 5 期。

贾湘客《驳毛泽东的〈新民主主义论〉》发表于《抗战与文化》第 5 卷第 5 期。

叶青《三民主义与共产主义之根本差别》发表于《抗战与文化》第 5 卷第 7 期。

吕调阳《毛泽东新民主主义的来历》发表于《抗战与文化》第 6 卷第 3 期。

罗信元《唯物史观述评》发表于《抗战与文化》第 6 卷第 7 期。

姜嵘《三民主义与共产主义对照的批判》发表于《抗战与文化》第 6 卷第 8 期。

陈怡《学习斯大林的革命品质》发表于《抗战生活》革新第 3 期。

叶青《三民主义与共产主义之比较》(续)发表于《抗敌半月刊》第 85—86 期。

陈知行《三民主义与共产主义》发表于《民族文化》第 4 期。

陈安仁《与毛泽东论新民主主义政治》发表于《民族文化》第 5 期。

按:文章说:"三民主义,是具有革命之一贯性的,是具有革命之彻底性的,没有旧新的分别。……三民主义,随革命历史的发展,而可以扩大其内容与本质,断无前者伪而后者是真,前者是旧而后者是新的区别。中国国民党第一次全国代表大会宣言,绝对没有旧三民主义新三民主义的区别。"

龚子蔚《空想社会主义的要义与价值》发表于《青年月刊》第 11 卷第 5 期。

孙宝琛《三民主义文化建设与马克斯主义中国化问题》发表于《城固青年》第 1 卷第 5—6 期。

按:文章说:"马克斯主义之输入中国,他没法不变质,他必然要变质,犹如马克斯主义之输入俄国的变质是一个道理。马克斯主义本没有在中国存在的根据,而事实上他却产生了。这完全由文化失调而来,所以他要变质以适合中国的文化环境,和各种德谟克拉西制度之输入中国要适合中国的文化环境所以要变了质是一个样。中国文化是有他的特殊精神的,中国人的生活态度及习惯都不能接受马克斯主义。中国人的通性是爱和平,马克斯主义却宣传斗争;中国人极重视伦理,马克斯主义却把人类的道德生活一笔抹杀,实是格格不合,所以马克斯主义在中国要变质,要变成中国的马克斯主义,中国的马克斯主义就必须是三民主义的一部分。"

[德]恩格斯《从猿到人过程中劳动的作用》发表于《中国青年》第 3 卷第 1 期。

中青社《列宁斯大林党与共产主义青年团》发表于《中国青年》第 3 卷第 2 期。

[苏]莱培尔斯基作、适五译《马克思恩格斯列宁是怎样学习外国语的》发表于《中国青年》第 3 卷第 3 期。

许立群《读〈拿破仑第三政变记〉》发表于《中国青年》第 3 卷第 5 期。

高士其《自然辩证法研究大纲》发表于《青年知识周刊》第 13 期。

黄药眠《斯大林的战略》发表于《青年知识周刊》第 14 期。

吴恩裕《马克思的社会科学研究法》发表于《青年中国季刊》第 2 卷第 2 期。

按：文章说："马克思的分析方法，第一特征是，在一社会之上层结构内部，或许多社会上层结构之间的变化中，推求其'外在的原因'；第二，马克思主张，这外在的原因，主要地，究极地，是'经济的'。这两个特征，都可以从马克思对康德和边沁的批判中看出。在他批判黑格尔的法律哲学中，也可看出。假如我们承认可以有一种'知识的社会学'，则马克思的方法，当亦为其中之特殊的一派。'特殊的一派'，因为马克思主张在社会制度中，经济是最有势力的，而企图派的'知识的社会学'，则不必如此主张。"

张锦帆《马克思共产主义的批判》发表于《青年空军》第 2 卷第 6 期。

按：文章分"马克思共产主义的理论体系""马克思共产主义的错误""马克思共产主义与世界革命领导问题""马克思共产主义与民生主义""马克思共产主义与中国"等 5 部分。

张希哲《民主主义·法西主义·共产主义与三民主义》发表于《今日青年》第 13 期。

何琦《中国共产党的解剖》发表于《中华青年》第 3 卷第 5—7 期。

社论《纪念马克思与学习马克思列宁主义》发表于《红色中华》第 60 期。

按：社论指出，马克思主义是无产阶级反抗资本主义最有力的战斗武器，是创造新社会最有用的工具！列宁主义则是帝国主义时代的马克思主义。学习马克思列宁主义是我们的战斗任务。"一切鄙视革命理论的偏见，和只作书呆子的研究而不与实际联系，都是违反了马克思列宁主义的精神，并且包含有妨害工作之最大的危险。"

晨钟《中国共产党与三民主义》发表于《革命斗争》第 2 卷第 7 期。

王贻非《民生主义与社会主义》发表于《时代思潮》第 29 期。

邵文萃《〈马克斯主义在欧洲〉书后》发表于《时代精神》第 4 卷第 4 期。

黎东方《论唯物辩证派之历史哲学》发表于《时代精神》第 5 卷第 1 期。

刘檀贵《唯物史观在历史哲学上之价值》发表于《时代精神》第 5 卷第 1 期。

谢幼伟《唯物史观与道德》发表于《时代精神》第 5 卷第 1 期。

张君劢《唯物史观与唯物辩证法述评》发表于《时代精神》第 5 卷第 1 期。

张铁君《列宁主义就是唯物史观的否定》发表于《时代精神》第 5 卷第 1 期。

〔苏〕施马林诺夫等《伟大的十月社会主义革命二十四周年纪念》发表于《时代杂志》第 11—12 期。

沃洁译《恩格斯的生平——纪念恩格斯诞生一百二十周年》发表于《学习》第 3 卷第 8 期。

高丰《费尔巴哈唯物观和唯心观的对立》发表于《学习》第 3 卷第 8、10 期。

再《唯物辩证法的发展观》发表于《学习》第 4 卷第 8 期。

陈诚《民生主义与共产主义》发表于《学生月刊》第 2 卷第 6 期。

外庐《我读一节书的笔记:〈拿破仑第三政变记〉第一篇第一节》发表于《学习生活》第 3—4 期。

高登华《威尔逊的"社会主义史"》发表于《西洋文学》第 7—10 期。

戈宝权译《列宁论文学·艺术与作家》发表于《文艺阵地》第 6 卷第 1 期。

按:文章说:"列宁不仅是一位伟大的革命家,不仅是一位伟大的思想家,同时还是一位伟大的文艺爱好者,假如更过分一点,我们也可以说他是一位伟大的和深刻的文艺批评家。"

〔法〕罗曼·罗兰《关于列宁》发表于《文艺阵地》第 6 卷第 1 期。

陶百川《三民主义与共产主义》发表于《中央周刊》第 3 卷第 38 期。

叶青《马克思主义中国化问题》发表于《中央周刊》第 3 卷第 43 期。

按:叶青是反对马克思主义的,所以文章对毛泽东提出的马克思主义中国化的观点提出了批评。

吴稚晖《共产主义的国策》发表于《中央周刊》第 3 卷第 48 期。

陈知行《三民主义与共产主义》发表于《中央周刊》第 4 卷第 4 期。

张希哲《三民主义与共产主义》发表于《中央周刊》第 4 卷第 6 期。

袁克三、陶百川《社会主义的比较观》发表于《中央周刊》第 4 卷第 8 期。

王冠青《民生史观与唯物史观》发表于《中央周刊》第 4 卷第 13 期。

陶百川《与梓年论〈共产主义与马列主义〉》发表于《中央周刊》第 4 卷第 14 期。

叶青《与毛泽东论共产主义》发表于《国防周报》第 1 卷第 5—7 期。

谭辅之《从共产主义回到民族主义》发表于《国防周报》第 2 卷第 5 期。

不黾《唯物史观与民生史观》发表于《独立周报》第 1 卷第 2 期。

乐斯《对于唯物史观的正确估计》发表于《中美周刊》第 2 卷第 24—25 期。

陈诚《民生主义与共产主义》发表于《学生月刊》第 2 卷第 6 期。

叶青《民生主义与共产主义》发表于《政训月刊》第 3 期。

张荣森《论辩证法唯物论的宇宙观》发表于《思潮》第 1 卷第 6 期。

抱恨《再读中国共产党共赴国难宣言》发表于《保安月刊》第 1 卷第 3 期。

陈武扬《民生主义与共产主义》发表于《协力月刊》第 1 卷第 1 期。

叶青《中国共产党底存在问题》发表于《学风(上海)》第 1 卷第 4 期。

张一清《民生史观之正确与唯物史观之错误》发表于《党军半月刊》第 2—3 期。

[德]达马士克作、张丕介译《既井拜金主义亦非共产主义》发表于《人与地》第 1 卷第 7—11 期,13—15 期。

陈正《从中国社会说到中国共产党》发表于《浙江民众》第 8 期。

陈树锴《论个人主义与社会主义的社会观》发表于《社会公论》第 1 期。

恭璠《苏维埃社会主义联邦共和国概观》发表于《文心》第 3 卷第 8 期。

顾绍熙《共产主义经济学说之批判》(续)发表于《新东方》第 4 卷第 1 期。

郭为《唯物辩证法的检讨》发表于《文化导报》第 1 卷第 3 期。

康之邵《共产主义与中国——引论》发表于《国民新闻周刊》第 11 期。

华警民《中国共产党的透视》发表于《警声》第 2 卷第 9 期。

刘伟森《三民主义与共产主义》发表于《满地红》第 3 卷第 11 期。

图奇春《社会主义基本原则》发表于《新芒月刊》第 1 卷第 4 期。

森虎雄《抗日战争与中国共产党》发表于《苏铎》第 1 卷第 4 期。

张申府《论辩证法——由恩格斯〈反杜林论〉旧序》发表于《中国教育》第 1 卷第 7 期。

朔望《恩格斯的一生》发表于《读书月报》第 2 卷第 10 期。

许汝祉《社会主义的改造》发表于《半月文摘》第 15 期。

周新命《国际社会主义者与战争问题》发表于《祖国》第 41 期。

梁树堂译《论世界秩序：不可避免的社会主义》发表于《世界政治》第 6 卷第 1 期。

[苏]铎渥尔尼克作、焦敏之译《论社会主义社会发展的法则》发表于《理论与现实》第 2 卷第 3 期。

张铁君《评资本主义与社会主义的综合论》发表于《东南评论》第 2 卷第 8 期。

赵如珩《马克思主义的批评》发表于《文化汇刊》第 1 卷第 5 期。

孙圭《辩证法的史的发展》发表于《力行》第 4 卷第 5 期。

周述文《毛泽东的新民主主义论》发表于《前锋》第 1 卷第 5 期。

按：文章对毛泽东的《新民主主义论》提出了批评，认为曲解了孙中山的"三民主义"。

［苏］斯·乌拉利斯基作、魏克德译《党为建立社会主义的武装力量而斗争》发表于《反帝战线》第 6 卷第 2—3 期。

［苏］泼斯皮洛夫作、田文译《社会主义的现实主义》发表于《反帝战线》第 7 卷第 2 期。

孟云桥《民生主义是资本主义抑社会主义》发表于《三民主义周刊》第 1 卷第 12 期。

林一新《苏联社会主义及其对外政策的特性》发表于《国际通讯》第 30—41 期。

亚梭译《最能爱人类的列宁》发表于 1 月 21 日《新华日报》。

时评《纪念马克思与孙中山》发表于 5 月 5 日《新华日报》。

何登作序《何登教授呼吁研究马列主义——〈自然辩证法〉英译本在美出版》发表于 5 月 15 日《新华日报》。

梓年《共产主义与马列主义》（评陶百川"三民主义与共产主义"）发表于 10 月 7 日《新华日报》。

林伯渠《中国共产党与政权》发表于 7 月 11 日《解放日报》。

按：文章说："20 年了，中国共产党高举起布尔塞维克的旗帜，跨过了光辉英勇的斗争道路，在短短的一段历史途程上刻划了永古不朽的痕迹。……是什么力量创造出这种奇迹的呢？没有别的，只是由于我们忠实于无产阶级国际主义的事业，掌握了马列主义理论的武器，毫不妥协地向着各种机会主义进行无情的斗争，时刻紧记着要加强与巩固和广大群众的血肉联系。"

毛泽东《在东方各民族反法西斯大会上的讲话》发表于 10 月 31 日《解放日报》。

毛泽东《在陕甘宁第二届参议会开幕会上的致词》发表于 11 月 7 日《解放日报》。

毛泽东《十月革命节的广播讲演》发表于 11 月 7 日《解放日报》。

毛泽东《在中共中央欢宴陕甘宁边区参议员时的即席讲话》发表于 11 月 14 日《解放日报》。

毛泽东《在陕甘宁边区参议会的演说》发表于 11 月 21 日《解放日报》。

毛泽东《陕甘宁边区参议会闭幕时的致词》发表于 11 月 22 日《解放日报》。

萧三《毛泽东同志的少年时代》发表于 12 月 14 日《解放日报》。

光远译《恩格斯〈自然界底辩证法〉著作大纲》发表于 12 月 27 日《解放日报》。

毛泽东《共产党七参政员函参政会重申不能出席本届会议理由》发表于 3 月 13 日《新中华报》。

社评《关于共产党问题》发表于 3 月 10 日重庆《大公报》。

孙科《预祝苏联抗战胜利——为苏联二十四周年国庆纪念而作》发表于 11 月 7 日重庆《大公报》。

二、研究著作

[德]马克思著、克士(周建人)译《德意志观念体系》由上海珠林书店出版。

按:译者根据劳夫、麦琪尔翻译,巴斯加尔校订,由伦敦劳伦斯与威沙特公司在 1938 年出版的英译本,摘译了《德意志意识形态》第 1 卷第 1 章《费尔巴哈——唯物主义观点与唯心主义观点的对立》,由上海珠林书店初版,书名为《德意志观念体系》。是我国第一个以阿多拉茨基版的英译本为蓝本的节译单行本,填补了这方面研究的空白。

[德]恩格斯著、曹汀译《1870—1871 年普法战争》由八路军军政杂志社出版。

[德]恩格斯著、张仲实译《家族私有财产及国家之起源》由学术出版社出版。

社会科学研究会编《马列主义研究提纲》由华北新华书店出版。

按:是书分 2 部分,第一部分马列主义的一般问题,包括马克思主义产生的社会历史根源、马克思主义底三个来源和三个组成部分、马克思主义是集几千年来人类思想的大成、马克思主义的发展阶段、马克思主义是在反对那些思想敌人的斗争中发展起来的、列宁主义的历史根源;第二部分马列主义基本问题,包括方法、无产阶级革命的理论、无产阶级专政、帝国主义时代资本主义发展不平衡规律与单个国度内建成社会主义共产主义社会、资产阶级性革命及革命转变问题、民族殖民地问题、农民土地问题。

胡纯俞著《论马克斯主义》由江西泰和胜利出版社江西分社出版。

胡纯俞著《论马克斯主义》由重庆胜利出版社总社出版。

胡纯俞著《论马克斯主义》由广东曲江胜利出版社广东分社出版。

按：是书分 8 章，第一章从马克斯恩格斯到列宁斯达林，第二章唯物史观，第三章阶级斗争说，第四章剩余价值说，第五章生产集中说，第六章国家论，第七章世界革命论，第八章马克斯主义实验的失败及其前途。

［德］施本格勒著、刘檀贵译《马克思主义在欧洲》由重庆独立出版社出版。

按：是书为著者《西方的没落》一书的第二部。全书包括译者导言、绪论、革命、社会主义与生活形式、英国人与普鲁士人、马克思、国际主义等 7 章。

周之鸣著《战时各国马克思主义者是怎样的》由重庆独立出版社出版。

按：是书分历史上所谓国际主义者代表大会的破产、各国马克思主义者在其本国的活动与转变、马克思与恩格斯关于民族与阶级间的几个原则、俄国列宁的革命是马克思主义的么、民族国家时代与所谓共产党第三国际、今日中国马克思主义者与共产党所应有的反省等 6 章。有吴稚晖序及自序。

萧三等译《马克思略传》由冀中新华书店出版。

按：是书收录萧三译《马克思略传》、葆荃译《马克思是怎样学习的》和柯柏年《马克思之为人》3 篇文章。

解放社编《论马恩列斯》由延安新华书店出版。

八路军抗日战争研究会编《马克思列宁主义论战争与军队》由新华日报华北分馆出版。

按：是书从马、恩、列、斯著作中摘录有关帝国主义与无产阶级革命时代的战争与军队问题的论述，包括四大部分：解说的导言；正文三大部分：马克思列宁主义论战争与军队的学说基础，帝国主义与无产阶级革命时代的战争，帝国主义与无产阶级革命时代的军队。

［德］波尔·拉发格、威廉·李卜克内西等著，赵冬垠译，沈志远校订《忆马克思》由学术出版社出版。

按：是书分两篇文章。第 1 篇：《忆马克思》（拉发格著），刊载于 1890 年《新时代》上。第 2 篇《马克思回忆录》，威廉·李卜克内西著。

胡明等著《人与世界》由万望出版社出版。

按：是书收录胡明《马克思与恩格斯》、林泽民《列宁》、遥明《史太林》、索耳《高尔基》4 篇传记文章。

〔苏〕列宁著、焦敏之译《列宁战争论》由重庆读书出版社出版。

〔苏〕列宁著、匡亚明译《农村工作论文集》由新华日报华北分馆出版。

按：是书收录《关于和饥荒作斗争的报告》《给彼得格勒工人的信》《到莫斯科区贫农委员会代表团的演说词》《关于农村工作的报告》《对中政策的决定》《什么是中农》《在第一次全俄农村工作会议上的报告》等 13 篇文献。

姚寅仲编著《列宁》由开华书局出版。

〔苏〕斯大林著《斯大林选集》（1—4 卷）由新华日报华北分馆出版。

〔苏〕斯大林著《斯大林选集》（2—5 卷）由中国出版社出版。

〔苏〕斯大林著《关于波尔什维主义历史中的几个问题》（给无产阶级革命杂志编辑部的信）由外国文书籍出版局出版。

〔美〕施恩著、蔡任渔译《共产主义的策略》由香港公教真理学会出版。

叶心安编译《苏联内幕》由上海中国图书编译馆出版。

王守伟编著《苏联的认识》由成都今日出版社出版。

按：是书介绍十月革命前简况，十月革命经过及革命后的政治、经济、文化、军事、外交及社会生活。

〔苏〕亚尼西英夫等著、洛山译《苏联人民卫国的战争》由铁流社出版。

〔美〕赫尔殊著、张泽垚译《工业化之苏俄》由长沙商务印书馆出版。

经济部工业专利办法筹议委员会译《苏联专利法规》由编者出版。

〔苏〕派维尔著、达辛译《苏联合作事业》由上海商务印书馆出版。

按：是书概述苏联消费合作社的历史、合作制度的结构及合作活动的种类、合作社与文化教育工作的关系等。

吴克坚、潘梓年等著《苏联之成败与中国抗战》由创造文粹社出版。

〔英〕卫白夫妇著《苏维埃共产主义新文化》由长沙商务印书馆出版。

〔苏〕A. 托尔斯泰等著、曹靖华译《致青年作家及其他》由重庆上海杂志公司出版。

〔苏〕高尔基著、孟昌译《文学散论》由桂林文献出版社出版。

按：是书收录《论伟大作家与“青年作家”》《论青年作家》《再论文字通顺》《培养文化技师》《论能力的浪费》《文化的突击队员》《论工作的不熟练，疏忽，不忠实等等》《论不负责的人们并论今日的儿童读物》《关于一个论战》《论语言》《把文学——给与儿童》《关于故事》《论岗与点》等 13 篇论文。

〔苏〕高尔基著、叶以群译《给初学写作者》（高尔基文艺书信集）由重庆读书出版社出版。

毛泽东著《辩证法唯物论》由新华书店晋察冀分店出版。

按:是书论述辩证唯物论的基本观点。全书分 3 章:唯心论与唯物论、辩证法唯物论、唯物辩证法。

秦邦宪(原题博古)编译《辩证唯物论与历史唯物论的基本问题》(第 1 册)由陕西延安解放社出版。

〔美〕波伯尔著、史闻天编译《唯物史观批驳》由南京中日文化协会出版。

按:是书有唯物史观的要旨,唯物史观与历史事实,唯物史观的狭隘,唯物史观之逻辑的弱点,唯物史观在社会科学中的地位。

何汝津著《辩证法与中国革命》由曲江革命理论出版社出版。

按:是书包括怎样认识辩证法、辩证法的意义及其发展、黑格尔辩证法与马克思辩证法、形式逻辑与辩证法、唯物辩证法批判及其运用。

艾思奇著《大众哲学》由读书出版社出版。

按:李公朴《序》说:"哲学就在人的生活中,每人都有他自己的哲学,本没有什么神秘的,不过因为多数的哲学家都是用高深的词句来谈哲理,所以使一般人反糊涂起来,以为哲学太奥深难解了,没有方法可以和它接近。这种错误的观念,似不能不说是由过去谈哲学的人所造成的。通俗化的哲学讲话的出版,是读书生活最初的收获。这本书是用最通俗的笔法,日常谈话的体裁,融化专门的理论,使大众的读者不必费很大气力就能够接受这种写法,在目前出版界中还是仅有的贡献。"

曾济宽演讲,朱品彦、朱文江笔记《资本主义经济学与社会主义经济学之认识》由国立西北技专学术演讲会出版。

中共中央书记处编《六大以来——党内秘密文件》(上、下册)由编者出版。

按:是书分组织问题、军事问题、锄奸问题、职工运动、青年运动、妇女运动、宣传教育等 7 个方面汇编了 1941 年前的中央文件。

毛泽东著《调查研究指南》出版。

按:是书收录毛泽东的《改造我们的学习》《中共中央关于调查研究的决定》《农村调查序言二》3 篇文章。

毛泽东著《农村调查》由延安出版。

按:毛泽东于 1941 年 3 月 17 日和 4 月 19 日为他编著的《农村调查》撰写了序言和跋。是书收入 1928 年 12 月毛泽东在井冈山制定的《井冈山土地法》,是当时红军颁布的第一个土地法,也是第一次正式刊行。又收入 1929 年 4 月毛泽东在江西兴国县制定的《兴国县土地法》,也是首次正式刊行。这两个土地法后收入《毛泽东农村调查文集》。

毛泽东著《中国革命战争的战略问题》由八路军军政杂志社出版。

钱俊瑞著《中国革命的战略和策略》由中国出版社出版。

按：是书分述战略和策略的概念、无产阶级政党在资产阶级民主革命中的战略和策略，以及中共的战略与策略。

陈振著《马列主义与中国》由重庆胜利出版社出版。

按：是书分什么是马列主义、马列主义怎样来到中国、马列主义者中国革命论之检讨、马列主义在中国之前途等 4 章。

新认识月刊社编著《共产主义在中国》由重庆胜利出版社出版。

按：是书分共产主义是怎样产生的、共产主义理论的批判、中国能够实行共产主义吗、共产主义在中国的没落等 4 章。

晋察冀日报社编《联共党史参考资料》由编者出版。

〔苏〕拜尔兴等著、戈宝权等译《联共（布）党史参考资料》（第 1 辑）由新华日报华北分馆出版。

陈匡民著《德苏战争后的中国共产党》由重庆胜利出版社出版。

刘光炎著《中国共产党外交理论的分析》由重庆胜利出版社出版。

张铁君著《三民主义与马列主义》由重庆国民图书出版社出版。

印维廉著《与中国共产党论三民主义》由重庆胜利出版社出版。

斐鲁等编《十月革命与中国妇女》由香港妇女文粹社出版。

四、卒于是年的研究者

项英（1898—1941）卒。英原名德隆，化名江俊、江钧，湖北江夏人。1920 年在武汉组织纺织工人罢工。1922 年加入中国共产党。参与领导1923 年平汉铁路"二七"大罢工和 1925 年沪西日商纱厂工人二月罢工，推动全国工人运动的发展。1926 年秋在武汉组织工人纠察队，任总队长。曾任平汉铁路总工会总干事、湖北省工团联合会组织主任、中共中央职工运动委员会书记。1928 年 2 月任中共江苏省委书记、中华全国总工会副委员长，同年 7 月在中共六届一中全会上当选为中央政治局委员、常务委员。后又参加在莫斯科召开的共产国际第六次代表大会，当选为共产国际监察委员会委员。1929 年任中华全国总工会委员长兼中共党团书记。1930 年 8月任中共中央长江局书记。1931 年 1 月起任中共苏区中央局委员、代理书记兼中央革命军事委员会主席。4 月被撤销苏区中央局代理书记，改任军委副主席。1933 年 5 月至 12 月任中华苏维埃共和国中央革命军事委员会代理主席。1934 年 1 月在中共六届五中全会上，当选为中央政治局委员、书记处书记。曾主持筹备中华苏维埃第一次全国代表大会和成立中华苏维埃共和国临时中央政府，并两次当选为中华苏维埃共和国副主席。红军长征后，任中共苏区中央分局书记、中央军区司令员兼政委及军委分会主席。1937 年 12 月起任新四军副军长、中共中央东南分局（后改为东南局）书记、中央军委新四军分会书记。1941 年 1 月任中共中央东南局书记、新四军副军长兼政委，在国民党反动派发动的皖南事变中，被叛徒杀害。著有《项英将军言论集》等。

按：李良明、黄雅丽说："中华苏维埃共和国是中华人民共和国的摇篮，中国共产党领导人民群众进行了最初的苏维埃政权建设的实践。项英在致力于苏维埃政权的建设中做了大量的工作，为无产阶级的政权建设创造了许多宝贵经验。这些经验是：(1)必须加强地方苏维埃政权的建设；(2)要坚持和巩固苏维埃代表会议制度；(3)政府工作人员必须切实执行政府法规；(4)政府工作人员应艰苦奋斗，廉洁奉公。项英这些关于苏维埃政权建设的历史经验对今天仍然有着现实的指导和借鉴意义。"[1]

朱镜我(1901—1941)卒。镜我原名德安，浙江鄞县人。1920 年进入日本东京第一高等学校学习。1924 年考取日本东京帝国大学社会学系，专攻社会科学，接受马克思主义。1927 年 10 月回到上海，加入创造社，主编《文化批判》月刊，从政治、经济、历史、哲学、社会和文艺等方面，宣传和介绍马克思主义，批判资本主义文化和思想，同时翻译恩格斯的《社会主义从空想到科学的发展》，是我国最早出版的恩格斯名著的全译中文单行本。又主编《新思潮》，相继发表《民族轻工业的前途》《资本主义底运动法则》《中国的社会到底是什么社会》《读〈中国封建社会史〉》《反科学的马克思主义，还是反马克思主义的'科学'？》等一系列宣传马克思主义的观点，批驳托派和"新生命派"错误理论的文章。同时将杨贤江翻译的恩格斯《家庭、私有制与国家起源》及列宁的《国家与革命》的中译本在《新思潮》杂志上全文介绍。1928 年 5 月加入中国共产党。1929 年任中共中央文化工作委员会（简称文委）成员，参与筹建中国左翼作家联盟。1930 年 3 月起，先后任文委书记和中共江苏省委宣传部长。为配合苏区的土地革命战争，翻译列宁的《革命的一个根本问题》《工人政党土地政纲的修正》和瓦尔加的《地租一般底来源》《什么是绝对地租》等文献。1931 年冬调到中共中央宣传部工作。1933 年秋任

---

[1] 李良明，黄雅丽. 浅谈项英在中华苏维埃建设中的基本经验[J]. 甘肃理论学刊，2011(1).

中共上海中央局宣传部长。1938 秋任新四军政治部宣传教育部第一任部长。主编《剑报》副刊和《抗敌》杂志。1941 年 1 月在皖南事变中壮烈牺牲。译著有《农业问题理论基础》《经济学入门》等。著有《朱镜我文集》，其中有《科学的社会观》《理论与实践》《〈社会主义的发展〉译者序》《马克斯诞生纪念》《马克斯主义的基础理论》《列宁小传》《民族解放运动之基础》《关于帝国主义的文献》等文章。翻译《关于马克思主义文艺批评的任务之大纲》《绘画的马克思主义考察》等论文。

　　按：于萍说："朱镜我先后以《文化批判》《新思潮》《抗敌》作重点宣传阵地，针对马克思主义哲学、政治经济学和科学社会主义以及其他思想进行传播，并表达自己对现实问题的分析和解决策略，不懈地为马克思主义的传播作着努力，同时也积极践行革命实践活动。朱镜我组建研究马克思主义的社团联盟，与成员共同宣传马克思主义。他翻译介绍马克思、恩格斯与列宁的相关著作，给中国人民提供了更多接触马克思主义的机会，增进了对马克思主义的认知。他还开展干部群众教育工作，为培养革命的新生力量奠定了思想和理论根基。他在抗日战争期间多次筹建党组织，促进了抗日救亡工作的顺利进行。他多次参加理论论战，用坚实的理论基础和坚定的理想信念捍卫和发展马克思主义。朱镜我对马克思主义的传播具有鲜明的特色。在传播过程中，朱镜我非常注重与革命需要紧密结合，采用纸媒为主的传播方式，关注传播主客体的互动，并且坚持公开斗争与地下工作相结合。朱镜我传播马克思主义，不但增强了民众对马克思主义的理解和认识，推进马克思主义中国化的进程，也为青年追求理想信仰树立了学习的典范。"①

---

① 于萍.朱镜我对马克思主义传播的贡献研究[D].哈尔滨:哈尔滨工业大学,2017.

民国三十一年　壬午　1942 年

一、研究背景

1 月 4—6 日,中国青年反法西斯代表大会在延安召开,朱德在讲话中号召全国青年亲密地团结,建立青年反法西斯的战线。

1 月 24 日,中共中央政治局会议研究教育宣传问题。

1 月 28 日,中共中央发布《关于抗日根据地土地政策的决定》,重申了中国共产党减租减息政策。同时发布《关于地租和佃权问题》《关于债务问题》《关于若干特殊土地的处理问题》等 3 个附件。

是月,张闻天是年 1 月至 1943 年 3 月率领农村调查团到陕北和晋西进行了一年多时间的调查研究,整理了《贺家川八个自然村的调查》《兴县十四个自然村的土地研究》等多份报告。调研结束后,张闻天还给中央写了《出发归来记》的长篇报告,从理论和实际结合上深刻总结了调研情况,认为"马克思主义者均得承认'实践是真理的标准'这一普遍的真理。这就是说,我们的一切意见、决议、办法是否正确,必须在实践中找到证明"①。

2 月 1 日,毛泽东在延安中共中央党校开学典礼上作《整顿学风党风文风》(后改为《整顿党的作风》)的报告,提出整顿党风、整顿学风、整顿文风的号召,从此开始全党范围的整风运动。史称延安整风运动。

按:毛主席领导的整风运动,是国际共产主义运动史上运用马克思主义建设无产阶级政党的一个伟大创造,是对马克思主义建党学说的新发展。李鸿义、王中新说:"伟大的延安整风运动,如果从 1938 年 9 月党的六届六中全会作为其准备阶段的开始算起,到 1945 年 4 月党的六届七中全会通过《关于若干历史问题的决议》作为这次整风运动的结束,共历时 6 年又 9 个月。持续时间之长、成效之巨大、影响之深远,在中国共产党的历史上是从来没有的。这场伟大的党建工程的成功,为党的自身建设创造了多方面的极为宝贵的经验。其主要的经验至今仍极具有很强的借鉴价值与现实意义。""(一)努力学习马克思主义,创造学习型的政党。延安整风运动从开展

---

① 张闻天.张闻天文集[M].北京:人民出版社,1983:325.

全党的学习竞赛开始,并将学习贯穿运动的全过程,因而使整风运动成了一次自建党以来空前规模的马克思主义基本理论的学习运动、一次深刻的用马克思主义武装全党的教育运动。""(二)坚持马克思主义中国化,确立实事求是的思想路线。在中国共产党的历史上,如何对待马克思主义和如何对待共产国际的指示,党内一直存在着思想分歧。分歧的焦点是要不要从中国的实际出发,把马克思主义中国化,也就是要不要实事求是地解决中国革命的问题。延安整风运动在政治上、思想上主要是解决把马克思主义教条化、把共产国际的指示和苏联的经验神圣化的错误倾向,彻底消除和摆脱共产国际及苏联的消极影响,确立了一切从实际出发、实事求是的思想路线。""(三)惩前毖后,治病救人,正确开展批评与自我批评。延安整风的基本方法,是在学习整风文件的基础上,通过检讨思想和检查工作,以批评和自我批评的方法对错误的路线、思想和作风展开积极的思想斗争,从而正确解决党内和革命队伍内的矛盾。""(四)始终以领导干部特别是高级干部作为端正党风的重点。延安整风运动是从党的高级干部学习党的路线问题开始的。中间经过全党范围的普遍整风,然后又转回到党的高级干部的路线学习上来。在整风的全过程中,始终把领导干部特别是党的高级干部的整风作为重点。"①

2 月 2 日,《解放日报》发表社论《整顿学风、党风、文风》,阐述了整顿三风的基本精神和伟大意义。

2 月 8 日,毛泽东在中共中央宣传部和中央出版局召开的宣传工作会议上发表《反对党八股》的讲演。

按:毛泽东说:党八股的第一条罪状是:空话连篇,言之无物。党八股的第二条罪状是:装腔作势,借以吓人。党八股的第三条罪状是:无的放矢,不看对象。党八股的第四条罪状是:语言无味,像个瘪三。党八股的第五条罪状是:甲乙丙丁,开中药铺。党八股的第六条罪状是:不负责任,到处害人。第七条罪状是:流毒全党,妨害革命。第八条罪状是:传播出去,祸国殃民。"党八股这个形式,不但不便于表现革命精神,而且非常容易使革命精神窒息。要使革命精神获得发展,必须抛弃党八股,采取生动活泼新鲜有力的马克思列宁主义的文风。这种文风,早已存在,但尚未充实,尚未得到普遍的发展。我们破坏了洋八股和党八股之后,新的文风就可以获得充实,获得普

① 李鸿义,王中新,主编.民主中国的模型:陕甘宁边区政治文明建设[M].西安:陕西人民出版社,2005:308、309-320.

遍的发展,党的革命事业,也就可以向前推进了。"①

2月11日,中共中央发出《关于进行反主观主义、反教条主义、反宗派主义、反党八股给各级宣传部的指示》。《解放日报》因此发表社论《宣布党八股的死刑》。

是日,中央军委、军委总政治部发出《关于军队干部教育的指示》(第1号总的指示)、(第3号政治教育),其中将《联共(布)历史简明教程》列为旅以上干部的必备教材之一。

2月28日,中共中央政治局通过《中共中央关于在职干部教育的决定》,明确提出"干部教育第一"的方针,要求干部除学习政治科学外,还要学习经济科学,而"经济科学以马克思主义的政治经济为理论材料"。其中必读的政治经济学读本是苏联列昂节夫的《政治经济学》。

是日,中共中央做出《中央政治局关于党校组织及教育方针的新决定》,规定今后党校直属中央书记处,由毛泽东负责政治指导,任弼时负责组织指导。

2月,毛泽东在延安杨家岭中共中央办公厅会议室召集陈伯达、艾思奇、张仲实、温济泽、柯伯年、丁玲、舒群等20余人开会,建议将马克思、恩格斯、列宁、斯大林著作中有关思想方法的论述摘录出来,编纂一部《马恩列斯思想方法论》,目的是帮助干部掌握马克思主义思想方法,以此为武器,来整顿中共的学风、党风和文风。

按:毛泽东将这项工作交给中央政治研究室和中央研究院文化思想研究室去完成。当时毛泽东兼任中央政治研究室主任,陈伯达为副主任,该室参与此项工作的尚有张仲实、曾彦修。中央研究院文化思想研究室主任是艾思奇,学术秘书是温济泽,参与此项工作的尚有陈唯实、李又常、王匡、邓止、陈茂仪、邵凯、张惊秋(殷白)、石岗(廖联原)、萧鲁、王愚(张守愚)、陈恒力、林舍(常乃志)、文菲、陈平(董启明)等。

3月2日,中央书记处办公厅发出《关于政治局对党校组织及教育方针之新决定的通知》。

3月16日,中共中央宣传部发出《为改造党报的通知》,强调党报必须为整风服务。

3月30日,毛泽东在中共中央学习组发表《如何研究中共党史》的讲话,批判了"陈独秀主义"。

---

① 毛泽东.毛泽东选集:第3卷[M].北京:人民出版社,1991:833-841.

按：毛泽东说："如何研究党义呢？根本的方法马、恩、列、斯已经讲过了，就是全面的历史的方法。我们研究中国党史，当然也要遵照这个方法。我今天提出的只是这个方法的一个方面，通俗地讲，我想把它叫作'古今中外法'，就是弄清楚所研究的问题发生的一定的时间和一定的空间，把问题当作一定历史条件下的历史过程去研究。所谓'古今'就是历史的发展；所谓'中外'就是中国和外国，就是己方和彼方。按照历史发展的顺序，我们党的历史，我觉得可以分为这样三个阶段：大革命时期是第一个阶段；内战时期是第二个阶段；抗日时期是第三个阶段。这个分法是否妥当，大家可以讨论，我只是作为一个意见提出的，不是中央的决议。如果有更适合党的历史过程的分法更好。""列宁把马克思主义的立场、方法与俄国革命的具体实践结合起来，创造了一个布尔什维主义，用这个理论和策略搞了二月革命、十月革命，斯大林接着又搞了三个五年计划，创造了社会主义的苏联。我们要按照同样的精神去做。我们要把马、恩、列、斯的方法用到中国来，在中国创造出一些新的东西。"[1]

3月31日，毛泽东主持召开《解放日报》改版座谈会，对党报发表不利于整风的文章提出批评，强调党报要为整风服务。《解放日报》改版后，配合整风运动发表了许多有指导意义的文章，为整风运动的健康发展和宣传整风经验起了积极作用。

4月3日，中共中央宣传部做出《关于在延安讨论中央决定及毛泽东同志整顿三风报告的决定》，对整风的目的、内容、方针、方法和学习文件做出明确规定。

按：该决定还宣布了整风学习的18个（后增加到22个）文献，其中包括毛泽东的《整顿党的作风》《反对党八股》《改造我们的学习》《反对自由主义》《在陕甘宁边区参议会上的演说》《关于纠正党内的错误思想》，刘少奇的《论共产党员的修养》、陈云的《怎样做一个共产党员》和《联共党史结束语六条》等。

4月15日，中共中央书记处发出《中央书记处关于统一延安出版工作的通知》，决定由中央出版局统一指导、计划、组织全延安各系统的编辑出版发行工作，中央宣传部负责统一审查全延安出版发行的书报。

4月16日，中共中央宣传部发出《关于增加整风学习材料及学习时间的通知》。

---

[1]　毛泽东.毛泽东文集[M].北京：人民出版社：1993：400.

4月20日,毛泽东在中央学习组会议上作《关于整顿三风》的报告。

按:毛泽东指出:"整顿三风搞得好不好,对目前,对将来,对领导整个革命,关系很大,我们一定要下决心把这样的事做好。"①

5月2日和5月23日,中共中央在延安召开文艺工作者座谈会,毛泽东发表《在延安文艺座谈会上的讲话》。该《讲话》是马克思主义文艺理论中国化进程中的阶段性标志。

按:1942年5月2—23日,在延安整风期间,毛泽东亲自主持召开了有文艺工作者、中央各部门负责人共100多人参加的延安文艺座谈会,这次会议,对后来党的文艺政策的制定和文艺工作的健康发展产生了非常深远的影响。

毛主席说:"最后一个问题是学习,我的意思是说学习马克思列宁主义和学习社会。一个自命为马克思主义的革命作家,尤其是党员作家,必须有马克思列宁主义的知识。但是现在有些同志,却缺少马克思主义的基本观点。比如说,马克思主义的一个基本观点,就是存在决定意识,就是阶级斗争和民族斗争的客观现实决定我们的思想感情。但是我们有些同志却把这个问题弄颠倒了,说什么一切应该从'爱'出发。就说爱吧,在阶级社会里,也只有阶级的爱,但是这些同志却要追求什么超阶级的爱,抽象的爱,以及抽象的自由、抽象的真理、抽象的人性等等。这是表明这些同志是受了资产阶级的很深的影响。应该很彻底地清算这种影响,很虚心地学习马克思列宁主义。文艺工作者应该学习文艺创作,这是对的,但是马克思列宁主义是一切革命者都应该学习的科学,文艺工作者不能是例外。文艺工作者要学习社会,这就是说,要研究社会上的各个阶级,研究它们的相互关系和各自状况,研究它们的面貌和它们的心理。只有把这些弄清楚了,我们的文艺才能有丰富的内容和正确的方向。今天我就只提出这几个问题,当作引子,希望大家在这些问题及其他有关的问题上发表意见。"②

5月9日,《解放日报》发表《整顿三风中的两条路线斗争》的社论。

6月2日,中共中央成立以毛泽东为主任的中央总学习委员会,领导全党的学习整风运动。总学委由毛泽东、凯丰、康生、李富春、陈云组成。整风运动的方针是"惩前毖后,治病救人"。

6月8日,中共中央宣传部发出《关于在全党进行整顿三风学习运动的指示》,中央军委总政治部也指示全军开展整风学习,从此,整风运动在全党

---

① 毛泽东.毛泽东文集:第2卷[M].北京:人民出版社,1993:422.
② 毛泽东.毛泽东选集:第3卷[M].北京:人民出版社,1991:852.

范围内得到广泛、深入地开展。

6月16日,中央军委与总政治部发出《关于军队中整顿三风的学习与检查工作的指示》。

7月1日,在中国共产党建党21周年之际,邓拓在为《晋察冀日报》撰写《纪念"七一",全党学习和掌握毛泽东主义》社论时,使用了"毛泽东主义"的概念。

按:是为中国共产党历史上最早系统论述毛泽东思想的论著之一。社论说:"今天是中国共产党成立二十一周年的纪念日。共产党是马列主义的政党,马列主义是国际无产阶级政党的革命的思想武器与行动指针。马列主义是随着革命的历史进程而不断发展着的。各国共产党要实现马列主义都必须依据不同的民族的历史的特点,把马列主义民族化。中国共产党在二十一年的斗争中,已经把马列主义民族化、中国化了。马列主义的中国化就是毛泽东主义。毛泽东主义是中国共产党领导中国革命的理论与策略的统一完整的体系,是创造性的马列主义的新的发展。毛泽东主义从实践中已经被证明不但是中国革命而且是东方一切被压迫民族解放斗争的科学武器。毛泽东主义就是马克思、列宁主义在殖民地半殖民地半封建社会中运用经验的结晶。中国共产党所以能够领导二十世纪中国的民族解放与社会解放的伟大革命斗争,所以能够成为政治上、组织上、思想上全面巩固的广大群众性的坚强有力的布尔什维克党,就因为有了毛泽东主义。因此,在党的二十一周年纪念的今天,为了保障中国民族的与社会的解放斗争的彻底胜利,迎接人类历史伟大的新时代,每一个共产党人,都必须以毛泽东主义的科学武器更好的武装自己,全党必须加强学习掌握毛泽东主义。"[1]

7月14日,任弼时在中央党校作《为什么要作出增强党性的决定》的报告,回答中央党校在学习中提出的有关党性问题。

9月1日,中共中央政治局做出《中共中央关于统一抗日根据地党的领导及调整各组织间关系的决定》(通称《九一决定》),目的是加强根据地党的一元化领导。这是党中央为加强党组织统一领导所作出的重大决策。

9月7日,毛泽东为延安《解放日报》撰写社论《一个极其重要的政策》,即精兵简政政策。

9月9日,《解放日报》发表社论《敌后形势与我军政治工作》,认为"政治工作的中心任务应当是鼓励军民的斗志"。

---

[1]　邓拓.邓拓文集:第1卷[M].北京:北京出版社,1986:42-43.

9月17日,中央军委总政治部发出《关于部队中知识分子干部问题的指示》。

10月12日,毛泽东为延安《解放日报》撰写社论《第二次世界大战的转折点》。

10月19—1943年1月14日,中共中央西北局在延安召开高级干部会议(又称陕甘宁边区高干会),历时88天。高岗代表西北局作《陕甘宁边区党的历史问题检讨》的结论、任弼时作《关于几个问题的意见》的讲话,毛泽东作《关于斯大林论党的布尔塞维克化十二条》的讲演,又为会议撰写了《经济问题与财政问题》一书,全面地科学地总结了革命根据地经济建设的经验,提出了党的"发展经济,保障供给"的正确方针。

12月18日,中央总学习委员会发出《关于文风学习的通知》,延安整风运动转入文风学习阶段。文风学习的主要文件是毛泽东《反对党八股》和汇编的《宣传指南》。

12月20日,毛泽东在中共中央西北局高级干部会议上发表《抗日时期的经济问题和财政问题》的报告。

二、研究论文

农泉《马克思的学习精神——纪念马克思逝世五十九周年》发表于《群众》第7卷第6期。

按:文章指出,马克思的学习精神,首先是学习有固定的目标。其次在他有严正的态度。再其次是他学习的方法。他的读书方法,归结作下面几点:第一,折角划线,第二,做笔记和提要,第三,多读熟读,第四,计划和结论,第五,缜密的分析,第六,抄引法,第七,熟悉各种外国语文。

毛泽东《整顿学风党风文风》发表于《群众》第7卷第10期。

〔苏〕H.亚历山大罗夫作、石盘译《列宁论马克思主义的辩证法与政治》发表于《群众》第7卷第11、12期。

章汉夫《苏联抗战一年——斯大林的旗帜,胜利的旗帜》发表于《群众》第7卷第11、12期。

石衡《苏联的政治——论专政与民主》发表于《群众》第7卷第13期。

师哲重译《斯大林论党的布尔塞维克化》发表于《群众》第7卷第15期。

〔苏〕列宁、斯大林等《论党的纪律与党的民主》发表于《群众》第7卷第15期。

《马克思与恩格斯的哲学观点之发展》(上)发表于《群众》第 7 卷第 15—16 期。

师哲《〈联共党史结束语〉与〈论党的布尔什维克化〉产生的历史条件》发表于《群众》第 7 卷第 16 期。

[苏]A. 肖格格夫作、北泉译《列宁和斯大林怎样发展了马克思主义哲学》(上)发表于《群众》第 7 卷第 15、16 期。

[苏]A. 肖格洛夫作、北泉译《列宁和斯大林怎样发展了马克思主义的哲学》发表于《群众》第 7 卷第 20 期。

薛子政《斯大林保卫战中的战术检讨》发表于《群众》第 7 卷第 21 期。

[苏]阿尔特曼作、苏凡译《列宁与艺术》发表于《中苏文化》第 10 卷第 1 期。

[苏]哈列夫斯基作、焦敏之译《斯大林五年计划与苏联军事实力的巩固》发表于《中苏文化》第 2 期。

[苏]伏洛希洛夫作、梁纯夫译《军事领袖和战略家的斯大林》发表于《中苏文化》第 10 卷第 3—4 期。

[苏]罗格涅道夫作、未明译《列宁夫人克鲁普斯卡亚略传》发表于《中苏文化》第 10 卷第 5—6 期。

梁纯夫译《列宁论托尔斯泰与近代工人运动》发表于《中苏文化》第 11 卷第 3—4 期。

梁纯夫译《列宁论托尔斯泰及其时代》发表于《中苏文化》第 11 卷第 3—4 期。

苏凡译《列宁论托尔斯泰及其时代》发表于《中苏文化》第 11 卷第 3—4 期。

[苏]史吉邦·史起巴巧夫《列宁》发表于《苏联文艺》第 1 期。

[苏]伏伊金斯卡雅《列宁的新文件》发表于《苏联文艺》第 3 期。

朱皴春《共产党与三风运动》发表于《中央周刊》第 4 卷第 46 期。

[苏]斯大林《共产党反对平均主义》发表于《中央周刊》第 5 卷第 10 期。

叶青《毛泽东三风运动》发表于《中央周刊》第 5 卷第 11—12 期。

崔书琴《民族主义与列宁的民族政策》发表于《中央周刊》第 5 卷第 14 期。

陶百川《三民主义与共产主义五版小序》发表于《中央周刊》第 5 卷第 16 期。

崔书琴《反帝政策与列宁的帝国主义论》发表于《中央周刊》第 5 卷第 22 期。

叶青《从共产国际底解散展望世界各国共产党底前途》发表于《中央周刊》第 5 卷第 51—52 期。

路塞尔《论共产主义》发表于《中央周刊》第 5 卷第 51—52 期。

陈公博《我与共产党》发表于《古今》第 35—37 期。

按：陈公博说："我和共产党绝缘是一件事，而研究马克思又是一件事，我既研究经济，应该彻头彻尾看看马克思的著述。我一口气在芝加哥定了马克思全部著述，他自己著的《资本论》和其他小册子，甚而至他和恩格斯合著的书籍都买完了。我在美国第一年除了研究经济史和经济学史之外，其余时间都用在马克思理论身上。"

[日]伊部政一作、朱怀祖译《共产主义苏联的命运》发表于《国际两周报》第 3 卷第 15 期。

[苏]Louis Fischer《托洛斯基与斯大林的斗争》(下)发表于《国际两周报》第 3 卷第 20 期。

徐卿云《与中国共产党论三民主义》发表于《文化先锋》第 1 卷第 8 期。

黄征夫《中国共产党之真面目》发表于《新东方》第 6 卷第 4 期。

病马《共产主义苏联的命运》发表于《新东方》第 6 卷第 6 期。

居浩然《科学的社会主义与社会主义的科学》发表于《现实评论》第 1 卷第 10 期。

苏渊雷《辩证法之辩证的发展》发表于《时代精神》第 6 卷第 2—3 期。

郭为《唯物史观与社会主义》发表于《文化导报》第 2 卷第 4—5 期。

黄玉清《共产主义理论的批判》发表于《文化导报》第 3 卷第 3 期。

世新《中国共产党之剖视》发表于《江西青年》第 1 卷第 12 期。

王贻非《民生主义与社会主义》发表于《革命理论》第 5—6 期。

陈宰平《毛泽东〈新民主主义〉的批判》(时论选辑)发表于《中国公论》第 7 卷第 2 期。

傅双无、方白非《科学社会主义科学批判发凡目次——再版自序》发表于《今是公论》第 2 卷第 1—2 期。

[苏]康斯坦丁诺夫《关于马克思》发表于《时代》第 18 期。

[苏]米丁《列宁与史大林论德国帝国主义》发表于《时代》第 47 期。

胡秋原《论资本主义与社会主义》发表于《时代生活》第 1 卷第 5 期。

邵鹤亭《马克思社会主义之变质》发表于《三民主义周刊》第 2 卷第 20 期。

邵之康《共产主义与中国——苏维埃制度下的中原》发表于《国民新闻

周刊》第 13 期。

　　［日］大井英雄作、君实译《中国共产党的现状》发表于《国民新闻周刊》第 46 期。

　　郑启校《苏联社会主义货币制度之史的演进》发表于《经济科学》第 2 期。

　　一萍《共产主义与中国》发表于《东亚联盟》第 4 卷第 4—5 期。

　　君潭《马克思经济学说批判》发表于《东亚经济》第 1 卷第 12 期。

　　桑予白《从马克斯的恐慌论与凯因斯的就业论论到我国的经济政策》发表于《经济建设季刊》第 1 卷第 3 期。

　　毅默《三民主义与共产主义的基本认识》发表于《甘肃教育》第 5 卷第 11—12 期。

　　［苏］左琴科作、靖华译《列宁故事》发表于《文艺杂志》第 1 卷第 4 期。

　　陈柏心《共产国际解散与今后中国共产党》发表于《阵中月刊》第 2 卷第 6—7 期。

　　邓祥云《马克斯唯物史观之批评》发表于《中央训练团团刊》第 175 期。

　　［美］罗森塔尔《唯物辩证法的范畴是什么》发表于《新文化》第 2 卷第 6 期。

　　遒明《苏联之社会主义竞赛》发表于《中国劳动》第 1 卷第 3 期。

　　吴应谦《谈谈唯生史观与唯物史观》发表于《毕节周报》第 1 卷第 12 期。

　　宁杞译《伊斯特曼论社会主义》发表于《力行（西安）》第 5 卷第 3 期。

　　王静繁《中国共产党在鲁东》发表于《抗战与文化》第 6 卷第 6 期。

　　张三《中国共产党的世界战争对策》发表于《大风》第 14 期。

　　吴俊才《从科学的观点评唯物史观》发表于《行健》第 4 卷第 7 期。

　　张三《中国共产党的新土地改策》发表于《新进》第 3 卷第 1 期。

　　王冠青《共产国际解散与中国共产党》发表于《宣传通讯》第 114 期。

　　按：文章说："中国共产党也是共产国际的组成分子之一，以前所作的种种活动，当然免不了共产国际中心的指导，也曾受着共产国际章程及其历届大会决议的各种义务的拘束。由于共产国际此项贤明的决定，中国共产党才能从这种中心指导和各种义务解脱出来，更自由而独立地适应中国的国策，进而适应民族高潮，积极的来参加中国民族的解放战争。……共产国际解散以后，中国共产党人更可自由而独立的考虑本身的方针，决定本身的行动，如果共产国际解散的决定中所谓'这种组织形式，甚至已经变成进步、加强各国工人政党的阻碍'，是一句实在而坦白的话，那么这种阻碍现已消除，中国共产党该怎样求进步？怎样求加强？这是个非常要审慎考虑的问题。"

周寒梅《第三国际解散与中国共产党》发表于《宣传通讯》第 114 期。

谢天培《资本主义·社会主义·民生主义》发表于《新阶段》第 1 卷第 3—4 期。

岂文译《社会主义与人类天性》发表于《真知学报》第 2 卷第 1 期。

吴恩裕《唯物史观的考证与解释》发表于《国立中央大学社会科学季刊》第 1 卷第 1 期。

毛泽东《反对党八股》发表于 6 月 25 日《晋察冀日报》。

按：文章说："六届六中全会是一九三八年开的，我们那时曾说：'离开中国特点来谈马克思主义，只是抽象的空洞的马克思主义。'这就是说，必须反对空谈马克思主义；在中国生活的共产党员，必须联系中国的革命实际来研究马克思主义。"

社论《以胜利纪念列宁》发表于 1 月 21 日《新华日报》。

按：社论说："红军的胜利，不仅兴奋了全苏联人民，而且鼓舞了欧洲、美洲、非洲和亚洲人民反法西斯的斗争。红军已经过严重的考验，而为全世界他们所认识所称赞，红军胜利的意义，远远超过于直接军事的成果之上。苏联人民正是用这种胜利，来纪念伟大的列宁，全世界的劳动人民，和各国共产党人也正是用自己反法西斯的英勇斗争，来纪念列宁逝世的十八周年。"

[苏]真理报社论《斯大林，今天的列宁——纪念列宁逝世第十八周年》发表于 1 月 22 日《新华日报》。

[苏]凡夏夫斯基作、黎真译《艺术作品中的列宁》发表于 2 月 11 日《新华日报》。

涛译《列宁的表》发表于 3 月 15 日《新华日报》。

毛泽东《改造我们的学习》发表于 4 月 19 日《新华日报》。

[苏]列宁《论党报》发表于 4 月 26 日《新华日报》。

短评《马克思与孙中山》发表于 5 月 5 日《新华日报》。

伍辛《马克思的文学的现实主义》发表于 5 月 8 日《新华日报》。

龙潜《调查研究与习作合一——为纪念马克思 125 周年诞辰》发表于 5 月 8 日《新华日报》。

毛泽东《整顿学风党风文风》发表于 5 月 17 日《新华日报》。

华岗《纪念为全世界工作的马克思》发表于 5 月 28 日《新华日报》。

按：文章说：马克思"他的最伟大的地方，就在于他能够把科学家和社会活动家这两种性质结合在一起，而且结合得这样密切；他是一个头脑冷静的科学家,同时又是一个热情的社会活动家。假使我们不把他同当时做一个科学家又是一个革命战士来看待,我们就不能了解他"。

　　毛泽东《反对党八股》(一九四二年二月八日的演说)发表于 7 月 12 日《新华日报》。

　　于刚《读〈列宁论自由恋爱〉》发表于 8 月 2 日《新华日报》。

　　〔苏〕列宁《论我们的报纸》发表于 9 月 1 日《新华日报》。

　　〔苏〕列宁《论自我批评》发表于 9 月 19 日《新华日报》。

　　毛泽东《青年的方向》(摘自在延安五四纪念大会上的演讲)发表于 11 月 1 日《新华日报》。

　　毛泽东《祝十月革命廿五周年》(代论)发表于 11 月 7 日《新华日报》。

　　按:是为毛泽东同志当时为《新华日报》撰写的"代论",已收入《毛泽东选集》第 3 卷。

　　农泉《列宁的家庭关系》发表于 11 月 7 日《新华日报》。

　　〔苏〕列宁作、戈宝权节译《党的组织与党的文学》发表于 11 月 21 日《新华日报》。

　　毛泽东《中国新文化的三个特征》(摘自毛泽东同志论新文化)发表于 11 月 21 日《新华日报》。

　　毛泽东《与绥德青年代表的谈话》发表于 1 月 12 日《解放日报》。

　　王子野《马克思的治学方法》发表于 1 月 16 日《解放日报》。

　　社论《掌握马列主义的锁钥》发表于 1 月 21 日《解放日报》。

　　张如心《学习和掌握毛泽东的理论和策略》发表于 2 月 18—19 日《解放日报》。

　　按:文章指出:毛泽东的思想方法"是马列主义唯物辩证法在中国社会具体环境下的运用",最典型的代表之一就是"没有调查就没有发言权"的命题。"毛泽东同志在他的行动中间一贯地就是按照这一方法做事。他还在大革命时代就曾经对于中国社会的特征,中国社会各个阶级,特别是农村中的阶级关系做了详细的调查研究,并发表了《中国社会各阶级的分析》《湖南农民运动》两本论著。大革命以后这一方面的结晶就是最近出版的《农村调查》。抗战以后就是如此,由于毛泽东同志这一科学方法实际运用,使他对于中国社会具有积极的了解,对于中国社会及中国革命的规律有了深刻的发现,并在这一座右铭的基础上而写成的他的全部理论和实践。"文中指出:"毛泽东同志的理论和策略在历史上都有它的一贯性、系统性和完整性。为了便于说明和研究起见可相对有条件的把它分为下列三个组成部分:这三个组成部分内在有机的统一便变成毛泽东的理论和策略的体系。"他认为这三个部分分别是"思想路线或思想方法论""政治路线或政治哲学""军事路线或军事哲学"。

毛泽东《庆祝苏联红军成立二十四周年》发表于 2 月 23 日《解放日报》。

毛泽东《给留守兵团保安部队慰问信》发表于 3 月 19 日《解放日报》。

毛泽东《改造我们的学习》发表于 3 月 27 日《解放日报》。

陈茂仪《从〈论持久战〉学习怎样反对主观主义》发表于 4 月 1 日、2 日《解放日报》。

毛泽东《在〈解放日报〉改版座谈会上的讲话》发表于 4 月 2 日《解放日报》。

中央宣传部《关于在延安讨论中央决定及毛泽东同志整顿三风报告的决定》发表于 4 月 7 日《解放日报》。

〔苏〕亚·加加林作、王匡译《列宁与哲学》发表于 4 月 8 日、9 日《解放日报》。

毛泽东《反对党内几种不正确的倾向》发表于 4 月 10 日《解放日报》。

毛泽东《反对自由主义》发表于 4 月 10 日《解放日报》。

按:毛泽东说:"一切忠诚、坦白、积极、正直的共产党员团结起来,反对一部分人的自由主义的倾向,使他们改变到正确的方面来。这是思想战线的任务之一。"

毛泽东《整顿学风党风文风》发表于 4 月 27 日《解放日报》。

石汶《一段笔记——调查研究决定及〈农村调查〉序读后》发表于 5 月 5 日《解放日报》。

〔苏〕列宁作、P.K(博古)译《党的组织和党的文学》发表于 5 月 14 日《解放日报》。

郭以清《读〈改造我们的学习〉》发表于 5 月 21 日《解放日报》。

童大林《读"农村调查序言二"》发表于 5 月 28 日《解放日报》。

王子野《由"没有调查就没有发言权"想起》发表于 6 月 1 日《解放日报》。

毛泽东《反对党八股》发表于 6 月 18 日《解放日报》。

朱德《纪念党的二十一周年》发表于 7 月 1 日《解放日报》。

按:文章指出,今天我们党已经积累下了丰富的斗争经验,正确地掌握了马列主义的理论,并且在中国革命的实践中创造了指导中国革命的中国化的马列主义的理论。经过长期革命斗争的锻炼,我们党已经有了自己的最英明的领袖——毛泽东同志,他真正精通了马列主义的理论,并且善于把这种理论用来指导中国革命步步走向胜利。

陈毅《伟大的二十一年——建党感言》发表于 7 月 1 日《解放日报》。

按:文章说:"毛泽东同志领导秋收暴动,辗转游击湘赣粤闽四省之间,进行苏维埃的红军建设,进行实地的中国社会的调查,主张以科学头脑、科学方法对待马列主义中国化问题,主张世界革命的一般理论与中国革命的具体实践相结合,有了更具体完整的创获,正确的思想体系开始创立。"

张仲实《关于〈左派幼稚病〉中译本一些初步的校正意见》发表于 8 月 5 日延安《解放日报》。

程照轩《读了〈改造我们的学习〉之后》发表于 8 月 11 日《解放日报》。

毛泽东《对刘少奇〈论党内斗争〉的按语》发表于 10 月 9 日《解放日报》。

毛泽东《第二次世界大战的转折点》发表于 10 月 12 日《解放日报》。

按:是为毛泽东为《解放日报》写的社论。

毛泽东《历史教训》发表于 10 月 14 日《解放日报》。

按:是为毛泽东为《解放日报》写的社论。

沈友谷《列宁怎样反对主观主义——读〈什么是人民之友〉的笔记》发表于 12 月 19 日《解放日报》。

社评《曙光中纪念十月革命》发表于 11 月 7 日桂林《大公报》。

三、研究著作

马克思列宁思想方法论编辑委员会编辑《马恩列斯思想方法论》由陕西延安解放社马克思列宁思想方法论编辑委员会出版。

按:是书编辑委员会由吴亮平、张仲实、艾思奇、柯柏年等人组成,摘录马克思、恩格斯、列宁、斯大林的有关著作。分为绪论——马克思主义的历史特点、理论与实际、历史科学的创造、国际经济、民族特点、革命传统。书前有编者"例言",介绍了出版此书的背景,是为了贯彻"中央和毛泽东同志反主观主义、反宗派主义、反党八股"的号召,出版此书的目的是帮助党员干部"掌握马克思、恩格斯、列宁和斯大林的科学共产主义的思想方法",完成"学风、党风和文风"的整顿,推动党员更好地投身中国革命斗争,"为中国革命胜利而奋斗";以毛泽东的《改造我们的学习》代序。

解放社编《论马恩列斯》由新华书店晋察冀分店出版。

《关于马列主义中国化的问题》(附录:在毛泽东旗帜下前进——延安新华社广播稿)由冀鲁豫边区文化出版社出版。

博古编译《辩证唯物论与历史唯物论基本问题》(1—4)由延安解放社出版。

按:是书汇译 1936 年至 1941 年苏联《哲学杂志》《在马克思主义旗帜下》所发表的有关哲学论文,以配合学习和研究《联共(布)党史》。第 1 分册:辩证唯物论——马克思主义政党的宇宙观;第 2 分册:马克思主义底辩证法;第 3 分册:马克思主义的哲学唯物论;第 4 分册:马克思主义的历史唯物论。

李显承著《马克思及其地租论》由重庆独立出版社出版。

按:是书包括马克思传略、马克思哲学批判、马克思经济学说评述、马克思的地租论及马克思地租论的提示与批判等。

[德]马克思著、柯柏年译《法兰西阶级斗争》由解放社出版。

按:是书全称为《1848 年至 1850 年法兰西阶级斗争》,是马克思的最重要经典著作之一。在这部著作中,马克思第一次运用他的唯物主义观点研究整整一个历史阶段,对法国二月革命的原因、性质和进程作了精辟的分析,具体论述并进一步发展了历史唯物主义的一些重要原理。

[苏]列宁著、何锡麟等译、张仲实校《列宁选集》(第 2 卷)由解放社出版。

[苏]列宁著、何锡麟等译、张仲实校《列宁选集》(第 11 卷上)由解放社出版。

赵家缙、张声智选注《名人传记》由桂林文化供应社出版。

按:是书选编了包括马克思、恩格斯、列宁、托尔斯泰、高尔基、鲁迅等 13 人的传记作品。

[苏]斯大林著《论苏联保卫祖国的伟大战争》由外国文书籍出版局出版。

汪怀书编著《苏联研究教程》由桂林中国文化服务社广西分社出版。

按:是书分概述、杂志、经济、军事、外交等 5 章介绍苏联的情况。

西门宗华著《苏联建国史》由重庆商务印书馆出版。

按:是书上编题为革命建国,下编题为经济建设。

黄卓讲述《苏联国防经济》由国防研究院出版。

[苏]外国文书籍出版局编《在保卫祖国战争中的苏联妇女》由编者出版。

[苏]高尔基著、叶以群译《给初学写作者及其他》(高尔基文艺通信集)由重庆读书出版社出版。

毛泽东著《辩证法唯物论》由新华书店晋察冀分店出版。

毛泽东著《反对党八股》（整风文献续编）由延安解放社出版。

按：是书后附有《斯大林论党的布尔塞维克化》《列宁斯大林等论党的纪律与党的民主》等。

毛泽东著、抗日战争研究会编《论持久战》由解放社出版。

毛泽东著《论持久战》由胶东联合社出版。

毛泽东著《论持久战》（前线丛书）由新华书店出版。

毛泽东著《改造我们的学习》由新华书店出版。

丁玲、成仿吾、徐梦秋等编《红军长征记》由八路军总政治部出版。

朱立三编《中国共产党与抗战政治》由江西南昌胜利出版社江西分社出版。

武尚权编著《中国国民党与中国共产党》由重庆正中书局出版。

统一出版社编《中共与少数民族》由统一出版社出版。

按：是书上编为中共民族政策的理论与实际，下编为中共少数民族工作实况。

叶知秋、邹正之著《中共整顿三风运动之检讨》由复社出版。

王天中著《中国共产党的教育与文化》由胜利出版社江西分社出版。

四、卒于是年的研究者

陈独秀（1879—1942）卒。独秀原名庆同，官名乾生，字仲甫，号实庵，安徽怀宁人。1896 年考中秀才。1897 年考入杭州求是书院，学习法文和造船。1899 年因有反清言论被书院开除。1901 年因为进行反清宣传活动，受清政府通缉，从安庆逃亡日本，入东京高等师范学校速成科学习。1903 年 7 月在上海协助章士钊主编《国民日报》。1904 年初在安庆创办《安徽俗话报》，宣传革命思想。1905 年组织反清秘密革命组织岳王会，任总会长。1907 年入东京正则英语学校，后转入早稻田大学。1909 年冬去浙江陆军学堂任教。1911 年辛亥革命后不久，任安徽省都督府秘书长。1913 年参加讨伐袁世凯的"二次革命"，失败后被捕入狱，出狱后于 1914 年到日本，帮助章士钊创办《甲寅》杂志。1915 年创办《青年杂志》，1916 年改名《新青年》，倡导新文化运动。1917 年受聘为北京大学文科学长。俄国十月革命后，与李大钊等开始研究马克思主义，利用《新青年》杂志开始宣传社会主义和马列主义。1918 年 12 月与李大钊等创办《每周评论》。以《新青年》《每周评论》和北京大学为主要阵地，积极提倡民主与科学，提倡文学革命，反对封建的旧思想、旧文化、旧礼教,成为新文化运动的倡导者和主要领导人之一。1919 年秋前往上海,与李大钊发起成立中国共产党。1920 年 6 月在上海组织中国第一个共产主义小组,积极宣传马克思主义,创办《劳动界》《共产党》等刊物,为中国共产党的建立做了大量准备工作。1921 年 7 月在第一次党代表会上被选为中央局书记。1922 年 7 月 16—23 日在上海成都路召开中共二大,被选举为中央执行委员会委员长。1927 年 7 月被共产国际剥夺中共党内领导职务。1929 年因为在中东路事件中反对当时中共提出的"武装保卫苏联"的口号,被开除党籍。同年 12 月发表由 81 人署名的作为中共左翼反对派纲领的《我们的政治意见书》。在上海组成托派小组织无产者社,出版刊物《无产者》。1931 年 5 月出席中国各托派小组织的"统一大会",被推选为中国托派组织的中央书记。1932 年 10 月 15 日被上海公共租界巡捕房以创办非法政党的罪名逮捕,随后移交南京政府。1933 年 4 月被"以文字为叛国之宣传"判处有期徒刑 13 年。1937 年 8 月 23 日提前获释。著有《独秀文存》《实庵自传》《陈独秀著作选》。郅玉汝编著有《陈独秀年谱》。

按:毛泽东《中国共产党第七次全国代表大会的工作方针》说:"关于陈独秀这个人,我们今天可以讲一讲,他是有过功劳的。他是五四运动时期的总司令,整个运动实际上是他领导的,他与周围的一群人,如李大钊同志等,是起了大作用的。我们那个时候学习作白话文,听他说什么文章要加标点符号,这是一大发明,又听他说世界上有马克思主义。我们是他们那一代人的学生。五四运动替中国共产党准备了干部。那个时候有《新青年》杂志,是陈独秀主编的。被这个杂志和五四运动警醒起来的人,后头有一部分进了共产党,这些人受陈独秀和他周围一群人的影响很大,可以说是由他们集合起来,这才成立了党。我说陈独秀在某几点上,好像俄国的普列汉诺夫,做了启蒙运动的工作,创造了党,但他在思想上不如普列汉诺夫。普列汉诺夫在俄国做过很好的马克思主义的宣传。陈独秀则不然,甚至有些很不正确的言论,但是他创造了党,有功劳。普列汉诺夫以后变成了孟什维克,陈独秀是中国的孟什维克。德苏战争以后,斯大林在一篇演说里把列宁、普列汉诺夫放在一起,《联共党史》也说到他。关于陈独秀,将来修党史的时候,还是要讲到他。"[①]

按:郭德宏说:"在中国近现代历史上,陈独秀无疑是一位具有重大影响而又十分复杂的著名人物。他作为新文化运动的主将和五四运动的'总司

---

① 李忠杰,李明华,主编.中国共产党第七次全国代表大会档案文献选编[M].北京:中共党史出版社,2015:137-138.

令'，中国共产党的主要创始人和早期的主要领导人，对于中国近现代思想文化的发展，马克思主义的传播，中国共产党的早期活动和第一次大革命的发动，都作出了巨大贡献，发挥了重要影响，起到了别人无法替代的作用，不愧为伟大的革命家、政治家和思想家。与此同时，他也犯了严重的错误，对于中国共产党在 1927 年失败负有不可推卸的责任，后来甚至走向反面，成为中国托派的头面人物，给中国历史的发展带来了消极影响，也给他的一生留下了许多可悲而又可惜的足迹。总括起来，陈独秀是一位功与过、正确与错误并存的复杂而又独特的历史人物。"①

按：廖盖隆《陈独秀与中国共产党序言：陈独秀的评价问题》说："1945 年 4 月，毛泽东在中共七大预备会议上的讲话中说，陈独秀是五四运动的总司令，就是说，他是五四新文化运动和思想解放运动的领袖；并指出他对于传播马克思主义和创建中国共产党起了和普列汉诺夫在俄国革命中相类似的作用。毛泽东当时还说，将来应当宣传陈独秀的功劳。在这之前的 1936 年，毛泽东在和斯诺谈话中认为，陈独秀、李大钊是 20 年代中国知识界的两位最卓越的领导人。毛泽东说，他当时选择了马克思主义是受到了 1920 年上半年陈独秀同他的一次谈话的深刻影响的。自从毛泽东作了上述讲话以后，时间已经流逝了半个世纪左右，但是他关于要宣传陈独秀功劳的意见，却始终被忽视而没有得到落实。……陈独秀这个光彩照人的名字，是同他发起和领导了以民族救亡图存、民主、科学、文学革命和社会主义为旗帜的五四新文化运动和思想解放运动；同他和李大钊一道在中国首先接受和宣传马克思主义，进而创建中国共产党；同他在 1921 年到 1927 年作为党的早期领袖在创建共产党时期和在中国新民主主义的第一次大革命的初期和中期的重大贡献分不开的。主要地，正是在陈独秀的卓越领导下，结束了中国 80 年的旧民主主义革命阶段，而开辟了为向社会主义过渡奠定了基础的 30 年新民主主义革命阶段。陈独秀的这些巨大的历史功绩，使他成为近现代中国的杰出历史人物，也是世界社会主义运动史上具有重大影响的人物之一。"②

左权（1905—1942）卒。原名左纪权，号叔仁，湖南醴陵人。1924 年 11 月进入黄埔军校学习，得到总政治部主任周恩来的赏识。1925 年 2 月由陈赓等介绍加入中国共产党。1925 年 11 月被选派到苏联莫斯科中山大学和伏龙芝军事学院学习。1930 年回国，先后任中国工农红军军官学校教官和

① 贾兴权.陈独秀传·序[M].济南：山东人民出版社，1998：1-2.
② 王学勤.陈独秀与中国共产党[M].南京：东南大学出版社，1991：2-3.

第一分校教育长、闽西工农革命委员会常委、红十二军军长、红一方面军总司令部作战参谋和参谋处长等职。1933 年调任中华苏维埃共和国中央军委作战局参谋。翻译和编写了《苏联红军中党的工作数则》《苏联国内战争中之红军》《苏联国内战争的教训》《军语解释》等资料,对提高红军的政治、军事素质起了积极作用。是年 12 月任红一军团参谋长。1936 年为前敌指挥部成员,代理红一军团军团长。抗日战争期间,任八路军副总参谋长。曾先后撰写《埋伏战术》《袭击战术》《战术问题》《基本战术研究提纲》《论战争指导军队组织和战术问题》等论文,从理论和实践的结合上回答了抗战中贯彻执行中央的战略方针所遇到的诸多问题,成为中国著名的游击战术的创始人之一。他曾呼吁:"我必须重复地指出来,在用马列主义的方法来创造与发挥我们的军事思想这一问题上,我们还做得非常不够,以后我们还需要用更大的努力向这个方向前进,创造我们中国光辉的马列主义军事科学。"①1942 年 5 月在战斗中英勇牺牲。著有《左权军事文选》。

杨松(1907—1942)卒。原名吴绍镒、吴绍益,表字又衡,曾用名吴平、吴介藩、邵文捷、王捷才、曹普才、陶迟平,湖北大悟人。1921 年考入陈潭秋、董必武等人创建的武汉中学。1926 年 8 月加入中国共产主义青年团,1927 年 2 月受团中央派遣进入莫斯科中山大学学习,同年加入中国共产党。1928 年 6 月至 7 月以旁听代表身份参加中国共产党第六次全国代表大会。1929 年在莫斯科中山大学任翻译班党小组组长。1930 年留校任政治经济学教员。1934 年夏以中共满洲省委巡视员的身份回国。1935 年在牡丹江任中共吉东特别委员会书记。1938 年 2 月到延安,先后任中共中央宣传部副部长、秘书长等。曾在中央马列学院任教。1941 年 3 月参加《解放》杂志委员会,任委员,同时任《解放日报》总编辑,对宣传马列主义和党的方针政策起到积极作用。1942 年 11 月在延安病逝。著有《关于马列主义中国化的问题》《列宁论中国》等文章。

---

① 《左权军事文选》编辑组,编. 左权军事文选[M]. 北京:军事科学出版社,2005:933.

民国三十二年　癸未　1943年

一、研究背景

1月1日，中共中央做出《关于征调敌后大批干部来陕甘宁边区保留培养的决定》，指出"估计到敌后形势与将来的反攻，我们必须有最大的决心抽调一大批干部来延安保留与学习"。这个政策为抗战胜利后能够迅速从延安派出一万余名干部去加强新区特别是东北的开辟工作奠定了坚实基础。

3月10日，党的文艺工作者会议在延安召开，凯丰作《关于文艺工作者下乡的问题》的报告，陈云作《关于党的文艺工作者的两个倾向问题》的报告。

3月16—20日，中共中央在延安召开政治局会议，参加会议的有毛泽东、刘少奇、任弼时、朱德、康生、凯丰、博古、邓发、张闻天、杨尚昆、彭真、高岗、叶剑英共13人。毛泽东作《关于时局与方针问题》的报告，任弼时作《中央关于中央机构调整与精简草案》的报告。会议通过《中共中央关于中央机构调整及精简的决定》，推选毛泽东为中央政治局主席、中央书记处主席。会议决定：中央书记处由毛泽东、刘少奇、任弼时组成，根据政治局决定的方针处理日常工作；刘少奇参加中共中央军委并任军委副主席；设立中央宣传委员会和中央组织委员会，作为中央政治局和中央书记处的助理机关。中央宣传委员会由毛泽东、王稼祥、博古、凯丰组成，毛泽东兼书记。中央组织委员会由刘少奇、王稼祥、康生、陈云、张闻天、邓发、杨尚昆、任弼时组成，刘少奇兼书记。

是日，中共中央西北局决定，延安大学、鲁迅艺术文学院、自然科学院、民族学院、新文学干部学校合并，名称仍为延安大学。

3月20日，中央总学委发出《关于整风学习总结计划》的通知，延安整风进入总结阶段。

是月，中共中央决定毛泽东兼任中央党校校长，彭真任副校长，直接主持党校整风学习的组织领导和思想领导。

4月3日，中共中央发布《关于继续开展整风运动的决定》，要求各机关、学校从重新布置整风之日起，至少前5个月为发现与纠正错误思想时间,5个月后方为开始着手检查工作、审查干部与部分地清理内奸时间,在一年内大体结束整风学习。这个决定发出后,审干、反奸运动成为延安整风运动的重要内容。是日,中央书记处做出《关于审查干部的具体办法的决定》。

按:这个决定对于国民党特务分子的渗入作了过于严重的估计,以至导致后来的反特斗争的扩大化。

4月28日,中共中央政治局召开会议,讨论肃清内奸问题。会议决定成立中央反内奸斗争委员会,刘少奇、康生、彭真、高岗为委员,刘少奇任主任。

5月1日,中央书记处发出《关于何时打败日本问题的宣传工作的指示》。

5月5日,《解放日报》发表《中国思想界现在的中心任务》的社论,认为中国思想界现在的中心任务就是从思想上彻底打垮和消灭法西斯主义。

5月7日,中共中央西北局发出《关于今年整风学习的指示》。

5月15日,以季米特洛夫为首的共产国际执委会主席团举行会议,发表《关于解散共产国际提议书》,征求各国共产党的意见。

5月26日,中共中央发表《中国共产党中央委员会关于共产国际执委会主席团提议解散共产国际的决议》。毛泽东在延安干部会上作题为《关于共产国际解散问题的报告》,表示完全同意共产国际解散。

按:决议指出:"中国共产党人是马克思列宁主义者,因为马克思列宁主义是科学,而科学是没有国界的;中国共产党人必须继续根据自己的国情,灵活地运用和发挥马克思列宁主义以服务于我民族的抗战建国事业。中国共产党人是我们民族一切文化、思想、道德的最优秀传统的继承者,把这一切优秀的传统,看成和自己血肉相连的东西,而且将继续加以发扬光大。中国共产党近年来所进行的反主观主义、反宗派主义、反党八股的整风运动,就是要使得马克思列宁主义这一革命科学更进一步地和中国革命实践、中国历史、中国文化深相结合起来。这一运动,表现了中国共产党人在思想上的创造才能,一如他们在革命实践上的创造才能;表现了中国共产党人一定能够和中国人民在一起完成中国人民所课予的各种历史大任。中国共产党中央委员会深信我党同志必能完全一致地团结起来,克服自己的缺点,发扬自己的创造性、积极性。果能如此,那么我们的敌人日本帝国主义虽然还很强大,我们前进路上的困难虽然还很多,我们的任务是一定能够完成的。"①

5月27日,中共中央做出由毛泽东提议并亲自审订的《关于一九四三年翻译工作的决定》,指出"翻译工作尤其是马列主义古典著作的翻译工作,是党的重要任务之一","为提高高级干部理论学习,许多马恩列斯的著作必须重新校阅"②。并组建由凯丰、博古、洛甫、师哲、许元祯、杨尚昆、赵毅敏等组成的翻译校阅委员会,负责重新校阅当时的马、恩、列、斯著作的中译本,由凯丰总负责。

5月31日,中共中央书记处发作《关于纪念抗战六周年宣传工作的指示》,明确要求周恩来、林彪、彭德怀、刘伯承、邓小平、薄一波、聂荣臻、吕正操、程子华、贺龙、林枫、朱瑞、罗荣桓、陈毅、饶漱石等人撰写纪念文章,经中央审定后统一广播发布。

6月1日,中共中央政治局讨论通过由毛泽东起草的《关于领导方法的决定》,以文件形式下发全党学习和贯彻执行。这个文件的发表,标志着延安整风运动普遍整风时期基本结束。

按:这个《决定》集中了整风运动的经验,同时也集中了中国共产党领导革命工作的长期经验,对于领导工作的基本方法做了说明。这个决定深刻阐述了一般号召和个别指导相结合、领导和群众相结合的领导方法。决定指出:"在我党的一切实际工作中,凡属正确的领导,必须是从群众中来,到群众中去。这就是说,将群众的意见(分散的无系统意见)集中起来(经过研究,化为集中的系统的意见),又到群众中去做宣传解释,化为群众的意见,使群众坚持下去,见之于行动,并在群众行动中考验这些意见是否正确。然后从群众中集中起来,再到群众中坚持下去。如此无限循环,一次比一次更正确、更生动、更丰富。这就是马克思主义的认识论。"③《决定》号召党的一切领导同志必须随时拿马克思主义的科学领导方法克服官僚主义的领导方法。

6月4日,毛泽东在《解放日报》上发表《关于领导方法的若干问题》,将马克思主义哲学观点转化为实际工作的路线和方法。

按:这是毛泽东为中共中央所写的决定,1953年2月收入《毛泽东选

① 晋察冀边区阜平县红色档案丛书编委会,编.晋察冀日报文摘(1)[M].北京:中共党史出版社,2017:261.
② 中共中央文献研究室中央档案馆,编.建党以来重要文献选编(一九二一—一九四九):第20册[M].北京:中央文献出版社,2011:328.
③ 毛泽东.毛泽东选集:第3卷[M].北京:人民出版社,1991:899.

集》第三卷时,题目改为《关于领导方法的若干问题》。毛泽东说:"斗争愈是艰苦,就愈是需要共产党人的领导和广大群众的要求密切地相结合,愈是需要共产党人的一般号召和个别指导密切地相结合,而彻底粉碎主观主义的和官僚主义的领导方法。我党一切领导同志必须随时拿马克思主义的科学的领导方法去同主观主义的和官僚主义的领导方法相对立,而以前者去克服后者。主观主义者和官僚主义者不知道领导和群众相结合、一般和个别相结合的原则,极大地妨碍党的工作的发展。为了反对主观主义的和官僚主义的领导方法,必须广泛地深入地提倡马克思主义的科学的领导方法。"①

6月15日,共产国际宣布正式解散。

按:毛泽东说:"共产国际解散后我们比较自由些。这以前,我们已经开始批评机会主义,开展整风运动,批评王明路线。整风实际上也是批判斯大林和第三国际在指导中国革命问题上的错误,但是关于斯大林和第三国际我们是一字未提。不久的将来也许要提。过去不提的原因有二:一、既然中国人听了他们的话,那末中国人自己就应该负责。谁叫我们去听他们的话呢?谁叫我们去犯'左'倾、右倾的错误呢?有两种中国人:一种是教条主义者,他们就听斯大林那一套;另一种中国人就不听那一套,并且批评教条主义者。二、我们和苏联的关系中不愿引起不愉快。第三国际没有检讨这些错误,苏联也没有提到这些错误,我们提出批评就会同他们闹翻的。"②"共产国际的解散,不是为了削弱各国共产党,而是为了加强各国共产党,使各国共产党更加民族化,更加适应于反法西斯战争的需要。"③

是月,中共中央西北局做出《关于高干会对边区党的历史问题检讨的决定》。

7月6日,刘少奇在《解放日报》上发表《清算党内的孟什维(克)主义思想》,使用了"毛泽东同志的思想""毛泽东同志的思想体系"的概念,指出只有马克思主义才能救中国。

7月8日,王稼祥在《解放日报》上发表《中国共产党与中国民族解放的道路》,纪念共产党成立22周年和抗战6周年,第一次提出"毛泽东思想"的概念。

---

① 毛泽东.毛泽东选集:第3卷[M].北京:人民出版社,1991:902.
② 中华人民共和国外交部中共中央文献研究室,编.毛泽东外交文选[M].北京:中央文献出版社,1994:254.
③ 毛泽东.毛泽东文集:第3卷[M].北京:人民出版社,1996:22.

　　按：是文定稿于7月5日，发表于7月8日，文章是经过毛泽东本人同意而撰写的。文章说："中国民族解放的整个过程中——过去、现在与未来——的正确道路就是毛泽东同志的思想，就是毛泽东在其著作中与实践中所指出的道路。毛泽东思想就是中国的马克思列宁主义，中国的布尔什维主义，中国的共产主义。""毛泽东思想与中国共产党的民族解放的正确道路是在与国外国内敌人的斗争中，同时又与共产党内部错误思想的斗争中生长、发展与成熟起来的。""以毛泽东思想为代表的中国共产主义，是以马克思列宁主义的理论为基础，研究了中国革命的现实，积蓄了中共二十二年的实际经验，经过了党内党外的曲折斗争而形成起来的。"毛泽东思想"是马克思列宁主义与中国革命运动实际经验相结合的结果"。

　　7月11日，中共中央总学委发出《关于在延安进行反对内战，保卫边区的群众教育的通知》。

　　7月13日，博古在《解放日报》上发表《在毛泽东的旗帜下，为保卫中国共产党而战》的文章，认为毛泽东的方向，"就是我们全党的方向，也是全国人民的方向"。

　　按：文章说："我们有保卫的力量：我们有八十万党员，我们有五十余万在党领导下的军队，我们有巩固的根据地，我们有二十二年斗争的经验，我们有全国人民的拥护，我们有无数身经百战的坚强干部。最后，异常重要的，我们有党的领袖，中国革命的舵手——毛泽东同志，他的方向就是我们全党的方向，也是全国人民的方向，他总是在最艰难困苦之中，领导党和人民走向胜利与光明。我们有取得胜利的一切条件！军事威胁，不足以慑服共产党；挑拨离间，不足以分化共产党。相反，我们将更紧密地团结在毛泽东同志为首的中央周围，在毛泽东的旗帜下战斗，并且取得胜利！"①

　　7月15日，延安召开干部大会，负责干部审查工作的康生在会上作深入审干的动员报告，提出开展"抢救失足者运动"，因此造成了大批冤假错案。

　　8月5日，中央总学委发出《关于进行一次国民党的本质及对待国民党的正确政策的教育问题的通知》。

　　8月6日，周恩来在《解放日报》上发表《在延安欢迎会上的演说词》，认为"毛泽东同志的方向，就是中国共产党的方向！毛泽东同志的路线，就是中国的布尔塞维克的路线！"

---

①　李志英,主编.秦邦宪(博古)文集[M].北京:中共党史出版社,2007:479-480.

按:周恩来说:"我们党二十二年的历史证明:毛泽东同志的意见,是贯串着整个党的历史时期,发展成为一条马列主义中国化,也就是中国共产主义的路线。"

8月7日,吕振羽在《解放日报》上发表《国共两党和中国之命运——驳蒋著〈中国之命运〉》,认为"共产党自有其贯彻始终的马克思主义,应用在现阶段中国具体情况具体革命斗争的马克思主义,就是毛泽东同志的新民主主义,新民主主义是马列主义的发展,是民族化的马列主义"。

8月8日,毛泽东在中央党校第二部开学典礼上发表讲话,提出党校教育的目标、内容和方法。

是日,周恩来在中央党校开学典礼上发表讲话,认为毛泽东同志思想所贯穿的路线就是中国布尔什维克的路线。毛泽东在中共中央党校第二部开学典礼大会上的讲话中,公开点出"王明、博古、洛甫教条宗派"。他提出党的四中全会以后,党内存在两个宗派:一个是教条主义宗派,一个是经验主义宗派。

8月15日,中共中央做出《关于审查干部的决定》,强调"一个不杀,大部不抓,严禁逼、供、信"的精神。决定指出,"如果是冤枉了的或被弄错了的,必须予以平反,逮捕的宣布无罪释放,未逮捕的宣布最后结论,恢复其名誉"①。

8月23日,中共中央发布国共两党抗日战绩的比较公告。25日,《解放日报》就此发表《没有共产党,就没有新中国》的社论。

10月1日,毛泽东为中共中央起草《开展根据地的减租、生产和拥政爱民运动》的党内指示。中共中央政治局发出《关于减租生产拥政爱民及宣传十大政策的指示》。

10月5日,毛泽东为延安《解放日报》撰写《评国民党十一中全会和三届二次国民参政会》的社论。

10月10日,中共中央决定党的高级干部重新学习和研究党的历史和路线是非问题,整风运动进入总结提高的阶段,全党整风运动告一段落。《解放日报》发表于《只有新民主主义才能救中国》的社论。

按:全党整风运动,是一次马克思列宁主义教育运动,是用正确认识克服错误认识、用无产阶级思想克服非无产阶级思想的思想革命运动,也是打破党内以王明为代表的教条主义束缚的伟大的思想解放运动。它对推动马

---

① 中共中央文献研究室中央档案馆.编.建党以来重要文献选编(一九二一——一九四九):第20册[M].北京:中央文献出版社,2011:534.

克思列宁主义和中国革命的具体实践相结合,具有重大意义,对正确解决无产阶级政党的建设,是一次成功的实践。①

10月14日,毛泽东在陕甘宁边区高级干部会上作《论合作社》和《国共合作问题》的报告。

10月19日,毛泽东《在延安文艺座谈会上的讲话》在《解放日报》上正式发表。

10月21日,中共中央宣传部发出《关于进行阶级教育问题的通知》,在思想教育方面,"应该在所有新党员新干部(包括非党干部)中进行彻底的人生观教育,把为剥削阶级服务的、个人主义的,以及所谓超阶级的人生观,与为无产阶级为人民大众服务的马列主义的人生观严格对立起来,不允许在这个基本问题上的含糊"②。

10月30日,中央总学委发出《关于学习毛泽东〈在延安文艺座谈会上的讲话〉的通知》,规定党员和干部必须学习《讲话》。

按:通知说:"《解放日报》十月十九日发表的毛泽东同志在一九四二年五月延安文艺座谈会上的讲话,是中国共产党在思想建设理论建设的事业上最重要的文献之一,是毛泽东同志用通俗语言所写成的马列主义中国化的教科书。此文件绝不是单纯的文艺理论问题,而是马列主义普遍真理的具体化,是每个共产党员对待任何事物应具有的阶级立场,与解决任何问题应具有的辩证唯物主义历史唯物主义思想的典型示范。各地党收到这一文章后,必须当作整风必读的文件,找出适当的时间,在干部和党员中进行深刻的学习和研究,规定为今后干部学校与在职干部必修的一课,并尽量印成小册子发送到广大的学生群众和文化界知识界的党外人士中去。"③

11月6日,中共中央办公厅在延安召开纪念十月革命26周年晚会,毛泽东出席会议并发表讲话。

11月7日,中共中央宣传部发出《关于执行党的文艺政策的决定》,毛泽东《在延安文艺座谈会上的讲话》成为党的文艺方针和政策。

11月11日,重庆《新华日报》发表《文化建设的先决条件》的社论,在国统区宣传毛泽东的《在延安文艺座谈会上的讲话》精神。

---

① 中共中央党史研究室,编.中国共产党历史大事记(1919—2005)[M].北京:中共党史出版社,2006:107.

② 中共中央宣传部办公厅,中央档案馆编研部,编.中国共产党宣传工作文献选编(1937—1949)[M].北京:学习出版社,1996:541.

③ 中共中央文献研究室中央档案馆,编.建党以来重要文献选编(一九二一——一九四九):第20册[M].北京:中央文献出版社,2011:620.

11 月 29 日,毛泽东在中共中央招待陕甘宁边区劳动英雄大会上发表题为《组织起来》的讲话。

12 月 4 日,邓小平在北方局党校整风运动会上发表讲话,不仅使用了毛泽东思想的概念,而且明确指出我们党及中央是以毛泽东思想为指导的。

按:邓小平在讲话中称毛泽东是"英明的领袖"。他说:"遵义会议之后,在以毛主席为首的党中央领导之下,彻底克服了党内的'左'右倾机会主义,一扫主观主义、宗派主义和党八股的气氛,把党的事业完全放在中国化的马列主义,即毛泽东思想的指导之下。""现在我们有了这样好的党中央,有了这样英明的领袖毛泽东同志,这对于我们党是太重要了。"邓小平认为,在毛泽东思想的指导之下,党的事业"不但没有犯过错误,而且一直是胜利地发展着"①。

12 月 20 日和 21 日,中共中央党务研究室主任王若飞在延安高级干部会议上作《关于大革命时期的中国共产党》的报告,阐述中共在大革命时期的方针、政策,着重总结成功与失败的经验教训,批判了陈独秀的右倾机会主义错误,对毛泽东的历史地位和主要贡献予以高度的评价。

12 月 22 日,中共中央书记处召开会议,主要讨论反特务斗争问题,认为"抢救运动"应予以否定,那些冤假错案应予以平反。

12 月 28 日,中央政治局发出《关于学习〈反对统一战线中的机会主义〉一文的指示》。

按:指示说:"最近经过新华社广播的《反对统一战线中的机会主义》一文,是集合前共产国际各领导者(季米特洛夫、曼努依尔斯基、爱尔科里)关于反对共产党人在统一战线中的机会主义的文章而成的。……要使干部及党员明白,自遵义会议以来,九年之中以毛泽东同志为首的中央的领导路线是完全正确的,一切对于这个路线的诬蔑都是错误的,现在除了王明、博古以外,一切领导同志都是团结一致的。现在我党已成了中国民族解放战争的核心力量,全党同志均应团结在以毛泽东同志为首的中央的周围,为中央的路线而奋斗。经过七大,我党将达到思想上政治上组织上更大与更高度的一致,向着彻底战胜敌人解放中国的大路迈进。"②

是年,张仲实在延安著有《毛泽东传略》,对毛泽东的一生事略和功绩作了具体叙述和高度评价。

---

① 邓小平.邓小平文选:第 1 卷[M].北京:人民出版社,1994:88.
② 中共中央宣传部办公厅,中央档案馆编研部,编.中国共产党宣传工作文献选编(1937—1949)[M].北京:学习出版社,1996:546-547.

按：张仲实说：毛泽东是中国共产党的领袖。他是中共的主要创立人之一，现任中共中央委员会主席兼政治局主席。毛泽东是中国人民最爱戴的领袖。他在中国人民中间政治影响之大和威信之高，在中国近代史上是没有一个人能与他比拟的。对于他的每一个著作，每一句话，每个中国人甚至是一般人，不能不加以注意，因为从他笔下所写的，口里所说的，乃是代表整个中国人民的意志。多灾多难的中国人民，把毛泽东看作能解除他们痛苦的唯一救星。毛泽东成为中国共产党和中国人民的杰出的领袖，并不是偶然的。他是从近代中国四次伟大的革命斗争——辛亥革命、北伐战争、土地革命、抗日战争中产生和锻炼出来的。他是中华民族的优秀传统之杰出代表，他是中国英勇的无产阶级之杰出代表。

毛泽东还是一个伟大的军事战略家。由于具体条件之不同，中国革命战争有其特点。要是看不见这些特点，而照一般作战方法办事，那你一定要断送革命的。毛泽东从中国革命战争的特点出发，天才地创造了完整的中国人民武装斗争的战略与战术。在工农民主革命初期，他就创造了有名的"分兵以发动群众、集中以应付敌人""创建巩固的根据地、用波浪式的推进政策"以及"诱敌深入"等游击战、运动战等战略原则。在抗日战争时期，他又创造了持久战及抗日游击战争的战略原则。他所写的《中国革命战争底战略问题》《论持久战》《抗日游击战争的战略问题》以及其他军事著作，也都是最杰出的马克思列宁主义的军事著作。①

二、研究论文

编者《列宁主义的特点》发表于《群众》第 8 卷第 1—2 期。

［苏］蔡特金作、戈宝权译《列宁论艺术及其他》发表于《群众》第 8 卷第 1—2 期。

按：译者说："我此地所译的这篇《列宁论艺术及其他》的文字，是从蔡特金在一九四二年所写的《列宁回忆录》中节译出来的。这段文字虽不是出于列宁本人之手，但是蔡特金却用很生动的笔法，将他关于艺术的观点再现出来，特别是指出了列宁的一个最根本的观点：'艺术是属于人民的。'"

［苏］谢尔宾娜作、戈宝权译《列宁论文学及其他》发表于《群众》第 8 卷第 3—5 期。

戈宝权译《列宁论托尔斯泰》（其一）发表于《群众》第 8 卷第 6—7 期。

---

① 张仲实.张仲实文集：第 1 卷［M］.北京：中央编译出版社,2016：360-362.

按：译者说："在列宁论文学及俄国作家的文字中，他所写的几篇论托尔斯泰的文字，可算是最宝贵的文献了。他告诉我们应该怎样用正确的观点，去估量这位伟大的作家；同时也告诉我们，应该怎样去接受他的思想及作品中正确的一方面，而去否定了反动的一方面。"

戈宝权译《列宁论托尔斯泰》(其二)发表于《群众》第 8 卷第 8—10 期。

[苏]康斯坦丁诺夫《关于马克思》发表于《时代》第 18 期。

[苏]阿尔特曼作、苏凡译《列宁与艺术》发表于第 14 卷《中苏文化》第 1 期。

邵力子《战时苏联之内政与外交》发表于《中苏文化》第 14 卷第 1 期。

邵力子《战时与战后的苏联》发表于《中苏文化》第 14 卷第 2 期。

邵力子《在共同胜利中欢祝苏联二十六周年国庆》发表于《中苏文化》第 14 卷第 7—10 期。

胡秋原《略论民主主义共产主义法西斯主义》发表于《中国青年》第 8 卷第 5 期。

林桂圃《国父论马克思主义》发表于《中国青年》第 8 卷第 5—6 期。

按：文章分引言、各派学者对于马克思主义的态度、国父批评马克思主义的动机与目的、国父对于马克思主义的批评(对于唯物史观的批评、对于盈余价值说的批评、对于阶级斗争说的批评、对于其他主张的批评)、马克思主义为何不适宜于中国、结语——以民主主义代替马克思主义。

罗刚《三民主义与马克斯主义思想本质的比较研究——理性与反理性》发表于《中国青年》第 8 卷第 5 期。

叶青《共产国际底解散与中国共产党底存在问题》发表于《中国青年》第 9 卷第 1 期。

黄玉涛《共产主义理论批判》发表于《文化导报》第 3 卷第 3—4 期。

罗敏《第三国际解散与中国共产党》发表于《文化导报》第 4 卷第 3 期。

郭为《马克思价值论的检讨》发表于《文化导报》第 4 卷第 4—5 期。

郭为《马克思工资论与人口论的检讨》发表于《文化导报》第 4 卷第 6 期。

[苏]巴尔珂夫《伟大十月社会主义革命廿六年总结》发表于《时代杂志》第 3 卷第 44 期。

[苏]雅洛斯拉夫斯基《十月社会主义革命与苏联民族》发表于《时代杂志》第 3 卷第 45 期。

叶青《论中国共产党关于解散共产国际的决定》发表于《时代精神》第 8

卷第 4 期。

[日]草野文男作、张三译《毛泽东与中国共产党》发表于《新进》第 4 卷第 1 期。

[日]草野文男作、张三译《中国共产党的工作真相》发表于《新进》第 4 卷第 4 期。

王贻非《论中国共产党——中国共产党何处去》发表于《尖兵半月刊》第 6 卷第 1—4 期。

陈学才《今后之中国共产党》发表于《尖兵半月刊》第 6 卷第 3—4 期。

社论(一)《中苏携手并进争取胜利——纪念列宁逝世十九周年》发表于 1 月 21 日《新华日报》。

社论(二)《列宁笑了!纪念列宁逝世十九周年并庆祝列宁城的解围》发表于 1 月 21 日《新华日报》。

锤颖《列宁与中国》发表于 1 月 21 日《新华日报》。

沈友谷《谈列宁做人的风格》发表于 1 月 21 日《新华日报》。

[苏]斯大林《全苏纪念列宁,斯大林在苏京大会报告》发表于 1 月 23 日《新华日报》。

毛泽东《论学习的态度》(改造我们的学习语录)发表于 2 月 13 日《新华日报》。

企程、朔望译《列宁传》发表于 2 月 15 日《新华日报》。

王念劬《世界的心》(祝《列宁传》中译本出版)发表于 2 月 15 日《新华日报》。

果树《读〈农村调查〉后》发表于 3 月 21 日《新华日报》。

按:是文是在国民党统治区重庆发行的报纸上首次对毛泽东著作单篇的学习和研究。该文一开首便称"《农村调查》是毛泽东先生的几本辉煌的著作中的一本",特别是它的《序言》和《跋》"闪耀着泽东先生分析中国问题的马克思主义的天才的方法"。该文认为《农村调查》最基本的精神就是:了解情况,掌握政策,且"指给我们一个唯一的克服那存在我们身上的主观主义的思想方法和工作作风"。通过对书中内容的分析,该文最后说,不仅可以看出作者贯注在这本著作中的实际精神,而且首先需要学习"调查研究""理论联系实际"的精神与方法,以及学习"如何联系群众与动员群众反对敌人"的经验和方法。①

---

① 胡为雄.毛泽东思想研究史略[M].北京:中央文献出版社,2004:39.

晦晨《永生的灵魂——纪念马克思诞辰》发表于 5 月 5 日《新华日报》。

华岗《纪念为全世界工作的马克思》发表于 5 月 8 日《新华日报》。

按:文章说:"(马克思)他的最伟大的地方,就在于他能够把科学家和社会活动家这两种性质结合在一起,而且结合得这样密切:他是一个头脑冷静的科学家,同时又是一个热情的社会活动家。"

龙潜《调查研究与习作合一——纪念马克思一百二十五周年诞辰》发表于 5 月 8 日《新华日报》。

也方《伟大的友谊》(为纪念恩格斯逝世四十七周年而作)发表于 8 月 5 日《新华日报》。

[苏]斯捷班诺夫作、刘光译《青年的马克思》发表于 9 月 13 日《新华日报》。

钳耳《恩格斯〈德国的革命与反革命〉》(名著提要)发表于 11 月 17—18 日《新华日报》。

社论《列宁活着呢》发表于 1 月 21 日《解放日报》。

艾思奇《哲学战线上的列宁时代——为一九四三年一月二十一日列宁逝世纪念日作》发表于 1 月 21 日《解放日报》。

按:文章阐明了列宁时代的马克思主义理论战线上的一个重要特点是不仅反对自己营垒之外的敌人,而且对自己营垒隐蔽着异己的或敌对的思想进行斗争。论述了《唯物主义与经验批判主义》是列宁时代马克思主义哲学战线上对内部敌对思想的第一个大战役,另一次是斯大林领导的反德波林的斗争,第三次是毛泽东领导的中国党内的整顿三风运动。

毛泽东《庆祝苏联红军二十五周年的贺电》发表于 2 月 22 日《解放日报》。

柯柏年《马克思的科学态度——为纪念马克思诞生 125 周年而作》发表于 5 月 5 日《解放日报》。

温济泽《常识讲话:马克思的生平》发表于 5 月 5 日《解放日报》。

毛泽东《关于共产国际解散问题的报告》发表于 5 月 23 日《解放日报》。

毛泽东《中共中央关于领导方法的决定》发表于 6 月 4 日《解放日报》。

按:是为毛泽东为中共中央起草的关于领导方法问题的决定,收入《毛泽东选集》第 3 卷时改为《关于领导方法的若干问题》。

林伯渠《举起马列主义的旗帜前进》发表于 7 月 2 日《解放日报》。

按:文章说:"中国共产党不仅善于把马列主义的普通真理与中国革命的具体实践结合起来,而且能够以马列主义的立场与观点去继承我们民族一切最优秀的传统。我自己过去几十年的经历，使我深信：只有共产党真正的尊重自己民族过去的历史，懂得去为那些真正创造历史的人物奋斗并对我们民族的光荣传统感到骄傲，对它的未来抱有无限的信心。当帝国主义与封建势力要陷中国人民于悲惨的奴隶状态中的时候，是共产党号召人民起来斗争，拯救这个有着悠久的历史而又垂危的民族。有些人盲目地复古，也有人提倡过全盘西化论，是共产党对中国文化采取了正确的态度，采其精华，去其糟粕，适当地把过去和现在联系起来。这些年来，一些人在尊崇中国旧道德的外衣下，实际摧毁了我们民族固有的美德，使社会风气衰败，个人品质堕落。而共产党则发扬了过去道德好的一面，坚持了民族的正气，提高了生活的意义，真正实现了杀身成仁舍生取义的精神。从此也可以阐发这样一个道理：只有能够掌握马列主义，才能很好地接受民族的优良传统，使得党走向更加民族化的道路。"

毛泽东《在庆祝中国共产党二十二周年干部晚会上的报告》发表于 7 月 3 日《解放日报》。

刘少奇《清算党内的孟什维主义思想——为党的二十二周年纪念而作》发表于 7 月 6 日延安《解放日报》。

按：文章说："二十二年来我们党的斗争经验是极丰富的，是各方面的。现在我不能一一加以说明。但是在各种经验中最重要的一个经验是什么呢？我认为在各种经验中最重要的一个经验就是关于什么是真正的马克思主义者——什么是真正的布尔什维克这个问题。大家知道，只有马克思主义才能救中国。在中国也有许多人以马克思主义者自命。然而何者是真正的马克思主义与真正的马克思主义者？何者又是假的马克思主义与假的马克思主义者？这个问题，是在中国革命群众中，并在中国共产党内多年没有完全解决的一个问题。马克思主义与马克思主义者，是有真假之分的。这种真假之分，并不以各人的主观自命为标准，而是有其客观标准的。如果我们的党员不了解这种区别真假马克思主义者的客观标准，而不自觉的盲从在一些假马克思主义者之后去进行革命，那是再危险也没有了的事。这种经验应该是我们党的各种痛苦经验中最痛苦的一个经验。过去我们党遭遇了许多不应有的挫折和失败，走了许多不必走的弯路，最主要的原因，就是在我们党内存在这些假马克思主义者，许多党员不自觉的盲从在这些假马克思主义者之后，以致使这些人占据了某些组织某种运动的指导地位，甚至在某种时候占据了全党的指导地位，因而把革命运动引上痛苦的困难的道路。这是我们全体党员必须引为深戒的一个痛苦经验。""真正马克思主者,在中国,就是毛泽东同志以及团结在毛泽东同志周围的其他许多同志,他们历年来所坚持、所奋斗的路线,他们的工作方法,实质上就是中国的布尔什维克主义。"

陈毅《毛泽东同志英明领导,百倍提高我们胜利信心——陈毅同志在新四军"七一"干部会上报告》发表于 7 月 7 日《解放日报》。

王稼祥《中国共产党与中国民族解放的道路》发表于 7 月 8 日《解放日报》。

吴玉章《谁要想取消共产党,谁就要自取灭亡——在延安保卫边区民众大会上的演说》发表于 7 月 10 日《解放日报》。

毛泽东《质问国民党》发表于 7 月 12 日《解放日报》。

按:是文为毛泽东为《解放日报》写的社论。文章质问说:"世界上以及中国境内,'破产'的只有一种马克思列宁主义,别的都是好家伙吗"?"难道在你们看来,一切这些反革命的东西,都是完好无缺,十全十美,惟独一个马克思列宁主义就是'破产'干净了的吗"?

博古《在毛泽东的旗帜下,为保卫中国共产党而战》发表于 7 月 13 日《解放日报》。

毛泽东《评国民党十一中全会和三届二次国民参政会》发表于 10 月 5 日《解放日报》。

按:是文为毛泽东为《解放日报》写的社论。

毛泽东《在延安文艺座谈会上的讲话》发表于 10 月 19 日、21 日《解放日报》。

毛泽东《在延安祝贺十月革命节干部晚会上的讲话》发表于 11 月 7 日《解放日报》。

毛泽东《庆祝十月革命二十六周年给斯大林的电报》发表于 11 月 8 日《解放日报》。

毛泽东《和陕甘宁边区劳动英雄们的谈话》发表于 12 月 13 日《解放日报》。

刘白羽《读毛泽东同志"在延安文艺座谈会上的讲话"笔记》发表于 12 月 26 日《解放日报》。

中共中央《中国共产党中央委员会关于共产国际执委主席团提议解散共产国际的决定》发表于 5 月 29 日《晋察冀日报》。

非文《加紧宣传毛泽东思想》发表于 11 月 15 日《战友报》。

社评《论第三国际之解散》发表于 5 月 26 日重庆《大公报》。

按：社评说："我们的基本态度像盟国多数舆论所已表现的一样，恳挚而热烈的欢迎着这个消息。"

三、研究著作

［德］马克思、恩格斯著，博古校译《共产党宣言》由延安解放社出版。

［苏］列宁著、博古译《卡尔·马克思》（校正本）由延安解放社出版。

叶楚伧著《马克思主义与社会史观》出版。

按：是书包括社会主义底原则、国家社会主义、社会主义底原则是科学的吗、社会史观、战争是一个社会进化底力量等 18 章。书前有译序及导言。

［美］帕克斯著，谌小岑、蒋金钟译《马克思主义之检讨》由重庆中华书局出版。

按：是书包括历史事实的验证、关于无产阶级与革命、自由之邦、马克思主义的人生观、前进运动的精神基础等 6 章。书前有译者绪言，作者序。

［苏］列宁著《共产主义运动中的"左派"幼稚病》由解放社出版。

按：是书前《中文编译部的话》说："列宁著的这本《共产主义运动中的"左派"幼稚病》，是根据马克思恩格斯列宁学院于一九三六年出版的俄文单行本译成中文的。"

［苏］斯大林著《论列宁主义的几个问题》由延安解放社出版。

按：是书包括《列宁主义底定义》《列宁主义中的主要点》《无产阶级革命与无产阶级专政》《为社会主义建设胜利而奋斗》等 7 篇。书名原题《关于列宁主义的问题》。

［苏］斯大林著《列宁主义基础》由延安解放社出版。

［苏］列宁著《在民主革命中社会民主党的两个策略》由延安解放社出版。

［苏］列宁著《国家与革命》由解放社出版。

［苏］高尔基著、罗稷南译《高尔基和列宁——和列宁相处的日子》由广西桂林文学出版社出版。

杨杰著《苏联主要政党研究》由中央训练团党政高级训练班出版。

按：是书分社会革命的萌芽时期、俄国社会民主党的成立和分化、波尔希维克与俄国大革命、斯达林时代的苏联共产党、结论：苏联共产党成功的原因 5 部分。

吴清友著《苏联政制》由商务印书馆出版。

按：是书分苏维埃制度的起源、苏维埃联邦的成立、苏联国家最高权力机关、最高委员会——苏联的立法机关、苏联最高委员会主席团、苏联人民委员会及人民委员部、苏联国家权力地方的机关等 7 章。

新华日报编辑《苏联宪法》由重庆新华日报社出版。

陈伯庄著《苏联经济制度》由重庆商务印书馆出版。

按：是书分 7 章介绍苏联经济的行政系统，经济制度，计划经济，生产、分配、金融制度。

[苏]E·万西里夫斯基著，克定、廖甲译《苏联的发明故事》由冀鲁豫书店出版。

[苏]依·明茨著《苏联底军队》由莫斯科外国文书籍出版局出版。

[苏]斯大林著《论苏联伟大保卫祖国战争》由莫斯科外国文书籍出版局出版。

[英]斯吞布里吉著、季叔亮译制《苏联作战力图解》由五十年代出版社出版。

[苏]叶·瓦西列夫等著、刘光曙译《苏联工作竞赛论文选》由重庆中国工作竞赛推行委员会出版。

周子亚著《第三国际与苏联外交》由重庆正论社出版。

[苏]高尔基等著、学习出版社编译《写作经验讲话》由桂林学习出版社出版。

按：是书收录高尔基《我的创作经验》、托尔斯泰《我的创作经验》、法捷耶夫《我的创作经验》、皮涅克《我怎样创作》、马耶珂夫斯基《我怎样写作》、左勤克《我怎样写作》、拉甫列涅夫《我怎样创作的》、普利鲍依《我怎样写〈对马〉的》、李白丁斯基《我怎样写〈一周间〉的》、高尔基《给青年作家》等 10 篇文章。

[法]施亨利著、黎东方译《历史唯物论批评》由重庆独立出版社出版。

按：是书分马克思主义之成长及其特点、历史唯物论及历史知识的问题两卷。

谢灵肖著《毛泽东故事》由华严出版社出版。

毛泽东著《新民主主义论》由延安解放社出版。

毛泽东著《毛泽东同志在延安文艺座谈会上的讲话》由延安解放社出版。

毛泽东著《毛泽东同志在延安文艺座谈会上的讲话》由解放日报社出版。

毛泽东著《毛主席三大名著》由山西兴县中共晋绥分局出版。

按：三大名著为《论持久战》《论新阶段》《新民主主义论》。

毛泽东著《毛泽东论中国需要民主兼论第二战场的意义和影响》由新华日报资料室出版。

毛泽东著《论合作社》由冀东新华书店出版。

毛泽东著《经济问题与财政问题》由晋察冀边区行政委员会出版。

毛泽东著《经济问题与财政问题》由胶东联合社出版。

毛泽东著《经济问题与财政问题》由晋察冀日报社出版。

刘少奇著《论党》由大众日报社出版。

中共中央书记处编《两条路线》（上、下册）由编者出版。

青白出版社编《共产党在中国》由陕西华严出版社出版。

张闻天等著《三民主义与共产主义》由新华书店出版。

统一出版社编《中共之教育》由编者出版。

按：是书分 6 章论述中国共产党教育的行政组织、干部教育、学校教育和社会教育等。

袁伯琪著《共产国际史略》由重庆独立出版社出版。

张钱君著《第三国际的解散与一国社会主义建设论》由重庆独立出版社出版。

按：是书分国际主义与民族意识、从第一国际的分裂到第二国际的破产、不断革命论与一般社会主义建设论、中国的社会主义经济建设、毛泽东主义就是中国的不断革命论、中国共产党今后能够民族化吗等 6 章。

姜季辛编《中外舆论对第三国际解散之回响》由重庆政论社出版。

周凤陵编著《共产国际解散后与中国共产党》由前锋出版社出版。

按：是书分共产国际为什么必须自动解散、中国共产党怎样成长的、中国共产党和共产国际关系、中国需要不需要共产党、中国共产党今后的出路等 8 节。

青白出版社编《第三国际解散事件》由编者出版。

按：是书分共产国际的组织史略、共产国际解散的动机与内幕、中共与共产国际的关系、中共今后的去路、评中共《关于共产国际解散的决定》等 5 章。

邵力子著《苏联归来》由重庆中国文化服务社出版。

按：是书收《使苏归来第一次讲演词》《苏联战时经济概况》《关于苏联十五问》《苏联斯泰哈诺夫运动》等 14 篇文章。

四、卒于是年的研究者

陈潭秋(1896—1943)卒。潭秋名澄,字云先,号潭秋,湖北黄冈人。1912 年入湖北省立一中读书。1914 年进入武昌中华大学补习。1916 年考入高等师范学院英语部。1919 年五四运动后,到上海参观,见到了董必武。1920 年和董必武、刘伯垂等 7 人创建武汉共产主义小组,组织马克思主义学说研究会。1921 年创办湖北人民通讯社,任社长。7 月与董必武参加中共一大,成立中国共产党。回武汉后先后任中共武汉地委、武昌地委、湖北地委主要负责人。1923 年 2 月发动与领导武汉各工团学生组织支援京汉铁路工人罢工斗争。1927 年任江西省委书记,秘密配合南昌起义。1930 年任满洲省委书记。1933 年任福建省委书记。1935 年 8 月去苏联,入列宁学院并参加中共驻共产国际代表团的工作。1939 年回国任中共中央驻新疆代表和八路军驻新疆办事处负责人。1943 年 9 月 27 日在新疆被军阀盛世才杀害。著有《陈潭秋文集》。

按:刘艳说:"陈潭秋以他丰富的革命经历为我们留下了他内容丰富、独特的思想理论。陈潭秋的思想,'基本特征是从实际出发,符合马克思主义与中国革命实践相结合的原则'。无论是在党的初创时期,陈潭秋与各种非马克思主义思想的斗争,还是在大革命时期对国民党的清晰的认识,或者是在土地革命战争时期陈潭秋提出的关于党内斗争的思想、党的领导与苏维埃关系的理论、苏区粮食工作的理论,还是抗日战争时期对抗日民族统一战线的思考,都是从中国革命的实际出发,把马克思主义与中国革命的具体实践相结合的产物。虽然陈潭秋的思想理论在特定的历史时期受环境的影响受到'左'的错误的影响,但他一经指出,很快就改正了。陈潭秋的思想具有重要的历史意义和现实意义。如陈潭秋在党内较早开始新民主主义革命基本问题的探索,并形成了丰富的思想观点,有些还具有独特的创造性,是毛泽东思想的有机组成部分,对推进马克思主义中国化历史进程具有重要作用。陈潭秋的党建思想是毛泽东党建思想的重要组成部分,他关于党的组织建设、党的基本性质、党的巡视制度及党内斗争等思想,对于新时期保持党的纯洁性,加强党的建设具有重要的价值。"[①]

---

① 刘艳.陈潭秋生平史事与思想研究[D].武汉:华中师范大学,2014.

民国三十三年　甲申　1944 年

一、研究背景

2 月,中共中央宣传部发出《关于延安一般机关学校政治教育的通知》。

3 月 21 日,中共中央宣传部发出《关于目前国内问题宣传政策的通知》。

3 月 22 日,毛泽东在陕甘宁边区文化教育工作座谈会上发表讲话,认为许多道理、典型可以经过报纸去宣传,这也是一个工作方式。

4 月 7 日,中共中央西北局决定,延安大学与行政学院合并,成立新的延安大学。

4 月 11 日,时任总政治部副主任、兼任陕甘宁晋绥联防军副政委、政治部主任的谭政受党中央、毛泽东的委托,在延安召开的西北局高干会议上作《关于军队政治工作问题》的报告。

按:谭政的报告是我党思想政治教育系统化理论化的重要文献,是指导我党思想政治教育工作的纲领性文件。它是思想政治工作者和党政军各级干部在千辛万苦的抗日战争的斗争实践中,不断探索和总结而取得的宝贵经验和集体智慧的创造性精神财富,是在实践基础上的理论升华和科学结晶。报告的产生标志着我党我军的政治工作进入更加成熟的阶段。①

4 月 12 日,毛泽东在延安高级干部会议上发表《学习和时局》的讲演,对党的历史中涉及的一些重要问题作了结论,提出了实行"惩前毖后,治病救人"的方针。

4 月 20 日,中央宣传部、总政治部发出《关于学习谭政〈关于军队政治工作问题〉的通知》。

5 月 17 日,林伯渠、王若飞率领中共代表团与国民党代表张治中、王世杰同机飞抵重庆,何其芳随同到达重庆,并向郭沫若等介绍毛泽东的《在延安文艺座谈会上的讲话》。翌日,郭沫若主持召开讨论会,请何其芳和刘白羽宣讲《讲话》的具体论述,参加会议的有茅盾、林默涵、阳翰笙、夏衍、沙汀、

---

① 王东峣,主编.中国共产党思想政治教育史纲[M].郑州:河南人民出版社,1992:102.

艾芜、臧克家、宋之的、沈起予、姚雪垠、徐迟、聂绀弩等重庆文艺界进步人士。

1944 年 5 月 21—1945 年 4 月 29 日,中国共产党在延安杨家岭召开六届七中全会,会议历时 11 个月。会议的主要任务是在延安整风运动的基础上,总结对党的历史经验做出全面的总结,讨论并通过《关于若干历史问题的决议》。七中全会第一次会议选出毛泽东、朱德、刘少奇、任弼时、周恩来同志组成主席团,毛泽东为主席团主席,并决定在全会期间由主席团处理党的日常工作,书记处及政治局停止行使职权。

按:《关于若干历史问题的决议》指出:"党在奋斗的过程中产生了自己的领袖毛泽东同志。毛泽东同志代表中国无产阶级和中国人民,将人类最高智慧——马克思列宁主义的科学理论,创造地应用于中国这样的以农民为主要群众、以反帝反封建为直接任务而又地广人众、情况极复杂、斗争极困难的半封建半殖民地的大国,光辉地发展了列宁斯大林关于殖民地半殖民地问题的学说和斯大林关于中国革命问题的学说。""毛泽东同志不但运用马克思列宁主义规定了中国革命的正确的政治路线,而且从土地革命战争时期以来,也运用马克思列宁主义规定了服从于这一政治路线的正确的军事路线。"①

5 月 22 日,毛泽东在陕甘宁边区工厂厂长和职工代表会议上发表《共产党是要努力于中国的工业化的》演说,号召所有的共产党员都应该学习经济工作。

5 月 24 日,毛泽东在新成立的延安大学开学典礼上发表讲话,认为延安大学要为各个抗日根据地服务。

5 月,中共中央晋察冀中央分局编辑出版中国第一部《毛泽东选集》。全书分 5 卷,45 万字。

按:1944 年初,中共晋察冀中央分局为系统宣传毛泽东思想,提高干部的理论水平和政策水平,决定出版《毛泽东选集》。经中共中央宣传委员会批准,分局将此项任务交给晋察冀中央局宣传部副部长、《晋察冀日报》社长兼总编辑邓拓来具体负责。邓拓和《晋察日报》的编辑人员一起,用近四个月的时间,完成了编辑工作。这部《毛泽东选集》,主要编入毛泽东从抗日战争以来到 1944 年 6 月间的著作。全书收文 29 篇,约 45 万字,按内容分为 5 卷。邓拓在他所写的《编者的话》中使用了"毛泽东思想"这一科学概念,高

---

① 毛泽东.毛泽东选集:第 3 卷[M].北京:人民出版社,1991:952-953、982.

度评价了毛泽东同志在中国革命斗争中的伟大作用。

7 月，苏中出版社出版苏中区党委编辑的《毛泽东选集》第 1 卷，卷首序言《论毛泽东思想》摘录了刘少奇、周恩来、朱德等人对毛泽东思想的论述。

9 月 8 日，毛泽东在中共中央警备团追悼张思德同志的会上作《为人民服务》的讲演。

按：张思德，四川仪陇人，中共中央警备团的战士。一九四四年九月五日，他在陕北安塞县山中烧炭，因炭窑崩塌而牺牲。毛泽东说："我们的共产党和共产党所领导的八路军、新四军，是革命的队伍。我们这个队伍完全是为着解放人民的，是彻底地为人民的利益工作的。张思德同志就是我们这个队伍中的一个同志。人总是要死的，但死的意义有不同。中国古时候有个文学家叫做司马迁的说过：'人固有一死，或重于泰山，或轻于鸿毛。'为人民利益而死，就比泰山还重；替法西斯卖力，替剥削人民和压迫人民的人去死，就比鸿毛还轻。张思德同志是为人民利益而死的，他的死是比泰山还要重的。"①

10 月 11 日，毛泽东为新华社撰写《评蒋介石在双十节的演说》评论，认为空洞无物，没有答复人民所关切的任何一个问题，是蒋介石双十演说的特色之一。

10 月 11—11 月 16 日，陕甘宁边区文教工作者代表大会在延安召开，朱德、吴玉章、徐特立等人出席会议。李维汉作《开展大规模的群众文教运动》的总结报告。

10 月 30 日，毛泽东出席边区文教工作者代表大会，发表《文化工作中的统一战线》的讲话，深刻阐明文教工作在整个革命事业中的重要地位和作用，强调文教工作者为人民服务和走群众路线的重要性，为边区文教工作的深入开展指明了方向。

12 月 4—19 日，陕甘宁边区第二届第二次参议会在延安召开，林伯渠作《边区民主政治的新阶段》的工作报告。

12 月 15 日，毛泽东在陕甘宁边区二届二次会议上作《一九四五年的任务》的重要讲话，认为 1945 年解放区的任务有 15 项，包括巩固和扩大解放区，缩小沦陷区；整训和扩大正规军、游击队、自卫军和民兵，加强军队的内部团结；加强民族统一战线，认真执行三三制政策；深入开展减租减息，普遍开展大规模生产运动；重视知识分子，注意文教工作，提高干部能力，用各种

---

① 毛泽东.毛泽东选集:第 3 卷[M].北京:人民出版社,1991:1004-1005.

办法促进民主联合政府建立等。

1944 年 12 月 22—1945 年 1 月 14 日,陕甘宁边区劳动英雄和模范工作者代表大会在延安召开。

二、研究论文

刘光《释马克思列宁论儿童的劳动剥削与解放》发表于《群众》第 9 卷第 7 期。

[英]P. 杜德作、舒翰译《马克思论印度》发表于《群众》第 9 卷第 10 期。

戈宝权《驳所谓共产主义教条的基本修正》发表于《群众》第 9 卷第 11 期。

戈宝权译《列宁论高尔基》发表于《群众》第 9 卷第 12 期。

戈宝权译《列宁论党的文学的问题》(即《党的组织和党的出版物》)发表于《群众》第 9 卷第 13 期。

戈宝权译《列宁论俄国社会运动和文学发展的三个时期》(即《俄国工人报刊的历史》)发表于《群众》第 9 卷第 15 期。

戈宝权译《列宁论俄国社会运动和文学发展的三个时期》(即《俄国工人报刊的历史》)发表于《群众》第 9 卷第 15 期。

按:译者在文章开头说:"列宁在《关于俄国过去的工人出版事业》一文中,曾将十九世纪至二十世纪的俄国社会运动,划分成为三个时期,这种划分的方法,不仅早已成为研究俄国社会发展史的一个准绳,同样地也已成为研究俄国文学发展史的一个准绳了。因为在这三个时期中,每一个时期都有它代表的作家、作品和文艺思潮,而它们又和俄国社会运动的发展互相适应和密切地联系着的。这三个时期:第一个时期是从十二月党人起义(1825年)到废除农奴制度时(1861 年)为止,在这个时期中,我们可以举出普希金、莱蒙托夫、十二月党诗人、果戈里以及赫尔岑许多名作家来,在他们的作品中已经显示出对沙皇制度的反抗和憎恨,以及要求自由与解放的呼声。第二个时期是从废除农奴制度(1861 年)到列宁所领导的彼得堡'争取工人阶级解放斗争同盟'成立时(1895 年)为止,这是俄国革命思想运动发展得最快的一个时期。在这三十多年中,从革命运动上说,已从贵族阶级的革命,经过了民粹派的阶段而发展为无产阶级的革命;从思想上来说,已从十二月党人,经过了赫尔岑、拜林斯基、车尔尼谢夫斯基等人所倡导的启蒙的和民主主义的思想,发展到马克思主义的思想;从文学上来说,这是俄国文学史上一个最光辉的时期,差不多俄国文学上最著名的作家,都出现在这一个时期;差不多俄国文学上最重要的作品,都产生在这一个时期。第三个时期从'争取工人阶级解放斗争同盟'(1895 年)直到现在,这是革命运动不断高涨,经过 1905 年的大革命和达到无产阶级革命完成的时期,在文学上就出现了像高尔基这样伟大的人物。我现在将列宁的这段文章,节译于此。"

茹纯《列宁——斯大林的民族政策和苏联新宪法及其最近的修改》发表于《群众》第 9 卷第 34 期。

〔苏〕克鲁普斯卡娅《列宁的科学工作方法问题》发表于《中苏文化》第 15 卷第 1 期。

苏联马列学院《圣哲列宁在逝世前》发表于《中苏文化》第 15 卷第 1 期。

张西曼《革命圣人颂》(纪念列宁)发表于《中苏文化》第 15 卷第 1 期。

邵力子《苏联现代经济学说及组织》发表于《中苏文化》第 15 卷第 1 期。

邵力子《苏联宪法中的三个特点》发表于《中苏文化》第 15 卷第 1 期。

〔苏〕瓦尔加作、焦敏之译《苏联十月革命后经济之发展》发表于《中苏文化》第 15 卷第 1 期。

彭仲文《苏联的战时外交》发表于《中苏文化》第 15 卷第 1 期。

邵力子《苏联红军与世界和平》发表于《中苏文化》第 15 卷第 2 期。

邵力子《认识苏联》发表于《中苏文化》第 15 卷第 5 期。

〔苏〕柯列茨基《社会主义的国家千秋永存》发表于《苏联文艺》第 10 期。

〔苏〕杜霍夫纳《列宁和民众教育》发表于《苏联文艺》第 11 期。

〔苏〕Borin K. 作、彭遵棠译《社会主义制度下的农业》发表于《中国农民》第 4 卷第 2—3 期。

沈志远《为什么要研究苏联型的社会主义计划经济》发表于《现代妇女》第 3 卷第 6 期。

徐孝庄《列宁夫人克鲁普斯卡雅》发表于《现代妇女》第 4 卷第 3—4 期。

〔苏〕科罗特科夫作、庄厚生译《论史达林战略》发表于《文汇周报》第 3 卷第 10 期。

李广平《旧斯大林主义与新斯大林主义》发表于《文化导报》第 5 卷第 5 期。

陈志让《社会主义经济诸问题》发表于《经济建设季刊》第 3 卷第 2 期。

高平淑、周华章《资本主义社会主义与计划经济》发表于《经济论衡》第 2 卷第 1 期。

张华宁译《论社会主义的计划经济》发表于《财政评论》第 12 卷第 2 期。

慕尊《黑格尔与马克斯》发表于《力行月刊》第 1 卷第 1 期。

田纵横《〈资本论〉中的达摩论》发表于《文风杂志》第 1 卷第 2 期。

李九思《中国之命运与中国共产党》发表于《民族正气》第 2 卷第 4 期。

乔朴、欲仁《中国共产党批判》发表于《政治月刊》第 7 卷第 6—7 期。

[美]克罗特作、美国新闻处译《资本主义与共产主义必须冲突吗》发表于《民主世界》第 1 卷第 12 期。

罗荣桓《学习毛泽东同志的思想》发表于《斗争生活》第 32 期。

按：是文乃作者在中共山东分局、山东军区直属机关干部纪念中国共产党建党 23 周年会上的报告。作者说："毛泽东同志的思想是与中国革命走向胜利的途径继续前进不可分离的。他经过历次严重的考验，每当着党的领导上犯了错误，招致对革命的损失，总是以毛泽东同志为首的来代表着党的正确方向，挽救对革命的损失，胜利的团结了党，巩固发展了革命势力。这特别表现在第一次大革命失败后，在民族抗战阶段上，毛泽东同志思想，已成为全党所公认，是代表着党的正确方向，马列主义的方向，胜利的旗帜。毛泽东同志是马列主义的天才战略家，他根据马列主义的科学与实际，说明中国武装斗争的特点，作为中国革命特殊的规律而发现。""毛泽东同志的思想，在抗战阶段上已成为全民族的救星，解放胜利的旗帜。他连续发表的伟大著作《论持久战》《新民主主义论》，号召全党的整风，改造着全党的思想，建立新民主主义的经济，而放出了万丈光芒，表示出半殖民地或殖民地及一切被压迫民族革命与反法西斯战争的示范。因此，毛泽东同志的思想，已不是中国一个独有的产物，而已成为国际主义的重要组成部分。""毛泽东同志成为中国共产党的领袖、人民革命的领袖，不是自己封的。他是代表党的正确方向，胜利的方向，而与党的整个事业相结合，成为不可分离的关系而得到成就的。这不凭哪一个人的欲望能够成就的。"

张西曼《俄罗斯苏维埃社会主义共和国宪法》发表于《中华法学杂志》新编第 3 卷第 5 期。

张西曼《哈萨克苏维埃社会主义共和国宪法》发表于《中华法学杂志》新编第 3 卷第 9 期。

戈宝权辑译《列宁在诗歌中》发表于 1 月 20 日《新华日报》。

[苏]斯米尔诺伐《列宁和苏联的战争》发表于 1 月 21 日《新华日报》。

[苏]克鲁普斯卡娅《列宁是怎样研究马克思的》发表于 1 月 21 日《新华日报》。

社论《列宁的旗帜，是胜利的旗帜——纪念列宁逝世二十周年》发表于 1 月 21 日《新华日报》。

鸿意《"确信自己力量""确信胜利前途"——纪念列宁逝世二十周年》发表于 1 月 22 日《新华日报》。

邓群《列宁——革命战斗的模范》发表于 1 月 22 日《新华日报》。

基尔《列宁在人民中》发表于 1 月 21—22 日《新华日报》。

[苏]真理报社论《列宁——斯大林的旗帜领导我们走向胜利》发表于 1 月 22 日《新华日报》。

[苏]铁木菲夫作、乔木译《马克思论文学》发表于 1 月 27—28 日《新华日报》。

李溥《伟大斗士底现实作风——读〈向列宁学习工作方法〉》发表于 3 月 13 日《新华日报》。

李溥《向马克思学习切实认真的学风》发表于 5 月 5 日《新华日报》。

周扬《马克思主义与文艺——〈马克思主义与文艺〉序言》发表于 5 月 30—31 日《新华日报》。

按：周扬说："毛泽东同志的《在延安文艺座谈会上的讲话》给革命文艺指示了新方向。这个讲话是中国革命文学史、思想史上的一个划时代的文献，是马克思主义文艺科学与文艺政策的最通俗化、具体化的一个概括，因此又是马克思主义文艺科学与文艺政策的最好的课本。本书就是企图根据这个讲话的精神来编纂的。"

艾青《毛泽东》发表于 8 月 19 日《新华日报》。

萧三《毛泽东同志初期的革命活动》发表于 8 月 19 日、26 日《新华日报》。

柯柏年《马克思的科学态度》发表于 9 月 30 日、10 月 7 日《新华日报》。

按：文章说："马克思研究一种学问，研究一个问题，不是皮毛的研究，不是成肤即止，而是研究个彻底。他对于任何问题，除非他有了彻底的研究，他是宁可闭口不说，从来不夸夸其谈的。马克思从 1843 年开始研究政治经济学，直到 1883 年逝世为止，当他住在伦敦的时候，差不多每天都往大英博物院的图书馆中去，专心研究着里面所藏着的政治经济学的丰富材料，孜孜不倦，数十年如一日。《资本论》就是他 40 年的研究结果。"

[苏]克鲁普斯卡雅《不粗枝大叶——列宁的科学工作方法》发表于 10 月 7 日《新华日报》。

[苏]亚历山大罗夫作、石盘译《列宁论马克思主义的辩证法与政治》发表于 4 月 24—26 日《解放日报》。

毛泽东《在陕甘宁边区工厂厂长暨职工代表招待会上的讲话》发表于 5

月 26 日《解放日报》。

毛泽东《延安大学教育方针》发表于 5 月 31 日《解放日报》。

按:毛泽东指出,今后的教育方针为学与用一致,教育与各项实际工作相结合。

萧三《毛泽东同志的初期革命活动》(《伟大的五十年》的一章初稿)发表于 7 月 1 日《解放日报》。

按:文章说:"毛泽东同志一开始就把马克思主义当作行动的指南——他立即将这一普遍的、科学的真理应用于中国的革命实际。到后来,他在领导中国革命的实际中,而且把马克思主义更加具体发展了。他善于用马克思主义之'矢',射中国革命之'的'。他将马克思主义中国化,他创造了整个体系的、中国的马克思主义——最适合于中国革命的思想、思想方法、战略策略以及工作作风,是中国式的和最适应于中国革命的理论与实际。""要包括或概括这一全部丰富的内容,只有一个术语——'毛泽东主义'。"

毛泽东《在陕甘宁边区合作社联席会代表招待会上的讲话》发表于 7 月 4 日《解放日报》。

毛泽东《衡阳失守后国民党将如何》发表于 8 月 12 日《解放日报》。

按:是为毛泽东为《解放日报》写的社论。

毛泽东《在陕甘宁边区留守兵团学习代表招待会上的讲话》发表于 9 月 23 日《解放日报》。

若望《毛主席的故事》发表于 6 月 30 日《战友报》。

邵力子《敬祝苏联建国二十七周年纪念》发表于 11 月 7 日重庆《大公报》。

社评《祝苏联国庆》发表于 11 月 7 日重庆《大公报》。

三、研究著作

周扬编《马克思主义与文艺》由延安解放社出版。

按:是书除收录马克思、恩格斯、列宁、斯大林、毛泽东有关文艺问题的重要论述之外,还收录了俄苏革命文论家普列汉诺夫、高尔基以及中国革命文论家鲁迅对文艺问题的重要观点。此书的出版,标志着中国马列文论研究开始走向系统化。

[苏]联共(波)中央附设马恩列学院编《马恩列斯论游击斗争》由莫斯科外国文书籍出版局出版。

按:是书第一部分马克思与恩格斯论游击斗争,包括《法国一八七〇至七一年反普寇的游击战争》《西班牙人民抗拒拿破仑第一侵略时的游击动作》《论进行人民解放战争的方法》《论起义是艺术》《论积极防御战术》；第二部分列宁与斯大林论游击斗争,包括《论游击战争》《广大人民斗争中的政治和军事领导》《起义的准备和领导人民武装斗争的主要法则》《战斗队游击行动与一九〇五年十二月莫斯科起义教训》等。

[苏]谢尔巴科夫著《苏联人民在列宁斯大林旗帜下向胜利前进》由莫斯科外国文书籍出版局出版。

按:是为作者一九四四年一月二十一日在列宁逝世第二十周年纪念大会上的报告,包括循着列宁的道路前进、红军的伟大胜利、我们的力量增长着,巩固着 3 部分。

韦伯著《苏联的政治思想》由重庆中周出版社出版。

按:是书包括利润制度的废除、为公共消费的计划而生产、社会平等、新代议制度、科学崇拜、无神主义、共产党的意识、资本主义的崩溃、苏联共产主义的前途等。附录:孙科《关于"苏联立国精神"答客问》、陈伯庄《苏联的经济动向》等。

[英]多布著、梁纯夫译《苏联经济新论》由重庆五十年代出版社出版。

西门宗华著《苏联经济发展》(苏联建设小丛书)由重庆中华书局出版。

[美]韩赛欧著、刘昌裔译《苏联财政制度》由福建省银行经济研究室出版。

按:是书乃作者赴苏联考察归来所写的报告,讲述第二次世界大战前苏联的财政制度。

[苏]拉普提夫著、余长河译《苏联的农业》(苏联建设小丛书)由重庆中华书局出版。

余长河著《苏联劳动政策》(中苏文化协会社会科学丛书)由重庆中华书局出版。

张大田编著《苏联集体农场法》由重庆商务印书馆出版。

张仲实编译《苏联新宪法研究》由重庆生活出版社出版。

按:是书据俄文报刊译,收录《何谓宪法?》《苏联宪法发展的几个阶段》《斯大林关于新宪法草案的报告》《新宪法对于选举制度的改革》等 6 篇文章及苏联 1936 年宪法全文。

吴清友编著《苏联民族》由重庆商务印书馆出版。

按:是书分苏联民族的分类,苏联民族共和国及民族区、苏联人口的增长、结构、密度等 7 章。

陈钟浩著《苏联与欧洲》由上海独立出版社出版。

［英］多布著、朱葆光译《苏联的人民和生活》由中外出版社出版。

按：是书分 13 章，分别评述十月革命前后的历史，苏联的政治经济制度，文化、教育、艺术等活动，苏联人民的生活等。

郑学稼著《苏联文学的变革》由重庆国民图书出版社出版。

毛泽东著、晋察冀日报社编《毛泽东选集》（5 卷）由晋察冀新华书店出版。

按：是为中国革命出版史上第一部《毛泽东选集》，由晋察冀中央分局委托《晋察冀日报》社社长兼总编辑邓拓主持编选，9 月正式对外发行。邓拓为《毛泽东选集》卷首写了《编者的话》，他指出："中国共产党与中国工人阶级、中国革命的人民，在长期曲折复杂的斗争中，终于找到了天才的领袖毛泽东同志。我们的毛泽东同志，是近三十年在各种艰苦复杂的革命斗争中久经考验的、完全精通马列主义战略战术的、对于中国工人阶级与中国人民解放事业抱无限忠心的、坚强伟大的革命家；他真正掌握了科学的马列主义的原理原则，使之与中国革命实践密切结合，使马列主义中国化。过去革命斗争的经验教训了我们：要保证中国革命的胜利，全党同志必须彻底的团结在毛泽东思想指导之下。毛泽东同志的思想就是代表中国无产阶级及其政党——共产党的思想，就是党内布尔什维克的思想，就是最能代表中国革命人民利益的思想。构成毛泽东主义的历史条件就是在殖民地、半殖民地、半封建的中国，革命已经经过了三个时期，在每个革命时期中，毛泽东同志以及一切团结在毛泽东同志周围的同志，都是一方面向着党外的敌对思想作斗争，一方面向着党内的'左'右倾机会主义作斗争；而在历史实践中都完全证明了毛泽东同志的思想是唯一正确的思想。中国无产阶级及其政党与中国革命人民所有的革命事业，凡是在毛泽东同志思想指导下进行的，其结果总是前进的，上升的，也就是胜利的。凡是由于党内各种机会主义、投降主义在一定时期攫取统治地位而违反了毛泽东同志的思想原则时，其结果总是挫败，与严重的损害了革命的利益。所以中国新民主主义革命的历史，中国共产党的历史，在实际上是以毛泽东为领导核心的。毛泽东同志的思想就是在与党外各种反革命思想及党内各种错误思想作斗争中，生长、发展和成熟起来的。目前中国无产阶级及其政党——共产党，以及一切革命阶级革命人民正在向着日本帝国主义企图殖民地化中国的各种奴化思想作斗争，正在向着中国式的法西斯主义作斗争；党内正在进行有重大历史意义的思想革命——整顿三风，这就是我们党的思想阵线的实际情况。因此，一切干部，一切党员，虚心和细心地学习毛泽东同志的学说，用毛泽东同志的思想来武装自己，并用毛泽东同志的思想去战胜党内各种错误思想与党外一切反动思想，这是异常迫切的任务。这是使全党在思想上、政治上、组织上和行动上完全统一起来，使党成为完全巩固的广大群众性的和进一步布尔什维克化的一个异常重大的关键。本社为了贯彻毛泽东思想于边区全党，特出版《毛泽东选集》，以介绍毛泽东同志的各种名著，来帮助全体同志加强整风学习。这里需要特别声明的：我们所选的主要是毛泽东同志抗战以来各种名著、讲演，及其他重要方面的言论（并附有抗战前的几篇重要文献），这是很不完全的。有的是原文节录，有些文字还不是根据最后校订的版本。因此一切可能发生的遗漏、错字，或其他缺点，都由编者负责，并待将来逐一校对和修正。"

毛泽东著《中国革命与中国共产党》由延安解放社出版。

按：是书第一章中国社会，包括中华民族、古代的封建社会、现代的殖民地半殖民地封建社会 3 节；第二章中国革命，包括百年来的革命运动、中国革命的对象、中国革命的任务、中国革命的动力、中国革命的性质、中国革命的前途、中国革命的两重任务与中国共产党 7 节。

毛泽东著《经济问题与财政问题》由解放社出版。

毛泽东著《经济问题与财政问题》由晋察冀边区行政委员会财务处印刷局出版。

毛泽东著《经济问题与财政问题》由新华书店出版。

毛泽东著《经济问题与财政问题》由中共晋绥分局出版。

刘少奇著《论共产党员的修养》由华中新华书店出版。

按：刘少奇提出，要共产党员"做马克思和列宁的好学生"，他说："按照党章的规定，只要承认党纲、党章，交纳党费，并且在党的一个组织内担负一定工作的人，就可成为党员。不具备这些条件，就不能成为共产党的党员。但是，我们每一个共产党员，不应该只是做一个起码的够格的党员，而应该按照党章的规定力求进步，不断提高自己的觉悟程度，努力学习马克思列宁主义。把伟大的马克思列宁主义创始人一生的言行、事业和品质，作为我们锻炼和修养的模范。"

［英］庇古著，高叔平、周华章译《社会主义与资本主义》由重庆中华书局出版。

按：是书分国民财富与所得的分配、生产资源的分配、失业问题等 8 章。

四、卒于是年的研究者

邹韬奋(1895—1944)卒。原名恩润,曾用名李晋卿,祖籍江西余江,出生于福建永安。1921年毕业于上海圣约翰大学,1922年进入中华职业教育社工作。1926年10月创办《生活》周刊,任主编,以多种方式对苏联进行介绍和宣传。12月加入宋庆龄等发起成立的中国民权保障同盟,参与营救廖承志、邓中夏等共产党人的活动。1933年7月出国流亡,先后访问美国、德国,1934年8月访问苏联,事后整理成《萍踪寄语》三集。经过国外的考察学习,由激进的民主主义者转变为马克思主义者。1935年创办《大众生活》周刊。1936年5月当选为救国联合会执行委员,11月与沈钧儒、李公朴等被国民政府逮捕,史称"七君子事件"。1942年1月至1943年2月先后到东江游击区、华中抗日根据地考察。著有《邹韬奋全集》。

按:李晓灵、张高杰说:"邹韬奋的马克思主义思想呈现以马克思著作的系统学习和对马克思主义理论的全面梳理为基础。同时,邹韬奋对苏联社会的考察和盛赞,表达了对马克思主义理论社会实践典范的仰慕,而对欧美资本主义国家的负面呈现则力图反证马克思主义理论体系的真理性。就其本质而言,邹韬奋的马克思主义思想呈现仍只停留在文化的范畴,居身于理论探索和反思的层面,他没有也没能真正将它付诸浩大的社会政治领域,用以社会实践。而这也恰恰契合了他作为公共知识分子和专业主义新闻人的身份特征。而且,邹韬奋社会评判的历史性特征,也表现了其思想的复杂性和丰富性。"他的《读书偶译》"这本书之所以具有首创意义,是因为它体现了邹韬奋第一次对马克思主义理论的学习和传播。同时,这本书具有双重意义,它不仅是邹韬奋学习的笔记和总结,更是邹韬奋藉此传播马克思主义思想、影响普罗大众目的的体现。质言之,学习研究马克思主义思想,倡导和推动马克思主义思想的大众传播,为中国社会寻找出路,为中华民族寻找民族自新的历史机遇,是其核心目的所在"①。

---

① 李晓灵,张高杰.试论邹韬奋马克思主义思想及其新闻实践的历史呈现[J].陕西师范大学学报(哲学社会科学版),2018(3).

民国三十四年　乙酉　1945 年

一、研究背景

1 月 10 日,毛泽东在陕甘宁边区劳动英雄和模范工作者代表大会上发表题为《两三年内完全学会经济工作》(收入《毛泽东选集》时改为《必须学会做经济工作》)的讲话。

1 月 31 日,是毛泽东为延安《解放日报》撰写《游击区也能够进行生产》的社论。

2 月 15 日,毛泽东在中央党校作《时局问题及其他》的报告,指出党校办学目的和教育原则。报告指出:"办党校或其他干部学校的目的,就是要使我们党在思想上是纯洁的,是马列主义的;在组织上也要是纯洁的,我们审查干部就是要在组织上使我们党纯洁。"①

3 月 1 日,陈毅代表朱德起草在中国共产党第七次全国代表大会上的《建军报告(初稿)》完成,主要讲 7 个问题:中国人民在历史上的武装斗争的优良传统、我党建军目的是为人民大众服务、论创造军队、论内战、论抗战、论毛泽东军事学派、驱逐日本帝国主义出中国。

按:由于国内外形势的急剧变化,陈毅为朱德准备的这个报告,最后没有在"七大"会议上用,而朱德在"七大"会议上所做的《论解放区战场》的军事报告,是由中共中央宣传部部长陆定一执笔起草的。但陈毅的这个报告,当年出版了单行本,题为《新四军陈毅军长在七大的建军报告初稿》。

陈毅在《论毛泽东军事学派》中说:"中国共产党在伟大的中国革命长期艰苦斗争中创造了中国革命的政治理论,中国革命的实际政策。这个中国革命理论与实践的代表便是毛泽东同志。这是中国的马列主义,这是马列主义运用到中国革命环境的新的发展和创造。北伐革命、苏维埃运动、抗日战争这三次大革命的实践证明中国马列主义毛泽东同志的政治路线的正确性,他已经成为中国广大人民的政治的精神武器。这一条正确的政治路线运用到军事领域,便又创造出中国革命的军事理论,中国革命的战略战术,

---

① 张万禄.毛泽东的道路(1935—1945)[M].北京:中央文献出版社,2013:526.

完整的军事理论系统构成了完整的中国革命军事学派,即毛泽东军事学派。"①

3月31日,毛泽东在中共六届七中全会上发表《对〈论联合政府〉的说明》的讲话。

4月20日,中共中央六届七中全会讨论通过《关于若干历史问题的决议》,系统而深刻地总结了中国共产党诞生以来,特别是1931年初到1934年底的历史经验,澄清了党内长期存在而未曾得到彻底解决的路线是非问题,从政治、军事、组织和思想等四个方面,对王明为代表的"左"倾错误作了明确的结论,高度评价了毛泽东运用马克思列宁主义的理论和方针解决中国革命问题的杰出贡献,在全党确立了毛泽东思想的指导地位。这个决议的通过,标志着延安整风运动的胜利结束,也为中国共产党第七次全国代表大会的召开奠定了思想基础和组织基础。毛泽东作《对〈关于若干历史问题的决议〉草案的说明》。

按:决议指出:"尤其值得我们庆幸的是,我们党以毛泽东同志为代表,创造性地把马克思、恩格斯、列宁、斯大林的革命学说应用于中国条件的工作,在这十年内有了很大的发展。我党终于在土地革命战争的最后时期,确立了毛泽东同志在中央和全党的领导,这是中国共产党在这一时期的最大成就,是中国人民获得解放的最大保证。""一切政治路线、军事路线和组织路线之正确或错误,其思想根源都在于它们是否从马克思列宁主义的辩证唯物论和历史唯物论出发,是否从中国革命的客观实际和中国人民的客观需要出发。毛泽东同志从他进入中国革命事业的第一天起,就着重于应用马克思列宁主义的普遍真理以从事于对中国社会实际情况的调查研究,在土地革命战争时期,尤其再三再四地强调了'没有调查就没有发言权'的真理,再三再四地反对了教条主义和主观主义的危害。毛泽东同志在土地革命战争时期所规定的政治路线、军事路线和组织路线,正是他根据马克思列宁主义的普遍真理,根据辩证唯物论和历史唯物论,具体地分析了当时国内外党内外的现实情况及其特点,并具体地总结了中国革命的历史经验特别是一九二四年至一九二七年革命的历史经验的光辉的成果。在中国生活和奋斗的中国共产党人学习辩证唯物论和历史唯物论,应该是为了用以研究和解决中国革命的各种实际问题,如同毛泽东同志所做的。但是一切犯

---

① 李忠杰,李明华,主编.中国共产党第七次全国代表大会档案文献选编[M].北京:中共党史出版社,2015:94.

'左'倾错误的同志们,在那时,当然是不能了解和接受毛泽东同志的做法的,第三次'左'倾路线的代表者更污蔑他是'狭隘经验主义者';这是因为他们的思想根源乃是主观主义和形式主义,在第三次'左'倾路线统治时期更特别突出地表现为教条主义的缘故。教条主义的特点,是不从实际情况出发,而从书本上的个别词句出发。它不是根据马克思列宁主义的立场和方法来认真研究中国的政治、军事、经济、文化的过去和现在,认真研究中国革命的实际经验,得出结论,作为中国革命的行动指南,再在群众的实践中去考验这些结论是否正确;相反地,它抛弃了马克思列宁主义的实质,而把马克思列宁主义书本上的若干个别词句搬运到中国来当做教条,毫不研究这些词句是否合乎中国现时的实际情况。因此,他们的'理论'和实际脱离,他们的领导和群众脱离,他们不是实事求是,而是自以为是,他们自高自大,夸夸其谈,害怕正确的批评和自我批评,就是必然的了。……因此,我们不但要克服主观主义的教条主义,而且也要克服主观主义的经验主义。必须彻底克服教条主义和经验主义的思想,马克思列宁主义的思想、路线和作风,才能普及和深入全党。以上所述政治、军事、组织和思想四方面的错误,实为各次尤其是第三次'左'倾路线的基本错误。而一切政治上、军事上和组织上的错误,都是从思想上违背马克思列宁主义的辩证唯物论和历史唯物论而来,都是从主观主义和形式主义、教条主义和经验主义而来。"[1]

　　按:郑波说:"毛泽东作为党的第一代领导集体的核心和毛泽东思想的主要创立者,为马克思主义大众化作出了卓越的历史贡献。一是坚持唯物史观,倡导群众观点,为马克思主义大众化奠定了理论基础,提供了逻辑起点;二是对大众化进行了理论探索,阐明了大众化的重要性,提出了大众化的概念、任务和基本途径;三是主导创立了毛泽东思想这一极具中国作风和中国气派的马克思主义理论,为大众化提供了科学的内容;四是采用了人民群众喜闻乐见的语言表现形式,通过充分吸收群众语言、成语典故、古汉语中的有益成分,灵活运用修辞,以幽默风趣的语言解释马克思主义等手段,消融了人民群众理解掌握马克思主义的表达障碍;五是高度重视理论的宣传普及,不仅自己为之做了许多努力,创造了有效的理论教育方式,还号召全党共同来做这项工作;六是以其卓越的领导才能,带领中国人民取得了革命和建设的伟大胜利,不断向群众证明了马克思主义理论及其创新成果的

---

[1]　袁竞,主编.毛泽东著作大辞典:附录《关于若干历史问题的决议》[M].北京:中国国际广播出版社,1991:6、15.

真理性,巩固了马克思主义大众化的社会心理基础。"①

4月21日,毛泽东主持召开中国共产党第七次全国代表大会的预备会议,并作《中国共产党第七次全国代表大会的工作方针》的报告。

4月23—6月11日,中国共产党第七次全国代表大会在延安举行,毛泽东主持会议,作《两个中国之命运》的开幕词和《论联合政府》的政治报告,以及《愚公移山》的闭幕词。朱德作《论解放区战场》的军事报告。刘少奇作《关于修改党的章程的报告》,科学地概括毛泽东思想的主要内容,精辟地提出毛泽东思想就是马克思列宁主义的理论与中国革命的实践之统一的思想。在大会通过的新党章中,明确规定以毛泽东思想作为中国共产党一切工作的指针。大会制定"放手发动群众,壮大人民力量,在我党的领导下,打败日本侵略者,解放全国人民,建立一个新民主主义的中国"的战略。会议选举毛泽东、朱德、刘少奇、周恩来、任弼时等5位中央书记处书记,史称"五大书记"。毛泽东当选为中央委员会主席、中央政治局主席和中央书记处主席。中国共产党以毛泽东为核心的第一代领导集体正式形成。

按:朱德在中国共产党第七次全国代表大会开幕式上说:"中国人民和我们的党正是由于有着这种毛泽东式的勇敢、这种毛泽东式的智慧、这种毛泽东式的工作,所以就能在令人几乎难于想象的极端困难的环境和条件下,缔造伟大的事业,并保证能够最后完全战胜强大的敌人。我党创党以来这个中心领导问题,现在已完全被全党所认识了。我们这个七次代表大会,就是代表全体党员全体干部集中在毛泽东同志领导之下的思想自觉性。这是我们这次大会和以前各次大会不同的特点。这是我们党的大胜利,中国马克思主义的大胜利。因此,我们这次大会实象征着中国人民行将到来的胜利。"②

按:刘少奇在中国共产党第七次全国代表大会开幕式上说:"全党团结起来,在毛泽东同志所指示的方针之下前进,动员与团结全中国的人民,向着打败侵略者与建设新中国的目标迈进。"③

按:周恩来在中国共产党第七次全国代表大会开幕式上说:"在二十四年的历史中,我们党是从永远不息地反对国内外敌人的革命斗争中锻炼出

① 郑波.论毛泽东对马克思主义大众化的历史贡献[D].湘潭:湘潭大学,2010.
② 张静如,主编.中国共产党历届代表大会(一大到十八大)[M].石家庄:河北人民出版社,2012:20.
③ 张静如,主编.中国共产党历届代表大会(一大到十八大)[M].石家庄:河北人民出版社,2012:22.

来的,是从永远保持群众的联系中锻炼出来的,是从永不放下武器以保护人民利益的革命斗争中锻炼出来的,是从不断的反对民族中反动的思想和派别的斗争中锻炼出来的,是从长期地反对党内'左'右倾机会主义的斗争中锻炼出来的,是从勇敢地实行自我批评中锻炼出来的。二十四年来,我们依靠了什么力量锻炼成的呢?我们依靠了全党同志的努力奋斗。我们依靠了数十万党内外革命先烈的流血牺牲。我们依靠了上万万人民大众的共同奋斗。我们依靠了国内民主党派的合作和国外进步人士的同情。最主要的,我们还是依靠了我党领袖毛泽东同志的英明领导,他指示了我们以新民主主义的方向,他教育了我们以中国马克思主义的思想和学说,他领导了我们经过中国革命三个历史时期,创造了伟大的革命力量,经历了无数次革命斗争,克服了无数次艰难困苦,达到了今天的初步胜利。"①

4 月 23 日,林伯渠在中国共产党第七次全国代表大会上发表讲话,主要讲了两个问题,一是必须学习和善于掌握马克思主义,二是如何认识毛主席把马列主义与中国革命的实践相结合。

按:林伯渠说:"从我所经历的这一段,也说明了一个问题,就是只有马克思主义,只有中国共产党才能解决中国问题;中国革命的方法,也只有马克思主义者、共产党人才能够找到。中国共产党,马克思主义者,要担负起我们民族解放事业,如果不善于掌握马克思主义也是不行的。""大革命失败以后,我们党以毛主席为代表一天一天地把马克思主义发扬,我也跟着我们党走,但还是不懂得掌握马克思主义,不善于掌握马克思主义。遵义会议以后,我们党开始了历史的新局面,这就是以毛主席为首的党中央真正掌握了马克思主义,善于运用马克思主义。这以后,我才开始懂得如何掌握和运用马克思主义。以上就是马克思主义在我国及我们党内发展的情形,是我党掌握和运用马克思主义的情况。以后我们在党内应当进行这种教育,即我们中国早已有了马克思主义,但是开始还不善于掌握,学会掌握和运用有一个相当长的过程。我们应当使同志们懂得,没有马克思主义不行,有了马克思主义不善于掌握和运用仍然是不行的。"②

4 月 24 日,毛泽东在中国共产党第七次全国代表大会上作《论联合政府》的政治报告。

按:报告分 5 部分:一、中国人民的基本要求;二、国际形势与国内形势;

① 张静如,主编.中国共产党历届代表大会(一大到十八大)[M].石家庄:河北人民出版社,2012:22.

② 林伯渠.林伯渠文集[M].北京:华艺出版社,1996:466、471-472.

三、抗日战争中的两条路线;四、中国共产党的政策;五、全党团结起来,为实现党的任务而斗争。毛泽东在这篇报告中用历史唯物主义和辩证唯物主义的方法正确分析了国际和国内形势,全面总结了新民主主义革命自开始以来的经验、教训和规律,论述了中国共产党的最高纲领和最低纲领以及现阶段的具体纲领,第一次明确阐述了我们党实行民主集中制的组织原则,首次明确提出要以生产力的标准来评判一个政党的历史作用,首次高度概括了党的三大优良作风,完整而具体地阐释了为人民服务的宗旨,为中国革命制订了正确的符合历史规律的路线、纲领和政策,指明了正确的方向,使全党在思想上、政治上、组织上又获得进一步的空前团结和统一,为党领导人民夺取抗日战争和新民主主义革命的伟大胜利打下了坚实的基础,对中国革命、党的建设、新中国成立初期各方面的建设和探索有深远的意义和影响。①

4月25日,朱德在中国共产党第七次全国代表大会上作抗战军事报告《论解放区战场》。

按:朱德号召全军要用毛泽东的军事学说武装起来,要"认真学习毛泽东同志的军事学说,一如认真学习毛泽东同志的政治、经济、文化学说一样。所有部队、军事学校、军事训练班,都必须以毛泽东同志的军事学说为基本教材,作为教育的灵魂,以便于在思想上加强武装自己,战胜敌人"②。

4月27日,毛泽东为延安《解放日报》写了《论全军生产自给,兼论整风和生产两大运动的重要性》的社论。

4月30日,彭德怀在中国共产党第七次全国代表大会上作《华北八年抗日游击战的成绩和经验》的发言。

按:彭德怀说:"在抗日战争中,毛泽东同志提出了持久的人民战争的方针,反对了投降主义与失败主义,先后发表了《论持久战》《游击战争的战略问题》《论新阶段》以及《新民主主义论》等名著。这些伟大著作,是中国人民在抗日战争中的指南针,对于抗日战争在方针上、思想上、政策上都起着光辉的领导作用。从党的全部历史中证明,毛泽东同志是中国革命的伟大舵手,是中国人民的领袖。毛泽东同志的思想就是中国的马列主义,就是马列主义普遍真理与中国革命具体实践的结合与发展,毛泽东就是中国人民解

---

① 石国亮,段元俊,主编.领导干部必读的党史国史经典[M].北京:国家行政学院出版社,2014:74.

② 李忠杰,李明华,主编.中国共产党第七次全国代表大会档案文献选编[M].北京:中共党史出版社,2015:257.

放的旗帜。"①

5月1日,陈毅在中国共产党第七次全国代表大会上发言,谈了党在新四军和华中工作的历史等问题。

按:陈毅说:"毛主席在建军问题上的伟大,就是力争党的领导权,力争改造旧军队,力争反对军阀残余。那时候,我们的军事将领和政治工作人员,我认为在这方面是起了决定作用的。我完全同意朱德同志的报告。"②

是日,高岗在中国共产党第七次全国代表大会上发言,谈了争取中间分子、生产和作风等问题。

按:高岗说:"要晓得共产党员离开了共产主义的大旗,离开了为人民服务的大旗,离开了毛泽东的大旗,我敢保定一事不能成功。我们只有为共产主义奋斗(当然今天不是为共产主义奋斗,今天是为新民主主义奋斗),站在为人民服务的大旗下,站在毛泽东的大旗下胜利前进,这样我们中国就可以胜利。"③

5月2日,张闻天在中国共产党第七次全国代表大会发言,谈了对中国化的马克思主义——毛泽东思想的认识。

按:张闻天说:"代表同志们!本人完全同意毛泽东同志的政治报告。这个报告是我党二十五年来三次大革命的实践的总结,是马克思主义的理论与中国革命实践相结合的毛泽东同志思想的又一辉煌的发展。报告中所指出的全部方针,已经被二十五年来中国革命的实践,尤其是抗战八年来的实践所证明了与证明着的唯一正确方针,这方针不但已为中国解放区的一万万人民所拥护与实行,而且也为国民党区与沦陷区内广大人民所赞成。因此,这总结,一方面成了我党在革命现阶段的战略与策略的行动指南,而且也成了动员与团结全国最大多数人民共同奋斗的战斗纲领。这是我党与全国人民彻底战胜日本侵略者,建设新民主主义中国的大宪章。我们必须加以切实的研究与坚决的执行。"

张闻天谈了自己学习毛泽东思想的体会,他说:"我想,我们必须最后抛弃这样一种错误观点,以为中国不能产生马克思与列宁这类伟大人物与马克思主义这类伟大的思想。其实,这种思想本身,就是违反马克思主义精神

---

① 李忠杰,李明华,主编.中国共产党第七次全国代表大会档案文献选编[M].北京:中共党史出版社,2015:316.

② 李忠杰,李明华,主编.中国共产党第七次全国代表大会档案文献选编[M].北京:中共党史出版社,2015:338.

③ 李忠杰,李明华,主编.中国共产党第七次全国代表大会档案文献选编[M].北京:中共党史出版社,2015:349.

的。处在世界无产阶级革命时代，而且占世界土地六分之一的苏联无产阶级已经得到胜利的这样革命的国际环境中的四万万五千万人民的伟大中国，既然蕴藏着这样深刻的内外矛盾，而同时又有着这样短小精干的无产阶级与最广大的农民与小资产阶级结合着来解决这样的矛盾的巨大的革命力量，在这样肥沃的土地上散播的马克思主义的种子，经过三次革命的实践，而开出中国自己的光明灿烂的马克思主义的花朵——毛泽东路线与毛泽东思想，生长起中国自己伟大的革命领袖——毛泽东同志，那是丝毫也用不着奇怪的。而且应该说，这是必然的。二十五年来中国革命的实践，已经给了我们毛泽东路线与毛泽东思想做了证明，使我们有完全的根据说：毛泽东路线与毛泽东思想是世界无产阶级革命时代殖民地、半殖民地、半封建国家内的马克思主义，特别是关于新民主主义革命的理论与策略。我想，我们不应该否认毛泽东同志是马克思、恩格斯、列宁、斯大林的学生，我们不但不以此为耻辱，而且以此为光荣。中国无产阶级是世界无产阶级的一部分，马克思主义就是我们自己的理论与策略，就是我们无产阶级与全人类解放的旗帜，我们有权利也有义务掌握这个锐利的革命武器。然而我们必须承认，毛泽东同志不但继承了，而且发展了马克思主义，他在马克思主义的总宝库中放进了特别的与新的东西。在民族殖民地问题研究上，马克思、恩格斯曾经有过不少的贡献，列宁与斯大林则更进一步在这个问题上发展了马克思主义，而且列宁尤其是斯大林，曾经对于中国大革命在理论指导上，有过很大的贡献。然而，中国的革命的指导过去是，现在也仍然是由中国的马克思主义者负完全的与最后的责任——这样的马克思主义者就是毛泽东同志。马克思主义的理论与中国革命实践一经结合，产生了中国自己的马克思主义，毛泽东路线与毛泽东思想，那完全是当然的，完全是应该的。我们只要略举毛泽东同志关于中国半殖民地、半封建的社会性质的思想，关于中国新民主主义革命的思想，关于中国革命不平衡性、曲折性与长期性的思想，关于首先建立以农民为主体的革命根据地以发展全国革命的思想，关于正确解决中国农民土地问题的思想，关于建立民族民主统一战线及其内部又联合又斗争的思想，关于人民战争的全套战略战术的思想，关于反对主观主义、教条主义与经验主义的思想，关于建党、建军、建政的思想等等，我们就可了然，毛泽东同志是怎样的发展了马克思主义，怎样的充实与丰富了马克思主义的内容。因此，我们必须承认这一真理，即毛泽东路线与毛泽东思想是中国的马克思主义，因此，必须在全党同志头脑中建立毛泽东路线与毛泽东思想是中国马克思主义的观点，因而就在全党同志前面，提出了必须学习毛泽东路线与毛泽东思想的任务,因而在全党的宣传机关与全党的理论工作者的前面,提出了研究与宣传毛泽东路线与毛泽东思想的任务。我想我们全党同志都高兴,我们党今天有了我们自己的马克思主义,即民族化了的马克思主义,即毛泽东路线与毛泽东思想。"①

5月3日,博古在中国共产党第七次全国代表大会上作《对教条主义机会主义路线所负责任的问题》的发言,深刻检查自己"左"的错误表现和发展,表示自己是"左"倾错误路线的"最主要的负责人"。彭真在会上作《关于敌占区的城市工作》的发言。

按:博古说:"我完全同意毛主席的政治报告和朱总司令的军事报告。毛主席的政治报告,不论从那一方面说来,都是一个有历史意义的报告。这个报告在今天阶段上,是一个团结全国人民争取抗战胜利的纲领,它对今后发展的阶段,是一个新民主主义革命的人民宪章,同时这个报告是党的二十五年斗争经验的总结,是马克思主义的普遍真理与中国革命具体实践相结合的模范,是马列主义在新条件与新环境下的发展。……我也完全同意七中全会通过的《关于若干历史问题的决议》,同意它对于第三次'左'倾机会主义路线,教条主义路线所作的各方面的透彻的批评。这个决议案也是一个有历史意义的决议案,他是中共党史的简明纲要。这两个文件值得我们特别值得像我这样的犯路线错误的人,好好研究学习。依据这两个文件来学习毛泽东同志的思想与路线,来反省与批判自己的错误,来在实践中,执行这两个决议案中间所贯彻着的思想和路线,以纠正自己的错误。"②

5月11日,李富春在中国共产党第七次全国代表大会上作《对政治报告的认识以及自我反省》的发言,古大存作《关于广东工作的一些情况》的发言。

按:李富春说:"我们党二十五年是空前强大,空前进步,空前团结。这三个空前:拿我这一个老党员来说,虽然落后也感觉到空前,空前,空前。我们中国共产党在二十五年斗争中,产生了一个领袖,这个领袖就是毛泽东同志。这个领袖的意义在什么地方呢?对我们来说,是什么东西呢?在中国这样条件下,领袖就是力量,领袖就是胜利的保障。"③

①　张闻天.张闻天文集(1939—1948):第3卷[M].北京:中央党史出版社,2012:169-180.
②　李忠杰,李明华,主编.中国共产党第七次全国代表大会档案文献选编[M].北京:中共党史出版社,2015:369.
③　李忠杰,李明华,主编.中国共产党第七次全国代表大会档案文献选编[M].北京:中共党史出版社,2015:433.

5月14日,刘少奇在中国共产党第七次全国代表大会作关于修改党章的报告《论党》。

按:刘少奇在《关于修改党章的报告》中,根据马克思列宁主义的建党理论和长期以来党的建设的经验,对新党章的精神作了深刻的阐述。报告指出,新党章确定了毛泽东思想为党的指导思想,规定"中国共产党以马克思列宁主义的理论与中国革命实践之统一的思想——毛泽东思想,作为自己一切工作的指针"。报告还指出,新党章增加了总纲部分,作为党的基本纲领,说明了中国革命的性质、动力、任务、特点和党的基本方针;强调了坚持党的群众路线、健全党的民主集中制和开展批评与自我批评等问题,并对党员的权利和义务作了明确规定。大会充分讨论了毛泽东、朱德和刘少奇所作的报告及新党章,通过了政治决议案、军事决议案和《中国共产党党章》,选举出44名中央委员和33名候补中央委员,组成了新的中央委员会。"七大"是中国共产党历史上一次空前盛大的代表大会。它以"团结的大会,胜利的大会"而载入中国共产党的史册。它在中国历史转变的关键时刻,总结了我国民主革命24年曲折发展的历史经验,制定了正确的路线、方针和政策,解决了中国新民主主义革命的根本问题;它确定了马克思列宁主义的理论与中国革命实际相统一的毛泽东思想为全党一切工作的指针,实现了全党在马克思列宁主义、毛泽东思想基础上的空前团结和统一,为争取抗日战争的最后胜利,为反对国民党顽固派发动内战和新民主主义革命在全国的胜利奠定了基础。①

5月22日,林彪在中国共产党第七次全国代表大会上发言,谈《关于群众观点和发动群众问题》。

按:林彪说:"我们现在学习马列主义,主要的就是学习毛主席的著作。毛主席已经有很多的著作,都是马列主义,和列宁一样,列宁并不是马克思,但是他的著作是马克思主义,应当把他当成社会科学来学,当成我们的行动指示来学。要想真正的学习毛主席的东西就要掌握一个总的东西,就是人民的立场人民路线,群众路线与群众观点。毛主席讲了很多群众观点的字眼,究竟这个东西起什么作用? 它是真理的标准。合乎人民利益的就是真理。"②

5月24日,毛泽东代表主席团在中国共产党第七次全国代表大会上作

---

① 陈光林,主编.中共党史纲要[M].济南:山东人民出版社,1991:179-180.
② 李忠杰,李明华,主编.中国共产党第七次全国代表大会档案文献选编[M].北京:中共党史出版社,2015:470-471.

关于中央委员会选举方针的报告,详细说明中共七届中央委员会选举应遵循的原则,对过去犯过错误的同志,不要一掌推开。会议通过《关于选举条例草案的几个议案》《关于选举新的中央委员会的条例》。

5 月 30 日,朱德在中国共产党第七次全国代表大会上作关于军事问题的结论,其中第一部分为《关于毛泽东军事思想问题》,认为毛泽东的军事思想,就是马克思主义的中国化。刘少奇在会上作《关于讨论修改党章报告的结论》。

按:朱德说:"我们大家要学习毛泽东的军事思想,彻底站在人民方面,为人民服务,把军队变成完全为人民服务的军队,人民就很喜欢。如果没有一点站在人民头上的思想,不做一点妨害人民的事,就是学会了毛泽东的军事思想。"①

5 月 31 日,中国共产党第七次全国代表大会通过《中共七大关于政治报告的决议案》。毛泽东在会上作《在中国共产党第七次全国代表大会上的结论》的报告。

6 月 10 日,毛泽东在中国共产党第七次全国代表大会上作《关于第七届候补中央委员选举问题》的讲话,侧重谈了王稼祥同志的功劳,认为王稼祥"虽然犯过路线错误,也有缺点,但他是有功的","昨天选举正式中央委员,他没有当选,所以主席团把他作为候补中央委员的第一名候选人,希望大家选他"②。

6 月 11 日,毛泽东在中国共产党第七次全国代表大会上作题为《愚公移山》的闭幕词,号召共产党人"下定决心,不怕牺牲,排除万难,去争取胜利"。朱德、吴玉章、徐特立等在七大闭幕典礼上发表讲话。会议通过《中国共产党党章》和《中共七大关于军事问题的决议》(草案)、《关于以七大名义召开中国革命死难烈士追悼大会的决定》。

按:《中国共产党党章》(1945 年 6 月 11 日中国共产党第七次全国代表大会通过)"总纲"说:"中国共产党,以马克思列宁主义的理论与中国革命的实践之统一的思想——毛泽东思想,作为自己一切工作的指针,反对任何教条主义的或经验主义的偏向。中国共产党以马克思主义的辩证唯物主义与历史唯物主义为基础,批判地接收中国的与外国的历史遗产,反对任何唯心

① 李忠杰,李明华,主编.中国共产党第七次全国代表大会档案文献选编[M].北京:中共党史出版社,2015:511.

② 李忠杰,李明华,主编.中国共产党第七次全国代表大会档案文献选编[M].北京:中共党史出版社,2015:609.

主义的或机械唯物主义的世界观。"①

6月17日,毛泽东、朱德暨中国共产党第七次全国代表大会全体代表出席中国革命死难烈士追悼大会,毛泽东致悼词,朱德、林伯渠、吴玉章、邢肇棠、贺连城、黄曼曼等在追悼大会上发表讲话。

6月19日,中国共产党第七届中央委员会第一次会议选举毛泽东、朱德、刘少奇、周恩来、任弼时、陈云、康生、高岗、彭真、董必武、林伯渠、张闻天、彭德怀为中央政治局委员,选举毛泽东为中央委员会主席兼中央政治局、中央书记处主席,选举毛泽东、朱德、刘少奇、任弼时为中央书记处书记,选举任弼时为中央委员会秘书长,李富春为副秘书长。

7月10日,毛泽东为新华社撰写《赫尔利和蒋介石的双簧已经破产》的评论。

7月12日,是毛泽东为新华社撰写《评赫尔利政策的危险》的评论。

7月29日,毛泽东给福斯特同志和美国共产党中央委员会发电报,对美国工人阶级和马克思主义运动的伟大胜利表示祝贺。

8月9日,苏联政府宣布对日作战,出兵东北。是日,毛泽东发出《对日寇最后一战》的命令,指出:由于苏联政府宣布对日作战,对日战争的时间将大大缩短。

8月11日,毛泽东为中共中央起草《关于日本投降后党的任务》的党内指示,要求干部学会管理城市工作。

8月13日,毛泽东在延安干部会议上作题为《抗日战争胜利后的时局和我们的方针》的讲演,用马克思主义阶级分析的方法,深刻地分析了抗日战争胜利后的中国政治的基本形势,提出了中国共产党的策略和方针。

是日,是毛泽东为新华社撰写《蒋介石在挑动内战》的评论。

是日,毛泽东给第十八集团军总司令发电报,揭露蒋介石的反革命面目,教育全国人民警惕蒋介石的内战阴谋。

8月14日,是日和20日、23日,蒋介石连发3封电报,邀请毛泽东去重庆进行"和平谈判"。

8月15日,日本政府宣布无条件投降。9月2日,日本代表在东京湾的美国"密苏里"号巡洋舰上签署了无条件投降书,中国人民历时8年之久的抗日战争胜利结束。

按:中国人民抗日战争的胜利具有伟大的历史意义。第一,它是中国人

---

① 金炳镐.民族纲领政策文献选编[M].北京:中央民族大学出版社,2006:327.

民近百年来反对外敌侵略的第一次取得完全胜利的民族解放战争。自鸦片战争以来,中国人民为反对外敌的侵略进行了长期英勇斗争,大多数都失败了或未能取得完全胜利,唯独这次斗争取得了完全的胜利,实现了驱逐日本帝国主义出中国的目的。不仅如此,它还推动了全世界一切殖民地和附属国争取国家独立和民族解放的斗争,为它们提供了宝贵的斗争经验。第二,中国人民的抗日战争是世界反法西斯战争的重要组成部分。中国人民在这次反法西斯战争中,承受和付出了巨大的代价和民族牺牲,对世界反法西斯战争的胜利做出了重大贡献。中国是世界上最早用武力反抗法西斯侵略的国家,也是反法西斯国家中独立作战最久的国家。中国人民的长期抗战,沉重地打击了日本帝国主义,牵制了日军大量兵力,直接配合了太平洋和欧洲战场的反法西斯战争。第三,抗日战争的胜利,为新民主主义革命在全国的胜利,准备了重要条件。抗日战争时期,中国人民革命力量得到空前的大发展,中共党员发展到 130 万,革命军队发展到 127 万,根据地发展到 19 块。这一切为后来打垮蒋介石的反动统治,解放全中国,奠定了基础。①

8 月 16 日,毛泽东为新华社撰写《评蒋介石发言人的谈话》的评论。

8 月 25 日,中共中央发布《中共中央对目前时局的宣言》,阐明中国共产党争取和平民主反对内战独裁的方针。

8 月 26 日,中共中央向全党发出《中共中央关于同国民党进行和平谈判的通知》,阐明中国共产党和平谈判的方针。

8 月 28—10 月 11 日,毛泽东、周恩来、王若飞等从延安乘飞机抵达重庆,开始与民国党政府进行谈判,史称"重庆谈判"。经过 43 天谈判,于 10 月 10 日签订《国共双方代表会议纪要》(即《双十协定》)。11 日,毛泽东等返回延安。

9 月 5 日,毛泽东接见《大公报》记者并发表谈话。

9 月 18 日,中共中央东北局在沈阳正式成立,东北局机关报《东北日报》随后创刊,以"一切为东北人民服务"为宗旨,成为马克思主义在东北传播的重要刊物。

9 月 29 日,中共中央宣传部发出《关于目前宣传方针问题的通知》。

10 月 17 日,毛泽东在延安干部会议上发表《关于重庆谈判》的报告,肯定了重庆谈判的成果,分析了《双十协定》签订以后的形势和任务,指明了中国共产党在新形势下的任务和方针,为第三次国内革命战争的胜利作了思

---

① 陈光林,主编.中共党史纲要[M].济南:山东人民出版社,1991:182.

想准备,表明了毛泽东的战略策略思想。

10月18日,根据中共东北局的指示,在中共滨江工委领导下,李兆麟联合各界民主人士谢雨琴、张廷阁、杜光预、李国钧等共同筹建中苏友好协会。会议选举李兆麟为会长。

11月5日,蒋介石撕毁《双十协定》,进攻解放区的内战规模已经日趋扩大。毛泽东以中共发言人的名义发表《国民党进攻的真相》的谈话。

11月7日,中共中央发出《关于对国民党军队进行宣传攻势的指示》。

是日,毛泽东为中共中央起草题为《减租和生产是保卫解放区的两件大事》的党内指示。

是月,东北书店在沈阳成立,出版发行了各种马克思主义相关著作,推动了马克思主义在东北地区的传播。

12月15日,毛泽东为中共中央起草党内指示《一九四六年解放区工作的方针》,指出军事学校应继续办理,着重技术人才的训练。

12月28日,毛泽东为中共中央起草题为《建立巩固的东北根据地》的给中共中央东北局的指示。

二、研究论文

[苏]格略塞尔作、葆荃译《马克思是怎样学习的》发表于《群众》第10卷第19期。

[苏]格略塞尔作、葆荃译《马克思是怎样研究和写作的》发表于《群众》第10卷第21—22期。

谢觉哉、谭政、莫休等《记毛泽东同志》发表于《新群众》第1卷第1期。

曹解《毛主席的故事》发表于《新大众》第2期。

曹解《斯大林元帅》发表于《新大众》第10期。

[苏]谢尔宾那作、小韦译《列宁与文学》发表于《中苏文化》第16卷第1—2期。

按:文章说:"伟大的苏维埃领袖,卓越的科学家乌拉基米尔·伊里奇·列宁相信有一种科学,用斯大林的话来说,它'当旧的传统,标准和原则已成为陈旧的和阻碍进步时,它有勇气与决心来推翻它们,同时它能够创造出新的传统、标准和原则'。列宁也将新的传统、标准和原则,引用到文学的研究中去;在文学的许多重要的方面,列宁主义——他所提出的主张——已经直接的影响了文学史与文学原理。列宁不仅奠定了文学批评的一般的原则,而且他自己也提供了一些经典的榜样。他对于赫尔岑、柏林斯基、车尔尼雪夫斯基、杜布罗留波夫、莎尔蒂可夫、谢德林、屠格涅夫、涅克拉索夫、格莱柏、乌斯朋斯基、莱夫·托尔斯泰和高尔基等人的作品的评语,为要获得对于这些或另外一些作家的了解,及对他们的作品和活动作进一步的研究,这些都是非常贵重的。列宁写的文艺批评,可以视为是在文学领域中坚确应用辩证唯物论的典范。……列宁的学说整个地讲起来,特别是他的文学批评,在俄国及其他国家里为文学研究奠立了新的较高的标准。是他为苏联艺术与文学开辟了一条道路,是他帮助了我们正确地理解过去文化价值。"

［苏］斯密尔诺夫作、方士人译《列宁和民主》发表于《中苏文化》第 16 卷第 1—2 期。

［苏］维金涅夫作、魏辛译《列宁的伟大思想》发表于《中苏文化》第 16 卷第 4 期。

邓光等译《苏联艺术中的列宁的形象》发表于《中苏文化》第 16 卷第 5 期。

［苏］斯大林《论苏联宪法草案》发表于《苏联之友》第 2 期。

罗敦伟《评毛泽东先生〈论联合政府〉》发表于《战斗中国》第 1 卷第 6 期。

罗敦伟《毛泽东合作驱张》发表于《战斗中国》第 1 卷第 7 期。

［苏］土匈诺夫《恩格斯——学者和战士》发表于《时代杂志》第 5 卷第 16 期。

郭沫若《苏联十月社会主义革命纪念祝词》发表于《时代杂志》第 5 卷第 19 期。

邵力子《庆祝苏联建国二十八周年纪念》发表于《时代杂志》第 5 卷第 19 期。

苏尔《马克思主义辩证法关于发展中的新势力之不可克制性的法则》发表于《时代杂志》第 5 卷第 20—21 期。

［苏］柯马洛夫《史大林与苏维埃科学》发表于《时代杂志》第 5 卷第 20 期。

［苏］索罗金《苏联国民经济的社会主义计划化》发表于《时代杂志》第 5 卷第 20 期。

［苏］阿尔古斯《社会主义的优点》发表于《时代杂志》第 5 卷第 22 期。

［苏］刘赤柯夫《史大林宪法是世界上最民主的宪法》发表于《时代杂志》第 5 卷第 23 期。

戚礼朴《资本主义国家的宪法和社会主义国家的宪法》发表于《时代杂

志》第 5 卷第 23—25 期。

陈守礼《三民主义的资本论》发表于《工商青年》第 1 卷第 4—6 期。

魏信《革命家列宁》发表于《开民少年》第 5—6 期。

周之鸣《列宁论中国革命与世界革命》发表于《三民主义半月刊》第 4 卷第 12 期。

宋国枢《社会主义心理研究》发表于《三民主义半月刊》第 6 卷第 3 期。

宋国枢《社会主义心理研究》(续)发表于《三民主义半月刊》第 7 卷第 3—4 期。

[苏]拉斯基作、胡希汾译《社会主义与共产主义的分野》发表于《三民主义半月刊》第 7 卷第 7 期。

严伯行译《战时经济与社会主义》发表于《建设季刊》第 1 卷第 1 期。

沈志远《苏联社会主义经济体系下之特质》发表于《中国建设》第 1 卷第 6 期。

按:文章说:"社会主义底前身是资本主义,然而社会主义不能在资本主义被颠覆之后立时产生。科学社会主义底鼻祖马克思和恩格斯研究了共产主义社会底发生条件之后,得出了下面的结论:'在资本主义和共产主义社会之间,存在着由前者到后者的革命的改造时期。'同时他们又指明,在共产主义社会本身底发生历史中,必先经过它的低级阶段(即社会主义)——(参阅《哥达纲领批判》)。他们又阐明,劳工革命后社会主义经济组织底发展道路,必先经过一个过渡时期。关于过渡时期底种种特征,它的发展规律等等,不在这篇文章范围以内,这里暂略而不谈。"

狄侃《致毛泽东先生的公开信》发表于《大众(南京)》第 11 期。

张文伯《团结民主抗战的必由之路忠告中国共产党》发表于《星期周刊》第 20 期。

费哲译《德国民族社会主义之兴起与其实质》发表于《再生》第 101 期。

潘梓年《中国共产党》发表于《再生》第 104 期。

北帆《史大林略传》发表于《六艺》第 1 卷第 3 期。

华重属《所望于中国共产党者》发表于《大众》第 8 期。

吴韦戈《罗滨生夫人:论马克斯主义经济学》发表于《中农月刊》第 6 卷第 1 期。

萧芬《略论国民革命与无产阶级革命》发表于《民族正气》第 4 卷第 5—6 期。

张厚墉《毛泽东先生的词》发表于《平论》第 9 期。

张西曼《五四中的社会主义运动》发表于《民主与科学》第 1 卷第 4 期。

芸阁《社会主义的分析》发表于《军中文化》第 2 卷第 3 期。

郭应阳《美国人眼中的中国共产党》发表于《岭表论坛》第 1 卷第 2 期。

文彦《毛主席在重庆》发表于《工农兵》第 2 卷第 1 期。

毛泽东《在干部新年晚会上的讲话》发表于 1 月 2 日《解放日报》。

毛泽东《游击区也能够进行生产》发表于 1 月 31 日《解放日报》。

按：是为毛泽东为《解放日报》写的社论。

毛泽东、朱德《致斯大林电》发表于 2 月 23 日《解放日报》。

按：是为毛泽东、朱德为庆祝苏联红军建立 27 周年联名拍发的贺电。

毛泽东《电唁 A. 托尔斯泰逝世》发表于 3 月 8 日《解放日报》。

按：是为毛泽东为悼念苏联著名作家 A. 托尔斯泰逝世给苏联作家协会主席吉洪诺夫的唁电。

［美］斯坦因作、何锡麟译《八千六百万人民随着他的道路前进》（与中共领袖毛泽东——目前全世界最重要的人物之一——的第一次会见和谈话）发表于 3 月 29 日《解放日报》。

毛泽东《与英国记者斯坦因的谈话》发表于 3 月 29 日《解放日报》。

毛泽东《论军队生产自给，兼论整风和生产两大运动的重要性》发表于 4 月 27 日《解放日报》。

按：是为毛泽东为《解放日报》写的社论。

新华社《中国共产党举行第七次全国代表大会》发表于 5 月 1 日《解放日报》。

按：大会秘书长任弼时同志宣布开幕。他说：“我们党自成立以来，已有二十四年了。在这二十四年中，我们党经过了无数艰难困苦的斗争，经过了北伐战争、土地革命和抗日战争三个时期。我党二十四年来英勇奋斗的最主要的收获是：我党的主张获得了中国广大人民的拥护。中国人民在实际生活斗争中，体验到我党自成立以来所提出的反帝反封建的主张，也就是我党领袖毛泽东同志所指出的新民主主义方向，以及各项具体政策都是为了人民的利益。中国人民感觉到只有共产党，才能把他们从痛苦中拯救出来。他们把我们党看成洪涛险浪中的舵手。他们把希望寄托在我们党的身上，寄托在我们党的领袖毛泽东同志的身上。在二十四年的奋斗过程中，我们党产生了自己的领袖毛泽东同志。毛泽东同志的思想，已经掌握了中国广大的人民群众，成为不可战胜的力量。毛泽东同志，不仅成了中国人民的旗帜，而且成了东方各民族争取解放的旗帜！在最近两三年内，在中国和东方,将要发生有重大历史意义的变化。在这个时候,全国人民,全东方各民族和全世界各国的人民,都在注视着我们,在这巨大的事变中,我们将采取什么政策,什么步骤,来最后驱逐日本侵略者,建立新中国——新民主主义的中国。我们的大会,就是在这样的时机召开的。我现在正式宣布大会的开幕。"

毛泽东《论联合政府》(1945年4月24日在中共第七次代表大会上之政治报告)发表于5月2日《解放日报》。

按:报告科学地分析了国际国内形势,抓住当前时局的关键,郑重地提出了中国人民强烈希望建立民主联合政府、打败日本侵略者、建设新中国的基本要求。

社论《中国人民胜利的指南》(读毛泽东同志的《论联合政府》)发表于5月5日《解放日报》。

按:社论说:"毛泽东同志在中国共产党第七次代表大会上面,做了政治报告,题目叫做《论联合政府》。这个报告,提出了中国人民的基本要求,分析了国际形势与国内形势,对比了抗日战争中两条不同的路线,规定了中国共产党的一般纲领与具体纲领,规定了在国民党统治区、沦陷区与解放区的工作任务,最后,指示了怎样团结全党来实现党的任务。这个五万余言的文献,以马克思主义的科学方法,总结了八年来抗战的经验,总结了二十四年来新民主主义运动的经验,总结了百年来中国民主运动的经验,分析了国际国内的形势,分析了日寇的国内外形势、国民党统治区与解放区的形势,还分析了中国共产党党内党外的形势,规定了各方面的政策和任务。总起来是一句话:'走团结与民主的路线,打败侵略者,建设新中国。'"

新华社《中国共产党第七次大会胜利闭幕》发表于6月13日《解放日报》。

按:文章说:"七次大会对于党内的影响,也可以用团结大会与胜利大会来概括。七次大会的团结,是以毛泽东路线、毛泽东思想为指导原则的团结,是在广泛发展自我批评与党内民主基础上的团结。七次大会所通过的新党章,充分表现了这一点。新党章的前面加了一项总纲,在总纲上规定:'中国共产党,以马克思主义理论与中国革命实践之统一的思想——毛泽东思想,作为自己一切工作的指针,反对任何教条主义的或经验主义的偏向。'"
"中国共产党应该不掩盖自己工作中的错误与缺点。中国共产党应该用批评和自我批评的方法,经常检讨自己工作中的错误与缺点,来教育自己的党员和干部,并及时纠正自己的错误。'"

社论《团结的大会，胜利的大会》发表于 6 月 14 日《解放日报》。

毛泽东《在中共七大代表暨延安各界代表举行中国革命死难烈士追悼大会上的悼词》发表于 6 月 19 日《解放日报》。

张宗麟《中国人民应该批准"论联合政府"》（在延大学习会上讲话）发表于 7 月 5 日《解放日报》。

［苏］加里宁作、陈风译《关于精通马克思列宁理论》发表于 8 月 21 日《解放日报》。

毛泽东《为国共会谈在重庆发表谈话》发表于 9 月 14 日《解放日报》。

蒋端方《说出了人民心里的话》（《论联合政府》读后感）发表于 10 月 6 日《解放日报》。

毛泽东《在军事委员会大礼堂晚会上的演说》发表于 10 月 9 日《解放日报》。

编者《苏联科学院纪念恩格斯一百二十周年诞辰》发表于 12 月 2 日《解放日报》。

毛泽东《一九四五年的任务——十二月十五日在陕甘宁边区参议会演说》发表于 1 月 1 日《新华日报》。

编者《斯大林论列宁》（列宁逝世二十一周年纪念特辑）发表于 1 月 21 日《新华日报》。

陈桑《革旧更新——因纪念列宁而想到的》发表于 1 月 21 日《新华日报》。

毛泽东《两三年内完全学会经济工作——一月十日在陕甘宁边区劳动英雄模范工作者大会上讲话》发表于 2 月 27 日《新华日报》。

［苏］格里哥里也夫作、赓译《列宁论孙中山——伟大的民主主义者》发表于 3 月 12 日《新华日报》。

［苏］库法耶夫《列宁与儿童》发表于 4 月 4 日《新华日报》。

葆荃辑译《欧美几位作家论列宁》发表于 4 月 22 日《新华日报》。

［苏］斯达索娃《伟大的夫妇（列宁与克鲁普斯卡娅）》发表于 4 月 22 日《新华日报》。

柳六文《我所知道的毛泽东先生二三事》发表于 9 月 8 日《新华日报》。

虞挺英《论文字工作——介绍"向列宁学习工作方法"》发表于 10 月 14 日《新华日报》。

史扬《我们需要一本毛泽东传》（读者提议）发表于 11 月 8 日《新华日报》。

虞挺英《社会主义从空想到科学的发展》发表于 11 月 25 日《新华日报》。

虞挺英《列宁主义的工作作风——介绍"斯大林论列宁"》发表于 12 月 2 日《新华日报》。

毛泽东《对〈大公报〉记者的谈话》发表于 9 月 6 日重庆《大公报》。

社评《祝苏联国庆》发表于 11 月 7 日重庆《大公报》。

西门宗华《苏联与世界和平》发表于 11 月 7 日重庆《大公报》。

三、研究著作

吴恩裕著《马克思的政治思想》由重庆商务印书馆出版。

按：是书乃作者在英国伦敦大学政治经济学院的博士论文。作者从学术研究的角度出发，研究了马克思所有的著作，分析马克思关于方法、哲学、历史、经济、政治、伦理等方面的理论。第一章旨在说明马克思的方法论的性质，以及他对方法论的意见。第二章介绍马克思主义哲学。第三章阐述了马克思的历史唯物主义。第四章分析了马克思的革命理论。第五章介绍马克思批评康德和边沁的伦理和政治学说，包括他们政治上的自由主义和以"善意"为核心的伦理学说。第六章说明马克思关于道德与人性的见解，并解释了共产主义与道德的关系。①

［美］威廉著，刘芦隐、郎醒石译《马克思主义与社会史观》由中国文化服务社出版。

［德］梅林著、罗稷南译《马克斯传》由上海骆驼书店出版。

［苏］列宁著、何锡麟等译、张仲实校《列宁选集》（第 11 卷下）由延安解放社出版。

［苏］列宁著，何锡麟、林仲译，张仲实校《列宁选集》（第 16 卷）由延安解放社出版。

［俄］T. 兹拉托戈洛瓦、A. 卡普勒著，林淡秋译《列宁在一九一八年》由张家口新华书店晋察冀分店出版。

［苏］高尔基著《列宁》由东北中苏友好协会出版。

韬奋书店编《列宁与斯大林的故事》由韬奋书店出版。

谢尔基编《列宁与斯大林论瓜分中国》由大众文化书店出版。

按：是书分为中国是世界帝国主义的剥削对象、危及两个世界的斗争和

---

① 刘凌，吴士余，主编. 中国学术名著大词典·近现代卷［M］. 北京：汉语大词典出版社，2001：208-209.

帝国主义矛盾的加剧、日本帝国主义与日美间的矛盾、中国民族革命战争、胜利的条件 5 部分，叙述列宁与斯大林关于瓜分中国、民族革命战争的问题。

〔苏〕斯大林著《关于红军之三个特点》由哈尔滨中苏友好协会出版。

按：是为斯大林在莫斯科苏维埃纪念红军十周年而召集的全体会议上的演说。

〔英〕茅里斯·杜勃著、端木琦译《苏联概观》由上海商务印书馆出版。

按：是书介绍苏联的历史、地理、经济、政治、教育、军队，以及德苏战争情况。

〔美〕辛都斯著、魏敬译《苏联的新面目》由重庆时与潮社出版。

按：是书分愤火燃烧的俄罗斯青年、俄罗斯的成年、俄罗斯的新社会、俄罗斯的妇女与儿童 4 篇。

〔苏〕勃洛克编著，卫惠林、华清译《苏联的人与地》由成都今日新闻社出版。

钟焕新著《苏联地方自治》由贵阳文通书局出版。

〔美〕洛克斯、霍德著，陈瘦石译述《比较经济制度》由重庆商务印书馆出版。

按：是书分 7 编，论述乌托邦主义先驱者、马克思的社会主义与共产主义学说、现代社会主义与共产主义、苏联经济、意德法西斯主义及消费合作运动等。

焦敏之编《苏联十六国的经济》由重庆中外出版社出版。

焦敏之编《苏联的经济》由重庆中外出版社出版。

按：是书取材于苏联 M. 库特里阿佛佐夫所著《苏联各民族友爱的经济基础》和库尔斯克所著《苏联计划经济》等书，介绍了苏联各加盟共和国的经济概况。

〔美〕比安士铎等著、王云五译述《苏联工农业管理》由重庆商务印书馆出版。

〔苏〕格利歌利夫著、刘曙光译《苏联劳动效率》（苏联建设小丛书）由重庆中华书局出版。

陆丰编著《苏联司法制度》由上海大东书局出版。

〔苏〕哈察特洛夫著、吴清友译《苏联交通》由重庆商务印书馆出版。

按：是书根据《苏联经济地理》一书中关于苏联交通一章译出。

蒋蕴青编《苏联军队政治工作》由军事委员会政治部出版。

林石父著《苏联外交政策史论》由云风出版社出版。

侯外庐著《苏联历史学界诸论争解答》由重庆建国书店出版。

按：是书乃关于历史发展规律的研究。包括关于社会发展史指导律的问题、关于亚细亚古代社会法则的问题、关于亚细亚生产方法适用于古代中国的问题、关于苏联新社会发展法则的问题等。附录：《关于社会主义生产关系与生产力适应的论争》。

［苏］高尔基著、戈宝权译《我怎样学习写作》由重庆读书出版社出版。

［美］史笃威著、必力译《从重庆到苏联》由上海复兴出版社出版。

华东军区政治部编《廿六年的苏联与中国》由编者出版。

按：是书收录《列宁、史大林等论十月革命》《孙中山论十月革命与苏联》《中苏友谊同盟条约及其他协定》《远东持久和平的基石》等5篇文章。

毛泽东著、晋察冀日报社编《毛泽东选集》由晋察冀新华书店出版。

毛泽东著《毛泽东选集》（第1卷）由新四军根据地苏中出版社出版。

按：《毛泽东选集》第一至四卷，是毛泽东同志亲自主持编辑的。第一卷包括了毛泽东同志在第一次国内革命战争时期和第二次国内革命战争时期的重要著作。其中有中国抗日民族统一战线在目前阶段的任务、反对日本帝国主义进攻的方针方法与前途、国共两党统一战线成立后中国革命的迫切任务、关于共产党与抗战及民主政治问题、关于抗战与团结的前途问题、关于"一党专政问题"、在延安纪念孙中山逝世十三周年及追悼抗敌阵亡将士大会的演讲、在延安各界国民精神总动员及"五一"劳动节大会的演讲、五四运动、抗日游击战争的战略问题等。

毛泽东著《毛主席三大名著》由河北涉县新华书店出版。

毛泽东著《论持久战》由新华书店晋察冀分店出版。

毛泽东著《论新阶段》由辽东建国书社出版。

毛泽东著《中国革命与中国共产党》由新华书店晋察冀分店出版。

毛泽东著《新民主主义论》由七七出版社出版。

毛泽东著《新民主主义论》由太岳新华书店出版。

毛泽东著《新民主主义论》由江淮新华书店出版。

毛泽东著《新民主主义论》由鲁南新华书店出版。

毛泽东著《新民主主义论》由渤海新华书店出版。

毛泽东著《新民主主义论》由华北新华书店出版。

毛泽东著《论联合政府》由晋察冀日报社出版。

毛泽东著《论联合政府》由黎明报社出版。

毛泽东著《论联合政府》由胶东大众报社出版。

毛泽东著《论联合政府》由冀鲁豫书店出版。

毛泽东著《论联合政府》由冀中导报社出版。

毛泽东著《论联合政府》由新华书店晋察冀分店出版。

毛泽东著《论联合政府》由新知识书社出版。

毛泽东著《论联合政府》由前锋报社出版。

毛泽东著《论联合政府》由淮南日报社出版。

毛泽东《论联合政府》由拂晓社出版。

毛泽东著《论联合政府》由渤海新华书店出版。

毛泽东著《论联合政府》由华北新华书店出版。

毛泽东著《论联合政府》由解放社出版。

毛泽东著《论联合政府》由联政出版。

毛泽东著《论联合政府》由涉县新华书店出版。

毛泽东著《论联合政府》由苏中出版社出版。

毛泽东著《论联合政府》由太岳新华书店出版。

毛泽东著《论联合政府》由新华书店出版。

毛泽东等著《中国共产党第七次全国代表大会文献》由解放社出版。

毛泽东《1945年4月25日在中国共产党第七次全国代表大会上之政治报告》由拂晓社出版。

毛泽东《一九四五年的任务》由七七出版社出版。

冀察冀日报社编《团结的大会胜利的大会》由编者出版。

大智编《团结的大会胜利的大会》由新华书店晋察冀分店出版。

［美］爱泼斯坦等著、齐文编译《毛泽东在重庆》由上海合众出版社出版。

［美］爱泼斯坦等著、齐文编《毛泽东印象》由旅顺民众书店出版。

按：是书编者从记者和作家们发表的有关毛泽东的访问记和印象记中选出9篇，编辑成集，作为毛泽东的简要传记。

［美］爱泼斯坦等著、齐文编《毛泽东印象》由华北新华书店出版。

萧三著《毛泽东同志的初期革命活动》由华北新华书店出版。

萧三著《毛泽东同志的初期革命活动》由太岳新华书店出版。

萧三著《毛泽东同志的初期革命活动——伟大的五十年的一章》由苏北出版社淮海分社出版。

刘少奇著《论共产党员的修养》由冀中导报社出版。

辽东建国图书社编《中国共产党抗战一般情况的介绍》由编者出版。

刘少奇著《关于党章报告》由中共中央华中分局出版。

按：邓子恢在书前附注中说明，本文乃报告原稿，尚未经党中央最后修改。

《中国共产党党章——一九四五年六月十一日中国共产党第七次全代表大会通过》由中共中央书记处出版。

林桂圃著《国父论马克思主义及其他》由重庆现实出版社出版。

按：是书收录《国父论马克思主义及其他》《国父论近代民主政治》《国父论不平等条约》3篇文章。

四、卒于是年的研究者

费巩(1905—1945)卒。原名费福熊，字铁寒，又字香曾，江苏吴江人。1926年毕业于复旦大学政治学系。1928年出国深造，在英国牛津大学攻读政治经济学。1931年回国，任《北平日报》社评委员。1932年任教于复旦大学。1933年应聘浙江大学，兼任注册课主任。1945年3月5日在重庆被国民党杀害。1978年9月被上海市革命委员会追认为革命烈士。著有《中国政治思想史》《中国政治制度史稿》《中国政治史》《中国经济问题》《中国政理》《政治经济学原理》《世界各国政体》《英国政治组织》《比较宪法》等。

按：贝时璋《悼念费巩烈士》说："如塘之荷，洁白超逸，污泥不染，芳香四溢。黔中浙滨，教育诸生，诲人不倦，鞠瘁乃身。有松有柏，秉性忠烈，救亡图存，宣传马列。生得伟大，死得光荣，追求真理，浩气长存。"①

---

① 正棠，玉如.费巩传——一个爱国民主教授的生与死[M].上海:生活·读书·新知三联书店，1981:194.

民国三十五年　丙戌　1946 年

一、研究背景

1 月 10—31 日,政治协商会议(史称旧政协)在重庆召开,周恩来率领中共代表团出席会议。会后,中共代表团住在重庆曾家岩 50 号,一方面继续与国民党谈判,一方面领导国统区人民进行争取和平民主的斗争。

1 月 13 日,中共中央宣传部发出《关于停战后的宣传方针的通知》。

2 月 1 日,中共中央发出《关于目前形势与任务的指示》,要求广大党员干部"将更加依靠自己的主动性与创造性,去进行自己的工作,他们应该比过去更加团结,更加守纪律,更加学习马列主义与毛泽东思想,更加提高政治工作,借以保持与提高自己作为无产阶级先进战士的本质,因而也就能够保持与提高我们的军队作为人民军队的本质"①。

2 月 7 日,中共中央发出《关于争取蒋介石国民党向民主方面转变暂时停止宣传攻势的指示》。

3 月 8 日,中共中央宣传部发出《关于广播、报纸宣传方针的通知》。

4 月 29 日,中共中央宣传部发出《关于抓紧宣传争取主动的指示》。

是月,毛泽东针对当时对于国际形势的一种悲观估计而撰写了《关于目前国际形势的几点估计》的文章,当时未发表,只在中共中央一部分领导同志中间传阅过。一九四七年十二月的中共中央会议,印发了这个文件。

5 月 4 日,中共中央发出《关于清算减租减息及土地问题的指示》(即《五四指示》),规定了解决土地问题的方法和政策,决定将抗日战争以来的减租减息政策,改变为实现"耕者有其田"的政策。

5 月 13 日,中共中央发出《关于目前解放区土地改革宣传方针的指示》。

6 月 26 日,蒋介石撕毁停战协议和政协协议,大举进攻中原解放区,从此发动了向全国各个解放区的全面进攻,重新爆发了全国内战。

7 月 8 日,中共中央发出《关于发表消息应力求迅速准确的指示》。

---

① 中央档案馆,编. 中共中央文件选集:第 16 册[M].北京:中共中央党校出版社,1992:64-65.

7月20日,毛泽东为中共中央起草《以自卫战争粉碎蒋介石的进攻》的党内指示,要求全党建立起一定能够战胜蒋介石的信心。

7月21日,中共中央宣传部发出《关于对美宣传中的政策问题的通知》。

8月1日,中共中央宣传部发出《关于大力加强对外宣传与分工的指示》。

8月6日下午,毛泽东在延安杨家岭接见美国记者安娜·路易斯·斯特朗,并进行一次谈话,在与《和美国记者安娜·路易斯·斯特朗的谈话》中,提出一切事物无不具有两重性的观点,认为"一切反动派都是纸老虎"。

8月20日,中共中央决定撤销北方局,成立晋冀鲁豫中央局,由邓小平任书记,薄一波任副书记。同时成立以聂荣臻为书记的晋察冀中央局。

8月23日,为加强军事工作,中共中央决定成立新的中国共产党中央军事委员会,委员有毛泽东、朱德、刘少奇、周恩来、彭德怀、陈毅、聂荣臻、贺龙、徐向前、刘伯承、林彪、叶剑英,由毛泽东任主席,朱德、刘少奇、周恩来、彭德怀任副主席。

9月15日,中共中央决定成立以彭真为书记的东北局,以便迅速、坚决地争取东北,在东北发展壮大我党的力量。

9月16日,毛泽东为中共中央军事委员会起草《集中优势兵力,各个歼灭敌人》的党内指示。

9月19日,为实现党中央"向北发展,向南防御"的战略意图,中共中央决定成立冀热辽中央局,李富春任书记。

9月29日,毛泽东和美国记者斯蒂尔发表谈话,谈《美国"调解"真相和中国内战前途》问题。

10月1日,毛泽东为中共中央起草《三个月总结》的党内指示,详细地总结了一九四六年七月全国规模内战爆发以来的三个月战争的一系列经验,提出了人民解放军在今后的作战方针和作战任务,指出了人民解放战争在克服一个时期的困难以后必然能够取得胜利。

10月4日,中共中央发出《关于建立新华社特约记者的通知》。

10月19日,徐特立在西北党校作关于党纲的第三次报告,题为《关于毛泽东思想的报告》。

按:徐特立说:"党是无产阶级最先进的、最有组织的部队。这一个一定要记得,一定是先进的,一定是和群众有差别的,不要和群众一样。要比群众高明,比群众积极,要领导群众,不做尾巴;要站到群众中,不是跟着群众跑,也不是站在前面不管他们。我们要发展生产力,这是前进的,但还要有组织,党要负责所有的组织,要经过我们领导的所有组织,来照顾所有的党员;无论做经济工作的,做政治工作的,做文化工作的,常找他们,与他们谈话,学会使用战略策略,这叫做灵活性。这种灵活性,能对付复杂性。不怕中国任何复杂曲折的道路,我们用灵活的战略与策略去干,就可以获得最后的胜利。这是很重要的。除了前进的、有组织的战略策略,还有一个唯物史观的辩证法,还有列宁主义,马克思主义的战略与策略,这些是党的全部的一套。"①

10 月 25 日,中共中央决定将华中局与山东分局合并成立中共华东中央局,由饶漱石任书记,陈毅、黎玉任副书记。

10 月 30 日,中共中央决定将 8 月成立的鄂豫皖中央局改称为中原局,由郑位三代理书记。

11 月 18 日,毛泽东为中共中央起草《关于暂时放弃延安和保卫陕甘宁边区》的党内指示。

12 月 28 日,中共中央发出《建立巩固的东北根据地》的指示,认为党现在的任务是建立东北根据地。

二、研究论文

[苏]伏尔金作、李立三译《辩证法唯物论和历史科学》发表于《群众》第 11 卷第 3—4 期。

林默涵《毛泽东的人生观及其他》发表于《群众》第 11 卷第 10 期。

按:文章说:"在张家口出版的《北方文化》第一期到第四期上,读到张如心先生的关于毛泽东的讲座:一、毛泽东的人生观,二、毛泽东的科学方法,三、毛泽东的科学预见,四、毛泽东的作风。这几篇文章,把毛泽东的几个主要的特点,很好的表现出来了。不但帮助我们了解这个伟大的人们领袖毛泽东,而且给了我们许多启示和教育,给了我们一个学习的楷模。下面是读这几篇的笔记和我自己的一点感想。……毛泽东的人生观,就是这广大人们的人生观的代表,是广大人民的人生观的集中表现。"

卓芸《斯大林谈话——和平的灯塔》发表于《群众》第 12 卷第 10 期。

陈家康《从史大林所谈国际局势看中国问题》发表于《群众》第 13 卷第 3 期。

---

① 　武衡,谈天民,戴永增,主编.徐特立文存:第三卷[M].广州:广东教育出版社,1995:225.

[苏]V.谢尔宾拉作、戈宝权译《列宁论文艺理论》发表于《理论与现实》第3卷第1期。

罗克汀《辩证唯物论与科学》发表于《理论与现实》第3卷第1期。

[苏]K·布罗可普夫作、黄药眠译《恩格斯和唯物论的美学》发表于《理论与现实》第3卷第3期。

按：文章说："近年以来，有好多人企图把艺术加以马克斯主义的解释，于是把前世纪末叶的作家如普列哈诺夫、拉必里峨拉、梅林和威廉摩理斯所建立下来的理论，重新复活一遍。但是，在我看来，晚近以来对于这一方面的比较新的探讨，其弊在于把问题过分简单化。在某一部分的人们，始终还相信着：马克斯主义是制好了的药方，可以'应用'到所有的知识部门。但假如把马克斯和恩格斯的著作更彻底的研究一下，我们就会清楚地知道，这样把唯物论的图式'应用'一下的方法，是和这一个学识的创始人的意志是完全相反的。"

罗克汀《列宁与自然辩证法》发表于《理论与现实》第3卷第3期。

[英]杜德《社会民主主义与共产主义》发表于《理论与现实》第3卷第3期。

[苏]史塞别那作、什之译《苏联文学中的列宁》发表于《综合》第1卷第7期。

按：文章说："关于列宁，所写的最好的作品，是高尔基和玛耶可夫斯基的作品。高尔基和玛耶可夫斯基是第一个把领导者和人的列宁的活生生的特点熔合在他们的作品中，着重地指出了列宁的天才的先见之明。高尔基的回忆琐记以俄罗斯社会民主工人党的伦敦大会开头，他在那里第一次看到了列宁。'用笔来描摹他是困难的'，他说道。他是质朴而率直，他所说的话也莫不这样。……玛耶可夫斯基的《列宁》一诗，是一个要描绘列宁的大幅画像以及要记录他一生的行径的企图。这是列宁故事的直接压力底下写的，玛耶可夫斯基像一切苏联人民一样，深深感到一切进步的人类所受到的损失。他的《列宁》一诗，反映了人民的悲痛以及他们要继续列宁的工作的欲望。这首诗讲到列宁的生涯。一个革命家的列宁一生的片段，是人民的历史发展上的各阶级。"

[美]斯坦因作、魏伯译《毛泽东的主张》发表于《东山文化》第1卷第2期。

张松如《新民主主义与共产主义》发表于《东北文化》第1卷第1—2期。

张如心《毛泽东的人生观》（在华北联大的讲演）发表于《北方文化》第1卷第1期。

张如心《毛泽东的科学方法》(兼论新民主主义革命学说)发表于《北方文化》第 1 卷第 2 期。

按：文章说："毛泽东是中国马克思主义最杰出最完整的代表,他的科学方法也即是马克思主义的辩证法唯物论(运用于社会历史便是历史唯物论)。辩证法唯物论如众所俱知是无产阶级的世界观,同时也是他认识世界与改造世界的革命行动底方法。关于辩证法唯物论此处无必要详述,我只想说明毛泽东关于理论与实践的关系底基本论点,因这是辩证法唯物论也即是毛泽东的科学方法底基本问题。毛泽东认为人类一切科学知识科学理论都是来自于客观的实践,换句话说,都是客观实践在人的头脑中的反映。例如从古到今,世界上的知识只有两门,一门叫做生产斗争的知识；一门叫做阶级斗争的知识(民族斗争的知识也包括在内),自然科学、社会科学就是这两门知识的结晶。自然科学是人类通过生产的活动,逐渐了解自然界的规律而造成的,社会科学是人类通过社会的生产活动、社会的政治活动(阶级斗争、民族斗争)逐渐了解社会的规律而产生的,离开了这些客观的实践活动要获得这些知识是不可能的。这是毛泽东的科学方法最基本的真理,这一真理被几千年来科学发展的历史所反复证实了的。"

张如心《毛泽东的科学预见》(没有预见,谈不上领导——毛泽东)发表于《北方文化》第 1 卷第 3 期。

萧三《对〈毛泽东故事选〉的几点重要更正》发表于《北方文化》第 1 卷第 6 期。

秦兆阳《"俺们毛主席有办法"——老乡们关于毛主席的故事》发表于《北方文化》第 2 卷第 3 期。

[美]斯坦因《毛泽东的主张》发表于《北方文化》第 2 卷第 3 期。

蓝公武《我所见到的中国共产党》发表于《北方文化》第 2 卷第 3 期。

萧三《毛泽东同志传略》发表于《北方文化》第 2 卷第 9 期。

按：文章说：人们曾这样歌颂毛泽东："他的感情是人民群众的感情,他的喜、怒、哀、乐是人民群众的喜、怒、哀、乐。毛泽东同志——人民的领袖！毛泽东同志——中国真正大智大勇大仁的人物！中国广大的老百姓称他为'毛圣人''救星''福星'……是的,毛泽东同志——中国有史以来第一个真正的救人民的,为人民造福的圣人！"

[美]斯特朗《毛主席访问记》发表于《群众文摘》第 4 期。

娄子伦《急进的社会主义者——马克思》发表于《读者文摘》第 2 卷第 5 期。

顶踵《略评〈马克斯的政治思想〉》发表于《青年知识》第 2 卷第 1 期。

白尼德《列宁的演说》发表于《民主青年》第 2 期。

魏时珍《不要资本主义,也不要共产主义,第三条路自由的社会主义》发表于《青年世界》第 2 卷第 5 期。

于力《"没有共产党就没有新中国"——读〈中国革命和中国共产党〉》发表于《时代青年》第 2 卷第 3 期。

毓民《学习毛泽东思想之一得——纪念中共二十五周年对党史的回忆》发表于《时代青年》第 2 卷第 3 期。

萧三《毛泽东同志的儿童时代》发表于《时代青年》第 2 卷第 5 期。

方唯若《斯大林的故事》发表于《时代青年》第 3 卷第 1 期。

刘叶舟《民生主义与共产主义之比较》发表于《青年与时代》第 1 卷第 1 期。

〔苏〕玛丽爱妲·莎吉娘作、林之同译《列宁的祖先》发表于《时代杂志》第 6 卷第 3—5 期。

〔苏〕柯尔尼夫作、林之同译《资本主义国家的民主与社会主义国家的民主》发表于《时代杂志》第 6 卷第 9—11 期。

〔苏〕雅洛斯拉夫斯基作、林之同译《论巴黎公社》(纪念巴黎公社创立七十五年)发表于《时代杂志》第 6 卷第 10 期。

〔苏〕特拉伊宁《社会主义内容与民族形式的文化》发表于《时代杂志》第 6 卷第 13 期。

什之《史大林指示的胜利之路》发表于《时代杂志》第 6 卷第 18 期。

葆荃辑译《列宁和史大林论高尔基》发表于《时代杂志》第 6 卷第 23 期。

〔苏〕高尔基作、戈宝权译《论社会主义的现实主义》(高尔基研究)发表于《时代杂志》第 6 卷第 27 期。

〔美〕Lamont C. 作、古琴译《俄罗斯苏维埃联邦社会主义共和国——苏联各民族概况》发表于《时代杂志》第 6 卷第 34—39 期。

萧三《高尔基底社会主义的美学观》发表于《时代杂志》第 6 卷第 37 期。

萧三《高尔基底社会主义的美学观》发表于《时代杂志》第 6 卷第 40 期。

〔苏〕索柯洛夫《伟大十月社会主义革命时列宁在斯莫尔纳宫中》发表于《时代杂志》第 6 卷第 43—44 期。

〔苏〕斯瓦尔格《领导伟大十月社会主义革命的布尔雪维克党中心内的史大林》发表于《时代杂志》第 6 卷第 43—44 期。

〔苏〕柯里昂诺夫作、十宜译《走向社会主义建设的新胜利》发表于《时代杂志》第 6 卷第 43—44 期。

〔苏〕赫利亚皮奇作、何歌译《伟大十月社会主义革命简史》发表于《时代杂志》第 6 卷第 43—44 期。

〔苏〕柯华列夫斯基作、小诸译《伟大的十月社会主义革命挽救了俄罗斯国家的崩溃》发表于《时代杂志》第 6 卷第 43—44 期。

〔苏〕谢列克脱作、何歌译《苏联民族的友谊——十月社会主义革命的伟大收获》发表于《时代杂志》第 6 卷第 43—44 期。

〔苏〕斯米尔诺夫作、云林译《列宁与史大林——伟大十月社会主义革命的领袖》发表于《时代杂志》第 6 卷第 43—44 期。

〔苏〕柯华列夫斯基作、小诸译《伟大的十月社会主义革命挽救了俄罗斯国家的崩溃》发表于《时代杂志》第 6 卷第 43—44 期。

〔苏〕葛利高列夫作、祖立译《社会主义竞赛在苏联》发表于《时代杂志》第 6 卷第 46 期。

萧三《高尔基底社会主义的美学观》发表于《时代杂志》第 6 卷第 48 期。

〔苏〕李昂季叶夫作、黄炎译《史大林宪法——反侵略和反法西斯的大纛》发表于《时代杂志》第 6 卷第 48 期。

〔苏〕维辛斯基作、何歌译《史大林——列宁事业的承继者》发表于《时代杂志》第 6 卷第 50 期。

铿之《毛泽东思想批判》发表于《时代（重庆）》第 25 期。

戚礼朴《论社会主义国家的宪法——资本主义国家的宪法和社会主义国家的宪法》发表于《中苏文化》第 17 卷第 1—3 期。

邵力子《苏联需要和平——为苏联建国廿九周年纪念而作》发表于《中苏文化》第 17 卷第 2 期。

按：文章说："中国与苏联在战争胜利之时，首先缔定了三十年友好同盟条约，两国信守条约的约束，更可以发扬两国和平立国的真精神，而在内政建设方面，中国须向苏联学习者实在甚多，因此，中苏两国的文化交流在今日更为必需，这对于世界和平亦有帮助的。"

侯外庐《斯大林谈话对于世界和平的贡献》发表于《中苏文化》第 17 卷第 7 期。

〔苏〕马克尔斯《斯大林与苏联社会主义工业化》发表于《中苏文化》第 17 卷第 9 期。

崔特林《列宁的引证》发表于《苏联文艺》第 18 期。

〔苏〕奥尔宗尼基子《伟大十月社会主义革命》发表于《苏联文艺》第

24 期。

  [苏]列宁《论托尔斯泰》发表于《苏联文艺》第 26 期。

  郝郁文《社会主义国家中的妇女》发表于《胶东大众》第 31 期。

  乐观《中国共产党的发展》发表于《新上海》第 11 期。

  余园《民主与社会主义》发表于《再生周刊》第 137 期。

  白旭《罗素论马克思》发表于《再生周刊》第 142 期。

  按:文章说:"马克思和边沁,和詹斯、密尔一样,和浪漫主义无丝毫渊源。其论事论学,都刻意求其观点与方法能合乎科学。马克思的经济学仍原于英国古典的经济学。古典的经济学家,自觉地或不自觉地,在为资本家谋福利,一方面抗地主,一方面压工人。马克思则相反地,他要代表工人阶级的利益。如他在一八四八年《共产党宣言》里所表露的,他年青时确将一段火样的热情,但是他不以为有了热情,便等于有了革命所需要的一切,他处处都要诉之于证据,不相信科学以外的什么直觉之类的东西。他自称为唯物论者,但非十八世纪唯物论者之俦。他的唯物论,在黑智儿影响之下,他名之为'辩证的',与传统的唯物论有显著而重要的分别。反而与近世所谓工具主义有类似之处。马克思说,旧唯物论误认感觉是被动的,所以将'认识'这一件事实的根原归之于物。自马克思看来,凡一切感觉与知觉,都是认识的主体(即一般所谓心),和被认识的客体(即一般所谓物),交互作用之结果。"

  侯绍章《日本人民转向社会主义》发表于《再生周刊》第 154 期。

  潘梓年《中国共产党》发表于《再生》革新版第 5 期。

  柳西叔《中国共产党关系文献考》发表于《新路周刊》第 4—5 期。

  陈安仁《与毛泽东先生论新民主主义的政治》发表于《新生路月刊》第 12 卷第 1—2 期。

  胡寄窗《二十世纪之社会主义经济理论》发表于《经济论评》第 4—6 期。

  司马圣《毛泽东论》发表于《中坚》第 1 卷第 1 期。

  司马圣《中国共产党与中产阶级》发表于《中坚》第 1 卷第 2 期。

  杜采《评毛泽东的〈文艺问题〉》发表于《中坚》第 1 卷第 6 期。

  诸里《中国共产党的发起人》发表于《沪光》第 4 期。

  [苏]列宁《列宁论国际主义》发表于《新旗》第 2 期。

  兰因《第三国际解散后的各国共产党》发表于《新旗》第 5 期。

  华世铭《无产阶级领导革命》发表于《新旗》第 7 期。

  言保珍《人生观与社会主义》发表于《新旗》第 8 期。

穆德《再论中国共产党底革命观》发表于《新旗》第 9 期。

刘不同《今日共产主义之敌是谁》发表于《民主与统一》第 7 期。

梅忍寒《一国社会主义与列宁》发表于《民主与统一》第 20 期。

〔日〕佐野学《毛泽东的新民主主义》发表于《民主文化》第 1 卷第 1 期。

孙宝毅《"民主主义的政治"及社会主义的经济——响应一个新的革命运动》发表于《民主世纪》第 13 期。

罗刚《论辩证法与三民主义及马克斯主义的关系》发表于《三民主义半月刊》第 9 卷第 8 期。

刘文岛《〈共产党宣言〉批判》发表于《三民主义半月刊》第 9 卷第 8 期。

袁月楼《唯生史观的理论系统》发表于《文化先锋》第 5 卷第 20 期。

墨徒《论中国共产党》发表于《人间》第 7—11 期。

〔美〕William G. Carloton 作、毛英汉译《欧洲往何处去——社会主义呢？共产主义呢？》发表于《世界与中国》第 1 卷第 3 期。

〔日〕中西功《毛泽东周围的人们》发表于《世界》第 7 期。

〔日〕岩村三千夫《毛泽东论》发表于《世界》第 7 期。

潘梓年《介绍中国共产党》发表于《大威周刊》第 1 卷第 13—14 期。

华《毛主席》发表于《教育阵地》第 7 卷第 3 期。

〔美〕斯坦因《毛泽东会见记》发表于《白山》第 5 期。

翟松年《中国共产党的三派》发表于《报报》第 2 卷第 4 期。

秋水《克鲁泡特金评马克斯派》发表于《新潮》第 4 卷第 7—8 期。

陈原《斯大林的青年时代》发表于《中学生》第 93 期。

编者《中国共产党是怎样组成的》发表于《中立》第 2 期。

李旭《民生史观与唯物史观之比较的研究》发表于《训练导报》第 3 卷第 8 期。

〔苏〕罗森塔尔作、岳光译《唯物辩证法的范畴是什么》发表于《新文化》第 1 卷第 6 期。

〔苏〕罗森塔尔作、岳光译《论辩证法的核心——对立的统一与斗争法则》发表于《新文化》第 2 卷第 2—3 期。

〔苏〕罗森塔尔作、岳光译《形而上学与辩证法》发表于《新文化》第 2 卷第 7 期。

罗稷南《〈马克思传〉译后记》发表于《新文化》第 3 卷第 4 期。

胡适《胡适之给毛泽东的信》发表于《智慧周刊》第 10 期。

按：胡适之去年八月在纽约曾有一电致毛泽东，特志于次，以见其对国事之主张。原电云："润之先生：顷见报载，传孟真转述兄问候胡适之语，感念旧好，不胜驰念。二十二晚与董必武兄长谈，适陈述鄙见，以为中共领袖诸公，今日宜审查世界形势，爱惜中国前途，努力忘却过去，瞻望将来，痛下决心，放弃武力，准备与中国建立一个不靠武装的第二政党。公等若能有此决心，则国内十八年之纠纷一朝解决，而公等二十余年之努力皆可不致因内战而完全消灭。美国开国之初，吉福生十余年和平奋斗，其所创之民主党遂于第四届大选获得政权。英国工党五十年前仅得四万四千票，而和平奋斗之结果，今年得一千二百万票，成为绝大多数党。此两事，皆足供深思。中共今日已成第二大党，若能持志以耐心毅力，将来和平发展，前途未可限量，万万不可以小不忍而自致毁灭。以上为与董君谈话要点，今特陈达，用供考虑。胡适，八月二十四日。"

黄香菊《中国的共产党》发表于《巨风月刊》第 1 期。

慈生《论中国共产党》发表于《读者文摘半月刊》第 1 卷第 5 期。

娄子伦《急进的社会主义者马克思》发表于《读者文摘半月刊》第 2 卷第 5 期。

[美]小罗斯福《丘吉尔如何与史达林斗争》发表于《文摘》第 10 卷第 4 期。

[德]马克思作、唐虞世译《叙述第一国际成立经过的一个文献》发表于《求真杂志》第 1 卷第 4 期。

沈志远《苏联社会主义经济体系之特质》发表于《中国建设》第 6 期。

王亚南《〈资本论〉勘误》发表于《经济周报》第 2 卷第 20 期。

[苏]William Mande 作、吴泽炎译《苏联与世界和平》发表于《东方杂志》第 42 卷第 4 号。

吴恩裕《自由主义与社会主义的新趋势》发表于《东方杂志》第 42 卷第 16 号。

朱德《论毛泽东思想》(摘自"七一"二十二周年感言)发表于《解放》第 3 期。

刘少奇《论毛泽东思想》(摘自《肃清党内孟什塞维主义思想》)发表于《解放》第 3 期。

[苏]曼努意斯基《论毛泽东思想》(摘自《在联共十八次代表大会上的报告》)发表于《解放》第 3 期。

辛木译《谁继承史达林》发表于《时与潮半月刊》第 25 卷第 3 期。

严懋德《谁是史达林的继承者》发表于《知识周刊》第 12 期。

杨竹筠译《共产主义的转变》发表于《妇女文化》第 1 卷第 3 期。

〔美〕伊利奥特·罗斯福作、小鱼译《史达林访问记》发表于《文萃》第 20 期。

薛甡生《我所知道的中国共产党》发表于《社会评论》第 31 期。

易光端《我们所希望于共产党者》发表于《大同半月刊》第 11 期。

林宣《中国共产党二十五年》发表于《内蒙古周报》第 2 卷第 2 期。

游牧《楚项羽与毛泽东》发表于《南光报》第 25 期。

袁贤能《共产主义·法西斯主义和民主主义》发表于《新动力》第 1 卷第 4 期。

吴玉章《忠实实行三民主义的中国共产党——纪念中国共产党二十五周年》发表于《正报》新第 1 期。

若望《毛泽东多爱护小孩》发表于 4 月 2 日《鲁中大众》。

萧三《毛泽东同志在大革命时代》(《伟大的五十年》的第一章初稿)发表于 7 月 1 日《晋察冀日报》。

虞挺英《关于〈论联合政府〉的学习》发表于 1 月 6 日《新华日报》。

按:文章认为,《论联合政府》是我们把握当前中国问题和各项重大政治问题的最丰富、最正确、最基本的读物。它之所以具有这样巨大的现实意义,是因为毛泽东掌握了中国革命的规律和中国社会的具体情况,并作了马克思主义的科学分析,绝不是凭个人主观意愿打起什么“命运”的幌子就可以完事的,毛泽东思想的伟大就在这里。

张如心《毛泽东的科学预见》发表于 5 月 30 日《新华日报》。

按:文章系统阐释和高度评价了毛泽东对社会历史发展进程所做的伟大预见。

张如心《毛泽东的作风》发表于 6 月 27 日《新华日报》。

按:文章从“领袖与群众”“先生与学生”“谦逊与原则性”“大胆与小心”等 4 个方面介绍了毛泽东的优秀品质和作风。

张如心《毛泽东的科学方法——兼论新民主主义革命学说》发表于 10 月 24 日《新华日报》。

张如心《毛泽东的人生观》发表于 10 月 25 日《新华日报》。

亚《朱德同志与毛主席》发表于 11 月 29 日《新华日报》。

毛泽东《欢送马歇尔元帅时的谈话》发表于 3 月 5 日《解放日报》。

云风《读书杂记:世界人名的光明前途》(读《论联合政府》)发表于 3 月 19 日《解放日报》。

毛泽东《向"四八"被难烈士致哀》发表于 4 月 20 日《解放日报》。

陈涌《纪念马克思，学习马克思主义》发表于 5 月 5 日《解放日报》。

按：文章说："今天是马克思诞生的日子。一八一八年，即距今一百二十八年，这个世界无产阶级革命的领袖，马克思主义理论的创始人诞生，这是一个具有伟大的历史意义的日子。谁都知道：科学的社会主义理论，是人类思想中一个空前的大发现，自从有了这个理论之后，世界人民才找到了他们自己行动的指针。几十年来，由于世界革命运动的发展，由于列宁、斯大林的创造，更使得这个理论——马克思主义得到了新的发展。我们中国共产党自从诞生以来，便以马列主义的普遍真理和中国革命的具体实践相结合作为努力的方向的。毛泽东同志曾经说过：'马列主义的普遍真理一经与中国革命的具体实践相结合，就使中国革命的面目为之一新。'马克思主义对于中国革命的意义，是可以用毛泽东同志的这两句话来概括的。几年来的整风运动，目的也正是要把马列主义的普遍真理和中国革命的具体实践结合得更加紧密。这次整风运动，对于全党来说，是一次前所未有的马克思主义的教育，它对于中国的革命事业，对于马克思主义理论的丰富和发展，都曾经起了和继续起着它的伟大的作用。"

《列宁是怎样研究马克思著作的》发表于 5 月 5 日《解放日报》。

毛泽东《反对美军事援蒋法案的声明》发表于 6 月 23 日《解放日报》。

毛泽东、朱德《电唁李公朴逝世》发表于 7 月 15 日《解放日报》。

毛泽东、朱德《电唁闻一多逝世》发表于 7 月 19 日《解放日报》。

毛泽东、朱德《电唁陶行知逝世》发表于 7 月 29 日《解放日报》。

夷齐《关于宣传毛泽东思想》发表于 11 月 5 日《解放日报》。

毛泽东、朱德《致斯大林电》发表于 11 月 7 日《解放日报》。

按：是为毛泽东、朱德为庆贺十月革命节联名给斯大林的电报。

社评《祝苏联国庆》发表于 11 月 7 日上海《大公报》。

三、研究著作

[德]马克思、恩格斯著，博古校译《共产党宣言》由华北新华书店出版。

按：马克思、恩格斯《一八七二年德文版序言》说："共产主义者同盟"，国际的工人组织（在当时的情况下，不用说，只能是秘密的组织），在一八四七年十一月在伦敦举行的大会上委托我们起草一个公布用的、详细的、理论与实践的党纲。这样就产生了下面的《宣言》，它的原稿在二月革命前数星期送至伦敦付印。它首先用德文公布，用这种文字，在德国、英国与美国，至少翻印了十二种不同的版本。英文译本最初于一八五○年在伦敦出现于《红色共产党人》，是麦花仑女士翻译的，到一八七一在美国至少有三种不同的译本。法文译本首先在巴黎出现于一八四八年六月起义之前不久，近来又重印于纽约的《社会主义者》。还有一种新的译本正在准备中。波兰版在伦敦出现于第一次法文版不久之后。俄文版在六十年代在日内瓦出现。丹麦文也同样在它出世之后马上就翻译了。

不论最近二十五年间情况怎样重大地变化了，这个《宣言》里展开的一般的基本原则，整个地说来，至今还是完全正确的。个别地方也许要作某些修正。像《宣言》本身所曾声明的，这些原则底实际运用随时随地都将视当时存在的历史条件而定，因此第二章末尾提出的革命办法并没有给以特别的意义。在今天，这一段在许多方面，大概是要写得不同的。由于最近二十五年来大工业底巨大的发展以及伴随着它的工人阶级底政党组织的增长；由于实践的经验（首先是二月革命的，以后特别是无产阶级第一次掌握政权两个多月之久的巴黎公社的经验），今天这个纲领在某些地方是陈旧了。特别是巴黎公社证明了：“工人阶级不能简单地夺取现成的国家机关和运用它来达到自己的目的。”（参考《法兰西内战；国际工人希望会总委员会宣言》，那里，这一点更有阐发。）还有，很明显的，对于社会主义文献底批评，在今天看来是不完备的，因为只说到了一八四七年。同样，关于共产党人对不同的反对党派的态度的说话（第四章），纵然在基本原则上就是到今天还是正确的，可是在它的实行上今天已经是过时了。因为政治形势已经完全改变，而且历史的发展以及把那儿数说够的各党派底大多数从世界上扫去了。但是，《宣言》是一个历史的文件，我们已经没有权力去改变它。以后重版时或者能加上一篇导言，补上从一八四七年到现在的时期。这次的出版太突然了，我们没有来得及做这项工作。

［德］马克思、恩格斯著，博古校译《共产党宣言》由太岳新华书店出版。

［德］马克思、恩格斯著，博古校译《共产党宣言》由胶东新华书店出版。

［苏］列宁著、博古译《卡尔·马克思》由华北人民革命大学教务处出版。

［苏］列宁著《卡尔·马克思》由新华书店出版。

按：是书内容包括卡尔·马克思、马克思底学说（哲学的唯物论、辩证法、唯物史观、阶级斗争、马克思底经济学说）、社会主义、无产阶级阶级斗争底策略等。

［德］梅林著、罗稷南译《马克思传》由上海骆驼书店出版。

按：弗兹觉朗·阿姆斯丹特《英译者弁言》说：“现在呈献于英语读者之

前的这《马克思传》，是梅林底著作的顶峰。这书的初版在一九一八年才发行于德国，在军事检察官的可恶底长久延搁之后，后者是想要阻止它全部出版或只许它在阉割底形式之下出版的。无论那时期怎样艰难，它底成功却是迅速的，连续再版了六七次，销售了好几万部。一九三三年，在马克思逝世五十周年的时候，发行了一次新版，现在摆在读者之前的这本书就是根据这新版译出来的。在初版首页梅林曾经标明'献给克拉拉·蔡特金——马克思精神的继承者'。所以，在美国初次出版的这译本仍然遵从他底志愿，所以这时她也已经随着她底老朋友梅林和卢森堡归入那些永远'照耀在工人阶级的伟大心胸中'的人们去了。梅林死后，马克思主义研究的新时代以莫斯科马恩学院为中心而开始，并且发现了他所不知道的许多事实。所以五十周年纪念版上就增添了一篇附录，这是在梅林底老朋友和他底文学受托者弗兹指导之下编纂而成的。这附录，附在本书之后，叙述着关于马克思和马克思主义的一切要点的阐明，尤其是关于拉塞尔和关于巴枯宁的种种论争，自从梅林死后。"

［英］约翰·斯柏尔著、谈文译《他所知道的马克斯》由北平认识出版社出版。

按：是书乃关于马克思的传记故事，书末有译后记。

［俄］普列汉诺夫著、张仲实译《马克思主义的基本问题》由哈尔滨生活书店出版。

按：张仲实《〈马克思主义的基本问题〉前言》说："普列汉诺夫（C.V. Plekhanev，1856—1918）是俄国有名的学者，他是俄国新文化运动的奠基人。虽然他后来在政治上做了少数派的领袖，背叛了革命的立场，但是他早年关于哲学和历史唯物论的许多劳著，是千古不朽的名作。伊里奇虽是他的政敌，但是关于他的有些著作的评价，却评的很高，他在革命以后说道：'不研究——正因为是研究——普列汉诺夫关于哲学的一切著述，那就不能成为一个自觉的真正的××主义者，因为普列汉诺夫的著作，乃是一切国际的加尔学说文献中的最佳者。'"

［美］帕克斯著，谌小岑、蒋金钟译《马克思主义之检讨》由上海中华书局出版。

按：《译者绪言》说："本书原文名称为 Marxism A Post Mortem An Autopsy，直译起来，应该是《马克思主义尸体之解剖》。这似乎是一个太过尖刻的名词，而且他的内容也并不是怎样尖刻到极点的分析。在某些论点上，作者复承认马克思主义的唯物史观辩证法已含着若干真理，'死尸之解剖'是名不符实的。所以遵照孙哲生先生在嘱译时的吩咐,名曰《马克思主义之检讨》,实较确当。不过译者以为,照本书实际的内容看来,倒不如用《一个美国自由主义者对马克思主义的批判》,来得更恰当些,因为作者对马克思主义的批判,纯粹从自由主义的观点出发,而且是从美国化了的自由观点出发,这是本书用来作为中国读者的参考,尤其是三民主义者的参考时所应首先提出来引起注意的第一件事情,这与译者在六年前替中山文化教育馆翻译柯尔所著《马克思之真谛》一书,情形是一样的。"

吴恩裕著《马克斯的政治思想》由上海商务印书馆出版。

按:是书乃作者在英国伦敦大学政治经济学院留学时的博士论文,原题为《马克思的哲学、伦理和政治思想》。

［德］马克思等著《社会科学常识——什么是共产主义》由东北书店出版。

按:是书收录《无产者和共产党人》《布尔塞维克是怎样形成的》《列宁论民主与平等》等。

［德］恩格斯著、吴黎平译《社会主义从空想到科学的发展》由生活书店出版。

［德］恩格斯著、博古校译《社会主义从空想到科学的发展》由生活书店出版。

［德］马克思著,何学文、何锡麟、王石巍编译《价值价格与利润》由上海生活书店出版。

［德］恩格斯著、张仲实译《家族私有财产及国家之起源》由大连生活书店出版。

［苏］列宁著、何锡麟等译、张仲实校《列宁选集》(第18卷)由解放社出版。

［苏］列宁著《国家与革命》由华中新华书店出版。

［苏］列宁著《国家与革命》由华北新华书店出版。

［苏］列宁著、匡亚明译《论农村工作》由大众日报社出版。

［苏］列宁著《在民主革命中社会民主党的两个策略》由华北新华书店出版。

［苏］列宁著《在民主革命中社会民主党的两个策略》由辽东建国书店出版。

［苏］斯大林著《论列宁主义基础·论列宁主义底几个问题》由外国文书籍出版局出版。

[苏]斯大林著《论列宁》由大连中苏友好协会出版。

[苏]斯大林著《论列宁》由哈尔滨万国书籍出版社出版。

[苏]斯大林著《论列宁》由山东新华书店出版。

[苏]斯大林著《论列宁》由胶东新华书店出版。

[苏]斯大林著《列宁主义问题》由长春东北中苏友好协会出版。

按：是书根据苏联国立政治书籍出版局1939年俄文版第11版译出，内收《关于列宁主义底基础》《十月革命与俄国共产党人底策略》《关于列宁主义问题》《论党关于农民问题的三个基本口号》《十月革命的国际性质》《在粮食战线上》《列宁和关于中农联盟问题》《论联共（波）内的右倾危险》《伟大转变的一年》《关于苏联土地政策问题》《第一个五年计划底总结》《论农村中的工作》《论苏联宪法草案》等43篇。

[俄]玛耶可夫斯基等著、之分辑译《列宁是我们的太阳》由大连海燕书店出版。

[俄]T.兹拉托戈洛瓦、A.卡普勒著，林淡秋译《列宁在1918年》（电影剧本）由上海大众书店出版。

曹靖华译《列宁的正义》由大众文艺出版社选辑出版。

[苏]斯·基尔著《六年随从列宁——列宁底汽车夫之回忆》由新华书店晋察冀分店出版。

[俄]左琴科著、曹靖华辑译《列宁故事》由新华书店晋察冀分店出版。

按：是书根据苏联《星》等文艺刊物译出。收录《玻璃水瓶》《列宁是怎样学习的》《列宁怎样戒烟的》《列宁妙计却宪兵》《列宁被刺》《列宁与士兵》《一九一七年八月》等关于列宁的故事共18篇。

[苏]N.斯维特洛夫著《史大林》由大同出版社出版。

联共（布）中央附设马克思恩格斯列宁学院编《约西夫·维萨力昂诺维奇斯大林》（略传）由哈尔滨出版。

[法]巴比塞著、徐懋庸译《斯大林传》由上海新知书店出版。

[苏]马恩列学院编《斯大林传略》由外国文书籍出版局出版。

新华书店晋察冀分店编《斯大林最近言论》由新华书店晋察冀分店出版。

按：是书包括《斯大林同志在莫斯科斯大林选区选民大会上的演说》《斯大林同志对真理报记者的谈话》。

[苏]斯大林著《论苏联伟大卫国战争》由外国文书籍出版局出版。

[苏]斯大林著《在莫斯科城斯大林选区预选大会上的演说》由外国文书

籍出版局出版。

苏联对外文化协会编著、孟昌译《苏联概况》由重庆中苏文化协会出版。

按：是书介绍了苏联国家机构、宪法、各加盟共和国组织、选举制度及教育、工业、经济、外交等概况。

杨幼炯编著《苏联建国史》由上海正中书局出版。

按：是书分开国前之俄罗斯、十九世纪以来俄国革命之经过、一九一七年十月革命与苏维埃政府之建立、苏维埃联邦之形成及其对于政治经济文化上之设施 4 编。

苏华著《论苏联》由新知书店出版。

按：是书分十月社会主义大革命、在反对外国武装干涉和国内战争时期的布尔塞维克党、新经济政策、第一个五年计划与社会主义之实现、第二个五年计划的总结、第三个五年计划的任务、社会主义的新宪法、苏联人民过着更快乐富裕文化的生活、对于破坏社会主义的匪徒们的斗争、苏联的对外政策等 10 章。

吴清友著《苏联政制》由上海商务印书馆出版。

新中华书店编辑《苏维埃社会主义共和国联盟宪法》（根本法）由编者出版。

苏联驻华大使馆编译处编《苏联大选前夕的斯大林及莫洛托夫演说》由重庆苏联驻华大使馆编译处出版。

［苏］布洛维尔著、赵克昂译《苏联工业发展史纲》由天下图书公司出版。

按：是书概述十月革命以前至为实现社会主义社会建设而斗争时期的工业情况。

［苏］罗克森著《苏联是强大的工业国》由哈尔滨万国书店出版。

［苏］盖利曼著、洪绍原译《苏联青年性生活》由上海光明书局出版。

［苏］米夏柯娃著、水夫等译《烽火中的苏联妇女》由上海苏商时代书报出版社出版。

中苏文化协会编译委员会编、西门宗华译《苏联集体农场组织法》（中苏文化协会社会科学丛书）由上海中华书局出版。

沈子祥著《苏联的集体农场》由上海永祥印书馆出版。

［苏］卡尔宾斯基著、焦敏之译《苏联的集体农场》由上海书报出版社出版。

葛一虹编译《苏联集体农场》由天下图书公司出版。

［苏］郭普涅尔著《苏联之文化发展》由哈尔滨万国书店出版。

按：是书分供民众享用的文化、苏联科学、苏联人民的文学和艺术等4节。

适夷译《苏联文学与戏剧》由上海光明书局出版。

[美]史诺著、孙承佩译《战时苏联游记》由大连中苏友好协会出版。

郭沫若著《苏联纪行》由上海中外出版社出版。

按：1945年6月9—8月16日，郭沫若应邀出席苏联科学院第220周年纪念大会，大会分别在莫斯科和列宁格勒两处召开。在苏50天，因著《苏联纪行》，是年作为中苏文化协会研究委员会"研究丛书"由上海中外出版社出版。

毛泽东著《毛泽东选集》（第1、5卷）由胶东新华书店出版。

按：是书第1卷收录《中国抗日民族统一战线在目前阶段的任务》《反对日本帝国主义进攻的方针办法与前途》《五四运动》《抗日游击战争的战略问题》等11篇。有朱德、刘少奇等《论毛泽东思想》（集录、代序）；第5卷收录《经济问题与财政问题》《论合作社》《组织起来》《两三年内完全学会经济工作》等4篇文章。

毛泽东著《毛泽东选集》（1—5卷）由大连大众书店出版。

按：是书第1卷收录《新民主主义论》等5篇；第2卷收录《中国抗日民族统一战线在目前阶段的任务》《为争取千百万群众进入抗日民族统一战线而斗争》等12篇；第3卷收录《论持久战》等2篇；第4卷收录《经济问题与财政问题》等3篇；第5卷收录《中国共产党在民族战争中的地位》《反对自由主义》《反对党八股》《在延安文艺座谈会上的讲话》等7篇。

毛泽东著《毛泽东选集》（1—5卷）由华中新华书店出版。

毛泽东著《湖南农民运动考察报告》由中共辽东省委宣传部出版。

毛泽东著《中国革命与中国共产党》由时事研究会出版

毛泽东著《中国革命与中国共产党》由山东新华书店出版。

毛泽东著《新民主主义论》由中国民治出版社出版。

毛泽东著《新民主主义论》由中国灯塔出版社出版。

毛泽东著《新民主主义论》由人民出版社出版。

毛泽东著《新民主主义论》由解放社出版。

毛泽东著《毛泽东同志在延安文艺座谈会上的讲话》由求知社出版。

毛泽东著《毛泽东同志在延安文艺座谈会上的讲话》由东北书店出版。

毛泽东著《论联合政府》由山东新华书店出版。

毛泽东著《论联合政府》由中国出版社出版。

毛泽东著《论联合政府》(中国共产党第七次全国代表大会文献)由中国灯塔出版社出版。

毛泽东等著、赵元明编《论三民主义》由大连大众书店出版。

毛泽东等著《论三民主义》由胶东新华书店出版。

按：是书收录毛泽东《旧三民主义与新三民主义》、王稼祥《关于三民主义与共产主义》、陈伯达《论共产主义者对于三民主义关系的几个问题》、艾思奇《关于三民主义的认识》、高岗《进一步发展生产纪念抗战六周年》等 12 篇文章。

毛泽东、朱德等著《毛泽东的建军思想》由新四军华中军区政治部出版。

按：是书收录毛泽东《人民战争》、朱德《中国人民抗战的军事路线》、谭政《关于军队政治工作问题》、毛泽东《中国共产党在民族战争中的地位》、邓子恢《彻底铲除军阀思想》及《季米特洛夫论干部政策干部教育政策》等 9 篇文章。

[美]斯诺(原题爱德迦·史诺)著、方霖译《毛泽东自传》由上海梅林书店出版。

[美]斯诺(原题史诺)著、丁洛译《毛泽东自传》由上海三友图书公司出版。

郑学稼编著《毛泽东先生评传》由胜利出版公司出版。

郑学稼编著《毛泽东先生评传》由光明出版社出版。

按：是书是将毛泽东作为一个历史人物进行评传的。书中从毛泽东的家庭与童年生活讲起，截取他生活与斗争的重大事件进行描述，例如五四运动，中国共产党成立，"八七"会议，井冈山的斗争，苏维埃政权与反"围剿"，党内斗争等等事件，力图以客观的态度，去解释毛泽东 49 年来的生活与中国历史的交响。

张如心著《毛泽东的作风与科学方法》由冀南书店出版。

张如心著《毛泽东的作风与科学方法》由太岳新华书店出版。

张如心著《毛泽东的作风》由大连日报社出版。

按：是书介绍了毛泽东作风的基本特点，包括平凡而伟大、领袖与群众、先生与学生、大胆与小心等 6 节。

张如心著《毛泽东的作风》由新华书店出版。

张如心著《毛泽东的作风》由河北省安国县解放书店出版。

张如心著《毛泽东论》(增订本)由香港新民主出版社出版。

按：是书包括毛泽东的人生观、毛泽东的科学方法(毛泽东的理论与实践的统一观,毛泽东的革命学说是从实践中来又被实践所证明和发展,毛泽东的科学方法既反对教条主义,也反对经验主义)毛泽东的科学预见(从诸葛亮"锦囊妙计"说起,毛泽东的科学预见,《论持久战》中的科学预见;没有预见,谈不上领导,为着领导,必须预见)、毛泽东的作风等4部分。

张如心著《论毛泽东》由太岳新华书店出版。

按:本书作者是四五十年代时我党较早研究、宣传毛泽东思想,并卓有成果的知名学者、理论家之一。中共"七大"召开以后,为宣传毛泽东在全党的领袖地位,宣传毛泽东思想是全党的指导思想,作者曾应邀为华北联合大学和张家口市"青年讲座"作了关于"毛泽东的人生观;毛泽东的科学方法——兼论新民主主义革命学说;毛泽东的科学预见和毛泽东的作风"的讲演。在"毛泽东的人生观"的讲演中,作者介绍了什么是人生观,什么是毛泽东的人生观。作为早期对毛泽东思想研究的成果,这些讲演,虽不是对毛泽东思想作全面的系统的阐述,却将毛泽东的人生观、思想方法、工作作风和科学预见中若干方面的基本特点作了介绍,在当时对宣传毛泽东思想取得了较好的效果,对研究毛泽东思想也具有一定的参考价值。本书便是这些讲演稿的结集本。同时,在书后还辑录了朱德、刘少奇、周恩来、陈毅,以及国外友人等18人论述毛泽东思想的言论,题名《论毛泽东思想》。这些讲演,当时还曾分期发表于1946年的《新华日报》和《北方文化》第1卷第1至4期。①

张如心著《论毛泽东》由山东新华书店出版。

张如心著《毛泽东》由新华书店二分店出版。

张如心著《毛泽东论》(增订本)由香港红棉出版社出版。

张如心著《毛泽东论》(增订本)由香港新民主出版社出版。

张如心著《毛泽东的思想与作风》由太行新华书店出版。

张如心著《毛泽东的思想及作风》由渤海新华书店出版。

按:是书分四部分:毛泽东的人生观、毛泽东的科学方法、毛泽东的科学预见和毛泽东的作风。乃中国共产党内出版的最早的关于论述毛泽东思想和理论的专著,印行后受到欢迎,1947年再版,印数达到一万册。此书成为研究中国共产党党史、毛泽东思想,研究党的思想教育史的珍贵的实物资料。

朱德、刘少奇、周恩来等著《论毛泽东思想》由中国灯塔出版社出版。

按:是书集录的朱德等18人有关毛泽东思想的论述,原是作为"代序"

---

① 王紫根,编纂.毛泽东书典[M].武汉:湖北人民出版社,2011:502-503.

刊于 1945 年 7 月苏中出版社出版的《毛泽东选集》第一卷。现出版单行本发行。它集录了朱德、周恩来、刘少奇、李富春、彭德怀、陆定一、冈野进、陈毅、陈伯达、曼努意斯基、邓发、艾思奇、徐特立、博古、范文澜、康生、王稼祥、罗荣桓等 18 人的论述，内容涉及毛泽东思想的定义、基本理论、现实意义及对毛泽东的评介。旨在指导苏中解放区军民学习、了解毛泽东和毛泽东思想，它更体现了中国共产党第七次全国代表大会把毛泽东思想确定为全党的指导思想的精神，具有鲜明的时代特色。书中的有关论述，短则数百字，长则数千字，无不表达了他们对毛泽东的敬佩之情和对毛泽东思想的理解和认识。把这些论述毛泽东和毛泽东思想的重要言论如此集中地收集起来，在当时实属罕见。①

[美]斯特朗著《毛泽东访问记》由中共晋绥分局宣传部出版。

按：1946 年 8 月 6 日，美国记者安娜·路易斯·斯特朗赴延安采访毛泽东。采访中，毛泽东就斯特朗提出的几个问题，纵论了世界反法西斯战争胜利后的中国政局前景，世界风云走向，并对国际国内形势及反动派的本质等问题做了精辟分析，提出了"一切反动派都是纸老虎"的著名论点。这篇谈话，最早发表在《亚美》杂志 1947 年 4 月号。书末附录有：《毛主席答美记者所提问题》《斯大林答英记者所提问题》。

[日]松本仓吉著《毛泽东传》由日本高山书院出版。

[日]波多野乾一著《毛泽东和中国的红星》由日本帝国书院出版。

绍源辑译《朱德自传》(附康克清女士传)由重庆大地出版社出版。

按：是书内容大多根据美国记者斯诺的《西行漫记》改编。

刘少奇著《关于修改党章的报告》由中共辽东省委出版。

按：是为作者 1945 年 5 月在中国共产党第七次全代表大会上的报告。分引言、关于党章的总纲、关于党员、关于党员的义务与权利、关于党内民主集中制、关于干部问题、关于党的基础组织、关于奖励与处分、党的严肃性与灵活性等 9 章。

刘少奇著《关于修改党章的报告》由中共晋绥分局出版。

刘少奇著《论革命家的修养》由大连大众书局出版。

刘少奇著《论党》由山东新华书店出版。

按：是为刘少奇在中共七大作所的修改党章的报告。报告明确了毛泽东思想的指导地位，并对毛泽东思想作了全面阐述。第一，阐述了毛泽东思

---

① 王紫根，编纂.毛泽东书典[M].武汉：湖北人民出版社，2011：503.

想产生的历史条件。第二，概括了毛泽东思想的内涵。刘少奇把毛泽东思想的主要内容概括为九个方面：关于现代世界情况及中国国情的分析、关于新民主主义的理论与政策、关于解放农民的理论和政策、关于革命统一战线的理论和政策、关于革命根据地的理论和政策、关于新民主主义共和国的理论和政策、关于建设党的理论与政策、关于文化的理论与政策。指出"这些理论与政策，完全是马克思主义的，又完全是中国的。这是中国民族智慧的最高表现和理论上的最高概括"。第三，指明了毛泽东思想的几个鲜明特点：一是理论与实际相结合；二是在斗争中形成和发展；三是被实践证明了的客观真理；四是高度的科学精神与高度的革命精神相结合。对毛泽东思想的概括和阐述，由于受毛泽东思想还在发展的历史局限，今天看来虽然不够全面和精当，但由于它反映了当时毛泽东思想发展的全部内容，具有重大的历史意义和深远意义。正是在党的第七次代表大会上，毛泽东思想被确定为全党的指导思想。[1]

[俄]普列汉诺夫著、博古译《论一元论历史观之发展》由上海辰光书店出版。

[苏]米丁、易希金科著，平生、执之、乃刚、麦园译《辩证法唯物论辞典》由重庆读书生活出版社出版。

按：是书《例言》说："本书为苏联哲学界清算机械论及孟塞维克观念论后之第一部辞典。中文译本系根据俄文修正再版之日文译本。……本书之编译，集四人之力，历时两年，屡经校改，虽已尽其最善之努力，而讹误恐仍未免，尚望读者不吝赐教，俾得修正。"

何适编《各派社会主义之分析》由重庆青年书店出版。

按：是书分空想社会主义、国家社会主义、马克思派社会主义、修正派社会主义、无政府主义、费边社会主义、工团主义、基尔特社会主义等10章。

解放社编《党的政策选集》由晋察冀日报社出版。

按：是书收录毛泽东《"共产党人"发刊词》，《中央关于目前形势与党的任务的决定》（1937年8月25日洛川会议），《陕甘宁边区施政纲领》（1941年5月1日批准），刘少奇《肃清立三路线的残余—关门主义、冒险主义》，《中央关于领导方法的决定》（1943年6月通过）等25篇文献。附毛泽东《湖南农民运动考察报告》。

辽西省委宣传部编《关于增强党性的决定》由编者出版。

---

① 李鸿义，王中新，主编.民主中国的模型：陕甘宁边区政治文明建设[M].西安：陕西人民出版社，2005：307-308.

按:是书收录 1941 年 7 月 1 日中国共产党 20 周年纪念日中央政治局通过的《关于增强党性的决定》、毛泽东《反对自由主义》和斯大林《论自我批评》3 篇文献。

东北出版社编《领导方法与工作作风》由编者出版。

按:是书收录《中共中央关于领导方法的决定》(1943 年 6 月 1 日)、《中共中央关于调查研究的决定》(1941 年 8 月 1 日)、刘少奇《领导者的职责》、高岗《工作作风》。

晋察冀边区贸易公司选辑《经济工作文集汇集》由张家口编者出版。

按:是书收录毛泽东《论合作社》《两三年内完全学会经济工作》,斯大林《论经济工作人员的任务》《新的环境和新的经济建设任务》《关于新经济政策和市场关系》《在城乡间商品流转方面五年计划在四年内实现的总结》《商品流转之高涨与运输业》等文献。

红棉出版社编《中国共产党抗战文献》(第 1 辑)由香港编者出版。

大同出版公司文化资料供应室编《中共内幕》由南京大同出版公司出版。

按:是书收录毛泽东、朱德、周恩来、林彪、杨尚昆、叶剑英、洛甫、蔡畅、王震、方志敏、艾思奇等 92 位中共人物小传,其中多数是从外籍书上翻译过来的。

伍文编《延安内幕》由重庆四海出版社出版。

按:是书包括新民主主义倡导人毛泽东、八路军总司令朱德、八路军副总司令彭德怀、地位仅次于毛朱两氏的领导者高岗司令、贺龙林彪两师长、外交健将周恩来与总参谋长叶剑英、创造社老作家成仿吾李初梨等 18 篇文章。

谢克著《延安十年》由上海青年出版社出版。

按:是书分共产党的历史发展、延安五领袖、统一战线和延安态度、延安党员、民众生活、陕北学生锻冶场、十年来边区内幕等 10 章。

中国共产主义同盟(第四国际支部)中央执行委员会著《中国共产主义同盟对战后国际及国内时局主张》由著者出版。

国际主义者编辑部译《惟有社会主义革命胜利才能阻止第三次世界大战》(第四国际社会主义革命世界党国际大会宣言)由《国际主义者》编辑部出版。

四、卒于是年的研究者

王尚德(1891—1946)卒。尚德,陕西渭南人。1918 年考入武昌中华大学。入学后加入恽代英、林育南等创办的利群书社，1922年7月加入中国社会主义青年团。8月受董必武指派，在渭南赤水镇建立陕西社会主义青年团组织。在家乡成立乡村教育研究社，并在此基础上集资创办赤水职业学校，宣传革命思想，为党培养干部。从1922年下半年起，逐步把马克思主义的传播范围扩大到华县、三原、西安等地。1925年12月转为中共党员，任中共赤水特别支部书记。1926年赴黄埔军校，在政治部宣传科工作。1927年春任国民党陕西省党部执行委员兼农民部长。西安事变期间，被任命为陕西省抗日民众运动指导委员会委员。1946年8月13日被国民党军统特务暗杀。是陕西早期马克思主义的传播者。

陈公博（1892—1946）卒。公博，原籍福建上杭，寄籍广东南海。1917年从广州法政专门学校毕业后，考入北京大学哲学系。1920年10月在广州与进步知识分子一起创办以宣传新文化、新思想为宗旨的《广东群报》，任总编辑。1921年3月参与成立共产党广州支部，负责宣传，继续任《群报》主编，在陈独秀的指导下，开辟《马克思研究》《列宁研究》《俄国通讯》等专栏，宣传马克思主义，并翻译了《马克思的一生及其事业》在《广东群报》上连载，《群报》成了广东地区传播马克思主义的一个重要舆论阵地。此外还主持宣传员养成所，招收进步青年入所学习马克思主义，培养了一批具有共产主义理论知识的革命骨干。同时还参与党的外围组织，如广州马克思主义研究会的组织工作。1921年7月作为共产党广州支部的代表出席在上海召开的中国共产党第一次全国代表大会。1922年6月陈炯明发动叛乱，炮轰孙中山的总统府，他破坏党纪，写文章支持陈炯明，遭到中央的批评，予以留党察看处分，旋又被开除出党。从此他脱离中国共产党，到国外留学。1924年2月在美国哥伦比亚大学研究院完成硕士论文《共产主义运动在中国》，在附录中保存了中国共产党建立初期的6个文件的英文译本，其中有《中国共产党的第一个纲领》《中国共产党关于党的目标的第一个决议案》《中国共产党第二次代表大会的决议案》《中国共产党组织章程》等。1925年4月从美国留学毕业回到广州，加入中国国民党，担任国民党中央党部书记。1925年7月广州国民政府成立，任军事委员会政治训练部主任和广东省农工厅长，又出任中央农民部长兼广东大学校长。1926年1月在广州召开的国民党第二次全国代表大会上，当选为国民党中央执行委员。1926年6月北伐战争开始，成为蒋介石的重要随员随军北上。攻克武昌后，被蒋介石委任为湖北新政府的财政委员会主任兼政务委员会委员。稍后又兼任外交部湖北省交涉员和江汉关监督。后调任江西政务委员会主任之职，主掌江西新政府大权。抗日战争全面爆发后,任国民党中央民众训练部部长、军委会第五部部长、11 省党部主任委员等职。1938 年随汪精卫叛国投敌。在汪伪政府历任立法院院长、军委会常委、政治训练部部长、上海市市长兼上海市保安司令、清乡委员会委员长。1944 年汪精卫死后,任伪国民政府代主席、军委会委员长、行政院长。抗战胜利后,作为汪伪政权的第二号巨头,被判处死刑。翻译《马克思的一生及其事业》,著有《苦笑录》《寒风集》《三民主义与科学》。其中有《我与共产党》一文,详细叙述了他脱离中国共产党的经过。

　　按:随着陈公博对马克思、恩格斯著作的研究,他的思想完全走向了马克思主义的对立面。首先,他认为马克思主义的理论基石——阶级斗争学说"绝对不确"。按照马克思的观点,资本主义发展的必然结果是:社会上仅存资产阶级和无产阶级,最后是无产阶级取代资产阶级。而陈公博却认为,介于两个阶级之间的"中产阶级"不但没有消灭,反而有所增加,"因为马克思之后产生不少技术工人,这班工人的工资比其他自由职业者的收入还大,于是这班工人遂慢慢变为中产阶级","这样马克思引为革命基础的产业工人群众根本溃散了"。其次,陈公博认为马克思主义的第二个"错误"是它的"辩证法不确"。他的理由是,"据黑格尔的辩证法,一切进步都由于矛盾,由矛盾而生真理。A 正面和 B 反面的对立面便生了 C 的真理。这样相反不已,而相生也不已,但我不懂马克思为什么独断到了无产阶级专政的正面便停止,而不复有无产阶级的反面?"因此,他认为"《共产党宣言》不是真理,而是对工人的宣传"。第三,陈公博还认为马克思的剩余价值学说是一种片面的观察。这样,陈公博不仅在组织上脱离了中国共产党,而且在理论上也成为马克思主义的反对者。①

　　王若飞(1896—1946)卒。若飞幼年原名大伦,小名运笙(运生)、荫生,号继仁,曾用名王度、雷音,化名黄敬斋,贵州安顺人。早年参加辛亥革命和讨伐袁世凯运动。1919 年赴法国勤工俭学,逐步完成了由一个爱国的激进的民主主义者到一个马克思主义者的转变。1922 年与赵世炎、周恩来等发起成立旅欧中国少年共产党,从事马克思主义的宣传,成为党的早期领导人之一。1923 年赴莫斯科东方大学学习,1925 年回国,先后任豫陕区党委书记、中共中央秘书长、江苏党委省农委书记。1928 年 6 月赴莫斯科出席共产国际第六次代表大会,后任中共驻共产国际代表团成员、中国农民协会驻

---

① 中共党史人物研究会,编.中共党史人物传:第七十九卷《陈公博》[M].北京:中央文献出版社,2002:465.

农民国际代表,并在列宁学院学习。1931 年回国任中共西北特委特派员。是年 11 月因叛徒出卖被捕,1937 年 5 月被组织营救出狱,到达延安,先后任中共陕甘宁边区委宣传部长、统战部长。1938 年起任中共中央华中工作委员会、华北工作委员会秘书长,兼任八路军副参谋长。1940 年起任中央秘书长、中央党务委员会主任等职。1945 年作为中共代表团代表之一,与毛泽东、周恩来赴重庆谈判,同国民党政府签订著名的《双十协定》。1946 年 4 月 8 日乘飞机回延安,因飞机失事于山西兴县黑茶山不幸遇难。著有《王若飞文集》。

按:宋平说:"王若飞同志青年时代接受马克思主义,是中国共产党早期的党员之一。从辛亥革命、五四运动,到我党领导的历次革命战争,这期间中国革命历史上的许多重大事件,他都经历过,始终站在革命运动的最前列。他长期在党内担任重要领导职务,参加和领导过工人运动、农民运动,做过党的宣传、组织、统战和少数民族工作。无论是在武装暴动的战场,还是在敌人的牢狱之中;无论是在延安党中央的指挥中心,还是在重庆同国民党的谈判桌上,王若飞同志所表现出的坚定的革命信念、顽强的意志和非凡的才干,都是共产党人的光辉楷模。"①

关向应(1902—1946)卒。向应原名关致(治)祥,又名应禀,笔名始炎、仲冰,曾用名李仕真、郑勤,辽宁大连人,满姓瓜尔佳氏。1924 年加入中国社会主义青年团,考入上海大学,年底赴苏联莫斯科东方大学学习。1925年加入中国共产党。先后在中共河南省委和共青团中央组织部工作。在莫斯科召开的中国共产党第六次全国代表大会上被选为中央委员和中央政治局候补委员,会后任中国共产主义青年团中央书记。1929 年起任中央军委委员、常委,中央军事部副部长以及中央政治局委员、长江局军委书记。1932 年 1 月任中共中央湘鄂西分局委员、湘鄂西军事委员会主席、红三军政委,与贺龙一起领导湘鄂西革命根据地建设和红军的发展。长征途中,任第二方面军副政治委员,曾坚决抵制张国焘另立中央,分裂红军的错误行为。1937 年任八路军第一二〇师政治委员,与贺龙一起开辟晋绥根据地。1940 年 2 月后先后任晋西北军区政委、晋绥军区和陕甘宁晋绥联防军政委、中共中央西北局委员、中共中央晋绥分局书记。1946 年病逝于延安。

按:单文俊说:"关向应思想敏锐,高瞻远瞩,是一位善于通过科学总结历史经验而把革命引向新征程的成熟的马克思主义者、卓越的高级领导人。

---

① 宋平.学习王若飞同志,做真正的共产党人[J].中共党史研究,1997(1).

在抗日战争时期,关向应灵活运用毛泽东同志《论持久战》和建立抗日民族统一战线的思想,成功地与贺龙等人一起领导八路军开辟晋绥抗日根据地,在晋冀的广阔战场上同日寇作战,并创造了许多成功的范例。1939 年,他总结实战经验,写出《论冀中平原游击战争》一文,从理论上具体阐明在敌强我弱的情势下开展平原作战的策略、原则和方法。此文被多个刊物转载,并受到毛泽东同志的称赞。1940 年,他运用马列、毛泽东的学说,针对晋西北的文艺工作,作了题为《敌后新民主主义文化建设问题》的讲话,就文艺是革命的武器问题作了全面而深刻的论述,提出'外为中用''文艺创作要服从抗战的大主题''文艺要继承传统,古为今用''文艺工作者要深入生活''要面向基层,面向群众,面向战士'等论点。这篇讲话,与两年后毛泽东同志发表的《在延安文艺座谈会上的讲话》的观点基本一致。"①

邓发(1906—1946)卒。原名邓元钊,广东云浮人。1922 年参加香港海员大罢工。1925 年加入中国共产党,同年参加省港大罢工和东征战役。1927 年参加广州起义。1928 年后任中共香港市委书记、广州市委书记、广东省委组织部长。1930 年后任闽粤赣边特委书记、中央工农民主政府执行委员兼政治保卫局局长。1934 年 10 月参加长征,任中央红军军委 2 纵队副司令员兼副政委。1935 年任中央军委纵队政委。9 月任陕甘支队 3 纵队政委。11 月任中央政府西北办事处粮食部部长。1936 年 6 月受中共中央委托赴莫斯科向共产国际汇报工作。1937 年在苏联参加中国共产党代表团的工作。1937 年 9 月回国,任中共驻新疆代表兼第 18 集团军驻新疆办事处主任,主持党的新疆工作。1939 年秋回延安。1940 年初任中央党校校长。1 月和张浩创办《中国工人》《解放》等杂志,先后发表《中国工人阶级当前的任务》《论抗日根据地职工会的基本任务》《论抗战中的民生问题》等文章。2 月兼延安各界宪政促进会理事,工人宪政促进会筹备委员。1940 年 5 月至 1942 年秋兼中央职工运动委员会书记。1942 年任中央党校副校长。1943 年 3 月兼中央民运工作委员会书记。1945 年 4 月任中国解放区职工联合会筹备委员会主任。在中共六届三中全会和第七次全国代表大会上当选为中央委员,六届五中全会上当选为政治局候补委员,1945 年 9 月代表解放区职工出席在巴黎召开的世界职工代表大会。1946 年 4 月 8 日同博古、叶挺、黄齐生等人一同返延安时,因飞机失事在山西兴县黑茶山遇难。

按:杨尚昆《纪念邓发同志诞辰九十周年贺电》说:"邓发同志早在中国

---

① 单文俊.先驱品格昭日月——纪念关向应同志诞辰 100 周年[J].党史纵横,2002(9).

共产党建立初期,就投身到中国工人运动中去,是我国和国际工人运动的著名领袖之一,是坚定的共产主义战士和无产阶级革命家。邓发同志毕生为工人阶级的利益进行了不屈不挠的斗争,对党和人民忠心耿耿,鞠躬尽瘁,死而后已,为中华民族的解放事业做出了卓越的贡献。他以自己的行动实践了'把一切献给党'的庄严誓言,塑造了坚强共产主义战士的光辉形象。"①

博古(1907—1946)卒。本名秦邦宪,博古为化名,乳名长林,字则民,江苏无锡人。1921年就读于苏州工业专门学校,积极参加学生爱国运动。1924年参加上海大学孤星社。1925年入上海大学学习,参加五卅运动。同年底加入中国共产党。1930年离开莫斯科回国,被分配在全国总工会工作,任总工会宣传干事,同时参加编辑《劳动报》等工人报纸。12月任团中央宣传部长。1931年4月任中国社会主义青年团书记。之后又任中共临时中央局成员、临时中央政治局书记和负责人。1934年10月参加长征。1935年在遵义会议上被解除中共最高领导职务。后任中共中央政治局常委、红军野战部队政治部主任。1938年创办《新华日报》。回到延安后,于1941年领导创办《解放日报》,任社长兼新华通讯社社长。1946年4月8日由重庆返延安汇报工作,因飞机失事在山西兴县遇难。译著有《苏联共产党(布)历史简明教程》《辩证唯物论与历史唯物论基本问题》《共产党宣言》《社会主义从空想到科学的发展》《卡尔·马克思》等。著有《秦邦宪(博古)文集》,其中有《苏联的五一节》《阶级敌人武装围攻苏联的准备》《中国经济的性质》《我们应该怎样拥护红军的胜利》《论目前阶段上苏维埃政权的经济政策》《为粉碎敌人的五次"围剿"与争取独立自由的苏维埃中国而斗争》《只有苏维埃才是全中国民众解放的唯一道路》《论抗日民族统一战线的发展、困难及其前途》《五四运动——中国现代史研究之一》《在毛泽东的旗帜下,为保卫中国共产党而战》等。

按:吴玉章《痛悼》说:"博古同志,你说暂时分离,孰料竟成永别!当你苦心为宪章谋一合理解决时,殚精竭虑,寝食俱忘,破坏民主者常企图在每一缝隙中放下一个保护独裁的原子弹,百计千方使人应接不暇,更使函电无法说明,所以你有赴延报告中央之;因而你之死,不啻为反动者戕害,为宪法而牺牲。想起廿年同志友爱之情,使我热泪满巾。你长于俄文、英语,翻译了许多马列主义的文献,尤以近年出的辩证唯物论与历史唯物论,为最有价

---

① 《邓发纪念文集》编辑部,编. 邓发纪念文集[M]. 北京:中共党史出版社,2002:219.

值的编译本。你创办《解放日报》，为党的宣传树了不可磨灭之功勋。你是我党的少年英俊，今不幸而离去我们！"①

李兆麟(1910—1946)卒。兆麟原名李超兰，辽宁辽阳人。1931 年"九一八"事变后，受党组织派遣到东北组织抗日斗争。1932 年加入中国共产党，被党组织派到本溪煤矿从事工人运动。1933 年 8 月调至中共满洲省委军委工作，兼任满洲省委在哈尔滨举办的党员积极分子训练班班主任，开始在黑龙江传播马克思主义。1934 年起，先后任珠河反日游击队副队长、哈东支队政治委员、东北抗日联军第六军政治部主任、北满抗日联军总政治部主任。1938 年在向北满省委递交的《二月意见书》中，在东北抗联史上第一次明确提出以毛泽东的报告及其思想为工作指导方针。1940 年率部退入苏联，在苏期间，继续领导部队学习毛泽东思想。1945 年 10 月任滨江省副省长。1946 年 3 月 9 日遭到国民党特务杀害。

民国三十六年　丁亥　1947 年

一、研究背景

1 月 14 日,中共中央宣传部发出《关于针对美国对华政策变化应采取的宣传方针的指示》。

1 月 20 日,中共中央宣传部发出《关于揭穿美蒋和谈真相宣传的指示》。

1 月 24 日,中共中央宣传部发出《关于目前宣传口号的指示》。

2 月 1 日,中共中央政治局举行扩大会议,毛泽东在会上指出:中国时局已发展到新的人民大革命高潮的前夜。会议讨论并发出毛泽东为中央起草的《迎接中国革命的新高潮》的指示,指出人民解放军作战的胜利和蒋管区人民运动的发展,预示着中国革命的新高潮即将到来。由于美蒋反动派采取了变中国为美国殖民地的政策、发动内战的政策和加强法西斯统治的政策,迫使中国各阶层人民处于团结自救的地位。

3 月 18 日,毛泽东率领中共中央、中央军委机关撤离延安,开始转战陕北。

3 月 26 日,毛泽东率领中共中央、中央军委机关到达清涧县的枣林沟,在此召开重要会议,决定成立前敌委员会和中共中央工作委员会。由毛泽东、周恩来、任弼时率领前委留在陕北,行使中央和中央军委职权,继续指挥全国的解放战争,由刘少奇、朱德率领中央工作委员会,前往华北进行中央委托的工作。

4 月 15 日,毛泽东给西北野战兵团发出题为《关于西北战场的作战方针》的电报。

5 月 30 日,毛泽东为新华社撰写《蒋介石政府已处在全民的包围中》的评论,指出中国事变的发展,比人们预料的要快些,号召人民为中国革命在全国的胜利迅速地准备一切必要的条件。

6 月 28 日,中共中央宣传部发出《关于加强广播电台工作的通知》。

7 月 10 日,中央工委发出《关于禁止毁坏古书、古迹的指示》。

7 月 17—9 月 13 日,中共中央工委在河北省平山县西柏坡召开党的全国土地会议。会议第一阶段学习了马克思、恩格斯、列宁、斯大林关于农民土地问题的论述和我党关于农民土地问题的文件,听取了各根据地代表关于土地改革情况的汇报,总结经验,查找土改不彻底的原因。第二阶段主要讨论土改政策问题,会议通过了《中国土地法大纲》,作为彻底进行土地改革的纲领性文件。

7 月 21—23 日,中共中央扩大会议在陕北靖边县小河村召开,毛泽东、周恩来、任弼时、陆定一、杨尚昆、彭德怀、习仲勋、贺龙、陈赓等出席会议。

7 月 31 日,中共中央军委决定,将西北野战兵团正式定名为西北人民解放军野战军,彭德怀任司令员兼政委。

9 月 1 日,毛泽东为中共中央起草《解放战争第二年的战略方针》的党内指示。

9 月 22 日,中共中央发出《关于重新统一公布三大纪律八项注意给各地的指示》。

10 月 10 日,毛泽东在陕北佳县神泉堡为中共中央和中国人民解放军总部起草了《中国人民解放军宣言》。《宣言》提出了"打倒蒋介石,解放全中国"的口号;宣布了中国人民解放军的也就是中国共产党的八项基本政策。《宣言》是在 1947 年 10 月 10 日公布的,也称《双十宣言》。同日,还发布了《中国人民解放军总部关于重新颁布三大纪律八项注意的训令》。

11 月,陕甘宁边区在进行土地改革的同时,各地区开始了党组织的整顿工作。

12 月 25—28 日,中共中央在陕北米脂县召开扩大会议,毛泽东在会上作关于《目前形势和我们的任务》报告,进一步提出新民主主义革命的三大经济纲领:没收地主阶级的土地归农民所有;没收蒋介石、宋子文、孔祥熙、陈立夫为首的垄断资本归新民主主义的国家所有;保护民族工商业。

按:毛泽东指出:"抗日战争时期我党内部的整风运动,是一般地收到了成效的。这种成效,主要地是在于使我们的领导机关和广大的干部和党员,进一步地掌握了马克思列宁主义的普遍真理和中国革命的具体实践的统一这样一个基本的方向。在这点上我们党是比抗日以前的几个历史时期,大进一步了。"[①]为了全面贯彻十二月会议精神,西北局宣传部发出《关于边区机关党员干部学习〈目前形势和我们的任务〉的通知》,指出这个文件是当前中国革命极其重要的历史文献,全体党员干部必须认真学习,深入研究,并

① 毛泽东.毛泽东选集:第 4 卷[M].北京:人民出版社,1991:1252.

用于指导工作。

二、研究论文

卓芸译《斯大林论反攻等问题》发表于《群众》(香港版)第 12 期。

林砍《毛泽东论人民的文化与人民的文艺》发表于《群众》(香港)第 15 期。

[美]史特朗《毛泽东论世界局势》发表于《群众》(香港版)第 19 期。

冯乃超《瞿秋白同志的文艺工作》发表于《群众》(香港版)第 21 期。

沈友谷《中国共产党为什么而奋斗》发表于《群众》(香港版)第 23 期。

新华社社论《努力奋斗,迎接胜利——纪念中国共产党创立二十六周年》发表于《群众》(香港)第 1 卷第 23 期。

方方《纪念"七一",学习毛泽东思想》发表于《群众》(香港)第 1 卷第 23 期。

按:文章说:"中国共产党自成立到今年,已经渡过了二十六个周年了。在这二十六周年中,中国共产党和中国人民,为着中国的民族独立、民主自由、民生幸福,进行了轰轰烈烈的胜利的斗争,已经经历了三次大革命,而且正在完成当前反帝反封建的民主革命。这二十六个年头,是中国人民自从有史以来最伟大而不平凡的历史,是中国人民在数千年被统治被压迫而走上自己管理自己、自己解放自己的英勇而胜利的奋斗的历史。中国共产党由于能紧密的依靠人民,而又能英勇的站在人民解放的最前列的战线,因此,在短短的二十六个年头中,由微小的马克思主义者的细胞发展成为包括全国范围的、广大群众性的、思想上政治上组织上完全巩固的、布尔塞维克的二百多万党员的政党,而且与中国人民一道的创造了保卫人民利益的数百万人民军队与统治三分之一的中国领土的人民政权,向着胜利的解放全中国人民大道迈进。年轻的中国共产党之所以能获得这样伟大的成就,除了它紧密的依靠于人民力量之外,其最主要原因,还赖于中国共产党的创造人和党的领袖——毛泽东同志的正确的领导。毛泽东同志的历史,就是党的历史,毛泽东同志的思想,就是党的思想,毛泽东主义的旗帜,就是中国共产党的旗帜,就是胜利的旗帜,就是中国人民解放的旗帜。"

杜守素《毛主席"论人民民主专政"》(中国革命发展纲领——毛泽东思想的结晶)发表于《群众》(香港)第 3 卷第 31 期。

按:文章说:"毛主席的'七一'纪念论文《论人民民主专政》,博大精深,明晰简练,可以说是一篇中国革命发展的纲领——毛泽东思想的结晶。正如刘少奇先生所说：'毛泽东思想，就是马克思列宁主义的理论与中国革命的实践之统一的思想，就是中国的共产主义，中国的马克思主义。'（《关于修改党章的报告》）这篇论文，处处贯彻马克思列宁主义的精神，用辩证唯物论和历史唯物论的观点说明了'在中国共产党出世以前'中国革命之所以失败的原因，而二十八年来，'中国革命的理论和实践，在中国共产党领导之下，都大大地向前发展，根本上变换了中国的面目''取得了基本的胜利'，这样地总结了百有余年的革命史。同时，辩证地总结了革命的经验，正确地指出了'到现在为止，中国人民已经取得的主要的和基本的经验'。"

〔苏〕卡洛娃作、魏辛译《列宁论苏联贸易》发表于《中苏文化》第 18 卷第 1 期。

〔苏〕柯兹洛夫作、叶文雄译《列宁论货币・信用与财政》发表于《中苏文化》第 18 卷第 1 期。

〔苏〕斯大林《斯大林论列宁》发表于《中苏文化》第 18 卷第 1 期。

邵力子《苏联建军第二十九周年纪念》发表于《中苏文化》第 18 卷第 2 期。

按：文章说："一国军力的强大，不一定与军费的庞大作正比例，苏联军事费用的缩减，并不会影响苏联军队的实力。但是军事费用缩减，建设费用增加，对于人类幸福却有着莫大的关系。苏联建军的历史与其现状及前途，是很值得我们借镜的。"

〔苏〕A. 亚历山大罗夫作、庄寿慈译《高尔基与社会主义的现实主义——纪念高尔基逝世十一周年》发表于《中苏文化》第 18 卷第 6 期。

〔苏〕德米特里・蒲榛作、萱草译《节约是社会主义经济的方法》发表于《中苏文化》第 18 卷第 9—10 期。

〔苏〕什维尔尼克作、魏辛译《斯大林宪法——社会主义社会的宪法》发表于《中苏文化》第 18 卷第 12 期。

〔苏〕阿里鲁耶娃作、葆荃译《十月前夜的列宁》（列宁逝世廿三周年纪念）发表于《苏联文艺》第 26 期。

北泉《伟大的史大林宪法》（诗歌）发表于《苏联文艺》第 28 期。

冰人《苏联的社会结构——社会主义乃苏联社会结构的基础》发表于《苏联介绍》第 1 卷第 3 期。

〔苏〕卡弗塔诺夫作、乌兰汉译《社会主义文化的尊严》发表于《苏联介绍》第 1 卷第 6 期。

〔苏〕奥列修克作、乃谦译《十月社会主义革命的历史意义》发表于《苏联介绍》第 1 卷第 6 期。

[苏]恩·阿尼西莫夫作、施滨译《社会主义农业三十年》发表于《苏联介绍》第 1 卷第 6 期。

罗克汀《论列宁的〈唯物论与经验批判论〉》发表于《理论与现实》第 3 卷第 3—4 期。

卡玛利《评〈反杜林论〉俄文本最新订正版》发表于《理论与现实》第 3 卷第 4 期。

剑秋译《评〈反杜林论〉》发表于《理论与现实》第 3 卷第 4 期。

[苏]斯吉邦仰作、方舟译《苏联将怎样进入共产主义社会》发表于《理论与现实》第 3 卷第 4 期。

谢幼伟《罗素评马克斯》发表于《思想与时代》第 47 期。

平心《各国异教社会主义的源流》发表于《读书与出版》第 2 卷第 3 期。

平心《德国农民战争时期的异教社会主义》发表于《读书与出版》第 2 卷第 6 期。

叶文雄《列宁的〈唯物论与经验批判论〉》发表于《读书与出版》第 2 卷第 11 期。

曹敏《论"中国国民党"与"中国共产党"》发表于《新五四》第 1 卷第 1 期。

严鸿瑶《辩证法浅说》发表于《建国青年》第 5 卷第 2 期。

赵康《中国共产党的前途究竟怎样》发表于《建国青年》第 5 卷第 5 期。

杏辑《马克思是怎样学习的》发表于《青年时代》第 3 卷第 6 期。

萧三《毛泽东同志的青年时代》(续)发表于《时代青年》第 3 卷第 4—6 期。

萧三《毛泽东同志的青年时代》(续)发表于《时代青年》第 4 卷第 1—2 期。

葛克《社会主义社会与个人》发表于《时代杂志》第 7 卷第 1—4 期。

[苏]柯伐列夫作、樊英译《建立社会主义知识分子的斗争》发表于《时代杂志》第 7 卷第 30—31 期。

[英]迦恩作、尚天译《英国工党的所谓"社会主义"政策》发表于《时代杂志》第 7 卷第 35 期。

李旭《反科学的唯物史观》发表于《时代杂志》第 7 卷第 35 期。

李旭《从心理学和生理学上批判唯物史观》发表于《时代杂志》第 7 卷第 36 期。

罗乃诚《唯物史观述评》发表于《时代杂志》第 7 卷第 37 期。

［苏］阿齐翔作、何歌译《迎接伟大十月社会主义革命三十周年纪念节：在走向社会主义革命的路上》发表于《时代杂志》第 7 卷第 38 期。

［苏］布尔雪维克杂志社论、祖立译《迎接伟大十月革命节》发表于《时代杂志》第 7 卷第 38 期。

［苏］卡拉斯尼柯夫作、祖立译《迎接伟大十月社会主义革命三十周年纪念节：苏维埃政权与国民教育》发表于《时代杂志》第 7 卷第 39 期。

［苏］尤琴作、草婴译《从社会主义走向共产主义》发表于《时代杂志》第 7 卷第 39 期。

［苏］巴契里斯作、何歌译《迎接伟大十月社会主义革命三十周纪念节》发表于《时代杂志》第 7 卷第 40 期。

［苏］顾洛维奇作、何歌译《迎接伟大十月社会主义革命三十周纪念节——苏联经济发展的道路》发表于《时代杂志》第 7 卷第 40 期。

王醒魂《中国共产党二十年来的演变——中国共产党运动之史的观察》发表于《时代杂志》第 7 卷第 43 期。

《列宁和史大林——苏维埃国家的创造者》发表于《时代杂志》第 7 卷第 43—44 期。

［苏］巴斯金作、达章译《列宁和史大林——多民族的苏维埃国家的组织者》发表于《时代杂志》第 7 卷第 43—44 期。

鲁斯金《社会主义胜利三十年》发表于《时代杂志》第 7 卷第 43—44 期。

［苏］奥列休克作、尚天译《伟大十月社会主义革命的历史性意义》发表于《时代杂志》第 7 卷第 43—44 期。

王醒魂《共产国际与中国共产党》发表于《时代杂志》第 7 卷第 44 期。

施复亮《论"共产主义的威胁"》发表于《时代批评》第 4 卷第 92 期。

按：文章说："《观察》第二卷第二十一期刊载了一篇杨光时等十位先生的《我们对于大局的看法与对策》，我曾经写了一篇批评的文章，题为《错误的看法与反动的对策》，登在《时与文》第二十三期上。据杨先生等人所说，华莱士主张'对苏和平'，为的是要'阻遏共产主义的发展'，杜鲁门实行'对苏强硬'，为的是要'防止共产主义的扩张'；他们自己向美国政府建议（既不是向美国人民建议，也不是向美国自由主义分子建议）设立'民主国际'，为的也是要对抗'共产国际'，让美国'真正操纵全世界''真正解除共产主义的威胁'。我们从这里可以得到两个印象：第一个是'共产主义'等于'苏联'，'苏联'等于'共产国际'，因而'反共''反苏联'和对抗'共产国际'是一件事；

第二个是'共产主义'是一个可怕的恶魔,它可以威胁全世界,'化国际战为内战''使原子弹无法应用',因而此种威胁,非设法加以'阻遏''防止'或'解除'不可。这两个印象,在我虽不算新鲜,但我也很愿意借这个机会来讨论一下这个所谓'共产主义的威胁'问题。"

何公敢《民主主义和平转变到社会主义的可能》发表于《时代批评》第4卷第95期。

施复亮《论欧洲九国共产党会议》发表于《时代批评》第4卷第96期。

谢幼伟《罗素评马克思》发表于《思想与时代》第47期。

柏英译《史达林的儿女教育》发表于《时与潮副刊》第7卷第4期。

陈远耀《共产党在南美》发表于《时与潮》第26卷第1期。

陈远耀译《史达林主义与世界》发表于《时与潮》第27卷第2期。

史存直译《资本主义与共产主义》发表于《时与潮》第27卷第2期。

吴企群译《共产党在世界》发表于《时与潮》新27卷第5—6期。

蓝蓝译《共产党在东欧的策略》发表于《时与潮》新28卷第6期。

宜孙译《社会主义与共产主义》发表于《时与潮》第29卷第3期。

饶虎林《共产党人论民主与自由》发表于《新潮》第5卷第3—4期。

严鸿瑶《唯物论的三大论证及其批判》发表于《文化先锋》第7卷第1期。

梦若译《社会主义的评价》发表于《文化先锋》第7卷第6—7期。

包遵彭《中国共产党青年运动总批判》发表于《文化先锋》第7卷第8—10期。

胡洪汶《中国伦理与中国共产党》发表于《文化先锋》第7卷第11期。

按:文章认为,国民党不敌共产党的原因是:第一,共产党的精神先天是斗争的,中国国民党的精神,先天是反斗争的。第二,共产党的组织是战斗体的,国民党的组织不是战斗体的。

平凡《日本的共产党》发表于《文化先锋》第7卷第12—13期。

樊弘《凯衍斯和马克斯》发表于《经济评论》第2卷第8期。

樊弘《马克思的货币和利息率的学说》发表于《经济评论》第2卷第11期。

陈志让《资本主义经济与社会主义经济》发表于《观察》第1卷第22期。

按:文章说:"马克思深恨资本主义经济的种种弊端,而提出社会主义经济的理想。他所重视的是组织而非自由;是平等,是进步,是经济的安定,绝不仅是生产的增加。要调和进步与安定的矛盾,他以为私有财产必代之以财产的公有；无政府状态的生产必代之以经济的计划。只有这样才能增进国民的经济幸福，免除资本主义经济制度的缺点。马氏的理想自一九二八年苏联第一次五年计划以来始付诸实现。"

李理黄《马克斯的政治思想》（书评）发表于《观察》第 3 卷第 13 期。

按：吴恩裕著有《马克斯的政治思想》一书，商务印书馆出版。是文就是对该书的书评。文章说："马克斯的学说，介绍到中国来已有二十年以上的历史了。它的影响，相当广泛而深刻。随着它的输入，反马克斯主义的思潮也兴起了。抛开它们相激相荡对社会实际的影响不说，单就思想看来，它们也显然在二十年来中国学术文化活动上，占着重要的地位。不过，有很多信仰者特别是批判者，其赞同与反对，似乎往往带几分情感作用，这种态度是不会有助于学术的进步的。因此，用客观而公正的态度，去研讨马克斯的学说，以说明它的真实面目，还是很必要的。这本书的基本态度，正是如此，著者在序中说：'本书的性质，犹如我十年前出版的那本《马克斯的哲学》一样，既不取感情上的赞成态度，也不取感情上的反对态度。我只是对马克斯的学说，做纯粹学术的研究。'我们读过这本书后，也感到著者对这一点确实做到了。他本着客观的态度，用历史的眼光及分析的方法，把马克斯的学说中的一些基本要点，完满地阐明了，并把若干重要的但却一直为人忽视的理论关节解说明白。在这方面，著者是成功的。"

［美］史特朗作、大牛译《毛泽东论原子弹的失败》发表于《文萃丛刊》第 2 年第 24 期。

［美］小罗斯福作、小鱼译《史达林访问记》发表于《文萃丛刊》第 2 年第 20 期。

杜无门《毛泽东论纸老虎》发表于《文萃丛刊》第 2 年第 28 期。

许烜之《个人主义社会主义和三民主义的民主》发表于《宇宙文摘》第 1 卷第 6 期。

编者《新史达林传》发表于《宇宙文摘》第 1 卷第 6 期。

于远《毛泽东的忧郁》发表于《现实文摘》第 1 卷第 3 期。

赵德洁《社会主义下的英国》发表于《现代文摘》第 3 期。

［英］拉斯基《社会主义的欧洲对美国资本主义》发表于《文摘》第 12 卷第 1 期。

周克明译《瓦尔论社会主义的新路》发表于《文摘》第 12 卷第 7 期。

郭舜平《英国社会主义的试验》发表于《中美周报》第 227 期。

关汉《马克斯痛斥俄罗斯》发表于《中美周报》第 245 期。

郑学稼《史达林主义与世界和平》发表于《中央周刊》第 9 卷第 9 期。

何若钧《个人主义与社会主义之协调》发表于《中央周刊》第 9 卷第 13 期。

胡佛《美国怎样打击共产主义》发表于《中央周刊》第 9 卷第 31 期。

[美]Sidney Hook 作、郑学稼译《社会主义的将来》发表于《中央周刊》第 9 卷第 37 期。

凌凯《毛泽东〈论联合政府〉之批判》发表于《钟声月刊》第 7—8 期。

刘建民《国父遗教解说三民主义与共产主义的区别》发表于《钟声月刊》第 7—8 期。

陈先恪《共产主义和共产党究有什么好处》发表于《钟声月刊》第 12 期。

沈引之节译《斯大林论民间艺术》发表于《东北文艺》第 2 卷第 2 期。

[苏]江布尔作、朱允一译《伟大的列宁在斯大林身上活着》发表于《东北文艺》第 2 卷第 5 期。

[苏]克鲁普斯卡娅《列宁怎样做编辑工作》发表于《北方杂志》第 2 卷第 1—2 期。

丛明珠《史达林之谜》发表于《北方杂志》第 2 卷第 5 期。

李旭《关于辩证法的一个正确的认识》发表于《大华杂志》第 1 卷第 2 期。

吴清友《战时及战后苏联工业建设》发表于《学识半月刊》第 2—3 期。

成甲人《中国共产党》发表于《纵横天下》第 2 卷第 2—3 期。

梁悦廉《中国共产党的党员及其思想》发表于《纵横天下》第 2 卷第 2—3 期。

胡捷译《英国社会主义的新威胁》发表于《智慧》第 21 期。

叶青《三民主义与共产主义之比较》发表于《智慧》第 22 期。

徐德润《中国共产党解剖》发表于《中坚》第 3 卷第 4—11 期。

泽生《论毛泽东与中共的整风运动》发表于《中坚》第 3 卷第 5 期。

按：文章论述延安整风之得失说："一般说毛泽东之整风杰作完成其基本目的，得到其预期之效果，故除'国际派'之系统与余势最后溃灭，新学生党员全部奴服外，并有以下之成功：一、各种党内小派系均无形解体，毛之嫡系控制一切，相当巩固了毛之独裁统治。二、马列主义变成了毛泽东主义，毛泽东思想成为中共之思想，并规定于党章总纲中：'中国共产党，以马克思列宁主义的理论与中国革命实践之统一的思想——毛泽东思想，作为自己一切工作的指南。'毛泽东成为中共之象征。三、在'知识分子工农化，工农分子知识化'之口号下,对党员之政治、思想、文化教育益加精选,党员程度普遍提高。四、思想控制益加严格,分歧之意见减少,表面上增强了团结与统一之强度。"

角羊《彼得大帝与史大林》发表于《中坚》第 3 卷第 6 期。

文《由毛泽东被通缉看苏联撤侨》发表于《中国新闻》第 1 卷第 1 期。

忆蕙《毛泽东企图反攻延安》发表于《中国新闻》第 1 卷第 4 期。

朱锐译《共产主义破坏了第一个民主政体》发表于《时事论坛》第 6—7 期。

朱锐译《社会主义的价值是什么》发表于《时事论坛》第 6—7 期。

洪洋《中国共产党是怎样成长的》发表于《公论周刊》第 1—2 期。

朱洛《中国共产党往哪里走》发表于《忠勇月刊》第 2 卷第 2—3 期。

乔采《共产党在东北》发表于《忠勇月刊》第 2 卷第 4 期。

袁家廉《鲁南战役与中共前途》发表于《忠勇月刊》第 2 卷第 4 期。

召耳《斯大林的继承人究竟是谁》发表于《自由天地》第 1 卷第 4 期。

华山《革命巨子史达林》发表于《幸福世界》第 1 卷第 9 期。

按:文章说:"(史达林)他的权力和知识似乎是无限的。他是革命理论家,又是革命的实际执行人;他是战略的决定者,又是出版物的批准者;在农业、工业、科学、社会组织方面,他无所不知,亦无所不及;他是党、政府和军队的领袖,他是苏联人民之父。"

陈元德《马克思与亚洲问题》发表于《政衡》第 1 卷第 5 期。

[美]约翰·史屈莱谦作、楚汉译《社会主义之实践》发表于《新鸟青》复刊第 3—4 期。

邓德定《从经济观点对资本主义共产主义纳粹主义之批评》发表于《贵州》第 1 卷第 1 期。

耿秉直《罗斯福与史达林的失和》发表于《中央日报周刊》第 1 卷第 3 期。

耿玉亭《保卫毛主席的烈火》发表于《太岳文化》第 1 卷第 6 期。

行能《天主教与共产主义》发表于《益世周刊》第 28 卷第 9 期。

[英]艾德尔曼作、李宛译《这是社会主义的外交政策么》发表于《民潮》第 4 期。

苏炯文《马克斯剩余价值的批评》发表于《青年之友》第 2 卷第 1—2 期。

按:文章说:"马克思的学说中,剩余价值论占了他全部的一半,因为他是研究经济学的,他主张的阶级斗争,在经济学上树立了剩余价值的理论基础。马克思把价值分做使用价值和交换两种,有使用价值的东西是能满足人类的欲望,如日光、空气、水等这些东西对人类有用的,但是不一定都有交换价值。因为它本身是属于自由财产,在自然界中取不尽,用不竭,在普通的一般情况言,这类自由财产不会有人拿出钱来购买的,所谓交换价值,是有能力和别的东西交换如普通的货物就是。有使用价值的东西,不一定有交换价值;有交换价值的东西必定有使用价值,因为后者是属于经济财产,是需要人类的劳力而生产的,所以马氏的价值论是主张劳动说的。"

吴蛮《史达林的唯心论》发表于《青年生活》第 17 期。

严鸿瑶《辩证法浅说》发表于《建国青年》第 5 卷第 2 期。

余萌译《列宁——纪念列宁逝世二十三周年》发表于《大连青年》第 3 期。

[苏]列宁《卡尔·马克斯》发表于《大连青年》第 5 期。

伊明《评〈列宁在一九一八〉》发表于《青年与妇女》第 2 卷第 5—6 期。

懿范《唯物恋爱观》发表于《妇女与家庭》第 6 期。

聂森译《马克斯主义的新评价》发表于《清议》第 1 卷第 7 期。

王任重《社会主义在世界的抬头》发表于《主流》第 2 期。

罗梦册《民主主义的政治与社会主义的经济》发表于《主流》第 2、7 期。

李继耳《论资本主义与社会主义》发表于《主流》第 3 期。

张文《劳文与社会主义》发表于《主流》第 3 期。

李继耳《论社会主义的经济》发表于《主流》第 5 期。

黄镜明《中国必能走上社会主义的坦途》发表于《主流》第 5 期。

李韵斯译《社会主义与自由》发表于《主流》第 7 期。

罗莫册《马克斯主义时代之过去,费边主义时代之到来》发表于《主流》第 8 期。

莫闻天译《英国与正统派社会主义》发表于《主流》第 10 期。

李维林《在民主自由社会主义的革命路上》发表于《主流》第 12 期。

白坚石《中国需要一个民主自由社会主义的政党》发表于《主流》第 12 期。

司马怀冰《世界需要一个民主自由社会主义国际》发表于《主流》第 12 期。

杨羽震《时代需要一个民主自由社会主义的文化运动》发表于《主流》第 12 期。

杨戎《我们需要一个民主自由社会主义的报纸》发表于《主流》第 12 期。

日知译《英社会主义面对着难题》发表于《革新》第 2 卷第 7 期。

秦墨《翻译〈资本论〉的王亚南与郭大力》发表于《人物杂志》第 10 期。

按：文章说："在我国，凡是研究经济学的人都是会知道王、郭二先生的名字的，他们两人曾合译过许许多多的西洋经济名著，最著名的如亚丹斯密的《国富论》、李嘉图的《经济学及赋税之原理》和划时代的马克斯《资本论》。他们二人的名字时常捆在一起，因此，当有人提起了郭大力，大家就必然会联想起王亚南来。假如说'文人相轻自古皆然'是一个通则，那么，在经济论坛上，王、郭二先生能长期合作到二十年之久，真算是一个例外了。当我阅读过上述的几本伟大的译作，而尚未见到王、郭二先生之前，就曾听到一些关于他们年青时苦学情形的神奇的传说，这些传闻也许有过甚其词，但他们两人是从苦学成功的，确是事实。"

申越《综论近代西方空想的社会主义》发表于《大学（成都）》第 6 卷第 3—4 期。

汪懋祖译《罗素论马克斯哲学》发表于《新中华》第 5 卷第 23 期。

松柏《国际共产主义在苏联如何失败》发表于《忠报》第 1 卷第 5 期。

唐龙《使史达林改变意思的人》发表于《西点》第 2 卷第 12 期。

《一个伤兵的愿望》（毛泽东同志的故事）发表于《工农兵》第 3 卷第 6 期。

桐庐《读了〈官僚资本论〉之后》发表于《正报》第 2 卷第 2 期。

江陵《毛泽东的二三事》发表于《正报》第 2 卷第 3 期。

方方《毛泽东与农民运动》发表于《正报》第 2 卷第 24 期。

按：文章说："'民族问题的基础，它的内部的实际是农民问题，……因为农民是民族运动的基本军队；没有农民这支军队，就没有而且也不会有强大的民族运动。'（斯大林语）在中国，对于斯大林的这一个英明启示，只有毛泽东同志了解得最彻底，而且最实际贯彻到整个中华民族解放运动的斗争中去。"

芜茗《人民爱戴毛泽东》发表于《正报》第 2 卷第 29 期。

蔚敏《共产主义的温床》发表于《大中国》第 4—5 期。

吴恩裕《自由主义与社会主义的合流》发表于《现代知识》第 1 卷第 4 期。

萧仪章《从英美的政党来看中国共产党》发表于《钟声月刊》第 7—8 期。

牟离中《略察陈独秀的根本意见》发表于《历史与文化》第 1 期。

徐毅生译《论世界共产主义》发表于《历史与文化》第 2 期。

薛波《某团展开保卫毛主席运动》发表于《太岳文化》第 1 卷第 6 期。

朱年《关于瞿秋白二三事》发表于《新文化》第 3 卷第 3 期。

按：文章指出："瞿氏在文化思想方面的贡献，永远有他的历史价值，特别如文艺大众化的号召，新文学运动的提倡等功绩，是谁也磨灭不了的。我们应遥向他学习，踏着他的脚步前进。"

胡绳《读秋白遗文》发表于《野草》第 4 期。

血星词、云翔曲《保卫毛主席》（歌曲）发表于《教育阵地》第 8 卷第 1 期。

《毛主席的学习精神好》发表于《冀南教育》第 2 卷第 5 期。

杨国镇《什么是国家社会主义》发表于《社会公论》第 2 卷第 3—4 期。

傅良《社会主义的民主革命》发表于《公论周刊》第 18 期。

惺民《再论社会主义的民主革命》发表于《公论周刊》第 19 期。

殷海先《张继先生与共产党》发表于《中央日报周刊》第 2 卷第 10 期。

又石《谁是社会主义的胜利者》发表于《新合作》第 2 卷第 3—4 期。

［英］Harold J. Laski 作、詹忠义译《德国会走向共产主义吗》发表于《历史政治学报》第 1 期。

张西曼《社会主义的文化基础》发表于《现代新闻》第 1 卷第 1—7 期。

按：文章说："一国文化是它政治、经济以及一切社会活动合理发展的结晶品。社会主义的文化——据马克斯主义权威学者所解释，就是无产阶级的文化，以社会主义为内容，在各种参加社会主义建设的民族中，因他们语文、风尚等的不同，而具有各种各样的表现形式和方法。它以无产阶级为内容，民族为形式，这就是那社会主义所归趣的全人类文化。社会主义的或无产阶级的文化并不来替代（取消）民族文化，就只赋予后者一种内容。反过来说，民族文化也不来替代社会主义的或无产阶级的文化，就只赋予后者一种形式……就只在社会主义革命胜利以后，才有各民族共同文化广大发展的可能，这就是苏联的经验作为明显的说明。"

正元译《卡尔·马克斯》发表于《雄风》第 2 卷第 2 期。

郑学稼《由摩西到列宁》发表于《读书通讯》第 132 期。

白旭《论辩证法及中国共产党》发表于《再生周刊》第 155 期。

白旭《论辩证法及中国共产党后记》发表于《再生周刊》第 157 期。

卓《中国共产党与苏联》发表于《再生周刊》第 159 期。

［美］Daniell R. 作、毅生译《自由与社会主义能否调和》发表于《再生周刊》第 167 期。

吕克难《共产主义的性格》发表于《再生周刊》第 191 期。

李仲生《论国防经济学的基本性格——国防经济学的综合辩证法》发表于《同仇汇刊》特辑。

吴清友《苏联科学发展之道路》发表于《中国建设》第 3 卷第 6 期。

陈之行《苏联劳动政策与社会主义建设的配合》发表于《中国劳工》第 7 卷第 6—7 期。

玉珊《社会主义革命胜利的伟大日子》发表于《友谊》第 1 卷第 9 期。

芝《伟大十月革命的领导者和组织者,苏维埃社会主义国家的创始者和建设者——列宁和斯大林》发表于《友谊》第 1 卷第 9 期。

严洪《伟大十月社会主义革命——一个布尔什维克的道路之一章》发表于《友谊》第 1 卷第 9 期。

杜曼、刘辽逸《伟大的十月社会主义革命三十周年纪念》发表于《友谊》第 1 卷第 9 期。

周绶章《政治自由与经济平等——新社会主义路线的提出》发表于《世纪评论》第 1 卷第 20 期。

周颛《辩证唯物论》发表于《读书与出版》第 2 卷第 2 期。

《毛泽东的故事》发表于《文化翻身》第 12 期。

勃鲁鲍《贺川丰彦——基督教社会主义者》发表于《天风》第 59 期。

[加]Vlastos G. 作、黄嘉历译《加拿大社会主义者与苏联》发表于《天风》第 61—63 期。

闵军译《社会主义制度下的财政》发表于《国讯》第 430 期。

刘亦宇《中国共产党到何处去》发表于《三民主义半月刊》第 10 卷第 2 期。

殷海光《从马列主义论中国共产党底演变》发表于《三民主义半月刊》第 10 卷第 11 期。

东方江《毛主席的故事》发表于《新大众》第 39 期。

[比]郎卫师作、冯瓒璋译《二十六年来的中国共产党》发表于《远东杂志》第 1 卷第 1—2 期。

[苏]布勒格《社会主义的物质鼓励》发表于《新闻类编》第 1611 期。

[苏]I. 伊凡诺夫《伟大的十月社会主义革命与印度》发表于《新闻类编》第 1619 期。

[苏]顾洛维奇《苏联经济进步的道路》发表于《新闻类编》第 1619 期。

[苏]Y. 达维多夫《伟大的十月社会主义革命与朝鲜》发表于《新闻类编》第 1621 期。

［苏］乌曼斯基《个性与社会主义社会》发表于《新闻类编》第 1622 期。

［苏］N. 米海洛夫《社会主义国家的青年》发表于《新闻类编》第 1622 期。

［苏］马斯林尼科夫《孙中山与伟大的十月社会主义革命》发表于《新闻类编》第 1622 期。

［苏］S. 卡甫丹诺夫《社会主义国家的科学》发表于《新闻类编》第 1625 期。

［苏］安南诺夫《苏维埃社会主义自治共和国》发表于《新闻类编》第 1629 期。

王季同《读"唯物史观与社会学"》发表于《弘化月刊》第 74—75 期。

毛泽东、朱德《致斯大林电》发表于 11 月 8 日《人民日报》。

按：是为毛泽东、朱德为庆贺十月革命 30 周年给斯大林的贺电。

蔚然《读〈农村调查〉后记》发表于 11 月 30 日《人民日报》。

许之桢编辑《毛泽东印象记》发表于 3 月 20 日《东江日报》。

张闻天《论群众工作中的诸问题》发表于 2 月 15 日《合江日报》。

一鉴《毛泽东的故事》发表于 3 月 19 日、21 日、25 日、27 日《合江日报》。

张闻天《谈文艺工作的几个问题》发表于 4 月 30 日《合江日报》。

按：文章说："'为人民服务'这句话只在口头上说是不行的，他只有表现在行动上时，才是可靠的证明。我们共产党人主张：音乐、戏剧等一切文艺活动，都要'为人民服务'。"

张闻天《放手发动群众与掌握党的政策》发表于 7 月 10 日《合江日报》。

《毛主席和农民》发表于 12 月 18 日《嫩江新报》。

《毛主席——农民的儿子》发表于 12 月 20 日《嫩江日报》。

《毛主席爱护穷人》发表于 12 月 24 日《嫩江新报》。

《毛主席领导农民运动》发表于 12 月 25 日《嫩江日报》。

《毛主席在农民的帮助下脱了险》发表于 12 月 28 日《嫩江日报》。

李树民《两个三八的回忆》发表于 3 月 8 日、9 日《牡丹江日报》。

张如心《毛泽东同志关于中国抗日战争的科学预见》发表于 7 月 7 日《牡丹江日报》。

《刚举起红旗的时候》（毛主席的故事）发表于 5 月 15 日《鲁中大众》。

《毛主席的故事》发表于 6 月 13 日《鲁中大众》。

《毛泽东同志传略》发表于 6 月 21 日《前锋》。

《中国共产党与中国人民领袖毛泽东同志传略》发表于 7 月 1 日《胜利报》。

［美］A. 史特朗《毛泽东》发表于 10 月 10 日《文学报》。

社评《研究并认识苏联》发表于 11 月 9 日上海《大公报》。

三、研究著作

［德］马克思著作、柯柏年译《拿破仑第三政变记》由生活书店出版。

［德］马克思、恩格斯著，郭沫若译《德意志意识形态》由上海群益出版社出版。

［德］卡尔·马克思著、杜竹君译《哲学之贫困》由上海作家书屋出版。

按：昂格斯序说："这本书，是一八四六至一八四七年冬，即马克思已经说明他关于历史的经济的新的理解方法之原则的时期所作的。刚才出现的蒲鲁东的《经济矛盾之体系》，或称《贫困之哲学》，恰好给马克思以机会来发挥他的原则，而以之与当时在法国社会主义者中占了优越地位的人之意见对立。自从这两人在巴黎往往彻夜地共同讨论经济问题以来，他们所走的道路已是愈离愈远；蒲鲁东的著作已表示他们中间已有一道不可逾越的深渊；要默而不言是不可能的。马克思在他给蒲鲁东这个回答中，即已证明这种不可救药的破裂了。……这部著作，现在对于德国有重大影响，这是马克思所不曾预料到的。谁能知道因为攻击蒲鲁东，同时即打击了现在的幸进者之偶像，即他连名字都不曾认识的罗得伯尔妥斯。"

［德］马克思、恩格斯著，郭大力译《资本论通信集》由上海读书出版社出版。

［德］马克思著、沈志远译《雇佣劳动与资本》由重庆生活书店出版。

［德］马克思著，王学文、何锡麟、王石巍编译《价值价格与利润》由重庆生活书店出版。

彭迪先等译《资本论》（补遗勘误）由上海读书出版社出版。

按：是书乃《资本论》1947 年再版本附册，内容包括彭迪先译《〈资本论〉第 1 卷补遗》《资本生产物的商品》，郭大力《〈资本论〉第 1、2、3 卷的勘误表》以及 1940 年 5 月写的"译者跋"。

［苏］闵斯编，章汉夫、许涤新译《恩格斯论资本论》由长春光华书店出版。

［苏］聂奇金纳著、郑易里译《资本论的文学构造》（第 3 版）由上海读书出版社出版。

王右铭著《大众资本论》由上海生活书店出版。

［德］马克思、恩格斯著，郭沫若译《艺术的真实》由上海群益出版社

出版。

按：是书包括抽象与具体性、思辨的方法之虚伪的自由、思辨的文艺批评之畸形的一例、苏泽里加大师之舞蹈观、布尔乔治的典型之理想化、文学中的典型及社会关系歪曲之实例、布尔乔治浪漫主义文学之肯定的典型、被揭发了的"立场"之秘密等章。

〔德〕马克思著、林超真译《马克思致顾格曼的信》由上海亚东图书馆出版。

〔苏〕恩格斯等著、何封等译《卡尔·马克思——人、思想家、革命者》由上海读书出版社出版。

〔苏〕列宁著、博古译《卡尔·马克思》由太岳新华书店出版。

按：是书内收《卡尔·马克思》《马克思底学说》《马克思底经济学说》《社会主义》《无产阶级阶级斗争底策略》5篇著作。

艾明之著《马克思》由生活·读书·新知上海联合发行所出版。

明之著《马克思》由上海士林书店出版。

〔德〕恩格斯著、张仲实译《家族私有财产及国家的起源》由上海生活书店出版。

按：张仲实序说：这本名著，在国内出版界已见过两种译本，但就译文看去，两种似乎都是从英文本或日文本译出的。本译本是根据莫斯科马、恩、列学院院长亚多拉茨基所重新校阅及所编辑注译的俄文标准译本译来的。凡书中注解注有"编者"字样的，就都是亚氏所加的。名著的译本是不怕多的，而且把拙译本的内容与以前两种译本作一比较，也可以看出这部名著还有第三种译本出版的必要。所以，译者于工余仍把它译出来，献给读者。不过，古典的理论著作，大抵文字艰深，很难翻译；拙译本中不完善之处一定还是有的，读者如有发现，还希给以善意的指教！同时，以前两种译本当中的一种（明华译），译者参考的地方也不少，在这里，顺便敬向该译本译者（未注明姓名）志谢！

〔德〕恩格斯著、吴理屏（吴黎平）译《反杜林论》由上海生活书店出版。

〔德〕恩格斯等著《社会发展史》由香港新民主出版社出版。

按：是书包括从猿到人过程中劳动的作用、有阶级以前的社会、资本主义以前的各种剥削方式及论国家4部分。

柏桦著《恩格斯的故事》由冀南书店出版。

〔德〕梅尔原著、郭大力编译《恩格斯传》由上海读书出版社出版。

按：译者序说："这是一个思想家的传记。在写这本传记时，我所根据的，是柏林大学社会民主党史教授古斯达夫·梅尔所著的 Friedrich Engels：A Biography。原著是一九三六年在伦敦出版的。我在一九三八年第一次见到这个原本，因为友人郑易里在上海书店里买到了这唯一的一册，并愿意赠送给我。他赠我时，问我有没有意思和时间把它译成中文。次年我在故乡第一次把它译成了中文，但不幸，译稿寄上海，意外遭了损失。再过一年，我到了广东。我决心把它再译一遍。但后来我决定回故乡时，友人张果原看见这一包译稿，劝我不要携在身边。这第二次的译稿，才留在果原家中。不料我同他别后一个月，他就作了古人了。那包译稿就和他的遗族一同遇了艰苦的命运。这一个草稿，算来已经是第三次了。我不惜再三重新动笔，是因为这位思想家的生活，太使人敬爱了。他的勇敢，他的热情，他的谦虚，实在使人神往。同一工作的反复所以不致令人厌倦，主要就是为了这点。可是，我这一回不能再是直译了。原著者在原本的序言上，有这样的话：'二年前，我曾由海牙的马丁尼诺夫书店，用德文出版了一个《恩格斯传》，书分二册。在这个传记里，朋友俩的未曾发的遗稿，第一次有了刊行的可能。这个新传记，是我特别为英语的世界写的，所以我特别注意，恩格斯大半生住在英国的事实。'从这几句话看去，这所谓'新传记'，原不过是一个更大的传记的缩编本改编本。现在，我与其第三次翻译这个缩编本改编本，自不如等待将来，有机会再翻译那个更完全的传记了。还有，直译的书是比较不易读的书。在一个不懂外国语的人看来，直译的书还往往成为难解的。经典的著作，固不许译者自由，但像这里的著作，我是觉得，如果文字能够平易一点，那一定可以便利读者。就这一方面说，我原假定，我的读者有一部分是不识外国文字的。最后，我必须声明，我除了决意要删去那些足以使文字显得累赘晦涩的文字，还发觉了，原著后半，尤其是关于第一次大战前夜的情形的叙述，完全是采取当时德国社会民主党的立场。我觉得，不酌量删改，是容易引起错误的。这样，这个草稿就已经不是单纯的译稿了。"

马克思列宁思想方法论编辑委员会辑《思想方法论》由安东东北书店出版。

晋察冀土地问题研究会编《马恩列斯毛论农民土地问题》由晋绥新华书店出版。

晋察冀土地问题研究会编《马恩列斯毛论农民土地问题》由东北书店出版。

按：是书分封建制度下的农民、资产阶级与农民、无产阶级与农民、中国农民土地问题 4 个专题。附录：毛泽东《湖南农民运动考察报告》《农村调查序言》《兴国调查》《长冈乡调查》《才溪乡调查》。

赵季芳编译《恩格斯等论文学》由上海亚东图书馆出版。

按：是书将恩格斯的文艺书信和列宁论托尔斯泰的3篇文章合辑成册。《编者的话》说："这里所收集的几篇稿子，大都在《婴呜杂志》上发表过的，现在以小册子的形式出版，因为恩格斯和伊里奇在文学上的著述是非常之稀少，仅存的这几篇短文章，应该受着中国读者的珍视。除了《恩格斯论巴尔扎克》这一篇是编者根据英文的《国际文学杂志》和英文的《巴尔扎克短篇小说集》所编译的以外，其余几篇都是根据《国际文学杂志》翻译的。从'五四'时代到现在，不管整个社会的进化遭着若干的打击和阻力，但文化的车轮，毕竟不能不反乎某些人的意志而逐渐的向前推移。即单以文学而论，在介绍和创作方面，质量上都有很大的进步，而迥非'五四'时代所可比拟。但世界上的一切事务，总逃不出辩证法的矛盾发展过程，所以在整个社会的变革遭受阻碍之中，我们虽可以看出某些文化的进展，而在一般文学的进步之中，我们又可发现一些堕落的因素和种子。'为艺术而艺术'的口号，已经老早被人否定，现在是完全无立足之地了。这本是一种进步的现象，但是作为这个口号之代替物的'为人生而艺术'的口号，似乎至今还未被人正确的了解。因为反对纯艺术的主张，人们竟至走到另一更荒谬的主张，把文学看成政治宣传之简单工具。六七年前有人高唱什么普罗文艺，最近一年以来，同样那些人又在宣扬什么国防文艺了。这两种文艺在形式上是多么矛盾，在政治的立场上简直是相隔天壤。但在文艺理论上，却完全是一贯的；文艺不是别的，只是为暂时的政治煽动服务，除此以外，就别无所谓文艺了。所以前几年文艺只能宣传阶级斗争，因为它必须普罗，而近一年呢，文艺则又只能宣传阶级合作，因为只有这样才能算是国防。其实，某一时代的文艺，本是该时代整个社会进化和人事变化之反映，而现在这班自命维新的'革命文艺家们'，却硬把活生生的文学运动，关在一个一定的范围以内，凡不合乎这个公式的都有被他们加上各种各式的头衔之可能，难道这不是阻碍文艺之进展吗？正因为这种文学的公式主义之为害作祟，所以人们至今还侈谈什么意识，而无视文学的技巧，甚至罗列着标语口号，都认为是最高的艺术品。这种现象，正是充满了中国现在的文坛，打击这种现象，实成为中国进步的文艺家之必要的而且是急需的任务。而这本小册子中所收集的《恩格斯论文学》的一篇短文章，就可以供给我们用为战斗的工具之一，因为在这篇文章之中，恩格斯很简单但是非常明白的解释作者主观意识与艺术作品的关系。他特别着重于艺术品中之写实主义的描写，但他主张'作者并不一定要把书中所描写的社会冲突之将来历史的解决勉强灌输给读者'。因为真实的描写,在客观上有时即是提供了读者以解决的方案,这比勉强的灌输要好得多。他决不是反对文艺作者应有主观的意向,但是他觉得'作者的意向应该不著什么特别的痕迹而从事实和行动中自然的流露出来'。恩格斯这几句简单的话,把我们现在所争论的问题解决得清清白白,同时也正是给公式主义的标语口号文学以当头一棒,所以译者特别希望读者对于这篇短文章加以再三的注意。至于其余几篇的内容,贤明的读者一定自己会去领略,所以编者的话也就此打住。"

周扬编《马克思主义与文艺》由安东东北书店出版。

[苏]列宁著《列宁文选》(第 2 册)由延安解放社出版。

[苏]列宁著《国家与革命》由东北书店出版。

[苏]列宁著《国家与革命》由辽东建国书店出版。

[苏]列宁著《在民主革命中社会民主党的两个策略》由太行群众书店出版。

按:是书内分紧急的政治问题、俄国社会民主工党第三次代表大会关于临时革命政府的决议给了我们什么、何谓"革命对沙皇制度的彻底胜利"、君主制度的肃清与共和国、应当怎样"把革命推向前进"、在与资产阶级的不彻底性斗争时,使无产阶级束缚手足的危险从何而来、"驱逐保守派于政府之外"的策略。"解放派"与新"火星派"、在革命时代为极端反对派是什么意思、"革命公社与无产阶级和农民的革命民主专政、俄国社会民主工党第三次大会与临时大会"几个决议的概略比较、如果资产阶级离开民主革命,这个革命的规模是否因之减弱、结论:我们敢不敢胜利等 13 章。有著者序言。书后有注释及报纸杂志索引。

[苏]列宁著、曹葆华译《社会民主党在民主革命中的两个策略》由华北新华书店出版。

按:是书乃列宁在俄国社会民主工党第三次代表大会结束后不久,于 1905 年 6 月至 7 月在日内瓦写的,从理论上论证布尔什维克在第一次俄国革命中的战略和策略,并批判孟什维克的机会主义策略的错误。

[苏]列宁著、严安仁译《共产主义运动中的"左派"幼稚病》(马列主义理论丛书)由香港大路出版社出版。

按:是书书名页印有:一个用通俗语言来说明马克思主义战略的尝试。全书包括我们可以在哪一点来讲俄国革命有国际意义呢、布尔塞维克成功的基本条件之一、布尔塞维克主义历史底主要阶段、布尔塞维主义是与工人运动内部哪些敌人作斗争而发育巩固和锻炼的、德国共产党底"左派"、领袖正当群众之间的关系、革命家应否在反动公会内进行工作呢、应否参加资产阶级的国会呢、不作任何妥协么、英国共产主义运动中的"左派"、结论等内容。

〔苏〕列宁著、苍木译《共产主义运动中的"左派"幼稚病》由外国文书籍出版局出版。

〔苏〕列宁著、萧三编译《列宁论文化与艺术》（上）由东安东北书店出版。

按：《译者的话》说："这本书是莫斯科《艺术》出版社于一九三八年编印的，目的是想给读者认识一下列宁关于艺术和文化问题的言论——文章、演说、片段——选入了全集的，但在本书内不是严格地照全集的卷数、年代等次序，而是根据两个主题：'文化和文化遗产'及'艺术问题中的党性'来选编的。第三部分——列宁的命令和指示，可作为上两部分的补充，也可看出列宁在艺术和文化问题里所执行的完整性和原则。……马列主义关于文化艺术问题的理论的书在中国有系统地介绍及出版的还很少。我想，这个选本对于我们的读者是有裨益的，因此翻译出来。（内中《托尔斯泰像俄国革命底一面镜子》是瞿秋白同志旧译，见《海上述林》，兹抄入，不重译。）"

〔苏〕斯大林著《论列宁主义的几个问题》由华北新华书店出版。

〔苏〕斯大林著《论列宁主义的几个问题》由东北新华书店出版。

〔苏〕斯大林著、唯真译《论列宁主义基础》由华北新华书店出版。

按：是书为著者在斯维尔德洛夫大学的讲演。分列宁主义底历史根源、方法、理论，无产阶级专政，农民问题，民族问题，党，工作作风等9个部分。

〔苏〕斯大林著《关于列宁主义底问题》由北京解放军出版社出版。

按：是书包括《列宁主义底定义》《列宁主义中的主要点》《关于"不断"革命》《无产阶级革命与无产阶级专政》《无产阶级专政系统里的党和工人阶级》《关于社会主义在一个国家内胜利问题》《为社会主义建设胜利而奋斗》等7篇。

〔苏〕斯大林著《列宁主义概论》由东北军政大学总校训练处出版。

按：是书收《关于列宁主义底基础——1924年4月初在斯维尔德洛夫大学里的讲演》《关于列宁主义问题》两篇。

〔苏〕米·加里宁著《列宁论保卫社会主义祖国》由哈尔滨万国书籍出版。

〔苏〕高福纳托尔著《列宁的母亲》由佳木斯东北书店出版。

曹靖华译《列宁斯大林的故事》由华北新华书店出版。

按：是书收入关于列宁的故事 11 篇和关于斯大林的故事 6 篇。书上未题译者。从各篇译文看，除《乡下老头关于列宁的故事》一篇外，其余均系选自曹靖华编译的《鲜红的花》一书。

［苏］纳克鲁普斯卡娅著《向列宁学习工作方法》由华北新华书店出版。

［苏］斯大林著、东北民主联军总政宣传部编《斯大林战后言论选集》由编者出版。

按：是书收录《一九四六年二月九日在选民大会上的演说》《驳斥邱吉尔演说的谈话》《答美联社记者基尔慕尔》《一九四六年的"五一"文告》《答英记者威斯的谈话》《答美记者白理的谈话》《关于目前国际关系答小罗斯福》《纪念廿九届红军节命令》《与史塔生谈话记录》《莫斯科建城八百周年祝词》。附：《莫洛托夫对选民演说》等 5 篇。

［苏］斯大林著《马克思主义与民族问题》由安东东北书店出版。

按：是书论述民族、民族运动、民族提法、民族文化自治、俄国境内民族问题等。

［苏］斯大林著、唯真译《辩证唯物主义与历史唯物主义》由哈尔滨东北书店出版。

［苏］亚历山大洛夫等著、唯真译《史大林传略》由上海时代出版社出版。

［苏］亚历山大洛夫等著、唯真译《斯大林传略》由哈尔滨东北书店出版。

［苏］亚历山大洛夫等著、唯真译《斯大林传略》由关东中苏友好协会出版。

吴清友著《苏联史地》由上海商务印书馆出版。

按：是书分 10 章，前 5 章讲述苏联地理概况，后 5 章讲述古代至第二次世界大战时期的苏联史。

［苏］莫洛托夫著《伟大的十月社会主义革命三十周年》由上海时代书报出版社出版。

按：是为作者 1947 年 11 月 6 日在莫斯科苏维埃庆祝大会上的报告。

李芳春编著《苏联国家组织》由上海中华书局出版。

按：是书介绍了苏联国家的成立、联邦共和国的组成、民族区域的构成、行政经济区域、宪法的修改及各联邦共和国的地位。

［苏］亚历山大洛夫著、何歌译《论苏维埃民主》由上海时代社出版。

按：是书论述了第二次世界大战后的民主问题、苏维埃民主的意义与力量，以及苏维埃民主批判的批判。

［苏］亚历山大罗夫著、陈威译《论苏维埃的民主》由光华书店出版。

〔苏〕贾托夫斯基著、达克译《苏联新五年计划的基本任务》由光华书店出版。

张一凡著《苏联的计划配给》由上海中华书局出版。

按：是书介绍苏联初期的分配制度，第一、二、三次五年计划下的计划配给，配给组织等。

谢爱群编译《苏联对外经济政策》由国防部史政局出版。

〔苏〕依·明茨著《苏联的军队》由山东新华书店出版。

〔美〕葛德石著、王勤堉译《苏联国力的基础》由上海开明书店出版。

按：是书叙述苏联的经济地理情况。

〔苏〕B.拉甫纶由夫等著、中苏文化协会妇委会编译《苏联女英雄》由上海生活书店出版。

〔苏〕梅丁斯基著、庄季铭译《苏联教育制度》由上海开明书店出版。

按：是书分教育的目标和组织、学校系统、幼稚期训练、初等学校等13章。

焦敏之著《苏德战史·苏联怎样战败德国》由光明书局出版。

按：是书分德军攻苏的前夕、希特勒疯狂冒险政策的失败、闪击不能运用到苏联、苏联红军的战斗之路、苏联人民发动伟大的爱国战争、同盟国帮助了苏联多少等6章。

高明宣编著《战后经济复员中的苏联和美国》由光华书店出版。

王宗仁著《苏联·我们的"友邦"》由南京叱咤出版社出版。

按：是书收录《认识苏联本来面目》《从接受旅大之成为"问题"说到政府必须立即宣布与苏联绝交》《中苏友好同盟条约的总清算》等14篇文章。附：《中苏友好同盟条约全文》《外交部公报接收旅大交涉经过全文》等。

〔美〕约斯腾著、葛一虹译《苏联要求什么》由上海天下图书公司出版。

按：是书评论苏联作战目的，对外关系及战后苏联的地位等问题。共9章：在胜利的门口、苏联需要什么—不需要什么、苏联和德国、波兰还没有失去、波罗的海诸国的恢复、芬兰怎样惹怒了俄罗斯熊、"苏联，巴尔干和近东"、苏联在远东的角色、我们可以和史大林合作吗？

沈佩兰著《二百五十年来的中苏外交关系小史》由上海经纬书局出版。

邵鼎勋编《认识苏联》（第1辑）由南京建国书店出版。

〔美〕蒂恩著《认识苏联》由南京新中国出版社出版。

〔俄〕普列汉诺夫著、张仲实译《社会科学的基本问题》由上海生活书店出版。

〔苏〕铎尼克著、焦敏之译《文艺的基本问题》（苏联文学丛书）由上海文光书店出版。

按：是书根据作者为苏联文艺百科全书写的论文《马克思主义审美学的根本问题》译出，分什么叫美学，它所研究的对象是什么、美学的社会性及历史性、艺术的特性与内容、艺术上的美、什么叫做升华、悲剧、喜剧、文艺的人民性、新现实主义等 9 部分。

〔苏〕鼓尔希坦著、戈宝权译《论文学中的人民性》由香港海洋书屋出版。

毛泽东著、中国共产党晋察冀中央局编《毛泽东选集》（1—6 卷）由编者出版。

按：是书第 1 卷收录《湖南农民运动考察报告》等 5 篇；第 2 卷收录《新民主主义论》《中国革命与中国共产党》《论联合政府》等 5 篇；第 3 卷收录《中国抗日民族统一战线在目前阶段的任务》等 14 篇；第 4 卷收录《论持久战》《抗日游击战争的战略问题》等 2 篇；第 5 卷收录《经济问题与财政问题》等 4 篇；第 6 卷收录《中国共产党在民族战争中的地位》《反对自由主义》《在延安文艺座谈会上的讲话》《文教统一战线方针》等 7 篇。

毛泽东著《毛泽东选集》（1—6 卷）由太岳新华书店出版。

毛泽东著《毛泽东选集》（1—5 卷）由渤海新华书店出版。

毛泽东著《毛泽东选集》由日本评论社出版。

按：是书收入毛泽东著作共 6 篇，即《致章乃器先生》《反对日本进攻的方针、办法与前途》《国共两党统一战线成立后中国革命的紧急任务》《从红军到八路军》《游击战争史上的事例》《论持久战》等。

毛泽东著《毛泽东文选集》由山东新华书店出版。

按：是书收录《中国革命与中国共产党》《新民主主义论》《论联合政府》《目前形势和我们的任务》等 4 篇文章。附录：《中国人民解放军宣言》《中国土地法大纲》等 4 篇。

毛泽东著《湖南农民运动考察报告》由晋察冀新华书店出版。

按：是书写于 1927 年 3 月，目的为答复当时党内党外对于农民革命斗争的责难，提出了解决中国民主革命的中心问题——农民问题的理论和政策。

陈伯达著《读〈湖南农民运动考察报告〉》由华北新华书店出版。

按：陈伯达在对毛泽东的这篇著作作了高度评价后，就它的中心主题作了概括和说明："当毛泽东同志写这个报告的时候，恰是革命的实际运动把农民这个问题最突出最迫切地放在革命议事日程的前面，有如共产国际七次扩大会决议所说:'土地问题开始紧急起来,成为现在局面的中心问题。哪个阶级能够毅然抓住这个问题而给以彻底的答复,这个阶级就是革命的领袖。'毛泽东同志在这报告中就是以无产阶级代表者的资格彻底地答复了这个革命中心问题(在当时又是最迫切的问题)。但是,这全篇报告,不仅明明白白地解决了这个问题,扫清了许多人们头脑中的混乱,表示了无产阶级是中国革命真正的领袖,而且由此提出了第一次国内革命战争时期中一般的革命根本问题,并根据群众斗争的经验加以概括,作为当时全党布尔什维克的战斗总方向。"

陈伯达著《读〈湖南农民运动考察报告〉》由新华书店晋察冀分店出版。

毛泽东著《湖南农民运动考察报告》由苏南新华书店出版。

毛泽东著《湖南农民运动考察报告》由太行群众书店出版。

毛泽东著《湖南农民运动考察报告》由冀察冀新华书店出版。

毛泽东著《湖南农民运动考察报告》由渤海新华书店出版。

毛泽东著《湖南农民运动考察报告》由华北新华书店出版。

毛泽东著《湖南农民运动考察报告》由太岳新华书店出版。

毛泽东著《湖南农民运动考察报告》由韬奋书店盐阜分店出版。

毛泽东著《湖南农民运动考察报告》由中共华中五地委宣传部出版。

毛泽东著《湖南农民运动考察报告》由佳木斯东北书店出版。

毛泽东著《论查田运动》由中共晋察冀中央局出版。

毛泽东著《论查田运动》由冀鲁豫书店出版,

毛泽东著《论查田运动》由冀中新华书店出版。

毛泽东著《论查田运动》由晋察冀新华书店出版。

毛泽东著《论新阶段》由佳木斯东北书店出版。

毛泽东著《论中国革命》由东北民主联军总政治部出版。

毛泽东、洛甫等著《三民主义与共产主义》由现实出版社出版。

按:是书为专题汇编集,收录毛泽东、洛甫、陈伯达等论述三民主义与共产主义,共产主义者对于三民主义的关系等文章8篇,其中有毛泽东的《旧三民主义与新三民主义》、洛甫的《拥护真三民主义反对假三民主义》、王稼祥的《关于三民主义与共产主义》、陈伯达的《论共产主义者对于三民主义关系的几个问题》等。

毛泽东著《新民主主义论》由佳木斯东北书店出版。

毛泽东著《新民主主义论》由太岳新华书店出版。

毛泽东著《新民主主义论》由胶东新华书店出版。

何干之著《〈新民主主义论〉解说》由华北联合大学政治学院出版。

按：作者说："在国内关系方面，中国革命由无产阶级所领导，在思想上以马克思主义为基础，在组织上则受共产党的领导。这两者是互相关联着的，因为共产党是以马克思主义武装起来的政党，而马克思主义则由共产党来实行。没有马克思主义和共产党，革命是不会成功的，最显著的例子，就是第一次世界大战后德俄两国都有革命形势，但俄国成功，而德国失败。原因固然很多，但主要的不能不说是德国没有像俄国那样战斗的马列主义与布尔什维克的共产党，德国社会主义党受了思想上的机会主义与组织上的改良主义的影响。马克思主义的基本精神是社会革命和无产专政。马克思、恩格斯创立第一国际，领导无产阶级去推翻资产阶级的统治和建立社会主义社会。但马克思、恩格斯时代，欧洲资本主义还向前发展，资本家拿出极小部分的利润收买工人贵族，在国内鼓动劳资合作，而得以倾全力向外发展。宣传白色民族的优越感，好像白脸的资本家和白脸的工人似乎利益完全一致，而白脸工人和黄脸的劳动人民方才是势不两立。以阶级妥协说来蒙蔽工人阶级的眼睛，因此产生了社会改良主义，主张不必推翻资本主义制度，而用和平的议会的方式可以逐渐改良资本主义，和平转变。德国考茨基就是背叛了马克思主义而揭起改良主义旗帜的典型人物。俄国则继续了和发展了马克思主义的革命传统，列宁根据帝国主义的新现象而制定无产阶级的战略战术，马克思主义增加了列宁的要素而成为马列主义。"

毛泽东著《毛泽东同志在延安文艺座谈会上的讲话》由东安东北书店出版。

毛泽东著、新教育学会编《毛泽东同志论新民主主义的文化教育》由东安东北书店出版。

毛泽东等著《论新民主主义文化》由大连大众书店出版。

按：是书收《论新民主主义文化》（毛泽东）、《抗战以来中华民族的新文化运动与今后任务》（洛甫）、《关于文化运动的意见》（陈毅）、《苏北文化协会的任务》（刘少奇）等6篇。沙健孙说："在新民主主义革命时期，中国共产党提倡的新文化，是新民主主义的文化。这种新文化，用一句话来说，就是无产阶级领导的人民大众的反帝反封建的文化。这种新民主主义文化区别于旧民主主义文化的地方，首先和主要的在于它是由无产阶级领导的，是以无产阶级的科学思想体系——马克思主义亦即共产主义的思想体系为指导的。"①

毛泽东等著《民主作风与群众观点》由冀中新华书店出版。

按:是书收录毛泽东《发扬民主的作风》、列宁《列宁论群众观点》、高岗《关于工作作风问题》等 6 篇文章。

毛泽东著《中国革命与中国共产党》由冀鲁豫书店出版。

毛泽东著《中国革命与中国共产党》由晋察冀新华书店出版。

毛泽东、刘少奇著《中国革命的理论与实践》由新华日报馆出版。

按:是书收录毛泽东《中国革命与中国共产党》、刘少奇《关于修改党章的报告》及《中国共产党党章》。

毛泽东等著、东北行政委员会办公厅编《组织起来》由东北行政委员会办公厅出版。

按:是书辑入毛泽东的《组织起来》《论合作社》,以及解放日报的《关于吴满有运动》等 7 篇文章。

毛泽东等著《〈共产党人〉发刊词》由渤海新华书店出版。

毛泽东著《中国革命战争的战略问题》由香港新民主出版社出版。

毛泽东著《中国革命战争的战略问题》由华北新华书店出版。

毛泽东著《中国革命战争的战略问题》由香港正报图书部出版。

按:毛泽东在《中国革命战争的战略问题》中,对红军的游击战术"十六字诀"曾经做出了这样的评价:"从一九二八年五月开始,适应当时情况的带着朴素性质的游击战争基本原则,已经产生出来了,那就是所谓'敌进我退,敌驻我扰,敌疲我打,敌退我追'的十六字诀。这个十六字诀的军事原则,立三路线以前的中央是承认了的。后来我们的作战原则有了进一步的发展,到了江西根据地第一次反'围剿'时,'诱敌深入'的方针提出来了,而且应用成功了。等到战胜敌人的第三次'围剿',于是全部红军作战的原则就形成了。这时是军事原则的新发展阶段,内容大大丰富起来,形式也有了许多改变,主要的是超越了从前的朴素性,然而基本的原则,仍然是那个十六字诀。十六字诀包举了反'围剿'的基本原则,包举了战略防御和战略进攻的两个阶段,在防御时又包举了战略退却和战略反攻的两个阶段,后来的东西只是它的发展罢了。"是文第一次系统地对中国革命战争的原则性和规律性问题作了哲学反思,对建构中国化的马克思主义军事哲学进行了创造性的探索。

毛泽东著《整顿三风》由冀中新华书店出版。

---

① 沙健孙.毛泽东论新民主主义文化[J].北京大学学报,2002(5).

按：是书收录《整顿学风、党风、文风》《反对党八股》《改造我们的学习》《反对自由主义》《在第二届边区参议会开幕演讲词》等 5 篇文章。

毛泽东著《论文艺问题》(毛泽东选集)由香港新民主出版社出版。

〔美〕斯特朗著、孟展译《毛泽东的思想》由中国出版社出版。

按：是书分毛泽东思想的来源、毛泽东路线的发展、毛泽东的六大著作、毛泽东科学的预见 4 部分。斯特朗女士是美国记者，1946 年秋天曾到延安访问。编者在书前介绍斯特朗时说："这本小册子是史特朗经过八个月在解放区的生活和共产党领导人物多次接触和谈话所集纳的心得而写成。原文尚未发表；不久将由美国太平洋学会出版单行本。正如史特朗说的，毛泽东是东方最伟大的思想家，他的理论和思想方法是今天东方殖民地和半殖民地国家的民族解放和民主建设运动的指南。全世界爱好民主和平的人民应该对毛氏的思想有恰当的估价和认识。这正是史特朗希望由她自己的语言把它传播给全世界。"

朱德、刘少奇、周恩来等著《论毛泽东思想》(集录)由华北新华书店出版。

按：是书辑录朱德、刘少奇、徐特立、康生、周恩来、彭德怀、陈毅、邓发、王稼祥、李富春、陆定一、陈伯达、艾思奇等 18 人关于毛泽东思想的论述。

张如心著《论毛泽东》由华北新华书店出版。

张如新著《毛泽东的思想及作风》由东北书店出版。

张如心著《毛泽东的人生观》由新华日报馆出版。

按：是书分毛泽东的人生观、毛泽东的科学方法(毛泽东的理论与实践的统一观、毛泽东的革命学说是从实践中来又被实践所证实和发展、毛泽东的科学方法既反对教条主义也反对经验主义)、毛泽东的科学预见(从诸葛亮的"锦囊妙计"说起；毛泽东的科学预见；《论持久战》中的科学预见；没有预见，谈不上领导，为着领导，必须预见)、毛泽东的作风(平凡与伟大、领袖与群众、先生与学生、谦逊与原则性、大胆与小心、狠与和、结束语)等 4 部分。

张如心著《毛泽东的人生观与作风》由华北联合大学教务处出版。

张如心著《毛泽东的人生观与作风》由冀中新华书店出版。

张如心著《毛泽东的人生观与作风》由山东新华书店出版。

萧三等著《人民的舵手》由河北冀南书店出版。

按：是书包括毛泽东同志传略、朱德将军年谱、艰苦奋斗的典范、我们的老妈妈、谈判生涯老了周恩来、记刘伯承将军、人民的将领贺龙同志、周保中将军、粟裕将军、记王震将军等。

萧三等著《人民的舵手》由太行群众书店出版。

萧三著《毛泽东的青年时代》由东北书店出版。

萧三著《毛泽东同志的儿童时代》由冀鲁豫书店出版。

晋冀鲁豫军区政治部编《毛泽东故事》由编者出版。

按：为纪念建军 20 周年，编者编写了这本故事，书中收录"从小就好讲道理"等 13 个故事，每篇故事后都附有编者的简要评语，从不同侧面反映出毛泽东坚持真理、勇于斗争的革命精神。

《毛主席像太阳》由辽南群众书店出版。

刘少奇著《论共产党员》由东北书店出版。

刘少奇著《关于修改党章的报告》由中共渤海区委出版。

刘少奇著《关于修改党章的报告》由东北民主联军总政治部出版。

刘少奇著《关于修改党章的报告》由华北新华书店出版。

刘少奇著《关于修改党章的报告》由太岳新华书店出版。

刘少奇著《关于修改党章的报告》由冀南书店出版。

《中国共产党党章》（附：关于修改党章的报告）由冀中新华书店出版。

《共产党党章》由太行群众书店出版。

中共晋绥分局编《中国共产党党章记关于修改党章的报告》由编者出版。

黎剑华编《中共土地政策研究》由重庆风雨出版社出版。

中共晋绥分局编《关于党的群众路线问题》由编者出版。

东北书店辑《论群众路线》由东北书店出版。

按：是书收录《论群众路线》《有事和群众商量》《是谁不放手，对谁放手》《对群众路线的了解》《冀南区农会贯彻土地改革的指示》等 5 篇文章。

陈伯达等著《有事和群众商量》由华北新华书店出版。

文仪、石澜编《中国共产党党章教材》由山东新华书店出版。

按：是书分中国革命、中国共产党、党员、党员的权利与义务、党的组织机构与民主集中制、党的过去与现在等 6 部分。

文仪、石澜编《中国共产党党章教材》由华北新华书店出版。

文仪、石澜编《中国共产党党章教材》由太行群众书店出版。

文仪、石澜编《中国共产党党章教材》由太岳新华书店出版。

文仪、石澜编《中国共产党党章教材》由冀南新华书店出版。

《中国共产党党章——一九四五年六月十一日中国共产党第七次全代

表大会通过》由冀中新华书店出版。

《中国共产党党章——一九四五年六月十一日中国共产党第七次全代表大会通过》由冀晋新华书店出版。

《中国共产党党章——一九四五年六月十一日中国共产党第七次全代表大会通过》由渤海新华书店出版。

《中国共产党党章——一九四五年六月十一日中国共产党第七次全代表大会通过》由华北新华书店出版。

《中国共产党党章——一九四五年六月十一日中国共产党第七次全代表大会通过》由太岳新华书店出版。

《中国共产党党章——一九四五年六月十一日中国共产党第七次全代表大会通过》由晋察冀新华书店出版。

《中国共产党党章——一九四五年六月十一日中国共产党第七次全代表大会通过》由佳木斯东北书店出版。

瞿秋白著、冯乃超编《论中国文学革命》(《瞿秋白文集》)由香港海洋书屋出版。

[苏]卢波尔等著、李申谷译《十九世纪后半世纪五大哲学思潮》由上海生活书店出版。

按：是书原为《五大哲学思潮》，论述 19 世纪欧洲五大哲学思潮产生的社会阶级根源、内容及其互相之间的关系。全书收录《马克思之哲学发展》《十九世纪末叶的庸俗唯物论与现代机械论》《拉萨尔底哲学与社会政治观点》《新康德主义》《马赫主义》等 5 篇论文。

[苏]罗森塔尔著、岳光译《唯物辩证法》由读书出版社出版。

[日]德永直、渡边顺三著，包刚译《通俗辩证法讲话》由上海杂志公司出版。

按：是书分唯物论和观念论，当作认识论的唯物辩证法，辩证法的根本法则，本质和现象，形式和内容，可能性、现实性、偶然性、必然性等 6 章。

[苏]伏尔佛逊著、林超真译《辩证法的唯物论》由上海亚东图书馆出版。

按：是书上编为马克思以前唯物论的发展，下编为马克思的学说，包括马克思学说的社会前提、马克思主义的认识论、辩证法、有定论、从唯心史观到唯物史观、生产力、基础与筑物、主观与历史过程、阶级与阶级斗争。

[英]奥斯本著、董秋斯译《精神分析学与辩证唯物论》由上海读书出版社出版。

[苏]米丁著、沈志远译《历史唯物论》由上海生活书店出版。

按:是书论述马克思主义历史唯物论的基本原理。全书分9章:辩证唯物论与唯物史观、社会经济形态、生产力与生产关系、资本主义的和社会主义的经济体系、阶级与国家论、为社会斗争之最高阶段的劳工专政、意识形态论、战斗的无神论、社会变革论、马克思主义与修正主义。

高烈编译《辩证唯物论与历史唯物论基本问题》(第3分册)由读书出版社出版。

李旭著《唯物论与唯物史观及其批判》由南京拔提书局出版。

按:是书包括释唯物论、唯物史观的基本理论、唯物史观在马克思主义中的地位、论辩证历史与质量互变、反科学的唯物史观、从心理学与生物学、从社会学与人类文化学、从经济学、从哲学与史学上去批判唯物史观等9章。

哲学研究社编《新哲学研究纲要》由上海新知书店出版。

按:是书分两部分,一、辩证法唯物论研究提纲,内分什么是哲学、什么是辩证法、什么是唯物论3章;二、辩证唯物论与历史唯物论研究提纲,内分马列主义哲学的形成、唯物辩证法诸法则与诸范畴、唯物辩证法的认识论、历史唯物论及列宁斯大林对马克思学说的发展6章。附录斯大林《辩证唯物论与历史唯物论》。

[美]A.伦第著、陈原译《现代世界民主运动史纲》由上海新知书店出版。

按:是书分现代民主主义的兴起、荒原的新生命、欧洲的黎明、民主运动的停滞期、一个新时代、德国的民主运动、马克思主义的兴起、马克思主义与民主传统、近百年来的民主运动等9章。论述了世界各重要国家的人民民主运动的经验与教训,以及有关民主运动与社会革命的诸问题。

沈志远著《社会科学基础讲座》由香港智源书局出版。

按:是书包括社会科学的哲学基础、新社会学的基本问题、社会形态之史的发展、新政治学的基本问题、民族问题、社会问题等8讲。

社会科学研究会编《社会科学概论》(增订本)由佳木斯东北书店出版。

按:是书包括社会发展史、资产阶级性革命与革命转变问题、社会主义革命与无产阶级专政、苏联情况、殖民地半殖民地国家内民族革命、农民问题等。

铁木著《通俗社会科学读本》由南昌红星出版社出版。

按:是书向读者介绍共产主义社会,包括罪恶的社会必须改造、一切的财产归于全民、共产主义社会的第一阶段——社会主义社会等10节。

海云著《人民将领群像》由澳门春秋书店出版。

四、卒于是年的研究者

俞颂华（1893—1947）卒。名垚，又名庆尧，笔名澹庐，江苏太仓人。1909 年考入清华学堂，旋转入复旦公学政治经济系。1915 年赴日本留学，毕业于东京法政大学。1919 年 4 月任上海《时事新报》副刊《学灯》主编，致力于马克思主义等新思潮的介绍和新文化运动的鼓吹。9 月参加编辑《解放与改造》。1920 年以《时事新报》和北京《晨报》的名义，与瞿秋白、李仲武赴苏联采访，是十月革命后中国第一批访苏记者，曾在莫斯科会见列宁等革命领导人。所写通讯由《晨报》编辑成《苏俄闻见记》一书出版。1924 年任职于中国公学教务处。1928 年参与编辑《东方杂志》，先后兼任中央大学、暨南大学、沪江大学教师。1931 年主编《新社会》半月刊。次年主编《申报月刊》。1937 年 4 月以《申报》记者名义访问延安，受到毛泽东、周恩来接见。以后历任《星报》《星洲日报》《光明报》总编，《广西日报》总主笔，《国讯》半月刊主编等。1947 年 10 月 11 日病逝于苏州。著有《俞颂华文集》。

常乃德（1898—1947）卒。原名乃瑛，字燕生，笔名凡民、平生、萍之、惠之等，山西榆次人。1916 年考入北京高等师范学校史地部预科。1919 年任北京学生联合会教育组主任，兼任《国民杂志》编辑，发表所译的《马克思的历史唯物主义》，介绍外国学者对于马克思主义的观点。1920 年参与创办《平民教育》杂志。1925 年任燕京大学教授，参与鲁迅主办的《莽原》周刊编辑工作。是年 11 月参加中国青年党，次年当选为青年党中央委员兼宣传部长，主编《醒狮》周报，曾攻击中国共产党，反对社会主义的苏联。1930 年发表《唯物主义与中国的新教育》。1933 年任阎锡山机要秘书，兼山西大学教授。抗战期间先后任四川大学、华西大学教授和《新中国日报》主笔。1946 年 1 月参加旧政协会议。1947 年任国民政府行政院政务委员、国府委员。著有《哲学的有机论》《历史哲学论丛》《生物史观与社会》《中国思想小史》《中国政治制度史》《中国文化小史》《中华民族小史》《法兰西大革命史》等。

按：顾友谷说："笔者认为，在马克思主义在中国传播的过程中，作为一个寻求救国救民道路上曾经试图用马克思主义来解救中国危机的一员，常乃德翻译了外国研究马克思主义的成果，使当时的国人对于马克思主义有了进一步的认识，而其中关于马克思主义对于历史学科影响的探讨值得我们思考。而且，当时热衷于教育的常乃德，运用马克思主义理论研究中外教育制度的演变和发展，可以说是运用马克思主义观点探讨教育问题的早期篇章。因此,早年常乃德对于马克思主义的探索,应该作为马克思主义在中国传播的一部分引起人们的注意,这也是笔者对其思想进行研究的出发点。"①

王实味(1900—1947)卒。原名诗微,笔名实味、叔翰、实微,河南潢川人。1925年考入北京大学文院预科。1926年1月经人介绍加入中国共产党。1937年10月只身抵达延安。在延安专门从事翻译马克思、恩格斯、列宁原著的工作,先后译出马恩列著作200万言。1942年在整风中受到批判,同年十月被开除党籍,年底被关押。1946年被定为"反革命托派奸细分子"。1947年7月在战争环境中被杀害。1991年2月7日,公安部《关于对王实味同志托派问题的复查决定》中说:"在复查中没有查出王实味同志参加托派组织的材料。因此,1946年定为'反革命托派奸细分子'的结论予以纠正,王在战争环境中被错误处决给予平反昭雪。"现有温济泽编著《王实味冤案平反纪实》一书,群众出版社1993年10月出版。黄昌勇著有《王实味传》,河南人民出版社2000年版。

① 顾友谷.早年常乃德对马克思主义的探索[J].中共山西省委党校学报,2010(6).

民国三十七年　戊子　1948年

一、研究背景

1月6日,中共中央发出《关于宣传毛主席〈目前形势和我们的任务〉的报告的指示》。

1月7日,毛泽东为中共中央起草《关于建立报告制度》的党内指示,指示中所规定的报告制度,是中共中央坚持民主集中制、反对无纪律无政府倾向的长期斗争在新条件下的一个发展。

1月18日,毛泽东为中共中央起草《关于目前党的政策中的几个问题》的党内指示,提出要反对"左"、右倾向,要求团结、教育和任用包括教师在内的知识分子。

1月30日,毛泽东为中共中央军事委员会起草《军队内部的民主运动》的党内指示。

2月3日,毛泽东发给刘少奇题为《在不同地区实施土地法的不同策略》的电报。

2月11日,毛泽东为中共中央起草《纠正土地改革宣传中的"左"倾错误》的党内指示。

2月15日,毛泽东为中共中央起草《新解放区土地改革要点》的党内指示。

2月27日,毛泽东为中共中央起草《关于工商业政策》的党内指示。

3月1日,毛泽东为中共中央起草《关于民族资产阶级和开明绅士问题》的党内指示。

3月7日,毛泽东为中国人民解放军总部发言人起草《评西北大捷兼论解放军的新式整军运动》的评论。

3月20日,毛泽东为中共中央撰写《关于情况的通报》的党内通报。此后,中共中央就离开陕甘宁边区,经晋绥解放区进入晋察冀解放区,在一九四八年五月到达河北省西部平山县的西柏坡村。至此,党中央在延安的13年革命历程结束。

4月1日,毛泽东在晋绥干部会议上发表讲话,认为在过去一年内,在中共中央晋绥分局领导的区域内的土地改革工作和整党工作，是成功的。

4月2日，毛泽东对《晋绥日报》编辑人员发表谈话。

4月8日，毛泽东为中共中央起草《再克洛阳后给洛阳前线指挥部的电报》，对执行城市政策提出了明确的要求。

4月30日，中共中央发表纪念五一国际劳动节口号，号召各民主党派、人民团体、社会贤达召开没有反动派参加的新的政治协商会议，讨论召开人民代表大会，成立民主联合政府。

5月24日，毛泽东发给邓小平题为《新解放区农村工作的策略问题》的电报，要求对新解放区的农村工作的策略问题作全盘考虑。

5月25日，毛泽东为中央起草题为《1948年的土地改革和整党工作》的指示，对土地改革和整党工作做了新的部署。

6月5日，中共中央发出《关于宣传工作中请示与报告制度的规定》和《关于各新华分社须担负起供给各种参考资料任务的指示》。

6月20日，中共中央宣传部发出《关于对中原新解放区知识分子方针的指示》。

7月1日，林伯渠在延安干部党员纪念中国共产党创立27年大会上发表《学习毛泽东思想执行党的路线与政策》的讲演，认为为了完成我们的伟大任务，全党必须"学习毛泽东思想"。

按：林伯渠说："党的27年的历史证明了，毛泽东思想是马克思、列宁主义的理论和中国革命实践之统一的思想，是唯一正确的能引导中国革命走向胜利的思想。……27年党的历史证明：毛主席思想是中国革命唯一正确的指导思想，只有在毛主席和毛泽东思想领导下，党的路线与政策才是正确的，中国革命才能得到胜利和发展；一旦脱离了毛主席和毛泽东思想的领导，党的路线与政策就犯了错误，中国革命就受到挫折和损失。我在毛主席领导下从事革命工作已近30年，就是说，我已经以自己的经验认识毛主席思想——完全中国化了的马克思、列宁主义之正确性。但要说到领会和掌握，简直还是小学生，我愿意而且决心与大家一起继续学习毛泽东思想。"[1]

7月3日，中共中央发出《关于争取和改造知识分子及对新区学校教育的指示》，认为争取和改造知识分子是我党重大的任务。

7月13日，中共中央宣传部发出《关于新收复城市大学办学方针的指示》。

---

① 林伯渠.林伯渠文集[M].北京：华艺出版社，1996：552-554.

7 月 16 日,中共中央宣传部发出《关于在普通学校中停止三查三整和健全制度提高教学质量问题的指示》。

是月,中共中央决定在华北创办高级党校,仍沿用延安马列学院的名称,刘少奇兼任院长。11 月 8 日在河北平山县李家沟开学。

8 月 1 日,李立三在第六次全国劳动大会上致开幕词,指出中国工人团结在毛泽东旗帜下的革命斗争是不可抗拒的。

按:李立三说:"从第五次劳动大会以来的十九年中,中国革命在无产阶级伟大战略家和中国人民领袖毛泽东主席领导下,胜利的经过了三个革命时期,证明了中国工人阶级始终是中国人民争取民族独立解放斗争的先锋队和领导者,是在斗争中最坚决最彻底的领导阶级。""此次大会的主要任务,就是讨论如何进一步地巩固和扩大工人阶级的团结,并联合全国各个民主阶层人民,发挥中国人民更伟大的战斗力,彻底粉碎国民党反动集团的反革命军队及反革命政权,建立毛泽东主席所指出的独立、自由、民主、统一与富强的新中国。最后让我们高呼:全中国工人阶级团结起来,在毛主席旗帜下前进! 中国人民解放万岁! 中国共产党万岁! 全国人民领袖毛主席万岁!"①

8 月 15 日,中共中央宣传部发出《关于城市党报方针的指示》。

是日,毛泽东给吴玉章回电,不同意吴玉章准备在华北大学成立典礼上把毛泽东思想改为毛泽东主义的想法,主张"号召学生们学习马恩列斯的理论和中国革命的经验。这里所说的'中国革命经验'是包括中国共产党人(毛泽东也在内)根据马恩列斯理论所写的某些小册子及党中央各项规定路线和政策的文件在内。另外,有些同志在刊物上将我的名字和马恩列斯并列,说成什么'马恩列斯毛',也是错误的"②。

8 月 24 日,华北大学成立,吴玉章在会上发表讲话,认为华北大学最主要的是学习马恩列斯的理论和中国革命的经验——毛泽东思想。

按:吴玉章的讲话,收入《吴玉章文集》时,编者题为《培养革命与建设的干部,为完成中国新民主主义革命而奋斗——在华北大学成立大会上的讲话》。吴玉章说:"华北大学要学些什么呢? 最主要的是要学马恩列斯的理论和中国革命的经验。这里所说的中国革命经验,具体的说来,就是以毛泽

---

① 中共中央党史研究室第一研究部,编.李立三百年诞辰纪念集[M].北京:中共党史出版社,1999:114,118.

② 中共中央文献研究室中央档案馆,编.建党以来重要文献选编(一九二一—一九四九):第 25 册[M].北京:中央文献出版社,2011:425.

东同志为首的中国共产党根据马恩列斯理论及我党中央规定的路线和各项政策。我们把这些叫做毛泽东思想。毛泽东思想是马恩列斯的理论与中国革命的实践之统一的思想,它是帝国主义与殖民地半殖民地革命时代的马克思列宁主义。它是马克思列宁主义的向前发展,它是马列主义在目前时代的民族解放斗争中之继续发展,也就是马克思列宁主义的民族化的最好典型。它是从中国民族与中国人民长期革命斗争中,在中国伟大的四次革命战争——北伐战争、土地革命战争、抗日战争和现在的人民解放战争中生长和发展起来的。它是中国的东西,但它又是完全马克思列宁主义的东西,又是国际主义。它是在坚固的马克思列宁主义理论的基础上,从中国这个民族的特点出发,吸收近代革命以及中国共产党极丰富的经验,经过科学的缜密的创造,而建设起来的。它是站在全体人民利益的立场上,用马克思列宁主义的科学方法,概括中国历史、社会及全部革命斗争经验而创造出来,用以解放中华民族与中国人民的理论与政策。它是中华民族与中国人民用以解放自己的唯一正确的理论与政策。它是从中国人民革命战斗中所产生,带有中国民族性,但同时它又带有马列主义所共通的国际性,凡是实行新民主主义的国家,特别是殖民地半殖民地反帝反封建的国家都能适用。毛泽东同志以他的智慧聪明和数十年革命斗争的丰富经验写成了关于政治、经济、军事、文化、建党等各方面的著作,和在战斗过程中作出了决定党的路线与政策的许多指示和文件。这些文件和著作极大地丰富了和正在丰富着马列主义的宝库。"①

9月7日,毛泽东为中央军委起草了《关于辽沈战役的作战方针》的电报。12日辽沈战役打响,至11月2日结束,共歼敌47万人,东北全境解放。毛泽东说:"这是中国革命的成功和中国和平的实现已经迫近的标志。"②

9月8—13日,中共中央在河北平山县西柏坡召开政治局会议,提出今后的战略方针是打倒国民党,战略任务是军队向前进,生产长一寸,加强纪律性,由游击战争过渡到正规战争,从根本上推翻国民党的反动统治,建立无产阶级领导的以工农联盟为基础的人民民主专政。会议通过《中央关于中央局、分局、军区、军委分会及前委会向中央请示报告制度的决议》《中共中央关于召开党的各级代表大会和代表会议的决议》。这次会议为中国人民解放军进行战略决战,加快夺取全国胜利,从政治上和组织上做了重要准备。

---

① 吴玉章.吴玉章文集[M].重庆:重庆出版社,1987:384-385.
② 毛泽东.中国军事形势的重大变化[N].人民日报,1948-11-16.

9 月 15 日,中共中央发出《关于党校教学材料之规定》。

9 月 20 日,毛泽东为中共中央起草《关于健全党委制》的决定,指出党委制是保证集体领导,防止个人包办的重要制度。

按:毛泽东为中共中央起草的《关于健全党委制》的决定,是加强党的建设的具有重要意义的文件。正如邓小平 1956 年 9 月 16 日在党的第八次全国代表大会上所做的《关于修改党的章程的报告》中指出的:"在我们党内,从长时期以来,由党的集体而不由个人决定重大的问题,已经形成一个传统。违背集体领导原则的现象虽然在党内经常发生,但是这种现象一经发现,就受到党中央的批判和纠正。中央在 1948 年 9 月关于健全党委制的决定,对于加强党的集体领导,尤其起了重大的作用。……这个决定的意义,在于它总结了党内认真实行集体领导的成功经验,促使那些把集体领导变为有名无实的组织纠正自己的错误,并且扩大了实行集体领导的范围。"①

10 月 10 日,毛泽东为中共中央起草《关于九月会议的通知》的党内通知。九月会议是在河北省平山县西柏坡村召集的,它是日本投降以来到会人数最多的一次中央会议。

10 月 11 日,毛泽东为中共中央起草题为《关于淮海战役的作战方针》的电报。从 1948 年 11 月 6 日起至 1949 年 1 月 10 日止,淮海战役歼敌 55 万人,使华东、中原和华北三个解放区连成一片。

10 月 28 日,中共中央做出《关于准备夺取全国政权所需要的全部干部的决议》,要求各中央局(分局)、区党委立即开办党校或加强和扩大已有的党校,训练各级各类干部,为夺取革命胜利做好充分准备。

11 月 14 日,毛泽东为新华社撰写题为《中国军事形势的重大变化》的评论。

11 月 16 日,中共中央宣传部设立党内教育组。

11 月 26 日,中共中央发出《关于处理新解放区城市报刊、通讯社中的几个具体问题的指示》。

12 月 1 日,中共中央宣传部发出《关于开展翻译工作给东北局宣传部的指示》。

按:指示说:(一)翻译工作,目前极应提倡和扩大,因为随着许多大城市之解放及革命之日益接近全国胜利,大中学校各种教科书,关于苏联社会主义建设和实用科学书籍,以及马列主义理论和社会科学书籍,均异常需要。

---

① 陈至立,主编.中国共产党建设史[M].上海:上海人民出版社,1991:596.

我们同意在东北设立一个翻译机关,负责介绍上述书籍,凡有翻译工作经验及有此种工作能力的同志,应坚决调集起来,担任这项工作,并委派专人负责。这一机关应迅速成立,其具体工作计划,盼电告我们。俄文学校,亦应扩大,培养此项干部。(二)莫斯科外国文出版局中文部翻译同志,目前仍以不调回为宜,因他们在那里工作条件比国内好些,但你处应与他们取得联系,在工作上有适当的分工。他们的工作计划以及他们现在正译何书,亦盼问清楚后电告我们。(三)我处有一个翻译组,共五人,现正翻译《俄国资本主义底发展》《近代史》、六卷本《列宁选集》第四卷,以及《哲学笔记》等书。该组将来亦应与你处及莫斯科中文部取得联系,并有适当的分工,以免工作重复。(四)你处已到的俄、英、德文各种新书,即请迅速寄来。如有大中学校教科书,亦盼送来。否则,应迅速设法搜集一些寄来。此外,并希请友人帮助找一批老书(如大百科辞典,德、俄文马、恩全集,马、恩、列、斯英译本等)送来。(五)设立图书馆和国际书店事,可酌情办理。①

12月11日,毛泽东起草《关于平津战役的作战方针》的指示。从11月29—1949年1月31日止,平津战役共歼敌52万,华北基本上获得解放。

12月14日,刘少奇对华北马列学院第一班学员发表讲话,详细阐述了理论学习的重要性。

按:刘少奇讲话的主要内容:(一)阐明了在中国革命胜利的形势下,提高全党的理论水平的必要性。指出,现在中国革命形势发展很快,中国革命胜利的形势定了。中国革命胜利后,我们下了山,进了城,要管理全中国,事情更艰难了。我们的干部几年来做了很多工作,但缺点是理论修养不够。因此,要多读理论书籍,熟悉理论,否则由于环境的复杂,危险更大。(二)论述了创办马列学院的目的和意义。指出要通过学习,提高党的干部的理论水平,使各方面比较负责的干部具有或多少具有马列主义的理论修养,然后再回到工作中去,把工作做得更好。(三)强调学习主要是靠自己,坚持理论和实践相结合的原则。指出,要学得一点东西,必须靠自己努力,自己不进行独立的艰苦的工作,要想学到一些理论知识是不可能的。在学习理论时,必须学习普遍真理,把马克思主义普遍真理与中国实际结合起来。不仅要联系中国的实际,而且要联系外国的实际;不仅要研究现在的实际,而且要联系历史的实际。我们既要有实际经验,更要有理论知识,二者缺一不可。既要有中国经验,又要有外国经验,二者缺一不可。教条主义者是跛足式的

---

① 中共中央宣传部办公厅,中央档案馆编研部,编.中国共产党宣传工作文献选编:1937—1949
[M].北京:学习出版社,1996:757-578.

马克思主义,而经验主义者则是爬行的马克思主义,看得不远,迷失方向。所以我们必须学习普遍真理,把马克思主义普遍真理与中国实际结合起来。有中国经验,又有外国经验,才有实现正确指导的可能。①

12 月 17 日,毛泽东为中原、华东两人民解放军司令部撰写《敦促杜聿明等投降书》的广播稿。

12 月 29 日,中共中央发出《中央对新区出版事业的政策暂行规定》。

12 月 30 日,毛泽东为新华社撰写题为《将革命进行到底》的元旦献词。

二、研究论文

毛泽东《全世界革命力量团结起来,反对帝国主义的侵略》发表于《争取持久和平,争取人民民主》第 21 期。

萧恺《坚决支持毛泽东同志的民族统一战线的方针》发表于《群众》(香港)第 2 卷第 1 期。

沈友谷《列宁在民主革命中无产阶级领导权思想》发表于《群众》(香港)第 2 卷第 2 期。

萧农《毛泽东的革命军事思想》发表于《群众》(香港)第 2 卷第 3 期。

按:是文乃当时研究毛泽东军事思想的一篇力作。文章使用了"毛泽东的革命军事思想"和"毛泽东军事思想"的提法,论述的是毛泽东军事思想的特点和毛泽东军事思想中的方法论,这都是毛泽东军事思想研究中的重大问题。

方方《再虚心来学习毛泽东报告》发表于《群众》(香港)第 2 卷第 11 期。

[苏]伏蒂也娃《列宁论苏维埃机关人员应如何工作》发表于《群众》(香港版)第 2 卷第 24 期。

汉夫《历史的转折点——纪念中国共产党廿七周年》发表于《群众》(香港版)第 2 卷第 25 期。

侯外庐《孙中山到毛泽东——为伟大的廿七年历史创作而作》发表于《群众》(香港版)第 2 卷第 25—26 期。

按:文章说:"孙中山的民族思想,形式与内容颇相称的,到了毛泽东更把它丰富发展了;孙中山的民权思想,形式新鲜而内容贫乏,到了毛泽东更以新的内容否定了旧的形式;孙中山的民生思想,内容有补充民权的因素,而形式则是一套幻想的旧陈迹,到了毛泽东把它扶正,把它清算,更把它扬

---

① 中共中央文献研究室中央档案馆,编.建党以来重要文献选编(一九二一——一九四九):第 25 册 [M].北京:中央文献出版社,2011:691-700.

弃（此点见于《新民主主义论》的关于三民主义批评文中）。总之，孙中山的革命民主政纲的核心价值，在廿七年来是历史地证明了，被中国所珍贵，所培植，所发展。从哲学思想上而言，孙中山到毛泽东，是一个犹带唯心论成分而本质上近于机械唯物论（如论政府与人民、论政与治、论权与能等以离心力向心力二者均衡处理问题），实践上发挥好的经验主义（如强调科学事实而后理论，如政纲上经常地吸收进步理论），到一个中国化的辩证法唯物论并在东方实践无产阶级世界观的马列主义。孙中山的经验主义必然要被毛泽东的辩证法唯物论所代替，这是历史。"

方方《论毛泽东军事学说中的游击战争》发表于《群众》（香港版）第 2 卷第 29 期。

按：文章说：全国规模的人民解放运动，最主要系于人民解放军之胜利与发展，而人民解放军之所以有能力担负这个历史的艰巨任务，则是与毛泽东同志的军事学说不能脱离的。二十年来，人民解放军（以前是中国工农红军，下同此），曾经犯了立三主义的集中全国红军进攻中心城市的冒险计划；曾经犯了苏维埃后期的"御敌于国门之外"的进攻中的冒险主义，"短促突击""与敌人拼消耗"的分兵防御的防御中的保守主义，退出苏区时的退却逃跑主义；使人民解放军遭受了严重的损失。然而，在我党中央的领导上一经接受与回复到毛泽东同志的军事学说，把毛泽东同志的军事学说成为党的军事路线，则这种错误都立刻被纠正，这种损失立刻被弥补，而且进一步的蓬勃胜利发展。

遵义会议以后，我党更自觉与一致的拥护毛泽东同志的军事学说，研究与发扬毛泽东同志的军事学说，把这种军事学说运用到对日战争，运用到目前的爱国民族民主战争，我们都获得胜利的发展，特别是获得扭转了全国战局的关键，使我们走上在全国胜利，使敌人走上在全国灭亡，这并不是偶然的一件事情。

毛泽东同志的军事学说，和毛泽东同志的政治学说一样的是运用马列主义与中国具体情况实践相结合的异常正确的学说，其主要的根本点有两个：第一，我们的军队不是也不能是其他样式的军队，它必须是服从于无产阶级思想领导的，服务于人民斗争和根据地建设的工具；第二，我们的战争不是也不能是其他样式的战争，它必须在承认敌强我弱、敌大我小（从过去来说——方注）的条件下，充分地利用敌之劣点与我之优点，充分地依靠人民群众的力量，以求得生存、胜利与发展。

伍人、涤新《半封建半殖民地国家为什么不能立刻实行社会主义》发表于《群众》(香港版)第 2 卷第 38 期。

[法]褒纳尔作、徐坚译《马克思主义与科学》(马克思主义百年纪念)发表于《理论与现实丛刊》第 3 期。

按：文章论述了原子时代、科学的统一、物理学上的辩证法、物理学上的历史因素、社会科学中的辩证法、马克思主义在科学研究上的价值、科学工作的计划、科学在苏联、马克思主义与自由等问题。

编者《马克思主义不朽》发表于《理论与现实丛刊》第 3 期。

黎火原《社会主义制度的胜利》发表于《友谊》第 2 卷第 1 期。

然《什么是工农社会主义国家》发表于《友谊》第 2 卷第 1 期。

[苏]柯瓦列夫斯基作、愉若译《社会主义国家的军队》发表于《友谊》第 2 卷第 4 期。

[苏]西特尼柯夫作、青山译《社会主义国家的妇女》发表于《友谊》第 2 卷第 5 期。

郭沫若《列宁——无产阶级的父亲》发表于《友谊》第 2 卷第 8 期。

辽逸《增加我们底社会主义文化财富》发表于《友谊》第 2 卷第 10 期。

编者《新民主主义社会发展到社会主义社会是否是革命》发表于《友谊》第 3 卷第 2 期。

[苏]维克托尔·别利可夫《集体女农民安娜·尤特金娜——社会主义劳动英雄》发表于《友谊》第 3 卷第 5 期。

庶耳、白芷《社会主义制度为什么优于资本主义：意志的统一》发表于《友谊》第 3 卷第 6 期。

[苏]亚力山特洛夫作、愉若译《伟大的十月社会主义革命与中国》发表于《友谊》第 3 卷第 9 期(十月革命第卅一周年纪念特辑)。

萤芝《马列主义思想对于苏维埃社会主义国家创建与发展的指导作用》发表于《友谊》第 3 卷第 10 期。

鲁尔《站在列宁遗像前》发表于《友谊》第 3 卷第 11 期。

愉若译《斯大林宪法与苏联农民》发表于《友谊》第 3 卷第 11 期。

林萍《全世界的人民歌颂斯大林》发表于《友谊》第 3 卷第 12 期。

金《歌颂人民领袖斯大林》发表于《友谊》第 3 卷第 12 期。

莱雯《歌颂伟大的斯大林》发表于《友谊》第 3 卷第 12 期。

[苏]马尔库斯作、萤译《社会主义的按劳分配制度》发表于《友谊》第 3 卷第 12 期。

[苏]列宁作、谢明译《苏联社会主义经济的伟大新胜利》发表于《苏联介

绍》第 8 期。

[苏]库西宁作、伊真译《胜利的社会主义与资本主义卫兵》发表于《苏联介绍》第 8 期。

[苏]明茨作、雅莎译《列宁和斯大林是伟大十月社会主义革命的领导者》发表于《苏联介绍》第 8 期。

《俄罗斯苏维埃联邦社会主义共和国》发表于《苏联介绍》第 9 期。

[苏]阿拉洛维赤《社会主义国家的妇女》发表于《苏联介绍》第 10 期。

俄语报社论、东林译《国营农场及其在社会主义农业中的地位》发表于《苏联介绍》第 10 期。

[苏]罗宾斯坦作、李亚译《资本主义制度下的科学与社会主义制度下的科学》发表于《苏联介绍》第 16 期。

[苏]N.契图诺娃作、庄寿慈译《高尔基逝世十二周年纪念——高尔基与社会主义的美学》发表于《中苏文化》第 19 卷第 4—5 期。

秦怀《苏联的科学与技术——社会主义建设与科学》发表于《中苏文化》第 19 卷第 9—10 期。

[苏]A.K.瓦西里耶夫作、庄寿慈译《社会主义现实主义的特征》发表于《中苏文化》第 19 卷第 9—12 期。

[苏]契同诺娃作、蒋路译《高尔基——社会主义美学的奠基者和苏联作家们的导师》发表于《高尔基研究年刊》。

[苏]列宁作、萧三译《党的组织与党的文学》发表于《苏联文艺》第 36 期。

按:译者说:"在列宁所写的论文学与艺术的文字当中,除去论托尔斯泰、论赫尔岑等专文以及给高尔基的书简之外,此地所译的这篇《党的组织与党的文学》,要算是一篇最完整的文字了。这篇文字系作于一九〇五年,发表在当年十一月二十六日(旧历为十三日)的第十二期的《新生活报》上,署名为 H.列宁。这时候的俄国,正爆发了第一次大革命,从十月的总政治罢工起,革命的浪潮差不多流遍了全国,列宁在这篇文章中,就特别批评了当时许多人对于文学的错误见解,指出了党的文学的原则。这篇文章,早已成为苏联文学理论的基础和原则以及文艺工作者的指针了。卢纳察尔斯基在一九三二年所写的《列宁与文艺科学》一文中曾说过:'虽然从这篇文章写出的时候算起,已经过了二十五年多,但是它直到现在还丝毫没有失掉它的最深刻的意义。并且,……在这篇文章中所发挥的对于资产阶级文学的激烈的批评,以及对服务于千百万劳动者的将来的社会主义文学所作出的明显特点,在今天还是同样真实的。'吉尔波丁在其所写的一篇《列宁论文学》的文字中也说过:'列宁所写的许多论文学的文章和意见,早已成为苏联研究文学的一个基础了。'这篇文章共有十四段,前四段是讲一九〇五年革命的形势及合法与不合法的出版物的问题;从第五段起,才讲到党的文学问题。据译者目前所能搜集到的,这篇文章过去似乎只有两种节略的中译:一种是瞿秋白译的,见《海上述林》上卷 258 页至 261 页,只摘译了五、六、七、八、十一、十二、十三等几段;一种是陈望道译的,附在冈泽秀虎的《苏俄文学理论》后面,题名为《伊里奇论文学》,摘译了第五至第十一之间的各段。在这个译本中,尚有遗漏及节译之处,如'社会主义的无产阶级'俱被译为'社会的普罗列答利亚特','亚洲式的检查制度'被译为'亚细亚人似的检阅',还有一处地方,将'美学'误译为'伦理学'。据译者在《译后杂记》中说,'伊里奇论文学系借用成文英氏的译文',大概这位译者在翻译的时候,将俄文美学看成伦理学了,此外,还有一种全译,就是萧三所译的。下面的译文,译自《列宁全集》俄文本第八卷第三八—九〇页。"

顾西宁、何歌《胜利的社会主义和资本主义的保镖》发表于《时代杂志》第 8 卷第 1 期。

[苏]罗基奥诺夫作、思立译《建设中的苏联十六加盟共和国——俄罗斯苏维埃联邦社会主义共和国》发表于《时代杂志》第 8 卷第 1 期。

[苏]葛列勃卡作、思立译《白俄罗斯苏维埃社会主义共和国》发表于《时代杂志》第 8 卷第 2 期。

[苏]高洛伐尼夫斯基作、思立译《斯达哈诺夫运动的发源地——乌克兰苏维埃社会主义共和国》发表于《时代杂志》第 8 卷第 3 期。

[苏]聂米罗夫斯基《列宁论资产阶级议会制和苏维埃民主——纪念列宁逝世廿四周年忌辰》发表于《时代杂志》第 8 卷第 4 期。

[美]福斯特、威廉作,移模译《马克思主义与美国"例外论"》发表于《时代杂志》第 8 卷第 6 期。

按:文章认为《共产党宣言》同样适用于美国,批评了"例外论"者的幻想。

[苏]斯吉邦诺娃作、思立译《理想成为事实》("共产党宣言"发表 100 周年纪念)发表于《时代杂志》第 8 卷第 6 期。

按:文章说:"'百年以前,在一八四八年二月,出现了马克思和恩格斯的天才作品《共产党宣言》,在非常深刻的古典形式下第一次把科学的社会主义的基本思想作了周密而有系统的叙述。这是无产阶级的真正革命的纲领,马克思主义的经典。'(史大林)关于马克思和恩格斯学说的全世界历史性的意义,列宁写道:'马克思和恩格斯的伟大历史功绩就在于他们用科学的分明了资本主义崩溃和过渡到不再有人剥削的共产主义的不可避免性。''马克思和恩格斯的伟大和世界历史性的功绩就在于他们向全世界无产阶级指示了他们的作用,他们的任务,他们的使命:即先掀起反对资本家的革命斗争,并在这个斗争中团结他们周围的一切劳动者和被压迫者。'(《列宁文集》第 23 卷 276 页)证明了资本主义崩溃的不可避免性,在无产阶级身上发现了旧资本主义社会的掘墓人和新社会主义的创造者的那种社会力量和那个阶级之后,马克思主义奠基人把社会主义从一种人类美好未来的朦胧空想变成了科学,在千万革命无产阶级的斗争中使它和实生活联系起来。马克思和而恩格斯的学说——科学的社会主义——也使哲学、政治经济学和人类社会的历史研究发生了根本的变动和真正的革命。与孤独的、脱离人民大众的先前思想家不同,马克思主义奠基人不仅是天才的学者,而且是伟大的革命家,无产阶级的领袖。他们所创立的学说是无产阶级的意识形态,是工人阶级为生存而斗争的科学武器。"

费泼莱《论所谓"民主社会主义"》发表于《时代杂志》第 8 卷第 6 期。

何歌《论艾德礼的"民主社会主义"》发表于《时代杂志》第 8 卷第 12 期。

[苏]德波林作、韦叔译《马列主义论资本主义覆亡的必然性》发表于《时代杂志》第 8 卷第 14 期。

按:文章说:"一八四八年二月,《共产党宣言》的火焰似的话响遍了全世界,《宣言》的天才创造者马克思和恩格斯,以科学分析的大手笔第一次证明了资本主义制度覆亡和新社会制度——共产主义——胜利的必然性。马克思和恩格斯向那以剥削雇佣的资本奴隶为基础的资产阶级社会作了毁灭性的批判,他们揭发了资本主义深入的内在矛盾及其发展的规律性,并且断定了它的灭亡的必然性。他们科学地规定了工人阶级之作为资本主义掘墓人和共产主义创造人的历史使命。《共产党宣言》是共产党人宣布为劳动者才能够压迫和剥削底下获得解放及为文化和文明的进步而斗争的第一个纲领。"

[苏]凯德洛夫作、雷分译《马克思一百三十岁诞辰——马克思哲学思想的革命性》发表于《时代杂志》第 8 卷第 17 期。

[苏]茨维特科夫作、遇平译《从社会主义走向共产主义——苏联工人阶级现阶段的任务》发表于《时代杂志》第 8 卷第 17 期。

[苏]库尔斯基作、任谷译《社会主义经济的新发展——苏联战后五年计

划第三年第一季的总结》发表于《时代杂志》第 8 卷第 23 期。

[美]艾伦作、谢明译《论国家资本主义与社会主义》发表于《时代杂志》第 8 卷第 28 期。

[波]H. 明茨作、一江译《从人民民主走向社会主义的波兰》发表于《时代杂志》第 8 卷第 40 期。

[苏]提摩森柯《祝伟大十月社会主义革命节》发表于《时代杂志》第 8 卷第 44 期。

[苏]罗箕昂诺夫作、林秀译《胜利的社会主义宪法——纪念史大林宪法十二周年》发表于《时代杂志》第 8 卷第 48 期。

韦人《两年中国共产党区域的生活》发表于《时代批评》第 5 卷第 101 期。

石如《评张东荪著〈民主主义与社会主义〉》发表于《时代批评》第 5 卷第 104 期。

樊弘《孙中山与马克思》发表于《时与文》第 3 卷第 3 期。

按：文章说："我今天所要说明的有两点：第一点我所要说明的，就是中国政治史上这位空前未有的伟大的政治领袖孙中山先生，无论在道德的修养上，在求知的努力上，和在革命的领导上，均不在马克思之下，或至少亦不在马克思之下。第二点我要说明的，就是在中山先生的社会哲学里含有空想的成分，或缺少科学根据的成分，或传统的儒家哲学的成分；但在马克思学说里没有。这便是中山先生不如马克思的地方。同时这亦是中国的国民党，自中山逝世而后，越是近来越是露骨的表现着他们不能实现三民主义的原因。同时也就是马克思的主义，自马克斯逝世而后，得在共产党手里，逐步付诸实施的原因了。但我所要特别声明的，即中山先生的政治的理论，虽然含有空想的成份，但这并不妨碍孙中山先生，在个人的修养上，在求知的努力上，和在革命的领导上，仍为中国革命最伟大的一个导师。"

[苏]罗宾斯坦作、张天明译《科学在资本主义社会与社会主义社会》发表于《新华文摘》第 3 卷第 7 期。

林伯渠《学习毛主席思想执行党的路线与政策——纪念中国共产党创立二十七周年，七月一日延安干部党员大会上的讲演》发表于《新华文摘》第 3 卷第 9 期。

按：文章说："我党——中国共产党，从一九二一年第一次全国代表大会到现在，整整二十七年了。在这二十七年中，经过一九二五—二七年大革命，经过十年土地革命，经过八年抗日战争，又经历着一九四六年七月以来的人民解放战争,坚持地进行了反对帝国主义、封建主义、官僚资本主义的斗争。党由几十个人的小组发展成为拥有三百万党员的完全群众化的大党了,党现在领导着二百数十万人民解放军,领导着确有占全国四分之一的土地和一万万六千八百万人民的解放区,以直接打倒蒋介石反动派的卖国政权建立统一的人民民主政权为目标的全国性的大革命了。主要由人民解放军发展着的日益坚强的胜利攻势,同时,又由于国民党反动派统治下的人民,以青年学生为首普及至工商、文化、教育、妇女各界一切不愿作亡国奴的人民,发展着的反对美帝之扶日侵华的群众性斗争,在全国范围内,旧中国的毁灭和新中国的建立都是必然的和为期不远的了。这是一个伟大的变化。这一变化之所以可能和必然,就是因为中国有了最前进最革命日益强大的无产阶级政党——中国共产党的坚强领导,而中国共产党已经有了自己的也是全国人民的最英明、最杰出的伟大领袖——毛主席。"

劳度、叶群《南共党的领导脱离了马列主义关于阶级和阶级斗争的理论》发表于《新华文摘》第 3 卷第 10—11 期。

林默涵《学习毛泽东思想》发表于《民主青年》第 37 期。

[法]Labranche P. 作、宋桂煌译《我做过史达林女儿的家庭教师》发表于《时与潮》第 9 卷第 5 期。

遂宁节译《世界共产主义的低潮》发表于《时与潮》第 30 卷第 1 期。

契尼译《英国社会主义的主张与斗争》发表于《时与潮》第 30 卷第 1 期。

遂宁译《谁继承史达林》发表于《时与潮》第 30 卷第 2 期。

查理译《史达林与希特勒的外交秘密》发表于《时与潮》第 30 卷第 2 期。

蒋定本译《思想战中的主要一役——社会主义与共产主义之争》发表于《时与潮》第 30 卷第 2 期。

董荒译《史达林的和平触角》发表于《时与潮》第 30 卷第 4 期。

长戈译《我所见的史达林作战计划》发表于《时与潮》第 31 卷第 6 期。

不鸣译《共产党在东南亚》发表于《时与潮》第 32 卷第 2 期。

[日]小泉信三作、李春霖译《共产主义与民族意识》发表于《时与潮》第 32 卷第 2—4 期。

资料室《共产党在欧洲》发表于《时与潮》第 32 卷第 4 期。

高语和译《苏联的反史达林运动》发表于《时与潮》第 33 卷第 1 期。

刘大中《社会主义下的生产政策》发表于《新路》第 1 卷第 4 期。

炳章《用和平方法能否实现社会主义》发表于《新路》第 1 卷第 6 期。

负生《用和平方法不能实现社会主义》发表于《新路》第 1 卷第 6 期。

马逢华《社会主义下的生产效率》(读刘大中先生《社会主义下的生产政策》后)发表于《新路》第 1 卷第 11 期。

春生《社会主义的经济不需计划》发表于《新路》第 1 卷第 16 期。

负生《社会主义的经济需要计划》发表于《新路》第 1 卷第 16 期。

刘大中《经济自由、社会主义和新投资的计划》发表于《新路》第 1 卷第 21 期。

蒋硕杰《社会主义与价格机构》发表于《新路》第 2 卷第 5 期。

吴景超《社会主义与计划经济是可以分开的》发表于《新路》第 2 卷第 5 期。

刘大中《社会主义生产政策的执行和监督》发表于《新路》第 2 卷第 5 期。

白坚石《法西斯复活与民主自由社会主义的国际》发表于《主流》第 13 期。

李立岩《希望及早有一个社会主义的报纸出现》发表于《主流》第 13 期。

《中国民主自由社会主义学会成立宣言》发表于《主流》第 17 期。

王任重《中国民主自由社会主义革命之路》发表于《主流》第 17 期。

丁洪范《论民主自由与社会主义》发表于《主流》第 18 期。

刘超武《祝中国民主自由社会主义学会成立》发表于《主流》第 18 期。

范谦衷《三优与四育政治论民主自由社会主义的科学基础》发表于《主流》第 19—20 期。

励刚译《论社会主义与社会主义者》发表于《主流》第 21 期。

彭定颐《费边社会与费边社会主义》发表于《主流》第 22—24 期。

张寰《社会主义与"左倾"的宗教》发表于《主流》第 22 期。

杨戎《粗描近百余年来社会主义思潮的细波巨浪与流向》发表于《主流》第 23 期。

宋曼《中国民主自由社会主义在天山瀚海间》发表于《主流》第 24 期。

卢《立国之道,民主社会主义的道路》发表于《人道》第 4 期。

[苏]格兰洛夫斯基作、杜晦如译《论社会主义工业的发展》发表于《远风》第 3 卷第 1 期。

纪芬《史大林主义与苏维埃制度的堕落》发表于《新声》第 3 卷第 2 期。

纪芬《史大林主义与世界革命运动之失败》发表于《新声》第 3 卷第 4—5 期。

纪芬《史大林主义的党制》发表于《新声》第 3 卷第 6 期。

郑学稼译《社会主义的将来——现在的远景》发表于《新人》第 1 卷第 2 期。

赵玉粹《中国共产党怎样产生的》发表于《安徽动员》第 2 卷第 1 期。

[苏]莫拉索夫作，刘平译《列宁论青年的共产主义教育》发表于《知识（哈尔滨）》第 8 卷第 5 期。

戴宇平《在毛主席的旗帜下前进》（通讯）发表于《知识（哈尔滨）》第 9 卷第 5 期。

李焰生《从狄托事件看共产主义的前途》发表于《客观》第 1 卷第 1 期。

高尚文《毛泽东立张献忠祠》发表于《客观》第 1 卷第 5 期。

[美]马丁作、黄宗汉译《中国共产党统治下的一个农村》发表于《再生周刊》第 198 期。

吕拙文《来一个社会主义竞赛》发表于《再生周刊》第 206 期。

余园《社会主义与共产主义》发表于《再生周刊》第 209 期。

紫云《资本主义与社会主义》（清华北大经济学会举行辩论会）发表于《再生周刊》第 209 期。

王厚生《考茨基论社会主义与民主政治》发表于《再生周刊》第 214 期。

刘毅《论联邦共产党（布）》发表于《再生周刊》第 219 期。

方锦《理性·科学·民主和社会主义》发表于《再生周刊》第 227 期。

余园《古代与中古时代所谓社会主义》（社会主义起源论之一）发表于《再生周刊》第 241 期。

余园《社会主义的先驱者》（社会主义起源论之二）发表于《再生周刊》第 244 期。

余园《社会主义的形成期》（社会主义起源论之三）发表于《再生周刊》第 245 期。

张一民译《马克斯主义的批判》发表于《再生》（广州版）第 1 卷第 2—3 期。

按：文章说："马克斯主义的无产阶级革命文献，第一件公表于世的，那是一八四八年的《共产党宣言》。它在政治上，开始成为一种活动的力量，乃始自德国社会民主党之创设。在八十年代，这个党，部分地接受马克斯主义，以作他们的党纲。一八七一年的巴黎康妙恩，也是马克斯主义在政治上活动之另一面。因此，马克斯主义的政治史，包括大约七十年长的世代。以这一个时期，去解释马克斯主义学说，在政治实践上的结果，那是相当长的。"

张君劢《民主社会主义之哲学背景》发表于《再生》(广州版)第 1 卷第 3—4 期。

张君劢《民主社会主义之哲学背景》发表于《再生》(广州版)第 1 卷第 6 期。

张君劢《民主社会主义之哲学背景》发表于《再生》(广州版)第 1 卷第 9 期。

牧海《毛主席回忆片断》发表于《学习生活》第 1 卷第 1 期。

辽逸译《游击队员见斯大林》发表于《学习生活》第 1 卷第 2 期。

编者《什么是社会主义？什么是共产主义？》(读者问答)发表于《学习生活》第 1 卷第 4 期。

沈侠魂译《列宁怎样读书》发表于《学习生活》第 1 卷第 5 期。

刘辽逸译《关于斯大林的小故事》发表于《学习生活》第 2 卷第 4 期。

[苏]沃尔科夫作、流水译《斯大林论波尔什维克党的政治战略与策略》发表于《学习生活》第 2 卷第 4 期。

[日]岩村三千夫《毛泽东思想的展开》发表于《世界评论》第 3 卷第 6 期。

[日]宫田修《中共的发展和毛泽东的领导》发表于《新世界》第 9 期。

日本《中国解放战争和毛泽东》发表于《新世界》第 10—11 期。

马文纯《中国共产党的铁幕》发表于《铎声月刊》第 5 卷第 9 期。

福樵《基督教与共产主义资本主义》发表于《中美周报》第 301 期。

江鹏《斯大林与希特勒之辨》发表于《中美周报》第 308 期。

饶焰《确立毛泽东的胜利思想——读毛泽东文告心得之一》发表于《正报》第 2 卷第 23 期。

按：文章说："站在中国人民与中华民族的立场来看毛泽东文告的人，都会说：'太好了，太好了！'这句话包括着各种各样的感觉与各种不同的认识程度。而一般的印象是：(一)头脑清醒得多了，许多模模糊糊的问题都弄清楚了；(二)指出了全国人民奋斗的总目标，看得清斗争的方向了；(三)表现了伟大的气魄，充溢着战斗的意志，把人们的斗争情绪大大地鼓舞起来了；(四)是一幅胜利的近景，是一枝胜利的旗帜，伟大而又美丽，它号召人们，它指示人们：'曙光就在前面，赶快努力呵！'国外的评论家曾把这个文告的威力，比作原子弹。的确，这个文告，对于国内外的反动派，每一句话，都好像给他们敲起了丧钟。对于中国人民和中国革命队伍说来，这个文告是一种伟大的力量。它是指导理论又是推动力量。"

马克辛《毛泽东思想鼓舞了我》发表于《正报》第 2 卷第 49 期。

按：文章说："当中国人民的革命事业处在艰难困苦的境遇时，毛泽东思想给人民指示路向，鼓舞人民前进。作为一个力求进步的青年人，我曾经在摸不清时局前途，彷徨苦闷以至绝望的时候，读起毛泽东的言论之后，我又积极起，勇气倍增，又向前奋斗了。今天，中国共产党领导中国革命已经进入全国规模的彻底胜利的阶段，行将成为统一的全国人民民主政权的领导政党了，然而，中国共产党之所以有今日之光荣伟大，我以为主要是靠毛泽东的思想在领导着前进的。这正确的思想是经过无数次的斗争实践中引证了的。"

卢弩《苏联与共产党》发表于《文化先锋》第 8 卷第 1—2 期。

傅恩培《共产党在拉丁美洲》发表于《文化先锋》第 8 卷第 1—2 期。

孙玉明《寄给毛泽东》发表于《文化先锋》第 9 卷第 1 期。

［苏］瓦尔加作、风清译《走向社会主义的新道路》发表于《新中华》复第 6 卷第 3 期。

［苏］瓦尔加作、潘朗译《三十年来社会主义与资本主义》发表于《新中华》复第 6 卷第 10—11 期。

［苏］A. 彼特鲁索夫作、潘朗译《苏联社会主义农业发展的道路》发表于《新中华》第 6 卷第 14 期。

杜迈之《论英国工党社会主义》发表于《新中华》复第 6 卷第 23 期。

刘平《列宁论青年的共产主义教育》发表于《民主青年》第 45 期。

晓琉《青年底共产主义教育纲领》发表于《民主青年》第 45 期。

刘亦宇《列宁主义的形变》发表于《青年杂志》第 1 卷第 2 期。

郑学稼《由社会主义乌托邦到极权主义的帝国》发表于《青年杂志》第 1 卷第 2 期。

天行《毛泽东逸事》发表于《青年生活》第 2 卷第 3 期。

子青《费边社会主义》发表于《青年知识》第 38 期。

马特《辩证法与形而上学》发表于《青年知识》第 39 期。

张格伟《康德哲学与社会主义》发表于《青年风》第 1 卷第 3 期。

王亚南《论国家资本主义经济形态与国家社会主义经济形态》发表于《中国建设》第 6 卷第 1—2 期。

夏炎德《读了张东荪先生新著〈民主主义与社会主义〉之后》发表于《世纪评论》第 4 卷第 5 期。

民熹《评吴恩裕著〈唯物史观精义〉》发表于《世纪评论》第 4 卷第 10 期。

薛甡生《社会主义国家是这样的》发表于《社会评论》第 75 期。

偶摘《马克思鄙视斯拉夫民族》发表于《社会评论》第 79 期。

胡代光《凯恩斯与马克思》发表于《财政评论》第 18 卷第 3 期。

宋则行《谈英国社会主义计划经济的范围》发表于《经济评论》第 4 卷第 5 期。

伯明译《史达林与希特勒》发表于《时事评论》第 1 卷第 9 期。

王树槐《资本主义与社会主义的人性观》发表于《时事评论》第 1 卷第 22 期。

〔英〕温斯东作、方蓁译《怎样学习马克思学说》发表于《读书与出版》第 3 年第 4 期。

按：编者按说："本文是作者为迎接马克思学说的百年纪念而写的一篇论文的第二节。对于中国的马克思学说研究者，通俗化是更加需要的。我们的马克思学说研究，以国际水准衡量，可说还是小学生。但我们的实践提供新的材料，使我们在马克思学说的宝库中也能增加新的东西进去，如关于新民主主义的理论便是。为要彻底通晓和深入研究马克思学说，本文的指示的确很有价值。"

〔苏〕Y. 乌姆斯基《个人与社会主义社会》发表于《读书与出版》第 3 年第 5 期。

应怀《恩格斯的〈费尔巴哈论〉》发表于《读书与出版》第 3 年第 7 期。

马特《社会主义社会有没有矛盾》发表于《读书与出版》第 3 年第 7 期。

应怀《拿破仑第三政变记》（名著解题）发表于《读书与出版》第 3 年第 9 期。

王万生《〈资本论〉误译的一个小考证》发表于《客观》第 1 卷第 3 期。

张培刚《从新经济学谈到凯因斯和马克思》发表于《观察》第 4 卷第 15 期。

严仁赓《社会主义乎？新资本主义乎？》发表于《观察》第 4 卷第 17 期。

张东荪《"民主主义与社会主义"补义》发表于《观察》第 5 卷第 1—3 期。

黄力《唯物史观是真理吗》发表于《中坚》第 5 卷第 3 期。

林冷《社会主义在亚洲的扩展》发表于《自由丛刊》第 5 期。

〔波兰〕Minc H. 作、强声棋译《论"社会主义成分"：波兰的新民主主义经济》发表于《自由丛刊》第 12 期。

小端译《〈共产党宣言〉一百周年访问马克思故居》发表于《自由丛刊》第 13 期。

侯外庐《巴黎公社的历史教训与中国新民主主义》发表于《自由丛刊》第
13 期。

[苏]加萨诺瓦《共产主义、思想与艺术》发表于《大众文艺》第 1 期。

谢觉哉《毛泽东的故事》发表于《大众文艺》第 2 期。

[苏]塔拉仙柯夫作、金人译《在社会主义现实主义路程上的苏联文学》
发表于《文学战线》第 1 卷第 3 期。

毕范宇《共产主义对于民主及基督教的挑战》发表于《天风》第 139 期。

[美]司徒雷登作、洪绂译《耶稣复活与基督教的辩证法》发表于《协进》
第 7 卷第 1 期。

编者《基督教与辩证法》发表于《协进》第 7 卷第 3 期。

陈若兰译《共产主义的威胁》发表于《益世周刊》第 30 卷第 2 期。

曹靖华《列宁故事》发表于《华商报》第 800 号。

罗培《论蒋经国的"费边社会主义"》发表于《经济导报》第 92 期。

淡然《资本主义,共产主义,还有什么》发表于《申论》第 1 卷第 9 期。

樊弘《空想的社会主义和科学的社会主义》发表于《周论》第 1 卷第
9 期。

龚德柏《我为什么要反对共产党》发表于《华侨先锋》第 10 卷第 1—
2 期。

李果《谁将是史达林的继承人》发表于《中央日报周刊》第 3 卷第 6 期。

娄立齐《资本与剩余价值》发表于《中学生》第 200 期。

鸣《读书时期的斯大林》发表于《知识》第 11 卷第 1 期。

沈立人《社会主义和国际主义》发表于《世界月刊》第 3 卷第 2 期。

[苏]斯大林《论经济工作人员底任务》发表于《经济》第 2 期。

王亚南《论国家资本主义经济形态与国家社会主义经济形态》发表于
《中国建设》第 6 卷第 1—2 期。

[苏]瓦尔加《论两个制度的斗争:"三十年来的社会主义与资本主义"的
结论》发表于《中国建设》第 6 卷第 3 期。

王亚南《论中国的讲坛社会主义者》发表于《中国建设》第 6 卷第 4 期。

[苏]N. 伏兹聂辛斯基作、吴清友译《社会主义经济的胜利》发表于《经
济周报》第 6 卷第 22 期。

胡绳《生活中的辩证法》发表于《持恒学友》第 3 期。

小樵《介绍一本通俗的唯物辩证法》发表于《持恒学友》第 4 期。

杨星森《费边社会主义此时此地行得通吗?》发表于《舆论》第 1 卷第

6 期。

刘大中《社会主义下的生产政策》发表于《新路周刊》第 1 卷第 4 期。

炳章《用和平方法能否实现社会主义》（辩论）发表于《新路周刊》第 1 卷第 6 期。

张同昭《全世界性的共产主义》发表于《新生命半月刊》第 1 卷第 9 期。

章巽《共产主义和社会主义之冲突》发表于《思想与时代》第 52 期。

赵逎搏《马克斯的共产主义者宣言百年纪念感言》发表于《创世》第 14—15 期。

郎万波《离不开共产党》发表于《翻身乐》第 3 期。

李凤林《永远忘不了毛主席》发表于《翻身乐》第 3 期。

宇《什么是共产党》发表于《翻身乐》第 5 期。

常工《向西——毛主席坚持陕北斗争故事之一》发表于《翻身乐》第 7 期。

张名哲、任丰岐《毛主席送子住劳动大学》发表于《翻身乐》第 8 期。

元平《拥护你，毛主席》发表于《翻身乐》第 17 期。

潘东生译《缅甸走向社会主义》发表于《天琴》第 1 卷第 5—6 期。

艾风《英国工党与社会主义》发表于《现实文摘》第 2 卷第 1 期。

周克明译《瓦尔论社会主义的新招》发表于《文摘》第 12 卷第 8 期。

褚柏思《三民主义的方法论——民生辩证法的提出》发表于《宇宙文摘》第 2 卷第 6 期。

刘不同《智知分子不要恐慌·自由主义正澎湃·民主社会主义已在望》发表于《法商论坛》第 1 卷第 6 期。

马恩成《社会主义的零时》发表于《国风杂志》第 1 卷第 2 期。

祝融释述《共产主义的哲学》发表于《北方杂志》第 3 卷第 4 期。

易廷镇《论社会主义与自由》发表于《清华旬刊》第 3—4 期。

小禹《新岁怀"一八四八"并嘲马克斯》发表于《中美周报》第 271 期。

竹君译《美国共产党》发表于《时事评论》第 1 卷第 24 期。

重耳《美国人对毛泽东的估价》发表于《新闻杂志》第 2 卷第 6 期。

按：文章说："美国政府既对蒋介石总统所领导的政府，感到失望后，他们就敏感地意味到，中国共产党的胜利是无疑的。当然啦，代替蒋政府的，就是毛泽东所领导的政府，而美国的官方和民间，都对毛泽东存着一种幻想。他们武断毛泽东是一个民族主义者，他们更希望毛泽东能成为南斯拉克狄托元帅第二，果如是这样，那么，他们今日的确保超然态度，不是为将来和毛政府打起交道来时，预先安下一个踏脚石吗？他们所念念不忘的是'门户开放''利益均等'啊！美国的几份著名报纸，曾不断的猜测着由毛泽东领导的联合政府，将以怎样一种姿态出现。由于他们确认，共产党在中国的行动，是一种纯粹的'农民革命'运动，并确信毛泽东是一个民族主义者，基于这几种观念，在十二月廿六号的纽约邮报社评中写着：'如果中国联合政府中，排除军阀与地主的势力，则美国应立即承认此一政府，并即派遣使命以巩固两国的友谊。'《新共和》周刊更这样说：'南京政府崩溃后，中国并不一定就丢在铁幕后面。……我们还可恢复并保持中美传统的友谊，我们可以在新的真正的意义上维持门户开放。'"

任竹君《毛泽东的战略与政略》发表于《新闻杂志》第 2 卷第 9 期。

[苏]N.雷莫夫《论社会主义经济制度的优点》发表于《新闻类编》第 1630 期。

[苏]M.苏汉诺夫《国营农场及其在社会主义农业中之作用》发表于《新闻类编》第 1633 期。

[苏]P.莱诺夫《社会主义原则"各尽其能，各取其值"的意义》发表于《新闻类编》第 1634 期。

[苏]I.特拉伊宁《胜利的社会主义的宪法》发表于《新闻类编》第 1635 期。

[苏]M.塔拉索夫《社会主义国家的职工会》发表于《新闻类编》第 1637 期。

[苏]B.马尔库斯《战时苏联社会主义经济之优点》发表于《新闻类编》第 1638 期。

[苏]巴格里科夫《共产党宣言之思想的胜利》发表于《新闻类编》第 1640 期。

[苏]B.L.马尔库斯《按照劳动支付工资的社会主义原则》发表于《新闻类编》第 1652 期。

[苏]N.契图诺娃《高尔基与社会主义的美学》发表于《新闻类编》第 1653 期。

[苏]古洛维支《人民福利不断的提高是社会主义的法则》发表于《新闻类编》第 1654 期。

[苏]Y.乌协林柯《社会主义经济的胜利》发表于《新闻类编》第 1660 期。

[苏]葛里巴诺夫《"与共产主义斗争"的口号后面隐藏着什么》发表于

《新闻类编》第 1664 期。

[苏] A. 毕尔曼《社会主义计划化的胜利》发表于《新闻类编》第 1674 期。

[苏] M. 罗索夫斯基《苏联社会主义竞赛的新阶段》发表于《新闻类编》第 1676 期。

[苏] E. 格列戈列耶夫《工人阶级在社会主义社会改革中的作用》发表于《新闻类编》特刊。

[苏] M. M. 罗森泰《伟大十月社会主义革命与新人物的形成》发表于《新闻类编》特刊。

[苏] S. 伊凡诺夫《论伟大社会主义十月革命的国际意义》发表于《新闻类编》特刊。

中央宣传部通知《毛主席报告〈目前形势和我们的任务〉一文甚为重要，各级党政军负责同志收到后，必须亲自主持讨论与学习》发表于 1 月 1 日《人民日报》。

《(晋察冀)中央局号召好好学习毛主席报告，把文件精神用到工作中去》发表于 1 月 10 日《人民日报》。

《毛主席的报告引起国际巨大反响》发表于 1 月 11 日《人民日报》。

《豫陕鄂我军学习毛主席报告，大量印发向群众宣传》发表于 1 月 17 日《人民日报》。

《欧洲各国共产党推崇毛主席报告》发表于 1 月 19 日《人民日报》。

《粟裕将军传达毛主席报告，号召全军完成六大任务》发表于 1 月 20 日《人民日报》。

《鄂皖豫军区直属队学习毛主席报告，结合三查参加驻村土地改革》发表于 1 月 21 日《人民日报》。

《军大掀起学习热潮，认真研究毛主席报告》发表于 1 月 24 日《人民日报》。

《北鲜传诵毛主席报告，南鲜人民反分裂运动席卷全境》发表于 2 月 15 日《人民日报》。

《鄂皖豫某部学习毛主席报告，体会毛主席战略方针》发表于 2 月 17 日《人民日报》。

[美]斯特朗作、付克译《毛泽东》发表于 2 月 19 日《人民日报》。

艾思奇《反对经验主义》发表于 4 月 17 日《人民日报》。

《毛泽东论领导群众生产》(摘录)发表于 5 月 23 日《人民日报》。

毛泽东《中国军事形势的重大变化》发表于 11 月 16 日《人民日报》。

毛泽东、朱德《致斯大林电》发表于 11 月 7 日《人民日报》。

按：是为毛泽东、朱德为庆贺十月革命 31 周年给斯大林的贺电。

《"湖南农民之王"——毛主席做农民运动的故事》发表于 1 月 20 日《群众日报》。

林伯渠《学习毛主席思想执行党的路线与政策——纪念中国共产党创立二十七周年，七月一日延安干部党员大会上的讲演》发表于 8 月 9 日延安《群众日报》。

钟敬文《毛主席在陕北的二三事》发表于 10 月 12 日《群众日报》。

《毛主席被农民歌颂着》发表于 1 月 7 日《嫩江日报》。

《老大娘对得很》（毛主席的故事）发表于 2 月 28 日《冀中南报》。

《中国人民救星毛泽东——中国革命领袖介绍》发表于 5 月 17 日《冀热察导报》。

《毛泽东年表》发表于 7 月 7 日《冀热察导报》。

《胜利了》（毛主席的故事）发表于 8 月 13 日《冀热察导报》。

《伤兵想着毛主席，毛主席去看伤兵》发表于 10 月 28 日《冀中导报》。

彭真《改造我们的党报》发表于 1 月 29 日《晋察冀日报》。

按：文章说："我们的党报是为人民服务的报纸，也是实现党的领导的重要工具之一，是指导党和群众的思想、向党内外一切错误的和敌对的思想作斗争的武器。它是对敌斗争的思想武器，也是党的批评与自我批评的武器。党的领导机关必须十分注意对于报纸的领导。报纸的每一句话，每一篇文章，都应该是代表党讲话的，必须是能够代表党的。它不是一个自由主义的报纸。"

[美]斯特朗作、付克译《毛泽东》发表于 1 月 23 日《辽东日报》。

《毛泽东同志传略》发表于 7 月 1 日《前锋》。

三、研究著作

[德]马克思、恩格斯著，博古校译《共产党宣言》由山东新华书店出版。

[德]马克思、恩格斯著，博古校译《共产党宣言》由东北书店出版。

[德]马克思、恩格斯著，博古校译《共产党宣言》由中原新华书店出版。

[德]卡尔·马克斯著、天蓝译《致顾格曼博士书信集》由东北书店牡丹江分店出版。

[德]马克思著作、柯柏年译《拿破仑第三政变记》由解放社（华北）出版。

［德］马克思、恩格斯、［苏］列宁著《马恩列文献》由山东新华书店出版。

按：是书与《马列主义五大名著汇刊》内容相同。

［苏］列宁著、柯伯年等译《马克思恩格斯与马克思主义》由哈尔滨东北书店出版。

［苏］列宁著、柯柏年等译《马克思恩格斯与马克思主义》由佳木斯东北书店出版。

按：是书收录《马克思底学说》《纪念恩格斯》《马克思与恩格斯通信集》《欧洲工人运动中的分歧》《海特曼论马克思》等 39 篇文章。

［苏］列宁著、唯真译《论马克思恩格斯及马克思主义》由外国文书籍出版局出版。

［苏］列宁著《列宁论马克思恩格斯与马克思主义》由解放社出版。

按：是书收列宁论马克思和恩格斯的生活、活动及其革命理论的文章 17 篇。书前有编者的话，书后附录中共中央宣传部重印《左派幼稚病》第二章前言。

［苏］列宁著《列宁论马克思恩格斯与马克思主义》由华北新华书店出版。

殷海光著《马克思主义与实际政治》由上海民主出版社出版。

按：是书包括马克思底思想形成、马克思主义、马克思主义的批评 3 章。

［苏］列宁著、辽北书店编《卡尔·马克思、马克思主义底三个来源与三个组成部分》由辽北书店出版。

按：是书收录《卡尔·马克思》《马克思底学说》《马克思主义底三个来源与三个组成部分》3 篇文章。

［苏］普列汗诺夫著、张仲实译《马克斯主义基本问题》由哈尔滨生活书店出版。

按：《译者序言》说："普列汉诺夫是俄国有名的学者，他是俄国新文化运动的奠基人。虽然他后来在政治上做了少数派的领袖，背叛了革命的立场，三十他早年关于哲学和历史唯物论的许多巨著，是千古不朽的名作。列宁虽是他的政敌，但是对于他的有些著作的评价，却评的很高……本书是普氏最佳的著作之一，虽然内边有好多错误（如关于费尔巴哈哲学的评价，地理环境的作用等，详见各条的注释），但是全书却很有价值，它以很通俗的方式，关于新哲学的各种基本问题（如辩证唯物论、历史唯物论），都一一给了简单扼要，明白而有系统的阐释。一九二二年列宁曾指出，谓普列汉诺夫阐释新哲学问题的各种书籍，应列在研究新哲学的必要的教科书以内。本书就是属这几部书籍当中之一种。由此，我们可以看出这本书的价值来。原文系于一九〇八年出版，后来曾屡屡再版过。在十月革命以后，曾列在马恩学院所编的马克斯主义者丛书以内，也再版过好几次。本书就是根据这个丛书本一九三一年增订第四版译出来的。"

鼓聪编译《马克思文献介绍》由大连东北书店出版。

华北新华书店辑《马列主义五大名著汇刊》由华北新华书店出版。

按：是书包括《共产党宣言》《社会主义从空想到科学的发展》《社会民主党在民主革命中的两个策略》《国家与革命》《共产主义运动中的"左派"幼稚病》等5篇著作。

沈志远主编《马克思主义百年纪念》由香港新中出版社出版。

按：是书包括"马克思主义百年纪念特辑"和"新民主主义特辑"。前者收《马克思主义永垂不朽》（编者）、《马克思主义与中国近代思想发展概观》（胡绳）、《一八四八——一九四八：历史和理论的发展》、《马克思主义与历史学》、《马克思主义与哲学》、《马克思主义与科学》等6篇；后者收《新民主主义底历史认识》（侯外庐）、《论新民主主义经济诸问题》（沈志远）等2篇。

延安社会科学研究会编《马列主义研究提纲》由哈尔滨鲁迅文化出版社出版。

按：是书包括马列主义的一般问题，马列主义基本问题两部分，共13讲。包括马克思主义产生的社会历史根源、马克思主义的三个来源和三个组成部分、马克思主义是集几千年来人类思想的大成、马克思主义的发展阶段、马克思主义是在反对那些思想敌人的斗争中发展起来的、列宁主义的历史根源、马列主义的方法、无产阶级革命的理论、无产阶级专政、多国主义时代资本主义发展不平衡规律与单个国度内建成社会主义共产主义社会问题、民族殖民地问题、农民土地问题等。

［苏］列宁、斯大林著《马列主义概论》由华中新华书店出版。

按：是书包括列宁的《论马克思与马克思主义》和斯大林的《论列宁主义基础》《论列宁主义底几个问题》等3篇文章。

［苏］列宁著、博古译《卡尔·马克思》由冀鲁豫新华书店出版。

［苏］列宁著、博古译《卡尔·马克思》由中原新华书店出版。

［德］恩格斯著、博古校译《社会主义从空想到科学的发展》由太行群众书店出版。

［德］恩格斯著、博古校译《社会主义从空想到科学的发展》由解放社出版。

柏桦著《恩格斯的故事》晋南新华书店出版。

〔德〕梅尔原著、郭大力编译《恩格斯传》由读书出版社（大连）出版。

〔苏〕闵斯编,章汉夫、许涤新译《恩格斯论资本论》（资本论研究丛书）由哈尔滨读书出版社出版。

〔德〕马克斯著,郭大力、王亚南译《资本论》（第 1、2 卷）由东北光华书店出版。

王思华著《〈资本论〉解说》由东北财经出版社出版。

〔德〕马克思著,何学文、何锡麟、王石巍编译《价值价格与利润》（马列文库）由哈尔滨生活书店出版。

〔德〕马克思、〔德〕恩格斯、〔苏〕列宁、斯大林著《马恩列斯论经济问题》由香港新民主出版社出版。

按:是书内容包括马克思、恩格斯论从资产阶级手中夺取一切资本、列宁论使无产阶级在与不彻底的资产阶级作斗争中束缚着手足的危险从何而来、列宁论与资产阶级斗争的新方式及为全国统计和监督而斗争的意义、列宁论无产阶级专政时代的经济和政治、列宁论劳动纪律、列宁论粮食税、列宁论国家资本主义、列宁论合作制、斯大林论新经济政策与国家资本主义、斯大林论农民合作社化、斯大林论无产阶级与农民联盟的经济政策、斯大林论社会主义经济与工业化、斯大林论实现共产主义纲领、斯大林论社会主义建设的几个问题、斯大林论农民问题与工业发展问题、联共党史论新经济政策、斯大林论集体农庄底本质问题、斯大林论经济工作人员底任务、斯大林论新的环境和新的经济建设任务等。

欧阳凡海编译《马恩科学的文学论》由光华书店出版。

欧阳凡海编译《马恩科学的文学论》由哈尔滨读书出版社出版。

按:是书即《科学的文学论》一书改书名再版。

周笕编《论文艺问题》由香港谷雨社出版。

按:是书乃周扬所编《马克思主义与文艺》一书改书名出版。

〔苏〕米尔斯基著、段洛夫译《新文学上的写实主义》由上海潮锋出版社出版。

按:是书分 2 篇介绍现实主义的特质以及现实主义的各个发展阶段,末附《高尔基论苏联文学》。

〔苏〕列宁著、曹葆华译《唯物论与经验批判论》由佳木斯东北书店出版。

按:是书即《唯物主义和经验批判主义》。书前冠《列宁底"唯物论与经验批判论"——党的斗争底文件》（尤金著）。全书第一章经验批判论底认识论与辩证唯物论底认识论(一),包括感觉及感觉底复合、世界要素底发现、原则同格与"素朴实在论"、在人类以前自然是否存在、人是不是用头脑思想的、关于马赫与阿万那留斯底唯我论;第二章经验批判论底认识论与辩证唯物论底认识论(二),包括"物自体"或车尔诺夫驳斥恩格斯、论"超越"或巴柴罗夫"修改"恩格斯、费尔巴哈与狄慈根论物自体、有没有客观真理、绝对真理与相对真理,或论波格唐诺夫所发现的恩格斯底折中主义、认识论中的实践标准;第三章经验批判论底认识论与辩证唯物论底认识论(三),包括什么是物质?什么是经验?普列哈诺夫底关于"经验"这个概念的错误、自然中的因果性与必然性、"思维经济原理"及"世界统一性"问题、空间与时间、自由与必然性;第四章哲学唯心论——经验批判论底战友与继承者,包括从左来的和从右来的对康德主义的批判、"经验符号论者"尤世凯维奇怎样讥笑"经验批判论者"车尔诺夫、内在论者——马赫与阿万那留斯底战友、经验批判论向哪里生长、波格唐诺夫底"经验一元论""符号论"(或象形文字论)与对黑格姆霍兹的批判、对杜林的两种批判、狄慈根怎样会为反动哲学家们喜欢呢;第五章自然科学中最近的革命与哲学唯心论,包括现代物理学底危机、"物质消灭了"、没有物质的运动是可设想的吗、现代物理学底两种方向与英国心灵论、现代物理学底两种方向与德国唯心论、现代物理学底两种方向与法国信仰主义、一个俄国"物理学家——唯心论者""物理学的"唯心论底本质与意义;第六章经验批判论与历史唯物论,包括德国经验批判论者在社会科学领域中的漫游、波格唐诺夫怎样修正和"发展"马克思、关于苏佛罗夫底"社会哲学底基础"、哲学上的党派与哲学上的无头脑者、赫克尔与马赫、结论。

[苏]列宁著、曹葆华译《唯物论与经验批判论》由解放社出版。

[苏]列宁著、曹葆华译《唯物论与经验批判论》由华北新华书店出版。

[苏]列宁著,潘蕙田、陈晓时译《唯物论与经验批判论》由读书出版社出版。

[苏]斯大林著、唯真译《辩证唯物主义与历史唯物主义》由大连大众书店出版。

[苏]普列哈诺夫著《论一元论历史观之发展》由华东新书书店出版。

[苏]罗森塔尔、犹琴著,孙冶方译《简明哲学辞典》由华北新华书店出版。

博古编译《辩证唯物论与历史唯物论的基本问题》(第 1 册)由山东新华书店出版。

按：是书包括马克思主义列宁主义——统一的整个的学说、辩证唯物论——马克思主义政党底宇宙观、马克思主义底哲学的先驱者、斯大林对于马列主义哲学底伟大贡献等。附录：辩证唯物论与历史唯物论研究提纲。

吴恩裕著《唯物史观精义》由上海观察社出版。

按：邓伯军说："吴恩裕在《唯物史观精义》一书中，并没有拘泥于马克思唯物史观的基本原理，而是结合实际情况作出了颇具勇气的创新。首先，吴恩裕在充分文本考究的基础上，提出马克思唯物史观是一种社会历史理论，明确界定了唯物史观的学科性质和应用范围，与当时流行的渊源于斯大林的推广论唯物史观形成了鲜明的对比，对于人们正确认识马克思主义哲学作出了历史性贡献。其次，吴恩裕在国家和政治、国家论和政治论之间作出明确界分，详细论证了马克思经济决定政治的命题。这对于当时将阶级斗争学说作为唯物史观的核心理论的时代主潮形成了明显的反差，这不仅体现了烈火风云中的吴恩裕相对冷静的头脑，更重要的是体现了作为学风严谨的政治学家对马克思主义的全面考量。最后，吴恩裕指出，马克思主义唯物史观反对任何抽象的普遍性的道德原则，强调道德源自于物质生产方法，这实际上是否定了道德的形而上学说，肯定了道德的实践说。具有相当的社会进步意义。"①

[英]E.朋司著、周建人译《新哲学手册》由上海大用图书公司出版。

按：是书根据朋司选辑《马恩哲学》一书译出。

艾思奇著《哲学与生活》由读书出版社出版。

按：是书分哲学问题、民族问题、生活问题3部分。

[苏]列宁著、博古校译《国家与革命》由冀鲁豫新华书店出版。

[苏]列宁著、焦敏之译《俄国资本主义发展——对大工业的国内市场形成的过程》由上海棠棣出版社出版。

按：是书分民粹派经济学家理论的错误、农民的破产、土地所有者由工役经济向资本主义经济的过渡、商业农业的发展、工业中资本主义底第一阶段、资本主义的工场手工业及资本主义的家内作业、大机器工业的发展、国内市场的形成等8章。附录：非批判的批判。

[苏]列宁著，潘惠田、陈晓时译《唯物论与经验批判论》由读书出版社出版。

按：是书即《唯物主义和经验批判主义》。附录《对报告者的十个质问》、

---

① 邓伯军.《德意志意识形态》在中国研究史[D].南京：南京航空航天大学，2010.

《论辩证法》、《辩证法的唯物论与死的反动哲学》（莱夫斯基著）。

[苏]列宁著《〈左派幼稚病〉第二章》（干部学习材料）由东北书店出版。

按：是书尚有附录：《反对党内几种不正确的倾向》《反对自由主义》《关于党风问题》《增强党性决定》《中共中央关于统一抗日根据地党的领导及调整各组织间关系的决定》《统一意志、统一行动、统一纪律》等文献。

[苏]斯大林著《列宁主义概论》由中原新华书店出版。

[苏]斯大林著、唯真译校《列宁主义问题》（1—6 册）由陕西延安解放社出版。

按：是书第一分册收《论列宁主义基础》《十月革命与俄国共产党人底策略》两篇；第二分册收《论列宁主义底几个问题》《论党在农民问题上的三个基本口号》等 4 篇；第三分册收《在粮食战线上》《列宁与联合中农问题》等 4 篇；第四分册收《大转变的一年》《胜利冲昏头脑》等 8 篇；第五分册收《第一个五年计划底总结》《论农村中的工作》等 4 篇；第六分册收《论苏联宪法草案》等 5 篇。

[苏]斯大林著《论列宁与列宁主义》由山东新华书店出版。

[苏]斯大林著、曹葆华译《无政府主义还是社会主义》由华北新书书店出版。

[苏]高尔基著、蒋路译《忆列宁》由上海时代出版社出版。

[苏]考瑙瑙夫著《列宁和人民》由光华书店出版。

[苏]西蒙诺夫等著、金人译《列宁勋章》（小说）由光华书店出版。

[苏]联共（布）马恩列学院编《列宁生平事业简史》由华东新华书店出版。

[苏]考瑙瑙夫著、愚卿译《列宁的故事》由东北书店出版。

[苏]维里登尼科夫著，吴辉扬、陶锡奇译《列宁的童年》由香港业余英俄专修学校出版。

[苏]月列琴尼科夫著、金人译《列宁的童年》由佳木斯东北书店出版。

[苏]斯·基尔著《六年随从列宁——列宁底汽车夫之回忆》由晋绥新华书店晋南分店出版。

[苏]亚历山大洛夫等著、唯真译《史大林传略》由上海时代出版社出版。

按：是书按 1947 年莫斯科马恩列学院编纂苏联国立政治书籍出版局出版俄文本增订第二版译出。

[苏]亚历山大洛夫等著、唯真译《斯大林传略》由晋察冀新华书店出版。

[苏]亚历山大洛夫等著、唯真译《斯大林传略》由太岳新华书店出版。

〔苏〕亚历山大洛夫等著、唯真译《斯大林传略》由华东新华书店总店出版。

〔苏〕阿·沙左诺夫等著《斯大林论工业生产中的几个问题》由哈尔滨东北书店出版。

〔苏〕斯大林等著《苏联经建的工作方法》由大连大众书店出版。

按：是书分"任务与政策""党的工作""精简与节约""职工会工作"等专栏，各辑入论述经济建设中有关的论文14篇。其中有：斯大林的《新的环境和新的经济建设任务》，达布拉哈塔夫的《苏联的工资政策》，斯·饶尔宁的《政治工作是巩固经济成绩的条件》，真理报社论《精简与节约》，亚历山大罗夫的《苏联职工干部的培养》等。

〔苏〕罗果托夫著、贺依译《史大林与文化》由上海时代书报出版社出版。

陈威编译《苏联古今名人小传》由关东中苏友好协会出版。

按：是书分政治家、文艺家、科学家3部分，介绍了列宁、斯大林、莫洛托夫、日丹诺夫、施维尔尼克、加里宁、伏龙芝、基洛夫、奥尔忠尼启则、克鲁普斯卡娅、普希金、果戈理、别林斯基、莱蒙托夫、屠格涅夫、列·托尔斯泰、玛雅可夫斯基、肖霍洛夫、法捷耶夫、门捷列夫、齐奥尔科夫斯基、巴甫洛夫、米丘林、布尔顿柯、齐加洛夫等40人的生平事迹。

〔苏〕尤津著、舒明译《社会主义与共产主义》由哈尔滨光华书店出版。

按：是书说："共产党的最终目的是建设共产主义，达到共产主义的最高阶段。这一目标，乃是现在苏维埃社会主义国家，及苏联各民族底实际任务。这一目标，已不是一百年前当马克思和恩格斯科学地规定工人阶级底历史使命时的那种遥远的目标了。这一目标，目前正指导着我们的一切巨大建设，鼓舞着我国千百万人民去英勇地建立丰功伟绩。建设共产主义社会乃是我们每一个人底日常生活的问题。"

〔美〕伊尔原著、邵鼎勋译《苏联共产党的战略理论》由江苏南京社会公论社出版。

按：是书围绕列宁、托洛茨基、斯大林三人，评论苏联政治、军事、外交战略等问题。附录：《苏联的战略地带》《苏联共产党的特点》。

〔苏〕斯卡特谢科夫等著、东北书店辑《爱国主义与国际主义》由哈尔滨东北书店出版。

按：是书收录《中共中央关于南共问题的决议》、《共产党情报局关于南共状况的决议》、《南共领导脱离了马列主义关于阶级和阶级斗争的理论》、《南共的领导修改了马列主义关于党的学说》、《爱国主义与国际主义》（仲平译)、《匈共底思想理论工作问题》(拉科西著、程之平译)等 6 篇。

[苏]斯列波夫等著、齐生等译《论布尔什维克的原则性》由太岳新华书店编出版。

按:是书收录蓝列波巨《论布尔什维克的原则性》、斯列波夫《论对缺点的不调和性及布尔什维克的严肃性》、西宁《领导者的工作方法》、布尔宁《论经济工作者工作中的党性》等 7 篇文章。

[苏]日丹诺夫等著《论布尔什维克的原则性》由辽东书店出版。

按:是书收录《真理报》社论《与群众联系是党的领导者最重要的品质》,叶群译《在批评和自我批评的精神上培养干部》,斯列波巨著、亚天译《论布尔什维克的原则性》,斯列波夫著、齐生译《论忠诚与老实》,立三译《日丹诺夫同志在讨论阿列克山得洛夫所著〈西方哲学史〉一书会议上的报告》等 8 篇文章。

[苏]斯列波夫等著、齐生等译《论忠诚与老实》由哈尔滨东北书店出版。

按:是书收录斯列波夫《论忠诚与老实》(齐生译)、《论对缺点的不调和性及布尔什维克的严肃性》(苏瑛译)、《论布尔什维克的原则性》(亚天译)、多尔库诺夫《对新鲜事物之感觉是布尔什维克高贵的品质》等 4 篇文章。

[苏]伏蒂也娃等著《列宁论苏维埃机关人员应如何工作》由佳木斯东北书店出版。

按:是书内容包括《列宁论苏维埃机关人员应如何工作》《论主动和完成工作的才干》《全力展开布尔塞维克的批评与自我批评》《检查决议的执行程度是布尔塞维克领导的基本方法》《论党的工作中的党委制》《掌握政治领导的艺术》《政治工作是巩固经济成绩的条件》《精简与节约》。

[苏]高尔基著,瞿秋白、吕伯勤译《为了人类》由挣扎社出版。

按:是书收录《论劳动个人主义与第三种战士》《论个人与大众》《论第二次世界大战》《论农村妇女生活》《论妇女》《论小孩子》等 14 篇论文。书后附安特里《世界文化的怆痛》、罗曼·罗兰《直接地从民间来的——有力的、坚实的》、曼代尔·支威格《为人类幸福而生活》等 3 篇为纪念高尔基逝世而写的文章。

《十月革命的世界意义》由哈尔滨东北书店出版。

[苏]莫洛托夫著《伟大的十月社会主义革命卅一周年纪念》由哈尔滨东北书店出版。

按:是为作者 1948 年 11 月 6 日在莫斯科苏维埃庆祝大会上的报告。

袁月楼、林溥伦编《苏联内幕》由南京新中国出版社出版。

陶哲庵译述《苏联真相》由上海智慧书局出版。

李亚译《苏联十六共和国》由哈尔滨兆麟书店出版。

按：是书介绍介绍俄罗斯、乌克兰、别洛露西亚、格鲁吉亚、阿尔明尼亚、土尔克明尼亚、乌兹别克斯坦、塔什克斯坦等苏联16个共和国。

东北书店编《三十年的苏联》由编者出版。

按：是书收录《苏联全貌》《苏维埃计划经济底胜利》《三十年来的苏联》《社会主义农业三十年》《苏联工业三十年》《苏联保健三十年》《社会主义文化的尊严》《苏联国民教育的发展》《苏联建设三十年》等9篇文章。除最后1篇为李慎撰写外，其余各篇均系译文。

[苏]卡尔宾斯基著、草婴译《苏联社会和国家制度》由上海时代书报出版社出版。

按：是书介绍了苏联社会、政治制度、公民的权利和义务等。

[苏]V. A. 卡尔宾斯基著、魏辛译《苏联社会、国家、人民》由上海天下图书公司出版。

[美]G. B. Cressey 著、屈履泰译《苏联势力的基础》由北平中国复兴文化社出版。

[美]乔治·贝科克·葛德石著，程鸿、叶立群译《苏联力量的基础》由上海中华书局出版。

按：是书叙述苏联的经济地理情况，内容包括苏联的自然环境、矿产资源、工业化、欧洲、中亚和西伯利亚的经济区域等。

[苏]沃林著，秋江、刘水译《苏联的建立、发展与社会机构》由哈尔滨光华书店出版。

按：是书介绍俄国工农在二月革命后怎样建立苏维埃政权，在外国武装干涉时期怎样保卫苏维埃政权，内战结束后怎样建设社会主义，以及苏联国家组织机构等。

焦敏之著《苏俄地理基础》由上海杂志公司出版。

国防部第二厅编《苏联经济》由编者出版。

[苏]沃兹涅辛斯基著、唯真译《卫国战争期内的苏联战时经济》由莫斯科外国文书籍出版局出版。

[苏]拉普节夫著、萤译《苏联集体农庄制度》由大连光华书店出版。

按：是书分5章概述苏联集体农庄制度对恢复和发展国民经济所起的作用、战时集体农庄的组织工作、农民的爱国主义精神等。

张少甫编《苏联农民的乐园——集体农场》由太行群众书店出版。

张一凡著《苏联的计划农业》（社会科学丛书）由上海中华书局出版。

按：是书分 5 编介绍苏联的农业行政组织、农业经营组织、农业地理、计划农业经济的发展及苏联的农业政策。

〔苏〕柏休斯德尼克著、高祁孙译《苏联劳动立法原理》由北京时代书店出版。

按：是书分苏联劳动立法之基本原则、工人及雇员之劳动之法律管制、生产者合作社内劳动之法律管制 3 编。

时代书报出版社编译《苏联宪法》由上海时代书报出版社出版。

刘仰之编著《俄国法律学说》由上海商务印书馆出版。

按：是书乃研究俄国法律思想的专著。分为观念论的法律学说、实证主义的法律学说、马克思主义的法律学说等 5 章。

〔苏〕高里亚柯夫著、张君悌译《苏联的法院》由哈尔滨东北书店出版。

按：是书从审判权的地位、司法制度组织原则、不同阶段的审判权、法院的选举和独立性以及审判的教育意义、改善审判工作等方面介绍苏联的法院及法院工作。书末附有《苏联的法院和检察机关》《罗马尼亚人民共和国宪法中关于司法机关的规定》等文献。

〔苏〕斯维得洛夫著、张亦名译《苏联家庭婚姻与母性》由哈尔滨东北书店出版。

按：是书论述苏维埃法律对于家庭、婚姻和母性问题的规定，包括苏维埃关于母性问题的立法、苏维埃关于结婚与家庭的法律、结婚的形式、婚姻契约等。

〔美〕赫里脱·摩尔著、曹未风译《苏联的远东关系》由上海商务印书馆出版。

〔苏〕苏尔著《苏联企业中的劳动英雄主义》由华东新华书店出版。

〔苏〕季莫菲叶夫著、水夫译《苏联文学史》由上海海燕书店出版。

山东新华书店编《苏联文艺问题》由编者出版。

中国人民解放军东北军区政治部宣传部编《苏联文艺政策选》由编者出版。

按：是书第一部分收录联共（布）中央关于《星》和《列宁格勒》杂志的决定、关于剧场上演节目及改进方法的决议、关于莫拉德里的歌剧《伟大的友情》的决定、关于影片《伟大的生活》的决议以及日丹诺夫的报告和法捷耶夫、西蒙诺夫的文章；第二部分收录苏联文学报的 3 篇有关社论。

〔苏〕日丹诺夫等著《论苏联文艺与哲学的方向》由大连大众书店出版。

[苏]法捷耶夫等著、伊真译《论苏联文学的高度思想原则》由哈尔滨东北书店出版。

按:是书收录法捷耶夫《论文学批评》和《论苏联文学》、叶高铃《论苏联文学底高度思想原则》、萨斯拉夫斯基《论〈星〉杂志》等 4 篇论文。

[苏]卡拉施尼柯夫著、何歌译《苏联国民教育》由上海时代出版社出版。

孙运仁编《战后苏联的国民教育》由上海商务印书馆出版。

按:是书分苏联教育的特点、苏联国民教育的组织、普通国民教育机关、课程与教材、教学组织与教学方法、训导方针与训导活动、教师师资的训练等 10 章。

新教育学会编《苏联教育介绍》由大连大众书店出版。

[苏]夏巴诺夫著、李志译《苏联医学教育》由上海时代出版社出版。

胡明编译《苏联是怎样成长强大的》由哈尔滨光华书店出版。

按:是书根据苏联第二版百科全书编译。

[苏]G.亚历山大洛夫著、梁香译《论社会发展学说史》由上海时代社出版。

按:是书分 4 部分,包括社会学说史的对象、关于过去的社会发展理论的几个特征、观念论社会学说史著作的基本缺点、社会发展理论史和历史唯物论。

茅盾著《苏联见闻录》由上海开明书店出版。

毛泽东著《毛泽东文选》由渤海新华书店出版。

按:是书收录《中国革命与中国共产党》《新民主主义论》《论联合政府》《目前形势和我们的任务》《在晋绥干部会议上的讲话》等 5 篇文章。

毛泽东著、中共晋冀鲁豫中央局编《毛泽东选集》(上、下册)由编者出版。

毛泽东著《毛泽东选集》(1—6 卷)由哈尔滨东北书店出版。

按:是书第 1 卷收录《湖南农民运动考察报告》《长冈乡调查》等 5 篇;第 2 卷收录《统一战线中的独立自主问题》《中国革命与中国共产党》《新民主主义论》《论联合政府》等 8 篇;第 3 卷收录《中国抗日民族统一战线在目前阶段的任务》《论反对日本帝国主义进攻的方针办法与前途》《一九四五年的任务》等 19 篇;第 4 卷收录《井冈山前委对中央的报告》《抗日游击战争的战略问题》《论持久战》等 6 篇;第 5 卷和第 6 卷分别收录 6 篇和 7 篇文章。

[日]岩村三千夫著《毛泽东的思想》由日本东京世界评论社出版。

按:是书对毛泽东思想及其对中国革命的指导作用进行了研究和评论,

并高度评价了毛泽东思想的国际意义,认为"毛泽东的理论就是马克思列宁主义的亚洲版的代表"。

毛泽东著《湖南农民运动考察报告》由佳木斯东北书店出版。

毛泽东著《湖南农民运动考察报告》由哈尔滨东北书店出版。

毛泽东著《农村调查》由晋察冀新华书店出版。

按:在土地革命时期,毛泽东在中央苏区进行了大量的农村调查研究,并写成此书。这些调查对当时粤闽赣边区的社会文化进行了很全面的记录和精辟的分析,具有深远的历史意义。毛泽东在《序》中说:"我再度申明:出版这个党内参考材料之主要目的,在于指出一个如何了解下层情况的方法,而不是要同志们去记那些具体材料及其结论。一般的说,中国幼稚的资产阶级还没有来得及也永远不可能替我们预备完全的甚至起码的材料。如同欧美日本资产阶级那样。所以,我们自己非做搜集工作不可。特殊的说,实际工作者须随时去了解变化着的情况,这是任何国家的共产党也不能依靠别人预备的。所以,一切实际工作者必须向下作调查。对于只懂得理论不懂得实际的人,这种调查工作尤有必要,否则他们就不能将理论与实际相联系。'没有调查就没有发言权',这句话,虽会被人讥为'狭隘经验论'的,我却至今不悔。不但不悔,我却仍然坚持没有调查是不可能有发言权的。有许多人,'下车伊始',就哇喇哇喇地发议论,提意见,这也批评,那也指摘,其实这种人十个有十个要失败的。因为这种议论或批评,没有经过周密调查,不过是无知妄说,我们党吃所谓'钦差大臣'的亏,是不可胜数的。而这种'钦差大臣'乃是满天飞,几乎到处都有。依然是斯大林的话说得对:'不与实际相联系的理论只是空洞的理论'。当然又是他的话对:'不与理论相联系的实际也只是盲目的实际。'除了盲目的、无前途的、无远见的实际家,是不能叫做'狭隘经验论'的。"

毛泽东著《农村调查》由佳木斯东北书店出版。

毛泽东著《农村调查》由晋鲁豫新华书店出版。

毛泽东著《农村调查》由太岳新华书店出版。

毛泽东著《论查田运动》由太岳新华书店出版。

毛泽东著《论查田运动》由中共华东中央局秘书处出版。

毛泽东著《论查田运动》由华北新华书店出版。

毛泽东著《论查田运动》由冀东新华书店出版。

毛泽东著《论查田运动》由晋绥新华书店出版。

毛泽东著《中国革命战争的战略问题》由哈尔滨东北书店出版。

毛泽东著《中国革命战争的战略问题》由渤海新华书店出版。

毛泽东著《中国革命战争的战略问题》由大连大众书店出版。

毛泽东著《中国革命战争的战略问题》由山东新华书店出版。

毛泽东著《中国革命战争的战略问题》由太岳新华书店出版。

毛泽东著《中国革命战争的战略问题》由东北新华书店出版。

毛泽东著《论持久战》由香港新民主出版社出版。

毛泽东著《中国革命与中国共产党》由华北新华书店出版。

毛泽东著《中国革命与中国共产党》由佳木斯东北新华书店出版。

毛泽东著《中国革命与中国共产党》由香港正报社出版。

毛泽东著《中国革命与中国共产党》由华中新华书店出版。

毛泽东著《中国革命与中国共产党》由中原新华书店总店出版。

毛泽东著《中国革命与中国共产党》由陕甘宁边区新华书店出版。

毛泽东著《中国革命与中国共产党》由华东新华书店出版。

毛泽东著《中国革命与中国共产党》由豫西日报社出版。

毛泽东著《中国革命与中国共产党》由冀东新华书店出版。

毛泽东著《中国革命与中国共产党》由中央西北局出版。

毛泽东著《中国革命与中国共产党》由华北新华书店出版。

毛泽东著《中国革命与中国共产党》由太行新华书店出版。

毛泽东著《新民主主义论》由香港新民主出版社出版。

毛泽东著《新民主主义论》由华东新华书店出版。

毛泽东著《新民主主义论》由华北新华书店出版。

毛泽东著《新民主主义论》由中原新华书店出版。

毛泽东著《新民主主义论》由华中新华书店出版。

毛泽东著《新民主主义论》由香港南海出版社出版。

毛泽东著《毛泽东同志在延安文艺座谈会上的讲话》由太岳新华书店出版。

毛泽东著《毛泽东同志在延安文艺座谈会上的讲话》由陕甘宁边区新华书店出版。

毛泽东著《毛泽东同志在延安文艺座谈会上的讲话》由佳木斯东北书店出版。

毛泽东等著、太岳新华书店编《形势任务与政策》由太岳新华书店出版。

毛泽东等著《目前形势文辑》由关东公署出版。

毛泽东等著《团结改造知识分子》由冀南行政公署教育处出版。

按：是书收录毛泽东《文化、教育、知识分子》、任弼时《知识分子和开明绅士问题》、薛迅《团结改造知识分子》、中共中央中原局《争取团结改造培养知识分子》、中共中央东北局《关于知识分子的决定》等文献。

毛泽东著《目前形势和我们的任务》（标准本）由解放社出版。

按：这是毛泽东1947年12月25日在中共中央会议上的报告。该报告不仅以单行本的形式出版过多种，而且还以这一报告的标题出版和翻印过许多种毛泽东著作及中央文件、其他人著作的专题合集。本书便是比较流行的版本。书中收集了1947年5月至1948年7月，关于我党政策的14个重要文件，其中除《目前形势和我们的任务》外，还有毛泽东的《中共中央关于在老区、半老区进行土地改革工作与整党工作的指示》《在晋绥干部会议上的讲话》，以及任弼时、陈伯达的9篇文章，2篇新华社稿。本书出版后，要求各解放区翻印这些文件时，均应以此本为据。此后，苏北新华书店、冀南新华书店、华中新华书店、中原新华书店、华东新华书店、松江印刷局、大连新中国书局、陕甘宁边区新华书店、华北大学、西北新华书店、东北书店、华北新华书店、中国人民解放军第四野战军政治部等均据此版出版或翻印了本书，但在篇幅上有多有少。本书出版前，一些地方也编出过以本标题命名的中央文献专题合集，但收录内容与本版本不尽一致。①

毛泽东著《目前形势和我们的任务》由辽南日报社出版。

毛泽东著《目前形势和我们的任务》由华北新华书店出版。

毛泽东著《目前形势和我们的任务》由冀察冀新华书店出版。

毛泽东著《目前形势和我们的任务》由太行群众书店出版。

毛泽东著《目前形势和我们的任务》由太岳新华书店出版。

毛泽东著《目前形势和我们的任务》由渤海新华书店出版。

毛泽东著《目前形势和我们的任务》由东北书店出版。

毛泽东著《目前形势和我们的任务》由中原新华书店出版。

毛泽东著《目前形势和我们的任务》由香港新民主出版社出版。

毛泽东著《目前形势和我们的任务》由香港正报社图书部出版。

毛泽东著《目前形势和我们的任务》由东北书店出版。

毛泽东著《目前形势和我们的任务》由人民书店出版。

毛泽东著《目前形势和我们的任务》由吉林省教育厅出版。

毛泽东著《毛主席在中共中央会议上报告，目前形势和我们的任务》由

---

① 王紫根.毛泽东书典［M］.武汉:湖北人民出版社,2011:76.

辽东书店出版。

薛射编《〈目前形势和我们的任务〉学习研究提要》由光华书店出版。

毛泽东著《毛主席 1948 年 4 月 1 日在晋绥干部会议上的讲话》由华北新华书店出版。

毛泽东著《在晋绥干部会议上的讲话》由华北新华书店出版。

毛泽东著《在晋绥干部会议上的讲话》由冀东新华书店出版。

毛泽东著《在晋绥干部会议上的讲话》由太岳新华书店出版。

毛泽东著《在晋绥干部会议上的讲话》由安东日报社出版。

毛泽东著《在晋绥干部会议上的讲话》由香港新民主出版社出版。

毛泽东著《论联合政府》由佳木斯东北书店出版。

中央土地问题研究会编《马恩列斯毛论农民土地问题》由渤海新华书店出版。

华北军政大学编《毛泽东军事著作摘编——关于战略指导与作战指挥部》由编者出版。

毛泽东著《论中国革命》由东北军区政治部出版。

毛泽东、刘少奇等著《思想指南》由哈尔滨兆麟书店出版。

毛泽东、刘少奇等著《论思想意识》由东北书店出版。

艾青等著、冯乃超编《毛泽东颂》（诗集）由香港海洋书屋出版。

许之桢编译《毛泽东印象记》由华北新华书店出版。

按：是书内收萧三《毛泽东同志略传》、爱泼斯坦《这就是毛泽东——中国共产党的领袖》、斯诺《毛泽东印象记》等 6 篇文章。

许之桢编译《毛泽东印象记》由哈尔滨东北书店出版。

张力等著《毛泽东的故事》由东北书店出版。

克俭等著《毛泽东的故事》由东北书店出版。

中原军区政治部辑《毛泽东故事》由编者出版。

丁明编《中国人民救星毛泽东》由渤海新华书店出版。

按：是书包括中国人民领袖毛泽东同志简史、毛泽东从小就同情穷人、毛泽东见湖南省长、毛泽东浏阳遇危险、三湾改编队伍、毛泽东学习精神好、毛泽东是老实人。

方人辑《毛主席坚持在陕北》由华中新华书店盐阜分店出版。

张如心著《毛泽东的思想及作风》由大连大众书店出版。

按：是书收录毛泽东同志略历、毛泽东的人生观、毛泽东的科学方法、毛泽东的科学预见、毛泽东的作风 5 篇。后附《人民领袖是怎样爱咱们》等两篇。

张如心著《毛泽东论》由华中新华书店出版。

毛泽东、刘少奇著《论国际主义与民族主义》由冀南新华书店出版。

按：是书收录毛泽东《全世界革命力量团结起来反对帝国主义的侵略》、刘少奇《论国际主义与民族主义》。

刘少奇著《论国际主义与民族主义》由哈尔滨东北书店出版。

按：是书包括资产阶级民族主义的民族观、无产阶级国际主义的民族观、世界压迫民族与被压迫民族的现状、目前世界的两大阵营与民族解放运动的道路等。附：《南斯拉夫铁托集团的民族主义往何处去》等。

刘少奇著《论国际主义与民族主义》由吉林书店出版。

刘少奇著《论国际主义与民族主义》由晋绥新华书店出版。

刘少奇著《论国际主义与民族主义》由华北新华书店出版。

刘少奇著《论国际主义与民族主义》由内蒙书店出版。

刘少奇著《论国际主义与民族主义》由太行新华书店出版。

刘少奇著《论国际主义与民族主义》由皖北新华书店出版。

刘少奇著《论国际主义与民族主义》由中共晋绥分局出版。

刘少奇著《论国际主义与民族主义》由冀东新华书店出版。

刘少奇著《论国际主义与民族主义》由冀鲁豫新华书店出版。

刘少奇著《论国际主义与民族主义》由陕甘宁边区新华书店出版。

第一野战军政治部编《论国际主义与民族主义》由编者出版。

按：是书收录刘少奇《论国际主义与民族主义》、高岗《在内蒙古干部会议上的讲话》。

刘少奇等著《中国共产党与共产党员》由香港红棉出版社出版。

按：是书包括《中国共产党党章》《关于党员》《关于党内的民主集中制》《中共中央关于增强党性的决定》《党员思想意识的修养》等9篇文章。

刘少奇著《论共产党员的修养》由晋察冀新华书店出版。

刘少奇著《关于修改党章的报告》由华中新华书店盐阜分店出版。

刘少奇著《关于修改党章的报告》由华中军区政治部出版。

刘少奇著《关于修改党章的报告》由华中新华书店出版。

刘少奇著《关于修改党章的报告》由哈尔滨东北书店出版。

《中国共产党党章及关于修改党章的报告》由陕甘宁边区新华书店出版。

《中国共产党党章及关于修改党章的报告》由中原新华书店出版。

刘少奇著《论党内斗争》由大连大众书店出版。

华北军区政治部编《论布尔什维克的原则性与领导者的工作方法》由编者出版。

中央西北局宣传部编《在批评与自我批评的精神上培养干部》由编者出版。

叶群等编译《论自我批评》（整党参考材料之三）由佳木斯东北书店出版。

按：是书收录《斯大林论自我批评》《在批评和自我批评的精神上培养干部》《与群众联系是党的领导者最重要的品质》等。

〔苏〕日丹诺夫等著、叶群等译《论布尔什维克的原则性》由辽东书店出版。

〔苏〕斯列波夫等著、齐生等译《论忠诚与老实》由哈尔滨东北书店出版。

〔苏〕尤琴著、舒明译《社会主义与共产主义》由东北光华书店出版。

谢幼伟、翁文灏、章巽等著《论共产主义》由上海华夏图书出版公司出版。

按：是书收录谢幼伟《罗素评马克思》、翁文灏《美国及苏联两种政治思想的冲突》、章巽《共产主义和社会主义之冲突》、张其昀《史汀生论美苏关系》等文章。

侯外庐等著《孙中山到毛泽东》由山海书屋出版。

按：是书收录何畏之《和谈空气之背后》、侯外庐《孙中山到毛泽东》、陈健《对战争发展规律的认识》、文骊译《新民主主义的经济政策》等9篇文章。

孙本文著《当代中国社会学》由上海胜利出版公司出版。

胡绳著《思想方法和读书方法》由上海光华书店出版。

按：是书上辑论述了思想方法，有辩证法的法则和方法、资本论中的辩证法、列宁怎样反对主观主义等；下辑为读书方法，有怎样结合书本知识和实际经验、实践的态度——为人民服务、改造我们的学习、怎样做读书笔记等。

雪苇著《论文学的工农兵方向——读〈在延安文艺座谈会上的讲话〉》由光华书店出版。

胶东区党委宣传部编《三整文献》（第1—4集）由胶东新华书店出版。

鲁南时报编《整党问题基本文献》由编者出版。

太行群众书店编《中国共产党晋冀鲁豫中央局告全体党员书》由编者出版。

大连大众书店编《中国共产党年表》由编者出版。

［苏］A.辽平著、周碧泉译《论从社会主义到共产主义》由关东中苏友好协会出版。

华中新华书店编《论群众路线》由编者出版。

中共中央晋绥分局编《布尔塞维克成功的基本条件之一》由编者出版。

按：是书收录《中共中央晋绥分局关于认真阅读党报与学习文件的指示》《中共中央宣传部重印〈左派幼稚病〉第二章前言》《布尔什维克成功底基本条件之一》《列宁论苏维埃机关人员应如何工作》等4篇文献。

［苏］列宁著、华北野战军第一兵团第八纵队政治部编《论布尔什维克成功的基本条件之一》由编者出版。

《目前时局学习文集》由大连大众书店出版。

按：是书收入有毛泽东的《全世界革命力量团结起来,反对帝国主义的侵略》和《中共中央负责人评目前形势》《中共中央就国民党反动政府要求美军事保护的重要声明》,以及《目前时局学习提纲》等4篇。书后附录有《孙中山先生致苏联的遗书》。

读者书店编《论群众路线问题》由编者出版。

中共安东省委宣传部编《论教育工作》由东北书店安东分店出版。

内蒙古人民解放军政治部宣教部编《统一意志,统一行动,统一纪律——纪念中共诞生二十七周年》由编者出版。

李何林编《五四运动》由上海大成出版公司出版。

冀东新华书店辑《关于知识分子的问题》（青年团员学习参考资料）由冀东新华书店出版。

正报出版社编《关于知识分子的改造》由香港正报出版社出版。

按：是书收录中共中央东北局《关于东北知识分子的决定》、毛泽东《毛泽东论知识分子》、夏衍《脑力劳动者的道路》等6篇文章。

于毅夫著《知识分子的任务与出路》由佳木斯东北书店出版。

李力方编《人民解放军将领印象记》由开封豫皖苏新书店出版。

按：是书收录介绍中国人民解放军将领朱德、彭德怀、刘伯承、林彪、贺龙、陈毅、粟裕、王震的文章8篇。

何鲁之编《国家主义概论》由上海中国人文研究所出版。

按：是书对国家主义与国际主义、国家主义与共产主义进行了比较评论。

青山等译《欧洲九国共产党报告》由大连光华书店出版。

华北新华书店编辑部编《关于南共问题的两个决议》由编者出版。

按：是书收录《中共中央委员会关于南共问题的决议》《情报局关于南斯拉夫共产党状况的决议》。

张达生编著《论狄托事件》由正大出版社出版。

东北书店辑《南共领导脱离了马列主义关于阶级和阶级斗争的理论》（干部学习参考材料之二）由佳木斯东北书店出版。

民主出版社资料室编《新共产国际》由上海民主出版社出版。

按：是书包括《莫斯科宣布新共产国际出现》《欧洲九国共产党会议及其宣言》《论共产国际底复活》《共产国际的出现》等报道、评论 22 篇。

东北局宣传部译《九国共产党情报局文献》由佳木斯东北书店出版。

华北新华书店编《国际新形势与共产党的任务》由编者出版。

按：是书收录《日丹诺夫国际形势报告全文》《欧洲九国共产党情报会议》《真理报评共产党情报局成立》《季米特洛夫谈话》《铁托元帅演说》等 5 篇。

四、卒于是年的研究者

林云陔（1881—1948）卒。原名公竞，字毅公，广东信宜人。早年加入同盟会。参加辛亥革命。任高雷道都督。后留学美国。1918 年与胡汉民等在上海创办《建设》杂志，大力宣传民主革命理论和社会主义。1920 年后，历任孙中山大元帅府秘书、广州市市长、广东省政府主席兼财政厅厅长、建设厅厅长，国民政府监察院审计部部长、审计长等职。早年曾积极介绍和宣传社会主义、阶级斗争学说，发表了《近代社会主义进行之动机》《社会主义与社会改良之现形》《近代社会主义之思潮》《社会主义国家之建设概略》《阶级斗争之研究》等论文，认为社会主义是当时中国的唯一出路。

高语罕（1888—1948）卒。原名高超，笔名程始仁、张其柯、戈昔阳、玉灵皋等，安徽寿县人。早年曾留学于日本早稻田大学，1914 年赴上海积极参加新文化运动，结识陈独秀并成为其忠实的终身追随者。1920 年 8 月赴北京，参加李大钊在北京大学组织的马克思学说研究会。1921 年经李大钊、张申府等介绍加入中国共产党，编辑出版《白话书信》，开创马克思主义哲学大众化之先河。1922 年 8 月与郑太朴、章伯钧等公派德国哥廷根大学留学，并参加了中共旅欧支部。1925 年 12 月任黄埔军校政治教官，讲授政治学概论。1927 年 8 月 1 日参加"八一"南昌起义，任前敌委员会委员，起草起义宣言。"八七会议"后，其思想逐渐倾向托洛茨基主义，并参加"中国共产党左派反对派",即"托陈取消派",11月与陈独秀等被开除出党,12月与陈独秀等发表《我们的政治意见书》,随后到北平北京大学任教。抗战胜利后到南京,以卖文为生,但仍然致力于马克思主义理论的宣传、运用,通过历史研究探索历史发展规律并警醒世人。1948年病故。著有《理论与实践:从辩证法唯物论的立场出发》《现代的公民》《中国思想界的奥夫赫变》《白话书信》《牺牲者》《青年书信》《青年女子书信》《现代情书》《读者顾问集》等,其翻译马克思主义经典著作有《康德的辩证法》《辩证法经典》《费希特的辩证法》等。

按:邓伯军说:"1930年4月,高语罕根据日本著名马克思主义学者河上肇所辑的《辩证法经典》,节译了《德意志意识形态》第1章《A. 一般意识形态,德意志意识形态》部分段落,篇名为《唯物的见解和唯心的见解之对立》,由上海亚东图书馆初版。这是国内最早的对《德意志意识形态》的节译本。""高语罕节译的《德意志意识形态》的最突出的学术价值就在于,将国外最新的马克思主义唯物辩证法理论译介到国内,虽说仅仅是节译,但它活跃学术研究的空气,调动人们的积极思维,通过商榷和论争,推动马克思主义理论的普及、宣传和应用。"①

按:杨苏磊说:"高语罕积极传播马克思主义及其哲学,创作出版《白话书信》《理论与实践:从辩证法唯物论的立场出发(书信体)》《青年书信》等,用通俗易懂的语言和灵巧活泼的形式把马克思主义的高深理论推向大众化,武装了广大革命青年的头脑。他翻译出版了大量马克思主义及其哲学的经典著作,如《辩证法经典》《唯物论史》等,有效推动了马克思主义及其哲学在中国的传播。在这些著作中,高语罕一方面准确阐释马克思主义经典作家的思想,一方面结合中国社会现实大胆发挥,创造性地提出自己的观点,为我们研究高语罕本人的思想提供了素材。"②

周佛海(1897—1948)卒。原名福海,湖南沅陵人。1917年留学日本,曾在京都帝国大学经济学学习。在此期间,与施存统发起成立旅日共产主义小组。1919年在《解放与改造》上发表《中国的阶级斗争》等文章,开始宣传无产阶级革命。1921年7月在上海参加中国共产党第一次代表会议。在陈独秀尚在广州期间,曾代理中央局书记一职。是年11月初,仍返回日本继续自己的学业。1924年毕业后,5月赴广州任国民党宣传部秘书,9月兼任广东大学教授。是年秋天脱离中国共产党,投靠国民党,先后任中央陆

① 邓伯军.《德意志意识形态》在中国研究史[D].南京:南京航空航天大学,2010.
② 杨苏磊.高语罕与马克思主义哲学[D].北京:中共中央党校,2013.

军军官学校政治总教官和政治部主任、国民政府训练总监部政治训练处长兼国民革命军总司令部政治部主任、国民党中央宣传部代部长等职。抗战期间,投靠汪精卫,成为大汉奸。抗战胜利后,国民政府迫于舆论压力,将其逮捕,判无期徒刑,1948年2月28日病死于南京老虎桥监狱。著有《往矣集》。其介绍和宣传马克思主义和社会主义的文章有《介绍马克思经济学说》《为研究马克思学说者进一言》《中国的阶级斗争》《社会主义的性质》《实行社会主义与发展实业》《从资本主义组织到社会主义组织的两条路——进化与革命》《我们为什么主张共产主义》《劳农俄国的农业制度》《俄国共产政府成立三周年纪念》《夺取政权》等,翻译《工行社会主义之国家观》《社会主义与劳动组合》等论文和《社会问题概况》《社会主义的理论与实践》《周佛海先生论文集》《中国国民党过去的功罪与今后的地位》等书。

　　按:窦春芳、苗体君说:"纵观大汉奸周佛海52年的人生,虽然追随汪精卫叛国投敌,但在中共'一大'前,他以《解放与改造》为阵地,积极宣传西方各种社会主义思潮,对马克思主义在中国的广泛传播起到了推动作用;参与筹备了组建中国共产党上海发起组的工作;积极为《共产党》《新青年》撰稿,为中共'一大'的召开进行理论上的准备;创建中国共产党日本小组,出席中共'一大',还代理陈独秀中央局书记一职。不论周佛海后来如何,但中共'一大'前后,他对马克思主义的传播及中共的成立还是有一定贡献的。"[1]

　　按:王昌英说:"西方社会主义流派繁多,马克思主义正是在与之斗争的过程中得以发展和传播的。中国早期的社会主义评介者,往往不能正确区分马克思主义与其他社会主义,这明确地体现在他们的论著中,周佛海亦然。……1920年夏,周佛海接触了陈独秀和维经斯基,参与了上海共产主义小组的创建,这对他理解马克思主义产生了一定的影响。这一影响,在他后来的文章中,关于俄国布尔什维克党和十月革命的涉及与观点就是突出表现。……周佛海认为互助可消除不平等与阶级,却没有认识到,在阶级现实存在的社会,抽空一切条件谈互助,就好比要求虎豹友好地对待小动物们。从周佛海的论述看,他若非没有认真读过马克思和恩格斯的原著,就是对原著的理解过于浅表化。此时的周佛海,是个无政府主义者。周佛海对马克思主义偶尔也有比较正确的认识。比如,在1922年6月《为研究马克斯学说者进一言》中,他比较正确地指出,马克思学说的各个部分之间都有着有机的关系,合各部而构成全体。在1922年7月致邝摩汉的信中,他又

正确地指出,马克思的精神,不专是学究的精神,并且兼有实行家的精神。尽管如此,周佛海对马克思使社会主义从空想转变为科学的两大发现——唯物史观和剩余价值学说,终究没有形成相对正确的解读。总之,作为上海共产主义小组的创立者之一、中共一大代表之一,周佛海在中国共产党的创立史上无疑占有一席之地。然而,他始终没有形成对马克思主义的相对正确的了解;而他所谓的信仰,始终以个人为中心。以此,他轻易便放弃了马克思主义信仰,由共产党而国民党,并沦为钉在历史耻辱柱上的大汉奸。"①

---

① 王昌英.文化境遇与历史时空·马克思主义学说在中国(1899—1923)[M].厦门:厦门大学出版社,2018:394-401.

民国三十八年　己丑　1949 年

一、研究背景

1月1日,中共中央颁布《关于建立中国新民主主义青年团的决议》。

1月4日,毛泽东为新华社撰写《评战犯求和》的评论文章,是为揭露国民党利用和平谈判来保存反革命实力的一系列评论的第一篇。其他的评论是《四分五裂的反动派为什么还要空喊"全面和平"?》《国民党反动派由"呼吁和平"变为呼吁战争》《评国民党对战争责任问题的几种答案》《南京政府向何处去?》等。

1月6—8日,中共中央政治局在河北平山西柏坡召开会议,毛泽东在会上作《目前形势和党在一九四九年的任务》的报告。

1月14日,毛泽东以中共中央主席名义发表《关于时局的声明》,批驳蒋介石的元旦求和声明,提出实现和平的八项条件:一、惩办战争罪犯;二、废除伪宪法;三、废除伪法统;四、依据民主原则改编一切反对军队;五、没收官僚资本;六、改革土地制度;七、废除卖国条约;八、召开没有反动分子参加的政治协商会议,成立民主联合政府,接收南京国民党反动政府及所属各级政府的一切权力。

1月16日,中央军委发出《关于准备攻占北平力求避免破坏故宫等文化古迹的指示》。

1月17日,中共中央发出《中央对处理天津广播事业、报纸及登记国民党员等问题给天津市委的指示》。

1月18日,中共中央发出《中央关于不要命令旧有报纸一律停刊给平津两市委的指示》。

1月19日,中共中央发出《关于召开新民主主义青年团第一次全国代表大会及全国民主青年代表大会的通知》,任弼时为筹备委员会主任。

是日,中共中央发出《中央关于对天津旧有报纸处理办法给天津市委的指示》。

1月21日,毛泽东为中共发言人起草评论南京行政院的决议,认为南京行政院的这个决议没有提到一月一日南京伪总统蒋介石建议和平谈判的声明,也没有提到一月十四日中国共产党毛泽东主席建议和平谈判的声明,没有表示对于这两个建议究竟是拥护哪一个,反对哪一个,好像一月一日和一月十四日国共双方并没有提出过什么建议一样,却另外提出了自己的建议,这是完全令人不能理解的。

1月22日,中央宣传部发出《转发华北局关于端正宣传工作方针的指示》。

1月23日,中共中央发出《关于统一编印政策性学习文件的指示》。

1月28日,中共中央发出《关于各地应注意刊登有关民主党派文章的指示》。

是日,毛泽东起草中共发言人关于命令国民党反动政府重新逮捕前日本侵华军总司令冈村宁次和逮捕国民党内战罪犯的谈话。

1月31—2月7日,苏联共产党中央政治局委员米高扬秘密来到中共中央临时驻地——河北省平山县西柏坡,与毛泽东、刘少奇、朱德、周恩来、任弼时等中共领导人进行会谈。

2月5日,毛泽东起草中共发言人关于和平条件必须包括惩办日本战犯和国民党战犯的声明。

2月8日,毛泽东为中共中央军事委员会起草题为《把军队变为工作队》的复第二野战军和第三野战军的电报。这个电报,同时发给其他有关的野战军和有关的中央局。这个电报估计到在辽沈、淮海、平津三大战役以后,严重的战争时期已经过去,因而及时地提出了人民解放军不但是一个战斗队,同时必须是一个工作队,而且在一定条件下主要地要担负工作队的任务。这个方针,对当时新解放区干部问题的解决和人民革命事业的顺利发展起了巨大的作用。

2月15日,中共中央发出《关于改革平津两市学校教育的指示》。

是日,毛泽东撰写《四分五裂的反动派为什么还要空喊"全面和平"?》的文章,认为反动派是今天中国实现和平的最大障碍。

2月16日,毛泽东撰写《国民党反动派由"呼吁和平"变为呼吁战争》的文章,认为:站在你们头上横行霸道的国民党死硬派,没有几天活命的时间了,我们和你们是站在一个方面的,一小撮死硬派不要几天就会从宝塔尖上跌下去,一个人民的中国就要出现了①。

2月18日,中共中央发出《关于停止外国通讯社、记者、报纸杂志的活

---

① 毛泽东.毛泽东选集:第4卷[M].北京:人民出版社,1991:1415.

动和出版给平津两市委的指示》。

是日,毛泽东撰写《评国民党对战争责任问题的几种答案》的文章。

是月,由毛泽东亲自谋划、审批并提交至于西柏坡召开的中国共产党七届二中全会,中共中央决定重新编审一套干部必读书目。

按:该套经毛泽东同志批准的"干部必读"书,合计为 12 种:第一卷《社会发展史》《政治经济学》;第二卷《共产党宣言》《社会主义从空想到科学的发展》;第三卷《帝国主义论》《国家与革命》《共产主义运动中的"左派"幼稚病》《论列宁主义基础》;第四卷《苏联共产党(布)历史简要读本》;第五卷《列宁、斯大林论社会主义建设》(上册);第六卷《列宁、斯大林论社会主义建设》(下册);第七卷《马恩列斯论中国》;第八卷《马恩列斯思想方法论》。这套"干部必读"书初版每卷印 3 万册,其中平装本 1.9 万册,布面精装本 1.1 万册。毛泽东说:"关于十二本干部必读的书,过去我们读书没有一定的范围,翻译了很多书,也都发了,现在积二十多年之经验,深知要读这十二本书,规定在三年之内看一遍到两遍。对宣传马克思主义,提高我们的马克思主义水平,应当有共同的认识,而我们许多高级干部在这个问题上至今还没有共同的认识。如果在今后三年之内,有三万人读完这十二本书,有三千人读通这十二本书,那就很好。"①

3 月 5—13 日,中共中央在河北省平山县西柏坡召开中共第七届中央委员会第二次全体会议。出席这次会议的有中央委员 34 人,候补中央委员 19 人,毛泽东主席代表中央政治局作《在中国共产党第七届中央委员会第二次全体会议上的报告》。会议集中讨论了党的工作重心由农村向城市战略转移的问题,确定了中共在全国取得胜利之后,在政治、经济、文化方面的基本政策。

3 月 13 日,毛泽东在中国共产党第七届中央委员会第二次全体会议上所做的结论的一部分为《党委会的工作方法》,对各级党委提出了党委书记要善于当"班长"等 12 条工作方法。

3 月 25 日,中共中央机关和中国人民解放军总部迁至北平。

4 月 1—20 日,中国共产党代表团同国民党政府代表团就国内和平问题在北平举行谈判。因李宗仁拒绝在协定上签字,国共和平谈判宣告破裂。

4 月 4 日,毛泽东发表《南京政府向何处去?》的文章。

4 月 11—18 日,中国新民主主义青年团第一次全国代表大会在北京召

① 毛泽东.毛泽东选集:第 5 卷[M].北京:人民出版社,1996:261.

开,毛泽东接见到会代表,并为大会题词:"同各界青年一起,领导他们,加强学习,发展生产。"

4月21日,毛泽东、朱德发出了《向全国进军的命令》,渡江战役随之开始。

4月25日,中共中央发出《关于宣传中国人民解放军布告的通知》。

4月30日,中共中央发出《关于新区宣传教育应以毛泽东朱德所发布告为标准的指示》。

是日,毛泽东为中国人民解放军总部发言人起草《中国人民解放军总部发言人为英国军舰暴行发表的声明》。在这个声明里,表明了中国人民不怕任何威胁、坚决反对帝国主义侵略的严正立场,并且表明了即将成立的新中国的对外政策。

5月16日,中共中央宣传部发出《关于城市建设宣传方针的指示》。

5月7日,周恩来在中华全国青年第一次代表大会上作《学习毛泽东》的报告,提出全面地、历史地学习毛泽东的要求。

按:周恩来指出:毛泽东是从人民当中、从长期革命运动中产生的人民领袖,决不要"把毛泽东看成一个偶然的、天生的、神秘的、无法学习的领袖"和"当成个孤立的神"。毛泽东思想的形成有个历史发展过程。毛泽东把马列主义的普遍真理同中国革命的实践结合起来,为中国人民的革命斗争指出了正确的方向,并制定了许多具体政策。周恩来号召青年学习毛泽东的学习作风和工作作风,老老实实,实事求是,脚踏实地,稳步而又勇敢地前进。①

6月4日,中共中央发出《关于解决新闻干部缺乏问题给华中局的指示》。

6月6日,杨献珍在中国人民大学作题为《用历史唯物主义的观点学习毛泽东著作,从毛泽东著作学习历史唯物主义》的学术报告。

6月15日,毛泽东在新政治协商会议筹备会开幕会上发表讲话,为新政治协商会议筹备会提出了中心议题,对召开全国政治协商会议、成立民主联合政府提出了基本的指导思想,为即将建立的新中国的经济、文化教育、外交等方面的政策提供了基本依据。

6月30日,毛泽东为庆祝中国共产党成立28周年而发表《论人民民主专政》一文,阐明即将成立的中华人民共和国将实行人民民主专政。

---

① 周恩来.周恩来选集:上卷[M].北京:人民出版社,1984:331.

按:毛泽东全面地总结了中国革命斗争的历史经验,集中地反映了党关于建立新中国的政治主张。根据中国革命的经验和情况,创造性地运用和发展了马克思列宁主义关于国家的学说,奠定了我国人民民主专政的理论基础和政策基础。

是月,中共中央根据理论工作的实际需要,正式组建中共中央俄文编译局,从事对俄文马列经典的翻译。

7月2—19日,中华全国文学艺术工作者代表大会在北平召开,中国共产党中央委员会致电祝贺,毛泽东、朱德、董必武、陆定一等在会上发表讲话,周恩来作政治报告。会议成立了中华全国文学艺术界联合会,选举郭沫若为主席,茅盾、周扬为副主席。

7月8日,中国哲学研究会在北平召开发起人会议。会议确定其宗旨为"团结全国哲学工作者和传播马列主义哲学及毛泽东思想,以期正确认识中国新民主主义社会发展的规律,并批判吸收旧哲学遗产,在文化思想战线上开展对各种错误思想意识的批判"。会议选举李达、艾思奇、何思敬、金岳霖、张东荪、汤用彤、郑昕、何干之、马特、胡绳、夏康农等11人为筹备委员会常务委员,并推举李达为主席,艾思奇、郑昕为副主席。

7月18日,中共中央发出《关于三联书店今后工作方针的指示》。

按:指示中说:"三联书店(生活、新知、读书出版社),过去在国民党统治区及香港起过巨大的革命出版事业主要负责者的作用,在党的领导之下,该书店向国民党统治区域及香港读者,宣传了马列主义、毛泽东思想和党在各个时期的主张,这个书店的工作人员,如邹韬奋同志(已故)等,作了很宝贵的工作。"[1]

8月14日,毛泽东为新华社撰写《丢掉幻想,准备斗争》一文,点名抨击胡适、傅斯年、钱穆等人。

8月18日,因美国驻华大使司徒雷登8月2日离开中国,毛泽东发表文章《别了,司徒雷登》。

8月28日,毛泽东发表《为什么要讨论白皮书》的文章,认为现在全世界都在讨论中国革命和美国的白皮书,这件事不是偶然的,它表示了中国革命在整个世界历史上的伟大意义。

8月30日,毛泽东发表《"友谊",还是侵略》的文章,揭露艾奇逊的谎言。

---

[1] 中共中央宣传部办公厅,中央档案馆编研部,编.中国共产党宣传工作文献选编:1937—1949[M].北京:学习出版社,1996:856.

9月16日，毛泽东发表《唯心历史观的破产》的文章，批判帝国主义政府发言人艾奇逊的一系列错误观点。

9月21日，毛泽东在中国人民政治协商会议第一届全体会议上作题为《中国人民站起来了》的开幕词。刘少奇在会上发表题为《加强全国人民的革命大团结》的讲话。会议通过《中国人民政治协商会议组织法》《中华人民共和国中央人民政府组织法》《中国人民政治协商会议共同纲领》，选举以毛泽东主席为首的中央人民政府委员会，宣告中华人民共和国的成立。《共同纲领》是在中国共产党领导下，各民主党派、各人民团体和各族各界人民的代表共同制定的建国纲领，是全国人民在一定时期内共同的奋斗目标和统一行动的政治基础，在我国正式颁布宪法以前起过临时宪法的作用。

按：毛泽东在开幕词中说："诸位代表先生们，我们有一个共同的感觉，这就是我们的工作将写在人类的历史上，它将表明：占人类总数四分之一的中国人从此站立起来了。中国人从来就是一个伟大的勇敢的勤劳的民族，只是在近代是落伍了。这种落伍，完全是被外国帝国主义和本国反动政府所压迫和剥削的结果。100多年以来，我们的先人以不屈不挠的斗争反对内外压迫者，从来没有停止过，其中包括伟大的中国革命先行者孙中山先生所领导的辛亥革命在内。我们的先人指示我们，叫我们完成他们的遗志。我们现在是这样做了。我们团结起来，以人民解放战争和人民大革命打倒了内外压迫者，宣布中华人民共和国成立了。我们的民族将从此列入爱好和平自由的世界各民族的大家庭，以勇敢而勤劳的姿态工作着，创造自己的文明和幸福，同时也促进世界的和平和自由。我们的民族再也不是一个被人侮辱的民族了，我们已经站起来了。我们的革命已经获得全世界广大人民的同情和欢呼，我们的朋友遍于全世界。"①

9月30日，全国政协会议决定在北京天安门前建立一座人民英雄纪念碑。当天下午6时，全体政协委员来到天安门前，举行纪念碑奠基仪式。周恩来代表政协主席团致词，毛泽东选读纪念碑碑文。

10月1日，毛泽东主席在北京天安门广场上升起了第一面五星红旗，向全世界庄严宣告：中华人民共和国中央人民政府成立了。中国历史由此开辟了一个新纪元。

按：姜辉、龚云说：中华人民共和国的成立，是中国有史以来最伟大的事件，也是二十世纪世界最伟大的事件之一，掀开了中国历史新篇章，根本改

---

① 严凌君.青春读书课：第5卷《白话的中国》上［M］.深圳：海天出版社，2018：82.

变了中国历史发展方向,也深刻影响了世界历史发展进程,具有伟大而深远的历史意义。中华人民共和国的成立,标志着我国进入新民主主义社会,为实现由新民主主义向社会主义的过渡,开创中国特色社会主义道路,奠定了政治前提和制度基础。中华人民共和国的成立,扩大了马克思主义在世界的影响。中国新民主主义革命的胜利,是马克思列宁主义在中国的胜利,不仅充分检验了马克思主义的科学性、真理性,也充分证明中国人民选择马克思主义是完全正确的,而且为其他国家运用马克思主义提供了丰富经验和宝贵启示。在中国革命和建设长期实践中形成的毛泽东思想以独创性理论丰富和发展了马克思列宁主义。中国革命的历史进程表明,不同国家的无产阶级及其政党,为了把人民解放斗争引向胜利发展的道路,就必须从本国的历史条件和现实状况出发,与时俱进,因地因事而变,把马克思主义基本原理与本国具体实际正确地结合起来。中华人民共和国的成立,成功实现了中国历史上最深刻最伟大的社会变革。中华人民共和国的成立,实现了中华民族空前的稳定统一,从根本上改变了中华民族的地位,是中华民族由近代衰落开始走向强盛的历史转折点,是从战乱动荡开始走向长治久安的历史转折点,是中华民族五千年历史的一个伟大里程碑,中华民族发展进步从此开启了新纪元。中华人民共和国的成立,使中华民族站上了实现社会主义现代化的历史新起点。实现现代化,是近代以来世界各国各民族崛起的重要条件,也是近代中国无数仁人志士的梦想。新中国的成立,为中国真正实现现代化开辟了全新道路。中华人民共和国的成立,在人类社会发展史上具有重大意义,是"十月革命以后一个带世界性的大胜利",是"第二次世界大战以后最重大的政治事件,对国际局势和世界人民斗争的发展具有深刻的久远的影响",具有伟大的世界意义,影响了世界历史发展进程,开启了人类历史发展新阶段。①

10 月 2 日,苏联宣布承认中华人民共和国。次日,中苏两国宣布正式建立外交关系并互派大使。王稼祥为首任驻苏联大使。

11 月 1 日,中苏友好协会总会会刊《中苏友好》杂志创刊,张仲实任主编,毛泽东为该刊题词:"我希望中苏两国人民的友谊极大地发展和巩固起来。"

12 月 6 日,毛泽东乘专列离开北京前往苏联访问,他此行的目的主要是商谈废除不平等的中苏旧约签订新约,寻求苏联的经济和技术援助,同时

---

① 姜辉,龚云.论中华人民共和国成立的伟大历史意义[N].光明日报,2019-05-29.

祝贺斯大林70寿辰。这是他生平第一次出国访问。12月16日抵达莫斯科，当天下午6点，斯大林在克里姆林宫会见毛泽东。1950年2月14日，斯大林和毛泽东共同出席在克里姆林宫隆重举行的条约签字仪式。周恩来代表中方在《中苏友好同盟互助条约》等文件上签字。2月17日，毛泽东和周恩来一行结束对苏联的访问，启程回国。

12月15日，中苏友好协会总会举行庆祝斯大林70寿辰纪念会。

按：张仲实在大会上发表《斯大林的生平》的讲演，他说："斯大林对于中国人民的革命斗争，有着深厚的同情和不可比拟的帮助。十月革命后，他和列宁所领导的苏联政府曾两次正式发表宣言，声明废除帝俄在中国一切不平等条约和特权，以平等地位对待中国。一九二五年，斯大林在向苏联共产党十四次大会的政治报告中说：'中国革命运动的力量是不可计量的；在这里，真理和正义完全是在中国方面。这就是为什么我们现在和将来都同情中国革命的缘故……'一九二六—一九二八年，他写了一系列关于中国革命问题的报告、讲演及论文，在这些著作里他深刻地分析了中国革命的动力、任务、性质及前途。今日中国人民革命在中国共产党和毛主席领导下所获得的伟大胜利，就证明了斯大林这种分析和预言的正确。在中国抗日战争展开以后，苏联首先就给中国以巨大的物质和精神上的援助。在中华人民共和国成立后，苏联政府又立即宣布承认，并建立外交关系。现在苏联又派了两百个专家到中国特别是到东北来服务，帮助我们恢复一切被破坏了的铁路和工厂。苏联是社会主义国家，它对我们中国人民的这种帮助，完全是从共产主义的大公无私和无产阶级国际主义的精神出发的，所以是无条件的，不要求任何报酬的，这正如我们中国共产党人不要任何代价、不要附带任何条件、不怕一切困难、不要任何报酬地给人民服务一样。……斯大林是个真正的创造的马克思主义者。他不是根据书本办事，而是依据实际情况和工作经验办事；同时，他有着丰富的历史知识和社会知识，有着非常丰富的实际工作的经验；而且他极善于概括群众的创造经验。因此，他就大大地向前发展和充实了马克思列宁主义理论。斯大林对于马列主义的发展是多方面的，民族问题，社会主义在一国内胜利的问题，在资本主义包围环境中社会主义国家的问题，无产阶级专政的问题，社会主义经济基本理论的问题（国家工业化、农业集体化、货币及商业在社会主义下的作用等），消减阶级道路的问题，社会主义知识分子作用的问题，中等阶级（农民和小市民）的问题，辩证唯物主义及历史唯物主义的问题，以及与资本主义总危机相联系的各种理论问题等等——在这些方面，斯大林都发展和充实了马克思列宁主义。斯大林的著作在思想上武装了全世界的劳动人民和被压迫民族，指导他们怎样去战胜阶级敌人和民族敌人，怎样准备革命最后胜利的条件。"[1]

是月，中共中央召开马恩列斯经典著作翻译工作会议，会议决定：第一，从 1950 年起，两年内出齐《列宁选集》《斯大林全集》《马恩选集》。第二，新译文应竭力提升质量，旧译文重新根据原文校正。

二、研究论文

萧三《伟大的导师——马克思》发表于《中国青年》第 2—3 期、6—8 期。

江云《苏联列宁共产主义青年团》发表于《中国青年》第 6 期。

萧三编译《青年马克思的思想发展道路——纪念马克思诞生一百三十一周年》发表于《中国青年》第 7 期。

张仲实《马恩列斯的主要著作和研究它们的方法》发表于《中国青年》第 9—10 期。

按：文章说："这里要特别提一下的是列宁、斯大林在民族问题上对于马克思主义的发展及他们对于民族解放运动的重视。马、恩提供了关于民族问题的基本思想。列、斯根据帝国主义时代的新条件，把这些思想集合起来，并加以发展，成为一个完整的体系；他们把民族殖民地问题与推翻帝国主义的问题相联系起来；宣布殖民地民族解放运动是世界无产阶级革命总问题的一部分。列、斯对于中国人民的解放斗争，更寄以莫大的同情。当 1900 年 8 个帝国主义国家的军队借口义和团事件联合进攻中国的时候，列宁曾写了《中国的战争》一文严厉抨击帝俄及其他帝国主义国家政府，斥责他们对中国的政策是犯罪的政策，是掠夺、侵略的政策。在辛亥革命爆发以后，列宁曾接连写了《中国的民主主义与民粹主义》《更新的中国》《亚洲的觉醒》《落后的欧洲与先进的亚洲》等文，分析和颂扬中国人民革命的伟大意义。斯大林在中国 1925—1927 年大革命期间曾发表了好多报告和论文，论述中国人民革命的任务、性质及前途。列、斯的这些著作和报告，是值得我们多灾多难的中国人民特别注意和研究的。"

编者《马克思为什么能成为一个唯物论者》发表于《中国青年》第 10 期。

叶遂《马克思受唯心论哲学家黑格尔的影响很大，为什么后来成为一个唯物论者》发表于《中国青年》第 10 期。

陈舜瑶《建设共产主义的动员大会》发表于《中国青年》第 12 期。

---

[1]　张仲实.张仲实文集:第 1 卷[M].北京:中央编译出版社,2016:355-357.

艾思奇《关于辩证法唯物论在生活上的应用》发表于《中国青年》第20期。

山春昌《伟大的苏联》发表于《中国青年》第25期。

萧三《马克思——列宁——斯大林》发表于《中国青年》第28期。

萧三《马克思·列宁·斯大林》发表于《中国青年》第28期。

[苏]Y.菲洛诺维奇《苏联列宁共产主义青年团的支部怎样工作》发表于《中国青年》第28期。

陈伯达《十月社会主义革命与中国革命》发表于《中苏友好》第1卷第1期。

按：文章说：十月社会主义革命对中国的影响，是极其广阔的，极其深远的。它引起了中国人思想的大变化，同时影响了整个中国历史的进程。要详细地论述这个问题的许多方面，在这一篇短文章里，是不可能的。在这里，我只想简单地讲一讲十月革命影响于中国革命的一个最重要的问题，这个问题就是关于中国共产党建立的问题。中国共产党是中国工人阶级的政党，是工人阶级的先锋队。这个政党的产生，是中国工业发展的必然结果。列宁在辛亥革命评论孙中山主义的时候，也预见了不久的时间中国会有工人阶级政党的出现。列宁是按照历史发展的规律来提出这个预见的。但是，我们需要知道：我们中国工人阶级的政党是在十月社会主义革命以后产生的，是在列宁、斯大林的无产阶级革命时代所产生的。这样，就使得中国工人阶级政党的建立，和欧洲国家（或欧洲大多数国家）工人阶级政党的发展历史有了不同点，这个不同点，在根本上说来，就是毛泽东同志经常说到的：我们的党是按照列宁、斯大斯的布尔什维克主义这一个类型建立起来的，而没有社会民主主义的传统。

毛泽东同志《论人民民主专政》说："中国人找到马克思主义，是经过俄国人介绍的。在十月革命以前，中国人不但不知道列宁、斯大林，也不知道马克思、恩格斯。十月革命一声炮响，给我们送来了马克思列宁主义。"十月革命给中国人介绍的马克思主义，即是列宁、斯大林所恢复并加以发展的革命的马克思主义，即是布尔什维克主义。这布尔什维克主义是在长期中和那种背叛马克思主义，主张社会改良、反对社会革命、并与帝国主义合作的社会民主主义作斗争，而锻炼出来的，是和社会民主主义完全相反的对立物。中国工人阶级政党一开始就和布尔什维克主义相结合，这就使得我们党和我们党领导中国革命前进的事业处在一个极其优越的地位。

[苏]列宁《列宁论劳动纪律》发表于《中苏友好》第 1 卷第 1 期。

[苏]里雅品作、张仲实译《由社会主义到共产主义》发表于《中苏友好》第 1 卷第 1—3 期。

按：文章说："共产主义在苏联可以胜利的理论是对马克思列宁主义的社会科学之一大贡献。它丰富了列宁主义，用新的思想武器武装了苏维埃人民，给了党一个为共产主义而斗争的伟大前途。……共产主义在苏联的胜利，所以有可能，是因为布尔什维克党，列宁、斯大林的党是苏维埃社会之领导的和指导的力量，它是我们时代之智慧、荣誉与良心。共产党是劳动者谋巩固和发展社会主义制度的前进队伍。布尔什维克党的政策是社会主义制度的生活基础。'只有我们的党——斯大林同志在联共第十七次大会上说——知道，事情走向何处，并引导它顺利地前进。'布尔什维克党是用社会发展规律的知识所武装起来的，它指出了苏联走上共产主义的道路，它动员和组织劳动群众去建设完全的共产主义社会。""伟大的列宁、斯大林的党乃是苏维埃人民在其争取共产主义斗争中的领导者和组织者。党用社会发展规律知识，用马、恩、列、斯的革命理论武装起来，它顺利地解决了而且还在解决着社会主义建设行程向我国提出的一些任务。在布尔什维克党的领导下，多民族的社会主义国家成立起来了，苏维埃社会的动力：各民族的友好，苏维埃人民的道德政治上的统一，朝气蓬勃的苏维埃爱国主义曾经形成并巩固起来了。在列宁、斯大林党的领导下，多民族的苏维埃人民革新了自己的国家，创立了强大的社会主义工业和集体农庄制度，建设了社会主义社会。在伟大的卫国战争诸年，党发动了全体人民，起来为祖国的自由和独立而斗争，组织了战胜德日帝国主义者的全世界历史的胜利。在第二次世界战争结束后苏联所进入的新的和平的发展时期，布尔什维克党作为苏维埃社会发展中领导力量之作用，更加增长了。列宁、斯大林的党鼓舞和组织苏维埃人民去执行恢复和进一步发展国民经济的庞大任务。它以共产主义思想的精神教育劳动者，以对争取共产主义胜利的任务和前途的科学理解把他们武装起来，指导他们为达到这个伟大的目的而努力。"

[苏]斯大林《十月革命底国际性质》发表于《中苏友好》第 1 卷第 1 期。

[苏]斯大林《论中国革命底前途》发表于《中苏友好》第 1 卷第 2 期。

陈伯达《斯大林和中国革命——为庆祝斯大林七十寿辰而作》发表于《中苏友好》第 1 卷第 2 期。

何香凝《庆祝斯大林大元帅七十寿辰》发表于《中苏友好》第 1 卷第 2 期。

李德全《恭贺斯大林大元帅七十寿诞》发表于《中苏友好》第 1 卷第 2 期。

郭沫若《我向你高呼万岁》发表于《中苏友好》第 1 卷第 2 期。

宋庆龄《庆贺斯大林大元帅七十寿辰》发表于《中苏友好》第 1 卷第 2 期。

按：文章说："斯大林是列宁事业的继承者,是人民的导师,也是人民的学生。他的生平,是我们必须认真研究的。他的生平,是克服困难的指针。他的生平,是宝贵的课程,使我们可以学到如何把'劳动是创造性的'和'劳动者在世界上有他们的权利'这些言词和观念,变为伟大的实际。"

[苏]A.维辛斯基《斯大林的关于社会主义国家的学说》发表于《中苏友好》第 1 卷第 2 期。

[苏]亚柯甫烈夫《论一个伟大而平凡的人》发表于《中苏友好》第 1 卷第 2 期。

编者《斯大林关于中国革命问题的著作》发表于《中苏友好》第 1 卷第 2 期。

儒可夫《伟大的十月社会主义革命与中国》发表于《中苏友好》第 1 卷第 2 期。

沈钧儒《人类的解放者斯大林万岁》发表于《中苏友好》第 1 卷第 2 期。

茅盾《斯大林就是民主,就是和平》发表于《中苏友好》第 1 卷第 2 期。

[苏]米丁《斯大林对于历史唯物论发展》发表于《中苏友好》第 1 卷第 2 期。

吴玉章《庆祝斯大林同志七十寿辰》发表于《中苏友好》第 1 卷第 2 期。

萧三《歌颂斯大林》发表于《中苏友好》第 1 卷第 2 期。

许德珩《敬祝斯大林大元帅七十生辰》发表于《中苏友好》第 1 卷第 2 期。

[苏]亚罗斯拉夫斯基《斯大林的童年和少年时代》发表于《中苏友好》第 1 卷第 2 期。

张仲实《斯大林传略》发表于《中苏友好》第 1 卷第 2 期。

编者《列宁关于中国的著作》发表于《中苏友好》第 1 卷第 3 期。

[苏]N.密式略考夫作、谱萱译《列宁论车尔耐雪夫斯基》发表于《中苏文化》第 20 卷第 1 期。

[苏]E.伏洛希娃洛作、开路译《列宁和斯大林论妇女解放》发表于《中苏文化》第 20 卷第 3 期。

[苏]N. 阿拉洛维茨作、吴友译《社会主义国家的妇女》发表于《中苏文化》第 20 卷第 3 期。

[苏]苏菲亚·科琳波作、杨申甫译《苏联妇女是社会主义社会里平等的一员》发表于《中苏文化》第 20 卷第 3 期。

[苏]包诺马列夫作、萱草译《列宁学说与实践的一致性》发表于《中苏文化》第 20 卷第 4 期。

[苏]伏林作、孟微译《列宁的青年时代》发表于《中苏文化》第 20 卷第 4 期。

[苏]瓦维洛夫作、万江译《列宁与近代物理学》发表于《中苏文化》第 20 卷第 4 期。

[苏]G. 阔兹洛夫作、因之译《争取社会主义经济的胜利》发表于《中苏文化》第 20 卷第 4 期。

[苏]A. 列昂捷夫作、方生译《社会主义的国民经济制度及其经济规律之性质》发表于《中苏文化》第 20 卷第 4 期。

[苏]S. 卡甫塔诺夫作、锷嵩俊译《社会主义文化的昌明》发表于《中苏文化》第 20 卷第 6 期。

[苏]A. 塔拉森科夫作、庄寿慈译《苏联文学中的社会主义现实主义》发表于《中苏文化》第 20 卷第 6 期。

[苏]N. 柯尔班诺夫斯基作、吴仁译《社会主义社会中的恋爱、婚姻与家庭》发表于《中苏文化》第 20 卷第 7 期。

[苏]瓦希里耶夫作、朱文澜译《社会主义现实主义的特质》发表于《苏联文艺》第 35 期。

[苏]高尔基《忆列宁》发表于《苏联文艺》第 36 期。

郭明《社会主义国家的孤儿》发表于《苏联介绍》第 3 期。

郝平《社会主义劳动英雄》发表于《苏联介绍》第 4 期。

[苏]金纳德·费史作、黄书译《斯大林改造自然的伟大设计》发表于《冀中教育》第 2 卷第 4 期。

[苏]沙伴诺夫《社会主义文化的繁荣》发表于《友谊》第 4 卷第 1 期。

[苏]斯大林《苏联工人阶级是世界无产阶级的一部分》发表于《友谊》第 4 卷第 9 期。

徐均《未来是属于社会主义与民主主义的》发表于《友谊》第 4 卷第 9 期。

楚歌译《新民主国家建立社会主义经济》发表于《友谊》第 5 卷第 6 期。

资料室《十月社会主义革命帮助了中国》发表于《友谊》第5卷第9期。

杨柯夫《苏联是工农社会主义国家》发表于《友谊》第5卷第9期。

彭刚辑《十月社会主义革命在俄国获得胜利的原因》发表于《友谊》第5卷第9期。

［苏］日翁诺夫《从资本主义到社会主义过渡时期的阶级斗争》发表于《友谊》第5卷第9期。

［苏］列西乌柴夫斯基作、么辰译《社会主义劳动的力量》发表于《友谊》第5卷第10期。

何正《斯大林宪法中的国际主义伟大精神》发表于《友谊》第5卷第11期。

［苏］杜野雅涉夫《沿着到社会主义之路迈进》发表于《友谊》第5卷第11期。

梁山《最民主的人民宪法——斯大林宪法》（写在斯大林宪法节13周年）发表于《友谊》第5卷第11期。

按：文章说："人类历史上灿烂辉煌的十月社会主义革命的胜利，为产生维护劳动人民利益的真正民主的宪法奠下了坚实的根基。""斯大林宪法是人类历史上最民主、最完整、最真实的劳动人民宪法，它标志着苏联人民从资本主义枷锁中获得了彻底解放，以及生产工具和生产资料私有制度在全苏联的不复存在。"

王育呼《民主的社会主义的力量是不可被战胜的》发表于《友谊》第5卷第11期。

耶文科《社会主义建设第一个斯大林五年计划》发表于《友谊》第5卷第11期。

［苏］别列莫夫作，毕克、张慕良译《斯大林是列宁事业的伟大继承者》发表于《友谊》第5卷第12期。

学青《在斯大林教育鼓舞下前进》发表于《友谊》第5卷第12期（庆祝斯大林七十寿辰特辑）。

［苏］苏姆扬作、章溪译《在斯大林领导下沿着列宁的道路前进》发表于《友谊》第5卷第12期（庆祝斯大林七十寿辰特辑）。

林耘《万岁——斯大林》发表于《友谊》第5卷第12期（庆祝斯大林七十寿辰特辑）。

［苏］康士坦丁诺夫作、青山等译《列宁斯大林发展了历史唯物主义》发表于《友谊》第5卷第12期（庆祝斯大林七十寿辰特辑）。

陈陇《赞美太阳，赞美你——斯大林》发表于《友谊》第 5 卷第 12 期（庆祝斯大林七十寿辰特辑）。

［苏］尤琴《科学共产主义的经典创作》发表于《群众》（香港版）第 3 卷第 3—4 期。

舒翰《波、保两国迈向社会主义》发表于《群众》（香港版）第 3 卷第 8 期。

华岗《中国新民主主义文化的产生和发展》发表于《群众》第 3 卷第 19 期。

按：文章说："五四以来 30 年的中国新文化运动的发展过程，同时即是马列主义的普遍真理和中国革命具体实践日益互相结合的过程。五四运动是在当时世界革命号召之下，是在俄国革命号召之下，是在列宁号召之下发生的。五四运动以及五四以后的中国革命，所以能成为世界革命的重要组成部分之一，正是中国人民接受马列主义指导的明证。"

读者与编者《关于毛泽东思想》发表于《群众》（香港版）第 3 卷第 21 期。

按：文章说："毛泽东思想亦可称为毛泽东主义，因为毛泽东思想不仅是中国化的马列主义，而是形成了关于整个中国历史与中国革命的全部有系统的科学理论；不仅发展了马列主义，而且有许多新的创造，即在马列主义宝库里添加了新的东西进去，特别是关于新民主主义，革命战争，革命根据地，革命统一战线等等方面，在毛泽东思想里面，都有新的创造，使马列主义更加丰富和充实。"

华岗《从封建地主官僚资产阶级专政到人民民主专政》发表于《群众》第 3 卷第 29 期。

按：文章说："从封建地主官僚资产阶级专政到人民民主专政，这是中国历史的一大跃进，表示旧中国将从此结束，新中国将从此正式产生。有了人民民主专政，就可彻底战胜敌人，保证新中国建设事业稳步前进，并为社会主义社会创造前提，因此，为了创立与巩固人民民主专政，人民大众必须付出重大的努力，正如我们过去付出了重大努力才争得革命胜利一样。"

杜守素《毛主席〈论人民民主专政〉》发表于《群众》（香港版）第 3 卷第 31 期。

多文译《共产党和工人的政党的思想教育工作》发表于《群众》（香港版）第 3 卷第 38 期。

［苏］艾里居拉殊维里作、吴多文译《列宁斯大林工作作风的特征》发表于《群众》（香港版）第 3 卷第 42—43 期。

杜埃《华南青年在毛主席旗帜下组织和动员起来》发表于《群众》（香港

版)第 3 卷第 42—43 期。

[苏]格拉诺夫斯基作、阿真译《社会主义的工业化与资本主义的工业化》发表于《新中华》第 12 卷第 6—7 期。

思永译《英国工党的社会主义观》发表于《新中华》第 12 卷第 7 期。

[苏]A. 泰拉森科夫作、朱文澜译《苏联文学中之社会主义现实主义》发表于《新中华》第 12 卷第 7 期。

陶大镛《费边社会主义的理论与实践》发表于《新中华》第 12 卷第 9—10 期。

谱萱译《列宁的反映论与艺术》发表于《新中华》第 12 卷第 14 期。

杨永译《论从社会主义逐渐过渡到共产主义》发表于《新中华》第 12 卷第 14 期。

史家祺《辩证法唯物论及唯物史观诠释》发表于《新中华》第 12 卷第 14 期。

庆德苇译《社会主义计划与价值法则》发表于《新中华》第 12 卷第 15 期。

李正廉《马恩论国际主义与民族主义》发表于《新中华》第 12 卷第 16 期。

赵克昂译《共产主义的理论柱石——辩证唯物论与历史唯物论》发表于《新中华》第 12 卷第 17—18 期。

王易今译《社会主义下劳动的新刺激与工资》发表于《新中华》第 12 卷第 18 期。

沈承炽译《反对民族主义,争取无产阶级的国际主义》发表于《新中华》第 12 卷第 19 期。

李少甫译《论列宁的〈帝国主义是资本主义的最高阶段〉》发表于《新中华》第 12 卷第 19—20 期。

[苏]伊凡诺夫作、伯符译《列宁与苏维埃文学的诞生》发表于《新中华》第 12 卷第 22 期。

胡今《和平、民主与社会主义胜利前进》发表于《新中华》第 12 卷第 23 期。

甘士杰《社会主义经济发展的基本法则及其特性》发表于《新中华》第 12 卷第 24 期。

[苏]巴希科夫作、李少甫译《论列宁的〈俄国资本主义的发展〉及其在经济学中的作用》发表于《新中华》第 12 卷第 24 期。

编者《无产阶级专政有两种形式》发表于《新华月报》第 1 卷第 1 期。

[苏]普洛特尼柯夫作、王运成译《社会主义经济中的信用制度》发表于《新华月报》第 1 卷第 1—6 期。

尤津《走向社会主义的人民民主国家——中欧和东南欧革命的特点》发表于《新华月报》第 1 卷第 1 期。

[苏]苏约德斯基《伟大的十月社会主义革命和苏联艺术的繁荣——在莫斯科庆祝大会上的报告》发表于《新华月报》第 1 卷第 2 期。

[苏]马林柯夫《庆祝十月社会主义革命三十二周年》发表于《新华月报》第 1 卷第 2 期。

[苏]米丁作、郭力军译、曹葆华校《共产主义底纲领性的文件》发表于《新华月报》第 1 卷第 2 期。

编者《中国共产党奋斗简史》发表于《新华月报》第 2 卷第 1 期。

按：文章分中国共产党的产生、大革命时期的中共、土地革命时期的中共、抗日战争与人民解放战争时期中共、毛泽东思想领导为什么是最正确等部分，论述了中国共产党的发展历史及其贡献。文章说："中共七代大会上，确定以毛泽东思想为全党指导思想，毛泽东思想是什么呢？毛泽东思想是怎样生长发展与成熟的？一、毛泽东思想就是马列主义的理论与中国革命的实际统一的思想，就是中国的马克思主义。毛泽东思想与教条主义者相反，他从来不乱背马列主义教条、原理与原则，而是运用马列主义理论的精神来指导中国革命的实际。二、毛泽东思想是从中国民族与中国人民长期革命斗争中，在中国伟大的三次革命战争——北伐、十年内战和抗战中，生长和发展起来的。它是站在无产阶级利益因而又是站在全体人民的立场上，应用马列主义的科学方法，概括中国历史社会及全部革命斗争经验所创造出来，用以解放中国民族与人民的理论与政策。三、毛泽东思想同时又是在和中共党内各种错误的机会主义思想——陈独秀主义、'左倾'盲动路线、投降路线、教条主义、经验主义等进行原则斗争中，生长和发展起来的，它是唯一正确的指导思想，唯一正确的总路线。"关于毛泽东思想在各方面的表现，主要有关于世界情况及中国情况的分析、关于新民主主义的理论与政策、关于农民的理论与政策、关于革命统一战线的理论与政策、关于革命战争的理论与政策、关于革命根据地的理论与政策、关于建党的理论与政策、关于文化教育的理论与政策。关于毛泽东的领导思想与领导方法是："从实际出发，实事求是，调查研究，没有调查研究就没有发言权，从群众中来到群众中去，突破一点推动全面，领导与骨干结合，培养积极分子，团结中间分子,争取与教育落后分子,领导上要善于了解情况,掌握政策与运用干部。毛泽东思想,是引导中共与中国人民胜利斗争的思想。中共二十八年来奋斗的历史事实证明:革命离开了毛泽东思想的指导,必然受到失败;革命如果在毛泽东思想的领导下,那就会成功。今天,中国共产党已经紧紧掌握了毛泽东思想的斗争武器了,所以领导全国人民在打倒反革命残余势力之后,建设一个独立、自由、和平、统一和富强的新中国是不成问题的。"

[苏]弗奇耶娃作、何马译《向列宁看齐》发表于《新华月报》第2卷第6期。

范文澜、王南《中国早期的唯物历史科学家——李大钊同志》发表于《新华月报》第2卷第6期。

按:文章说:"距今二十二周年以前,就在北平这个地方,帝国主义与封建军阀共同绞死了李大钊同志。大钊同志是为中国人民反帝反封建的革命事业而牺牲的,也就是为中国共产党所领导的革命事业而牺牲的。今天,中国共产党所领导的人民的革命事业胜利了,北平永远成了人民的城市,在这个时候这个地方来纪念大钊同志,我们不禁想起他所歌颂的'无尽之青春',想要向他说,他以生命和热血所孕育的青春中国,已经'再生'了。今天在北平纪念大钊同志,这个富有意义的事实,又向我们证明了:凡与青春不老的人民相结合者,其人不老,凡与不朽的人民相结合者,其人不朽。"

吴玉章《共产党改造了我的思想》发表于《新华月报》第2卷第6期。

按:文章说:"我加入共产党以来,在学习中,在革命实践中,自己觉得我幼年学的好思想,更以马列主义来发扬了,巩固了;我错误的不正确的思想,也逐渐洗掉了许多。去年(1942年)我党领袖毛泽东同志发动了整顿三风运动,整风是一个具有历史意义的伟大运动,也就是使我党更加民族化,使马列主义更能切实应用于中国具体环境中,使理论与实践联系,使革命——特别是抗日民族战争很快得到胜利。现在(1943年)共产国际解散,是为各国共产党更加能适应其民族发展的需要而灵活地应用马列主义,我们更要加强整风的工作,使每个党员都用马列主义的思想方法彻底地完成思想革命。"

张遒《知识分子与无产阶级》发表于《新华月报》第2卷第7期。

若草《列宁关于艺术和教育的言论片断》发表于《新华月报》第2卷第7期。

张遒《论无产阶级的集体主义》发表于《新华月报》第2卷第9期。

袁泰《列宁给青年的教训》发表于《新华月报》第2卷第9期。

编者《什么是"人民民主专政""无产阶级专政"与"资产阶级民主专政"》发表于《新华月报》第 2 卷第 10 期。

白布佳《反对民族主义为无产阶级的国际主义而斗争》发表于《新华月报》第 2 卷第 11 期。

井天《毛主席指示我们思想修养的方向》发表于《新华月报》第 3 卷第 10 期。

实话报《无产阶级国际主义的伟大力量》发表于《新华月报》第 3 卷第 10 期。

冯恺乐《马克思是怎样工作的》发表于《新华月报》第 3 卷第 12 期。

曹靖华编译《斯大林的故事》发表于《新华月报》第 4 卷第 3 期。

塔斯社《斯大林——共产主义伟大的舵手》发表于《新华月报》第 4 卷第 3 期。

[苏]康斯坦丁诺夫《在社会主义道路上前进的人民民主国家》发表于《新华月报》第 4 卷第 4 期。

乌兰汉《列宁的儿童与学生时代》发表于《新华月报》第 4 卷第 4 期。

[德]恩格斯《法律家社会主义》发表于《新建设》第 1 卷第 7 期。

何思敬《祝斯大林大元帅七十大寿》发表于《新建设》第 1 卷第 8 期。

徐特立《科学化、民族化、大众化的文化教育》发表于《新建设》第 1 卷第 8 期。

按:文章说:"我们中华人民共和国成立了,现在要用最大的力量来发展人民经济、文化教育等事业。毛主席在人民政治协商会议开幕词中说:'随着经济建设的高潮的到来,不可避免地将要出现一个文化建设的高潮。中国人被人认为不文明的时代已经过去了,我们将以一个具有高度文化的民族出现于世界。'我们要完成这个伟大时代的任务,首先要有步骤地整理、继承自己的文化遗产,发扬先人创造文化的伟大精神。其次要学习苏联,必须有方法有目的的学习苏联,要以毛主席学习马、恩、列、斯的革命方法,使它与中国革命的具体实践相结合。今日我们学习苏联的建设经验和技术的方法,同样要以毛主席学习马、恩、列、斯的革命方法,使它与中国建设的具体条件相结合。我们学习苏联的目的为实践《中国人民政治协商会议共同纲领》,建设新民主主义的中华人民共和国。我们学习苏联建设经验和技术的方法得到了,以我们民族从来爱好勤劳的工作,加上中国优越的整个地理条件,发展我们的智慧,必能创造一个高度的文化,这对于建设新中国的伟大的事业,可谓'事半功倍',将使我们的工作获得迅速的成功,稳步的达到幸福的目的。"

斐凌《罗马尼亚农民踏上社会主义道路》发表于《新建设》第 1 卷第 11 期。

陶大镛《英国工党大选社会主义》发表于《新建设》第 1 卷第 11 期。

[苏]M.伊留申作、乌兰汗译《论共产主义的劳动态度》发表于《新华周报》第 9 卷第 19 期。

[苏]古罗派特金作、王运成译《从社会主义到共产主义》发表于《时代杂志》第 9 卷第 2 期。

费之《社会主义国家是怎样节约的》发表于《时代杂志》第 9 卷第 7—8 期。

[苏]史大林《论中国革命的前途》(1926 年 11 月 30 日在共产国际执行委员会中国委员会的演讲)发表于《时代杂志》第 9 卷第 19 期。

[苏]列宁《伟大的创举》发表于《时代杂志》第 9 卷第 20 期。

[苏]魏申斯基《共产主义与祖国》发表于《时代杂志》第 9 卷第 20 期。

[苏]高雷歇夫《列宁论青年的共产主义教育》发表于《时代杂志》第 9 卷第 20 期。

[苏]魏申斯基《共产主义与祖国》发表于《时代杂志》第 9 卷第 21 期。

[苏]史大林《论中国革命问题》发表于《时代杂志》第 9 卷第 21 期。

[苏]史大林《中国的革命和共产国际的任务》发表于《时代杂志》第 9 卷第 22 期。

[苏]尤琴《斯大林同志发展了无产阶级专政的学说——关于列宁主义基础》发表于《时代杂志》第 9 卷第 23 期。

[苏]克鲁施柯夫教授《斯大林的经典名著〈列宁主义基础〉》发表于《时代杂志》第 9 卷第 23 期。

[苏]斯大林《论中国革命问题》发表于《时代杂志》第 9 卷第 24 期。

[苏]马卡罗娃《列宁论过渡时期的经济和政治》发表于《时代杂志》第 9 卷第 30 期。

[苏]斯大林《关于中国》发表于《时代杂志》第 9 卷第 30—31 期。

[苏]斯塔耳斯基《致世界的火炬,亲爱的斯大林》发表于《时代杂志》第 9 卷第 31 期。

聂克索《斯大林》发表于《时代杂志》第 9 卷第 31 期。

[苏]瓦维洛夫作、周立译《斯大林时代的劳动与科学的结合》发表于《科学时代》第 4 卷第 5 期。

毛泽东《学习白求恩》发表于《科学时代》第 4 卷第 5 期。

按：是文收入《毛泽东选集》时，题为《纪念白求恩》。

［美］J. B. S. 海登作、乐华译《论恩格斯〈自然辩证法〉》发表于《科学时代》第 4 卷第 6 期。

艾思奇《学习苏联，学习马列主义理论》发表于《观察》第 6 卷第 2 期。

按：文章说："苏联人给中国介绍马列主义，对中国人民是一种重大无比的帮助，其意义'胜过百万雄兵'。如果还有人怀疑苏联对中国帮助不够吗？只要指出这一点意义就够了！'谢谢马克思、恩格斯、列宁和斯大林，他们给了我们以武器。这武器不是机关枪，而是马克思列宁主义。'中国人民得到马克思列宁主义的武器，并使之与中国革命的具体实践相结合，就把中国革命的历史完全改变了面目。二十八年来，中国共产党领导人民进行了惊天动地的革命斗争，把几千年间的封建势力和百年间的帝国主义官僚资本主义势力的统治推翻，而代之以人民的统治。与中国人民的这个伟大胜利不可分的一件伟大事实，就是从中国人民中间产生了自己的精通马列主义理论而善于指导革命走向胜利的领袖——毛泽东同志。"

编者《中国共产党的成立与武装组织的壮大》发表于《战号》第 165 期。

李沾吾《对于小资产阶级特点的几点体会——读〈拿破仑第三政变记〉的笔记》发表于《学习》第 1 卷第 1 期。

郭大力《谈"从猿到人"》发表于《学习》第 1 卷第 1 期。

王亚南《家族、私有财产及国家的起源》发表于《学习》第 1 卷第 2 期。

艾思奇《学习马列主义的国家学说》分别于《学习》第 1 卷第 3 期。

柯柏年《苏联在十月革命后初期怎样与帝国主义作斗争》分别于《学习》第 1 卷第 3 期。

编者《马克思这样研究问题》分别于《学习》第 1 卷第 3 期。

按：文章说："马克思特别重视做提要的工作，视为是精通任何一门学问的不可缺少的过程。但他并不满足于单纯的为阅读而做的提要，他批判地摄取了书本的内容，加以最严格的分析，有时为了证实某些事实而研究了堆积如山的统计资料，他从不利用没有经过检查的资料。正如恩格斯所说的，'他是不采用间接得来的资料的，他永远搜求直接的材料，根据直接的材料来检查次等的材料，并不惜为这件事多跑一趟大英图书馆。'在研究每一个对象和现象时，他都要研究它的历史来源和它的前提；因此每一个对象都引起他许多新的问题。如当他在写《资本论》第二卷中的地租一分部时，他特别研究了原始社会史、农学、俄国和美国的土地关系、地质学以及其他问题。

为了能更好地研究俄国的土地关系,他还花了很多的时间专门认真地学习俄文。"

编者《马克思怎样学习俄文》发表于《学习》第 1 卷第 3 期。

陶大镛《马克思的两本通俗经济学著作》发表于《学习》第 1 卷第 3 期。

舒天巩《形式主义者的镜子——读毛主席〈反对党八股〉的笔记》发表于《学习》第 1 卷第 3 期。

[苏]克鲁兹可夫《斯大林同志的经典著作》发表于《学习》第 1 卷第 4 期。

王燕士《斯大林同志底经典著作》发表于《学习》第 1 卷第 4 期。

于光远《学习马列主义政治经济学》发表于《学习》第 1 卷第 4 期。

孙定国《我们怎样对工人进行历史唯物主义教育》发表于《学习》第 1 卷第 4 期。

艾牧《毛主席万岁——学习历史唯物论的一点心得》发表于《学习》第 1 卷第 4 期。

按:文章说:"'毛泽东'这一个照亮了全世界,响遍了全世界的光辉的名字是与全中国人民紧紧地结合在一起的,他的意志体现了全中国人民的意志,他的声音喊出了四万万七千五百万人民共同的呼声,他的喜乐与爱憎正是我们的喜乐与爱憎。"

舒天巩《学习毛主席的科学思想方法——读〈论持久战〉的笔记》发表于《学习》第 1 卷第 5 期。

[日]菲洛诺夫作、允一译《列宁论军队教育》发表于《学习》第 1 卷第 17 期。

嵇文甫《辩证法难学么》发表于《学习与生活》第 1 卷第 1 期。

张照普《共产党永远不会腐化》发表于《学习与生活》第 1 卷第 4 期。

刘国桢《向斯大林学习,向苏联学习》发表于《交大学习》第 2 期。

湘《斯大林》发表于《交大学习》第 2 期。

[德]拉发格、波尔作,赵冬垠译《马克思——革命导师》发表于《民主青年》第 63 号。

琉晔《恩格斯的故事》发表于《民主青年》第 81 号。

张在民《国民党和共产党》发表于《进步青年》第 216 期。

一之《条条道路通到共产主义?》发表于《进步青年》第 218 期。

史隐《斯大林七十诞辰》发表于《进步青年》第 218 期。

一之《什么是军事共产主义》发表于《进步青年》第 218 期。

[英]J. Robinson 著、雍容译《论马克思的经济学》发表于《经济评论》第
4 卷第 19 期。

夏炎德《和平后我国经济制度的抉择问题——从混合经济过渡到社会
主义》发表于《经济评论》第 5 卷第 1 期。

罗志如《我国经济制度的抉择问题——在社会主义理想下加速生产力
发展应采计划经济制度》发表于《经济评论》第 5 卷第 2 期。

祝百英《经济发展只能走向社会主义》发表于《经济评论》第 5 卷第
2 期。

汪旭庄《我国经济制度的抉择问题——作为社会主义踏脚石的经济制
度》发表于《经济评论》第 5 卷第 2 期。

[苏]斯大林《新的环境和新的经济建设任务》发表于《经济》第 3 期。

[苏]奥尔洛夫《论在社会主义条件下对工人的劳动报酬》发表于《经济》
第 12 期。

邝鸿译《亨利·乔治与卡尔·马克斯》发表于《经济周刊》第 2 卷第
8 期。

吉羊《经济学的辩证法》发表于《经济周报》第 9 卷第 1—9 期。

石肃冲《新民主国家争取社会主义胜利的斗争》发表于《经济周报》第 9
卷第 12 期。

毛泽东《斯大林是中国人民的朋友》(1939 年 12 月 20 日)发表于《军大
建设》第 6 期。

按:毛泽东说:今年十二月二十一日,是斯大林同志的六十岁生日。这
个生日,在全世界上,在只要是知道的又是革命的人们的心中,可以料得到,
都会引起亲切的热烈的庆祝。庆祝斯大林,这不是一件应景的事情。庆祝
斯大林,这就是说,拥护他,拥护他的事业,拥护社会主义的胜利,拥护他给
人类指示的方向,拥护自己的亲切的朋友。因为现在全世界上大多数的人
类都是受难者,只有斯大林指示的方向,只有斯大林的援助,才能解脱人类
的灾难。我们中国人民,是处在历史上灾难最深重的时候,是需要人们援助
最迫切的时候。《诗经》上说的:"嘤其鸣矣,求其友声。"我们正是处在这种
时候。但是,谁是我们的朋友呢? 一类所谓朋友,他们自称是中国人民的朋
友;中国人中间有些人也不加思索地称他们做朋友。但是这种朋友,只能属
于唐朝的李林甫一类。李林甫是唐朝的宰相,是一个有名的被称为"口蜜腹
剑"的人。现在这些所谓朋友,正是"口蜜腹剑"的朋友。这些人是谁呢? 就
是那些口称同情中国的帝国主义者。另一类朋友则不然,他们是拿真正的

同情给我们的,他们是把我们当做弟兄看待的。这些人是谁呢? 就是苏联的人民,就是斯大林。没有一个国家把它在中国的特权废除过,只有苏联是废除了。第一次大革命时期,一切帝国主义者都反对我们,只有苏联援助了我们。抗日战争以来,没有一个帝国主义国家的政府真正援助我们,只有苏联是用了空军和物资援助了我们。这还不够明白吗? 中华民族和中国人民的解放事业,只有社会主义的国家,社会主义的领袖,社会主义的人民,社会主义的思想家、政治家、劳动者,才能真正援助;而我们的事业,没有他们的援助是不能取得最后胜利的。斯大林是中国人民解放事业的忠实的朋友。中国人民对于斯大林的敬爱,对于苏联的友谊,是完全出于诚意的,任何人的挑拨离间,造谣污蔑,到底都没有用处。

毛泽东《在延安各界庆祝斯大林六十寿辰大会上的讲话》(1939 年 12 月 21 日)发表于《军大建设》第 6 期。

《在战斗和生产中成长的苏联共产主义青年团》发表于《军大导报》第 152 期。

岳明《社会主义社会与共产主义社会有多大区别》发表于《荣军报》第 56 期。

亦一《第一个社会主义国家的创造者——列宁》发表于《人民战士》第 22 期。

[日]岩村三千夫《毛泽东的新民主主义》发表于《中国研究》第 8 期。

[日]宫武谨一《毛泽东的新民主主义》发表于《中国研究》第 8 期。

风丝《五四与社会主义运动》发表于《南风月刊》第 2 卷第 4 期。

按:文章说:"五四运动是社会经济基础,是第一次欧战中民族资本的抬头。帝国主义经济压力的暂时松弛,给予中国资本家以发展的机会,反映到文化上面,市民阶级普遍有了进步的要求。五四运动的中心内容,就是民主与科学的要求,都是发展资本主义的必需条件,五四运动可以说是资本主义文化运动。"

余凡《罗逊塔尔的〈唯物辩证法〉》发表于《南风月刊》第 3 卷第 3 期。

卢建生《蒋介石也曾读过〈资本论〉》发表于《客观》第 2 卷第 3 期。

凌维素《从苏联新预算看一国社会主义的建设》发表于《客观》第 2 卷第 4 期。

庆年《由资本主义到社会主义的过渡社会经济形态》发表于《客观》第 2 卷第 4 期。

[苏]列宁《卡尔·马克思》发表于《冀中教育》第 2 卷第 4 期。

编者《全世界共产党力量无限壮大》发表于《冀中教育》第 2 卷第 4 期。

杨甲春《在毛主席的旗帜下》发表于《东北教育》第 3 期。

徐特立《普通学校的思想教育》发表于《河北教育》第 1 卷第 2 期。

按：文章说："普通学校的思想教育，是把马克思主义的辩证唯物论和唯物史观（即马克思主义的宇宙观），贯彻到学校各科课程和实际生活的各方面去，以培养学生能够独立的运用马克思主义的宇宙观去处理他们学习及日常生活的一切问题。只是不要从外面灌输的而是通过他们的批评和自我批评，得到高度的自觉和对于客观的认识。这要求是完全可能实现的。……马克思主义者要了解自然和社会的任何一个个别的问题，绝不离开它的环境和历史条件去孤立地观察，而用唯物的历史观宇宙观加以观察、分析，寻找出一般的规律，作为解决个别问题的原则。比如，马克思要从理论上、斗争上解决从资本主义到社会主义的问题，他首先分析资本主义发展的前途及将来代替资本主义的社会主义，他用一生精力写了三大卷《资本论》。而在写《资本论》以前，他已经研究了人类历史发展的规律，就先在《〈政治经济学批判〉序言》中写了唯物史观，这一普遍真理的历史观就是写《资本论》的前提，而在《资本论》中每一个经济范畴，都是用历史发展过程写的。虽然他的目的只是求了解资本主义，但他的原则已贯彻一切社会的经济范畴，而成为了人类整个发展的历史观，使具体的真理成为普遍的真理；而普遍真理是从资本主义生产方法中具体表现出来，并不是只从一般的概念中表现出来，这就是唯物主义的历史观。自从马克思的唯物史观出世以后，人类的社会生活及其发展的前途，才有可能用科学方法去了解。俄国革命经过五十年的前仆后继，还没有找出规律来，自马克思主义与俄国革命实践结合起来，就取得一九一七年最后的胜利。中国今日的胜利，其基本条件也和俄国一样，是中国革命实践与马克思主义结合的成果。"

［苏］斯大林《论列宁》发表于《河北教育》第 3—4 期。

叶蓬舟《共产党与人民的自由生活》发表于《新路线》第 13 期。

容光《共产党与人民》发表于《新路线》第 14 期。

［苏］A. 塔拉辛可夫作、陈敬容译《论社会主义的现实主义》发表于《新形势与文艺》第 3 期。

《新民主主义社会主义和共产主义》发表于《新语》第 14 卷第 13 期。

欧阳澄《罗素论社会主义》发表于《主流》第 2 期。

杨戎《粗描近百余年来社会主义思潮的细波巨浪与流向》发表于《主流》第 2 期。

沙英《中国共产党是怎样产生的》发表于《中学生》第 213 期。

按：文章说："中国共产党的产生不是偶然的，它有根深蒂固的阶级基础与社会基础。中共是代表中国工人阶级的政党，他是为广大中国人民的利益而奋斗的。中共的产生是中国工人阶级出现、壮大与觉悟程度提高的结果，是中国近百年来历史发展的必然结果，也是为全国人民所需要才产生的。"

黄碧《学习毛主席七一论文》发表于《中学生》第 214 期。

一之《共产主义与社会主义》发表于《中学生》第 217 期。

萧三《毛主席的好学》发表于《少年文选》第 2 期。

胡嘉《震动了世界的一九一七年——俄国十月革命建立了第一个社会主义工农国家》发表于《小朋友》第 969 期。

尊闻《评〈共产党宣言〉中文译本》发表于《翻译》第 1 卷第 1 期。

谷鹰《关于〈共产党宣言〉中译本》发表于《翻译》第 1 卷第 3 期。

［苏］斯大林作、孟昌译《不要忘掉东方》发表于《翻译》第 1 卷第 4 期。

［苏］斯大林作、孟昌译《两个阵营》发表于《翻译》第 1 卷第 4 期。

［保加利亚］季米特洛夫《十月社会主义革命为人类开辟了走向真正民主，走向社会主义的道路》发表于《译文月刊》第 1 卷第 1 期。

［苏］托洛斯基《苏联社会主义经济制度的基本特点》发表于《译文月刊》第 1 卷第 2—3 期。

［苏］法兰库夫《列宁与苏联对外政策》发表于《译文月刊》第 1 卷第 2 期。

［苏］维辛斯基《苏联社会主义法律》发表于《译文月刊》第 1 卷第 4 期。

敬文《社会主义新潮流》发表于《正义》第 11 期。

李兆麟《马克斯的哲学本质》发表于《再生半月刊》第 2 卷第 4—5 期。

张君劢《从自由主义到社会主义》发表于《再生周刊》第 247 期。

余园《社会主义的成熟期》（社会主义起源论之四）发表于《再生周刊》第 248 期。

戈宝权《斯大林之歌》发表于《人民文学》第 3 期。

艾青《献给斯大林》发表于《人民文学》第 3 期。

叶志诚《把我们的歌唱给列宁》发表于《人民文学》第 4 期。

萧三《列宁喜欢什么文艺作品》发表于《人民文学》第 5 期。

康固《在斯大林的抚育和鼓励下》发表于《文艺报》第 1 卷第 7 期。

郭沫若《学习斯大林——为祝斯大林七十寿辰而作》发表于《文艺报》第

1卷第7期。

按:文章说:"全人类的伟大的革命导师,斯大林大元帅的七十寿辰到了,全世界进步人民都热烈地表示庆贺和颂扬,都虔诚地号召着要同这位伟大的导师学习。颂扬是颂扬不尽的,学习更是学习不尽的。这样伟大的一位导师,他的智慧那么深宏,业绩那么广大,品格那么崇高,精力那么绝伦,我们寻常的人学习得到吗?学习应该从什么地方学起?人人都要学到斯大林那样全面的伟大,大体上怕是不可能的。当然,我们也不能说绝对的不可能,只要我们学习的方法正确,至少斯大林的一局部我们是可以学习到的。从大处来说吧,我们自然应该学习斯大林的思想。我们应该照着斯大林的榜样,养成一个革命的人生观,抱定一个自我牺牲的精神,切实地为人民服务,为革命服务。"

苏平《斯大林领导下的人们》发表于《文艺报》第1卷第7期。

[苏]史塔罗诺索夫《列宁的一生》发表于《群众文艺》第1卷第3期。

刘洪《毛主席和孩子们》发表于《诗号角》第8期。

济安《共产党使中国新生》(天津通讯)发表于《民主时代》第3期。

文思译《罗素论共产主义》发表于《民主评论》第1卷第3期。

陈珪如《辩证法与新民主主义》发表于《新民主妇女》第2期。

[苏]斯大林《论劳动妇女》发表于《新中国妇女》第1卷第1期。

张仲实《新民主主义革命》发表于《新中国妇女》第1卷第2期。

按:文章说:"新民主主义革命,这是中国共产党在现阶段上的总路线。目前中共的一切具体政策,比如统一战线政策、经济政策、文化教育政策,都是从这个总路线出发的。中国新民主主义革命的理论和政策,是由斯大林作了基本的规定,而后由毛主席所发扬的。毛主席用马克思列宁主义的宇宙观和社会观——辩证唯物论和历史唯物论,并根据近代革命与中国人民革命斗争的丰富经验,深刻地分析了鸦片战争以来中国社会的性质,分析了中国革命的对象和任务,分析了中国的各个阶级,然后提出了这个理论和政策。这是他根据中国革命的经验对马克思列宁主义理论的一个大发展和补充。这个理论和政策,在一定的历史时期,将适用于一切殖民地和半殖民地国家人民的革命斗争。事实表明,新民主主义革命的路线是完全正确的,合乎中国民族的实际情况的。闹了100多年的中国革命大业,现在在中国共产党和毛主席领导之下,在这一路线之下,已经获得了基本的胜利,这就是一个铁的证据。"

[苏]列宁《给劳动妇女们》发表于《新中国妇女》第1卷第3期。

张仲实《新民主主义社会》发表于《新中国妇女》第 1 卷第 3 期。

按：文章论述了新民主主义社会的经济基础、新民主主义社会的阶级成分与政治上的统一性、劳动在新民主主义社会里、新民主主义社会的优越性等问题。

［日］岩村三千夫《毛泽东与知识分子》发表于《思想与科学》第 5 卷第 1 期。

［苏］A.拉萍作、青山译《论从社会主义到共产主义的过渡》发表于《科学技术通讯》第 1 卷第 2 期。

胡雨林《从列宁的四月提纲到毛泽东的〈论人民民主专政〉》发表于《展望》第 4 卷第 3 期。

按：文章说："毛主席发表的《论人民民主专政》，它不但唤起了全中国人民的注意，和武装了全中国各革命阶层，同时也促起了全世界他们的注意。在社会主义国家的苏联，在新民主国家的东欧各国内，这篇论文已经刊载在各报纸杂志的首要地位中，便是在老大资本主义帝国主义的英国中，英伦人民也曾给予了极大的注意，自然这篇论文是有它的客观评价和其时代历史的意义的。……毛主席所提出的人民民主专政的主张，是由他根据马列主义，和他廿八年来从事中国革命的实践经验上，一个适合于中国特殊情形，和特殊性的伟大成就。"

茅冥家《从〈共产党宣言〉看中国革命》发表于《展望》第 4 卷第 18 期。

［日］岩村三千夫《从孙文到毛泽东》发表于《展望》第 4 卷第 38 期。

柯柏年《马克思的科学态度》发表于《知识》第 10 卷第 1 期。

按：作者认为，马克思的科学态度主要表现在：不夸夸其谈、不脱离实践两个方面。文章说："马克思研究一种学问，研究一个问题，不是皮毛的研究，不是'浅尝即止'，而是研究个彻底。他对于任何问题，除非有了彻底的研究，是宁可闭口不谈，从来不夸夸其谈的。……《资本论》就是他四十年研究的结果。""马克思研究科学的目的，为的是要对无产阶级的解放事业有所贡献。他的学说，是要给无产阶级革命运动一个正确的方向。他的理论的研究是与实际的斗争结合起来的。"

许默夫《马克思在数学领域的伟大贡献》发表于《知识》第 10 卷第 1 期。

按：编者按："此文系作者依据苏联出版的《马克思数学手记》的解说编译而成，因对我们目前之文化学习有所帮助，故载于此。"文章说："马克思在研究经济学的基础的诸原理的时候，曾经遇到一些关于计算上的困难，于是他着手研究数学。在一八五八年一月十一日他写信告诉恩格斯想在短时期内，首先把代数学这一门课程克服。但是从那以后，马克思就一直没有停止过关于数学的研究。特别是在他的晚年，当病魔不允许他继续从事庞大的《资本论》的著作的时候，他却利用这些时间来研究各种学问。恩格斯在《资本论》第二卷的序文里面写道：'在一八七〇年以后，马克思又有一个休止期间，那主要是由于他的病状。他照例是利用这种期间，作各种学问的研究：他研究农学，研究美国特别是俄国的农村情形，研究货币市场与银行制度，最后，更研究地质学、生理学一类自然科学，特别是独立的数学研究，那更是这时候以后许多草稿的内容。'"

艾思奇《关于研究哲学应注意的问题》发表于《知识》第 10 卷第 2 期。

按：文章说："在阶级社会里，不同的阶级、党派，有不同的世界观，不同的哲学思想，无产阶级的革命战士，应该有马克思——列宁主义政党的世界观，应该掌握辩证法唯物论的哲学思想。因为关于世界全体的一股的规律的最正确的认识，就包含在辩证法唯物论的思想里。""马克思列宁主义，给与我们以原则的指导和具体解决问题的范例。我们从马列主义的理论书籍里可以学到社会发展的规律和革命的规律知识。但倘若我们仅仅以此为满足，并把它简单地直接应用于中国革命的指导，而不愿到中国社会的任何具体条件，那末这是离开了客观事实来解决问题，这不是辩证法唯物论，这不是马列主义，而是公式主义，是唯心论的一个种类。"

刘亭《〈将革命进行到底〉学习提纲》发表于《知识》第 10 卷第 4 期。

［日］和田齐《铁托和毛泽东》发表于《思索》第 20 期。

［日］鹿地亘《毛泽东和蒋介石》发表于《评论》第 31 期。

［日］岩村三千夫《毛泽东和〈论联合政府〉》发表于《朝日评论》第 4 卷第 2 期。

汪旭庄《走向社会主义经济的踏脚石》发表于《平民世纪》第 1 卷第 2 期。

［日］大久保泰《毛泽东的政策——中共之剖析》发表于《政界》第 3 期。

余政《中国共产党诞生二十八周纪念》发表于《上海邮刊》第 4 卷第 2 期。

杨逎僚《社会主义与人道主义》发表于《方向》第 1 期。

牛若望《透视共产主义》发表于《文藻月刊》第 2 卷第 5 期。

吴景朝《马克思论危机》发表于《社会科学》第 5 卷第 2 期。

佩山《向苏联社会主义财政学习》发表于《银行周报》第 33 卷第 40 期。

陶冠文《论共产主义之苏联与三民主义之我国关于继承立法之原则及

其比较》发表于《法语》第 1 期。

流金《论社会主义的成长》发表于《中建(综合版)》第 1 卷第 1 期。

冷凝《社会主义的意义和发展》发表于《学谊丛刊》第 10 期。

述德译《美国人看史达林》发表于《西点》第 36 期。

阿远《中共主席毛泽东素描》发表于《内幕新闻》第 18 期。

徐光《西苑飞机场欢迎毛主席》发表于《工农兵》第 6 卷第 2 期。

《人民领袖毛泽东同志幼年二三事——为纪念"七一"二十八周年而作》发表于《工农兵》第 6 卷第 4 期。

《毛主席少年时代的学习故事》发表于《战友》第 30 期。

叶青《毛泽东底和平条件》发表于《军中文摘》第 4 期。

夏炎德《为社会主义的名词作一详解》发表于《舆论》第 2 卷第 6 期。

沪江弃人《论基督教与社会主义》发表于《天风》第 7 卷第 14 期。

吴耀宗《人民民主专政下的基督教》发表于《天风》第 8 卷第 5 期。

陈湘《狄托——共产主义的叛徒》发表于《袖珍杂志》第 2 期。

嘉音《社会主义革命与妇女解放》发表于《家》第 46 期。

天行《谈唯心论·唯物论·社会主义国家》发表于《再造》第 4 期。

[苏]托罗茨基作、慕真译《史大林传》发表于《民主与统一》第 31 期。

周念珊《邵力子与毛泽东》发表于《权威》第 1 期。

赵呈祥《斯大林万寿无疆》发表于《东北画报》第 66 期。

《毛主席的故事》发表于《群众文化》第 9 期。

周立波《毛主席的二三事》发表于《苏北周刊》第 9 期。

柯仲年《共产主义首先在一个人身上胜利》发表于《人民世纪周刊》第 1 卷第 3 期。

张伯声讲、高焕章笔记《地质学与辩证法》发表于《国立西北大学校刊》第 3 期。

《新时代》杂志社论《将来属于社会主义和民主主义》发表于《新闻类编》第 1684 期。

毕尔曼《超计划积蓄是社会主义经济发展的强力杠杆》发表于《新闻类编》第 1684 期。

[苏]巴拉诺夫斯基《列宁的最后一次演说》发表于《新闻类编》第 1685 期。

葛里兴《列宁逝世后由斯大林遵行其遗训的二十五年》发表于《新闻类编》第 1685 期。

［苏］白里维泰罗《列宁与斯大林论东方民族解放斗争》发表于《新闻类编》第 1685 期。

［苏］梅衣拉赫《列宁与文学》发表于《新闻类编》第 1685 期。

按：文章说："列宁的事业带有非常广泛的、百科全书的性质。这位社会主义革命伟大领袖的兴趣范围里，有哲学、经济学、自然科学、历史、文学的种种问题。谈到列宁的文学见地，首先要指出他的文学兴趣的领域真正广大。列宁的著作中，反映有各时代各民族的文学现象、文学理论、美学及文学史的各种问题。在巨帙的列宁文集里，在印行的三十五册的列宁文件里，我们发现对各式各样文学论题的反响，自普希金、柏林斯基、赫尔岑、尼克拉索夫、巧尔尼雪夫斯基、多布留博夫、屠格涅甫、沙尔提крате夫、谢德林、列甫·托尔斯泰、契霍甫、高尔基、马雅科夫斯基、左拉、辛克莱、巴比塞诸人的作品起，至现在被人遗忘的著作家的作品止，列宁关于俄国新闻杂志的言论也显得特别广泛。伟大十月社会主义革命以后，列宁虽忙于建设苏维埃国家的巨大工作，仍继续注意文学的动态，深情地扶持新的苏维埃艺术的增长。"

［苏］亚拉洛薇茨《列宁论妇女的解放与平等》发表于《新闻类编》第 1685 期。

［苏］托乌策《向社会主义建设的新胜利前进》发表于《新闻类编》第 1685 期。

［苏］B. L. 马尔库斯《列宁与斯大林论社会主义经济制度的优越性》发表于《新闻类编》第 1686 期。

［苏］V. 涅米罗夫斯基《列宁与斯大林论社会主义国家》发表于《新闻类编》第 1686 期。

［苏］波略柯夫《列宁合作社计划的胜利》发表于《新闻类编》第 1698 期。

［苏］柯尔班诺夫斯基《社会主义社会中的恋爱、婚姻与家庭》发表于《新闻类编》第 1698 期。

［苏］伏尔柯夫《列宁主义是全世界劳动人民的旗帜》发表于《新闻类编》第 1698 期。

雷平《列宁与中亚细亚各民族》发表于《新闻类编》第 1698 期。

云先《共产党在北平的大动作》发表于《时事新闻》第 16 期。

任弼时《论共产主义的社会秩序》发表于《世界与中国》第 4 卷第 1 期。

按：是文作者《土地改革所引起的几个重要问题》一文的第三部分。

徐永煐《韬奋的共产主义思想》发表于《世界知识》第 20 卷第 4 期。

戈绍龙《列宁斯大林眼中的巴夫洛夫》发表于《世界知识》第 20 卷第

14 期。

新民《佛教与社会主义》发表于《弘化月刊》第 5 卷第 97 期。

龙智表《佛法中之辩证法》发表于《弘化月刊》第 5 卷第 100 期。

《毛主席的故事》发表于 6 月 25 日《前进》(战士版)。

杨会森《我给毛主席开车》发表于 4 月 1 日《铁路职工》。

蒋振海《我见到了毛主席》发表于 4 月 6 日《铁路职工》。

康英《我们见到毛主席》发表于 5 月 13 日《盐阜大众》。

谢觉哉《毛主席的故事》发表于 4 月 13 日《大众日报》。

《党的领袖——毛泽东同志》发表于 7 月 1 日《群众日报》。

《毛主席的故事》发表于 7 月 1 日《群众日报》。

《毛主席的故事》发表于 7 月 12 日、18—19 日《吉林工农报》。

《毛泽东同志故事》发表于 6 月 9—7 月 15 日《拂晓报》。

赵占魁《三次会见毛主席》发表于 4 月 14 日《察哈尔日报》。

《毛主席的儿童时代》发表于 4 月 4—6 日《淮海报》。

石大姐说、魏善熬记《我看见了毛主席》发表于 4 月 29 日《淮海报》。

《毛主席的青年时代》发表于 5 月 4 日《淮海报》(五四特刊)。

华岗《论中苏关系》(1949 年 9 月 26 日在青岛中纺公司全体职工大会上讲演)发表于 10 月 9 日《胶东日报》。

按：文章说："尤其重要的,就是十月革命以后,经过俄国人的介绍,使苦难深重的中国人民找到了马列主义,这是解放斗争最有力的思想武器,于是中国革命的面目为之一新。在十月革命与列宁的启示之下,爆发了五四运动,开始了中国革命的新民主主义时代。五四运动的最大结果,中国工人阶级及劳苦人民学得了俄国革命的经验,成立了自己的政党——中国共产党,从此,中国无产阶级便以领导资格登上中国革命舞台,使中国的历史改变了面貌。"

华岗《中国人为什么要纪念十月革命》(1949 年 10 月 30 日在中苏友好协会青岛分会所主办研究苏联讲座会上的讲演词)发表于 10 月 30 日《胶东日报》。

按：文章说："对于我们中国人来说,那十月革命不但使我们打开了眼界,给我们提供了马列主义的思想武器,帮助我们找到了正确道路,而且使我们中国革命人民在孤立无援中找到了最可靠的国际朋友,试问在十月革命以外,曾经有哪一国革命对我们发生过这样伟大的作用呢？……十月革命第一个伟大意义,就是向来被压迫被奴役的工农兵人民大众,表现了深厚无比的革命力量,破天荒第一次在人类史上翻过身来,冲破了世界帝国主义战线,在一个最大资本主义国家里推翻了帝国主义资产阶级,摧毁了地主资产阶级手里的反革命政权,建立了社会主义苏维埃的革命政权,剥夺了地主资产阶级不合理的占有权利,将工厂、作坊、土地、铁路、银行、矿山,变为全体人民的产业与社会的财富,并用劳动人民大众自己的手和脑,建设起社会主义经济制度,推翻了没有资本家老板就不能开工厂的鬼话,而且社会主义经济越来越兴旺,创造了世界上最进步的生产方法,出现了最和谐合理的生产关系,根本消灭了剥削现象与失业现象,大大改善了全体人民的生活。这件事情的本身,就使世界人民睁开了眼睛,帮助他们找到了摆脱痛苦的正确道路和方法,给世界人类历史开辟了一个新纪元。十月革命第二个伟大意义,就是用它自己的模范行动与建设成绩,实际援助和激动了世界各国的人民革命。因为在十月革命中取得胜利的工农大众,既然打倒了俄国自己的帝国主义,并在世界六分之一的土地上建立了社会主义制度,就必然以新社会的雄伟力量去对抗其他帝国主义国家,而把其他各国被压迫阶级都吸引到自己方面来。不仅如此,十月革命所产生的积极结果,同时并为世界革命运动建立了强大的公开的基础和中心,这是世界革命运动从来未曾有过的。如果从前因为没有一个世界革命运动的根据地,可以表明和规定被压迫阶级的意旨和纲领,以致不能实现世界革命力量的大团结,那么,十月革命胜利的结果,就逐渐弥补了这个缺陷,满足了世界革命力量大团结的神圣要求。十月革命第三个伟大意义,就是由于十月革命胜利的结果,整个儿解放了俄国境内的一切被压迫民族,把'民族牢狱'变成各民族的平等自由联邦。……十月革命第四个伟大意义,就是十月革命不仅是经济关系和社会政治关系方面的大革命,而且同时又是人类智慧的空前解放与思想意识的大革命。"

华岗《十月革命和妇女解放》(1949 年 11 月 5 日在青岛市民主妇联讲座上的讲词)发表于 11 月 6 日《胶东日报》。

按:文章说:"十月革命和妇女解放的关系,可以从两方面来说明:一方面,十月革命是俄国男女革命力量共同奋斗的结果,这就是说,十月革命的胜利,有俄国人口一半的妇女群众革命劳绩在里面;另一方面,广大受苦受难的妇女群众,只有在十月革命及其所开辟的人类新历史中,才找到了妇女真正解放的光明道路。"

华岗《论国际主义与世界主义的区别和斗争——为纪念十月革命三十二周年而作》发表于 11 月 7 日《胶东日报》"中苏友谊"创刊号。

按:文章说:"国际主义从马克思和恩格斯开始倡导的时候起,就一直成为工人阶级与其他进步人类争取解放的思想武器,而一九一七年俄国十月革命的胜利,乃是国际主义成长发展的一大关键。这是因为一九一七年的俄国十月革命,并不只是俄国民族范围内的革命,而且是世界革命的真正开端与前提。由于十月革命的胜利,俄国工农兵群众首先冲破了世界帝国主义战线,在一个最大资本主义国家里推翻了帝国主义资产阶级,在世界六分之一的土地上,建立起世界无产阶级的第一个祖国,使一向被奴役被压迫的工农群众,破天荒第一次在人类史上升到了主人翁地位,并即以自己社会主义国家的力量,去援助世界上一切被压迫阶级与被压迫民族,告诉各种民族中的工农大众:根据自愿原则和在国际主义基础上结成兄弟联盟,用无产阶级国际主义方法解放被压迫民族,是唯一正确的道路。"

华岗《今年纪念十月革命的新形势和新任务》(1949 年 11 月 7 日在青岛各界纪念十月革命节大会上的讲演词)发表于 11 月 8 日《胶东日报》。

按:文章说:"十月革命所开辟的人类新历史,现在又进到了更新的斗争阶段。十月革命开始了国际无产阶级革命,突破了帝国主义的世界战线,在世界六分之一的土地上,建立了国际无产阶级第一个祖国——苏联,并且引起了本世纪二十年代世界革命的高潮,在芬兰、奥国、德国、匈牙利、意大利、保加利亚、中国等国,都爆发了规模大小不等的革命斗争。后来因为各帝国主义政府得到了改良主义者的支持,对革命由防御转为进攻,而革命方面也存在着各种弱点,结果除了十月革命巩固了自己的胜利以外,其他如芬、奥、匈、意、保等国革命,都遭受了失败,于是自一九二三年起,资本主义世界获得了暂时的稳定,第一次大战后第一个世界革命高潮,就这样过去。在这个期间,一九二五年英国大罢工与中国大革命,可以说是世界帝国主义相对稳定时期的两大缺口,表示人民力量就在世界革命退潮时期,也能够对帝国主义阵营进行反击。"

C.D 作《北京马克斯生日纪念会》发表于 5 月 10 日上海《民国日报》副刊《觉悟》。

《〈论人民民主专政〉学习问答》发表于 9 月 18 日《新华日报》。

吴玉章《永远随时代前进——在华北大学祝寿会上的讲话》发表于 1 月 5 日华北《人民日报》。

按:文章说:"今年是人类最伟大的巨人马克思、恩格斯发表《共产党宣言》的一百周年。现在世界事变和中国的发展,证明了共产主义的实现是为期不远了。《共产党宣言》是指示了人类社会发展的道路,这种道路是以马克思的天才以科学的方法汇集了人类有史以来的智慧而发展产生出来的历史科学的规律。我们中国人民解放军之能够获得光荣伟大的胜利,就是由于我们军队是中国共产党领导的为人民解放而斗争的军队,而中国共产党又是由于精通马列主义的毛主席所领导的。因此,我们坚决相信我们的革命一定会得到胜利!"

王朝闻《谈谈如何学习"文艺座谈会上的讲话"》发表于 1 月 5 日《人民日报》。

按:文章说:"毛主席的讲话与文章,形式很平易,不难懂。但要深刻懂得它的精神,如果不联系实际,只停留在文件的阅读上是不可能的。"文章还说,文艺作品要大众化、工农兵化,就必须深入实际,了解群众。"如果对于人民大众的解释不正确,如果不是理论和实际的了解人民大众的需要,不懂得什么是他们局部与全部的利益,暂时与长远的利益,只求易懂,有时会创作出违背革命原则的反动的坏作品。"

《学习〈将革命进行到底〉的名词解释》发表于 1 月 5 日、8 日《人民日报》。

赵萍《某电灯公司学习〈将革命进行到底〉》发表于 2 月 2 日《人民日报》。

原怀静《绥远人民热爱毛主席》发表于 3 月 5 日《人民日报》。

郭沫若《在毛泽东旗帜下》发表于 4 月 7 日《人民日报》。

按:文章向中国青年发出了努力学习马列主义、学习毛泽东思想的号召。文章指出:要完成中国青年所担负的历史使命,就必须"诚心诚意地接受中国共产党的领导,学习马列主义、学习毛泽东思想,体验中国共产党的各种政策和号召,建立一个坚强的革命人生观。这是唯一的途径,而且是每个人所必须经历的途径"。文章论述了学习理论、树立无产阶级世界观的重要性,指出中国青年首先必须是革命家,然后才能掌握革命的技术;必须有彻底的人民意识者,然后才能成为忠实的人民勤务员。

范文澜《中国早期的唯物历史科学家——李大钊同志》发表于 4 月 28 日《人民日报》。

《毛泽东同志论五四运动》发表于 5 月 4 日《人民日报》。

茅盾《瞿秋白在文学上的贡献——瞿秋白逝世十四周年》发表于 6 月 18 日《人民日报》。

按:文章说:"秋白是最早介绍俄罗斯文学之一人,也是最早介绍苏维埃俄罗斯文学之一人。虽然革命的要求使他只能分出极小部分的时间和精力来做这一件工作,可是现在他遗下给我们的东西实在不能算少,——两大卷的《海上述林》。这大概都是他在一九三一年到三三年之间译的,那时他在上海。敌人的白色恐怖那时达到了顶点,他不得不经常迁移住所。诗剧《茨冈》的最后一部分译稿恐怕就是这样失落的。这是我们的一个极大的损失。直到今天,还没有更好的《茨冈》的译本,而且也没有同样好的译笔来续完璧译本的未完成的部分。鲁迅曾经说过:俄文程度及得上秋白的,中文修养未必得上,所以这一块残璧,大概是要永久残缺的了。"

柏生《毛主席来了——全国文代大会速写》发表于 7 月 7 日《人民日报》。

毛泽东《在全国文学艺术界代表大会上的讲话》发表于 7 月 7 日《人民日报》。

《文代大会第七日陈伯达要求提高思想,强调学习毛泽东思想和作风,苦心反复研究社会各种现象》发表于 7 月 10 日《人民日报》。

艾思奇《评关于社会发展问题的若干非历史观点》发表于 7 月 27 日《人民日报》。

[苏]《新时代》杂志《毛泽东论中国人民民主专政的基础》发表于 7 月 31 日《人民日报》。

舒《"走俄国人的路"——读〈论人民民主专政〉笔记》发表于 8 月 4 日《人民日报》。

宏远《读〈论人民民主专政〉的一点心得——关于"走俄国人的路"学习讨论》发表于 8 月 12 日《人民日报》。

沈予《没有"第三条道路"——学习〈论人民民主专政〉》发表于 8 月 13 日《人民日报》。

毛泽东《在北平的各界人民代表会议上的讲话》发表于 8 月 14 日《人民日报》。

秋儿《我愿长期的做人民的警卫员——学习〈论人民民主专政〉》发表于 8 月 27 日《人民日报》。

杨甫《给上海某同志的一封信——讨论〈论人民民主专政〉》发表于 9 月 14 日《人民日报》。

[苏]米丁《共产党的伟大思想武器——为纪念列宁〈唯物论与经验批判论〉一书 40 年而作》发表于 9 月 12 日《人民日报》。

《〈论人民民主专政〉学习问答》发表于 9 月 18 日《人民日报》。

毛泽东《在欢宴意共中央委员斯巴诺时的讲话》发表于 9 月 24 日《人民

日报》。

《民革京分会会员学习〈论人民民主专政〉》发表于 9 月 28 日《人民日报》。

毛泽东《中国人民大团结万岁》发表于 10 月 1 日《人民日报》。

按：是为毛泽东于 1949 年 9 月 30 日为中国人民政治协商会议第一届全体会议起草的会议宣言。宣言庄严宣告：中华人民共和国现已宣告成立，中国的历史，从此开辟一个新的时代。

毛泽东《中华人民共和国中央人民政府公告》发表于 10 月 2 日《人民日报》。

张仲实《苏联的社会制度和国家制度——一九四九年九月十三日晚七时在中苏友协主办讲演会上》发表于 10 月 3 日《人民日报》。

〔苏〕米丁作、郭力军译《共产主义底纲领性的文件》发表于 10 月 6 日《人民日报》。

艾思奇《再评关于社会发展问题的若干非历史观点》发表于 10 月 17 日《人民日报》。

张澜《庆祝苏联十月革命三十二周年》发表于 11 月 7 日《人民日报》。

按：文章说："我们对于苏联的建国经验，实应该引为鉴照。那些经验，都是宝贵而成熟的经验，是中国建国的指南针，我们要走向光明之路，就应该真真实实地向苏联学习。"

毛泽东《在莫斯科车站的演说》发表于 12 月 18 日《人民日报》。

按：毛泽东 1949 年 12 月 6 日出访苏联，16 日在抵达莫斯科车站时发表演说，认为中苏两国人民是有深厚友谊的。

毛泽东《在莫斯科庆祝斯大林七十寿辰大会上的祝词》发表于 12 月 23 日《人民日报》。

《为坚持党的路线斗争，反对一切机会主义的偏向必须强调批评与自我批评》发表于 12 月 26 日《人民日报》。

按：文章指出："我们必须毫不犹豫地为坚持党的路线进行斗争，反对一切机会主义的偏向。我们只有一条路线——无产阶级革命的路线——共产党的列宁主义——斯大林主义的路线。"

李大《毛主席就是胜利》发表于 12 月 29 日《人民日报》。

按：文章充分肯定了马列主义与中国革命具体实践相结合的毛泽东思想的伟大作用，热情讴歌了毛泽东。文章说："人们看到了毛主席、共产党'这幅鲜明的红旗'，有了希望和信心；在这幅红旗引导下前进，结果获得了真正的胜利。""铁一样的事实教育我国人民:毛主席就是胜利,跟着毛主席走,永远是成功的。"

《毛主席遵守制度》发表于 9 月 20 日《前锋报》。

徐特立《学习瞿秋白同志》发表于 6 月 18 日《光明日报》。

杨华《三件法宝一条大道——读〈论人民民主专政〉笔记》发表于 7 月 21 日《光明日报》。

卢心远《人民民主专政——读了〈论人民民主专政〉以后》发表于 8 月 4 日和 6 日《光明日报》。

按:文章首先指出《论人民民主专政》是一篇光芒万丈的伟大著作,全世界的舆论机关,无论中国人民的友人的还是敌人的,都在传达或翻译它。接着,卢文从人民、民主、专政三个方面来论说这一理论:作为人民民主专政的基础的人民是工人阶级、农民阶级、知识分子、民族资产阶级,而其中工农联盟是主要的,并且工人阶级是领导阶级。所以,我们的人民民主和资产阶级的民主截然不同。资产阶级的民主只是占人口极少数的资本家的民主,我们的民主却是工人阶级领导下的工农联盟和联合知识分子及民族资产阶级专政的民主,是对占全国人口百分之九十五的人民实行民主,对占全国人口百分之五的反动派实行专政,这是民主的扩大和发展。专政即是毛主席所指示的,或叫人民民主独裁,就是剥夺反动派的发言权,只让人民有发言权。专政是与国家而俱有的,国家存在一天则专政也存在一天。人民夺取了国家的政权,广大人民享有民主,对极少数的剥削者和压迫者实行专政。[①]

《学习〈论人民民主专政〉的几点参考材料》发表于 8 月 15 日《光明日报》。

余牧秋《〈农村调查〉读后》发表于 8 月 15 日、18 日《光明日报》。

卢心远《国家与政党底衰亡——读〈论人民民主专政〉》(笔记之二三)发表于 8 月 22 日、25 日《光明日报》。

立早《阶级专政与人民民主——学习〈论人民民主专政〉心得》发表于 9 月 3 日《光明日报》。

余文《学习〈论人民民主专政〉札记》发表于 9 月 8 日《光明日报》。

杨奎章《论人民民主专政与新民主经济》发表于《光明日报》第 3 卷第 11 期。

《关于学习〈论人民民主专政〉的几点参考材料》(《论人民民主专政》讨

① 胡为雄.毛泽东思想研究史略[M].北京:中央文献出版社,2004:40.

论提纲）发表于 7 月 15 日《工人日报》。

《学习〈论人民民主专政〉的问题》发表于 7 月 20 日、27 日、30 日《工人日报》。

《我们对〈论人民民主专政〉的看法》发表于 7 月 22 日《工人日报》。

赵真之《学习〈论人民民主专政〉以后》发表于 7 月 22 日《工人日报》。

《我们为什么要一边倒——学习〈论人民民主专政〉的一点心得》发表于 8 月 27 日《工人日报》。

《关于学习〈论人民民主专政〉问题解答》发表于 8 月 15 日《天津日报》。

《人民领袖毛主席》发表于 2 月 5 日《前卫报》。

社评《伟大十月社会主义革命的意义与教训》发表于 11 月 7 日香港《大公报》。

三、研究著作

［德］马克思、恩格斯著，成仿吾、徐冰译《共产党宣言》由冀鲁豫新华书店出版。

［德］马克思、恩格斯合著，博古校译《共产党宣言》由太行新华书店出版。

［德］马克思、恩格斯合著，博古校译《共产党宣言》由大连东北书店出版。

［德］马克思、恩格斯合著，博古校译《共产党宣言》由长春东北书店出版。

［德］马克思、恩格斯合著，博古校译《共产党宣言》由华北大学出版。

［德］马克思、恩格斯合著，博古校译《共产党宣言》由皖北新华书店出版。

［德］马克思、恩格斯合著，博古校译《共产党宣言》由新华书店出版。

［德］马克思、恩格斯合著，博古校译《共产党宣言》由中国人民解放军第十五兵团政治部出版。

［德］马克思、恩格斯合著，博古校译《共产党宣言》由西北新华书店出版。

［德］马克思、恩格斯合著，博古校译《共产党宣言》由华中新华书店出版。

［德］马克思、恩格斯合著《共产党宣言》由解放社出版。

［德］马克思、恩格斯合著《共产党宣言》由新华书店出版。

［德］马克思、恩格斯合著《共产党宣言》由苏南新华书店出版。

［德］马克思、恩格斯合著《共产党宣言》由浙江新华书店出版。

中共中央马克思、恩格斯、列宁、斯大林著作编译局编译《马克思恩格斯〈共产党宣言〉》由人民出版社出版。

［德］马克思、恩格斯著,博古辑译《共产党宣言·社会主义从空想到科学的发展》由解放社出版。

［苏］米丁等著、郭力军译《〈共产党宣言〉一百年》由北京新华书店出版。

按:是书收录尤金《共产党宣言一百周年》、米丁《共产主义底纲领性的文件》、克鲁日珂夫《共产党宣言底基本思想》、维辛斯基《共产党宣言里的国家问题》、奥斯特罗维吉昂诺夫《共产党宣言与苏联的共产主义建设》、列昂节夫《共产党宣言与资本主义没落的时代》等 6 篇文章。

［德］马克思著、柯柏年译《法兰西阶级斗争》由解放社出版。

［德］马克思著、柯柏年译《法兰西阶级斗争》由山东新华书店出版。

［德］马克思著、柯柏年译《法兰西阶级斗争》由人民出版社出版。

［德］马克思著、何思敬译《哲学底贫困》由解放社出版。

［德］马克思著《哲学的贫困》由北京人民出版社出版。

按:恩格斯在 1884 年 10 月 23 日写的《德文版序言》说:面前这本书,是 1846 年底到 1847 年初那个冬天产生的,那时候,马克思对他的新的历史观点和经济观点的基本特点,自己已经彻底了解了。刚刚出版的蒲鲁东《经济矛盾的体系或贫困的哲学》一书,给予他把这些基本特点同这个人的见解对立起来加以发挥的机会,从那时起这个人在当代法国社会主义者中间就居于最重要的地位。自从他们两人在巴黎常常为经济问题作终夜谈以来,他俩的路是越离越远了;蒲鲁东的著作证明两人之间现在已经横着一条无法架渡的深沟;置之不理在当时是不可能的;所以,马克思就在他的这一个答复里确认了这个不可救治的裂口。

马克思对蒲鲁东的总评价,可以在附在这篇序文后面的那篇文章里看到,那是 1865 年在柏林《社会民主主义者》第十六、十七、十八期上发表的。这是马克思为那个刊物写的唯一的一篇文章;不久,施韦泽尔先生要使那个刊物转上封建的、政府的轨道的企图暴露了,这就迫着我们在几星期后就公开声明不再投稿。

对于德国,面前这本书恰恰在现在这个时刻具有马克思本人从未料到的意义。他怎么能知道,当他痛击蒲鲁东的时候,刚好命中了他当时连姓名都不知的今日之野心示神洛贝尔图呢? 这里不是深究马克思同洛贝尔图的关系的地方；这件事，我不久就会有机会来作。这里只想指出，当洛贝尔图控告马克思"剽窃"他"在《资本论》中大量地利用了"他的《认识》一书"而没有提到"他的时候，他是在肆意诽谤。这种诽谤要找解释，只能是这位无人赏识的才子的悒悒寡欢和他对普鲁士以外发生的事情特别是对社会主义和经济学文献的非常无知。马克思既没有看到这个控告，也没有看到上述洛贝尔图的著作；关于洛贝尔图，他所知道的，根本只有那三封"社会书简"，连这些也决不是在 1858 或 1859 年以前就知道的。

　　洛贝尔图有更多的理由认为，在这些信里，他早在蒲鲁东之前就已经把"蒲鲁东的构成价值"发现了；在这里，他当然又错误地自作多情，把自己看成是第一个发现者。不管怎样，他在我们这本书里也就连带受到了批判，而这就使我必须简单研究一下他的《关于我国国家经济状况的认识》这本"创业的"小书(1842)，只要这本小书除了(又是不自觉地)包含着威特灵式的共产主义之外还预先披露了蒲鲁东的见解。……那时候，马克思还没有去过不列颠博物馆的阅览室。他除了巴黎和布鲁塞尔图书馆的书籍，除了我的书籍和札记以外，当我们一起在 1845 年夏天到英国作了六星期的旅行的时候，只浏览了曼彻斯特可以找到的书。这样看来，上述的书籍，在那四十年代并不像现在这样难于找到。如果说，尽管这样，洛贝尔图始终不知道有这些书籍，那完全要怪他的普鲁士的地方局限性。他是普鲁士所特有的社会主义的真正的奠基人，而现在也终于被公认为这样的人了。……因此，洛贝尔图有充分机会亲自确定一下他的 1842 年的发现究竟是不是新的。他不这样作，反而一再宣告他的新发现，把它看成如此举世无双，以致再也不想想，马克思也能像他洛贝尔图一样，独立地从李嘉图的理论中引出自己的结论。决不会！马克思"剽窃"了他，——然而就是这个马克思向他提供过一切机会，让他确切认识到，这些结论，早在他们两人之前很久，至少在洛贝尔图还保存的那样粗糙形式上，在英国已经有人说到过！

　　[德]马克思著作、柯柏年译《拿破仑第三政变记》由北京人民出版社出版。

　　[德]马克思著作、柯柏年译《拿破仑第三政变记》由光华书局出版。

　　[德]马克思等著《关于学习〈拿破仑第三政变记〉的参考材料》由马列学院出版。

　　[德]马克思著，朱应祺、朱应会译《工资劳动与资本》(马列主义丛书)由上海世界文化出版社出版。

　　[德]马克思著、沈志远译《雇佣劳动与资本》(马列主义理论丛书)由上

海三联书店出版。

[德]马克思著，朱应祺、朱应会译《工资、价格及利润》由上海世界文化出版社出版。

[德]马克斯著，郭大力、王亚南译《资本论》（第 3 卷）由东北光华书店出版。

[德]马克思原著、阪本胜编剧、费明君译《戏剧资本论》由上海社会科学研究社出版。

[德]马克思原著、阪本胜编剧、费明君译《戏剧资本论》由上海神州国光社出版。

按：译者序说："《资本论》不仅是一部经济学著作，也是一部伟大的历史的和哲学的著作，在那里面，马克斯主要是在一定的社会经济形态（资本主义）底多方面的研究中，附带地提出了历史唯物论底广泛的论据。他完全符合了现实的实际情形，把社会生产方式看作是整个社会生活底基础，不把它看作是永久的和不变的东西，而看做是历史地生长起来的，发展着的而且是必然地具备自身死亡的条件的。《资本论》不单说明了资本主义的实际，更指出它底革命的改变途径，也用科学的方法证明了资本主义底崩溃，和社会主义社会对于资本主义的革命的替代，是不可避免的。"

[德]博洽德编、李季译《通俗〈资本论〉》由上海学用社出版。

[德]博洽德编、李季译《通俗〈资本论〉》由上海神州国光社出版。

沈志远著《研习〈资本论〉的准备》由大连出版。

[德]恩格斯著、何锡麟译《〈资本论〉提纲》（马恩丛书）由长春东北书店出版。

按：是书收录关于《资本论》的评论、《资本论》第 2 卷序言、《资本论》第 3 卷补遗、《资本论》第 3 卷第 27 章补。书前有编辑部绪言，书后有人名索引。

[苏]李昂吉节夫著、徐坚译《论马克思〈资本论〉》由上海三联书店出版。

[苏]列昂节夫著、徐坚译《论马克思〈资本论〉》由哈尔滨新中国书局出版。

[苏]列昂节夫著、徐坚译《论马克思〈资本论〉》由上海实践出版社出版。

[苏]列昂节夫著、王强译《马克思的〈资本论〉》（又译《论马克思资本论》）由上海正风出版社出版。

[苏]聂奇金纳著、郑易里译《〈资本论〉的文学构造》由长春读书出版社出版。

沈志远著《研习〈资本论〉的准备》由大连生活书店出版。

按：是书分引言、马克思如何写作《资本论》、恩格斯在《资本论》上的劳作、《资本论》底主要内容及其意义、布尔乔亚的批评与修正主义的曲解、怎样研习《资本论》。附录有马克思底《资本论》、《资本论》第二卷序言、资本家的积蓄之历史的倾向、《政治经济学批判》序、马克思底《政治经济学批判》。

［日］石川准十郎著、洪涛译《〈资本论〉入门》由上海社会科学研究社出版。

王思华著《〈资本论〉解说》由哈尔滨新中国书店出版。

［苏］亚尔帕里著、许涤新译《怎样研究〈资本论〉》由大连新中国书店出版。

按：译者序言说：自《资本论》的全译本出版以后，中国的青年朋友，其欲研习这一部伟大的辉煌巨著者，一天比一天的多起来。但因为"在科学上面是没有平安的大路可走"，特别是《资本论》的第一章乃是最深奥最难读的一章，所以，有不少的朋友们，因为准备工夫做得差一点，读起来竟觉得"莫名其妙"，于是，就顿时失去了对该书的研习兴趣了。欲克服这个困难，非把研习《资本论》的准备工夫弄好不可；非把研习《资本论》的步骤和方法弄个清楚不可。最近一些进步的杂志，常常在介绍苏联方面的《怎样研习资本论》的文章，就是为适应客观这一要求而来的。其中最有价值的要算洪进先生所译的李昂捷豹夫的《怎样研究资本论》（载《读书月报》第 1 卷第 2 期），和沈志远先生所译的罗森贝的《怎样研习资本论》（载于《理论与现实》第 1 卷第 2 期）。亚尔帕里这部小书，从去年正月二十八日起，继续发表于《世界新闻与舆论》（即前《国际通讯》）之第 19 卷第 4 期第 5 期和第 6 期。我是根据它们译出的。原文只在每一章之前有标题，为了使读者方便一点，我在每一章里面，加入分段的小标题——如第一章中之"应该先读什么书""马克思给库尔格曼的一封信"等等。其次，书中一些比较有关系的人名和术语，为了便利读者之理解，亦由译者加以注释。这些小标题和注释是否适当，是要请朋友们指正的。

［苏］亚尔帕里著、许涤新译《怎样研究〈资本论〉》由读书出版社出版。

［德］恩格斯著、郭大力译《剩余价值学说史》由长春新中国书店出版。

按：是书于 1949 年 6、8 月重印。即马克思作为《资本论》第 4 卷而撰写的《剩余价值理论》一书，1905 至 1910 年由卡尔·考茨基编辑出版。每卷前有考茨基写的编者序，第 1 卷前有马克思像一幅，第 2 卷分 2 册，第 3 卷后附译者跋和勘误表。根据 1923 年柏林第 5 版翻译。郭大力自 1940 年春开始动笔翻译，到 1943 年 11 月才终于译完。此后，他不断努力校订，经过 5

年的艰苦劳动,于 1948 年 8 月定稿,1949 年 6 月在上海由三联书店正式出版发行,同时在长春由上海新中国书局出版。至此,马克思的伟大经典《资本论》中文全译本四大卷在我国全部翻译出齐。

〔德〕恩格斯著、郭大力译《剩余价值学说史》由实践出版社出版。

〔德〕恩格斯著、考茨基编、郭大力译《剩余价值学说史》(马列主义理论丛书)由上海生活·读书·新知联合发行所出版。

〔德〕马克思、恩格斯著,王学文、何锡麟、王石巍译《政治经济学论丛》由山东新华书店出版。

按:是书分《雇佣劳动与资本》和《价值价格与利润》两部分。恩格斯在《雇佣劳动与资本》的《序言》中说:"这本著作是一八四九年四月四日起在《新莱茵报》上连续发表过的一些论文。是根据一八四七年马克思在布鲁塞尔德意志工人协会上的演讲。这本著作始终只是一部未完成的作品;由于当时接连发生的许多事件的影响——如俄罗斯人之侵入匈牙利,在德莱斯登、依塞尔龙、爱尔倍菲德、帕拉替内特及巴登等地暴动的发生等等,致《新莱茵报》自身于一八四九年五月十九日亦被禁止发刊——以致在二百六十九号末尾上的'待续'终未实现。在马克思的遗稿中,并未发见这种继续的原稿。"

〔德〕马克思、恩格斯著,王学文译《政治经济学论丛》由东北新华书店出版。

〔德〕恩格斯著、张仲实译《家族私有财产及国家的起源》由上海生活·读书·新知三联书店出版。

按:是为恩格斯的一部关于古代社会发展规律和国家起源的著作,是马克思主义国家学说的代表作之一。

〔德〕考茨基著、铎梅译《马克思的经济学说》由社会科学研究社出版。

〔德〕考茨基著、汪馥泉译《马克思底经济学说》由上海神州国光社出版。

〔德〕恩格斯等著、何封等译《卡尔·马克思》由苏南新华书店出版。

〔德〕恩格斯等著、何封等译《卡尔·马克思——人、思想家、革命者》由读书出版社出版。

按:是书乃译文集。内收《卡尔·马克思》(恩格斯著、何封译)、《关于马克思之死致索尔格的信》(恩格斯著、何封译)、《马克思安葬演说词》(恩格斯著、何封译)、《卡尔·马克思》(伊里诺·马克思著、何封译)、《六月事变》(马克思著、何封译)、《一八四八年的革命与无产阶级》(马克思著、何封译)、《卡尔·马克思》(普列哈诺夫著、何封译)、《卡尔·马克思》(列宁著、董秋斯译)、《忆马克思》(拉伐格著、董秋斯译)、《星期日在荒原上的遨游》(李卜克内西著、董秋斯译)、《马克思与小孩子》(李卜克内西著、董秋斯译)、《马克思主义之停滞与进展》(卢森堡著、蒋天佐译)、《一个工人对于卡尔·马克思的回忆》(莱斯奈尔著、林淡秋译)、《马克思与达尔文主义》(K.替米里亚崔夫著、克士译)、《马克思与隐喻法》(梅林著、罗稷南译)等 15 篇文章。

[苏]列宁著、博古译《卡尔·马克思小传》由上海国强出版社出版。

按:是书分《卡尔·马克思》和《马克思底学说》两部分,后者包括哲学的唯物论、辩证法、唯物史观、阶级斗争、马克思的经济学说、社会主义、无产阶级斗争底策略等 7 节。

李季著《马克思传》由上海神州国光社出版。

[德]拉发格等著、董秋斯等译《回忆马克思》由山东新华书店出版。

按:是书乃译文集,收录拉发格《忆马克思》,李卜克内西《星期日在荒原上的遨游》《马克思与小孩子》,莱斯奈尔《一个工人对于马克思的回忆》。附录:《马克思是怎样学习的》《马克思略传》《马克思年表》。

[德]拉发格等著、董秋斯等译《回忆马克思》由长春东北书店出版。

[德]拉法格、[德]李卜克内西著,赵冬垠译,沈志远校《马克思的生平》由香港新中出版社出版。

艾明之著《马克思》(新中国百科小丛书)由北京三联书店出版。

按:是书分学生时代、新黑格尔学派、《莱茵新闻》、开始了流亡生活、共产主义者同盟、德国革命、在伦敦的生活、孩子们、"马克思父亲又回到我们当中来了"、第一国际、《资本论》的著作、马克思夫人之死、"马克思睡在这里"等章介绍马克思的生平事迹。

明之著《马克思》由上海士林书店出版。

萧三编译《伟大的导师马克思》由北平中国青年社出版。

按:是书包括《伟大的导师马克思》和《青年马克思的思想发展道路——纪念马克思诞生一百三十一年》两篇文章。

解放社编《马恩通信选集》由山东新华书店出版。

按:是书包括《为无产阶级政党而斗争的书信》《马克思恩格斯关于唯物史观的书信》《论爱尔兰问题》3 部分。附录:恩格斯致考茨基论殖民地的信、马恩论俄国。

林超真译《马克思恩格斯书信选》由上海亚东图书馆出版。

按:是书选译马克思和恩格斯从 1846 年至 1895 年来往书信 98 封。书前有译者的序。

蔡金声编《马克思·恩格斯》由上海中华书局出版。

林立著《恩格斯》由上海三联书店出版。

柏桦著《恩格斯的故事》由国强出版社出版。

柏桦著《恩格斯的故事》由中原新华书店出版。

〔德〕梅尔原著、郭大力编译《恩格斯传》由哈尔滨光华书店出版。

〔德〕梅尔原著、郭大力编译《恩格斯传》由华中新华书店出版。

〔德〕恩格斯著,曹葆华、于光远译《从猿到人》由解放社出版。

按:是书收恩格斯两篇论文:《劳动在从猿到人过程中的作用》《人的进化过程》。头一篇是恩格斯《自然辩证法》一书中的一篇未发表的草稿;第二篇是他为《自然辩证法》一书所写的《导言》中的一段,标题是译者所加。

〔德〕恩格斯著,曹葆华、于光远译《劳动在从猿到人过程中的作用》由华北大学出版。

〔德〕恩格斯著、张仲实译《家族私有财产及国家之起源》由新中国书局出版。

〔德〕恩格斯著、张仲实译《家族私有财产及国家之起源》由大连新华书店出版。

〔德〕恩格斯著、吴黎平译《社会主义从空想到科学的发展》由冀东新华书店出版。

〔德〕恩格斯著、博古校译《社会主义从空想到科学的发展》由浙江新华书店出版。

按:是书分空想的社会主义、辩证法唯物论和剩余价值的形成——从空想到科学、科学的社会主义 3 部分,阐述科学社会主义的思想来源、理论基础和基本原理。卷首有《德文第一版序》《德文第四版序》和《英文本序》。

〔德〕恩格斯著、博古校译《社会主义从空想到科学的发展》由冀鲁豫新华书店出版。

〔德〕恩格斯著、博古校译《社会主义从空想到科学的发展》由东北书店出版。

〔德〕恩格斯著、博古校译《社会主义从空想到科学的发展》由华北大学出版。

〔德〕恩格斯著、张仲实译《费尔巴哈与德国古典哲学的终结》(简称《费尔巴哈论》)由北平解放社出版。

按:作者《再版前言》说:"恩格斯的这本小册子,写于 1886 年,原来登载在德国社会民主党所办的《新时代》杂志上面,后来于 1888 年印成单行本。

这本小册子是马克思主义哲学的一部重要著作。在这里,恩格斯简单扼要地叙述和批判了黑格尔和费尔巴哈的哲学,阐明了辩证唯物论和历史唯物论跟黑格尔唯心论辩证法和费尔巴哈形而上学唯物论的原则区别。第一章是论述黑格尔辩证方法与其唯心论体系的矛盾,及费尔巴哈唯物论的重大影响;第二章是论述哲学的基本问题——思维对存在的关系的问题及费尔巴哈学说的有限性;第三章是论述费尔巴哈在社会历史方面的唯心论;第四章是论述辩证唯物论与历史唯物论的一些基本原则。列宁曾说,恩格斯的这本著作,像《共产党宣言》一样,都是每个觉悟的工人的必读之书。"

〔德〕恩格斯著、林若译《共产主义原理》由上海民间出版社出版。

〔德〕恩格斯著,王石巍、柯柏年译《德国的革命与反革命》由山东新华书店出版。

〔德〕恩格斯著,王石巍、柯柏年译《德国的革命与反革命》由解放社出版。

按:1851 年 11 月至 1852 年 11 月,恩格斯为《纽约每日论坛报》撰写了一组题为《德国的革命与反革命》的文章,深刻总结了 1848—1849 年德国革命的经验,提出了武装起义是一种艺术的著名论断。

东北新华书店辑《马克思是怎样学习的》由东北新华书店出版。

〔苏〕列宁著、辽北书店编《卡尔·马克思、马克思主义底三个来源与三个组成部分》由大连新中国书店出版。

〔苏〕列宁著《马克思主义》由智慧出版社出版。

按:是书分哲学的唯物论、辩证法、唯物史观、阶级斗争、经济学说、剩余价值等。作者说:"马克思主义是马克思之见解和学说的体系。"

〔苏〕列宁著《马克思主义》(马克思主义丛书)由野耕书店出版。

〔苏〕列宁著、解放社编《列宁论马克思恩格斯与马克思主义》由北平新华书店出版。

按:是书分卡尔·马克思和弗·恩格斯两部分,前者包括马克思底学说、哲学的唯物论、辩证法、唯物史观、阶级斗争、马克思底经济学说、价值、剩余价值、社会主义、无产阶级阶级斗争底策略等内容;后者包括马克思和恩格斯纪念碑揭幕典礼演说辞、马克思主义底三个来源与三个组成部分、摘录《什么是人民之友》一书附录三、摘录"我们的党纲"、马克思主义与修正主义、马克思学说底历史命运、布尔什维克成功底基本条件之一等内容。

〔苏〕列宁著、解放社编《列宁论马克思恩格斯与马克思主义》由华北大学出版。

〔苏〕列宁著、解放社编《列宁论马克思恩格斯与马克思主义》由华东新华书店出版。

〔苏〕列宁著、解放社编《列宁论马克思恩格斯与马克思主义》由华中新华书店出版。

〔苏〕列宁著、解放社编《列宁论马克思恩格斯与马克思主义》由山东新华书店出版。

〔苏〕列宁著、解放社编《列宁论马克思恩格斯与马克思主义》由上海新华书店出版。

〔苏〕列宁著、解放社编《列宁论马克思恩格斯与马克思主义》由中原新华书店出版。

〔苏〕列宁著、解放社编《列宁论马克思恩格斯与马克思主义》由苏南新华书店出版。

〔苏〕列宁著、唯真译《论马克思恩格斯及马克思主义》由解放社出版。

按：是书收录《卡尔·马克思》《弗里德利赫·恩格斯》《论马恩通信集》《在马恩纪念碑揭幕典礼上的演说》《马克思学说底历史命运》《我们的纲领》《做什么》等47篇文章。

沈志远主编《马克思主义百年纪念》由香港新中出版社出版。

〔俄〕普列汉诺夫著、列夫译《马克思主义的基本问题》由上海社会科学研究社出版。

〔德〕班纳科克著、钟复光译《马克斯主义与达尔文主义》由上海神州国光社出版。

〔苏〕费多谢耶夫著、君达译《马克思主义关于阶级与阶级斗争的理论》由天津读者书店出版。

〔苏〕费多谢耶夫著、君达译《马克思主义关于阶级与阶级斗争的理论》由吉林书店出版。

刘元钊著、汪新泉编《马列主义思想史》由上海时代书局出版。

按：是书《前记》说："在社会主义中，有各色各样的流派和各色各样的思想，但真正够得上称为科学的、社会的真理的社会主义，只有马克思主义和列宁主义。因为它不但说明了宇宙间的真理，说明了历史进步的方向，而且说明了无产阶级革命过程中的实践的、行动的指标和纲领。这一种指标和纲领，由于苏联的社会主义建设的伟大的成就，更证明了它的真确性和合理性。目前的我国，由于人民解放运动的胜利，在中国共产党的领导下，正在向着这一条正确的道路迈进；我们为了学习马克思主义——列宁主义给予我们的启示,对于这一科学的革命的社会主义思想的历史的发展,实在有加以明了的必要。"

[苏]斯摩拉克著、彭聪译《马列主义世界观》由天津联合出版社出版。

按:是书收录《马克思主义政党底世界观》《马克思主义唯物论的特征》《马克思主义的认识学说的基本观点》《马克思主义辩证方法底基本特征》等论文。

八路军抗日战争研究会编、焦敏之译《马列主义论战争与军队》由苏南新华书店出版。

按:是书《解说的导言》包括战争的起源、战争与经济关系、帝国主义与无产阶级革命时代的战争、无产阶级之国内的和革命的阶级战争、武装起义、红军的阶级本质、新的帝国主义战争的开始等。第一部分为马克思列宁主义论战争与军队底学说基础,第二部分为帝国主义与无产阶级革命时代底战争,第三部分为帝国主义与无产阶级革命时代的军队。

彭聪编译《马列主义文献介绍》由大连东北书店出版。

张仲实编译《马恩列斯毛论农民土地问题》由苏南新华书店出版。

按:是书分4部分,一、封建制度下的农民,包括列宁、毛泽东论封建剥削底特征;马克思、列宁论地租及其各种形式;恩格斯、列宁论农民所遭受的封建政治压迫;恩格斯、毛泽东论历史上农民起义及其失败的原因。二、资产阶级与农民,包括马克思列宁论封建财产关系成了生产力发展的桎梏而必须被打碎;列宁论农村资本主义发展的两条道路——农民所要求的土地国有和保存农村封建残余的土地改良;恩格斯论农民是三次资产阶级大革命中的战斗军队;马克思、恩格斯、列宁论资产阶级在革命中出卖农民;恩格斯、列宁、毛泽东论农民阶级的分化;马克思、恩格斯、列宁论资本主义下农民所受的剥削;马克思、恩格斯、列宁论农民是一种动摇力量,没有主动能力,必须在无产阶级领导之下,才能摆脱地主资本家的统治;马克思、恩格斯论农民离开资产阶级走向无产阶级。三、无产阶级与农民,包括农民问题的提法、联合农民完成资产阶级民主革命、联合贫农实行社会主义革命、依靠贫农联合中农建设社会主义社会。四、中国农民土地问题,包括列宁、斯大林论殖民地半殖民地农民问题,斯大林、毛泽东论中国革命是反帝反封建两支巨流之汇合,农民问题是中国革命的基本问题,农民的力量是中国革命的主要力量、毛泽东论中国必须实行土地改革,解放农民及在解决农民民主民生问题上的两条路线、毛泽东论新民主主义的农业发展道路——在个体经济基础上实行劳动互助,以提高生产力。附录:毛泽东《湖南农民运动考察报告》和《〈农村调查〉序言》。

[德]马克思、恩格斯,[苏]列宁、斯大林著《马克思恩格斯列宁斯大林论妇女解放》由冀东新华书店出版。

张仲实编译《马克思恩格斯列宁斯大林论妇女解放》由华中新华书店出版。

按:是书内容有恩格斯《论家族形态之发展》(节录《家族私有财产及国家之起源》第二章),恩格斯《论私有财产制的发生与妇女地位的变化》(节录《家族私有财产及国家之起源》第九章),恩格斯《论恋爱与社会制度的发展》(节录《家族私有财产及国家之起源》第二章),马克思、恩格斯《论资产阶级的家庭》(节录《共产党宣言》第二节),列宁《苏维埃共和国女工运动的任务》,列宁《国际劳动妇女节》,列宁《妇女怎样才能从家庭琐务之下真正解放出来》(节录一九一九年的《伟大的开端》一文),斯大林《集体农庄对妇女解放之作用与意义》(节录《在全苏集体农庄突击队员第一次代表大会上的演说》,一九三三年二月十九日)。

解放社编《马克思恩格斯列宁斯大林论妇女解放》由北京人民出版社出版。

林纳译《马恩列斯论妇女解放》由上海新华书店出版。

按:是书内收《论家族形态之发展》(节录《家族私有财产及国家之起源》第二章)(恩格斯)、《论资产阶级的家庭》(摘自《共产党宣言》)(马克思、恩格斯)、《苏维埃共和国女工运动的任务》、《国际劳动妇女节》(列宁)、《集体农庄对妇女解放之作用与意义》(摘录《在全苏联集体农庄突击队员第一次代表大会上的演说》)(斯大林)等8篇。附录:高尔诺夫斯基《共产主义道德问题》。

[苏]德波林等著、韦叔等译《马列主义——世界劳动人民解放的旗帜》由天津读者书店出版。

按:是书收《马列主义——世界劳动人民解放的旗帜》《马列主义论资本主义覆亡的必然性》《共产主义是苏联人民的最终目的》等。

陈伯达等编《马恩列斯思想方法论》由解放社出版。

按:是书摘录马克思、恩格斯、列宁、斯大林的有关著作。分为4章:绪论——马克思主义的历史特点,理论与实际,历史科学的创造,国际经验,民族特点,革命传统。书前有编者《例言》,毛泽东著《改造我们的学习》(代序);书末附录:《论写历史》《德波林的自我批评》《中共中央关于调查研究的决定》等7篇文章。《例言》说:"本书是在党中央和毛泽东同志反主观主义、反宗派主义、反党八股的号召之下编纂起来的,目的是要帮助同志们掌握马克思、恩格斯、列宁、斯大林的科学共产主义的思想方法,来整顿我党的学风、党风和文风,为中国革命的胜利而斗争。为了说明本书编纂的动机及其精神,我们把毛泽东同志《改造我们的学习》的报告,作为代序。"

欧阳凡海编译《马恩科学的文学论》由新生命书局出版。

周扬编《马克思主义与文艺》由中原新华书店出版。

周扬编《马克思主义与文艺》由解放社出版。

解放社编《论马恩列斯》由新华书店出版。

[苏]列宁著、何锡麟等译、张仲实校《列宁选集》(第 17 卷)由山东新华书店出版。

[苏]列宁著、何锡麟等译、张仲实校《列宁选集》(第 17 卷)由东北新华书店出版。

[苏]列宁著《列宁文选》(第 4 册准备与实行十月社会主义革命时期)由解放社出版。

按:是书收录《论无产阶级在这次革命中的任务》《论两个政权并存的局面》《革命底任务》《旁观者底意见》《国家与革命》等 40 余篇文章。

[苏]列宁著《列宁文选》(第 5 册外国武装干涉和国内战争时期)由解放社出版。

按:是书收录《论饥荒》《致各省县苏维埃电》《告红军士兵同志们》《与燃料恐慌作斗争》《论劳动纪律》《土地问题提纲初稿》等 21 篇文章。

[苏]列宁著《列宁文选》(第 6 册过渡到恢复国民经济的和平工作时期)由解放社出版。

按:是书收录《论粮食税》《论清党》《十月革命四周年》《新时光、新形式的旧错误》《论合作制度》《宁肯少些,但要好些》等 21 篇文章。

[苏]列宁著《帝国主义是资本主义的最高阶段》(通俗的论述)由外国文书籍出版社出版。

按:是书总结了《资本论》问世后半个世纪中资本主义的发展,指明资本主义已经发展到一个新的阶段——帝国主义阶段。把世界资本主义发展中的新的重大变化概括为帝国主义的 5 个基本经济特征,并依次一一作了分析。

[苏]列宁著《帝国主义是资本主义的最高阶段》由东北书店出版。

[苏]列宁著《帝国主义是资本主义的最高阶段》由解放社出版。

[苏]得佛尔根著、李少甫译《论列宁的〈帝国主义是资本主义的最高阶

段〉》由上海中华书局出版。

［苏］列宁著《帝国主义论》由野耕书店出版。

［苏］列宁著、唯真译《社会民主派在民主革命中的两个策略》由解放社出版。

［苏］列宁著《论国家》由华北大学教务处出版。

按：是为列宁一九一九年七月十一日在斯维尔德洛夫大学的演讲。

［苏］列宁著、苍木校译《国家与革命》由华东新华书店出版。

按：列宁在书中全面而系统地阐述了马克思主义的国家学说，解答了国际无产阶级革命和俄国革命所提的系列重大问题，驳斥了修正主义者和无政府主义者于国家问题上的各种观点。

［苏］列宁著《国家与革命》由大连新中国书局出版。

［苏］列宁著《国家与革命》由中原新华书店出版。

［苏］列宁著《国家与革命》由苏南新华书店出版。

［苏］列宁著《国家与革命》由苏北新华书店出版。

［苏］列宁著《国家与革命》由解放社出版。

［苏］列宁著、马思果译《关于国家和阶级专政》由上海世文书店出版。

［苏］维辛斯基著、李少甫译《列宁、斯大林关于革命与国家的学说》由中华书局出版。

读者书店编《阶级·政治·国家》由读者书店出版。

按：是书收有列宁在斯维尔德沃夫大学的讲演《论国际》。

［苏］列宁著、郑亦文译《列宁论中国》由自由出版社出版。

［苏］列宁、斯大林著《列宁斯大林论中国》由延安出版。

［苏］列宁著、张仲实译《论民族殖民地问题》由解放社出版。

按：《译者的话》说："本书是汇选列宁关于民族殖民地问题的重要论文、演说及他所起草的决议案而成的。原本为苏联共产党中央马、恩、列研究院所编，本书全部是照译的；只是有些摘录的标题，为了醒目起见，是译者所加的。关于材料的编排以及列宁关于民族问题学说的发展，在克鲁普斯卡亚的序言里面，都已经说到，不再重说了。译者，一九四六年二月二十三日于延安。"

［苏］列宁著、唯真译《论民族自决权》由解放社出版。

按：是书据莫斯科马恩列学院1946年刊《列宁文选》第一卷所载原文译出。内容包括何谓民族自决、历史的具体的问题提法、俄国民族问题底具体特点及俄国资产阶级民主的改革、民族问题上的"求实主义"、自由资产阶级与社会党机会主义分子对于民族问题的态度、挪威脱离瑞典而分立、一八九六年伦敦国际代表大会底决议、空想的马克思与求实的卢森堡、一九○三年的纲领及其取消者等。

[苏]列宁著《论共产主义青年团底任务》出版。

刘光编《列宁斯大林论青年》由天津知识书店出版。

[苏]列宁著、中外出版社编《列宁论新经济政策》由中外出版社出版。

按：是书《弁言》说："中国目前形势在经济上与苏联新经济政策时期有许多类似之点，细心研究列宁关于新经济政策的论著，对于了解和把握新民主主义经济建设方针和政策是有帮助的。本书选辑的是几篇关于新经济政策的基本论著。代序——苏联由新经济政策到第一个五年计划——是由联共党史摘录的。附录《灾祸临头和防止之法》是列宁在十月革命之前，一九一七年九月的论著。这虽然不是论新经济政策，但所提出的是资产阶级民主革命阶段底经济任务，可供参考。"

[苏]列宁著、曹葆华译、博古校《唯物论与经验批判论》由华中新华书店出版。

按：是书卷首有《列宁底〈唯物论与经验批判论〉——党的斗争底文件》《第一版序言》和代绪论《若干〈马克思主义者〉在一九○八年以及若干唯心论者在一七一○年是怎样驳斥唯物论的》。全书分为经验批判论底认识论与辩证唯物论底认识论（一）（二）（三）、哲学唯心论——经验批判论底战友与继承者、自然科学中最近的革命与哲学唯心论、经验批判论与历史唯物论、结论等 6 章。

[苏]列宁著、曹葆华译《土地问题理论》由解放社出版。

[苏]列宁著、焦敏之译《列宁战争论》由北平新中国书局出版。

按：是书辑录列宁有关战争的论述。分 4 部分：关于日俄战争与 1905 年革命，关于第一次帝国主义战争和国际社会主义运动，关于布列斯特和约，其他。

[苏]列宁著、焦敏之译《列宁战争论》由大连新中国书局出版。

[苏]列宁著《十月革命的准备与实行》由上海时代出版社出版。

按：是书收录列宁《论无产阶级在这次革命中的任务》《论两个政权并存的局面》《革命的任务》《国家与革命》《奇谈与怪论》《脚踏实地》《严重的教训与严重的责任》《苏维埃政权底当前任务》等 34 篇文章。

中共中央法律委员会编《列宁论检查制度与监察工作》由新华书店出版。

按：是书收录列宁《论"两重"从属制与法制——给斯大林同志转中央政治局》《怎样改组工农检查院——向党第十二次代表大会的提案》《宁肯少些，但要好些》等。

〔苏〕列宁著、萧三编译《列宁论文化与艺术》由山东新华书店出版。

〔苏〕列宁著、萧三编译《列宁论文化与艺术》由苏南新华书店出版。

〔苏〕高尔基著、成时译《和列宁相处的日子》由平明出版社出版。

按：是书包括阿吉江《马列主义百战百胜的思想宝库——联共（布）党史简明教程介绍》、斯列波夫等《斯大林传略第二版介绍》、苏波克《列宁"左派幼稚病"介绍》、格尔诺夫《国家与革命》、列昂吉夫《"帝国主义"介绍》等5篇文章。

〔苏〕联共（布）中央附设马恩列学院编《列宁生平事业简史》由长春东北书店出版。

〔苏〕联共（布）马恩列学院编《列宁生平事业简史》由华北新华书店出版。

〔苏〕联共（布）马恩列学院编《列宁生平事业简史》由中原新华书店出版。

〔苏〕联共（布）马恩列学院编《列宁生平事业简史》由苏北新华书店出版。

〔苏〕联共（布）马恩列学院编《列宁生平事业简史》由香港新民主出版社出版。

〔苏〕联共（布）马恩列学院编《列宁生平事业简史》由上海新华书店出版。

〔苏〕斯·基尔著《六年随从列宁——列宁底汽车夫之回忆》由中原新华书店出版。

〔苏〕奥斯特洛维强诺夫著、李少甫译《共产主义理论家的列宁》由上海中华书局出版。

〔苏〕高尔基著、曹葆华译《列宁》由新华书店出版。

〔苏〕凯尔任采夫著，企程、朔望译《列宁传》由大连读书出版社出版。

〔苏〕奥西波夫著、雪原译《列宁博物馆巡礼》由大连旅大中苏友好协会出版。

〔苏〕柯诺诺夫著、任溶溶译《列宁的故事》由时代出版社出版。

〔苏〕考瑠瑠夫著、愚卿译《列宁的故事》由中原新华书店出版。

〔苏〕考瑠瑠夫著、愚卿译《列宁的故事》由冀南新华书店出版。

胡平编《列宁的故事》由大东书局出版。

按：是书根据苏联考瑙瑙夫所著的《列宁的故事》改编。

［苏］克鲁普斯卡娅著《学习列宁的工作方法》由北平天下图书公司出版。

明之著《列宁》由上海士林书店出版。

明之著《列宁》由北平生活·读书·新知三联书店出版。

曹靖华译《关于列宁的传说》由中原新华书店出版。

曹靖华译《列宁与斯大林的故事》由辽宁沈阳东北书店出版。

无名氏著《列宁与斯大林的故事》由东北书店出版。

［苏］斯大林著《斯大林选集》（1—5 卷）由吉林长春东北新华书店出版。

按：是书第一册收《关于列宁主义底基础》《托洛茨基主义还是列宁主义》《十月革命与俄国共产党人的策略》《论南斯拉夫的民族问题》等 10 篇。第二册收《关于列宁主义底问题》《论联共党内的反对派联盟》《论联共党内社会民主主义的倾向》等 6 篇。第三册收《关于工农政府问题》《关于党在农民问题上的三个基本口号》《与第一次美国工人代表团的谈话》《俄国反对派底政治面目》《托洛茨基反对派之过去与现在》《粮食战线上的问题》等 17 篇。第四册收《论联共（布）党内的右倾》《大转变的一年》《论苏联的土地政策》《胜利冲昏头脑》《论经济工作人员的任务》等 10 篇。第五册收《第一个五年计划底总结》《论农村中的工作》《干部决定一切》《在先进的男女收割机师会议上的演说》《论联共（布）党史课本》等 16 篇。

［苏］斯大林著、王唯真译《马克思主义与民族问题》由华东新华书店出版。

［苏］斯大林著、王唯真译《马克思主义与民族问题》由上海新华书店出版。

［苏］斯大林著、王唯真译《马克思主义与民族问题》由解放社出版。

［苏］斯大林著《列宁主义概论》（干部学习丛书）由冀鲁豫新华书店出版。

［苏］斯大林著《列宁主义概论》由华北军区政治部出版。

［苏］斯大林著《列宁主义概论》由新华书店出版。

［苏］斯大林著《列宁主义概论》（干部必读）由苏北新华书店出版。

［苏］斯大林著、唯真译《论列宁主义基础》由吉林长春东北书店出版。

按：是书为著者在斯维尔德洛夫大学的讲演。分列宁主义底历史根源、方法、理论，无产阶级专政，农民问题，民族问题，党，工作作风等 9 个部分。

〔苏〕斯大林著、唯真译《论列宁主义基础》由上海平凡书店出版。

〔苏〕斯大林著、唯真译《论列宁主义基础》由解放社出版。

〔苏〕斯大林著、唯真译《论列宁主义基础》（马列主义丛书）由野耕书店出版。

〔苏〕斯大林著、唯真译《论列宁主义基础》由北平天下图书公司出版。

〔苏〕斯大林著《列宁主义问题》由北平科学社出版。

按：是书分列宁主义底定义、列宁主义中的主要点、关于"不断"革命问题、无产阶级革命与无产阶级专政、无产阶级专政系统里的党和工人阶级、关于社会主义在一个国家内胜利问题、为社会主义建设胜利而奋斗等 7 节。

〔苏〕斯大林著《论列宁与列宁主义》由解放社出版。

按：是书包括《纪念列宁》《悼列宁》《列宁是俄国共产党底组织者和领袖》《在莫斯科城斯大林选区选民大会上的演说》《在克列姆里宫招待高级学校工作人员时的演说》《检阅红军时的演说》等文章。

〔苏〕斯大林著《论列宁与列宁主义》由沈阳东北书店出版。

〔苏〕斯大林著《论列宁与列宁主义》由北平新华书店出版。

〔苏〕斯大林著《论列宁与列宁主义》由山东新华书店出版。

〔苏〕斯大林著《论民族问题》由西北新华书店出版。

〔苏〕斯大林著《斯大林论战后国际关系》由天津联合出版社出版。

〔苏〕斯大林著《论中国革命》由新华书店出版。

按：是书卷首有陈伯达写的《斯大林与中国革命》（代序），收录斯大林的《不要忘记东方》《论中国革命底前途》《给秋公诺夫的信》《中国革命问题》等文章。

〔苏〕斯大林著、唯真译《辩证唯物主义与历史唯物主义》由北平解放社出版。

〔苏〕斯大林著、唯真译《辩证唯物主义与历史唯物主义》由北平新华书店出版。

〔苏〕斯大林著、唯真译《辩证唯物主义与历史唯物主义》由北平市中小学教职员暑期学习会出版。

解放社编辑部编《列宁斯大林论社会主义经济建设》（上、下册）由东北新华书店出版。

按：是书上册收录列宁 1917 年 9 月至 1923 年 3 月所作有关苏维埃社会主义经济的论文、报告 28 篇；下册全部为斯大林著作，包括 1926 年 3 月至 1938 年 5 月所作有关社会主义国家工业化、农业集体化等问题的论文、报告 32 篇。

张仲实编译《列宁斯大林论社会主义经济建设》（上、下册）由解放社出版。

按：是书上册收列宁 1917 年 9 月至 1923 年 3 月所作有关苏维埃社会主义经济建设的论文、报告 28 篇，包括：《灾祸临头和防止之法》《关于工人监督条例草案》《关于国民经济社会化的法令草案》《关于消费公社之命令、草案》《怎样组织比赛》等；斯大林 1925 年所作《论新经济政策及国家资本主义》等报告 3 篇。末附"简要注释"。

［苏］考兹洛夫著、李少甫译《列宁与斯大林是社会主义政治经济学的创造者》由上海中华书局出版。

［苏］列昂节夫著《社会主义经济学概要》（原名《列宁与斯大林著作中之社会主义经济学》）由上海大众书店出版。

按：是书分列宁与斯大林——社会主义经济学的创造者、社会主义经济法则的性质、苏维埃国家之经济的角色、社会主义生产方法准备的基本问题、社会主义国民经济体系的基本问题等 5 部分。

［苏］斯大林著、华北总工会筹委会编《斯大林在第一次全苏斯达汉诺夫工作者会议上的演说》由天津新华书店出版。

［苏］斯大林著、华北总工会筹委会编《新的环境和新的经济建设任务》由天津新华书店出版。

［苏］斯大林著《论经济工作人员的任务》由中华全国总工会出版。

按：是为斯大林 1931 年 2 月 4 日在第 1 次全苏联社会主义工业工作人员代表会议上的演说。

［苏］斯大林著、华北总工会筹委会编《论经济工作人员的任务》由天津新华书店出版。

［苏］斯大林著、华北总工会筹委会编《斯大林在第一次全苏联斯达汉诺夫工作者会议上的演说》由天津新华书店出版。

［苏］列昂节夫著、施滨译《论列斯创造的社会主义政治经济学》由沈阳东北书店出版。

按：是书收录列昂节夫的讲演稿 5 篇，包括《列宁和斯大林乃是社会主义经济学的创始人》《社会主义经济法则底性质》《苏维埃国家对于经济的作用》《准备采用社会主义生产方式的一些基本问题》《社会主义国民经济制度的一些基本问题》。

［苏］亚历山大洛夫等著、唯真译《史大林传略》由上海时代出版社出版。

苏联共产党(布尔什维克)中央附设马恩列学院编《斯大林传略》由新华书店出版。

[苏]马恩列学院编、鸣世译《斯大林传》由中原新华书店出版。

曹靖华译《关于斯大林的传说》由中原新华书店出版。

唯真译述《斯大林的奋斗》由上海新潮书店出版。

[苏]莫洛托夫等著、胡明译《向斯大林学习》由上海光华出版社出版。

按:是书收录加里宁《斯大林的生平和事业》、莫洛托夫《斯大林是列宁事业的继承者》、伏罗希洛夫《斯大林与红军建设》、卡冈维诺奇《伟大的历史机车的驾驶者》、米科扬《斯大林是今日的列宁》、安得列夫《斯大林与伟大的集体农场运动》、马伦科夫《斯大林论布尔塞维克干部》、季米特洛夫《斯大林与国际无产阶级》等8篇文章。

华东军区第三野战军政治部编《学习斯大林》由华东新华书店随军分店出版。

[苏]米丁著、曹葆华译《辩证唯物论与历史唯物论研究提纲》由北平解放社出版。

按:是书分5部分:辩证唯物论是马克思列宁主义党底世界观、马克思主义的辩证方法、马克思主义哲学唯物论、历史唯物论、列宁与斯大林发展马克思主义哲学。书后附有马列主义经典著作参考书目。

[苏]米丁著《辩证法唯物论与历史唯物论》由湖北武昌改造社出版。

[苏]米丁著、曹葆华译《辩证唯物论与历史唯物论》由北平解放社出版。

[苏]米丁著、曹葆华译《新哲学大纲》由三联书店出版。

按:是书分2部分,第一部辩证法唯物论之历史的准备和发展,包括古代世界的唯物论、十六至十八世纪哲学中唯物论和辩证法的诸要素、德国古典观念论哲学中的辩证法、辩证法唯物论的发生及发展的历史条件、辩证法唯物论发展中的伊里奇阶段等5章;第二部辩证法唯物论,包括当作世界观及方法看的辩证法唯物论、唯物辩证法的诸法则、认识的过程等3章。附录:观念论,包括观念论之认识论的根源、观念论之阶级的根源、观念论哲学的发展。

[苏]康士坦丁诺夫著、静观译《唯物论和唯心论的历史观》由上海书报杂志联合发行。

按:是书分引言、唯心论的历史观、辩证唯物论和历史唯物论、历史唯物论论社会发展的规律性、自由与必然、各社会经济形态发展规律的特性、结论。

〔苏〕康斯坦丁诺夫著、谱萱译《唯心史观与唯物史观》由上海中华书局出版。

〔苏〕波奇涅尔著、胡明译《辩证唯物论讲话》由上海光华出版社出版。

按：是书包括导论、辩证唯物论的认识论（一）（二）（三）、经验批判论是观念论的变种、自然科学中的革命和观念论、历史唯物论与经验批判论等6章。

〔苏〕尤金著、高烈（秦邦宪）译《伊利奇底唯物论与经验批判论》由读书出版社出版。

〔苏〕日丹诺夫著、立三译《苏联哲学问题》由华东新华书店出版。

按：是书系日丹诺夫1947年6月20日在讨论亚历山大洛夫《西欧哲学史》一书时的发言。对该书的缺点和苏联哲学界存在的问题进行了批评。

博古编译《辩证唯物论与历史唯物论的基本问题》由新中国书局出版。

博古编译《辩证唯物论与历史唯物论的基本问题》（第3册）（马克思主义的哲学唯物论）由山东新华书店出版。

按：是书包括唯物论与唯心论、马克思主义的哲学唯物论、哲学的物质概念和物理学的物质概念、真理底具体性、马克思主义的认识论、辩证唯物论的概念论的基本要点、实践在认识上的作用、论科学的预见、列宁底《唯物论与经验批判论》——党的斗争底文件等。

博古编译《辩证唯物论与历史唯物论的基本问题》（第4册）（马克思主义的历史唯物论）由山东新华书店出版。

按：是书包括社会存在与社会意识（一）（二）、社会底物质生活条件、生产关系底基本形式、地理环境在社会发展中的作用、人口问题与社会发展、人民群众在历史上的作用、论人物在历史上的作用观念在社会发展中的作用。附录：论机械论和孟塞维化的唯心论底反马克思主义的实质。

李相显著《辩证唯物论与历史唯物论》（民国丛书）出版。

李达著《唯物辩证法》（社会科学大纲第1篇）由新华书店出版。

李达著《历史唯物论序说》（社会学大纲第2篇）由新华书店出版。

按：是书论述历史唯物主义的基本出发点，区别历史唯物主义与历史唯心主义，指出历史唯物主义的产生是哲学的大变革。

巴克著《新哲学教程》由上海万叶书店出版。

按：是书分绪论、辩证法唯物论之史的发展、辩证法唯物论、唯物辩证法的诸法则等4章。

李仲融著《新哲学简明教程》由上海开明书店出版。

莫洒群著《历史唯物论浅说》由上海生活·读书·新知联合发行所出版。

按：是书分物质生产在社会发展中的作用、地理环境在社会发展中的作用、人民群众在社会发展中的作用、政治在社会发展中的作用4章。

莫英著《历史唯物论浅说》由上海士林书店出版。

〔日〕山田坂仁著、阮有秋译《资产阶级的唯物论与辩证法唯物论》由上海中华书局出版。

按：是书分资产阶级的唯物论和辩证法唯物论两部分。论述勃兴时期的资产阶级的唯物论，它的种类与特征，以及辩证法唯物论区别于资产阶级唯物论的特点。

史家琪著《唯物论与法律学》由上海中华书局出版。

按：是书分绪论、近代法律概论、唯物论之法律观、将来法律展望4章。概述法律的定义、近代立法原则、唯物辩证法及唯物史观与法律的关系，介绍刑法、民法等发展趋势。

陈晓时编译《自然辩证法》由上海书报杂志联合发行所出版。

按：是书系我国首本用自然辩证法命名的学习参考书，分为前后2篇，分别阐述了自然辩证法历史与自然辩证法概论。

马特著《哲学的学习与运用》由上海生活·读书·新知三联书店出版。

按：是书分7章讲述哲学的定义及发生、发展的历史，马克思主义哲学的产生的意义，哲学的学习方法，马列主义与中国具体实践相结合等问题。

〔苏〕联共（布）斯列波夫著、曹葆华译《党的建设教程大纲》由中共中央宣传部出版。

〔苏〕马林可夫等著、亚天等译《党的建设问题》由邯郸华北新华书店出版。

按：是书收录马林可夫《党的建设问题》，蓝列波巨《论布尔什维克的原则性》，斯列波夫《论对缺点的不调和性及布尔什维克的严肃性》，《党的生活》社论《在批评和自我批评的精神下培养干部》等9篇文章。

〔苏〕马林可夫等著《党的建设问题》由华北新华书店出版。

〔苏〕马林可夫等著《党的建设问题》（增订本）由中原新华书店出版。

《马列主义政党底宇宙观》出版。

按：是书收录4篇苏联哲学论文：《马克思主义列宁主义——统一的整个的学说》《辩证唯物论——马克思主义政党底宇宙观》《马克思主义底哲学先驱者》《斯大林对于马列主义哲学的伟大贡献》。

胡绳著《马克思主义与近代中国社会思想发展概观》由知识书店出版。

按：是书运用马克思主义唯物论的观点对近代中国社会思想加以剖析。全书分 3 章：太平天国的农民的空想社会主义、封建地主阶级中的反对派的改良主义思想、资产阶级小资产阶级领导下的革命思想。

［苏］A.K.范西里夫著、荒芜译《社会主义的现实主义》由北平天下图书公司出版。

［苏］列昂节夫著、张仲实译《政治经济学初学读本》由新华书店出版。

按：张仲实《〈政治经济学初学读本〉再版前言》说："列昂节夫这本著作引举了许多实际材料来说明社会经济发展的规律，深入浅出，通俗易解，可作为初学马克思主义政治经济学的良好读物。中文译本初版是根据原文 1935 年年底第 2 版仓促译成的，其中有许多译得不恰当的地方，现在已经作了校正。在内容上，列员节夫原书也有一些缺点，现将莱昂诺夫《关于讲授政治经济学的几个问题》一文附录于后，以资补正，希望读者注意。1949 年 6 月 15 日。"

［苏］列昂节夫著《社会发展简史·政治经济学》由北京解放社出版。

李达著《社会的经济构造》（社会学大纲第 3 篇）由新华书店出版。

按：是书论述历史唯物主义关于生产力、生产关系、经济基础与上层建筑、生产方式等问题的观点。

李达著《社会的政治建筑》（社会学大纲第 4 篇）由新华书店出版。

按：是书从历史唯物论角度论述了阶级、国家、社会革命等问题。

李达著《社会的意识形态》（社会学大纲第 5 篇）由新华书店出版。

按：是书论述哲学、法律、政治、宗教、文学、艺术等社会意识形态的产生与发展。

［苏］加里宁著、舒林译《论政治鼓动》由大连新华书店出版。

按：是书收录《党的群众工作底几个问题》《前线鼓动工作底几个问题》《前线鼓动工作者底话》《统一的战斗家庭》《关于宣传鼓动的几句话》等 5 篇文章。

［苏］莫洛托夫著《十月革命节三十一周年纪念会上莫洛托夫报告全文》由天津读者书店出版。

刘毅编《社会主义和共产主义》由上海通俗文化出版社出版。

［苏］罗宾斯基著、阿真译《资本主义与社会主义条件下技术的发展》由上海中华书局出版。

按：是书论述资本主义条件下和苏联社会主义经济条件下的技术发展。

[苏]曼努意斯基著《共产国际第七次大会的总结》由东北书店出版。

肖文哲、伍天峙编《苏联政府与政治》由南京新光出版社出版。

解放社辑《苏联共产党的建设问题》由编者出版。

按：是书收录马林可夫《党的建设问题》、蓝列波巨《论布尔什维克的原则性》、斯列波夫《论对缺点的不调和性及布尔什维克的严肃性》和《论忠诚与老实》、朱可文《论党的工作中的党委制》、左尔宁《论经济工作者在工作中的党性》等论文 12 篇。

[苏]沃林著，秋江、刘水译《苏联的建立发展与国家社会机构》由哈尔滨光华书店出版。

按：是书介绍俄国工农在二月革命后怎样建立苏维埃政权，在外国武装干涉时期怎样保卫苏维埃政权，内战结束后怎样建设社会主义，以及苏联国家组织机构等。

[苏]维辛斯基著、弼逎译《苏联最高国家权力机关暨各盟员共和国自治共和国最高国家权力机关》由上海商务印书馆出版。

[苏]维辛斯基编著、吴泽炎译《苏联社会组织》由上海商务印书馆出版。

按：是书分苏联的社会秩序、苏联的阶级结构、政治基础、经济基础、实现社会主义的原则、各尽所能按劳取酬等 6 部分。

[苏]哥罗德茨基著、胡明译《苏联历史教程》由上海光华出版社出版。

北平光华书局出版部编《今日的苏联》由编者出版。

[苏]古萨洛夫等著《掌握布尔什维克领导经济的方法》由长春东北书店出版。

[苏]史迁宾著，什之、林秀译《苏联经济小史》由上海生活·读书·新知联合发行所出版。

中原新华书店编《苏联经济建设的工作方法》由编者出版。

按：是书收录斯大林《新的环境和新的经济建设任务》、阿沙佐诺夫《斯大林论工业生产中的几个问题》、达布拉哈诺夫《苏联的工资政策》、《真理报》社论《精简与节约》、德米特里·普琴科《节约是社会主义经济方法》、A.柯尔斯基《社会主义竞赛是全国经济文化高涨的有力杠杆》、布勒格《社会主义的物质鼓励》、V.库茨涅佐夫《集体协议是组织劳动高涨的重要手段》、列宁《论合作社》等 10 篇论文。附录：苏联的四个五年计划。

林平编《战后苏联经济建设》由东北书店出版。

陈史坚著《苏联经济建设》由上海生活·读书·新知联合发行所出版。

按：是书分俄国的翻身、是"纸糊的房子"吗、从废墟中重建起来的乌克兰、复兴中的白俄罗斯、列宁格勒和波罗的海、环绕莫斯科的周围、俄罗斯的母亲——伏尔加、油塔林立的高加索、沙漠上的繁荣、乌拉尔——库茨巴斯、从伊尔库茨克到远东、极北地区的新生、各共和国之间等 13 节。

　　〔苏〕兹伏雷金著、马宾译《苏联战后工业技术发展的道路》由大连新中国书店出版。

　　〔苏〕布尼英维茨著、杜维康译《苏联企业经营》由北平天下图书公司出版。

　　〔苏〕罗克兴著、余长河译《苏联的工业》（苏联建设小丛书）由上海中华书局出版。

　　吴清友著《苏联的工业管理》（大众文化丛书）由上海中华书局出版。

　　按：是书论述苏联工业企业管理的原则、机构的发展与组织、党与工业管理、工厂经理的职权、工人生产会议、工业生产计划化、职工福利事业等。

　　〔苏〕列昂节夫著《苏联工业化方法》由新华书店出版。

　　〔苏〕罗克兴著《苏联是强大的工业国》由山东新华书店出版。

　　〔苏〕布洛维尔著、赵克昂译《苏联工业史纲》由北平天下图书公司出版。

　　〔苏〕契尔尼克著、马宾译《苏联工业发展的速度》由上海生活·读书·新知三联书店出版。

　　〔苏〕卡希莫甫斯基著《苏联的社会主义工业化》由华东新华书店出版。

　　约费著、马斌译《工业生产的计划工作》由大连经济研究会出版。

　　按：是书分 5 章介绍苏联工业组织、工业计划工作、工业生产计划的指数制度等。

　　〔苏〕卡查图罗夫著、潘迪民译《苏联的铁路运输》由上海中华书局出版。

　　〔苏〕加山辙夫等著、李少甫译《苏联集体农场法的基本原则》由上海中华书局出版。

　　〔苏〕巴卡诺夫等著、梅林等译《与客谈我们集体农庄》由大连关东中苏友好协会出版。

　　吴清友编《苏联的农业组织》（大众文化丛书）由上海中华书局出版。

　　按：是书介绍苏联农业发展的道路、农业集体化的方法、国营农场、集体农场及机器拖拉机站的组织情况。

　　〔苏〕瓦托夫著、戚桂华译《苏联的合作社》由大连新中国书局出版。

　　〔苏〕基斯坦诺夫著、林秀译《苏联消费合作社》由上海时代出版社出版。

　　按：是书分合作社在苏联条件下的作用和意义、合作社体系的组织机构、战后社会主义经济中的苏联消费合作社、苏联消费合作社和国际合作社会联盟的关系等 5 章。

[苏]柯锡列夫著、潘会昭译《苏联城乡关系》由中外出版社出版。

[苏]伏兹聂森斯基著、吴清友译《战时及战后苏联经济》由上海中华书局出版。

[苏]沃兹涅辛斯基著、唯真译《卫国战争期内的苏联战时经济》由山东新华书店出版。

[苏]沃兹涅辛斯基著、达克译《苏联战时经济》由沈阳光华书店出版。

光华书局出版部编《今日的苏联——战后新五年计划的形形色色》由北平编者出版。

吴清友著《苏联国民经济》由上海杂志公司出版。

按：是书论述了苏联计划经济制度的特征、苏联工农业建设和运输建设等情况，以及苏联计划经济的成功经验。

[苏]米苏斯基等著、李绍鹏译《苏联对外贸易》由中国人民银行总行出版。

按：是书分 4 章叙述苏联对外贸易的社会主义本质、列宁和斯大林的外贸政策、进出口贸易的发展对苏维埃经济的影响等。

王检译《苏联的国外贸易》由上海商务印书馆出版。

按：是书论述苏联国外贸易制度的历史、状况和前途。

[苏]博高列波夫著、吴清友译《苏联财政制度》由北平天下图书公司出版。

焦敏之编译《苏联财政》由上海棠棣出版社出版。

按：是书分 7 章叙述苏联当时财政及信用制度、国家预算、税制、银行、人民储蓄、重要工程建设的经费以及苏联财政制度与货币流通的调节。

[苏]博高列波夫著、姚周杰译《苏联公民怎样纳税》由沈阳东北新华书店出版。

[苏]雷帕茨克尔著、朱文澜译《苏联公民的财产权》由上海中华书局出版。

按：是书论述财产权及苏联人民财产所有权的原则，介绍国家财产、集体农场及合作社财产、私人和家庭财产等有关问题。

[苏]柯舍列夫著《论社会主义财产》由苏北新华书店出版。

按：是书分生产关系与财产形式、社会主义所有制发生的道路、社会主义财产的两种形式其统一性与差别性、社会主义企业的两种类型其统一性与差别性、社会主义制度下的个人财产、保护发展与巩固社会主义所有制——社会主义社会的法则等 6 节。

［苏］加列瓦著、梁达等译《苏联宪法教程》由北平五十年代出版社出版。

按：是书根据 1948 年俄文版译，内容包括国家与法律的基本概念、苏联的国家性质、宪法的特征及历史、苏联社会和国家组织及国家机关、苏联公民的基本权利和义务等。

夏炎校对《苏联的宪法》（根本法）由沈阳东北书店出版。

五十年代出版社编《（俄华对照）苏联宪法》由北平五十年代出版社出版。

《苏联宪法》由时代书报出版社出版。

按：是宪法由苏联最高苏维埃 1947 年 2 月 25 日根据编辑委员会报告通过，比原案有修改和增补，共 13 章，142 条。

张君悌译《苏俄刑事诉讼法》由长春东北书店出版。

张君悌译《苏俄刑法》由长春东北书店出版。

［苏］杜尔曼诺夫、杨旭译《苏联刑法概论》由长春东北新华书店出版。

按：是书共 4 章，概论刑法与苏联刑事法规的定义、犯罪和刑罚论的基本问题，以及刑法分则中各种之罪。

徐福基编译《苏联亲属法要义》由上海大东书局出版。

按：是书分婚姻、亲属、监护及保佐、增加人口之各种办法等 5 章。

张文蕴译《苏俄婚姻亲属及监护法》由长春东北新华书店出版。

按：是书分婚姻、父母子女及其他亲属间的关系、监护及保佐、民籍登记 4 编，共 12 条。附录：《关于增加产妇物质救助及广设助产院托儿所等的立法》。

［苏］卡尔滨斯基著、易今译《苏联公民的基本权利与义务》由中华书局出版。

［苏］维辛斯基著、沈大珪译《苏联公民的基本权利和义务》由上海商务印书馆出版。

按：是书根据英译本转译，重点阐述了苏联公民的基本权利和义务。

［苏］维辛斯基著、张子美译《苏联选举制度》由上海商务印书馆出版。

［苏］伊凡诺夫、托陀尔斯基著，一之译《苏联的人民法院》由上海时代书报出版社出版。

按：是书分资产阶级国家的法院、法院在苏维埃国家的地位、社会主义司法的原则、苏联的人民法院及其任务、人民法院的选举等 5 章。

［苏］维辛斯基编著、张子美译《苏联法院和检察机关》由上海商务印书

馆出版。

按：是书乃《苏联法律》一书中的一章，根据美国学术协会的英译本转译。分工农社会主义国家的法院和检察机关、苏维埃联邦法院制度之运用、苏维埃检察机关组织的基本原则及任务与功用 5 部分。《苏联法律》是苏联学校通用的教本。

〔苏〕维辛斯基等著、万叶译《苏联社会主义法律》由北京生活·读书·新知三联书店出版。

〔苏〕布尔加宁等著、于静纯等译《苏联红军三十年》由东北书店出版。

按：是书收录布尔加宁《苏维埃武装部队的三十年》、奇斯力科夫《斯大林炮兵的威力》、维申宁《在争取祖国自由和独立战争中苏联空军》等 8 篇文章。

〔苏〕叶尔少夫著、亚楼等译《苏联的军事科学》由江苏南通华中新华书店出版。

49 羊兵编《战后苏联和平外交政策》由大连东北书店出版。

按：是书介绍第二次世界大战以后的苏联外交政策。

〔苏〕伊瓦辛主编、何理良译、曹葆华校《国际关系与苏联外交政治教程大纲》由中共中央宣传部出版。

茅盾著《杂谈苏联》由上海生活·读书·新知联合发行所出版。

按：是书分 4 编：一、苏联国家组织和十六个加盟共和国概况；二、苏联的经济、工矿、农业、交通；三、苏联的教育；四、苏联人民的生活。共收文 58 篇。

〔苏〕华维洛夫著、梁志安译《苏联的科学》由上海时代书报出版社出版。

〔苏〕法捷耶夫著、辽逸译《科学与文化为和平进步民主而奋斗》由沈阳东北书店出版。

刘崇庆译《卅年来的苏维埃文化》由东北书店辽东总分店出版。

按：是书译自《苏维埃文学》第 11 期，介绍了三十年来苏维埃文化事业的发展。

〔苏〕卡拉什尼可夫著、刘辽逸译《苏联卅年来的教育》由大连新中国书局出版。

〔苏〕阿尔纳乌托夫编、金诗伯等译《苏联学生的思想政治教育》由山东新华书店出版。

〔苏〕索柯洛夫著、小英译《苏联学校教育讲座》由大连新中国书局出版。

江山编译《论苏联教育》由大连关东中苏友好协会出版。

按:是书分苏联教育的今昔、各级教育概述、国民义务教育、学校与家庭的关系、学生组织、职工与农民教育等8节。

东北教育社编《苏联教育工作的基本问题》由沈阳东北新华书店出版。

吴清友著《战后苏联教育新动向》由上海耕耘出版社出版。

英文研究会编译《苏联的大学》由东北书店出版。

〔苏〕雅高林著、李士钊译《苏联音乐教育》由上海时代出版社出版。

苏联文艺选丛编辑委员会编《苏联音乐》由上海大东书局出版。

〔苏〕S.柯伐列夫著、樊英译《知识分子在苏联》由北平中外出版社出版。

按:是书介绍了苏联共产党的知识分子政策和苏维埃政权培养的新一代知识分子的精神面貌。

梦海译《苏联民族童话》由时代出版社出版。

〔苏〕勃拉金斯基等著、姚宏奎译《苏联人民的生活水准》由上海中华书局出版。

华中新华书店九分店编《幸福的苏联人民》由编者出版。

徐均译《新社会的新生活》由关东中苏友好协会出版。

按:是书介绍了苏维埃制度下医生、教员、建筑师、海员、店员、工人等各阶层人民的新生活。

〔苏〕柯尔巴诺夫斯基著、草婴译《苏联的恋爱婚姻与家庭》由上海时代出版社出版。

〔苏〕M.涧夫利金娜著、钮心淑译《苏联对母性及儿童的保护》由上海时代书报出版社出版。

〔苏〕佛提阿夫斯基著、董任坚译《苏联托儿学校与父母教育》由上海世界书局出版。

按:是书介绍苏联托儿所和学龄前儿童的教育。

〔苏〕V.斯维得洛夫著、张亦名译《苏联的家庭·婚姻与母性》由中原新华书店出版。

按:是书分苏维埃关于母性问题的立法、苏维埃关于结婚与家庭的法律、对家庭的补助、结婚的形式、婚姻契约、夫妻之权利与义务、父母和子女之间的法定关系、其他家属的法定关系、收养子女与保护人地位、苏联人口的增长等11节。

严敏著《苏联的妇女》由北京生活·读书·新知三联书店出版。

樊英著《苏联的妇女与儿童》由中华书局出版。

按:是书分4章介绍苏联的妇女、母子保护、婚姻与家庭、儿童教育等。

陈兵编《苏联职工会工作介绍》由大连新华书店出版。

胡济邦译《苏联总工会关于工会组织工作的各种决定》由北京中华全国总工会出版。

华北总工会筹备委员会编《苏俄共产党第十次代表大会关于职工会底作用与任务之决议》由天津新华书店出版。

[苏]拉里柯夫著、晓琉译《论苏联共产主义青年团》由大连中苏友好协会出版。

吕琪编《苏联共产主义青年团》由天津知识书店出版。

水夫等译《联共(布)党的文艺政策》由晋冀鲁豫军区政治部出版。

东北书店编《苏联文艺方向的新问题》由安东东北书店出版。

按:是书收录联共(布)中央《关于剧场上演节目及改进方法》决议(摘要)、西蒙诺夫《战后戏剧工作的任务》、法捷耶夫《论苏联文艺杂志》等。

晋察冀新华书店编《苏联文艺问题》由编者出版。

[苏]日丹诺夫等著,葆荃、水夫译《战后苏联文学之路》由上海时代书报出版社出版。

按:是书收录日丹诺夫《关于〈星〉与〈列宁格勒〉两杂志的报告》、联共(布)中央《1946年8月14日联共(布)党中央委员会关于〈星〉与〈列宁格勒〉的法令》、《1946年9月4日苏联作家协会理事会主席团的决议》、苏联作家在苏联作家协会理事会主席团会议席上的演讲词摘要、法捷耶夫《日丹诺夫的报告和我们最近的任务》等文献。

庄寿慈译《谈苏联文学》由北平天下图书公司出版。

戈宝权著《苏联文学讲话》由沈阳新中国书局出版。

按:是书分苏联文学是怎样一种文学、苏联文学的道路是什么、苏联文学是怎样发展和成长的、高尔基对苏联文学贡献了什么、苏联文学有些什么代表作品、苏联近年来的文学批评怎么样、苏联作家是怎样生活的等7讲。

戈宝权著《苏联文学讲话》由天津读者书店出版。

[苏]普洛特金等著,郁文哉、魏辛、蒋路译《苏联文艺科学》由北平天下图书公司出版。

按:是书收录普洛特金《苏联文学科学》、提摩菲耶夫《苏联文学史论》、蔡尔尼《苏联文学特点》等3篇文章。

[苏]阿玛卓夫等著、荒芜译《苏联文艺论集》由北平五十年代出版社出版。

按:是书收录《论文学的倾向性》《论文学的自由》《苏联文学诸问题》《高

尔基的美学》《论法捷耶夫》《论格罗斯曼》《论潘菲洛夫》《论肖洛霍夫》《莎士比亚在俄国》等 9 篇文章。

[苏]法捷耶夫等著、朱海观译《苏联文学论集》(社会主义现实主义的问题)由上海棠棣出版社出版。

按：是书收录瓦希里耶夫《社会主义现实主义的特质》、法捷耶夫《伯林斯基论》、泰拉森科夫《苏联文学中之社会主义现实主义》、奇敦娜娃《高尔基与社会主义美学》、伊戈尔·赛茨《论文艺写作的自由》、阿尔玛索夫《论文艺的倾向性》、阿尔麦佐夫《关于文学史与文艺批评问题》、弗立德《论资产阶级形式主义的艺术》等 8 篇文章。

东北书店编《苏联文艺方向的新问题》由编者出版。

华北大学第三部编《苏联文艺问题》由编者出版。

按：是书收录联共(布)中央关于文学艺术问题的 3 个决议、日丹诺夫《关于〈星〉与〈列宁格勒〉两杂志的报告》、叶高全《论苏联文学底高度思想原则》、塞茨《论文学的自由》、法捷耶夫《论苏联文艺的任务》、西蒙诺夫《战后戏剧工作的任务》、朱柯夫《论政治宣传画》等文，末附列宁《党的组织与党的文学》。

[苏]日丹诺夫等著《苏联文艺问题》由新华书店出版。

按：是书收录日丹诺夫《关于〈星〉与〈列宁格勒〉两杂志的报告》、联共(布)中央《关于〈星〉与〈列宁格勒〉两杂志的决定》、《关于剧场上演节目及其改进方法的决定》、《关于影片〈伟大的生活〉的决定》、《关于摩拉杰里底歌剧〈伟大的友爱〉的决定》以及《苏联作家协会理事会主席团底决议》等。

[苏]塞唯林著、以群译《苏联作家论》由上海杂志公司出版。

[苏]日丹诺夫著，葆荃、梁香译《论文学、艺术与哲学诸问题》由上海时代出版社出版。

按：是书收录作者分别于 1934 年、1946 年、1947 年和 1948 年所做的关于文学、艺术和哲学问题的演说、报告等 5 篇。

夜澄著《文艺探索与人生探索》由上海海燕书店出版。

按：是书收录《列宁与文学》《作家的阶级性》《高尔基的思想》《现实主义与自然主义》《古典现实主义与新现实主义》《高尔基的精神与高尔基的创作方法》《高尔基与浮浪汉》《典型性格与典型环境》等 23 篇论文。

[美]诺利斯·霍顿著、贺孟斧译《苏联演剧方法论》由上海杂志公司出版。

[苏]普列哈诺夫著《论个人在历史上的作用》由山东新华书店出版。

[苏]潘克拉托娃著、李少甫译《苏联是多民族社会主义国家的模范》由上海中华书局出版。

苏华著《社会主义的苏联》由北京三联书店出版。

中外出版社编《社会主义竞赛在苏联》由北京编者出版。

按：是书收录列宁《怎样组织比赛》、斯大林《在第一次全苏联斯达哈诺夫工作者会议上的演说》、斯米尔诺夫《斯达哈诺夫工作者——苏联人民的光荣》、茨维特科夫《从社会主义走向共产主义》、葛利高利夫《社会主义竞赛在苏联》等 10 篇文章。

[苏]康斯坦丁诺夫著、李相崇译《社会主义意识与苏联社会发展》由中外出版社出版。

按：是书分资本主义社会发展的自发性、马列主义在社会主义社会发展上的作用、群众社会主义意识形成的条件、社会主义意识和苏联社会发展的新原动力、社会主义下的社会意识形态、社会主义意识和苏联社会中自发性残余的斗争等 6 节。

联合社编《中苏问题讲话》由天津联合出版社出版。

[苏]库西宁著、静纯译《为什么我们要拥护苏联》由知识书店出版。

[苏]库西宁著，周砚、姚周杰译《你是拥护苏联还是反对苏联》由沈阳东北书店出版。

读者书店编委会编《苏联对中国革命有哪些帮助》由天津读者书店出版。

冀鲁豫新华书店编辑部编《马列主义思想的宝藏》由编者出版。

罗明著《共产主义人生观》由知识书店出版。

华东人民革命大学教务处编《共产主义的人生观》由编者出版。

[苏]俩宾著、杨永译《论从社会主义逐渐过渡到共产主义》由上海中华书局出版。

[苏]斯大林、毛泽东等著《论批评与自我批评》由读者书店出版。

按：是书包括一、斯大林、毛泽东论共产党员要善于和非党群众团结合作；二、论自我批评（斯大林）；三、论自我批评（毛泽东）；四、反对把自我批评口号庸俗化；五、在苏联列宁共产主义青年团第八次代表大会上的演说（斯大林）。

毛泽东著《毛泽东先生言论选集》（第 1 辑）由北平光华书局出版。

毛泽东著《毛泽东先生言论选集》（第 2 辑）由北平光华书局出版。

按：是书收录《目前形势和我们的任务》《新民主主义的宪政》《论联合政

府》3 篇。

毛泽东著《农民运动与农村调查》由香港新民主出版社出版。

按：是书收录毛泽东的《湖南农民运动考察报告》《兴国调查》《长冈乡调查》《才溪乡调查》《农村调查序言二》等 5 篇文章。

毛泽东著《论持久战》由苏北新华书店出版。

毛泽东著《论持久战》由华北大学出版。

毛泽东著《中国革命与中国共产党》由东北书店安东分店出版。

毛泽东著《中国革命与中国共产党》由香港新民主出版社出版。

毛泽东著《中国革命与中国共产党》由东北新华书店出版。

毛泽东著《中国革命与中国共产党》由太岳新华书店出版。

毛泽东著《中国革命与中国共产党》由北平大华印刷局出版。

毛泽东著《中国革命与中国共产党》由吉林书店出版。

毛泽东著《中国革命与中国共产党》由大连新中国书局出版。

毛泽东著《中国革命与中国共产党》由华北大学出版。

毛泽东著《中国革命与中国共产党》由华中新华书店出版。

毛泽东著《中国革命与中国共产党》由解放社出版。

毛泽东著《中国革命与中国共产党》由西北新华书店出版。

毛泽东著《中国革命与中国共产党》由苏南新华书店出版。

毛泽东著《中国革命与中国共产党》由浙江新华书店出版。

毛泽东著《中国革命与中国共产党》由哈尔滨教育用品供应社出版。

毛泽东著《新民主主义论》由沈阳东北书店出版。

毛泽东著《新民主主义论》由北京新民主出版社出版。

毛泽东著《新民主主义论》（干部学习丛书第 1 辑）由大连新中国书局出版。

毛泽东著《新民主主义论》由冀鲁豫新华书店出版。

毛泽东著《新民主主义论》由华北大学出版。

毛泽东著《新民主主义论》由南通华中新华书店出版。

毛泽东著《新民主主义论》由上海长江出版社出版。

毛泽东著《新民主主义论》由上海新华书店出版。

毛泽东著《新民主主义论》由新上海出版社出版。

毛泽东著《新民主主义论》由陕甘宁边区新华书店出版。

毛泽东著《新民主主义论》由新潮出版社出版。

毛泽东著《新民主主义论》由山东新华书店出版。

毛泽东著《新民主主义论》由皖北新华书店出版。

毛泽东著《新民主主义论》由北平中新书店出版。

毛泽东著《新民主主义论》由中原新华书店出版。

毛泽东著《新民主主义论》由香港新民主出版社出版。

毛泽东著《新民主主义论》由华中新华书店出版。

毛泽东著《新民主主义论》由冀东新华书店出版。

毛泽东著《新民主主义论》由华东新华书店出版。

毛泽东著《新民主主义论》由中国人民解放军华北军区政治部出版。

毛泽东著《新民主主义论》由江苏丹阳县文教部出版。

毛泽东著《新民主主义论》由重庆红星出版社出版。

毛泽东著《新民主主义论》由北平大华印刷局出版。

毛泽东著《论联合政府》由中国人民解放军第二野战军军政大学政治部出版。

毛泽东著《论联合政府》由上海新民主出版社出版。

毛泽东著《论联合政府》由上海新华书店出版。

毛泽东著《论联合政府》由威县冀南新华书店出版。

毛泽东著《论联合政府》由华北大学出版。

毛泽东著《论联合政府》由华中新华书店出版。

毛泽东著《论联合政府》由华东新华书店出版。

毛泽东著《论联合政府》由长春东北书店出版。

毛泽东著《论联合政府》由香港新民主出版社出版。

毛泽东著《论联合政府》由北平民生出版社出版。

毛泽东著《经济问题与财政问题》由智慧出版社出版。

按：是书包括关于过去工作的基本总结、关于发展农业、关于发展畜牧业、关于发展手工业、合作事业、关于发展盐业、关于发展自给工业、关于发展军队的生产事业、关于发展机关学校的生产事业、关于粮食工作等。

毛泽东著《经济问题与财政问题》由中原新华书店出版。

毛泽东著《经济问题与财政问题》由苏北新华书店出版。

毛泽东著《经济问题与财政问题》由香港新民主出版社出版。

毛泽东等著《经济工作手册》由沈阳东北书店出版。

毛泽东著《论人民民主专政》由苏南新华书店出版。

按：是书除收入毛泽东的《论人民民主专政》和《在新政协筹备会上的讲话》外，还收了《朱总司令在北平"七一"纪念上的大会讲话》，任弼时的《目前形势与任务》,陈伯达的《重要的问题在善于学习》等文章。

知识书店编辑部编《认真学习〈论人民民主专政〉》由天津知识书店出版。

大众书店编《怎样学习〈论人民民主专政〉》由天津大众书店出版。

按:是书内收毛泽东《论人民民主专政》及学习提要、讨论大纲、学习心得等。

察哈尔日报社编《〈论人民民主专政〉学习参考材料》由编者出版。

毛泽东等著《论思想》由北平大华印刷局出版。

按:是书内容分三类,第一类收入有毛泽东的《反对自由主义》和刘少奇的《入党动机》《反对个人主义》等共 6 篇,并附参考文件 7 篇。第二类反对军阀主义、官僚主义。收入有毛泽东的《反对脱离群众》和谭政的《肃清军阀主义倾向》等共 3 篇,并附参考文件 3 篇。第三类整风学习方法。收入黄克诚的《深刻反省》等共 4 篇。书前刊有毛泽东的《改造我们的学习》(代序)和刘少奇的《人的阶级性》。

毛泽东著《改造我们的学习》由解放社出版。

按:是书收录《改造我们的学习》《整顿学风、党风、文风》《反对党八股》3 篇文章。

毛泽东著《改造我们的学习》由太行新华书店出版。

毛泽东、刘少奇等著《论学习与修养》由大地社出版。

毛泽东著《毛泽东论知识分子》由教育出版社出版。

按:是书附有任弼时《任弼时论知识分子》、夏衍《夏衍论脑力劳动者的道路》。

毛泽东等著《整风文献》由大连新中国书局出版。

毛泽东《中共中央毛泽东主席关于时局的声明》由中共豫皖苏区中央局宣传部出版。

毛泽东《中国共产党红军第四军第九次代表大会决议案》由香港新民主出版社出版。

〔美〕斯诺(原题史诺)笔录、毛泽东口述、天明译《毛泽东自传》由上海文孚出版社出版。

〔美〕斯诺(原题施诺)笔录、范萍译《毛泽东主席自述小传》由上海新时代书社出版。

毛泽东著、张尚志编辑《毛泽东自传》由上海三风书局出版。

按:是书由编者根据斯诺笔录、汪衡翻译的《毛泽东自传》和其他有关材料,并以第三人称的写作方式写成的著作。全书分为:1.本书开端,一个速写;2.公然反抗,保护自己;3.朝气蓬勃,锐不可挡;4.孕育思想,确定主义;5.参加革命,取得联系;6.民主革命,新的胜利;7.中国的新民主主义。前六节为毛泽东传记部分。在"中国的新民主主义"一节中,编者简述了毛泽东关于新民主主义的思想和观点。

文献出版社编委会编《访问毛泽东记》(人民领袖的风采录)由上海文献出版社出版。

第二野战军政治部编《毛主席到了北平》(人民战士影集)由人民战士出版社出版。

按:是书收集20张历史文献照片,其中有北平举行解放军入城式的照片,毛泽东、朱德等中央领导同志在西苑机场阅兵的照片等。

米谷著《少年毛泽东》(1893—1905)(画册)由香港新民主出版社出版。

[美]斯诺著、方霖译《毛泽东自传》由香港新民主出版社出版。

庄淡如编译《向毛泽东学习》由新生书局出版。

上海大舵出版社编《人民领袖毛泽东传》由编者出版。

按:是书内容有:1.人民领袖毛泽东的童年;2.十八岁的毛泽东;3.五年师范学生时代;4.在北京大学求学;5.大革命时代;6.惊天动地的斗争史;7.中国的新民主主义;8.毛泽东的军事学说与游击战争。书中还附有毛泽东、朱德、林彪、贺龙、陈赓、彭德怀、徐向前等珍贵肖照。书后附录有"毛主席朱总司令颁布的《中国人民解放军布告》"和"新民主主义下工商家的出路"。书的封面刊有一"卷头语":"漫漫的长夜终于到了尽头,人民是光荣地战胜了! 在这里我们仅向伟大的领袖毛泽东主席,致无上敬意,崇敬他领导人民,你二十年如一日的艰苦奋斗——求中国人民解放的斗争。为了使千万人民,更充分了解毛主席的斗争历史,更透彻地明白解放工作的意义,本社才决定,在物质条件极度艰难之下,出版了这本小册子。名义上,这虽然仅是一篇传记,但实际呢,它更包括了一首可歌可泣的人民解放的诗史! 除了介绍毛主席这本册子的任务,是要使读者,能领会我们广大的人民为解放而斗争的丰富经验、能提高政治警觉性,与确信新民主的新中国一定能欣欣向荣。毛主席万岁! 中国人民解放万岁!"

萧三编述《毛泽东同志的青少年时代》由北平新华书店出版。

按:1947年,各地出现了《毛泽东同志的儿童时代》的单行本、《毛泽东同志的青年时代》的单行本,并且出现了《毛泽东同志——儿童时代、青年时代与初期革命活动》的单行本,如山东新华书店在1947年内就出了几种这样的单行本。这个单行本实际上是将《毛泽东同志传略》《毛泽东同志的儿童时代》《毛泽东同志的青年时代》《毛泽东同志的初期革命活动》四种合一的集子。这个集子的出版，以及其他各种本子的单行本出版，都没有征得过萧三的同意，也没有经过萧三的审阅，本来应该有所修正的地方，也没有得到修正。萧三觉得事关重大，遂在 1949 年春写定《毛泽东同志的青少年时代》修订本，并交中共中央宣传部审阅，后由当时的中宣部长陆定一批准出版发行，这个修订本 1949 年 8 月开始由新华书店向全国发行。这个修订本的《作者的话》中指出："拙作《毛泽东同志的儿童时代》与《毛泽东同志的青年时代》两篇初稿，曾在前晋察冀边区出版的《时代青年》杂志上连载，还没有登完时，就曾经数次声明：文章的内容和形式都要修改，如有愿转载或翻印者，请最好事先通知作者，以便再寄稿去。但近见各地某些印刷物已有转载的；某些地方的书店并有急于将初稿自行辑成小册子发行的，而且有的只是全文中的一章或数章，这是作者和翻印者双方都欠慎重的处所，尤其是作者感觉得非常歉疚！现在将原稿再细加斟酌，有的增加补充了，有的删减了，即作为修订本出版，总名为《毛泽东同志的青少年时代》，至希读者注意是幸。"这个修订本最后又附《几点重要更正》，指出："拙作《毛泽东同志的初期革命活动》(初稿)需要大加修改和补充，作者现正在作这件事，为了慎重，还得一些日子才能改好，原稿中急于要更正的有以下几处：(一)在《可纪念的"七一"和"三十节"》一节里记述中国共产党第一次大会那一段，拙文初稿不甚详尽，所开到会者姓名也有错误的，这一段全文应更正如下：……(二)在《湖南工人运动中几个片断》一节里记述长沙泥木工人罢工的那一段，全段应改为……(三)同上一节内下文有'第二天四千来个泥木工人集合在教育会坪'一句，这句之下一句应改为：'共产党又派了人来主持大会'；(四)那篇文章的末尾'湖南有组织的工人达四百万'，'百'字系'十'之误。上面这个更正声明，曾载 1946 年张家口出版的《北方文化》，但各地翻印该文时并没有照改，特在这里郑重声明更正如上。"署"萧三一九四九年三月十五日"。以上大致可看到出版修订本的原因，及修订的情况。这个修订本主要反映毛泽东儿童时代、青年时代的事迹，初期革命活动的事迹，因为尚未修订完成，所以没有来得及收入。40 年代，萧三研究毛泽东的成果，主要反映在初稿本和修订本两种不同出版本中。初稿本的代表是集子《毛泽东同志——儿童时代、青年时代与初期革命活动》，虽出版未经过他的同意，但反映了他研究毛泽东的"初稿"、最初的情况。①

萧三著《毛泽东同志儿童时代、青年时代与初期革命活动》由无锡苏南新华书店出版。

萧三编述《毛泽东同志的青少年时代》由东北新华书店辽东分店出版。

萧三著《毛泽东同志在大革命时代》出版。

萧三著《毛泽东同志略传》由大众书店出版。

第三野战军政治部编《毛泽东故事》由新华书店三野分店出版。

[美]斯诺著《毛泽东自传》由杭州国民出版社出版。

[美]斯诺著《毛泽东革命史》由上海国强出版社出版。

[美]斯诺著、王岱译《人民领袖毛泽东奋斗史》由大众读物出版社出版。

林明编《毛泽东自传及其他》由智慧出版社出版。

[美]爱泼斯坦等著《毛泽东印象》由烟台日报社出版。

第三野战军政治部编《毛泽东故事》由新华书店第三野战军分店出版。

陈天河编《东方红》由香港平原出版社出版。

按：是书收录郭沫若《在毛泽东的旗帜下》、史特朗《毛泽东路线的发展》、艾思奇《论毛泽东思想》、李山《伟大的毛泽东》、史诺笔记《毛泽东自传》等5篇文章。

张如心著《毛泽东思想方法论》由上海原野出版社出版。

张如心著《毛泽东同志的人生观和方法论》由大连大众书店出版。

陈伯达著《论毛泽东思想——马克思列宁主义与中国革命的结合》由天津读者书店出版。

萧棠编《毛泽东思想初学入门》由天津读者书店出版。

按：是书分6章，第一部分：辩证唯物主义，第一章反对主观主义，宣传辩证唯物主义；第二章辩证唯物主义的能动认识论；第三章辩证唯物主义的实践方法论。第二部分：历史唯物主义，第四章中国社会发展的规律性；第五章近代中国社会构造与社会变革的规律性；第六章人民在历史上的作用。这六章的内容都是编选毛泽东的论述而成。《前言——什么是毛泽东思想》，则辑中共七大上通过的《中国共产党党章·总纲》、刘少奇《关于修改党章的报告》等段落而成。只是《后记》是萧棠写的。

黄浅著《毛泽东思想的政治思想》由天津读者书店出版。

按：作者指出，"毛泽东同志的政治思想，就是中国新民主主义革命的

---

① 周一平. 毛泽东生平研究七十年[M]. 太原：山西人民出版社，1993：79-80.

思想"。

黄浅著《毛泽东思想的思想方法》由天津读者书店出版。

按：是书乃在中华人民共和国诞生的前夜，较早地介绍并研究毛泽东思想之思想方法的一部专著，主要内容包括提高自觉性，去掉盲目性；从实际出发；理论与实际相结合；掌握马克思列宁主义的立场、观点和方法；没有调查，就没有发言权；有事和群众商量。该书明确指出，毛泽东思想的思想方法的特点，即在解决中国的政治、军事、经济、文化等一切问题时，总是既从马克思列宁主义的理论出发，又从中国革命的实践出发，把马列主义的哲学中国化，变成人民大众可以懂得并能掌握、运用的思想武器，从而领导中国革命走向胜利。书中从提高自觉性、去掉盲目性；从实际出发；理论与实际相结合；掌握马列主义的立场、观点和方法；没有调查，就没有发言权；有事和群众商量等6个方面较为系统地介绍了毛泽东思想的内容。作者最后说："毛泽东思想的思想方法，不仅对共产党内的改造思想和作风，有极其伟大的意义，经过抗日战争期间的整风运动和人民革命战争期间的整党运动，已经贯彻到全党。而且对全国的思想界、学术界，也发生着转移风气、确定方向、改变作风的伟大的影响。"

张如心著《毛泽东思想与作风》由苏南新书书店出版。

按：是书分毛泽东的人生观、毛泽东的科学方法、毛泽东的科学预见、毛泽东的作风等4部分。书中把毛泽东的人生观概括为为人民服务的人生观、明确指出毛泽东的科学方法是马克思的辩证唯物论和历史唯物论，他的科学预见是对社会发展规律或一般趋势的认识，并把他的作风归纳为理论联系实际，和人民群众紧密联系在一起与自我批评的作风。

刘少奇等著、白丁编辑《学习毛泽东思想》由上海改造生活出版社出版。

按：是书收录白丁的《认识党认识领袖》和《毛泽东思想诠释》、吴玉章的《学习毛泽东思想》、刘少奇的《毛泽东的群众路线》、王明的《做毛泽东的优秀学生》等10篇文章。白丁在文章中，依据刘少奇的论著对毛泽东思想做出解释："毛泽东思想，就是无产阶级的思想，就是中国的马克思列宁主义的科学理论与中国革命的实践相结合的统一的思想，就是中国的共产主义，中国的马列主义。毛泽东思想，就是马列主义在目前时代的殖民地半殖民地半封建国家民族解放斗争中之继续发展，也就是马列主义的民族化的优良典型。"

十月文艺丛刊编委会编《朝着毛泽东鲁迅指示的方向前进》由天津读者书店出版。

刘少奇等著《新民主主义城市政策》由香港新民主出版社出版。

刘少奇等著、群众书店辑《共产党员修养》由群众书店出版。

刘少奇等著、林平编《论国际主义与民族主义》由大连大众书店出版。

按:是书收录刘少奇《论国际主义与民族主义》、列宁《什么是国际主义》、斯大林《民族问题》、甘马利《无产阶级国际主义的旗帜》、特莱宁《民族独立与国际主义》等 17 篇文章。

刘少奇等著、林平编《论国际主义与民族主义》由新华书店出版。

按:是书收录刘少奇《论国际主义与民族主义》,列宁《什么是国际主义》,甘马利《无产阶级国际主义的旗帜》,斯大林《十月革命底国际性质》,列宁《民族与殖民地问题提纲初稿》,斯大林《民族问题》,特莱宁《民族独立与国际主义》,毛泽东《全世界革命力量团结起来反对帝国主义侵略》《中国革命是世界革命的一部分》,列宁《四月代表会议关于民族问题的决议案》等文章。

解放社编《国际主义与民族主义》由新华书店出版。

中共中央中原局宣传部编《国际主义与民族主义》(中国共产党政策选辑之一)由中原新华书店出版。

按:是书收录毛泽东《全世界革命力量团结起来反对帝国主义的侵略》、刘少奇《论国际主于与民族主义》、斯卡特谢科夫《爱国主义与国际主义》,以及《欧洲共产党情报局关于南斯拉夫共产党状况的决议》《中国共产党中央委员会关于南斯拉夫共产党问题的决议》等 9 篇文章。

[德]柯祖基著、恽代英译《阶级争斗》由新青年社出版。

叶青著《共产党问题》由江苏南京新中国出版社出版。

联合社编《论共产主义的劳动态度》由西安联合出版社出版。

按:是书收列宁的《论劳动纪律》、M.伊留申的《论共产主义的劳动态度》、布尔什维克杂志的《论劳动中的纪律和组织性》等 6 篇文章。

罗乃夫著《中国共产党三十年来革命史实》由上海前进出版社出版。

扬弃编著《领导人民革命的中国共产党奋斗史》由万人出版社出版。

吴玉章著《共产党改造了我的思想》由知识书店出版。

《中共人物》由上海社会出版社出版。

按:是书收录了 42 位中国共产党著名人物的小传,包括毛泽东、周恩来、彭德怀、徐特立、任弼时、丁玲等人物。

燕青编《中共人物小史》由上海新潮出版社出版。

按:是书收录了毛泽东、朱德、彭德怀、贺龙、周恩来、董必武等 20 位中国共产党重要人物的传略。

《中国共产党党章及关于修改党章的报告》由中共中央华北局出版。

《中国共产党党章及关于修改党章的报告》由上海新华书店出版。

《中国共产党党章——一九四五年六月十一日中国共产党第七次全代表大会通过》由苏南新华书店出版。

《中国共产党党章——一九四五年六月十一日中国共产党第七次全代表大会通过》由皖北新华书店出版。

《中国共产党党章——一九四五年六月十一日中国共产党第七次全代表大会通过》由冀南新华书店出版。

中共中央晋绥分局编《四四个必读文件》由编者出版。

按：本书收录了 1947 年 12 月 25—1949 年 2 月 5 日的重要文件 44 个。这时正是全国解放战争即将取得最后胜利，党的工作重心由农村转向城市的重要时期。书中所收文件大多为中共中央为适应工作重心转移而做出的指示、决定。其中收录毛泽东的报告、讲话和为中央起草的对党内的指示共 11 篇：《毛主席：目前形势和我们的任务》（1947 年 12 月 25 日在中共中央会议上的报告）；《中共中央关于建立报告制度的指示》（1948 年 1 月 7 日）；《新华社社论：坚持职工运动的正确路线，反对"左"倾冒险主义》（1948 年 2 月 7 日）；《中共中央关于纠正土地改革宣传中"左"倾错误的指示》（1948 年 2 月 11 日）；《中共中央关于自由资产阶级问题和开明绅士问题的指示》（1948 年 3 月）；《中共中央关于首恶者必办的问题和关于集中领导权力的问题给某兵团负责同志的指示》（1948 年 4 月）；《毛主席：在晋绥干部会议上的讲话》（1948 年 4 月 1 日）；《毛主席：关于新区工作策略问题致邓小平同志电》（1948 年 5 月 24 日）；《中共中央关于健全党委制的决定》（1948 年 9 月 20 日）；《新华社社论：将革命进行到底》（1949 年元旦献词）；《毛主席：关于时局的声明》（1949 年 1 月 14 日）。①

中共中央政策研究室编《一九四八年以来的政策汇编》由中共中央东北局出版。

中共中央政策研究室编《政策汇编》（党内文件）由中共中央华北局出版。

苏北新华书店编《中共七届二中全会决议干部学习参考材料》由编者出版。

---

① 王紫根，编纂.毛泽东书典［M］.武汉：湖北人民出版社，2011：77.

苏北军区政治部编《二中全会决议学习参考材料之二》由编者出版。

江苏扬州地委宣传部编《学习二中全会参考材料之三》由编者出版。

瞿秋白著《社会科学概论》由上海群益出版社出版。

瞿秋白著《社会科学概论》由天津联合出版社出版。

陶大镛《社会主义思想史》由上海三联书店出版。

杜民著《论社会主义革命》由生活·读书·新知上海发行所出版。

按：是书分 9 章，第一章帝国主义是社会主义革命的时代；第二章帝国主义时代资本主义发展不平衡的特别紧张化与社会主义革命；第三章社会主义革命首先在俄国胜利了；第四章社会主义革命与武装起义；第五章什么是无产阶级专政？无产阶级专政的任务；第六章无产阶级专政的系统；第七章苏维埃政权是无产阶级专政的国家形式；第八章无产阶级专政下的阶级斗争；第九章苏联社会主义国家发展的两个主要阶段。

朱德著《朱德总司令自传》由新生出版社出版。

萧三著《朱总司令的故事》由江苏无锡苏南新华书店出版。

张尚志编辑《朱德与红军》由上海三风书局出版。

钱塘编著《中共六将星》由广文社出版。

按：是书介绍中国人民解放军的 6 位将领朱德、彭德怀、林彪、陈毅、刘伯承、贺龙的事迹。

[美]斯诺著、天明译《二万五千里长征》（中国人民解放军突围史实）由上海文学出版社出版。

关青编《二万五千里长征》由冀东新华书店出版。

关青编《二万五千里长征》由天津知识书店出版。

萧萧编绘《二万五千里长征史画》由上海联合画报社出版。

[美]斯诺著，赵一平、王念龙等译《长征 25000 里》（中国的红星）由上海启明书局出版。

刘芝明、张如心著《反对萧军思想保卫马列主义》由太岳新华书店出版。

按：是书收录《中共中央东北局关于萧军问题的决定》、刘芝明和张如心的两篇批判文章，以及《东北文艺协会关于萧军及其〈文化报〉所犯错误的结论》。

四、卒于是年的研究者

戴季陶(1891—1949)卒。季陶初名良弼，后名传贤，字季陶，笔名天仇，原籍浙江吴兴，生于四川广汉。1905 年留学日本，先进师范学校，1907 年入东京日本大学法科。1911 年加入同盟会。辛亥革命后追随孙中山，任孙中

山秘书,参加二次革命和护法战争。五四期间,思想激进,在上海主编《星期
评论》,尝试用共产主义说明中国伦理问题,称赞马克思和恩格斯是"天才",
称马克思是"近代经济学的大家""近代社会运动的先觉",自 1919 年 6 月至
1920 年底在《建设》《星期评论》《觉悟副刊》《新青年》等传播马克思主义的
重要刊物上发表各类文章 150 篇,其中大多涉及马克思主义。同时翻译考
茨基的《马克思资本论解说》《商品生产的性质》以及李卜克内西的《马克思
传》等名著、名篇,是中国马克思主义最早的研究者之一。1920 年 5 月参加
上海马克思主义研究会(上海共产主义小组),起草《中国共产党纲领》,是中
国共产党最早的一批党员之一,后来因孙中山反对而退出共产党。曾先后
担任黄埔军校政治部主任、国立中山大学校长、国民党中央宣传部长、考试
院院长等职。1949 年 2 月 11 日于广东省政府广州东园招待所服安眠药自
杀。曾将考茨基的《马克思的经济学说》由日文译成中文,为国内读者了解
和学习马克思的《资本论》提供了重要的参考书。其研究马克思主义政治经
济学的代表作有《从经济上观察中国的乱源》《革命! 何故? 为何?》《经济之
历史的发展》等。著有《孙文主义之哲学基础》《国民革命与中国国民党》《中
国文化在世界之地位及其价值》等,后人编有《戴季陶先生文存》《戴季陶
集》。

　　按:陈秋生说:"戴季陶对于早期马克思主义传播的贡献是毋庸置疑的,
主要体现在两方面。一是他在各大报刊杂志发表文章介绍其思想,加之他
在当时知识界的影响力,这在很大程度上极大地推动了马克思主义的传
播。……二是他的思想也丰富了当时的马克思主义理论,他翻译《资本论》,
介绍唯物史观等等,都使马克思主义理论更加完整的呈现在当时的人们面
前。""戴季陶毕竟是一位民族资产阶级政治家、宣传家,受自身阶级性的局
限,他对马克思主义的宣传带有很大的局限性。他始终不能自觉的站在无
产阶级的立场思考问题。此外,他对马克思主义的宣传也存在相当的失误
与错误。例如,他对社会主义的理解与马克思主义的科学社会主义是存在
相当距离的;而对唯物史观的不够彻底也使他经常暴露出唯心思想的影子;
对于工人阶级与资产阶级是走'阶级调和'还是'阶级斗争'路线,他也始终
表现出一种矛盾的心理。总的说来,在五四运动时期,戴季陶的行为充满了
矛盾,既有进步的一面,又有反动的一面。过分贬低甚至刻意抹去他的功
劳,或者是过分夸大他的积极作用而忽视他的阶级本性都是不客观的。由
于戴季陶对马克思主义的这种矛盾性,使他对马克思主义的信仰不够彻底,

加之孙中山的重大影响,使他最后与马克思主义分道扬镳。"①

按:胡丰顺、陈濛濛说:"与李大钊、陈独秀等共产党人接触和研究马克思主义不同,戴季陶接触和研究马克思主义并不是为了把马克思主义作为革命武器引进中国,更不主张运用马克思主义把中国革命引向社会主义革命范畴。戴季陶之所以接触并持续研究马克思主义,主要原因有三,一是受社会主义思潮广泛传播的影响。无疑地,此种影响是朴素和原始的,不能给戴季陶思想向马克思主义转变提供深厚动力。二是运用马克思主义发展、完善自身所坚持的思想理论,特别是国民党的支撑理论——三民主义,以达到资产阶级革命目的。这才是戴季陶在研究、宣传马克思主义过程中一以贯之的目的,也是支撑戴季陶研究、宣传马克思主义最深层、最稳定的因素。三是对付、反击马克思主义,'在社会主义思想涌入中国时,这些资产阶级理论家抱有的心态要么是立即加以反对,要么是予以研究,在研究的基础上提出反对主张',这一点在 1925 年孙中山逝世前后体现得尤为明显。正如戴季陶在翻译德国社会民主党政纲时所发的声明那样:'我译这个政纲的意思,并不是希望中国目前这些政客先生们来采用他。不过要想青年的中国人,留心改革政治改造社会问题和研究欧洲社会思潮的人,拿来做一个研究资料罢了。'正是戴季陶接触和研究马克思主义目的的不纯粹,导致戴季陶在宣传马克思主义的过程中,始终没有把马克思主义看作一种独立的思想。他先是把马克思主义看成填充三民主义的工具,继而把马克思主义看成敌人。戴季陶要么自觉或不自觉地把马克思主义当成招牌,利用马克思主义吸引和召集包括共产党和无产阶级在内的先进分子和革命力量;要么把三民主义与马克思主义或相等同或相对立。如果马克思主义对三民主义有用则宣传,无用则弃之,对立则压制打击。而随着马克思主义理论本身力量的开显,以及中国革命实践的深入开展,马克思主义和国民党的思想理论体系必然会产生冲突,冲突一旦产生,戴季陶显然会选择捍卫三民主义,舍弃甚至反对和攻击马克思主义。因此,戴季陶研究和宣传马克思主义的不纯粹性,为戴季陶最终与马克思主义决裂埋下伏笔。"②

---

① 陈秋生.戴季陶与马克思主义传播[J].佳木斯大学社会科学学报,2013(5):143.
② 胡丰顺,陈濛濛.从拥抱到决裂:戴季陶与马克思主义的分合及其原因分析[J].社会科学动态,2019(4).

参考文献

一、原始资料

北京图书馆,编.民国时期总书目(1911—1949)(法律)[M].北京:书目文献出版社,1990.

北京图书馆,编.民国时期总书目(1911—1949)(教育·体育)[M].北京:书目文献出版社,1995.

北京图书馆,编.民国时期总书目(1911—1949)(经济)[M].北京:书目文献出版社,1993.

北京图书馆,编.民国时期总书目(1911—1949)(军事)[M].北京:书目文献出版社,1994.

北京图书馆,编.民国时期总书目(1911—1949)(社会科学·总类部分)[M].北京:书目文献出版社,1995.

北京图书馆,编.民国时期总书目(1911—1949)(外国文学)[M].北京:书目文献出版社,1987.

北京图书馆,编.民国时期总书目(1911—1949)(文化科学·艺术)[M].北京:书目文献出版社,1994.

北京图书馆,编.民国时期总书目(1911—1949)(语言文字)[M].北京:书目文献出版社,1986.

北京图书馆,编.民国时期总书目(1911—1949)(哲学·心理学)[M].北京:书目文献出版社,1991.

北京图书馆,编.民国时期总书目(1911—1949)(政治)[M].北京:书目文献出版社,1996.

北京图书馆,编.民国时期总书目(1911—1949)(宗教)[M].北京:书目文献出版社,1994.

北京图书馆,编.民国时期总书目(1911—1949)上下册(历史·传记·考古·地理)[M].北京:书目文献出版社,1994.

北京图书馆,编.民国时期总书目(1911—1949)上下册(文学理论·世界文学·中国文学)[M].北京:书目文献出版社,1992.

蔡和森.蔡和森的十三篇文章[M].北京:人民出版社,1980.

陈潭秋.陈潭秋文集[M].北京:人民出版社,1997.

陈唯实.陈唯实文选[M].广州:广东教育出版社,1986.

邓拓.邓拓文集[M].北京:北京出版社,1986.

邓小平.邓小平文选[M].北京:人民出版社,1994.

董必武.董必武选集[M].北京:人民出版社,1985.

韩荣璋,杜魏华,主编.毛泽东生平著作研究索引[M].北京:国防大学出版社,1986.

湖南省博物馆历史部,校编.新民学会文献汇编[M].长沙:湖南人民出版社,1980.

江西省档案馆.中央革命根据地史料选编[M].南昌:江西人民出版社,1982.

金炳镐.民族纲领政策文献选编[M].北京:中央民族大学出版社,2006.

晋察冀边区阜平县红色档案丛书编委会,编.晋察冀日报文摘(1)[M].北京:中共党史出版社,2017.

李达.李达文集[M].北京:人民出版社,1981.

李大钊.李大钊全集[M].石家庄:河北教育出版社,1999.

李德芳,李辽宁,杨素稳,主编.中国共产党思想政治教育史料选编[M].武汉:武汉大学出版社,2009.

李振霞,管培月.中国现代哲学史论文选[M].北京:红旗出版社,1986.

李振霞,管培月.中国现代哲学史资料选辑 1[M].北京:红旗出版社,1986.

李振霞,管培月.中国现代哲学史资料选辑 2[M].北京:红旗出版社,1986.

李振霞,管培月.中国现代哲学史资料选辑 3[M].北京:红旗出版社,1986.

李振霞,管培月.中国现代哲学史资料选辑 4[M].北京:红旗出版社,1986.

李振霞,雍桂良,主编.中国现代哲学史大事记[M].北京:红旗出版社,1987.

李忠杰,段东升,主编.中国共产党第一次全国代表大会档案文献选编[M].北京:中共党史出版社,2015.

列宁.列宁全集:第 35 卷[M].北京:人民出版社,1985.

刘焱编.周恩来早期文集(1912—1924)[M].天津:南开大学出版社,1993.

马克思,恩格斯.马克思恩格斯全集[M].北京:人民出版社,1960.

毛泽东.毛泽东在七大的报告和讲话集[M].北京:中央文献出版社,1995.

毛泽东.毛泽东军事文集:第 2 卷[M].北京:军事科学出版社,1993.

毛泽东.毛泽东书信选集[M].北京:人民出版社,1983.

毛泽东.毛泽东选集:第 1 卷[M].北京:人民出版社,1991.

毛泽东.毛泽东选集:第 2 卷[M].北京:人民出版社,1991.

毛泽东.毛泽东选集:第 3 卷[M].北京:人民出版社,1991.

毛泽东.毛泽东选集:第 4 卷[M].北京:人民出版社,1991.

毛泽东.毛泽东选集:第 5 卷[M].北京:人民出版社,1996.

毛泽东.毛泽东一九三六年同斯诺的谈话[M].北京:人民出版社,1979.

毛泽东.毛泽东在七大的报告和讲话集[M].北京:中央文献出版社,1995.

南京大学学报编辑部,编.高等学校政治理论课教学资料[M].南京:南京大学学报编辑部,1983.

秦邦宪.秦邦宪(博古)文集[M].北京:中共党史出版社,2007.

史先民.中国社会科学家联盟资料选编[M].北京:中国展望出版社,1986.

四川大学、复旦大学哲学系资料室.1900—1949 年全国主要报刊哲学论文资料索引[M].北京:商务印书馆,1989.

童阳秀.中国共产党建设 80 年大事纪要[M].北京:党建读物出版社,2002.

王德锋,傅炳旭主编.中国近现代史参考资料[M].长春:吉林人民出版社,1993.

王维礼,主编.中国现代史大事纪事本末(1919—1949)[M].哈尔滨:黑龙江人民出版社,1987.

魏建国,主编.瓦窑堡时期中央文献选编:上[M].北京:东方出版社,2012.

肖东波.中国共产党理论建设史纲(1921—1949)[M].北京:中共党史

出版社,2004.

延安整风运动编写组.延安整风运动纪事[M].北京:求实出版社,1982.

杨匏安.杨匏安文集[M].北京:中央文献出版社,1996.

恽代英.恽代英文集[M].北京:人民出版社,1984.

张闻天.张闻天文集:第1卷[M].北京:中共党史出版社,2012.

张仲实.张仲实文集[M].北京:中央编译出版社,2016.

中共党史资料征集委员会.共产主义小组(上册)[M].北京:中共党史资料出版社,1987.

中共江西省委党史研究室,中共赣州市委党史工作办公室,中共龙岩市委党史研究室.中央革命根据地历史资料文库·党的系统4[M].南昌:江西人民出版社,2011.

中共江西省委党史研究室,中共赣州市委党史工作办公室,中共龙岩市委党史研究室.中央革命根据地历史资料文库·党的系统5[M].南昌:江西人民出版社,2011.

中共中央党史史研究室,中央党案馆,编.中国共产党第六次全国代表大会档案文献选编:下[M].北京:中共党史出版社,2015.

中共中央党史研究室第一研究部,编.共产国际、联共(布)与中国革命文献资料选辑(1917—1925)[M].北京:北京图书馆出版社,1997.

中共中央党史研究室第一研究部,译.共产国际、联共(布)与中国革命文献资料选辑(1938—1943)[M].北京:中央党史出版社,2012.

中共中央党校党史教研室资料组.中国共产党历次重要会议集(下)[M].上海:上海人民出版社,1983.

中共中央党校科研办公室.社会主义思想在中国的传播(资料选辑)第1辑(上、中、下册)[M].北京:中共中央党校科研办公室,1985.

中共中央党校科研办公室.社会主义思想在中国的传播(资料选辑)第2辑(上、中、下册)[M].北京:中共中央党校科研办公室,1987.

中共中央党校哲学教研室.中国现代哲学史资料选辑(1917—1949)[M].北京:中共中央党校出版社,1984.

中共中央统战部.民族问题文献汇编[M].北京:中共中央党校出版社,1991.

中共中央文献研究室,南开大学.周恩来早期文集(1912.10—1924.6)[M].北京:中央文献出版社,1998.

中共中央文献研究室,中共中央党校.刘少奇论党的建设[M].北京:中央文献出版社,1991.

中共中央文献研究室,中国延安干部学院,编.延安时期党的重要领导人著作选编:下[M].北京:中央文献出版社,2014.

中共中央马克思、恩格斯、列宁、斯大林著作编译局研究室,编.五四时期期刊介绍[M].北京:生活・读书・新知三联书店,1978.

中共中央文献研究室,编.毛泽东农村调查文集[M].北京:人民出版社,1982.

中共中央文献研究室中央档案馆,编.建党以来重要文献选编(一九二一一一九四九):第14册[M].北京:中央文献出版社,2011.

中共中央文献研究室中央档案馆,编.建党以来重要文献选编(一九二一一一九四九):第16册[M].北京:中央文献出版社,2011.

中共中央文献研究室中央档案馆,编.建党以来重要文献选编(一九二一一一九四九):第18册[M].北京:中央文献出版社,2011.

中共中央文献研究室中央档案馆,编.建党以来重要文献选编(一九二一一一九四九):第20册[M].北京:中央文献出版社,2011.

中共中央文献研究室中央档案馆,编.建党以来重要文献选编(一九二一一一九四九):第25册[M].中央文献出版社,2011.

中共中央文献研究室中央档案馆,编.建党以来重要文献选编(一九二一一一九四九):第2册[M].中国文献出版社,2011.

中共中央文献研究室中央档案馆,编.建党以来重要文献选编(一九二一一一九四九):第6册[M].北京:中国文献出版社,2011.

中共中央文献研究室中央档案馆,编.建党以来重要文献选编(一九二一一一九四九):第8册[M].北京:中国文献出版社,2011.

中共中央宣传部办公厅,中央档案馆编研部,编.中国共产党宣传工作文选选编:1915—1937[M].北京:学习出版社,1996.

中共中央宣传部办公厅,中央档案馆编研部,编.中国共产党宣传工作文选选编:1937—1949[M].北京:学习出版社,1996.

中共中央政策研究室党建组,编.毛泽东、邓小平论实事求是[M].北京:中共中央党校出版社,1992.

中国人民政治协商会议全国委员会文史和学习委员会,编.文史资料选辑:合订本第十九卷[M].北京:中国文史出版社,2011.

中国社会科学现代史研究室.“一大”前后(二)[M].北京:人民出版

社,1980.

中国社会科学院近代史研究所.五四运动文选[M].北京:生活·读书·新知三联书店,1959.

中国社会科学院历史研究所.八十年来史学书目(1900—1980)[M].北京:中国社会科学出版社,1984.

中国社会科学院新闻研究所,编.中国共产党新闻工作文件汇编:下卷[M].北京:新华出版社,1980.

中国延安精神研究会,编.中共中央在延安十三年资料·重要资料选辑上(1935.8—1940.12)[M].北京:中央文献出版社,2017.

中央编译局图书馆.研究马克思恩格斯著作和生平论著目录[M].北京:书目文献出版社,1983.

中央档案馆,编.中共中央文件选集:第1册[M].北京:中共中央党校出版社,1989.

中央档案馆,编.中共中央文件选集:第10册[M].北京:中共中央党校出版社,1991.

中央档案馆,编.中共中央文件选集:第11册[M].北京:中共中央党校出版社,1991.

中央档案馆,编.中共中央文件选集:第13册[M].北京:中共中央党校出版社,1991.

中央档案馆,编.中共中央文件选集:第2册[M].北京:中共中央党校出版社,1989.

中央档案馆,编.中共中央文件选集:第4册[M].北京:中共中央党校出版社,1989.

中央档案馆,编.中共中央文件选集:第7册[M].北京:中共中央党校出版社,1991.

中央档案馆,编.中共中央文件选集:第9册[M].北京:中共中央党校出版社,1991.

中央档案馆,等.江苏革命历史文件汇集(特委县委文件)(一九二六年—一九三四年十一月)[M].北京:中央档案馆,1989.

中央党史研究室张闻天选集传记组.张闻天文集(1919—1935)[M].北京:中共党史出版社,2012.

中央党史研究室张闻天选集传记组.张闻天文集(1935—1938)[M].北京:中共党史出版社,2012.

中央党史研究室张闻天选集传记组.张闻天文集(1939—1948)[M].北京:中共党史出版社,2012.

中央文献研究室,中央档案馆.建党以来重要文献选编:第16册[M].北京:中央文献出版社,2011.

钟离蒙,杨凤麟,主编.中国现代哲学史资料汇编:第1集第11册(无神论和宗教问题的论战下)[M].沈阳:辽宁大学哲学系,1982.

钟离蒙,杨凤麟,主编.中国现代哲学史资料汇编:第2集第1册(哲学论战上)[M].沈阳:辽宁大学哲学系,1982.

钟离蒙,杨凤麟,主编.中国现代哲学史资料汇编:第2集第2册(哲学论战下)[M].沈阳:辽宁大学哲学系,1982.

钟离蒙,杨凤麟,主编.中国现代哲学史资料汇编:第2集第5册(中国社会史论战下)[M].沈阳:辽宁大学哲学系,1982.

钟离蒙,杨凤麟,主编.中国现代哲学史资料汇编:第2集第6册(中国文化问题论战)[M].沈阳:辽宁大学哲学系,1982.

钟离蒙,杨凤麟,主编.中国现代哲学史资料汇编:第2集第7册(唯生论批评)[M].辽宁大学哲学系,1982.

钟离蒙,杨凤麟,主编.中国现代哲学史资料汇编:第3集第2册("力行"哲学批判)[M].沈阳:辽宁大学哲学系,1982.

钟离蒙,杨凤麟,主编.中国现代哲学史资料汇编:第3集第4册(复古派批判)[M].沈阳:辽宁大学哲学系,1982.

钟离蒙,杨凤麟,主编.中国现代哲学史资料汇编:第3集第5册(新心学批判)[M].沈阳:辽宁大学哲学系,1982.

钟离蒙,杨凤麟,主编.中国现代哲学史资料汇编:第4集第1册(解放战争时期哲学思想战线上的斗争)[M].沈阳:辽宁大学哲学系,1982.

钟离蒙,杨凤麟,主编.中国现代哲学史资料汇编:第4集第2册("第三条道路"批判)[M].沈阳:辽宁大学哲学系,1982.

钟离蒙,杨凤麟,主编.中国现代哲学史资料汇编:第4集第3册(新理学批判)[M].沈阳:辽宁大学哲学系,1982.

钟离蒙,杨凤麟,主编.中国现代哲学史资料汇编:第4集第4册(资产阶级社会学批判)[M].沈阳:辽宁大学哲学系,1982.

钟离蒙,杨凤麟,主编.中国现代哲学史资料汇编续集:第10册(第二次国内革命战争时期的哲学论战1)[M].沈阳:辽宁大学哲学系,1984.

钟离蒙,杨凤麟,主编.中国现代哲学史资料汇编续集:第11册(第二次国内革命战争时期的哲学论战 2)[M].沈阳:辽宁大学哲学系,1984.

钟离蒙,杨凤麟,主编.中国现代哲学史资料汇编续集:第 12 册(第二次国内革命战争时期的哲学论战 3)[M].沈阳:辽宁大学哲学系,1984.

钟离蒙,杨凤麟,主编.中国现代哲学史资料汇编续集:第 13 册(社会史和社会性质论战上)[M].沈阳:辽宁大学哲学系,1984.

钟离蒙,杨凤麟,主编.中国现代哲学史资料汇编续集:第 14 册(社会史和社会性质论战下)[M].沈阳:辽宁大学哲学系,1984.

钟离蒙,杨凤麟,主编.中国现代哲学史资料汇编续集:第 15 册(抗日战争时期的哲学论战上)[M].沈阳:辽宁大学哲学系,1984.

钟离蒙,杨凤麟,主编.中国现代哲学史资料汇编续集:第 16 册(抗日战争时期的哲学论战下)[M].沈阳:辽宁大学哲学系,1984.

钟离蒙,杨凤麟,主编.中国现代哲学史资料汇编续集:第 1 册(社会主义论战)[M].沈阳:辽宁大学哲学系,1984.

钟离蒙,杨凤麟,主编.中国现代哲学史资料汇编续集:第 2 册(西方资产阶级哲学流派批判 1)[M].沈阳:辽宁大学哲学系,1984.

钟离蒙,杨凤麟,主编.中国现代哲学史资料汇编续集:第 3 册(西方资产阶级哲学流派批判 2)[M].沈阳:辽宁大学哲学系,1984.

钟离蒙,杨凤麟,主编.中国现代哲学史资料汇编续集:第 4 册(西方资产阶级哲学流派批判 3)[M].沈阳:辽宁大学哲学系,1984.

钟离蒙,杨凤麟,主编.中国现代哲学史资料汇编续集:第 8 册(国家主义批判　无政府主义批判　唯生论批判)[M].沈阳:辽宁大学哲学系,1984.

钟离蒙,杨凤麟,主编.中国现代哲学史资料汇编续集:第 9 册(东西文化论战)[M].沈阳:辽宁大学哲学系,1984.

周恩来.周恩来选集:上卷[M].北京:人民出版社,1984.

左权.左权军事文选[M].北京:军事科学出版社,2005.

二、研究著作

[美]迈斯纳,著.中共北京市委党史研究室编译组,编译.李大钊与中国马克思主义的起源[M].北京:中共党史资料出版社,1989.

[美]斯诺,著.王厂青,等译.西行漫记[M].香港:香港广角镜出版社,1975.

《人文盖山,魅力乡村》编纂委员会,编.人文盖山　魅力乡村[M].福州：海峡文艺出版社，2016.

阿庆喜，闫爱国，王海萍.中国化马克思主义概论[M].长春：东北林业大学出版社，2006.

白应华.中国早期马克思主义者对中国近代史的研究[M].昆明：云南人民出版社，2004.

白云涛.中共党史珍闻录[M].成都：四川人民出版社，2012.

北京大学图书馆，北京李大钊研究会.李大钊史事综录[M].北京：北京大学出版社，1989.

北京师联教育科学研究所.杨贤江马克思主义教育学理论与《新教育大纲》选读[M].北京：中国环境科学出版社，2006.

蔡韦，编.五四时期马克思主义对反马克思主义思潮的斗争[M].上海：上海人民出版社，1961.

蔡小朋，南军.中国早期无产阶级革命家的故事（邓中夏、恽代英）[M].南昌：江西美术出版社，1993.

蔡小朋.中国早期无产阶级革命家的故事（蔡和森、向警予）[M].南昌：江西美术出版社，1993.

曾庆榴.国民革命与广州[M].广州：广州出版社，2011.

曾银慧.恽代英对早期马克思主义中国化的理论贡献[M].北京：中央编译出版社，2017.

陈富国.马克思主义哲学中国化（1927—1949）：理论的选择、阐释与运用[M].南昌：江西人民出版社，2015.

陈光林，主编.中共党史纲要[M].济南：山东人民出版社，1991.

陈红彦，主编.名家手稿暨革命文献善本掌故[M].上海：上海远东出版社，2017.

陈建中，金邦秋.智慧的曙光——毛泽东早期建党和大革命时期著作研究[M].西安：陕西人民出版社，1990.

陈先初.湖湘文化名著读本·军事卷[M].长沙：湖南大学出版社，2013.

陈永志.郭沫若思想整体观[M].上海：上海文艺出版社，1992.

陈至立，主编.中国共产党建设史[M].上海：上海人民出版社，1991.

程伟礼，等.先知的足迹——中国早期马克思主义者的心路历程[M].郑州：河南人民出版社，1996.

丁俊萍，熊启珍，主编.中国化的马克思主义概论[M].武汉：武汉大学出版社,2003.

丁守和,殷叙彝.从五四启蒙到马克思主义的传播[M].北京:生活·读书·新知三联书店,1963.

丁晓强,李立志.李达学术思想评传[M].北京:书目文献出版社,1999.

丁新约,王世奎.中国共产党英烈志[M].青岛:青岛海洋大学出版社,1991.

丁祖豪,等.20世纪中国马克思主义哲学[M].北京:中国矿业大学出版社,2002.

樊志辉.马克思哲学与中国现代哲学的展望[M].哈尔滨:黑龙江大学出版社,2011.

范小方,包东波,李娟丽.戴季陶传[M].北京:团结出版社,2007.

方红.马克思主义在中国的早期翻译与传播[M].上海:上海三联书店,2016.

冯契.认识世界和认识自己[M].上海:上海人民出版社,2011.

冯志杰.中国近代翻译史·晚清卷[M].北京:九州出版社,2011.

高军,王桧林,杨树标.五四运动前马克思主义在中国的介绍与传播[M].长沙:湖南人民出版社,1986.

高军,王桧林,杨树标,主编.中国现代政治思想评要[M].北京:华夏出版社,1990.

龚汝枢.中国早期无产阶级革命家的故事(李大钊、瞿秋白)[M].南昌:江西美术出版社,1993.

郭涤,等主编.延安时期与毛泽东思想[M].西安:陕西人民出版社,1993.

郭刚.中国早期马克思主义的传播[M].北京:人民出版社,2010.

郭长保.新文化与新文学——基于晚明至五四时期的文学文化转型研究[M].北京:线装书局,2012.

侯建明.中国早期马克思主义研究[M].长春:吉林人民出版社,2013.

胡乔木,王学珍,刘桂生,等.李大钊研究论文选集[M].昆明:云南教育出版社,2009.

胡为雄,姜汝斌,主编.半世纪来毛泽东思想研究概览[M].北京:八一出版社,1993.

胡为雄.马克思主义哲学在中国传播与发展的百年历史[M].天津:百花洲文艺出版社,2015.

胡为雄.毛泽东思想研究简史[M].北京:中央文献出版社,2014.

胡献忠,主编.中国共青团历次全国代表大会概览[M].北京:中国青年出版社,2012.

湖北省社会科学院.回忆陈潭秋[M].武汉:华中工学院出版社,1981.

黄景芳,李致平,白玉武,李志春,主编.《毛泽东著作选读》介绍[M].长春:吉林大学社会科学丛刊编辑部,1987.

黄峥.刘少奇研究[M].北京:中央文献出版社,2008.

季明,主编.划清"四个重大界限"学习问答[M].北京:人民日报出版,2010.

姜华宣,等主编.中国共产党重要会议纪事:1921—2011[M].北京:中国文献出版社,2011.

金民卿.理论:中国化马克思主义的初步形成[M].南昌:江西高校出版社,2009.

金羽,王兴国.毛泽东:走向马克思主义[M].杭州:浙江人民出版社,1993.

孔原,等.回忆陈潭秋[M].武汉:华中工学院出版社,1981.

巩瑞波,王文奇.社会主义五百年[M].长春:吉林出版集团有限责任公司,2014.

寇清杰.中国新文化的方向:中国早期马克思主义者中西文化观研究[M].天津:天津人民出版社,2002.

赖平,主编.毛泽东思想和中国特色社会主义理论体系概论精选原著导读[M].湘潭:湘潭大学出版社,2010.

黎洁华,虞苇.戴季陶传[M].广州:广东人民出版社,2003.

李北东.四川抗战哲学史[M].北京:中国文联出版社,2015.

李崇富,姜辉,主编.马克思主义150年[M].北京:学习出版社,2002.

李达.《矛盾论》解说[M].上海:生活·读书·新知三联书店,1953.

李德富,主编.马克思主义哲学基本原理及其中国化发展概论[M].北京:北京理工大学出版社,2015.

李鸿义,王中新,主编.民主中国的模型:陕甘宁边区政治文明建设[M].西安:陕西人民出版社,2005.

李景田,主编.中国共产党历史大辞典(1921—2011 新民主主义革命时期)[M].北京:中共中央党校出版社,2011.

李良明.100 位为新中国成立作出突出贡献的英雄模范人物·恽代英

[M].北京:北京工业大学出版社,2011.

李锐.毛泽东的早期革命活动[M].长沙:湖南人民出版社,1980.

李维汉.回忆与研究:上[M].北京:中共党史出版社,2013.

李永春.蔡和森年谱[M].湘潭:湘潭大学出版社,2008.

李佑新.马克思主义中国化的典范:延安时期毛泽东思想研究[M].长沙:湖南教育出版社,2003.

李振霞,雍桂良,主编.中国现代哲学史大事记[M].北京:红旗出版社,1987.

利兴民,主编.马克思主义哲学在中国的传播和发展[M].广州:广东高等教育出版社,1988.

梁寒冰,魏宏运,主编.中国现代史大事记[M].哈尔滨:黑龙江人民出版社,1984.

梁化奎.文化伟人瞿秋白[M].北京:中央文献出版社,2005.

林家有.朱执信[M].北京:团结出版社,2011.

林星.中央苏区文艺研究论集[M].武汉:长江文艺出版社,2017.

林之达,主编.中国共产党宣传史[M].成都:四川人民出版社,1990.

刘林元,周显信,等.瞿秋白对毛泽东思想形成的重要贡献[M].北京:中央文献出版社,2005.

刘凌,吴士余,主编.中国学术名著大词典·近现代卷[M].北京:汉语大词典出版社,2001.

刘启春,郑伟明,杨路.历史的选择:中国早期领导人纪实[M].北京:新华出版社,2015.

刘秋娴,杨贞兰,主编.马克思主义经典著作工具书名目简介[M].郑州:河南人民出版社,1991.

刘益涛.十年纪事:1937—1947年毛泽东在延安[M].北京:中共党史出版社,2007.

刘永明.左翼文艺运动与中国马克思主义文艺理论的早期建设[M].北京:中国文联出版社,2007.

龙德成.马克思主义者瞿秋白[M].北京:中共党史出版社,2005.

罗建平,主编.中共马克思主义概论[M].开封:郑州大学出版社,2003.

吕希晨,何敬文,主编.中国现代唯物史观史[M].天津:天津人民出版社,2003.

吕希晨,王育民.中国现代哲学史1919—1949[M].长春:吉林人民出版

社,1984.

吕希晨.中国现代资产阶级哲学思想述评[M].长春:吉林人民出版社,1982.

孟庆仁.著名马克思主义哲学家评传[M].济南:山东人民出版社,1991.

南开大学党委宣传部,南开大学校史研究室,编.抗战烽火中的南开大学[M].开封:河南大学出版社,2015.

牛连海,等主编.中国革命史专题[M].武汉:华中师范大学出版社,1988.

逄先知.毛泽东年谱[M].北京:中央文献出版社,2005.

彭继红.传播与选择 马克思主义中国化的历程 1899—1921 年[M].长沙:湖南师范大学出版社,2001.

彭明.近代中国的思想历程[M].北京:中国人民大学出版社,1999.

彭月英,等主编.毛泽东延安时期教育实践与教育思想概论[M].湘潭:湘潭大学出版社,2012.

秦位强,等.湘籍无产阶级革命家与马克思主义大众化[M].北京:中央编译出版社,2015.

邱观建,主编.中国化的马克思主义概论[M].武汉:武汉理工大学出版社,2004.

饶银华.评述毛泽东[M].北京:中央文献出版社,2014.

任武雄,著.倪兴祥,编.党史研究文集[M].上海:上海古籍出版社,2004.

上海市社会科学界联合会.马克思主义与中国百年变迁[M].上海:上海人民出版社,2011.

沈德林,周建华.伟大的一生 不朽的业绩:杨贤江生平事迹简介[M].北京:光明日报出版社,2005.

盛平,主编.中国共产党人名大辞典.[M].北京:中国国际广播出版社,1991.

石国亮,段元俊,主编.领导干部必读的党史国史经典[M].北京:国家行政学院出版社,2014.

斯诺.周恩来早年生活[M].香港:万源图书公司,1976.

松荣.维新派与近代报刊[M].太原:山西古籍出版社,1998.

宋一秀,杨梅叶.周恩来早期哲学思想研究[M].郑州:河南人民出版

社,1985.

苏志宏.李达思想研究[M].成都:西南交通大学出版社,2004.

汤淑敏,等主编.瞿秋白研究新探[M].南京:南京大学出版社,2003.

田湘波.毛泽东名言问世记[M].北京:中国青年出版社,2013.

田子渝,等.马克思主义在中国初期传播(1918—1922)[M].北京:学习出版社,2012.

汪澎澜,主编.开天辟地　中国共产党第一次全国代表大会[M].石家庄:河北人民出版社,2012.

王东,陈有进,贾向云.马列著作在中国出版简史[M].福州:福建人民出版社,2009.

王东仓.延安:中国现代革命的符号[M].北京:人民日报出版社,2015.

王东虓.中国共产党思想政治教育史纲[M].郑州:河南人民出版,1992.

王纪刚.延安大学校[M].北京:世界图书出版公司,2016.

王继平,等.蔡和森思想论稿[M].长沙:湖南人民出版社,2003.

王继停.马克思主义中国化早期进程与启示[M].上海:上海社会科学院出版社,2009.

王建初.青年周恩来的思想发展[M].北京:北京出版社,1985.

王进,等主编.毛泽东大辞典[M].南宁:广西人民出版社,1992.

王炯华.李达与马克思主义哲学在中国[M].武汉:华中理工大学出版社,1988.

王树荫.中国共产党思想政治教育史稿 1919—1949[M].北京:党建读物出版社,2002.

王向清.冯契与马克思主义哲学中国化[M].湘潭:湘潭大学出版社,2008.

王学勤.陈独秀与中国共产党[M].南京:东南大学出版社,1991.

王永祥,孔繁丰,刘品青.中国共产党旅欧支部史话[M].北京:中国青年出版社,1985.

王紫根.毛泽东书典[M].武汉:湖北人民出版社,2011.

吴葆朴,李志英.秦邦宪(博古)传[M].北京:中共党史出版社,2007.

吴汉全,王忠萍.中国马克思主义学术史(1919—1949 经济学卷)[M].长春:吉林人民出版社,2008.

吴汉全.李大钊与中国现代学术[M].石家庄:河北教育出版社,2002.

吴玉才.毛泽东思想文献解读[M].芜湖:安徽师范大学出版社,2015.

奚洁人,余源培,主编.二十世纪中国社会科学(马克思主义卷)[M].上海:上海人民出版社,2005.

肖东波.中国共产党理论建设史纲(1921—1949)[M].北京:中共党史出版社,2004.

肖甡.中共早期历史探究[M].上海:上海人民出版社,2013.

肖魏,主编.中国马克思主义概论[M].上海:复旦大学出版社,2006.

徐文江,邬贵光,主编.中国式马克思主义概论[M].北京:军事科学出版社,2003.

徐信华.中国共产党早期报刊与马克思主义大众化[M].北京:人民出版社,2013.

许春玲,侯彦峰,彭蕾.延安时期中国共产党人的马克思主义观[M].北京:中国社会科学出版社,2017.

许佳君,等.张闻天与毛泽东思想[M].南京:河海大学出版社,2003.

薛学共.中国传统文化与马克思主义中国化[M].长沙:湖南师范大学出版社,2010.

延安整风运动编写组,编.延安整风运动纪事[M].北京:求实出版社,1982.

严凌君.青春读书课:第5卷白话的中国上[M].深圳:海天出版社,2018.

杨帆.中共早期领导人的最后岁月[M].北京:华文出版社,2012.

杨河,胡海涛,张秉奎.马克思主义哲学的传入研究[M].福州:福建人民出版社,2006.

杨军.邓中夏思想研究[M].长春:吉林大学出版社,2009.

衣俊卿,等.20世纪的新马克思主义[M].北京:中央编译出版社,2001.

尹国举,等.云南地下党早期革命活动[M].昆明:云南民族出版社,1989.

尹继佐,高瑞泉,主编.二十世纪中国社会科学·哲学卷[M].上海:上海人民出版社,2005.

于俊文,王家俊,郑德荣.马克思主义百科辞典(中卷)[M].长春:东北师范大学出版社,1988.

余心言,刘绍荣,等.八十年寻路记:中国人是怎样找到马克思主义的[M].北京:中国少年儿童出版社,2001.

袁竞.毛泽东著作大辞典[M].北京:中国国际广播出版社,1919.

袁征,主编.中央苏区思想政治工作研究[M].南昌:江西高校出版社,1999.

张高陵.中国领导人与中国现代化[M].北京:中央文献出版社,2004.

张佶,等.毛泽东早期思想发展史略[M].兰州:甘肃人民出版社,1984.

张静如,主编.中国共产党历届代表大会(一大到十八大)[M].石家庄:河北人民出版社,2012.

张培森.张闻天与二十世纪的中国[M].北京:中共党史出版社,2000.

张荣华,主编.中国化马克思主义概论[M].北京:石油工业出版社,2004.

张闻天,著.中共上海市委党史研究室,编.张闻天社会主义论稿[M].北京:中共党史出版社,1995.

张问敏.中国政治经济学史大纲(1899—1992)[M].北京:中共中央党校出版社,1994.

张希贤.陈布雷与陈伯达:踩在中国历史转折点上的两位秘书[M].北京:中共党史出版社,2012.

赵德志,王本浩.中国马克思主义哲学七十年(1919—1989)[M].沈阳:辽宁大学出版社,1991.

郑邦兴.中国早期共产主义知识分子研究 科学社会主义在中国的传播[M].武汉:华中师范大学出版社,1993.

郑传云.中国早期无产阶级革命家的故事(苏兆征、彭湃)[M].南昌:江西美术出版社,1993.

郑大华.张君劢传[M].北京:中华书局,1997.

中共党史人物研究会.中共党史人物传第七十九卷陈公博[M].北京:中央文献出版社,2002.

中共党史资料征集委员会,编.共产主义小组(上册)[M].北京:中共党史资料出版社,1987.

中共广西壮族自治区委员会宣传部,编著.壮族人民的好儿子韦拔群[M].南宁:广西人民出版社,2011.

中共黄冈县委会.回忆陈潭秋[M].武汉:湖北人民出版社,1981.

中共陕西省委党史研究室.刘志丹[M].西安:陕西人民出版社,1993.

中共双峰县委宣传部.怀念蔡和森同志[M].长沙:湖南人民出版社,1980.

中共天津市委党史资料征集委员会.马克思主义在天津早期传播（1917—1924）[M].天津：天津人民出版社，1989.

中共中央编译局马恩室，编.马克思恩格斯著作在中国的传播[M].北京：人民出版社，1983.

中共中央党史研究室.中共党史文摘年刊1982[M].杭州：浙江人民出版社，1984.

中共中央党史研究室，编.中国共产党历史大事记1919—2005[M].北京：中共党史出版社，2006.

中共中央党史研究室第一研究部.李立三百年诞辰纪念集[M].北京：中共党史出版社，1999.

中共中央党校党史教研室资料组.中国共产党历次重要会议集（上）[M].上海：上海人民出版社，1982.

中共中央文献研究室，编.毛泽东年谱：中卷[M].北京：中央文献出版社，2013.

中国人民政治协商会议全国委员会文史和学习委员会.文史资料选辑：合订本第十九卷[M].北京：中国文史出版社，2011.

中国现代哲学史研究会，等.纪念李达诞辰一百周年：中国现代哲学与文化思潮续集[M].长沙：湖南出版社，1991.

中国延安干部学院.延安时期大事记述[M].北京：中央文献出版社，2010.

中央编译局.马克思恩格斯著作在中国的传播[M].北京：人民出版社，1983.

钟家栋，王世根，主编.20世纪：马克思主义在中国[M].上海：上海人民出版社，1998.

重庆市政协文史资料研究委员会，中共重庆市委党校，编.孟广涵，主编.国民参政会纪实（下）[M].重庆：重庆出版社，2016.

周军，于洪波.马克思主义中国化理论成果概论[M].沈阳：辽宁大学出版社，2007.

周淑芳.瞿秋白在马克思主义中国化中的理论贡献[M].武汉：武汉大学出版社，2016.

周一平.毛泽东生平研究七十年[M].太原：山西人民出版社，1993.

周一平.中共党史研究的开创者——蔡和森[M].上海：上海社会科学院出版社，1994.

周子东,等.民主革命时期马克思主义在上海的传播:1898—1949[M].上海:上海社会科学院出版社,1994.

朱成甲.李大钊早期思想和近代中国[M].石家庄:河北人民出版社,1989.

朱俊瑞.社会主义经济思想在中国的早期传播[M].杭州:浙江大学出版社,2010.

朱务善,等.亲历者忆——建党风云[M].北京:中央文献出版社,2001.

遵义会议纪念馆,编.毛泽东与遵义会议[M].北京:中共党史出版社,1992.

左玉河.张东荪传[M].北京:红旗出版社,2009.

左玉河.张东荪学术思想评传[M].北京:北京图书馆出版社,1999.

三、主要论文

包玲瑜.20世纪30年代马克思主义在广西师专的传播研究[D].桂林:广西师范大学,2017.

毕文雅.二十世纪初期中国无政府主义思潮评析[D].沈阳:辽宁大学,2014.

边姝天.施存统与中国早期马克思主义传播研究[D].上海:上海师范大学,2016.

别国庆.李汉俊在建党前夕对马克思主义是传播[J].湖北档案,2007(6).

蔡虹瑛.论湖南自修大学对唯物史观中国化的贡献[D].长沙:湖南师范大学,2018.

曹建英,弘华.论罗亦农在中国共产党早期的作用与地位[J].湘潭师范学院学报(社会科学版),2003(1).

曹金国,王玉贵.恽代英在早期马克思主义传播中的重要贡献[J].常州工学院学报(社科版),2007(1).

曹景文.项英的思想政治工作力量和实践研究[J].徐州工程学院学报(社会科学版),2016(4).

曹力铁.论李大钊对马克思主义中国化的贡献[J].浙江工商大学学报,2005(5).

曹楠.陈溥贤五四时期传播马克思主义活动研究[D].北京:北京化工大学,2017.

曹媛.论李达与马克思主义的传播[D].扬州:扬州大学,2013.

曹正扬.论共产国际对马克思主义中国化的作用(1935—1943)[D].广州:南方医科大学,2014.

常铫.解放战争时期马克思主义在东北的传播[D].哈尔滨:哈尔滨工业大学,2019.

陈峰.胡汉民与中国马克思主义史学的发轫[J].齐鲁学刊,2007(4).

陈剑敏.抗战时期的马克思主义中国化研究[D].保定:河北大学,2016.

陈金明,唐祖琴.《新青年》对马克思主义在中国早期传播的贡献[J].三峡论坛,2014(5).

陈磊.马克思主义在青岛的早期传播研究(1921—1927)[D].青岛:青岛大学,2019.

陈旻旻.马克思主义在贵州的传播研究(1919—1936)[D].南宁:广西大学,2018.

陈启源.论马君武对社会主义学说的初步评介[J].广西大学学报(哲学社会科学版),1995(2).

陈秋生.戴季陶与马克思主义传播[J].佳木斯大学社会科学学报,2013(5).

陈秋生.胡汉民对唯物史观的研究与传播[J].长春理工大学学报(社会科学版),2014(5).

陈日芳.张闻天干部教育思想研究[D].武汉:华中师范大学,2016.

陈蓉蓉.浅析杨匏安对马克思主义中国化的贡献及启示[J].重庆三峡学院学报,2016(4).

陈绍西.刘师培的无政府主义和马克思主义的评述[J].临沂大学学报,2013(1).

陈思.再论孙中山的马克思主义观[J].广东开放大学学报,2016(3).

陈元九.向警予对马克思主义中国化早期探索的理论贡献[J].湖湘论坛,2016(3).

陈圆圆.陈独秀与李大钊马克思主义中国化思想比较研究[D].长春:中共吉林省委党校,2018.

陈运普,吴小蕾.毛泽东推进马克思主义大众化的历史贡献探析[J].三峡大学学报,2010(6).

陈哲.毛泽东的马克思主义理论教育思想研究[D].武汉:武汉大学,2007.

崔春雪.《少年》与马克思主义在中国的传播[D].北京:清华大学,2012.

单文俊.先驱品格昭日月——纪念关向应同志诞辰 100 周年[J].党史纵横,2002(9).

单孝虹.毛泽东与马克思主义在中国的早期传播[J].毛泽东思想研究,2006(4).

邓伯军.《德意志意识形态》在中国研究史[D].南京:南京航空航天大学,2010.

丁俊萍,徐信华.湖北党史人物对早期马克思主义大众化的贡献——以董必武、李汉俊、恽代英为例[J].湖北社会科学,2008(2).

丁若浩.论马克思主义在中国的早期传播[D].重庆:西南政法大学,2018.

丁耀,项东.论蔡和森对马克思主义中国化的历史贡献[J].前沿,2012(1).

邓兰香.1924—1927 年中国共产党传播马克思主义研究[D].重庆:西南大学,2019.

董四代.严复在中国社会主义思想发展史中的地位[J].大庆师范学院学报,2010(4).

窦春芳,苗体君.周佛海与中国共产党的创建[J].江西广播电视大学学报,2013(4).

窦春芳.李汉俊对中国共产党成立的特殊贡献[J].广西社会科学,2008(5).

窦春芳.试论韦拔群对中国农民运动的贡献[J].玉林师范学院学报,2011(1).

杜艳华.李大钊文化思想对毛泽东早期文化观形成和发展的影响[J].中共党史研究,2003(1).

段付琴.五四前后《申报》有关十月革命的报道研究[D].长沙:湖南大学,2018.

冯红伟.抗战时期国统区爱国知识分子对马克思主义传播的贡献与基本经验[J].新东方,2015(4).

付延功.论邓中夏对工人运动的理论贡献[D].上海:华东师范大学,2010.

高茹.论马克思主义在广东传播中彭湃的历史功绩[J].企业导报,2010(1).

高淑玲.马克思恩格斯著作在推进马克思主义中国化进程中的作用研究——以《共产党宣言》的翻译出版为例[D].西安:西北大学,2012.

高亚非.论王光祈的工读互助主义思想与马克思主义在中国的传播[J].中华文化论坛,2013(1).

耿春亮.《晨报副刊》与马克思主义在中国的传播(1918—1926)[D].北京:清华大学,2015.

龚娜.论左翼文化运动对马克思主义传播的贡献[D].长春:吉林大学,2014.

顾友谷.早年常乃德对马克思主义的探索[J].中共山西省委党校学报,2010(6).

郭德宏.陈独秀的历史地位应进一步肯定[J].安庆师范学院学报,2005(1).

郭汾阳.邵飘萍与中国马克思主义运动[J].浙江学刊,1994(1).

郭根山.论邓演达农民土地理论的思想渊源[J].河南社会科学,2006(5).

郭辉,冯兵.信仰的彷徨:五四时期费觉天思想研究[J].太原理工大学学报(社会科学版),2010(4).

郭辉,等.青年学生的彷徨:五四社会主义论战中的费觉天[J].武汉科技大学学报(社会科学版),2011(2).

郭丽兰.孙中山对马克思主义的理解[J].学术论坛,2011(9).

郭秋琴.俞秀松对创建中国社会主义青年团的贡献[J].上海党史与党建,2010(9).

郭渊.19世纪末—20世纪初布尔什维克与马克思主义在哈尔滨的传播[J].北方文物,2007(4).

郭渊.20世纪初马克思主义在哈尔滨的传播[J].黑龙江社会科学,2007(5).

郭长保.早期工运理论宣传家沈泽民与新文学[J].天津市工会管理干部学院学报,2009(2).

郝建华.中央苏区时期马克思主义传播途径研究[D].成都:四川农业大学,2016.

何成学.论韦拔群对中国革命的历史贡献[J].广西地方志,2009(5).

侯典举.二十世纪初留日知识分子群体传播马克思主义的历程及经验研究[D].哈尔滨:东北林业大学,2017.

胡丰顺,陈濛濛.从拥抱到决裂:戴季陶与马克思主义的分合及其原因分析[J].社会科学动态,2019(4).

胡虹.《联共(布)党史简明教程》与马克思主义中国化研究[D].上海:上海师范大学,2014.

胡为雄.赴日留学生与"日本马克思主义"在中国的早期传播[J].马克思主义与现实,2015(3).

黄琨.国家主义下的曲折展开:论梁启超的社会主义思想[J].北京社会科学,2013(4).

黄琴.论罗亦农对马克思主义中国化的探索[J].湘潭大学学报(哲学社会科学版),2015(1).

黄宗将,黄修卓.我国早期马克思主义的传播者杨匏安[J].兰台世界,2015(3).

季水河.论马克思主义文学理论在中国的传播、接受与影响[J].山东社会科学,2015(3).

江明.展读遗篇泪满襟——记李达和吕振羽的交往[J].文献,1981(4).

江巍,徐生.《新青年》传播马克思主义起点初探[J].江汉大学学报(社会科学版),2014(1).

江巍.《新青年》与马克思主义在中国的早期传播[D].芜湖:安徽师范大学,2016.

姜晓丽.论廖仲恺的社会主义思想[J].惠州学院学报(社会科学版),2012(4).

蒋建农.邓演达与毛泽东农民问题理论比较研究[J].中国井冈山干部学院学报,2018(2).

蒋明敏.论延安知识分子对马克思主义中国化的探索与贡献[D].南京:南京师范大学,2012.

金延锋.浙江籍先进分子在马克思主义早期传播中的贡献[J].嘉兴学院学报,2018(4).

孔朝霞.马克思主义中国化的早期探索研究[D].长春:东北师范大学,2009.

冷溶.《新青年》的历史贡献与历史意义[J].新闻与传播研究,2005(4).

李爱军.马克思主义在两湖地区的早期传播研究(1912—1927)[D].武汉:武汉大学,2014.

李百玲.马克思主义在中国的早期翻译及传播[J].江苏行政学院学报,

2008(5).

李博强.王稼祥对马克思主义中国化的探索与贡献[D].哈尔滨:哈尔滨工业大学,2011.

李根寿.中央苏区时期马克思主义中国化研究[D].南昌:南昌大学,2011.

李庚靖.毛泽东干部教育思想新论[D].上海:华东师范大学,2003.

李弘超.高君宇与早期马克思主义在中国的传播[J].学理论,2017(8).

李虹.河上肇与李汉俊的马克思主义传播[J].湖北民族学院学报(哲学社会科学版),2013(2).

李军林.从"五 W"模式看马克思主义在中国早期传播的特点[J].湖南师范大学社会科学学报,2007(1).

李良明,黄雅丽.浅谈项英在中华苏维埃建设中的基本经验[J].甘肃理论学刊,2011(1).

李良明.马克思主义在湖北武汉地区的早期传播[J].决策与信息,2018(5).

李茂.马克思主义中国化视域下的中共党内教条主义研究(1921—1945)[D].成都:西南交通大学,2017.

李梦阳.马克思主义在吉林地区的传播研究(1931—1945)[D].哈尔滨:哈尔滨工业大学,2014.

李青.袁玉冰与马克思主义在江西的早期传播[D].湘潭:湘潭大学,2017.

李田贵,赵学琳.二十年代国民党人对马克思主义的传播[J].当代世界社会主义问题,2003(4).

李晓灵,张高杰.试论邹韬奋马克思主义思想及其新闻实践的历史呈现[J].陕西师范大学学报(哲学社会科学版),2018(3).

李雅兴,陈建华.毛泽东对马克思主义哲学大众化实现路径的历史贡献[J].新视野,2010(3).

李雅兴.孙中山思想与马克思主义中国化[J].山西社会主义学院学报,2007(1).

李杨,柳作林.《曙光》:五四时期马克思主义传播的缩影[J].出版发行研究,2016(3).

李永春.蔡和森对马克思主义中国化的探索[J].党史研究与教学,2008(5).

李玉洁.列宁主义中国化及其历史经验研究[D].北京:中共中央党校,2014.

李宗海.论刘志丹对陕甘边革命根据地群众工作的贡献[J].世纪桥,2018(7).

梁巧娥.蔡元培与马克思主义在中国的早期传播[J].学理论,2019(8).

林建曾.试论廖仲恺社会主义思想的发展变化及特点[J].惠州学院学报(社会科学版),2010(5).

刘爱章.新民主主义革命时期马克思主义在中国传播的研究成果综述[J].实事求是,2012(3).

刘国云.方志敏在中共党史上的十大贡献[J].上饶师范学院学报,2012(4).

刘红梅.从反帝思想看蔡和森对马克思主义中国化的贡献[J].当代世界与社会主义,2011(4).

刘焕明,蒋艳.《新青年》与马克思主义的早期传播及其启示[J].黑龙江省社会主义学院学报,2015(3).

刘家思,等.中国早期共产主义运动中的刘大白[J].四川职业技术学院学报,2012(2).

刘健强.论五四时期马克思主义传播的原因[D].北京:首都师范大学,2006.

刘曼.《每周评论》与马克思主义传播研究[D].开封:河南大学,2017.

刘婷婷.马克思主义理论家张如心研究[D].西安:陕西师范大学,2015.

刘艳,张新强.南京国民政府时期(1927—1937)马克思主义著作在中国的出版与传播研究综述[J].中国出版史研究,2015(2).

刘艳.陈潭秋生平史事与思想研究[D].武汉:华中师范大学,2014.

刘一皋.建党前夕马克思主义传播的历史解释方法——对《马克思还原》的分析与解读[J].史学月刊,2001(4).

刘志亮,叶玲慧.胡汉民关于马克思主义唯物史观的传播理念.[J].广东第二师范学院学报,2017(4).

刘子熙.《共产党宣言》在中国的早期传播研究(1899—1921)[D].桂林:广西师范大学,2014.

柳宁.第一次国共合作时期马克思主义的传播——兼论中国国民党的影响[J].西部学刊,2016(2).

鲁法芹.《东方杂志》与社会主义思潮在中国的传播[D].济南:山东大

学,2011.

陆珠希,王长金.陈望道与中国早期马克思主义的传播[J].观察与思考,2015(5).

马小芳.彭湃推动农村马克思主义大众化的实践与启示[J].岭南学刊,2017(2).

毛峥嵘.湖南农民运动的先驱彭公达[J].党史文汇,2017(1).

苗体君,窦春芳."一大"前李达对马克思主义在中国传播的重大贡献[J].保定师范专科学校学报,2007(1).

苗体君.何叔衡对中央苏区法制事业的探索与贡献[J].湖南第一师范学院学报,2012(2).

苗体君.试析中共"一大"代表王尽美的历史贡献[J].德州学院学报,2010(1).

缪宇霆.邵飘萍与马克思主义在中国的传播研究[D].哈尔滨:哈尔滨工业大学,2013.

莫志斌.论蔡和森、毛泽东对马克思主义中国化的早期探索——基于他们接受马克思主义唯物史观视角的考察[J].思想理论教育导刊,2016(7).

倪志勇.王尽美与马克思主义在山东的选择性传播研究[D].南京:南京师范大学,2015.

欧露雯.《劳动界》在上海工人中传播马克思主义研究[D].南宁:广西大学,2019.

欧阳跃峰.20世纪初革命派对马克思主义的介绍[J].安徽师范大学学报(人文社会科学版),2007(2).

彭兴万.留法勤工俭学运动视野下的马克思主义传播和实践研究[D].重庆:重庆工商大学,2018.

齐霁、杨东.彭湃与马克思主义在乡村社会的大众化[J].兰州学刊,2011(3).

钱聪.论左翼学生群体的形成及其对马克思主义传播的影响[J].北京党史,2016(3).

邱辰禧.赵世炎马克思主义观的探析[J].前沿,2015(12).

邱少明.民国马克思主义经典著作翻译史(1912至1949年)[D].南京:南京航空航天大学,2011.

全燕黎.再论李大钊在中国马克思主义发展进程中的历史地位[J].中共党史研究,2009(11).

饶晓燕.《共产党》月刊与马克思主义的早期传播及其中国化研究[D].杭州:浙江财经大学,2017.

任俊宏.抗战时期马克思主义在新疆大众化传播[J].和田师范专科学校学报,2014(4).

沙健孙.毛泽东论新民主主义文化[J].北京大学学报,2002(5).

邵成章.马克思主义在中国传播的两个阶段[J].党史研究与教学,1997(1).

石柏林.孙中山与马克思主义[J].湘潭大学社会科学学报,1984(1).

宋连胜,李波,王海胜.论邓演达的社会主义观[J].社会科学战线,2009(8).

宋平.学习王若飞同志,做真正的共产党人[J].中共党史研究,1997(1).

孙彪.延安时期马克思主义中国化教育研究[D].杭州:浙江农林大学,2010.

孙立军.李石岑人生哲学思想研究[D].南昌:南昌大学,2007.

孙念超,于志亭.萧楚女与早期马克思主义大众化[J].党史文苑,2011(1).

孙兴芳,汤志华.抗战时期马克思主义经典理论在国统区的传播研究[J].广西社会科学,2015(4).

孙雪军.周逸群对南昌起义的特殊贡献[J].铜仁地委党校学报,2006(3).

谭军.戴季陶对马克思主义的传播与背弃[J].重庆教育学院学报,2010(5).

谭军.杨匏安对马克思主义传播的理论与实践探析[J].宜春学院学报,2010(7).

汤志华,刘晓华.《新华日报》与国统区马克思主义大众化[J].长白学刊,2014(3).

汤志华,石琳琳.《新华日报》推进抗战时期国统区马克思主义大众化研究[J].辽宁师范大学学报(社会科学版),2014(3).

唐越.邵飘萍在早期马克思主义传播中的贡献[J].世纪桥,2018(3).

陶季邑.马克思主义对孙中山的影响[J].湖湘论坛,1997(4).

田晓乔.周逸群对湘鄂西根据地经济建设的贡献[J].铜仁地委党校学报,2006(4).

田永,田梦霞.日本马克思主义研究对中国的传播贡献[J].日本问题研究,2014(4).

田子渝.李汉俊对传播马克思主义的贡献[J].党史研究与教学,1988(4).

汪宽顺.中共早期理论中的"唯物史观"概念及其应用[D].福州:福建师范大学,2014.

王刚.论中国早期知识精英对马克思主义的选择性传播[J].中共党史研究,2009(8).

王刚.论资产阶级革命派对马克思主义的选择性传播[J].马克思主义与现实,2013(4).

王刚.马克思主义中国化的起源语境研究——20世纪30年代之前马克思主义在中国的传播及中国化[D].上海:华东师范大学,2009.

王海林,董四代.马君武的社会主义解读及其对民生主义的意义[J].西南石油大学学报(社会科学版),2016(6).

王建国.马克思主义在中国传播的独特路径——蔡和森《社会进化史》文本构成解析[J].马克思主义研究,2014(4).

王磊.马克思主义在中国早期传播若干问题研究述评[J].科学社会主义,2013(6).

王连花.《红色中华》与马克思主义中国化[J].赣南师范学院学报,2014(4).

王楠楠.改造国民的新尝试:20世纪30年代国民政府读书运动研究[D].武汉:华中师范大学,2017.

王强.民国时期非马克思主义者对马克思主义中国化的哲学审视[J].学术探索,2018(8).

王晴.1919—1927年马克思主义在山东的传播[D].哈尔滨:哈尔滨工业大学,2016.

王瑞熙.抗日战争时期《新华日报》推进马克思主义大众化研究[D].上海:华东师范大学,2017.

王万里.五四时期黄日葵对社会主义思潮的传播[J].传承,2008(6).

王文峰.论"五四"先进知识分子在马克思主义传播中的功能[J].改革与开放,2010(4).

王先芝.马克思主义在工人阶级中的早期传播研究(1919—1927年)——以京津地区为例[D].青岛:青岛科技大学,2019.

王宪明,杨琥.五四时期李大钊传播马克思主义的第二阵地——《晨报副刊》传播马克思主义的贡献与意义[J].安徽大学学报(社会科学版),2011(4).

王晓.抗战时期生活书店马克思主义著作出版研究[D].福州:福建师范大学,2017.

王晓力.杨明斋的革命贡献研究[D].北京:北京理工大学,2015.

王钰鑫.民主革命时期马克思主义在中国传播的历史经验与现实启示[D].南昌:江西师范大学,2012.

魏静.抗战时期《新华日报》推进国统区马克思主义大众化研究[J].中北大学学报(社会科学版),2016(3).

文茂琼.邓演达社会主义思想初探[D].成都:西南交通大学,2006.

翁莹香.共产国际背景下的张太雷革命实践与思想研究[D].天津:天津大学,2009.

吴伟.中国报刊即时报道中的1917年俄国革命[J].历史教学,2019(4).

吴文艳.毛泽东对推进马克思主义大众化的贡献[D].苏州:苏州大学,2013.

吴向嫒.五四时期报刊译文与马克思主义传播研究[D].南宁:广西大学,2018.

吴艳东,李强.马克思主义在中国的早期传播与大众化[J].湖北大学学报(哲学社会科学版),2008(5).

吴远,吴日明.毛泽东对马克思主义大众化的历史贡献[J].学术论坛,2009(11).

谢菲.《向导》在马克思主义传播过程中的贡献研究[D].哈尔滨:哈尔滨工业大学,2016.

谢俊,吴东华.民主革命时期毛泽东对马克思主义大众化的历史贡献[J].中南民族大学学报(人文社会科学版),2014(2).

谢善利.1931—1945年马克思主义在黑龙江的传播研究[D].哈尔滨:哈尔滨工业大学,2012.

邢家强.论杨闇公的社会主义观[J].重庆交通学院学报,2004(2).

熊锡征.周恩来留法期间对传播马克思主义的贡献[D].长沙:湖南师范大学,2008.

徐鹏.新文化运动时期唯物史观传播研究[D].哈尔滨:哈尔滨理工大

学,2019.

　　徐松林.马克思主义在中国广泛传播的原因新探[J].景德镇高专学报,2002(1).

　　徐特立.中苏友好的历史意义[J].中苏友好,1950(6).

　　徐杨.试论马克思主义在西南的早期传播[J].中共福建省委党校学报,2013(8).

　　许静波.国学与马克思主义的初遇——以梁启超为例[J].马克思主义与现实,2015(3).

　　许丽英.周恩来在留法勤工俭学期间对传播马克思主义的贡献[J].湖南师范大学社会科学学报,2007(3).

　　薛秀霞,袁鹏举,薛芹.早期马克思主义学者队伍分化的渊源探讨[J].宁波大学学报(人文科学版),2015(4).

　　牙远波.论韦拔群在中国现代农民运动中的历史地位[J].河池学院学报,2009(4).

　　鄢文强.孙中山的马克思主义观研究[D].南昌:江西师范大学,2014.

　　杨东.彭湃:马克思主义在乡村社会大众化的先驱[J].党的文献,2010(3).

　　杨福茂.俞秀松对创建中国共产党和社会主义青年团的贡献[J].中共党史研究,2000(5).

　　杨红星.早期马克思主义者信仰养成与践行路径探析——以向警予为例[J].湖湘论坛,2018(1).

　　杨荟娟.抗战时期马列著作的翻译及其影响[D].西安:陕西师范大学,2007.

　　杨金海,高晓惠.列宁著作在中国的百年传播[J].高校马克思主义理论研究,2016(1).

　　杨金鑫.朱执信是同盟会中真正研究马克思主义的人[J].湖南师院学报,1981(2).

　　杨竞业.论廖仲恺对马克思主义中国化的重要贡献[J].广东社会科学,2013(3).

　　杨全海.毛泽东与马克思主义大众化研究[D].石家庄:河北师范大学,2011.

　　杨荣,程甜.精神的"日出"——《新青年》与马克思主义早期传播渠道研究[J].湖北大学学报(哲学社会科学版),2016(6).

杨荣.中国共产党成立之初马克思主义中译本重要著作介绍[J].长江论坛,2012(2).

杨苏磊.高语罕与马克思主义哲学[D].北京:中共中央党校,2013.

杨卫民.马克思主义在中国早期传播的人文特质——以中共出版人在上海的思想宣传为例[J].济南大学学报(社会科学版),2015(6).

杨文光.五四干将黄日葵对马克思主义的传播研究[J].学理论,2015(3).

杨须爱.马克思恩格斯列宁民族理论文献在中国的百年传播回溯[J].中央民族大学学报,2019(1).

杨雪.延安时期中国共产党马克思主义理论教育及启示研究[D].兰州:兰州理工大学,2019.

杨雅杰.延安时期马克思主义中国化话语体系建构研究[D].西安:陕西师范大学,2018.

杨延虎.论刘志丹对中国革命的突出贡献[J].延安大学学报(社会科学版),2003(5).

姚雪.马克思主义在上海的早期传播研究(1919—1921)[D].杭州:浙江财经大学,2016.

叶欢.孙中山民生思想与马克思主义中国化[J].天水行政学院学报,2013(5).

衣俊卿.百年经典著作编译事业与中国马克思主义理念创新[J].天津社会科学,2011(5).

于萍.朱镜我对马克思主义传播的贡献研究[D].哈尔滨:哈尔滨工业大学,2017.

于艳艳.恩格斯著作在中国早期传播的历史考察[J].当代世界与社会主义,2012(6).

虞志坚,钟声.李汉俊对早期马克思主义大众化的贡献及启示[J].吉首大学学报,2016(4).

翟慧鹏.重庆时期何其芳对毛泽东《讲话》的传播研究[D].成都:西华大学,2018.

张安.马克思主义中国化的生成(1921—1945)[D].北京:中共中央党校,2016.

张国伟.马克思主义著作在中国的出版与传播(1899—1945)[D].上海:华东师范大学,2017.

张慧霞.延安时期马克思主义理论队伍研究[D].西安:陕西师范大学,2010.

张佳.大革命时期的《战士》周报研究[D].湘潭:湘潭大学,2016.

张江芬.杨明斋对马克思主义在中国传播的历史贡献[J].中共党史研究,2015(7).

张俊国.中国共产党的成立与马克思主义在河南的早期传播[J].洛阳师范学院学报(1).

张立波.唯物史观在中国的早期传播:批评与辩护[J].学习与探索,2010(3).

张莉红.孙中山与马克思主义[J].成都大学学报(社科版),1987(4).

张琳.马克思主义在中国早期传播的历史局限[J].理论视野,2013(9).

张楠.王尽美党建思想研究[D].武汉:华中师范大学,2019.

张锐.陪都地区的马列文论研究[D].重庆:重庆师范大学,2015.

张天浩.论抗日军政大学的马克思主义理论教育[D].上海:华东师范大学,2019.

张喜德,张妮.共产国际与马克思主义在中国的有组织传播(上)[J].中国延安干部学院学报,2015(2).

张喜德,张妮.共产国际与马克思主义在中国的有组织传播(下)[J].中国延安干部学院学报,2015(3).

张晓霞.1927—1937年马克思主义在中国的传播研究[D].西安:陕西师范大学,2016.

张友南.试论项英在中央苏区时期的军事贡献[J].中国井冈山干部学院学报,2012(6).

张允侯.马克思恩格斯著作在中国的出版和传播[J].历史教学,1963(7).

赵付科,季正聚.中共早期报刊视域下马克思主义的传播路径及启示[J].社会主义研究,2013(2).

赵静.中国知识分子与早期马克思主义传播研究[D].厦门:华侨大学,2014.

赵岩.试论王若飞对抗日民族统一战线的历史贡献[J].福建党史月刊,2017(2).

峥嵘.杰出的革命活动家张秋人[J].党史纵横,2012(7).

郑波.论毛泽东对马克思主义大众化的历史贡献[D].湘潭:湘潭大

学,2010.

郑秀芝,侯建明.中国早期介绍与传播马克思主义学说路径及特征分析[J].中共福建省委党校学报,2016(3).

周邦君.《湖南农民运动考察报告》与马克思主义中国化[J].古今农业,2016(4).

周行,田子渝.马克思主义在武汉地区的早期传播[J].湖北大学学报(哲学社会科学版),2009(6)

周凯.马克思主义在中国早期传播的主要特点——以《新青年》月刊为主的文本分析[J].中共党史研究,2013(4).

周莉.中共创建时期马克思主义传播研究(1919—1922)[D].徐州:江苏师范大学,2017.

周明华.沈玄庐与衙前农民运动[J].杭州师范学院学报,1991(4).

周韬.南京国民政府文化建设研究(1927—1949)[D].长沙:湖南师范大学,2008.

周向军,闫化川.马克思主义早期的传播实践及其现实启示[J].理论学刊,2014(2).

周耀宏.中国共产党新民主主义革命时期思想理论教育研究[D].武汉:武汉大学,2011.

周勇.杨闇公简论——纪念杨闇公同志牺牲65周年[J].社会科学研究,1992(6).

周蕴蓉.论邓演达的社会主义思想的形成[J].广东教育学院学报,2000(5).

朱锐.《新青年》与马克思主义在中国的早期传播[D].济南:山东财经大学,2013.

朱欣.论唯物史观在中国的百年发展[D].合肥:安徽大学,2011.

左双文.胡汉民与五四时期的社会主义思潮[J].广东社会科学,1989(2).

左玉河,王瑞芳.论马克思主义在中国的传播[J].史学月刊,1991(4).

后　记

本书是国家社科基金后期资助重点项目的最终成果，题为《中国现代马克思主义研究编年史》。

本书的内容，记述了 1917 年至 1949 年马克思主义在中国的传播、研究的历史，每年按照研究背景、研究论文、研究著作、卒于是年的研究者四大板块编排。对于现代马克思主义在中国的传播和研究之研究，学界已经有了许多成果，但是缺乏一部用编年体的形式反映现代马克思主义在中国传播、研究的著作，本书作为首次尝试，目的是想弥补这种不足。本书的编撰，重点在于还原历史，还原马克思主义中国化历程的完整性和连贯性，还原中国人接受马克思主义从踌躇到坚定的历史过程，还原早期中国共产党人探索马克思主义中国化道路的曲折过程，还原中国共产党人在中国实践马克思主义并取得新民主主义革命胜利的历程，还原现代马克思主义在中国传播、研究所取得的巨大成就，还原马克思主义中国化的最大成果——毛泽东思想的形成、发展和研究的历程，同时为有志于马克思主义研究的学者提供一份丰富、翔实的原始资料，研究者可以根据这些资料，按图索骥，去进一步查找自己所需要的材料，也可以通过这些材料，从不同的角度、不同的方面展开对现代马克思主义在中国传播情况的分析研究，比如对马克思主义中国化"过程"的研究，对早期马克思主义中国化过程中的"群体"的研究，对陈独秀、李大钊、瞿秋白、毛泽东等中国共产党人与马克思主义中国化关系的研究，对马克思主义中国化过程中一些有争论的问题的研究，对中国共产党的创建与马克思主义中国化问题的研究，对早期马克思主义传播和探索在马克思主义中国化进程中的地位和意义的研究，对早期中共人物传播和研究马克思主义的评价问题的研究，对早期国民党人传播马克思主义的评价问题的研究，对早期共产主义知识分子探索马克思主义中国化的贡献问题的研究，对马克思主义哲学中国化及其发展历程的研究，对马克思主义中国化个案问题的研究，对经典名著翻译与马克思主义中国化的研究，对马克思主义中国化的历史经验的研究，对促进马克思主义中国化的历史文献的研究，对党员干部和人民群众进行马克思主义中国化教育的研究，对延安时期毛泽东思想的研究，对延安时期毛泽东学习马克思主义理论的研究，对延安时期毛泽东干部教育思想的研究,对延安时期毛泽东调查研究思想的研究,对延安时期毛泽东的党建理论的研究,对延安时期毛泽东的知识分子思想改造理论的研究,对共产国际与马克思主义中国化问题的研究,如此等等,从中发现问题,总结经验,得到借鉴。所以,本书的编撰,不仅仅是马克思主义在现代中国传播资料的汇集,也是学术研究信息的汇集,好学深思者自然可以从中获得对自己有用的信息,找到进一步研究的课题,从而促进当代马克思主义研究向纵深发展。

由于时代的关系,当时有些语言的表述与现在有些不同,在今天看来,有些表述和词语的使用是不规范的,但在当时却是通行的,为了保持原貌,都没有加以改动。此外,对于外国作者的翻译,当时也不统一,一人有多种译名的情况也很普遍,如马克思译作马克斯、恩格斯译作恩格思、列宁译作李宁或蓝宁、斯大林译作史大林或史太林、考茨基译作柯祖基、普列汉诺夫译作普列哈诺夫或蒲力汗诺夫等等,也都保留原貌,未作改动。这里特别加以说明,请读者理解。至于当时被我们师法为榜样的苏联,现在早已解体,这是谁也无法预料的,但不能因此否定当时对苏联的赞扬和师法,这也应该是可以理解的。

本课题是由我和浙江省总工会干部学校俞扬副研究员、浙江音乐学院公共基础部陈含英副教授共同申报、共同编撰完成的。书中的不足之处,请读者批评指正。对本书的责任编辑胡畔女士表示衷心感谢!

俞樟华

2020 年 12 月 1 日于浙江师范大学人文学院

江南文化研究中心和马克思主义学院